关检融合 整合申报

详解及疑难解答

对外经济贸易大学关务研究中心
中国报关协会智慧通关服务平台 主编

彻底搞懂关务检务新变化

手把手教会新报关单填制

中国商务出版社

图书在版编目（CIP）数据

关检融合整合申报详解及疑难解答 / 对外经济贸易大学关务研究中心，中国报关协会智慧通关服务平台主编 -- 北京：中国商务出版社，2018.9

ISBN 978-7-5103-2599-1

Ⅰ.①关… Ⅱ.①对…②中… Ⅲ.①进出口贸易—海关手续—中国—问题解答 Ⅳ.① F752.5-44

中国版本图书馆 CIP 数据核字（2018）第 194732 号

关检融合整合申报详解及疑难解答

GUANJIAN RONGHE ZHENGHE SHENBAO XIANGJIE JI YINAN JIEDA

对外经济贸易大学关务研究中心、中国报关协会智慧通关服务平台　主编

出　　版：中国商务出版社
地　　址：北京市东城区安定门外大街东后巷 28 号　邮　编：100710
责任部门：商务与法律事业部（010-64245686）
责任编辑：胡志华
总 发 行：中国商务出版社发行部（010-51393396 64515150）
网　　址：http://www.cctpress.com
邮　　箱：cctp@cctpress.com
印　　刷：三河市华东印刷有限公司
开　　本：787 毫米 ×1092 毫米　1/16
印　　张：40.25　　字　　数：800 千字
版　　次：2018 年 8 月第 1 版　　印　　次：2018 年 8 月第 1 次印刷
书　　号：ISBN 978-7-5103-2599-1
定　　价：200.00 元

前言

2018 年 8 月 1 日正式实施的关检融合整合申报是出入境检验检疫管理职责和队伍划入海关后，“新海关”大力推进的全国通关一体化关检业务全面融合的标志性举措。“一次申报，一单通关”对于提高进出口企业通关效率、提升我国对外贸易便利化水平起着重要积极促进作用。

本次整合申报将原报关单、报检单合并为一张报关单，原报关、报检共 229 个申报项目合并精简至 105 个，改革力度空前。进出口企业想在这么短的时间内全面掌握整合申报业务知识，实现业务的平稳过渡不啻为一种挑战。因此，本书编委会集合了多位常年跟踪政策、精通通关业务的一线业务专家编写了本书，满足进出口企业对整合申报业务的普遍学习需求，以助进出口企业快速适应新的通关模式，享受改革红利。

本书通过以下六部分，对整合申报业务进行讲解：

第一，“关检融合整合申报概述”。对本次关检融合的核心——报关单及整合申报改革进行综述，以及对新旧报关单、新旧申报系统作对照说明，帮助读者对本次改革建立轮廓性认识。

第二，“新报关单填制规范及解读”。从“栏目沿革”“填制规范”“规范解读”等三个方面，对新报关单每个栏目进行讲解，力求让读者了解每个栏目的来龙去脉，对填制规范知其然，知其所以然。

第三，“整合申报规范及录入规则”。从“项目沿革”“申报规范”“录入规则”等三个方面，对整合申报的每个项目进行讲解，力求让读者了解每个项目的来龙去脉，并对每个项目怎么申报、怎么录入了然于胸。

第四，“整合申报实例演示”。精选三个整合申报正式实施后最常见的真实申报案例，通过真实原始单据、整合申报界面截图以及生成的报关单，为读者提供申报实操参考。

第五，“整合申报疑难解答”。将企业关于整合申报业务咨询量最大的问题，分为“企业资质”“单一窗口”“整合申报”等三类，以问答的形式整理成文，解答读者最可能遇到的“疑难杂症”。

第六，“附表”。收录、整理了整合申报涉及的全部参数表，特别是“HS 编码与 CIQ 编码对照表”“随附单据代码表”等在官方网站不便获取的附表，以助读者全面理解业务、提高申报效率。

基于上述内容，本书还可以作为相关政府机构、企事业单位整合申报业务培训辅助教材，高校师生整合申报业务学习辅助用书。

当前，整合申报业务改革只是开始，相关业务仍在持续变革中，因此，本书仅供学习参考，相关内容与法规规章不一致时，以法规规章为准。

由于本书编写时间急促，且编者水平有限，内容不当之处，望读者批评指正。

编 者

2018 年 8 月

目 录

第一章 关检融合整合申报概述

第一节 报关单改革 …… 1

一、进出口货物报关单 …… 2

二、进出境货物备案清单 …… 7

第二节 整合申报改革 …… 11

第二章 新报关单填制规范及解读

第一节 报关单表头栏目 …… 16

一、预录入编号 …… 16

二、海关编号 …… 16

三、境内收发货人 …… 17

四、进出境关别 …… 18

五、进出口日期 …… 18

六、申报日期 …… 18

七、备案号 …… 19

八、境外收发货人 …… 20

九、运输方式 …… 22

十、运输工具名称及航次号 …… 23

十一、提运单号 …… 25

十二、货物存放地点 …… 26

十三、消费使用单位／生产销售单位 …… 27

十四、监管方式 …… 27

十五、征免性质 …… 29

十六、许可证号 …… 29

十七、启运港 …… 29

十八、合同协议号 …… 30

十九、贸易国（地区） …… 30

二十、启运国（地区）/运抵国（地区） …… 31

二十一、经停港/指运港 …… 31

二十二、入境口岸/离境口岸 …… 32

二十三、包装种类 …… 32

二十四、件数 …… 33

二十五、毛重（千克） …… 33

二十六、净重（千克） …… 33

二十七、成交方式 …… 34

二十八、运费 …… 34

二十九、保费 …… 34

三十、杂费 …… 35

三十一、随附单证及编号 …… 35

三十二、标记唛码及备注 …… 37

第二节 报关单表体栏目 …… 39

三十三、项号 …… 39

三十四、商品编号 …… 40

三十五、商品名称及规格型号 …… 40

三十六、数量及单位 …… 43

三十七、单价 …… 43

三十八、总价 …… 44

三十九、币制 …… 44
四十、原产国（地区） …… 44
四十一、最终目的国（地区） …… 44
四十二、境内目的地 / 境内货源地 …… 45
四十三、征免 …… 45
四十四、特殊关系确认 …… 46
四十五、价格影响确认 …… 46
四十六、支付特许权使用费确认 …… 47
四十七、自报自缴 …… 47
四十八、申报单位 …… 47
四十九、海关批注及签章 …… 48

第三章 整合申报规范及录入规则

第一节 整合申报表头项目 …… 49
一、申报地海关 …… 49
二、申报状态 …… 50
三、统一编号 …… 50
四、预录入编号 …… 51
五、海关编号 …… 51
六、进境关别 / 出境关别 …… 52
七、备案号 …… 53
八、合同协议号 …… 54
九、进口日期 / 出口日期 …… 54
十、申报日期 …… 55
十一、境内收发货人 …… 55
十二、境外收发货人 …… 56

十三、消费使用单位 / 生产销售单位 …………………………………… 57
十四、申报单位 ………………………………………………………… 58
十五、运输方式 ………………………………………………………… 59
十六、运输工具名称 …………………………………………………… 59
十七、航次号 …………………………………………………………… 60
十八、提运单号 ………………………………………………………… 61
十九、监管方式 ………………………………………………………… 61
二十、征免性质 ………………………………………………………… 62
二十一、许可证号 ……………………………………………………… 63
二十二、启运国（地区）/ 运抵国（地区） ………………………… 63
二十三、经停港 / 指运港 ……………………………………………… 64
二十四、成交方式 ……………………………………………………… 65
二十五、运费 …………………………………………………………… 65
二十六、保险费 ………………………………………………………… 66
二十七、杂费 …………………………………………………………… 67
二十八、件数 …………………………………………………………… 68
二十九、包装种类（其他包装） ……………………………………… 69
三十、毛重（千克） …………………………………………………… 70
三十一、净重（千克） ………………………………………………… 71
三十二、贸易国别（地区） …………………………………………… 72
三十三、集装箱数 ……………………………………………………… 72
三十四、随附单证 ……………………………………………………… 73
三十五、入境口岸 / 离境口岸 ………………………………………… 74
三十六、货物存放地点 ………………………………………………… 74
三十七、启运港 ………………………………………………………… 75
三十八、报关单类型 …………………………………………………… 76

三十九、备注 …… 76
四十、特殊关系确认 …… 77
四十一、价格影响确认 …… 78
四十二、与货物有关的特许权使用费支付确认 …… 78
四十三、标记唛码 …… 79
四十四、税单无纸化 …… 80
四十五、自主报税 …… 80
四十六、自报自缴 …… 81
四十七、担保验放 …… 82
第二节 整合申报表体项目 …… 82
四十八、项号 …… 82
四十九、备案序号 …… 83
五十、商品编号 …… 83
五十一、检验检疫名称 …… 84
五十二、商品名称 …… 85
五十三、规格型号 …… 86
五十四、成交数量 …… 87
五十五、成交计量单位 …… 87
五十六、单价 …… 87
五十七、总价 …… 88
五十八、币制 …… 88
五十九、法定第一数量 …… 89
六十、法定第一计量单位 …… 89
六十一、加工成品单耗版本号 …… 90
六十二、货号 …… 90
六十三、最终目的国（地区） …… 90

六十四、法定第二数量 …… 91
六十五、法定第二计量单位 …… 91
六十六、原产国（地区） …… 92
六十七、原产地区 …… 92
六十八、境内目的地 / 境内货源地 …… 93
六十九、征免方式 …… 94
第三节 集装箱及关联单证项目 …… 94
七十、集装箱号 …… 94
七十一、集装箱规格 …… 95
七十二、自重（千克） …… 96
七十三、拼箱标识 …… 97
七十四、商品项号关系 …… 97
七十五、随附单证代码 …… 98
七十六、随附单证编号 …… 99
七十七、关联报关单 …… 100
七十八、关联备案 …… 101
七十九、保税 / 监管场地 …… 102
八十、场地代码 …… 103
八十一、随附单据 …… 103
第四节 检务申报表头项目 …… 105
八十二、检验检疫受理机关 …… 105
八十三、企业资质 …… 105
八十四、领证机关 …… 107
八十五、口岸检验检疫机关 …… 108
八十六、启运日期 …… 109
八十七、B/L 号 …… 109

八十八、目的地检验检疫机关 …… 110

八十九、关联号码及理由 …… 111

九十、使用人 …… 111

九十一、原箱运输 …… 112

九十二、特殊业务标识 …… 113

九十三、所需单证 …… 113

九十四、检验检疫签证申报要素 …… 114

第五节 检务申报表体项目 …… 115

九十五、检验检疫货物规格 …… 115

九十六、产品资质 …… 117

九十七、货物属性 …… 119

九十八、用途 …… 120

九十九、危险货物信息 …… 121

第四章 整合申报实例演示

实例 1：一般贸易进口（含检务申报） …… 124

一、原始单据 …… 124

二、整合申报录入结果 …… 131

三、报关单生成结果 …… 132

实例 2：一般贸易进口（不含检务申报） …… 133

一、原始单据 …… 133

二、整合申报录入结果 …… 139

三、报关单生成结果 …… 140

实例 3：进料加工进口（含检务申报） …… 141

一、原始单据 …… 141

二、整合申报录入结果 …… 144

三、报关单生成结果 …………………………………………………… 145

第五章 整合申报疑难解答

第一节 企业资质 …………………………………………………… 146
第二节 单一窗口 …………………………………………………… 147
第三节 整合申报 …………………………………………………… 149

附 录

附表 1 关区代码表 …………………………………………………… 154
附表 2 运输方式代码表 ………………………………………………… 169
附表 3 监管方式代码表 ………………………………………………… 170
附表 4 征免性质代码表 ………………………………………………… 173
附表 5 港口代码表 …………………………………………………… 175
附表 6 国别（地区）代码表 …………………………………………… 276
附表 7 国内口岸代码表 ………………………………………………… 282
附表 8 包装种类代码表 ………………………………………………… 310
附表 9 成交方式代码表 ………………………………………………… 311
附表 10 货币代码表 …………………………………………………… 312
附表 11 监管证件代码表 ……………………………………………… 313
附表 12 随附单据代码表 ……………………………………………… 315
附表 13 HS 编码与 CIQ 编码对照表 ………………………………… 317
附表 14 国内地区代码表 ……………………………………………… 466
附表 15 中华人民共和国行政区划代码表 …………………………… 478
附表 16 征减免税方式代码表 ………………………………………… 501
附表 17 计量单位代码表 ……………………………………………… 502
附表 18 世界各国和地区名称及一级行政区划代码表 (ECIQ) ……… 503

附表 19 集装箱规格代码表 …… 596

附表 20 检验检疫机关代码表 …… 597

附表 21 企业资质类别代码表 …… 623

附表 22 关联理由代码表 …… 625

附表 23 货物属性代码表 …… 626

附表 24 货物用途代码表 …… 627

附表 25 危包规格代码表 …… 628

第一章 关检融合整合申报概述

2018 年初，根据《深化党和国家机构改革方案》，国家质量监督检验检疫总局的出入境检验检疫管理职责和队伍划入海关总署。随后，海关总署印发了《全国通关一体化关检业务全面融合框架方案》，对关检业务融合进行全面部署。

首个标志性举措即是进出口货物整合申报，海关总署按照“依法依规、去繁就简、便利企业”的原则，对原报关、报检申报项目进行优化整合：原报关单、报检单合并为一张报关单；原报关、报检共 229 个申报项目合并精简至 105 个；原报关、报检 74 项随附单据合并整合成 10 项，102 项监管证件合并简化成 64 项；对国别（地区）、港口、货币、运输方式、监管方式、集装箱规格、包装种类等原报关、报检共有代码进行统一等。

2018 年 6 月 21 日，海关总署发布了《关于修订〈中华人民共和国海关进出口货物报关单填制规范〉的公告》（海关总署公告 2018 年第 60 号）和《关于修改进出口货物报关单和进出境货物备案清单格式的公告》（海关总署公告 2018 年第 61 号），2018 年 6 月 27 日，发布了《关于进出口货物报关单申报电子报文格式的公告》（海关总署公告 2018 年第 67 号），对进出口货物整合申报相关事项进行明确。这也标志着进出口货物整合申报工作从制度设计阶段正式跨入制度实施阶段，对企业进出口通关业务必将带来深远影响。

第一节 报关单改革

此次报关单改革的对象为海关总署 2016 年第 28 号公告发布的报关单版本［本书下文所述“原（进口 / 出口货物）报关单”、“原（进境 / 出境货物）备案清单”即指该版本单证］，涉及进出口货物报关单与进出境货物备案清单，改革内容主要有以下几方面：

1. 关检业务融合至报关单中，出入境货物报检单停止使用。

2. 因申报项目增加，布局结构进行了优化，版式由竖版改为横版。

3. 纸质单证全部采用普通打印方式，取消套打，不再印制空白格式单证。

各种单证的栏目修改情况如下。

一、进出口货物报关单

（一）新进口货物报关单与原进口货物报关单栏目对照

新进口货物报关单与原进口货物报关单对照，主要有如下变化。

1. 增加 9 项：“页码 / 页数”、“境外发货人”、“货物存放地点”、“启运港”、“入境口岸”、“最终目的国（地区）”、“报关人员证号”、“电话”、“自报自缴”（在表体商品项下方打印）；

2. 修改 5 项: 原“收发货人”修改为“境内收货人”、原“进口口岸”修改为“进境关别”、原“运输工具名称”修改为“运输工具名称及航次号”、原“装货港”修改为“经停港”、原“随附单证”修改为“随附单证及编号”；

3. 删除 2 项：“录入员”、“录入单位”；

4. 位置变化 3 项：“集装箱号”、“境内目的地”、“申报单位”。

新进口货物报关单样式见图 1–1：

附件

中华人民共和国海关进口货物报关单

预录入编号： 海关编号： （XX海关） 页码/页数：

境内收货人	进境关别		进口日期		申报日期		备案号
境外发货人	运输方式		运输工具名称及航次号		提运单号		货物存放地点
消费使用单位	监管方式		征免性质		许可证号		启运港
合同协议号	贸易国（地区）		启运国（地区）		经停港		入境口岸
包装种类	件数	毛重（千克）	净重（千克）	成交方式	运费	保费	杂费
随附单证及编号							
标记唛码及备注							

项号	商品编号	商品名称及规格型号	数量及单位	单价/总价/币制	原产国（地区）	最终目的国（地区）	境内目的地	征免

报关人员 报关人员证号 电话 兹申明对以上内容承担如实申报、依法纳税之法律责任 申报单位 申报单位（签章）	海关批注及签章

图 1–1 新进口货物报关单样式

（二）新出口货物报关单与原出口货物报关单栏目对照

新出口货物报关单与原出口货物报关单对照，主要有如下变化。

1. 增加 7 项：“页码 / 页数”、“境外收货人”、“离境口岸”、“原产国（地区）”、“报关人员证号”、“电话”、“自报自缴”（在表体商品项下方打印）。

2. 修改 4 项：原“收发货人”修改为“境内发货人”、原“出口口岸”修改为“出境关别”、原“运输工具名称”修改为“运输工具名称及航次号”、原“随附单证”修改为“随附单证及编号”。

3. 删除 2 项：“录入员”、“录入单位”。

4. 位置变化 3 项：“集装箱号”、“境内货源地”、“申报单位”。

新出口货物报关单样式见图 1–2：

中华人民共和国海关出口货物报关单

预录入编号：　　　　海关编号：　　　　（XX海关）　　　　页码/页数：

<table>
<tr><td colspan="2">境内发货人</td><td>出境关别</td><td colspan="2">出口日期</td><td>申报日期</td><td colspan="2">备案号</td></tr>
<tr><td colspan="2">境外收货人</td><td>运输方式</td><td colspan="2">运输工具名称及航次号</td><td colspan="3">提运单号</td></tr>
<tr><td colspan="2">生产销售单位</td><td>监管方式</td><td colspan="2">征免性质</td><td colspan="3">许可证号</td></tr>
<tr><td colspan="2">合同协议号</td><td>贸易国（地区）</td><td colspan="2">运抵国（地区）</td><td>指运港</td><td colspan="2">离境口岸</td></tr>
<tr><td>包装种类</td><td>件数</td><td>毛重（千克）</td><td>净重（千克）</td><td>成交方式</td><td>运费</td><td>保费</td><td>杂费</td></tr>
<tr><td colspan="8">随附单证及编号</td></tr>
<tr><td colspan="8">标记唛码及备注</td></tr>
<tr><td colspan="8">项号　商品编号　商品名称及规格型号　数量及单位　单价/总价/币制　原产国（地区）　最终目的国（地区）　境内货源地　征免</td></tr>
<tr><td colspan="8"></td></tr>
<tr><td colspan="5">报关人员　报关人员证号　电话　兹申明对以上内容承担如实申报、依法纳税之法律责任
申报单位　申报单位（签章）</td><td colspan="3">海关批注及签章</td></tr>
</table>

图 1–2 新出口货物报关单样式

（三）新报关单与原报关单、原报检单栏目对照

新报关单与原报关单、原报检单栏目对照关系及修订说明如表 1-1 所示，各栏目的填制规范及解读见本书第二章。

表 1-1 新报关单与原报关单、原报检单栏目对照表

序号	新报关单栏目	原报关单栏目	原报检单栏目	备注
1	预录入编号	预录入编号		栏目名称不变，修订填报要求
2	海关编号	海关编号		栏目名称不变，修订填报要求
3	境内收发货人	收发货人	收货人 / 发货人	修改栏目名称，修订填报要求
4	进出境关别	进口口岸 / 出口口岸		修改栏目名称
5	进出口日期	进口日期 / 出口日期	到货 / 发货日期	栏目名称及填报要求均未作修订
6	申报日期	申报日期	报检日期	栏目名称及填报要求均未作修订
7	备案号	备案号		栏目名称不变，修订填报要求
8	境外收发货人		发货人 / 收货人	新增栏目
9	运输方式	运输方式	运输方式	栏目名称不变，修订填报要求
10	运输工具名称及航次号	运输工具名称、航次号	运输工具名称号码	两个栏目合二为一
11	提运单号	提运单号	提货单号	栏目名称及填报要求均未作修订
12	货物存放地点		货物存放地点	新增栏目，进口报关单专有栏目
13	消费使用单位 / 生产销售单位	消费使用单位 / 生产销售单位		栏目名称不变，修订填报要求
14	监管方式	监管方式	贸易方式	栏目名称不变，修订填报要求
15	征免性质	征免性质		栏目名称不变，修订填报要求
16	许可证号	许可证号		栏目名称及填报要求均未作修订
17	启运港		启运口岸	新增栏目，进口报关单专有栏目
18	合同协议号	合同协议号		栏目名称及填报要求均未作修订
19	贸易国（地区）	贸易国（地区）	贸易国别（地区）（入）	栏目名称及填报要求均未作修订
20	启运国（地区）/ 运抵国（地区）	启运国（地区）/ 运抵国（地区）	启运国家（地区）/ 输往国家（地区）	栏目名称及填报要求均未作修订
21	经停港 / 指运港	装货港 / 指运港	经停口岸 / 到达口岸	修改栏目名称
22	入境口岸 / 离境口岸		入境口岸（入）	新增栏目
23	包装种类	包装种类	包装种类及数量	栏目名称不变，修订填报要求
24	件数	件数		栏目名称不变，修订填报要求
25	毛重（千克）	毛重（千克）		栏目名称及填报要求均未作修订
26	净重（千克）	净重（千克）		栏目名称及填报要求均未作修订
27	成交方式	成交方式		栏目名称及填报要求均未作修订
28	运费	运费		栏目名称及填报要求均未作修订
29	保费	保费		栏目名称及填报要求均未作修订
30	杂费	杂费		栏目名称及填报要求均未作修订
31	随附单证及编号	随附单证		修改栏目名称，修订填报要求
32	标记唛码及备注	标记唛码及备注	标记及号码	栏目名称不变，修订填报要求
33	项号	项号		栏目名称不变，修订填报要求
34	商品编号	商品编号	HS 编码	栏目名称不变，修订填报要求
35	商品名称及规格型号	商品名称及规格型号	货物名称	栏目名称不变，修订填报要求
36	数量及单位	数量及单位		栏目名称及填报要求均未作修订
37	单价	单价	单价	栏目名称及填报要求均未作修订
38	总价	总价	货物总值	栏目名称及填报要求均未作修订
39	币制	币制		栏目名称及填报要求均未作修订
40	原产国（地区）	原产国（地区）	原产国（地区）（入）	栏目名称及填报要求均未作修订
41	最终目的国（地区）	最终目的国（地区）		栏目名称及填报要求均未作修订

序号	新报关单栏目	原报关单栏目	原报检单栏目	备注
42	境内目的地 / 境内货源地	境内目的地 / 境内货源地	目的地 / 产地	栏目名称不变，修订填报要求，栏目位置从表头调整到表体
43	征免	征免		栏目名称及填报要求均未作修订
44	特殊关系确认	特殊关系确认		栏目名称及填报要求均未作修订
45	价格影响确认	价格影响确认		栏目名称及填报要求均未作修订
46	支付特许权使用费确认	支付特许权使用费确认		栏目名称及填报要求均未作修订
47	自报自缴			新增栏目
48	申报单位	申报单位	申报单位	栏目名称不变，修订填报要求
49	海关批注及签章	海关批注及签章		栏目名称及填报要求均未作修订

注：“原报检单栏目”中的“（入）”代表该栏目仅存在于原入境货物报检单中。

二、进出境货物备案清单

（一）新进境货物备案清单与原进境货物备案清单对照

新进境货物备案清单与原进境货物备案清单对照，主要有如下变化。

1. 增加 12 项：“页码 / 页数”、“境外发货人”、“合同协议号”、“包装种类”、“货物存放地点”、“启运港”、“经停港”、“入境口岸”、“最终目的国（地区）”、“报关人员证号”、“电话”、“自报自缴”（在表体商品项下方打印）。

2. 修改 4 项：原“收发货人”修改为“境内收货人”、原“进境口岸”修改为“进境关别”、原“运输工具名称”修改为“运输工具名称 / 航次号”、原“随附单证”修改为“随附单证及编号”。

3. 删除 2 项：“录入员”、“录入单位”。

4. 位置变化 3 项：“集装箱号”、“境内目的地”、“申报单位”。

新进境货物备案清单样式见图 1–3：

中华人民共和国海关进境货物备案清单

预录入编号：　　　　海关编号：　　　　（XX海关）　　　　页码/页数：

境内收货人	进境关别		进境日期		申报日期		备案号	
境外发货人	运输方式		运输工具名称及航次号		提运单号		货物存放地点	
消费使用单位	监管方式				许可证号		启运港	
合同协议号	贸易国（地区）		启运国（地区）		经停港		入境口岸	
包装种类	件数	毛重（千克）	净重（千克）	成交方式	运费	保费	杂费	
随附单证及编号								
标记唛码及备注								

项号	商品编号	商品名称及规格型号	数量及单位	单价/总价/币制	原产国（地区）	最终目的国（地区）	境内目的地

报关人员　　报关人员证号　　电话　　兹申明对以上内容承担如实申报、依法纳税之法律责任	海关批注及签章
申报单位　　申报单位（签章）	

图 1-3 新进境货物备案清单样式

（二）新出境货物备案清单与原出境货物备案清单对照

新出境货物备案清单与原出境货物备案清单对照，主要有如下变化。

1. 增加 10 项：“页码 / 页数”、“境外收货人”、“合同协议号”、“指运港”、“离境口岸”、“原产国（地区）”、“包装种类”、“报关人员证号”、“电话”、“自报自缴”（在表体商品项下方打印）。

2. 修改 4 项：原“收发货人”修改为“境内发货人”、原“出境口岸”修改为“出境关别”、原“运输工具名称”修改为“运输工具名称 / 航次号”、原“随附单证”修改为“随附单证及编号”。

3. 删除 2 项：“录入员”、“录入单位”。

4. 位置变化 3 项：“集装箱号”、“境内目的地”、“申报单位”。

新出境货物备案清单样式见图 1–4：

中华人民共和国海关出境货物备案清单

预录入编号：　　　　海关编号：　　　　（XX海关）　　　　页码/页数：

境内发货人	出境关别		出境日期		申报日期	备案号	
境外收货人	运输方式		运输工具名称及航次号		提运单号		
生产销售单位	监管方式				许可证号		
合同协议号	贸易国（地区）		运抵国（地区）		指运港	离境口岸	
包装种类	件数	毛重（千克）	净重（千克）	成交方式	运费	保费	杂费
随附单证及编号							
标记唛码及备注							

项号	商品编号	商品名称及规格型号	数量及单位	单价/总价/币制	原产国（地区）	最终目的国（地区）	境内货源地

报关人员　　报关人员证号　　电话　　兹申明对以上内容承担如实申报、依法纳税之法律责任 申报单位　　　　申报单位（签章）	海关批注及签章

图 1–4 新出境货物备案清单样式

进出境货物备案清单比照进出口货物报关单填制规范进行填报，因此本书不再另行对新进出境货物备案清单的填制规范作讲解。

第二节 整合申报改革

此次整合申报改革的对象为“中国国际贸易单一窗口”（以下简称“单一窗口”）上的进出口货物申报系统（下称“原报关申报”）与出入境检验检疫申报系统（下称“原报检申报”），即结合报关单改革，将原报关申报与原报检申报的项目功能整合在一起，形成进出口报关单整合申报系统（下称“整合申报”）。与报关单改革不同的是，整合申报是原报关申报、原报检申报不是替代关系，而是并存关系，即 2018 年 8 月 1 日整合申报正式启用之后，原报关申报与原报检申报仍然存在，并承接相关业务的申报。

整合申报共有 105 项，其中，关务独有 42 项、关检共有 24 项、检务独有 34 项、新增 5 项。录入界面布局大体可以分为整合申报表头项目、整合申报表体项目、集装箱及关联单证项目、检务申报表头项目、检务申报表体项目等 5 个区域（见图 1–5）。

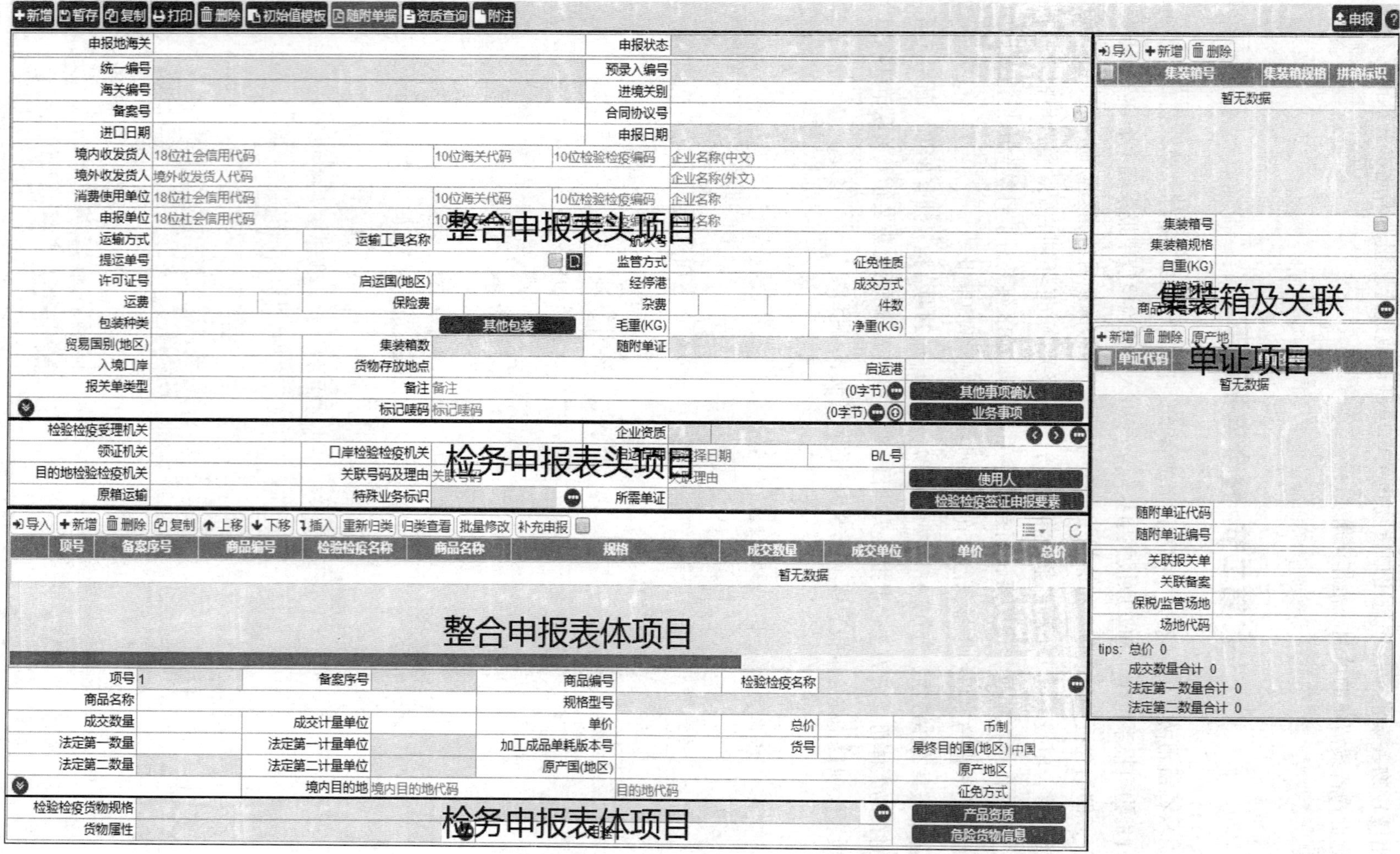

图 1-5 整合申报录入界面布局图

整合申报录入框有黄色、白色、灰色等三种颜色。其中，黄色代表此项目为必填项；白色代表此项目为选填项；灰色代表此项目为系统返填项。

整合申报上述各区域项目与原报关申报、原报检申报项目的对照关系如表 1–2 所示，各项目申报规范及录入规则见本书第三章。

表 1–2 整合申报与原报关申报、原报检申报项目关系对照表

序号	整合申报项目	原报关申报项目	原报检申报项目
一、整合申报表头项目			
1	申报地海关	申报地海关	
2	申报状态	报关状态	
3	统一编号	统一编号	
4	预录入编号	预录入编号	
5	海关编号	海关编号	
6	进出境关别	进口口岸 / 出口口岸	
7	备案号	备案号	
8	合同协议号	合同协议号	合同号
9	进口日期 / 出口日期	进口日期 / 出口日期	到货日期 / 发货日期
10	申报日期	申报日期	申请日期
11	境内收发货人	境内收发货人	收货人 / 发货人
12	境外收发货人		发货人 / 收货人
13	消费使用单位 / 生产销售单位	消费使用单位 / 生产销售单位	使用人 / 生产加工单位
14	申报单位	申报单位	申报单位
15	运输方式	运输方式	运输方式
16	运输工具名称	运输工具名称	运输工具名称
17	航次号	航次号	运输工具号码
18	提运单号	提运单号	提货单号
19	监管方式	监管方式	贸易方式
20	征免性质	征免性质	
21	许可证号	许可证号	
22	启运国（地区）/ 运抵国（地区）	启运国（地区）/ 运抵国（地区）	启运国家（地区）/ 输往国家（地区）
23	经停港 / 指运港	装货港 / 指运港	经停口岸 / 到达口岸
24	成交方式	成交方式	
25	运费	运费	
26	保险费	保险费	
27	杂费	杂费	
28	件数	件数	包装件数
29	包装种类（其他包装）	包装种类	包装种类
30	毛重（千克）	毛重（千克）	
31	净重（千克）	净重（千克）	
32	贸易国别（地区）	贸易国（地区）	贸易国别
33	集装箱数	集装箱数	
34	随附单证	随附单证	
35	入境口岸 / 离境口岸		入境口岸 / 离境口岸
36	货物存放地点		存放地点
37	启运港		启运口岸
38	报关单类型	报关单类型	
39	备注	备注	特殊检验检疫要求
40	特殊关系确认	特殊关系确认	
41	价格影响确认	价格影响确认	

序号	整合申报项目	原报关申报项目	原报检申报项目
42	与货物有关的特许权使用费支付确认	与货物有关的特许权使用费支付确认	
43	标记唛码	标记唛码	标记及号码
44	税单无纸化	税单无纸化	
45	自主报税	自主报税	
46	自报自缴	自报自缴	
47	担保验放	担保验放	
二、整合申报表体项目			
48	项号	项号	
49	备案序号	备案序号	
50	商品编号	商品编号	HS 编码
51	检验检疫名称		检验检疫名称
52	商品名称	商品名称	货物名称
53	规格型号	规格型号	
54	成交数量	成交数量	
55	成交计量单位	成交单位	
56	单价	单价	单价
57	总价	总价	货物总值
58	币制	币制	币种
59	法定第一数量	法定数量	HS 标准量
60	法定第一计量单位	法定单位	
61	加工成品单耗版本号	版本号	
62	货号	货号	
63	最终目的国（地区）	最终目的国（地区）	
64	法定第二数量	法定第二数量	
65	法定第二计量单位	第二单位	
66	原产国（地区）	原产国（地区）	原产国（地区）
67	原产地区		原产地区
68	境内目的地 / 境内货源地	境内目的地 / 境内货源地	目的地 / 产地
69	征免方式	征免方式	
三、集装箱及关联单证项目			
70	集装箱号	集装箱号	集装箱号
71	集装箱规格	集装箱规格	集装箱规格
72	自重（千克）	自重（千克）	
73	拼箱标识		拼箱标识
74	商品项号关系		
75	随附单证代码	单证代码	
76	随附单证编号	单证编号	
77	关联报关单	关联报关单	
78	关联备案	关联备案	
79	保税 / 监管场所	保税 / 监管场所	
80	场地代码	货场代码	
81	随附单据	随附单据	
四、检务申报表头项目			
82	检验检疫受理机关		申请受理机关
83	企业资质		企业资质
84	领证机关		领证机关
85	口岸检验检疫机关		口岸机构
86	启运日期		启运日期
87	B/L 号		提 / 运单号
88	目的地检验检疫机关		目的机关
89	关联号码及理由		关联检验检疫号码 + 关联理由

序号	整合申报项目	原报关申报项目	原报检申报项目
90	使用人		使用人
91	原箱运输		原箱装载标识
92	特殊业务标识		特殊业务标识
93	所需单证		所需单证
94	检验检疫签证申报要素		所需单证
五、检务申报表体项目			
95	检验检疫货物规格		货物规格
96	产品资质		产品资质
97	货物属性		货物属性
98	用途		用途
99	危险货物信息		危险货物信息

注 1：为便于读者理解掌握，“整合申报项目”未严格按照“单一窗口”官方发布的 105 项进行罗列，而是根据整合申报录入界面实际展示效果进行罗列，本书第三章也照此进行项目申报规范及录入规则解读。

注 2：“整合申报”、“原报关申报”、“原报检申报”均为“单一窗口”中的相应申报系统，本书的所有项目及功能对照仅针对“单一窗口”，不涉及 QP 系统、eCIQ 系统。

第二章 新报关单填制规范及解读

第一节 报关单表头栏目

一、预录入编号

（一）栏目沿革

该栏目源自原报关单的“预录入编号”栏。

（二）填制规范

预录入编号指预录入报关单的编号，一份报关单对应一个预录入编号，由系统自动生成。

报关单预录入编号为18位，其中第1－4位为接受申报海关的代码［海关规定的《关区代码表》（见附表1）中相应海关代码］，第5－8位为录入时的公历年份，第9位为进出口标志（“1”为进口，“0”为出口；集中申报清单“I”为进口，“E”为出口），后9位为顺序编号。

（三）规范解读

原《报关单填制规范》[1]对预录入编号规则是“由接受申报的海关决定”。上述规范一方面基于全国通关一体化，改为全国海关统一编号，并制定了编号规则；另一方面明确为“由系统自动生成”，因此，该栏目实际上无须申报人填报。

二、海关编号

（一）栏目沿革

该栏目源自原报关单的“海关编号”栏。

（二）填制规范

海关编号指海关接受申报时给予报关单的编号，一份报关单对应一个海关编号，由系统自动生成。

［1］　本书所指“原《报关单填制规范》”，为海关总署2017年第13号公告发布的《中华人民共和国海关进出口货物报关单填制规范》，下同。

报关单海关编号为18位，其中第1－4位为接受申报海关的代码（海关规定的《关区代码表》中相应海关代码），第5－8位为海关接受申报的公历年份，第9位为进出口标志（“1”为进口，“0”为出口；集中申报清单“I”为进口，“E”为出口），后9位为顺序编号。

（三）规范解读

上述规范明确编号“由系统自动生成”。因此，该栏目实际上无须申报人填报。

三、境内收发货人

（一）栏目沿革

该栏目源自原报关单的“收发货人”栏与原入境货物报检单的“收货人”、原出境货物报检单的“发货人”栏。新报关单增加了“境外收发货人”栏目，为避免因名称相近而引起混淆，故将该栏目名称改为“境内收发货人”。

（二）填制规范

填报在海关备案的对外签订并执行进出口贸易合同的中国境内法人、其他组织名称及编码。编码填报18位法人和其他组织统一社会信用代码，没有统一社会信用代码的，填报其在海关的备案编码。

特殊情况下填报要求如下：

1. 进出口货物合同的签订者和执行者非同一企业的，填报执行合同的企业。

2. 外商投资企业委托进出口企业进口投资设备、物品的，填报外商投资企业，并在标记唛码及备注栏注明“委托某进出口企业进口”，同时注明被委托企业的18位法人和其他组织统一社会信用代码。

3. 有代理报关资格的报关企业代理其他进出口企业办理进出口报关手续时，填报委托的进出口企业。

4. 海关特殊监管区域收发货人填报该货物的实际经营单位或海关特殊监管区域内经营企业。

（三）规范解读

原《报关单填制规范》对收发货人代码填报要求是“统一社会信用代码或10位海关注册编码任一项”。上述规范则要求优先填报统一社会信用代码，没有统一社会信用代码的，再填报其在海关的备案编码。此处的“备案编码”是指，海关备案的10位海关代码或者10位检验检疫编码。

特殊情况下填报要求第4点，由原来的“使用海关核发的‘中华人民共和国海关加工贸易手册’、电子账册及其分册（以下统称‘加工贸易手册’）管理的货物，收发货人应与‘加工贸易手册’的‘经营企业’一致”修订为“海关特殊监管区域收发货人填报该货物的实际经营单位或海关特殊监管区域内经营企业”。

无统一社会信用代码及海关备案编码的收发货人，填报其在海关申领的临时编码。

四、进出境关别

（一）栏目沿革

该栏目源自原报关单的“进口口岸/出口口岸”栏。新报关单增加了“入境口岸/离境口岸”栏目，为避免因名称相近而引起混淆，故将该栏目名称改为“进境关别/出境关别”。

（二）填制规范

根据货物实际进出境的口岸海关，填报海关规定的《关区代码表》中相应口岸海关的名称及代码。

特殊情况填报要求如下：

进口转关运输货物填报货物进境地海关名称及代码，出口转关运输货物填报货物出境地海关名称及代码。按转关运输方式监管的跨关区深加工结转货物，出口报关单填报转出地海关名称及代码，进口报关单填报转入地海关名称及代码。

在不同海关特殊监管区域或保税监管场所之间调拨、转让的货物，填报对方海关特殊监管区域或保税监管场所所在的海关名称及代码。

其他无实际进出境的货物，填报接受申报的海关名称及代码。

（三）规范解读

该栏目应填报货物实际进出境的口岸海关，比如，货物从天津机场口岸进境，则应填报“津机场办 0207”，而不是“天津海关 0201”。

五、进出口日期

（一）栏目沿革

该栏目源自原报关单的“进口日期/出口日期”栏和原报检单的“到货/发货日期”栏，合并为“进出口日期”。

（二）填制规范

进口日期填报运载进口货物的运输工具申报进境的日期。出口日期指运载出口货物的运输工具办结出境手续的日期，在申报时免予填报。无实际进出境的货物，填报海关接受申报的日期。

进出口日期为8位数字，顺序为年（4位）、月（2位）、日（2位）。

六、申报日期

（一）栏目沿革

该栏目源自原报关单的“申报日期”栏和原报检单的“报检日期”栏，合并为“申报日期”。

（二）填制规范

申报日期指海关接受进出口货物收发货人、受委托的报关企业申报数据的日期。以电子数据报关单方式申报的，申报日期为海关计算机系统接受申报数据时记录的日期。以纸质报关单方式申报的，申报日期为海关接受纸质报关单并对报关单进行登记处理的日期。本栏目在申报时免予填报。

申报日期为8位数字，顺序为年（4位）、月（2位）、日（2位）。

七、备案号

（一）栏目沿革

该栏目源自原报关单的“备案号”栏。

（二）填制规范

填报进出口货物收发货人、消费使用单位、生产销售单位在海关办理加工贸易合同备案或征、减、免税审核确认等手续时，海关核发的“加工贸易手册”、海关特殊监管区域和保税监管场所保税账册、“征免税证明”或其他备案审批文件的编号。

一份报关单只允许填报一个备案号。具体填报要求如下：

1. 加工贸易项下货物，除少量低值辅料按规定不使用“加工贸易手册”及以后续补税监管方式办理内销征税的外，填报“加工贸易手册”编号。

使用异地直接报关分册和异地深加工结转出口分册在异地口岸报关的，填报分册号；本地直接报关分册和本地深加工结转分册限制在本地报关，填报总册号。

加工贸易成品凭“征免税证明”转为减免税进口货物的，进口报关单填报“征免税证明”编号，出口报关单填报“加工贸易手册”编号。

对加工贸易设备、使用账册管理的海关特殊监管区域内减免税设备之间的结转，转入和转出企业分别填制进、出口报关单，在报关单“备案号”栏目填报“加工贸易手册”编号。

2. 涉及征、减、免税审核确认的报关单，填报“征免税证明”编号。

3. 减免税货物退运出口，填报“中华人民共和国海关进口减免税货物准予退运证明”的编号；减免税货物补税进口，填报“减免税货物补税通知书”的编号；减免税货物进口或结转进口（转入），填报“征免税证明”的编号；相应的结转出口（转出），填报“中华人民共和国海关进口减免税货物结转联系函”的编号。

（三）规范解读

备案号的编号为12位字符，结构如下。

1. 第1位为备案或审批文件的标记，各个标记所代表的文件如表2-1所示：

表 2–1 备案或审批文件标记表

标记	含义
A	外商投资企业为生产内销产品进口料件
B	来料加工进出口货物
C	进料加工进出口货物
D	加工贸易不作价进口设备
E	加工贸易电子账册
G	加工贸易深加工结转异地报关手册
F	加工贸易异地报关手册
H	出口加工区电子账册
J	保税仓库记账式电子账册
K	保税仓库备案式电子账册
Y	原产地证书
Z	征免税证明
Q	汽车零部件电子账册

2. 第 2—5 位为核发“加工贸易手册”“征免税证明”等海关关区代码。

3. 第 6 位为年份最后一位，出口加工区设备电子账册第 6 位为“D”。

4. 第 7 位区分不同类型分别定义：

（1）保税仓库电子账册（K、J）第 7 位为保税仓库类型代码。

（2）“加工贸易手册”第 7 位为企业经济类别代码。

（3）深加工结转分册第 7 位为“H”，用于出口加工区深加工结转分册。

（4）“征免税证明”第 7 位为归档标志。

5. 第 8—12 位数为顺序码。

上述填制规范与原《报关单填制规范》相比，主要修订以下两处内容：

（1）增加了“海关特殊监管区域和保税监管场所保税账册”编号及其填报要求。

（2）具体填报要求中增加了“使用账册管理的海关特殊监管区域内减免税设备”之间结转的填报要求。

（3）根据当前监管要求，将“减、免税备案审批”的表述修订为“减、免税审核确认”。

八、境外收发货人

（一）栏目沿革

该栏目源自原入境报检单的“发货人（外文）”栏与原出境报检单的“收货人（外文）”栏，为避免与“境内收发货人”引起混淆，故改名为“境外收发货人”。

（二）填制规范

境外收货人通常指签订并执行出口贸易合同中的买方或合同指定的收货人，境外发货人通常指签订并执行进口贸易合同中的卖方。

填报境外收发货人的名称及编码。名称一般填报英文名称，检验检疫要求填报其他外文名称的，在英文名称后填报，以半角括号分隔。对于 AEO 互认国家（地区）企业的，编码填报 AEO 编码，填报样式按照海关总署发布的相关公告要求填报（如新加坡 AEO 企业填报样式为：SG123456789012，韩国 AEO 企业填报样式为 KR1234567，具体见相关公告要求）。非互认国家（地区）AEO 企业等其他情形，编码免于填报。

特殊情况下无境外收发货人的，名称及编码填报“NO”。

（三）规范解读

截至目前，海关总署发布了与下列七个国家（地区）的 AEO 互认公告，并规定了企业 AEO 编码填报规则。

1. 新加坡。《关于 < 中华人民共和国海关企业分类管理办法 > 和 < 新加坡安全贸易伙伴计划 > 互认的安排》（海关总署公告 2013 年第 13 号）规定新加坡企业 AEO 编码填报方式为：“AEO(英文半角大写)”+“<”+“SG”+“12 位 AEO 企业编码”+“>”。例如，新加坡 STP 一 PluS 企业的编码为 AEOSG123456789012，则填注“AEO<SG123456789012>”。

2. 韩国。《关于正式实施中韩海关“经认证的经营者（AEO）”互认的公告》（海关总署公告 2014 年第 20 号），规定韩国企业 AEO 编码填报方式为：“AEO”（英文半角大写）+“<”（英文半角）+“KR”+“7 位认证企业编码”+“>”（英文半角），例如，韩国海关认证的 AEO 企业的编码为 KRAEO1234567，则填注“AEO<KR1234567>”。

3. 中国香港。《关于全面实施内港海关“经认证的经营者（AEO）”互认的公告》（海关总署公告 2014 年第 64 号）规定香港企业 AEO 编码填报方式为：“AEO”（英文半角大写）+“<”（英文半角）+“HK”+“10 位认证企业数字编码”+“>”（英文半角），例如，香港海关认证的 AEO 企业的编码为 AEOHK1234567890，则填注“AEO<HK1234567890>”。

4. 欧盟。《关于实施中国－欧盟“经认证的经营者”互认安排的公告》（海关总署公告 2015 年第 52 号）规定欧盟企业 AEO 编码填报方式为：“AEO”（英文半角大写）+“<”（英文半角）+“欧盟 EORI 编码”+“>”（英文半角）。例如，欧盟 EORI 编码为 FR123456789012345，则填注“AEO<FR123456789012345>”。

5. 中国台湾。《关于海峡两岸海关“经认证的经营者（AEO）”互认试点》（海关总署公告 2016 年第 49 号）规定台湾企业 AEO 编码填报方式为：“AEO”（英文半角大写）+“<”（英文半角）+“TW”（英文半角大写）+“9 位 AEO 企业编码”+“>”（英文半角）。例如，台湾海关 AEO 企业编码为：123456789，则填注“AEO< TW 123456789>”。

6. 新西兰。《关于实施中国－新西兰海关“经认证的经营者（AEO）”互认的公告》（海关总署公告 2017 年第 23 号）规定新西兰企业 AEO 编码填报方式为：“AEO”（英文半角大写）+“<”（英文半角）+“新西兰 AEO 编码”+“>”（英文半角）。例如，新西兰 AEO 编码为 NZ1234，则填注“AEO<NZ1234>”。

7. 瑞士。《关于实施中国－瑞士海关“经认证的经营者（AEO）”互认的公告》（海关总署公告 2017 年第 40 号）规定瑞士企业 AEO 编码填报方式为：“AEO”（英文半角大写）

+“<”（英文半角）+“瑞士 AEO 编码（国别代码 CHE 加 8 位数字代码加 1 位识别码）”+“>”（英文半角）。如瑞士 AEO 编码为 CHE12345678P，则填注“AEO<CHE12345678P>”。

另有以色列、澳大利亚等国海关虽已与我国海关签署了 AEO 互认协议，但尚未发布相关公告，则无须填报 AEO 编码。

九、运输方式

（一）栏目沿革

该栏目源自原报关单的“运输方式”栏[2]。

（二）填制规范

运输方式包括实际运输方式和海关规定的特殊运输方式，前者指货物实际进出境的运输方式，按进出境所使用的运输工具分类；后者指货物无实际进出境的运输方式，按货物在境内的流向分类。

根据货物实际进出境的运输方式或货物在境内流向的类别，按照海关规定的《运输方式代码表》（见附表 2）选择填报相应的运输方式。

1. 特殊情况填报要求如下：

（1）非邮件方式进出境的快递货物，按实际运输方式填报。

（2）进口转关运输货物，按载运货物抵达进境地的运输工具填报；出口转关运输货物，按载运货物驶离出境地的运输工具填报。

（3）不复运出（入）境而留在境内（外）销售的进出境展览品、留赠转卖物品等，填报“其他运输”（代码 9）。

（4）进出境旅客随身携带的货物，填报“旅客携带”（代码 L）。

（5）以固定设施（包括输油、输水管道和输电网等）运输货物的，填报“固定设施运输”（代码 G）。

2. 无实际进出境货物在境内流转时填报要求如下：

（1）境内非保税区运入保税区货物和保税区退区货物，填报“非保税区”（代码 0）。

（2）保税区运往境内非保税区货物，填报“保税区”（代码 7）。

（3）境内存入出口监管仓库和出口监管仓库退仓货物，填报“监管仓库”（代码 1）。

（4）保税仓库转内销货物或转加工贸易货物，填报“保税仓库”（代码 8）。

（5）从境内保税物流中心外运入中心或从中心运往境内中心外的货物，填报“物流中心”（代码 W）。

（6）从境内保税物流园区外运入园区或从园区内运往境内园区外的货物，填报“物流

[2] “单一窗口—入 / 出境检验检验申请”系统有“运输方式”申报项目，原入 / 出境报检单将相应的运输方式填报在“运输工具名称号码”栏。

园区”（代码X）。

（7）保税港区、综合保税区与境内（区外）（非海关特殊监管区域、保税监管场所）之间进出的货物，填报“保税港区/综合保税区”（代码Y）。

（8）出口加工区、珠澳跨境工业区（珠海园区）、中哈霍尔果斯边境合作区（中方配套区）与境内（区外）（非海关特殊监管区域、保税监管场所）之间进出的货物，填报“出口加工区”（代码Z）。

（9）境内运入深港西部通道港方口岸区的货物，填报“边境特殊海关作业区”（代码H）。

（10）经横琴新区和平潭综合实验区（以下简称综合试验区）二线指定申报通道运往境内区外或从境内经二线指定申报通道进入综合试验区的货物，以及综合试验区内按选择性征收关税申报的货物，填报“综合试验区”（代码T）。

（11）海关特殊监管区域内的流转、调拨货物，海关特殊监管区域、保税监管场所之间的流转货物，海关特殊监管区域与境内区外之间进出的货物，海关特殊监管区域外的加工贸易余料结转、深加工结转、内销货物，以及其他境内流转货物，填报“其他运输”（代码9）。

（三）规范解读

上述规范主要作如下两项修订：

1. 将进出境旅客随身携带的货物“按旅客实际进出境方式所对应的运输方式填报”修订为“填报‘旅客携带’（代码L）”。

2. 新增“以固定设施（包括输油、输水管道和输电网等）运输货物的，填报‘固定设施运输’（代码G）”。

《运输方式代码表》在本次关检融合中作了相应修订。原海关编制的运输方式代码为1位数字或字母码，除通用运输方式外，还根据业务需要增加了特殊监管区等运输方式。原检验检疫编制的运输方式代码为1位数字码。双方均使用自己的编码体系，未采用国标。现修订为：10个数字代码完全采用国家标准的代码和定义，同时保留原海关和检验检疫有特殊要求的8个1位字母代码。

十、运输工具名称及航次号

（一）栏目沿革

该栏目源自原报关单的“运输工具名称”栏、“航次号”栏和原报检单的“运输工具名称号码”栏，合并为“运输工具名称及航次号”。

（二）填制规范

填报载运货物进出境的运输工具名称或编号及航次号。填报内容应与运输部门向海关申报的舱单（载货清单）所列相应内容一致。

1. 运输工具名称具体填报要求。

（1）直接在进出境地或采用全国通关一体化通关模式办理报关手续的报关单填报要求如下：

①水路运输：填报船舶编号（来往港澳小型船舶为监管簿编号）或者船舶英文名称。

②公路运输：启用公路舱单前，填报该跨境运输车辆的国内行驶车牌号，深圳提前报关模式的报关单填报国内行驶车牌号 + “/” + “提前报关”。启用公路舱单后，免予填报。

③铁路运输：填报车厢编号或交接单号。

④航空运输：填报航班号。

⑤邮件运输：填报邮政包裹单号。

⑥其他运输：填报具体运输方式名称，例如：管道、驮畜等。

（2）转关运输货物的报关单填报要求如下：

①进口。

——水路运输：直转、提前报关填报“@”+16 位转关申报单预录入号（或 13 位载货清单号）；中转填报进境英文船名。

——铁路运输：直转、提前报关填报“@”+16位转关申报单预录入号；中转填报车厢编号。

——航空运输：直转、提前报关填报“@”+16 位转关申报单预录入号（或 13 位载货清单号）；中转填报“@”。

——公路及其他运输：填报“@”+16 位转关申报单预录入号（或 13 位载货清单号）。

——以上各种运输方式使用广东地区载货清单转关的提前报关货物填报“@”+13 位载货清单号。

②出口。

——水路运输：非中转填报“@”+16 位转关申报单预录入号（或 13 位载货清单号）。如多张报关单需要通过一张转关单转关的，运输工具名称字段填报“@”。

中转货物，境内水路运输填报驳船船名；境内铁路运输填报车名（主管海关 4 位关区代码 + “TRAIN”）；境内公路运输填报车名（主管海关 4 位关区代码 + “TRUCK”）。

——铁路运输：填报“@”+16 位转关申报单预录入号（或 13 位载货清单号），如多张报关单需要通过一张转关单转关的，填报“@”。

——航空运输：填报“@”+16 位转关申报单预录入号（或 13 位载货清单号），如多张报关单需要通过一张转关单转关的，填报“@”。

——其他运输方式：填报“@”+16 位转关申报单预录入号（或 13 位载货清单号）。

（3）采用“集中申报”通关方式办理报关手续的，报关单填报“集中申报”。

（4）无实际进出境的货物，免予填报。

2. 航次号具体填报要求。

（1）直接在进出境地或采用全国通关一体化通关模式办理报关手续的报关单：

①水路运输：填报船舶的航次号。

②公路运输：启用公路舱单前，填报运输车辆的8位进出境日期［顺序为年（4位）、月（2位）、日（2位），下同］。启用公路舱单后，填报货物运输批次号。

③铁路运输：填报列车的进出境日期。

④航空运输：免予填报。

⑤邮件运输：填报运输工具的进出境日期。

⑥其他运输方式：免予填报。

（2）转关运输货物的报关单：

①进口。

——水路运输：中转转关方式填报“@”+进境干线船舶航次。直转、提前报关免予填报。

——公路运输：免予填报。

——铁路运输：“@”+8位进境日期。

——航空运输：免予填报。

——其他运输方式：免予填报。

②出口。

——水路运输：非中转货物免予填报。中转货物：境内水路运输填报驳船航次号；境内铁路、公路运输填报6位启运日期［顺序为年（2位）、月（2位）、日（2位）］。

——铁路拼车拼箱捆绑出口：免予填报。

——航空运输：免予填报。

——其他运输方式：免予填报。

3. 无实际进出境的货物，免予填报。

（三）规范解读

该栏目的填制规范没有变化，只是将原“区域通关一体化”的表述改为“全国通关一体化”。

十一、提运单号

（一）栏目沿革

该栏目源自原报关单的“提运单号”栏和原入境报检单的“提货单号”栏，合并为“提运单号”。

（二）填制规范

填报进出口货物提单或运单的编号。一份报关单只允许填报一个提单或运单号，一票货物对应多个提单或运单时，应分单填报。

具体填报要求如下：

1. 直接在进出境地或采用全国通关一体化通关模式办理报关手续的。

（1）水路运输：填报进出口提单号。如有分提单的，填报进出口提单号+“*”+分提单号。

（2）公路运输：启用公路舱单前，免予填报；启用公路舱单后，填报进出口总运单号。

（3）铁路运输：填报运单号。

（4）航空运输：填报总运单号＋“_”＋分运单号，无分运单的填报总运单号。

（5）邮件运输：填报邮运包裹单号。

2. 转关运输货物的报关单。

（1）进口。

①水路运输：直转、中转填报提单号。提前报关免予填报。

②铁路运输：直转、中转填报铁路运单号。提前报关免予填报。

③航空运输：直转、中转货物填报总运单号＋“_”＋分运单号。提前报关免予填报。

④其他运输方式：免予填报。

⑤以上运输方式进境货物，在广东省内用公路运输转关的，填报车牌号。

（2）出口。

①水路运输：中转货物填报提单号；非中转货物免予填报；广东省内汽车运输提前报关的转关货物，填报承运车辆的车牌号。

②其他运输方式：免予填报。广东省内汽车运输提前报关的转关货物，填报承运车辆的车牌号。

3. 采用“集中申报”通关方式办理报关手续的，报关单填报归并的集中申报清单的进出口起止日期［按年（4 位）月（2 位）日（2 位）年（4 位）月（2 位）日（2 位）］。

4. 无实际进出境的货物，免予填报。

（三）规范解读

该栏目的填制规范没有变化，只是将原“区域通关一体化”的表述改为“全国通关一体化”。

十二、货物存放地点

（一）栏目沿革

该栏目源自原报检单的“货物存放地点”栏。

（二）填制规范

填报货物进境后存放的场所或地点，包括海关监管作业场所、分拨仓库、定点加工厂、隔离检疫场、企业自有仓库等。

（三）规范解读

该栏目为进口报关单专有栏目，出口报关单无此栏目。没有相关代码表，填报货物存放地点中文名称。

十三、消费使用单位 / 生产销售单位

（一）栏目沿革

该栏目源自原报关单的“消费使用单位 / 生产销售单位”栏。

（二）填制规范

1. 消费使用单位填报已知的进口货物在境内的最终消费、使用单位的名称，包括：

（1）自行进口货物的单位。

（2）委托进出口企业进口货物的单位。

2. 生产销售单位填报出口货物在境内的生产或销售单位的名称，包括：

（1）自行出口货物的单位。

（2）委托进出口企业出口货物的单位。

3. 减免税货物报关单的消费使用单位 / 生产销售单位应与“征免税证明”的“减免税申请人”一致；保税监管场所与境外之间的进出境货物，消费使用单位 / 生产销售单位填报保税监管场所的名称［保税物流中心（B 型）填报中心内企业名称］。

4. 海关特殊监管区域的消费使用单位 / 生产销售单位填报区域内经营企业（“加工单位”或“仓库”）。

5. 编码填报要求：

（1）填报 18 位法人和其他组织统一社会信用代码。

（2）无 18 位统一社会信用代码的，填报“NO”。

6. 进口货物在境内的最终消费或使用以及出口货物在境内的生产或销售的对象为自然人的，填报身份证号、护照号、台胞证号等有效证件号码及姓名。

（三）规范解读

与原《报关单填制规范》相比，上述规范主要作如下修订：

1. 第 3 款中删去“使用‘加工贸易手册’管理的货物，消费使用单位 / 生产销售单位应与‘加工贸易手册’的‘加工企业’一致”的要求。

2. 增加第 4、第 6 款。

3. 按照“统一社会信用代码”确定填报要求。

十四、监管方式

（一）栏目沿革

该栏目源自原报关单的“监管方式”栏和原报检单的“贸易方式”栏，合并为“监管方式”。

（二）填制规范

监管方式是以国际贸易中进出口货物的交易方式为基础，结合海关对进出口货物的征税、统计及监管条件综合设定的海关对进出口货物的管理方式。其代码由 4 位数字构成，前

两位是按照海关监管要求和计算机管理需要划分的分类代码，后两位是参照国际标准编制的贸易方式代码。

根据实际对外贸易情况按海关规定的《监管方式代码表》（见附表3）选择填报相应的监管方式简称及代码。一份报关单只允许填报一种监管方式。

特殊情况下加工贸易货物监管方式填报要求如下：

1. 进口少量低值辅料（即5000美元以下，78种以内的低值辅料）按规定不使用“加工贸易手册”的，填报“低值辅料”。使用“加工贸易手册”的，按“加工贸易手册”上的监管方式填报。

2. 加工贸易料件转内销货物以及按料件办理进口手续的转内销制成品、残次品、未完成品，填制进口报关单，填报“来料料件内销”或“进料料件内销”；加工贸易成品凭“征免税证明”转为减免税进口货物的，分别填制进、出口报关单，出口报关单填报“来料成品减免”或“进料成品减免”，进口报关单按照实际监管方式填报。

3. 加工贸易出口成品因故退运进口及复运出口的，填报“来料成品退换”或“进料成品退换”；加工贸易进口料件因换料退运出口及复运进口的，填报“来料料件退换”或“进料料件退换”；加工贸易过程中产生的剩余料件、边角料退运出口，以及进口料件因品质、规格等原因退运出口且不再更换同类货物进口的，分别填报“来料料件复出”、“来料边角料复出”、“进料料件复出”、“进料边角料复出”。

4. 加工贸易边角料内销和副产品内销，填制进口报关单，填报“来料边角料内销”或“进料边角料内销”。

5. 企业销毁处置加工贸易货物未获得收入，销毁处置货物为料件、残次品的，填报“料件销毁”；销毁处置货物为边角料、副产品的，填报“边角料销毁”。

企业销毁处置加工贸易货物获得收入的，填报为“进料边角料内销”或“来料边角料内销”。

（三）规范解读

上述规范删除了原《报关单填制规范》中下列四种特殊情况下加工贸易货物监管方式填报要求：

1. 外商投资企业为加工内销产品而进口的料件，属非保税加工的，填报“一般贸易”。外商投资企业全部使用国内料件加工的出口成品，填报“一般贸易”。

2. 加工贸易料件结转或深加工结转货物，按批准的监管方式填报。

3. 备料《加工贸易手册》中的料件结转转入加工出口《加工贸易手册》的，填报“来料加工”或“进料加工”。

4. 保税工厂的加工贸易进出口货物，根据《加工贸易手册》填报“来料加工”或“进料加工”

十五、征免性质

（一）栏目沿革

该栏目源自原报关单的“征免性质”栏。

（二）填制规范

根据实际情况按海关规定的《征免性质代码表》（见附表4）选择填报相应的征免性质简称及代码，持有海关核发的“征免税证明”的，按照“征免税证明”中批注的征免性质填报。一份报关单只允许填报一种征免性质。

加工贸易货物报关单按照海关核发的“加工贸易手册”中批注的征免性质简称及代码填报。特殊情况填报要求如下：

1. 加工贸易转内销货物，按实际情况填报（如一般征税、科教用品、其他法定等）。

2. 料件退运出口、成品退运进口货物填报“其他法定”（代码299）。

3. 加工贸易结转货物，免予填报。

（三）规范解读

上述规范删除了原《报关单填制规范》中下列三种特殊情况填报要求：

1. 保税工厂经营的加工贸易，根据“加工贸易手册”填报“进料加工”或“来料加工”。

2. 外商投资企业为加工内销产品而进口的料件，属非保税加工的，填报“一般征税”或其他相应征免性质。

3. 我国驻外使领馆工作人员、外国驻华机构及人员、非居民常驻人员、政府间协议规定等应税（消费税）进口自用小汽车，并且单台完税价格130万元及以上的，本栏填报“特案”。

十六、许可证号

（一）栏目沿革

该栏目源自原报关单的“许可证号”栏。

（二）填制规范

填报进（出）口许可证、两用物项和技术进（出）口许可证、两用物项和技术出口许可证（定向）、纺织品临时出口许可证、出口许可证（加工贸易）、出口许可证（边境小额贸易）的编号。

一份报关单只允许填报一个许可证号。

十七、启运港

（一）栏目沿革

该栏目源自原报检单的“启运口岸”栏，改名为“启运港”。

（二）填制规范

填报进口货物在运抵我国关境前的第一个境外装运港。

根据实际情况，按海关规定的《港口代码表》（见附表5）填报相应的港口名称及代码，未在《港口代码表》列明的，填报相应的国家名称及代码。货物从海关特殊监管区域或保税监管场所运至境内区外的，填报《港口代码表》中相应海关特殊监管区域或保税监管场所的名称及代码，未在《港口代码表》中列明的，填报“未列出的特殊监管区”及代码。

其他无实际进境的货物，填报“中国境内”及代码。

（三）规范解读

《港口代码表》在本次关检融合中作了相应修订。原海关编制的港口代码为3位或4位数字码，以海港为主；原检验检疫编制的港口代码为6位数字码，前3位为国别（地区）数字代码，后三位为顺序码，包括海港、空港等。现修订为：一般港口代码统一采用“3位国别（地区）字母代码”（取自《国别（地区）代码表》）+“3位顺序码”的格式，例如，“喀布尔（阿富汗）”的港口代码为“AFG001”，其中，“AFG”为阿富汗的国别代码，“001”为顺序码；而海关特殊监管区域或保税监管场所则仍保留原检验检疫编制的6位数字码，例如，“北京天竺综合保税区”的港口代码为“991101”。

附表5还提供了新港口代码与原海关、原检验检疫代码的对应关系。

十八、合同协议号

（一）栏目沿革

该栏目源自原报关单的“合同协议号”栏。

（二）填制规范

填报进出口货物合同（包括协议或订单）编号。未发生商业性交易的免予填报。

十九、贸易国（地区）

（一）栏目沿革

该栏目源自原报关单的“贸易国（地区）”栏和原入境报检单的“贸易国别（地区）”栏，合并为“贸易国（地区）”。

（二）填制规范

发生商业性交易的进口填报购自国（地区），出口填报售予国（地区）。未发生商业性交易的填报货物所有权拥有者所属的国家（地区）。

按海关规定的《国别（地区）代码表》（见附表6）选择填报相应的贸易国（地区）中文名称及代码。

（三）规范解读

《国别（地区）代码表》在本次关检融合中作了相应修订。原海关使用的国别（地区）代码为以海关统计为基础，以所属洲别为基本单位自行编制的 3 位数字码；原检验检疫使用的国别（地区）代码采用了现行国家标准中的 3 位数字码。现修订为：按照相应的编码规则统一赋予 3 位字母码。

附表 6 还提供了新国别（地区）代码与原海关、原检验检疫代码的对应关系。

二十、启运国（地区）/ 运抵国（地区）

（一）栏目沿革

该栏目源自原报关单的"启运国（地区）/ 运抵国（地区）"栏和原报检单的"启运国家（地区）/ 输往国家（地区）"栏，合并为"启运国（地区）/ 运抵国（地区）"。

（二）填制规范

启运国（地区）填报进口货物启始发出直接运抵我国或者在运输中转国（地）未发生任何商业性交易的情况下运抵我国的国家（地区）。

运抵国（地区）填报出口货物离开我国关境直接运抵或者在运输中转国（地区）未发生任何商业性交易的情况下最后运抵的国家（地区）。

不经过第三国（地区）转运的直接运输进出口货物，以进口货物的装货港所在国（地区）为启运国（地区），以出口货物的指运港所在国（地区）为运抵国（地区）。

经过第三国（地区）转运的进出口货物，如在中转国（地区）发生商业性交易，则以中转国（地区）作为启运 / 运抵国（地区）。

按海关规定的《国别（地区）代码表》选择填报相应的启运国（地区）或运抵国（地区）中文名称及代码。

无实际进出境的货物，填报"中国"及代码。

二十一、经停港 / 指运港

（一）栏目沿革

该栏目源自原报关单的"装货港 / 指运港"栏和原报检单的"经停口岸 / 到达口岸"栏，合并为"经停港 / 指运港"。

（二）填制规范

经停港填报进口货物在运抵我国关境前的最后一个境外装运港。

指运港填报出口货物运往境外的最终目的港；最终目的港不可预知的，按尽可能预知的目的港填报。

根据实际情况，按海关规定的《港口代码表》选择填报相应的港口名称及代码。经停

港 / 指运港在《港口代码表》中无港口名称及代码的，可选择填报相应的国家名称及代码。

无实际进出境的货物，填报“中国境内”及代码。

二十二、入境口岸 / 离境口岸

（一）栏目沿革

该栏目源自原入境报检单的“入境口岸”栏[3]。

（二）填制规范

入境口岸填报进境货物从跨境运输工具卸离的第一个境内口岸的中文名称及代码；采取多式联运跨境运输的，填报多式联运货物最终卸离的境内口岸中文名称及代码；过境货物填报货物进入境内的第一个口岸的中文名称及代码；从海关特殊监管区域或保税监管场所进境的，填报海关特殊监管区域或保税监管场所的中文名称及代码。其他无实际进境的货物，填报货物所在地的城市名称及代码。

出境口岸填报装运出境货物的跨境运输工具离境的第一个境内口岸的中文名称及代码；采取多式联运跨境运输的，填报多式联运货物最初离境的境内口岸中文名称及代码；过境货物填报货物离境的第一个境内口岸的中文名称及代码；从海关特殊监管区域或保税监管场所出境的，填报海关特殊监管区域或保税监管场所的中文名称及代码。其他无实际出境的货物，填报货物所在地的城市名称及代码。

入境口岸 / 离境口岸类型包括港口、码头、机场、机场货运通道、边境口岸、火车站、车辆装卸点、车检场、陆路港、坐落在口岸的海关特殊监管区域等。按海关规定的《国内口岸代码表》（见附表 7）选择填报相应的境内口岸名称及代码。

二十三、包装种类

（一）栏目沿革

该栏目源自原报关单的“包装种类”栏和原报检单的“包装种类及数量”栏，合并为“包装种类”。

（二）填制规范

填报进出口货物的所有包装材料，包括运输包装和其他包装，按海关规定的《包装种类代码表》（见附表 8）选择填报相应的包装种类名称及代码。运输包装指提运单所列货物件数单位对应的包装，其他包装包括货物的各类包装，以及植物性铺垫材料等。

（三）规范解读

原《报关单填制规范》仅要求填报“实际外包装种类”；而上述规范增加了检验检疫需求，

[3] “单一窗口—出境检验检疫申请”系统中有“离境口岸”申报项目，但是原出境报检单上无“离境口岸”栏。

要求填报“所有包装材料，包括运输包装和其他包装”。

“植物性铺垫材料”在《包装种类代码表》中未列名，但在“单一窗口—进 / 出口报关单整合申报”系统的“其他包装”中不但有其列名，还赋予代码“98”。动植物性包装物、铺垫材料进境时必须填报。

二十四、件数

（一）栏目沿革

该栏目源自原报关单的“件数”栏。

（二）填制规范

填报进出口货物运输包装的件数（按运输包装计）。特殊情况填报要求如下：

1. 舱单件数为集装箱的，填报集装箱个数。

2. 舱单件数为托盘的，填报托盘数。

不得填报为零，裸装货物填报为“1”。

（三）规范解读

原《报关单填制规范》要求填报“外包装”件数，而上述规范则要求填报“运输包装”件数。

二十五、毛重（千克）

（一）栏目沿革

该栏目源自原报关单的“毛重（千克）”栏。

（二）填制规范

填报进出口货物及其包装材料的重量之和，计量单位为千克，不足一千克的填报为“1”。

（三）规范解读

“毛重（千克）”栏不得为空，毛重应大于或等于“1”，不得为“0”。

二十六、净重（千克）

（一）栏目沿革

该栏目源自原报关单的“净重（千克）”栏。

（二）填制规范

填报进出口货物的毛重减去外包装材料后的重量，即货物本身的实际重量，计量单位为千克，不足一千克的填报为“1”。

（三）规范解读

“净重（千克）”栏不得为空，毛重应大于或等于“1”，不得为“0”。

二十七、成交方式

（一）栏目沿革

该栏目源自原报关单的“成交方式”栏。

（二）填制规范

根据进出口货物实际成交价格条款，按海关规定的《成交方式代码表》（见附表 9）选择填报相应的成交方式代码。

无实际进出境的货物，进口填报 CIF，出口填报 FOB。

二十八、运费

（一）栏目沿革

该栏目源自原报关单的“运费”栏。

（二）填制规范

填报进口货物运抵我国境内输入地点起卸前的运输费用，出口货物运至我国境内输出地点装载后的运输费用。

运费可按运费单价、总价或运费率三种方式之一填报，注明运费标记（运费标记“1”表示运费率，“2”表示每吨货物的运费单价，“3”表示运费总价），并按海关规定的《货币代码表》（见附表 10）选择填报相应的币种代码。

（三）规范解读

《货币代码表》在本次关检融合中作了相应修订。原海关币制的字母码采用国家标准，数字码为自行编制；原检验检疫币制的数字码采用国家标准，字母码部分与国标有差异。现修订为：统一采用现行国家标准 GB/T 12406 代码。

附表 10 还提供了新货币代码与原海关、原检验检疫代码的对应关系。

二十九、保费

（一）栏目沿革

该栏目源自原报关单的“保费”栏。

（二）填制规范

填报进口货物运抵我国境内输入地点起卸前的保险费用，出口货物运至我国境内输出地点装载后的保险费用。

保费可按保险费总价或保险费率两种方式之一填报，注明保险费标记（保险费标记“1”表示保险费率，“3”表示保险费总价），并按海关规定的《货币代码表》选择填报相应的币种代码。

三十、杂费

（一）栏目沿革

该栏目源自原报关单的“杂费”栏。

（二）填制规范

填报成交价格以外的、按照《中华人民共和国进出口关税条例》相关规定应计入完税价格或应从完税价格中扣除的费用。可按杂费总价或杂费率两种方式之一填报，注明杂费标记（杂费标记“1”表示杂费率，“3”表示杂费总价），并按海关规定的《货币代码表》选择填报相应的币种代码。

应计入完税价格的杂费填报为正值或正率，应从完税价格中扣除的杂费填报为负值或负率。

三十一、随附单证及编号

（一）栏目沿革

该栏目源自原报关单的“随附单证”栏，栏目的内涵不变，名称改为“随附单证及编号”更好地体现了具体填报要求。

（二）填制规范

根据海关规定的《监管证件代码表》（见附表 11）和《随附单据代码表》（见附表 12）选择填报除本规范第十六条规定的许可证件以外的其他进出口许可证件或监管证件、随附单据代码及编号。

本栏目分为随附单证代码和随附单证编号两栏，其中代码栏按海关规定的《监管证件代码表》和《随附单据代码表》选择填报相应证件代码；随附单证编号栏填报证件编号。

1. 加工贸易内销征税报关单，随附单证代码栏填报“c”，随附单证编号栏填报海关审核通过的内销征税联系单号。

2. 一般贸易进出口货物，只能使用原产地证书申请享受协定税率或者特惠税率（以下统称优惠税率）的（无原产地声明模式），“随附单证代码”栏填报原产地证书代码“Y”，在“随附单证编号”栏填报“<优惠贸易协定代码>”和“原产地证书编号”。可以使用原产地证书或者原产地声明申请享受优惠税率的（有原产地声明模式），“随附单证代码”栏填写“Y”，“随附单证编号”栏填报“<优惠贸易协定代码>”、“C”（凭原产地证书申报）或“D”（凭原产地声明申报），以及“原产地证书编号（或者原产地声明序列号）”。一份报关单对应一份原产地证书或原产地声明。各优惠贸易协定代码如下：

“01”为“亚太贸易协定”；

“02”为“中国—东盟自贸协定”；

“03”为“内地与香港紧密经贸关系安排”（香港 CEPA）；

“04”为“内地与澳门紧密经贸关系安排”（澳门 CEPA）；

“06”为“台湾农产品零关税措施”；

“07”为“中国—巴基斯坦自贸协定”；

“08”为“中国—智利自贸协定”；

“10”为“中国—新西兰自贸协定”；

“11”为“中国—新加坡自贸协定”；

“12”为“中国—秘鲁自贸协定”；

“13”为“最不发达国家特别优惠关税待遇”；

“14”为“海峡两岸经济合作框架协议（ECFA）”；

“15”为“中国—哥斯达黎加自贸协定”；

“16”为“中国—冰岛自贸协定”；

“17”为“中国—瑞士自贸协定”；

“18”为“中国—澳大利亚自贸协定”；

“19”为“中国—韩国自贸协定”；

“20”为“中国—格鲁吉亚自贸协定”。

海关特殊监管区域和保税监管场所内销货物申请适用优惠税率的，有关货物进出海关特殊监管区域和保税监管场所以及内销时，已通过原产地电子信息交换系统实现电子联网的优惠贸易协定项下货物报关单，按照上述一般贸易要求填报；未实现电子联网的优惠贸易协定项下货物报关单，“随附单证代码”栏填报“Y”，“随附单证编号”栏填报“<优惠贸易协定代码>”和“原产地证据文件备案号”。“原产地证据文件备案号”为进出口货物的收发货物人或者其代理人录入原产地证据文件电子信息后，系统自动生成的号码。

向香港或者澳门特别行政区出口用于生产香港 CEPA 或者澳门 CEPA 项下货物的原材料时，按照上述一般贸易填报要求填制报关单，香港或澳门生产厂商在香港工贸署或者澳门经济局登记备案的有关备案号填报在“关联备案”栏。

“单证对应关系表”中填报报关单上的申报商品项与原产地证书（原产地声明）上的商品项之间的对应关系。报关单上的商品序号与原产地证书（原产地声明）上的项目编号应一一对应，不要求顺序对应。同一批次进口货物可以在同一报关单中申报，不享受优惠税率的货物序号不填报在“单证对应关系表”中。

3. 各优惠贸易协定项下，免提交原产地证据文件的小金额进口货物“随附单证代码”栏填报“Y”，“随附单证代码”栏填报“<协定编号>XJE00000”，“单证对应关系表”享惠报关单项号按实际填报，对应单证项号与享惠报关单项号相同。

三十二、标记唛码及备注

（一）栏目沿革

该栏目源自原报关单的“标记唛码及备注”栏和原报检单的“标记及号码”栏，合并为“标记唛码及备注”。

（二）填制规范

填报要求如下：

1. 标记唛码中除图形以外的文字、数字，无标记唛码的填报 N/M。

2. 受外商投资企业委托代理其进口投资设备、物品的进出口企业名称。

3. 与本报关单有关联关系的，同时在业务管理规范方面又要求填报的备案号，填报在电子数据报关单中“关联备案”栏。

保税间流转货物、加工贸易结转货物及凭“征免税证明”转内销货物，其对应的备案号填报在“关联备案”栏。

减免税货物结转进口（转入），“关联备案”栏填报本次减免税货物结转所申请的“中华人民共和国海关进口减免税货物结转联系函”的编号。

减免税货物结转出口（转出），“关联备案”栏填报与其相对应的进口（转入）报关单“备案号”栏中“征免税证明”的编号。

4. 与本报关单有关联关系的，同时在业务管理规范方面又要求填报的报关单号，填报在电子数据报关单中“关联报关单”栏。

保税间流转、加工贸易结转类的报关单，应先办理进口报关，并将进口报关单号填入出口报关单的“关联报关单”栏。

办理进口货物直接退运手续的，除另有规定外，应先填制出口报关单，再填制进口报关单，并将出口报关单号填报在进口报关单的“关联报关单”栏。

减免税货物结转出口（转出），应先办理进口报关，并将进口（转入）报关单号填入出口（转出）报关单的“关联报关单”栏。

5. 办理进口货物直接退运手续的，填报“<ZT”+“海关审核联系单号或者“海关责令进口货物直接退运通知书”编号”+“>”。

6. 保税监管场所进出货物，在“保税 / 监管场所”栏填报本保税监管场所编码［保税物流中心（B 型）填报本中心的国内地区代码］，其中涉及货物在保税监管场所间流转的，在本栏填报对方保税监管场所代码。

7. 涉及加工贸易货物销毁处置的，填报海关加工贸易货物销毁处置申报表编号。

8. 当监管方式为“暂时进出货物”（2600）和“展览品”（2700）时，填报要求如下。

（1）根据《中华人民共和国海关暂时进出境货物管理办法》（海关总署令第 233 号，以下简称《暂时进出境货物管理办法》）第三条第一款所列项目，填报暂时进出境货物类别，如：暂进六，暂出九。

（2）根据《暂时进出境货物管理办法》第十条规定，填报复运出境或者复运进境日期，期限应在货物进出境之日起 6 个月内，如：20180815 前复运进境，20181020 前复运出境。

（3）根据《暂时进出境货物管理办法》第七条，向海关申请对有关货物是否属于暂时进出境货物进行审核确认的，填报“中华人民共和国 ×× 海关暂时进出境货物审核确认书”编号，如：<ZS 海关审核确认书编号 >，其中英文为大写字母；无此项目的，无需填报。

上述内容依次填报，项目间用“/”分隔，前后均不加空格。

（4）收发货人或其代理人申报货物复运进境或者复运出境的：

货物办理过延期的，根据《暂时进出境货物管理办法》填报“货物暂时进 / 出境延期办理单”的海关回执编号，如：<ZS 海关回执编号 >，其中英文为大写字母；无此项目的，无需填报。

9. 跨境电子商务进出口货物，填报“跨境电子商务”。

10. 加工贸易副产品内销，填报“加工贸易副产品内销”。

11. 服务外包货物进口，填报“国际服务外包进口货物”。

12. 公式定价进口货物填报公式定价备案号，格式为：“公式定价”+ 备案编号 +“@”。对于同一报关单下有多项商品的，如某项或某几项商品为公式定价备案的，则备注栏内填报为：“公式定价”+ 备案编号 +“#”+ 商品序号 +“@”。

13. 进出口与“预裁定决定书”列明情形相同的货物时，按照“预裁定决定书”填报，格式为：“预裁定 +‘预裁定决定书’编号”（例如：某份预裁定决定书编号为 R-2-0100-2018-0001，则填报为“预裁定 R-2-0100-2018-0001”）。

14. 含归类行政裁定报关单，填报归类行政裁定编号，格式为：“c”+ 四位数字编号，例如 c0001。

15. 已经在进入特殊监管区时完成检验的货物，在出区入境申报时，填报“预检验”字样，同时在“关联报检单”栏填报实施预检验的报关单号。

16. 进口直接退运的货物，填报“直接退运”字样。

17. 企业提供 ATA 单证册的货物，填报“ATA 单证册”字样。

18. 不含动物源性低风险生物制品，填报“不含动物源性”字样。

19. 货物自境外进入境内特殊监管区或者保税仓库的，填报“保税入库”或者“境外入区”字样。

20. 海关特殊监管区域与境内区外之间采用分送集报方式进出的货物，填报“分送集报”字样。

21. 军事装备出入境的，填报“军品”或“军事装备”字样。

22. 申报 HS 为 3821000000、3002300000 的，属于下列情况的，填报要求为：属于培养基的，填报“培养基”字样；属于化学试剂的，填报“化学试剂”字样；不含动物源性成分的，填报“不含动物源性”字样。

23. 属于修理物品的，填报“修理物品”字样。

24. 属于下列情况的，填报“压力容器”、“成套设备”、“食品添加剂”、“成品退换”、“旧机电产品”等字样。

25.HS 为 2903890020（入境六溴环十二烷），用途为“其他（99）”的，填报具体用途。

26. 集装箱体信息填报集装箱号（在集装箱箱体上标示的全球唯一编号）、集装箱规格、集装箱商品项号关系（单个集装箱对应的商品项号，半角逗号分隔）、集装箱货重（集装箱箱体自重 + 装载货物重量，千克）。

27. 申报时其他必须说明的事项。

（三）规范解读

上述规范除了新增第 15~26 款填报要求之外，原有条款主要作以下几方面修订：

1. 在第 1 款中明确要求“无标记唛码的填报 N/M”。

2. 增加“保税间流转货物”填报“关联备案”和“关联报关单”的要求。

3. 修订了“暂时进出货物”（2600）和“展览品”（2700）的相关填报要求。

4. 删除“预归类”和“预审价”的填报要求，明确“预裁定”的填报要求。

第二节 报关单表体栏目

三十三、项号

（一）栏目沿革

该栏目源自原报关单的“项号”栏。

（二）填制规范

分两行填报。第一行填报报关单中的商品顺序编号；第二行填报“备案序号”，专用于加工贸易及保税、减免税等已备案、审批的货物，填报该项货物在“加工贸易手册”或“征免税证明”等备案、审批单证中的顺序编号。有关优惠贸易协定项下报关单填制要求按照海关总署相关规定执行。其中第二行特殊情况填报要求如下：

1. 深加工结转货物，分别按照“加工贸易手册”中的进口料件项号和出口成品项号填报。

2. 料件结转货物（包括料件、制成品和未完成品折料），出口报关单按照转出“加工贸易手册”中进口料件的项号填报；进口报关单按照转进“加工贸易手册”中进口料件的项号填报。

3. 料件复出货物（包括料件、边角料），出口报关单按照“加工贸易手册”中进口料件的项号填报；如边角料对应一个以上料件项号时，填报主要料件项号。料件退换货物（包括料件、不包括未完成品），进出口报关单按照“加工贸易手册”中进口料件的项号填报。

4. 成品退换货物，退运进境报关单和复运出境报关单按照“加工贸易手册”原出口成品的项号填报。

5. 加工贸易料件转内销货物（以及按料件办理进口手续的转内销制成品、残次品、未完成品）填制进口报关单，填报“加工贸易手册”进口料件的项号；加工贸易边角料、副产品内销，填报“加工贸易手册”中对应的进口料件项号。如边角料或副产品对应一个以上料件项号时，填报主要料件项号。

6. 加工贸易成品凭“征免税证明”转为减免税货物进口的，应先办理进口报关手续。进口报关单填报“征免税证明”中的项号，出口报关单填报“加工贸易手册”原出口成品项号，进、出口报关单货物数量应一致。

7. 加工贸易货物销毁，填报“加工贸易手册”中相应的进口料件项号。

8. 加工贸易副产品退运出口、结转出口，填报“加工贸易手册”中新增成品的出口项号。

9. 经海关批准实行加工贸易联网监管的企业，按海关联网监管要求，企业需申报报关清单的，应在向海关申报进出口（包括形式进出口）报关单前，向海关申报“清单”。一份报关清单对应一份报关单，报关单上的商品由报关清单归并而得。加工贸易电子账册报关单中项号、品名、规格等栏目的填制规范比照“加工贸易手册”。

（三）规范解读

上述规范将第二行填报栏命名为“备案序号”，并在“单一窗口—报关单整合申报”系统中得以体现。

三十四、商品编号

（一）栏目沿革

该栏目源自原报关单的“商品编号”栏和原报检单的“HS编码”栏，合并为“商品编号”。

（二）填制规范

填报由13位数字组成的商品编号。前8位为《中华人民共和国进出口税则》和《中华人民共和国海关统计商品目录》确定的编码；9、10位为监管附加编号，11–13位为检验检疫附加编号。

（三）规范解读

11–13位的“检验检疫附加编号”源自原检验检疫的13位“CIQ编码”，其由10位HS编码加上3位数字的“检验检疫附加编号”组成。HS编码与CIQ编码的对应情况见《HS编码与CIQ编码对照表》（附表13）。

三十五、商品名称及规格型号

（一）栏目沿革

该栏目源自原报关单的“商品名称及规格型号”栏和原报检单的“货物名称”栏，合并为“商品名称及规格型号”。

（二）填制规范

分两行填报。第一行填报进出口货物规范的中文商品名称，第二行填报规格型号。具体填报要求如下。

1. 商品名称及规格型号应据实填报，并与进出口货物收发货人或受委托的报关企业所提交的合同、发票等相关单证相符。

2. 商品名称应当规范，规格型号应当足够详细，以能满足海关归类、审价及许可证件管理要求为准，可参照《中华人民共和国海关进出口商品规范申报目录》中对商品名称、规格型号的要求进行填报。

3. 已备案的加工贸易及保税货物，填报的内容必须与备案登记中同项号下货物的商品名称一致。

4. 对需要海关签发“货物进口证明书”的车辆，商品名称栏填报“车辆品牌 + 排气量（注明 cc）+ 车型（如越野车、小轿车等）”。进口汽车底盘不填报排气量。车辆品牌按照“进口机动车辆制造厂名称和车辆品牌中英文对照表”中“签注名称”一栏的要求填报。规格型号栏可填报“汽油型”等。

5. 由同一运输工具同时运抵同一口岸并且属于同一收货人、使用同一提单的多种进口货物，按照商品归类规则应当归入同一商品编号的，应当将有关商品一并归入该商品编号。商品名称填报一并归类后的商品名称；规格型号填报一并归类后商品的规格型号。

6. 加工贸易边角料和副产品内销，边角料复出口，填报其报验状态的名称和规格型号。

7. 进口货物收货人以一般贸易方式申报进口属于《需要详细列名申报的汽车零部件清单》（海关总署 2006 年第 64 号公告）范围内的汽车生产件的，按以下要求填报：

（1）商品名称填报进口汽车零部件的详细中文商品名称和品牌，中文商品名称与品牌之间用“/”相隔，必要时加注英文商业名称；进口的成套散件或者毛坯件应在品牌后加注“成套散件”、“毛坯”等字样，并与品牌之间用“/”相隔。

（2）规格型号填报汽车零部件的完整编号。在零部件编号前应当加注“S”字样，并与零部件编号之间用“/”相隔，零部件编号之后应当依次加注该零部件适用的汽车品牌和车型。汽车零部件属于可以适用于多种汽车车型的通用零部件的，零部件编号后应当加注“TY”字样，并用“/”与零部件编号相隔。与进口汽车零部件规格型号相关的其他需要申报的要素，或者海关规定的其他需要申报的要素，如“功率”、“排气量”等，应当在车型或“TY”之后填报，并用“/”与之相隔。汽车零部件报验状态是成套散件的，应当在“标记唛码及备注”栏内填报该成套散件装配后的最终完整品的零部件编号。

8. 进口货物收货人以一般贸易方式申报进口属于《需要详细列名申报的汽车零部件清单》（海关总署 2006 年第 64 号公告）范围内的汽车维修件的，填报规格型号时，应当在零部件编号前加注“W”，并与零部件编号之间用“/”相隔；进口维修件的品牌与该零部件适用的整车厂牌不一致的，应当在零部件编号前加注“WF”，并与零部件编号之间用“/”相隔。其余申报要求同上条执行。

9. 品牌类型。品牌类型为必填项目。可选择“无品牌”、“境内自主品牌”、“境内收购品牌”、“境外品牌（贴牌生产）”、“境外品牌（其他）”如实填报。其中，“境内自主品牌”是指由境内企业自主开发、拥有自主知识产权的品牌；“境内收购品牌”是指境内企业收购的原境外品牌；“境外品牌（贴牌生产）”是指境内企业代工贴牌生产中使用的境外品牌；“境外品牌（其他）”是指除代工贴牌生产以外使用的境外品牌。

10. 出口享惠情况。出口享惠情况为出口报关单必填项目。可选择“出口货物在最终目的国（地区）不享受优惠关税”、“出口货物在最终目的国（地区）享受优惠关税”、“出口货物不能确定在最终目的国（地区）享受优惠关税”如实填报。进口货物报关单不填报该申报项。

11. 申报进口已获 3C 认证的机动车辆时，填报以下信息：

（1）提运单日期。填报该项货物的提运单签发日期。

（2）质量保质期。填报机动车的质量保证期。

（3）发动机号或电机号。填报机动车的发动机号或电机号，应与机动车上打刻的发动机号或电机号相符。纯电动汽车、插电式混合动力汽车、燃料电池汽车为电机号，其他机动车为发动机号。

（4）车辆识别代码（VIN）。填报机动车车辆识别代码，须符合国家强制性标准《道路车辆车辆识别代号（VIN）》（GB 16735）的要求。该项目一般与机动车的底盘（车架号）相同。

（5）发票所列数量。填报对应发票中所列进口机动车的数量。

（6）品名（中文名称）。填报机动车中文品名，按《进口机动车辆制造厂名称和车辆品牌中英文对照表》（2004 年版）（原质检总局 2004 年 52 号公告，最新一版为海关总署 2018 年 7 月 9 日第五十七次修订和勘误刷新）的要求填报。

（7）品名（英文名称）。填报机动车英文品名，按《进口机动车辆制造厂名称和车辆品牌中英文对照表》（原质检总局 2004 年 52 号公告）的要求填报。

（8）型号（英文）。填报机动车型号，与机动车产品标牌上整车型号一栏相符。

（三）规范解读

与原《报关单填制规范》相比，上述规范主要作如下修订：

1. 根据《关于修订〈中华人民共和国海关进出口货物报关单填制规范〉》（海关总署公告 2017 年第 69 号），增加“品牌类型”和“出口享惠情况”的填报要求。

2. 增加进口已获 3C 认证的机动车辆的填报要求。

三十六、数量及单位

（一）栏目沿革

该栏目源自原报关单的“数量及单位”栏。

（二）填制规范

分三行填报。

1. 第一行按进出口货物的法定第一计量单位填报数量及单位，法定计量单位以《中华人民共和国海关统计商品目录》中的计量单位为准。

2. 凡列明有法定第二计量单位的，在第二行按照法定第二计量单位填报数量及单位。无法定第二计量单位的，第二行为空。

3. 成交计量单位及数量填报在第三行。

4. 法定计量单位为“千克”的数量填报，特殊情况下填报要求如下：

（1）装入可重复使用的包装容器的货物，按货物扣除包装容器后的重量填报，如罐装同位素、罐装氧气及类似品等。

（2）使用不可分割包装材料和包装容器的货物，按货物的净重填报（包括内层直接包装的净重重量），如采用供零售包装的罐头、药品及类似品等。

（3）按照商业惯例以公量重计价的商品，按公量重填报，如未脱脂羊毛、羊毛条等。

（4）采用以毛重作为净重计价的货物，可按毛重填报，如粮食、饲料等大宗散装货物。

（5）采用零售包装的酒类、饮料、化妆品，按照液体部分的重量填报。

5. 成套设备、减免税货物如需分批进口，货物实际进口时，按照实际报验状态确定数量。

6. 具有完整品或制成品基本特征的不完整品、未制成品，根据《商品名称及编码协调制度》归类规则按完整品归类的，按照构成完整品的实际数量填报。

7. 已备案的加工贸易及保税货物，成交计量单位必须与“加工贸易手册”中同项号下货物的计量单位一致，加工贸易边角料和副产品内销、边角料复出口，填报其报验状态的计量单位。

8. 优惠贸易协定项下进出口商品的成交计量单位必须与原产地证书上对应商品的计量单位一致。

9. 法定计量单位为立方米的气体货物，折算成标准状况（即摄氏零度及1个标准大气压）下的体积进行填报。

三十七、单价

（一）栏目沿革

该栏目源自原报关单的“单价”栏和原报检单的“单价”栏，合并后仍为“单价”。

（二）填制规范

填报同一项号下进出口货物实际成交的商品单位价格。无实际成交价格的，填报单位货值。

三十八、总价

（一）栏目沿革

该栏目源自原报关单的“总价”栏和原报检单的“货物总值”栏，合并为“总价”。

（二）填制规范

填报同一项号下进出口货物实际成交的商品总价格。无实际成交价格的，填报货值。

三十九、币制

（一）栏目沿革

该栏目源自原报关单的“币制”栏。

（二）填制规范

按海关规定的《货币代码表》选择相应的货币名称及代码填报，如《货币代码表》中无实际成交币种，需将实际成交货币按申报日外汇折算率折算成《货币代码表》列明的货币填报。

四十、原产国（地区）

（一）栏目沿革

该栏目源自原报关单的“原产国（地区）”栏和原入境报检单的“原产国（地区）”栏，合并后仍为“原产国（地区）”。

（二）填制规范

原产国（地区）依据《中华人民共和国进出口货物原产地条例》、《中华人民共和国海关关于执行〈非优惠原产地规则中实质性改变标准〉的规定》以及海关总署关于各项优惠贸易协定原产地管理规章规定的原产地确定标准填报。同一批进出口货物的原产地不同的，分别填报原产国（地区）。进出口货物原产国（地区）无法确定的，填报“国别不详”。

按海关规定的《国别（地区）代码表》选择填报相应的国家（地区）名称及代码。

四十一、最终目的国（地区）

（一）栏目沿革

该栏目源自原报关单的“最终目的国（地区）”栏。

（二）填制规范

最终目的国（地区）填报已知的进出口货物的最终实际消费、使用或进一步加工制造国家（地区）。不经过第三国（地区）转运的直接运输货物，以运抵国（地区）为最终目的国（地区）；经过第三国（地区）转运的货物，以最后运往国（地区）为最终目的国（地区）。同一批进出口货物的最终目的国（地区）不同的，分别填报最终目的国（地区）。进出口货物不能确定最终目的国（地区）时，以尽可能预知的最后运往国（地区）为最终目的国（地区）。

按海关规定的《国别（地区）代码表》选择填报相应的国家（地区）名称及代码。

四十二、境内目的地 / 境内货源地

（一）栏目沿革

该栏目源自原报关单的“境内目的地 / 境内货源地”栏和原报检单的“目的地 / 产地”栏，合并为“境内目的地 / 境内货源地”。栏目位置从表头调整到表体。

（二）填制规范

境内目的地填报已知的进口货物在国内的消费、使用地或最终运抵地，其中最终运抵地为最终使用单位所在的地区。最终使用单位难以确定的，填报货物进口时预知的最终收货单位所在地。

境内货源地填报出口货物在国内的产地或原始发货地。出口货物产地难以确定的，填报最早发运该出口货物的单位所在地。

海关特殊监管区域、保税物流中心（B 型）与境外之间的进出境货物，境内目的地 / 境内货源地填报本海关特殊监管区域、保税物流中心（B 型）所对应的国内地区名称及代码。

按海关规定的《国内地区代码表》（见附表 14）选择填报相应的国内地区名称及代码，并根据《中华人民共和国行政区划代码表》（见附表 15）选择填报境内目的地对应的县级行政区名称及代码。无下属区县级行政区的，可选择填报地市级行政区。

（三）规范解读

上述规范增加了填报“境内目的地对应的县级行政区名称及代码”的要求。

四十三、征免

（一）栏目沿革

该栏目源自原报关单的“征免”栏。

（二）填制规范

按照海关核发的“征免税证明”或有关政策规定，对报关单所列每项商品选择海关规定的《征减免税方式代码表》（见附表 16）中相应的征减免税方式填报。

加工贸易货物报关单根据“加工贸易手册”中备案的征免规定填报；“加工贸易手册”中备案的征免规定为“保金”或“保函”的，填报“全免”。

四十四、特殊关系确认

（一）栏目沿革

该栏目源自原报关单的“特殊关系确认”栏。

（二）填制规范

根据《中华人民共和国海关审定进出口货物完税价格办法》（以下简称《审价办法》）第十六条，填报确认进出口行为中买卖双方是否存在特殊关系，有下列情形之一的，应当认为买卖双方存在特殊关系，应填报“是”，反之则填报“否”：

1. 买卖双方为同一家族成员的。
2. 买卖双方互为商业上的高级职员或者董事的。
3. 一方直接或者间接地受另一方控制的。
4. 买卖双方都直接或者间接地受第三方控制的。
5. 买卖双方共同直接或者间接地控制第三方的。
6. 一方直接或者间接地拥有、控制或者持有对方 5% 以上（含 5%）公开发行的有表决权的股票或者股份的。
7. 一方是另一方的雇员、高级职员或者董事的。
8. 买卖双方是同一合伙的成员的。

买卖双方在经营上相互有联系，一方是另一方的独家代理、独家经销或者独家受让人，如果符合前款的规定，也应当视为存在特殊关系。

出口货物免予填报，加工贸易及保税监管货物（内销保税货物除外）免予填报。

四十五、价格影响确认

（一）栏目沿革

该栏目源自原报关单的“价格影响确认”栏。

（二）填制规范

根据《审价办法》第十七条，填报确认纳税义务人是否可以证明特殊关系未对进口货物的成交价格产生影响，纳税义务人能证明其成交价格与同时或者大约同时发生的下列任何一款价格相近的，应视为特殊关系未对成交价格产生影响，填报“否”，反之则填报“是”：

1. 向境内无特殊关系的买方出售的相同或者类似进口货物的成交价格。
2. 按照《审价办法》第二十三条的规定所确定的相同或者类似进口货物的完税价格。
3. 按照《审价办法》第二十五条的规定所确定的相同或者类似进口货物的完税价格。

出口货物免予填报，加工贸易及保税监管货物（内销保税货物除外）免予填报。

四十六、支付特许权使用费确认

（一）栏目沿革

该栏目源自原报关单的“支付特许权使用费确认”栏。

（二）填制规范

根据《审价办法》第十一条和第十三条，填报确认买方是否存在向卖方或者有关方直接或者间接支付与进口货物有关的特许权使用费，且未包括在进口货物的实付、应付价格中。

买方存在需向卖方或者有关方直接或者间接支付特许权使用费，且未包含在进口货物实付、应付价格中，并且符合《审价办法》第十三条的，在“支付特许权使用费确认”栏目填报“是”。

买方存在需向卖方或者有关方直接或者间接支付特许权使用费，且未包含在进口货物实付、应付价格中，但纳税义务人无法确认是否符合《审价办法》第十三条的，填报“是”。

买方存在需向卖方或者有关方直接或者间接支付特许权使用费且未包含在实付、应付价格中，纳税义务人根据《审价办法》第十三条，可以确认需支付的特许权使用费与进口货物无关的，填报“否”。

买方不存在向卖方或者有关方直接或者间接支付特许权使用费的，或者特许权使用费已经包含在进口货物实付、应付价格中的，填报“否”。

出口货物免予填报，加工贸易及保税监管货物（内销保税货物除外）免予填报。

四十七、自报自缴

（一）栏目沿革

该栏目为本次修订新增栏目。

（二）填制规范

进出口企业、单位采用“自主申报、自行缴税”（自报自缴）模式向海关申报时，填报“是”；反之则填报“否”。

四十八、申报单位

（一）栏目沿革

该栏目源自原报关单的“申报单位”栏和原报检单的“申报单位”栏，合并后仍为“申报单位”。

（二）填制规范

自理报关的，填报进出口企业的名称及编码；委托代理报关的，填报报关企业名称及编码。编码填报 18 位法人和其他组织统一社会信用代码。

报关人员填报在海关备案的姓名、编码、电话，并加盖申报单位印章。

（三）规范解读

原《报关单填制规范》要求“可选填18位法人和其他组织统一社会信用代码或10位海关注册编码任一项”；而上述规范要求统一“填报18位法人和其他组织统一社会信用代码”。

四十九、海关批注及签章

该栏目源自原报关单的“海关批注及签章”栏，供海关作业时签注。

相关用语的含义：

报关单录入凭单，指申报单位按报关单的格式填写的凭单，用作报关单预录入的依据。该凭单的编号规则由申报单位自行决定。

预录入报关单，指预录入单位按照申报单位填写的报关单凭单录入、打印由申报单位向海关申报，海关尚未接受申报的报关单。

报关单证明联，指海关在核实货物实际进出境后按报关单格式提供的，用作进出口货物收发货人向国税、外汇管理部门办理退税和外汇核销手续的证明文件。

本规范所述尖括号（<>）、逗号（,）、连接符（-）、冒号（:）等标点符号及数字，填报时都必须使用非中文状态下的半角字符。

第三章 整合申报规范及录入规则

第一节 整合申报表头项目

一、申报地海关

（一）项目沿革

该项目源自原报关申报的“申报地海关”。

（二）申报规范

根据报关人员在货物进出口时的自主选择，填报海关规定的《关区代码表》中相应海关的名称及代码。申报地海关的关别代码后两位不能为“00”。

（三）录入规则

该项目为必填项。可以手工输入相应的关区代码或名称关键字，系统自动弹出代码表下拉菜单，在下拉菜单中选择填报（见图 3–1）。

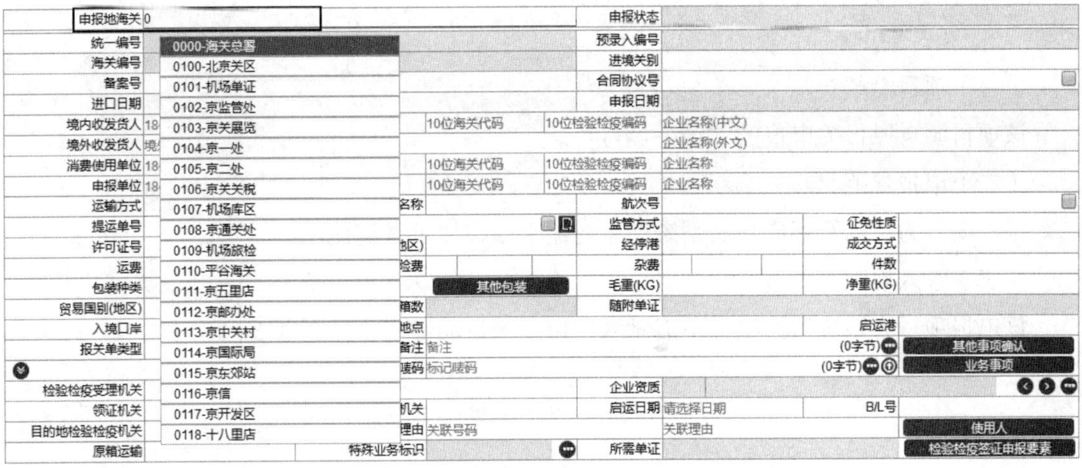

图 3–1 “申报地海关”项目录入界面

二、申报状态

（一）项目沿革

该项目源自原报关申报的“报关状态”。

（二）申报规范

该申报项目用于显示报关单的申报状态（保存、结关、已申报、海关入库成功、退单、审结、放行）。

（三）录入规则

该申报项目为系统返填项，不能录入，由系统自动生成（见图3–2）。

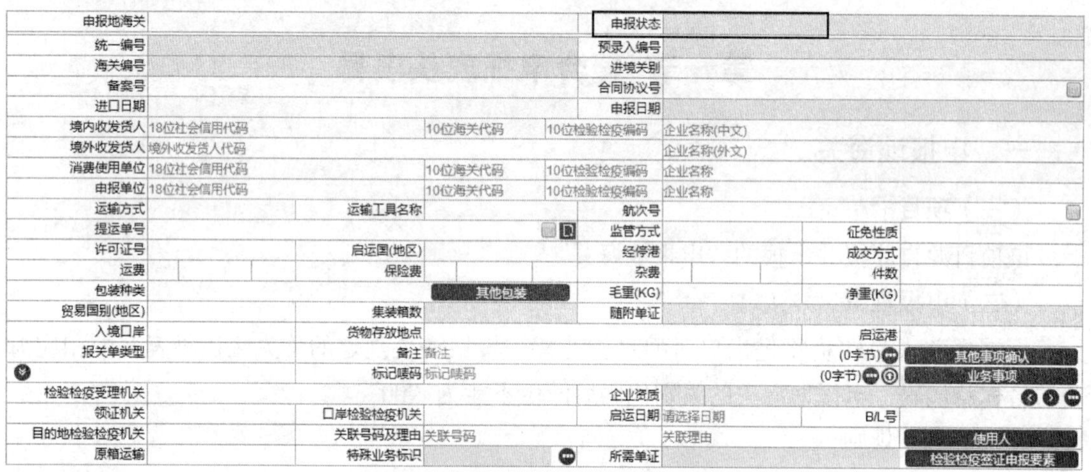

图3–2 “申报状态”项目录入界面

三、统一编号

（一）项目沿革

该项目源自原报关申报的“统一编号”。

（二）申报规范

统一编号为单据暂存成功后系统产生的流水号，便于查询使用。

（三）录入规则

该申报项目为系统返填项，不能录入，由系统自动生成（见图3–3）。

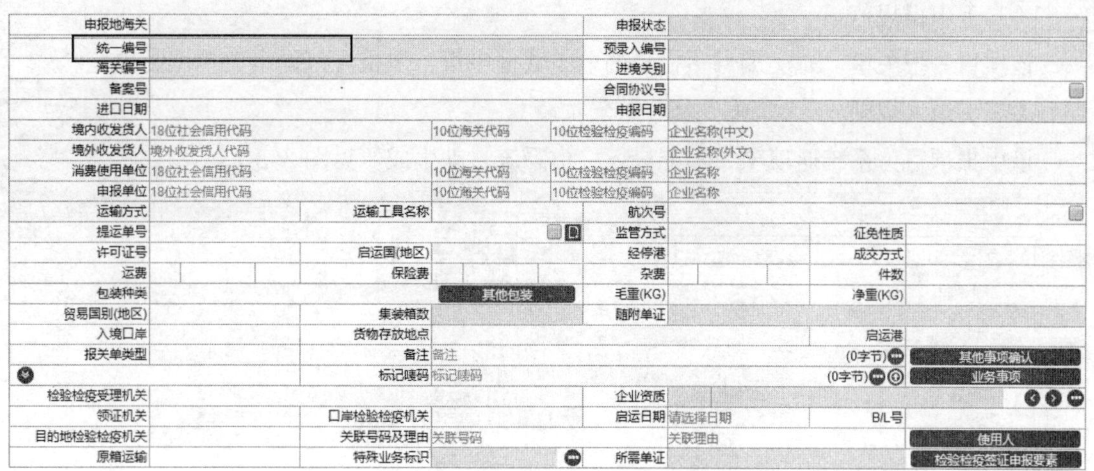

申报地海关				申报状态			
统一编号				预录入编号			
海关编号				进境关别			
备案号				合同协议号			
进口日期				申报日期			
境内收发货人	18位社会信用代码	10位海关代码	10位检验检疫编码	企业名称(中文)			
境外收发货人	境外收发货人代码			企业名称(外文)			
消费使用单位	18位社会信用代码	10位海关代码	10位检验检疫编码	企业名称			
申报单位	18位社会信用代码	10位海关代码	10位检验检疫编码	企业名称			
运输方式		运输工具名称		航次号			
提运单号				监管方式		征免性质	
许可证号		启运国(地区)		经停港		成交方式	
运费		保险费		杂费		件数	
包装种类		其他包装		毛重(KG)		净重(KG)	
贸易国别(地区)		集装箱数		随附单证			
入境口岸		货物存放地点				启运港	
报关单类型		备注	备注		(0字节)	其他事项确认	
		标记唛码	标记唛码		(0字节)	业务事项	
检验检疫受理机关				企业资质			
领证机关		口岸检验检疫机关		启运日期	请选择日期	B/L号	
目的地检验检疫机关		关联号码及理由	关联号码	关联理由		使用人	
原箱运输		特殊业务标识		所需单证		检验检疫签证申报要素	

图 3-3 “统一编号”项目录入界面

四、预录入编号

（一）项目沿革

该项目源自原报关申报的“预录入编号”。

（二）申报规范

该项目为报关单“预录入编号”栏目的电子数据申报，申报规范同报关单填制规范。

（三）录入规则

该申报项目为系统返填项，不能录入，由系统自动生成（见图 3-4）。

统一编号				预录入编号			
海关编号				进境关别			
备案号				合同协议号			
进口日期				申报日期			
境内收发货人	18位社会信用代码	10位海关代码	10位检验检疫编码	企业名称(中文)			
境外收发货人	境外收发货人代码			企业名称(外文)			
消费使用单位	18位社会信用代码	10位海关代码	10位检验检疫编码	企业名称			
申报单位	18位社会信用代码	10位海关代码	10位检验检疫编码	企业名称			
运输方式		运输工具名称		航次号			
提运单号				监管方式		征免性质	
许可证号		启运国(地区)		经停港		成交方式	
运费		保险费		杂费		件数	
包装种类		其他包装		毛重(KG)		净重(KG)	
贸易国别(地区)		集装箱数		随附单证			
入境口岸		货物存放地点				启运港	
报关单类型		备注	备注		(0字节)	其他事项确认	
		标记唛码	标记唛码		(0字节)	业务事项	
检验检疫受理机关				企业资质			
领证机关		口岸检验检疫机关		启运日期	请选择日期	B/L号	
目的地检验检疫机关		关联号码及理由	关联号码	关联理由		使用人	
原箱运输		特殊业务标识		所需单证		检验检疫签证申报要素	

图 3-4 “预录入编号”项目录入界面

五、海关编号

（一）项目沿革

该项目源自原报关申报的“海关编号”。

（二）申报规范

该项目为报关单“海关编号”栏目的电子数据申报，申报规范同报关单填制规范。

（三）录入规则

该申报项目为系统返填项，不能录入，由系统自动生成（见图 3–5）。

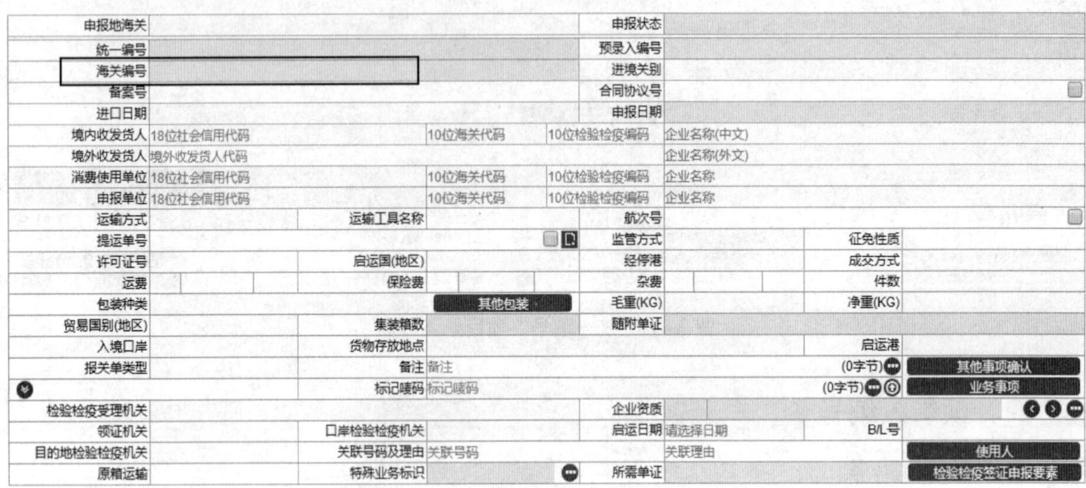

图 3–5 “海关编号”项目录入界面

六、进境关别 / 出境关别

（一）项目沿革

该项目源自原报关申报的“进口口岸 / 出口口岸”。

（二）申报规范

该项目为报关单“进出境关别”栏目的电子数据申报，申报规范同报关单填制规范。

（三）录入规则

该项目为必填项。进口时申报“进境关别”，出口时申报“出境关别”。可以手工输入相应的关区代码或名称关键字，系统自动弹出代码表下拉菜单，在下拉菜单中选择填报（见图 3–6）。

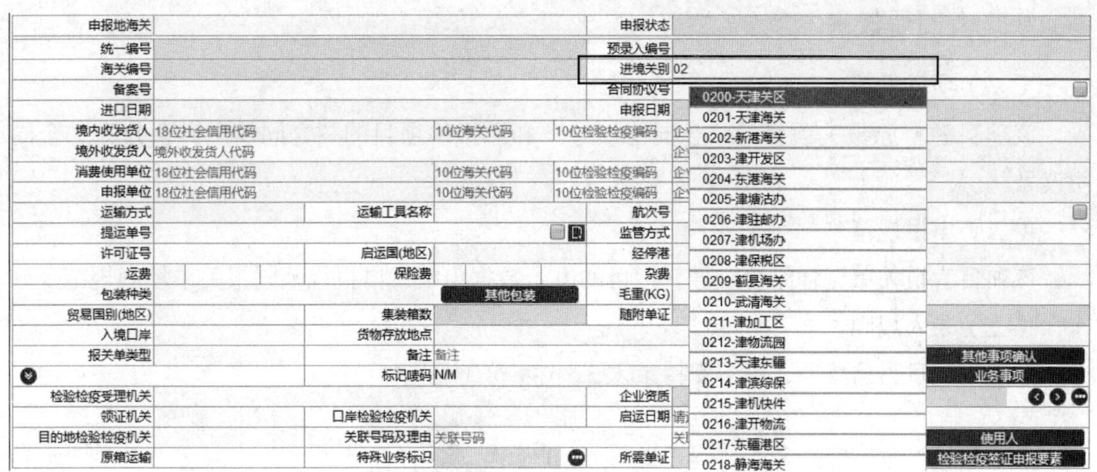

图 3-6 “进境关别”项目录入界面

七、备案号

（一）项目沿革

该项目源自原报关申报的“备案号”。

（二）申报规范

该项目为报关单“备案号”栏目的电子数据申报，申报规范同报关单填制规范。

（三）录入规则

该项目为选填项。涉及备案号的申报，则录入相应的 12 位备案号编号；不涉及的，则免填（见图 3-7）。

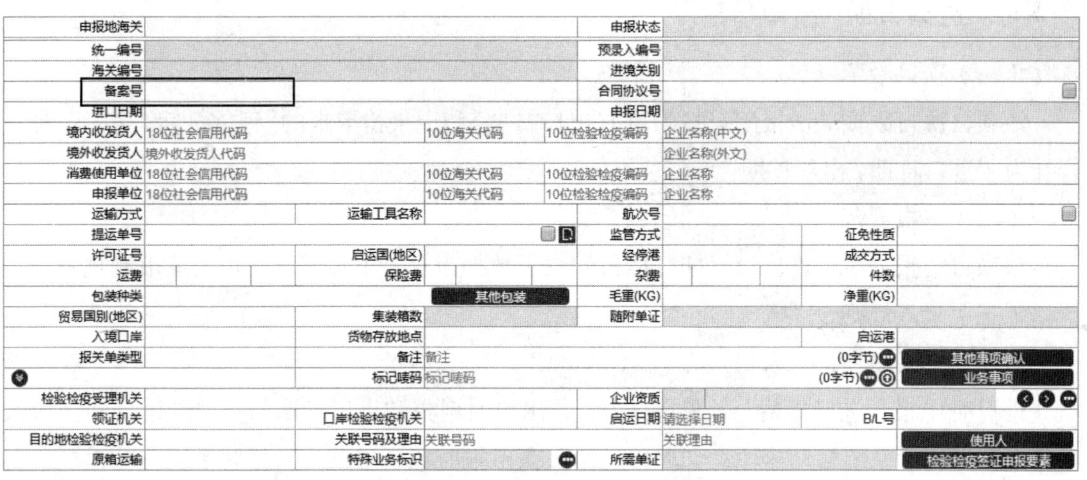

图 3-7 “备案号”项目录入界面

八、合同协议号

（一）项目沿革

该项目源自原报关项目的“合同协议号”和原报检项目的“合同号”，合并为“合同协议号”。

（二）申报规范

该项目为报关单“合同协议号”栏目的电子数据申报，申报规范同报关单填制规范。

（三）录入规则

该申报项目为选填项，最多支持录入 32 位字符（见图 3–8）。

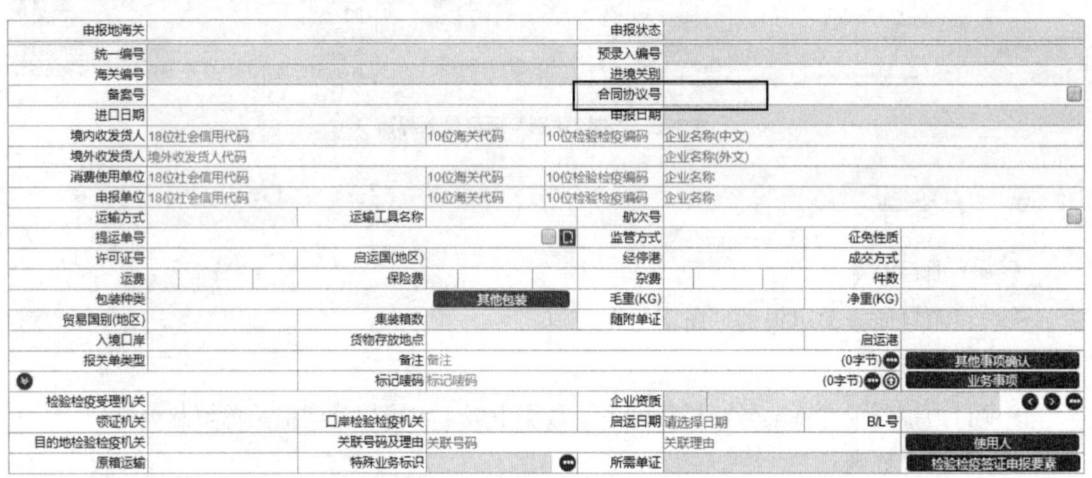

图 3–8 “合同协议号”项目录入界面

九、进口日期 / 出口日期

（一）项目沿革

该项目源自原报关申报的“进口日期/出口日期”和原报检申报的“到货日期/发货日期”，合并为“进口日期 / 出口日期”。

（二）申报规范

该项目为报关单“进出口日期”栏目的电子数据申报，申报规范同报关单填制规范。

（三）录入规则

该项目为必填项，录入格式为“YYYYMMDD”。

进口时申报“进口日期”（见图 3–9），出口时申报“出口日期”。“进口日期”为人工录入，入库后系统自动返填；“出口日期”在申报时免于填报，入库后系统自动返填。

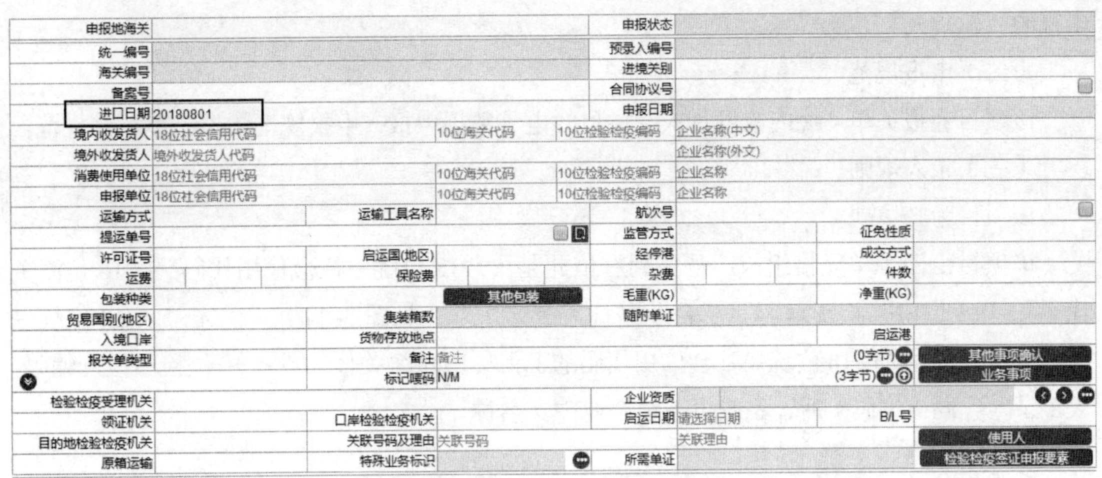

图 3-9 “进口日期”项目录入界面

十、申报日期

（一）项目沿革

该项目源自原报关申报的“申报日期”和原报检申报的“申请日期”，合并为“申报日期”。

（二）申报规范

该项目为报关单“申报日期”栏目的电子数据申报，申报规范同报关单填制规范。

（三）录入规则

该申报项目为系统返填项，不能录入，申报后系统自动返填（见图 3-10）。

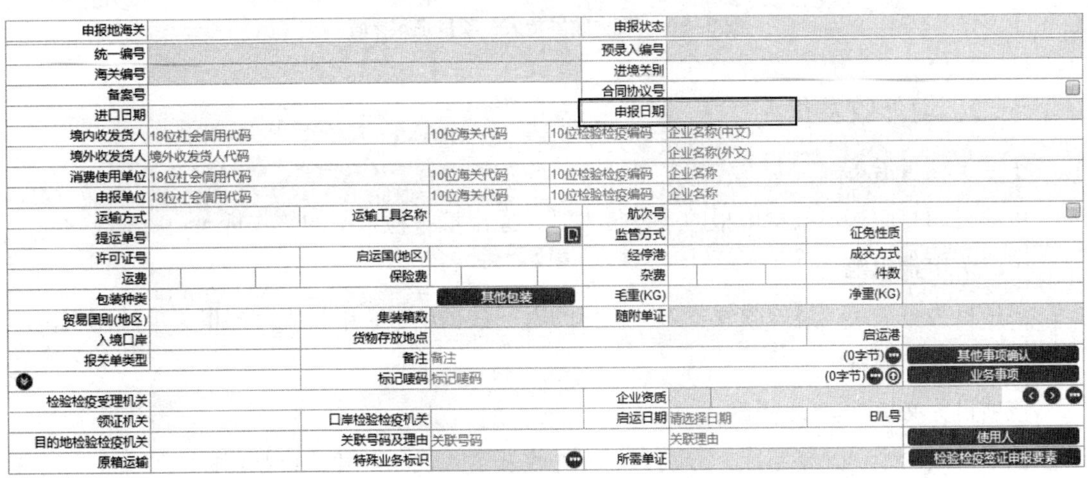

图 3-10 “申报日期”项目录入界面

十一、境内收发货人

（一）项目沿革

该项目源自原报关申报的“收发货人”与原入境报检申报的“收货人”、原出境报检申报的“发货人”。

（二）申报规范

该项目为报关单“境内收发货人”栏目的电子数据申报，申报规范同报关单填制规范。

（三）录入规则

该项目为必填项。

该项目由四个单元格组成，从左到右依此是：“18位统一社会信用代码”“10位海关代码”“10位检验检疫编码”“企业名称（中文）”（见图3–11）。优先录入18位统一社会信用代码，没有18位统一社会信用代码的，录入10位海关代码或者10位检验检疫编码。人工录入代码（编码）后，系统可返填企业中文名称。

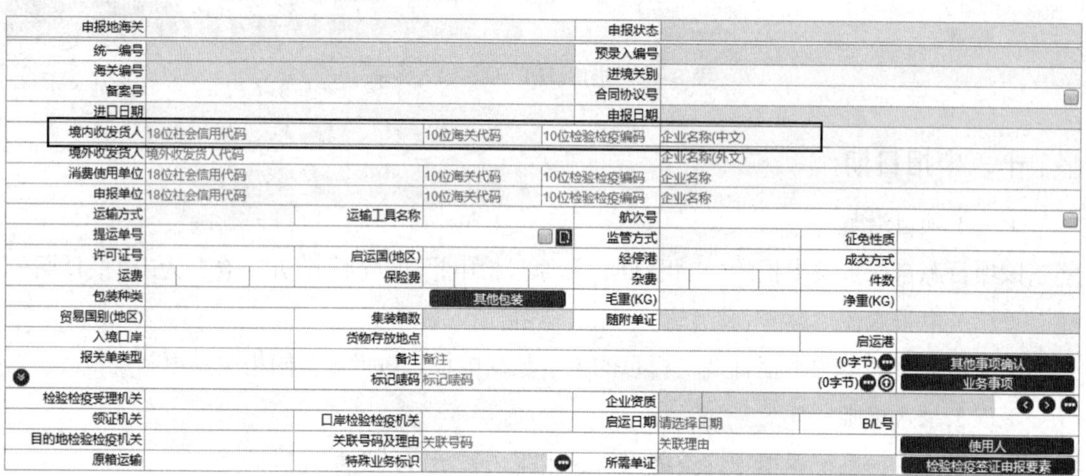

图 3–11 “境内收发货人”项目录入界面

十二、境外收发货人

（一）项目沿革

该项目源自原入境报检申报的“发货人”、原出境报检申报的“收货人”。

（二）申报规范

该项目为报关单“境外收发货人”栏目的电子数据申报，申报规范同报关单填制规范。

（三）录入规则

该项目为必填项。

该项目由两个单元格组成，分别为“境外收发货人代码”和“企业名称（外文）”（见图3–12），均由人工录入。

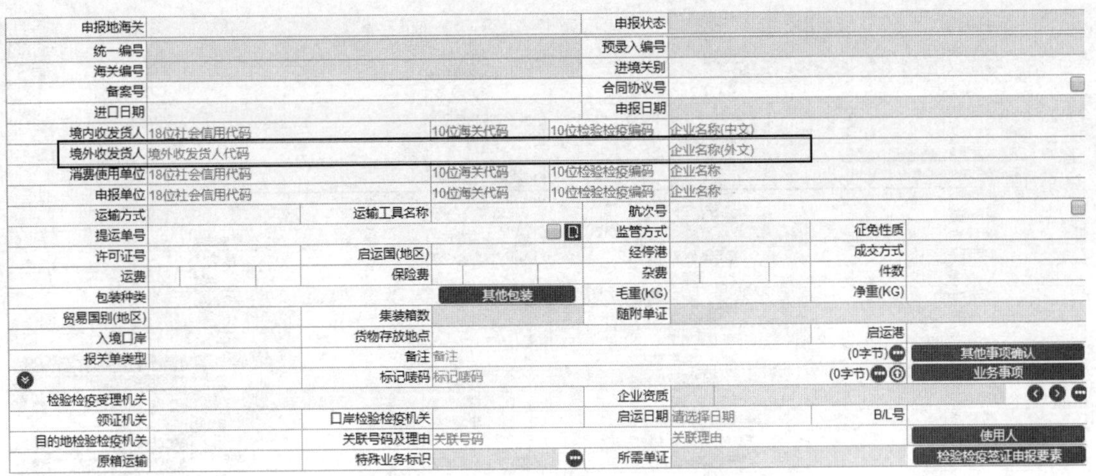

图 3-12 “境外收发货人”项目录入界面

十三、消费使用单位 / 生产销售单位

（一）项目沿革

该项目源自原报检申报的的“消费使用单位 / 生产销售单位”和原报检申报的“使用人 / 生产加工单位”，合并为“消费使用单位 / 生产销售单位”。

（二）申报规范

该项目为报关单“消费使用单位 / 生产销售单位”栏目的电子数据申报，申报规范同报关单填制规范。

（三）录入规则

该申报项目为必填项。

进口时申报“消费使用单位”，出口时申报“生产销售单位”，二者均由四个单元格组成，从左到右依此是：“18 位统一社会信用代码”“10 位海关代码”“10 位检验检疫编码”“企业名称”（见图 3–13）。可以在上述前三个单元格中任选其一，录入代码（编码）。无 18 位统一社会信用代码的，在“18 位统一社会信用代码”格里填报“NO”；未取得 10 位检验检疫编码的，“10 位检验检疫编码”留空，不填写内容。人工录入代码（编码）后，系统可返填企业中文名称。

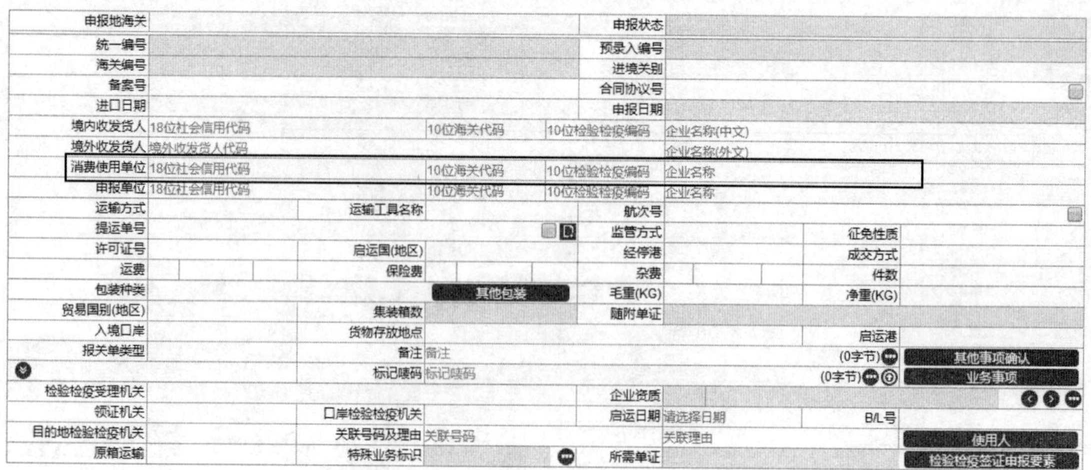

图 3–13 “消费使用单位”项目录入界面

十四、申报单位

（一）项目沿革

该项目源自原报检申报的“申报单位”和原报检申报的“申报单位”，合并后仍为“申报单位”。

（二）申报规范

该项目为报关单“申报单位”栏目的电子数据申报，申报规范同报关单填制规范。

（三）录入规则

该申报项目为系统返填项，内容由系统自动返填，不可修改（见图 3–14）。

图 3–14 “申报单位”项目录入界面

十五、运输方式

（一）项目沿革

该项目源自原报关申报的“运输方式”和原报检申报的“运输方式”，合并后仍为“运输方式”。

（二）申报规范

该项目为报关单“运输方式”栏目的电子数据申报，申报规范同报关单填制规范。

（三）录入规则

该项目为必填项。可以手工输入相应的运输方式代码或名称关键字，系统自动弹出代码表下拉菜单，在下拉菜单中选择填报（见图 3–15）。

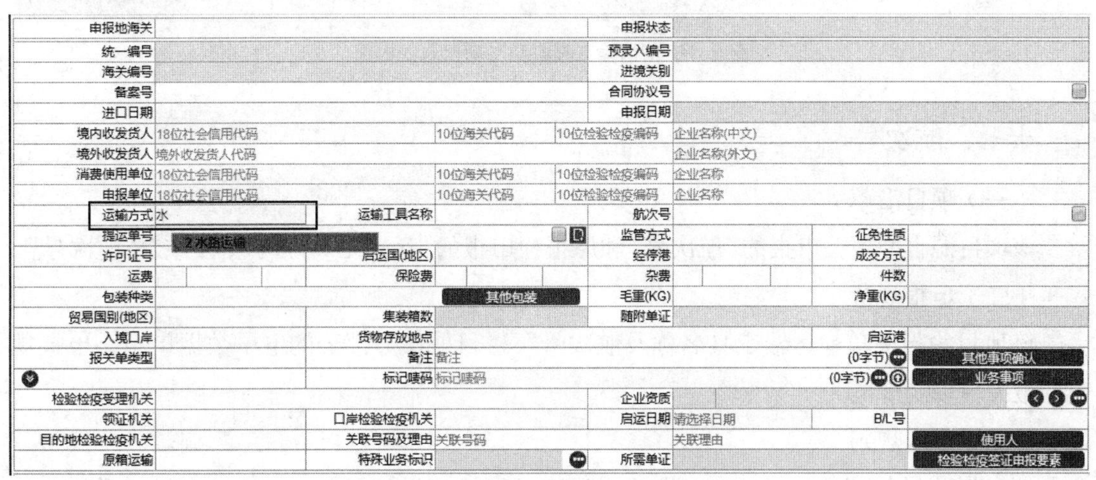

图 3–15 “运输方式”项目录入界面

十六、运输工具名称

（一）项目沿革

该项目源自原报关申报的“运输工具名称”和原报检申报的“运输工具名称”，合并后仍为“运输工具名称”。

（二）申报规范

该项目为报关单“运输工具名称及航次号”栏目运输工具名称部分的电子数据申报，申报规范同报关单填制规范。与运输部门向海关申报的舱单（载货清单）所列相应内容一致。

（三）录入规则

该申报项目为有条件必填项，即载运货物进出境的运输工具有具体名称或编号时为必填项。最多支持录入 32 位字符（见图 3–16）。

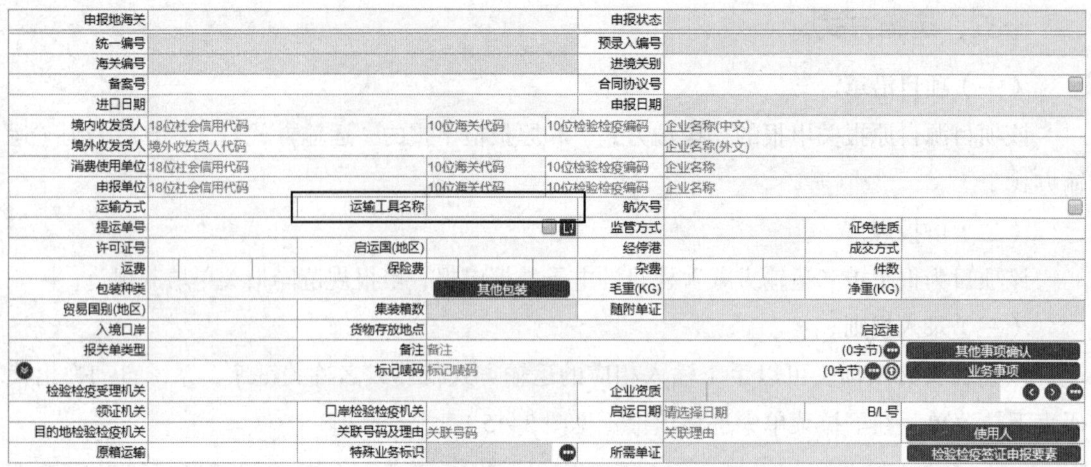

图 3–16 “运输工具名称”项目录入界面

十七、航次号

（一）项目沿革

该项目源自原报关申报的“航次号”和原报检申报的“运输工具号码”，合并为“航次号”。

（二）申报规范

该项目为报关单“运输工具名称及航次号”栏目航次号部分的电子数据申报，申报规范同报关单填制规范。

（三）录入规则

该申报项目为有条件必填项，即载运货物进出境的运输工具有具体航次号时必填（见图 3–17）。

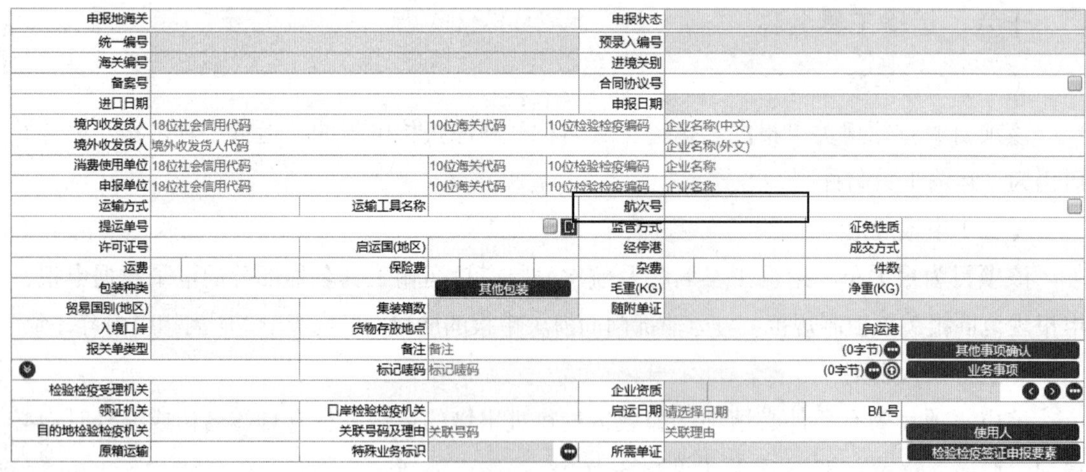

图 3–17 “航次号”项目录入界面

十八、提运单号

（一）项目沿革

该项目源自原报关申报的“提运单号”和原报检申报的“提货单号”，合并为“提运单号”。

（二）申报规范

该项目为报关单“提运单号”栏目的电子数据申报，申报规范同报关单填制规范。与运输部门向海关申报的舱单（载货清单）所列相应内容一致。

（三）录入规则

该申报项目为有条件必填项（见图 3–18）。

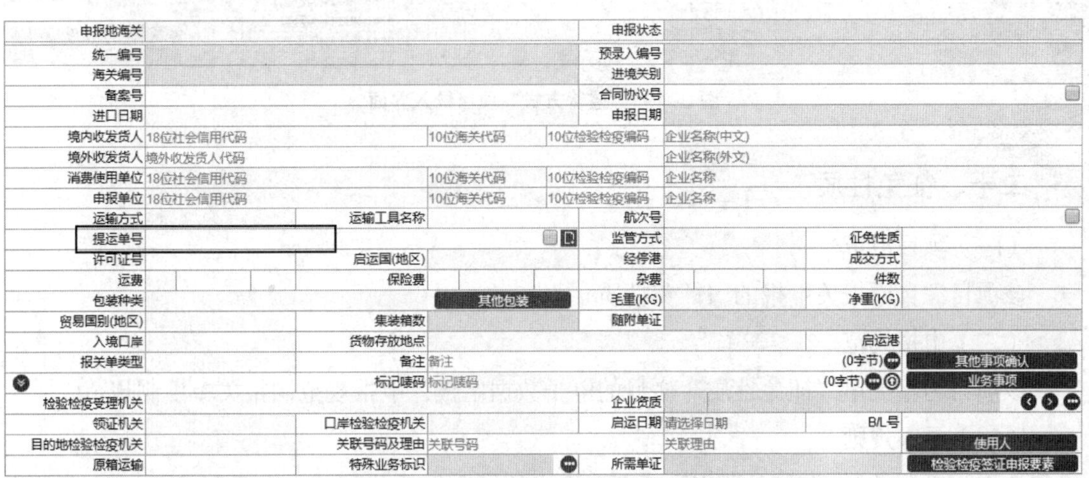

图 3–18 “提运单号”项目录入界面

十九、监管方式

（一）项目沿革

该项目源自原报关申报的“监管方式”和原报检申报的“贸易方式”，合并为“监管方式”。

（二）申报规范

该项目为报关单“监管方式”栏目的电子数据申报，申报规范同报关单填制规范。

（三）录入规则

该申报项目为必填项。可以手工输入相应的监管方式代码或名称关键字，系统自动弹出代码表下拉菜单，在下拉菜单中选择填报（见图 3–19）。

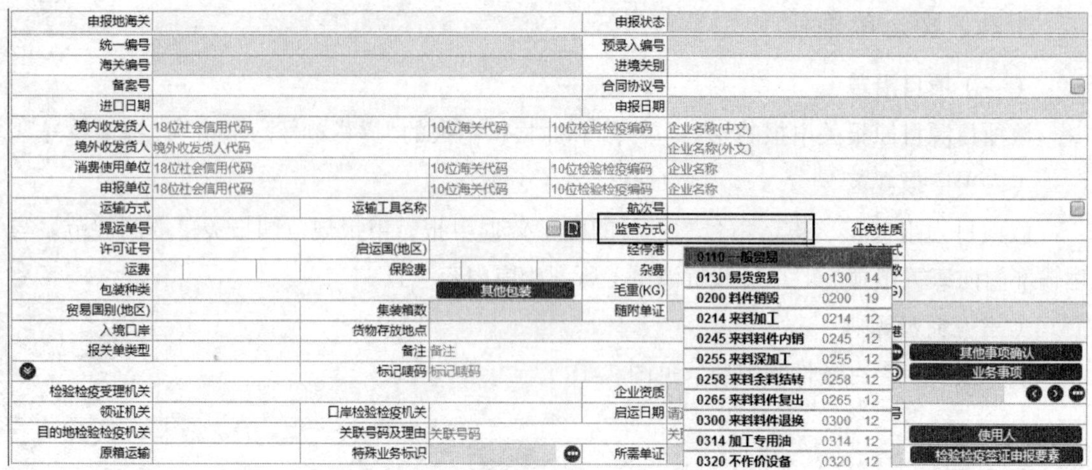

图 3–19 “监管方式”项目录入界面

二十、征免性质

（一）项目沿革

该项目源自原报关申报的“征免性质”。

（二）申报规范

该项目为报关单“征免性质”栏目的电子数据申报，申报规范同报关单填制规范。

（三）录入规则

该申报项目为选填项。可以手工输入相应的征免性质代码或名称关键字，系统自动弹出代码表下拉菜单，在下拉菜单中选择填报（见图 3–20）。

图 3–20 “征免性质”项目录入界面

二十一、许可证号

（一）项目沿革

该项目源自原报关申报的“许可证号”。

（二）申报规范

该项目为报关单“许可证号”栏目的电子数据申报，申报规范同报关单填制规范。

（三）录入规则

该申报项目为选填项，最多支持录入 20 位字符（见图 3–21）。

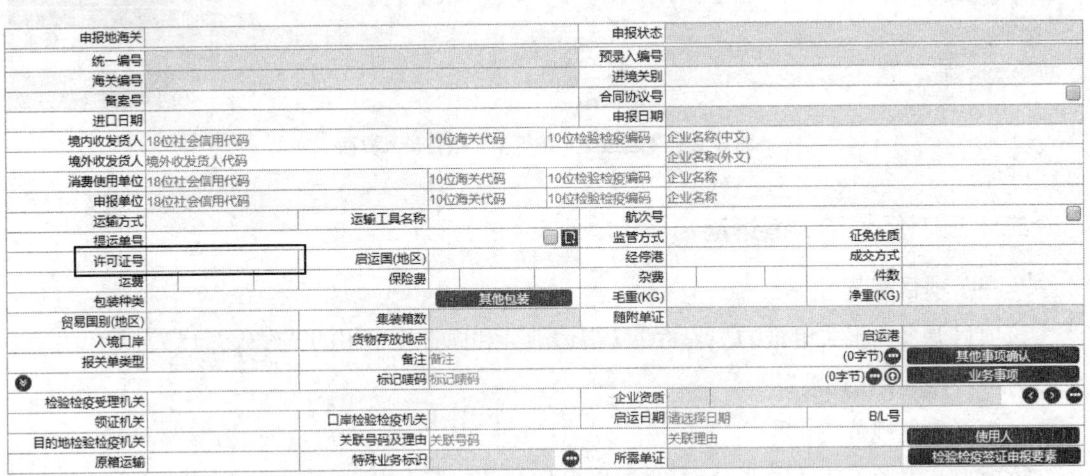

图 3–21 “许可证号”项目录入界面

二十二、启运国（地区）/ 运抵国（地区）

（一）项目沿革

该项目源自原报关申报的“启运国（地区）/ 运抵国（地区）”和原报检申报的“启运国家（地区）/ 输往国家（地区）”，合并为“启运国（地区）/ 运抵国（地区）”。

（二）申报规范

该项目为报关单“启运国（地区）/ 运抵国（地区）”栏目的电子数据申报，申报规范同报关单填制规范。

（三）录入规则

该申报项目为必填项。进口时申报“启运国（地区）”，出口时申报“运抵国（地区）”。可以手工输入相应的国别（地区）代码或名称关键字，系统自动弹出代码表下拉菜单，在下拉菜单中选择填报（见图 3–22）。

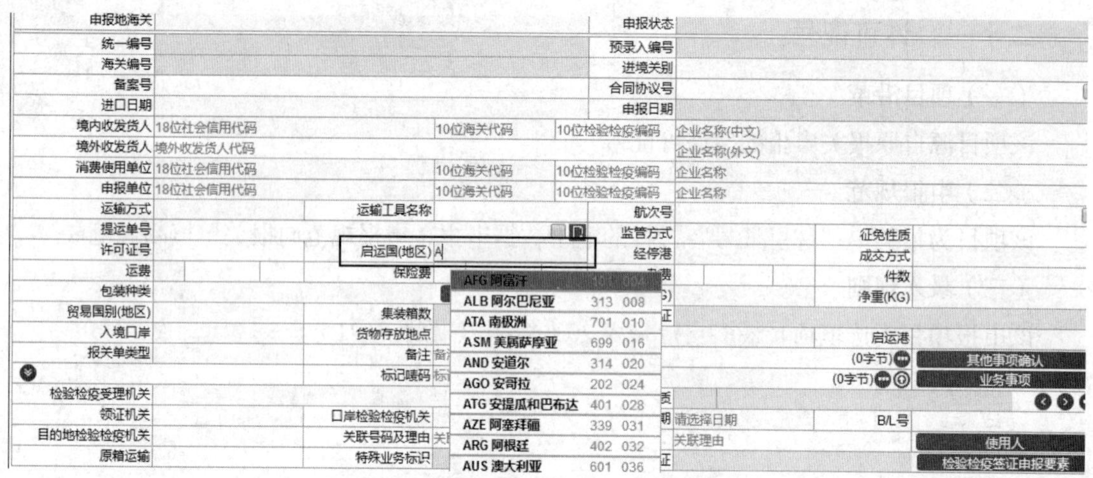

图 3–22 “启运国（地区）”项目录入界面

二十三、经停港 / 指运港

（一）项目沿革

该项目源自原报关申报的“装货港 / 指运港”和原报检申报的“经停口岸 / 到达口岸”，合并为“经停港 / 指运港”。

（二）申报规范

该项目为报关单“经停港 / 指运港”栏目的电子数据申报，申报规范同报关单填制规范。

（三）录入规则

该申报项目为必填项。进口时申报“经停港”，出口时申报“指运港”。可以手工输入相应的港口代码或名称关键字，系统自动弹出代码表下拉菜单，在下拉菜单中选择填报（见图 3–23）。

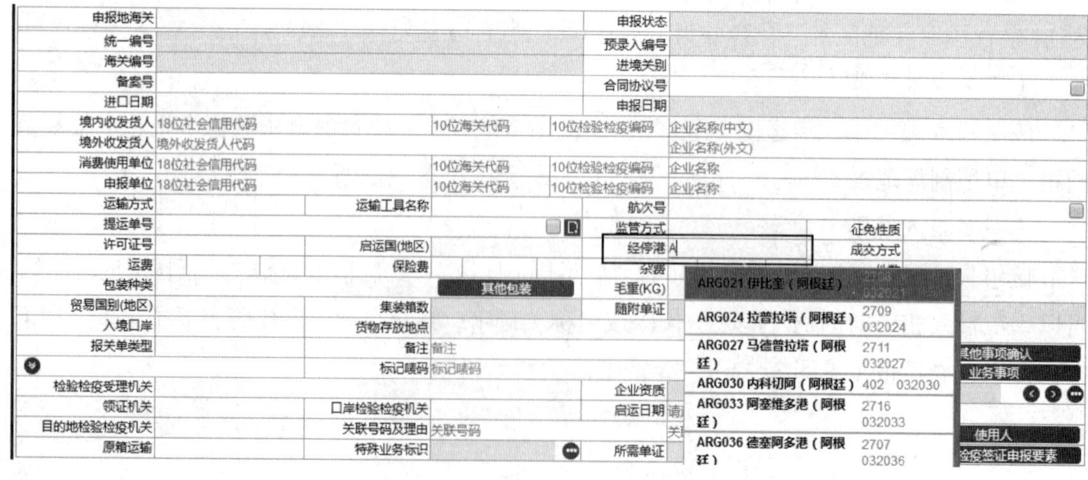

图 3–23 “经停港”项目录入界面

二十四、成交方式

（一）项目沿革

该项目源自原报关申报的“成交方式”。

（二）申报规范

该项目为报关单“成交方式”栏目的电子数据申报，申报规范同报关单填制规范。

（三）录入规则

该申报项目为必填项。可以手工输入相应的成交方式代码或名称关键字，系统自动弹出代码表下拉菜单，在下拉菜单中选择填报（见图 3–24）。

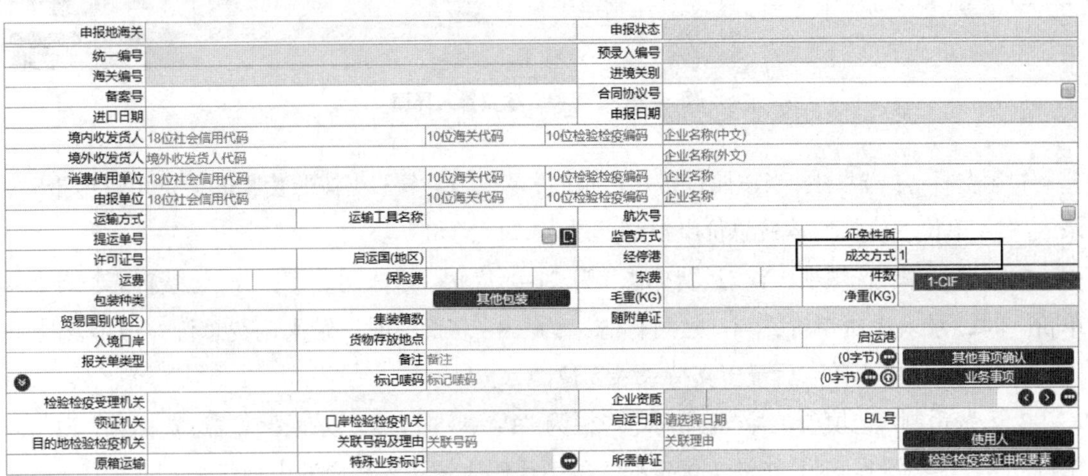

图 3–24 “成交方式”项目录入界面

二十五、运费

（一）项目沿革

该项目源自原报关申报的“运费”。

（二）申报规范

该项目为报关单“运费”栏目的电子数据申报，申报规范同报关单填制规范。

（三）录入规则

该申报项目由三个单元格组成，从左到右依次为：“运费标志”、“运费 / 率”和“运费币制”（见图 3–25）。

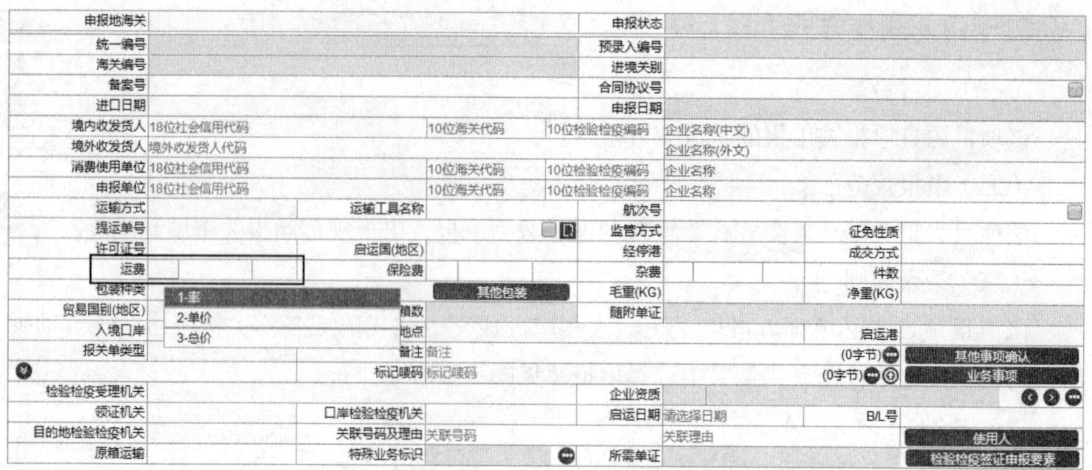

图 3–25 "运费"项目录入界面

1. 运费标志：选填项，当按照运费率申报时，录入"1–率"；当按照货物的运费单价申报时，录入"2–单价"；按照运费总价申报时，录入"3–总价"。

2. 运费／率：选填项，当"运费标志"为"1–率"时，录入运费率；当"运费标志"为"2–单价"时，录入运费单价；当"运费标志"为"3–总价"时，录入运费总价。最多支持录入 19 位，19 位中小数点后最多支持录入 5 位。

3. 运费币制：选填项，当"运费标志"栏为"1–率"时，免予录入；当"运费标志"为"2–单价"或"3–总价"时，按海关规定的《货币代码表》录入相应的币种代码。

二十六、保险费

（一）项目沿革

该项目源自原报关申报的"保险费"。

（二）申报规范

该项目为报关单"保费"栏目的电子数据申报，申报规范同报关单填制规范。

（三）录入规则

该申报项目由三个单元格组成，从左到右依次为："保险费标志"、"保险费／率"和"保险费币制"（见图 3–26）。

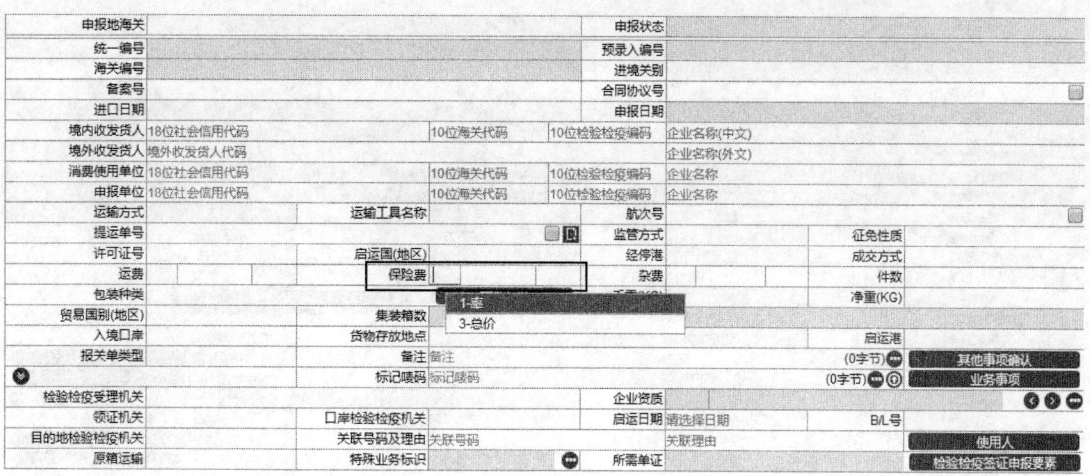

图 3-26 “保险费”项目录入界面

1. 保险费标志: 选填项，当按照保险费率申报时，录入“1- 率”; 当按照保险费总价申报时，录入“3- 总价”。

2. 保险费 / 率: 当“保险费标志”为“1- 率”时，录入保险费率; 当“保险费标志”为“3- 总价”时，录入保险费总价。最多支持录入 19 位，19 位中小数点后最多支持录入 5 位。

3. 保险费币制: 当“保险费标志”为“3- 总价”时，按海关规定的《货币代码表》录入相应的币种代码; 当“保险费标志”为“1- 率”时，免予录入。

二十七、杂费

（一）项目沿单

该项目源自原报关申报的“杂费”。

（二）申报规范

该项目为报关单“杂费”栏目的电子数据申报，申报规范同报关单填制规范。

（三）录入规则

该申报项目由三个单元格组成，从左到右依次为：“杂费标志”、“杂费 / 率”和“杂费币制”（见图 3-27）。

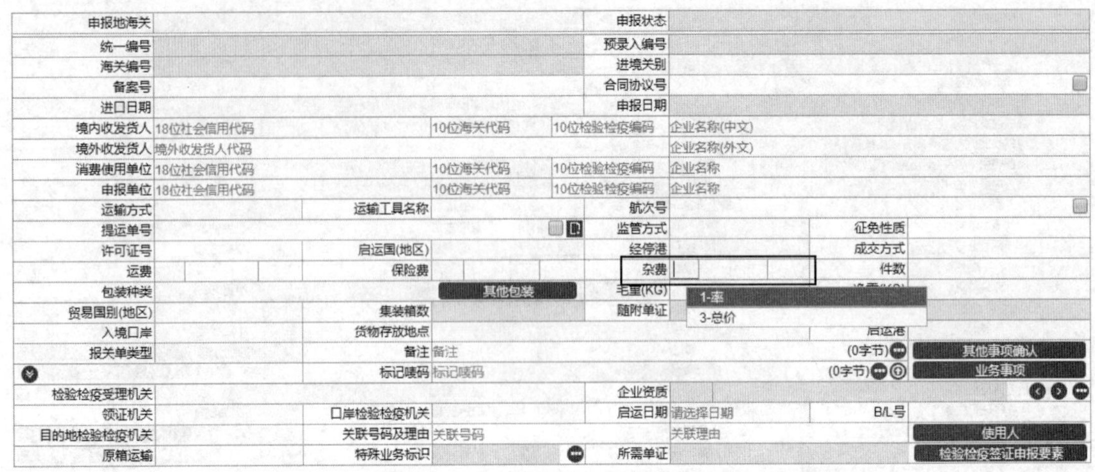

图 3–27 “杂费”项目录入界面

1. 杂费标志：选填项，当按照杂费率申报时，录入“1– 率”；当按照杂费总价申报时，录入“3– 总价”。

2. 杂费 / 率：选填项，当“杂费标志”为“1– 率”时，录入杂费率；当“杂费标志”为“3– 总价”时，录入杂费总价。最多支持录入 19 位，19 位中小数点后最多支持录入 5 位。

3. 杂费币制：选填项，当“杂费标志”为“3– 总价”时，按海关规定的《货币代码表》录入相应的币种代码；当“杂费标志”为“1– 率”时，免予录入。

二十八、件数

（一）项目沿革

该项目源自原报关申报的“件数”和原报检申报的“包装件数”，合并为“件数”。

（二）申报规范

该项目为报关单“件数”栏目的电子数据申报，申报规范同报关单填制规范。

（三）录入规则

该申报项目为必填项，最多支持录入 9 位整数数字（见图 3–28）。

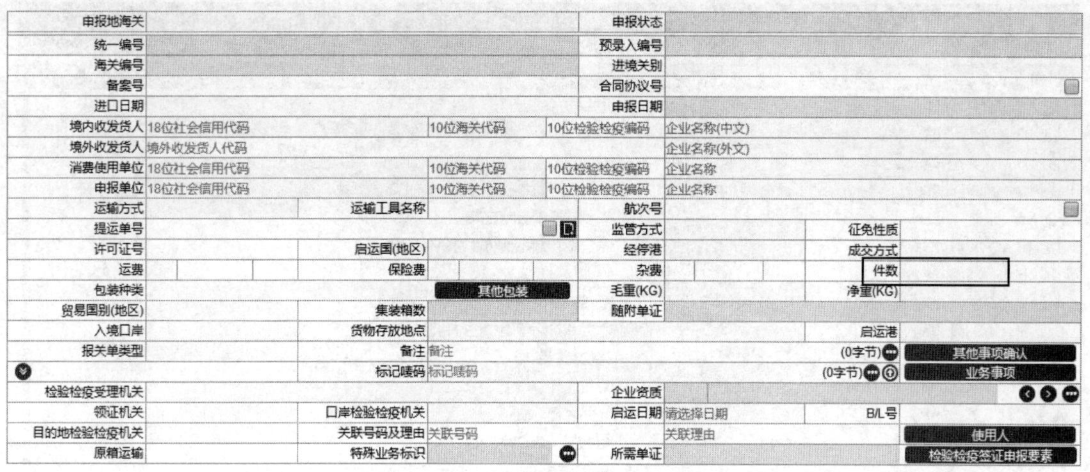

图 3–28 “件数”项目录入界面

二十九、包装种类（其他包装）

（一）项目沿革

该项目源自原报关申报的“包装种类”和原报检申报的“包装种类”，合并为“包装种类（其他包装）”。

（二）申报规范

该项目为报关单“包装种类”栏目的电子数据申报，申报规范同报关单填制规范。

（三）录入规则

该申报项目由“包装种类”录入框和“其他包装”按钮组成。“包装种类”为必填项，“其他包装”为选填项，但动植物性包装物、铺垫材料进境时必须填报。“包装种类”录入框可以手工输入相应的包装种类代码或名称关键字，系统自动弹出代码表下拉菜单，在下拉菜单中选择填报；“其他包装”则点开对话框进行勾选（见图 3–29、图 3–30）

图 3–29 “包装种类”项目录入界面

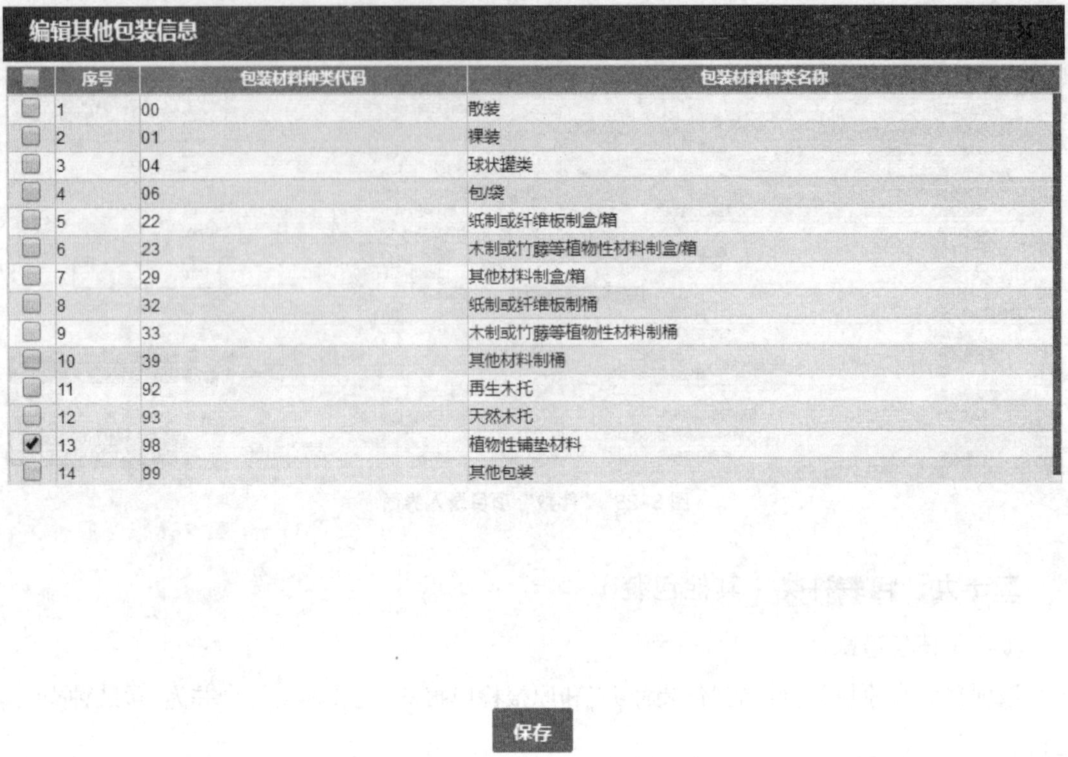

编辑其他包装信息

序号	包装材料种类代码	包装材料种类名称
1	00	散装
2	01	裸装
3	04	球状罐类
4	06	包/袋
5	22	纸制或纤维板制盒/箱
6	23	木制或竹藤等植物性材料制盒/箱
7	29	其他材料制盒/箱
8	32	纸制或纤维板制桶
9	33	木制或竹藤等植物性材料制桶
10	39	其他材料制桶
11	92	再生木托
12	93	天然木托
13	98	植物性铺垫材料
14	99	其他包装

保存

图 3-30 “其他包装”项目勾选界面

三十、毛重（千克）

（一）项目沿革

该项目源自原报关申报的“毛重（千克）”。

（二）申报规范

该项目为报关单“毛重（千克）”栏目的电子数据申报，申报规范同报关单填制规范。

（三）录入规则

该申报项目为必填项，小数点之前最多支持录入 14 位数字，小数点之后最多支持录入 5 位数字。本项目所录入数值必须大于或等于“1”（见图 3-31）。

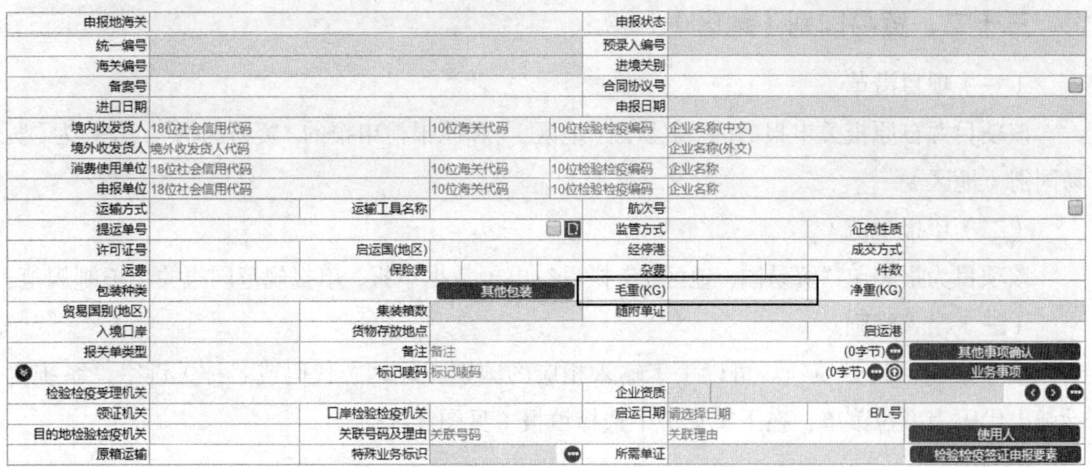

图 3-31 “毛重（千克）”项目录入界面

三十一、净重（千克）

（一）项目沿革

该项目源自原报关申报的“净重（千克）”。

（二）申报规范

该项目为报关单“净重（千克）”栏目的电子数据申报，申报规范同报关单填制规范。

（三）录入规则

该申报项目为必填项，小数点之前最多支持录入 14 位数字，小数点之后最多支持录入 5 位数字。本项目所录入数值必须大于或等于“1”（见图 3-32）。

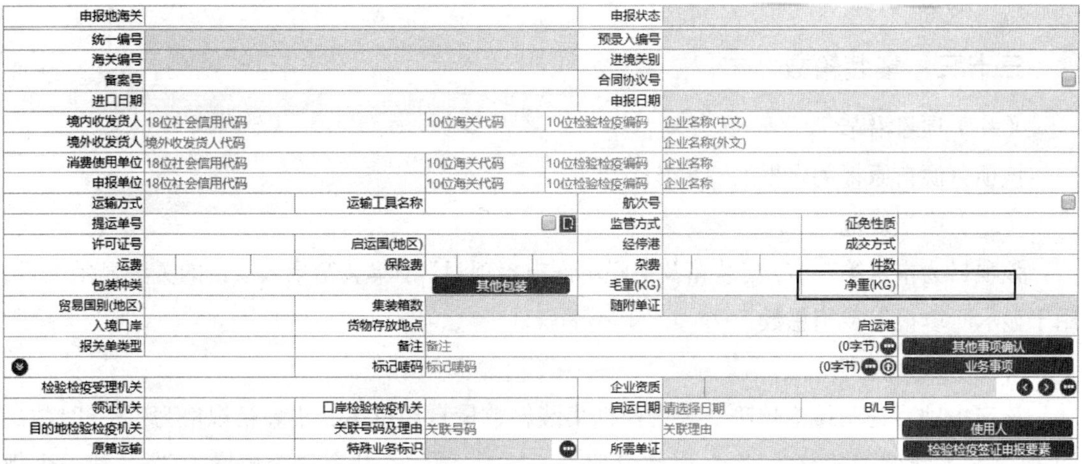

图 3-32 “净重（千克）”项目录入界面

三十二、贸易国别（地区）

（一）项目沿革

该项目源自原报关申报的的“贸易国（地区）”和原报检申报的“贸易国别”，合并为“贸易国别（地区）”。

（二）申报规范

该项目为报关单“贸易国（地区）”栏目的电子数据申报，申报规范同报关单填制规范。

（三）录入规则

该申报项目为必填项。可以手工输入相应的国别（地区）代码或名称关键字，系统自动弹出代码表下拉菜单，在下拉菜单中选择填报（见图 3–33）。

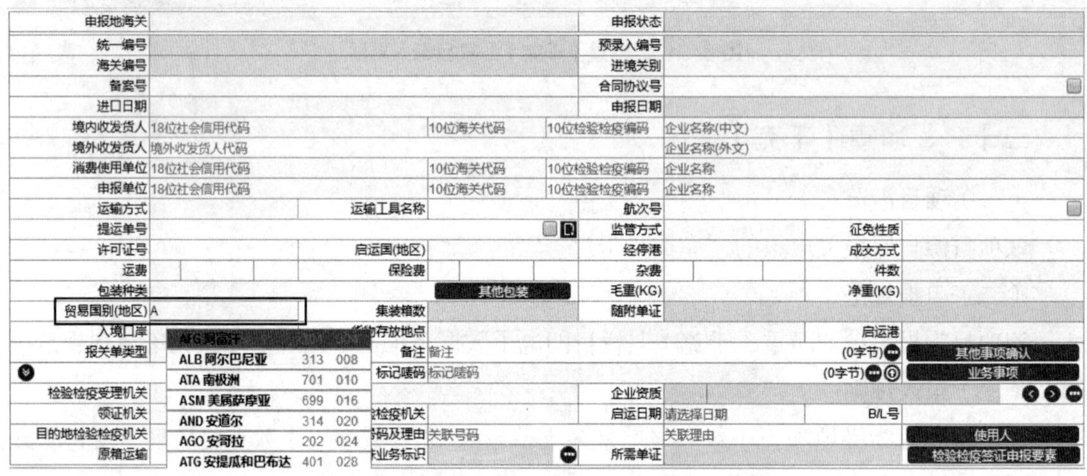

图 3–33 “贸易国别（地区）”项目录入界面

三十三、集装箱数

（一）项目沿革

该项目源自原报关申报的“集装箱数”。

（二）申报规范

该项目为本章第三节“集装箱及关联单证申报项目”中集装箱录入项目的关联显示项目，用于显示所填报集装箱总数。

（三）录入规则

该申报项目为系统返填项。系统根据集装箱数量自动返填，集装箱规格为“S”时数量记为“1”，集装箱规格为“L”时数量记为“2”。例如，共有一个规格为“S”和一个规格为“L”的集装箱，则该项目显示为“3”（见图 3–34）。

申报地海关	海关总署			申报状态			
统一编号				预录入编号			
海关编号				进境关别			
备案号				合同协议号			
进口日期				申报日期			
境内收发货人	18位社会信用代码	10位海关代码	10位检验检疫编码	企业名称(中文)			
境外收发货人	境外收发货人代码			企业名称(外文)			
消费使用单位	18位社会信用代码	10位海关代码	10位检验检疫编码	企业名称			
申报单位	18位社会信用代码	10位海关代码	10位检验检疫编码	企业名称			
运输方式		运输工具名称		航次号			
提运单号				监管方式		征免性质	
许可证号		启运国(地区)		经停港		成交方式	
运费		保险费		杂费		件数	
包装种类			其他包装	毛重(KG)		净重(KG)	
贸易国别(地区)		集装箱数	3	随附单证			
入境口岸		货物存放地点				启运港	
报关单类型		备注	备注			(0字节)	其他事项确认
		标记唛码	标记唛码			(0字节)	业务事项
检验检疫受理机关				企业资质			
领证机关		口岸检验检疫机关		启运日期	请选择日期	B/L号	
目的地检验检疫机关		关联号码及理由	关联号码		关联理由		使用人
原箱运输		特殊业务标识		所需单证			检验检疫签证申报要素

图 3–34 “集装箱数”项目录入界面

三十四、随附单证

（一）项目沿革

该项目源自原报关申报的“随附单证”。

（二）申报规范

该项目为本章第三节“集装箱及关联单证申报项目”中“随附单证代码”项目的关联显示项目，用于显示“随附单证代码”项目所填报的代码。

（三）录入规则

该申报项目为系统返填项。系统根据“随附单证代码”项录入内容自动返填。例如，“随附单证代码”项录入的是代码“E”，则该项目也显示为“E”（见图 3–35）。

申报地海关	海关总署			申报状态			
统一编号				预录入编号			
海关编号				进境关别			
备案号				合同协议号			
进口日期				申报日期			
境内收发货人	18位社会信用代码	10位海关代码	10位检验检疫编码	企业名称(中文)			
境外收发货人	境外收发货人代码			企业名称(外文)			
消费使用单位	18位社会信用代码	10位海关代码	10位检验检疫编码	企业名称			
申报单位	18位社会信用代码	10位海关代码	10位检验检疫编码	企业名称			
运输方式		运输工具名称		航次号			
提运单号				监管方式		征免性质	
许可证号		启运国(地区)		经停港		成交方式	
运费		保险费		杂费		件数	
包装种类			其他包装	毛重(KG)		净重(KG)	
贸易国别(地区)		集装箱数		随附单证	E		
入境口岸		货物存放地点				启运港	
报关单类型		备注	备注			(0字节)	其他事项确认
		标记唛码	标记唛码			(0字节)	业务事项
检验检疫受理机关				企业资质			
领证机关		口岸检验检疫机关		启运日期	请选择日期	B/L号	
目的地检验检疫机关		关联号码及理由	关联号码		关联理由		使用人
原箱运输		特殊业务标识		所需单证			检验检疫签证申报要素

图 3–35 “随附单证”项目录入界面

三十五、入境口岸 / 离境口岸

（一）项目沿革

该项目源自原报检申报的“入境口岸 / 离境口岸”。

（二）申报规范

该项目为报关单“入境口岸 / 离境口岸”栏目的电子数据申报，申报规范同报关单填制规范。

（三）录入规则

该申报项目为必填项，进口时申报“入境口岸”，出口时申报“离境口岸”。可以手工输入相应的国内口岸代码或名称关键字，系统自动弹出代码表下拉菜单，在下拉菜单中选择填报（见图 3-36）。

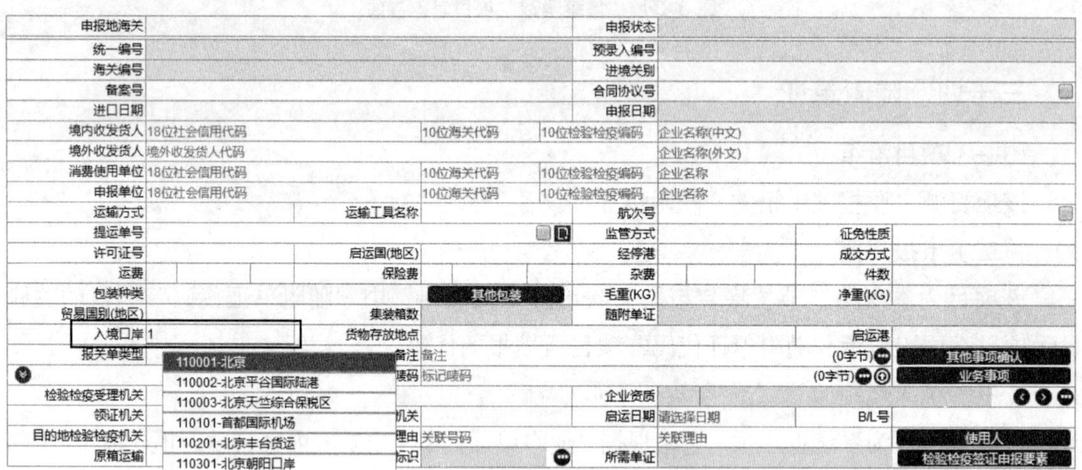

图 3-36 “入境口岸”项目录入界面

三十六、货物存放地点

（一）项目沿革

该项目源自原报检申报的的“存放地点”，改名为“货物存放地点”。

（二）申报规范

该项目为报关单“货物存放地点”栏目的电子数据申报，申报规范同报关单填制规范。

（三）录入规则

该申报项目为必填项，最多支持录入 100 位字符（见图 3-37）。

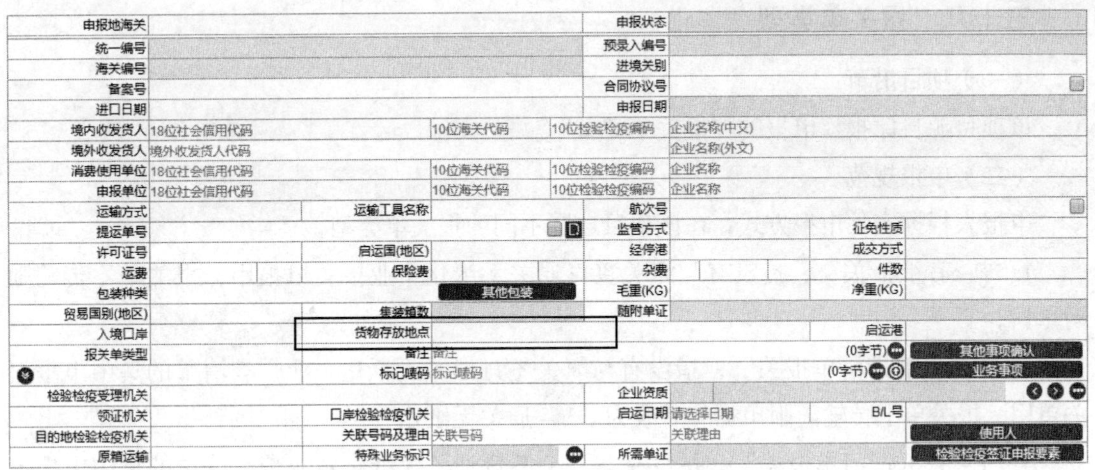

图 3–37 “货物存放地点”项目录入界面

三十七、启运港

（一）项目沿革

该项目源自原报检申报的的“启运口岸”。

（二）申报规范

该项目为报关单“启运港”栏目的电子数据申报，申报规范同报关单填制规范。

（三）录入规则

该申报项目为必填项。可以手工输入相应的港口代码或名称关键字，系统自动弹出代码表下拉菜单，在下拉菜单中选择填报（见图 3–38）。

申报地海关 申报状态
统一编号 预录入编号
海关编号 进境关别
备案号 合同协议号
进口日期 申报日期
境内收发货人 18位社会信用代码 10位海关代码 10位检验检疫编码 企业名称(中文)
境外收发货人 境外收发货人代码 企业名称(外文)
消费使用单位 18位社会信用代码 10位海关代码 10位检验检疫编码 企业名称
申报单位 18位社会信用代码 10位海关代码 10位检验检疫编码 企业名称
运输方式 运输工具名称 航次号
提运单号 监管方式 征免性质
许可证号 启运国(地区) 经停港 成交方式
运费 保险费 杂费 件数
包装种类 其他包装 毛重(KG) 净重(KG)
贸易国别(地区) 集装箱数 随附单证
入境口岸 货物存放地点 启运港 A
报关单类型 备注 备注 (0字节)
标记唛码 标记唛码 (0字节)
检验检疫受理机关 企业资质
领证机关 口岸检验检疫机关 启运日期 请选择日期 B/L号
目的地检验检疫机关 关联号码及理由 关联号码 关联理由
原箱运输 特殊业务标识 所需单证
ABW000-阿鲁巴
ABW001-阿鲁巴岛（阿鲁巴
ABW003-奥拉涅斯塔德（阿
ABW006-圣尼古拉斯湾（阿
AFG000-阿富汗
AFG001-喀布尔（阿富汗）

图 3–38 “启运港”项目录入界面

三十八、报关单类型

（一）项目沿革

该项目源自原报检申报的“报关单类型”。

（二）申报规范

申报人根据实际申报方式，在该项目选题不同的报关单类型。

1.“0- 有纸报关”，指没有与海关签订通关无纸化企业报关填报用，报关单不传输随附单据。

2.“D- 无纸带清单报关”，指没有与海关签订通关无纸化企业带有清单的集中申报报关单用，报关单上传输随附单据（后改为“M- 通关无纸化”）。

3.“L- 有纸带清单报关”，指没有与海关签订通关无纸化企业带有清单的集中申报报关单用，报关单不传输随附单据。

4.“M- 通关无纸化”，指与海关签订通关无纸化企业报关填报用，报关单上传输随附单据。

（三）录入规则

该申报项目为必填项。可以手工输入相应的报关单类型代码或名称关键字，系统自动弹出代码表下拉菜单，在下拉菜单中选择填报（见图 3-39）。

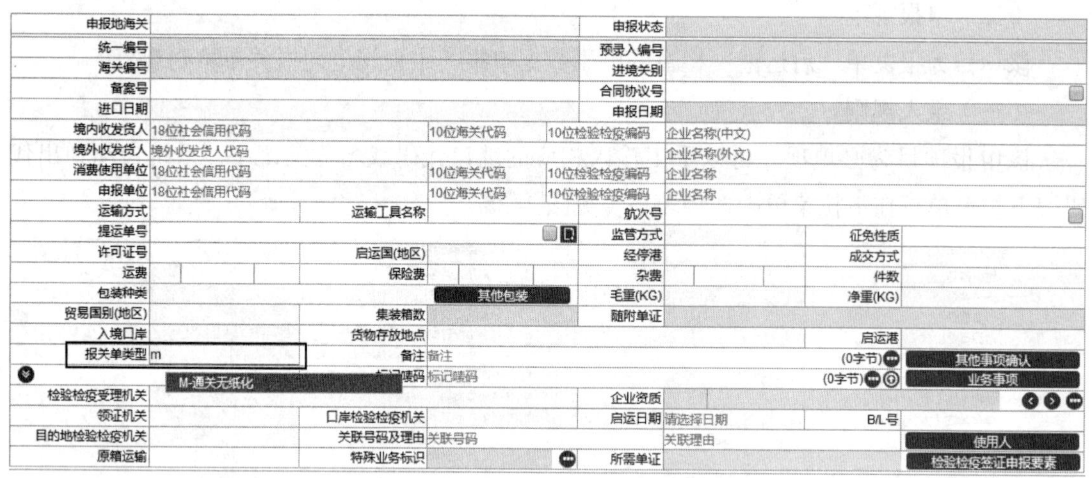

图 3-39 “报关单类型”项目录入界面

三十九、备注

（一）项目沿革

该项目源自原报关申报的“备注”和原报检申报的“特殊检验检疫要求”，合并为“备注”。

（二）申报规范

该项目为报关单“标记唛码及备注”栏目备注部分的电子数据申报，申报规范同报关单填制规范。

（三）录入规则

该申报项目为选填项，最多支持录入 255 位字符（见图 3-40）。

申报地海关				申报状态			
统一编号				预录入编号			
海关编号				进境关别			
备案号				合同协议号			
进口日期				申报日期			
境内收发货人	18位社会信用代码	10位海关代码	10位检验检疫编码	企业名称(中文)			
境外收发货人	境外收发货人代码			企业名称(外文)			
消费使用单位	18位社会信用代码	10位海关代码	10位检验检疫编码	企业名称			
申报单位	18位社会信用代码	10位海关代码	10位检验检疫编码	企业名称			
运输方式		运输工具名称		航次号			
提运单号				监管方式		征免性质	
许可证号		启运国(地区)		经停港		成交方式	
运费		保险费		杂费		件数	
包装种类		其他包装		毛重(KG)		净重(KG)	
贸易国别(地区)		集装箱数		随附单证			
入境口岸		货物存放地点				启运港	
报关单类型		备注	备注			(0字节)	其他事项确认
		标记唛码	标记唛码			(0字节)	业务事项
检验检疫受理机关				企业资质			
领证机关		口岸检验检疫机关		启运日期	请选择日期	B/L号	
目的地检验检疫机关		关联号码及理由	关联号码		关联理由		使用人
原箱运输		特殊业务标识		所需单证			检验检疫签证申报要素

图 3-40 “备注”项目录入界面

四十、特殊关系确认

（一）项目沿革

该项目源自原报关申报的“特殊关系确认”。

（二）申报规范

该项目为报关单“特殊关系确认”栏目的电子数据申报，申报规范同报关单填制规范。

（三）录入规则

该申报项目为选填项。点击“其他事项确认”按钮打开该项目，并在下拉菜单的“0-否”“1-是”“9-空”等三个选项中进行相应选择（见图 3-41）。

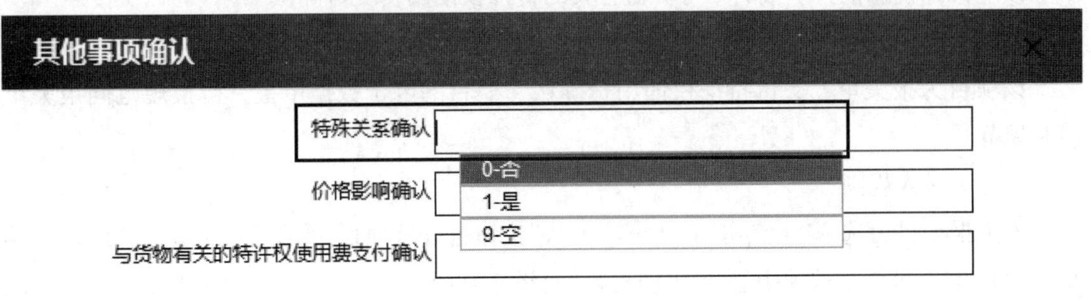

图 3-41 “特殊关系确认”项目录入界面

四十一、价格影响确认

（一）项目沿革

该项目源自原报关申报的“价格影响确认”。

（二）申报规范

该项目为报关单“价格影响确认”栏目的电子数据申报，申报规范同报关单填制规范。

（三）录入规则

该申报项目为选填项。点击“其他事项确认”按钮打开该项目，并在下拉菜单的“0-否”“1-是”“9-空”等三个选项中进行相应选择（见图 3-42）。

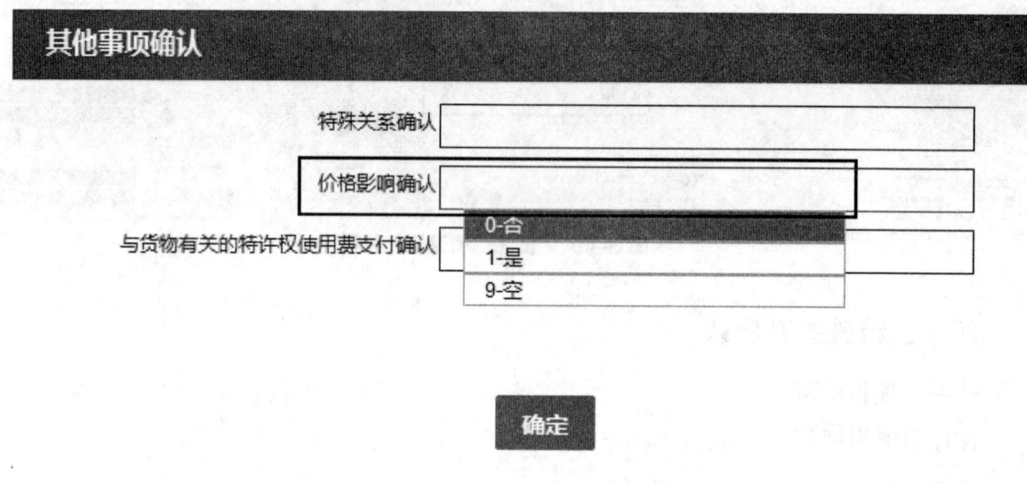

图 3-42 “价格影响确认”项目录入界面

四十二、与货物有关的特许权使用费支付确认

（一）项目沿革

该项目源自原报关申报的“与货物有关的特许权使用费支付确认”。

（二）申报规范

该项目为报关单“支付特许权使用费确认”栏目的电子数据申报，申报规范同报关单填制规范。

（三）录入规则

该申报项目为选填项。点击“其他事项确认”按钮打开该项目，并在下拉菜单的“0-否”“1-是”“9-空”等三个选项中进行相应选择（见图 3-43）。

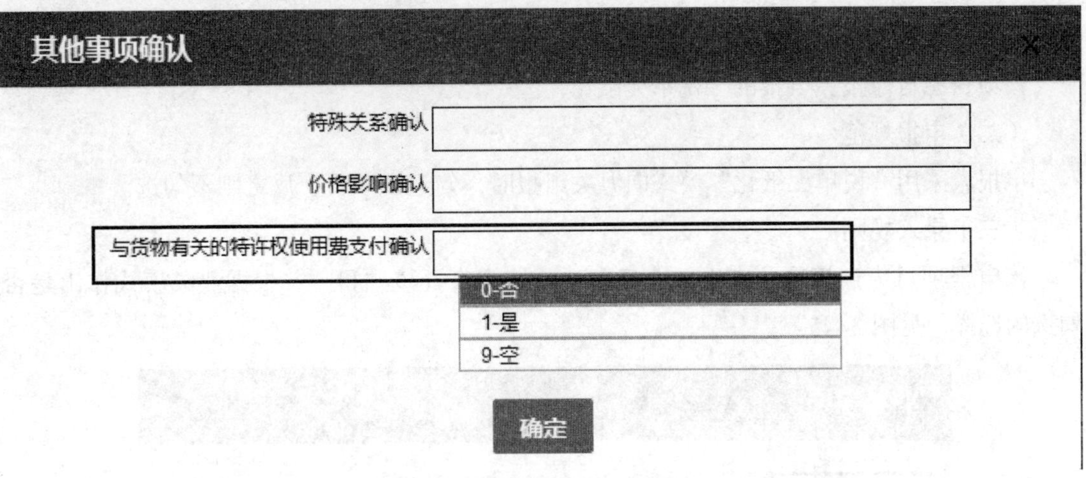

图 3–43 “与货物有关的特许权使用费支付确认”项目录入界面

四十三、标记唛码

（一）项目沿革

该项目源自原报关申报的“标记唛码”和原报检申报的“标记及号码”，合并为“标记唛码”。

（二）申报规范

该项目为报关单“标记唛码及备注”栏目标记唛码部分的电子数据申报，申报规范同报关单填制规范。

（三）录入规则

该申报项目为必填项，无标记唛码的填报“N/M”。最多支持录入400位字符（见图3–44）。

图 3–44 “标记唛码”项目录入界面

四十四、税单无纸化

（一）项目沿革

该项目源自原报关申报的“税单无纸化”。

（二）申报规范

申报人采用“税单无纸化”模式向海关申报时，勾选该项目；反之则不勾选。

（三）录入规则

该申报项目为选填项。点击“业务事项”按钮打开该项目，并根据业务模式作出是否勾选的选择（见图 3–45）。

图 3–45 “税单无纸化”项目录入界面

四十五、自主报税

（一）项目沿革

该项目源自原报关申报的“自主报税”。

（二）申报规范

申报人采用“自主报税”模式向海关申报时，勾选该项目；反之则不勾选。

（三）录入规则

该申报项目为选填项。点击“业务事项”按钮打开该项目，并根据业务模式作出是否勾选的选择（见图 3–46）。

图 3-46 “自主报税”项目录入界面

四十六、自报自缴

（一）项目沿革

该项目源自原报关申报的“自报自缴”。

（二）申报规范

该项目为报关单“自报自缴”栏目的电子数据申报，申报规范同报关单填制规范。

（三）录入规则

该申报项目为选填项。点击“业务事项”按钮打开该项目，并根据业务模式作出是否勾选的选择（见图 3-47）。

图 3-47 “自报自缴”项目录入界面

四十七、担保验放

（一）项目沿革

该项目源自原报关申报的“担保验放”。

（二）申报规范

申报人采用“担保验放”模式向海关申报时，勾选该项目；反之则不勾选。

（三）录入规则

该申报项目为选填项。点击“业务事项”按钮打开该项目，并根据业务模式作出是否勾选的选择（见图 3–48）。

图 3–48 “担保验放”项目录入界面

第二节 整合申报表体项目

四十八、项号

（一）项目沿革

该项目源自原报关申报的“项号”。

（二）申报规范

该项目为报关单“项号”栏目第一行的电子数据申报，申报规范同报关单填制规范。

（三）录入规则

该申报项目为必填项，由系统自动生成，不能录入（见图 3–49）。

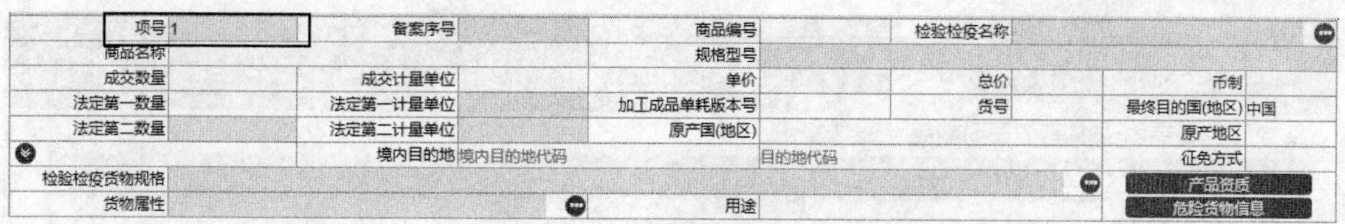

图 3-49 “项号”项目录入界面

四十九、备案序号

（一）项目沿革

该项目源自原报关申报的“备案序号”。

（二）申报规范

该项目为报关单“项号”栏目第二行的电子数据申报，申报规范同报关单填制规范。

（三）录入规则

该申报项目为选填项，最多支持录入 19 位数字（见图 3-50）。

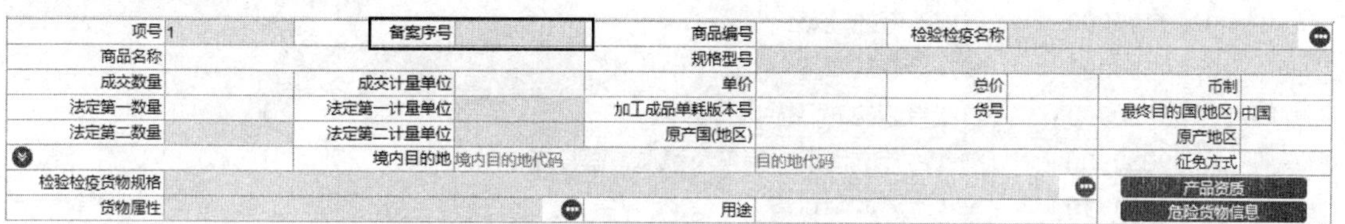

图 3-50 “备案序号”项目录入界面

五十、商品编号

（一）项目沿革

该项目源自原报关申报的“商品编号”和原报检申报的“HS 编码”，合并为“商品编号”。

（二）申报规范

该项目为报关单“商品编号”栏目前 10 位商品编号的电子数据申报，申报规范同报关单填制规范。

（三）录入规则

该申报项目为必填项。可手工输入 4 位以上商品编号关键字调出 10 位商品编号列表进行选择录入，比如输入“0709”调出以其开头的所有 10 位商品编号（见图 3-51）。

商品列表

从商品归类表中查询到了下列商品，请选择：

商品编号	商品名称	备注
0709200000	鲜或冷藏的芦笋	-
0709300000	鲜或冷藏的茄子	-
0709400000	鲜或冷藏的芹菜	块根芹除外
0709510000	鲜或冷藏的伞菌属蘑菇	-
0709591000	鲜或冷藏的松茸	-
0709592000	鲜或冷藏的香菇	-
0709593000	鲜或冷藏的金针菇	-
0709594000	鲜或冷藏的草菇	-
0709595000	鲜或冷藏的口蘑	-
0709596000	鲜或冷藏的块菌	-
0709599000	鲜或冷藏的其他蘑菇	-
0709600000	鲜或冷藏的辣椒	包括甜椒
0709700000	鲜或冷藏的菠菜	-
0709910000	鲜或冷藏的洋蓟	-
0709920000	鲜或冷藏的油橄榄	-
0709930000	鲜或冷藏的南瓜、笋瓜及瓠瓜（南瓜属）	-
0709991010	鲜或冷藏的酸竹笋	-

确定　关闭

图 3-51 “商品编号”弹出菜单界面

五十一、检验检疫名称

（一）项目沿革

该项目源自原报检申报的“检验检疫名称”。

（二）申报规范

该项目用于法检商品和其他按照有关法律、法规须实施检验检疫的商品申报。涉检商品需在“检验检疫编码列表”中选择对应的检验检疫名称，非涉检商品可根据需要选择是否录入。

（三）录入规则

该申报项目为有条件必填项。录入 10 位商品编号，并填写申报要素后，点击该申报项目右侧的蓝色按钮，弹出“检验检验编码列表”，然后从中勾选相应的商品。例如，申报进口商品“杏鲍菇”，需在“商品编号”栏录入“0709599000”，并填写申报要素之后，再在“检验检疫编码列表”栏里勾选“杏鲍菇”（见图 3-52）。

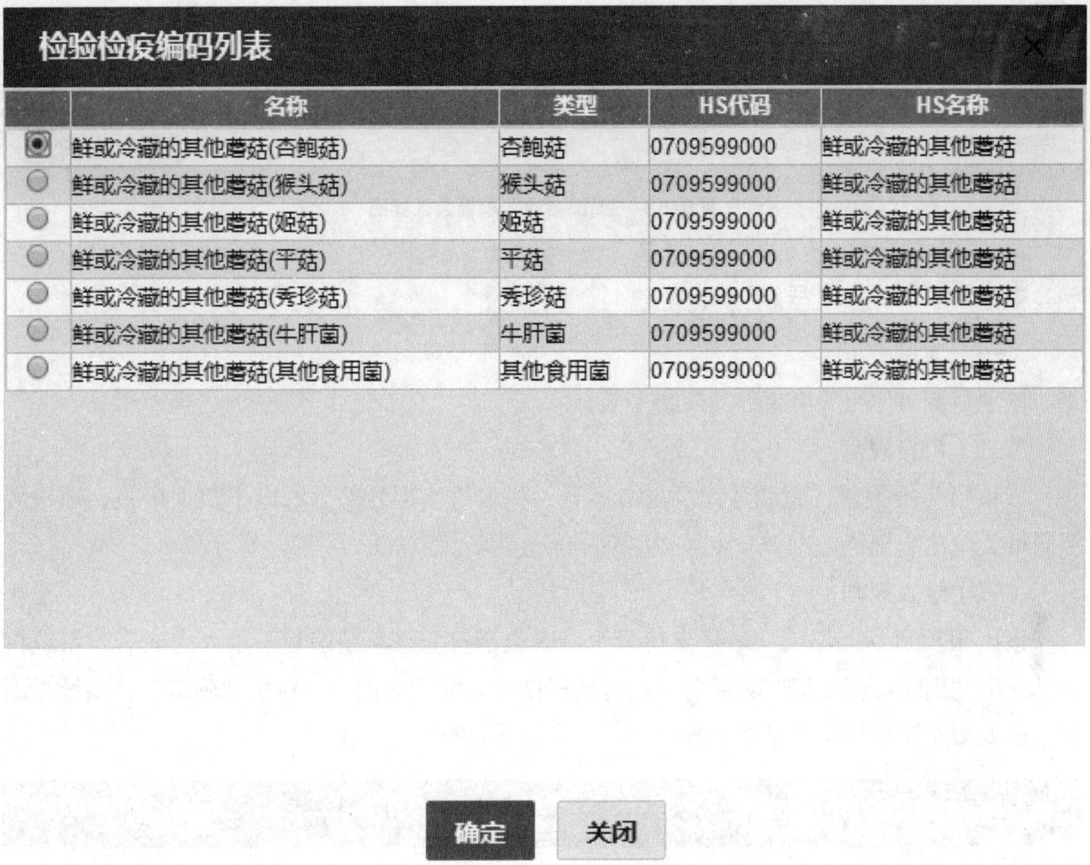

检验检疫编码列表

	名称	类型	HS代码	HS名称
◉	鲜或冷藏的其他蘑菇(杏鲍菇)	杏鲍菇	0709599000	鲜或冷藏的其他蘑菇
○	鲜或冷藏的其他蘑菇(猴头菇)	猴头菇	0709599000	鲜或冷藏的其他蘑菇
○	鲜或冷藏的其他蘑菇(姬菇)	姬菇	0709599000	鲜或冷藏的其他蘑菇
○	鲜或冷藏的其他蘑菇(平菇)	平菇	0709599000	鲜或冷藏的其他蘑菇
○	鲜或冷藏的其他蘑菇(秀珍菇)	秀珍菇	0709599000	鲜或冷藏的其他蘑菇
○	鲜或冷藏的其他蘑菇(牛肝菌)	牛肝菌	0709599000	鲜或冷藏的其他蘑菇
○	鲜或冷藏的其他蘑菇(其他食用菌)	其他食用菌	0709599000	鲜或冷藏的其他蘑菇

确定 关闭

图 3–52 “检验检疫编码列表”弹出菜单界面

五十二、商品名称

（一）项目沿革

该项目源自原报关申报的“商品名称”和原报检申报的“货物名称”，合并为“商品名称”。

（二）申报规范

该项目为报关单“商品名称及规格型号”栏目商品名称部分的电子数据申报，申报规范同报关单填制规范。

（三）录入规则

该申报项目为必填项，最多支持录入 255 位字符（见图 3–53）。

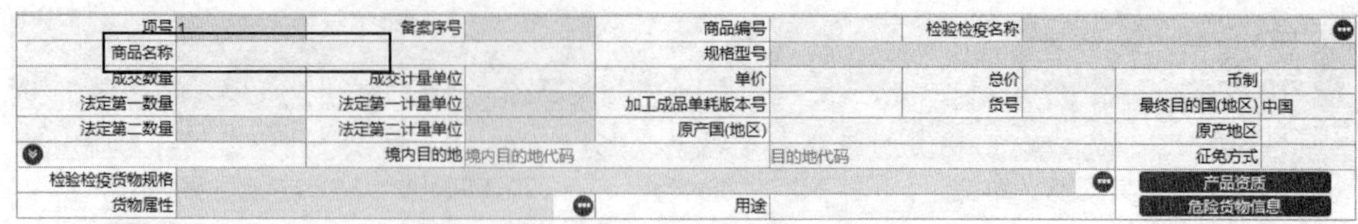

图 3–53 “商品名称”项目录入界面

五十三、规格型号

（一）项目沿革

该项目源自原报关申报的“规格型号”。

（二）申报规范

该项目为报关单“商品名称及规格型号”栏目规格型号部分的电子数据申报，申报规范同报关单填制规范。

（三）录入规则

该申报项目为必填项，最多支持录入 255 位字符。“商品编号”录入完成后，系统将自动弹出“商品申报要素”对话框，在对话框中录入完相应内容，点击“确定”，系统自动将结果返填至该项目中（见图 3–54）。

商品规范申报-商品申报要素

返填规则	○税号 ○GTIN
商品信息	0709599000-鲜或冷藏的其他蘑菇
规格型号（根据海关规定，以下要素应全部填报）。	
品牌类型	境内自主品牌
出口享惠情况	不适用于进口报关单
制作或保存方法(鲜、冷)	鲜
GTIN	
CAS	
其他	
规格型号	1|3|鲜 （6/255字节）

确定　取消

图 3–54 “商品申报要素”弹出菜单界面

五十四、成交数量

（一）项目沿革

该项目源自原报关申报的“成交数量”。

（二）申报规范

该项目为报关单“数量及单位”栏目数量部分的电子数据申报，申报规范同报关单填制规范。

（三）录入规则

该申报项目为必填项，最多支持录入 19 位，19 位中小数点后最多支持录入 5 位（见图 3–55）。

项号	1	备案序号		商品编号		检验检疫名称	
商品名称				规格型号			
成交数量		成交计量单位		单价		总价	币制
法定第一数量		法定第一计量单位		加工成品单耗版本号		货号	最终目的国(地区) 中国
法定第二数量		法定第二计量单位		原产国(地区)			原产地区
		境内目的地	境内目的地代码		目的地代码		征免方式
检验检疫货物规格							产品资质
货物属性				用途			危险货物信息

图 3–55 “成交数量”项目录入界面

五十五、成交计量单位

（一）项目沿革

该项目源自原报关申报的“成交单位”，改名为“成交计量单位”。

（二）申报规范

该项目为报关单“数量及单位”栏目单位部分的电子数据申报，申报规范同报关单填制规范。

（三）录入规则

该申报项目为必填项，按照海关规定的《计量单位代码表》（见附表 17），录入货物实际成交所用的计量单位。可以手工输入相应的计量单位代码或名称关键字，系统自动弹出代码表下拉菜单，在下拉菜单中选择填报（见图 3–56）。

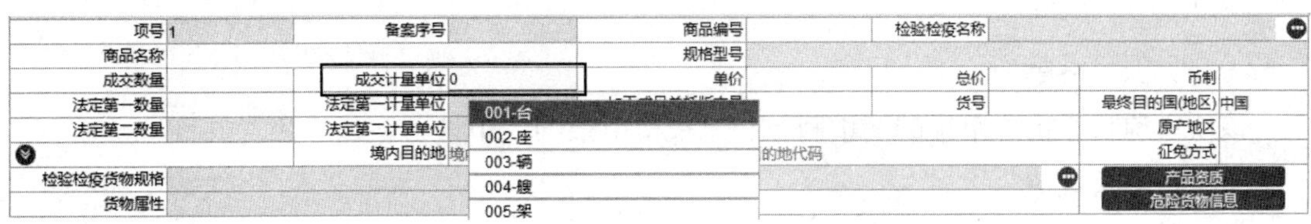

图 3–56 “成交计量单位”项目录入界面

五十六、单价

（一）项目沿革

该项目源自原报关申报的“单价”和原报检申报的“单价”，合并后仍为“单价”。

（二）申报规范

该项目为报关单“单价”栏目的电子数据申报，申报规范同报关单填制规范。

（三）录入规则

该申报项目为必填项，最多支持录入 19 位数字，19 位中小数点后最多支持录入 4 位。录入成交数量、成交单位、总价后，单价会自动生成（见图 3–57）。

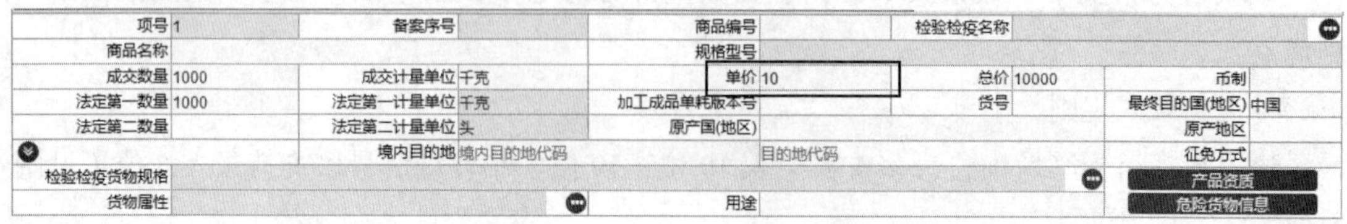

图 3–57 “单价”项目录入界面

五十七、总价

（一）项目沿革

该项目源自原报关申报的“总价”和原报检申报的“货物总值”，合并为“总价”。

（二）申报规范

该项目为报关单“总价”栏目的电子数据申报，申报规范同报关单填制规范。

（三）录入规则

该申报项目为必填项，最多支持录入 19 位数字，19 位中小数点后最多支持录入 4 位。录入成交数量、成交单位、单价后，总价会自动生成（见图 3–58）。

图 3–58 “总价”项目录入界面

五十八、币制

（一）项目沿革

该项目源自原报关申报的“币制”和原报检申报的“币种”，合并为“币制”。

（二）申报规范

该项目为报关单“币制”栏目的电子数据申报，申报规范同报关单填制规范。

（三）录入规则

该申报项目为必填项。可以手工输入相应的货币代码或名称关键字，系统自动弹出代码表下拉菜单，在下拉菜单中选择填报（见图 3–59）。

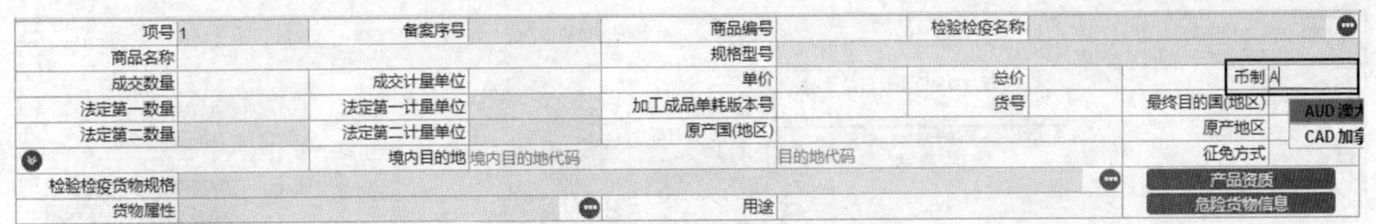

图 3–59 “币制”项目录入界面

五十九、法定第一数量

（一）项目沿革

该项目源自原报关申报的“法定数量”和原报检申报的“HS 标准量”，合并为“法定第一数量”。

（二）申报规范

该项目为报关单“数量及单位”栏目数量部分的电子数据申报，申报规范同报关单填制规范。

（三）录入规则

该申报项目为必填项，最多支持录入 19 位，19 位中小数点后最多支持录入 5 位。当成交计量单位和法定第一计量单位相同时，完成“成交数量”项录入后，系统自动将“成交数量”项的数值返填至该项（见图 3–60）。

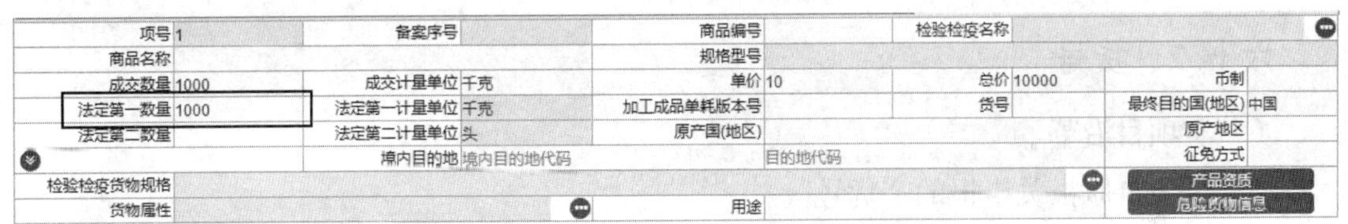

图 3–60 “法定第一数量”项目录入界面

六十、法定第一计量单位

（一）项目沿革

该项目源自原报关申报的“法定单位”，改名为“法定第一计量单位”。

（二）申报规范

该项目为报关单“数量及单位”栏目单位部分的电子数据申报，申报规范同报关单填制规范。

（三）录入规则

该申报项目为系统返填项。系统根据“商品编号”项的录入结果自动将相应的法定第一计量单位填入该项目，例如，“商品编号”项录入“0101210010”后，系统会将相应的法定第一计量单位“千克”返填入该项目，无需手工录入（见图 3–61）。

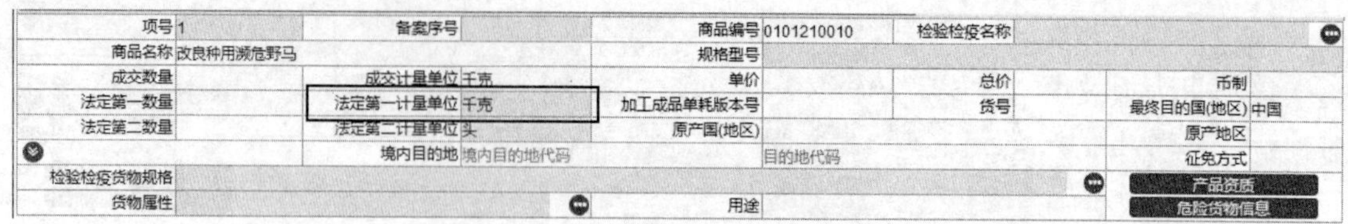

图 3–61 “法定第一计量单位”项目录入界面

六十一、加工成品单耗版本号

（一）项目沿革

该项目源自原报关申报的“版本号”，改名为“加工成品单耗版本号”。

（二）申报规范

该项目用于加工贸易货物申报出口时，系统自动返填与“加工贸易手册”中备案成品单耗一致的版本号。

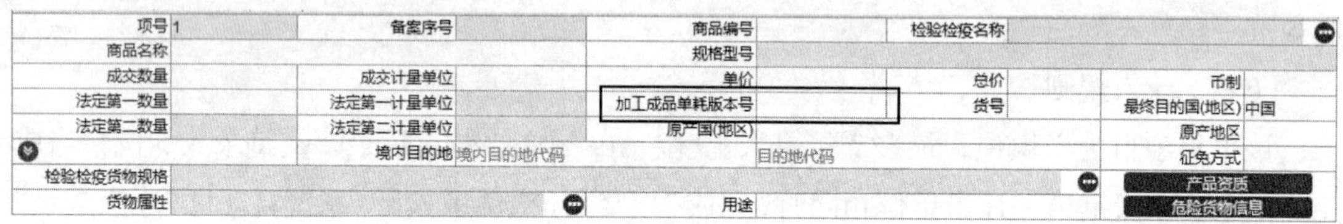

图 3–62 “加工成品单耗版本号”项目录入界面

六十二、货号

（一）项目沿革

该项目源自原报关申报的“货号”。

（二）申报规范

该项目用于加工贸易货物申报进口时，系统自动返填“加工贸易手册”中备案的料件、成品货号。

（三）录入规则

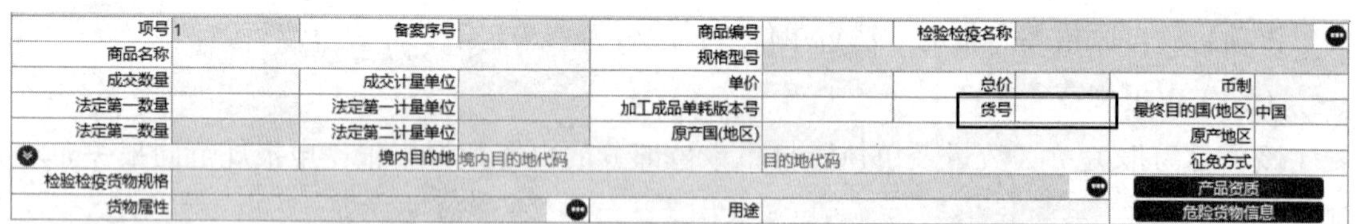

图 3–63 “货号”项目录入界面

六十三、最终目的国（地区）

（一）项目沿革

该项目源自原报关申报的“最终目的国（地区）”。

（二）申报规范

该项目为报关单“最终目的国（地区）”栏目的电子数据申报，申报规范同报关单填制规范。

（三）录入规则

该申报项目为必填项。可以手工输入相应的国别（地区）代码或名称关键字，系统自动弹出代码表下拉菜单，在下拉菜单中选择填报（见图 3–64）。

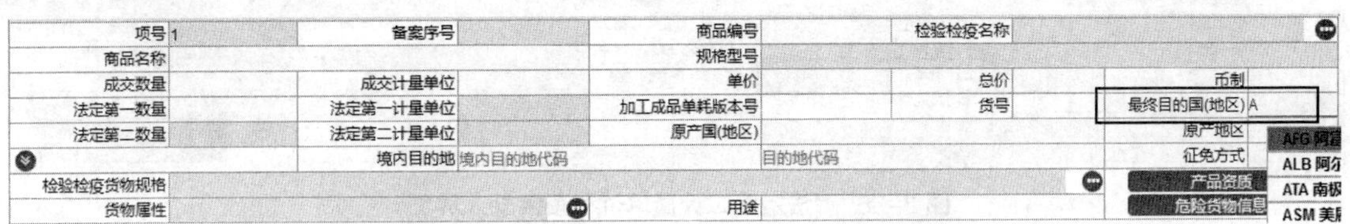

图 3–64 “最终目的国（地区）”项目录入界面

六十四、法定第二数量

（一）项目沿革

该项目源自原报关申报的“法定第二数量”。

（二）申报规范

该项目为报关单“数量及单位”栏目数量部分的电子数据申报，申报规范同报关单填制规范。

（三）录入规则

该申报项目为有条件必填项，凡列明有法定第二计量单位的，按照法定第二计量单位录入对应的数量；无法定第二计量单位的，该项目为灰色，无需录入。最多支持录入 19 位，19 位中小数点后最多支持录入 5 位（见图 3–65）。

图 3–65 “法定第二数量”项目录入界面

六十五、法定第二计量单位

（一）项目沿革

该项目源自原报关申报的“第二单位”，改名为“法定第二计量单位”。

（二）申报规范

该项目为报关单“数量及单位”栏目单位部分的电子数据申报，申报规范同报关单填制规范。

（三）录入规则

该申报项目为系统返填项。系统根据“商品编号”项的录入结果自动将相应的法定第二计量单位填入该项目，例如，“商品编号”项录入“0101210010”后，系统会将相应的法定第二计量单位“头”返填入该项目（见图 3–66）。无法定第二计量单位的，该项目为灰色，无需录入。

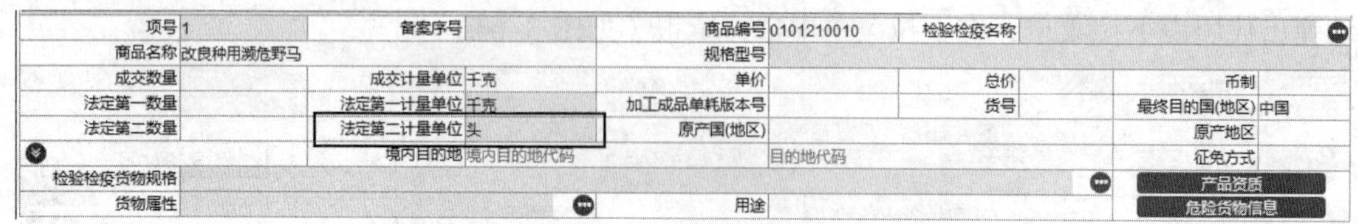

图 3–66 “法定第二计量单位”项目录入界面

六十六、原产国（地区）

（一）项目沿革

该项目源自原报关申报的“原产国（地区）”和原报检申报的“原产国（地区）”，合并后仍为“原产国（地区）”。

（二）申报规范

该项目为报关单“原产国（地区）”栏目的电子数据申报，申报规范同报关单填制规范。

（三）录入规则

该申报项目为必填项。可以手工输入相应的国别（地区）代码或名称关键字，系统自动弹出代码表下拉菜单，在下拉菜单中选择填报（见图 3–67）。

图 3–67 “原产国（地区）”项目录入界面

六十七、原产地区

（一）项目沿革

该项目源自原报检申报的“原产地区”。

（二）申报规范

该项目用于申报入境货物在原产国（地区）内的生产区域，如州、省等，区域名称参见《世界各国和地区名称及一级行政区划代码表》（见附表 18）。例如，申报原产于智利塔拉帕卡的樱桃，在本栏录入“152001–塔拉帕卡（智利）”。

（三）录入规则

该申报项目为选填项。可以手工输入相应的行政区划代码或名称关键字，系统自动弹出代码表下拉菜单，在下拉菜单中选择填报（见图 3–68）。

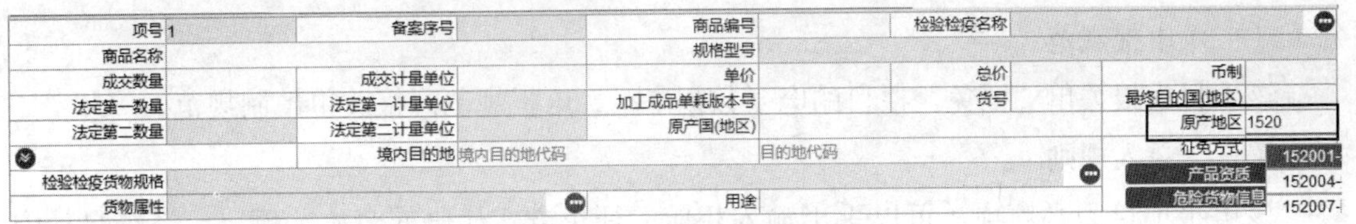

图 3–68 “原产地区”项目录入界面

六十八、境内目的地 / 境内货源地

（一）项目沿革

该项目源自原报关申报的“境内目的地 / 境内货源地”和原报检申报的“目的地 / 产地”，合并为“境内目的地 / 境内货源地”。

（二）申报规范

该项目为报关单“境内目的地 / 境内货源地”栏目的电子数据申报，申报规范同报关单填制规范。

（三）录入规则

该申报项目为必填项。“境内目的地”由“境内目的地代码”和“目的地代码”两个单元格组成；“境内货源地”由“境内货源地代码”和“产地代码”两个单元格组成。“境内日的地代码”和“境内货源地代码”按照《国内地区代码表》进行录入；“目的地代码”和“产地代码”按照《中华人民共和国行政区划代码表》进行录入。可以手工输入相应的国内地区、行政区划代码或名称关键字，系统自动弹出代码表下拉菜单，在下拉菜单中选择填报（见图 3–69、图 3–70）。

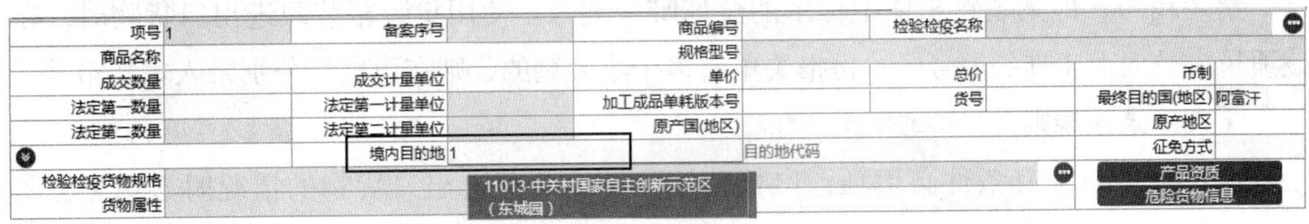

图 3–69 “境内目的地代码”栏录入界面

图 3–70 “目的地代码”栏录入界面

六十九、征免方式

（一）项目沿革

该项目源自原报关申报的“征免方式”。

（二）申报规范

该项目为报关单“征免”栏目的电子数据申报，申报规范同报关单填制规范。

（三）录入规则

该申报项目为必填项。可以手工输入相应的征免方式代码或名称关键字，系统自动弹出代码表下拉菜单，在下拉菜单中选择填报（见图 3–71）。

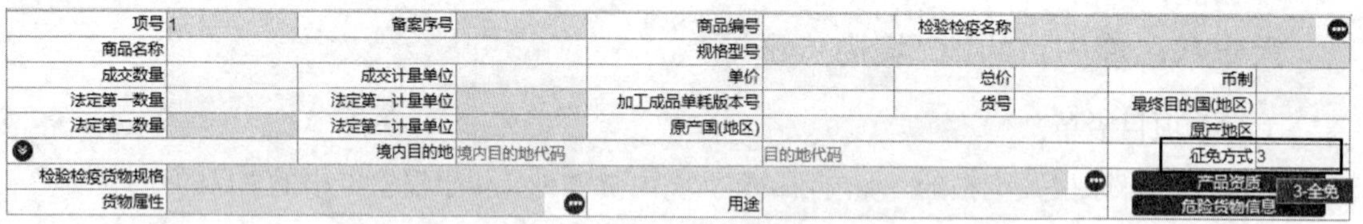

图 3–71 “征免方式”项目录入界面

第三节 集装箱及关联单证项目

七十、集装箱号

（一）项目沿革

该项目源自原报关申报的“集装箱号”和原报检申报的“集装箱号”，合并后仍为“集装箱号”。

（二）申报规范

集装箱号，即集装箱箱体上标示的全球唯一编号。使用集装箱装载进出口货物时，在该项目中录入上述唯一编号。一份报关单有多个集装箱的，则在该项目分别录入集装箱号。

（三）录入规则

该申报项目为有条件必填项，申报使用集装箱装载进出口货物的情况时必填（见图 3–72）。

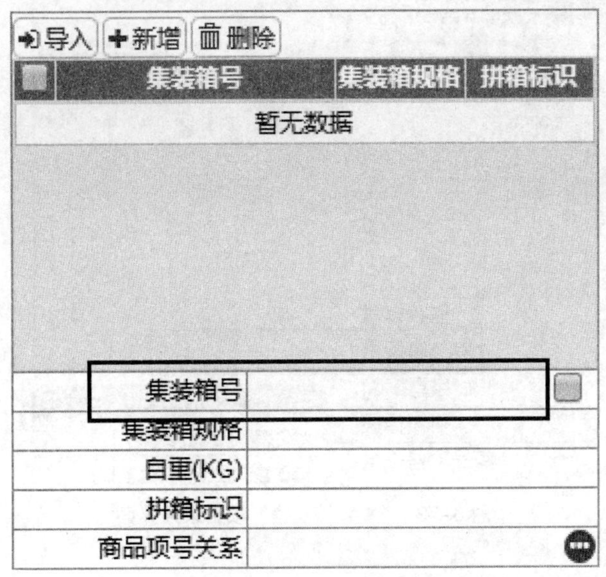

图 3-72 “集装箱号”项目录入界面

七十一、集装箱规格

（一）项目沿革

该项目源自原报关申报的“集装箱规格”和原报检申报的“集装箱规格”，合并后仍为“集装箱规格”。

（二）申报规范

使用集装箱装载进出口货物时，按照《集装箱规格代码表》（见附表 19），在该项目录入集装箱规格。

（三）录入规则

该申报项目为有条件必填项，申报使用集装箱装载进出口货物的情况时必填。可以手工输入相应的集装箱规格代码或名称关键字，系统自动弹出代码表下拉菜单，在下拉菜单中选择填报（见图 3-73）。

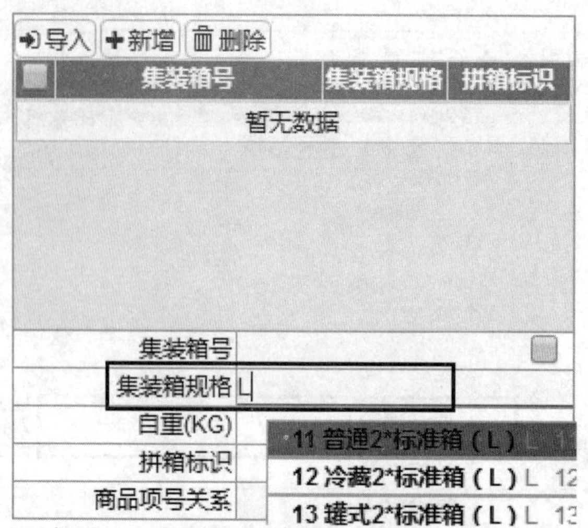

图 3–73 “集装箱规格”项目录入界面

七十二、自重（千克）

（一）项目沿革

该项目源自原报关申报的“自重（千克）”。

（二）申报规范

使用集装箱装载进出口货物时，在该项目中录入集装箱箱体重量，单位为“千克”。

（三）录入规则

该申报项目为选填项。支持最多录入 18 位字符（见图 3–74）。

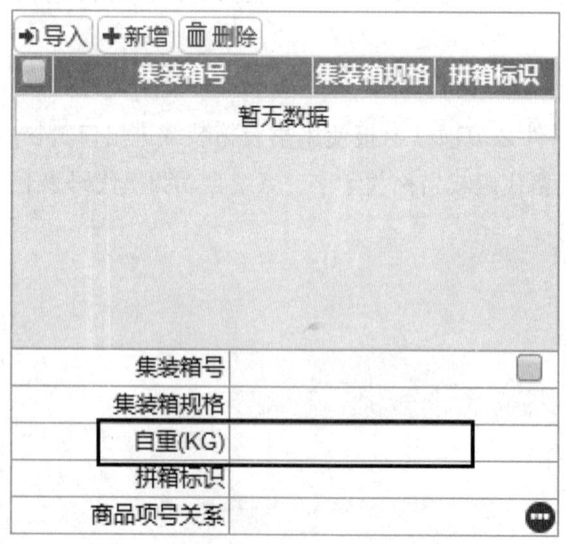

图 3–74 “自重（千克）”项目录入界面

七十三、拼箱标识

（一）项目沿革

该项目源自原报检申报的“拼箱标识”。

（二）申报规范

使用集装箱装载进出口货物时，在项目申报进出口货物装运集装箱是否为拼箱。

（三）录入规则

该申报项目为有条件必填项，申报使用集装箱装载进出口货物的情况时必填。在该项目下拉菜单中选择“是”或“否”（见图 3–75）。

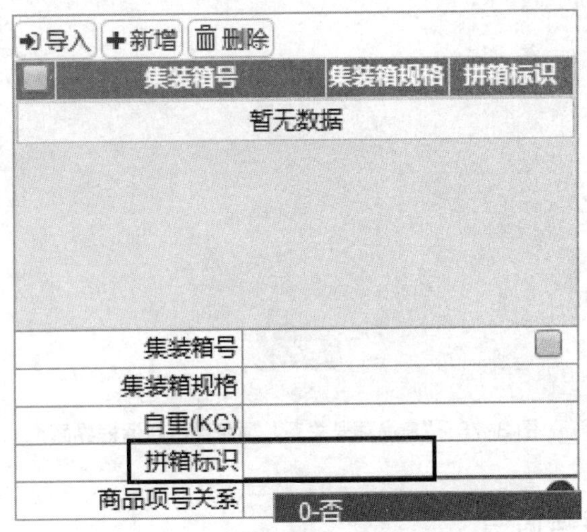

图 3–75 “拼箱标识”项目录入界面

七十四、商品项号关系

（一）项目沿革

该项目为新增项目。

（二）申报规范

该项目体现集装箱和货物的对应关系，录入时在该项目下拉菜单中选择单个集装箱对应的商品项号，同一个集装箱对应多个商品项号的，应根据实际情况选择多个项号。该项目应在完成货物表体部分后录入。

（三）录入规则

该申报项目为有条件必填项，申报使用集装箱装载进出口货物的情况时必填。点击该项目右侧省略号按钮，弹出“编辑商品项号关系”对话框，在对话框中勾选相应的商品项号（见图 3–76）。

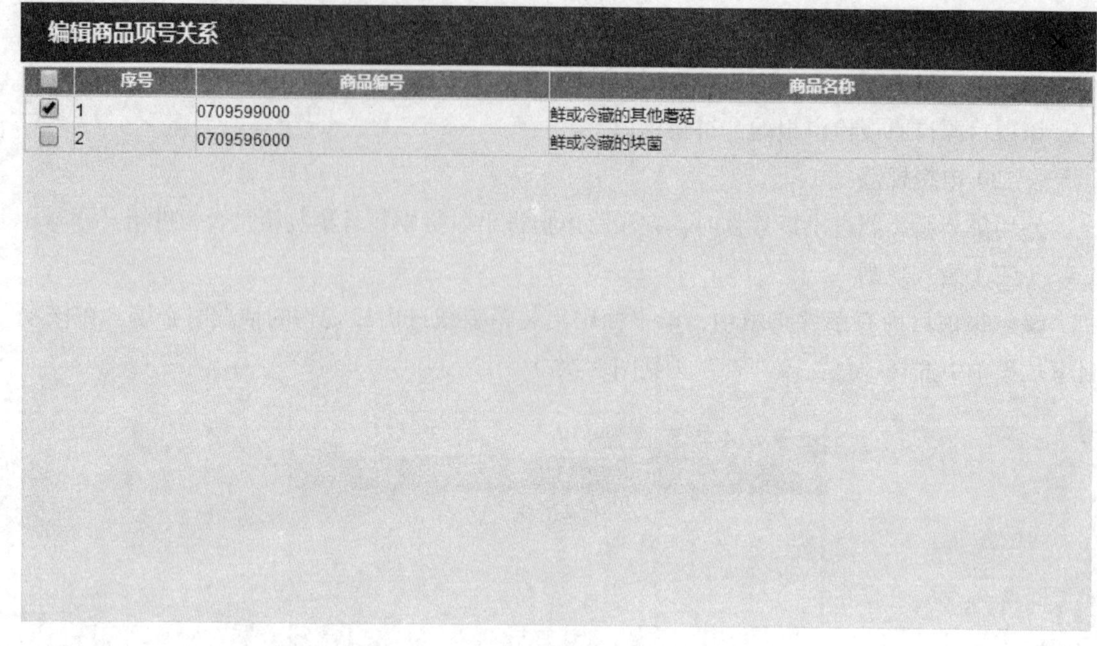

图 3–76 “商品项号关系”项目弹出对话框界面

七十五、随附单证代码

（一）项目沿革

该项目源自原报关申报的“单证代码”。

（二）申报规范

该项目为报关单“随附单证及编号”栏目代码部分的电子数据申报，申报规范同报关单填制规范。

该项目所填报的随附单证不含《随附单据代码表》中所列的单据。《随附单据代码表》中所列单据的填报见本章第八十一点“随附单据”。

（三）录入规则

该申报项目为有条件必填项，监管证件有要求时必填。可以手工输入相应的随附单证代码或名称关键字，系统自动弹出代码表下拉菜单，在下拉菜单中选择填报（见图 3–77）。

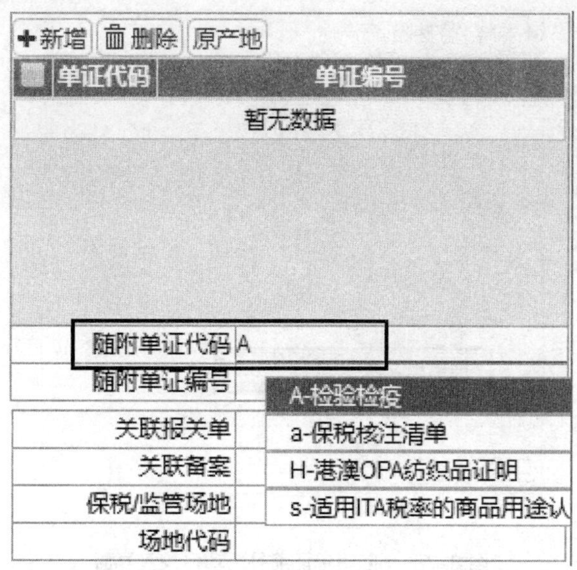

图 3-77 “随附单证代码”项目录入界面

七十六、随附单证编号

（一）项目沿革

该项目源自原报关申报的“单证编号”。

（二）申报规范

该项目为报关单“随附单证及编号”栏目编号部分的电子数据申报，申报规范同报关单填制规范。

（三）录入规则

该申报项目为有条件必填项，监管证件有要求时必填。最多支持录入 32 位字符（见图 3-78）。

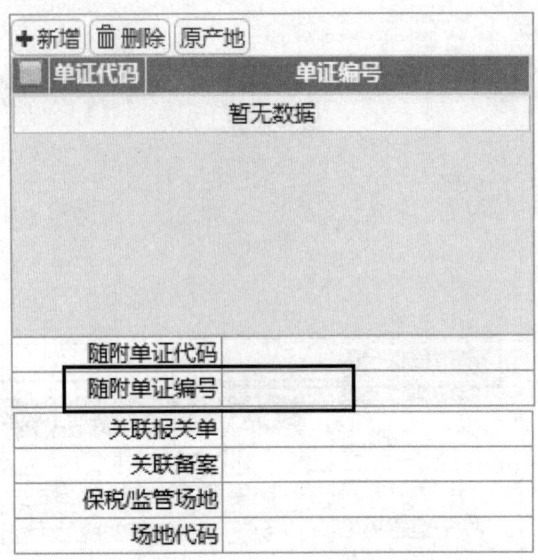

图 3-78 “随附单证编号”项目录入界面

七十七、关联报关单

（一）项目沿革

该项目源自原报关申报的“关联报关单”。

（二）申报规范

与本报关单有关联关系，同时在业务管理规范方面又要求填报的报关单号，在该项目进行填报。

1. 保税间流转、加工贸易结转类的报关单，应先办理进口报关，并在出口报关单该项目填报进口报关单号。

2. 办理进口货物直接退运手续的，除另有规定外，应先填制出口报关单，再填制进口报关单，并在进口报关单该项目填报出口报关单号。

3. 减免税货物结转出口（转出），应先办理进口报关，并在出口（转出）报关单该项目填报进口（转入）报关单号。

（三）录入规则

该申报项目为选填项，最多支持录入 18 位字符（见图 3-79）。

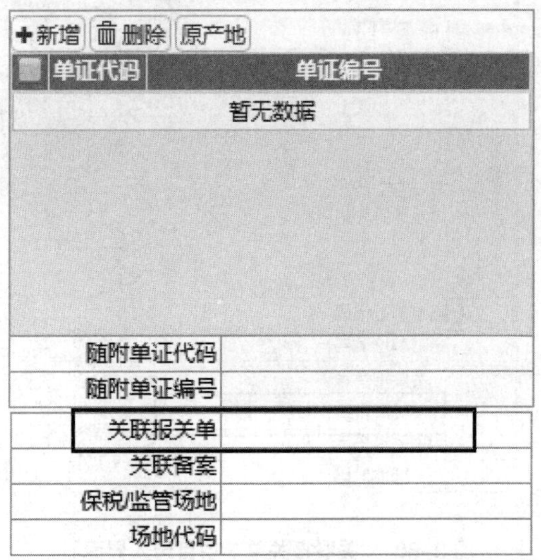

图 3–79 “关联报关单”项目录入界面

七十八、关联备案

（一）项目沿革

该项目源自原报关申报的“关联备案”。

（二）申报规范

与本报关单有关联关系，同时在业务管理规范方面又要求填报的备案号，在该项目进行填报。

1. 保税间流转货物、加工贸易结转货物及凭“征免税证明”转内销货物，其对应的备案号在该项目进行填报。

2. 减免税货物结转进口（转入），该项目填报本次减免税货物结转所申请的“中华人民共和国海关进口减免税货物结转联系函”的编号。

3. 减免税货物结转出口（转出），该项目填报与其相对应的进口（转入）报关单“备案号”栏中的“征免税证明”编号。

4. 向香港或者澳门特别行政区出口用于生产香港 CEPA 或者澳门 CEPA 项下货物的原材料时，香港或澳门生产厂商在香港工贸署或者澳门经济局登记备案的有关备案号在该项目进行填报。

（三）录入规则

该申报项目为选填项，最多支持录入 12 位字符（见图 3–80）。

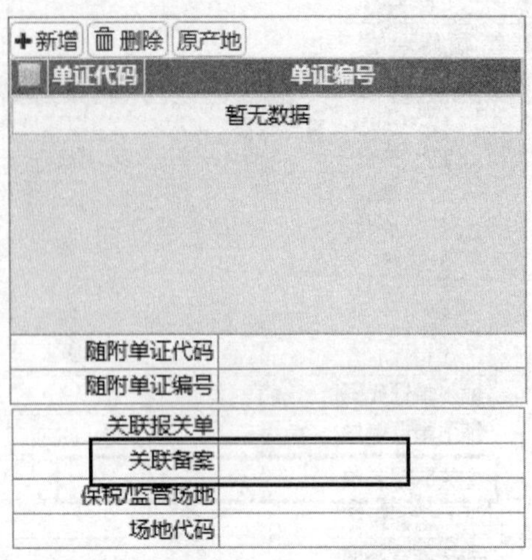

图 3-80 “关联报关单”项目录入界面

七十九、保税 / 监管场地

（一）项目沿革

该项目源自原报关申报的“保税 / 监管场所”。

（二）申报规范

保税监管场所进出货物，在该项目填报本保税监管场所编码［保税物流中心（B 型）填报本中心的国内地区代码］。其中，涉及货物在保税监管场所间流转的在该项目填报对方保税监管场所代码。

（三）录入规则

该申报项目为选填项，最多支持录入 32 位字符（见图 3-81）。

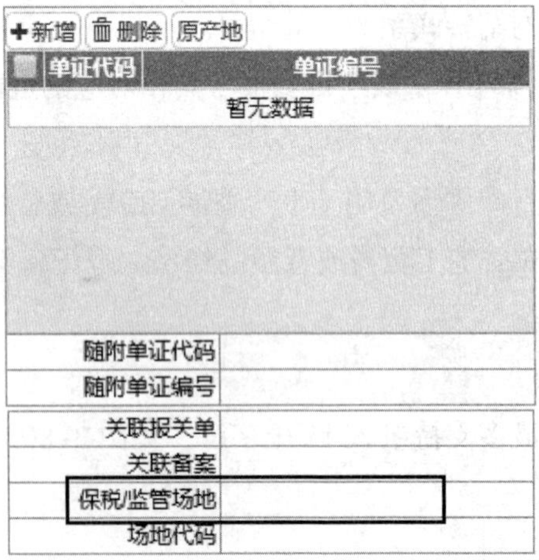

图 3-81 “保税 / 监管场所”项目录入界面

八十、场地代码

（一）项目沿革

该项目源自原报关申报的“货场代码”。

（二）申报规范

该项目适用于特殊业务要求，填报进出口货物海关实际监管点。

1. 一般进出口货物报关单，按照进出口货物海关实际监管点场所如实填报。

2. 通关一体化报关单，在某直属海关（黄埔海关）申报，但在关区外（非黄埔海关）实际监管点验放的报关单，填报“5298”。

3. 加工贸易形式报关单，参照原报关单填报。

4. 上述类型以外的其他报关单填报“5299”。

（三）录入规则

该申报项目为选填项，最多支持录入 4 位字符（见图 3–82）。

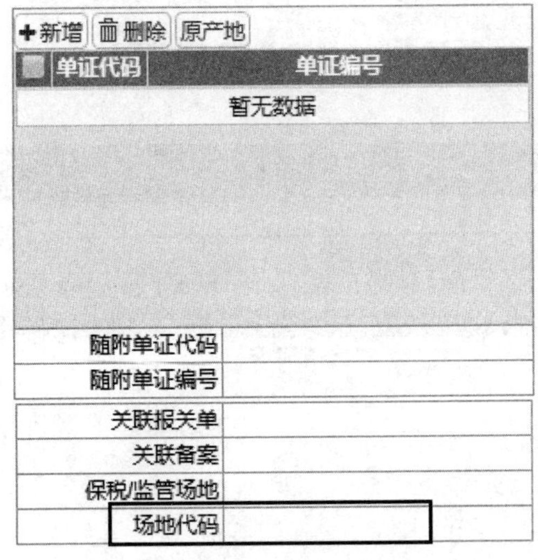

图 3–82 “场地代码”项目录入界面

八十一、随附单据

（一）项目沿革

该项目源自原报关申报的“随附单据”。

（二）申报规范

报关单类型为“通关无纸化”时，根据《随附单据代码表》，在该项目上传相应的随附单据电子版文件。

（三）录入规则

该申报项目位于申报系统上部，点击“随附单据”按钮（见图 3–83）弹出“随附单据编辑”对话框。对话框中有“随附单据文件类别”“随附单据编号”“选择随附单据文件”三个栏目。首先，在“随附单据文件类别”栏下拉菜单选择相应的随附单据；然后，依次在“随附单据编号”栏录入编号，在“选择随附单据文件”栏上传相应的随附单据电子文件（见图 3–84）。

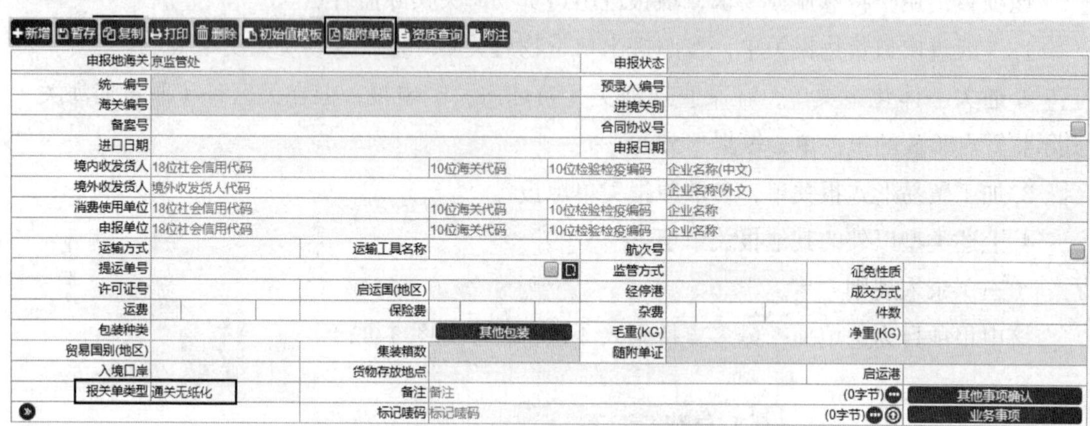

图 3–83 “随附单据”按钮界面

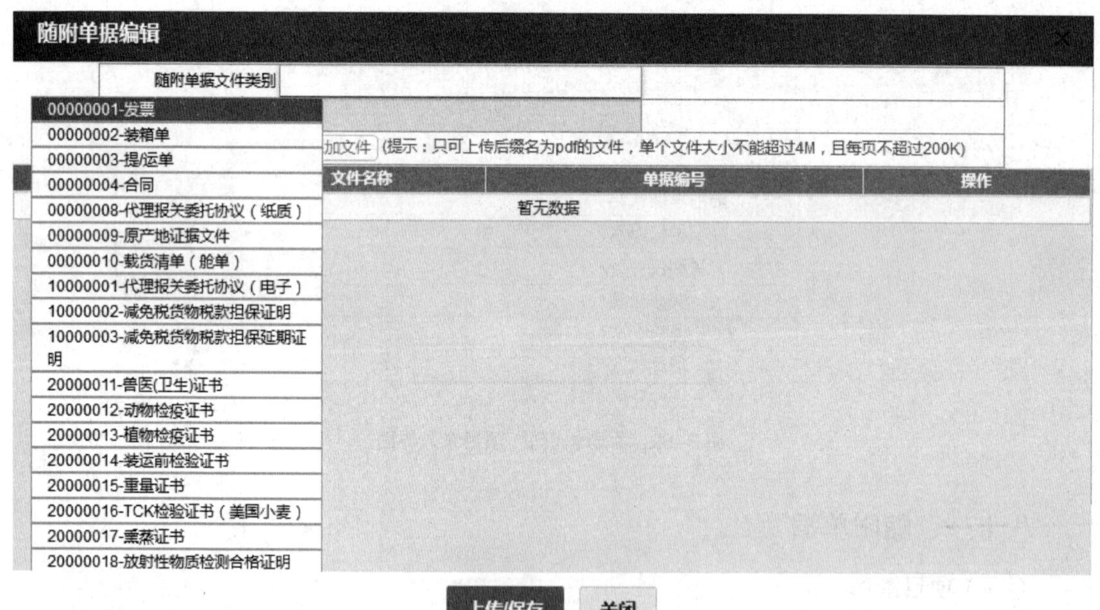

图 3–84 “随附单据”项目弹出对话框界面

第四节 检务申报表头项目

八十二、检验检疫受理机关

（一）项目沿革

该项目源自原报检申报的“申请受理机关”。

（二）申报规范

根据海关规定的《检验检疫机关代码表》（见附表20）中相应检验检疫机关的名称及代码，填报提交报关单和随附单据的检验检疫机关。

（三）录入规则

该申报项目为有条件必填项。申报实施检验检疫的进出境商品目录内货物和其他按照有关法律、法规须实施检验检疫的情况时为必填。可以手工输入相应的检验检疫机关代码或名称关键字，系统自动弹出代码表下拉菜单，在下拉菜单中选择填报（见图3–85）。

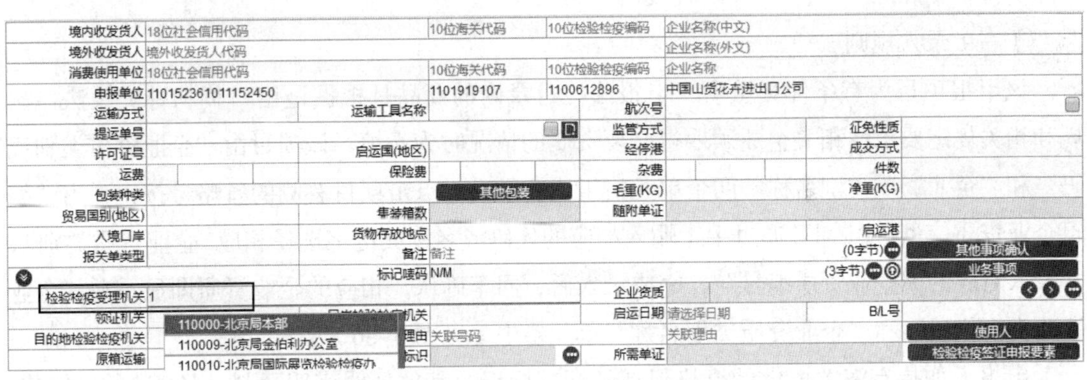

图 3–85 “检验检疫受理机关”项目录入界面

八十三、企业资质

（一）项目沿革

该项目源自原报检申报的“企业资质”。

（二）申报规范

按进出口货物种类及法律法规和相关规定要求，根据海关规定的《企业资质类别代码表》（见附表21），在本项目选择填报货物的生产商/进出口商/代理商必须取得的资质类别。多个资质的须全部填报。

1. 进口食品、食品原料类填报：进口食品境外出口商代理商备案、进口食品进口商备案；

2. 进口水产品填报：进口食品境外出口商代理商备案、进口食品进口商备案、进口水产品储存冷库备案；

3. 进口肉类填报：进口肉类储存冷库备案、进口食品境外出口商代理商备案、进口食品进口商备案、进口肉类收货人备案；

4. 进口化妆品填报：进口化妆品收货人备案；

5. 进口水果填报：进境水果境外果园 / 包装厂注册登记；

6. 进口非食用动物产品填报：进境非食用动物产品生产、加工、存放企业注册登记；

7. 饲料及饲料添加剂填报：饲料进口企业备案、进口饲料和饲料添加剂生产企业注册登记；

8. 进口可用作废料的固体废物填报：进口可用做原料的固体废物国内收货人注册登记、国外供货商注册登记号及名称，两者须对应准确；

9. 其他：进境植物繁殖材料隔离检疫圃申请、进出境动物指定隔离场使用申请、进境栽培介质使用单位注册、进境动物遗传物质进口代理及使用单位备案、进境动物及动物产品国外生产单位注册、进境粮食加工储存单位注册、境外医疗器械捐赠机构登记、进出境集装箱场站登记、进口棉花境外供货商登记注册、对出口食品包装生产企业和进口食品包装的进口商实行备案。

（三）录入规则

该申报项目为有条件必填项。申报法检目录内的商品且根据进出口货物种类及法律法规和相关规定要求，相关企业须取得必要资质的情况时为必填。该项目由“企业资质类别代码”和“企业资质类别名称”两个单元格组成。录入时点击项目右侧的省略号按钮弹出“编辑企业资质信息”对话框，通过手工输入相应的代码或名称关键字选择相应“企业资质类别”，并录入对应的“企业资质编号”，完成录入后，回车确认，相应的企业资质即显示在“企业资质类别代码”和“企业资质类别名称”单元格中（见图 3–86）。

申报人如持有海关要求的合格保证、标签标识及其他证明声明材料，还需勾选“编辑企业资质信息”对话框最下方红色标示的企业承诺事项。

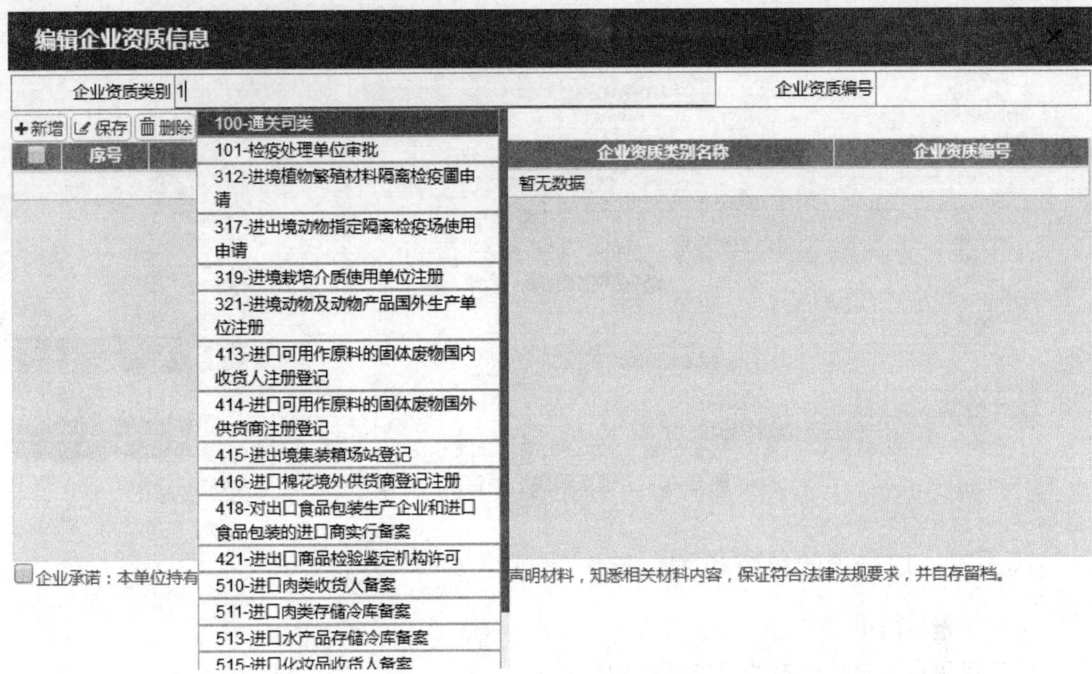

图 3–86 “企业资质”项目弹出对话框界面

八十四、领证机关

（一）项目沿革

该项目源自原报检申报的“领证机关”。

（二）申报规范

根据海关规定的《检验检疫机关代码表》中相应检验检疫机关的名称及代码，填报领取证单的检验检疫机关。

（三）录入规则

该申报项目为有条件必填项。申报实施检验检疫的进出境商品目录内货物和其他按照有关法律、法规须实施检验检疫的情况时为必填。可以手工输入相应的检验检疫机关代码或名称关键字，系统自动弹出代码表下拉菜单，在下拉菜单中选择填报（见图 3–87）。

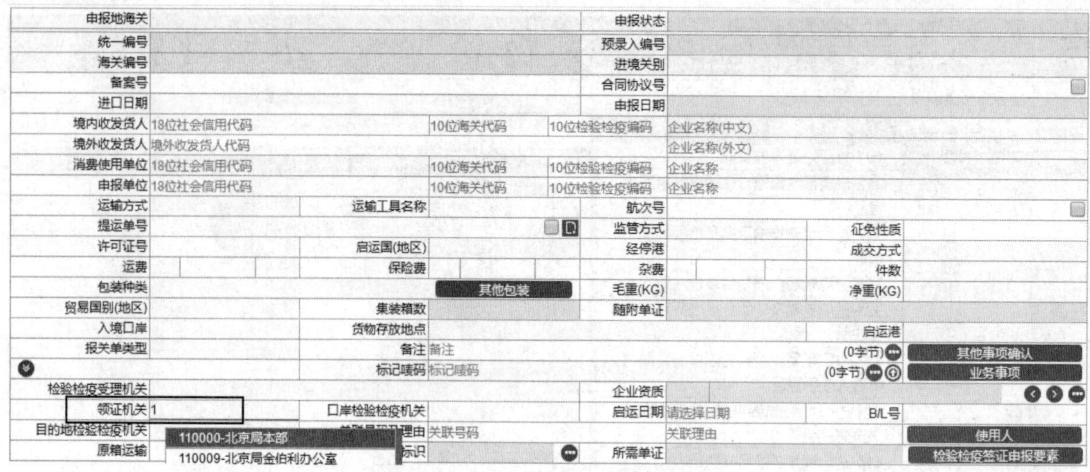

图 3–87 “领证机关”项目录入界面

八十五、口岸检验检疫机关

（一）项目沿革

该项目源自原报检申报的“口岸机构”。

（二）申报规范

根据海关规定的《检验检疫机关代码表》中相应检验检疫机关的名称及代码，填报口岸检验检疫机关。入境填报入境第一口岸所在地检验检疫机关。运往陆港或入境转关货物，选择陆港或指运地对应的机关。出境填报货物离境口岸的检验检疫机关。运往陆港或出境转关货物，选择陆港或启运地对应的机关。

（三）录入规则

该申报项目为有条件必填项。申报实施检验检疫的进出境商品目录内货物和其他按照有关法律、法规须实施检验检疫的情况时为必填。可以手工输入相应的检验检疫机关代码或名称关键字，系统自动弹出代码表下拉菜单，在下拉菜单中选择填报（见图 3–88）。

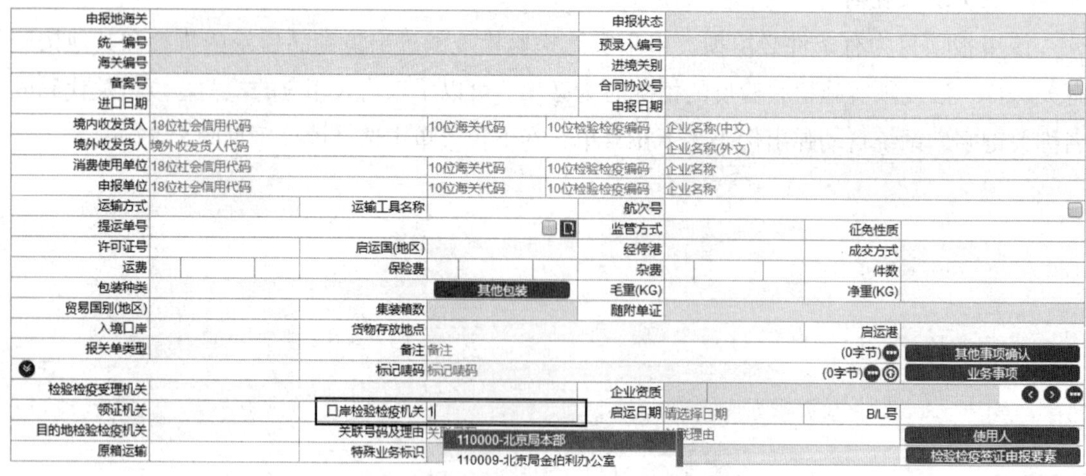

图 3–88 “口岸检验检疫机关”项目录入界面

八十六、启运日期

（一）项目沿革

该项目源自原报检申报的“启运日期”。

（二）申报规范

该项目用于填报装载入境货物的运输工具离开启运口岸的日期。日期顺序为年（4 位）、月（2 位）、日（2 位），格式为“YYYYMMDD”。

（三）录入规则

该申报项目为有条件必填项。申报实施检验检疫的进出境商品目录内货物和其他按照有关法律、法规须实施检验检疫的情况时为必填。光标移入该项目，系统自动弹出日期对话框，供选择日期（见图 3-89）。

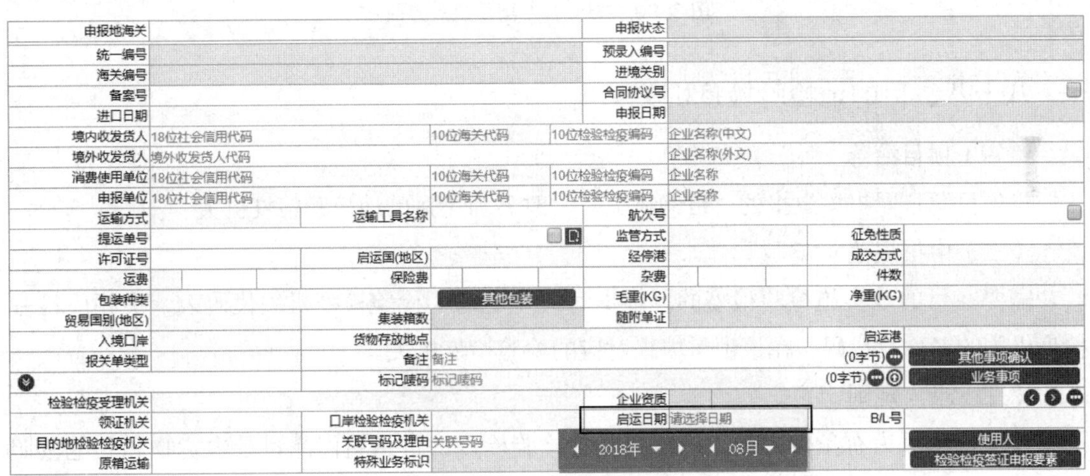

图 3-89 “启运日期”项目录入界面

八十七、B/L 号

（一）项目沿革

原报检申报的“提货单号”与原报关申报的“提运单号”项目合并为“提运单号”后，为避免混淆，原报检申报的“提 / 运单号”改名为“B/L 号”。

（二）申报规范

填报入境货物的承运人开出的提单 / 运单号的总单号或直单号。该项目不可为空，如空时系统自动提取提运单号返填。

（三）录入规则

该申报项目为有条件必填项。申报实施检验检疫的进出境商品目录内货物和其他按照有关法律、法规须实施检验检疫的情况时为必填（见图 3-90）。

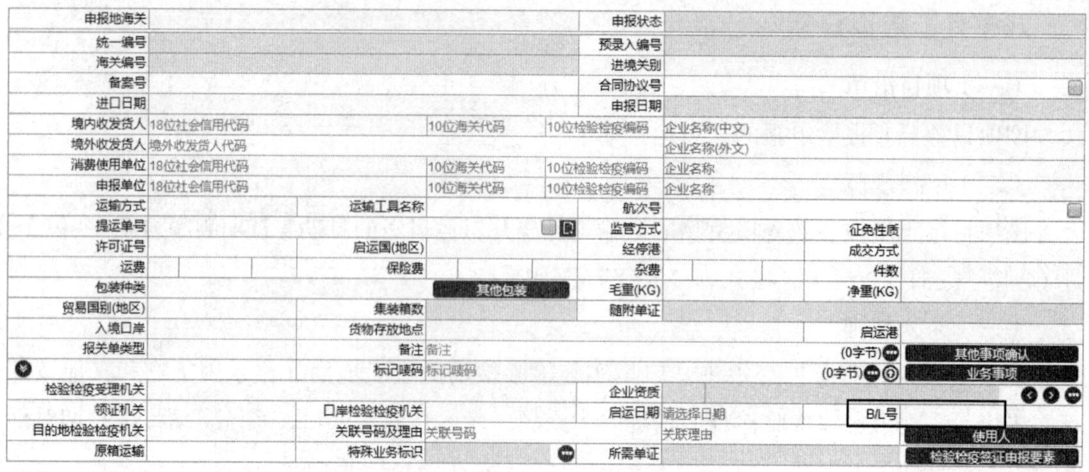

图 3–90 “B/L 号”项目录入界面

八十八、目的地检验检疫机关

（一）项目沿革

该项目源自原报检申报的“目的机关”，改名为“目的地检验检疫机关”。

（二）申报规范

需要在目的地实施检验检疫的，根据海关规定的《检验检疫机关代码表》中相应检验检疫机关的名称及代码，在该项目填报对应的检验检疫机关。

（三）录入规则

该申报项目为有条件必填项。申报实施检验检疫的进出境商品目录内货物和其他按照有关法律、法规须实施检验检疫的情况时为必填。可以手工输入相应的代码或名称关键字，系统自动弹出代码表下拉菜单，在下拉菜单中选择填报（见图 3–91）。

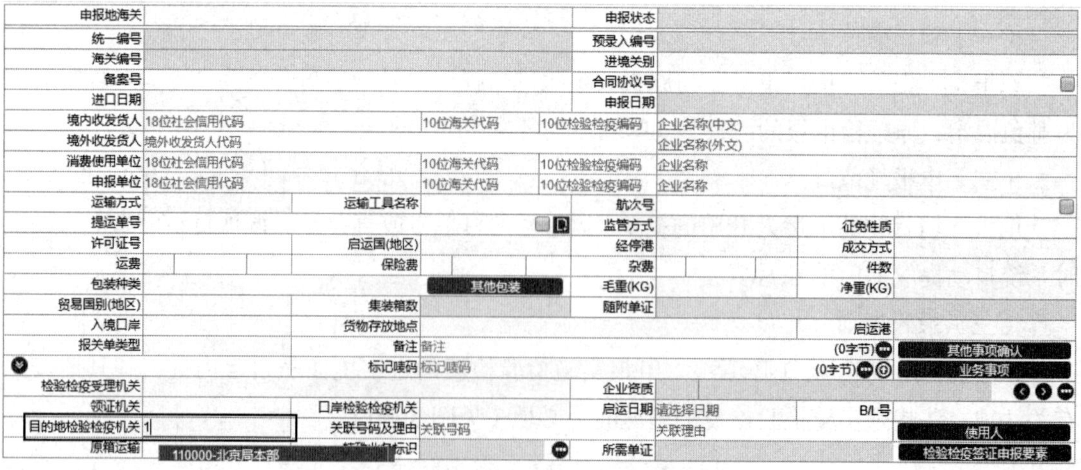

图 3–91 “目的地检验检疫机关”项目录入界面

八十九、关联号码及理由

（一）项目沿革

该项目源自原报检申报的“关联检验检疫号码”和“关联理由”，改名为“关联号码及理由”。

（二）申报规范

进出口货物报关单有关联报关单时，在该项目中填报相关关联报关单号码，并根据海关规定的《关联理由代码表》（见附表 22），选择填报关联报关单的关联理由。

（三）录入规则

该申报项目为选填项，不涉及检验检疫的，免予填报。该项目由“关联号码”和“关联理由”单元格组成。其中，“关联理由”可以手工输入相应的代码或名称关键字，系统自动弹出代码表下拉菜单，在下拉菜单中选择填报（见图 3–92）。

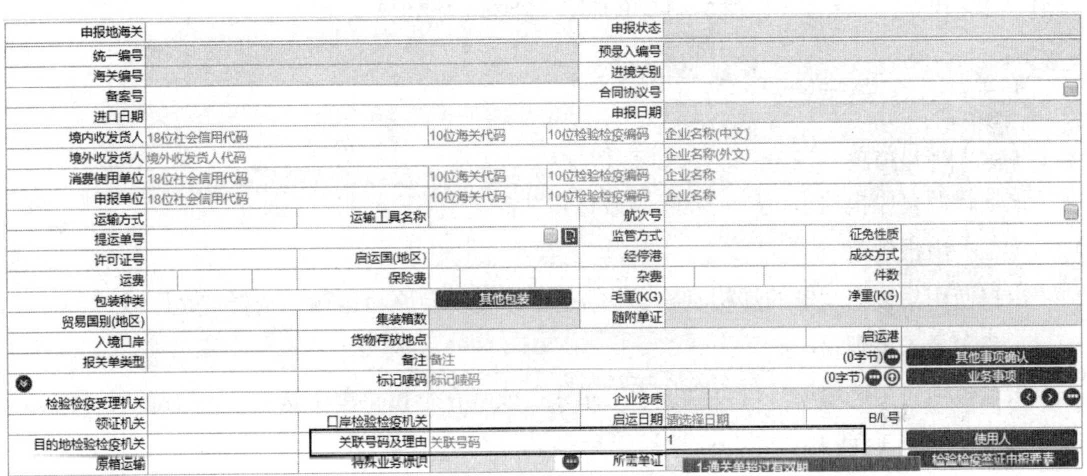

图 3–92 “关联号码及理由”项目录入界面

九十、使用人

（一）项目沿革

该项目源自原报检申报的“使用人”，填报栏目作了相应简化。

（二）申报规范

该项目用于填报入境涉检货物销售、使用单位的联系人姓名及联系电话。

（三）录入规则

该申报项目为选填项。录入时点击“使用人”按钮，弹出“编辑使用人信息”对话框，并依此录入“使用单位联系人”及“使用单位联系电话”（见图 3–93）。

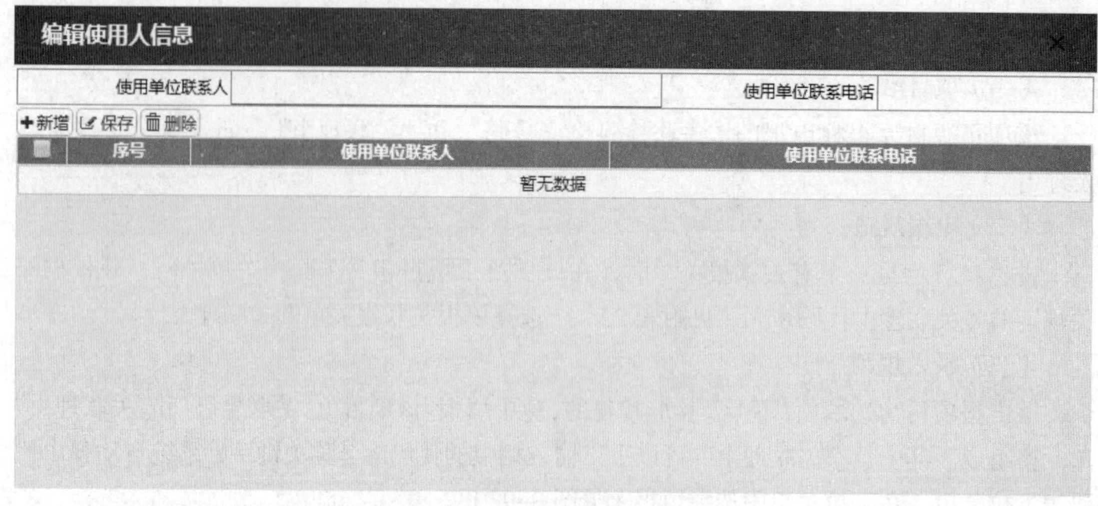

图 3–93 “使用人”项目弹出对话框界面

九十一、原箱运输

（一）项目沿革

该项目源自原报检申报的“原箱装载标识”。

（二）申报规范

申报使用集装箱运输的涉检货物，根据是否原集装箱原箱运输，选择“是”或“否”。

（三）录入规则

该申报项目为选填项。可以直接手工录入，或者在下拉菜单中选择“0– 否”或“1– 是”进行录入（见图 3–94）。

申报地海关 申报状态
统一编号 预录入编号
海关编号 进境关别
备案号 合同协议号
进口日期 申报日期
境内收发货人 18位社会信用代码 10位海关代码 10位检验检疫编码 企业名称(中文)
境外收发货人 境外收发货人代码 企业名称(外文)
消费使用单位 18位社会信用代码 10位海关代码 10位检验检疫编码 企业名称
申报单位 18位社会信用代码 10位海关代码 10位检验检疫编码 企业名称
运输方式 运输工具名称 航次号
提运单号 监管方式 征免性质
许可证号 启运国(地区) 经停港 成交方式
运费 保险费 杂费 件数
包装种类 其他包装 毛重(KG) 净重(KG)
贸易国别(地区) 集装箱数 随附单证
入境口岸 货物存放地点 启运港
报关单类型 备注 备注 (0字节) 其他事项确认
标记唛码 标记唛码 (0字节) 业务事项
检验检疫受理机关 企业资质
领证机关 口岸检验检疫机关 启运日期 请选择日期 B/L号
目的地检验检疫机关 关联号码及理由 关联号码 关联理由 使用人
原箱运输 特殊业务标识 所需单证 检验检疫签证申报要素

图 3–94 “原箱运输”项目录入界面

九十二、特殊业务标识

（一）项目沿革

该项目源自原报检申报的“特殊业务标识”。

（二）申报规范

属于国际赛事、特殊进出军工物资、国际援助物资、国际会议、直通放行、外交礼遇、转关等特殊业务，根据实际情况勾选。

（三）录入规则

该申报项目为选填项。点击“特殊业务标识”项目右侧的省略号按钮弹出对话框，并根据实际情况进行勾选。不属于对话框中列名情况的，无需勾选（见图 3–95）。

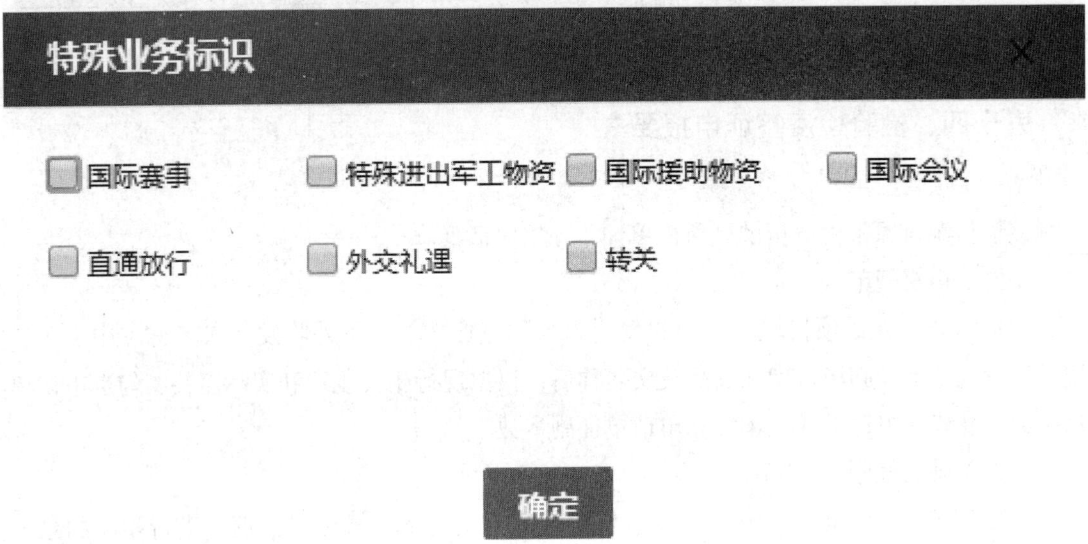

特殊业务标识

国际赛事 特殊进出军工物资 国际援助物资 国际会议

直通放行 外交礼遇 转关

确定

图 3–95 “特殊业务标识”项目弹出对话框界面

九十三、所需单证

（一）项目沿革

该项目源自原报检申报的“所需单证”。

（二）申报规范

该项目为“检验检疫签证申报要素”项目的关联显示项目，在“检验检疫签证申报要素”项目填报的检验检疫证单名称将显示在该项目。

（三）录入规则

该申报项目为选填项，可以显示多个检验检疫证单名称（见图 3–96）。

申报地海关				申报状态			
统一编号				预录入编号			
海关编号				进境关别			
备案号				合同协议号			
进口日期	20180810			申报日期			
境内收发货人	18位社会信用代码		10位海关代码	10位检验检疫编码	企业名称(中文)		
境外收发货人	境外收发货人代码				企业名称(外文)		
消费使用单位	18位社会信用代码		10位海关代码	10位检验检疫编码	企业名称		
申报单位	110152361011152450		1101919107	1100612896	中国山货花卉进出口公司		
运输方式		运输工具名称		航次号			
提运单号				监管方式		征免性质	
许可证号		启运国(地区)		经停港		成交方式	
运费		保险费		杂费		件数	
包装种类			其他包装	毛重(KG)		净重(KG)	
贸易国别(地区)		集装箱数		随附单证			
入境口岸		货物存放地点				启运港	
报关单类型		备注	备注			(0字节)	其他事项确认
		标记唛码	N/M			(3字节)	业务事项
检验检疫受理机关				企业资质			
领证机关		口岸检验检疫机关		启运日期	请选择日期	B/L号	
目的地检验检疫机关		关联号码及理由	关联号码		关联理由		使用人
原箱运输		特殊业务标识		所需单证	品质证书,重量证书,数量证书,兽医卫生证书		检验检疫签证申报要素

图 3–96 “所需单证”项目录入界面

九十四、检验检疫签证申报要素

（一）项目沿革

该项目源自原报检申报的“所需单证”弹出对话框。

（二）申报规范

根据需要，在该项目填报境内收发货人名称（外文）、境外收发货人名称（中文）、境外发货人地址、卸毕日期和商品英文名称后，根据现行相关规定和实际需要，勾选申请单证类型，并确认申请单证正本数和申请单证副本数。

（三）录入规则

该申报项目为选填项，点击“检验检疫签证申报要素”弹出对话框，进行相应的录入及证单勾选（见图 3–97）。

检验检疫签证申报要素

	序号	证书代码	证书名称	正本数量	副本数量
☑	1	11	品质证书	1	2
☑	2	12	重量证书	1	2
☑	3	13	数量证书	1	2
☑	4	14	兽医卫生证书	1	2
☐	5	15	健康证书	1	2
☐	6	16	卫生证书	1	2
☐	7	17	动物卫生证书	1	2
☐	8	18	植物检疫证书	1	2
☐	9	19	熏蒸/消毒证书	1	2
☐	10	20	出境货物换证凭单	1	2
☐	11	21	入境货物检验检疫证明（申请出具）	1	2
☐	12	22	出境货物不合格通知单	1	2
☐	13	23	集装箱检验检疫结果单	1	2

境内收发货人名称(外文)	
境外收发货人名称(中文)	
境外发货人地址	发货人地址
卸毕日期	请选择日期
商品英文名称	

保存

图 3–97 “检验检疫签证申报要素”项目弹出对话框界面

第五节 检务申报表体项目

九十五、检验检疫货物规格

（一）项目沿革

该项目源自原报检申报的“货物规格”。

（二）申报规范

申报涉检商品时，在“检验检疫货物规格”项下，填报“成分 / 原料 / 组分”、“产品有效期”、“产品保质期”、“境外生产企业”、“货物规格”、“货物型号”、“货物品牌”、“生产日期”、“生产批次”和“生产单位代码”等栏目。

1.“成分 / 原料 / 组分”栏：填报货物含有的成分、货物原料或化学品组份。如特殊物品、化妆品、其他检疫物等所含的关注成分或者其他检疫物的具体成分、食品农产品的原料等。

2.“产品有效期”栏：有质量保证期的填报质量保证的截止日期。

3.“产品保质期”栏：有质量保证期的填报质量保证的天数。天数按照生产日期计算。

4.“境外生产企业”栏：填报入境货物的国外生产厂商名称，默认为境外发货人。

5.“货物规格”栏：填报货物的规格。

6.“货物型号”栏：填报本项报关货物的所有型号。多个型号的，以“；”分隔。

7.“货物品牌”栏：填报货物的品牌名称，品牌以合同或装箱单为准，需要录入中英文品牌的，录入方式为“中文品牌 / 英文品牌”。

8.“生产日期”栏：填报货物生产加工的日期，如 2018-08-01（半角符号）。

9.“生产批次”栏：填报本批货物的生产批号，多个生产批号的，以“；”分隔。

10.“生产单位代码”栏：填报本批货物生产单位在海关的备案登记编号。市场采购时，填报组货单位的备案登记编号，组货单位无法备案登记的，填报特殊报关单位编号。空箱无法获知生产单位时，填报特殊报关单位编号。

产地为境外的货物、伴侣动物、观赏或演艺动物、无偿援助和对外承包工程、样品、保税区和加工区货物等，如无备案登记编号的可填报特殊报关单位编号。

（三）录入规则

该申报项目为项目组。点击“检验检疫货物规格”项目右侧省略号按钮弹出对话框，进行相应的录入（见图 3-98）。

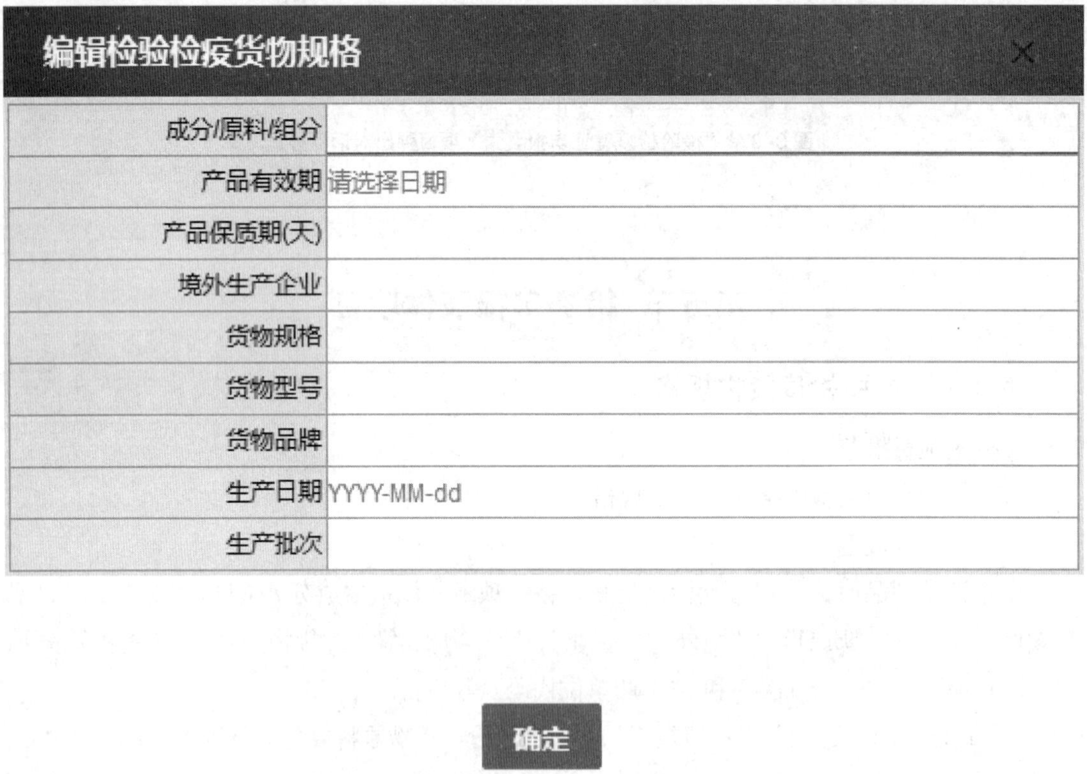

编辑检验检疫货物规格 ×

成分/原料/组分	
产品有效期	请选择日期
产品保质期(天)	
境外生产企业	
货物规格	
货物型号	
货物品牌	
生产日期	YYYY-MM-dd
生产批次	

确定

图 3-98 “检验检疫货物规格”项目弹出对话框界面

九十六、产品资质

（一）项目沿革

该项目源自原报检申报的“产品资质”，删去“核销明细余量”、“核销后余量”两栏。

（二）申报规范

对国家实施进出口许可 / 审批 / 备案等管理的进出境货物，填报货物必须取得的许可 / 审批 / 备案名称、编号，需要核销的须填报核销货物序号、核销数量。

1.“许可证类别”栏

进出口货物取得了许可、审批或备案等资质时，应在“产品资质”项下的“许可证类别”中填报对应的许可、审批或备案证件类别和名称。

同一商品涉及多个许可、审批或备案证件类别的，须全部录入相应的证件类别。

（1）特殊物品填报：出入境特殊物品卫生检疫审批；

（2）进口整车填报：免于强制性认证特殊用途进口汽车监测处理程序车辆一致性证书；

（3）入境民用商品验证填报：强制性产品（CCC）认证证书或免于办理强制性产品认证证书；

（4）入境需审批的动植物产品填报：进境动植物检疫许可证；

（5）进口废物原料填报：进口废物原料装运前检验证书；

（6）进口旧机电填报：进口旧机电境外预检验证书；

（7）进口化妆品填报：进口化妆品产品备案；

（8）进口预包装食品请填报：进口预包装食品标签备案；

（9）实施境外生产企业注册的进口食品填报：进口食品境外生产企业注册。

其他：如进出口商品免验、汽车预审备案、进口化妆品产品套装备案、出口产品型式试验、出库玩具质量许可（注册登记）、水果冻肉预检验证书、输美日用陶瓷生产厂认证、出口食品生产企业备案等均应在此勾选并填报相关证书名称、编号，需要核销的如出入境特殊物品卫生检疫审批、进境动植物检疫许可证、免于办理强制性产品认证证书等，同时填报核销数量和核销明细序号。

2.“许可证编号”栏

进出口货物取得了许可、审批或备案等资质时，应在“产品资质”项下的“许可证编号”栏中填报对应的许可、审批或备案证件编号。

同一商品有多个许可、审批或备案证件号码时，须全部录入。此栏最多支持录入 20 位字符。

3.“核销货物序号”栏

进出口货物取得了许可、审批或备案等资质时，应在“产品资质”项下的“核销货物序号”栏中填报被核销文件中对应货物的序号。

特殊物品审批单支持导入。此栏数据类型为 2 位字符型。

4. “核销数量”栏

进出口货物取得了许可、审批或备案等资质时，应在“产品资质”项下的“产品许可 / 审批 / 备案核销数量”中，填报被核销文件中对应货物的本次实际进出口数（重）量。

特殊物品审批单支持导入。此栏最多支持录入 20 位字符。

5. “许可证 VIN 信息”栏

申报进口已获 3C 认证的机动车辆时，填报机动车车辆识别代码，包括：VIN 序号、车辆识别代码（VIN）、单价、底盘（车架号）、发动机号或电机号、发票所列数量、品名（英文名称）、品名（中文名称）、提运单日期、型号（英文）、质量保质期等 11 项内容。

车辆识别代码（VIN）一般与机动车的底盘（车架号）相同。支持 VIN 码信息导入。

（三）录入规则

该申报项目为项目组。申报法检目录内的商品，且根据进出口货物种类及法律法规和相关规定要求，相关产品须取得必要资质的情况时为必填。点击“产品资质”按钮弹出“编辑产品许可证 / 审批 / 备案信息”对话框，根据上述规范进行录入。其中，“许可证 VIN 信息”栏必须填报了相关许可证类别方可点开（见图 3–99、图 3–100）。

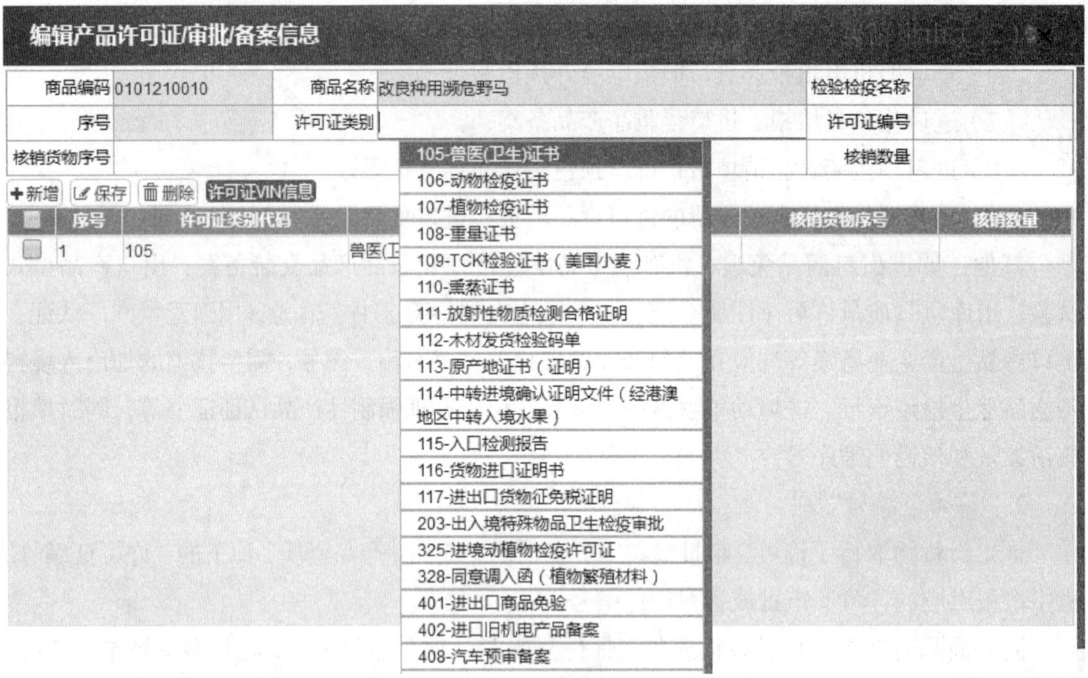

编辑产品许可证/审批/备案信息
商品编码 0101210010
商品名称 改良种用濒危野马
检验检疫名称
序号
许可证类别
许可证编号
核销货物序号
核销数量
+新增 保存 删除 许可证VIN信息
序号 许可证类别代码 核销货物序号 核销数量
1 105 兽医(卫
105-兽医(卫生)证书
106-动物检疫证书
107-植物检疫证书
108-重量证书
109-TCK检验证书（美国小麦）
110-熏蒸证书
111-放射性物质检测合格证明
112-木材发货检验码单
113-原产地证书（证明）
114-中转进境确认证明文件（经港澳地区中转入境水果）
115-入口检测报告
116-货物进口证明书
117-进出口货物征免税证明
203-出入境特殊物品卫生检疫审批
325-进境动植物检疫许可证
328-同意调入函（植物繁殖材料）
401-进出口商品免验
402-进口旧机电产品备案
408-汽车预审备案

图 3–99 “产品资质”项目弹出对话框界面

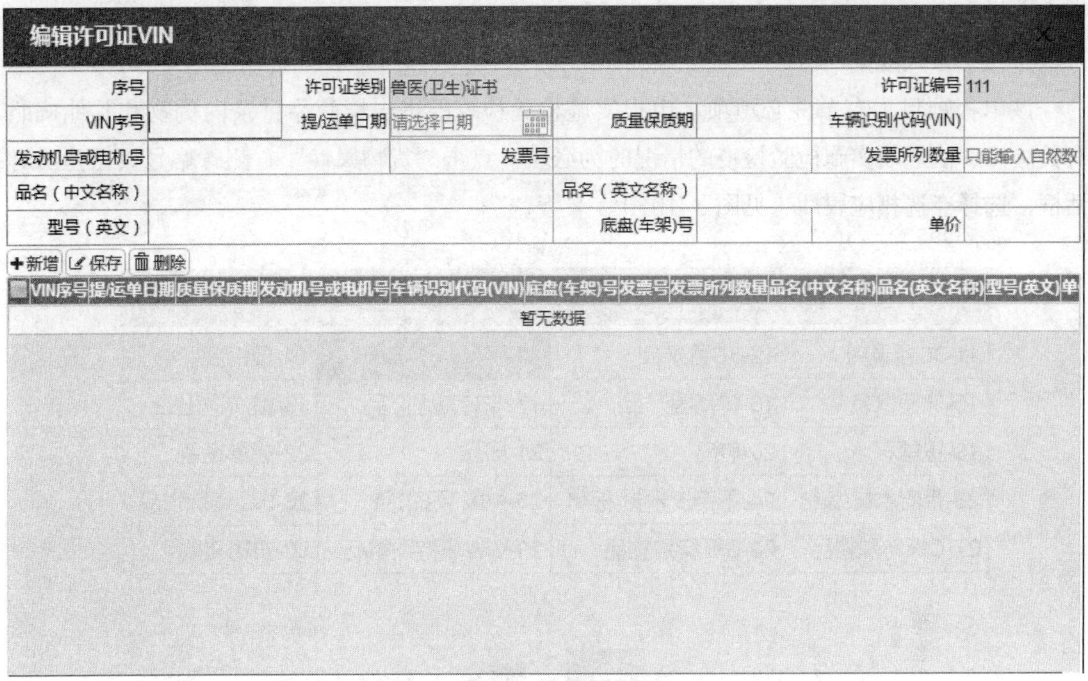

编辑许可证VIN

序号		许可证类别	兽医(卫生)证书		许可证编号	111
VIN序号		提/运单日期	请选择日期	质量保质期	车辆识别代码(VIN)	
发动机号或电机号			发票号		发票所列数量	只能输入自然数
品名（中文名称）			品名（英文名称）			
型号（英文）			底盘(车架)号		单价	

+新增 保存 删除

VIN序号	提/运单日期	质量保质期	发动机号或电机号	车辆识别代码(VIN)	底盘(车架)号	发票号	发票所列数量	品名(中文名称)	品名(英文名称)	型号(英文)	单
暂无数据											

图 3-100 “许可证 VIN 信息”栏弹出对话框界面

九十七、货物属性

（一）项目沿革

该项目源自原报检申报的“货物属性”。

（二）申报规范

根据进出口货物的 HS 编码和货物的实际情况，按照海关规定的《货物属性代码表》（见附表 23），在本栏下拉菜单中勾选货物属性的对应代码。有多种属性的要同时选择。

1. 入境强制性产品认证产品：必须在入境民用商品认证（11- 目录内、12- 目录外、13- 无需办理 3C 认证）中勾选对应项；

2. 食品、化妆品是否预包装、是否首次进口，必须在食品及化妆品（14- 预包装、15- 非预包装、18- 首次进口）中勾选对应项；

3. 凡符合原质检总局 2004 年第 62 号令规定含转基因成分须申报的，必须在转基因（16- 转基因产品、17- 非转基因产品）中勾选对应项；

4. “成套设备”“旧机电”产品，必须在货物属性（18- 首次进出口、19- 正常、20- 废品、21- 旧品、22- 成套设备）中勾选对应项；

5. 特殊物品、化学试剂，必须在特殊物品（25–28ABCD 级特殊物品、29–V/W 非特殊物品）中勾选对应项；

6. 木材（含原木）板材是否带皮，必须在是否带皮木材（23- 带皮木材 / 板材、24- 不

带皮木材 / 板材）中勾选对应项。

（三）录入规则

该申报项目为有条件必填项。申报实施检验检疫的进出境商品目录内货物和其他按照有关法律、法规须实施检验检疫的情况时为必填。点击“货物属性”右侧省略号按钮弹出对话框，选择点选相应属性（见图 3–101）。

货物属性

11-3C目录内	12-3C目录外	13-无需办理3C认证	14-预包装
15-非预包装	16-转基因产品	17-非转基因产品	18-首次进出口
19-正常	20-废品	21-旧品	22-成套设备
23-带皮木材/板材	24-不带皮木材/板材	25-A级特殊物品	26-B级特殊物品
27-C级特殊物品	28-D级特殊物品	29-V/W非特殊物品	30-市场采购

图 3–101　“货物属性”项目弹出对话框界面

九十八、用途

（一）项目沿革

该项目源自原报检申报的“用途”。

（二）申报规范

根据进出境货物的使用范围或目的，按照海关规定的《货物用途代码表》（见附表 24）填报该项目。例如，进口货物为核苷酸类食品添加剂（HS 编码 2934999001），用于工业时，应选择“工业用途”；用于食品添加剂时，应选择“食品添加剂”。

（三）录入规则

该申报项目为有条件必填项。申报实施检验检疫的进出境商品目录内货物和其他按照有关法律、法规须实施检验检疫的情况时为必填。可以手工录入相应的货物用途代码或名称关键字，系统自动弹出代码表下拉菜单，在下拉菜单中选择填报（见图 3–102）。

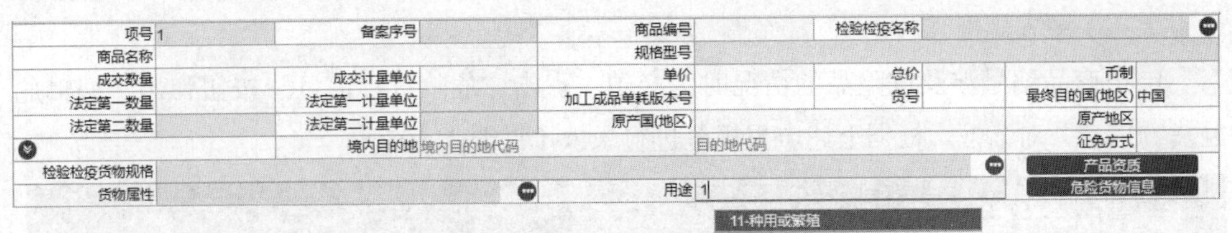

图 3–102 “用途”项目录入界面

九十九、危险货物信息

（一）项目沿革

该项目源自原报检申报的“危险货物信息”。

（二）申报规范

该项目用于危险货物信息申报，涉及危险货物需填报 UN 编码、危险货物名称、危包类别及包装规格。

1.“非危险化学品”栏

危险化学品和普通化学品共用一个 HS 编码时，申报进口的不是《危险化学品目录》内货物，也不属于危险货物的，在“非危险化学品”栏选“是”。

2.“UN 编码”栏

进出口货物为危险货物的，须按照《关于危险货物运输的建议书》，在“UN 编码”栏中填写危险货物对应的 UN 编码。

该栏最多支持录入 20 位字符。

3.“危险货物名称”栏

进出口货物为危险货物的，须在“危险货物名称”栏中，填写危险货物的实际名称。

该栏最多支持录入 80 位字符。

4.“危包类别”栏

进出口货物为危险货物的，须按照《危险货物运输包装类别划分方法》，在“危险货物信息”项下的“危包类别”中，勾选危险货物的包装类别。

危险货物包装根据其内装物的危险程度划分为三种包装类别。

一类：盛装具有较大危险性的货物；

二类：盛装具有中等危险性的货物；

三类：盛装具有较小危险性的货物。

5.“危包规格”栏

进出口货物为危险货物的，须根据危险货物包装规格实际情况，按照海关规定的《危包规格代码表》（见附表 25）填报危险货物的包装规格。

（三）录入规则

申报商品编号涉及危险品的情况时为必填。点击“危险货物信息”按钮弹出“编辑危险货物信息”对话框，根据上述申报规范进行录入（见图 3–103）。

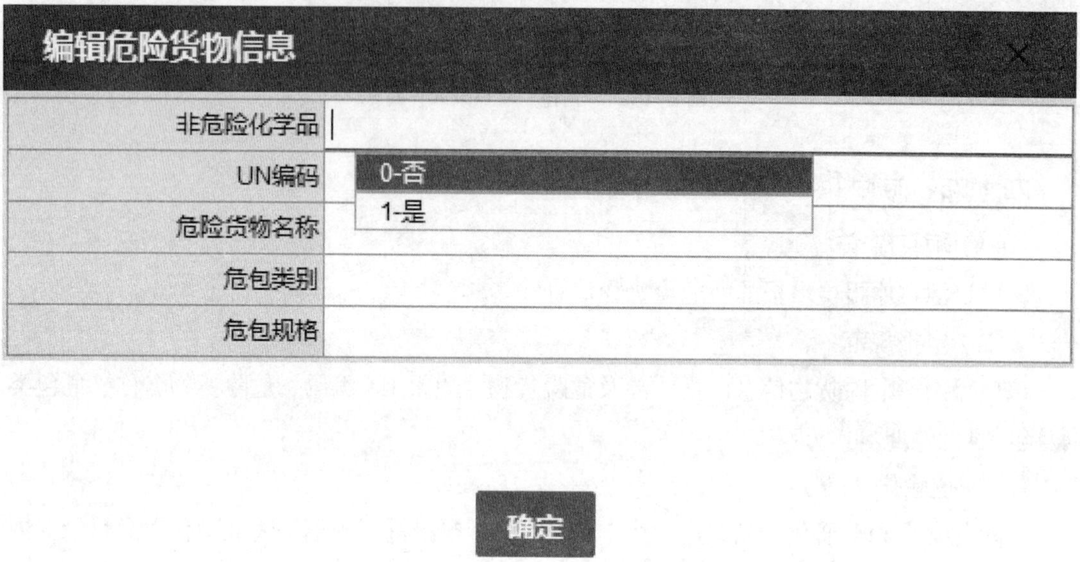

编辑危险货物信息

非危险化学品	0-否 1-是
UN编码	
危险货物名称	
危包类别	
危包规格	

确定

图 3–103 “危险货物信息”项目弹出对话框界面

第四章 整合申报实例演示

本章遴选了三种常见监管方式进口申报实例，即一般贸易进口（含检务申报）、一般贸易进口（不含检务申报）、进料加工进口（含检务申报），以帮助读者更好地了解掌握整合申报及新报关单填制规范。

为保护当事企业的相关权益，本书对实例内容作了如下处理：一方面舍弃了部分原始单据，另一方面覆盖了单据及截图中的部分信息。因此，本章实例内容不具完整性，仅供学习参考。

实例 1：一般贸易进口（含检务申报）

一、原始单据

1. 提单

BILL OF LADING
FOR MULTIMODAL TRANSPORT OR PORT TO PORT SHIPMENT

Shipper:
Samad
ADD : NO .B1 20TH FLR . VANAK PARK COMPLEX TEHRAN IRAN
TEL : +98 - 21- 88046557

Booking Ref.: BNDTSNHDM1174N
B/L No.: HDM1176NSSA
F/P No.: HAD/2/31345C
Movement: CY-CY

Consignee: (Complete name and address)
TRADING CO. ,LTD
ADD : SOUTH OF XUTING VILLAGE , XUTING VILLAGE XUTING
ZANHUANG, CHINA
TEL : 0086 - 180 - 727
@163 .COM
CODE : 91130609054

HAFEZ DARYA ARYA SHIPPING CO.

Notify Address: (Complete name and address) No responsibility shall attach to carrier or his agent for failure to notify.
TRADING CO. ,LTD
ADD : SOUTH OF XUTING VILLAGE , XUTING VILLAGE XUTING
ZANHUANG, CHINA
TEL : 0086 - 180 - 727
@163 .COM
CODE : 91130609054

Export Reference:
Forwarding agent Reference:

Pre-Carriage by:
Place of Receipt, If under carrier's responsibility: Bandar Abbas
Point and country of origin, for account and risk of merchant (not part of carriage): /

Ocean Vessel / Voy No.: HDM1176N
Port of Loading: Bandar Abbas
Onward inland routing, for account and risk of merchant (not part of carriage): /

Port of Discharge: Tianjin
Place of Delivery, If under carrier's responsibility: Tianjin
Freight prepaid at: IRAN, ISLAMIC REPUBLIC
Freight payable at:

Marks, Nos. & Container no./ Seal no.			Number & Kind of Packages; description of goods (Shipper's Load, Count and Seal)			Gross Weight (KG) (Incl. Tare Weight)	Measurement (cbm)
1	BSIU9296740	960324584	114	Bale,Compressed	4 X 40' FCL/FCL CONTAINERS CY/CY STC:	12010.00	
2	IRSU4856213	960324583	117	Bale,Compressed		12240.00	
3	PARU5321175	960324582	124	Bale,Compressed	436 BALES I.A.C SCOURED AND DISINFECTED SHEEP WOOL	12900.00	
4	WOSU6089156	960324585	81	Bale,Compressed	TOTAL GROSS WIGHT : 48530 TOTAL NET WIGHT : 48094	11380.00	
					SHIPPER'S LOAD .COUNT.STOW.SEAL	48530.00	

PARTICULARS FURNISHED BY SHIPPER - Carrier Not Responsible

Copy Non-negotiable

Above particulars are declared by shipper but without responsibility of, or representation by carrier.

Number of Original B/L: 3
Serial number of original B/L: 816113 H/A
No. of containers or packages: 436

Freight & Charges

PURSUIT CODE

RECEIVED from the Shipper by the carrier in apparent good order and condition (unless otherwise indicated herein), the total number of container(s) or package(s) or units indicated in the relevant box(es) above for carriage subject to all terms and conditions provided for on the face and reverse of this Bill of Lading, from the place of receipt or port of loading whichever is applicable to the port of discharge or place of delivery whichever is applicable or so near thereto as she may safely get the goods specified above. If required by Carrier, before arranging the delivery of the goods one original bill of lading, duly endorsed, must be surrendered by merchant to the carrier at the port of discharge or at some other location acceptable to the carrier.
IN ACCEPTING THIS BILL OF LADING, the merchant expressly accepts and agrees to all its terms and conditions whether printed, stamped or written, or otherwise incorporated, notwithstanding the non-signing of this Bill of Lading by the Merchant.
IN WITNESS of the contract herein contained the number of Original Bills of Lading stated at the relevant box has been issued, one of which being accomplished, the other(s) to be void.

For delivery of goods please apply to:

Place of issue: IRAN, ISLAMIC REPUBLIC OF
Date of issue: 2018/07/23
Signed for the carrier,
By Hoopad Darya Shipping Agency .... as agent
On Behalf Of............ Hafez Darya Arya Shipping CO.

2. 提货单

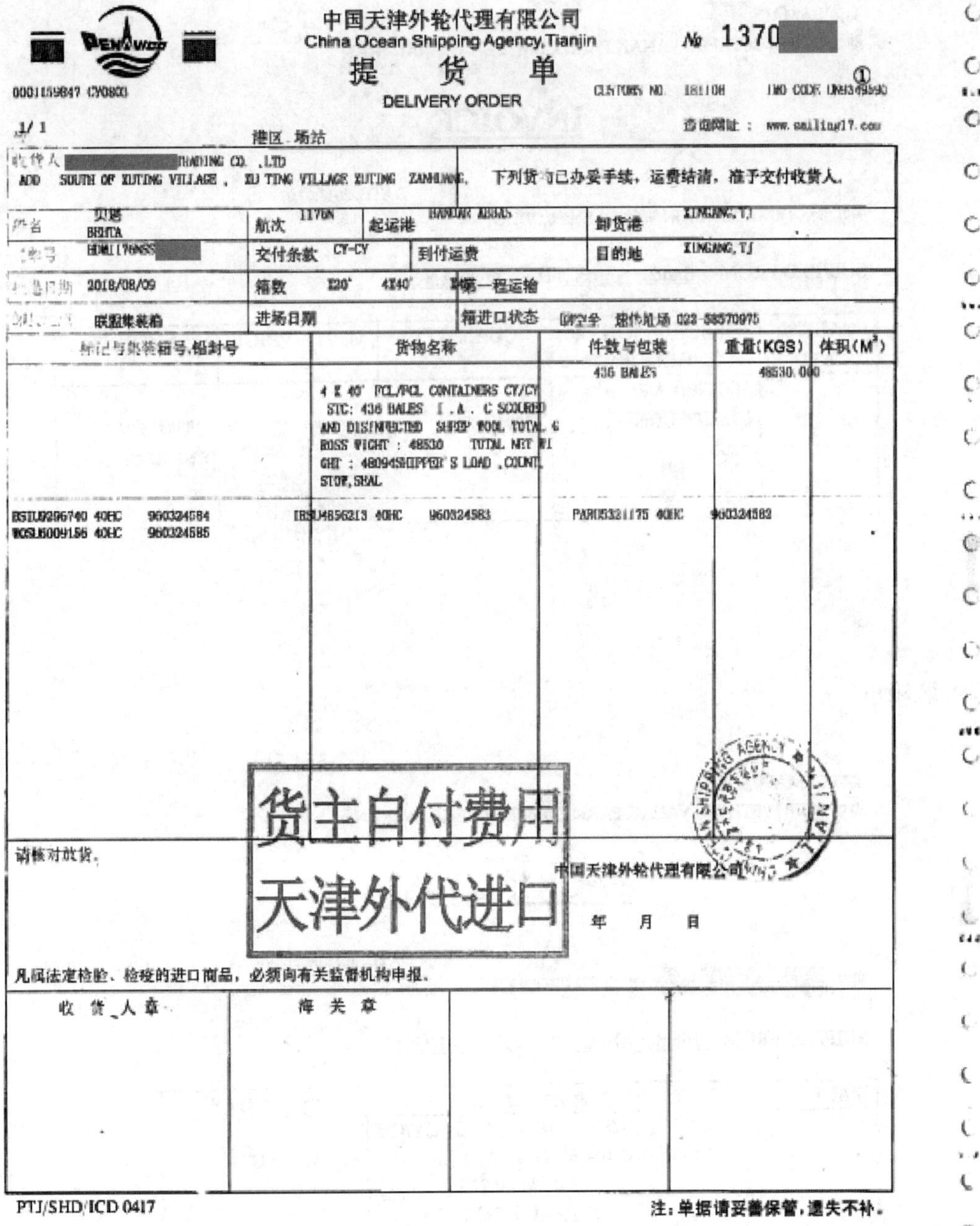

中国天津外轮代理有限公司
China Ocean Shipping Agency,Tianjin
提 货 单
DELIVERY ORDER

№ 1370

0001159847 CY0800

CUSTOMS NO. 181108 IMO CODE

1/1

港区.场站

查询网址: www.sailing17.com

收货人	TRADING CO. ,LTD ADD SOUTH OF XUTING VILLAGE , XU TING VILLAGE XUTING ZANHUANG,	下列货物已办妥手续，运费结清，准予交付收货人。			
船名	贝娜 BEHTA	航次	1176N	起运港	BANDAR ABBAS	卸货港	XINGANG,TJ
提单号	HDMU176ASS	交付条款	CY-CY	到付运费		目的地	XINGANG,TJ
卸货日期	2018/08/09	箱数	120' 4X40'	第一程运输			
船代公司	联盟集装箱	进场日期		箱进口状态	卸空场 捷信航场 022-58570975		

标记与集装箱号、铅封号	货物名称	件数与包装	重量(KGS)	体积(M^3)
	4 X 40' FCL/FCL CONTAINERS CY/CY STC: 436 BALES I.A.C SCOURED AND DISINFECTED SHEEP WOOL TOTAL G ROSS WIGHT : 48530 TOTAL NET WI GHT : 48094SHIPPER'S LOAD ,COUNT, STOW,SEAL	436 BALES	48530.000	

BSIU8296740 40HC 960324584
WOSU6009156 40HC 960324585
IBSU4656213 40HC 960324583
PARU5321175 40HC 960324582

货主自付费用
天津外代进口

请核对放货。

中国天津外轮代理有限公司

年 月 日

凡属法定检验、检疫的进口商品，必须向有关监督机构申报。

收货人章	海关章		

PTJ/SHD/ICD 0417

注：单据请妥善保管，遗失不补。

3. 发票

卖方 SAMAD

地址 NO.B1 20THFIR. VANAK PARK COMPLEX.TEHRAN IRAN

INVOICE

DATE: 2018.07.01

买方 BAODING DONGXIN WOOLLEN PRODUCT

SHIPPED FROM Bandar Abbas TO XINGANG

MARK & NO	DESCRIPTION OF GOODS	QUANTITY	UNIT PRICE	AMOUNT
1	SCOURED AND DISINFECTEDSHEEP WOOL	48094KGS	US0.800	US38475.20 CNF XINGANG

4. 装箱单

卖方 SAMAD

地址 NO.B1 20THFIR. VANAK PARK COMPLEX.TEHRAN IRAN

PACKING LIST

DATE: 2018.07.01

买方 WOOLLEN PRODUCT

SHIPPED FROM Bandar Abbas TO XINGANG

MARKS	DESCRI PTION & PACKING	QUANTITY
1	4X40'FCL/FCL CONTAINERS CY/CY STC:436 BALES BSIU9296740 IRSU4856213 PARU5321175 WOSU600915 BELT CONVEYOR G.W.:48530KGS N.W.:48094KGS	436 PACKAGES

5. 销售确认书

卖方 SAMAD[redacted]

地址 NO.B1 20THFIR. VANAK PARK COMPLEX.TEHRAN IRAN

销 货 确 认 书 CONTRACT NO.:BDDX1[redacted]

SALES CONFIRMATON 日期 DATE 2018.07.01

买方 [redacted] WOOLLEN PRODUCT

经买卖双方同意成交下列产品，并订立条款如下：

The under sianed sellers and buyers have agreed to cose the following transectians sccording to the terns and conditions stipulated below

(1) 货物名称及规格 Name of Commodity and specifications	(2) 数量 Quantity	(3) 单价 Unit P rice	(4) 总值 Tocal Amount
SCOURED AND DISINFECTED SHEEP WOOL	48094KGS	US0.800	US38475.20 CNF XINGANG

(5) 装 出 口 岸 (6) 目 的 口 岸

Prot of Loading Bandar Abbas Discharge XINGANG

(7) 付 款 条 件 T/T 货达目的地后 15 日内货款全部付清

Term of Payments Full Payment within 15 Days After shipments arrived

(8) 责 任 （质量/数量） 卖方须完全承担符标准的质量之责任

responsibility （quality/quantity） The Seller shall bear the full reponsibilty for the fruits quality that meet the export market standad

(9) 其 他 本协议以外任何适宜须经双方协商而定

Others Others than above [redacted] be settle with comp[romise by both parties

卖 方

Sellers

买 方

Buyers:

6. 原产地证书

سازمان عمران كرمان
KERMAN DEVELOPMENT ORGANIZATION (K.D.O)
منطقه ويژه اقتصادى سيرجان
SIRJAN SPECIAL ECONOMIC ZONE (S.S.E.Z)

№ 33713

Date / تاريخ

10/JULY/2018-97/04/19

CERTIFICATE OF ORIGIN (C.O)
گواهى مبدأ

شماره سريال / Serial No

1 Seller / فروشنده SAMAD Name / نام ID:48996 Address / آدرس IRAN country/ sirjan - Iran كشور ـ ايران ـ سيرجان	2 Country of origin / كشور مبداء IRAN
3 Buyer/ خريدار Name / نام TRADING CO.,LTD Address / آدرس ADR: SOUTH OF XUTING VILLAGE,XUTING VILLAGE XUTING ZANHUANG CHINA Country/ كشور	Main C.O.No./ شماره گواهى مبدأ اصلى
4 Description / شرح Mark and number/Kind of package/Name of goods نام و مشخصات نوع بسته بندى تعداد و علامت 436 BALES SCOURED AND DISINFECTED SHEEP WOOLS Delivery order No / شماره قبض انبار Proforma Invoice No / شماره پروفرم 10860/97/4436	5 G- Weight/ وزن ناخالص 48530	N- Weight/ وزن خالص 48094
6 Other Information / ساير اطلاعات We here by certify Box No/2 / بدينوسيله مندرجات جدول شماره ۲ تائيد مى گردد .	7 منطقه ويژه اقتصادى سيرجان SIRJAN SPECIAL ECONOMIC ZONE N.ZIASHAHABI مهر و امضاء Stamp and Authorized Signature

CHAMBER OF COMMERCE ... اتاق بازرگانى و صنايع ...

منطقه ويژه اقتصادى سيرجان SIRJAN SPECIAL ECONOMIC ZONE

7. 检验检疫证书

In the name of God

Islamic Republic of IRAN
Ministry of Jihad-e-Agriculture
Veterinary Organization
Veterinary Health Certificate for export Sheep Wool from I.R.IRAN

Part I : Details of dispatched consignment	*Zip(Trace)Code: EX473Q78
1-Consignor: 1-1-Name:**samad** 1-2-Address:**No.B1 20th Flr.sabalantower vanakpark complex alikhani BLV.**	
2-Consignee: 2-1-Name: **TRADING.,LTD** 2-2-Address:**SOUTH OF XUTING VILLAGE,XUTING VILLAGE XUTING ZANHUANG,CHINA**	
3-Certificate Reference No: **195830**	
4-Related performa invoice No.:	
5-Central Competent Authority: **Iran Veterinary Organization**	
6-Local Competent Authority: **Kerman Province Veterinary Directorate**	
7-Country(state) of Destination:**CHINA**	
8-Registration/Approval Number of establishment of origin:	
9-Place of Loading:**SIRJAN,IRAN**	
10-Description of consignment 10-1-Nature of Commodity: **SHEEP WOOL** 10-2-Type of packages: **BALE** 10-3- Number of packages:**436** 10-4-Total Quantity :**48094 kg**	
11- Treatment type(if any):**SCOURED AND DISINFECTED**	
12-Temperature of Product: ☒ **Ambient** ☐ **Chilled** ☐ **Frozen**	
13- Identification of containers/Seals Numbers:	
14-Commodities certified for: ☐ **Animal feedstuff** ☐ **Human consumption** ☒ **Further process** ☐ **other**	15-Means of transport: ☐ **Aero plane** ☒ **Ship** ☐ **Railway** ☐ **Road** ☐ **Vehicle** ☐ **Other:**

* To check this certification please visit www.e.ivo.ir

Iran Veterinary Organization (IVO) **www.e.ivo.ir**

S. J. Asadabadi St., Valiasr Ave., Tehran-Iran P.O.Box:14155-6349; Postal Code: 1431683765

Email: int.affairs@ivo.ir Tel: (+9821) 88958046 - 88957007 Fax: (+9821) 88957252 - 88962392

In the name of God

Islamic Republic of IRAN
Ministry of Jihad-e-Agriculture
Veterinary Organization

PartII : Certification	**Certificate Reference No:195830**

I, the undersigned state / official veterinarian, hereby certify that:
The certificate is issued under the following pre-export certificates

- sheep wool exported to the customs territory of the Eurasian Economic Union were obtained from healthy animals and produced at the establishments (farms) and administrative territories free from any contagious diseases of the animals concerned:
- scrapie of sheep - in the country in accordance with the recommendations of the OIE Terrestrial Animal Health Code;
- sheep and goats, infectious nodular dermatitis - during the last 36 months on the territory of the country or administrative territory in accordance with regionalization;
- Foot and mouth disease - during the last 12 months on the territory of the country or administrative territory in accordance with regionalization;
- Pox of sheep and goats - during the last 6 months on the territory of the country or administrative territory in accordance with regionalization;
- Anthrax - during the last 20 days on the territory of the farm;

4.4. Any assorted materials, except for fur skin and lambskin, are not allowed for export to the customs territory of the importing country..

4.5. The conservation methods meet all international requirements and ensure veterinary and sanitary safety of raw materials to be exported.

4.6. Packaging and packing material are disposable and meet the requirements of the importing country.

4.7. The vehicle has been processed and prepared in accordance with the requirements adopted in the exporting country.

Remarks:

Official Inspector
Name: **Dr. Alireza Soltani**
Qualification and title: ***DVM, In charge of Quarantine***
Signature
Date: **7/7/2018**

Official Authority
Name: **Dr. Sedigheh Kazeminia**
Position: **Technical Deputy of Kerman Province Veterinary Directorate**
Signature
Stamp

Dr. Hossein Rashidi
Kerman Veterinary Dept.
General Manager

* To check this certification please visit http://e.ivo.ir

Iran Veterinary Organization (IVO) **www.e.ivo.ir**
S. J. Asadabadi St., Valiasr Ave., Tehran-Iran P.O.Box:14155-6349; Postal Code: 1431683765
Email: int.affairs@ivo.ir Tel: (+9821) 88958046 - 88957007 Fax: (+9821) 88957252 - 88962392

二、整合申报录入结果

新增 暂存 复制 打印 删除 初始值模板 随附单据 资质查询 附注 申报

申报地海关	新港海关	申报状态	结关
统一编号	I20180000	预录入编号	0202201810
海关编号	020220181	进境关别	新港海关
备案号		合同协议号	BDDX18
进口日期	20180809	申报日期	2018-08-09
境内收发货人	9113060905 13069 13096		制品有限公司
境外收发货人	境外收发货人代码		Samad
消费使用单位	9133050272 33059 33080		纺织有限公司
申报单位	91120118MA 12076 12009		服务有限公司

运输方式	水路运输	运输工具名称	BEHTA	航次号	1176N		
提运单号	HDM1176NS			监管方式	一般贸易	征免性质	一般征税
许可证号		启运国(地区)	伊朗	经停港	阿巴斯港（伊朗）	成交方式	C&F
运费		保险费	率 0.3	杂费		件数	436
包装种类	包/袋	其他包装		毛重(KG)	48530	净重(KG)	48094
贸易国别(地区)	伊朗	集装箱数	8	随附单证	t		
入境口岸	天津	货物存放地点	奥顺			启运港	阿巴斯港（伊朗）
报关单类型	有纸报关	备注	备注			(0字节)	其他事项确认
		标记唛码	N/M			(3字节)	业务事项
检验检疫受理机关	天津机关国际贸易与航运服务中心办事处			企业资质	101040 合格保证		
领证机关	天津机关国际贸易与航运服务中心办事处	口岸检验检疫机关	天津机关新港办事处	启运日期	2018-07-23	B/L号	HDM1176NS
目的地检验检疫机关	天津机关国际贸易与航运服务中心办事处	关联号码及理由	关联号码		关联理由		使用人
原箱运输		特殊业务标识		所需单证	入境货物检验检疫证明（申请不出具），入境货物调离通		检验检疫签证申报要素

导入 新增 删除 复制 上移 下移 插入 重新归类 归类查看 批量修改 补充申报

项号	备案序号	商品编号	检验检疫名称	商品名称	规格	成交数量	成交单位	单价	总价	币制	原产国(地区)	最终目的国
1	-	5101210001	未梳的脱脂剪羊毛(未碳化)(配额内)(洗净绵羊毛)	洗净未梳的绵羊毛	0|3|未梳|33-34微米|2-3英寸|3-5%	43094	千克	0.8	38475.2	美元	伊朗	中国

项号	1	备案序号		商品编号	5 01210001	检验检疫名称	未梳的脱脂剪羊毛(未碳化)(配额内)(洗净绵羊毛)
商品名称	洗净未梳的绵羊毛			规格型号	0|3|未梳|33-34微米|2-3英寸|3-5%		
成交数量	48094	成交计量单位	千克	单价	0.3	总价	38475.2
						币制	美元

导入 新增 删除

集装箱号	集装箱规格	拼箱标识
BSIU9296740	普通2*标准箱（L）	否
IRSU4856213	普通2*标准箱（L）	否
PARU5321175	普通2*标准箱（L）	否
WOSU6009156	普通2*标准箱（L）	否

集装箱号

集装箱规格

自重(KG)

拼箱标识

商品项号关系

新增 删除 原产地

单证代码	单证编号
t	1811Y00252-3035777

随附单证代码

随附单证编号

关联报关单

关联备案

保税/监管场地

场地代码

tips: 总价 38475.2

成交数量合计 48094

法定第一数量合计 48094

法定第二数量合计 0

三、报关单生成结果

中华人民共和国海关进口货物报关单

*0202201810000

预录入编号：I2018000007　　海关编号：0202201810001　　（新港海关）　　页码/页数：1/1

境内收货人（9113060906） 制品有限公司	进境关别（0202） 新港海关	进口日期 20180809	申报日期 20180809	备案号
境外发货人 Samad	运输方式（2） 水路运输	运输工具名称及航次号 BEHTA/1176N	提运单号 HDM1176NSS	货物存放地点 奥顺
消费使用单位（91330502720） 纺织有限公司	监管方式（0110） 一般贸易	征免性质（101） 一般征税	许可证号	启运港（IRN006） 阿巴斯港（伊朗）
合同协议号 BDDX1	贸易国（地区）（IRN） 伊朗	启运国（地区）（IRN） 伊朗	经停港（IRN006） 阿巴斯港（伊朗）	入境口岸（120001） 天津

包装种类（06/06） 包/袋/包/袋	件数 436	毛重(千克) 48530	净重(千克) 48094	成交方式（2） C&F	运费	保费 000/0.3/1	杂费

随附单证及编号

随附单证1：关税配额证明1811Y00252-3

标记唛码及备注

备注：N/M　集装箱标箱数及号码：8；BSIU9296740；IRSU4856213；PARU5321175；WOSU6009156；

项号	商品编号	商品名称及规格型号	数量及单位	单价/总价/币制	原产国(地区)	最终目的国(地区)	境内目的地	征免
1	5101210001	洗净未梳的绵羊毛 0|3|未梳|33-34微米|2-3英寸|3-5%	48094千克 48094千克	0.8000 38475.2000 美元	伊朗 (IRN)	中国 (CHN)	(13069/130600)保定其他/河北省保定市	照章征税 (1)

特殊关系确认：否　　价格影响确认：否　　支付特许权使用费确认：否　　自报自缴：否

报关人员　报关人员证号0210　电话	兹申明对以上内容承担如实申报、依法纳税之法律责任	海关批注及签章
申报单位（91120118MA）服务有限公司	申报单位（签章）	

实例 2：一般贸易进口（不含检务申报）

一、原始单据

1. 提货单

中国外运天津集团船务代理公司
SINOTRANS TIANJIN MARING SHIPPING AGENCY

海关编号：

船舶IMO编号:UN9331115

提货单
(DELIVERY ORDER)

No.

收货人 TIANJIN [redacted] CO., LTD.				下列货物已办妥手续，运费结清请准许交付收货人
通知人 [redacted] TRADING CO., LTD				
船名：SITC HONGKONG	航次：1830W	起运港：MOJI		唛头：-AS PERATTACHED SHEET-
提单号：SNL8MJCL5[redacted]	交付条款：CY/CY	目的港：XINGANG		
卸货地点：东方海陆	进场日期：	箱进口状态：F		
抵港日期：20180803 13:00	到付运费：P	备注：		
一程船：	提单号：			

集装箱/铅封号	货物名称	件数与包装	重量（kgs）	体积（m³）
FCIU5202610/183382/20GP	PLASTIC WOOD FOR RIDGE RAKUMUNE 90*73*2200 PLASTIC WOOD PW2530 25*30*2200 UNDER ROOFING TAPE (PROTAITO) 142MM COARSE THREAD L-45, L-57, L-38, L-75	11PACKAGES 20'1	2036.000	10.800

请核对放货：

凡属法定检验、检疫的进口商品，必须向有关监督机关申报。

中国外运天津集团船务代理公司
提货专用章

货主自付
港口费用

海关章

2. 运货单

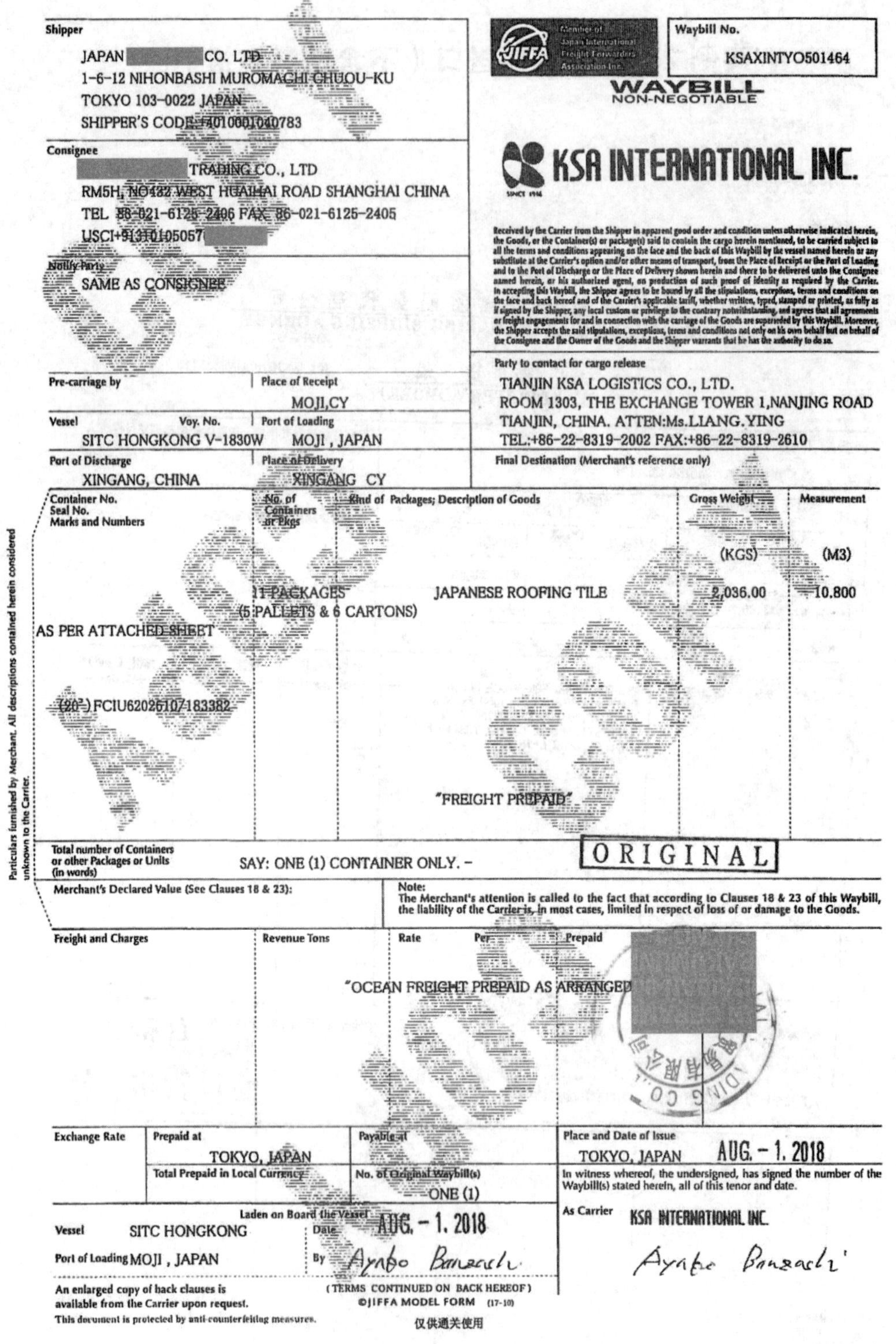

Shipper

JAPAN CO. LTD
1-6-12 NIHONBASHI MUROMACHI CHUOU-KU
TOKYO 103-0022 JAPAN
SHIPPER'S CODE:T4010601040783

Consignee

TRADING CO., LTD
RM5H, NO432 WEST HUAIHAI ROAD SHANGHAI CHINA
TEL 86-021-6125-2406 FAX 86-021-6125-2405
USCI+91310105057

Notify Party

SAME AS CONSIGNEE

JIFFA Member of Japan International Freight Forwarders Association Inc.

Waybill No. KSAXINTYO501464

WAYBILL
NON-NEGOTIABLE

KSA INTERNATIONAL INC.
SINCE 1946

Received by the Carrier from the Shipper in apparent good order and condition unless otherwise indicated herein, the Goods, or the Container(s) or package(s) said to contain the cargo herein mentioned, to be carried subject to all the terms and conditions appearing on the face and the back of this Waybill by the vessel named herein or any substitute at the Carrier's option and/or other means of transport, from the Place of Receipt or the Port of Loading and to the Port of Discharge or the Place of Delivery shown herein and there to be delivered unto the Consignee named herein, or his authorized agent, on production of such proof of identity as required by the Carrier. In accepting this Waybill, the Shipper agrees to be bound by all the stipulations, exceptions, terms and conditions on the face and back hereof and of the Carrier's applicable tariff, whether written, typed, stamped or printed, as fully as if signed by the Shipper, any local custom or privilege to the contrary notwithstanding, and agrees that all agreements or freight engagements for and in connection with the carriage of the Goods are superseded by this Waybill. Moreover, the Shipper accepts the said stipulations, exceptions, terms and conditions not only on his own behalf but on behalf of the Consignee and the Owner of the Goods and the Shipper warrants that he has the authority to do so.

Party to contact for cargo release

TIANJIN KSA LOGISTICS CO., LTD.
ROOM 1303, THE EXCHANGE TOWER 1,NANJING ROAD
TIANJIN, CHINA. ATTEN:Ms.LIANG.YING
TEL:+86-22-8319-2002 FAX:+86-22-8319-2610

Pre-carriage by	Place of Receipt
	MOJI,CY
Vessel / Voy. No.	**Port of Loading**
SITC HONGKONG V-1830W	MOJI , JAPAN
Port of Discharge	**Place of Delivery**
XINGANG, CHINA	XINGANG CY

Final Destination (Merchant's reference only)

Container No. Seal No. Marks and Numbers	No. of Containers or Pkgs	Kind of Packages; Description of Goods	Gross Weight (KGS)	Measurement (M3)
AS PER ATTACHED SHEET (20')FCIU6202610/183382	11 PACKAGES (5 PALLETS & 6 CARTONS)	JAPANESE ROOFING TILE "FREIGHT PREPAID"	2,036.00	10.800

Particulars furnished by Merchant. All descriptions contained herein considered unknown to the Carrier.

Total number of Containers or other Packages or Units (in words) SAY: ONE (1) CONTAINER ONLY. -

ORIGINAL

Merchant's Declared Value (See Clauses 18 & 23):

Note: The Merchant's attention is called to the fact that according to Clauses 18 & 23 of this Waybill, the liability of the Carrier is, in most cases, limited in respect of loss of or damage to the Goods.

Freight and Charges	Revenue Tons	Rate	Per	Prepaid
"OCEAN FREIGHT PREPAID AS ARRANGED"				

Exchange Rate	Prepaid at	Payable at	Place and Date of Issue
	TOKYO, JAPAN		TOKYO, JAPAN AUG. - 1. 2018
	Total Prepaid in Local Currency	No. of Original Waybill(s) ONE (1)	In witness whereof, the undersigned, has signed the number of the Waybill(s) stated herein, all of this tenor and date.

Laden on Board the Vessel

Vessel SITC HONGKONG Date AUG. - 1. 2018

Port of Loading MOJI , JAPAN By Ayabo Banzaishi

As Carrier KSA INTERNATIONAL INC.
Ayabo Banzaishi

An enlarged copy of back clauses is available from the Carrier upon request.
This document is protected by anti-counterfeiting measures.

(TERMS CONTINUED ON BACK HEREOF)
©JIFFA MODEL FORM (17-10)

仅供通关使用

3. 唛头

B/L NO.SNL8MJCL500177

CASE MARK JAPAN CERAMICS GODAISAN-001 RAKUMUNE C/T NO.1 MADE IN JAPAN	CASE MARK JAPAN CERAMICS GODAISAN-001 RAKUMUNE C/T NO.4 MADE IN JAPAN
CASE MARK JAPAN CERAMICS GODAISAN-001 RAKUMUNE C/T NO.2 MADE IN JAPAN	CASE MARK JAPAN CERAMICS GODAISAN-001 PROTAITO TAPE C/T NO.5 MADE IN JAPAN
CASE MARK JAPAN CERAMICS GODAISAN-001 RAKUMUNE C/T NO.3 MADE IN JAPAN	

CASE MARK JAPAN CERAMICS GODAISAN-001 COARSE THREAD C/T NO.6 MADE IN JAPAN	CASE MARK JAPAN CERAMICS GODAISAN-001 COARSE THREAD C/T NO.10 MADE IN JAPAN
CASE MARK JAPAN CERAMICS GODAISAN-001 COARSE THREAD C/T NO.7 MADE IN JAPAN	CASE MARK JAPAN CERAMI GODAISAN-001 COARSE THREAD C/T NO.11 MADE IN JAPAN
CASE MARK JAPAN CERAMICS GODAISAN-001 COARSE THREAD C/T NO.8 MADE IN JAPAN	CASE MARK JAPAN CERAMICS GODAISAN-001 COARSE THREAD C/T NO.9 MADE IN JAPAN

4. 发票

EXPORTER

Japan [redacted] co. Ltd

1-6-12 Nihonbashi muromachi chuou-ku

Tokyo 103-0022 JAPAN

TEL 81-3-3246-1411

FAX 81-3-3246-1410

DATE: 20-Jul-18

INVOICE No. GODAISAN-001

CUSTOMER

[redacted] TRADING CO., LTD

RM5H, NO432 WEST HUAIHAI ROAD SHANGHAI CHINA

TEL 86-021-6125-2406

FAX 86-021-6125-2405

SHIPPED PER	SEA FREIGHT	ETD MOJI 7/31	ETA XINGANG 8/3
FROM	MOJI PORT JAPAN	TO	XINGANG PORT CHINA

COMMERCIAL INVOICE

		DESCRIPTION	Qty	pieces	PRICE	CIF TIANJIN
	楽棟Ⅱ	plastic wood for ridge RAKUMUNE 90*73*2200	480	pieces	¥ 2,024	¥971,520
	ウッドスターPW2530	plastic wood PW2530 25*30*2200	480	pieces	¥ 657	¥315,360
	プロタイトテープ 142mm	under roofing tape (PROTAITO)142mm	67	pieces	¥ 2,140	¥143,380
	SUSコーススレッド L-45	coarse thread L-45	5,250	pieces	¥ 13	¥68,250
	SUSコーススレッド L-57	coarse thread L-57	14,100	pieces	¥ 13	¥183,300
	SUSコーススレッド L-38	coarse thread L-38	7,000	pieces	¥ 10	¥70,000
	SUSコーススレッド L-75	coarse thread L-75	150	pieces	¥ 21	¥3,150
			27,527			¥1,754,960

MEANS OF TRANSPORTATION By sea

VESSEL SITC HONGKONG 1830W

PLACE OF LOADING JAPAN

VOLUME 10.8

TOTAL NET WEIGHT 1,953KG

TERMS OF PAYMENT T/T

COUNTRY OF ORIGIN JAPAN

REMARKED FREIGHT PREPAID AS ARRANGED

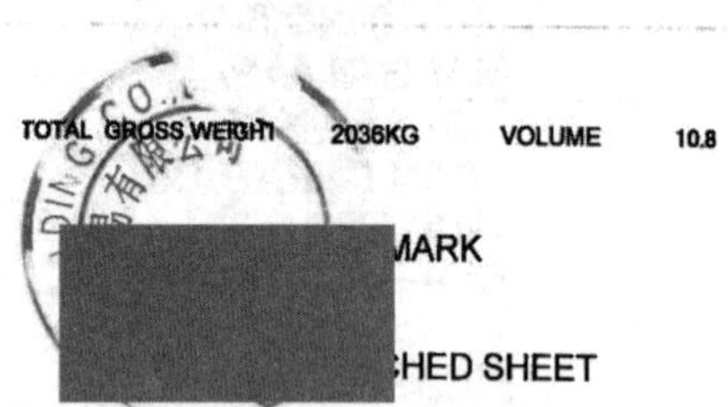

仅供通关使用

5. 装箱单

Japan [redacted] co. Ltd
1-6-12 Nihonbashi muromachi chuou-ku
Tokyo 103-0022 JAPAN
TEL 81-3-3246-1411
FAX 81-3-3246-1414

DATE: 23-Jul-18

INVOICE No. GODAISAN-001

[redacted] TRADING CO., LTD
RM5H, NO432 WEST HUAIHAI ROAD SHANGHAI CHINA
TEL 86-021-6125-2406
FAX 86-021-6125-2405

SHIPPED PER	SEA FREIGHT	ETD MOJI 7/31	ETA XINGANG 8/3
FROM	MOJI PORT JAPAN	TO	XINGANG PORT CHINA

PACKING LIST 1

		DESCRIPTION OF GOODS	pieces		NET WT (KG)	GR WT (KG)	VOLUME (㎥)
1	楽棟	plastic wood for ridge RAKUMUNE 90*73*2200	150	pieces	415	430	2.300
2	楽棟	plastic wood for ridge RAKUMUNE 90*73*2200	150	pieces	415	430	2.300
3	楽棟	plastic wood for ridge RAKUMUNE 90*73*2200	150	pieces	415	430	2.300
4	楽棟	plastic wood for ridge RAKUMUNE 90*73*2200	30	pieces	389	394	2.300
	ウッドスターPW2530	plastic wood WOODSTARPW2530 25*30*2200	480	pieces	83	88	
5	プロタイトテープ 142mm	under roofing tape (PROTAITO)142mm	67	pieces	152	177	0.600
6	SUSコーススレッド L-38	coarse thread L-38	7,000	pieces	16.5	17	0.200
7	SUSコーススレッド L-57	coarse thread L-57	4,000	pieces	14.5	15	0.200
8	SUSコーススレッド L-57	coarse thread L-57	4,000	pieces	14.5	15	0.200
9	SUSコーススレッド L-57	coarse thread L-57	4,000	pieces	14.5	15	0.200
10	SUSコーススレッド L-45	coarse thread L-45	5,000	pieces	13.5	14	0.200
11	SUSコーススレッド L-45	coarse thread L-45	250	pieces	10.5	11	0.200
	SUSコーススレッド L-57	coarse thread L-57	2,100	pieces			
	SUSコーススレッド L-75	coarse thread L-75	150	pieces			
					1953	2036	10.800

TOTAL EXPEDITION 5pallet & 6carton
NET WEIGHT 1,953 Kg
GROSS WEIGHT 2,036 Kg
VOLUME 10.800㎥

仅供通关使用

6. 合同

EXPORTER

Japan [redacted] co. Ltd

1-6-12 Nihonbashi muromachi chuou-ku

Tokyo 103-0022 JAPAN

TEL 81-3-3246-1411

FAX 81-3-3246-1410

DATE: 20-Jul-18

INVOICE No. GODAISAN-001

CUSTOMER

[redacted] TRADING CO., LTD

RM5H, NO432 WEST HUAIHAI ROAD SHANGHAI CHINA

TEL 86-021-6125-2406

FAX 86-021-6125-2405

SHIPPED PER	SEA FREIGHT	ETD MOJI 7/31	ETA XINGANG 8/3
FROM	MOJI PORT JAPAN	TO	XINGANG PORT CHINA

Sales Contract

		DESCRIPTION	Qty	pieces	PRICE		CIF TIANJIN
	楽棟Ⅱ	plastic wood for ridge RAKUMUNE 90*73*2200	480	pieces	¥	2,024	¥971,520
	ウッドスターPW2530	plastic wood PW2530 25*30*2200	480	pieces	¥	657	¥315,360
	プロタイトテープ 142mm	under roofing tape (PROTAITO)142mm	67	pieces	¥	2,140	¥143,380
	SUSコーススレッド L-45	coarse thread L-45	5,250	pieces	¥	13	¥68,250
	SUSコーススレッド L-57	coarse thread L-57	14,100	pieces	¥	13	¥183,300
	SUSコーススレッド L-38	coarse thread L-38	7,000	pieces	¥	10	¥70,000
	SUSコーススレッド L-75	coarse thread L-75	150	pieces	¥	21	¥3,150
			27,527				¥1,754,960

MEANS OF TRANSPORTATION	By sea
VESSEL	SITC HONGKONG 1830W
PLACE OF LOADING	JAPAN
VOLUME	10.8
TOTAL NET WEIGHT	1,953KG
TERMS OF PAYMENT	T/T
COUNTRY OF ORIGIN	JAPAN
REMARKED	FREIGHT PREPAID AS ARRANGED

TOTAL GROSS WEIGHT [redacted] VOLUME 10.8

CA[redacted]

AS PER ATTACHED SHEET

仅供通关使用

二、整合申报录入结果

新增 暂存 复制 打印 删除 初始值模板 随附单据 资质查询 附注 申报

申报地海关	新港海关	申报状态	结关
统一编号	I2018000007	预录入编号	02022018100
海关编号	02022018100	进境关别	新港海关
备案号		合同协议号	GODAISAN
进口日期	20180803	申报日期	2018-08-10
境内收发货人	91310105057　31059　310Ⅲ6		贸易有限公司
境外收发货人	境外收发货人代码		CO.LTD
消费使用单位	91310105057　31059　31006		贸易有限公司
申报单位	91120118MA0　12076　12Ⅲ9		服务有限公司
运输方式	水路运输	运输工具名称	SITCHONGKONG
航次号	1830W		
提运单号	SNL8MJCL5	监管方式	一般贸易
征免性质	一般征税	许可证号	
启运国(地区)	日本	经停港	门司（日本）
成交方式	CIF	运费	
保险费		杂费	
件数	11	包装种类	其他包装
毛重(KG)	2036	净重(KG)	1953
贸易国别(地区)	日本	集装箱数	1
随附单证		入境口岸	天津
货物存放地点	振华	启运港	门司（日本）
报关单类型	通关无纸化	备注	备注（0字节）
标记唛码	-AS PERATTACHED SHEET-（22字节）		

其他包装　其他事项确认　业务事项

导入 新增 删除

集装箱号	集装箱规格	拼箱标识
FCIU6202610	普通标准箱（S）	否

集装箱号
集装箱规格
自重(KG)
拼箱标识
商品项号关系

新增 删除 原产地

单证代码	单证编号
暂无数据	

随附单证代码
随附单证编号

导入 新增 删除 复制 上移 下移 插入 重新归类 归类查看 批量修改 补充申报

项号	备案序号	商品编号	检验检疫名称	商品名称	规格	成交数量	成交单位	单价	总价	币制	原产国(地区)	最终目的国
1	-	3925900000	其他未列名的建筑用塑料制品	人工塑木	4|3|在屋顶上代替木头，它不会腐烂|非塑料制围、柜、提、桶及类似容器|塑料|Puretech Co Ltd	1717	千克	749.4933	1286880	日本元	日本	中国
2	-	6807100000	成卷的沥青或类似原料的制品(如石油沥青或煤焦油沥青)	沥青防水自粘卷材	0|3|卷状	152	千克	943.2895	143380	日本元	日本	中国
3	-	7318120090	其他木螺钉	不锈钢的木工螺丝	4|3|不锈钢|Yamahiro Co Ltd|4.2*45mm，4.2*57mm，4.2*38mm，4.2*75mm	84	千克	3865.4762	324700	日本元	日本	中国

三、报关单生成结果

中华人民共和国海关进口货物报关单

*02022018100

预录入编号：I2018000007　　海关编号：020220181000　（新港海关）　　页码/页数：1/1

境内收货人 (9131010505 贸易有限公司	进境关别 (0202) 新港海关	进口日期 20180803		申报日期 20180810	备案号	
境外发货人 JAPAN CO. LTD	运输方式 (2) 水路运输	运输工具名称及航次号 SITCHONGKONG/1830W		提运单号 SNL8MJCL5	货物存放地点 振华	
消费使用单位 (9131010505 贸易有限公司	监管方式 (0110) 一般贸易	征免性质 (101) 一般征税		许可证号	启运港 (JPN297) 门司（日本）	
合同协议号 GODAISAN	贸易国（地区）(JPN) 日本	启运国（地区）(JPN) 日本		经停港 (JPN297) 门司（日本）	入境口岸 (120001) 天津	
包装种类 (99/93) 其他包装/天然木托	件数 11	毛重(千克) 2036	净重(千克) 1953	成交方式 (1) CIF	运费	保费	杂费

随附单证及编号

随附单证2:合同;提/运单;发票;装箱单;代理报关委托协议（纸质）

标记唛码及备注

备注:-AS PERATTACHED SHEET-　集装箱标箱数及号码：1;FCIU6202610;

项号	商品编号	商品名称及规格型号	数量及单位	单价/总价/币制	原产国(地区)	最终目的国(地区)	境内目的地	征免
1	3925900000	人工塑木 4|3|在屋顶上代替木头，它不会腐烂|非塑料制囤、柜、罐、桶及类似容器|塑料|Puretech Co Ltd	1717千克 1717千克	749.4933 1286880.0000 日本元	日本 (JPN)	中国 (CHN)	(31059/310105)长宁/上海市长宁区	照章征税 (1)
2	6807100000	沥青防水自粘卷材 0|3|卷状	152千克 152千克	943.2895 143380.0000 日本元	日本 (JPN)	中国 (CHN)	(31059/310105)长宁/上海市长宁区	照章征税 (1)
3	7318120090	不锈钢的木工螺丝 4|3|不锈钢 |Yamahiro Co Ltd|4.2*45mm, 4.2*57mm, 4.2*38mm, 4.2*75mm	84千克 84千克	3865.4762 324700.0000 日本元	日本 (JPN)	中国 (CHN)	(31059/310105)长宁/上海市长宁区	照章征税 (1)

特殊关系确认:否　　价格影响确认:否　　支付特许权使用费确认:否　　自报自缴:否

报关人员　报关人员证号0210　电话　兹申明对以上内容承担如实申报、依法纳税之法律责任　海关批注及签章

申报单位 (91120118MA05 报关服务有限公司　　申报单位（签章）

实例 3：进料加工进口（含检务申报）

一、原始单据

1. 发票

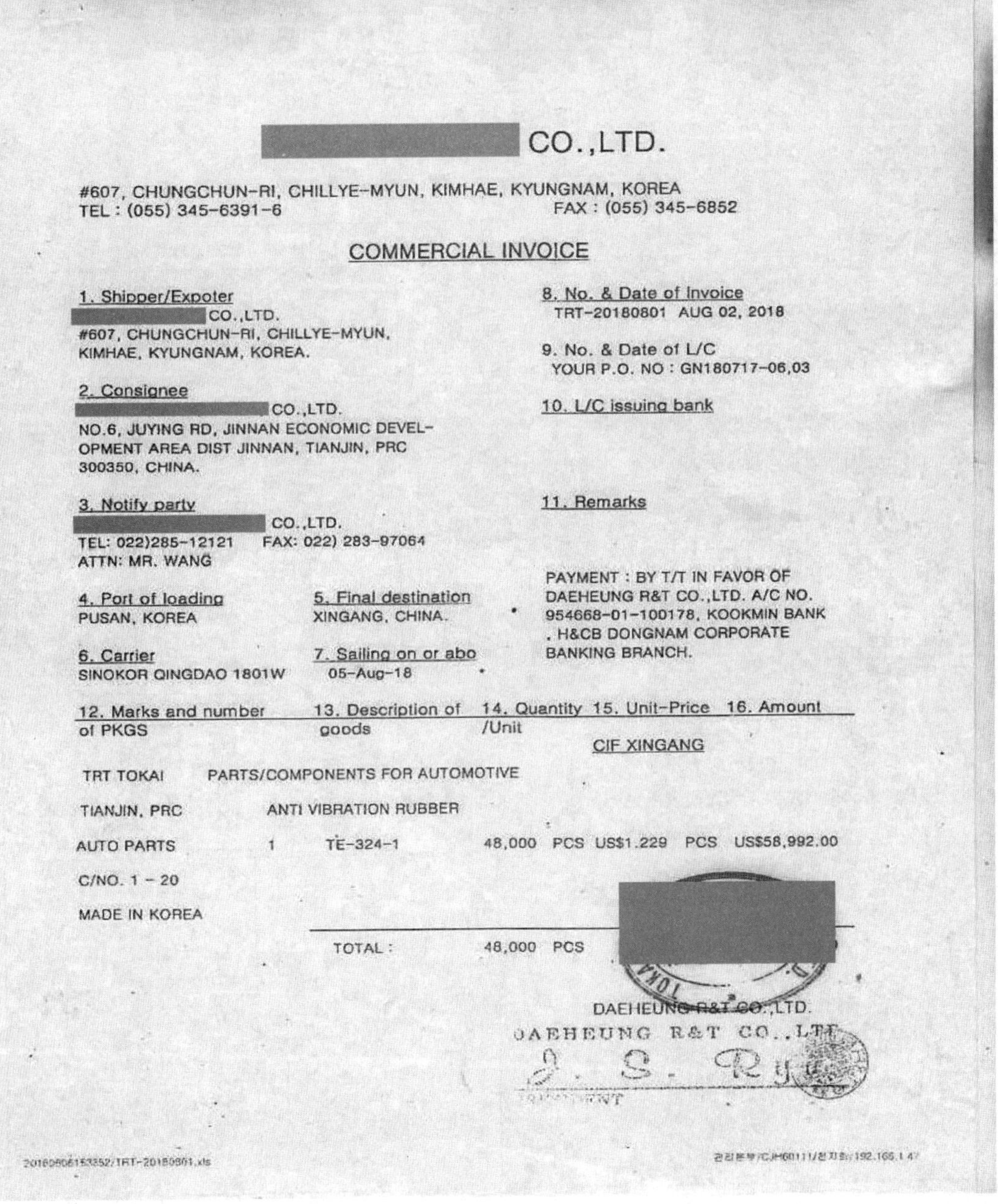

CO.,LTD.

#607, CHUNGCHUN-RI, CHILLYE-MYUN, KIMHAE, KYUNGNAM, KOREA
TEL : (055) 345-6391-6　　FAX : (055) 345-6852

COMMERCIAL INVOICE

1. Shipper/Expoter
CO.,LTD.
#607, CHUNGCHUN-RI, CHILLYE-MYUN,
KIMHAE, KYUNGNAM, KOREA.

8. No. & Date of Invoice
TRT-20180801 AUG 02, 2018

9. No. & Date of L/C
YOUR P.O. NO : GN180717-06,03

2. Consignee
CO.,LTD.
NO.6, JUYING RD, JINNAN ECONOMIC DEVEL-OPMENT AREA DIST JINNAN, TIANJIN, PRC
300350, CHINA.

10. L/C issuing bank

3. Notify party
CO.,LTD.
TEL: 022)285-12121 FAX: 022) 283-97064
ATTN: MR. WANG

11. Remarks

PAYMENT : BY T/T IN FAVOR OF DAEHEUNG R&T CO.,LTD. A/C NO. 954668-01-100178, KOOKMIN BANK , H&CB DONGNAM CORPORATE BANKING BRANCH.

4. Port of loading
PUSAN, KOREA

5. Final destination
XINGANG, CHINA.

6. Carrier
SINOKOR QINGDAO 1801W

7. Sailing on or abo
05-Aug-18

12. Marks and number of PKGS	13. Description of goods	14. Quantity /Unit	15. Unit-Price	16. Amount
			CIF XINGANG	
TRT TOKAI	PARTS/COMPONENTS FOR AUTOMOTIVE			
TIANJIN, PRC	ANTI VIBRATION RUBBER			
AUTO PARTS	1 TE-324-1	48,000 PCS	US$1.229 PCS	US$58,992.00
C/NO. 1 - 20				
MADE IN KOREA				
	TOTAL :	48,000 PCS		

DAEHEUNG R&T CO.,LTD.
DAEHEUNG R&T CO.,LTD.
J. S. Ryu

20180806153352/TRT-20180801.xls

2. 提单

SINOAGENT

中国外运天津集团船务代理公司
SINOTRANS TIANJIN MARING SHIPPING AGENCY

NO.: 808

提货单
(DELIVERY ORDER)

2018(D) 海关编号:

船舶IMO编号: UN9160906

No.

收货人 CO., LTD. NO.6, JUYING RD, JINNAN ECONOMICDEVELOPMENT AREA DIST 通知人 CO., LTD. TEL: 022)283 12121FAX: 022)283-97064ATTN: MR. WANG	下列货物已办妥手续，运费结清请准许交付收货人。
船名: SINOKOR QINGDAO 航次: 1801W 起运港: BUSAN 提单号: SNKO01118 交付条款: CFS/CY 目的港: TIANJINXINGANG 卸货地点: 五洲国际 进场日期: 箱进口状态: F 抵港日期: 2018-08-09 到付运费: 备注: 一程船: 提单号:	唛头: TRT TOKAI TIANJIN, PRC AUTO PARTS C/NO. 1 - 20 MADE IN KOREA

集装箱/铅封号	货物名称	件数与包装	重量(kgs)	体积 (m^3)
SKLU1301870 / 20GP /790881 / /	1X 20' 20 PLASTIC PALLETS OF PARTS/COMPONEMTS FOR AUTOMOTIVE ANTI VIBRATION RUBBER TE-324-1 20 PLASTIC PALLET 18,300KGS TOTAL : 20 PLASTIC PALLET 18,300KGS *NO. & DATE OF TRT-20180801 A 18 *NO & DATE OF L YOUR P.O NO. GN 03	20 PLATE 1x20'GP	18300	14.520

请核对放货:

中国外运天津集团船务代理公司
提货专用章

货主自付
港口费用

凡属法定检验，检疫的进口商品，必须向有关监督机关申报。

海关章			

第一联 海关申报交港方

3. 箱单

CO.,LTD.

#607, CHUNGCHUN-RI, CHILLYE-MYUN, KIMHAE, KYUNGNAM, KOREA
TEL : (055) 345-6391-6 FAX : (055) 345-6852

PACKING LIST

1. Shipper/Expoter
CO.,LTD.
#607, CHUNGCHUN-RI, CHILLYE-MYUN,
KIMHAE, KYUNGNAM, KOREA.

8. No. & Date of Invoice
TRT-20180801 AUG 02, 2018

9. No. & Date of L/C
YOUR P.O. NO : GN180717-06,03

2. Consignee
CO.,LTD.
NO.6, JUYING RD, JINNAN ECONOMIC DEVEL-
OPMENT AREA DIST JINNAN, TIANJIN, PRC
300350, CHINA.

10. L/C issuing bank

3. Notify party
CO.,LTD.
TEL: 022)285-12121 FAX: 022)283-97064
ATTN: MR. WANG

11. Remarks

PAYMENT : BY T/T IN FAVOR OF
DAEHEUNG R&T CO.,LTD. A/C NO.
954668-01-100178, KOOKMIN BANK
, H&CB DONGNAM CORPORATE
BANKING BRANCH.

4. Port of loading
PUSAN, KOREA

5. Final destination
XINGANG, CHINA.

6. Carrier
SINOKOR QINGDAO 18(

7. Sailing on or about
05-Aug-18

12. Marks and numbe of PKGS	13. Description of goods				14. NET W'T		15. GROSS W'T	
					CIF XINGANG			
TRT TOKAI	PARTS/COMPONENTS FOR AUTOMOTIVE							
TIANJIN, PRC	ANTI VIBRATION RUBBER							
AUTO PARTS	1	TE-324-1	20	PLASTIC PALLET	18,000	KGS	18,300	KGS
C/NO. 1 - 20								
MADE IN KOREA								
	TOTAL :		20	PLASTIC PALLET	18,000			

DAEHEUNG R&T CO.,LTD.
DAEHEUNG R&T CO.,LTD.
J. S. Ryu

20180806153355/TRT-20180801.xls

관리본부/CJH60111/조지휘/182.168.1.47

二、整合申报录入结果

申报地海关	新港海关	申报状态	结关
统一编号	I201800000	预录入编号	0202201810
海关编号	020220181	进境关别	新港海关
备案号	E020150	合同协议号	
进口日期	20180809	申报日期	2018-08-10
境内收发货人	9112011260　12129　12006		有限公司
境外收发货人	境外收发货人代码		CO.,LTD.
消费使用单位	9112011260　12129　12006		有限公司
申报单位	9112011669　12074　12004		报关有限公司
运输方式	水路运输	运输工具名称	SINOKORQINGDAO
航次号	1801W	提运单号	SNKO01118
监管方式	进料对口	征免性质	进料加工
许可证号		启运国(地区)	韩国
经停港	釜山（韩国）	成交方式	CIF
运费		保险费	
杂费		件数	20
包装种类	其他包装	其他包装	
毛重(KG)	18300	净重(KG)	18000
贸易国别(地区)	韩国	集装箱数	1
随附单证			
入境口岸	天津	货物存放地点	港强
启运港	釜山（韩国）		
报关单类型	通关无纸化	备注	报检无纸，发票号：TRT-20180801 (30字节)
标记唛码	TRT TOKAI TIANJIN ,PRC AUTO PARTS C/NO. 1-20 (58字节)		其他事项确认　业务事项
检验检疫受理机关	天津机关国际贸易与航运服务中心办事处	企业资质	10104(合格保证
领证机关	天津机关国际贸易与航运	口岸检验检疫机关	天津机关新港办事处
启运日期	2018-08-09	B/L号	SNKO01118
目的地检验检疫机关	天津机关新港办事处	关联号码及理由	关联号码　关联理由
使用人			
原箱运输		特殊业务标识	
所需单证		检验检疫签证申报要素	

导入　新增　删除

集装箱号	集装箱规格	拼箱标识
SKLU1301870	普通标准箱（S）	否

集装箱号　集装箱规格　自重(KG)　拼箱标识　商品项号关系

新增　删除　原产地

单证代码	单证编号
暂无数据	

导入　新增　删除　复制　上移　下移　插入　重新归类　归类查看　批量修改　补充申报

商品编号	检验检疫名称	商品名称	规格	成交数量	成交单位	单价	总价	币制
8708801000	品目8703所列车辆用的悬挂系统(包括减震器)及其零件	铁内衬	-	48000	个	1.229	58992	美元

随附单证代码　随附单证编号　关联报关单　关联备案　保税/监管场地　场地代码

tips: 总价 58992
成交数量合计 48000
法定第一数量合计 18000
法定第二数量合计 0

项号	2	备案序号		商品编号		检验检疫名称	
商品名称				规格型号			

三、报关单生成结果

中华人民共和国海关进口货物报关单

*02022018100

预录入编号：I201800000　　海关编号：02022018100　（新港海关）　　页码/页数：1/1

境内收货人（91120112600 有限公司	进境关别（0202） 新港海关	进口日期 20180809		申报日期 20180810		备案号 E0201500	
境外发货人 CO., LTD.	运输方式（2） 水路运输	运输工具名称及航次号 SINOKORQINGDAO/1801W		提运单号 SNK0011180		货物存放地点 港强	
消费使用单位（91120112600 有限公司	监管方式（0615） 进料对口	征免性质（503） 进料加工		许可证号		启运港（KOR003） 釜山（韩国）	
合同协议号	贸易国（地区）（KOR） 韩国	启运国（地区）（KOR） 韩国		经停港（KOR003） 釜山（韩国）		入境口岸（120001） 天津	
包装种类（99/98） 其他包装/植物性铺垫材料	件数 20	毛重(千克) 18300	净重(千克) 18000	成交方式（1） CIF	运费	保费	杂费

随附单证及编号
随附单证2：发票；装箱单；提/运单；代理报关委托协议（电子）

标记唛码及备注
备注：报检无纸，发票号：TRT-20180801 TRT TOKAI TIANJIN，PRC AUTO PARTS C/NO. 1-20 MADE IN KOREA　集装箱标箱数及号码：1；SKLU1301870；

项号	商品编号	商品名称及规格型号	数量及单位	单价/总价/币制	原产国(地区)	最终目的国(地区)	境内目的地	征免
1 (75)	8708801000	铁内衬	18000千克 48000个	1.2290 58992.0000 美元	韩国 (KOR)	中国 (CHN)	(12129/120112)津南区/天津市津南区	全免 (3)

特殊关系确认：　　价格影响确认：　　支付特许权使用费确认：　　自报自缴：是

报关人员　　报关人员证号02002749　　电话　　兹申明对以上内容承担如实申报、依法纳税之法律责任　　海关批注及签章

申报单位（91120116690675258P）天津运达运通报关有限公司　　申报单位（签章）

第五章 整合申报疑难解答

第一节 企业资质

一、报检企业在三证合一前获取报检资质，且未作过变更。报关申报填写18位统一社会信用代码时能识别出报检资质吗？需要变更企业信息吗？

不能识别。需要变更，同时还需要完成海关注册信息的补录。

二、办理出口货物的检验检疫申报业务和报关申报业务，必须是同一家企业吗？

出口不用，可以通过出口申报前监管生成电子底账数据后，再通过其他企业报关。

三、公司具有报关和报检资质，报关人员只作报关员注册，未作报检员注册，关检融合后还需要注册报检员吗？

不需要。

四、企业已经获得报关、报检资质，但申报时提示没有报检资质，应如何操作？

可能是资质未在属地过机，可联系属地海关检验检疫部门进行查询。

五、企业在录入海关注册登记和报检企业资质备案共同的字段时，全角、半角不一致，对企业报关申报是否有影响？

全角、半角应保持一致，否则会影响企业申报。

六、之前已作海关登记注册的进出口收发货人，8月1日从QP切换到“单一窗口”作进口报关时被退单，请问是什么原因？

缺少报检资质，需要补全报检资质，入境申报企业必须具备报关、报检双资质，以实现一次申报。

七、企业只有报检资质，整合申报后，还能作包装生产企业的包装性能测定吗?

可以。

八、整合申报后，报关单上的“消费使用单位”需要具备报关、报检双资质吗?

不需要。

九、报关企业原来只有报关资质，报检业务委托其他企业代理，整合申报后，是否还可以延续此做法，因而不作报检资质补录?

不可以不作报检资质补录，新涉检报关单的申报单位需要具备报关、报检双资质，单一资质企业需要补录。

十、之前已作海关注册登记的进出口货物收发货人，报关业务一直由报关企业代理，整合申报后，是否还可以延续此做法，因而不作报检资质补录?

不可以不作报检资质补录，入境申报企业必须具备报关、报检双资质，以实现一次申报。

十一、8 月 1 日后，原自理报检企业还能继续使用九城、榕基等申报端办理报检业务吗?

申报端运营企业按照海关总署 2018 年第 67 号公告发布的进出口货物报关单申报电子报文格式就原有申报端进行改造，使其报文格式符合海关要求即可继续使用。

第二节 单一窗口

十二、企业需要修改海关注册登记和报检资质备案，可以在“单一窗口”直接操作吗？

目前还不可以。企业变更海关注册登记需要在中国电子口岸的“关企合作平台”模块中操作；变更报检资质备案需要在中国检验检疫电子业务网的“报检企业备案登记”模块中进行操作。

十三、“单一窗口”上的报检资质备案申请表什么情况下才能打印?

企业的海关注册登记和报检资质备案都审批通过的状态下，才可以打印报检资质备案申请表。

十四、企业在“单一窗口”中作报检资质备案时，错填出入境检验检疫机关，如何处理?

可凭18位统一社会信用代码和“检验检疫系统登录初始密码”登录检验检疫企业备案系统（http://ra.eciq.cn/NetagentWeb/login.jsp），在“备案申请”模块中选择“企业其他信息”的“撤销备案申请”按钮进行撤销，撤销后直接在检验检疫企业备案系统重新提交备案即可。

十五、企业在“单一窗口”中作报检资质备案时，查询到资质办理状态是“审批不通过”，应如何处理?

点击“审批不通过”（蓝字），可以看到下列具体原因，据此进行排查即可。

1.“校验不通过，已存在申请”：表示企业在通过“单一窗口”申报报检资质之前，已经通过“检验检疫企业管理系统”提交过申请。此种情况企业不能在“单一窗口”继续备案，需要直接联系现场海关在该系统中审批。

2.“校验不通过，已备案”：表示企业在通过“单一窗口”申报报检资质之前，已经通过检验检疫企业备案系统提交过申请，并且备案已经审核通过。此种情况下，企业无需在“单一窗口”再次申报报检资质备案。

3.“企业信息不能均为空”：表示企业申报的报检资质备案数据中有空项，需要企业再次检查报检资质备案中的数据项，补全信息后再次申报。

4.“统一社会信用代码有误”：企业的统一社会信用代码不符合第18位校验规则。

5.“出入境检验检疫机关填写错误”：出入境检验检疫机关填写错误。

十六、企业在“单一窗口”中作企业资质备案时，系统提示“部委通道繁忙”，应如何处理?

“部委通道繁忙”是指部委间接口对接超时，企业可以稍后再试。

十七、企业在“单一窗口”中作“海关注册登记”时错填“注册海关”，导致企业海关注册登记信息发至错误的关区，并且已获海关审批通过，应如何处理?

企业可联系审批海关企管部门作企业信息注销处理，并将注销信息同步至“单一窗口”。

然后，企业再在“单一窗口”中重新操作。

十八、8 月 1 日后，“单一窗口”是否支持二次转关货物申报？

暂不支持，此类业务仍在 QP 系统申报。

十九、8 月 1 日后，“单一窗口”是否支持集中申报？

暂不支持，此类业务仍在 QP 系统申报。

二十、8 月 1 日后，哪些进口报检业务仍保存原申报模式不变？

下列 11 类报检业务，仍按原申报模式和渠道进行申报：

1. 过境货物
2. 逐批申报的加工贸易货物
3. 暂时进出口货物（包括 ATA 单证册货物）
4. 展品
5. 需实施检验检疫的快件、邮寄物
6. 进口机动车登检
7. 不涉密的军品
8. 需实施检验检疫的使馆自用物品、个人自用物品
9. 集装箱空箱
10. 伴侣动物
11. 尸体棺柩。

第三节 整合申报

二十一、整合申报后，旧版代理报关委托书还继续沿用吗？

新版代理报关委托书推出之前，旧版继续沿用。

二十二、整合申报后，代理报检委托书还需要上传吗？

整合申报后，代理报检委托书即废止，无须上传。

二十三、根据海关总署 2018 年第 89 号公告，出口允许提前报检，应如何申报？

企业作出口报检形成电子底账，然后在报关单整合申报系统中返填底账数据信息后进行申报。

二十四、整合申报系统中，合同、发票、箱单随附单据是否支持打包上传?

随附单据需要单个文件逐个上传，不能打包上传。

二十五、异地报检作直通放行，整合申报后，应如何操作?

在整合申报系统的“特殊业务标识”中勾选“直通放行”。

二十六、进口非法检产品，什么情况下需要作检务申报?

涉及检验检疫的，如疫区、旧品、木包装、集装箱、危化品、食品添加剂、成套设备等情况，企业均需要作检务申报。

二十七、通关单取消后，法检商品是否还需要排序靠前?

商品排序没有强制要求。

二十八、企业每次进口的货物基本雷同，整合申报系统是否有导入功能和报关单导出功能?

企业可以使用报关单复制功能快速录入。目前境内收发货人可以导出本企业的报关单。

二十九、整合申报后，使用E账册清单导入的报关单，如何解决检务部分内容的录入?

报关单导入后可以在系统中对检务内容逐一补全后申报。

三十、新报关单上的二维码为何不能被识别?

二维码识别系统还未上线，目前还只能识别条形码。

三十一、一票报关单中，既有需要检验检疫的货物，又有不需要检验检疫的货物，整合申报时应如何操作?

整合申报时应录入检验检疫必填项，以及每一项货物（包括不需要检验检疫的货物）的检验检疫名称。

三十二、整合申报系统上线后，eCIQ 系统是否同步停用?

整合申报系统只是企业申报端的改变，近期 H2010、eCIQ 系统仍将并行，企业通过整合申报系统申报的内容会分发至 H2010、eCIQ 进行审核。

三十三、企业 8 月 1 日前进口报检的检验检疫编号或出口报检的电子底账数据号，在 8 月 1 日后还能正常使用吗？

上述进口货物报检，在 8 月 1 日后，企业需要通过整合申报系统重新申报；上述出口货物报检，在 8 月 1 日后，报检电子底账数据号可以继续使用。

三十四、企业在 8 月 1 日之前暂存的报关单记录，在 8 月 1 日之后可以将数据导入至整合申报系统吗?

可以从整合申报系统中调出上述暂存报关单记录，补全缺失内容后即可申报。

三十五、企业之前报检使用无纸化系统上传随附单据，整合申报系统上线后，能否接收此类随附单据?

原有平台按整合申报系统规范改造后，使报文格式符合整合申报系统规范，即可接收。

三十六、加工贸易报关单之前很多都是通过 QP 批量导入暂存的，整合申报系统是否也能这样操作?

可以。

三十七、出口货物原来采用“产地报检，口岸报关”的模式，8 月 1 日后这种模式还可以延续吗?

可以，企业作出口报检形成电子底账，然后在报关单整合申报系统中返填底账数据信息后进行申报。

三十八、整合申报系统中的“提运单号”和“B/L 号”有何区别?

原报关申报的“提运单号”和原报检申报的“提货单号”实际意义相同，均指到港时的提单号（俗称“小提单号”或“D/O 号”），故整合申报时合并为“提运单号”；而原报检申报的“提 / 运单号”指的是装运时的一程提单号（俗称“大提单号”或“B/L 号”），由于怕混淆，故整合申报时更名为“B/L 号”。

三十九、进口货物原来采用“口岸报检，属地报关”的模式，8 月 1 日后如何一次申报？

企业在整合申报系统的“检验检疫受理机关”和“申报地海关”中据实填报相应的口岸检验检疫机关名称和属地海关名称，系统将自动分发至相应的机关进行申报。需要注意的是，此处“一次申报”只能委托一家代理报关公司来完成，不能将报关与报检业务分开委托。

四十、整合申报系统中的“货物存放地点”应如何理解？

参照《报关单填制规范》对存放地点的界定，“货物存放地点”即为货物实施现场采样或监督查验时的实际存放地点。

四十一、直航的情况下，“经停港”应如何填报？

根据《报关单填制规范》中“经停港选择填报进口货物在运抵我国关境前的最后一个境外装运港”的要求，直航的情况下，“启运港”即为“经停港”。

四十二、一套设备分装在两个集装箱中，“商品项号关系”应如何填报？

据实填报即可，一个商品项号也可以对应多个集装箱。

四十三、整合申报后，需要作检务申报的情形具体有哪些？

主要情形如下：

1. 进出口法检商品；
2. 监管方式为“捐赠物资”（3612）的进口捐赠医疗器械；
3. 进口成套设备；
4. 进口危险化学品；
5. 进口拼箱货物；
6. 进口旧品；
7. 进口有机认证产品；
8. 进口 3C 认证产品；
9. 进口压力容器；
10. 进口以 CFCS 为制冷剂的工业、商业用压缩机（商务部、海关总署、国家质检总局、国家环保总局 2005 年第 117 号公告）；
11. 进境货物使用木质包装或植物铺垫材料的；
12. 来自传染病疫区的进境货物；

13. 退运货物。

四十四、整合申报后，保税加工电子账册是否按 13 位商品编码备案？

保税加工电子账册仍按 10 位商品编码备案，报关时补录检验检疫名称。

四十五、海关总署全面取消入境货物通关单后，进口法检商品，“随附单据”栏应该如何填报？

根据《海关总署关于全面取消〈入 / 出境货物通关单〉有关事项的公告》（海关总署公告 2018 年第 50 号）要求进行填报：

涉及法定检验检疫要求的进口商品申报时，在报关单随附单证栏中不再填写原通关单代码和编号。企业可以通过“单一窗口”（包括通过“互联网 + 海关”接入“单一窗口”）报关报检合一界面向海关一次申报。如需使用“单一窗口”单独报关、报检界面或者报关报检企业客户端申报的，企业应当在报关单随附单证栏中填写报检电子回执上的检验检疫编号，并填写代码“A”。

附 录

附表 1 关区代码表

关区代码	关区名称	关区简称
0000	海关总署 / 全部关区	海关总署
0100	北京关区	北京关区
0101	机场单证	机场单证
0102	京监管处	京监管处
0103	京关展览	京关展览
0104	京一处	京一处
0105	京二处	京二处
0106	京关关税	京关关税
0107	机场库区	机场库区
0108	京通关处	京通关处
0109	机场旅检	机场旅检
0110	平谷海关	平谷海关
0111	京五里店	京五里店
0112	京邮办处	京邮办处
0113	京中关村	京中关村
0114	京国际局	京国际局
0115	京东郊站	京东郊站
0116	京信	京信
0117	京开发区	京开发区
0118	十八里店	十八里店
0119	机场物流	机场物流
0121	京稽查处	京稽查处
0123	机场调技	机场调技
0124	北京站	北京站
0125	西客站	西客站
0126	京加工区	京加工区
0127	京快件	京快件
0128	京顺义办	京顺义办
0129	北京海关天竺综合保税区	京关天竺
0130	北京亦庄保税物流中心	亦庄物流
0200	天津关区	天津关区
0201	天津海关	天津海关
0202	新港海关	新港海关
0203	津开发区	津开发区
0204	东港海关	东港海关
0205	津塘沽办	津塘沽办
0206	津驻邮办	津驻邮办
0207	津机场办	津机场办
0208	津保税区	津保税区
0209	蓟县海关	蓟县海关
0210	武清海关	武清海关
0211	津加工区	津加工区
0212	天津保税物流园区	津物流园
0213	天津东疆保税港区	天津东疆
0214	天津滨海新区综合保税区	津滨综保
0215	天津机场海关快件监管中心	津机快件
0216	天津经济技术开发区保税物流中心	津开物流
0217	天津东疆保税港区海关（港区）	东疆港区
0218	静海海关	静海海关
0219	天津海关驻北辰办事处	津北辰办
0220	津关税处	津关税处
0221	天津海关驻宁河办事处	津宁河办
0222	天津大港港区海关	大港港区
0400	石家庄区	石家庄区
0401	石家庄关	石家庄关
0402	秦皇岛关	秦皇岛关
0403	唐山海关	唐山海关
0404	廊坊海关	廊坊海关
0405	保定海关	保定海关
0406	中华人民共和国邯郸海关	邯郸海关
0407	秦加工区	秦加工区
0408	中华人民共和国沧州海关	沧州海关
0409	廊坊海关驻出口加工区办事处	廊加工区
0410	石家庄海关驻机场办事处	石机场办
0411	中华人民共和国张家口海关	张家口关
0412	石家庄海关驻曹妃甸港区办事处	石关曹办
0413	邢台海关	邢台海关
0414	曹妃甸综合保税区	曹综保区
0415	衡水海关	衡水海关

关区代码	关区名称	关区简称
0416	石家庄国际快件监管中心	石关快件
0417	中华人民共和国承德海关	承德海关
0418	石家庄综合保税区	石综保区
0419	河北武安保税物流中心（B 型）	武安物流
0420	唐山港京唐港区保税物流中心（B 型）	京唐物流
0500	太原海关	太原海关
0501	并关监管	并关监管
0502	太原机场海关	并机场关
0503	大同海关	大同海关
0504	侯马海关	侯马海关
0505	山西方略保税物流中心	方略物流
0506	太原武宿综合保税区	太原综保
0507	运城海关	运城海关
0508	晋城海关	晋城海关
0509	山西兰花保税物流中心（B 型）	兰花物流
0600	满洲里关	满洲里关
0601	海拉尔关	海拉尔关
0602	额尔古纳	额尔古纳
0603	满十八里	满十八里
0604	满赤峰办	满赤峰办
0605	满通辽办	满通辽办
0606	满哈沙特	满哈沙特
0607	满室韦	满室韦
0608	满互贸区	满互贸区
0609	满铁路	满铁路
0610	满市区	满市区
0611	满洲里海关驻西郊机场办事处	满关机办
0612	阿尔山海关	阿尔山关
0613	赤峰保税物流中心	赤峰物流
0615	满洲里综合保税区	满综保区
0700	呼特关区	呼特关区
0701	呼和浩特	呼和浩特
0702	二连海关	二连海关
0703	包头海关	包头海关
0704	呼关邮办	呼关邮办
0705	二连公路	二连公路
0706	包头海关驻国际集装箱中转站办事处	包头箱站
0707	额济纳海关	额济纳关
0708	乌拉特海关	乌拉特关
0709	满都拉口岸	满达口岸
0710	东乌海关	东乌海关

关区代码	关区名称	关区简称
0711	呼和浩特海关驻白塔机场办事处	呼关机办
0712	呼和浩特海关驻出口加工区办事处	呼加工区
0713	鄂尔多斯海关	鄂尔多斯
0714	集宁海关	集宁海关
0715	乌海海关	乌海海关
0800	沈阳关区	沈阳关区
0801	沈阳海关	沈阳海关
0802	锦州海关	锦州海关
0803	沈驻邮办	沈驻邮办
0804	沈驻抚顺	沈驻抚顺
0805	沈开发区	沈开发区
0806	沈驻辽阳	沈驻辽阳
0807	沈机场办	沈机场办
0808	沈阳综合保税区海关	沈综保区
0809	沈阳国际快件监管中心	沈快件
0810	葫芦岛关	葫芦岛关
0811	沈阳海关驻辽宁沈阳出口加工区办事处	辽沈加区
0812	沈阳海关驻张士出口加工区办事处	沈张出加
0813	沈阳保税物流中心	沈阳物流
0814	铁岭保税物流中心（B 型）	铁保（B 型）
0900	大连海关	大连海关
0901	大连港湾海关	大连港湾
0902	大连机场	大连机场
0903	连开发区	连开发区
0904	连加工区	连加工区
0905	大窑湾海关驻北良港办事处	窑北良办
0906	连保税区	连保税区
0907	大连保税物流园区	连物流园
0908	连大窑湾	连大窑湾
0909	大连邮办	大连邮办
0910	大连大窑湾保税港区	连保税港
0911	大连长兴岛海关	长兴岛关
0912	大连国际快件监管中心	大连快件
0915	庄河海关	庄河海关
0916	大连海关驻高新技术产业园区办事处	连高新区
0917	大连海关驻旅顺办事处	大连旅办
0930	丹东海关	丹东海关
0931	大连海关驻本溪办事处	大连本办
0932	太平湾海关	丹太平湾
0940	营口海关	营口海关
0941	盘锦海关	盘锦海关

关区代码	关区名称	关区简称
0942	盘锦港保税物流中心（B型）	盘港物流
0950	鲅鱼圈关	鲅鱼圈关
0951	营口港保税物流中心	营港物流
0960	大东港关	大东港关
0980	鞍山海关	鞍山海关
1500	长春关区	长春关区
1501	长春海关	长春海关
1502	长开发区	长开发区
1503	长白海关	长白海关
1504	临江海关	临江海关
1505	图们海关	图们海关
1506	通化海关	通化海关
1507	珲春海关	珲春海关
1508	吉林海关	吉林海关
1509	延吉海关	延吉海关
1510	长春兴隆综合保税区	长春综保
1511	长春机办	长春机办
1515	图们车办	图们车办
1516	通海关村	通海关村
1517	珲长岭子	珲长岭子
1518	吉林海关驻车站办事处	吉关车办
1519	延吉三合	延吉三合
1521	一汽场站	一汽场站
1525	图们桥办	图们桥办
1526	通集青石	通集青石
1527	珲春圈河	珲春圈河
1528	吉林市保税物流中心（B型）	吉林物流
1529	延吉南坪	延吉南坪
1531	长春东站	长春东站
1536	通化海关驻集安车站办事处	通集铁路
1537	珲沙坨子	珲沙坨子
1539	延开山屯	延开山屯
1547	珲加工区	珲加工区
1549	延古城里	延古城里
1557	珲春海关驻车站办事处	珲春车办
1559	延吉邮办	延吉邮办
1569	延吉海关驻机场办事处	延吉机办
1579	延吉空港海关快件监管中心	延关快件
1591	长春邮办	长春邮办
1593	长白邮办	长白邮办
1595	图们邮办	图们邮办
1596	通集邮办	通集邮办
1900	哈尔滨区	哈尔滨区
1901	哈尔滨关	哈尔滨关

关区代码	关区名称	关区简称
1902	绥关铁路	绥关铁路
1903	黑河海关	黑河海关
1904	同江海关	同江海关
1905	哈尔滨海关驻佳木斯办事处	哈关佳办
1906	牡丹江关	牡丹江关
1907	东宁海关	东宁海关
1908	哈尔滨海关驻逊克办事处	哈关逊办
1909	齐齐哈尔	齐齐哈尔
1910	大庆海关	大庆海关
1911	密山海关	密山海关
1912	哈尔滨海关驻虎林办事处	哈关虎办
1913	同江海关富锦口岸监管点	同江富锦
1914	抚远海关	抚远海关
1915	漠河海关	漠河海关
1916	萝北海关	萝北海关
1917	哈尔滨海关驻嘉荫办事处	哈关嘉办
1918	饶河海关	饶河海关
1919	哈内陆港	哈内陆港
1920	哈开发区	哈开发区
1921	黑龙江绥芬河综合保税区	绥综保区
1922	哈关邮办	哈关邮办
1923	哈关车办	哈关车办
1924	哈关机办	哈关机办
1925	绥关公路	绥关公路
1926	哈尔滨综合保税区	哈综保区
2200	上海海关	上海海关
2201	浦江海关	浦江海关
2202	吴淞海关	吴淞海关
2203	上海虹桥机场海关	虹桥机场
2204	闵开发区	闵开发区
2205	上海车站海关	车站海关
2206	沪邮局办	沪邮局办
2207	洋山海关	洋山海关
2208	宝山海关	宝山海关
2209	龙吴海关	龙吴海关
2210	浦东海关	浦东海关
2211	卢湾监管	卢湾监管
2212	奉贤海关	奉贤海关
2213	莘庄海关	莘庄海关
2214	漕河泾发	漕河泾发
2215	上海西北物流园区	西北物流

关区代码	关区名称	关区简称
2216	上海浦东机场综合保税区	浦机综保
2217	嘉定海关	嘉定海关
2218	外高桥关	外高桥关
2219	杨浦监管	杨浦监管
2220	金山海关	金山海关
2221	松江海关	松江海关
2222	青浦海关	青浦海关
2223	上海海关驻科创中心办事处	科创办
2224	崇明海关	崇明海关
2225	外港海关	外港海关
2226	贸易网点	贸易网点
2227	普陀区站	普陀区站
2228	长宁区站	长宁区站
2229	航交办	航交办
2230	徐汇区站	徐汇区站
2231	洋山海关驻市内报关点	洋山市内
2232	嘉定海关驻出口加工区办事处	嘉定出口
2233	浦东机场	浦东机场
2234	沪钻交所	沪钻交所
2235	松江加工	松江加工
2236	洋山海关驻芦潮港铁路集装箱中心站监管点	洋山芦潮
2237	上海松江出口加工区B区	松江B区
2238	上海青浦出口加工区	青浦加工
2239	上海闵行出口加工区	闵行加工
2240	上海漕河泾出口加工区	漕河泾加
2241	沪业一处	沪业一处
2242	沪业二处	沪业二处
2243	沪业三处	沪业三处
2244	上海快件	上海快件
2245	沪金桥办	沪金桥办
2246	上海保税物流园区	保税物流
2247	上海海关驻化学工业区办事处	沪化工区
2248	洋山海关（港区）	洋山港区
2249	洋山海关（保税）	洋山保税
2300	南京海关	南京海关
2301	连云港关	连云港关
2302	南通海关	南通海关
2303	苏州海关	苏州海关
2304	无锡海关	无锡海关
2305	张家港关	张家港关
2306	常州海关	常州海关
2307	镇江海关	镇江海关
2308	新生圩关	新生圩关
2309	盐城海关	盐城海关
2310	扬州海关	扬州海关
2311	徐州海关	徐州海关
2312	江阴海关	江阴海关
2313	张保税区	张保税区
2314	苏工业区	苏工业区
2315	淮安海关	淮安海关
2316	泰州海关	泰州海关
2317	禄口机办	禄口机办
2318	南京现场	南京现场
2319	如皋海关	如皋海关
2320	无锡海关驻机场办事处	锡关机办
2321	常溧阳办	常溧阳办
2322	镇丹阳办	镇丹阳办
2323	金陵海关	金陵海关
2324	常熟海关	常熟海关
2325	昆山海关	昆山海关
2326	吴江海关	吴江海关
2327	太仓海关	太仓海关
2328	苏吴县办	苏吴县办
2329	启东海关	启东海关
2330	泰州海关驻泰兴办事处	泰泰兴办
2331	锡宜兴办	锡宜兴办
2332	锡锡山办	锡锡山办
2333	南通关办	南通关办
2335	昆山加工	昆山加工
2336	苏园加工	苏园加工
2337	连开发办	连井发办
2338	苏关邮办	苏关邮办
2339	南通海关驻出口加工区办事处	南通加工
2340	无锡海关驻出口加工区办事处	无锡加工
2341	连云港海关驻连云港出口加工区办事处	连关加工
2342	南京海关驻江苏南京出口加工区办事处	南京加工
2343	南京海关驻江苏南京出口加工区（南区）办事处	宁南加工
2344	苏州海关驻苏州高新区出口加工区办事处	苏高加工
2345	镇江海关驻镇江出口加工区办事处	镇江加工
2346	苏州工业园区海关保税物流中心	苏园物流

关区代码	关区名称	关区简称
2347	苏州工业园区海关驻苏州工业园区出口加工区B区办事处	苏园B区
2348	张家港保税物流园区	张物流园
2349	南京海关驻邮局办事处	宁关邮办
2350	苏州高新区保税物流中心（B型）	苏高物流
2351	南京海关驻江宁经济技术开发区办事处	江宁办
2352	南京龙潭保税物流中心(B型)	龙潭物流
2353	常州海关驻出口加工区办事处	常关出加
2354	扬州海关驻出口加工区办事处	扬关出加
2355	常熟海关驻出口加工区办事处	常熟出加
2356	吴江海关驻出口加工区办事处	吴江出加
2357	常州海关驻武进办事处	常关武办
2358	苏州工业园综合保税区	苏园保税
2359	苏州海关驻吴中出口加工区办事处	吴中出加
2360	盐城海关驻大丰港办事处	盐关港办
2361	淮安海关驻出口加工区办事处	淮关出加
2362	江阴保税物流中心	澄关物流
2363	太仓保税物流中心	太仓物流
2364	江苏武进出口加工区	武进出加
2365	张家港保税港区	张保税港
2366	中华人民共和国宿迁海关	宿迁海关
2367	泰州海关驻出口加工区办事处	泰出加区
2368	苏州高新技术产业开发区综合保税区	苏高综保
2369	昆山综合保税区	昆山综保
2370	连云港保税物流中心	连关物流
2371	盐城海关驻机场办事处	盐机场办
2372	盐城综合保税区	盐城综保
2373	淮安综合保税区	淮安综保
2374	无锡高新区综合保税区	锡高综保
2375	靖江海关	靖江海关
2376	南通综合保税区	南通综保
2377	南京综合保税区（龙潭片）	龙潭综保
2378	南京综合保税区（江宁片）	江宁综保
2379	苏州海关驻相城办事处	苏相城办
2380	太仓港综合保税区	太仓综保
2381	苏州工业园综合保税区贸易功能区	苏园贸易
2382	盐城海关驻东台办事处	盐东台办
2383	如东海关	如东海关
2384	如皋港保税物流中心	如皋物流
2385	泰州综合保税区	泰州综保
2386	镇江综合保税区	镇江综保
2387	常州综合保税区	常州综保
2388	武进综合保税区	武进综保
2389	常熟综合保税区	常熟综保
2390	吴江综合保税区	吴江综保
2391	徐州保税物流中心	徐州物流
2392	南通海关驻海门办事处	通海门办
2393	南通海关驻海安办事处	通海安办
2394	吴中综合保税区	吴中综保
2395	大丰港保税物流中心	大丰物流
2396	海安保税物流中心（B型）	海安物流
2900	杭州关区	杭州关区
2901	杭州海关	杭州海关
2903	温州海关	温州海关
2904	舟山海关	舟山海关
2905	台州海关	台州海关
2906	绍兴海关	绍兴海关
2907	湖州海关	湖州海关
2908	嘉兴海关	嘉兴海关
2909	杭经开关	杭经开关
2910	杭州萧山机场海关	杭州机场
2911	杭关邮办	杭关邮办
2912	杭关萧办	杭关萧办
2915	丽水海关	丽水海关
2916	杭州萧山机场海关快件监管中心	杭州快件
2917	衢州海关	衢州海关
2918	杭关余办	杭关余办
2919	杭富阳办	杭富阳办
2920	金华海关	金华海关
2921	义乌海关	义乌海关
2922	金华海关驻永康办事处	金关永办
2923	义乌保税物流中心	义乌物流
2924	金义综合保税区	金义综保
2928	杭州跨境电子商务海关监管中心	杭关电商
2931	温关邮办	温关邮办
2932	温经开关	温经开关

关区代码	关区名称	关区简称
2933	温关机办	温关机办
2934	温关鳌办	温关鳌办
2935	温州海关驻瑞安办事处	温关瑞办
2936	温州海关驻乐清办事处	温关乐办
2937	温州保税物流中心（B 型）	温州物流
2941	舟山海关驻嵊泗办事处	舟关嵊办
2942	舟山海关金塘监管科	舟关金塘
2943	舟山海关驻舟山港综合保税区办事处	舟关综保
2951	台州海关驻临海办事处	台关临办
2952	台州海关驻温岭办事处	台关温办
2953	台州海关驻玉环办事处	台关玉办
2961	绍兴海关驻上虞办事处	绍关虞办
2962	绍兴海关驻诸暨办事处	绍关诸办
2963	绍兴海关驻新嵊办事处	绍关新办
2971	湖州海关驻安吉办事处	湖关安办
2972	湖州海关驻德清办事处	湖关德办
2981	嘉关乍办	嘉关乍办
2982	嘉兴海关驻嘉善办事处	嘉关善办
2983	嘉兴综合保税区	嘉兴综保
2984	嘉兴海关驻海宁办事处	嘉关宁办
2985	嘉兴海关驻桐乡办事处	嘉兴桐办
2986	嘉兴综合保税区（B）区	嘉综 B 区
2991	杭州经济技术开发区海关驻出口加工区办事处	杭加工区
2992	杭州保税物流中心（B 型）	杭州物流
3100	宁波关区	宁波关区
3101	宁波海关	宁波海关
3102	镇海海关	镇海海关
3103	甬开发区	甬开发区
3104	北仑海关	北仑海关
3105	甬保税区	甬保税区
3106	大榭海关	大榭海关
3107	甬驻余办	甬驻余办
3108	甬驻慈办	甬驻慈办
3109	宁波机场海关	甬机场关
3110	象山海关	象山海关
3111	宁波保税区海关驻出口加工区办事处	甬加工区
3112	宁波保税物流园区	甬物流区
3113	浙江慈溪出口加工区	慈加工区
3114	宁波海关驻鄞州办事处	甬驻鄞办
3115	宁波海关驻鄞州办事处栎社保税物流中心	栎社物流
3116	宁波梅山保税港区港口功能区	梅山港区
3117	宁波梅山保税港区保税加工物流功能区	梅山保税
3118	宁波栎社国际机场快件监管中心	宁波快件
3119	宁波海关驻邮局办事处	甬驻邮办
3120	宁波镇海保税物流中心（B 型）	镇海物流
3300	合肥海关	合肥海关
3301	芜湖海关	芜湖海关
3302	安庆海关	安庆海关
3303	马鞍山海关	马鞍山关
3304	黄山海关	黄山海关
3305	蚌埠海关	蚌埠海关
3306	铜陵海关	铜陵海关
3307	阜阳海关	阜阳海关
3308	池州海关	池州海关
3309	滁州海关	滁州海关
3310	合肥现场	合肥现场
3311	合肥海关驻新桥机场办事处	合肥机场
3312	芜湖综合保税区	芜湖综保
3313	合肥出口加工区	合关加办
3315	宣城海关	宣城海关
3316	蚌埠（皖北）保税物流中心（B 型）	蚌埠物流
3317	合肥综合保税区	合肥综保
3318	合肥海关驻淮南办事处	驻淮南办
3319	宿州海关	宿州海关
3320	合肥新桥国际机场海关监管快件中心	合关快件
3321	安庆（皖西南）保税物流中心（B 型）	安庆物流
3500	福州关区	福州关区
3501	马尾海关	马尾海关
3502	福清海关	福清海关
3503	宁德海关	宁德海关
3504	三明海关	三明海关
3505	福保税区	福保税区
3506	莆田海关	莆田海关
3507	福州长乐机场海关	机场海关
3508	福州新港	福州新港
3509	福关邮办	福关邮办
3510	南平海关	南平海关
3511	武夷山关	武夷山关
3512	黄岐对台小额贸易监管点	黄岐监管
3513	福现业处	福现业处
3515	平潭港区港口功能区	平潭港区
3516	平潭海关	平潭海关
3520	福州出口加工区海关	福州加工

关区代码	关区名称	关区简称
3521	福清出口加工区海关	福清加工
3522	福州保税物流园区	福物流园
3523	福州保税港区（江阴）保税功能区	福保税港
3700	厦门关区	厦门关区
3701	厦门海关	厦门海关
3702	泉州海关驻刺桐办事处	泉刺桐办
3703	漳州海关	漳州海关
3704	东山海关	东山海关
3705	泉州海关驻石狮办事处	泉石狮办
3706	龙岩海关	龙岩海关
3707	泉州海关驻肖厝办事处	泉肖厝办
3708	厦门海沧保税港区港口功能区	海沧港区
3709	厦门海沧保税港区保税加工物流功能区	海沧保税
3710	厦高崎办	厦高崎办
3711	厦门东渡海关	东渡海关
3712	海沧海关	海沧海关
3713	厦驻邮办	厦驻邮办
3714	象屿保税	象屿保税
3715	高崎机场海关	机场海关
3716	厦同安办	厦同安办
3717	象屿保税物流园区	厦物流园
3718	泉州综合保税区	泉综保区
3719	厦门加工	厦门加工
3720	厦门火炬（翔安）保税物流中心	厦门物流
3722	厦门海关驻翔安办事处大嶝监管科	大嶝监管
3723	泉州海关驻晋江办事处	泉晋江办
3724	厦门海关驻国际邮轮港办事处	邮轮办
3725	厦门海关驻翔安办事处	厦翔安办
3726	泉州海关驻晋江办事处陆地港监管科	泉陆地港
3777	厦稽查处	厦稽查处
3788	厦侦查局	厦侦查局
4000	南昌关区	南昌关区
4001	南昌海关	南昌海关
4002	九江海关	九江海关
4003	赣州海关	赣州海关
4004	景德镇关	景德镇关
4005	吉安海关	吉安海关
4006	昌北机办	昌北机办
4007	南昌海关驻高新技术产业开发区办事处	洪关高新
4008	南昌海关驻龙南办事处	洪关龙南
4009	新余海关	新余海关
4010	九江海关驻出口加工区办事处	浔关区办
4011	南昌海关驻出口加工区办事处	洪关区办
4012	赣州海关驻出口加工区办事处	虔关区办
4013	上饶海关	上饶海关
4014	南昌保税物流中心	南昌物流
4015	井冈山出口加工区	吉井加工
4016	鹰潭海关	鹰潭海关
4017	赣州综合保税区	赣州综保
4018	宜春海关	宜春海关
4019	南昌综合保税区	南昌综保
4200	青岛海关	青岛海关
4201	烟台海关	烟台海关
4202	日照海关	日照海关
4203	烟台海关驻龙口办事处	烟关龙办
4204	威海海关	威海海关
4205	济南海关	济南海关
4206	潍坊海关	潍坊海关
4207	淄博海关	淄博海关
4208	烟台海关驻出口加工区B区办事处	烟加B区
4209	荣成海关	荣成海关
4210	青保税区	青保税区
4211	济宁海关	济宁海关
4212	泰安海关	泰安海关
4213	临沂海关	临沂海关
4214	青前湾港	青前湾港
4215	青菏泽办	青菏泽办
4216	东营海关	东营海关
4217	青枣庄办	青枣庄办
4218	青开发区	青开发区
4219	烟台海关驻蓬莱办事处	烟关蓬办
4220	青机场关	青机场关
4221	烟机场办	烟机场办
4222	烟台海关驻莱州办事处	烟关莱办
4223	青邮局办	青邮局办
4224	烟台海关驻长岛办事处	烟关长办
4225	威开发区	威开发区
4226	青岛海关驻聊城办事处	青聊城办
4227	青岛大港	青岛大港
4228	烟关快件	烟关快件
4229	德州海关	德州海关
4230	青岛保税物流园区	青物流园
4231	烟开发区	烟开发区
4232	日岚山办	日岚山办

关区代码	关区名称	关区简称
4233	济南海关驻机场办事处	济机场办
4234	济南海关驻出口加工区办事处	济加工区
4235	济南海关驻邮局办事处	济邮局办
4236	荣成海关驻龙眼港办事处	荣龙眼办
4237	现场业务处	现场业务
4238	威海关驻威海邮局办事处	威海快件
4239	潍诸城办	潍诸城办
4240	青岛海关快件监管中心	青关快件
4241	烟加工区	烟加工区
4242	威加工区	威加工区
4243	济宁海关驻曲阜办事处	济曲阜办
4244	青岛海关驻滨州办事处	青滨州办
4245	烟台海关驻邮局办事处	烟台邮办
4246	青加工区	青加工区
4247	威海海关驻机场办事处	威机场办
4248	青岛海关驻莱芜办事处	青莱芜办
4249	潍坊海关驻出口加工区办事处	潍加工区
4250	青岛西海岸出口加工区	青西加区
4251	淄博保税物流中心	淄博物流
4253	日照保税物流中心	日照物流
4254	青岛保税物流中心	青岛物流
4255	潍坊海关驻寿光办事处	潍寿光办
4256	威海国际物流园快件监管中心	威港快件
4257	临沂综合保税区	临综保区
4258	青岛前湾保税港区	青保税港
4259	黄岛海关快件监管中心	黄关快件
4260	青岛国际陆港快件监管中心	青港快件
4261	烟台国际陆港快件监管中心	烟港快件
4300	济南海关	济南海关
4301	现场业务处	现场业务
4302	济南海关驻机场办事处	济机场办
4303	济南综合保税区	济综保区
4305	济南海关驻邮局办事处	济邮局办
4310	潍坊海关	潍坊海关
4311	潍诸城办	潍诸城办
4312	潍坊综合保税区	潍综保区
4313	潍坊海关驻寿光办事处	潍寿光办
4315	诸城保税物流中心	诸城物流
4320	淄博海关	淄博海关
4321	淄博保税物流中心	淄博物流
4330	泰安海关	泰安海关
4341	济南海关驻机场办事处快件现场	济关快件
4342	济南海关驻邮局办事处快件监管现场	济邮快件
4350	东营海关	东营海关
4351	东营综合保税区	东营综保
4360	济南海关驻聊城办事处	济聊城办
4370	德州海关	德州海关
4380	济南海关驻滨州办事处	济滨州办
4381	滨州保税物流中心	滨州物流
4390	济南海关驻莱芜办事处	济莱芜办
4600	郑州关区	郑州关区
4601	郑州海关	郑州海关
4602	洛阳海关	洛阳海关
4603	南阳海关	南阳海关
4604	郑州机办	郑州机办
4605	郑州邮办	郑州邮办
4606	郑铁东办	郑铁东办
4607	安阳海关	安阳海关
4608	郑州海关驻出口加工区办事处	郑加工区
4609	郑州海关驻商丘办事处	郑关商办
4610	周口海关	周口海关
4611	河南保税物流中心	河南物流
4612	郑州新郑综合保税区	新郑综保
4613	郑州海关航空进出境快件监管中心	郑州空港
4614	焦作海关	焦作海关
4615	三门峡海关	三门峡关
4616	新乡海关	新乡海关
4617	信阳海关	信阳海关
4618	鹤壁海关	鹤壁海关
4619	河南德众保税物流中心	德众物流
4620	郑州综保区口岸作业区	口岸作业区
4621	中华人民共和国许昌海关	许昌海关
4622	南阳卧龙综合保税区	南阳综保
4623	河南商丘保税物流中心（B型）	商丘物流
4700	武汉海关	武汉海关
4701	宜昌海关	宜昌海关
4702	荆州海关	荆州海关
4703	襄阳海关	襄阳海关
4704	黄石海关	黄石海关
4705	武汉沌口	武汉沌口
4706	宜三峡办	宜三峡办
4707	鄂加工区	鄂加工区

关区代码	关区名称	关区简称
4708	现场业务一处	现场一处
4709	武汉海关驻江汉办事处东西湖保税物流中心	武江物流
4710	武关货管	武关货管
4711	武汉天河机场快件监管中心	武机快件
4712	武关机场	武关机场
4713	武关邮办	武关邮办
4714	现场业务二处	现场二处
4715	现场业务二处车站监管科	二处车站
4716	十堰海关	十堰海关
4718	武汉东湖新技术开发区海关	东湖海关
4719	武汉东湖综合保税区	东湖综保
4720	黄石棋盘洲保税物流中心	黄石物流
4721	武汉海关驻仙桃办事处	武仙桃办
4722	武汉东湖综合保税区口岸作业区	东湖陆港
4723	宜昌三峡保税物流中心（B型）	宜昌物流
4724	襄阳保税物流中心（B型）	襄阳物流
4725	武汉新港空港综合保税区	武汉新港
4900	长沙关区	长沙关区
4901	衡阳海关	衡阳海关
4902	岳阳海关	岳阳海关
4903	长沙海关驻郴州办事处	湘关郴办
4904	常德海关	常德海关
4905	长沙海关	长沙海关
4906	株洲海关	株洲海关
4907	韶山海关	韶山海关
4908	湘关机办	湘关机办
4909	株洲海关驻醴陵办事处	株关醴办
4910	郴州综合保税区	郴州综保
4911	长沙海关驻永州办事处	湘关永办
4913	长沙金霞保税物流中心	金霞物流
4914	张家界海关	张家界关
4915	衡阳综合保税区	衡阳综保
4916	长沙星沙海关	星沙海关
4917	湘潭综合保税区	湘潭综保
4918	星沙海关驻浏阳办事处	星关浏办
4919	岳阳城陵矶综合保税区	岳阳综保
4920	湖南邮政速递快件监管中心	湘邮快件
4921	长沙黄花综合保税区	黄花综保
4922	株洲铜塘湾保税物流中心（B型）	株洲物流
5000	广东分署	广东分署
5100	广州海关	广州海关
5101	内港新风	内港新风
5103	清远海关	清远海关
5104	清远英德	清远英德
5105	广州海关现场业务处	广州现场
5106	南沙海关散货码头监管科	南沙散货
5107	肇庆高新区大旺进出境货运车辆检查场	肇庆大旺
5108	肇庆德庆	肇庆德庆
5109	内港滘心	内港滘心
5110	南海海关	南海海关
5111	南海官窑	南海官窑
5112	南海九江	南海九江
5113	南海北村	南海北村
5114	南海平洲	南海平洲
5116	南海业务	南海业务
5117	桂江货柜车场	桂江车场
5118	平洲旅检	平洲旅检
5119	南海三山	南海三山
5120	广州内港	广州内港
5121	内港芳村	内港芳村
5122	内港洲嘴	内港洲嘴
5123	内港四仓	内港四仓
5125	从化海关	从化海关
5126	内港赤航	内港赤航
5130	广州萝岗	广州萝岗
5131	花都海关	花都海关
5132	花都码头	花都码头
5133	广州海关中新知识城	穗知识城
5134	穗保税处	穗保税处
5135	广州海关现场业务处驻市政务中心监管点	穗现场处
5136	穗统计处	穗统计处
5137	穗价格处	穗价格处
5138	高明食出	高明食出
5139	穗监管处	穗监管处
5140	穗关税处	穗关税处
5141	广州机场	广州机场
5142	民航快件	民航快件
5143	广州车站	广州车站
5144	广州白云机场综合保税区	穗机综保
5145	广州邮办	广州邮办
5146	驻会展中心办事处	穗关会展

关区代码	关区名称	关区简称
5147	穗邮办监	穗邮办监
5148	穗大郎站	穗大郎站
5149	大铲海关	大铲海关
5150	顺德海关	顺德海关
5151	顺德海关加工贸易监管科	顺德保税
5152	顺德食出	顺德食出
5153	顺德车场	顺德车场
5154	北窖车场	北窖车场
5155	顺德旅检	顺德旅检
5157	顺德陈村港澳货柜车检查场	陈村车场
5158	顺德勒流	顺德勒流
5160	番禺海关	番禺海关
5161	沙湾车场	沙湾车场
5162	番禺旅检	番禺旅检
5163	番禺货柜	番禺货柜
5164	番禺船舶	番禺船舶
5165	南沙海关保税港区监管点	南沙保税
5166	南沙海关南沙港区监管点	南沙新港
5167	南沙货港	南沙货港
5168	南沙海关汽车码头监管点	南沙汽车
5169	南沙海关	南沙海关
5170	肇庆海关	肇庆海关
5171	肇庆高要	肇庆高要
5172	肇庆车场	肇庆车场
5173	肇庆新港	肇庆新港
5174	肇庆旅检	肇庆旅检
5175	肇庆码头	肇庆码头
5176	肇庆四会	肇庆四会
5177	肇庆三榕	肇庆三榕
5178	云浮海关	云浮海关
5179	罗定海关	罗定海关
5180	佛山海关	佛山海关
5181	高明海关	高明海关
5182	佛山澜石	佛山澜石
5183	三水码头	三水码头
5184	佛山窖口	佛山窖口
5185	佛山海关快件监管现场	佛山快件
5186	佛山保税	佛山保税
5187	佛山车场	佛山车场
5188	佛山火车	佛山火车
5189	佛山新港	佛山新港
5190	韶关海关	韶关海关
5191	韶关乐昌	韶关乐昌
5192	三水海关	三水海关
5193	三水车场	三水车场
5194	三水港	三水港
5195	审单中心	审单中心
5196	云浮新港	云浮新港
5197	广州联邦快递亚太转运中心	转运中心
5198	穗河源关	穗河源关
5199	穗技术处	穗技术处
5200	黄埔关区	黄埔关区
5201	黄埔老港海关	埔老港关
5202	黄埔新港海关	埔新港关
5203	新塘海关	新塘海关
5204	东莞海关	东莞海关
5205	太平海关	太平海关
5206	惠州海关	惠州海关
5207	黄埔海关驻凤岗办事处	埔凤岗办
5208	黄埔海关驻广州经济技术开发区办事处	埔开发区
5209	广州保税区海关	埔保税区
5210	埔红海办	埔红海办
5211	河源海关	河源海关
5212	新沙海关	新沙海关
5213	黄埔海关驻长安办事处	埔长安办
5214	黄埔海关驻常平办事处	埔常平办
5216	黄埔海关驻沙田办事处	埔沙田办
5217	东莞海关寮步车检场	寮步车场
5218	新塘海关江龙车检场	江龙车场
5219	广州保税物流园区	埔物流园
5220	东莞保税物流中心（B型）	东莞物流
5221	新塘车检场	新塘车场
5222	东莞清溪保税物流中心（B型）	清溪物流
5223	东莞国际邮件互换局兼交换站	东莞邮办
5300	深圳海关	深圳海关
5301	皇岗海关	皇岗海关
5302	罗湖海关	罗湖海关
5303	沙头角关	沙头角关
5304	蛇口海关	蛇口海关
5305	深关现场	深关现场
5306	笋岗海关	笋岗海关
5307	南头海关	南头海关
5308	沙湾海关	沙湾海关
5309	布吉海关	布吉海关
5310	淡水办	淡水办
5311	深关车站	深关车站
5312	深监管处	深监管处

关区代码	关区名称	关区简称
5313	深调查局	深调查局
5314	深关邮办	深关邮办
5315	惠东海关	惠东海关
5316	大鹏海关	大鹏海关
5317	深关机场	深关机场
5318	梅林海关	梅林海关
5319	同乐海关	同乐海关
5320	文锦渡关	文锦渡关
5321	福保税关	福保税关
5322	沙保税关	沙保税关
5323	深审单处	深审单处
5324	深审价办	深审价办
5325	深关税处	深关税处
5326	深数统处	深数统处
5327	深法规处	深法规处
5328	深规范处	深规范处
5329	深保税处	深保税处
5330	盐保税关	盐保税关
5331	三门岛办	三门岛办
5332	深财务处	深财务处
5333	深侦查局	深侦查局
5334	深稽查处	深稽查处
5335	深技术处	深技术处
5336	深办公室	深办公室
5337	大亚湾核	大亚湾核
5338	惠州港关	惠州港关
5339	深加工区	深加工区
5340	深关特办	深关特办
5341	深惠州关	深惠州关
5342	深红海办	深红海办
5343	深圳盐田港保税物流园区	深盐物流
5344	惠州港海关驻大亚湾石化区办事处	惠石化办
5345	深圳湾海关	深圳湾关
5346	深圳机场海关快件监管中心	深机快件
5348	大铲湾海关	深关大铲
5349	深圳前海湾保税港区口岸作业区	前海港区
5350	大运物资通关服务中心	大运通关
5351	深圳前海湾保税港区保税功能区	前海保税
5352	深圳盐田综合保税区	深盐综保
5700	拱北关区	拱北关区
5701	拱稽查处	拱稽查处
5710	拱关闸办	拱关闸办
5720	中山海关	中山海关

关区代码	关区名称	关区简称
5721	中山港	中山港
5724	中石岐办	中石岐办
5725	坦洲货场	坦洲货场
5726	中山保税物流中心	中山物流
5727	中小榄办	中小榄办
5728	中山海关驻神湾港办事处	神湾办
5729	中山国际快件监管中心	中山快件
5730	拱香洲办	拱香洲办
5740	湾仔海关	湾仔海关
5741	湾仔船舶	湾仔船舶
5750	九洲海关	九洲海关
5760	拱白石办	拱白石办
5770	斗门海关	斗门海关
5771	斗井岸办	斗井岸办
5772	斗平沙办	斗平沙办
5780	高栏海关	高栏海关
5788	拱北海关驻港珠澳大桥珠海公路口岸办事处	驻大桥办
5790	拱监管处	拱监管处
5791	珠澳跨境工业区珠海园区海关办事机构	拱跨工区
5792	拱保税区	拱保税区
5793	万山海关	万山海关
5794	万山海关桂山中途监管站	桂山中途
5795	横琴海关	横琴海关
5796	澳门大学新校区临时监管区	澳大校区
5798	拱行监邮	拱行监邮
5799	拱行监处	拱行监处
6000	汕头海关	汕头海关
6001	汕关货一	汕关货一
6002	汕关货二	汕关货二
6003	汕关行邮	汕关行邮
6004	汕关机场	汕关机场
6006	汕关保税	汕关保税
6007	汕关业务	汕关业务
6008	汕保税区	汕保税区
6009	汕关邮包	汕关邮包
6010	汕头保税物流中心	汕保物流
6011	揭阳海关	揭阳海关
6012	汕关普宁	汕关普宁
6013	澄海海关	澄海海关
6014	广澳海关	广澳海关
6015	南澳海关	南澳海关
6018	汕关惠来	汕关惠来
6019	汕关联成	汕关联成

关区代码	关区名称	关区简称
6020	汕关港口	汕关港口
6021	潮州海关	潮州海关
6022	饶平海关	饶平海关
6023	潮州海润快件监管中心	饶平快件
6028	潮阳海关	潮阳海关
6031	汕尾海关	汕尾海关
6032	汕关海城	汕关海城
6033	汕关陆丰	汕关陆丰
6038	汕头海关外砂快件监管中心	汕关快件
6041	梅州海关	梅州海关
6042	梅州兴宁	梅州兴宁
6400	海口关区	海口关区
6401	海口港海关	海口港
6402	三亚海关	三亚海关
6403	八所海关	八所海关
6404	洋浦经济开发区海关	洋浦区关
6405	海保税区	海保税区
6406	海口海关驻清澜办事处	清澜办
6407	美兰机场	美兰机场
6408	洋浦保税港区海关	洋浦港区
6409	海口综合保税区海关	海口综保
6410	马村港监管点	马村监管
6411	海口海关现场业务处	海口现场
6412	海口海关驻三沙办事处	三沙办
6700	湛江关区	湛江关区
6701	湛江海关	湛江海关
6702	茂名海关	茂名海关
6703	徐闻海关	徐闻海关
6704	湛江南油	湛江南油
6705	湛江水东	湛江水东
6706	湛江吴川	湛江吴川
6707	湛江廉江	湛江廉江
6708	湛江高州	湛江高州
6709	湛江信宜	湛江信宜
6710	东海岛组	东海岛组
6711	霞山海关	霞山海关
6712	湛江霞海	湛江霞海
6713	湛江机场	湛江机场
6714	湛江博贺	湛江博贺
6715	湛江进出境快件监管中心	湛江快件
6716	湛江保税物流中心	湛江物流
6800	江门关区	江门关区
6810	江门海关	江门海关
6811	江门高沙	江门高沙
6812	江门外海	江门外海
6813	江门旅检	江门旅检
6816	江门市进出境货运车辆检查场	江门车场
6817	江门保税	江门保税
6820	新会海关	新会海关
6821	新会港	新会港
6827	新会稽查	新会稽查
6830	台山海关	台山海关
6831	台公益港	台公益港
6837	台山稽查	台山稽查
6840	开平海关	开平海关
6841	开平码头	开平码头
6847	开平稽查	开平稽查
6850	恩平海关	恩平海关
6851	恩平港	恩平港
6857	恩平稽查	恩平稽查
6860	鹤山海关	鹤山海关
6861	鹤山码头	鹤山码头
6867	鹤山稽查	鹤山稽查
6870	阳江海关	阳江海关
6871	阳江港	阳江港
6872	阳江车场	阳江车场
6877	阳江稽查	阳江稽查
7200	南宁关区	南宁关区
7201	邕州海关	邕州海关
7202	北海海关	北海海关
7203	梧州海关	梧州海关
7204	桂林海关	桂林海关
7205	柳州海关	柳州海关
7206	防城海关	防城海关
7207	东兴海关	东兴海关
7208	凭祥海关	凭祥海关
7209	贵港海关	贵港海关
7210	水口海关	水口海关
7211	龙邦海关	龙邦海关
7212	钦州海关	钦州海关
7213	桂林机办	桂林机办
7214	北海海关驻出口加工区办事处	北海加工
7215	广西钦州保税港区	南关钦保
7216	南宁综合保税区	南宁综保
7217	广西钦州保税港（口岸）	钦保口岸
7218	南宁海关驻玉林办事处	玉林办
7219	广西凭祥综合保税区	南凭综保
7220	友谊关口岸	友谊关
7221	南宁海关驻机场办事处	南宁机办
7900	成都关区	成都关区
7901	成都海关	成都海关
7902	成都双流机场海关	蓉机场关

关区代码	关区名称	关区简称
7903	乐山海关	乐山海关
7904	攀枝花关	攀枝花关
7905	绵阳海关	绵阳海关
7906	成关邮办	成关邮办
7907	成都自贡	成都自贡
7908	成都加工	成都加工
7909	成都公路国际物流中心监管场站	公路场站
7910	成都双流机场海关非邮政快件监管点	蓉机快件
7911	成都海关驻泸州办事处	泸州办
7912	成都海关驻宜宾办事处	宜宾办
7913	成都海关驻南充办事处	南充办
7914	绵阳出口加工区	绵阳出口
7915	成都保税物流中心（B型）	成都物流
7916	成都高新综合保税区	成都综保
7917	遂宁海关	遂宁海关
7918	德阳海关	德阳海关
7919	成都空港海关	成都空港
7920	成都空港保税物流中心	成空物流
7921	泸州港保税物流中心	泸州物流
7922	成都高新综合保税区双流园区	成综双流
7923	宜宾港保税物流中心	宜宾物流
7924	成都铁路保税物流中心	成铁物流
7925	天府新区海关	天府新关
8000	重庆关区	重庆关区
8001	重庆海关	重庆海关
8002	南坪开发	南坪开发
8003	重庆江北机场海关	重庆机场
8004	重庆邮办	重庆邮办
8005	万州海关	万州海关
8006	重庆海关驻车站办事处	重庆铁路
8007	九龙坡港	九龙坡港
8008	渝加工区	渝加工区
8009	重庆海关驻涪陵办事处	渝涪陵办
8010	重庆两路寸滩保税港区水港功能区	寸滩水港
8011	重庆江北机场国际快件中心	渝关快件
8012	重庆两路寸滩保税港区保税加工物流功能区	重庆保税
8013	重庆西永综合保税区	西永综保
8014	重庆西永海关	西永海关
8015	两路寸滩保税港区贸易功能区	渝贸园区
8016	重庆铁路保税物流中心	渝铁物流

关区代码	关区名称	关区简称
8017	重庆南彭公路保税物流中心（B型）	渝公物流
8018	黔江海关	黔江海关
8300	贵阳海关	贵阳海关
8301	贵阳总关	贵阳总关
8302	贵阳海关驻机场办事处	贵关机办
8303	中华人民共和国遵义海关	遵义海关
8304	贵阳海关驻高新技术产业开发区办事处贵阳综合保税区功能区	贵阳综保
8305	贵阳海关驻高新技术产业开发区办事处贵阳综合保税区作业区	贵阳高新
8306	贵阳海关驻高新技术产业开发区办事处贵安综合保税区功能区	贵安综保
8307	贵阳海关驻高新技术产业开发区办事处贵安综合保税区作业区	贵安新区
8308	中华人民共和国六盘水海关	六盘水关
8600	昆明关区	昆明关区
8601	昆明海关	昆明海关
8602	畹町海关	畹町海关
8603	瑞丽海关	瑞丽海关
8604	章凤海关	章凤海关
8605	盈江海关	盈江海关
8606	孟连海关	孟连海关
8607	南伞海关	南伞海关
8608	孟定海关	孟定海关
8609	打洛海关	打洛海关
8610	腾冲海关	腾冲海关
8611	沧源海关	沧源海关
8612	勐腊海关	勐腊海关
8613	河口海关	河口海关
8614	金水河关	金水河关
8615	天保海关	天保海关
8616	田蓬海关	田蓬海关
8617	大理海关	大理海关
8618	芒市海关	芒市海关
8619	保山监管	保山监管
8620	昆明机场	昆明机场
8621	昆明邮办	昆明邮办
8622	西双版纳	西双版纳
8623	昆丽江办	昆丽江办
8624	思茅海关	思茅海关
8625	河口海关驻山腰办事处	河口山腰

关区代码	关区名称	关区简称
8626	六库监管	六库监管
8627	昆明海关现场业务处开发区监管科	昆明高新
8628	云南昆明出口加工区	昆明加工
8629	昆明海关驻香格里拉办事处	昆明香办
8631	勐康海关	勐康海关
8632	昆明国际快件监管中心	昆明快件
8633	红河综合保税区	红河综保
8634	昆明综合保税区	昆明综保
8635	昆明综合保税区口岸作业区	昆综口岸
8636	昆明高新保税物流中心（B 型）	高新物流
8637	红河综合保税区口岸作业区	红综口岸
8639	昆明机场跨境电子商务直购监管中心	机场电商
8640	滕俊国际陆港保税物流中心（B 型）	滕俊物流
8800	拉萨海关	拉萨海关
8801	聂拉木关	聂拉木关
8802	日喀则关	日喀则关
8803	狮泉河关	狮泉河关
8804	拉萨机办	拉萨机办
8805	拉萨现场	拉萨现场
8808	吉隆海关	吉隆海关
9000	西安关区	西安关区
9001	西安综合保税区口岸作业区	西安陆港
9002	咸阳机场	咸阳机场
9003	宝鸡海关	宝鸡海关
9004	西安海关邮局办事处	西关邮办
9005	陕西西安出口加工区 A 区	陕加工 A
9006	陕西西安出口加工区 B 区	陕加工 B
9007	西安综合保税区	西安综保
9008	西安高新综合保税区	高新综保
9009	西安高新综合保税区口岸作业区	西安高新
9010	延安海关	延安海关
9011	渭南海关	渭南海关
9012	榆林海关	榆林海关
9013	陕西西咸保税物流中心（B 型）	西咸物流
9400	乌关区	乌关区
9401	乌鲁木齐海关现场业务处	乌关现场
9402	霍尔果斯	霍尔果斯
9403	吐尔尕特	吐尔尕特
9404	阿拉山口	阿拉山口
9405	塔城海关	塔城海关
9406	伊宁海关	伊宁海关
9407	吉木乃办	吉木乃办
9408	喀什海关	喀什海关
9409	红其拉甫	红其拉甫
9410	乌鲁木齐海关隶属阿勒泰海关	阿勒泰关
9411	塔克什肯	塔克什肯
9412	乌拉斯太	乌拉斯太
9413	老爷庙	老爷庙
9414	红山嘴	红山嘴
9415	伊尔克什	伊尔克什
9416	库尔勒办	库尔勒办
9417	乌鲁木齐机场海关	乌机场关
9418	乌鲁木齐海关驻出口加工区办事处	乌加工区
9419	都拉塔海关	都拉塔关
9420	乌鲁木齐海关驻车站办事处	乌关车办
9421	霍尔果斯国际边境合作中心海关	霍中心 A
9422	石河子海关	石河子关
9423	阿拉山口综合保税区	山口综保
9424	喀什综合保税区	喀什综保
9425	卡拉苏海关	卡拉苏关
9426	奎屯保税物流中心	奎屯物流
9427	中哈霍尔果斯国际边境合作中心中方配套区	中哈合作中心配套区
9428	中国邮政速递物流股份有限公司海关快件监管中心	乌关快件
9429	乌鲁木齐综合保税区	乌综保区
9500	兰州关区	兰州关区
9501	兰州海关	兰州海关
9502	酒泉海关	酒泉海关
9503	兰州海关驻中川机场办事处	兰州空港
9504	武威保税物流中心	武威物流
9505	兰州海关驻天水办事处	兰关天办
9506	金昌海关	金昌海关
9507	兰州海关驻兰州新区综合保税区监管组	兰州综保

关区代码	关区名称	关区简称
9600	银川海关	银川海关
9601	银川海关业务现场	银川现场
9602	银川海关驻机场办事处	银机办
9603	银川海关驻惠农监管组	惠农监管
9604	银川综合保税区	银川综保
9605	银川海关快件中心	银关快件

关区代码	关区名称	关区简称
9700	西宁关区	西宁关区
9701	西宁海关现场	西宁海关
9702	青海曹家堡保税物流中心（B 型）	青海物流
9900	政法司	政法司

附表 2 运输方式代码表

（与原报关代码、原报检代码对照）

代码	中文名称	原报关代码	原报关中文名称	原报检代码	原报检中文名称
0	非保税区	0	非保税区	9	其他运输
1	监管仓库	1	监管仓库	9	其他运输
2	水路运输	2	水路运输	1	水路运输
3	铁路运输	3	铁路运输	2	铁路运输
4	公路运输	4	公路运输	3	公路运输
5	航空运输	5	航空运输	4	航空运输
6	邮件运输	6	邮件运输	9	其他运输
7	保税区	7	保税区	9	其他运输
8	保税仓库	8	保税仓库	9	其他运输
9	其他方式运输	9	其他方式运输	9	其他运输
H	边境特殊海关作业区	H	边境特殊海关作业区	9	其他运输
T	综合实验区	T	综合实验区	9	其他运输
W	物流中心	W	物流中心	9	其他运输
X	物流园区	X	物流园区	9	其他运输
Y	保税港区	Y	保税港区	9	其他运输
Z	出口加工区	Z	出口加工区	9	其他运输
L	旅客携带	9	其他方式运输	5	旅客携带
G	固定设施运输	9	其他方式运输	6	管道运输

附表 3 监管方式代码表

（与原报关代码、原报检代码对照）

代码	中文名称	原报关代码	原报关中文名称	原报检代码	原报检中文名称
110	一般贸易	110	一般贸易	11	一般贸易
130	易货贸易	130	易货贸易	14	易货贸易
200	料件销毁	200	料件销毁	19	其他贸易性货物
214	来料加工	214	来料加工	12	来料加工
245	来料料件内销	245	来料料件内销	12	来料加工
255	来料深加工	255	来料深加工	12	来料加工
258	来料余料结转	258	来料余料结转	12	来料加工
265	来料料件复出	265	来料料件复出	12	来料加工
300	来料料件退换	300	来料料件退换	12	来料加工
314	加工专用油	314	加工专用油	12	来料加工
320	不作价设备	320	不作价设备	12	来料加工
345	来料成品减免	345	来料成品减免	12	来料加工
400	边角料销毁	400	边角料销毁	19	其他贸易性货物
420	加工贸易设备	420	加工贸易设备	19	其他贸易性货物
444	保区进料成品	444	保区进料成品	43	特殊监管区进出境 / 区货物
445	保区来料成品	445	保区来料成品	43	特殊监管区进出境 / 区货物
446	加工设备内销	446	加工设备内销	19	其他贸易性货物
456	加工设备结转	456	加工设备结转	19	其他贸易性货物
466	加工设备退运	466	加工设备退运	19	其他贸易性货物
500	减免设备结转	500	减免设备结转	19	其他贸易性货物
513	补偿贸易	513	补偿贸易	15	补偿贸易
544	保区进料料件	544	保区进料料件	43	特殊监管区进出境 / 区货物
545	保区来料料件	545	保区来料料件	43	特殊监管区进出境 / 区货物
615	进料对口	615	进料对口	13	进料加工
642	进料以产顶进	642	进料以产顶进	13	进料加工
644	进料料件内销	644	进料料件内销	13	进料加工
654	进料深加工	654	进料深加工	13	进料加工
657	进料余料结转	657	进料余料结转	13	进料加工
664	进料料件复出	664	进料料件复出	13	进料加工
700	进料料件退换	700	进料料件退换	13	进料加工
715	进料非对口	715	进料非对口	13	进料加工
744	进料成品减免	744	进料成品减免	13	进料加工
815	低值辅料	815	低值辅料	13	进料加工
844	进料边角料内销	844	进料边角料内销	13	进料加工
845	来料边角料内销	845	来料边角料内销	12	来料加工
864	进料边角料复出	864	进料边角料复出	13	进料加工
865	来料边角料复出	865	来料边角料复出	12	来料加工
1039	市场采购	1039	市场采购	19	其他贸易性货物
1139	国轮油物料	1139	国轮油物料	19	其他贸易性货物

代码	中文名称	原报关代码	原报关中文名称	原报检代码	原报检中文名称
1200	保税间货物	1200	保税间货物	24	保税区进出区货物
1210	保税电商	1210	保税电商	42	跨境电子商务
1215	保税工厂	1215	保税工厂	13	进料加工
1233	保税仓库货物	1233	保税仓库货物	23	保税区进出境仓储、转口货物
1234	保税区仓储转口	1234	保税区仓储转口	23	保税区进出境仓储、转口货物
1239	保税电商 A	1239	保税电商 A	42	跨境电子商务
1300	修理物品	1300	修理物品	35	修理物品
1371	保税维修	1371	保税维修	35	修理物品
1427	出料加工	1427	出料加工	19	其他贸易性货物
1500	租赁不满 1 年	1500	租赁不满 1 年	19	其他贸易性货物
1523	租赁贸易	1523	租赁贸易	19	其他贸易性货物
1616	寄售代销	1616	寄售代销	19	其他贸易性货物
1741	免税品	1741	免税品	41	免税品
1831	外汇商品	1831	外汇商品	41	免税品
2025	合资合作设备	2025	合资合作设备	18	外商投资
2210	对外投资	2210	对外投资	19	其他贸易性货物
2225	外资设备物品	2225	外资设备物品	18	外商投资
2439	常驻机构公用	2439	常驻机构公用	37	常驻机构公用
2600	暂时进出货物	2600	暂时进出货物	29	暂时进出口货物
2700	展览品	2700	展览品	30	展览品
2939	陈列样品	2939	陈列样品	20	样品
3010	货样广告品	3010	货样广告品	11	一般贸易
3100	无代价抵偿	3100	无代价抵偿	38	无代价抵偿
3339	其他进出口免费	3339	其他进出口免费	31	其他非贸易性货物
3410	承包工程进口	3410	承包工程进口	21	对外承包工程进出口货物
3422	对外承包出口	3422	对外承包出口	21	对外承包工程进出口货物
3511	援助物资	3511	援助物资	17	无偿援助
3611	无偿军援	3611	无偿军援	40	军事装备
3612	捐赠物资	3612	捐赠物资	31	其他非贸易性货物
3910	军事装备	3910	军事装备	40	军事装备
4019	边境小额	4019	边境小额	16	边境小额贸易
4039	对台小额	4039	对台小额	34	小额贸易
4139	对台小额商品交易市场	4139	对台小额商品交易市场	34	小额贸易
4200	驻外机构运回	4200	驻外机构运回	31	其他非贸易性货物
4239	驻外机构购进	4239	驻外机构购进	31	其他非贸易性货物
4400	来料成品退换	4400	来料成品退换	12	来料加工
4500	直接退运	4500	直接退运	35	退运货物
4539	进口溢误卸	4539	进口溢误卸	31	其他非贸易性货物
4561	退运货物	4561	退运货物	27	退运货物
4600	进料成品退换	4600	进料成品退换	13	进料加工
5000	料件进出区	5000	料件进出区	43	特殊监管区进出境 / 区货物
5010	特殊区域研发货物	5010	特殊区域研发货物	11	一般贸易
5014	区内来料加工	5014	区内来料加工	12	来料加工

代码	中文名称	原报关代码	原报关中文名称	原报检代码	原报检中文名称
5015	区内进料加工货物	5015	区内进料加工货物	13	进料加工
5033	区内仓储货物	5033	区内仓储货物	43	特殊监管区进出境 / 区货物
5034	区内物流货物	5034	区内物流货物	43	特殊监管区进出境 / 区货物
5100	成品进出区	5100	成品进出区	43	特殊监管区进出境 / 区货物
5300	设备进出区	5300	设备进出区	43	特殊监管区进出境 / 区货物
5335	境外设备进区	5335	境外设备进区	43	特殊监管区进出境 / 区货物
5361	区内设备退运	5361	区内设备退运	43	特殊监管区进出境 / 区货物
6033	物流中心进出境货物	6033	物流中心进出境货物	43	特殊监管区进出境 / 区货物
9600	内贸货物跨境运输	9600	内贸货物跨境运输	35	其他非贸易性货物
9610	电子商务	9610	电子商务	42	跨境电子商务
9639	海关处理货物	9639	海关处理货物	31	其他非贸易性货物
9700	后续补税	9700	后续补税	31	其他非贸易性货物
9739	其他贸易	9739	其他贸易	35	其他贸易性货物
9800	租赁征税	9800	租赁征税	31	其他非贸易性货物
9839	留赠转卖物品	9839	留赠转卖物品	31	其他非贸易性货物
9900	其他	9900	其他	19	其他贸易性货物

附表 4 征免性质代码表

代码	简称	全称
101	一般征税	一般征税进出口货物
118	整车征税	构成整车特征的汽车零部件纳税
119	零部件征税	不构成整车特征的汽车零部件纳税
201	无偿援助	无偿援助进出口物资
299	其他法定	其他法定减免税进出口货物
301	特定区域	特定区域进口自用物资及出口货物
307	保税区	保税区进口自用物资
399	其他地区	其他执行特殊政策地区出口货物
401	科教用品	大专院校及科研机构进口科教用品
402	示范平台用品	
403	技术改造	企业技术改造进口货物
405	科技开发用品	科学研究、技术开发机构进口科技开发用品
406	重大项目	国家重大项目进口货物
407	动漫用品	动漫开发生产用品
408	重大技术装备	生产重大技术装备进口关键零部件及原材料
409	科技重大专项	科技重大专项进口关键设备、零部件和原材料
412	基础设施	通信、港口、铁路、公路、机场建设进口设备
413	残疾人	残疾人组织和企业进出口货物
417	远洋渔业	远洋渔业自捕水产品
418	国产化	国家定点生产小轿车和摄录机企业进口散件
419	整车特征	构成整车特征的汽车零部件进口
420	远洋船舶	远洋船舶及设备部件
421	内销设备	内销远洋船用设备及关键部件
422	集成电路	集成电路生产企业进口货物
423	新型显示器件	新型显示器件生产企业进口物资
499	ITA 产品	非全税号信息技术产品
501	加工设备	加工贸易外商提供的不作价进口设备
502	来料加工	来料加工装配和补偿贸易进口料件及出口成品
503	进料加工	进料加工贸易进口料件及出口成品
506	边境小额	边境小额贸易进口货物
510	港澳 OPA	港澳在内地加工的纺织品获证出口
601	中外合资	中外合资经营企业进出口货物
602	中外合作	中外合作经营企业进出口货物
603	外资企业	外商独资企业进出口货物
605	勘探开发煤层气	勘探开发煤层气
606	海洋石油	勘探、开发海洋石油进口货物
608	陆上石油	勘探、开发陆上石油进口货物
609	贷款项目	利用贷款进口货物
611	贷款中标	国际金融组织贷款、外国政府贷款中标机电设备零部件
698	公益收藏	国有公益性收藏单位进口藏品

代码	简称	全称
704	花卉种子	花卉种子
705	科普影视	科普影视
707	博览会留购展品	博览会留购展品
710	民用卫星	民用卫星
711	救助船舶设备	救助船舶设备
789	鼓励项目	国家鼓励发展的内外资项目进口设备
799	自有资金	外商投资额度外利用自有资金进口设备、备件、配件
801	救灾捐赠	救灾捐赠进口物资
802	慈善捐赠	境外捐赠人无偿向我境内受赠人捐赠的直接用于慈善事业的免税进口物资
803	抗艾滋病药物	进口抗艾滋病病毒药物
811	种子种源	进口种子（苗）、种畜（禽）、鱼种（苗）和种用野生动植物种源
818	中央储备粮油	中央储备粮油免征进口环节增值税政策
819	科教图书	进口科研教学用图书资料
888	航材减免	经核准的航空公司进口维修用航空器材
898	国批减免	国务院特准减免税的进出口货物
899	选择征税	选择征税
901	科研院所	科研院所进口科学研究、科技开发和教学用品
902	高等学校	高等学校进口科学研究、科技开发和教学用品
903	工程研究中心	国家工程研究中心进口科学研究、科技开发和教学用品
904	国家企业技术中心	国家企业技术中心进口科学研究、科技开发和教学用品
905	转制科研机构	转制科研机构进口科学研究、科技开发和教学用品
906	重点实验室	国家重点实验室及企业国家重点实验室进口科学研究、科技开发和教学用品
907	国家工程技术研究中心	国家工程技术研究中心进口科学研究、科技开发和教学用品
908	科技民非单位	科技类民办非企业单位进口科学研究、科技开发和教学用品
909	示范平台	国家中小企业公共服务示范平台（技术类）进口科学研究、科技开发和教学用品
910	外资研发中心	外资研发中心进口科学研究、科技开发和教学用品
911	科教图书	出版物进口单位进口用于科研、教学的图书、文献、报刊及其他资料
997	自贸协定	
998	内部暂定	享受内部暂定税率的进出口货物
999	例外减免	例外减免税进出口货物

附表 5 港口代码表

（与原报关代码、原报检代码对照）

代码	中文名称	英文名称	原报关代码	原报检代码
AFG000	阿富汗	Afghanistan	101	004000
AFG001	喀布尔（阿富汗）	Kabul, Afghanistan	1002	004001
AFG002	坎大哈（阿富汗）	Kandahar, Afghanistan	1003	004002
AFG003	喀布尔（阿富汗）	Kabol, Afghanistan	1001	004003
ALB000	阿尔巴尼亚	Albania	313	008000
ALB003	都拉斯（阿尔巴尼亚）	Durres, Albania	2417	008003
ALB006	萨兰达（阿尔巴尼亚）	Sarande, Albania	2418	008006
ALB009	圣吉尼（阿尔巴尼亚）	Shengjin, Albania	313	008009
ALB012	发罗拉（阿尔巴尼亚）	Vlora(Vlone), Albania	2419	008012
ATA000	南极洲	Antarctica	701	010000
DZA000	阿尔及利亚	Algeria	201	012000
DZA002	阿尔及尔（阿尔及利亚）	Alger(Algiers), Algeria	1562	012002
DZA003	安纳巴（阿尔及利亚）	Annaba, Algeria	1563	012003
DZA006	阿尔泽（阿尔及利亚）	Arzew, Algeria	1564	012006
DZA009	贝贾亚（阿尔及利亚）	Bejaia, Algeria	1565	012009
DZA012	贝尼萨夫（阿尔及利亚）	Benisaf, Algeria	1567	012012
DZA013	布赖拉港（阿尔及利亚）	Port Breira, Algeria	1570	012013
DZA014	圭敦港（阿尔及利亚）	Port Gueydon, Algeria	1579	012014
DZA015	舍尔沙勒（阿尔及利亚）	Cherchell, Algeria	201	012015
DZA016	凯拉赫港（阿尔及利亚）	Port Kelah, Algeria	1580	012016
DZA017	奈穆尔（阿尔及利亚）	Nemouys, Algeria	1574	012017
DZA018	塞港（阿尔及利亚）	Port Say, Algeria	1581	012018
DZA019	科洛（阿尔及利亚）	Collo, Algeria	201	012019
DZA020	斯基克达（阿尔及利亚）	Philippeville, Algeria	1576	012020
DZA021	代利斯（阿尔及利亚）	Dellys, Algeria	1571	012021
DZA024	贾扎伊尔（阿尔及利亚）	El Djazair, Algeria	201	012024
DZA027	加扎韦特（阿尔及利亚）	Ghazawet, Algeria	1578	012027
DZA030	吉杰勒（阿尔及利亚）	Djidjelli(Jijel), Algeria	1572	012030
DZA033	莫斯塔加内姆（阿尔及利亚）	Mestghanem, Algeria	1573	012033
DZA035	奥兰（阿尔及利亚）	Oran, Algeria	1575	012035
DZA036	斯基克达（阿尔及利亚）	Skikda, Algeria	1582	012036
DZA039	提奈斯（阿尔及利亚）	Tenes, Algeria	201	012039
DZA042	瓦赫兰（阿尔及利亚）	Wahran, Algeria	201	012042
ASM000	美属萨摩亚	American Samoa	699	016000
ASM003	帕果帕果（美属萨摩亚）	Pago Pago, American Samoa	3398	016003
ASM004	图图伊拉（美属萨摩亚）	Tutuila I., American Samoa	3409	016004
AND000	安道尔	Andorra	314	020000
AND001	安道尔（安道尔）	Andorra La Vella, Andorra	2421	020001

代码	中文名称	英文名称	原报关代码	原报检代码
AGO000	安哥拉	Angola	202	024000
AGO003	安布里什（安哥拉）	Ambriz, Angola	202	024003
AGO006	安布里泽特（安哥拉）	Ambrizete, Angola	202	024006
AGO009	木格拉（安哥拉）	Benguela, Angola	202	024009
AGO012	卡宾达（安哥拉）	Cabinda, Angola	202	024012
AGO015	洛比托（安哥拉）	Lobito, Angola	1583	024015
AGO018	罗安达（安哥拉）	Luanda, Angola	1584	024018
AGO021	木萨米迪什（安哥拉）	Mocamedes, Angola	1585	024021
AGO024	松贝（新里东杜）（安哥拉）	Sumbe(Novo Redondo), Angola	1587	024024
AGO026	纳米贝（安哥拉）	Namibe, Angola	202	024026
AGO027	亚历山大港（安哥拉）	Porto Alexandre(Tombua), Angola	1589	024027
AGO030	安博因港（安哥拉）	Porto Amboim, Angola	1588	024030
AGO033	萨拉萨尔港（安哥拉）	Porto Salazar, Angola	202	024033
ATG000	安提瓜和巴布达	Antigua And Barbuda	401	028000
ATG003	圣约翰斯（安提瓜和巴布达）	St John'S, Antigua and Barbuda	2703	028003
AZE000	阿塞拜疆	Azerbaijan	339	031000
AZE901	巴库（阿塞拜疆）	Azerbaijan, Azerbaijan	339	031901
ARG000	阿根廷	Argentina	402	032000
ARG001	皮拖（阿根廷）	Pueato, Argentina	2714	032001
ARG002	白奥哥港（阿根廷）	Puerto Belgrano, Argentina	2717	032002
ARG003	布兰卡港（阿根廷）	Bahia Blanca, Argentina	2704	032003
AUS004	调查岛（阿根廷）	Inspection Head, Argentina	3235	032004
ARG006	布宜诺斯艾利斯（阿根廷）	Buenos Aires, Argentina	2705	032006
ARG008	奥利维亚（阿根廷）	Caleta Olivia, Argentina	402	032008
ARG009	坎帕纳（阿根廷）	Campana, Argentina	2706	032009
ARG012	里瓦达维亚海军准将城（阿根廷）	Comodoro Rivadavia, Argentina	402	032012
ARG015	康塞普西翁（阿根廷）	Concepcion, Argentina	402	032015
ARG018	迪亚曼泰（阿根廷）	Diamante, Argentina	402	032018
ARG021	伊比奎（阿根廷）	Ibicuy, Argentina	2708	032021
ARG024	拉普拉塔（阿根廷）	La Plata, Argentina	2709	032024
ARG027	马德普拉塔（阿根廷）	Mar Del Plata, Argentina	2711	032027
ARG030	内科切阿（阿根廷）	Necochea, Argentina	402	032030
ARG033	阿塞维多港（阿根廷）	Puerto Acedop, Argentina	2716	032033
ARG036	德塞阿多港（阿根廷）	Puerto Deseado, Argentina	2707	032036
ARG039	马德林港（阿根廷）	Puerto Madryn, Argentina	2710	032039
ARG042	科罗拉多角（阿根廷）	Punta Colorada, Argentina	402	032042
ARG045	蓬塔基利亚（阿根廷）	Punta Quila, Argentina	402	032045
ARG048	克肯（阿根廷）	Quequen, Argentina	2721	032048
ARG051	拉马约（阿根廷）	Ramallo, Argentina	402	032051
ARG054	雷卡拉达（阿根廷）	Recalada, Argentina	402	032054
ARG057	里奥加耶戈斯（阿根廷）	Rio Gallegos, Argentina	402	032057
ARG060	里奥格兰德（阿根廷）	Rio Grande, Argentina	402	032060
ARG063	罗萨里奥（阿根廷）	Rosario, Argentina	2722	032063

代码	中文名称	英文名称	原报关代码	原报检代码
ARG066	圣安东尼奥（阿根廷）	San Antonio Este, Argentina	402	032066
ARG069	圣弗尔南多（阿根廷）	San Fernando, Argentina	402	032069
ARG072	圣洛伦索（阿根廷）	San Lorenzo, Argentina	2723	032072
ARG074	圣胡利安（阿根廷）	San Julian, Argentina	402	032074
ARG075	圣尼古拉斯（阿根廷）	San Nicolas De Los Arroyos, Argentina	2724	032075
ARG078	圣佩德罗（阿根廷）	San Pedro, Argentina	2725	032078
ARG081	圣塞瓦斯蒂安（阿根廷）	San Sebastian Bay, Argentina	402	032081
ARG084	圣克鲁斯（阿根廷）	Santa Cruz, Argentina	402	032084
ARG087	圣菲（阿根廷）	Santa Fe, Argentina	2726	032087
ARG090	乌斯怀亚（阿根廷）	Ushuaia, Argentina	402	032090
ARG093	孔斯蒂图西翁镇（阿根廷）	Villa Constitucion, Argentina	2727	032093
ARG096	萨拉特（阿根廷）	Zarate, Argentina	2728	032096
AUS000	澳大利亚	Australia	601	036000
AUS003	阿伯特湾（澳大利亚）	Abbot Bay, Australia	601	036003
AUS006	阿德莱德（澳大利亚）	Adelaide, Australia	601	036006
AUS009	奥尔巴尼（澳大利亚）	Albany, Australia	601	036009
AUS012	阿德罗森（澳大利亚）	Ardrossan, Australia	3210	036012
AUS015	巴拉斯特黑德（澳大利亚）	Ballast Head, Australia	601	036015
AUS018	巴罗岛（澳大利亚）	Barrow Island, Australia	601	036018
AUS021	搏尤替角（澳大利亚）	Beauty Point, Australia	3211	036021
AUS024	贝尔贝（澳大利亚）	Bell Bay, Australia	601	036024
AUS027	植物学湾（澳大利亚）	Botany Bay, Australia	601	036027
AUS030	鲍恩（澳大利亚）	Bowen, Australia	3212	036030
AUS033	布里斯班（澳大利亚）	Brisbane, Australia	3213	036033
AUS036	布鲁姆（澳大利亚）	Broome, Australia	3214	036036
AUS039	班伯里（澳大利亚）	Bunbury, Australia	3225	036039
AUS042	班达伯格（澳大利亚）	Bundaberg, Australia	3215	036042
AUS045	伯尼（澳大利亚）	Burnie, Australia	3216	036045
AUS048	巴瑟尔顿（澳大利亚）	Dusselton, Australia	3217	036048
AUS051	凯恩斯（澳大利亚）	Cairns, Australia	3218	036051
AUS054	库维恩角（澳大利亚）	Cape Cuvier, Australia	601	036054
AUS057	拉姆贝特角（澳大利亚）	Cape Lambert, Australia	601	036057
AUS060	卡那封（澳大利亚）	Carnarvon, Australia	3220	036060
AUS063	喀斯喀特湾（澳大利亚）	Cascade Bay, Australia	601	036063
AUS066	科夫斯港（澳大利亚）	Coff'S Harbour, Australia	3223	036066
AUS069	库克敦（澳大利亚）	Cooktown, Australia	601	036069
AUS072	丹皮尔（澳大利亚）	Dampier, Australia	601	036072
AUS075	达尔文（澳大利亚）	Darwin, Australia	3224	036075
AUS078	德比（澳大利亚）	Derby, Australia	3228	036078
AUS081	德文波特（澳大利亚）	Devonport, Australia	3229	036081
AUS084	伊登（澳大利亚）	Eden, Australia	3230	036084
AUS087	伊迪斯堡（澳大利亚）	Edithburgh, Australia	601	036087
AUS090	埃斯佩兰斯（澳大利亚）	Esperance, Australia	3231	036090
AUS093	弗里曼特尔（澳大利亚）	Fremantle, Australia	3232	036093
AUS096	吉朗（澳大利亚）	Geelong, Australia	3233	036096

代码	中文名称	英文名称	原报关代码	原报检代码
AUS099	杰拉尔顿（澳大利亚）	Geraldton, Australia	3226	036099
AUS102	格拉德斯通（澳大利亚）	Gladstone, Australia	3227	036102
AUS105	戈弗（澳大利亚）	Gove, Australia	601	036105
AUS108	格拉夫顿（澳大利亚）	Grafton, Australia	601	036108
AUS111	格鲁特岛（澳大利亚）	Groote Eylandt, Australia	601	036111
AUS114	海波因特（澳大利亚）	Hay Point, Australia	601	036114
AUS117	霍巴特（澳大利亚）	Hobart, Australia	3234	036117
AUS120	因尼斯费尔（澳大利亚）	Innisfail, Australia	601	036120
AUS123	金斯科特（澳大利亚）	Kingscote, Australia	601	036123
AUS126	金斯敦（澳大利亚）	Kingston, Australia	601	036126
AUS129	奎纳纳（澳大利亚）	Kwinana, Australia	3237	036129
AUS132	朗塞斯顿（澳大利亚）	Launceston, Australia	601	036132
AUS135	户辛达（澳大利亚）	Lucinda, Australia	3239	036135
AUS138	麦凯（澳大利亚）	Mackay, Australia	3240	036138
AUS141	麦克坦（澳大利亚）	Mactan, Australia	601	036141
AUS144	马里伯勒（澳大利亚）	Maryborough, Australia	601	036144
AUS147	墨尔本（澳大利亚）	Melbourne, Australia	3242	036147
AUS150	莫里扬港（澳大利亚）	Mourilyan, Australia	601	036150
AUS153	纽卡斯尔（澳大利亚）	Newcastle, Australia	3245	036153
AUS156	佩斯（澳大利亚）	Perth, Australia	601	036156
AUS159	阿德莱德港（澳大利亚）	Port Adelaide, Australia	3209	036159
AUS162	艾尔弗雷德港（澳大利亚）	Port Alfred, Australia	601	036162
AUS165	阿尔马港（澳大利亚）	Port Alma, Australia	3250	036165
AUS168	奥古斯塔港（澳大利亚）	Port Augusta, Australia	3251	036168
AUS171	吉利港（澳大利亚）	Port Giles, Australia	601	036171
AUS174	黑德兰港（澳大利亚）	Port Hedland, Australia	3252	036174
AUS177	会翁港（澳大利亚）	Port Huon, Australia	601	036177
AUS180	杰克逊港（澳大利亚）	Port Jackson, Australia	601	036180
AUS183	肯布拉港（澳大利亚）	Port Kembla, Australia	3254	036183
AUS186	拉塔港（澳大利亚）	Port Latta, Australia	3256	036186
AUS189	林肯港（澳大利亚）	Port Lincoln, Australia	601	036189
AUS192	麦夸里港（澳大利亚）	Port Macguarie, Australia	601	036192
AUS195	皮里港（澳大利亚）	Port Pirie, Australia	3259	036195
AUS198	斯坦瓦克港（澳大利亚）	Port Stanvac, Australia	3260	036198
AUS201	澳尔科特港（澳大利亚）	Port Walcott, Australia	601	036201
AUS204	波特兰（澳大利亚）	Portland, Australia	601	036204
AUS207	拉皮德湾（澳大利亚）	Rapid Bay, Australia	601	036207
AUS210	里司登（澳大利亚）	Risdon, Australia	3263	036210
AUS213	罗克汉普顿（澳大利亚）	Rockhampton, Australia	3264	036213
AUS216	斯坦利（澳大利亚）	Stanley, Australia	601	036216
AUS219	斯坦豪斯湾（澳大利亚）	Stenhouse Bay, Australia	601	036219
AUS222	斯特拉恩（澳大利亚）	Strahan, Australia	3265	036222
AUS225	悉尼（澳大利亚）	Sydney, Australia	3266	036225
AUS228	泰弗纳德（澳大利亚）	Thevenard, Australia	601	036228
AUS231	星期四岛（澳大利亚）	Thursday Island, Australia	3268	036231
AUS234	汤斯维尔（澳大利亚）	Townsville, Australia	601	036234

代码	中文名称	英文名称	原报关代码	原报检代码
AUS237	尤兰根（澳大利亚）	Urangan, Australia	3270	036237
AUS240	乌塞勒斯卢普（澳大利亚）	Useless Loop, Australia	3271	036240
AUS243	沃拉鲁（澳大利亚）	Wallaroo, Australia	3272	036243
AUS246	韦帕（澳大利亚）	Weipa, Australia	3273	036246
AUS249	西港（澳大利亚）	Western Port, Australia	3274	036249
AUS252	怀阿拉（澳大利亚）	Whyalla, Australia	3275	036252
AUS255	温德姆（澳大利亚）	Wyndham, Australia	3276	036255
AUS258	杨巴（澳大利亚）	Yamba, Australia	601	036258
AUS261	扬皮桑德（澳大利亚）	Yampi Sound, Australia	3277	036261
AUS901	帕斯（澳大利亚）	Perth, Australia	3247	036901
AUS902	敦斯维尔（澳大利亚）	Townsville, Australia	3269	036902
AUS903	菲利普港（澳大利亚）	Port Phillip, Australia	3258	036903
AUS904	堪培拉（澳大利亚）	Canberra, Australia	3219	036904
AUS905	克拉伦斯河（澳大利亚）	Clarence River, Australia	3222	036905
AUS906	隆塞斯顿（澳大利亚）	Launceston, Australia	3238	036906
AUS907	梅里巴罗（澳大利亚）	Maryborough, Australia	3241	036907
AUS908	穆里兰港（澳大利亚）	Mourilyan Harbour, Australia	3243	036908
AUS909	朴次伊（澳大利亚）	Portsea, Australia	3262	036909
AUS910	塞维纳德（澳大利亚）	Thevenard, Australia	3267	036910
AUS911	圣诞岛（澳大利亚）	Christmas I., Australia	3221	036911
AUS913	翁斯洛（澳大利亚）	Onslow, Australia	3246	036913
AUS914	沃尔科特港（澳大利亚）	Port Walcott, Australia	3261	036914
AUT000	奥地利	Austria	315	040000
AUT001	林茨（奥地利）	Liuz, Austria	2422	040001
AUT901	维也纳（奥地利）	Vienna, Austria	2423	040901
BHS000	巴哈马	Bahamas	404	044000
BHS003	弗里波特（巴哈马）	Ferrport, Bahamas	404	044003
BHS006	小圣萨尔瓦多岛（巴哈马）	Little San Salvador, Bahamas	404	044006
BHS009	拿骚（巴哈马）	Nassau, Bahamas	2729	044009
BHS012	南里登角（巴哈马）	South Riding Point, Bahamas	404	044012
BHR000	巴林	Bahrain	102	048000
BHR003	奥巴杰蒂（巴林）	Albajetty, Bahrain	102	048003
BHR004	巴林（巴林）	Bahrain, Bahrain	102	048004
BHR005	麦纳麦（巴林）	Manama(Al Manamah), Bahrain	1004	048005
BHR006	米纳苏尔曼（巴林）	Mina Sulman, Bahrain	1005	048006
BHR009	锡特拉（巴林）	Sitra, Bahrain	1006	048009
BGD000	孟加拉	Bangladesh	103	050000
BGD001	达卡（孟加拉）	Dacca, Bangladesh	1008	050001
BGD003	贾尔纳（孟加拉）	Chalna, Bangladesh	103	050003
BGD006	吉大港（孟加拉）	Chittagong, Bangladesh	1007	050006
BGD009	库尔纳（孟加拉）	Khulna, Bangladesh	1009	050009
BGD012	蒙拉（孟加拉）	Mongla(Mungla), Bangladesh	103	050012
ARM000	亚美尼亚	Armenia	338	051000
BRB000	巴巴多斯	Barbados	405	052000
BRB003	布里奇敦（巴巴多斯）	Bridgetown, Barbados	2730	052003

代码	中文名称	英文名称	原报关代码	原报检代码
BEL000	比利时	Belgium	301	056000
BEL003	安特卫普（比利时）	Antwerpen, Belgium	1787	056003
BEL006	布鲁日（比利时）	Bruges, Belgium	1788	056006
BEL009	布鲁塞尔（比利时）	Brussels, Belgium	1789	056009
BEL012	根特（比利时）	Gent(Ghent), Belgium	1790	056012
BEL015	海米克瑟姆（比利时）	Hemiksem, Belgium	301	056015
BEL018	列日（比利时）	Liege, Belgium	1791	056018
BEL021	尼乌波特（比利时）	Nieuwpoort, Belgium	1792	056021
BEL024	奥斯坦德（比利时）	Ostend(Oostende), Belgium	1793	056024
BEL027	泽布吕赫/泽布腊赫（比利时）	Zeebrugge, Belgium	1794	056027
BMU000	百慕大	Bermuda,	504	060000
BMU003	哈密尔顿（百慕大）	Hamilton, Bermuda	2733	060003
BMU006	圣乔治（百慕大）	Saint George, Bermuda	2734	060006
BTN000	不丹	Bhutan	104	064000
BOL000	玻利维亚	Bolivia	408	068000
BIH000	波斯尼亚和黑塞哥维那	Bosnia And Herzegovina	355	070000
BWA000	博茨瓦纳	Botswana	204	072000
BVT000	布维岛	Bouvet Island	701	074000
BRA000	巴西	Brazil	410	076000
BRA003	安格拉－杜斯雷斯（巴西）	Angra Dos Reis, Brazil	2736	076003
BRA006	阿拉卡茹（巴西）	Aracaju, Brazil	410	076006
BRA009	阿拉卡蒂（巴西）	Aracati, Brazil	410	076009
BRA012	阿拉图（巴西）	Aratu, Brazil	410	076012
BRA015	阿里亚布兰卡（巴西）	Areia Branca, Brazil	410	076015
BRA018	巴拉奥特菲（巴西）	Barao De Teffe, Brazil	410	076018
BRA021	贝伦（巴西）	Belem, Brazil（PARA）	2739	076021
BRA024	卡贝德卢（巴西）	Cabedello, Brazil	410	076024
BRA027	弗洛里亚诺波利斯（巴西）	Florianopolis, Brazil	410	076027
BRA030	福塔莱萨（巴西）	Fortaleza, Brazil	2742	076030
BRA033	伊列乌斯（巴西）	Ilheus, Brazil	410	076033
BRA036	因比图巴（巴西）	Imbituba, Brazil	410	076036
BRA039	伊塔雅伊（巴西）	Itajai, Brazil	2743	076039
BRA042	伊塔基（巴西）	Itaqui, Brazil	410	076042
BRA045	若昂佩索阿（巴西）	Joao Pessoa, Brazil	410	076045
BRA048	马卡帕（巴西）	Macapa, Brazil	2744	076048
BRA051	马塞约（巴西）	Maceio, Brazil	2745	076051
BRA054	马瑙斯（巴西）	Manaus, Brazil	2746	076054
BRA057	纳塔尔（巴西）	Natal, Brazil	2748	076057
BRA060	尼泰罗伊（巴西）	Niteroi, Brazil	2749	076060
BRA063	巴拉那瓜（巴西）	Paranagua, Brazil	410	076063
BRA066	巴纳伊巴（巴西）	Parnaiba, Brazil	410	076066
BRA069	佩洛塔斯（巴西）	Pelotas, Brazil	2752	076069
BRA072	乌布角（巴西）	Ponta Do Ubu, Brazil	410	076072
BRA075	阿雷格里港（巴西）	Porto Alegre, Brazil	2753	076075

代码	中文名称	英文名称	原报关代码	原报检代码
BRA078	波图塞尔（巴西）	Portocel, Brazil	410	076078
BRA081	累西腓（巴西）	Recife, Brazil	2758	076081
BRA084	里约热内卢（巴西）	Rio De Janeiro, Brazil	2754	076084
BRA087	里奥格兰德（巴西）	Rio Grande, Brazil	2755	076087
BRA090	萨尔瓦多（巴西）	Salvador, Brazil	2738	076090
BRA093	圣安娜（巴西）	Santana, Brazil	2761	076093
BRA096	圣塔伦（巴西）	Santarem, Brazil	410	076096
BRA099	桑托斯（巴西）	Santos, Brazil	2762	076099
BRA102	南圣弗兰西斯科（巴西）	Sao Francisco Do Sul, Brazil	2763	076102
BRA105	圣路易斯（巴西）	Sao Luis, Brazil	2764	076105
BRA108	圣保罗（巴西）	Sao Paulo, Brazil	410	076108
BRA111	圣塞巴斯蒂昂（巴西）	Sao Sebastiao, Brazil	2765	076111
BRA114	塞佩提巴（巴西）	Sepetiba, Brazil	410	076114
BRA117	特拉曼达伊（巴西）	Tramandai, Brazil	410	076117
BRA120	特龙贝塔斯（巴西）	Trombetas, Brazil	410	076120
BRA123	图巴朗（巴西）	Tubarao, Brazil	2757	076123
BRA126	维多利亚（巴西）	Vitoria, Brazil	2766	076126
BRA127	安托尼纳（巴西）	Antonina, Brazil	2737	076127
BRA128	福塔雷扎	Methil Docks, Brazil	2747	076128
BRA129	海纳（巴西）	Rio Haina, Brazil	2756	076129
BRA130	里亚桥（巴西）	Barra Do Riacho, Brazil	2740	076130
BRA131	帕腊纳瓜（巴西）	Paranagua, Brazil	2751	076131
BRA132	萨尔塔卡瓦略（巴西）	Salta Caballo, Brazil	2760	076132
BRA133	图比图巴（巴西）	Imbituba, Brazil	2741	076133
BLZ000	伯利兹	Belize	406	084000
BLZ001	贝尔莫潘（伯利兹）	Belmopan, Belize	2732	084001
BLZ003	伯利兹城（伯利兹）	Belize City, Belize	2731	084003
IOT000	英属印度洋领土	British Indian Ocean Territory	299	086000
SLB000	所罗门群岛	Solomon Islands	613	090000
SLB001	LOLAHO(所罗门群岛）	Lolaho, Solomon Islands	3339	090001
SLB002	安诺瓦湾（所罗门群岛）	Anewa Bay, Solomon Islands	3337	090002
SLB003	阿拉迪斯港（所罗门群岛）	Allardyce Harbour, Solomon Islands	613	090003
SLB004	奥基（所罗门群岛）	Auki, Solomon Islands	3336	090004
SLB006	吉佐（所罗门群岛）	Gizo, Solomon Islands	3334	090006
SLB009	霍尼亚拉（所罗门群岛）	Honiara, Solomon Islands	3338	090009
SLB012	诺鲁（所罗门群岛）	Noro, Solomon Islands	613	090012
SLB015	林吉科弗（所罗门群岛）	Ringgi Cove, Solomon Islands	613	090015
SLB018	肖特兰岛（所罗门群岛）	Shortland Harbour, Solomon Islands	613	090018
SLB021	图拉吉（所罗门群岛）	Tulagi, Solomon Islands	613	090021
SLB024	扬迪纳（所罗门群岛）	Yandina, Solomon Islands	3340	090024
VGB000	英属维尔京群岛	British Virgin Islands	446	092000
VGB001	阿内加达岛（英属维尔京群岛）	Anegada Island, British Virgin Islands	2980	092001
VGB002	[illegible]POPUP	Virgin Gorda, British Virgin Islands	2978	092002

代码	中文名称	英文名称	原报关代码	原报检代码
VGB003	托托拉岛（英属维尔京群岛）	Tortola, British Virgin Islands	2977	092003
VGB006	罗德城（英属维尔京群岛）	Road Town, British Virgin Islands	2979	092006
BRN000	文莱	Brunei Darussalam	105	096000
BRN001	文莱（文莱）	Brunei, Brunei Darussalam	1011	096001
BRN003	斯里巴加湾港（文莱）	Bandar Seri Begawan, Brunei Darussalam	1010	096003
BRN006	白拉奕（文莱）	Kuala Belait, Brunei Darussalam	105	096006
BRN008	麻拉（文莱）	Muara, Brunei Darussalam	105	096008
BRN009	穆阿拉港（文莱）	Muara Harbour, Brunei Darussalam	105	096009
BRN012	诗里亚（文莱）	Seria, Brunei Darussalam	105	096012
BRN015	丹戎沙利隆（文莱）	Tanjong Salirong, Brunei Darussalam	105	096015
BGR000	保加利亚	Bulgaria	316	100000
BGR003	巴尔奇克（保加利亚）	Balchik, Bulgaria	316	100003
BGR006	布尔加斯（保加利亚）	Burgas, Bulgaria	2424	100006
BGR009	卡瓦尔纳（保加利亚）	Kavarna, Bulgaria	316	100009
BGR012	米丘林（保加利亚）	Michurin, Bulgaria	316	100012
BGR015	纳塞巴尔（保加利亚）	Nessebar, Bulgaria	316	100015
BGR017	索佐波尔（保加利亚）	Sozopol, Bulgaria	316	100017
BGR018	瓦尔纳（保加利亚）	Varna, Bulgaria	2425	100018
MMR000	缅甸	Myanmar	106	104000
MMR001	八莫（缅甸）	Bhamo, Myanmar	1015	104001
MMR003	实兑（缅甸）	Akyab, Myanmar	1013	104003
MMR006	勃生（缅甸）	Bassein, Myanmar	1014	104006
MMR009	皎漂（缅甸）	Kyaukpyu, Myanmar	106	104009
MMR012	墨吉（缅甸）	Mergui, Myanmar	106	104012
MMR015	毛淡棉（缅甸）	Mawlamyine(Moulmein), Myanmar	1016	104015
MMR018	仰光（缅甸）	Yangon(Rangoon), Myanmar	106	104018
MMR021	丹兑（山多威）（缅甸）	Thandwe(Sandoway), Myanmar	106	104021
MMR024	土瓦（缅甸）	Tavoy, Myanmar	106	104024
MMR026	耶城（缅甸）	Ye, Myanmar	106	104026
MMR027	德林达伊（缅甸）	Tenasserim, Myanmar	106	104027
MMR030	维多利亚角（缅甸）	Victoria Point, Myanmar	106	104030
BDI000	布隆迪	Burundi	205	108000
BLR000	白俄罗斯	Belarus	340	112000
KHM000	柬埔寨	Cambodia	107	116000
KHM003	磅逊（柬埔寨）	Kompong Som, Cambodia	1018	116003
KHM006	金边（柬埔寨）	Phnom Penh, Cambodia	1020	116006
CMR000	喀麦隆	Cameroon	206	120000
CMR003	杜阿拉（喀麦隆）	Douala, Cameroon	1593	120003
CMR006	克里比（喀麦隆）	Kribi, Cameroon	206	120006
CMR009	提科（喀麦隆）	Tiko, Cameroon	1595	120009
CMR012	维多利亚（喀麦隆）	Victoria, Cameroon	206	120012
CMR015	雅温得（喀麦隆）	Yaounde, Cameroon	1596	120015
CAN000	加拿大	Canada	501	124000
CAN003	阿克拉维克（加拿大）	Aklavik, Canada	501	124003

代码	中文名称	英文名称	原报关代码	原报检代码
CAN006	阿默斯特（加拿大）	Amherst, Canada	501	124006
CAN009	阿默斯特堡，阿默斯特港（加拿大）	Amherstburg, Canada	2990	124009
CAN012	安纳波利斯（加拿大）	Annapolis, Canada	501	124012
CAN015	阿真舍（加拿大）	Argentia, Canada	501	124015
CAN018	阿里沙特（加拿大）	Arichat, Canada	2991	124018
CAN021	巴德克（加拿大）	Baddeck, Canada	2992	124021
CAN024	巴戈特维尔（加拿大）	Bagotville, Canada	501	124024
CAN027	贝科莫（加拿大）	Baie Comeau, Canada	3001	124027
CAN030	巴斯克湾（加拿大）	Basque Cove, Canada	501	124030
CAN033	巴瑟斯特（加拿大）	Bathurst, Canada	2993	124033
CAN036	贝罗伯茨（加拿大）	Bay Roberts, Canada	2994	124036
CAN039	比弗港（加拿大）	Beaver Habour, Canada	501	124039
CAN045	贝拉顿（加拿大）	Belledune, Canada	501	124045
CAN048	博特伍德（加拿大）	Botwood, Canada	2995	124048
CAN051	布里奇沃特（加拿大）	Bridgewater, Canada	2996	124051
CAN054	布罗克维尔（加拿大）	Brockville(Ont.), Canada	2997	124054
CAN057	巴克图什（加拿大）	Buctouche, Canada	2999	124057
CAN060	伯吉奥（加拿大）	Burgeo, Canada	501	124060
CAN063	布林（加拿大）	Buring, Canada	501	124063
CAN066	坎贝尔顿（加拿大）	Campbellton, Canada	3000	124066
CAN069	坎索港（加拿大）	Canso Harbour, Canada	501	124069
CAN072	卡拉凯特（加拿大）	Caraquet, Canada	3009	124072
CAN075	卡尔顿（加拿大）	Carleton, Canada	3010	124075
CAN078	夏洛特敦（加拿大）	Charlottetown, Canada	3002	124078
CAN084	查塔姆（加拿大）	Chatham, Canada	501	124084
CAN087	彻梅纳斯（加拿大）	Chemainus, Canada	501	124087
CAN090	谢蒂坎普（加拿大）	Cheticamp, Canada	501	124090
CAN093	希库提米（加拿大）	Chicoutimi, Canada	501	124093
CAN096	丘吉尔（加拿大）	Churchill, Canada	3013	124096
CAN099	克拉伦维尔（加拿大）	Clarenville, Canada	501	124099
CAN102	科堡（加拿大）	Cobourg(Ont.), Canada	501	124102
CAN105	科灵伍德（加拿大）	Collingwood, Canada	3016	124105
CAN108	卡姆拜钱斯（加拿大）	Come-By-Chance, Canada	501	124108
CAN111	科纳–布鲁特（加拿大）	Comer Brook, Canada	3019	124111
CAN114	科莫克斯（加拿大）	Comox, Canada	3017	124114
CAN117	孔特勒科尔（加拿大）	Contrecoeur, Canada	3018	124117
CAN120	康沃尔（加拿大）	Cornwall(Ont.), Canada	3020	124120
CAN123	康特里港（加拿大）	Country Harbour, Canada	3021	124123
CAN126	科威恰湾（加拿大）	Cowichan Bay, Canada	501	124126
CAN129	克罗夫顿（加拿大）	Crofton, Canada	501	124129
CAN132	达尔豪西（加拿大）	Dalhousie, Canada	3022	124132
CAN135	迪格比（加拿大）	Digby, Canada	3023	124135
CAN138	丁沃尔（加拿大）	Dingwall, Canada	501	124138
CAN141	多米诺（加拿大）	Domino, Canada	501	124141
CAN144	埃斯奎莫尔特（加拿大）	Esquimalt, Canada	501	124144
CAN147	福雷斯特维尔（加拿大）	Forestville, Canada	501	124147

代码	中文名称	英文名称	原报关代码	原报检代码
CAN150	弗罗比舍湾（加拿大）	Frobisher Bay, Canada	501	124150
CAN153	加斯佩（加拿大）	Gaspe, Canada	501	124153
CAN156	乔治敦（加拿大）	Georgetown, Canada	3003	124156
CAN159	戈德里奇（加拿大）	Goderich, Canada	501	124159
CAN162	戈尔德里弗（加拿大）	Gold River, Canada	501	124162
CAN165	古斯湾（加拿大）	Goose Bay, Canada	3004	124165
CAN168	格兰德班克（加拿大）	Grand Bank, Canada	501	124168
CAN171	哈利法克斯（加拿大）	Halifax, Canada	3005	124171
CAN174	哈密尔顿（加拿大）	Hamilton, Canada	3006	124174
CAN177	汉茨波特（加拿大）	Hantsport, Canada	3024	124177
CAN180	格雷斯港（加拿大）	Harbour Grace, Canada	3025	124180
CAN183	哈麦克（加拿大）	Harmac, Canada	501	124183
CAN186	哈佛圣皮埃尔（加拿大）	Havre St. Pierre, Canada	3026	124186
CAN189	哈茨康滕特（加拿大）	Heart'S Content, Canada	3028	124189
CAN192	霍利鲁德（加拿大）	Holyrood, Canada	501	124192
CAN195	约纳（加拿大）	Iona, Canada	501	124195
CAN198	艾萨克斯港（加拿大）	Isaac'S Content, Canada	3007	124198
CAN201	金斯顿（加拿大）	Kingston, Canada	3029	124201
CAN204	基提马特（加拿大）	Kitimat, Canada	3030	124204
CAN207	拉阿沃（加拿大）	La Have, Canada	501	124207
CAN210	利明顿（加拿大）	Leamington, Canada	3032	124210
CAN213	利斯科姆（加拿大）	Lis Comb, Canada	3034	124213
CAN216	小窄峡（加拿大）	Little Narrows, Canada	501	124216
CAN219	利物浦（加拿大）	Liverpool, Canada	501	124219
CAN222	洛克波特（加拿大）	Lockeport, Canada	501	124222
CAN225	洛蒙德（加拿大）	Lomond, Canada	501	124225
CAN228	路易斯堡（加拿大）	Louisburg, Canada	3035	124228
CAN231	卢嫩堡（加拿大）	Lunenburg, Canada	3036	124231
CAN234	马塔讷（加拿大）	Matane, Canada	501	124234
CAN237	梅泰根（加拿大）	Meteghan, Canada	3038	124237
CAN240	米奇皮科滕（加拿大）	Michipicoten(Ont.), Canada	501	124240
CAN243	米德兰（加拿大）	Midland(Ont.), Canada	3039	124243
CAN246	蒙路易（加拿大）	Mont Louis, Canada	3041	124246
CAN249	蒙塔古（加拿大）	Montague, Canada	501	124249
CAN252	蒙特利尔（加拿大）	Montreal, Canada	3042	124252
CAN255	纳奈莫（加拿大）	Nanaimo, Canada	3043	124255
CAN258	纳尼斯维克（加拿大）	Nanisivk, Canada	501	124258
CAN261	新格拉斯哥（加拿大）	New Glasgow, Canada	3045	124261
CAN264	新里士满（加拿大）	New Richmond, Canada	501	124264
CAN267	新威斯敏斯特（加拿大）	New Westminster, Canada	3046	124267
CAN270	纽卡斯尔（加拿大）	Newcastle(N.B.), Canada	501	124270
CAN273	北锡德尼（加拿大）	North Sydney, Canada	3047	124273
CAN276	奥克维尔（加拿大）	Oakville(Ont.), Canada	3048	124276
CAN279	福尔斯海（加拿大）	Ocean Falls, Canada	501	124279
CAN282	奥沙瓦（加拿大）	Oshawa(Ont.), Canada	501	124282
CAN285	欧文桑德（加拿大）	Owen Sound, Canada	3049	124285
CAN288	帕斯博勒（加拿大）	Parrsboro, Canada	3053	124288

代码	中文名称	英文名称	原报关代码	原报检代码
CAN291	帕里桑德（加拿大）	Parry Sound, Canada	3054	124291
CAN294	帕斯佩比亚克（加拿大）	Paspebiac, Canada	3055	124294
CAN297	皮克图（加拿大）	Pictou, Canada	3056	124297
CAN300	图佩尔角（加拿大）	Point Tupper, Canada	501	124300
CAN303	黑角（加拿大）	Point Noire, Canada	501	124303
CAN306	艾伯尼港（加拿大）	Port Alberni, Canada	501	124306
CAN309	艾尔弗雷德港（加拿大）	Port Alfred, Canada	501	124309
CAN312	艾利斯港（加拿大）	Port Alice, Canada	501	124312
CAN315	奥克斯巴凯斯港（加拿大）	Port Aux Barques, Canada	501	124315
CAN318	卡捷港（加拿大）	Port-Cartier, Canada	501	124318
CAN321	科尔本港（加拿大）	Port Colborne Canada, Canada	3060	124321
CAN324	克雷迪特港（加拿大）	Port Credit(Ont.), Canada	3061	124324
CAN327	达尔胡西港（加拿大）	Prot Dalhousie, Canada	501	124327
CAN330	霍克斯伯里港（加拿大）	Prot Hawkesbury, Canada	3027	124330
CAN333	霍普辛普森港（加拿大）	Port Hope Simpson, Canada	501	124333
CAN336	霍普港（加拿大）	Prot Hope (Ont.), Canada	501	124336
CAN339	梅德韦港（加拿大）	Port Medway, Canada	501	124339
CAN342	穆尔格拉维港（加拿大）	Port Mulgrave, Canada	501	124342
CAN345	威莱尔港（加拿大）	Port Weller(Ont.), Canada	501	124345
CAN348	鲍威尔（加拿大）	Powell River, Canada	501	124348
CAN351	普雷斯科特（加拿大）	Prescott, Canada	3062	124351
CAN354	鲁珀特港（加拿大）	Prince Rupert, Canada	3063	124354
CAN357	帕格沃希（加拿大）	Pugwash, Canada	3064	124357
CAN360	魁北克（加拿大）	Quebec, Canada	3065	124360
CAN363	里奇巴克托（加拿大）	Richibucto, Canada	501	124363
CAN366	里穆斯基（加拿大）	Rimouski, Canada	501	124366
CAN369	里维耶尔－迪卢（加拿大）	Riviere Du Loup, Canada	3066	124369
CAN372	罗伯茨湾（加拿大）	Roberts Bank, Canada	501	124372
CAN375	圣约翰（加拿大）	Saint John, Canada	501	124375
CAN378	萨尔尼亚（加拿大）	Sarnia, Canada	3067	124378
CAN381	苏圣马丽（加拿大）	Sault Ste Marie, Canada	3068	124381
CAN384	七岛（加拿大）塞提尔	Sept-Iles, Canada	3069	124384
CAN387	谢迪艾克（加拿大）	Shediac, Canada	3070	124387
CAN390	希特港（加拿大）	Sheet Harbour, Canada	501	124390
CAN393	谢尔本（加拿大）	Shelburne(N.S.), Canada	3072	124393
CAN396	希布洛克（加拿大）	Sherbrooke, Canada	501	124396
CAN399	希普港（加拿大）	Ship Harbour, Canada	3071	124399
CAN402	希皮根（加拿大）	Shippegan, Canada	3073	124402
CAN405	索雷尔（加拿大）	Sorel, Canada	3074	124405
CAN408	苏里斯（加拿大）	Souris, Canada	3075	124408
CAN411	斯普林代尔（加拿大）	Springdale, Canada	3076	124411
CAN414	斯阔米什（加拿大）	Squamish, Canada	501	124414
CAN417	圣安德鲁斯（加拿大）	St. Andrews, Canada	3077	124417
CAN420	圣凯瑟琳斯（加拿大）	St. Catharines, Canada	501	124420
CAN422	圣约翰（加拿大）	St John, Canada	3078	124422

代码	中文名称	英文名称	原报关代码	原报检代码
CAN423	圣约翰斯（加拿大）	St.John'S, Canada	3079	124423
CAN426	圣劳伦斯（加拿大）	St. Lawrence(Nf.), Canada	501	124426
CAN429	斯蒂芬维尔（加拿大）	Stephenville, Canada	501	124429
CAN432	斯图尔特（加拿大）	Stewart, Canada	501	124432
CAN435	萨默塞德（加拿大）	Summerside, Canada	3083	124435
CAN438	悉尼（加拿大）	Sydney, Canada	3082	124438
CAN441	塔杜萨克（加拿大）	Tadoussac, Canada	501	124441
CAN444	塔西斯（加拿大）	Tahsis, Canada	501	124444
CAN447	索罗尔德（加拿大）	Thorold(Ont.), Canada	3084	124447
CAN450	三河城（加拿大）	Three Rivers(Trois-Rivieres), Canada	3085	124450
CAN453	桑德贝（加拿大）	Thunder Bay, Canada	501	124453
CAN456	多伦多（加拿大）	Toronto, Canada	3086	124456
CAN459	特威林盖特（加拿大）	Twillingate, Canada	3088	124459
CAN462	瓦利菲尔德（加拿大）	Valleyfield, Canada	501	124462
CAN465	温哥华（加拿大）	Vancouver, Canada	3089	124465
CAN468	维多利亚（加拿大）	Victoria, Canada	3090	124468
CAN471	瓦伯兰（加拿大）	Wabana, Canada	501	124471
CAN474	沃尔顿（加拿大）	Walton, Canada	501	124474
CAN477	瓦特逊岛（加拿大）	Watson Island, Canada	501	124477
CAN478	CAP DE LA MADELEINE（加拿大）	Cap De La Madeleine, Canada	3008	124478
CAN479	CLARKE CITY（加拿大）	Clarke City, Canada	3014	124479
CAN480	威兰（加拿大）	Welland(Ont.), Canada	3092	124480
CAN481	奥申福尔斯（加拿大）	Ocean Falls, Canada	3050	124481
CAN482	贝尔岛（加拿大）	Wabana, Canada	3091	124482
CAN483	韦默思（加拿大）	Weymouth, Canada	3093	124483
CAN485	卡提尔港（加拿大）	Port Cartier, Canada	3059	124485
CAN486	温泽尔（加拿大）	Windsor(Ont.), Canada	3094	124486
CAN487	勒墨夫（加拿大）	La Have, Canada	3031	124487
CAN488	马坦（加拿大）	Matane, Canada	3037	124488
CAN489	伍德菲伯（加拿大）	Woodfibre, Canada	3095	124489
CAN490	纳尔逊（加拿大）	Nelson, Canada	3044	124490
CAN491	南纳尔逊（加拿大）	South Nelson, Canada	3081	124491
CAN492	雅茅思（加拿大）	Yarmouth, Canada	3096	124492
CAN493	切迈努斯（加拿大）	Chemainus, Canada	3012	124493
CAN494	图克托亚克图克（加拿大）	Tuktoyaktuk, Canada	3087	124494
CAN495	渥太华（加拿大）	Ottawa, Canada	3052	124495
CAN496	沃夏瓦（加拿大）	Oshawa, Canada	3051	124496
CAN497	斜堡（加拿大）	Cobourg, Canada	3015	124497
CAN501	阿尔泊尼港（加拿大）	Port Albeini, Canada	3058	124501
CAN504	波珀斯港（加拿大）	Porpoise Harbour, Canada	3057	124504
CAN507	布朗斯维尔（加拿大）	Brownsville, Canada	2998	124507
CAN510	莱塞斯库明（加拿大）	Les Escoumins, Canada	3033	124510
CAN514	米耳丘陵（加拿大）	Millbank, Canada	3040	124514
CAN517	恰塔姆（加拿大）	Chatham, Canada	3011	124517
CPV000	佛得角	Cape Verde	208	132000

代码	中文名称	英文名称	原报关代码	原报检代码
CPV002	明德卢（佛得角）	Mindelo, Cape Verde	1601	132002
CPV003	帕尔梅拉（佛得角）	Palmeira, Cape Verde	208	132003
CPV006	格兰德港（佛得角）	Porto Grande, Cape Verde	1602	132006
CPV009	普拉亚（佛得角）	Praia, Cape Verde	208	132009
CYM000	开曼群岛	Cayman Islands	411	136000
CYM003	乔治敦（开曼群岛）	Georgetown, Cayman Islands	411	136003
CAF000	中非	Central African Republic	209	140000
CEU000	休达	Ceuta	210	142000
CEU003	休达（休达）	Ceuta, Ceuta	210	142003
LKA000	斯里兰卡	Sri Lanka	134	144000
LKA003	拜蒂克洛（斯里兰卡）	Batticaloa, Sri Lanka	134	144003
LKA006	科伦坡（斯里兰卡）	Colombo, Sri Lanka	1489	144006
LKA009	加勒（斯里兰卡）	Galle, Sri Lanka	1490	144009
LKA012	贾夫纳（斯里兰卡）	Jaffna, Sri Lanka	134	144012
LKA015	卡卢特勒（斯里兰卡）	Kalutara, Sri Lanka	134	144015
LKA018	坎凯桑图赖（斯里兰卡）	Kankesanturai, Sri Lanka	134	144018
LKA021	凯茨（斯里兰卡）	Kayts, Sri Lanka	134	144021
LKA024	马特勒（斯里兰卡）	Matara, Sri Lanka	134	144024
LKA027	尼甘布（斯里兰卡）	Negombo, Sri Lanka	134	144027
LKA028	马纳尔（斯里兰卡）	Mannar, Sri Lanka	134	144028
LKA029	塔莱曼纳尔（斯里兰卡）	Talaimannar, Sri Lanka	134	144029
LKA030	亭可马里（斯里兰卡）	Trincomalee, Sri Lanka	1491	144030
TCD000	乍得	Chad	211	148000
TCD001	ATI（乍得）	Ati, Chad	1604	148001
CHL000	智利	Chile	412	152000
CHL003	安库德（智利）	Ancud, Chile	412	152003
CHL006	安托法加斯塔（智利）	Antofagasta, Chile	2767	152006
CHL009	阿里卡（智利）	Arica, Chile	2768	152009
CHL012	卡博内格罗（智利）	Cabo Negro, Chile	412	152012
CHL015	卡尔德拉（智利）	Caldera, Chile	412	152015
CHL018	卡尔德里拉（智利）	Calderilla, Chile	412	152018
CHL024	克拉伦西亚（智利）	Caleta Clarencia, Chile	412	152024
CHL027	帕蒂略斯（智利）	Caleta Patillos, Chile	412	152027
CHL030	卡斯特罗（智利）	Castro, Chile	412	152030
CHL033	查卡布科（智利）	Chacabuco, Chile	412	152033
CHL036	查尼亚拉尔（智利）	Chanaral, Chile	2770	152036
CHL039	科金博（智利）	Coquimbo, Chile	2771	152039
CHL042	科罗内尔（智利）	Coronel, Chile	2772	152042
CHL045	科拉尔（智利）	Corral, Chile	412	152045
CHL048	克鲁斯格兰德（智利）	Cruz Grande, Chile	412	152048
CHL051	复活节岛（智利）	Easter Island, Chile	412	152051
CHL054	格雷戈里乌（智利）	Gregorio, Chile	412	152054
CHL057	瓜亚坎（智利）	Guayacan, Chile	412	152057
CHL060	瓦斯科（智利）	Huasco, Chile	2773	152060
CHL063	伊基克（智利）	Iquique, Chile	2774	152063
CHL066	拉塞雷纳（智利）	La Serna, Chile	412	152066
CHL069	利尔奎（智利）	Lirquen, Chile	2775	152069

代码	中文名称	英文名称	原报关代码	原报检代码
CHL072	洛塔（智利）	Lota, Chile	412	152072
CHL075	梅希约内斯（智利）	Mejillones, Chile	2776	152075
CHL078	彭科（智利）	Penco, Chile	412	152078
CHL081	博里奥斯港（智利）	Puerto Bories, Chile	412	152081
CHL084	蒙特港（智利）	Puerto Montt, Chile	2777	152084
CHL087	纳塔莱斯港（智利）	Puerto Natales, Chile	412	152087
CHL090	克永港（智利）	Puerto Quellon, Chile	412	152090
CHL093	奎姆什（智利）	Quemchi, Chile	412	152093
CHL096	蓬塔阿雷纳斯（智利）	Punta Arenas, Chile	2778	152096
CHL099	金特罗（智利）	Quintero, Chile	412	152099
CHL102	圣安东尼奥（智利）	San Antonio, Chile	2779	152102
CHL105	圣维森特（智利）	San Vicente, Chile	2780	152105
CHL108	塔尔卡瓦诺（智利）	Talcahuano, Chile	2781	152108
CHL111	塔尔塔尔（智利）	Taltal, Chile	2782	152111
CHL114	托科皮亚（智利）	Tocopilla, Chile	2783	152114
CHL117	托梅（智利）	Tome, Chile	2784	152117
CHL120	瓦尔迪维亚（智利）	Valdivia, Chile	2785	152120
CHL123	瓦尔帕莱索（智利）	Valparaiso, Chile	2786	152123
CHL901	圣地亚哥（智利）	Santiago, Chile	412	152901
CHL902	BARQUJTO（智利）	Barqujto, Chile	2769	152902
CHN000	中国境内	China	142	156000
CHN030	南通（中国）	Nantong, China	142	156030
CHN033	泰州（中国）	Taizhou, China	142	156033
CHN036	扬州（中国）	Yangzhou, China	142	156036
CHN039	南京（中国）	Nanjing, China	142	156039
CHN041	镇江（中国）	Zhenjiang, China	142	156041
CHN042	常州（中国）	Changzhou, China	142	156042
CHN043	高港（中国）	Gaogang, China	142	156043
CHN045	江阴（中国）	Jiangyin, China	142	156045
CHN046	苏州（中国）	Suzhou, China	142	156046
CHN047	张家港（中国）	Zhangjiagang, China	142	156047
CHN050	常熟（中国）	Changshu, China	142	156050
CHN053	太仓（中国）	Taicang, China	142	156053
CHN056	南京禄口国际机场（中国）	Nanjinglukouguojijichang, China	142	156056
CHN059	盐城机场（中国）	Yanchengjichang, China	142	156059
CHN101	丹东（中国）	Dandong, China	142	156101
CHN113	大连（中国）	Dalian, China	142	156113
CHN114	大连新港（中国）	Dalianxingang, China	142	156114
CHN119	营口（中国）	Yingkou, China	142	156119
CHN122	锦州（中国）	Jinzhou, China	142	156122
CHN124	葫芦岛（中国）	Huludao, China	142	156124
CHN126	沈阳桃仙国际机场口岸（中国）	Shenyangtaoxianguojijichang, China	142	156126
CHN128	大连周水子国际机场（中国）	Dalianzhoushuiziguojijichang, China	142	156128
CHN130	长春大房身机场（中国）	Changchundafashenjichang, China	142	156130

代码	中文名称	英文名称	原报关代码	原报检代码
CHN132	延吉朝阳川机场（中国）	Yanjichaoyangchuan, China	142	156132
CHN134	哈尔滨太平国际机场（中国）	Harbintaipingguojijichang, China	142	156134
CHN136	佳木斯东郊机场（中国）	Jiamusidongjiaojichang, China	142	156136
CHN138	牡丹江海浪机场（中国）	Mudanjianghailangjichang, China	142	156138
CHN140	齐齐哈尔三家子机场（中国）	Qiqiharsanjiazijichang, China	142	156140
CHN151	秦皇岛（中国）	Qinhuangdao, China	142	156151
CHN153	唐山（中国）	Tangshan, China	142	156153
CHN154	京唐港（中国）	Jingtanggang, China	142	156154
CHN156	曹妃甸（中国）	Caofeidian, China	142	156156
CHN159	石家庄正定机场（中国）	Shijiazhuangzhengdingjichang, China	142	156159
CHN181	天津（中国）	Tianjin, China	142	156181
CHN184	天津滨海国际机场（中国）	Tianjinbinhaiguojijichang, China	142	156184
CHN185	天津新港（中国）	Tianjinxingang, China	142	156185
CHN188	首都国际机场（中国）	Shouduguojijichang, China	142	156188
CHN190	太原太武宿机场（中国）	Taiyuantaiwusujichang, China	142	156190
CHN192	呼和浩特白塔机场（中国）	Hohhotbaitajichang, China	142	156192
CHN194	海拉尔东山机场（中国）	Hailardongshanjichang, China	142	156194
CHN213	黄骅（中国）	Huanghua, China	142	156213
CHN216	东营（中国）	Dongying, China	142	156216
CHN219	莱州（中国）	Laizhou, China	142	156219
CHN222	龙口（中国）	Longkou, China	142	156222
CHN225	蓬莱（中国）	Penglai, China	142	156225
CHN231	烟台（中国）	Yantai, China	142	156231
CHN240	威海（中国）	Weihai, China	142	156240
CHN249	石岛（中国）	Shidao, China	142	156249
CHN260	黄岛（中国）	Huangdao, China	142	156260
CHN261	青岛（中国）	Qingdao, China	142	156261
CHN273	日照（中国）	Rizhao, China	142	156273
CHN276	岚山（中国）	Lanshan, China	142	156276
CHN278	济南遥墙机场（中国）	Jinanyaoqiangjichang, China	142	156278
CHN280	青岛流亭机场（中国）	Qingdaoliutingjichang, China	142	156280
CHN282	威海机场（中国）	Weihaijichang, China	142	156282
CHN284	烟台莱山机场（中国）	Yantailaishanjichang, China	142	156284
CHN286	郑州新郑国际机场（中国）	Zhengzhouxinzhengguojijichang, China	142	156286
CHN288	洛阳北郊机场（中国）	Luoyangbeijiaojichang, China	142	156288
CHN290	武汉天河机场（中国）	Wuhantianhejichang, China	142	156290
CHN292	宜昌三峡机场（中国）	Yichangsanxiajichang, China	142	156292
CHN294	长沙黄花国际机场（中国）	Changshahuanghuaguojijichang, China	142	156294
CHN296	张家界荷花机场（中国）	Zhangjiajiehehuajichang, China	142	156296
CHN301	连云港（中国）	Lianyungang, China	142	156301
CHN331	上海（中国）	Shanghai, China	142	156331

代码	中文名称	英文名称	原报关代码	原报检代码
CHN333	宝山马头（中国）	Baoshanmatou, China	142	156333
CHN336	外高桥（中国）	Waigaoqiao, China	142	156336
CHN339	吴淞（中国）	Wusong, China	142	156339
CHN340	上海浦东国际机场（中国）	Shanghaipudongguojijichang, China	142	156340
CHN341	上海虹桥国际机场（中国）	Shanghaihongqiaoguojijichang, China	142	156341
CHN342	洋山（中国）	Yangshan, China	142	156342
CHN345	嘉兴（中国）	Jiaxing, China	142	156345
CHN351	乍浦（中国）	Zhapu, China	142	156351
CHN358	镇海港（中国）	Zhenhaigang, China	142	156358
CHN359	梅山港（中国）	Meishangang, China	142	156359
CHN360	宁波（中国）	Ningbo, China	142	156360
CHN361	北仑港（中国）	Beilungang, China	142	156361
CHN362	大榭港（中国）	Daxiegang, China	142	156362
CHN363	穿山港（中国）	Chuanshangang, China	142	156363
CHN364	宁海港（中国）	Ninghaigang, China	142	156364
CHN365	象山港（中国）	Xiangshangang, China	142	156365
CHN366	舟山（中国）	Zhoushan, China	142	156366
CHN367	普陀港（中国）	Putuogang, China	142	156367
CHN450	台州（中国）	Taizhou, China	142	156450
CHN453	海门（中国）	Haimen, China	142	156453
CHN456	温岭港（中国）	Wenlinggang, China	142	156456
CHN483	温州（中国）	Wenzhou, China	142	156483
CHN566	杭州萧山国际机场（中国）	Hangzhouxiaoshanguojijichang, China	142	156566
CHN568	合肥骆岗机场（中国）	Hefeiluogangjichang, China	142	156568
CHN570	黄山屯溪机场（中国）	Huangshantunxijichang, China	142	156570
CHN572	宁德（中国）	Ningde, China	142	156572
CHN575	城澳（中国）	Cheng’Ao, China	142	156575
CHN578	福州（中国）	Fuzhou, China	142	156578
CHN579	马尾（中国）	Mawei, China	142	156579
CHN582	松下（中国）	Songxia, China	142	156582
CHN585	莆田（中国）	Putian, China	142	156585
CHN611	秀屿（中国）	Xiuyu, China	142	156611
CHN638	泉州（中国）	Quanzhou, China	142	156638
CHN674	厦门（中国）	Xiamen, China	142	156674
CHN677	漳州（中国）	Zhangzhou, China	142	156677
CHN679	福州长乐国际机场（中国）	Fuzhouchangleguojijichang, China	142	156679
CHN681	武夷山机场（中国）	Wuyishan, China	142	156681
CHN683	厦门高崎国际机场（中国）	Xiamengaoqiguojijichang, China	142	156683
CHN685	南昌昌北机场（中国）	Nanchangchangbeijichang, China	142	156685
CHN686	东山（中国）	Dongshan, China	142	156686
CHN704	潮州（中国）	Chaozhou, China	142	156704
CHN710	汕头（中国）	Shantou, China	142	156710

代码	中文名称	英文名称	原报关代码	原报检代码
CHN713	广澳（中国）	Guang ‘Ao, China	142	156713
CHN716	潮阳（中国）	Chaoyang, China	142	156716
CHN725	汕尾（中国）	Shanwei, China	142	156725
CHN728	惠州（中国）	Huizhou, China	142	156728
CHN731	深圳（中国）	Shenzhen, China	142	156731
CHN734	东角头（中国）	Dongjiaotou, China	142	156734
CHN737	盐田（中国）	Yantian, China	142	156737
CHN740	蛇口（中国）	Shekou, China	142	156740
CHN743	赤湾（中国）	Chiwan, China	142	156743
CHN746	妈湾（中国）	Mawan, China	142	156746
CHN748	东莞（中国）	Dongguan, China	142	156748
CHN750	黄埔（中国）	Huangpu, China	142	156750
CHN751	虎门（中国）	Humen, China	142	156751
CHN752	广州（中国）	Guangzhou, China	142	156752
CHN753	阳江（中国）	Yangjiang, China	142	156753
CHN754	南沙（中国）	Nansha, China	142	156754
CHN755	茂名（中国）	Maoming, China	142	156755
CHN756	珠海（中国）	Zuhai, China	142	156756
CHN758	中山（中国）	Zhongshan, China	142	156758
CHN761	九州（中国）	Jiuzhou, China	142	156761
CHN764	江门（中国）	Jiangmen, China	142	156764
CHN767	北津（中国）	Beijin, China	142	156767
CHN768	广海（中国）	Guanghai, China	142	156768
CHN770	斗门(中国)	Doumen, China	142	156770
CHN785	湛江（中国）	Zhanjiang, China	142	156785
CHN793	广州白云国际机场（中国）	Guangzhoubaiyunguojijichang, China	142	156793
CHN795	梅州机场（中国）	Meizhoujichang, China	142	156795
CHN797	汕头机场（中国）	Shantoujichang, China	142	156797
CHN799	深圳宝安国际机场（中国）	Shenzhenbaoanguojijichang, China	142	156799
CHN801	湛江机场（中国）	Zhanjiangjichang, China	142	156801
CHN851	北海（中国）	Beihai, China	142	156851
CHN866	石头埠（中国）	Shitoubu, China	142	156866
CHN867	钦州（中国）	Qinzhou, China	142	156867
CHN875	企沙（中国）	Qisha, China	142	156875
CHN878	防城港（中国）	Fangchenggang, China	142	156878
CHN881	江山（中国）	Jiangshan, China	142	156881
CHN883	南宁吴圩机场（中国）	Nanningwuxujichang, China	142	156883
CHN885	北海福成机场（中国）	Beihaifuchengjichang, China	142	156885
CHN887	桂林两江国际机场（中国）	Guilinliangjiangguojijichang, China	142	156887
CHN901	海口（中国）	Haikou, China	142	156901
CHN904	海口新港（中国）	Haikouxingang, China	142	156904
CHN913	清澜（中国）	Qinglan, China	142	156913
CHN919	三亚（中国）	Sanya, China	142	156919
CHN920	榆林（中国）	Yulin, China	142	156920

代码	中文名称	英文名称	原报关代码	原报检代码
CHN922	八所（中国）	Basuo, China	142	156922
CHN925	洋浦（中国）	Yangpu, China	142	156925
CHN928	海口美兰机场（中国）	Haikoumeilanjichang, China	142	156928
CHN931	三亚凤凰机场（中国）	Sanyafenghuangjichang, China	142	156931
CHN934	重庆江北国际机场（中国）	Chongqingjiangbeiguojijichang, China	142	156934
CHN937	成都双流国际机场（中国）	Chengdushuangliuguojijichang, China	142	156937
CHN940	贵阳龙洞堡机场（中国）	Guiyanglongdongbaojichang, China	142	156940
CHN943	昆明巫家坝国际机场（中国）	Kunmingwujiabaguojijichang, China	142	156943
CHN946	西双版纳嘎洒机场（中国）	Xishuangbannagasajichang, China	142	156946
CHN949	拉萨贡嘎机场（中国）	Lhasagonggajichang, China	142	156949
CHN952	西安咸阳国际机场（中国）	Xianxianyangguojijichang, China	142	156952
CHN955	兰州中川机场（中国）	Lanzhouzhongchuanjichang, China	142	156955
CHN958	西宁曹家堡机场（中国）	Xiningcaojiabaojichang, China	142	156958
CHN961	银川河东机场（中国）	Yinchuanhedongjichang, China	142	156961
CHN964	乌鲁木齐地窝堡国际机场（中国）	Urumqidiwobaoguojijichang, China	142	156964
CHN967	喀什机场（中国）	Kashijichang, China	142	156967
TWN000	中国台湾	Taiwan, Province of China	143	158000
TWN103	台北（中国台湾）	Taipei, Taiwan, Province of China	143	158103
TWN107	基隆（中国台湾）	Keelung(Chilung), Taiwan, Province of China	1561	158107
TWN114	苏奥（中国台湾）	Suao, Taiwan, Province of China	143	158114
TWN121	花莲（中国台湾）	Hualien, Taiwan, Province of China	143	158121
TWN128	高雄（中国台湾）	Kaohsiung, Taiwan, Province of China	1560	158128
TWN135	台南（中国台湾）	Tainan, Taiwan, Province of China	143	158135
TWN142	澎湖（中国台湾）	Penghu, Taiwan, Province of China	143	158142
TWN149	台中（中国台湾）	Taichung, Taiwan, Province of China	3416	158149
CXR000	圣诞岛	Christmas Island	699	162000
CCK000	科科斯（基林）群岛	Cocos (Keeling) Islands	699	166000
COL000	哥伦比亚	Colombia	413	170000
COL003	巴兰基利亚（哥伦比亚）	Barranquilla, Colombia	2787	170003
COL006	布韦那文图拉（哥伦比亚）	Buenaventura, Colombia	2790	170006
COL009	卡塔赫纳（哥伦比亚）	Cartagena, Colombia	413	170009
COL012	科韦尼亚斯（哥伦比亚）	Pozos Colorados, Colombia	413	170012
COL015	波佐科罗拉多斯（哥伦比亚）	Puerto Colombia, Colombia	413	170015
COL018	哥伦比亚港（哥伦比亚）	Rio Hacha, Colombia	413	170018
COL021	里奥阿查（哥伦比亚）	Santa Marta, Colombia	413	170021
COL023	卡雷尼奥港（哥伦比亚）	Puerto Carreno, Colombia	413	170023
COL024	圣玛尔塔（哥伦比亚）	Santa Marta, Colombia	2789	170024
COL027	图马科（哥伦比亚）	Tumaco, Colombia	2788	170027
COL030	图尔博（哥伦比亚）	Turbo, Colombia	413	170030

代码	中文名称	英文名称	原报关代码	原报检代码
COL031	科维纳斯（哥伦比亚）	Covenas, Colombia	2792	170031
COL032	韦塔赫纳（哥伦比亚）	Cartagena, Colombia	2791	170032
COM000	科摩罗	Comoros	212	174000
COM001	昂儒昂岛（科摩罗）	Anjouan Island, Comoros	1605	174001
COM002	莫埃利岛（科摩罗）	Moheli Island, Comoros	1606	174002
COM003	藻德济（科摩罗）	Dzaoudzi, Comoros	212	174003
COM006	丰博尼（科摩罗）	Fomboni, Comoros	1607	174006
COM009	莫罗尼（科摩罗）	Moroni, Comoros	1609	174009
COM012	穆察穆杜（科摩罗）	Mutsamudu, Comoros	1608	174012
MYT000	马约特	Mayotte	259	175000
MYT003	藻德济（马约特）	Dzaoudzi, Mayotte	259	175003
COG000	刚果（布）	Congo-Brazzaville	213	178000
COG003	哲诺油码头(刚果(布))	Djeno Terminal, Congo-Brazzaville	213	178003
COG006	黑角（刚果（布））	Pointe Noire, Congo-Brazzaville	1610	178006
COD000	刚果（金）	Congo-Kinshasa	252	180000
COD003	巴纳纳（刚果（金））	Banana, Congo-Kinshasa	1782	180003
COD006	博马（刚果（金））	Boma, Congo-Kinshasa	1783	180006
COD009	马塔迪（刚果（金））	Matadi, Congo-Kinshasa	1784	180009
COD901	金沙萨（刚果（金））	Kinshasa, Congo-Kinshasa	252	180901
COK000	库克群岛	Cook Islands	602	184000
COK003	阿鲁通加（库克群岛）	Arutunga, Cook Islands	602	184003
COK005	阿瓦鲁阿（库克群岛）	Avarua, Cook Islands	3278	184005
COK006	拉罗通加岛（库克群岛）	Rarotonga, Cook Islands	602	184006
CRI000	哥斯达黎加	Costa Rica	415	188000
CRI003	卡尔德拉（哥斯达黎加）	Caldera, Costa Rica	415	188003
CRI006	戈尔菲托（哥斯达黎加）	Golfito, Costa Rica	2796	188006
CRI009	利蒙港（哥斯达黎加）	Puerto Limon, Costa Rica	2797	188009
CRI012	彭塔雷纳斯（哥斯达黎加）	Puntarenas, Costa Rica	2795	188012
CRI015	克波斯（哥斯达黎加）	Quepos, Costa Rica	2798	188015
HRV000	克罗地亚	Croatia	351	191000
HRV003	巴卡尔（克罗地亚）	Bakar, Croatia	351	191003
HRV006	杜布罗夫尼克（克罗地亚）	Dubrovnik, Croatia	2678	191006
HRV009	杜吉腊特（克罗地亚）	Dugi Rat, Croatia	351	191009
HRV012	赫瓦尔（克罗地亚）	Hvar, Croatia	2679	191012
HRV015	普洛切（克罗地亚）	Ploce, Croatia	2691	191015
HRV018	科尔丘拉（克罗地亚）	Korcula, Croatia	2686	191018
HRV021	马斯利尼索（克罗地亚）	Maslenica, Croatia	2689	191021
HRV024	奥米沙利（克罗地亚）	Omisalj, Croatia	351	191024
HRV027	普拉（克罗地亚）	Pula, Croatia	2692	191027
HRV030	拉萨（克罗地亚）	Rasa, Croatia	351	191030
HRV033	里耶卡（克罗地亚）	Rijeka, Croatia	2693	191033
HRV036	罗维尼（克罗地亚）	Rovinj, Croatia	2694	191036
HRV039	塞尼（克罗地亚）	Senj, Croatia	2695	191039
HRV042	希贝尼克（克罗地亚）	Sibenik, Croatia	2696	191042
HRV045	斯普利特（克罗地亚）	Split, Croatia	2697	191045

代码	中文名称	英文名称	原报关代码	原报检代码
HRV048	扎达尔（克罗地亚）	Zadar, Croatia	2701	191048
HRV050	SVETI KAJO（克罗地亚）	Sveti Kajo, Croatia	2699	191050
HRV052	SUCURAC（克罗地亚）	Sucurac, Croatia	2698	191052
HRV053	卡托罗（克罗地亚）	Cattaro, Croatia	2680	191053
CUB000	古巴	Cuba	416	192000
CUB003	安蒂亚（古巴）	Antilla, Cuba	2802	192003
CUB006	翁达港（古巴）	Bahia Honda, Cuba	2803	192006
CUB009	巴内斯（古巴）	Banes, Cuba	416	192009
CUB012	巴拉科阿（古巴）	Baracoa, Cuba	2804	192012
CUB015	博卡格兰德（古巴）	Boca Grande, Cuba	416	192015
CUB018	博克龙（古巴）	Boqueron, Cuba	416	192018
CUB021	卡瓦尼亚斯（古巴）	Cabanas, Cuba	416	192021
CUB024	凯巴连（古巴）	Caibarien, Cuba	2800	192024
CUB027	凯马勒那（古巴）	Caimanera, Cuba	416	192027
CUB029	萨瓜塔那摩（古巴）	Sagua De Tanamo, Cuba	2817	192029
CUB030	卡德纳斯（古巴）	Cardenas, Cuba	2799	192030
CUB033	卡西尔达（古巴）	Casilda, Cuba	416	192033
CUB036	塞巴胡埃萨（古巴）	Ceiba Hueca, Cuba	416	192036
CUB039	西恩富戈斯（古巴）	Cienfuegos, Cuba	2801	192039
CUB042	费尔顿（古巴）	Felton, Cuba	416	192042
CUB045	瓜亚瓦尔（古巴）	Guayabal, Cuba	416	192045
CUB048	哈瓦那（古巴）	La Habana, Cuba	2806	192048
CUB051	伊萨贝拉（古巴）	Isabela, Cuba	416	192051
CUB054	胡卡罗（古巴）	Jucaro, Cuba	2807	192054
CUB057	马纳蒂（古巴）	Manati, Cuba	2810	192057
CUB060	马诺普拉（古巴）	Manopla, Cuba	2811	192060
CUB063	曼萨尼略（古巴）	Manzanillo, Cuba	2812	192063
CUB066	马里埃尔（古巴）	Mariel, Cuba	416	192066
CUB069	马坦萨斯（古巴）	Matanzas, Cuba	2813	192069
CUB072	梅迪亚卢纳（古巴）	Media Luna, Cuba	416	192072
CUB075	莫阿（古巴）	Moa, Cuba	416	192075
CUB078	尼卡罗（古巴）	Nicaro, Cuba	416	192078
CUB081	尼克罗（古巴）	Niquero, Cuba	416	192081
CUB084	新赫罗纳（古巴）	Nueva Gerona, Cuba	416	192084
CUB087	努埃维塔斯（古巴）	Nuevitas, Cuba	2815	192087
CUB090	帕洛阿尔托（古巴）	Palo Alto, Cuba	416	192090
CUB093	帕斯特利洛（古巴）	Pastelillo, Cuba	416	192093
CUB096	皮隆（古巴）	Pilon, Cuba	416	192096
CUB099	普雷斯顿（古巴）	Preston, Cuba	416	192099
CUB102	帕德雷港（古巴）	Puerto Padre, Cuba	2816	192102
CUB105	塔拉法港（古巴）	Puerto Tarafa, Cuba	2822	192105
CUB108	大萨瓜（古巴）	Saguala Grande, Cuba	416	192108
CUB111	南圣克鲁斯（古巴）	Santa Cruz Del Sur, Cuba	2819	192111
CUB114	圣卡西亚（古巴）	Santa Lucia, Cuba	416	192114
CUB117	圣地亚哥（古巴）	Santiago De Cuba, Cuba	2821	192117
CUB120	塔纳莫（古巴）	Tanamo, Cuba	416	192120
CUB123	图纳斯德萨萨（古巴）	Tunas De Zaza, Cuba	2823	192123

代码	中文名称	英文名称	原报关代码	原报检代码
CUB126	维塔（古巴）	Vita, Cuba	416	192126
CUB127	DESEO（古巴）	Deseo, Cuba	2805	192127
CYP000	塞浦路斯	Cyprus	108	196000
CYP003	阿克罗蒂里（塞浦路斯）	Akortiri, Cyprus	108	196003
CYP006	泽凯利亚（塞浦路斯）	Dikhelia, Cyprus	108	196006
CYP009	法马古斯塔（塞浦路斯）	Famagusta, Cyprus	108	196009
CYP010	吉兰丹（塞浦路斯）	Kelantan, Cyprus	1021	196010
CYP012	卡拉沃斯塔西（塞浦路斯）	Karavostassi, Cyprus	108	196012
CYP015	凯里尼亚（塞浦路斯）	Kyrenia, Cyprus	108	196015
CYP018	拉纳卡（塞浦路斯）	Larnaca, Cyprus	108	196018
CYP021	腊基（塞浦路斯）	Latchi, Cyprus	1023	196021
CYP024	利马索尔（塞浦路斯）	Limassol, Cyprus	1024	196024
CYP027	莫尼安克雷奇（塞浦路斯）	Moni Anchorage, Cyprus	108	196027
CYP028	尼科西亚（塞浦路斯）	Nicosia, Cyprus	1026	196028
CYP030	莫尔富湾（塞浦路斯）	Morphou Bay, Cyprus	1025	196030
CYP033	帕福斯（塞浦路斯）	Paphos, Cyprus	1027	196033
CYP036	瓦西利科湾（塞浦路斯）	Vassiliko Bay, Cyprus	1029	196036
CZE000	捷克	Czech Republic	352	203000
BEN000	贝宁	Benin	203	204000
BEN003	科托努（贝宁）	Cotonou, Benin	1590	204003
BEN006	波多诺伏（贝宁）	Porto-Novo, Benin	1592	204006
DNK000	丹麦	Denmark	302	208000
DNK003	奥本罗（丹麦）	Aabenraa, Denmark	1795	208003
DNK006	奥尔堡（丹麦）	Aalborg, Denmark	1796	208006
DNK009	奥胡斯（丹麦）	Arhus, Denmark	1797	208009
DNK012	埃勒斯克平（丹麦）	Aeroskobing, Denmark	1798	208012
DNK015	阿灵厄（丹麦）	Allinge, Denmark	1799	208015
DNK018	阿森斯（丹麦）	Assens, Denmark	1801	208018
DNK019	阿斯尼斯（丹麦）	Asnaes, Denmark	1800	208019
DNK021	班霍尔姆（丹麦）	Bandholm, Denmark	1802	208021
DNK024	博恩瑟（丹麦）	Bogense, Denmark	1803	208024
DNK027	哥本哈根（丹麦）	Kobenhavn(Copenhagen), Denmark	1804	208027
DNK030	埃伯尔措夫特（丹麦）	Ebeltoft, Denmark	302	208030
DNK033	埃尔西诺（丹麦）	Elsinore, Denmark	302	208033
DNK036	埃斯比约（丹麦）	Esbjerg, Denmark	3414	208036
DNK039	福堡（丹麦）	Faaborg, Denmark	302	208039
DNK041	恩舍尔兹维克（丹麦）	Ornskoldsvik, Denmark	1833	208041
DNK042	法克瑟莱泽普拉斯（丹麦）	Fakse Ladeplads, Denmark	302	208042
DNK045	腓特烈西亚（丹麦）	Fredericia, Denmark	302	208045
DNK048	腓特烈港（丹麦）	Frederikshavn, Denmark	302	208048
DNK051	腓特烈松（丹麦）	Frederikssund, Denmark	302	208051
DNK054	腓特烈斯韦克（丹麦）	Frederiksvark, Denmark	302	208054
DNK057	格罗斯滕（丹麦）	Grasten, Denmark	302	208057
DNK060	格雷诺（丹麦）	Grenaa, Denmark	302	208060

代码	中文名称	英文名称	原报关代码	原报检代码
DNK063	基尔夫港（丹麦）	Gulfhavn, Denmark	302	208063
DNK064	吉尔夫哈文（丹麦）	Stignaes, Denmark	1846	208064
DNK065	哈梅哈夫楠（丹麦）	Hammerhaven, Denmark	1806	208065
DNK066	哈泽斯莱乌（丹麦）	Haderslev, Denmark	302	208066
DNK069	海松（丹麦）	Hadsund, Denmark	302	208069
DNK072	海斯勒（丹麦）	Hasle, Denmark	1807	208072
DNK074	沃斯托克岛（丹麦）	Vostok I., Denmark	1858	208074
DNK075	希茨海尔斯（丹麦）	Hirtshals, Denmark	1809	208075
DNK076	谢累夫斯科尔（丹麦）	Orviken, Denmark	1834	208076
DNK078	霍布罗（丹麦）	Hobro, Denmark	1810	208078
DNK081	霍尔拜克（丹麦）	Holbaek, Denmark	1811	208081
DNK084	霍森斯（丹麦）	Horsens, Denmark	1812	208084
DNK086	赫尔辛格（丹麦）	Helsingor, Denmark	1808	208086
DNK087	凯隆堡（丹麦）	Kalundborg, Denmark	1813	208087
DNK090	卡勒拜克斯明讷（丹麦）	Karrebaeksminde, Denmark	1814	208090
DNK093	凯特明讷（丹麦）	Kerteminde, Denmark	1815	208093
DNK096	克厄（丹麦）	Koge, Denmark	1817	208096
DNK097	克拉克斯维克	Klakksvik, Denmark	1816	208097
DNK099	科灵（丹麦）	Kolding, Denmark	1818	208099
DNK102	科瑟（丹麦）	Korsor, Denmark	1819	208102
DNK105	金比（丹麦）	Kyndby, Denmark	1820	208105
DNK108	莱姆维（丹麦）	Lemvig, Denmark	1821	208108
DNK111	林斯奥得（丹麦）	Lyngs Odde, Denmark	302	208111
DNK114	玛丽艾厄（丹麦）	Mariager, Denmark	1822	208114
DNK116	马斯内多韦尔凯特港	Masnedowvaerket Harb, Denmark	1823	208116
DNK117	马斯塔尔（丹麦）	Marstal, Denmark	302	208117
DNK120	马斯讷松（丹麦）	Masnedsund, Denmark	1824	208120
DNK123	米泽尔法特（丹麦）	Middelfart, Denmark	1825	208123
DNK126	奈斯特韦兹（丹麦）	Naestved, Denmark	1826	208126
DNK129	纳克斯考（丹麦）	Nakskov, Denmark	1827	208129
DNK131	讷克塞（丹麦）	Nexo, Denmark	1828	208131
DNK132	内克瑟（丹麦）	Nekso, Denmark	302	208132
DNK135	诺勒松比（丹麦）	Norresundby, Denmark	302	208135
DNK138	尼堡（丹麦）	Nyborg, Denmark	1829	208138
DNK141	尼克宾（丹麦）	Nykobing(Fal.), Denmark	302	208141
DNK144	尼克宾（丹麦）	Nykobing(Mors), Denmark	1830	208144
DNK147	尼克宾（丹麦）	Nykobing(Sja.), Denmark	1831	208147
DNK150	欧登塞（丹麦）	Odense, Denmark	1832	208150
DNK153	奥勒霍兹（丹麦）	Orehoved, Denmark	302	208153
DNK156	兰讷斯（丹麦）	Randers, Denmark	302	208156
DNK159	勒兹比港（丹麦）	Rodbyhavn, Denmark	302	208159
DNK162	勒兹维（丹麦）	Rodvig, Denmark	302	208162
DNK165	伦讷（丹麦）	Ronne, Denmark	1836	208165
DNK168	鲁兹克宾（丹麦）	Rudkobing, Denmark	1839	208168
DNK170	朴次茅斯（丹麦）	Portsmouth, Denmark	1835	208170
DNK171	萨克斯克宾（丹麦）	Sakskobing, Denmark	1840	208171
DNK174	斯凯尔克（丹麦）	Skaelskor, Denmark	302	208174

代码	中文名称	英文名称	原报关代码	原报检代码
DNK177	斯凯拜克（丹麦）	Skaerbaek, Denmark	302	208177
DNK180	斯卡恩（丹麦）	Skagen, Denmark	1841	208180
DNK183	斯基沃（丹麦）	Skive, Denmark	1843	208183
DNK186	桑讷堡（丹麦）	Sonderborg, Denmark	1844	208186
DNK188	斯凯尔斯科尔（丹麦）	Skelskor, Denmark	1842	208188
DNK189	斯泰厄（丹麦）	Stege, Denmark	1845	208189
DNK195	斯楚厄（丹麦）	Struer, Denmark	1847	208195
DNK198	斯图伯克宾（丹麦）	Stubbekobing, Denmark	1848	208198
DNK201	斯图德斯特鲁普（丹麦）	Studstrup, Denmark	302	208201
DNK204	斯瓦讷克（丹麦）	Svaneke, Denmark	1849	208204
DNK207	斯文堡（丹麦）	Svendborg, Denmark	1850	208207
DNK209	特沃罗伊尔	Tvoroyri, Denmark	1853	208209
DNK210	提斯特德（丹麦）	Tisted, Denmark	1851	208210
DNK213	图堡港（丹麦）	Tuborg Havn, Denmark	302	208213
DNK214	吐伯堡（丹麦）	Ruborg Havn, Denmark	1838	208214
DNK215	托尔斯港（丹麦）	Thorshavn, Denmark	1852	208215
DNK216	瓦埃勒（丹麦）	Vejle, Denmark	1855	208216
DNK218	瓦古尔（丹麦）	Vagur, Denmark	1854	208218
DNK219	沃尔丁堡（丹麦）	Vordingborg, Denmark	302	208219
DNK220	韦斯特马纳（丹麦）	Vestmanhavn, Denmark	1856	208220
DNK221	ROSBYHAVN（丹麦）	Rosbyhavn, Denmark	1837	208221
DMA000	多米尼克	Dominica	414	212000
DMA003	朴次茅斯（多米尼克）	Portsmouth, Dominica	414	212003
DMA006	罗索（多米尼克）	Roseau, Dominica	2794	212006
DMA009	DOMINICA（多米尼克）	Dominica，Dominica	2793	212009
DOM000	多米尼加共和国	Dominican Republic	418	214000
DOM003	阿苏阿（多米尼加共和国）	Azua, Dominican Republic	2830	214003
DOM006	巴拉奥纳（多米尼加共和国）	Barahona, Dominican Republic	2826	214006
DOM009	博卡奇卡（多米尼加共和国）	Boca Chica, Dominican Republic	418	214009
DOM012	卡沃罗霍（多米尼加共和国）	Cabo Rojo, Dominican Republic	418	214012
DOM015	拉罗马纳（多米尼加共和国）	La Romana, Dominican Republic	2827	214015
DOM018	曼萨尼约（多米尼加共和国）	Manzanillo, Dominican Republic	418	214018
DOM021	帕伦克（多米尼加共和国）	Palenque, Dominican Republic	2828	214021
DOM024	普拉塔港（多米尼加共和国）	Puerto Plata, Dominican Republic	2829	214024
DOM027	海纳（多米尼加共和国）	Rio Haina, Dominican Republic	418	214027
DOM030	萨马纳（多米尼加共和国）	Samana, Dominican Republic	418	214030
DOM033	圣佩得罗德马科里斯（多米尼加共和国）	San Pedro De Macoris, Dominican Republic	2832	214033

代码	中文名称	英文名称	原报关代码	原报检代码
DOM036	桑切斯（多米尼加共和国）	Sanchez, Dominican Republic	2833	214036
DOM039	圣多明各（多米尼加共和国）	Santo Domingo, Dominican Republic	2831	214039
ECU000	厄瓜多尔	Ecuador	419	218000
ECU003	卡拉克斯湾（厄瓜多尔）	Bahia De Caraquez, Ecuador	2836	218003
ECU006	巴诺特米拉尔（厄瓜多尔）	Balao Terminal, Ecuador	419	218006
ECU009	埃斯梅拉达斯（厄瓜多尔）	Esmeraldas, Ecuador	419	218009
ECU012	瓜亚基尔（厄瓜多尔）	Guayaquil, Ecuador	2837	218012
ECU015	拉利伯塔德（厄瓜多尔）	La Libertad, Ecuador	2834	218015
ECU018	曼塔（厄瓜多尔）	Manta, Ecuador	2835	218018
ECU021	玻利瓦尔港（厄瓜多尔）	Puerto Bolivar, Ecuador	419	218021
ECU024	萨利纳斯（厄瓜多尔）	Salinas, Ecuador	419	218024
ECU027	圣洛伦索（厄瓜多尔）	San Lorenzo, Ecuador	419	218027
SLV000	萨尔瓦多	El Salvador	440	222000
SLV003	阿卡胡特拉（萨尔瓦多）	Acajutla, El Salvador	2937	222003
SLV006	库图科（萨尔瓦多）	Cutuco, El Salvador	2935	222006
SLV009	拉利贝塔德（萨尔瓦多）	La Libertad, El Salvador	2938	222009
SLV012	拉乌尼翁（萨尔瓦多）	La Union, El Salvador	2936	222012
GNQ000	赤道几内亚	Equatorial Guinea	216	226000
GNQ003	巴塔（赤道几内亚）	Bata, Equatorial Guinea	216	226003
GNQ006	布图库卢巴（赤道几内亚）	Butuku–Luba, Equatorial Guinea	216	226006
GNQ007	圣卡尔洛斯（赤道几内亚）	San Carlos, Equatorial Guinea	1626	226007
GNQ008	里奥白尼托（赤道几内亚）	Rlo Benito, Equatorial Guinea	1628	226008
GNQ009	马拉博（赤道几内亚）	Malabo, Equatorial Guinea	216	226009
GNQ012	圣伊萨贝尔（赤道几内亚）	Santa Isabel, Equatorial Guinea	1627	226012
ETH000	埃塞俄比亚	Ethiopia	217	231000
ETH003	阿萨布（埃塞俄比亚）	Assab, Ethiopia	1629	231003
ETH005	蒂奥（埃塞俄比亚）	Thio, Ethiopia	1631	231005
ETH006	马萨瓦（埃塞俄比亚）	Massawa, Ethiopia	1630	231006
ERI000	厄立特里亚	Eritrea	258	232000
ERI003	阿萨布（厄立特里亚）	Assab, Eritrea	258	232003
ERI006	马萨瓦（厄立特里亚）	Massawa(Mitsiwa), Eritrea	258	232006
EST000	爱沙尼亚	Estonia	334	233000
EST003	纳尔瓦约埃苏（爱沙尼亚）	Narva Joesuu, Estonia	334	233003
EST006	派尔努 / 皮亚尔努（爱沙尼亚）	Parnu, Estonia	334	233006
EST009	塔林（爱沙尼亚）	Tallinn, Estonia	2669	233009
FRO000	法罗群岛	Faroe Islands	357	234000
FRO003	克拉克斯维克（法罗群岛）	Klaksvig, Faroe Islands	357	234003

代码	中文名称	英文名称	原报关代码	原报检代码
FRO006	托尔斯港（法罗群岛）	Thorshavn, Faroe Islands	357	234006
FRO009	特朗斯瓦格（法罗群岛）	Trangisvaag, Faroe Islands	357	234009
FRO012	特瓦罗伊里（法罗群岛）	Tvoroyri, Faroe Islands	357	234012
FRO015	瓦格（法罗群岛）	Vaag, Faroe Islands	357	234015
FRO018	韦斯特门港（法罗群岛）	Vestmanhavn, Faroe Islands	357	234018
FLK000	福克兰群岛(马尔维纳斯)	Falkland Islands (Malvinas)	499	238000
FLK003	斯坦利港（福克兰群岛(马尔维纳斯)）	Port Stanley, Falkland Islands (Malvinas)	2987	238003
SGS000	南乔治亚岛和南桑德韦奇岛	South Georgia And The South Sandwich Islands	499	239000
FJI000	斐济	Fiji	603	242000
FJI003	埃灵顿（斐济）	Ellington, Fiji	603	242003
FJI006	兰巴萨（斐济）	Labasa(Lambasa), Fiji	3279	242006
FJI009	劳托卡（斐济）	Lautoka, Fiji	3280	242009
FJI012	累武卡（斐济）	Levuka, Fiji	3281	242012
FJI015	萨武萨武湾（斐济）	Savusavu Bay, Fiji	3282	242015
FJI017	苏瓦（斐济）	Viti Levu Island, Fiji	3284	242017
FJI018	苏瓦（斐济）	Suva, Fiji	3283	242018
FJI021	瓦提亚角（斐济）	Vatia Point, Fiji	603	242021
FJI901	楠迪（斐济）	Nandi, Fiji	603	242901
FIN000	芬兰	Finland	318	246000
FIN003	巴罗生特（芬兰）	Barosund, Finland	318	246003
FIN006	代格比（芬兰）	Degerby, Finland	318	246006
FIN009	哈米纳（芬兰）	Hamina(Fredrikshamn), Finland	2428	246009
FIN012	汉科（芬兰）	Hanko(Hanko), Finland	2429	246012
FIN013	卡斯基嫩（芬兰）	Kasko, Finland	2432	246013
FIN014	贾科布斯塔德（芬兰）	Jakobstad, Finland	2431	246014
FIN015	赫尔辛基（芬兰）	Helsinki(Helsingfors), Finland	2430	246015
FIN018	因科（芬兰）	Inkoo, Finland	318	246018
FIN021	伊斯奈斯（芬兰）	Isnas, Finland	318	246021
FIN024	卡斯基宁（芬兰）	Kaskinen, Finland	318	246024
FIN027	凯米（芬兰）	Kemi, Finland	2439	246027
FIN030	科科拉（芬兰）	Kokkola(Karleby), Finland	2440	246030
FIN033	科特卡（芬兰）	Kotka, Finland	2433	246033
FIN036	科维尔哈（芬兰）	Koverhar, Finland	318	246036
FIN039	克里斯蒂娜城（芬兰）	Kristiinankaupunki(Kristiinestad), Finland	318	246039
FIN041	克里斯提内斯塔德（芬兰）	Kristinestad, Finland	2434	246041
FIN042	拉柏罗吐（芬兰）	Lapaluoto, Finland	318	246042
FIN045	洛维萨（芬兰）	Loviisa, Finland	2437	246045
FIN048	曼蒂卢奥托（芬兰）	Mantyluoto, Finland	2438	246048
FIN051	玛丽港（芬兰）	Mariehamn, Finland	318	246051
FIN054	梅里卡尔维亚（芬兰）	Merikarvia, Finland	318	246054
FIN057	楠塔利（芬兰）	Naantali, Finland	318	246057
FIN060	尼斯塔德（芬兰）	Nystad, Finland	2441	246060

代码	中文名称	英文名称	原报关代码	原报检代码
FIN062	ROYTTA（芬兰）	Roytta, Finland	2446	246062
FIN063	奥鲁（芬兰）	Oulu, Finland	2442	246063
FIN066	柏尔加斯（芬兰）	Pargas, Finland	318	246066
FIN069	帕特尼安密（芬兰）	Pateniemi, Finland	318	246069
FIN072	皮耶塔尔萨里（芬兰）	Pietarsaari, Finland	318	246072
FIN075	波里（芬兰）	Pori,(Bjorneborg) Finland	2445	246075
FIN078	波卡拉（芬兰）	Porkkala, Finland	318	246078
FIN081	波尔沃（芬兰）	Porvoo, Finland	318	246081
FIN084	拉赫（芬兰）	Raahe, Finland	2443	246084
FIN086	拉赫提（芬兰）	Lahti, Finland	2436	246086
FIN087	劳马（芬兰）	Rauma(Raumo), Finland	2444	246087
FIN090	雷波萨里（芬兰）	Reposaari, Finland	318	246090
FIN093	塞马运河（芬兰）	Saimaa Canal, Finland	318	246093
FIN096	斯库卢（芬兰）	Skuru, Finland	318	246096
FIN099	塔米萨里（芬兰）	Tammisaari, Finland	2447	246099
FIN102	托基斯（芬兰）	Toikis, Finland	318	246102
FIN105	托比拉（芬兰）	Toppila, Finland	318	246105
FIN108	托尔尼奥（芬兰）	Tornio(Tornea), Finland	2450	246108
FIN110	坦佩雷（芬兰）	Tampere, Finland	2448	246110
FIN111	图尔库（芬兰）	Turku(Abo), Finland	2427	246111
FIN114	新考蓬基（芬兰）	Uusikaupunki, Finland	2453	246114
FIN117	瓦萨（芬兰）	Vaasa(Vasa), Finland	2454	246117
FIN120	瓦斯克尔良托（芬兰）	Vaskiluoto, Finland	318	246120
FIN123	卫特什露土（芬兰）	Veitsiluoto, Finland	318	246123
FIN126	瓦尔卡姆（芬兰）	Walkom, Finland	2455	246126
FIN129	伊克斯皮拉雅（芬兰）	Ykspihlaja, Finland	2456	246129
ALA000	阿兰群岛（波罗的海中芬兰所属群岛）	Aland Islands, Finland	399	248000
FRA000	法国	France	305	250000
FRA002	AMBES（法国）	Ambes, France	2132	250002
FRA003	阿布维尔（法国）	Abbeville, France	2130	250003
FRA006	阿雅克肖（法国）	Ajaccio, France	2131	250006
FRA009	昂蒂布（法国）	Antibes, France	2133	250009
FRA012	昂蒂弗（法国）	Antifer, France	305	250012
FRA015	阿尔卡雄（法国）	Arcachon, France	2134	250015
FRA018	巴森（法国）	Bassens, France	2135	250018
FRA021	巴斯蒂亚（法国）	Bastia, France	2136	250021
FRA024	巴约讷（法国）	Bayonne, France	2137	250024
FRA027	贝克德阿姆比斯（法国）	Bec D'Ambes, France	2138	250027
FRA030	布莱（法国）	Blaye, France	2139	250030
FRA033	博尼法乔（法国）	Bonifacio, France	2140	250033
FRA036	波尔多（法国）	Bordeaux, France	2141	250036
FRA039	布洛涅（法国）	Boulogne-Mer, France	2142	250039
FRA042	布雷斯特（法国）	Brest, France	2143	250042
FRA045	卡昂（法国）	Caen, France	2146	250045
FRA048	加来（法国）	Calais, France	2144	250048
FRA051	卡尔维（法国）	Calvi, France	2147	250051

代码	中文名称	英文名称	原报关代码	原报检代码
FRA054	卡马雷（法国）	Camaret, France	2148	250054
FRA057	康卡勒（法国）	Cancale, France	305	250057
FRA060	戛纳（法国）	Cannes, France	2149	250060
FRA063	卡隆特（法国）	Caronte, France	305	250063
FRA066	瑟堡（法国）	Cherbourg, France	2145	250066
FRA069	孔卡尔诺（法国）	Concarneau, France	2150	250069
FRA072	达乌埃（法国）	Dahouet, France	2151	250072
FRA075	多维尔（法国）	Deauville, France	305	250075
FRA078	迪耶普（法国）	Dieppe, France	2152	250078
FRA081	栋日（法国）	Donges, France	2153	250081
FRA084	杜阿梅勒兹（法国）	Douamenez, France	305	250084
FRA087	敦刻尔克（法国）	Dunkerque, France	2154	250087
FRA090	埃塔普勒（法国）	Etaples, France	305	250090
FRA093	费康（法国）	Fecamp, France	2155	250093
FRA096	福斯（法国）	Fos–Sur–Mer, France	305	250096
FRA099	贡夫勒维尔（法国）	Gonfreville, France	305	250099
FRA102	格兰维尔（法国）	Granville, France	305	250102
FRA105	格拉沃利讷（法国）	Gravelines, France	305	250105
FRA108	阿弗尔（法国）	Havre, France	305	250108
FRA111	翁弗勒尔（法国）	Honfleur, France	2156	250111
FRA114	伊尔鲁斯（法国）	Ile Rousse, France	2157	250114
FRA117	拉西约塔（法国）	La Ciotat, France	2158	250117
FRA120	拉努韦勒（法国）	La Nouvelle, France	2159	250120
FRA123	拉帕利斯（法国）	La Pallice, France	2160	250123
FRA126	拉罗谢尔（法国）	La Rochelle, France	2161	250126
FRA129	朗代诺（法国）	Landerneau, France	2162	250129
FRA132	拉瓦拉（法国）	Lavera, France	305	250132
FRA135	奥来龙堡（法国）	Le Chateau, France	2163	250135
FRA138	勒吉尔多（法国）	Le Guildo, France	2164	250138
FRA141	利布尔讷（法国）	Libourne, France	2167	250141
FRA144	洛克蒂迪（法国）	Loctudy, France	2168	250144
FRA147	洛里昂（法国）	Lorient, France	2169	250147
FRA150	马朗（法国）	Marans, France	305	250150
FRA153	马赛（法国）	Marseille, France	2170	250153
FRA156	马蒂格（法国）	Martigues, France	305	250156
FRA159	蒙托伊尔（法国）	Montoir, France	305	250159
FRA162	莫尔莱（法国）	Morlaix, France	2171	250162
FRA165	南特（法国）	Nantes, France	2172	250165
FRA168	尼斯（法国）	Nice, France	2173	250168
FRA171	乌伊斯特勒昂（法国）	Ouistreham, France	305	250171
FRA174	潘伯夫（法国）	Paimboeuf, France	2174	250174
FRA177	潘波勒（法国）	Paimpol, France	2175	250177
FRA180	帕里斯（法国）	Paris, France	305	250180
FRA183	波亚克（法国）	Pauillac, France	2177	250183
FRA186	彭拉贝（法国）	Pont L'Abbe, France	2178	250186
FRA189	布克港（法国）	Port De Bouc, France	305	250189
FRA192	杰罗姆港（法国）	Port Jerome, France	305	250192

代码	中文名称	英文名称	原报关代码	原报检代码
FRA195	旺德尔港（法国）	Port Vendres, France	2179	250195
FRA198	韦基奥港（法国）	Porto Vecchio, France	2180	250198
FRA201	普罗普里亚诺（法国）	Propriano, France	2181	250201
FRA204	坎佩尔（法国）	Quimper, France	2182	250204
FRA207	罗什福尔（法国）	Rochefort, France	2183	250207
FRA210	罗斯科夫（法国）	Roscoff, France	2184	250210
FRA213	鲁昂（法国）	Rouen, France	2185	250213
FRA216	萨布勒多隆（法国）	Sables D'Olonne, France	2186	250216
FRA219	塞特（法国）	Sete, France	2187	250219
FRA222	圣布里厄（法国）	St. Brieuc, France	2166	250222
FRA225	圣让德吕兹（法国）	St. Jean De Luz, France	305	250225
FRA228	圣路易罗纳（法国）	St.Louis Du Rhone, France	2189	250228
FRA231	圣马洛（法国）	St. Malo, France	2190	250231
FRA234	圣纳泽尔（法国）	St. Nazaire, France	2191	250234
FRA237	圣塞尔旺（法国）	St. Servan, France	305	250237
FRA240	圣瓦勒利（法国）	St. Valery En Caux, France	305	250240
FRA243	圣瓦莱里昂科（法国）	St.Valery Sur Somme, France	2192	250243
FRA246	斯特拉斯堡（法国）	Strasbourg, France	2193	250246
FRA249	托内沙朗特（法国）	Tonnay Charente, France	2194	250249
FRA252	土伦（法国）	Toulon, France	2195	250252
FRA255	特雷吉耶（法国）	Treguier, France	305	250255
FRA258	特雷波特（法国）	Treport, France	2197	250258
FRA261	特鲁维尔（法国）	Trouville, France	2198	250261
FRA264	瓦讷（法国）	Vannes, France	305	250264
FRA267	韦尔东（法国）	Verdon, France	2199	250267
FRA901	巴黎（法国）	Paris, France	2176	250901
FRA902	勒阿弗尔（法国）	Le Havre, France	2165	250902
FRA903	里昂圣图拉斯（法国）	Lyon Satolas, France	305	250903
GUF000	法属圭亚那	French Guiana	420	254000
GUF003	卡宴（法属圭亚那）	Cayenne, French Guiana	2838	254003
GUF005	库鲁（法属圭亚那）	Kourou, French Guiana	2839	254005
GUF006	德格拉德卡内斯（法属圭亚那）	Degrad De Cannes, French Guiana	420	254006
PYF000	法属波利尼西亚	French Polynesia	623	258000
PYF003	豪岛（法属波利尼西亚）	Hao Island, French Polynesia	623	258003
PYF006	麦卡梯（法属波利尼西亚）	Makatea, French Polynesia	623	258006
PYF009	穆鲁路（法属波利尼西亚）	Mururoa, French Polynesia	623	258009
PYF011	波拉波拉（法属波利尼西亚）	Bora–Bora, French Polynesia	623	258011
PYF012	帕皮提（法属波利尼西亚）	Papeete, French Polynesia	3332	258012
PYF015	韦他佩（法属波利尼西亚）	Vaitape, French Polynesia	623	258015
PYF016	马克萨斯群岛（法属波利尼西亚）	Marpuesas Is., French Polynesia	3285	258016

代码	中文名称	英文名称	原报关代码	原报检代码
PYF017	塔希提岛（法属波利尼西亚）	Tahiti Island, French Polynesia	3333	258017
PYF018	土阿莫土群岛（法属波利尼西亚）	Tuamotu Is., French Polynesia	3346	258018
PYF019	土布艾群岛（法属波利尼西亚）	Rubuai Is., French Polynesia	3347	258019
ATF000	法属南部领土	French Southern Territories	299	260000
DJI000	吉布提	Djibouti	214	262000
DJI003	吉布提（吉布提）	Djibouti, Djibouti	214	262003
DJI004	奥博克（吉布提）	Obock, Djibouti	1611	262004
DJI005	塔朱拉（吉布提）	Tadjoura, Djibouti	1612	262005
GAB000	加蓬	Gabon	218	266000
GAB002	马永巴（加蓬）	Mayumba, Gabon	1634	266002
GAB003	洛佩斯角（加蓬）	Cap Lopez, Gabon	218	266003
GAB006	甘巴（加蓬）	Gamba, Gabon	218	266006
GAB009	利伯维尔（加蓬）	Libreville, Gabon	1633	266009
GAB012	卢西纳码头（加蓬）	Lucina Terminal, Gabon	218	266012
GAB015	奥文多（加蓬）	Owendo, Gabon	1635	266015
GAB018	让蒂尔港（加蓬）	Port Gentil, Gabon	1632	266018
GEO000	格鲁吉亚	Georgia	337	268000
GEO003	巴统（格鲁吉亚）	Batumi, Georgia	2642	268003
GEO006	波季（格鲁吉亚）	Poti, Georgia	337	268006
GEO009	苏呼米（格鲁吉亚）	Sukhum, Georgia	2667	268009
GMB000	冈比亚	Gambia	219	270000
GMB003	班珠尔（冈比亚）	Banjul, Gambia	1636	270003
PSE000	巴勒斯坦	Palestine, State of	128	275000
PSE003	阿什杜德（巴勒斯坦）	Ashdod, Palestine, State of	1421	275003
PSE006	埃拉特（巴勒斯坦）	Eilat, Palestine, State of	3451	275006
PSE008	利达（巴勒斯坦）	Lydda, Palestine, State of	1420	275008
PSE010	耶路撒冷（巴勒斯坦）	Jerusalem, Palestine, State of	1419	275010
DEU000	德国	Germany	304	276000
DEU003	阿尔托纳（德国）	Altona, Germany	304	276003
DEU006	布莱克森（德国）	Blexen, Germany	304	276006
DEU009	波恩（德国）	Bonn, Germany	304	276009
DEU012	布腊克（德国）	Brake, Germany	2100	276012
DEU015	不来梅（德国）	Bremen, Germany	2101	276015
DEU018	不来梅港（德国）	Bremerhaven, Germany	2102	276018
DEU021	布伦斯比特尔（德国）	Brunsbuttel, Germany	2103	276021
DEU024	比瑟姆（德国）	Brunsbuttel, Germany	304	276024
DEU027	比茨费莱特（德国）	Butzfleth, Germany	304	276027
DEU030	科布伦茨（德国）	Coblenz, Germany	304	276030
DEU033	科隆（德国）	Koln(Cologne), Germany	2104	276033
DEU036	库克斯港（德国）	Cuxhaven, Germany	2105	276036
DEU039	杜伊斯堡（德国）	Duisburg, Germany	2106	276039
DEU042	杜塞尔多夫（德国）	Dusseldorf, Germany	2107	276042
DEU045	埃肯弗尔德（德国）	Eckernforde, Germany	2108	276045
DEU048	埃尔斯费莱特（德国）	Elsfeth, Germany	304	276048

代码	中文名称	英文名称	原报关代码	原报检代码
DEU051	埃姆登（德国）	Emden, Germany	2109	276051
DEU054	弗伦斯堡（德国）	Flensburg, Germany	304	276054
DEU057	法兰克福（德国）	Frankfurt, Germany	304	276057
DEU060	格吕克施塔特（德国）	Gluckstadt, Germany	304	276060
DEU063	汉堡（德国）	Hamburg, Germany	2110	276063
DEU066	海利根港（德国）	Heiligenhafen, Germany	2111	276066
DEU069	霍尔特瑙（德国）	Holtenau, Germany	2112	276069
DEU072	胡苏姆（德国）	Husum, Germany	2113	276072
DEU075	伊策霍（德国）	Itzehoe, Germany	304	276075
DEU078	卡珀尔恩（德国）	Kappeln, Germany	304	276078
DEU081	基尔（德国）	Kiel, Germany	2114	276081
DEU084	克雷菲尔德（德国）	Krefeld, Germany	2117	276084
DEU087	拉伯（德国）	Labo, Germany	2118	276087
DEU090	累尔（德国）	Leer, Germany	2119	276090
DEU093	吕贝克（德国）	Lubeck, Germany	2120	276093
DEU096	路德维希港（德国）	Ludwigshafen, Germany	304	276096
DEU099	美因茨（德国）	Mainz, Germany	304	276099
DEU102	曼海姆（德国）	Mannheim, Germany	304	276102
DEU105	诺伊豪斯（德国）	Neuhaus, Germany	304	276105
DEU108	诺伊斯（德国）	Neuss, Germany	2122	276108
DEU111	诺伊施塔特（德国）	Neustadt, Germany	304	276111
DEU114	诺登哈姆（德国）	Nordenham, Germany	2123	276114
DEU116	奥尔登堡（德国）	Oldenburg, Germany	2124	276116
DEU117	奥尔特（德国）	Orth, Germany	304	276117
DEU120	帕彭堡（德国）	Papenhurg, Germany	2125	276120
DEU123	伦茨堡（德国）	Rendsburg, Germany	304	276123
DEU126	罗斯托克（德国）	Rostock, Germany	2458	276126
DEU129	许劳（德国）	Schulau, Germany	2126	276129
DEU132	施瓦苓郝廷（德国）	Schwarzenhutten, Germany	304	276132
DEU135	施塔德（德国）	Stade, Germany	304	276135
DEU138	施塔德桑德（德国）	Stadersand, Germany	304	276138
DEU141	斯特拉尔松（德国）	Stralsund, Germany	2459	276141
DEU144	滕宁（德国）	Tonning, Germany	2127	276144
DEU147	特罗弗明德（德国）	Travemunde, Germany	304	276147
DEU150	弗格萨克（德国）	Vegesack, Germany	2128	276150
DEU153	瓦尔内明德（德国）	Warnemunde, Germany	304	276153
DEU156	威廉斯堡（德国）	Wilhelmsburg, Germany	304	276156
DEU159	威廉港（德国）	Wilhelmshaven, Germany	2129	276159
DEU162	维斯马（德国）	Wismar, Germany	2461	276162
DEU901	柏林（德国）	Berlin, Germany	304	276901
DEU904	慕尼黑（德国）	Munich, Germany	304	276904
GHA000	加纳	Ghana	220	288000
GHA003	阿克拉（加纳）	Accra, Ghana	1640	288003
GHA006	阿达（加纳）	Adda, Ghana	1637	288006
GHA009	阿克西姆（加纳）	Axim, Ghana	220	288009
GHA012	海岸角（加纳）	Cape Coast, Ghana	1638	288012
GHA015	凯塔（加纳）	Keta, Ghana	220	288015

代码	中文名称	英文名称	原报关代码	原报检代码
GHA018	塞康第（加纳）	Sekondi, Ghana	220	288018
GHA021	塔科拉迪（加纳）	Takoradi, Ghana	1641	288021
GHA024	特马（加纳）	Tema, Ghana	1642	288024
GHA027	温尼巴（加纳）	Winneba, Ghana	1639	288027
GIB000	直布罗陀	Gibraltar	320	292000
GIB003	直布罗陀（直布罗陀）	Gibraltar, Gibraltar	320	292003
KIR000	基里巴斯	Kiribati	618	296000
KIR003	巴纳巴岛（基里巴斯）	Banaba, Kiribati	3357	296003
KIR006	圣诞岛（基里巴斯）	Christmas Island, Kiribati	3362	296006
KIR009	范宁岛（基里巴斯）	Fanning Island, Kiribati	3359	296009
KIR012	塔拉瓦（基里巴斯）	Tarawa, Kiribati	3381	296012
KIR020	ARANUKA I.(基里巴斯)	Aranuka I., Kiribati	3355	296020
KIR021	BAIRIKI（基里巴斯）	Bairiki, Kiribati	3356	296021
KIR022	BUKINTERIKE（基里巴斯）	Bukinterike, Kiribati	3358	296022
KIR023	阿拜昂岛（基里巴斯）	Abaiang I., Kiribati	3354	296023
KIR024	奥罗纳岛（基里巴斯）	Orona, Kiribati	3374	296024
KIR025	奥诺托阿岛（基里巴斯）	Onotoa I., Kiribati	3372	296025
KIR026	赫尔岛（基里巴斯）	Hull I., Kiribati	3360	296026
KIR027	华盛顿岛（基里巴斯）	Washington I., Kiribati	3382	296027
KIR030	坎顿岛（基里巴斯）	Kanton I., Kiribati	3361	296030
KIR031	库里亚岛（基里巴斯）	Kuria I., Kiribati	3363	296031
KIR032	马拉凯伊岛（基里巴斯）	Marakei I., Kiribati	3367	296032
KIR033	马亚纳岛（基里巴斯）	Maiana I., Kiribati	3364	296033
KIR034	麦基恩岛（基里巴斯）	Mckean I., Kiribati	3368	296034
KIR035	曼拉岛（基里巴斯）	Manra I., Kiribati	3366	296035
KIR036	莫尔登（基里巴斯）	Malden I., Kiribati	3365	296036
KIR037	尼库马罗罗岛（基里巴斯）	Nikumaroro, Kiribati	3369	296037
KIR038	尼库瑙岛（基里巴斯）	Nikunau I., Kiribati	3370	296038
KIR039	诺诺乌蒂岛（基里巴斯）	Nonouti I., Kiribati	3371	296039
KIR040	斯塔巴克岛（基里巴斯）	Starbuek I., Kiribati	3375	296040
KIR041	塔邦泰拜克（基里巴斯）	Tabontebike, Kiribati	3377	296041
KIR042	塔比泰韦阿岛（基里巴斯）	Tabiteuea I., Kiribati	3376	296042
KIR043	塔布阿埃兰岛（基里巴斯）	Tabuaeran, Kiribati	3378	296043
KIR050	塔马纳岛（基里巴斯）	Tamana I., Kiribati	3379	296050
KIR051	塔皮瓦（基里巴斯）	Tapiwa, Kiribati	3380	296051
KIR052	乌马（基里巴斯）	Ooma, Kiribati	3373	296052
GRC000	希腊	Greece	310	300000
GRC003	圣洛安尼斯（希腊）	Aghios Loannis, Greece	310	300003
GRC004	HERMUPOLIS（希腊）	Hermupolis, Greece	2327	300004
GRC005	LIXURI（希腊）	Lixuri, Greece	2339	300005
GRC006	圣尼古拉奥斯（希腊）	Aghios Nikolaos, Greece	310	300006
GRC009	圣塞多罗伊（希腊）	Agioi Theodoroi, Greece	310	300009

代码	中文名称	英文名称	原报关代码	原报检代码
GRC012	亚历山德鲁波利斯（希腊）	Alexandroupolis, Greece	310	300012
GRC015	阿尔戈斯托利（希腊）	Argostoli, Greece	310	300015
GRC018	阿斯普罗皮戈斯（希腊）	Aspropyrgos, Greece	2323	300018
GRC019	阿哥斯托利昂（希腊）	Argostolion, Greece	2322	300019
GRC021	阿斯塔科斯（希腊）	Astakos, Greece	310	300021
GRC022	阿伊阿特里阿斯（希腊）	Agia Trias, Greece	2321	300022
GRC024	干尼亚（希腊）	Canea, Greece	2325	300024
GRC027	哈尔基斯（希腊）	Chalkis, Greece	2320	300027
GRC030	希俄斯（希腊）	Chios, Greece	310	300030
GRC033	科乎（希腊）	Corfu, Greece	310	300033
GRC036	科林斯（希腊）	Corinth, Greece	310	300036
GRC039	德拉佩特佐拉（希腊）	Drapetzona, Greece	2326	300039
GRC040	代提（希腊）	Vathi, Greece	2350	300040
GRC042	埃莱夫西斯（希腊）	Eleusis, Greece	310	300042
GRC045	加夫里翁（希腊）	Gavrion, Greece	310	300045
GRC048	伊西翁（希腊）	Gythion, Greece	310	300048
GRC051	伊古迈尼察（希腊）	Igoumenitsa, Greece	310	300051
GRC054	伊拉克利翁（希腊）	Iraklion(Heraklion), Greece	2328	300054
GRC057	伊斯米亚（希腊）	Isthmia, Greece	310	300057
GRC060	伊泰阿（希腊）	Itea, Greece	310	300060
GRC063	伊萨基（希腊）	Ithaka Island, Greece	2329	300063
GRC066	卡拉马基角（希腊）	Kalamaki, Greece	2331	300066
GRC069	卡拉迈（希腊）	Kalamata, Greece	2332	300069
GRC072	卡利利梅内斯（希腊）	Kalilimenes, Greece	2333	300072
GRC075	卡利姆诺斯（希腊）	Kalymnos Island, Greece	310	300075
GRC078	卡梅纳基（希腊）	Kamenaki, Greece	310	300078
GRC081	卡塔科洛（希腊）	Katakolo, Greece	310	300081
GRC084	卡瓦拉（希腊）	Kavala, Greece	2319	300084
GRC087	凯阿（希腊）	Kea Island, Greece	310	300087
GRC090	基亚托（希腊）	Kiato, Greece	310	300090
GRC091	基林霍尔姆	Killingholme, Greece	2335	300091
GRC093	科斯岛（希腊）	Kos Island, Greece	310	300093
GRC096	库塔拉（希腊）	Koutala, Greece	310	300096
GRC102	拉夫里翁（希腊）	Laurium, Greece	2338	300102
GRC105	莱罗斯岛（希腊）	Leros Island, Greece	310	300105
GRC108	利明西鲁（希腊）	Limin Sirou, Greece	310	300108
GRC111	拉克利昂（希腊）	Lraklion, Greece	310	300111
GRC114	迈加拉（希腊）	Megara, Greece	310	300114
GRC117	迈索隆吉翁（希腊）	Mesolongion, Greece	310	300117
GRC120	迈索尼（希腊）	Methoni, Greece	310	300120
GRC123	米洛斯岛（希腊）	Milos Island, Greece	310	300123
GRC126	米提林尼（希腊）	Mitylene, Greece	2340	300126
GRC129	纳夫普利亚（希腊）	Nauplia, Greece	310	300129
GRC132	纳夫帕克托斯（希腊）	Navpaktos, Greece	310	300132
GRC135	内亚卡瓦利（希腊）	Nea Karvali, Greece	310	300135
GRC136	帕尔加（希腊）	Parga, Greece	2341	300136

代码	中文名称	英文名称	原报关代码	原报检代码
GRC138	佩特莫斯（希腊）	Patmos Island, Greece	310	300138
GRC141	佩特雷（希腊）	Patras, Greece	2342	300141
GRC144	比雷埃夫斯（希腊）	Piraeus, Greece	2343	300144
GRC147	利瓦德希港（希腊）	Port Livadhi, Greece	310	300147
GRC150	瓦锡港（希腊）	Port Vathy, Greece	310	300150
GRC153	普雷韦扎（希腊）	Preveza, Greece	310	300153
GRC154	萨罗尼卡（希腊）	Salonica, Greece	2344	300154
GRC155	萨罗尼卡（希腊）	Thessaloniki, Greece	2349	300155
GRC156	皮洛斯（希腊）	Pylos, Greece	310	300156
GRC159	雷西姆农（希腊）	Rethimnon, Greece	310	300159
GRC162	罗得（希腊）	Rhodes, Greece	310	300162
GRC165	萨摩斯岛（希腊）	Samos, Greece	310	300165
GRC168	斯科派洛斯（希腊）	Skopelos, Greece	310	300168
GRC171	斯特拉托尼（希腊）	Stratoni, Greece	310	300171
GRC174	苏达湾（希腊）	Suda Bay, Greece	2346	300174
GRC176	锡罗斯（希腊）	Syros(Syra), Greece	2347	300176
GRC177	塞萨洛尼基（希腊）	Thessaloniki, Greece	310	300177
GRC178	塞里福斯岛（希腊）	Kontala, Greece	2337	300178
GRC179	塞里福斯岛（希腊）	Seriphos Island, Greece	2345	300179
GRC180	伏洛斯（希腊）	Volos, Greece	2351	300180
GRC183	亚利岛（希腊）	Yali Island, Greece	310	300183
GRC184	雅典（希腊）	Athens, Greece	2324	300184
GRC186	耶兰基尼（希腊）	Yerakini, Greece	310	300186
GRC189	赞特（希腊）	Zante, Greece	2353	300189
GRL000	格陵兰	Greenland	503	304000
GRL003	克里斯蒂安斯霍布（格陵兰）	Christianshaab, Greenland	503	304003
GRL006	奥希奥特（格陵兰）	Aasiaat(Egedesminde), Greenland	503	304006
GRC007	扎金索斯（格陵兰）	Zakynthos, Greenland	2352	304007
GRL009	费灵厄港（格陵兰）	Faeringehavn, Greenland	503	304009
GRL012	腓特烈斯霍布（格陵兰）	Frederikshaab, Greenland	503	304012
GRL015	戈德港（格陵兰）	Godhavn, Greenland	503	304015
GRL018	努克（格陵兰）	Nuuk(Godthaab), Greenland	503	304018
GRL021	荷尔斯泰因斯堡（格陵兰）	Holsteinsborg, Greenland	503	304021
GRL024	伊维赫图特（格陵兰）	Ivigtut, Greenland	503	304024
GRL027	雅各布港（格陵兰）	Jakobshavn, Greenland	503	304027
GRL030	尤利安娜霍布（格陵兰）	Julianehaab, Greenland	503	304030
GRL033	康加米尤特（格陵兰）	Kangamiut, Greenland	503	304033
GRL036	马莫里利克（格陵兰）	Marmorilik, Greenland	503	304036
GRL039	纳萨尔苏瓦克（格陵兰）	Narsarsuaq, Greenland	503	304039
GRL042	马尼措克（格陵兰）	Maniitsoq(Sukkertoppen), Greenland	503	304042
GRL045	乌马纳克（格陵兰）	Umanak, Greenland	503	304045
GRL048	乌佩尼维克（格陵兰）	Upernivik, Greenland	503	304048
GRD000	格林纳达	Grenada	421	308000
GRD003	圣乔治（格林纳达）	Saint George'S, Grenada	2840	308003
GLP000	瓜德罗普	Guadeloupe	422	312000

代码	中文名称	英文名称	原报关代码	原报检代码
GLP003	巴斯特尔（瓜德罗普）	Basse-Terre, Guadeloupe	2841	312003
GLP006	皮特尔角城（瓜德罗普）	Pointe-A-Pitre, Guadeloupe	2842	312006
GUM000	关岛	Guam	699	316000
GUM003	阿加尼亚（关岛）	Agana, Guam	701	316003
GUM006	阿普拉（关岛）	Apra, Guam	3386	316006
GUM009	关岛（关岛）	Guam, Guam	699	316009
GTM000	危地马拉	Guatemala	423	320000
GTM003	钱佩里科（危地马拉）	Champerico, Guatemala	2843	320003
GTM006	利文斯顿（危地马拉）	Livingston, Guatemala	2844	320006
GTM008	PAYARDI（危地马拉）	Payardi, Guatemala	2845	320008
GTM009	巴里奥斯港（危地马拉）	Puerto Barrios, Guatemala	2846	320009
GTM010	夸特扎尔港（危地马拉）	Puerto Quetzal, Guatemala	423	320010
GTM012	圣何塞（危地马拉）	San Jose, Guatemala	2847	320012
GTM015	圣托马斯德卡斯蒂利亚（危地马拉）	Puerto Santo Tomas De Castilla, Guatemala	2848	320015
GIN000	几内亚	Guinea	221	324000
GIN003	科纳克里（几内亚）	Conakry, Guinea	1645	324003
GIN006	卡姆萨尔（几内亚）	Port-Kamsar, Guinea	221	324006
GIN009	维多利亚（几内亚）	Victoria, Guinea	1646	324009
GIN012	本蒂（几内亚）	Benty, Guinea	1643	324012
GUY000	圭亚那	Guyana	424	328000
GUY003	巴提卡（圭亚那）	Bartica, Guyana	2849	328003
GUY006	乔治敦（圭亚那）	Georgetown, Guyana	2851	328006
GUY009	新阿姆斯特丹（圭亚那）	New Amsterdam, Guyana	2852	328009
GUY020	查里提（圭亚那）	Charity, Guyana	2850	328020
HTI000	海地	Haiti	425	332000
HTI003	莱凯（海地）	Les Cayes, Haiti	425	332003
HTI006	海地角（海地）	Cap-Haitien, Haiti	2854	332006
HTI009	利贝泰堡（海地）	Fort Liberte, Haiti	425	332009
HTI012	戈纳伊夫（海地）	Gonaives, Haiti	425	332012
HTI015	热雷米（海地）	Jeremie, Haiti	2855	332015
HTI018	米腊关（海地）	Miragoane, Haiti	2856	332018
HTI019	欧凯（海地）	Aux Cayes, Haiti	2853	332019
HTI021	太子港（海地）	Port-Au-Prince, Haiti	2857	332021
HTI024	圣马克（海地）	St. Marc, Haiti	2858	332024
HMD000	赫德岛和麦克唐纳群岛	Heard Island And Mcdonald Islands	699	334000
VAT000	梵蒂冈	Vatican	356	336000
HND000	洪都拉斯	Honduras	426	340000
HND003	阿马帕拉（洪都拉斯）	Amapala, Honduras	2859	340003
HND006	拉塞瓦（洪都拉斯）	La Ceiba, Honduras	2860	340006
HND009	卡斯蒂利亚港（洪都拉斯）	Puerto Castilla, Honduras	426	340009
HND012	科尔特斯港（洪都拉斯）	Puerto Cortes, Honduras	2861	340012
HND015	罗阿坦（洪都拉斯）	Roatan Island, Honduras	426	340015
HND018	圣洛伦索（洪都拉斯）	San Lorenzo, Honduras	426	340018
HND021	特拉（洪都拉斯）	Tela, Honduras	2862	340021
HND024	特鲁希略（洪都拉斯）	Trujillo, Honduras	2863	340024

代码	中文名称	英文名称	原报关代码	原报检代码
HKG000	中国香港	Hong Kong (China)	110	344000
HKG003	香港（中国香港）	Hong Kong, Hong Kong (China)	1039	344003
HUN000	匈牙利	Hungary	321	348000
HUN003	布达佩斯（匈牙利）	Budapst, Hungary	3453	348003
ISL000	冰岛	Iceland	322	352000
ISL003	阿克拉内斯（冰岛）	Akranes, Iceland	322	352003
ISL006	阿克雷里（冰岛）	Akureyri, Iceland	2462	352006
ISL009	哈布纳菲厄泽（冰岛）	Hafnarfjord, Iceland	322	352009
ISL012	胡萨维克（冰岛）	Husavik, Iceland	322	352012
ISL015	伊萨菲厄泽（冰岛）	Isafjordur-Hofn, Iceland	322	352015
ISL018	凯夫拉维克（冰岛）	Keflavikurkaupstadur, Iceland	2463	352018
ISL021	内斯克伊斯塔泽（冰岛）	Neskaupstadur, Iceland	322	352021
ISL024	帕特雷克峡湾（冰岛）	Patreksfjord, Iceland	322	352024
ISL027	雷克雅未克（冰岛）	Reykjavik, Iceland	322	352027
ISL030	塞济斯菲厄泽（冰岛）	Seydisfjord, Iceland	2465	352030
ISL033	锡格吕菲厄泽（冰岛）	Siglufjord, Iceland	322	352033
ISL036	斯卡加斯特伦（冰岛）	Skagastrond, Iceland	322	352036
ISL039	斯特勒伊姆维克（冰岛）	Straumsvik, Iceland	2466	352039
ISL042	韦斯特曼纳岛（冰岛）	Vestmannaeyjar-Hofn, Iceland	2467	352042
ISL901	雷克雅末克（冰岛）	Reykjavik, Iceland	2464	352901
IND000	印度	India	111	356000
IND003	阿勒皮（印度）	Alleppey, India	1040	356003
IND006	贝迪（印度）	Bedi, India	1041	356006
IND009	贝莱克里（印度）	Belekeri, India	1042	356009
IND012	包纳加尔（印度）	Bhavnagar, India	111	356012
IND015	比穆尼帕特南（印度）	Bheemunipatnam, India	111	356015
IND018	孟买（印度）	Mumbai(Bombay), India	1045	356018
IND021	加尔格答（印度）	Kolkata(Calcutta), India	111	356021
IND024	卡利卡特（印度）	Calicut, India	1046	356024
IND027	格灵格伯德讷姆（印度）	Calingapatnam, India	1047	356027
IND030	坎纳诺尔（印度）	Cannanore, India	111	356030
IND033	科钦（印度）	Cochin, India	1049	356033
IND036	科拉歇尔（印度）	Colachel, India	111	356036
IND039	贡达布尔（印度）	Coondapoor, India	111	356039
IND042	库达洛尔（印度）	Cuddalore, India	111	356042
IND045	达曼（印度）	Daman, India	1050	356045
IND048	第乌（印度）	Diu, India	111	356048
IND051	杜瓦尔卡（印度）	Dwarka, India	111	356051
IND054	戈巴尔布尔（印度）	Gopalpur, India	111	356054
IND057	霍尔迪亚（印度）	Haldia, India	111	356057
IND060	霍纳沃尔（印度）	Honavar, India	1052	356060
IND063	加法拉巴德（印度）	Jafarabad, India	111	356063
IND066	杰考（印度）	Jakhau, India	111	356066
IND069	卡基纳达（印度）	Kakinada, India	1053	356069
IND072	根德拉（印度）	Kandla, India	1054	356072
IND075	加里加尔（印度）	Karaikal(Karikal), India	111	356075
IND078	加尔瓦尔（印度）	Karwar, India	1055	356078

代码	中文名称	英文名称	原报关代码	原报检代码
IND081	默吉利伯德讷姆（印度）	Machilipatnam, India	111	356081
IND084	金奈（印度）	Chennal(Madras), India	1057	356084
IND087	马埃（印度）	Mahe, India	1061	356087
IND088	马苏利帕特南（印度）	Masulipatam, India	1062	356088
IND090	马尔佩（印度）	Malpe, India	1058	356090
IND093	曼达帕姆（印度）	Mandapam, India	111	356093
IND096	曼德维（印度）	Mandvi, India	1059	356096
IND099	芒格洛尔（印度）	Mangalore, India	1060	356099
IND102	曼格罗尔（印度）	Mangrol, India	111	356102
IND105	米尼科伊岛（印度）	Minicoy Island, India	111	356105
IND108	莫尔穆冈（印度）	Marmagao(Marmugao), India	1063	356108
IND111	蒙德拉（印度）	Mundra, India	111	356111
IND114	纳加伯蒂讷姆（印度）	Nagappattinam, India	1064	356114
IND117	瑙勒基（印度）	Navlakhi, India	1065	356117
IND120	新芒格洛尔（印度）	New Mangalore, India	111	356120
IND122	哈瓦舍瓦（尼赫鲁）（印度）	Nhava Sheva(Jawaharlal Nehru), India	111	356122
IND123	新土提科林（印度）	New Tuticorin, India	1078	356123
IND126	班本（印度）	Pamban, India	111	356126
IND129	潘吉姆（印度）	Panjim, India	1066	356129
IND132	巴拉迪布（印度）	Paradip, India	1072	356132
IND135	本地治里（印度）	Pondicherry, India	1069	356135
IND138	博尔本德尔（印度）	Porbandar, India	1073	356138
IND141	布莱尔港（印度）	Port Blair, India	1070	356141
IND144	奥卡港（印度）	Port Okha, India	1071	356144
IND147	波多诺伏港（印度）	Porto Novo, India	111	356147
IND150	普里（印度）	Puri, India	111	356150
IND153	奎隆（印度）	Quilon, India	1075	356153
IND156	勒德纳吉里（印度）	Ratnagiri, India	111	356156
IND159	雷迪（印度）	Redi, India	1074	356159
IND162	瑟拉亚（印度）	Salaya, India	111	356162
IND163	色纳加尔（印度）	Bhaunagar, India	1043	356163
IND165	锡卡（印度）	Sikka, India	111	356165
IND166	新德里（印度）	New Delhi, India	1067	356166
IND168	苏拉特（印度）	Surat, India	111	356168
IND169	塔德里（印度）	Tadri, India	1076	356169
IND171	代利杰里（印度）	Tellicherry, India	1077	356171
IND174	特里凡得琅（印度）	Trivandrum, India	111	356174
IND177	杜蒂戈林（印度）	Tuticorin, India	111	356177
IND180	文古尔拉（印度）	Vengurla, India	111	356180
IND183	韦拉沃尔（印度）	Veraval, India	1079	356183
IND186	维沙卡帕特南（印度）	Visakhapatnam, India	1080	356186
IND901	德里（印度）	Delhi, India	1051	356901
IND904	加尔各答（印度）	Calcutta, India	1044	356904
IND907	班加罗尔（印度）	Bangalore, India	111	356907
IDN000	印度尼西亚	Indonesia	112	360000
IDN003	安汶（印度尼西亚）	Ambon, Indonesia	112	360003

代码	中文名称	英文名称	原报关代码	原报检代码
IDN006	安佩南（印度尼西亚）	Ampenan, Indonesia	1082	360006
IDN008	BALAWAN（印度尼西亚）	Balawan, Indonesia	1086	360008
IDN009	阿米纳油码头（印度尼西亚）	Ardjuna Terminal, Indonesia	112	360009
IDN010	阿萨汗（印度尼西亚）	Aroe Bay, Indonesia	1083	360010
IDN011	阿萨汗（印度尼西亚）	Asahan, Indonesia	1084	360011
IDN012	巴眼牙比（印度尼西亚）	Bagan Si Api Api, Indonesia	1085	360012
IDN015	巴厘巴板（印度尼西亚）	Balikpapan, Indonesia	1087	360015
IDN018	马辰（印度尼西亚）	Banjarmasin, Indonesia	1088	360018
IDN019	洛塞马韦（印度尼西亚）	Lho'Seumawe, Indonesia	1115	360019
IDN021	巴纽旺宜（印度尼西亚）	Banyuwangi, Indonesia	112	360021
IDN024	勿拉湾（印度尼西亚）	Belawan, Indonesia	112	360024
IDN027	望加丽（印度尼西亚）	Bengkalis, Indonesia	112	360027
IDN029	佩纳巴（印度尼西亚）	Penaba, Indonesia	1143	360029
IDN030	朋古鲁（印度尼西亚）	Bengkulu, Indonesia	1092	360030
IDN033	伯诺阿（印度尼西亚）	Benoa, Indonesia	1093	360033
IDN035	本卡利斯（印度尼西亚）	Bengkalis, Indonesia	1091	360035
IDN036	比马（印度尼西亚）	Bima, Indonesia	1094	360036
IDN039	比通（印度尼西亚）	Bitung, Indonesia	1095	360039
IDN042	勿里洋（印度尼西亚）	Blinyu, Indonesia	112	360042
IDN045	布莱伦（印度尼西亚）	Buleleng, Indonesia	112	360045
IDN048	芝格丁（印度尼西亚）	Cigading, Indonesia	112	360048
IDN051	芝拉扎（印度尼西亚）	Cilacap, Indonesia	1177	360051
IDN054	信塔油码头（印度尼西亚）	Cinta Terminal, Indonesia	112	360054
IDN057	井里汶（印度尼西亚）	Circbon, Indonesia	1096	360057
IDN060	达博（印度尼西亚）	Cabo, Indonesia	1097	360060
IDN063	栋加拉（印度尼西亚）	Donggala, Indonesia	1102	360063
IDN066	杜迈（印度尼西亚）	Dumai, Indonesia	1103	360066
IDN069	法克法克（印度尼西亚）	Fak Fak, Indonesia	112	360069
IDN072	哥伦打洛（印度尼西亚）	Gorontalo, Indonesia	112	360072
IDN075	格雷西（锦石）（印度尼西亚）	Gresik, Indonesia	112	360075
IDN078	古农西托利（印度尼西亚）	Gunung Sitoli, Indonesia	112	360078
IDN081	雅加达（印度尼西亚）	Jakarta, Indonesia	1105	360081
IDN084	占碑（印度尼西亚）	Jambi, Indonesia	1100	360084
IDN087	查亚普拉（印度尼西亚）	Jayapura, Indonesia	112	360087
IDN090	卡利昂厄特（印度尼西亚）	Kalianget, Indonesia	1108	360090
IDN093	卡西姆（印度尼西亚）	Kasim, Indonesia	112	360093
IDN096	肯达里（印度尼西亚）	Kendari, Indonesia	112	360096
IDN098	贺兰狄亚（印度尼西亚）	Hollandia, Indonesia	1104	360098
IDN099	吉打邦（印度尼西亚）	Ketapang, Indonesia	1110	360099
IDN100	贾贾普拉（印度尼西亚）	Djajapura, Indonesia	1098	360100
IDN101	贾贾普拉（印度尼西亚）	Sukarnapura, Indonesia	1160	360101

代码	中文名称	英文名称	原报关代码	原报检代码
IDN102	哥打巴鲁（印度尼西亚）	Kota Baru, Indonesia	1111	360102
IDN105	格鲁（印度尼西亚）	Kru, Indonesia	112	360105
IDN108	瓜拉卡普阿斯（印度尼西亚）	Kuala Kapuas, Indonesia	1112	360108
IDN111	古邦（印度尼西亚）	Kupang, Indonesia	1114	360111
IDN114	马卡萨（印度尼西亚）	Macassar, Indonesia	112	360114
IDN115	马德拉斯（印度尼西亚）	Madras, Indonesia	1118	360115
IDN117	马利利（印度尼西亚）	Malili, Indonesia	112	360117
IDN120	马穆朱（印度尼西亚）	Mamuju, Indonesia	112	360120
IDN123	马诺夸里（印度尼西亚）	Manokwari, Indonesia	1123	360123
IDN124	满各里（印度尼西亚）	Mangole Island, Indonesia	1122	360124
IDN125	毛梅雷（印度尼西亚）	Maumere, Indonesia	1124	360125
IDN126	棉兰（印度尼西亚）	Medan, Indonesia	112	360126
IDN127	蒙法尔科内（印度尼西亚）	Monfalcone, Indonesia	1128	360127
IDN128	万隆（印度尼西亚）	Bandung, Indonesia	1089	360128
IDN129	万鸦老（印度尼西亚）	Menado, Indonesia	1121	360129
IDN132	默拉克（孔雀岛）（印度尼西亚）	Merak, Indonesia	1126	360132
IDN135	马老奇（印度尼西亚）	Merauke, Indonesia	112	360135
IDN136	马都拉岛（印度尼西亚）	Madura Pulau, Indonesia	1119	360136
IDN137	马杰尼（印度尼西亚）	Madjene, Indonesia	1117	360137
IDN138	米拉务（印度尼西亚）	Meulaboh, Indonesia	1127	360138
IDN141	蒙托克（印度尼西亚）	Muntok, Indonesia	112	360141
IDN144	巴东（印度尼西亚）	Padang, Indonesia	1130	360144
IDN147	北干巴鲁（印度尼西亚）	Pakanbaru, Indonesia	112	360147
IDN150	巨港（印度尼西亚）	Palembang, Indonesia	1134	360150
IDN151	巨港（印度尼西亚）	Plajju, Indonesia	1144	360151
IDN152	帕干巴鲁（印度尼西亚）	Pakan Baru, Indonesia	1131	360152
IDN153	帕洛波（印度尼西亚）	Palopo, Indonesia	112	360153
IDN156	帕马努坎（印度尼西亚）	Pamanukan, Indonesia	112	360156
IDN159	巴那鲁干（印度尼西亚）	Panarukan, Indonesia	1135	360159
IDN162	庞卡尔（印度尼西亚）	Pangkal Balam, Indonesia	1137	360162
IDN165	槟港（印度尼西亚）	Pangkal Pinang, Indonesia	112	360165
IDN168	庞卡兰苏苏（印度尼西亚）	Pangkalan Susu, Indonesia	1138	360168
IDN170	潘吉姆（印度尼西亚）	Panjim, Indonesia	1139	360170
IDN171	潘姜（印度尼西亚）	Panjang, Indonesia	1136	360171
IDN174	巴里巴里（印度尼西亚）	Parepare, Indonesia	1140	360174
IDN177	巴苏鲁安（印度尼西亚）	Pasaruan, Indonesia	1141	360177
IDN180	北加浪岸（印度尼西亚）	Pekalongan, Indonesia	112	360180
IDN183	班马吉（印度尼西亚）	Pemangkat, Indonesia	1142	360183
IDN186	波马拉（印度尼西亚）	Pomalaa, Indonesia	112	360186
IDN188	库迈（印度尼西亚）	Kumai, Indonesia	1113	360188
IDN189	坤甸（印度尼西亚）	Pontianak, Indonesia	1145	360189
IDN192	波索（印度尼西亚）	Poso, Indonesia	112	360192

代码	中文名称	英文名称	原报关代码	原报检代码
IDN195	普罗博林戈（印度尼西亚）	Probolinggo, Indonesia	1147	360195
IDN198	普劳桑布（印度尼西亚）	Pulau Sambu, Indonesia	1148	360198
IDN201	沙璜（印度尼西亚）	Sabang, Indonesia	1149	360201
IDN203	桑坦港（印度尼西亚）	Santan Terminal, Indonesia	112	360203
IDN204	沙拉瓦蒂（印度尼西亚）	Salawati, Indonesia	112	360204
IDN207	三马林达（印度尼西亚）	Samarinda, Indonesia	1150	360207
IDN210	三发（印度尼西亚）	Sambas, Indonesia	1151	360210
IDN213	桑皮特（印度尼西亚）	Sampit, Indonesia	1152	360213
IDN216	桑库利朗（印度尼西亚）	Sankulirang, Indonesia	112	360216
IDN219	塞拉潘姜（印度尼西亚）	Selat Pandjang, Indonesia	112	360219
IDN222	三宝垄（印度尼西亚）	Semarang, Indonesia	1154	360222
IDN223	苏拉威西（印度尼西亚）	Sulawesi, Indonesia	1161	360223
IDN224	泗水（印度尼西亚）	Surabaya, Indonesia	1164	360224
IDN225	塞尼帕油码头（印度尼西亚）	Senipah Terminal, Indonesia	112	360225
IDN227	山口羊（印度尼西亚）	Singkawang, Indonesia	1158	360227
IDN228	实武牙（印度尼西亚）	Sibolga, Indonesia	1155	360228
IDN229	苏门达腊（印度尼西亚）	Sumatra, Indonesia	1162	360229
IDN230	苏苏（印度尼西亚）	Susu, Indonesia	1166	360230
IDN231	索龙（印度尼西亚）	Sorong, Indonesia	1159	360231
IDN234	双溪格龙（印度尼西亚）	Sungei Gerong, Indonesia	112	360234
IDN237	双溪克拉克（印度尼西亚）	Sungei Kolak, Indonesia	112	360237
IDN240	巴宁河（印度尼西亚）	Sungei Pakning, Indonesia	1163	360240
IDN246	丹戎潘丹（印度尼西亚）	Tanjung Pandan, Indonesia	1167	360246
IDN249	丹戎槟榔（印度尼西亚）	Tanjung Pinang, Indonesia	112	360249
IDN252	丹戎不碌（印度尼西亚）	Tanjung Priok, Indonesia	1169	360252
IDN255	丹戎勒德布（印度尼西亚）	Tanjung Redeb, Indonesia	112	360255
IDN258	丹戎索法（印度尼西亚）	Tanjung Sofa, Indonesia	112	360258
IDN261	丹戎乌班（印度尼西亚）	Tanjung Uban, Indonesia	1171	360261
IDN264	打拉根（印度尼西亚）	Tarakan Island, Indonesia	1173	360264
IDN266	直落巴由（印度尼西亚）	Tarahan, Indonesia	112	360266
IDN267	直葛（印度尼西亚）	Tegal, Indonesia	1174	360267
IDN270	直落勿洞（印度尼西亚）	Telukbetung, Indonesia	112	360270
IDN273	淡美拉汉（印度尼西亚）	Tembilahan, Indonesia	112	360273
IDN276	德那第（印度尼西亚）	Ternate Island, Indonesia	1176	360276
IDN278	乌戎潘当（印度尼西亚）	Ujung Pandang, Indonesia	112	360278
IDN279	都保里（印度尼西亚）	Toboali, Indonesia	112	360279
IDN282	托利托利（印度尼西亚）	Toli Toli, Indonesia	112	360282
IDN283	塔帕土安（印度尼西亚）	Tapaktuan, Indonesia	1172	360283
IDN284	特卢巴尤尔（印度尼西亚）	Telukbajur, Indonesia	1175	360284
IDN285	图班（印度尼西亚）	Tuban, Indonesia	112	360285
IDN300	米瓦纳（印度尼西亚）	Djuwana, Indonesia	1101	360300
IDN301	望加锡（印度尼西亚）	Macassar, Indonesia	1116	360301

代码	中文名称	英文名称	原报关代码	原报检代码
IDN302	文古尔拉（印度尼西亚）	Vengurla, Indonesia	1179	360302
IDN303	西姆拉（印度尼西亚）	Simla, Indonesia	1157	360303
IDN304	锡卡（印度尼西亚）	Sikka, Indonesia	1156	360304
IDN305	雅加达海港（印度尼西亚）	Tandjung Priok, Indonesia	1170	360305
IDN306	爪畦岛（印度尼西亚）	Java,Pulau, Indonesia	1106	360306
IDN900	奥莱勒厄（印度尼西亚）	Olee Lheue, Indonesia	1129	360900
IDN901	巴淡（印度尼西亚）	Batam, Indonesia	112	360901
IDN902	乌戎潘生（印度尼西亚）	Ujungpandang, Indonesia	112	360902
IRN000	伊朗	Iran (Islamic Republic Of)	113	364000
IRN003	阿巴丹（伊朗）	Abadan, Iran (Islamic Republic of)	1180	364003
IRN006	阿巴斯港（伊朗）	Bandar Abbas, Iran (Islamic Republic of)	1183	364006
IRN009	霍梅尼港（伊朗）	Bandar Khomeini, Iran (Islamic Republic of)	113	364009
IRN012	马赫沙赫尔港（伊朗）	Bandar Mah Shahr, Iran (Islamic Republic of)	1184	364012
IRN015	布什尔（伊朗）	Bushehr(Bushire), Iran (Islamic Republic of)	113	364015
IRN018	居鲁士码头（伊朗）	Cyrus Terminal, Iran (Islamic Republic of)	113	364018
IRN021	贾斯克（伊朗）	Jask, Iran (Islamic Republic of)	113	364021
IRN023	恰赫巴哈尔（伊朗）	Chah Bahar, Iran (Islamic Republic of)	113	364023
IRN024	哈尔克岛（伊朗）	Khark Island(Kharg Island), Iran (Islamic Republic of)	1186	364024
IRN027	胡宁沙赫尔（伊朗）	Khorramshahr, Iran (Islamic Republic of)	1187	364027
IRN030	拉万岛（伊朗）	Lavan Island, Iran (Islamic Republic of)	113	364030
IRN033	林格（伊朗）	Lingah, Iran (Islamic Republic of)	113	364033
IRN036	巴里根角（伊朗）	Ras Bahregan, Iran (Islamic Republic of)	113	364036
IRN040	大不里士（伊朗）	Tabriz, Iran (Islamic Republic of)	1190	364040
IRN042	帕勒维（伊朗）	Pahlevi, Iran (Islamic Republic of)	1192	364042
IRN043	沙赫普尔港（伊朗）	Bandar Shahpour, Iran (Islamic Republic of)	1185	364043
IRN901	德黑兰（伊朗）	Teheran, Iran (Islamic Republic of)	1191	364901
IRQ000	伊拉克	Iraq	114	368000
IRQ003	巴士拉（伊拉克）	Basra, Iraq	1194	368003
IRQ006	法奥（伊拉克）	Fao, Iraq	1201	368006
IRQ009	豪尔艾迈耶（伊拉克）	Khor Al Amaya, Iraq	114	368009
IRQ012	阿巴克（伊拉克）	Mina Al Bakr, Iraq	114	368012
IRQ015	乌姆盖斯尔（伊拉克）	Umm Qasr, Iraq	1199	368015
IRQ016	ZUBAIR（伊拉克）	Zubair, Iraq	1200	368016
IRQ018	霍尔阿米亚（伊拉克）	Khor Al-Amya, Iraq	1195	368018
IRQ019	基尔库克（伊拉克）	Kirkuk, Iraq	1196	368019
IRQ020	摩苏尔（伊拉克）	Mosul, Iraq	1197	368020
IRQ901	巴格达（伊拉克）	Baghdad, Iraq	1193	368901

代码	中文名称	英文名称	原报关代码	原报检代码
IRL000	爱尔兰	Ireland	306	372000
IRL003	阿克洛（爱尔兰）	Arklow, Ireland	2200	372003
IRL006	巴尔布里根（爱尔兰）	Balbriggan, Ireland	306	372006
IRL009	巴利纳（爱尔兰）	Ballina, Ireland	2201	372009
IRL012	巴尔的摩（爱尔兰）	Baltimore, Ireland	2202	372012
IRL015	班特里（爱尔兰）	Bantry, Ireland	2203	372015
IRL018	伯顿波特（爱尔兰）	Burton Port, Ireland	306	372018
IRL021	克尔西文（爱尔兰）	Cahirciveen, Ireland	2204	372021
IRL024	卡斯尔顿贝尔（爱尔兰）	Castletown Bere, Ireland	306	372024
IRL027	克莱尔卡斯尔（爱尔兰）	Clarecastle, Ireland	306	372027
IRL030	克洛纳基尔蒂（爱尔兰）	Clonakilty, Ireland	306	372030
IRL033	科夫（爱尔兰）	Cobh, Ireland	306	372033
IRL036	科克（爱尔兰）	Cork, Ireland	2206	372036
IRL039	多尼戈尔（爱尔兰）	Donegal, Ireland	2208	372039
IRL042	德罗赫达（爱尔兰）	Dorgheda, Ireland	2209	372042
IRL045	都柏林（爱尔兰）	Dublin, Ireland	2210	372045
IRL048	邓莱里（爱尔兰）	Dun Laoghaire, Ireland	2211	372048
IRL051	邓坎嫩（爱尔兰）	Duncannon, Ireland	2212	372051
IRL054	邓多克（爱尔兰）	Dundalk, Ireland	2213	372054
IRL057	邓加文（爱尔兰）	Dungarvan, Ireland	2207	372057
IRL060	邓莫尔（爱尔兰）	Dunmore, Ireland	306	372060
IRL063	费尼特（爱尔兰）	Fenit, Ireland	306	372063
IRL066	福因斯（爱尔兰）	Foynes, Ireland	306	372066
IRL069	戈尔韦（爱尔兰）	Galway, Ireland	306	372069
IRL072	格里诺尔（爱尔兰）	Greenore, Ireland	306	372072
IRL075	霍思（爱尔兰）	Howth, Ireland	2214	372075
IRL078	基拉拉（爱尔兰）	Killala, Ireland	2215	372078
IRL081	基利贝格斯（爱尔兰）	Killybegs, Ireland	2216	372081
IRL084	基尔罗南（爱尔兰）	Kilronan, Ireland	2218	372084
IRL087	基尔拉什（爱尔兰）	Kilrush, Ireland	2219	372087
IRL090	金塞尔（爱尔兰）	Kinsale, Ireland	2220	372090
IRL093	利默里克（爱尔兰）	Limerick, Ireland	2221	372093
IRL096	莫维尔（爱尔兰）	Moville, Ireland	2222	372096
IRL099	新罗斯（爱尔兰）	New Ross, Ireland	306	372099
IRL102	拉斯马伦（爱尔兰）	Rathmullen, Ireland	306	372102
IRL105	罗斯莱尔（爱尔兰）	Rosslare, Ireland	2224	372105
IRL108	斯卡尔（爱尔兰）	Schull, Ireland	306	372108
IRL111	斯莱戈（爱尔兰）	Sligo, Ireland	2225	372111
IRL114	特拉利（爱尔兰）	Tralee, Ireland	306	372114
IRL117	瓦伦西亚（爱尔兰）	Valentia, Ireland	2226	372117
IRL120	沃特福德（爱尔兰）	Waterford, Ireland	2227	372120
IRL123	韦克斯福德（爱尔兰）	Wexford, Ireland	306	372123
IRL126	威克洛（爱尔兰）	Wicklow, Ireland	2229	372126
IRL129	约尔（爱尔兰）	Youghal, Ireland	2230	372129
IRL130	基尔马西蒙港（爱尔兰）	Kilmacsimon Quay, Ireland	2217	372130
IRL131	克里弗登（爱尔兰）	Clifden, Ireland	2205	372131
IRL132	马尔罗伊（爱尔兰）	Mulroy, Ireland	2223	372132

代码	中文名称	英文名称	原报关代码	原报检代码
IRL133	韦斯特波特（爱尔兰）	Westport, Ireland	2228	372133
ISR000	以色列	Israel	115	376000
ISR003	阿卡（以色列）	Acre, Israel	115	376003
ISR006	阿什杜德（以色列）	Ashdod, Israel	3455	376006
ISR009	阿什克伦（以色列）	Ashkelon, Israel	115	376009
ISR012	埃拉特（以色列）	Eilat(Eilath), Israel	115	376012
ISR015	哈代拉（以色列）	Hadera, Israel	115	376015
ISR018	海法（以色列）	Haifa, Israel	115	376018
ISR024	特拉维夫－雅法（以色列）	Tel Aviv-Yafo, Israel	115	376024
ITA000	意大利	Italy	307	380000
ITA003	阿尔盖罗（意大利）	Alghero, Italy	307	380003
ITA006	安科纳（意大利）	Ancona, Italy	2231	380006
ITA009	安齐奥（意大利）	Anzio, Italy	2232	380009
ITA012	阿尔巴塔克斯（意大利）	Arbatax, Italy	307	380012
ITA015	奥古斯塔（意大利）	Augusta, Italy	2233	380015
ITA018	阿沃拉（意大利）	Avola, Italy	2234	380018
ITA021	巴尼奥利（意大利）	Bagnoli, Italy	2235	380021
ITA024	巴里（意大利）	Bari, Italy	2236	380024
ITA027	巴列塔（意大利）	Barletta, Italy	2237	380027
ITA030	布林迪西（意大利）	Brindisi, Italy	2239	380030
ITA033	卡利亚里（意大利）	Cagliari, Italy	2240	380033
ITA036	卡洛福泰（意大利）	Carloforte, Italy	2241	380036
ITA039	斯塔比亚海堡（意大利）	Castellammare Di Stabia, Italy	307	380039
ITA042	卡塔尼亚（意大利）	Catania, Italy	307	380042
ITA045	卡坦扎罗（意大利）	Catanzaro, Italy	307	380045
ITA048	基奥贾（意大利）	Chioggia, Italy	307	380048
ITA051	奇维塔韦基亚（意大利）	Civitavecchia, Italy	2242	380051
ITA054	克罗托内（意大利）	Crotone, Italy	2243	380054
ITA056	法尔科纳拉（意大利）	Falconara, Italy	307	380056
ITA057	菲乌米奇诺（意大利）	Fiumicino, Italy	307	380057
ITA060	福洛尼卡（意大利）	Follonica, Italy	307	380060
ITA063	福尔米亚（意大利）	Formia, Italy	307	380063
ITA066	加埃塔（意大利）	Gaeta, Italy	307	380066
ITA069	加利波利（意大利）	Gallipoli, Italy	307	380069
ITA072	杰拉（意大利）	Gela, Italy	307	380072
ITA075	热那亚（意大利）	Genoa, Italy	2245	380075
ITA078	因佩里亚（意大利）	Imperia, Italy	307	380078
ITA081	拉马达莱那（意大利）	La Maddalena, Italy	307	380081
ITA084	里窝那（意大利）	Livorno, Italy	2249	380084
ITA087	利卡塔（意大利）	Licata, Italy	2248	380087
ITA090	曼夫雷多尼亚（意大利）	Manfredonia, Italy	307	380090
ITA093	马里纳迪卡拉拉（意大利）	Marina Di Carrara, Italy	2250	380093
ITA096	马尔萨拉（意大利）	Marsala, Italy	2251	380096
ITA099	马扎拉德尔瓦洛（意大利）	Mazara Del Vallo, Italy	2252	380099

代码	中文名称	英文名称	原报关代码	原报检代码
ITA102	梅利利（意大利）	Melilli, Italy	307	380102
ITA105	墨西拿（意大利）	Messina, Italy	2253	380105
ITA108	米拉佐（意大利）	Milazzo, Italy	2254	380108
ITA111	莫尔费塔（意大利）	Molfetta, Italy	2256	380111
ITA114	蒙法尔科内（意大利）	Monfalcone, Italy	307	380114
ITA117	莫诺波利（意大利）	Monopoli, Italy	2257	380117
ITA120	那波利（意大利）	Napoli, Italy	307	380120
ITA123	奥尔比亚（意大利）	Olbia, Italy	2259	380123
ITA126	奥里斯塔诺（意大利）	Oristano, Italy	307	380126
ITA129	奥托纳（意大利）	Ortona, Italy	307	380129
ITA132	巴勒莫（意大利）	Palermo, Italy	2260	380132
ITA135	佩萨罗（意大利）	Pesaro, Italy	2261	380135
ITA138	佩斯卡拉（意大利）	Pescara, Italy	307	380138
ITA141	皮翁比诺（意大利）	Piombino, Italy	2262	380141
ITA144	波蒂奇（意大利）	Portici, Italy	307	380144
ITA147	波蒂格里欧内（意大利）	Portiglione, Italy	2263	380147
ITA150	阿祖罗港（意大利）	Porto Azzurro, Italy	2264	380150
ITA153	恩佩多克莱港（意大利）	Porto Empedocle, Italy	2265	380153
ITA156	马尔盖腊港（意大利）	Porto Marghera, Italy	307	380156
ITA159	圣托斯特凡诺港（意大利）	Porto Santo Stefano, Italy	2266	380159
ITA162	托雷斯港（意大利）	Porto Torres, Italy	2267	380162
ITA165	韦斯梅港（意大利）	Porto Vesme, Italy	2270	380165
ITA168	费拉约港（意大利）	Portoferraio, Italy	307	380168
ITA171	斯库索港（意大利）	Portoscuso, Italy	2269	380171
ITA174	波佐利（意大利）	Pozzuoli, Italy	2271	380174
ITA177	普里奥洛（意大利）	Priolo, Italy	2273	380177
ITA180	腊万纳（意大利）	Ravenna, Italy	2274	380180
ITA183	雷焦（意大利）	Reggio, Italy	307	380183
ITA186	里奥马里纳（意大利）	Rio Marina, Italy	2275	380186
ITA189	萨莱诺（意大利）	Salerno, Italy	2276	380189
ITA192	圣雷莫（意大利）	San Remo, Italy	2277	380192
ITA195	萨罗克（福克西港）（意大利）	Sarroch(Porto Foxi), Italy	2280	380195
ITA198	萨沃纳（意大利）	Savona/Funivie, Italy	2281	380198
ITA201	锡拉库萨（意大利）	Siracusa, Italy	307	380201
ITA204	斯佩齐亚（意大利）	La Spezia, Italy	2246	380204
ITA207	塔拉莫内（意大利）	Talamone, Italy	2286	380207
ITA210	塔兰托（意大利）	Taranto, Italy	2287	380210
ITA213	托雷德尔格雷科（意大利）	Torre Del Greco, Italy	307	380213
ITA216	托雷安农齐亚塔（意大利）	Torre Annunziata, Italy	2289	380216
ITA219	特拉帕尼（意大利）	Trapani, Italy	307	380219
ITA222	的里雅斯特（意大利）	Trieste, Italy	2290	380222
ITA225	瓦斯托（意大利）	Vasto, Italy	307	380225
ITA228	威尼斯（意大利）	Venezia(Venice), Italy	2291	380228

代码	中文名称	英文名称	原报关代码	原报检代码
ITA231	维亚雷焦（意大利）	Viareggio, Italy	307	380231
ITA241	PORTOGERRAIO（意大利）	Portogerraio, Italy	2268	380241
ITA242	奥克里卡（意大利）	Terranova, Italy	2288	380242
ITA243	博洛尼亚（意大利）	Boiogna, Italy	2238	380243
ITA244	利窝那（意大利）	Leghorn, Italy	2247	380244
ITA245	那不勒斯（意大利）	Naples, Italy	2258	380245
ITA246	欧瑞斯塔奥（意大利）	Oristano, Italy	3420	380246
ITA247	普腊托（意大利）	Prato, Italy	2272	380247
ITA248	撒丁岛（意大利）	Sardinia, Italy	2279	380248
ITA249	桑达基斯达（意大利）	Santa Guista, Italy	2278	380249
ITA250	斯培西亚（意大利）	Delaware Brealwater0, Italy	2244	380250
ITA251	斯培西亚（意大利）	Stettin, Italy	2284	380251
ITA252	西西里（意大利）	Sicily, Italy	2282	380252
ITA253	锡腊丘斯（意大利）	Syracuse, Italy	2285	380253
ITA254	斯培西亚（意大利）	Spezia, Italy	2283	380254
ITA901	罗马（意大利）	Roma, Italy	307	380901
ITA902	米兰（意大利）	Miland, Italy	2255	380902
CIV000	科特迪瓦	Cote D'Ivoire	223	384000
CIV003	阿比让（科特迪瓦）	Abidjan, Cote d'Ivoire	1651	384003
CIV006	阿西尼（科特迪瓦）	Assinie, Cote d'Ivoire	223	384006
CIV009	弗雷斯科（科特迪瓦）	Fresco, Cote d'Ivoire	1654	384009
CIV012	大巴萨姆（科特迪瓦）	Grand Bassam, Cote d'Ivoire	1655	384012
CIV014	达布（科特迪瓦）	Dabou, Cote d'Ivoire	223	384014
CIV015	圣佩德罗（科特迪瓦）	San-Pedro, Cote d'Ivoire	223	384015
CIV018	萨桑德拉（科特迪瓦）	Sassandra, Cote d'Ivoire	1653	384018
CIV021	塔布（科特迪瓦）	Tabou, Cote d'Ivoire	223	384021
CIV022	布埃港（科特迪瓦）	Port Bouet, Cote d'Ivoire	1652	384022
JAM000	牙买加	Jamaica	427	388000
JAM003	阿利盖德庞德（牙买加）	Alligator Pond, Jamaica	427	388003
JAM006	布莱克河（牙买加）	Black River, Jamaica	2864	388006
JAM009	布卢菲尔兹（牙买加）	Bluefields, Jamaica	427	388009
JAM012	法尔茅斯（牙买加）	Falmouth, Jamaica	427	388012
JAM015	金斯敦（牙买加）	Kingston, Jamaica	2865	388015
JAM018	卢西（牙买加）	Lucea, Jamaica	427	388018
JAM021	蒙特哥湾（牙买加）	Montego Bay, Jamaica	2866	388021
JAM024	奥乔里奥斯湾（牙买加）	Ocho Rios, Jamaica	2867	388024
JAM027	安东尼奥港（牙买加）	Port Antonio, Jamaica	2868	388027
JAM030	埃斯基韦尔港（牙买加）	Port Esquivel, Jamaica	2869	388030
JAM033	凯泽港（牙买加）	Port Kaiser, Jamaica	2870	388033
JAM036	莫兰特港（牙买加）	Port Morant, Jamaica	2871	388036
JAM039	罗德港（牙买加）	Port Rhoades, Jamaica	427	388039
JAM042	罗亚尔港（牙买加）	Port Royal, Jamaica	2872	388042
JAM045	里奥布埃诺（牙买加）	Rio Bueno, Jamaica	427	388045
JAM048	罗基波因特（牙买加）	Rocky Point, Jamaica	427	388048
JAM051	萨尔特里弗（牙买加）	Salt River, Jamaica	2873	388051
JAM054	滨海萨凡纳（牙买加）	Savanna La Mar, Jamaica	427	388054

代码	中文名称	英文名称	原报关代码	原报检代码
JPN000	日本	Japan	116	392000
JPN003	网走（日本）	Abashiri, Japan	1202	392003
JPN006	网干（日本）	Aboshi, Japan	1203	392006
JPN009	相浦（日本）	Ainoura, Japan	116	392009
JPN012	相生（日本）	Aioi, Japan	1204	392012
JPN015	秋田（日本）	Akita, Japan	1206	392015
JPN018	赤穗湾（日本）	Ako Wan, Japan	116	392018
JPN021	尼崎（日本）	Amagasaki, Japan	1208	392021
JPN024	阿南（日本）	Anan, Japan	1209	392024
JPN027	青森（日本）	Aomori, Japan	1210	392027
JPN030	渥美（日本）	Atsumi, Japan	1211	392030
JPN033	别府（日本）	Beppu, Japan	116	392033
JPN036	千叶（日本）	Chiba, Japan	1212	392036
JPN039	知多（日本）	Chita, Japan	116	392039
JPN042	江名（日本）	Ena, Japan	116	392042
JPN045	江田岛（日本）	Etajima, Japan	116	392045
JPN048	福冈（日本）	Fukuoka, Japan	116	392048
JPN051	福山（日本）	Fukuyama, Japan	1214	392051
JPN054	船桥（日本）	Funabashi, Japan	1215	392054
JPN057	船川（日本）	Funakawa, Japan	116	392057
JPN060	伏木（日本）	Fushiki, Japan	1217	392060
JPN063	蒲郡（日本）	Gamagori, Japan	1218	392063
JPN066	八户（日本）	Hachinohe, Japan	1219	392066
JPN069	荻（日本）	Hagi, Japan	1220	392069
JPN072	博多（日本）	Hakata, Japan	1221	392072
JPN075	函馆（日本）	Hakodate, Japan	1222	392075
JPN078	滨田（日本）	Hamada, Japan	1223	392078
JPN081	滨松（日本）	Hamamatsu, Japan	116	392081
JPN084	半田（日本）	Handa, Japan	116	392084
JPN087	阪南（日本）	Hannan, Japan	1224	392087
JPN090	日明（日本）	Hiagari, Japan	1225	392090
JPN093	响滩湾（日本）	Hibikinada, Japan	1226	392093
JPN096	光市（日本）	Hikari, Japan	116	392096
JPN099	姬路（日本）	Himeji, Japan	1228	392099
JPN102	平生（日本）	Hirao, Japan	116	392102
JPN105	广田（日本）	Hirohata, Japan	1229	392105
JPN108	广岛（日本）	Hiroshima, Japan	1230	392108
JPN111	久之滨（日本）	Hisanohama, Japan	116	392111
JPN114	日立（日本）	Hitachi, Japan	1231	392114
JPN117	细岛（日本）	Hososhima(Hosojima), Japan	1232	392117
JPN120	辑保（日本）	Iho, Japan	116	392120
JPN123	今治（日本）	Imabari, Japan	1233	392123
JPN126	伊万里（日本）	Imari, Japan	1234	392126
JPN129	因岛（日本）	Innoshima, Japan	1235	392129
JPN132	伊良湖（日本）	Irako, Japan	116	392132
JPN135	石垣（日本）	Ishigaki, Japan	116	392135
JPN138	石卷（日本）	Ishinomaki, Japan	1236	392138

代码	中文名称	英文名称	原报关代码	原报检代码
JPN141	系崎（日本）	Itozaki, Japan	1237	392141
JPN144	岩国（日本）	Iwakuni, Japan	1238	392144
JPN147	伊予三岛（日本）	Iyo Mishima, Japan	1240	392147
JPN150	严原（日本）	Izuhara, Japan	116	392150
JPN153	泉佐野（日本）	Izumisano, Japan	116	392153
JPN156	鹿儿岛（日本）	Kagoshima, Japan	1241	392156
JPN159	海南（日本）	Kainan, Japan	1243	392159
JPN162	加古川（日本）	Kakogawa, Japan	1244	392162
JPN165	釜石（日本）	Kamaishi, Japan	1245	392165
JPN168	金泽（日本）	Kanazawa, Japan	1246	392168
JPN171	刈田（日本）	Kanda, Japan	1247	392171
JPN174	关门（日本）	Kanmon, Japan	1248	392174
JPN177	鹿川（日本）	Kanokawa, Japan	1249	392177
JPN180	唐津（日本）	Karatsu, Japan	116	392180
JPN183	笠冈（日本）	Kasaoka, Japan	1250	392183
JPN186	鹿岛（日本）	Kashima, Japan	1251	392186
JPN189	川之江（日本）	Kawanoe, Japan	116	392189
JPN192	川崎（日本）	Kawasaki, Japan	1252	392192
JPN195	喜入（日本）	Kiire, Japan	1254	392195
JPN198	菊间（日本）	Kikuma, Japan	1255	392198
JPN201	金湾（日本）	Kin Wan, Japan	116	392201
JPN204	衣浦（日本）	Kinuura, Japan	1257	392204
JPN207	木更津（日本）	Kisarazu, Japan	1258	392207
JPN210	北九州（日本）	Kitakyushu, Japan	116	392210
JPN213	神户（日本）	Kobe, Japan	1259	392213
JPN216	高知（日本）	Kochi, Japan	1260	392216
JPN219	小仓（日本）	Komatsushima, Japan	1261	392219
JPN222	小松岛（日本）	Konoshima, Japan	1262	392222
JPN225	神岛（日本）	Konoshima, Japan	116	392225
JPN228	下松（日本）	Kudamatsu, Japan	1263	392228
JPN231	吴（日本）	Kure, Japan	1264	392231
JPN234	黑崎（日本）	Kurosaki, Japan	1265	392234
JPN237	钏路（日本）	Kushiro, Japan	1266	392237
JPN240	舞鹤（日本）	Maizuru, Japan	1267	392240
JPN243	牧山（日本）	Makiyama, Japan	1268	392243
JPN246	丸龟（日本）	Marugame, Japan	116	392246
JPN249	马刀泻（日本）	Mategata, Japan	1270	392249
JPN252	松永（日本）	Matsunaga, Japan	116	392252
JPN255	松山（日本）	Matsuyama, Japan	1271	392255
JPN258	松坂（日本）	Matuzaka, Japan	116	392258
JPN261	妻鹿（日本）	Mega, Japan	116	392261
JPN264	三原（日本）	Mihara, Japan	116	392264
JPN267	三池（日本）	Miike, Japan	1272	392267
JPN270	美川（日本）	Mikawa, Japan	116	392270
JPN273	水俣（日本）	Minamata, Japan	1273	392273
JPN276	三岛（日本）	Misima, Japan	116	392276
JPN279	三角（日本）	Misumi, Japan	1275	392279

代码	中文名称	英文名称	原报关代码	原报检代码
JPN282	三子岛（日本）	Mitsukoshima, Japan	116	392282
JPN285	宫古（日本）	Miyako, Japan	1277	392285
JPN288	宫崎（日本）	Miyazaki, Japan	116	392288
JPN291	宫津（日本）	Miyazu, Japan	1278	392291
JPN294	水岛（日本）	Mizushima, Japan	1279	392294
JPN297	门司（日本）	Moji, Japan	1280	392297
JPN300	门别（日本）	Monbetsu, Japan	1281	392300
JPN303	向岛（日本）	Mukaishima, Japan	1282	392303
JPN306	室兰（日本）	Muroran, Japan	1283	392306
JPN309	六连（日本）	Mutsure, Japan	1284	392309
JPN312	长崎（日本）	Nagasaki, Japan	1286	392312
JPN315	长浦（日本）	Nagaura, Japan	116	392315
JPN318	名古屋（日本）	Nagoya, Japan	1287	392318
JPN321	那霸（日本）	Naha, Japan	1288	392321
JPN322	新泻（日本）	Niigata, Japan	1294	392322
JPN324	中城（日本）	Nakagusuku, Japan	1289	392324
JPN327	七尾（日本）	Nanao, Japan	1290	392327
JPN330	直江津（日本）	Naoetsu, Japan	1291	392330
JPN333	直岛（日本）	Naoshima Island, Japan	1292	392333
JPN336	根岸（日本）	Negishi, Japan	116	392336
JPN339	根室（日本）	Nemuro, Japan	116	392339
JPN345	新舄东（日本）	Niigata Higashi, Japan	1293	392345
JPN348	新居滨（日本）	Niihama, Japan	1295	392348
JPN351	西宫（日本）	Nishinomiya, Japan	116	392351
JPN354	能代（日本）	Noshiro, Japan	116	392354
JPN357	大船渡（日本）	Ofunato, Japan	1296	392357
JPN360	扇岛（日本）	Ogishima, Japan	1297	392360
JPN363	大分（日本）	Oita（Ohita）, Japan	1298	392363
JPN366	冈山（日本）	Okayama, Japan	116	392366
JPN369	御前崎（日本）	Omaezaki, Japan	1300	392369
JPN372	大凑（日本）	Ominato, Japan	116	392372
JPN375	大三岛（日本）	Omishima, Japan	116	392375
JPN378	小名滨（日本）	Onahama, Japan	1301	392378
JPN381	尾道（日本）	Onomichi, Japan	1302	392381
JPN384	大阪（日本）	Osaka, Japan	1303	392384
JPN387	小樽（日本）	Otaru, Japan	1304	392387
JPN390	尾鹫（日本）	Owase, Japan	1305	392390
JPN393	留萌（日本）	Rumoi, Japan	1306	392393
JPN396	佐贺关（日本）	Saganoseki, Japan	1307	392396
JPN399	佐伯（日本）	Saiki, Japan	1308	392399
JPN402	界（日本）	Sakai, Japan	1309	392402
JPN405	坂出（日本）	Sakaide, Japan	1310	392405
JPN408	境港（日本）	Sakaiminato, Japan	1311	392408
JPN411	界泉北（日本）	Sakaisenboku, Japan	116	392411
JPN414	酒田（日本）	Sakata, Japan	1313	392414
JPN417	崎户（日本）	Sakito, Japan	116	392417
JPN420	佐世保（日本）	Sasebo, Japan	1314	392420

代码	中文名称	英文名称	原报关代码	原报检代码
JPN423	仙台（日本）	Sendai, Japan	1315	392423
JPN426	芝浦（日本）	Shibaura, Japan	116	392426
JPN429	饰磨（日本）	Shikama, Japan	1316	392429
JPN432	清水（日本）	Shimizu, Japan	1317	392432
JPN435	下田（日本）	Shimoda, Japan	116	392435
JPN438	下关（日本）	Shimonoseki, Japan	1318	392438
JPN441	下津（日本）	Shimotsu, Japan	1319	392441
JPN444	师崎（日本）	Shinsaki, Japan	116	392444
JPN447	盐斧（日本）	Shiogama, Japan	1320	392447
JPN450	新凑（日本）	Sinminato, Japan	116	392450
JPN453	须崎（日本）	Suzaki, Japan	1322	392453
JPN456	桔（日本）	Tachibana, Japan	1323	392456
JPN459	多度津（日本）	Tadotu, Japan	116	392459
JPN462	田子浦（日本）	Tagonoura, Japan	1324	392462
JPN465	高松（日本）	Takamatsu, Japan	1325	392465
JPN471	诧间（日本）	Takuma, Japan	1326	392471
JPN474	玉岛（日本）	Tama Sima, Japan	116	392474
JPN477	玉野（日本）	Tamano, Japan	116	392477
JPN480	田边（日本）	Tanabe, Japan	1327	392480
JPN483	馆山（日本）	Tateyama, Japan	116	392483
JPN486	谷山（日本）	Tanivama, Japan	116	392486
JPN489	户田（日本）	Tobata, Japan	1328	392489
JPN492	十胜（日本）	Tokachi, Japan	116	392492
JPN495	东海（日本）	Tokai, Japan	1329	392495
JPN498	德山（日本）	Tokuyama, Japan	1330	392498
JPN501	东京（日本）	Tokyo, Japan	1331	392501
JPN504	苫小牧（日本）	Tomakomai, Japan	1332	392504
JPN507	富田（日本）	Tonda, Japan	1333	392507
JPN510	鸟取（日本）	Tottori, Japan	1334	392510
JPN513	富山（日本）	Toyama, Japan	1335	392513
JPN516	富山新港（日本）	Toyama Sinko, Japan	1336	392516
JPN519	丰桥（日本）	Toyohashi, Japan	1337	392519
JPN522	津（日本）	Tsu, Japan	116	392522
JPN525	津居山（日本）	Tsuiyama, Japan	1338	392525
JPN528	津久见（日本）	Tsukumi, Japan	1339	392528
JPN531	敦贺（日本）	Tsuruga, Japan	1340	392531
JPN534	鹤见（日本）	Tsurumi, Japan	116	392534
JPN537	鹤崎（日本）	Tsurusaki, Japan	1341	392537
JPN540	宇部（日本）	Ube, Japan	1342	392540
JPN543	内浦（日本）	Uchiura, Japan	1343	392543
JPN546	宇野（日本）	Uno, Japan	1344	392546
JPN549	若松（日本）	Wakamatsu, Japan	1346	392549
JPN552	和歌山（日本）	Wakayama, Japan	1347	392552
JPN555	稚内（日本）	Wakkanai, Japan	1348	392555
JPN558	八代（日本）	Yatsushiro（Yatsuahiro）, Japan	1350	392558
JPN561	八幡（日本）	Yawata, Japan	1352	392561
JPN564	八恬滨（日本）	Yawatahama, Japan	116	392564

代码	中文名称	英文名称	原报关代码	原报检代码
JPN567	四日市（日本）	Yokkaichi, Japan	1353	392567
JPN570	横滨（日本）	Yokohama, Japan	1354	392570
JPN573	横须贺（日本）	Yokosuka, Japan	1355	392573
JPN576	寄岛（日本）	Yorishima, Japan	116	392576
JPN579	四仓（日本）	Yotukura, Japan	116	392579
JPN582	由良（日本）	Yura, Japan	116	392582
JPN590	AJIGAWA（日本）	Ajigawa, Japan	1205	392590
JPN591	AKITSU（日本）	Akitsu, Japan	1207	392591
JPN592	DOKAI（日本）	Dokai, Japan	1213	392592
JPN593	KEIHIN PORT（日本）	Keihin Port, Japan	1253	392593
JPN594	船桥（日本）	Funakawa, Japan	1216	392594
JPN595	东播磨 (IHO)（日本）	Higashiharima, Japan	1227	392595
JPN596	浮岛（日本）	Mitsukojima, Japan	1276	392596
JPN597	君津（日本）	Kimitsu, Japan	1256	392597
JPN598	鹿儿岛新港（日本）	Kagoshima Shinko, Japan	1242	392598
JPN599	若松（日本）	Yahata, Japan	1349	392599
JPN600	三岛 川三江（日本）	Misima-Kawanoe, Japan	1274	392600
JPN601	室兰（日本）	Muyoyan, Japan	1285	392601
JPN602	苏萨（日本）	Susa(Sousse), Japan	1321	392602
JPN605	宇野和玉野（日本）	Uno &Tamano, Japan	1345	392605
JPN606	枕崎	Makurasaki, Japan	1269	392606
JPN901	札幌（日本）	Sapporo, Japan	116	392901
JPN902	冲绳（日本）	Okinawa, Japan	116	392902
KAZ000	哈萨克斯坦	Kazakhstan	145	398000
KAZ901	十月市（哈萨克斯坦）	Oktyjabrjiski, Kazakhstan	145	398901
KAZ902	尤日内（哈萨克斯坦）	Yuzhnyy, Kazakhstan	145	398902
KAZ903	迈哈布奇盖（哈萨克斯坦）	Kazakhstan, Kazakhstan	145	398903
KAZ904	阿连谢夫卡（哈萨克斯坦）	Kazakhstan, Kazakhstan	145	398904
KAZ905	巴克特（哈萨克斯坦）	Kazakhstan, Kazakhstan	145	398905
KAZ906	德鲁日巴（哈萨克斯坦）	Kazakhstan, Kazakhstan	145	398906
KAZ907	霍尔果斯（哈萨克斯坦）	Kazakhstan, Kazakhstan	145	398907
KAZ908	科里扎特（哈萨克斯坦）	Kazakhstan, Kazakhstan	145	398908
KAZ909	纳林果勒（哈萨克斯坦）	Kazakhstan, Kazakhstan	145	398909
JOR000	约旦	Jordan	117	400000
JOR003	亚喀巴（约旦）	Aqaba(Al'Aqabah), Jordan	1359	400003
JOR004	纳布鲁斯（约旦）	Nablus, Jordan	1361	400004
JOR005	伊尔比德（约旦）	Irbid, Jordan	1360	400005
KEN000	肯尼亚	Kenya	224	404000
KEN003	拉穆（肯尼亚）	Lamu, Kenya	1656	404003
KEN006	马林迪（肯尼亚）	Malindi, Kenya	1657	404006
KEN009	蒙巴萨（肯尼亚）	Mombasa, Kenya	1658	404009
KEN012	万加（肯尼亚）	Vanga, Kenya	224	404012
KEN901	内罗毕（肯尼亚）	Nairobi, Kenya	1659	404901
PRK000	朝鲜	Korea (Democratic People'S Republic Of)	109	408000

代码	中文名称	英文名称	原报关代码	原报检代码
PRK003	镇南浦（朝鲜）	Chinnampo, Korea (Democratic People's Republic of)	109	408003
PRK006	清津（朝鲜）	Chongjin, Korea (Democratic People's Republic of)	1035	408006
PRK009	海州（朝鲜）	Haeju, Korea (Democratic People's Republic of)	1030	408009
PRK012	兴南（朝鲜）	Hungnam, Korea (Democratic People's Republic of)	1031	408012
PRK015	罗津（朝鲜）	Rajin, Korea (Democratic People's Republic of)	109	408015
PRK018	松林（朝鲜）	Songrim, Korea (Democratic People's Republic of)	109	408018
PRK021	元山（朝鲜）	Wonsan, Korea (Democratic People's Republic of)	1038	408021
PRK024	新浦（朝鲜）	Sinpo, Korea (Democratic People's Republic of)	109	408024
PRK030	开城（朝鲜）	Kaesong, Korea (Democratic People's Republic of)	1032	408030
PRK901	平壤（朝鲜）	Pyongyang, Korea (Democratic People's Republic of)	109	408901
PRK902	普通江（朝鲜）	Korea (Democratic People'S Republic Of)	109	408902
PRK903	新义州（朝鲜）	Korea (Democratic People'S Republic Of)	1037	408903
PRK904	西浦（朝鲜）	Korea (Democratic People'S Republic Of)	109	408904
PRK905	南浦（朝鲜）	Nampo, Korea (Democratic People's Republic of)	1033	408905
PRK906	会宁（朝鲜）	Korea (Democratic People'S Republic Of)	109	408906
PRK907	七星里（朝鲜）	Korea (Democratic People'S Republic Of)	109	408907
PRK908	赛别尔（朝鲜）	Korea (Democratic People'S Republic Of)	109	408908
PRK909	沅丁（朝鲜）	Korea (Democratic People'S Republic Of)	109	408909
PRK910	南阳（朝鲜）	Korea (Democratic People'S Republic Of)	109	408910
PRK911	山峰（朝鲜）	Korea (Democratic People'S Republic Of)	109	408911
PRK912	三长（朝鲜）	Korea (Democratic People'S Republic Of)	109	408912
PRK913	满浦（朝鲜）	Korea (Democratic People'S Republic Of)	109	408913
PRK914	渭源（朝鲜）	Korea (Democratic People'S Republic Of)	109	408914
PRK915	中江（朝鲜）	Korea (Democratic People'S Republic Of)	109	408915

代码	中文名称	英文名称	原报关代码	原报检代码
PRK916	惠山（朝鲜）	Korea (Democratic People'S Republic Of)	109	408916
KOR000	韩国	Korea (Republic Of)	133	410000
KOR003	釜山（韩国）	Busan, Korea (Republic of)	1480	410003
KOR004	光阳（韩国）	Gwangyang(Kwangyang), Korea (Republic of)	133	410004
KOR006	长项（韩国）	Changhang, Korea (Republic of)	133	410006
KOR009	济州（韩国）	Cheju, Korea (Republic of)	133	410009
KOR012	镇海（韩国）	Chinhae, Korea (Republic of)	1484	410012
KOR015	台普（韩国）	Daepori, Korea (Republic of)	133	410015
KOR018	仁川（韩国）	Incheon(Inchon), Korea (Republic of)	1482	410018
KOR021	群山（韩国）	Gunsan(Kunsan), Korea (Republic of)	1481	410021
KOR024	马山（韩国）	Masan, Korea (Republic of)	1483	410024
KOR027	木浦（韩国）	Mokpo(Moppo), Korea (Republic of)	1485	410027
KOR030	墨湖（韩国）	Mukho, Korea (Republic of)	133	410030
KOR033	浦项（韩国）	Pohang, Korea (Republic of)	1486	410033
KOR034	平泽（韩国）	Pyeongtaek, Korea (Republic of)	133	410034
KOR036	三陟（韩国）	Samchok, Korea (Republic of)	133	410036
KOR039	蔚山（韩国）	Ulsan, Korea (Republic of)	1487	410039
KOR042	丽水（韩国）	Yeosu(Yosu), Korea (Republic of)	1488	410042
KOR901	首尔（韩国）	Seoul, Korea (Republic of)	133	410901
KWT000	科威特	Kuwait	118	414000
KWT003	霍尔姆法塔（科威特）	Khor Al Mufatta, Kuwait	118	414003
KWT006	科威特（科威特）	Kuwait, Kuwait	1362	414006
KWT009	艾哈迈迪港（科威特）	Mina ‘Al Ahmadi, Kuwait	118	414009
KWT012	米纳阿卜杜拉（科威特）	Mena Abdulla, Kuwait	1364	414012
KWT015	米纳索特（科威特）	Mena Saud, Kuwait	1365	414015
KWT018	舒艾拜（科威特）	Shuaiba, Kuwait	1366	414018
KWT021	舒韦赫（科威特）	Shuwaikh, Kuwait	1367	414021
KWT022	米内艾哈迈迪（科威特）	Mena -Al-Ahmadi, Kuwait	1363	414022
KGZ000	吉尔吉斯斯坦	Kyrgyzstan	146	417000
KGZ901	图鲁噶尔（吉尔吉斯斯坦）	Kyrgyzstan	146	417901
KGZ902	比什凯克（吉尔吉斯斯坦）	Kyrgyzstan	146	417902
KGZ903	伊尔克什坦（吉尔吉斯斯坦）	Kyrgyzstan	146	417903
KGZ904	纳伦（吉尔吉斯斯坦）	Kyrgyzstan	146	417904
KGZ905	奥什（吉尔吉斯斯坦）	Kyrgyzstan	146	417905
LAO000	老挝	Lao People'S Democratic Republic	119	418000
LAO901	万象（老挝）	Vientiane, Lao People's Democratic Republic	1368	418901
LBN000	黎巴嫩	Lebanon	120	422000
LBN003	贝鲁特（黎巴嫩）	Beirut, Lebanon	1369	422003
LBN006	舍卡（黎巴嫩）	Chekka, Lebanon	120	422006
LBN009	朱尼耶（黎巴嫩）	Jounieh, Lebanon	120	422009
LBN012	腊斯塞拉塔（黎巴嫩）	Ras Selata, Lebanon	120	422012

代码	中文名称	英文名称	原报关代码	原报检代码
LBN015	赛达（黎巴嫩）	Sayda, Lebanon	120	422015
LBN018	苏尔（黎巴嫩）	Sur(Tyre), Lebanon	120	422018
LBN021	的黎波里（黎巴嫩）	Tripoli, Lebanon	1371	422021
LBN024	宰赫拉尼（黎巴嫩）	Zahrani, Lebanon	120	422024
LBN030	西顿（黎巴嫩）	Sidon, Lebanon	1370	422030
LSO000	莱索托	Lesotho	255	426000
LVA000	拉脱维亚	Latvia	335	428000
LVA003	里加（拉脱维亚）	Riga, Latvia	2663	428003
LVA006	利耶帕亚（拉脱维亚）	Liepaja（Liepaia）, Latvia	3421	428006
LVA009	文茨皮尔斯（拉脱维亚）	Ventspils, Latvia	335	428009
LBR000	利比里亚	Liberia	225	430000
LBR003	布坎南（利比里亚）	Buchanan, Liberia	1660	430003
LBR006	帕尔马斯角（利比里亚）	Cape Palmas, Liberia	1665	430006
LBR009	大巴萨（利比里亚）	Grand Bassa, Liberia	225	430009
LBR012	格林维尔（利比里亚）	Greenville, Liberia	225	430012
LBR015	马歇尔（利比里亚）	Marshall, Liberia	1663	430015
LBR018	蒙罗维亚（利比里亚）	Monrovia, Liberia	1664	430018
LBR021	里弗塞斯（利比里亚）	River Cess, Liberia	225	430021
LBR030	HARPER C.（利比里亚）	Harper C., Liberia	1661	430030
LBR031	下布坎南（利比里亚）	Lower Buchanan, Liberia	1662	430031
LBY000	利比亚	Libya	226	434000
LBY003	阿济伟亚（利比亚）	Az Zawiyah, Libya	226	434003
LBY006	巴迪亚（利比亚）	Bardia, Libya	1670	434006
LBY009	班加西（利比亚）	Bingazi(Benghazi), Libya	1666	434009
LBY012	德尔纳（利比亚）	Darnah(Derna), Libya	1671	434012
LBY015	锡德尔（利比亚）	As Sidr, Libya	226	434015
LBY017	卜雷加港（利比亚）	Marsa Brega, Libya	1667	434017
LBY018	哈里盖港（利比亚）	Marsa El Hariga, Libya	226	434018
LBY021	米苏拉塔区（利比亚）	Misurata, Libya	1672	434021
LBY024	拉斯拉努夫（利比亚）	Ras Lanuf, Libya	1673	434024
LBY027	图卜鲁格（利比亚）	Tobruk, Libya	1668	434027
LBY030	的黎波里（利比亚）	Tripoli, Libya	1674	434030
LBY033	兹利坦（利比亚）	Zleiten, Libya	226	434033
LBY036	兹瓦拉（利比亚）	Zuara, Libya	226	434036
LBY039	祖埃提纳（利比亚）	Zueitina, Libya	1669	434039
LIE000	列支敦士登	Liechtenstein	323	438000
LTU000	立陶宛	Lithuania	336	440000
LTU002	克莱佩达（立陶宛）	Klaipeda, Lithuania	336	440002
LUX000	卢森堡	Luxembourg	308	442000
LUX001	卢森堡（卢森堡）	Luxembourg，Luxembourg	2293	442001
MAC000	中国澳门	Macau (China)	121	446000
MAC003	澳门（中国澳门）	Macau, Macao (China)	1373	446003
MDG000	马达加斯加	Madagascar	227	450000
MDG003	阿纳拉拉瓦（马达加斯加）	Analalava, Madagascar	227	450003
MDG006	安塔拉哈（马达加斯加）	Antalaha, Madagascar	227	450006

代码	中文名称	英文名称	原报关代码	原报检代码
MDG009	安齐拉纳纳（马达加斯加）	Antsiranana(Diego Suarez), Madagascar	1684	450009
MDG012	法拉凡加纳（马达加斯加）	Farafangana, Madagascar	227	450012
MDG015	多凡堡（马达加斯加）	Fort Dauphin(Toalagnaro, Madagascar	1681	450015
MDG018	马任加（马达加斯加）	Majunga(Mahajanga), Madagascar	1675	450018
MDG021	马纳卡拉（马达加斯加）	Manakara, Madagascar	227	450021
MDG024	马南扎里河（马达加斯加）	Mananjary, Madagascar	1676	450024
MDG027	马鲁安采特拉（马达加斯加）	Maroantsetra, Madagascar	227	450027
MDG030	穆龙贝（马达加斯加）	Morombe, Madagascar	227	450030
MDG033	穆龙达瓦（马达加斯加）	Morondava, Madagascar	227	450033
MDG036	贝岛（马达加斯加）	Nosy Bs, Madagascar	227	450036
MDG039	桑巴瓦（马达加斯加）	Sambava, Madagascar	227	450039
MDG042	图阿马西纳（马达加斯加）	Tamatave(Toamasina), Madagascar	227	450042
MDG045	托拉纳罗（马达加斯加）	Tolagnaro, Madagascar	227	450045
MDG048	图莱亚尔（马达加斯加）	Tulear(Tolliara), Madagascar	1680	450048
MDG050	努西贝（马达加斯加）	Nossi-Be, Madagascar	1677	450050
MDG051	塔那那利佛（马达加斯加）	Tananarive, Madagascar	1678	450051
MWI000	马拉维	Malawi	228	454000
MWI001	利隆圭（马拉维）	Lilongwe, Malawi	1685	454001
MYS000	马来西亚	Malaysia	122	458000
MYS003	巴眼拿督（马来西亚）	Bagan Datoh, Malaysia	122	458003
MYS006	巴拉姆（马来西亚）	Baram, Malaysia	122	458006
MYS009	巴株巴辖（马来西亚）	Batu Pahat, Malaysia	122	458009
MYS012	民那丹（马来西亚）	Binatang, Malaysia	1376	458012
MYS015	民都鲁（马来西亚）	Bintulu, Malaysia	122	458015
MYS017	新山（马来西亚）	Johore Bahru, Malaysia	1378	458017
MYS018	巴特沃思（马来西亚）	Butterworth, Malaysia	122	458018
MYS021	龙运（马来西亚）	Dungun, Malaysia	122	458021
MYS024	恩达乌（马来西亚）	Endau, Malaysia	122	458024
MYS027	乔治敦（马来西亚）	Georgetown, Malaysia	1377	458027
MYS032	哥打基纳巴卢（马来西亚）	Kota Kinabalu, Malaysia	1381	458032
MYS033	甘马挽（马来西亚）	Kemaman, Malaysia	1379	458033
MYS036	居茶（马来西亚）	Kerteh, Malaysia	122	458036
MYS039	哥打巴鲁（马来西亚）	Kota Bharu, Malaysia	122	458039
MYS045	瓜拉彭亨（马来西亚）	Kuala Pahang, Malaysia	122	458045
MYS048	瓜拉弄宾（马来西亚）	Kuala Rompin, Malaysia	122	458048
MYS051	瓜拉雪兰莪（马来西亚）	Kuala Selangor, Malaysia	122	458051
MYS054	瓜拉苏埃（马来西亚）	Kuala Suai, Malaysia	122	458054
MYS057	瓜拉丁加奴（马来西亚）	Kuala Trengganu, Malaysia	122	458057
MYS060	关丹（马来西亚）	Kuantan, Malaysia	122	458060
MYS063	古晋（马来西亚）	Kuching, Malaysia	1384	458063

代码	中文名称	英文名称	原报关代码	原报检代码
MYS066	古达（马来西亚）	Kudat, Malaysia	1385	458066
MYS068	纳闽（马来西亚）	Labuan, Malaysia	1387	458068
MYS069	库纳克（马来西亚）	Kunak, Malaysia	1386	458069
MYS075	拉哈达图（马来西亚）	Lahad Datu, Malaysia	1388	458075
MYS078	林加（马来西亚）	Lingga, Malaysia	1391	458078
MYS081	卢穆特（马来西亚）	Lumut, Malaysia	122	458081
MYS084	隆杜（马来西亚）	Lundu, Malaysia	122	458084
MYS087	马六甲（马来西亚）	Malacca, Malaysia	1393	458087
MYS090	米里（马来西亚）	Miri, Malaysia	1394	458090
MYS093	尼亚（马来西亚）	Niah, Malaysia	122	458093
MYS096	帕西古当（马来西亚）	Paasir Gudang, Malaysia	1395	458096
MYS099	槟城（马来西亚）	Penang(Georgetown), Malaysia	1396	458099
MYS102	波德申（马来西亚）	Port Dickson, Malaysia	1398	458102
MYS105	巴生港（马来西亚）	Port Kelang, Malaysia	1399	458105
MYS108	文德港（马来西亚）	Port Weld, Malaysia	122	458108
MYS111	布莱（马来西亚）	Prai, Malaysia	1401	458111
MYS114	山打根（马来西亚）	Sandakan, Malaysia	1402	458114
MYS117	泗里奎（马来西亚）	Sarikei, Malaysia	1403	458117
MYS120	塞京卡（马来西亚）	Sejinkat(Sejigkat), Malaysia	1404	458120
MYS123	仙本那（马来西亚）	Semporna, Malaysia	1405	458123
MYS124	诗巫（马来西亚）	Sibu, Malaysia	1406	458124
MYS129	双溪麻坡（马来西亚）	Sungei Muar, Malaysia	122	458129
MYS132	丹章马尼（马来西亚）	Tanjong Mani, Malaysia	122	458132
MYS133	斗湖（马来西亚）	Tawau, Malaysia	1407	458133
MYS138	安顺（马来西亚）	Telok Anson, Malaysia	122	458138
MYS141	特洛拉穆尼亚（马来西亚）	Telok Ramunia, Malaysia	1408	458141
MYS144	通北（马来西亚）	Tumpat, Malaysia	122	458144
MYS147	华莱士（马来西亚）	Wallace Bay, Malaysia	1411	458147
MYS150	韦斯顿（马来西亚）	Weston, Malaysia	122	458150
MYS200	TG.MANIS（马来西亚）	Tg.Manis, Malaysia	1409	458200
MYS201	巴卡皮（马来西亚）	Bakapit, Malaysia	1375	458201
MYS204	拉布安（马来西亚）	Victoria Harbour, Malaysia	1410	458204
MYS205	拉瓦斯（马来西亚）	Lawas, Malaysia	1389	458205
MYS206	林邦（马来西亚）	Limbang, Malaysia	1390	458206
MYS901	吉隆坡（马来西亚）	Kuala Lumpur, Malaysia	1382	458901
MDV000	马尔代夫	Maldives	123	462000
MDV003	阿杜环礁（马尔代夫）	Addu Atoll, Maldives	123	462003
MDV006	马累岛（马尔代夫）	Male Island, Maldives	1412	462006
MLI000	马里	Mali	229	466000
MLI001	凯斯（马里）	Kayes，Mali	1686	466001
MLI002	塞古（马里）	Segou，Mali	1687	466002
MLI003	廷巴克图（马里）	Timbuktu，Mali	1689	466003
MLI004	锡卡索（马里）	Sikasso，Mali	1688	466004
MLT000	马耳他	Malta	324	470000
MLT003	瓦莱塔（马耳他）	Valetta, Malta	3452	470003
MLT006	马尔萨什洛克（马耳他）	Marsaxlokk, Malta	324	470006

代码	中文名称	英文名称	原报关代码	原报检代码
MTQ000	马提尼克	Martinique	428	474000
MTQ003	法兰西堡（马提尼克）	Fort-De-France, Martinique	2874	474003
MTQ006	特里尼泰（马提尼克）	Trinite, Martinique	428	474006
MTQ007	圣皮埃尔（马提尼克）	St.Pierre, Martinique	2875	474007
MRT000	毛里塔尼亚	Mauritania	230	478000
MRT003	努瓦迪布（毛里塔尼亚）	Nouadhibou, Mauritania	1690	478003
MRT006	努瓦克肖特（毛里塔尼亚）	Nouakchott, Mauritania	1691	478006
MUS000	毛里求斯	Mauritius	231	480000
MUS003	路易港（毛里求斯）	Port Louis, Mauritius	1692	480003
MEL000	梅利利亚	Melilla	256	482000
MEL003	梅利利亚（梅利利亚）	Melilla, Melilla	256	482003
MEX000	墨西哥	Mexico	429	484000
MEX003	阿卡普尔科（墨西哥）	Acapulco, Mexico	2876	484003
MEX006	阿尔瓦拉多（墨西哥）	Alvarado, Mexico	2877	484006
MEX009	坎佩切（墨西哥）	Campeche, Mexico	429	484009
MEX012	阿卡斯群岛码头（墨西哥）	Cayos Arcas Terminal, Mexico	429	484012
MEX015	卡门城（墨西哥）	Ciudad Del Carmen, Mexico	2878	484015
MEX018	夸察夸尔科斯（墨西哥）	Coatzacoalcos, Mexico	429	484018
MEX021	科苏梅尔岛（墨西哥）	Cozumel Island, Mexico	429	484021
MEX024	多斯博卡斯（墨西哥）	Dos Bocas, Mexico	429	484024
MEX027	恩塞纳达（墨西哥）	Ensenada, Mexico	429	484027
MEX030	弗龙特拉（墨西哥）	Frontera, Mexico	2879	484030
MEX033	瓜伊马斯（墨西哥）	Guaymas, Mexico	2880	484033
MEX036	拉巴斯（墨西哥）	La Paz, Mexico	2882	484036
MEX039	拉萨罗卡德纳斯（墨西哥）	Lazaro Cardenas, Mexico	429	484039
MEX042	曼萨尼略（墨西哥）	Manzanillo, Mexico	2881	484042
MEX045	马萨特兰（墨西哥）	Mazatlan, Mexico	2883	484045
MEX048	米纳蒂特兰（墨西哥）	Minatitlan, Mexico	429	484048
MEX051	莫罗雷东杜（墨西哥）	Morro Redondo, Mexico	429	484051
MEX054	南吉塔（墨西哥）	Nanchital, Mexico	2884	484054
MEX057	瑙特拉（墨西哥）	Nautla, Mexico	429	484057
MEX060	普罗格雷索（墨西哥）	Progreso, Mexico	429	484060
MEX063	马德罗港（墨西哥）	Puerto Madero, Mexico	429	484063
MEX066	罗萨里托码头（墨西哥）	Posarito Terminal, Mexico	429	484066
MEX069	萨利纳克鲁斯（墨西哥）	Salina Cruz, Mexico	2886	484069
MEX072	圣罗萨利亚（墨西哥）	Santa Rosalia, Mexico	2887	484072
MEX075	坦皮科（墨西哥）	Tampico, Mexico	2889	484075
MEX078	托波洛班波（墨西哥）	Topolobampo, Mexico	2890	484078
MEX081	图斯潘（墨西哥）	Tuxpan, Mexico	2891	484081
MEX084	韦拉克鲁斯（墨西哥）	Veracruz, Mexico	2892	484084
MEX091	瓦哈卡（墨西哥）	Oaxaca, Mexico	2885	484091
MEX092	锡纳洛阿（墨西哥）	Sinaloa, Mexico	2888	484092
MEX901	墨西长利（墨西哥）	Mexicali, Mexico	429	484901
MEX904	墨西哥城（墨西哥）	Mexico City, Mexico	429	484904

代码	中文名称	英文名称	原报关代码	原报检代码
MCO000	摩纳哥	Monaco	325	492000
MCO002	摩纳哥（摩纳哥）	Monaco, Monaco	2468	492002
MCO003	蒙特卡洛（摩纳哥）	Monte Carlo, Monaco	325	492003
MNG000	蒙古	Mongolia	124	496000
MNG901	乌兰巴托（蒙古）	Ulan Bator,(ULAANBAATAR, ULANBAATAR), Mongolia	1413	496901
MNG902	扎门乌德（蒙古）	Mongolia	124	496902
MNG903	赛音山达（蒙古）	Mongolia	124	496903
MNG904	苏赫巴托（蒙古）	Mongolia	124	496904
MNG905	温都尔汗（蒙古）	Mongolia	124	496905
MNG906	达尔汗（蒙古）	Mongolia	124	496906
MNG907	哈比日嘎（蒙古）	Mongolia	124	496907
MNG908	白音胡硕（蒙古）	Mongolia	124	496908
MNG909	松布尔（蒙古）	Mongolia	124	496909
MNG910	布尔干（蒙古）	Mongolia	124	496910
MNG911	大洋（蒙古）	Mongolia	124	496911
MNG912	布尔嘎斯台（蒙古）	Mongolia	124	496912
MNG913	北塔格（蒙古）	Mongolia	124	496913
MDA000	摩尔多瓦	Moldova (Republic Of)	343	498000
MNE000	黑山共和国	Republic Of Montenegro	359	499000
MNE003	巴尔（黑山共和国）	Bar, Republic of Montenegro	2677	499003
MNE006	科托尔（黑山共和国）	Kotor, Republic of Montenegro	2687	499006
MNE009	卡达尔耶娃（黑山共和国）	Kardeljevo, Republic of Montenegro	2684	499009
MSR000	蒙特塞拉特	Montserrat	430	500000
MSR003	普里茅斯（蒙特塞拉特）	Plymouth, Montserrat	2893	500003
MAR000	摩洛哥	Morocco	232	504000
MAR003	阿加迪尔（摩洛哥）	Agadir, Morocco	1693	504003
MAR006	卡萨布兰卡（摩洛哥）	Casablanca, Morocco	232	504006
MAR009	贾迪达（摩洛哥）	El Jadida, Morocco	232	504009
MAR012	索维拉（摩洛哥）	Essaouira, Morocco	232	504012
MAR015	朱尔夫莱斯费尔（摩洛哥）	Jorf Lasfar, Morocco	232	504015
MAR018	盖尼特拉（摩洛哥）	Kenitra, Morocco	1694	504018
MAR021	拉腊什（摩洛哥）	Larache, Morocco	1695	504021
MAR024	穆罕默迪耶（摩洛哥）	Mohammedia, Morocco	1698	504024
MAR027	纳祖尔（摩洛哥）	Nador, Morocco	232	504027
MAR030	拉巴特（摩洛哥）	Rabat, Morocco	232	504030
MAR033	萨菲（摩洛哥）	Safi, Morocco	1701	504033
MAR036	丹吉尔（摩洛哥）	Tangier, Morocco	232	504036
MAR039	塔尔法亚（摩洛哥）	Tarfaya, Morocco	232	504039
MAR042	得土安（摩洛哥）	Tetouan, Morocco	232	504042
MAR051	RIO MARTIN（摩洛哥）	Rio Martin, Morocco	1700	504051
MAR053	丹吉尔（摩洛哥）	Tanjong Mani, Morocco	1702	504053
MAR054	克尼特拉（摩洛哥）	Port Lyautey, Morocco	1699	504054
MAR055	马尔提勒（摩洛哥）	Martil, Morocco	1696	504055
MAR056	马尔提勒（摩洛哥）	Tetuan, Morocco	1703	504056

代码	中文名称	英文名称	原报关代码	原报检代码
MAR057	伊萨奥伊拉（摩洛哥）	Mogador, Morocco	1697	504057
MOZ000	莫桑比克	Mozambique	233	508000
MOZ003	安托尼奥埃尼什（莫桑比克）	Antonio Enes, Mozambique	233	508003
MOZ006	贝拉（莫桑比克）	Beira, Mozambique	1704	508006
MOZ009	欣代（莫桑比克）	Chinde, Mozambique	1713	508009
MOZ012	伊博（莫桑比克）	Ibo, Mozambique	233	508012
MOZ015	伊尼扬巴内（莫桑比克）	Inhambane, Mozambique	1705	508015
MOZ018	马普托（莫桑比克）	Maputo, Mozambique	1707	508018
MOZ021	莫辛布瓦（莫桑比克）	Mocimboa, Mozambique	233	508021
MOZ024	莫马（莫桑比克）	Moma, Mozambique	233	508024
MOZ027	莫桑比克（莫桑比克）	Mozambique, Mozambique	1709	508027
MOZ030	纳卡拉（莫桑比克）	Nacala, Mozambique	1710	508030
MOZ033	彭巴（莫桑比克）	Pemba, Mozambique	233	508033
MOZ036	克利马内（莫桑比克）	Quelimane, Mozambique	1712	508036
MOZ041	阿梅利亚港（莫桑比克）	Porto Amelia, Mozambique	1711	508041
MOZ042	杰迪达（莫桑比克）	Mazagan, Mozambique	1708	508042
MOZ043	洛伦索－马贵斯（莫桑比克）	Lourenco Marques, Mozambique	1706	508043
OMN000	阿曼	Oman	126	512000
OMN003	费赫勒港（阿曼）	Mina Al Fahal, Oman	1416	512003
OMN006	卡布斯港（阿曼）	Port Qaboos(Mina Qaboos), Oman	1417	512006
OMN009	马特拉（阿曼）	Muthra, Oman	126	512009
OMN012	塞拉莱（阿曼）	Salalah, Oman	126	512012
OMN015	马斯喀特（阿曼）	Muscat, Oman	126	512015
OMN018	赖苏特（阿曼）	Raysut, Oman	126	512018
OMN021	索哈（阿曼）	Sohar, Oman	126	512021
NAM000	纳米比亚	Namibia	234	516000
NAM003	吕德里茨（纳米比亚）	Luderitz, Namibia	1715	516003
NAM006	鲸湾港（纳米比亚）	Walvis Bay, Namibia	1717	516006
NAM007	奥兰治蒙德（纳米比亚）	Oranjemund, Namibia	1714	516007
NAM008	温得和克（纳米比亚）	Windhoek, Namibia	1718	516008
NRU000	瑙鲁	Nauru	606	520000
NRU003	瑙鲁岛（瑙鲁）	Nauru Island, Nauru	606	520003
NRU006	亚伦（瑙鲁）	Yaren, Nauru	606	520006
NPL000	尼泊尔	Nepal	125	524000
NPL901	加德满都（尼泊尔）	Kathmandu, Nepal	125	524901
NPL902	科达里（尼泊尔）	Nepal	125	524902
NLD000	荷兰	Netherlands	309	528000
NLD003	阿尔克马（荷兰）	Aikmaar, Netherlands	2294	528003
NLD006	阿姆斯特丹（荷兰）	Amsterdam, Netherlands	2295	528006
NLD009	阿纳姆（荷兰）	Arnhem, Netherlands	309	528009
NLD012	布劳沃斯港（荷兰）	Brouwershaven, Netherlands	309	528012
NLD015	比瑟姆（荷兰）	Bussum, Netherlands	309	528015
NLD018	代尔夫宰尔（荷兰）	Delfzijl, Netherlands	2296	528018
NLD021	多德雷赫特（荷兰）	Dordecht(Dordrecht), Netherlands	2297	528021
NLD024	埃姆斯哈文（荷兰）	Eemshaven, Netherlands	309	528024

代码	中文名称	英文名称	原报关代码	原报检代码
NLD027	欧罗波特（荷兰）	Europoort, Netherlands	309	528027
NLD030	符拉辛（荷兰）	Fiushing, Netherlands	309	528030
NLD033	格罗宁根（荷兰）	Groningen, Netherlands	309	528033
NLD036	汉斯韦尔特（荷兰）	Hansweert, Netherlands	2299	528036
NLD039	哈灵根（荷兰）	Harlingen, Netherlands	2300	528039
NLD042	海尔蒙德（荷兰）	Helmond, Netherlands	2302	528042
NLD045	荷兰角（荷兰）	Hook Of Holland, Netherlands	309	528045
NLD048	坎彭（荷兰）	Kampen, Netherlands	309	528048
NLD051	吕伐登（荷兰）	Leeuwarden, Netherlands	309	528051
NLD054	莱顿（荷兰）	Leiden, Netherlands	2305	528054
NLD057	马斯莱斯（荷兰）	Maassluis, Netherlands	2306	528057
NLD060	梅珀尔（荷兰）	Meppel, Netherlands	309	528060
NLD063	米德尔堡（荷兰）	Middelburg, Netherlands	2307	528063
NLD066	鹿特丹（荷兰）	Rotterdam, Netherlands	2309	528066
NLD069	罗曾堡（荷兰）	Rozenburg, Netherlands	309	528069
NLD072	萨斯范亨特（荷兰）	Sas Van Ghent, Netherlands	309	528072
NLD075	斯海弗宁恩（荷兰）	Scheveningen, Netherlands	2310	528075
NLD078	斯希丹（荷兰）	Schiedam, Netherlands	2311	528078
NLD081	斯勒伊斯基尔（荷兰）	Sluiskil, Netherlands	2312	528081
NLD084	泰尔讷曾（荷兰）	Terneuzen, Netherlands	2313	528084
NLD087	蒂尔堡（荷兰）	Tilburg, Netherlands	309	528087
NLD090	文洛（荷兰）	Venlo, Netherlands	309	528090
NLD093	弗拉尔丁恩（荷兰）	Vlaardingen, Netherlands	2314	528093
NLD099	威廉斯塔德（荷兰）	Willemstad, Netherlands	2825	528099
NLD102	艾默伊登（荷兰）	Ijmuiden, Netherlands	2304	528102
NLD104	弗利辛恩（荷兰）	Vlissingen, Netherlands	2315	528104
NLD105	赞丹（荷兰）	Zaandam, Netherlands	2317	528105
NLD108	济里克泽（荷兰）	Zierikzee, Netherlands	2318	528108
NLD111	聚特芬（荷兰）	Zutphen, Netherlands	309	528111
NLD114	兹沃勒（荷兰）	Zwolle, Netherlands	309	528114
NLD121	海勒武特斯莱斯（荷兰）	Hellevoetsluis, Netherlands	2301	528121
NLD122	赫尔德（荷兰）	Edn Helder, Netherlands	2298	528122
NLD123	摩的克（荷兰）	Moerdijk, Netherlands	3463	528123
NLD124	奈梅根（荷兰）	Nijmegen, Netherlands	2308	528124
NLD125	希尔佛苏姆（荷兰）	Hilversum, Netherlands	2303	528125
NLD126	伊默伊登（荷兰）	Ymuiden, Netherlands	2316	528126
CUW000	库腊索岛	Curacao	417	531000
CUW003	圣米歇尔湾（库腊索岛）	St.Michiel'Bay, Curacao	2824	531003
ABW000	阿鲁巴	Aruba	403	533000
ABW001	阿鲁巴岛（阿鲁巴）	Aruba，Aruba	4031	533001
ABW003	奥拉涅斯塔德（阿鲁巴）	Oranjestad, Aruba	4032	533003
ABW006	圣尼古拉斯湾（阿鲁巴）	Sint Nicolaas, Aruba	403	533006
SXM000	荷属圣马丁岛	Sint Maarten (Dutch Part)	449	534000
BES000	博内尔岛、圣尤斯特歇斯岛和萨巴岛	Bonaire, Sint Eustatius and Saba	449	535000

代码	中文名称	英文名称	原报关代码	原报检代码
BES003	克拉伦代克（博内尔岛、圣尤斯特歇斯岛和萨巴岛）	Kralendijk,Bonaire, Sint Eustatius and Saba	2735	535003
BES004	萨巴（博内尔岛、圣尤斯特歇斯岛和萨巴岛）	Saba,Bonaire, Sint Eustatius and Saba	2932	535004
NCL000	新喀里多尼亚	New Caledonia	607	540000
NCL001	新喀里多尼亚（新喀里多尼亚）	New Aledonia Is.， New Aledonia	3286	540001
NCL003	巴布勒特（新喀里多尼亚）	Babouillat, New Caledonia	607	540003
NCL006	努美阿（新喀里多尼亚）	Noumea, New Caledonia	3287	540006
VUT000	瓦努阿图	Vanuatu	608	548000
VUT001	马勒库拉岛（瓦努阿图）	Malekula Island, Vanuatu	3291	548001
VUT002	埃罗芒加岛（瓦努阿图）	Eromanga Island, Vanuatu	3289	548002
VUT003	卢甘维尔港（瓦努阿图）	Luganville Bay, Vanuatu	608	548003
VUT004	圣埃斯皮里图岛（瓦努阿图）	Espiritu Santo Islan, Vanuatu	3290	548004
VUT005	圣多明各（瓦努阿图）	Santo Domingo, Vanuatu	3288	548005
VUT006	维拉港（瓦努阿图）	Port Vila/Vila, Vanuatu	3292	548006
VUT007	塔纳岛（瓦努阿图）	Tana Island, Vanuatu	3293	548007
VUT009	桑托（瓦努阿图）	Santo, Vanuatu	608	548009
NZL000	新西兰	New Zealand	609	554000
NZL001	璜加雷（新西兰）	Marsden Point, New Zealand	3304	554001
NZL002	璜加雷（新西兰）	Whangarei, New Zealand	3323	554002
NZL003	奥克兰（新西兰）	Auckland, New Zealand	3295	554003
NZL004	克马德克群岛（新西兰）	Kermadec Is., New Zealand	3302	554004
NZL005	塔拉纳基港（新西兰）	Taranaki, New Zealand	3317	554005
NZL006	布拉夫（新西兰）	Bluff, New Zealand	3296	554006
NZL007	提马鲁（新西兰）	Timaru, New Zealand	3319	554007
NZL008	克赖斯特彻奇（新西兰）	Christchurch, New Zealand	609	554008
NZL009	达尼丁（新西兰）	Dunedin, New Zealand	3298	554009
NZL010	塔拉纳基港（新西兰）	Nnew Plymouth, New Zealand	3307	554010
NZL011	塔拉纳基港（新西兰）	Port Taranaki, New Zealand	3315	554011
NZL012	吉斯珀恩（新西兰）	Gisborne, New Zealand	3299	554012
NZL015	格雷茅斯（新西兰）	Greymouth, New Zealand	3300	554015
NZL018	因弗卡吉尔（新西兰）	Invercargill, New Zealand	609	554018
NZL021	利特尔顿（新西兰）	Lyttelton, New Zealand	3313	554021
NZL024	芒特芒阿努伊（新西兰）	Mount Maunganui, New Zealand	3305	554024
NZL027	内皮尔（新西兰）	Napier, New Zealand	3306	554027
NZL030	纳尔逊（新西兰）	Nelson, New Zealand	3301	554030
NZL033	新普利茅斯（新西兰）	New Plymouth, New Zealand	609	554033
NZL036	奥马鲁（新西兰）	Oamaru, New Zealand	3308	554036
NZL039	奥尼洪加（新西兰）	Onehunga, New Zealand	3309	554039
NZL042	奥普阿（新西兰）	Opua, New Zealand	609	554042
NZL044	奥塔戈（新西兰）	Otago Harbour, New Zealand	3310	554044
NZL045	皮克顿（新西兰）	Picton, New Zealand	3311	554045
NZL048	查默斯港（新西兰）	Port Chalmers, New Zealand	609	554048

代码	中文名称	英文名称	原报关代码	原报检代码
NZL051	罗塞尔港（新西兰）	Port Russell, New Zealand	609	554051
NZL056	塔哈罗阿（新西兰）	Taharoa, New Zealand	609	554056
NZL057	陶朗阿（新西兰）	Tauranga, New Zealand	3318	554057
NZL060	蒂马鲁（新西兰）	Timaru, New Zealand	609	554060
NZL063	怀劳（新西兰）	Wairau, New Zealand	609	554063
NZL066	旺加努伊（新西兰）	Wanganui, New Zealand	3320	554066
NZL069	韦弗利港（新西兰）	Waverley Harbour, New Zealand	609	554069
NZL072	惠灵顿（新西兰）	Wellington, New Zealand	3321	554072
NZL075	韦斯特皮特（新西兰）	Westport, New Zealand	3322	554075
NZL078	旺阿雷（新西兰）	Whahgarei, New Zealand	609	554078
NZL102	邦蒂群岛（新西兰）	Bounty Is., New Zealand	3297	554102
NZL103	阿卡罗亚（新西兰）	Akaroa, New Zealand	3294	554103
NIC000	尼加拉瓜	Nicaragua	431	558000
NIC003	布卢菲尔兹（尼加拉瓜）	Bluefields, Nicaragua	2894	558003
NIC006	科林托（尼加拉瓜）	Corinto, Nicaragua	2895	558006
NIC009	卡贝萨斯港（尼加拉瓜）	Puerto Cabezas, Nicaragua	431	558009
NIC010	马那瓜（尼加拉瓜）	Managua, Nicaragua	2896	558010
NIC012	圣蒂诺港（尼加拉瓜）	Puerto Sandino, Nicaragua	2897	558012
NIC015	南圣胡安（尼加拉瓜）	San Juan Del Sur, Nicaragua	2898	558015
NER000	尼日尔	Niger	235	562000
NER001	津德尔（尼日尔）	Zinder, Niger	1721	562001
NER002	阿加德兹（尼日尔）	Agadez, Niger	1719	562002
NER003	尼亚美（尼日尔）	Niamey, Niger	1720	562003
NGA000	尼日利亚	Nigeria	236	566000
NGA003	阿卡萨（尼日利亚）	Akassa, Nigeria	236	566003
NGA006	阿帕帕（尼日利亚）	Apapa, Nigeria	1723	566006
NGA009	巴达格里（尼日利亚）	Badagri, Nigeria	236	566009
NGA012	邦尼（尼日利亚）	Bonny, Nigeria	1731	566012
NGA015	布拉斯（尼日利亚）	Brass, Nigeria	236	566015
NGA018	布鲁图（尼日利亚）	Burutu, Nigeria	236	566018
NGA021	卡拉巴尔（尼日利亚）	Calabar, Nigeria	1732	566021
NGA024	代盖马（尼日利亚）	Degema, Nigeria	1724	566024
NGA027	拉沃斯河（尼日利亚）	Escravos, Nigeria	236	566027
NGA030	福卡多斯（尼日利亚）	Forcados, Nigeria	236	566030
NGA033	科科（尼日利亚）	Koko, Nigeria	1726	566033
NGA036	拉各斯（尼日利亚）	Lagos, Nigeria	1727	566036
NGA039	奥克里卡（尼日利亚）	Okrika, Nigeria	1728	566039
NGA042	奥波博（尼日利亚）	Opobo, Nigeria	236	566042
NGA045	彭宁顿码头（尼日利亚）	Pennington Terminal, Nigeria	236	566045
NGA047	哈科特港（尼日利亚）	Port Harcourt, Nigeria	1733	566047
NGA048	奥尼（尼日利亚）	Oron, Nigeria	236	566048
NGA051	夸伊博（尼日利亚）	Qua Iboe, Nigeria	236	566051
NGA054	萨佩莱（尼日利亚）	Sapele, Nigeria	1729	566054
NGA056	延坎岛（尼日利亚）	Tincan, Nigeria	236	566056
NGA057	瓦里（尼日利亚）	Warri, Nigeria	1730	566057
NGA060	IDDO（尼日利亚）	Iddo, Nigeria	1725	566060
NGA901	卡诺（尼日利亚）	Kano, Nigeria	236	566901

代码	中文名称	英文名称	原报关代码	原报检代码
NIU000	纽埃	Niue	699	570000
NIU003	阿洛菲（纽埃）	Alofi, Niue	699	570003
NIU006	纽埃岛（纽埃）	Niue Island, Niue	3397	570006
NFK000	诺福克岛	Norfolk Island	610	574000
NFK003	金斯敦（诺福克岛）	Kingston, Norfolk Island	610	574003
NFK006	诺福克岛（诺福克岛）	Norfolk Island, Norfolk Island	610	574006
NOR000	挪威	Norway	326	578000
NOR001	RISOBANK（挪威）	Risobank, Norway	2511	578001
NOR002	SVOLVAER（挪威）	Svolvaer, Norway	2523	578002
NOR003	奥勒松（挪威）	Alesund, Norway	2469	578003
NOR006	阿尔达尔斯坦根（挪威）	Aardalstangen, Norway	2470	578006
NOR012	阿伦达尔（挪威）	Arendal, Norway	2471	578012
NOR018	卑尔根（挪威）	Bergen, Norway	2472	578018
NOR021	博多（挪威）	Bodo, Norway	2473	578021
NOR024	布雷维克（挪威）	Brevik, Norway	2474	578024
NOR027	布伦讷于松（挪威）	Bronnoysund, Norway	326	578027
NOR030	德拉门（挪威）	Drammen, Norway	2476	578030
NOR033	艾格松（挪威）	Egersund, Norway	326	578033
NOR036	艾特尔海姆（挪威）	Eitrheim, Norway	326	578036
NOR039	法格斯特兰德（挪威）	Fagerstrand, Norway	326	578039
NOR042	法尔松德（挪威）	Farsund, Norway	326	578042
NOR048	弗莱克菲尤尔（挪威）	Flekkefjord, Norway	326	578048
NOR051	弗卢勒（挪威）	Floro, Norway	326	578051
NOR054	腓特烈斯塔（挪威）	Fredrikstad, Norway	326	578054
NOR057	格洛姆菲尤尔（挪威）	Glomfjord, Norway	326	578057
NOR060	格里姆斯塔（挪威）	Grimstad, Norway	326	578060
NOR063	哈尔登（挪威）	Halden, Norway	326	578063
NOR066	哈默弗斯特（挪威）	Hammerfest, Norway	2477	578066
NOR069	哈尔斯塔（挪威）	Harstad, Norway	2478	578069
NOR072	海于格松（挪威）	Haugesund, Norway	2479	578072
NOR075	哈维克（挪威）	Havik, Norway	326	578075
NOR078	哈略（挪威）	Heroya, Norway	2480	578078
NOR081	霍尔默斯特兰（挪威）	Holmestrand, Norway	2481	578081
NOR084	霍腾（挪威）	Horten, Norway	2482	578084
NOR087	赫杨厄尔（挪威）	Hoyanger, Norway	2483	578087
NOR090	许斯内斯（挪威）	Husnes, Norway	2484	578090
NOR093	希尔克内斯（挪威）	Kirkenes, Norway	2486	578093
NOR096	克来文（挪威）	Kleven, Norway	2487	578096
NOR099	科珀维克（挪威）	Kopervik, Norway	2488	578099
NOR102	克拉格勒（挪威）	Kragero, Norway	2489	578102
NOR105	克里斯蒂安桑（挪威）	Kristiansand, Norway	2508	578105
NOR108	克里斯蒂安松（挪威）	Kristiansund, Norway	2490	578108
NOR111	克维内斯达尔（挪威）	Kvinesdal, Norway	326	578111
NOR114	朗厄松（挪威）	Langesund, Norway	326	578114
NOR117	拉尔维克（挪威）	Larvik, Norway	2492	578117
NOR120	利勒桑（挪威）	Lillesand, Norway	2495	578120
NOR123	勒丁恩（挪威）	Lodingen, Norway	2496	578123

代码	中文名称	英文名称	原报关代码	原报检代码
NOR126	林厄尔（挪威）	Lyngor, Norway	2497	578126
NOR129	马洛于（挪威）	Maaloy, Norway	2498	578129
NOR132	马尔姆（挪威）	Malm, Norway	326	578132
NOR135	曼达尔（挪威）	Mandal, Norway	2499	578135
NOR138	曼斯塔德（挪威）	Menstad, Norway	326	578138
NOR141	摩城（挪威）	Mo I Rana, Norway	2500	578141
NOR144	莫尔德（挪威）	Molde, Norway	2501	578144
NOR147	蒙斯塔德（挪威）	Mongstad, Norway	326	578147
NOR150	莫舍恩（挪威）	Mosjoen, Norway	2502	578150
NOR153	莫斯（挪威）	Moss, Norway	2503	578153
NOR156	奈斯内斯（挪威）	Naersnes, Norway	2504	578156
NOR159	纳姆索斯（挪威）	Namsos, Norway	2505	578159
NOR162	纳尔维克（挪威）	Narvik, Norway	2506	578162
NOR165	奥达（挪威）	Odda, Norway	2507	578165
NOR168	奥普洛（挪威）	Oplo, Norway	326	578168
NOR171	奥斯陆（挪威）	Oslo, Norway	2509	578171
NOR174	波斯格伦（挪威）	Porsgrunn, Norway	2510	578174
NOR177	里瑟尔（挪威）	Risor, Norway	2512	578177
NOR180	桑讷菲尤尔（挪威）	Sandefjord, Norway	2513	578180
NOR183	桑内斯（挪威）	Sandnes, Norway	2514	578183
NOR186	萨尔普斯堡（挪威）	Sarpsborg, Norway	2515	578186
NOR189	赛于达（挪威）	Sauda, Norway	2516	578189
NOR192	希恩（挪威）	Skien, Norway	2517	578192
NOR195	斯屈德内斯港（挪威）	Skudeneshavn, Norway	2518	578195
NOR198	斯拉根（挪威）	Slagen, Norway	2519	578198
NOR201	斯塔万格（挪威）	Stavanger, Norway	2520	578201
NOR204	斯泰恩谢尔（挪威）	Steinkjer, Norway	2521	578204
NOR207	孙达尔瑟拉（挪威）	Sunndalsora, Norway	326	578207
NOR210	斯韦尔根（挪威）	Svelgen, Norway	2522	578210
NOR213	斯瓦尔维克（挪威）	Svelvik, Norway	326	578213
NOR216	斯沃尔韦尔（挪威）	Svolvaer, Norway	326	578216
NOR219	塔姆港（挪威）	Thamshamn, Norway	2524	578219
NOR222	托夫特（挪威）	Tofte, Norway	326	578222
NOR225	滕斯贝格（挪威）	Tonsberg, Norway	2525	578225
NOR228	塔乌（挪威）	Tou, Norway	2526	578228
NOR231	特罗姆瑟（挪威）	Tromso, Norway	2527	578231
NOR234	特隆赫姆（挪威）	Trondheim, Norway	326	578234
NOR237	特维德斯特兰德（挪威）	Tvedestrand, Norway	2528	578237
NOR240	瓦德瑟（挪威）	Vadso, Norway	2529	578240
NOR243	瓦克斯达尔（挪威）	Vaksdai, Norway	326	578243
NOR246	沃尔德（挪威）	Vardo, Norway	2530	578246
NOR249	沃尔达（挪威）	Volda, Norway	326	578249
NOR252	BYE（挪威）	Bye, Norway	2475	578252
MNP000	北马里亚纳自由联邦	Northern Mariana Islands	699	580000
MNP003	塞班岛（北马里亚纳自由联邦）	Saipan, Northern Mariana Islands	3403	580003

代码	中文名称	英文名称	原报关代码	原报检代码
MNP006	提尼安岛（北马里亚纳自由联邦）	Tinian, Northern Mariana Islands	3406	580006
MNP007	马里亚纳群岛（北马里亚纳自由联邦）	Marianas Is., Northern Mariana Islands	3394	580007
UMI000	美国本土外小岛屿	United States Minor Outlying Islands	699	581000
UMI003	希洛（美国本土外小岛屿）	Hilo, United States Minor Outlying Islands	3140	581003
UMI006	火奴鲁鲁（美国本土外小岛屿）	Honolulu, United States Minor Outlying Islands	699	581006
UMI009	卡胡卢伊（美国本土外小岛屿）	Kahului, United States Minor Outlying Islands	699	581009
UMI012	纳威利威利（美国本土外小岛屿）	Nawiliwili, United States Minor Outlying Islands	3162	581012
UMI013	巴尔米拉岛（美国本土外小岛屿）	Palmyra I, United States Minor Outlying Islands	3400	581013
UMI014	威克岛（美国本土外小岛屿）	Wake I., United States Minor Outlying Islands	3411	581014
UMI015	约翰斯顿岛（美国本土外小岛屿）	Johnston , United States Minor Outlying Islands	3389	581015
UMI016	中途岛（美国本土外小岛屿）	Midway Is., United States Minor Outlying Islands	3395	581016
FSM000	密克罗尼西亚（联邦）	Micronesia (Federated States Of)	620	583000
FSM003	丘克群岛（密克罗尼西亚（联邦））	Chuuk(Truk), Micronesia (Federated States of)	3408	583003
FSM006	波纳佩（密克罗尼西亚（联邦））	Pohnpei, Micronesia (Federated States of)	620	583006
FSM009	雅浦(密克罗尼西亚(联邦))	Yap, Micronesia (Federated States of)	3413	583009
FSM010	波纳佩（密克罗尼西亚（联邦））	Ponape, Micronesia (Federated States of)	3402	583010
FSM011	库赛埃岛（密克罗尼西亚（联邦））	Kusaie I., Micronesia (Federated States of)	3391	583011
FSM012	瓦兰岛（密克罗尼西亚（联邦））	Ualan I., Micronesia (Federated States of)	3410	583012
MHL000	马绍尔群岛	Marshall Islands	621	584000
MHL003	塔罗阿（马绍尔群岛）	Taroa, Marshall Islands	3405	584003
MHL006	马朱罗（马绍尔群岛）	Majuro, Marshall Islands	621	584006
MHL007	贾卢伊特（马绍尔群岛）	Jaluit, Marshall Islands	3387	584007
MHL008	夸贾林（马绍尔群岛）	Kwajalein, Marshall Islands	3392	584008
MHL009	莱岛（马绍尔群岛）	Lae I, Marshall Islands	3393	584009
MHL010	沃特杰（马绍尔群岛）	Wotje, Marshall Islands	3412	584010
MHL011	查尔里特（马绍尔群岛）	Jarrit, Marshall Islands	3388	584011
PLW000	帕劳	Palau	622	585000
PLW003	科罗尔（帕劳）	Koror, Palau	3390	585003
PLW004	帕劳群岛（帕劳）	Palau Is., Palau	3399	585004
PAK000	巴基斯坦	Pakistan	127	586000
PAK003	瓜德尔（巴基斯坦）	Gwadar, Pakistan	127	586003
PAK006	卡拉奇（巴基斯坦）	Karachi, Pakistan	1418	586006

代码	中文名称	英文名称	原报关代码	原报检代码
PAK008	穆罕默德宾加西姆（巴基斯坦）	Muhammad Bin Qasim, Pakistan	127	586008
PAK009	奥尔马拉（巴基斯坦）	Ormara, Pakistan	127	586009
PAK012	伯斯尼（巴基斯坦）	Pasni, Pakistan	127	586012
PAK901	苏斯特（巴基斯坦）	Sost, Pakistan	127	586901
PAK902	伊斯兰堡（巴基斯坦）	Islamabad, Pakistan	127	586902
PAN000	巴拿马	Panama	432	591000
PAN001	PUERTO DELABAHIA DE（巴拿马）	Puerto Delabahia De Panama	2909	591001
PAN002	巴拿马运河（巴拿马）	Panama Canal Panama	2908	591002
PAN003	阿瓜杜尔塞（巴拿马）	Agua Dulce Panama	2899	591003
PAN004	贝略港（巴拿马）	Puerto Bello Panama	2903	591004
PAN005	博卡斯－德尔扎罗	Bocas Del Toro Panama	2901	591005
PAN006	阿尔米兰特（巴拿马）	Almirante Panama	432	591006
PAN007	托斯米纳斯湾（巴拿马）	Las Minas Bay Panama	2906	591007
PAN008	拉斯米纳斯湾港（巴拿马）	Lashio Panama	2907	591008
PAN009	安蒙勒斯（巴拿马）	Armuelles, Panama	2900	591009
PAN012	巴尔博亚（巴拿马）	Balboa, Panama	2905	591012
PAN015	大奇里基（巴拿马）	Chiriqui Grande, Panama	432	591015
PAN018	科隆（巴拿马）	Colon, Panama	2902	591018
PAN021	克里斯托瓦尔（巴拿马）	Cristobal, Panama	432	591021
PAN022	曼萨尼约（巴拿马）	Manzanillo, Panama	432	591022
PAN023	巴拿马城（巴拿马）	Panama, Ciudad de, Panama	2904	591023
PAN024	拉帕尔马（巴拿马）	La Palma, Panama	432	591024
PAN027	帕纳马（巴拿马）	Panama, Panama	432	591027
PAN030	佩德雷加尔（巴拿马）	Pedregal, Panama	432	591030
PAN033	巴尔蒙特（巴拿马）	Vacamonte, Panama	432	591033
PNG000	巴布亚新几内亚	Papua New Guinea	611	598000
PNG001	布干维尔岛（巴布亚新几内亚）	Bougainville I, Papua New Guinea	3324	598001
PNG002	新爱尔兰（巴布亚新几内亚）	New Ireland, Papua New Guinea	3325	598002
PNG003	艾塔佩（巴布亚新几内亚）	Aitape, Papua New Guinea	611	598003
PNG006	阿洛陶（巴布亚新几内亚）	Alotau, Papua New Guinea	611	598006
PNG009	阿内瓦湾（巴布亚新几内亚）	Anewa Bay, Papua New Guinea	611	598009
PNG012	布卡（巴布亚新几内亚）	Buka, Papua New Guinea	611	598012
PNG015	布纳（巴布亚新几内亚）	Buna, Papua New Guinea	611	598015
PNG018	霍斯金斯角（巴布亚新几内亚）	Cape Hoskins, Papua New Guinea	611	598018
PNG021	达鲁（巴布亚新几内亚）	Daru, Papua New Guinea	611	598021
PNG024	芬什哈芬（巴布亚新几内亚）	Finschaven, Papua New Guinea	611	598024
PNG027	加斯马塔岛（巴布亚新几内亚）	Gasmata Island, Papua New Guinea	611	598027

代码	中文名称	英文名称	原报关代码	原报检代码
PNG030	卡维恩（巴布亚新几内亚）	Kavieng, Papua New Guinea	3327	598030
PNG033	基埃塔（巴布亚新几内亚）	Kieta, Papua New Guinea	3328	598033
PNG036	金贝（巴布亚新几内亚）	Kimbe, Papua New Guinea	611	598036
PNG039	莱城（巴布亚新几内亚）	Lae, Papua New Guinea	3329	598039
PNG042	洛伦高（巴布亚新几内亚）	Lorengau, Papua New Guinea	611	598042
PNG045	马当（巴布亚新几内亚）	Madang, Papua New Guinea	3330	598045
PNG048	莫罗贝（巴布亚新几内亚）	Morobe, Papua New Guinea	611	598048
PNG051	奥鲁湾（巴布亚新几内亚）	Oro Bay, Papua New Guinea	611	598051
PNG054	莫尔兹比港（巴布亚新几内亚）	Port Moresby, Papua New Guinea	3331	598054
PNG057	拉包尔（巴布亚新几内亚）	Rabaul, Papua New Guinea	3326	598057
PNG060	萨拉毛亚（巴布亚新几内亚）	Salamaua, Papua New Guinea	611	598060
PNG063	萨马赖（巴布亚新几内亚）	Samarai, Papua New Guinea	611	598063
PNG066	威瓦克（巴布亚新几内亚）	Wewak, Papua New Guinea	611	598066
PNG069	伍德拉克岛（巴布亚新几内亚）	Woodlark Island, Papua New Guinea	611	598069
PRY000	巴拉圭	Paraguay	433	600000
PRY003	亚松森（巴拉圭）	Asuncion, Paraguay	433	600003
PER000	秘鲁	Peru	434	604000
PER002	BESIQUE（秘鲁）	Besique, Peru	2910	604002
PER003	安孔（秘鲁）	Ancon, Peru	434	604003
PER006	阿蒂科（秘鲁）	Atico, Peru	434	604006
PER009	卡沃布兰科（秘鲁）	Cabo Blanco, Peru	434	604009
PER012	卡亚俄（秘鲁）	Callao, Peru	2914	604012
PER015	塞罗阿苏尔（秘鲁）	Cerro Azul, Peru	434	604015
PER018	钱凯（秘鲁）	Chancay, Peru	434	604018
PER021	奇卡马（秘鲁）	Chicama, Peru	2915	604021
PER024	钦博塔（秘鲁）	Chimbote, Peru	2911	604024
PER027	科伊希科（秘鲁）	Coisco, Peru	434	604027
PER030	康昌（秘鲁）	Conchan Beach, Peru	434	604030
PER033	埃腾（秘鲁）	Eten, Peru	434	604033
PER036	圣马丁将军镇（秘鲁）	General San Martin, Peru	434	604036
PER039	瓦乔（秘鲁）	Huacho, Peru	2912	604039
PER042	瓦尔梅（秘鲁）	Huarmey, Peru	434	604042
PER045	伊洛（秘鲁）	Ilo, Peru	2913	604045
PER048	伊基托斯（秘鲁）	Iquitos, Peru	434	604048
PER051	拉帕姆皮拉（秘鲁）	La Pampilla, Peru	434	604051
PER054	洛维托斯（秘鲁）	Lobitos, Peru	434	604054
PER057	洛布斯岛（秘鲁）	Lobos De Tierra, Peru	434	604057

代码	中文名称	英文名称	原报关代码	原报检代码
PER060	洛马斯（秘鲁）	Lomas, Peru	434	604060
PER063	马塔拉尼（秘鲁）	Matarani, Peru	2916	604063
PER066	莫延多（秘鲁）	Mollendo, Peru	434	604066
PER069	帕卡斯马约（秘鲁）	Pacasmayo, Peru	2917	604069
PER072	派塔（秘鲁）	Paita, Peru	2918	604072
PER075	帕拉蒙加（秘鲁）	Paramonga, Peru	434	604075
PER078	皮门特尔（秘鲁）	Pimental, Peru	2919	604078
PER081	皮萨瓜（秘鲁）	Pisagua, Peru	434	604081
PER084	皮斯科（秘鲁）	Pisco, Peru	2920	604084
PER087	巴约瓦尔港（秘鲁）	Bayovar, Peru	434	604087
PER090	萨拉韦里（秘鲁）	Salaverry, Peru	2921	604090
PER093	圣胡安（秘鲁）	San Juan, Peru	434	604093
PER096	圣尼古拉斯（秘鲁）	San Nicolas, Peru	434	604096
PER099	苏佩（秘鲁）	Supe, Peru	2922	604099
PER102	塔拉拉（秘鲁）	Talara, Peru	2923	604102
PER104	特鲁希略（秘鲁）	Trujillo, Peru	434	604104
PER105	坦博－德莫拉（秘鲁）	Tambo De Mora, Peru	2924	604105
PHL000	菲律宾	Philippines	129	608000
PHL002	碧瑶（菲律宾）	Baguio, Philippines	1423	608002
PHL003	阿布约（菲律宾）	Abuyog, Philippines	129	608003
PHL004	班乃岛（菲律宾）	Panay I., Philippines	1445	608004
PHL005	保和（菲律宾）	Bohol, Philippines	1426	608005
PHL006	阿姆尼坦（菲律宾）	Amunitan, Philippines	129	608006
PHL007	布瓦杨（菲律宾）	Buayan, Philippines	1427	608007
PHL009	阿纳根（菲律宾）	Anakan, Philippines	129	608009
PHL011	棉兰老岛（菲律宾）	Mindanao I., Philippines	1444	608011
PHL012	安蒂莫纳（菲律宾）	Antimonan, Philippines	129	608012
PHL013	萨马岛（菲律宾）	Samar I., Philippines	1449	608013
PHL015	阿帕里（菲律宾）	Aparri, Philippines	1422	608015
PHL018	巴科洛德（菲律宾）	Bacolod, Philippines	129	608018
PHL021	拜斯（菲律宾）	Bais, Philippines	129	608021
PHL024	巴丹（菲律宾）	Bataan, Philippines	129	608024
PHL027	八打雁（菲律宾）	Batangas, Philippines	1424	608027
PHL030	比斯利格（菲律宾）	Bislig, Philippines	1425	608030
PHL033	博哥（菲律宾）	Bugo, Philippines	129	608033
PHL036	武端（菲律宾）	Butuan, Philippines	129	608036
PHL039	加的斯（菲律宾）	Cadiz(Ph), Philippines	129	608039
PHL042	卡加延德奥罗（菲律宾）	Cagayan De Oro, Philippines	1429	608042
PHL045	甲描育（菲律宾）	Calbayog, Philippines	129	608045
PHL048	卡皮斯（菲律宾）	Capiz, Philippines	129	608048
PHL051	甲米地（菲律宾）	Cavite, Philippines	129	608051
PHL054	宿务（菲律宾）	Cebu, Philippines	1428	608054
PHL057	达沃（菲律宾）	Davao, Philippines	1430	608057
PHL060	迪纳加特（菲律宾）	Dinagat, Philippines	129	608060
PHL063	丁阿兰湾（菲律宾）	Dingalan Bay, Philippines	129	608063
PHL066	第波罗（菲律宾）	Dipolog, Philippines	129	608066
PHL069	杜马格特（菲律宾）	Dumaguete, Philippines	1431	608069

代码	中文名称	英文名称	原报关代码	原报检代码
PHL072	桑托斯（菲律宾）	General Santos, Philippines	129	608072
PHL075	吉马拉斯岛（菲律宾）	Guimaras Island, Philippines	1432	608075
PHL078	希尼加兰（菲律宾）	Hinigaran, Philippines	129	608078
PHL081	伊利甘（菲律宾）	Iligan, Philippines	1433	608081
PHL084	伊洛伊洛（菲律宾）	Iloilo, Philippines	1434	608084
PHL087	伊萨贝尔（菲律宾）	Isabel, Philippines	129	608087
PHL090	伊萨贝拉（菲律宾）	Isabela, Philippines	1436	608090
PHL093	霍洛（菲律宾）	Jolo, Philippines	1437	608093
PHL096	何塞庞阿尼班村（菲律宾）	Jose Panganiban, Philippines	1438	608096
PHL099	拉乌尼翁（菲律宾）	La Union, Philippines	129	608099
PHL102	拉瓦格（菲律宾）	Laoag, Philippines	129	608102
PHL105	莱巴克（菲律宾）	Lebak, Philippines	129	608105
PHL108	黎牙实比（菲律宾）	Legaspi, Philippines	1439	608108
PHL111	林加延（菲律宾）	Lingayen, Philippines	129	608111
PHL114	马尼拉（菲律宾）	Manila, Philippines	1441	608114
PHL117	马里韦莱斯（菲律宾）	Mariveles, Philippines	129	608117
PHL120	马萨豪（菲律宾）	Masao, Philippines	129	608120
PHL123	马斯巴特（菲律宾）	Masbate, Philippines	129	608123
PHL126	马辛洛克（菲律宾）	Masinlok, Philippines	1442	608126
PHL129	马蒂（菲律宾）	Mati, Philippines	129	608129
PHL132	米尔布克（菲律宾）	Milbuk, Philippines	129	608132
PHL135	那牙（菲律宾）	Naga, Philippines	129	608135
PHL138	纳斯皮特（菲律宾）	Nasipit, Philippines	129	608138
PHL141	纳苏格布（菲律宾）	Nasugbu, Philippines	129	608141
PHL144	奥隆阿坡（菲律宾）	Olongapo, Philippines	129	608144
PHL147	奥尔莫克（菲律宾）	Ormoc, Philippines	129	608147
PHL150	潘普洛纳（菲律宾）	Pamplona, Philippines	129	608150
PHL153	帕兰（菲律宾）	Parang, Philippines	129	608153
PHL156	波略克（菲律宾）	Polloc, Philippines	129	608156
PHL159	波罗（菲律宾）	Poro(Luzon), Philippines	129	608159
PHL162	波罗（菲律宾）	Poro(Poro I.), Philippines	129	608162
PHL165	荷兰港（菲律宾）	Port Holland, Philippines	129	608165
PHL168	圣玛丽亚港（菲律宾）	Port Santa Maria, Philippines	129	608168
PHL171	普林塞萨港（菲律宾）	Puerto Princesa, Philippines	1446	608171
PHL174	普卢潘丹（菲律宾）	Pulupandan, Philippines	1447	608174
PHL177	圣卡洛斯（菲律宾）	San Carlos, Philippines	129	608177
PHL180	圣弗尔南多（菲律宾）	San Fernando, Philippines	1450	608180
PHL183	桑义（菲律宾）	Sangi, Philippines	1451	608183
PHL186	圣克鲁斯（菲律宾）	Santa Cruz(Luuzon), Philippines	129	608186
PHL189	索索贡（菲律宾）	Sorsogon, Philippines	129	608189
PHL192	苏里高（菲律宾）	Surigao, Philippines	129	608192
PHL195	塔瓦科（菲律宾）	Tabaco, Philippines	1452	608195
PHL198	塔克洛班（菲律宾）	Tacloban, Philippines	1453	608198
PHL201	塔比拉兰（菲律宾）	Tagbilaran, Philippines	129	608201
PHL204	坦多哥（菲律宾）	Tandoc, Philippines	1454	608204
PHL207	托莱多（菲律宾）	Toledo, Philippines	129	608207

代码	中文名称	英文名称	原报关代码	原报检代码
PHL210	维拉努埃瓦（菲律宾）	Villanueva, Philippines	129	608210
PHL213	三宝颜（菲律宾）	Zamboanga, Philippines	1457	608213
PHL216	奎松城（菲律宾）	Quezon City, Philippines	1448	608216
PHL219	民多罗岛（菲律宾）	Minaoro I., Philippines	129	608219
PHL910	吕宋岛（菲律宾）	Luzon I., Philippines	1440	608910
PCN000	皮特凯恩群岛	Pitcairn Islands Group	699	612000
PCN003	亚当斯敦（皮特凯恩群岛）	Adamstown, Pitcairn Islands Group	3385	612003
PCN006	皮特凯恩岛（皮特凯恩群岛）	Pitcairn Islands, Pitcairn Islands Group	3401	612006
POL000	波兰	Poland	327	616000
POL003	达尔沃沃（波兰）	Darlowo, Poland	2532	616003
POL006	格但斯克（波兰）	Gdansk, Poland	4033	616006
POL009	格丁尼亚（波兰）	Gdynia, Poland	2533	616009
POL012	海尔（波兰）	Hel, Poland	327	616012
POL015	科沃布热格（波兰）	Kolobrzeg, Poland	2534	616015
POL018	希维诺乌伊希切（波兰）	Swinoujscie, Poland	2535	616018
POL021	什切青（波兰）	Szczecin, Poland	2536	616021
POL024	乌斯特卡（波兰）	Ustka, Poland	2537	616024
POL027	弗瓦迪斯瓦沃沃（波兰）	Wladyslawowo, Poland	2538	616027
PRT000	葡萄牙	Portugal	311	620000
PRT003	阿威罗（葡萄牙）	Aveiro, Portugal	2354	620003
PRT004	BANATICA（葡萄牙）	Banatica, Portugal	2355	620004
PRT006	巴雷鲁（葡萄牙）	Barreiro, Portugal	311	620006
PRT009	贝伦（葡萄牙）	Belem, Portugal	311	620009
PRT012	法鲁（葡萄牙）	Faro, Portugal	2356	620012
PRT013	圣安东尼奥城	Villa Real De St.Ant, Portugal	2367	620013
PRT014	英雄港（葡萄牙）	Angra Do Heroismo, Portugal	311	620014
PRT015	菲盖拉（葡萄牙）	Fugueira, Portugal	2357	620015
PRT016	丰沙尔（葡萄牙）	Funchal, Portugal	311	620016
PRT017	奥尔塔（葡萄牙）	Horta, Portugal	311	620017
PRT018	雷克索斯（葡萄牙）	Leixoes, Portugal	2358	620018
PRT021	里斯本（葡萄牙）	Lisboa, Portugal	2359	620021
PRT024	奥良（葡萄牙）	Olhao, Portugal	2360	620024
PRT027	波尔图（葡萄牙）	Porto, Portugal	2361	620027
PRT030	波马朗（葡萄牙）	Pomarao, Portugal	2362	620030
PRT032	蓬塔德尔加达港（葡萄牙）	Ponta Delgada, Portugal	1786	620032
PRT033	波尔蒂芒（葡萄牙）	Portimao, Portugal	2363	620033
PRT036	塞图巴尔（葡萄牙）	Setubal, Portugal	2364	620036
PRT039	锡尼什（葡萄牙）	Sines, Portugal	2365	620039
PRT042	维亚纳堡（葡萄牙）	Viana Do Castelo, Portugal	2366	620042
PRT045	雷阿尔城（葡萄牙）	Vila Real, Portugal	311	620045
GNB000	几内亚比绍	Guinea-Bissau	222	624000
GNB003	比绍（几内亚比绍）	Bissau, Guinea-Bissau	1647	624003
GNB006	博拉多（几内亚比绍）	Bolama, Guinea-Bissau	1648	624006
GNB009	布巴克（几内亚比绍）	Bubaque, Guinea-Bissau	1649	624009

代码	中文名称	英文名称	原报关代码	原报检代码
GNB012	卡谢马（几内亚比绍）	Cacheu, Guinea-Bissau	1650	624012
TLS000	东帝汶	Timor-Leste	144	626000
TLS003	帝力（东帝汶）	Dili, Timor-Leste	144	626003
PRI000	波多黎各	Puerto Rico	435	630000
PRI003	阿瓜迪亚（波多黎各）	Aguadilla, Puerto Rico	2925	630003
PRI006	阿雷西沃（波多黎各）	Arecibo, Puerto Rico	2926	630006
PRI009	法哈多（波多黎各）	Fajardo, Puerto Rico	435	630009
PRI012	瓜尼卡（波多黎各）	Guanica, Puerto Rico	435	630012
PRI015	拉斯马雷亚斯（波多黎各）	Las Mareas(Guayama), Puerto Rico	435	630015
PRI018	瓜亚尼亚（波多黎各）	Guayanilla, Puerto Rico	435	630018
PRI021	乔布斯（波多黎各）	Jobos, Puerto Rico	2930	630021
PRI024	马亚圭斯（波多黎各）	Mayaguez, Puerto Rico	2927	630024
PRI027	蓬塞（波多黎各）	Ponce, Puerto Rico	2928	630027
PRI030	圣胡安（波多黎各）	San Juan, Puerto Rico	3418	630030
PRI033	亚武科阿（波多黎各）	Yabucoa, Puerto Rico	435	630033
PRI034	托斯马雷阿斯港（波多黎各）	Puerto Las Mareas, Puerto Rico	2931	630034
PRI035	亚布夸港（波多黎各）	Port Yabucoa, Puerto Rico	2929	630035
QAT000	卡塔尔	Qatar	130	634000
QAT003	多哈（卡塔尔）	Doha, Qatar	1458	634003
QAT006	哈卢勒岛（卡塔尔）	Halul Island, Qatar	130	634006
QAT009	乌姆赛义德（卡塔尔）	Umm Said, Qatar	1459	634009
REU000	留尼汪	Reunion	237	638000
REU002	勒波尔（留尼汪）	Le Port, Reunion	237	638002
REU003	加勒茨角港（留尼汪）	Port De Pointe Des Galets, Reunion	1735	638003
REU006	圣但尼（留尼汪）	St. Denis, Reunion	1734	638006
REU009	圣路易（留尼汪）	St. Louis, Reunion	237	638009
ROU000	罗马尼亚	Romania	328	642000
ROU003	布勒伊拉（罗马尼亚）	Braila, Romania	2539	642003
ROU006	康斯坦察（罗马尼亚）	Constanta, Romania	2541	642006
ROU009	加拉茨（罗马尼亚）	Galatz, Romania	2542	642009
ROU012	曼加利亚（罗马尼亚）	Mangalia, Romania	328	642012
ROU015	苏利纳（罗马尼亚）	Sulina, Romania	2543	642015
ROU018	图耳恰（罗马尼亚）	Tulcea, Romania	328	642018
ROU901	布加勒斯特（罗马尼亚）	Bucharest, Romania	2540	642901
RUS000	俄罗斯	Russian Federation	344	643000
RUS003	亚历山大罗夫斯克（俄罗斯）	Aleksandrovsk-Sakhalinskiy, Russian Federation	3422	643003
RUS004	阿纳德尔（俄罗斯）	Anadyr, Russian Federation	344	643004
RUS006	阿尔汉格尔斯克（俄罗斯）	Arkhangelsk, Russian Federation	2641	643006
RUS009	德卡斯特莱（俄罗斯）	Dekastri, Russian Federation	344	643009
RUS012	加里宁格勒（俄罗斯）	Kaliningrad, Russian Federation	2647	643012
RUS015	克列季（俄罗斯）	Keret, Russian Federation	2649	643015
RUS018	霍尔姆斯克（俄罗斯）	Kholmsk, Russian Federation	2651	643018
RUS021	科尔萨科夫（俄罗斯）	Korsakov, Russian Federation	3423	643021

代码	中文名称	英文名称	原报关代码	原报检代码
RUS024	拉扎烈夫（俄罗斯）	Lazarev, Russian Federation	344	643024
RUS027	马加丹（俄罗斯）	Magadan(Magadansky Port), Russian Federation	3424	643027
RUS030	马戈（俄罗斯）	Mago, Russian Federation	344	643030
RUS033	马卡洛夫（俄罗斯）	Makarov, Russian Federation	344	643033
RUS036	美晋（俄罗斯）	Mesane, Russian Federation	2655	643036
RUS039	摩尔曼斯克（俄罗斯）	Murmansk, Russian Federation	2656	643039
RUS042	纳霍德卡（俄罗斯）	Nakhodka, Russian Federation	2657	643042
RUS045	纳里扬马尔（俄罗斯）	Narian Mar, Russian Federation	3431	643045
RUS048	涅韦尔斯克（俄罗斯）	Nevelsk, Russian Federation	344	643048
RUS051	诺格利基（俄罗斯）	Nikolayev, Russian Federation	344	643051
RUS054	新罗西斯克（俄罗斯）	Novorossiysk, Russian Federation	2658	643054
RUS057	奥哈（俄罗斯）	Okha, Russian Federation	3425	643057
RUS060	鄂霍次克（俄罗斯）	Okhotsk, Russian Federation	3426	643060
RUS063	十月市（俄罗斯）	Oktyabrskiy, Russian Federation	344	643063
RUS066	奥涅加（俄罗斯）	Onega, Russian Federation	2660	643066
RUS069	彼得罗巴甫洛夫斯克（俄罗斯）	Petropavlovsk, Russian Federation	2661	643069
RUS072	波罗奈斯克（俄罗斯）	Poronaisk, Russian Federation	3428	643072
RUS075	普里莫尔斯克（俄罗斯）	Primorsk, Russian Federation	344	643075
RUS078	罗斯托夫（俄罗斯）	Rostov, Russian Federation	344	643078
RUS081	沙赫乔特斯克（俄罗斯）	Shakhtersk, Russian Federation	344	643081
RUS084	索契（俄罗斯）	Sochi, Russian Federation	2666	643084
RUS087	苏维埃港（俄罗斯）	Sovetskaya Gavan, Russian Federation	3429	643087
RUS090	圣彼得堡（俄罗斯）	St. Petersburg, Russian Federation	2654	643090
RUS093	斯伟特拉亚河（俄罗斯）	Svetlaya River, Russian Federation	344	643093
RUS096	塔甘罗格（俄罗斯）	Taganrog, Russian Federation	2668	643096
RUS099	图阿普谢（俄罗斯）	Tuapse, Russian Federation	344	643099
RUS102	乌格里哥斯克（俄罗斯）	Uglegorsk, Russian Federation	344	643102
RUS104	乌斯季堪察茨克（俄罗斯）	Ust-Kamchatsk, Russian Federation	344	643104
RUS105	翁巴（俄罗斯）	Umba, Russian Federation	2670	643105
RUS108	瓦尼诺（俄罗斯）	Vanino, Russian Federation	344	643108
RUS111	符拉迪沃斯托克/海参葳（俄罗斯）	Vladivostok, Russian Federation	2672	643111
RUS114	东方港（俄罗斯）	Vostochnyy(Vostochniy Port), Russian Federation	2673	643114
RUS117	维堡（俄罗斯）	Vyborg, Russian Federation	2674	643117
RUS120	维索茨克（俄罗斯）	Vysotsk, Russian Federation	344	643120
RUS123	扎鲁比诺（俄罗斯）	Zarubino, Russian Federation	344	643123
RUS126	日丹诺夫（俄罗斯）	Zhdanov, Russian Federation	344	643126
RUS901	莫斯科（俄罗斯）	Moscow, Russian Federation	344	643901
RUS902	波格拉尼奇内（俄罗斯）	Pogranichnyy, Russian Federation	344	643902
RUS903	别尔迪杨斯克（俄罗斯）	Berdiansk, Russian Federation	2643	643903
RUS904	波季（俄罗斯）	Poti, Russian Federation	2662	643904
RUS905	都普西（俄罗斯）	Ruapse, Russian Federation	2664	643905
RUS906	赫尔松（俄罗斯）	Kherson, Russian Federation	2650	643906

代码	中文名称	英文名称	原报关代码	原报检代码
RUS907	基利亚（俄罗斯）	Kilia, Russian Federation	2652	643907
RUS908	克来彼达（俄罗斯）	Klaipeda, Russian Federation	2653	643908
RUS909	尼古拉耶夫（俄罗斯）	Nikolayev, Russian Federation	3430	643909
RUS910	温次匹尔斯（俄罗斯）	Ventspils, Russian Federation	2671	643910
RUS911	伊加尔卡（俄罗斯）	Igarka, Russian Federation	2644	643911
RUS912	伊利切夫斯克（俄罗斯）	Ilichevsk, Russian Federation	2645	643912
RUS913	伊兹马伊耳（俄罗斯）	Izmail, Russian Federation	2646	643913
RUS914	日丹诺夫（俄罗斯）	Zhdanov, Russian Federation	2676	643914
RWA000	卢旺达	Rwanda	238	646000
BLM000	加勒比海圣巴特岛	Saint Barthelemy	499	652000
SHN000	圣赫勒拿	Saint Helena, Ascension and Tristan da Cunha	299	654000
SHN003	乔治敦（圣赫勒拿）	Georgetown, Saint Helena, Ascension and Tristan da Cunha	299	654003
SHN006	詹姆斯敦（圣赫勒拿）	Jamestown, Saint Helena, Ascension and Tristan da Cunha	299	654006
KNA000	圣基茨和尼维斯	Saint Kitts And Nevis	447	659000
KNA003	巴斯特尔（圣基茨和尼维斯）	Basseterre, Saint Kitts and Nevis	2982	659003
KNA006	查尔斯敦（圣基茨和尼维斯）	Charlestown(Nevis), Saint Kitts and Nevis	2981	659006
AIA000	安圭拉	Anguilla	499	660000
AIA003	路德湾（安圭拉）	The Road, Anguilla	499	660003
LCA000	圣卢西亚	Saint Lucia	437	662000
LCA003	卡斯特里（圣卢西亚）	Castries, Saint Lucia	2933	662003
LCA006	苏弗里耶尔（圣卢西亚）	Soufriere, Saint Lucia	437	662006
LCA009	维约堡（圣卢西亚）	Vieux Fort, Saint Lucia	437	662009
MAF000	圣马丁(法国)	Saint Martin (French Part)	438	663000
MAF003	菲利普斯堡(圣马丁(法国))	Saint Martin (French Part)	438	663003
SPM000	圣皮埃尔和密克隆	Saint Pierre And Miquelon	448	666000
SPM003	圣皮埃尔（圣皮埃尔和密克隆）	St Pierre, Saint Pierre and Miquelon	448	666003
VCT000	圣文森特和格林纳丁斯	Saint Vincent And The Grenadines	439	670000
VCT003	乔治敦（圣文森特和格林纳丁斯）	Georgetown, Saint Vincent and the Grenadines	439	670003
VCT006	金斯敦（圣文森特和格林纳丁斯）	Kingstown, Saint Vincent and the Grenadines	2934	670006
SMR000	圣马力诺	San Marino	329	674000
SMR001	圣马力诺（圣马力诺）	San Marino，San Marino	2544	674001
STP000	圣多美和普林西比	Sao Tome And Principe	239	678000
STP003	普林西比岛（圣多美和普林西比）	Principe Island, Sao Tome and Principe	239	678003
STP006	圣多美（圣多美和普林西比）	Sao Tome Island, Sao Tome and Principe	1736	678006
SAU000	沙特阿拉伯	Saudi Arabia	131	682000
SAU003	达曼（沙特阿拉伯）	Ad Dammam, Saudi Arabia	1463	682003
SAU006	吉赞（沙特阿拉伯）	Jizan, Saudi Arabia	131	682006

代码	中文名称	英文名称	原报关代码	原报检代码
SAU009	吉达（沙特阿拉伯）	Jeddah, Saudi Arabia	1464	682009
SAU012	朱阿马港（沙特阿拉伯）	Juaymah Terminal, Saudi Arabia	131	682012
SAU015	朱拜勒（沙特阿拉伯）	Jubail, Saudi Arabia	1460	682015
SAU018	拉斯海夫吉（沙特阿拉伯）	Ras Al Khafji, Saudi Arabia	131	682018
SAU021	米萨卜角（沙特阿拉伯）	Ras Al Mishab, Saudi Arabia	131	682021
SAU024	拉斯坦努拉（沙特阿拉伯）	Ras Tanura, Saudi Arabia	131	682024
SAU027	延布（沙特阿拉伯）	Yanbu Al–Bahr, Saudi Arabia	1471	682027
SAU030	利雅得（沙特阿拉伯）	Riyadh, Saudi Arabia	1470	682030
SAU033	布赖代（沙特阿拉伯）	Buraydah, Saudi Arabia	1462	682033
SAU036	麦加（沙特阿拉伯）	Makkah, Saudi Arabia	1468	682036
SAU039	麦加（沙特阿拉伯）	Mecca, Saudi Arabia	1469	682039
SEN000	塞内加尔	Senegal	240	686000
SEN003	达喀尔（塞内加尔）	Dakar, Senegal	1739	686003
SEN006	考拉克（塞内加尔）	Kaolack, Senegal	1740	686006
SEN008	圣路易（塞内加尔）	St Louis, Senegal	1738	686008
SEN009	济金绍尔（塞内加尔）	Ziguinchor, Senegal	1741	686009
SEN012	丰迪乌涅（塞内加尔）	Foundiougne, Senegal	1737	686012
SRB000	塞尔维亚共和国	Republic Of Serbia	358	688000
SRB003	巴尔（塞尔维亚共和国）	Bar, Republic of Serbia	358	688003
SRB006	科托尔（塞尔维亚共和国）	Kotor, Republic of Serbia	358	688006
SRB009	泽莱尼卡（塞尔维亚共和国）	Zelenika, Republic of Serbia	2702	688009
SRB012	杰姆斯敦（塞尔维亚共和国）	Jamestown, Republic of Serbia	2683	688012
SYC000	塞舌尔	Seychelles	241	690000
SYC003	维多利亚港（塞舌尔）	Port Victoria, Seychelles	241	690003
SYC901	维多利亚（塞舌尔）	Victoria, Seychelles	1742	690901
SLE000	塞拉利昂	Sierra Leone	242	694000
SLE002	邦特（塞拉利昂）	Bonthe, Sierra Leone	1745	694002
SLE003	弗里敦（塞拉利昂）	Freetown, Sierra Leone	1746	694003
SLE006	佩佩尔（塞拉利昂）	Pepel, Sierra Leone	1743	694006
SLE009	歇尔布罗岛（塞拉利昂）	Sherbro Island, Sierra Leone	1744	694009
SGP000	新加坡	Singapore	132	702000
SGP001	普劳艾亚却文（新加坡）	Pulo Ayer Chawen, Singapore	1473	702001
SGP002	普劳萨巴洛克（新加坡）	Pulo Merlimau, Singapore	1475	702002
SGP003	裕廊（新加坡）	Jurong, Singapore	132	702003
SGP004	普劳萨巴洛克（新加坡）	Pulo Sebarok, Singapore	1476	702004
SGP005	新加坡（新加坡）	Tanjong Pagar, Singapore	1478	702005
SGP006	普劳布科姆（新加坡）	Pulau Bukom, Singapore	1472	702006
SGP009	森巴旺（新加坡）	Sembawang, Singapore	132	702009
SGP012	新加坡（新加坡）	Singapore, Singapore	1477	702012
SGP015	丹章彭鲁（新加坡）	Tanjong Penjuru, Singapore	1479	702015
SVK000	斯洛伐克	Slovakia	353	703000
SVK001	PRAHA（斯洛伐克）	Praha, Slovakia	2426	703001

代码	中文名称	英文名称	原报关代码	原报检代码
VNM000	越南	Viet Nam	141	704000
VNM001	金兰（越南）	Camranh, Viet Nam	141	704001
VNM003	边水（越南）	Ben Thui, Viet Nam	141	704003
VNM006	岘港（越南）	Da Nang, Viet Nam	1552	704006
VNM009	海防（越南）	Haiphong, Viet Nam	1554	704009
VNM012	胡志明市（越南）	Ho Chi Minh City, Viet Nam	1558	704012
VNM015	鸿基（越南）	Hongai, Viet Nam	1555	704015
VNM018	顺化（越南）	Hue, Viet Nam	141	704018
VNM021	广义（越南）	Kwang Yen, Viet Nam	141	704021
VNM024	美富（越南）	My Tho, Viet Nam	141	704024
VNM027	芽庄（越南）	Nha Trang, Viet Nam	141	704027
VNM030	锦普港（越南）	Port Campha, Viet Nam	1557	704030
VNM033	雷东港（越南）	Port Redon, Viet Nam	141	704033
VNM036	归仁（越南）	Qui Nhon, Viet Nam	141	704036
VNM039	荣市（越南）	Vinh, Viet Nam	141	704039
VNM042	头顿（越南）	Vung Tau, Viet Nam	141	704042
VNM901	河内（越南）	Hanoi, Viet Nam	1553	704901
VNM902	金兰湾（越南）	Bangoi, Viet Nam	141	704902
VNM903	友谊关（越南）	Friendship Pass, Viet Nam	141	704903
VNM904	同登（越南）	Viet Nam	141	704904
VNM905	新青（越南）	Viet Nam	141	704905
VNM906	寺马（越南）	Viet Nam	141	704906
VNM907	驮龙（越南）	Viet Nam	141	704907
VNM908	茶岭（越南）	Viet Nam	141	704908
VNM909	朔江（越南）	Viet Nam	141	704909
VNM910	老街（越南）	Lao Cai	1556	704910
SVN000	斯洛文尼亚	Slovenia	350	705000
SVN002	卢布尔雅那（斯洛文尼亚）	Ljubljana, Slovenia	2688	705002
SVN003	伊佐拉（斯洛文尼亚）	Izloa, Slovenia	2682	705003
SVN006	科佩尔（斯洛文尼亚）	Koper, Slovenia	2681	705006
SVN009	皮兰（斯洛文尼亚）	Piran, Slovenia	2690	705009
SOM000	索马里	Somalia	243	706000
SOM003	阿鲁拉（索马里）	Alula, Somalia	243	706003
SOM006	柏培拉（索马里）	Berbera, Somalia	1747	706006
SOM009	博萨索（索马里）	Bosaso, Somalia	243	706009
SOM012	布拉瓦（索马里）	Brava, Somalia	243	706012
SOM015	丹特（索马里）	Dante, Somalia	243	706015
SOM018	基斯马尤（索马里）	Kismayu, Somalia	1748	706018
SOM021	马尔卡（索马里）	Merca, Somalia	1750	706021
SOM024	摩加迪沙（索马里）	Mogadishu, Somalia	1749	706024
SOM027	奥比亚（索马里）	Obbia, Somalia	243	706027
ZAF000	南非	South Africa	244	710000
ZAF003	开普敦（南非）	Cape Town, South Africa	1754	710003
ZAF006	德班（南非）	Durban, South Africa	1752	710006
ZAF009	东伦敦（南非）	East London, South Africa	1755	710009
ZAF012	莫塞尔贝（南非）	Mossel Bay, South Africa	244	710012

代码	中文名称	英文名称	原报关代码	原报检代码
ZAF015	伊丽莎白港（南非）	Port Elizabeth, South Africa	1756	710015
ZAF018	里查德湾（南非）	Richards Bay, South Africa	244	710018
ZAF021	萨尔达尼亚湾（南非）	Saldanha Bay, South Africa	244	710021
ZAF024	西蒙斯敦（南非）	Simonstown, South Africa	1758	710024
ZAF027	诺洛斯港（南非）	Port Nolloth, South Africa	1757	710027
ZAF901	约翰内斯堡（南非）	Johannesburg, South Africa	1753	710901
ZWE000	津巴布韦	Zimbabwe	254	716000
ESP000	西班牙	Spain	312	724000
ESP003	阿德拉（西班牙）	Adra, Spain	2374	724003
ESP006	阿吉拉斯（西班牙）	Aguilas, Spain	2375	724006
ESP009	阿尔库迪亚（西班牙）	Alcudia, Spain	312	724009
ESP012	阿尔赫西拉斯（西班牙）	Algeciras, Spain	2368	724012
ESP015	阿利坎特（西班牙）	Alicante, Spain	2376	724015
ESP018	阿尔梅里亚（西班牙）	Almeria, Spain	2377	724018
ESP020	阿雷西费（西班牙）	Arrecife Da Lanzarote, Spain	1597	724020
ESP021	阿维莱斯（西班牙）	Aviles, Spain	2380	724021
ESP024	巴塞罗那（西班牙）	Barcelona, Spain	2382	724024
ESP027	毕尔巴鄂（西班牙）	Bilbao, Spain	2383	724027
ESP030	布拉内斯（西班牙）	Blanes, Spain	312	724030
ESP033	布雷拉（西班牙）	Burela, Spain	312	724033
ESP036	布里亚纳（西班牙）	Burriana, Spain	2369	724036
ESP039	加的斯（西班牙）	Cadiz, Spain	2384	724039
ESP042	菲力斯特里（西班牙）	Cape Finistrerre, Spain	312	724042
ESP045	卡塔赫纳（西班牙）	Cartagena, Spain	2370	724045
ESP047	休达（西班牙）	Ceuta, Spain	312	724047
ESP048	卡斯特利翁（西班牙）	Castellon, Spain	2371	724048
ESP051	乌迪亚莱斯堡（西班牙）	Castro Urdiales, Spain	312	724051
ESP054	锡列罗（西班牙）	Cillero, Spain	312	724054
ESP057	科尔库维翁（西班牙）	Corcubion, Spain	312	724057
ESP060	科伦纳（西班牙）	Corunna, Spain	312	724060
ESP063	德尼亚（西班牙）	Denia, Spain	2386	724063
ESP066	埃斯孔布雷阿斯（西班牙）	Escombreras Harbour, Spain	312	724066
ESP069	费罗尔（西班牙）	Ferrol, Spain	2372	724069
ESP072	刚迪亚（西班牙）	Gandia, Spain	2373	724072
ESP075	加鲁查（西班牙）	Garrucha, Spain	312	724075
ESP078	希洪（西班牙）	Gijon, Spain	2387	724078
ESP079	拉科鲁尼亚（西班牙）	La Coruna, Spain	312	724079
ESP080	拉斯帕尔马斯（西班牙）	Las Palmas, Spain	1598	724080
ESP081	韦尔瓦（西班牙）	Huelva, Spain	2388	724081
ESP084	伊维萨（西班牙）	Ibiza, Spain	312	724084
ESP087	哈韦阿（西班牙）	Javea, Spain	2390	724087
ESP090	拉卡莱拉（西班牙）	La Calera, Spain	2391	724090
ESP093	卢阿尔卡（西班牙）	Luarca, Spain	312	724093
ESP096	马翁（西班牙）	Mahon, Spain	2393	724096
ESP099	马拉加（西班牙）	Malaga, Spain	2394	724099
ESP100	梅利利亚（西班牙）	Melilla Spain, Spain	312	724100

代码	中文名称	英文名称	原报关代码	原报检代码
ESP102	马林（西班牙）	Marin, Spain	2395	724102
ESP105	马萨龙（西班牙）	Mazarron, Spain	2396	724105
ESP108	莫特里尔（西班牙）	Motril, Spain	2397	724108
ESP111	穆罗斯（西班牙）	Muros, Spain	2398	724111
ESP114	帕拉莫斯（西班牙）	Palamos, Spain	2399	724114
ESP117	帕尔马（西班牙）	Palma Da Mallorca, Spain	2400	724117
ESP120	帕萨赫斯（西班牙）	Pasajes, Spain	2401	724120
ESP123	波图加莱特（西班牙）	Portugalete, Spain	312	724123
ESP126	萨尔塔卡瓦略（西班牙）	Punta Saltacabllo, Spain	312	724126
ESP129	里瓦德奥（西班牙）	Ribadeo, Spain	2405	724129
ESP132	里瓦德塞利亚（西班牙）	Ribadesella, Spain	312	724132
ESP135	罗萨斯（西班牙）	Rosas, Spain	2404	724135
ESP137	罗萨里奥港（西班牙）	Puerto Del Rosario–Fuerteventura, Spain	312	724137
ESP138	罗塔（西班牙）	Rota, Spain	2406	724138
ESP141	萨贡托（西班牙）	Sagunto, Spain	2407	724141
ESP144	圣卡洛斯（西班牙）	San Carlos, Spain	312	724144
ESP147	圣西普里安（西班牙）	San Ciprian, Spain	312	724147
ESP150	圣埃斯特班（西班牙）	San Esteban De Pravi, Spain	312	724150
ESP153	圣费里乌德古绍尔斯（西班牙）	San Feliu De Guixols, Spain	2408	724153
ESP156	圣费尔南多（西班牙）	San Fernando, Spain	312	724156
ESP159	圣塞瓦斯蒂安（西班牙）	San Sebastian, Spain	312	724159
ESP161	圣克鲁斯（西班牙）	Santa Crus De Tenerife, Spain	1600	724161
ESP162	桑坦德（西班牙）	Santander, Spain	2410	724162
ESP165	塞维利亚（西班牙）	Seville, Spain	312	724165
ESP168	索列尔（西班牙）	Soller, Spain	312	724168
ESP171	塔拉戈纳（西班牙）	Tarragona, Spain	2411	724171
ESP174	托雷维耶哈（西班牙）	Torrevieja, Spain	2412	724174
ESP177	巴伦西亚（西班牙）	Valencia, Spain	2413	724177
ESP180	维哥（西班牙）	Vigo, Spain	2414	724180
ESP183	维利亚加西（西班牙）	Villagarcia, Spain	2415	724183
ESP186	比韦罗（西班牙）	Vivero, Spain	2416	724186
ESP201	ASTILLERO（西班牙）	Astillero, Spain	2379	724201
ESP202	BALEARIC IA.（西班牙）	Balearic Ia., Spain	2381	724202
ESP203	阿斯塔科斯（西班牙）	Astakos, Spain	2378	724203
ESP204	阿维莱斯（西班牙）	San Juan Do Nieva, Spain	2409	724204
ESP205	波尔曼（西班牙）	Porman, Spain	2402	724205
ESP206	库列腊（西班牙）	Cullera, Spain	2385	724206
ESP207	里瓦德塞利亚（西班牙）	Rivadesella, Spain	2403	724207
ESP208	伊维萨岛（西班牙）	Iviza, Spain	2389	724208
ESP209	拉萨利内塔（大西洋群岛）	La Salineta, Atlantic Ocean Islands	1599	724209
ESP901	马德里（西班牙）	Madrid, Spain	2392	724901
SSD000	南苏丹	South Sudan	260	728000
SDN000	苏丹	Sudan	246	729000
SDN003	苏丹港（苏丹）	Port Sudan, Sudan	1761	729003

代码	中文名称	英文名称	原报关代码	原报检代码
SDN006	萨瓦金（苏丹）	Suakin, Sudan	1760	729006
SDN901	喀士穆（苏丹）	Khartoum, Sudan	246	729901
ESH000	西撒哈拉	Western Sahara	245	732000
ESH003	达赫拉（西撒哈拉）	Ad Dakhla, Western Sahara	245	732003
ESH006	欧云（阿龙恩）（西撒哈拉）	Laayoune(El Aaiun), Western Sahara	245	732006
ESH007	锡兹内罗斯城（西撒哈拉）	Villa Cisneros, Western Sahara	1759	732007
SUR000	苏里南	Suriname	441	740000
SUR003	蒙戈（苏里南）	Moengo, Suriname	2939	740003
SUR006	帕拉马里博（苏里南）	Paramaribo, Suriname	2942	740006
SUR009	帕拉南（苏里南）	Paranam, Suriname	441	740009
SUR012	斯马卡尔登（苏里南）	Smalkalden, Suriname	2943	740012
SUR015	瓦黑宁恩（苏里南）	Wageningen, Suriname	2944	740015
SUR016	新尼克里（苏里南）	New Nickerie, Suriname	2940	740016
SUR017	新尼克里（苏里南）	Nickerre, Suriname	2941	740017
SJM000	斯瓦巴德群岛	Svalbard And Jan Mayen Islands	399	744000
SWZ000	斯威士兰	Swaziland	257	748000
SWE000	瑞典	Sweden	330	752000
SWE003	奥胡斯（瑞典）	Ahus, Sweden	2545	752003
SWE006	阿拉（瑞典）	Ala, Sweden	2546	752006
SWE009	阿尔博加（瑞典）	Arboga, Sweden	2547	752009
SWE012	博里霍尔姆（瑞典）	Borgholm, Sweden	2548	752012
SWE015	布罗夫约尔丹（瑞典）	Brofjorden, Sweden	330	752015
SWE018	布雷奥（瑞典）	Burea, Sweden	330	752018
SWE021	达拉勒（瑞典）	Dalaro, Sweden	330	752021
SWE024	代格港（瑞典）	Degerhamn, Sweden	330	752024
SWE027	杜姆舍（瑞典）	Domsjo, Sweden	330	752027
SWE030	恩雪平（瑞典）	Enkoping, Sweden	2549	752030
SWE033	法尔肯贝里（瑞典）	Falkenberg, Sweden	330	752033
SWE036	福勒松德（瑞典）	Farosund, Sweden	330	752036
SWE039	耶夫勒（瑞典）	Gavle, Sweden	2550	752039
SWE042	哥德堡（瑞典）	Gotenborg, Sweden	2551	752042
SWE045	哈尔斯塔维克（瑞典）	Hallstavik, Sweden	330	752045
SWE048	哈尔姆斯塔德（瑞典）	Halmstad, Sweden	330	752048
SWE051	哈帕兰达（瑞典）	Haparanda, Sweden	2552	752051
SWE054	哈拉霍尔梅（瑞典）	Haraholmen, Sweden	2553	752054
SWE057	哈里港（瑞典）	Hargshamn, Sweden	2554	752057
SWE063	赫尔辛堡（瑞典）	Helsingborg, Sweden	2556	752063
SWE066	海讷桑德（瑞典）	Harnosand, Sweden	2555	752066
SWE069	赫加奈斯（瑞典）	Hoganas, Sweden	2558	752069
SWE072	霍尔姆松德（瑞典）	Holmsund, Sweden	330	752072
SWE075	霍讷福什（瑞典）	Hornefors, Sweden	2559	752075
SWE078	胡迪克斯瓦尔（瑞典）	Hudiksvall, Sweden	2560	752078
SWE081	胡苏姆（瑞典）	Husum, Sweden	330	752081
SWE084	伊格松德（瑞典）	Iggesund, Sweden	330	752084
SWE087	延雪平（瑞典）	Jonkoping, Sweden	2561	752087

代码	中文名称	英文名称	原报关代码	原报检代码
SWE090	卡利克斯（瑞典）	Kalix, Sweden	2562	752090
SWE093	卡尔马（瑞典）	Kalmar, Sweden	2563	752093
SWE096	卡尔斯堡（瑞典）	Karlsborg, Sweden	330	752096
SWE099	卡尔斯港（瑞典）	Karlshamn, Sweden	2566	752099
SWE102	卡尔斯克鲁纳（瑞典）	Karlskrona, Sweden	2564	752102
SWE105	卡尔斯塔德（瑞典）	Karlstad, Sweden	2565	752105
SWE108	卡斯卡（瑞典）	Karskar, Sweden	2567	752108
SWE111	克拉格斯港（瑞典）	Klagshamn, Sweden	330	752111
SWE114	克林特港（瑞典）	Klintehamn, Sweden	2568	752114
SWE117	雪平（瑞典）	Koping, Sweden	330	752117
SWE120	克拉姆福什（瑞典）	Kramfors, Sweden	330	752120
SWE123	克里斯蒂娜港（瑞典）	Kristinehamn, Sweden	2572	752123
SWE126	兰斯克鲁纳（瑞典）	Landskrona, Sweden	2573	752126
SWE129	利德雪平（瑞典）	Lidkoping, Sweden	2574	752129
SWE132	利姆港（瑞典）	Limhamn, Sweden	2575	752132
SWE135	于斯讷（瑞典）	Ljusne, Sweden	2576	752135
SWE138	卢马（瑞典）	Lomma, Sweden	2577	752138
SWE141	吕勒奥（瑞典）	Lules, Sweden	2579	752141
SWE144	吕瑟希尔（瑞典）	Lysekil, Sweden	2580	752144
SWE147	马尔默（瑞典）	Malmo, Sweden	2581	752147
SWE150	马斯特兰德（瑞典）	Marstrand, Sweden	2583	752150
SWE153	穆塔拉（瑞典）	Motala, Sweden	2585	752153
SWE156	诺尔雪平（瑞典）	Norrkoping, Sweden	2587	752156
SWE159	诺尔松德（瑞典）	Norrsundet, Sweden	2588	752159
SWE162	尼雪平（瑞典）	Nykoping, Sweden	2590	752162
SWE165	尼奈斯港（瑞典）	Nynashamn, Sweden	2591	752165
SWE168	瓦克森（瑞典）	Oaxen, Sweden	330	752168
SWE171	恩舍尔兹维克（瑞典）	Ornskoldsvik, Sweden	330	752171
SWE174	奥斯卡港（瑞典）	Oskarshamn, Sweden	2592	752174
SWE177	乌特拜肯（瑞典）	Otterbacken, Sweden	2593	752177
SWE180	乌克瑟勒松德（瑞典）	Oxelosund, Sweden	2594	752180
SWE183	波斯卡拉维克（瑞典）	Paskallavik, Sweden	330	752183
SWE186	帕塔霍尔姆（瑞典）	Pataholm, Sweden	330	752186
SWE189	皮特奥（瑞典）	Pitea, Sweden	2595	752189
SWE192	鲁讷港（瑞典）	Ronehamn, Sweden	330	752192
SWE195	尤讷比港（瑞典）	Ponnebyhamn, Sweden	330	752195
SWE198	桑达讷（瑞典）	Sandarne, Sweden	2598	752198
SWE201	桑德维肯（瑞典）	Sandviken, Sweden	330	752201
SWE204	锡克奥（瑞典）	Sikea, Sweden	2602	752204
SWE207	锡姆里斯港（瑞典）	Simrishamn, Sweden	2603	752207
SWE210	谢莱夫特奥（瑞典）	Skelleftea, Sweden	2604	752210
SWE213	谢莱夫特港（瑞典）	Skelleftehamn, Sweden	330	752213
SWE216	斯库格哈尔（瑞典）	Skoghall, Sweden	2605	752216
SWE219	斯克雷特维克（瑞典）	Skredsvik, Sweden	330	752219
SWE222	斯屈特谢尔（瑞典）	Skutskar, Sweden	2606	752222
SWE225	斯利特（瑞典）	Slite, Sweden	2607	752225
SWE228	瑟德港（瑞典）	Soderhamn, Sweden	2608	752228

代码	中文名称	英文名称	原报关代码	原报检代码
SWE231	南雪平（瑞典）	Soderkoping, Sweden	2609	752231
SWE234	南泰利耶（瑞典）	Sodertelje, Sweden	330	752234
SWE237	瑟尔沃斯堡（瑞典）	Solvesborg, Sweden	2611	752237
SWE240	斯泰农松德（瑞典）	Stenugsund, Sweden	2612	752240
SWE243	斯德哥尔摩（瑞典）	Stockholm, Sweden	2616	752243
SWE246	斯图龙恩斯（瑞典）	Storugns, Sweden	2614	752246
SWE249	斯特兰奈斯（瑞典）	Strangnas, Sweden	2615	752249
SWE252	斯特伦斯塔德（瑞典）	Stromstad, Sweden	2617	752252
SWE255	斯图格松德（瑞典）	Stugsund, Sweden	330	752255
SWE258	松兹瓦尔（瑞典）	Sundsvall, Sweden	2618	752258
SWE261	特勒（瑞典）	Tore, Sweden	330	752261
SWE264	特雷勒堡（瑞典）	Trelleborg, Sweden	2622	752264
SWE267	特罗尔海坦（瑞典）	Trollhattan, Sweden	330	752267
SWE270	突亚多尔（瑞典）	Tunadal, Sweden	330	752270
SWE273	乌德瓦拉（瑞典）	Uddevalla, Sweden	2624	752273
SWE276	于默奥（瑞典）	Umea, Sweden	2625	752276
SWE279	友丹佐（瑞典）	Utansjo, Sweden	330	752279
SWE282	瓦尔德马什维克（瑞典）	Valdemarsvik, Sweden	2628	752282
SWE285	瓦尔贝里（瑞典）	Varberg, Sweden	2631	752285
SWE288	维斯特拉斯（瑞典）	Vesteras, Sweden	2632	752288
SWE291	维弗斯塔瓦夫（瑞典）	Vifstavarf, Sweden	330	752291
SWE294	维斯比（瑞典）	Visby, Sweden	2633	752294
SWE297	瓦贾（瑞典）	Waija, Sweden	330	752297
SWE300	瓦尔港（瑞典）	Wallhamn, Sweden	2635	752300
SWE303	喔尔维尔（瑞典）	Wallvik, Sweden	330	752303
SWE306	韦斯特维克（瑞典）	Westervik, Sweden	2636	752306
SWE309	于斯塔德（瑞典）	Ystad, Sweden	2638	752309
SWE312	HJO（瑞典）	Hjo, Sweden	2557	752312
SWE315	彻平（瑞典）	Koping, Sweden	2569	752315
SWE318	伦斯卡（瑞典）	Ronnskar, Sweden	2597	752318
SWE321	罗内比（瑞典）	Ronneby, Sweden	2596	752321
SWE324	马里厄斯塔德（瑞典）	Mariestad, Sweden	2582	752324
SWE327	塞德特利耶（瑞典）	Sodertalje, Sweden	2610	752327
SWE330	散维克（瑞典）	Sandvik, Sweden	2599	752330
SWE333	特罗尔黑特运河（瑞典）	Trollhatte Canal, Sweden	2623	752333
SWE336	瓦尔维克（瑞典）	Vallvik, Sweden	2629	752336
SWE339	韦纳斯堡（瑞典）	Vanersborg, Sweden	2630	752339
CHE000	瑞士	Switzerland	331	756000
CHE901	苏黎世（瑞士）	Zurich, Switzerland	331	756901
CHE902	洛桑（瑞士）	Lausanne, Switzerland	2640	756902
CHE903	巴塞尔（瑞士）	Basle, Switzerland	2639	756903
SYR000	叙利亚	Syrian Arab Republic	135	760000
SYR001	大马士革（叙利亚）	Damascus, Syrian Arab Republic	1493	760001
SYR003	巴尼亚斯（叙利亚）	Banias, Syrian Arab Republic	1492	760003
SYR006	拉塔基亚（叙利亚）	Lattakia, Syrian Arab Republic	1494	760006
SYR009	塔尔图斯（叙利亚）	Tartus, Syrian Arab Republic	1495	760009
TJK000	塔吉克斯坦	Tajikistan	147	762000

代码	中文名称	英文名称	原报关代码	原报检代码
TJK901	卡拉苏（塔吉克斯坦）	Tajikistan	147	762901
THA000	泰国	Thailand	136	764000
THA003	曼谷（泰国）	Bangkok, Thailand	1497	764003
THA005	林查班（泰国）	Laem Chabang, Thailand	136	764005
THA006	干当（泰国）	Kantang, Thailand	136	764006
THA009	锡昌岛（泰国）	Ko Sichang, Thailand	136	764009
THA012	那拉提瓦（泰国）	Narathiwat, Thailand	136	764012
THA015	北榄（泰国）	Paknam, Thailand	136	764015
THA018	北大年（泰国）	Pattani, Thailand	1498	764018
THA021	普吉（泰国）	Phuket, Thailand	1499	764021
THA024	梭桃邑（泰国）	Sattahip, Thailand	136	764024
THA027	是拉差（泰国）	Siracha, Thailand	1501	764027
THA030	宋卡（泰国）	Songkhla, Thailand	1502	764030
THA033	斯瑞拉察（泰国）	Sriracha, Thailand	136	764033
THA036	AYUTTHSYA（泰国）	Ayutthsya, Thailand	1496	764036
THA039	萨塔西普（泰国）	Sattahip, Thailand	1500	764039
TGO000	多哥	Togo	248	768000
TGO003	佩梅（多哥）	Kpeme, Togo	248	768003
TGO006	洛美（多哥）	Lome, Togo	1771	768006
TGO009	小波波（多哥）	Little Popo, Togo	1773	768009
TGO012	阿内乔（多哥）	Anecho, Togo	1772	768012
TKL000	托克劳	Tokelau	699	772000
TKL003	阿塔富（托克劳）	Atafu, Tokelau	699	772003
TKL004	托克劳群岛（托克劳）	Tokelau Is, Tokelau	3407	772004
TON000	汤加	Tonga	614	776000
TON003	内亚富（汤加）	Neiafu, Tonga	3341	776003
TON006	诺穆卡岛（汤加）	Nomuka Island, Tonga	3344	776006
TON009	努库阿洛法（汤加）	Nuku'Alofa, Tonga	3342	776009
TON012	庞艾（汤加）	Pangai, Tonga	3343	776012
TON015	瓦瓦乌岛（汤加）	Vavau Island, Tonga	3345	776015
TTO000	特立尼达和多巴哥	Trinidad And Tobago	442	780000
TTO003	布赖顿（特立尼达和多巴哥）	Brighton, Trinidad and Tobago	2951	780003
TTO006	查瓜拉马斯（特立尼达和多巴哥）	Chaguaramas, Trinidad and Tobago	2948	780006
TTO009	加莱奥塔角（特立尼达和多巴哥）	Galeota Point, Trinidad and Tobago	442	780009
TTO012	普利茅斯（特立尼达和多巴哥）	Plymouth, Trinidad and Tobago	442	780012
TTO015	福廷角（特立尼达和多巴哥）	Point Fortin, Trinidad and Tobago	2946	780015
TTO018	利萨斯角（特立尼达和多巴哥）	Point Lisas, Trinidad and Tobago	442	780018
TTO021	皮埃尔角城（特立尼达和多巴哥）	Pointe A Pierre, Trinidad and Tobago	2947	780021
TTO024	西班牙港（特立尼达和多巴哥）	Port-Of-Spain, Trinidad and Tobago	2949	780024

代码	中文名称	英文名称	原报关代码	原报检代码
TTO027	圣费尔南多（特立尼达和多巴哥）	San Fernando, Trinidad and Tobago	2945	780027
TTO030	斯卡伯勒（特立尼达和多巴哥）	Scaarborough, Trinidad and Tobago	2950	780030
TTO033	滕布拉多腊（特立尼达和多巴哥）	Tembladora, Trinidad and Tobago	2952	780033
ARE000	阿联酋	United Arab Emirates	138	784000
ARE003	阿布埃尔布霍希（阿联酋）	Abu Al Bukhoosh, United Arab Emirates	138	784003
ARE006	阿布扎比（阿联酋）	Abu Dhabi, United Arab Emirates	1539	784006
ARE009	阿治曼（阿联酋）	Ajman, United Arab Emirates	138	784009
ARE015	达斯岛（阿联酋）	Das Island, United Arab Emirates	1541	784015
ARE018	迪拜（阿联酋）	Dubai, United Arab Emirates	1543	784018
ARE021	法特油码头（阿联酋）	Fateh Terminal, United Arab Emirates	138	784021
ARE024	富查伊拉（阿联酋）	Al Fujayrah, United Arab Emirates	138	784024
ARE027	阿里山（阿联酋）	Jebel Ali, United Arab Emirates	138	784027
ARE030	杰贝尔丹那（阿联酋）	Jebel Dhanna, United Arab Emirates	1545	784030
ARE033	豪尔费坎（阿联酋）	Khor Al Fakkan(Khawr Fakkan), United Arab Emirates	138	784033
ARE036	沙奎港（阿联酋）	Mina Saqr, United Arab Emirates	138	784036
ARE039	扎伊德港（阿联酋）	Mina Zayed, United Arab Emirates	138	784039
ARE042	穆巴腊岛（阿联酋）	Mubarras Island, United Arab Emirates	138	784042
ARE045	哈伊马角（阿联酋）	Ras Al Khaimah, United Arab Emirates	138	784045
ARE048	舍尔杰（阿联酋）	Sharjah, United Arab Emirates	138	784048
ARE051	乌姆盖万（阿联酋）	Umm Al Quwain, United Arab Emirates	138	784051
ARE054	拉希德港（阿联酋）	Port Rashid, United Arab Emirates	138	784054
ARE901	沙迦（阿联酋）	Sharjah, United Arab Emirates	1546	784901
TUN000	突尼斯	Tunisia	249	788000
TUN003	阿什塔特码头（突尼斯）	Ashtart Terminal, Tunisia	249	788003
TUN006	比塞大（突尼斯）	Bizerte, Tunisia	1774	788006
TUN009	杰尔巴岛（突尼斯）	Djerba Island, Tunisia	249	788009
TUN012	加贝斯（突尼斯）	Gabes, Tunisia	1775	788012
TUN015	拉古莱特（突尼斯）	La Goulrtte, Tunisia	1776	788015
TUN018	拉斯基拉（突尼斯）	La Skhirra, Tunisia	1777	788018
TUN021	斯法克斯（突尼斯）	Sfax, Tunisia	1778	788021
TUN024	苏塞（突尼斯）	Sousse, Tunisia	1779	788024
TUN027	突尼斯（突尼斯）	Tunis, Tunisia	1781	788027
TUR000	土耳其	Turkey	137	792000
TUR003	阿拉尼亚（土耳其）	Alanya, Turkey	137	792003
TUR006	阿利亚加（土耳其）	Aliaga, Turkey	137	792006
TUR009	阿马斯腊（土耳其）	Amasra, Turkey	1505	792009
TUR012	安塔利亚（土耳其）	Antalya, Turkey	1506	792012
TUR015	艾瓦勒克（土耳其）	Ayvalik, Turkey	137	792015
TUR018	班德尔马（土耳其）	Bandirma, Turkey	1507	792018
TUR021	恰纳卡莱（土耳其）	Canakkale, Turkey	137	792021
TUR024	吉代（土耳其）	Cide, Turkey	137	792024

代码	中文名称	英文名称	原报关代码	原报检代码
TUR027	代林杰（土耳其）	Derince, Turkey	1509	792027
TUR030	迪基利（土耳其）	Dikili, Turkey	137	792030
TUR033	德尔特约尔（土耳其）	Dortyol, Turkey	137	792033
TUR036	埃丁吉克（土耳其）	Edincik, Turkey	137	792036
TUR039	埃雷利（土耳其）	Eregli, Turkey	1510	792039
TUR042	法特萨（土耳其）	Fatsa, Turkey	1511	792042
TUR045	费特希耶（土耳其）	Fethiye, Turkey	137	792045
TUR048	菲尼凯（土耳其）	Finike, Turkey	137	792048
TUR051	盖利博卢（土耳其）	Gelibolu, Turkey	137	792051
TUR054	盖姆利克（土耳其）	Gemlik, Turkey	1513	792054
TUR057	吉雷松（土耳其）	Giresun, Turkey	1512	792057
TUR060	戈西克（土耳其）	Gocek, Turkey	137	792060
TUR063	格尔居克（土耳其）	Golcuk, Turkey	137	792063
TUR066	格雷莱（土耳其）	Gorele, Turkey	137	792066
TUR069	居吕克（土耳其）	Gulluk, Turkey	137	792069
TUR072	海达尔帕夏（土耳其）	Haydarpasa, Turkey	1514	792072
TUR075	海雷凯（土耳其）	Hereke, Turkey	137	792075
TUR078	霍帕（土耳其）	Hopa, Turkey	1515	792078
TUR081	伊内博卢（土耳其）	Inebolu, Turkey	1516	792081
TUR084	伊斯肯德伦（土耳其）	Iskenderun, Turkey	1517	792084
TUR087	伊斯坦布尔（土耳其）	Isanbul, Turkey	1518	792087
TUR090	伊兹密尔（土耳其）	Izmir, Turkey	1519	792090
TUR093	伊兹米特（土耳其）	Izmit, Turkey	137	792093
TUR096	库沙达瑟（土耳其）	Kusadasi, Turkey	137	792096
TUR099	马尔马里斯（土耳其）	Marmaris, Turkey	1522	792099
TUR102	梅尔辛（土耳其）	Mersin, Turkey	1523	792102
TUR105	穆达尼亚（土耳其）	Mudanya, Turkey	1524	792105
TUR108	奥尔杜（土耳其）	Ordu, Turkey	1525	792108
TUR111	里泽（土耳其）	Rize, Turkey	1526	792111
TUR114	萨姆松（土耳其）	Samsun, Turkey	1527	792114
TUR117	锡诺普（土耳其）	Sinop, Turkey	1528	792117
TUR120	塔舒朱（土耳其）	Tasucu, Turkey	137	792120
TUR123	泰基尔达（土耳其）	Tekirdag, Turkey	1530	792123
TUR126	蒂雷博卢（土耳其）	Tirebolu, Turkey	1531	792126
TUR129	特拉布宗（土耳其）	Trabzon, Turkey	1533	792129
TUR132	图吞西夫特利克（土耳其）	Tutunciftlik, Turkey	137	792132
TUR135	云耶（土耳其）	Unye, Turkey	1534	792135
TUR138	于斯屈达尔（土耳其）	Uskudar, Turkey	137	792138
TUR141	亚勒姆贾（土耳其）	Yarimca, Turkey	137	792141
TUR144	宗古尔达克（土耳其）	Zonguldak, Turkey	1537	792144
TUR147	阿达比亚（土耳其）	Adabiya, Turkey	1503	792147
TUR150	澳纳（土耳其）	Vona, Turkey	1536	792150
TUR153	地里斯凯里斯（土耳其）	Deliskelesi, Turkey	1508	792153
TUR156	卡拉（土耳其）	Karadenizereglisi, Turkey	1520	792156
TUR159	开塞利（土耳其）	Kayseri, Turkey	1521	792159
TUR162	特拉帕尼（土耳其）	Trebizond, Turkey	1532	792162

代码	中文名称	英文名称	原报关代码	原报检代码
TKM000	土库曼斯坦	Turkmenistan	148	795000
TCA000	特克斯和凯科斯群岛	Turks And Caicos Islands	443	796000
TCA003	大特克（特克斯和凯科斯群岛）	Grand Turk Island, Turks and Caicos Islands	2953	796003
TUV000	图瓦卢	Tuvalu	619	798000
TUV001	纳努梅阿岛（图瓦卢）	Nanumea I., Tuvalu	3383	798001
TUV002	努库费塔乌岛（图瓦卢）	Nukufetau Atoll, Tuvalu	3384	798002
TUV003	富纳富提（图瓦卢）	Funafuti, Tuvalu	619	798003
UGA000	乌干达	Uganda	250	800000
UKR000	乌克兰	Ukraine	347	804000
UKR003	别尔哥罗德德涅斯罗夫（乌克兰）	Belgorld-Dnestrovskiy, Ukraine	347	804003
UKR006	别尔江斯克（乌克兰）	Berdyansk, Ukraine	347	804006
UKR009	伊利乔夫斯克（乌克兰）	Illichivs'K(Ilichevsk), Ukraine	347	804009
UKR012	伊兹梅尔（乌克兰）	Izmail, Ukraine	347	804012
UKR015	刻赤（乌克兰）	Kertch, Ukraine	2648	804015
UKR018	赫尔松（乌克兰）	Kherson, Ukraine	347	804018
UKR020	马里乌波尔（乌克兰）	Mariupol(Zhdanov), Ukraine	3432	804020
UKR021	基里拉（乌克兰）	Kiliya, Ukraine	347	804021
UKR024	尼古拉耶夫（乌克兰）	Nikolayev, Ukraine	347	804024
UKR027	敖德萨（乌克兰）	Odessa, Ukraine	2659	804027
UKR030	烈尼（乌克兰）	Reni, Ukraine	347	804030
UKR033	塞瓦斯托波尔（乌克兰）	Sevastopol, Ukraine	2665	804033
UKR036	斯卡多夫斯克（乌克兰）	Skadovsk, Ukraine	347	804036
UKR039	费奥多西亚（乌克兰）	Theodosia, Ukraine	347	804039
UKR042	乌斯列戈尔斯克（乌克兰）	Ust-Dunaysk, Ukraine	347	804042
UKR045	雅尔塔（乌克兰）	Yalta, Ukraine	2675	804045
UKR048	尤日内（乌克兰）	Yuzhnyy, Ukraine	347	804048
MKD000	马其顿	Macedonia	354	807000
EGY000	埃及	Egypt	215	818000
EGY003	阿布宰尼迈（埃及）	Abu Zenimah, Egypt	1613	818003
EGY006	阿代比耶（埃及）	Adabiya, Egypt	215	818006
EGY009	艾因苏赫纳（埃及）	Ain Sukhna, Egypt	215	818009
EGY012	亚历山大（埃及）	El Iskandariya, Egypt	1615	818012
EGY015	达米埃塔（埃及）	Damietta, Egypt	1616	818015
EGY018	库赛尔（埃及）	Kosseir, Egypt	1617	818018
EGY021	哈姆拉港（埃及）	Mersa El Hamra, Egypt	215	818021
EGY024	马特鲁港（埃及）	Mersa Matruh, Egypt	215	818024
EGY027	易卜拉欣港（埃及）	Port Ibrahim, Egypt	1618	818027
EGY030	塞得港（埃及）	Port Said, Egypt	1620	818030
EGY033	陶菲克港（埃及）	Port Tewfik, Egypt	215	818033
EGY036	拉斯加里卜（埃及）	Ras Gharib, Egypt	215	818036
EGY039	喇斯舒海尔（埃及）	Ras Shukheir, Egypt	215	818039
EGY042	塞法杰（埃及）	Safaga, Egypt	1621	818042
EGY045	塞卢姆（埃及）	Salum, Egypt	1625	818045
EGY048	西迪基里尔（埃及）	Sidi Kerir, Egypt	215	818048

代码	中文名称	英文名称	原报关代码	原报检代码
EGY051	苏伊士（埃及）	El Suweis, Egypt	1622	818051
EGY054	瓦迪费兰（埃及）	Wadi Feiran, Egypt	1624	818054
EGY055	伊斯梅利亚（埃及）	Ismailia, Egypt	1619	818055
EGY901	开罗（埃及）	Cairo, Egypt	215	818901
GBR000	英国	United Kingdom	303	826000
GBR003	阿伯丁（英国）	Aberdeen, United Kingdom	1859	826003
GBR006	阿伯道尔（英国）	Aberdour, United Kingdom	1860	826006
GBR009	阿伯多维（英国）	Aberdovey, United Kingdom	1861	826009
GBR012	阿伯里斯特威斯（英国）	Aberystwyth, United Kingdom	303	826012
GBR015	奥尔德尼（英国）	Alderney, United Kingdom	303	826015
GBR018	阿姆卢赫（英国）	Amlwch, United Kingdom	1864	826018
GBR021	安纳隆（英国）	Annalong, United Kingdom	1867	826021
GBR024	安嫩（英国）	Annan, United Kingdom	1868	826024
GBR027	安斯特拉瑟（英国）	Anstruther, United Kingdom	1869	826027
GBR030	阿普尔多尔（英国）	Appledore, United Kingdom	1870	826030
GBR033	阿布罗斯（英国）	Arbroath, United Kingdom	1871	826033
GBR036	阿德格拉斯（英国）	Ardglass, United Kingdom	1872	826036
GBR039	阿德里希格（英国）	Ardrishaig, United Kingdom	1873	826039
GBR042	阿德罗森（英国）	Ardrossan, United Kingdom	303	826042
GBR045	埃文茅斯（英国）	Avonmouth, United Kingdom	1874	826045
GBR048	艾尔（英国）	Ayr, United Kingdom	1875	826048
GBR051	班戈（英国）	Bangor(Caer.), United Kingdom	303	826051
GBR054	班戈（英国）	Bangor(Co.Down), United Kingdom	303	826054
GBR057	巴茅思（英国）	Barmouth, United Kingdom	1879	826057
GBR060	巴恩斯特珀尔（英国）	Barnstaple, United Kingdom	1880	826060
GBR063	巴罗（英国）	Barrow, United Kingdom	1881	826063
GBR066	巴里（英国）	Barry, United Kingdom	303	826066
GBR069	巴顿（英国）	Barton(E.C.), United Kingdom	303	826069
GBR072	巴顿（英国）	Barton(W.C.), United Kingdom	303	826072
GBR075	博马里斯（英国）	Beaumaris, United Kingdom	1883	826075
GBR078	贝尔法斯特（英国）	Belfast, United Kingdom	303	826078
GBR081	伯威克（英国）	Berwick, United Kingdom	303	826081
GBR084	比迪福德（英国）	Bideford, United Kingdom	1887	826084
GBR087	伯肯黑德（英国）	Birkenhead, United Kingdom	1888	826087
GBR090	布莱斯（英国）	Blyth, United Kingdom	1890	826090
GBR093	波士顿（英国）	Boston, United Kingdom	1891	826093
GBR096	布里奇沃特（英国）	Bridgwater, United Kingdom	1893	826096
GBR099	布里德灵顿（英国）	Bridlington, United Kingdom	1894	826099
GBR102	布里德波特（英国）	Bridport, United Kingdom	1895	826102
GBR105	布赖特灵西（英国）	Brightlingsea, United Kingdom	303	826105
GBR108	布赖顿（英国）	Brighton, United Kingdom	303	826108
GBR111	布里斯托尔（英国）	Bristol, United Kingdom	1896	826111
GBR114	布里克瑟姆（英国）	Brixham, United Kingdom	1898	826114
GBR117	布朗巴勒（英国）	Bromborough Dock, United Kingdom	1899	826117
GBR120	巴基（英国）	Buckie, United Kingdom	1901	826120
GBR123	伯格黑德（英国）	Burghead, United Kingdom	1903	826123
GBR126	本泰兰（英国）	Burntisland, United Kingdom	303	826126

代码	中文名称	英文名称	原报关代码	原报检代码
GBR129	卡那封（英国）	Caernarfon, United Kingdom	1904	826129
GBR132	坎贝尔敦（英国）	Campbeltown, United Kingdom	1906	826132
GBR135	加的夫（英国）	Cardiff, United Kingdom	1907	826135
GBR138	卡里克弗格斯（英国）	Carrickfergus, United Kingdom	1909	826138
GBR141	卡斯尔敦（英国）	Castletown, United Kingdom	303	826141
GBR144	查尔斯敦（英国）	Charlestown(Corn.), United Kingdom	1910	826144
GBR147	查尔斯敦（英国）	Charlestown(Fife), United Kingdom	303	826147
GBR150	科尔切斯特（英国）	Colchester, United Kingdom	1912	826150
GBR153	科尔雷恩（英国）	Coleraine, United Kingdom	303	826153
GBR156	康纳斯基（英国）	Connah'S Quay, United Kingdom	1913	826156
GBR159	科珀赫（英国）	Corpach, United Kingdom	303	826159
GBR162	考斯（英国）	Cowes, United Kingdom	1915	826162
GBR165	克罗默蒂（英国）	Cromarty, United Kingdom	303	826165
GBR168	达特茅斯（英国）	Dartmouth, United Kingdom	1919	826168
GBR171	丁沃尔（英国）	Dingwall, United Kingdom	303	826171
GBR174	道格拉斯（英国）	Douglas, United Kingdom	1922	826174
GBR176	克莱德港（英国）	Clydeport, United Kingdom	1911	826176
GBR177	多佛尔（英国）	Dover, United Kingdom	1921	826177
GBR180	邓弗里斯（英国）	Dumfries, United Kingdom	1924	826180
GBR183	邓巴（英国）	Dunbar, United Kingdom	1925	826183
GBR186	邓迪（英国）	Dundee, United Kingdom	1926	826186
GBR189	邓德拉姆（英国）	Dundrum, United Kingdom	303	826189
GBR192	埃尔斯米尔港（英国）	Ellesmere Port, United Kingdom	303	826192
GBR195	埃克塞特（英国）	Exeter, United Kingdom	1929	826195
GBR198	埃克斯茅斯（英国）	Exmouth, United Kingdom	1930	826198
GBR201	艾茅斯（英国）	Eyemouth, United Kingdom	1931	826201
GBR204	法尔茅斯（英国）	Falmouth, United Kingdom	1932	826204
GBR207	福利（英国）	Fawley, United Kingdom	303	826207
GBR210	弗利克斯托（英国）	Felixstowe, United Kingdom	3419	826210
GBR213	芬纳特（英国）	Finnart, United Kingdom	1933	826213
GBR216	菲什加德（英国）	Fishguard, United Kingdom	1934	826216
GBR219	弗利特伍德（英国）	Fleetwood, United Kingdom	303	826219
GBR222	福克斯通（英国）	Folkestone, United Kingdom	303	826222
GBR225	福伊（英国）	Fowey, United Kingdom	303	826225
GBR228	弗雷泽堡（英国）	Fraserburgh, United Kingdom	303	826228
GBR231	盖恩斯伯勒（英国）	Gainsborough, United Kingdom	303	826231
GBR234	加利斯敦（英国）	Garlieston, United Kingdom	303	826234
GBR237	加斯顿（英国）	Garston, United Kingdom	303	826237
GBR240	格文（英国）	Girvan, United Kingdom	303	826240
GBR243	格拉斯哥（英国）	Glasgow, United Kingdom	1937	826243
GBR246	格莱纳姆（英国）	Glenarm, United Kingdom	303	826246
GBR249	格洛斯特（英国）	Gloucester, United Kingdom	303	826249
GBR252	古尔（英国）	Goole, United Kingdom	303	826252
GBR255	古罗克（英国）	Gourock, United Kingdom	303	826255
GBR258	格兰奇茅斯（英国）	Grangemouth, United Kingdom	303	826258
GBR261	格雷夫森德（英国）	Gravesend, United Kingdom	303	826261
GBR264	大雅茅斯（英国）	Great Yarmouth, United Kingdom	1938	826264

代码	中文名称	英文名称	原报关代码	原报检代码
GBR267	格里诺克（英国）	Greenock, United Kingdom	1939	826267
GBR270	格里姆斯比（英国）	Grimsby, United Kingdom	303	826270
GBR273	冈纳斯（英国）	Gunness Wharf, United Kingdom	303	826273
GBR276	哈特尔浦（英国）	Hartlepool, United Kingdom	1940	826276
GBR279	哈里奇（英国）	Harwich, United Kingdom	1941	826279
GBR282	海尔（英国）	Hayle, United Kingdom	1942	826282
GBR285	希舍姆（英国）	Heysham, United Kingdom	1943	826285
GBR288	霍利黑德（英国）	Holyead, United Kingdom	1944	826288
GBR291	霍德角（英国）	Hound Point, United Kingdom	303	826291
GBR294	赫尔（英国）	Hull, United Kingdom	1945	826294
GBR297	亨特斯顿（英国）	Hunterston, United Kingdom	303	826297
GBR300	伊明赫姆（英国）	Immingham, United Kingdom	1947	826300
GBR303	因弗戈登（英国）	Invergordon, United Kingdom	1948	826303
GBR306	因弗内斯（英国）	Inverness, United Kingdom	1949	826306
GBR309	伊普斯威奇（英国）	Ipswich, United Kingdom	1950	826309
GBR312	欧文（英国）	Irvine, United Kingdom	1951	826312
GBR315	谷岛（英国）	Isle Of Grain, United Kingdom	1952	826315
GBR318	基尔基尔（英国）	Kilkeel, United Kingdom	1957	826318
GBR321	基林霍尔姆（英国）	Killingholme, United Kingdom	303	826321
GBR324	金斯林（英国）	King'S Lynn, United Kingdom	1958	826324
GBR327	柯科迪（英国）	Krikcaldy, United Kingdom	303	826327
GBR330	柯克沃尔（英国）	Kirkwall, United Kingdom	1960	826330
GBR333	洛哈尔什教区凯尔（英国）	Kyle Of Lochalsh, United Kingdom	1961	826333
GBR336	朗姆（英国）	Lame, United Kingdom	303	826336
GBR339	兰开斯特（英国）	Lancaster, United Kingdom	1963	826339
GBR342	拉格斯（英国）	Largs, United Kingdom	1964	826342
GBR345	拉恩（英国）	Larne, United Kingdom	1965	826345
GBR348	利斯（英国）	Leith, United Kingdom	1968	826348
GBR351	勒威克（英国）	Lerwick, United Kingdom	1969	826351
GBR354	利特尔汉普顿（英国）	Littlehampton, United Kingdom	1970	826354
GBR357	利物浦（英国）	Liverpool, United Kingdom	1966	826357
GBR360	兰杜拉斯（英国）	Llanddulas, United Kingdom	303	826360
GBR363	拉内利（英国）	Llanelli, United Kingdom	303	826363
GBR366	洛赫博伊斯代尔（英国）	Loch Boisdale, United Kingdom	1972	826366
GBR369	洛赫马迪（英国）	Loch Maddy, United Kingdom	1973	826369
GBR372	洛哈林（英国）	Lochaline Pier, United Kingdom	1971	826372
GBR375	伦敦（英国）	London, United Kingdom	1974	826375
GBR378	伦敦德里（英国）	Londonderry, United Kingdom	1975	826378
GBR381	卢港（英国）	Looe, United Kingdom	1976	826381
GBR384	洛西茅斯（英国）	Lossiemouth, United Kingdom	1977	826384
GBR387	洛斯托夫特（英国）	Lowestoft, United Kingdom	1979	826387
GBR390	利布斯特（英国）	Lybster, United Kingdom	1980	826390
GBR393	利德尼（英国）	Lydney, United Kingdom	1981	826393
GBR396	麦克达夫（英国）	Macduff, United Kingdom	1983	826396
GBR399	莫尔登（英国）	Maldon, United Kingdom	1984	826399
GBR402	马莱格（英国）	Mallaig, United Kingdom	303	826402

代码	中文名称	英文名称	原报关代码	原报检代码
GBR405	曼彻斯特（英国）	Manchester, United Kingdom	1985	826405
GBR408	梅西尔（英国）	Methil, United Kingdom	303	826408
GBR411	梅瓦吉西（英国）	Mevagissey, United Kingdom	1988	826411
GBR414	米德尔斯伯勒（英国）	Middlesbrough, United Kingdom	1989	826414
GBR417	米勒姆（英国）	Millom, United Kingdom	1991	826417
GBR420	迈恩黑德（英国）	Minehead, United Kingdom	1993	826420
GBR423	米斯特利（英国）	Mistley, United Kingdom	1994	826423
GBR426	蒙特罗斯（英国）	Montrose, United Kingdom	1995	826426
GBR429	莫斯廷（英国）	Mostyn, United Kingdom	1996	826429
GBR432	奈恩（英国）	Nairn, United Kingdom	1997	826432
GBR435	尼思（英国）	Neath, United Kingdom	1998	826435
GBR438	纽堡（英国）	Newburgh, United Kingdom	1999	826438
GBR443	米尔福德港（英国）	Milford Haven, United Kingdom	1990	826443
GBR444	纽卡斯尔（英国）	Newcastle Upon Tyne, United Kingdom	2000	826444
GBR447	纽黑文（英国）	Newhaven, United Kingdom	2001	826447
GBR450	纽林（英国）	Newlyn, United Kingdom	2002	826450
GBR453	纽波特（英国）	Newport, United Kingdom	303	826453
GBR459	纽里（英国）	Newry, United Kingdom	2003	826459
GBR462	北森德兰（英国）	North Sunderland, United Kingdom	2005	826462
GBR465	诺里奇（英国）	Norwich, United Kingdom	2006	826465
GBR468	奥本（英国）	Oban, United Kingdom	2008	826468
GBR471	帕德斯托（英国）	Padstow, United Kingdom	2009	826471
GBR474	帕尔纳基（英国）	Palnackie, United Kingdom	2010	826474
GBR477	帕（英国）	Par, United Kingdom	2011	826477
GBR480	帕克斯顿瓜伊（英国）	Parkeston Quay, United Kingdom	303	826480
GBR483	帕廷顿（英国）	Partington, United Kingdom	303	826483
GBR486	皮尔（英国）	Peel, United Kingdom	303	826486
GBR489	彭布罗克（英国）	Pembroke Dock, United Kingdom	303	826489
GBR492	彭迈恩毛尔（英国）	Penmaenmawr, United Kingdom	2014	826492
GBR495	彭林（英国）	Penryn, United Kingdom	2015	826495
GBR498	彭赞斯（英国）	Penzance, United Kingdom	2016	826498
GBR501	珀斯（英国）	Perth, United Kingdom	303	826501
GBR504	彼得黑德（英国）	Peterhead, United Kingdom	2017	826504
GBR507	普利茅斯（英国）	Plymouth, United Kingdom	2019	826507
GBR510	普尔（英国）	Poole, United Kingdom	2020	826510
GBR513	波塔斯凯格（英国）	Port Askaig, United Kingdom	303	826513
GBR516	埃伦港（英国）	Port Ellen, United Kingdom	2022	826516
GBR519	圣马里港（英国）	Port St. Mary, United Kingdom	303	826519
GBR522	塔尔伯特港（英国）	Port Talbot, United Kingdom	2025	826522
GBR525	威廉港（英国）	Port William, United Kingdom	1935	826525
GBR528	波尔特布里（英国）	Portbury, United Kingdom	303	826528
GBR531	波特马多克（英国）	Porthmadog, United Kingdom	2029	826531
GBR534	波蒂斯黑德（英国）	Portishead, United Kingdom	2027	826534
GBR537	波特兰角（英国）	Portland Bill, United Kingdom	303	826537
GBR540	波特兰（英国）	Portland(Dor.), United Kingdom	303	826540
GBR543	波特里（英国）	Portree, United Kingdom	2030	826543
GBR546	波特拉什（英国）	Portrush, United Kingdom	2031	826546

代码	中文名称	英文名称	原报关代码	原报检代码
GBR549	朴次茅斯（英国）	Portsmouth, United Kingdom	303	826549
GBR552	普雷斯顿（英国）	Preston, United Kingdom	2032	826552
GBR555	普尔黑利（英国）	Pwllheli, United Kingdom	303	826555
GBR558	昆伯勒（英国）	Queenborough, United Kingdom	2034	826558
GBR561	昆斯费里（英国）	Queensferry, United Kingdom	2035	826561
GBR564	雷纳姆（英国）	Rainham, United Kingdom	303	826564
GBR567	拉姆西（英国）	Ramsey, United Kingdom	303	826567
GBR570	拉姆斯盖特（英国）	Ramsgate, United Kingdom	303	826570
GBR573	雷德卡（英国）	Redcar, United Kingdom	303	826573
GBR576	里尔（英国）	Rhyl, United Kingdom	2036	826576
GBR579	里奇伯勒（英国）	Richborough, United Kingdom	303	826579
GBR582	利德哈姆多克（英国）	Ridham Dock, United Kingdom	303	826582
GBR585	罗切斯特（英国）	Rochester, United Kingdom	303	826585
GBR588	罗赛斯（英国）	Rosyth, United Kingdom	2037	826588
GBR591	罗斯西（英国）	Rothesay, United Kingdom	2038	826591
GBR594	朗科恩（英国）	Runcorn, United Kingdom	2039	826594
GBR597	拉伊（英国）	Rye, United Kingdom	2040	826597
GBR600	桑迪（英国）	Sanday, United Kingdom	2042	826600
GBR603	桑德威奇（英国）	Sandwich, United Kingdom	2043	826603
GBR606	桑德斯富特（英国）	Saundersfoot, United Kingdom	2044	826606
GBR609	斯卡洛韦（英国）	Scalloway, United Kingdom	2045	826609
GBR612	斯卡帕夫洛（英国）	Scapa Flow, United Kingdom	303	826612
GBR615	斯卡伯勒（英国）	Scarborough, United Kingdom	2046	826615
GBR618	斯克拉布斯特（英国）	Scrabster, United Kingdom	2048	826618
GBR621	锡厄姆（英国）	Sesham, United Kingdom	2049	826621
GBR624	塞尔比（英国）	Selby, United Kingdom	303	826624
GBR627	夏普内斯（英国）	Sharpness, United Kingdom	2050	826627
GBR630	希尔内斯（英国）	Sheerness, United Kingdom	2051	826630
GBR633	谢尔赫文（英国）	Shell Haven, United Kingdom	303	826633
GBR636	肖勒姆（英国）	Shorsham, United Kingdom	2054	826636
GBR639	南安普顿（英国）	Southampton, United Kingdom	2057	826639
GBR642	绍森德（英国）	Southend, United Kingdom	2058	826642
GBR645	圣赫利尔（英国）	St. Helier, United Kingdom	2059	826645
GBR648	圣艾夫斯（英国）	St. Ives, United Kingdom	2060	826648
GBR651	圣马格丽茨贝（英国）	St.Margaret'S Hope, United Kingdom	2061	826651
GBR654	圣彼德港（英国）	St. Peter Port, United Kingdom	2063	826654
GBR657	斯坦洛（英国）	Stanlow, United Kingdom	303	826657
GBR660	斯托克顿（英国）	Stockton, United Kingdom	303	826660
GBR663	斯通黑文（英国）	Stonehaven, United Kingdom	2064	826663
GBR666	斯托诺韦（英国）	Stornoway, United Kingdom	2065	826666
GBR669	斯特兰福德（英国）	Strangford, United Kingdom	2066	826669
GBR672	斯特兰拉尔（英国）	Stranraer, United Kingdom	2067	826672
GBR675	斯特罗姆内斯（英国）	Stromness, United Kingdom	2068	826675
GBR678	萨洛姆湾（英国）	Sullom Voe, United Kingdom	303	826678
GBR681	森德兰（英国）	Sunderland, United Kingdom	2069	826681
GBR684	萨顿布里奇（英国）	Sutton Bridge, United Kingdom	2070	826684
GBR687	斯旺西（英国）	Swansea, United Kingdom	2071	826687

代码	中文名称	英文名称	原报关代码	原报检代码
GBR690	塔伯特（英国）	Tarbert, United Kingdom	2072	826690
GBR693	提斯港（英国）	Teesport, United Kingdom	303	826693
GBR696	廷茅斯（英国）	Teignmouth, United Kingdom	303	826696
GBR699	滕比（英国）	Tenby, United Kingdom	2075	826699
GBR702	特奈特米纳尔（英国）	Tetney Terminal, United Kingdom	303	826702
GBR705	瑟索（英国）	Thurso, United Kingdom	2076	826705
GBR708	蒂尔伯里（英国）	Tilbury, United Kingdom	303	826708
GBR711	托伯莫里（英国）	Tobermory, United Kingdom	2077	826711
GBR714	托普瑟姆（英国）	Topsham, United Kingdom	2078	826714
GBR717	托基（英国）	Torquay, United Kingdom	2079	826717
GBR720	托特尼斯（英国）	Totnes, United Kingdom	303	826720
GBR723	特伦（英国）	Troon, United Kingdom	2080	826723
GBR726	特鲁罗（英国）	Truro, United Kingdom	2081	826726
GBR729	太恩港（英国）	Tyne Dock, United Kingdom	2082	826729
GBR732	阿勒浦（英国）	Ullapool, United Kingdom	2083	826732
GBR735	沃克沃思（英国）	Warkworth, United Kingdom	2084	826735
GBR738	沃伦波因特（英国）	Warren Point, United Kingdom	2085	826738
GBR741	沃切特（英国）	Watchet, United Kingdom	2086	826741
GBR744	韦尔斯（英国）	Wells, United Kingdom	2087	826744
GBR747	韦斯特雷（英国）	Westray, United Kingdom	2091	826747
GBR750	韦茅斯（英国）	Weymouth, United Kingdom	303	826750
GBR753	惠特比（英国）	Whitby, United Kingdom	2092	826753
GBR756	怀特黑文（英国）	Whitehaven, United Kingdom	2094	826756
GBR759	惠特斯特布尔（英国）	Whitstable, United Kingdom	2095	826759
GBR762	威克（英国）	Wick, United Kingdom	2096	826762
GBR765	威斯贝奇（英国）	Wisbech, United Kingdom	2097	826765
GBR768	沃金顿（英国）	Workington, United Kingdom	2099	826768
GBR771	雅茅斯（英国）	Yarmouth, United Kingdom	303	826771
GBR901	泰晤士港（英国）	Thames, United Kingdom	303	826901
GBR902	利兹（英国）	Leeds, United Kingdom	303	826902
GBR903	AMNLE（英国）	Amnle, United Kingdom	1865	826903
GBR904	BALFAST（英国）	Balfast, United Kingdom	1877	826904
GBR905	BATSKARSNAS（英国）	Batskarsnas, United Kingdom	1882	826905
GBR906	BRRAY DOCKS（英国）	Brray Docks, United Kingdom	1900	826906
GBR907	EDINBURGH（英国）	Edinburgh, United Kingdom	1928	826907
GBR908	PORTKNOCKIE（英国）	Portknockie, United Kingdom	2028	826908
GBR909	PURFLEET（英国）	Purfleet, United Kingdom	2033	826909
GBR910	阿尔赫西拉斯（英国）	Algeciras, United Kingdom	1863	826910
GBR911	阿斯凯格皮尔港（英国）	Port Askaig Pier, United Kingdom	2021	826911
GBR912	艾泽耳沃思（英国）	Isleworth, United Kingdom	1954	826912
GBR913	安德顿德波（英国）	Anderton Depot, United Kingdom	1866	826913
GBR914	巴金（英国）	Barking, United Kingdom	1878	826914
GBR915	贝尔波特（英国）	Bellport, United Kingdom	1884	826915
GBR916	波里莱文（英国）	Porthleven, United Kingdom	2026	826916
GBR917	博林（英国）	Bowling, United Kingdom	1892	826917
GBR918	伯明翰（英国）	Bermingham, United Kingdom	1885	826918
GBR919	伯明翰（英国）	Birmingham, United Kingdom	1889	826919

代码	中文名称	英文名称	原报关代码	原报检代码
GBR920	布德（英国）	Bude, United Kingdom	1902	826920
GBR921	达农（英国）	Dunoon, United Kingdom	1927	826921
GBR922	戴根纳姆（英国）	Dagenham Dock, United Kingdom	1918	826922
GBR923	当斯（英国）	Downs, United Kingdom	1923	826923
GBR924	迪甘韦港（英国）	Deganwy Quay, United Kingdom	1920	826924
GBR925	福恩港（英国）	Forth Ports, United Kingdom	1936	826925
GBR926	福思港（英国）	Kirkcaldy, United Kingdom	1959	826926
GBR927	怀特霍耳（英国）	Whitehall, United Kingdom	2093	826927
GBR928	喀利多尼亚运河（英国）	Caledonian Canal, United Kingdom	1905	826928
GBR929	卡恩拉夫（英国）	Carnlough, United Kingdom	1908	826929
GBR930	科尔帕奇－喀里多尼亚（英国）	Corpach-Caledo-Nian, United Kingdom	1914	826930
GBR931	克赖根多兰（英国）	Craigendoran, United Kingdom	1916	826931
GBR932	克里南运河（英国）	Crinan Canal, United Kingdom	1917	826932
GBR933	洛桑（英国）	Laxey, United Kingdom	1967	826933
GBR934	诺丁汉（英国）	Nottingham, United Kingdom	2007	826934
GBR935	圣墨利厄尔（英国）	Jersey, United Kingdom	1956	826935
GBR936	太国（英国）	North Shields, United Kingdom	2004	826936
GBR937	特威德河畔伯里克（英国）	Berwlck-Upon-Tweed, United Kingdom	1886	826937
GBR938	廷默思（英国）	Tejgnmouth, United Kingdom	2074	826938
GBR939	威姆斯贝（英国）	Wemyss Bay, United Kingdom	2088	826939
GBR940	韦斯顿波因特（英国）	Weston Point Docks, United Kingdom	2090	826940
GBR941	维文霍（英国）	Wivenhoe, United Kingdom	2098	826941
GBR942	沃耳德尼岛（英国）	Alderney0 I., United Kingdom	1862	826942
GBR943	锡利群岛（英国）	Scilly Is., United Kingdom	2047	826943
GBR944	锡利群岛（英国）	St.Mary', United Kingdom	2062	826944
GBR945	锡洛思（英国）	Silloth, United Kingdom	2055	826945
GBR946	伊夫腊库姆（英国）	Ilfracombe, United Kingdom	1946	826946
GBR947	曼岛（英国）	Isle Of Man, United Kingdom	1953	826947
GBR948	曼岛（英国）	Peel, United Kingdom	2012	826948
GBR949	曼岛（英国）	Port Erin, United Kingdom	2023	826949
GGY000	根西岛	Guernsey	399	831000
JEY000	泽西岛	Jersey	399	832000
IMN000	马恩岛	Isle Of Man	399	833000
TZA000	坦桑尼亚	Tanzania	247	834000
TZA003	达累斯萨拉姆（坦桑尼亚）	Dar Es Salaam, Tanzania	1762	834003
TZA006	基卢瓦基温杰（坦桑尼亚）	Kilwa Kivinje, Tanzania	1763	834006
TZA009	基卢瓦马索科（坦桑尼亚）	Kilwa Masoko, Tanzania	1764	834009
TZA012	林迪（坦桑尼亚）	Lindi, Tanzania	1765	834012
TZA015	米金达尼（坦桑尼亚）	Mikindni, Tanzania	247	834015
TZA018	姆特瓦拉（坦桑尼亚）	Mtwara, Tanzania	1766	834018
TZA021	潘加尼（坦桑尼亚）	Pangani, Tanzania	1767	834021
TZA024	奔巴岛（坦桑尼亚）	Pemba Island, Tanzania	1768	834024

代码	中文名称	英文名称	原报关代码	原报检代码
TZA027	坦噶（坦桑尼亚）	Tanga, Tanzania	1769	834027
TZA030	桑给巴尔岛（坦桑尼亚）	Zanzibar Island, Tanzania	1770	834030
USA000	美国	United States	502	840000
USA003	阿伯丁（美国）	Aberdeen, United States	502	840003
USA006	阿拉梅达（美国）	Alameda, United States	502	840006
USA008	亚当斯顿（美国）	Adamston, United States	502	840008
USA009	奥尔巴尼（美国）	Albany, United States	502	840009
USA012	亚历山德里亚（美国）	Alexandria, United States	502	840012
USA015	阿尔皮纳（美国）	Alpena, United States	3097	840015
USA018	阿纳科特斯（美国）	Anacortes, United States	3098	840018
USA021	安科雷奇（美国）	Anchorage, United States	502	840021
USA024	阿巴拉契科拉（美国）	Apalachicola, United States	3100	840024
USA027	阿什兰（美国）	Ashland, United States	3101	840027
USA030	阿什塔比拉（美国）	Ashtabula, United States	3102	840030
USA033	阿斯托里亚（美国）	Astoria, United States	3106	840033
USA036	阿特雷科（美国）	Atreco, United States	502	840036
USA039	巴尔的摩（美国）	Baltimore, United States	3103	840039
USA042	班戈（美国）	Bangor(Me.), United States	502	840042
USA045	巴斯（美国）	Bath, United States	3108	840045
USA048	巴吞鲁日（美国）	Baton Rouge, United States	3109	840048
USA051	贝敦（美国）	Baytown, United States	3110	840051
USA054	博蒙特（美国）	Beaumont, United States	3111	840054
USA057	贝灵哈姆（美国）	Bellingham, United States	3112	840057
USA060	伯克利（美国）	Berkeley, United States	502	840060
USA063	波卡洛兰德（美国）	Boca Grande, United States	502	840063
USA066	波士顿（美国）	Boston, United States	3104	840066
USA069	布雷默顿（美国）	Bremerton, United States	502	840069
USA072	布里奇波特（美国）	Bridgeport, United States	502	840072
USA075	布朗斯维尔（美国）	Brownsville, United States	502	840075
USA078	不伦瑞克（美国）	Brunswick, United States	3113	840078
USA081	布坎南（美国）	Buchanan, United States	502	840081
USA084	巴克斯波特（美国）	Bucksport, United States	3114	840084
USA087	布法罗（美国）	Buffalo, United States	3115	840087
USA090	伯恩斯港（美国）	Burns Harbour, United States	502	840090
USA093	伯恩赛德（美国）	Burnside, United States	3116	840093
USA096	剑桥（美国）	Cambridge, United States	3117	840096
USA099	卡姆登（美国）	Camden, United States	3118	840099
USA102	卡拉贝尔（美国）	Carrabelle, United States	3120	840102
USA105	查尔斯顿（美国）	Charleston, United States	3121	840105
USA108	希博伊甘（美国）	Cheboygan, United States	3123	840108
USA111	切萨皮克城（美国）	Chesapeake City, United States	502	840111
USA114	切斯特（美国）	Chester, United States	3124	840114
USA117	芝加哥（美国）	Chicago, United States	3125	840117
USA120	克利夫兰（美国）	Cleveland, United States	3126	840120
USA123	康尼奥特港（美国）	Conneaut Harbour, United States	3127	840123
USA126	科尔多瓦（美国）	Cordova, United States	3130	840126
USA129	科珀斯克里斯蒂（美国）	Corpus Christi, United States	3131	840129

代码	中文名称	英文名称	原报关代码	原报检代码
USA132	德拉华湾（美国）	Delaware Bay, United States	3133	840132
USA135	特斯特汉（美国）	Destrehan, United States	502	840135
USA138	底特律（美国）	Detroit, United States	3134	840138
USA141	唐纳森维尔（美国）	Donaaldsonville, United States	502	840141
USA144	德卢斯（美国）	Duluth, United States	3135	840144
USA147	荷兰港（美国）	Dutch Harbour, United States	502	840147
USA150	埃尔塞贡多（美国）	El Segundo, United States	502	840150
USA153	伊利（美国）	Erie, United States	3136	840153
USA156	尤里卡（美国）	Eureka, United States	502	840156
USA159	埃弗里特（美国）	Everett(Wash.), United States	3105	840159
USA162	福尔里弗（美国）	Fall River, United States	3137	840162
USA165	费南迪纳（美国）	Fernandina, United States	3138	840165
USA168	芬代尔（美国）	Ferndale, United States	502	840168
USA171	弗里波特（美国）	Freeport, United States	502	840171
USA174	加尔维斯顿（美国）	Galveston, United States	3107	840174
USA177	盖斯马（美国）	Geismar, United States	502	840177
USA180	乔治敦（美国）	Georgetown, United States	502	840180
USA183	格洛斯特（美国）	Gloucester(Mass.), United States	502	840183
USA186	好望角（美国）	Good Hope, United States	502	840186
USA189	格拉梅西（美国）	Gramercy, United States	502	840189
USA192	格兰德黑文（美国）	Grand Haaven, United States	502	840192
USA195	格雷斯港（美国）	Grays Harbour, United States	502	840195
USA198	格林贝（美国）	Green Bay, United States	502	840198
USA201	格尔夫波特（美国）	Gulfport, United States	502	840201
USA204	汉普顿港群（美国）	Hampton Roads, United States	3139	840204
USA207	霍姆（美国）	Home, United States	502	840207
USA210	荷马（美国）	Homer, United States	3141	840210
USA213	霍普韦尔（美国）	Hopewell, United States	502	840213
USA215	火奴鲁路（美国）	Honolulu, United States	3142	840215
USA216	休斯敦（美国）	Houston, United States	3143	840216
USA219	休伦（美国）	Huron, United States	3144	840219
USA222	杰克逊维尔（美国）	Jacksonville, United States	3145	840222
USA225	泽西城（美国）	Jersey City, United States	502	840225
USA228	朱诺（美国）	Juneau, United States	3148	840228
USA231	卡拉马（美国）	Kalama, United States	502	840231
USA234	克奈（美国）	Kenai, United States	502	840234
USA237	基诺沙（美国）	Kenosha, United States	3149	840237
USA240	凯奇坎（美国）	Ketchikan, United States	502	840240
USA243	基韦斯特（美国）	Key West, United States	502	840243
USA246	金斯湾（美国）	Kings Bay, United States	502	840246
USA249	科迪亚克（美国）	Kodiak, United States	502	840249
USA251	简斯维尔（美国）	Janesville, United States	502	840251
USA252	莱克查尔斯（美国）	Lake Charles, United States	3150	840252
USA255	长滩（美国）	Long Beach, United States	3151	840255
USA258	隆维尤（美国）	Longview, United States	3152	840258
USA261	洛雷恩（美国）	Lorain, United States	3153	840261
USA264	洛杉矶（美国）	Los Angeles, United States	3154	840264

代码	中文名称	英文名称	原报关代码	原报检代码
USA267	马尼托沃克（美国）	Manitowoc, United States	3156	840267
USA270	梅特拉卡特拉（美国）	Metlakatla, United States	502	840270
USA273	迈阿密（美国）	Miami, United States	3157	840273
USA276	蜜尔沃基（美国）	Milwaukee, United States	3146	840276
USA279	莫比尔（美国）	Mobile, United States	3158	840279
USA282	门罗（美国）	Monroe, United States	3159	840282
USA285	莫尔黑德城（美国）	Morehead City, United States	3160	840285
USA288	马斯基根（美国）	Muskegon, United States	3161	840288
USA291	默特尔克里克（美国）	Myrtle Grove, United States	502	840291
USA294	新贝德福德（美国）	New Bedford, United States	3163	840294
USA297	纽卡斯尔（美国）	New Castle(Del.), United States	502	840297
USA300	纽黑文（美国）	New Haven, United States	3147	840300
USA303	新伦敦（美国）	New London(Conn.), United States	3164	840303
USA306	新奥尔良（美国）	New Orleans, United States	3165	840306
USA309	纽约（美国）	New York, United States	3166	840309
USA312	纽瓦克（美国）	Newark, United States	502	840312
USA315	纽波特纽斯（美国）	Newport News(Va.), United States	502	840315
USA318	纽波特（美国）	Newport(Oreg.), United States	502	840318
USA321	纽波特（美国）	Newport(R.I.), United States	502	840321
USA324	尼基斯基（美国）	Nikiski, United States	502	840324
USA327	诺姆（美国）	Nome, United States	3168	840327
USA330	诺福克（美国）	Norfolk, United States	502	840330
USA333	诺思贝（美国）	North Ben, United States	502	840333
USA336	奥克兰（美国）	Oakland, United States	3170	840336
USA339	奥林匹亚（美国）	Olympia, United States	3172	840339
USA342	奥兰治（美国）	Orange, United States	502	840342
USA345	奥斯特里卡（美国）	Ostrica, United States	502	840345
USA348	奥斯威戈（美国）	Oswego, United States	3173	840348
USA351	棕榈滩（美国）	Palm Beach, United States	3174	840351
USA354	巴拿马城（美国）	Panama City, United States	502	840354
USA357	帕萨迪纳（美国）	Pasadena, United States	502	840357
USA360	帕斯卡古拉（美国）	Pascagoula, United States	3175	840360
USA363	保罗斯伯罗（美国）	Paulsboro, United States	502	840363
USA366	彭萨科拉（美国）	Pensacola, United States	3177	840366
USA369	彼得斯堡（美国）	Petersburg, United States	3178	840369
USA372	费城（美国）	Philadelphia, United States	3179	840372
USA375	皮内角（美国）	Piney Point, United States	502	840375
USA378	普列茅斯（美国）	Plymouth, United States	502	840378
USA381	奥巴斯克斯港（美国）	Port Anx Basques, United States	502	840381
USA384	亚当斯港（美国）	Port Adams, United States	502	840384
USA387	安吉利斯港（美国）	Port Angeles, United States	502	840387
USA390	阿瑟港（美国）	Port Arthur(Tex.), United States	502	840390
USA393	卡纳维拉尔港（美国）	Port Canaveral, United States	3119	840393
USA396	埃弗格雷斯港（美国）	Port Everglades, United States	3181	840396
USA399	怀尼米港（美国）	Port Hueneme, United States	502	840399
USA402	休伦港（美国）	Port Huron, United States	502	840402
USA405	伊萨贝尔港（美国）	Port Isabel, United States	502	840405

代码	中文名称	英文名称	原报关代码	原报检代码
USA408	拉瓦卡港（美国）	Port Laavaca, United States	502	840408
USA411	内奇斯港（美国）	Port Neches, United States	502	840411
USA414	罗亚尔港（美国）	Port Royal, United States	502	840414
USA417	圣路易斯港（美国）	Port San Luis, United States	3182	840417
USA420	圣乔港（美国）	Port St.Joe, United States	502	840420
USA423	萨尔弗港（美国）	Port Sulphur, United States	3183	840423
USA426	汤森港（美国）	Port Townsend, United States	3184	840426
USA429	波特兰（美国）	Portland(Me.), United States	3185	840429
USA432	波特兰（美国）	Portland(Oreg.), United States	502	840432
USA435	波次茅斯（美国）	Portsmouth, United States	502	840435
USA438	普罗维登斯（美国）	Providence, United States	3186	840438
USA441	拉辛（美国）	Racine, United States	502	840441
USA444	里士满（美国）	Pichmond(Cal.), United States	3187	840444
USA447	里士满（美国）	Pichmond(Va.), United States	502	840447
USA450	里弗黑德（美国）	Riverhead, United States	502	840450
USA453	罗切斯特（美国）	Rochester, United States	502	840453
USA456	萨宾（美国）	Sabine, United States	3191	840456
USA459	萨克拉门托（美国）	Sacramento, United States	3192	840459
USA462	圣迭戈（美国）	San Diego, United States	3188	840462
USA465	圣弗朗西斯科（美国）	San Francisco, United States	3193	840465
USA468	圣佩德罗（美国）	San Pedro, United States	502	840468
USA471	圣巴巴拉（美国）	Santa Barbara, United States	3189	840471
USA474	圣克鲁斯（美国）	Santa Cruz(Calif.), United States	502	840474
USA477	萨凡纳（美国）	Savannah, United States	3190	840477
USA480	锡斯波特（美国）	Searsport, United States	3194	840480
USA483	西雅图（美国）	Seattle, United States	3195	840483
USA486	苏厄德（美国）	Seward, United States	3196	840486
USA489	锡特卡（美国）	Sitka, United States	502	840489
USA492	斯卡圭（美国）	Skaagway, United States	502	840492
USA495	斯密斯布卢夫（美国）	Smith'S Bluff, United States	3197	840495
USA498	圣彼得斯堡（美国）	St.Petersburg, United States	3198	840498
USA501	斯托克顿（美国）	Stockton, United States	3199	840501
USA504	塔科马（美国）	Tacoma, United States	3201	840504
USA507	塔科尼特港（美国）	Taconite Harbour, United States	3202	840507
USA510	坦帕（美国）	Tampa, United States	3415	840510
USA513	得克萨斯城（美国）	Texas City, United States	3203	840513
USA516	托莱多（美国）	Toledo, United States	502	840516
USA519	特伦顿（美国）	Trenton, United States	502	840519
USA522	瓦尔迪兹（美国）	Valdez, United States	3204	840522
USA525	温哥华（美国）	Vancouver, United States	502	840525
USA528	华盛顿（美国）	Washington, United States	502	840528
USA531	威霍肯（美国）	Weehawken, United States	502	840531
USA534	威拉帕（美国）	Willapa, United States	502	840534
USA543	威尔明顿（美国）	Wilmington, United States	3206	840543
USA546	兰格尔（美国）	Wrangell, United States	3207	840546
USA901	安克雷奇（美国）	Anchorage, United States	3099	840901
USA905	亚特兰大（美国）	Atlanta Ga, United States	502	840905

代码	中文名称	英文名称	原报关代码	原报检代码
USA906	伯明翰（美国）	Birming Ham, United States	502	840906
USA907	威士康辛（美国）	Wisconsin, United States	502	840907
USA908	奥马哈（美国）	Omaha.Ne, United States	502	840908
USA909	达拉斯－沃斯堡（美国）	Dallas-Fort Worth, United States	3454	840909
USA910	孟菲斯（美国）	Memphis, United States	502	840910
USA911	韦斯特维戈（美国）	Westwego, United States	502	840911
USA912	珍珠港（美国）	Pearl Harbour, United States	3176	840912
USA913	亚库塔特（美国）	Yakutat, United States	3208	840913
USA914	摩斯贝（美国）	Coos Bay, United States	3128	840914
USA915	马尼斯蒂（美国）	Manistee, United States	3155	840915
USA916	奥格登斯堡（美国）	Ogdensburg, United States	3171	840916
USA917	阿鲁克鲁（美国）	Port Alucroix, United States	3180	840917
USA918	VAN BC（美国）	Van Bc, United States	3205	840918
USA919	COOSAW RIVER（美国）	Coosaw River, United States	3129	840919
USA920	CHEAPEAKE（美国）	Cheapeake, United States	3122	840920
VIR000	维尔京群岛(美国)	Virgin Islands (U.S.)	499	850000
VIR002	夏洛特阿马利亚（维尔京群岛(美国)）	Charlotte Amalie, Virgin Islands (U.S.)	499	850002
VIR003	克里斯琴斯特德（维尔京群岛(美国)）	Christiansted, Virgin Islands (U.S.)	499	850003
VIR006	弗雷德里克斯特德（维尔京群岛(美国)）	Frederiksted, Virgin Islands (U.S.)	499	850006
VIR007	圣约翰岛（维尔京群岛(美国)）	St.John I, Virgin Islands (U.S.)	2985	850007
VIR008	圣托马(维尔京群岛(美国))	St.Thomas, Virgin Islands (U.S.)	2986	850008
VIR009	美属维尔京（维尔京群岛(美国)）	Virgin Is., Virgin Islands (U.S.)	2988	850009
VIR010	莱姆特里贝（维尔京群岛(美国)）	Limetree Bay, Virgin Islands (U.S.)	2984	850010
BFA000	布基纳法索	Burkina Faso	251	854000
URY000	乌拉圭	Uruguay	444	858000
URY003	科洛尼亚（乌拉圭）	Colonia, Uruguay	2954	858003
URY006	弗赖本托斯（乌拉圭）	Fray Bentos, Uruguay	444	858006
URY009	何塞伊格纳西奥（乌拉圭）	Jose Ignacio, Uruguay	2955	858009
URY012	马尔多纳多（乌拉圭）	Maldonado, Uruguay	2956	858012
URY015	蒙得维的亚（乌拉圭）	Montevideo, Uruguay	2957	858015
URY018	新帕尔米拉（乌拉圭）	Nueva Palmira, Uruguay	2958	858018
URY021	派桑杜（乌拉圭）	Paysandu, Uruguay	2959	858021
URY024	埃斯特角（乌拉圭）	Punta Del Este, Uruguay	444	858024
UZB000	乌兹别克斯坦	Uzbekistan	149	860000
UZB003	塔什干（乌兹别克斯坦）	Uzbekistan	149	860003
VEN000	委内瑞拉	Venezuela (Bolivarian Republic Of)	445	862000
VEN003	阿穆艾（委内瑞拉）	Amuay, Venezuela (Bolivarian Republic of)	2960	862003
VEN006	阿拉亚（委内瑞拉）	Araya, Venezuela (Bolivarian Republic of)	445	862006

代码	中文名称	英文名称	原报关代码	原报检代码
VEN009	巴查克罗（委内瑞拉）	Bachaquero, Venezuela (Bolivarian Republic of)	2961	862009
VEN012	巴霍格兰德（委内瑞拉）	Bajo Grande, Venezuela (Bolivarian Republic of)	2962	862012
VEN015	卡维马斯（委内瑞拉）	Cabimas, Venezuela (Bolivarian Republic of)	445	862015
VEN018	卡里皮托（委内瑞拉）	Caripito, Venezuela (Bolivarian Republic of)	445	862018
VEN021	卡鲁帕诺（委内瑞拉）	Carupano, Venezuela (Bolivarian Republic of)	445	862021
VEN024	奇奇里维切（委内瑞拉）	Chichirivichi, Venezuela (Bolivarian Republic of)	445	862024
VEN027	玻利瓦尔城（委内瑞拉）	Ciudad Bolivar, Venezuela (Bolivarian Republic of)	445	862027
VEN030	科隆查（委内瑞拉）	Coloncha, Venezuela (Bolivarian Republic of)	445	862030
VEN033	库马纳（委内瑞拉）	Cumana, Venezuela (Bolivarian Republic of)	445	862033
VEN036	埃尔乔雷（委内瑞拉）	El Chaure, Venezuela (Bolivarian Republic of)	445	862036
VEN039	埃尔瓜马切（委内瑞拉）	El Guamache, Venezuela (Bolivarian Republic of)	445	862039
VEN042	埃尔巴利托（委内瑞拉）	El Palito, Venezuela (Bolivarian Republic of)	445	862042
VEN045	埃尔塔布拉齐奥（委内瑞拉）	El Tablazo, Venezuela (Bolivarian Republic of)	445	862045
VEN048	关塔（委内瑞拉）	Guanta, Venezuela (Bolivarian Republic of)	445	862048
VEN051	关腊关沃（委内瑞拉）	Guarguao, Venezuela (Bolivarian Republic of)	445	862051
VEN054	圭里亚（委内瑞拉）	Guiria, Venezuela (Bolivarian Republic of)	445	862054
VEN057	拉斯塔加达（委内瑞拉）	La Estacada, Venezuela (Bolivarian Republic of)	445	862057
VEN060	拉瓜伊拉（委内瑞拉）	La Guaira, Venezuela (Bolivarian Republic of)	2965	862060
VEN063	拉萨利纳（委内瑞拉）	La Salina, Venezuela (Bolivarian Republic of)	445	862063
VEN066	马拉开波（委内瑞拉）	Maracaibo, Venezuela (Bolivarian Republic of)	2967	862066
VEN069	马坦萨斯（委内瑞拉）	Matanzas, Venezuela (Bolivarian Republic of)	445	862069
VEN072	莫龙（委内瑞拉）	Moron, Venezuela (Bolivarian Republic of)	445	862072
VEN075	帕卢亚（委内瑞拉）	Palua, Venezuela (Bolivarian Republic of)	2969	862075
VEN078	帕马塔克亚尔（委内瑞拉）	Pamatacual, Venezuela (Bolivarian Republic of)	445	862078

代码	中文名称	英文名称	原报关代码	原报检代码
VEN081	潘帕塔尔（委内瑞拉）	Pampatar, Venezuela (Bolivarian Republic of)	445	862081
VEN084	佩蒂格来特（委内瑞拉）	Pertigalete, Venezuela (Bolivarian Republic of)	445	862084
VEN087	波拉马尔（委内瑞拉）	Porlamar, Venezuela (Bolivarian Republic of)	445	862087
VEN090	耶罗港（委内瑞拉）	Puerto De Hierro, Venezuela (Bolivarian Republic of)	2970	862090
VEN093	拉克鲁斯港（委内瑞拉）	Puerto La Cruz, Venezuela (Bolivarian Republic of)	2971	862093
VEN096	卡贝略港（委内瑞拉）	Puerto Cabello, Venezuela (Bolivarian Republic of)	445	862096
VEN099	米兰达港（委内瑞拉）	Puerto Miranda, Venezuela (Bolivarian Republic of)	2972	862099
VEN102	奥尔达斯港（委内瑞拉）	Puerto Ordaz, Venezuela (Bolivarian Republic of)	2973	862102
VEN105	苏克里港（委内瑞拉）	Puerto Sucre, Venezuela (Bolivarian Republic of)	445	862105
VEN108	篷塔卡尔东（委内瑞拉）	Punta Cardon, Venezuela (Bolivarian Republic of)	2974	862108
VEN111	库希略角（委内瑞拉）	Punta Cuchillo, Venezuela (Bolivarian Republic of)	445	862111
VEN114	南帕尔马斯角（委内瑞拉）	Punta Palmas, Venezuela (Bolivarian Republic of)	445	862114
VEN116	蓬塔－德彼德拉斯（委内瑞拉）	Punta De Piedra, Venezuela (Bolivarian Republic of)	445	862116
VEN117	圣费利克斯（委内瑞拉）	San Felix, Venezuela (Bolivarian Republic of)	445	862117
VEN120	圣洛伦索（委内瑞拉）	San Lorenzo, Venezuela (Bolivarian Republic of)	445	862120
VEN123	图卡卡斯（委内瑞拉）	Tucacas, Venezuela (Bolivarian Republic of)	445	862123
VEN126	图里亚莫（委内瑞拉）	Turiamo, Venezuela (Bolivarian Republic of)	445	862126
VEN901	加拉加斯（委内瑞拉）	Caracas, Venezuela (Bolivarian Republic of)	2963	862901
WLF000	瓦利斯和富图纳群岛	Wallis And Futuna Islands	625	876000
WLF003	马塔乌图（瓦利斯和富图纳群岛）	Mata'Utu, Wallis and Futuna Islands	625	876003
WLF004	锡加维（瓦利斯和富图纳群岛）	Sigave, Wallis and Futuna Islands	3404	876004
WLF005	穆阿（瓦利斯和富图纳群岛）	Mua, Wallis and Futuna Islands	3396	876005
WSM000	萨摩亚	Samoa	617	882000
WSM003	阿皮亚（萨摩亚）	Apia, Samoa	3348	882003
WSM004	阿绍（萨摩亚）	Asau, Samoa	3349	882004
WSM005	木利努乌（萨摩亚）	Mulinuu, Samoa	3352	882005
WSM006	萨瓦伊（萨摩亚）	Savaii, Samoa	3350	882006

代码	中文名称	英文名称	原报关代码	原报检代码
WSM007	萨瓦伊岛（萨摩亚）	Savaii Island, Samoa	3353	882007
WSM008	乌波卢岛（萨摩亚）	Upolu Island, Samoa	3351	882008
YEM000	也门	Yemen	139	887000
YEM001	萨那（也门）	Sana, Yemen	1548	887001
YEM003	亚丁（也门）	Aden, Yemen	1549	887003
YEM006	荷台达（也门）	Hodeidah, Yemen	1547	887006
YEM009	穆哈（也门）	Mokha, Yemen	139	887009
YEM012	穆卡拉（也门）	Mukalla, Yemen	1550	887012
YEM013	萨利夫（也门）	Saleef Port, Yemen	139	887013
YEM015	卡塞卜角（也门）	Ras Al Katheeb, Yemen	139	887015
YEM021	索科特拉岛（也门）	Socotra Island, Yemen	1551	887021
ZMB000	赞比亚	Zambia	253	894000
ZMB001	恩多拉（赞比亚）	Ndola, Zambia	1785	894001
ZAS000	亚洲其他国家(地区)	Asia other	199	903000
ZAO000	非洲其他国家(地区)	Africa other	299	906000
ZEU000	欧洲其他国家(地区)	Europe other	399	909000
ZSA000	拉丁美洲其他国家(地区)	South America other	499	912000
ZNA000	北美洲其他国家(地区)	North America other	599	915000
ZOC000	大洋洲其他国家(地区)	Oceania other	699	918000
ZZZ900	未列出的特殊监管区	Unlisted Special Supervision Areas	142	999900
ZZZ999	未列出的国家或地区贸易港	Unlisted Countries Or Districts	701	999999
991101	北京天竺综合保税区	Beijing Tianzhu Comprehensive Bonded Zone	142	991101
991201	天津出口加工区	Tianjin Export Processind Zone	142	991201
991202	天津保税物流园区	Tianjin Bonded Logistics Zone	142	991202
991203	天津港保税区	Tianjingang Free Trade Zone	142	991203
991204	天津东疆保税港区	Tianjin Dongjiang Free Trade Port Zone	142	991204
991205	天津滨海新区综合保税区	Tianjin Binhai Xinqu Comprehensive Bonded Zone	142	991205
991206	中国（天津）自由贸易试验区	China (Tianjin) Pilot Free Trade Zone	142	991206
991301	石家庄综合保税区	Shijiazhuang Comprehensive Bonded Zone	142	991301
991302	曹妃甸综合保税区	Caofeidian Comprehensive Bonded Zone	142	991302
991303	秦皇岛出口加工区	Qinhuangdao Export Processind Zone	142	991303
991304	廊坊出口加工区	Langfang Export Processind Zone	142	991304
991401	太原武宿综合保税区	Taiyuan Wusu Comprehensive Bonded Zone	142	991401
991501	呼和浩特出口加工区	Hohhot Export Processind Zone	142	991501
991502	满洲里综合保税区	Manzhouli Comprehensive Bonded Zone	142	991502
992101	沈阳综合保税区	Shenyang Comprehensive Bonded Zone	142	992101
992102	大连保税区	Dalian Free Trade Zone	142	992102
992103	大连出口加工区	Dalian Export Processind Zone	142	992103

代码	中文名称	英文名称	原报关代码	原报检代码
992104	大连大窑湾保税港区	Dalian Dayaowan Free Trade Port Zone	142	992104
992105	营口港保税物流园区	Yingkougang Bonded Logistics Zone	142	992105
992201	长春兴隆综合保税区	Changchun Xinglong Comprehensive Bonded Zone	142	992201
992202	珲春出口加工区	Hunchun Export Processind Zone	142	992202
992301	绥芬河综合保税区	Suifenhe Comprehensive Bonded Zone	142	992301
993101	上海漕河泾出口加工区	Shanghai Caohejing Export Processind Zone	142	993101
993102	上海闵行出口加工区	Shanghai Minhang Export Processind Zone	142	993102
993103	上海嘉定出口加工区	Shanghai Jiading Export Processind Zone	142	993103
993104	上海金桥出口加工区	Shangha Jinqiao Export Processind Zone	142	993104
993105	上海浦东机场综合保税区	Shanghai Pudong Airport Comprehensive Bonded Zone	142	993105
993106	上海外高桥保税物流园区	Shanghai Waigaoqiao Bonded Logistics Zone	142	993106
993107	上海外高桥保税区	Shanghai Waigaoqiao Free Trade Zone	142	993107
993108	上海松江出口加工区 A 区	Shanghai Songjiang Export Processind Zone Zone A	142	993108
993109	上海松江出口加工区 B 区	Shanghai Songjiang Export Processind Zone Zone B	142	993109
993110	上海青浦出口加工区	Shanghai Qngpu Export Processind Zone	142	993110
993111	洋山保税港区	Yangshan Free Trade Port Zone	142	993111
993112	中国（上海）自由贸易试验区	China (Shanghai) Pilot Free Trade Zone	142	993112
993201	南京出口加工区	Nanjing Export Processind Zone	142	993201
993202	南京综合保税区	Nanjing Comprehensive Bonded Zone	142	993202
993203	无锡高新区综合保税区	Wuxi Gaoxinqu Comprehensive Bonded Zone	142	993203
993204	无锡出口加工区	Wuxi Export Processind Zone	142	993204
993205	常州出口加工区	Changzhou Export Processind Zone	142	993205
993206	武进出口加工区	Wujin Export Processind Zone	142	993206
993207	苏州工业园综合保税区	Suzhou Gongyeyuan Comprehensive Bonded Zone	142	993207
993208	苏州高新技术产业开发区综合保税区	Suzhou Gaoxinjishu Chanye Kaifaqu Comprehensive Bonded Zone	142	993208
993209	太仓港综合保税区	Taicanggang Comprehensive Bonded Zone	142	993209
993210	吴中出口加工区	Wuzhong Export Processind Zone	142	993210
993211	常熟出口加工区	Changshu Export Processind Zone	142	993211
993212	张家港保税港区	Zhangjiagang Free Trade Port Zone	142	993212
993213	昆山综合保税区	Kunshan Comprehensive Bonded Zone	142	993213
993214	吴江出口加工区	Wujiang Export Processind Zone	142	993214
993215	南通综合保税区	Nantong Comprehensive Bonded Zone	142	993215
993216	南通出口加工区	Nantong Export Processind Zone	142	993216

代码	中文名称	英文名称	原报关代码	原报检代码
993217	连云港出口加工区	Lianyungang Export Processind Zone	142	993217
993218	淮安综合保税区	Huaian Comprehensive Bonded Zone	142	993218
993219	淮安出口加工区	Huai'An Export Processind Zone	142	993219
993220	盐城综合保税区	Yanchengcomprehensive Bonded Zone	142	993220
993221	扬州出口加工区	Yangzhou Export Processind Zone	142	993221
993222	镇江出口加工区	Zhenjiang Export Processind Zone	142	993222
993223	泰州出口加工区	Taizhou Export Processind Zone	142	993223
993301	杭州出口加工区	Hangzhou Export Processind Zone	142	993301
993302	杭州保税物流园区（B型）	Hangzhou Bonded Logistics Zone(B)	142	993302
993303	杭州中和保税区	Hangzhou Zhonghe Free Trade Zone	142	993303
993304	舟山港综合保税区	Zhoushangang Comprehensive Bonded Zone	142	993304
993305	嘉兴出口加工区 A 区	Jiaxing Export Processind Zone Zone A	142	993305
993306	嘉兴出口加工区 B 区	Jiaxing Export Processind Zone Zone B	142	993306
993307	金义综合保税区	Jinyi Comprehensive Bonded Zone	142	993307
993401	合肥出口加工区	Hefei Export Processind Zone	142	993401
993402	合肥综合保税区	Hefei Comprehensive Bonded Zone	142	993402
993403	芜湖出口加工区	Wuhu Export Processind Zone	142	993403
993501	福州保税港区	Fuzhou Free Trade Port Zone	142	993501
993502	福州保税区	Fuzhou Free Trade Zone	142	993502
993503	福州出口加工区	Fuzhou Export Processind Zone	142	993503
993504	贵安综合保税区	Gui'An Comprehensive Bonded Zone	142	993504
993505	泉州出口加工区	Quanzhou Export Processind Zone	142	993505
993506	中国（福建）自由贸易试验区	China (Fujian) Pilot Free Trade Zone	142	993506
993601	南昌出口加工区	Nanchang Export Processind Zone	142	993601
993602	九江出口加工区	Jiujiang Export Processind Zone	142	993602
993603	赣州出口加工区	Ganzhou Export Processind Zone	142	993603
993604	赣州综合保税区	Ganzhou Comprehensive Bonded Zone	142	993604
993605	井冈山出口加工区	Jinggnanshan Export Processind Zone	142	993605
993701	济南综合保税区	Jinan Comprehensive Bonded Zone	142	993701
993702	济南出口加工区	Jinan Export Processind Zone	142	993702
993703	青岛出口加工区	Qingdao Export Processind Zone	142	993703
993704	青岛前湾保税港区	Qingdao Qianwan Free Trade Port Zone	142	993704
993705	青岛西海岸出口加工区	Qingdao Xihaian Export Processind Zone	142	993705
993706	东营综合保税区	Dongying Comprehensive Bonded Zone	142	993706
993707	烟台保税港区 A 区	Yantai Free Trade Port Zone A Qu	142	993707
993708	烟台保税港区 B 区	Yantai Free Trade Port Zone B Qu	142	993708
993709	潍坊综合保税区	Weifang Comprehensive Bonded Zone	142	993709
993710	威海出口加工区	Weihai Export Processind Zone	142	993710
993711	临沂综合保税区	Linyi Comprehensive Bonded Zone	142	993711
993801	宁波出口加工区	Ningbo Export Processind Zone	142	993801
993802	宁波保税区	Ningbo Free Trade Zone	142	993802
993803	宁波梅山保税港区	Ningbo Meishan Free Trade Port Zone	142	993803

代码	中文名称	英文名称	原报关代码	原报检代码
993804	慈溪出口加工区	Cixi Export Processind Zone	142	993804
993901	厦门保税区	Xiamen Free Trade Zone	142	993901
993902	厦门海沧保税港区	Xiamen Haicang Free Trade Port Zone	142	993902
993903	厦门象屿保税物流园区	Xiamen Xiangyu Bonded Logistics Zone	142	993903
993904	厦门翔安火炬保税物流园区	Xiamen Xiangan Huoju Bonded Logistics Zone	142	993904
994101	郑州出口加工区	Zhengzhou Export Processind Zone	142	994101
994102	郑州新郑综合保税区	Zhengzhou Xinzheng Comprehensive Bonded Zone	142	994102
994103	南阳卧龙综合保税区	Nanyang Wolong Comprehensive Bonded Zone	142	994103
994201	武汉出口加工区	Wuhan Export Processind Zone	142	994201
994202	武汉东西湖保税物流园区	Wuhan Dongxihu Bonded Logistics Zone	142	994202
994203	武汉东湖综合保税区	Wuhan Donghu Comprehensive Bonded Zone	142	994203
994204	武汉新港空港综合保税区	Wuhan Xingang Konggang Comprehensive Bonded Zone	142	994204
994301	长沙金霞保税物流园区	Changsha Jinxia Bonded Logistics Zone	142	994301
994302	湘潭综合保税区	Xiangtan Comprehensive Bonded Zone	142	994302
994303	衡阳综合保税区	Hengyang Comprehensive Bonded Zone	142	994303
994304	岳阳城陵矶综合保税区	Yueyang Chenglingji Comprehensive Bonded Zone	142	994304
994305	郴州出口加工区	Chenzhou Export Processind Zone	142	994305
994306	长沙黄花综合保税区	Changsha Huanghua Comprehensive Bonded Zone	142	994306
994401	广州保税物流园区	Guangzhou Bonded Logistics Zone	142	994401
994402	广州保税区	Guangzhou Free Trade Zone	142	994402
994403	广州出口加工区	Guangzhou Export Processind Zone	142	994403
994404	广州白云机场综合保税区	Guangzhou Baiyun Airport Comprehensive Bonded Zone	142	994404
994405	广州南沙保税港区	Guangzhou Nansha Free Trade Port Zone	142	994405
994406	汕头保税区	Shantou Free Trade Zone	142	994406
994407	中国（广东）自由贸易试验区	China (Guangdong) Pilot Free Trade Zone	142	994407
994501	北海出口加工区	Beihai Export Processind Zone	142	994501
994502	钦州保税港区	Qinzhou Free Trade Port Zone	142	994502
994503	凭祥综合保税区	Pingxiang Comprehensive Bonded Zone	142	994503
994601	海口综合保税区	Haikou Comprehensive Bonded Zone	142	994601
994602	洋浦保税港区	Yangpu Free Trade Port Zone	142	994602
994701	深圳出口加工区	Shenzhen Export Processind Zone	142	994701
994702	深圳福田保税区	Shenzhen Futian Free Trade Zone	142	994702

代码	中文名称	英文名称	原报关代码	原报检代码
994703	深圳前海湾保税港区	Shenzhen Qianhaiwan Free Trade Port Zone	142	994703
994704	深圳盐田保税物流园区	Shenzhen Yantian Bonded Logistics Zone	142	994704
994705	深圳盐田保税区	Shenzhen Yantian Free Trade Zone	142	994705
994706	深圳沙头角保税区	Shenzhen Shatoujiao Free Trade Zone	142	994706
994801	珠海保税区加华码头	Zhuhai Free Trade Zone Jiahua Dock	142	994801
994802	珠海保税区货场	Zhuhai Free Trade Zone Huochang	142	994802
994803	珠澳跨境工业区（珠海园区）货场	Zhuao Cross Bonded Industrial Zone Huochang	142	994803
994804	珠澳跨境工业区（珠海园区）旅检通道	Zhuao Cross Bonded Industrial Zone Passenger–Inspection Tongdao	142	994804
995001	重庆两路寸滩保税港区水港	Chongqing Lianglucuntan Free Trade Port Zone Shuigang	142	995001
995002	重庆两路寸滩保税港区空港	Chongqing Lianglucuntan Free Trade Port Zone Konggang	142	995002
995003	重庆西永综合保税区	Chongqing Xiyong Comprehensive Bonded Zone	142	995003
995101	成都高新综合保税区双流园区	Chengdu Gaoxin Comprehensive Bonded Zone Shuangliu Yuanqu	142	995101
995102	成都高新综合保税区 A 区	Chengdu Gaoxin Comprehensive Bonded Zone Zone A	142	995102
995103	成都高新综合保税区 B 区	Chengdu Gaoxin Comprehensive Bonded Zone Zone B	142	995103
995104	成都高新综合保税区 C 区	Chengdu Gaoxin Comprehensive Bonded Zone Zone C	142	995104
995105	绵阳出口加工区	Mianyang Export Processind Zone	142	995105
995201	贵阳综合保税区	Guiyang Comprehensive Bonded Zone	142	995201
995301	昆明出口加工区	Kunming Export Processind Zone	142	995301
995302	昆明综合保税区	Kunming Comprehensive Bonded Zone	142	995302
995303	红河综合保税区	Honghe Comprehensive Bonded Zone	142	995303
996101	西安综合保税区	Xian Comprehensive Bonded Zone	142	996101
996102	西安出口加工区	Xian Export Processind Zone	142	996102
996103	西安高新综合保税区	Xi'An Gaoxin Comprehensive Bonded Zone	142	996103
996201	兰州新区综合保税区	Lanzhou Xinqu Comprehensive Bonded Zone	142	996201
996501	乌鲁木齐出口加工区	Urumqi Export Processind Zone	142	996501
996502	阿拉山口综合保税区	Alatawshankou Comprehensive Bonded Zone	142	996502
996503	喀什综合保税区	Kashi Comprehensive Bonded Zone	142	996503
996504	霍尔果斯国际边境合作中心（中方配套区）	Horgos Guoji Bianjing Hezuo Center	142	996504

附表6 国别（地区）代码表

（与原报关代码、原报检代码对照）

代码	中文名称	英文名称	原报关代码	原报检代码
AFG	阿富汗	Afghanistan	101	004
ALB	阿尔巴尼亚	Albania	313	008
ATA	南极洲	Antarctica	701	010
DZA	阿尔及利亚	Algeria	201	012
ASM	美属萨摩亚	American Samoa	699	016
AND	安道尔	Andorra	314	020
AGO	安哥拉	Angola	202	024
ATG	安提瓜和巴布达	Antigua and Barbuda	401	028
AZE	阿塞拜疆	Azerbaijan	339	031
ARG	阿根廷	Argentina	402	032
AUS	澳大利亚	Australia	601	036
AUT	奥地利	Austria	315	040
BHS	巴哈马	Bahamas (the)	404	044
BHR	巴林	Bahrain	102	048
BGD	孟加拉	Bangladesh	103	050
ARM	亚美尼亚	Armenia	338	051
BRB	巴巴多斯	Barbados	405	052
BEL	比利时	Belgium	301	056
BMU	百慕大	Bermuda	504	060
BTN	不丹	Bhutan	104	064
BOL	玻利维亚	Bolivia (Plurinational State of)	408	068
BIH	波斯尼亚和黑塞哥维那	Bosnia and Herzegovina	355	070
BWA	博茨瓦纳	Botswana	204	072
BVT	布维岛	Bouvet Island	326	074
BRA	巴西	Brazil	410	076
BLZ	伯利兹	Belize	406	084
IOT	英属印度洋领地	British Indian Ocean Territory (the)	299	086
SLB	所罗门群岛	Solomon Islands	613	090
VGB	英属维尔京群岛	Virgin Islands (British)	446	092
BRN	文莱	Brunei Darussalam	105	096
BGR	保加利亚	Bulgaria	316	100
MMR	缅甸	Myanmar	106	104
BDI	布隆迪	Burundi	205	108
BLR	白俄罗斯	Belarus	340	112
KHM	柬埔寨	Cambodia	107	116
CMR	喀麦隆	Cameroon	206	120
CAN	加拿大	Canada	501	124
CPV	佛得角	Cabo Verde	208	132
CYM	开曼群岛	Cayman Islands (the)	411	136

代码	中文名称	英文名称	原报关代码	原报检代码
CAF	中非	Central African Republic (the)	209	140
LKA	斯里兰卡	Sri Lanka	134	144
TCD	乍得	Chad	211	148
CHL	智利	Chile	412	152
CHN	中国	China	142	156
TWN	台湾	Taiwan (Province of China)	143	158
CXR	圣诞岛	Christmas Island	699	162
CCK	科科斯（基林）群岛	Cocos (Keeling) Islands (the)	699	166
COL	哥伦比亚	Colombia	413	170
COM	科摩罗	Comoros (the)	212	174
MYT	马约特	Mayotte	259	175
COG	刚果（布）	Congo (the)	213	178
COD	刚果（金）	Congo (the Democratic Republic of the)	252	180
COK	库克群岛	Cook Islands (the)	602	184
CRI	哥斯达黎加	Costa Rica	415	188
HRV	克罗地亚	Croatia	351	191
CUB	古巴	Cuba	416	192
CYP	塞浦路斯	Cyprus	108	196
CZE	捷克	Czechia	352	203
BEN	贝宁	Benin	203	204
DNK	丹麦	Denmark	302	208
DMA	多米尼克	Dominica	414	212
DOM	多米尼加	Dominican Republic (the)	418	214
ECU	厄瓜多尔	Ecuador	419	218
SLV	萨尔瓦多	El Salvador	440	222
GNQ	赤道几内亚	Equatorial Guinea	216	226
ETH	埃塞俄比亚	Ethiopia	217	231
ERI	厄立特里亚	Eritrea	258	232
EST	爱沙尼亚	Estonia	334	233
FRO	法罗群岛	Faroe Islands (the)	357	234
FLK	福克兰群岛(马尔维纳斯)	Falkland Islands (the) [Malvinas]	499	238
SGS	南乔治亚岛和南桑德韦奇岛	South Georgia and the South Sandwich Islands	499	239
FJI	斐济	Fiji	603	242
FIN	芬兰	Finland	318	246
ALA	阿兰群岛（波罗的海中芬兰所属群岛）	Aland Islands	399	248
FRA	法国	France	305	250
GUF	法属圭亚那	French Guiana	420	254
PYF	法属波利尼西亚	French Polynesia	623	258
ATF	法属南部领地	French Southern Territories (the)	299	260
DJI	吉布提	Djibouti	214	262
GAB	加蓬	Gabon	218	266
GEO	格鲁吉亚	Georgia	337	268
GMB	冈比亚	Gambia (the)	219	270
PSE	巴勒斯坦	Palestine, State of	128	275
DEU	德国	Germany	304	276

代码	中文名称	英文名称	原报关代码	原报检代码
GHA	加纳	Ghana	220	288
GIB	直布罗陀	Gibraltar	320	292
KIR	基里巴斯	Kiribati	618	296
GRC	希腊	Greece	310	300
GRL	格陵兰	Greenland	503	304
GRD	格林纳达	Grenada	421	308
GLP	瓜德罗普	Guadeloupe	422	312
GUM	关岛	Guam	699	316
GTM	危地马拉	Guatemala	423	320
GIN	几内亚	Guinea	221	324
GUY	圭亚那	Guyana	424	328
HTI	海地	Haiti	425	332
HMD	赫德岛和麦克唐纳岛	Heard Island and McDonald Islands	699	334
VAT	梵蒂冈	Holy See (the)	356	336
HND	洪都拉斯	Honduras	426	340
HKG	香港	Hong Kong	110	344
HUN	匈牙利	Hungary	321	348
ISL	冰岛	Iceland	322	352
IND	印度	India	111	356
IDN	印度尼西亚	Indonesia	112	360
IRN	伊朗	Iran (Islamic Republic of)	113	364
IRQ	伊拉克	Iraq	114	368
IRL	爱尔兰	Ireland	306	372
ISR	以色列	Israel	115	376
ITA	意大利	Italy	307	380
CIV	科特迪瓦	COte d'Ivoire	223	384
JAM	牙买加	Jamaica	427	388
JPN	日本	Japan	116	392
KAZ	哈萨克斯坦	Kazakhstan	145	398
JOR	约旦	Jordan	117	400
KEN	肯尼亚	Kenya	224	404
PRK	朝鲜	Korea (the Democratic People's Republic of)	109	408
KOR	韩国	Korea (the Republic of)	133	410
KWT	科威特	Kuwait	118	414
KGZ	吉尔吉斯斯坦	Kyrgyzstan	146	417
LAO	老挝	Lao People's Democratic Republic (the)	119	418
LBN	黎巴嫩	Lebanon	120	422
LSO	莱索托	Lesotho	255	426
LVA	拉脱维亚	Latvia	335	428
LBR	利比里亚	Liberia	225	430
LBY	利比亚	Libya	226	434
LIE	列支敦士登	Liechtenstein	323	438
LTU	立陶宛	Lithuania	336	440
LUX	卢森堡	Luxembourg	308	442
MAC	澳门	Macao	121	446
MDG	马达加斯加	Madagascar	227	450

代码	中文名称	英文名称	原报关代码	原报检代码
MWI	马拉维	Malawi	228	454
MYS	马来西亚	Malaysia	122	458
MDV	马尔代夫	Maldives	123	462
MLI	马里	Mali	229	466
MLT	马耳他	Malta	324	470
MTQ	马提尼克	Martinique	428	474
MRT	毛里塔尼亚	Mauritania	230	478
MUS	毛里求斯	Mauritius	231	480
MEX	墨西哥	Mexico	429	484
MCO	摩纳哥	Monaco	325	492
MNG	蒙古	Mongolia	124	496
MDA	摩尔多瓦	Moldova (the Republic of)	343	498
MNE	黑山共和国	Montenegro	359	499
MSR	蒙特塞拉特	Montserrat	430	500
MAR	摩洛哥	Morocco	232	504
MOZ	莫桑比克	Mozambique	233	508
OMN	阿曼	Oman	126	512
NAM	纳米比亚	Namibia	234	516
NRU	瑙鲁	Nauru	606	520
NPL	尼泊尔	Nepal	125	524
NLD	荷兰	Netherlands (the)	309	528
CUW	库腊索岛	CuraCao	417	531
ABW	阿鲁巴	Aruba	403	533
SXM	荷属圣马丁岛	Sint Maarten (Dutch part)	449	534
BES	博内尔岛、圣尤斯特歇斯岛和萨巴岛	Bonaire, Sint Eustatius and Saba	449	535
NCL	新喀里多尼亚	New Caledonia	607	540
VUT	瓦努阿图	Vanuatu	608	548
NZL	新西兰	New Zealand	609	554
NIC	尼加拉瓜	Nicaragua	431	558
NER	尼日尔	Niger (the)	235	562
NGA	尼日利亚	Nigeria	236	566
NIU	纽埃	Niue	699	570
NFK	诺福克岛	Norfolk Island	610	574
NOR	挪威	Norway	326	578
MNP	北马里亚纳自由联邦	Northern Mariana Islands (the)	699	580
UMI	美国本土外小岛屿	United States Minor Outlying Islands (the)	699	581
FSM	密克罗尼西亚（联邦）	Micronesia (Federated States of)	620	583
MHL	马绍尔群岛	Marshall Islands (the)	621	584
PLW	帕劳	Palau	622	585
PAK	巴基斯坦	Pakistan	127	586
PAN	巴拿马	Panama	432	591
PNG	巴布亚新几内亚	Papua New Guinea	611	598
PRY	巴拉圭	Paraguay	433	600
PER	秘鲁	Peru	434	604
PHL	菲律宾	Philippines (the)	129	608

代码	中文名称	英文名称	原报关代码	原报检代码
PCN	皮特凯恩	Pitcairn	699	612
POL	波兰	Poland	327	616
PRT	葡萄牙	Portugal	311	620
GNB	几内亚比绍	Guinea–Bissau	222	624
TLS	东帝汶	Timor–Leste	144	626
PRI	波多黎各	Puerto Rico	435	630
QAT	卡塔尔	Qatar	130	634
REU	留尼汪	R é union	237	638
ROU	罗马尼亚	Romania	328	642
RUS	俄罗斯联邦	Russian Federation (the)	344	643
RWA	卢旺达	Rwanda	238	646
BLM	加勒比海圣巴特岛	Saint Barth é lemy	499	652
SHN	圣赫勒拿	Saint Helena, Ascension and Tristan da Cunha	299	654
KNA	圣基茨和尼维斯	Saint Kitts and Nevis	447	659
AIA	安圭拉	Anguilla	499	660
LCA	圣卢西亚	Saint Lucia	437	662
MAF	圣马丁(法国)	Saint Martin (French part)	438	663
SPM	圣皮埃尔和密克隆	Saint Pierre and Miquelon	448	666
VCT	圣文森特和格林纳丁斯	Saint Vincent and the Grenadines	439	670
SMR	圣马力诺	San Marino	329	674
STP	圣多美和普林西比	Sao Tome and Principe	239	678
SAU	沙特阿拉伯	Saudi Arabia	131	682
SEN	塞内加尔	Senegal	240	686
SRB	塞尔维亚共和国	Serbia	358	688
SYC	塞舌尔	Seychelles	241	690
SLE	塞拉利昂	Sierra Leone	242	694
SGP	新加坡	Singapore	132	702
SVK	斯洛伐克	Slovakia	353	703
VNM	越南	Viet Nam	141	704
SVN	斯洛文尼亚	Slovenia	350	705
SOM	索马里	Somalia	243	706
ZAF	南非	South Africa	244	710
ZWE	津巴布韦	Zimbabwe	254	716
ESP	西班牙	Spain	312	724
SSD	南苏丹	South Sudan	260	728
SDN	苏丹	Sudan (the)	246	729
ESH	西撒哈拉	Western Sahara*	245	732
SUR	苏里南	Suriname	441	740
SJM	斯瓦尔巴岛和扬马延岛	Svalbard and Jan Mayen	399	744
SWZ	斯威士兰	Swaziland	257	748
SWE	瑞典	Sweden	330	752
CHE	瑞士	Switzerland	331	756
SYR	叙利亚	Syrian Arab Republic	135	760
TJK	塔吉克斯坦	Tajikistan	147	762
THA	泰国	Thailand	136	764
TGO	多哥	Togo	248	768

代码	中文名称	英文名称	原报关代码	原报检代码
TKL	托克劳	Tokelau	699	772
TON	汤加	Tonga	614	776
TTO	特立尼达和多巴哥	Trinidad and Tobago	442	780
ARE	阿联酋	United Arab Emirates (the)	138	784
TUN	突尼斯	Tunisia	249	788
TUR	土耳其	Turkey	137	792
TKM	土库曼斯坦	Turkmenistan	148	795
TCA	特克斯和凯科斯群岛	Turks and Caicos Islands (the)	443	796
TUV	图瓦卢	Tuvalu	619	798
UGA	乌干达	Uganda	250	800
UKR	乌克兰	Ukraine	347	804
MKD	马其顿	Macedonia (the former Yugoslav Republic of)	354	807
EGY	埃及	Egypt	215	818
GBR	英国	United Kingdom of Great Britain and Northern Ireland (the)	303	826
GGY	根西岛	Guernsey	399	831
JEY	泽西岛	Jersey	399	832
IMN	马恩岛	Isle of Man	399	833
TZA	坦桑尼亚	Tanzania, United Republic of	247	834
USA	美国	United States of America (the)	502	840
VIR	美属维尔京群岛	Virgin Islands (U.S.)	499	850
BFA	布基纳法索	Burkina Faso	251	854
URY	乌拉圭	Uruguay	444	858
UZB	乌兹别克斯坦	Uzbekistan	149	860
VEN	委内瑞拉	Venezuela (Bolivarian Republic of)	445	862
WLF	瓦利斯和富图纳	Wallis and Futuna	625	876
WSM	萨摩亚	Samoa	617	882
YEM	也门	Yemen	139	887
ZMB	赞比亚	Zambia	253	894
ZAS	亚洲其他国家（地区）	Asia other	199	903
ZAO	非洲其他国家（地区）	Africa other	299	906
ZEU	欧洲其他国家（地区）	Europe other	399	909
ZSA	拉丁美洲其他国家（地区）	South America other	499	912
ZNA	北美洲其他国家（地区）	North America other	599	915
ZOC	大洋洲其他国家（地区）	Oceania other	699	918
CEU	休达	Ceuta	210	142
MEL	梅利利亚	Melilla	256	482
CAI	加那利群岛	Canary Islands	207	999
GAM	盖比群岛	Gambier Islands	604	999
SOC	社会群岛	Society Islands	612	999
TUB	土布艾群岛	Tubai Islands	616	999
MAI	马克萨斯群岛	Marquesas Islands	605	999
TUA	土阿莫土群岛	Tuamotu Islands	615	999
ZZZ	国（地）别不详	Countries(reg.) unknow	701	999
ZUN	联合国及机构和国际组织	UN and oth.int'l org	702	998

附表 7 国内口岸代码表

代码	中文名称	罗马字母名称
110001	北京	Beijing
110002	北京平谷国际陆港	Beijing Pinggu Automobile Lugang
110003	北京天竺综合保税区	Beijing Tianzhu Comprehensive Bonded Zone
110101	首都国际机场	Beijing Capital International Airport
110201	北京丰台货运	Beijing Fengtai Freight
110301	北京朝阳口岸	Beijing Chaoyang Port
110801	北京西站	Beijing Xizhan
120001	天津	Tianjin
120002	北疆港区	Beijiang Gangqu
120003	天津保税物流园区	Tianjin Bonded Logistics Zone
120004	天津港保税区	Tianjingang Free Trade Zone
120011	中国（天津）自由贸易试验区	China (Tianjin) Pilot Free Trade Zone
120201	天津出口加工区	Tianjin Export Processind Zone
120601	天津滨海新区综合保税区	Tianjin Binhai Xinqu Comprehensive Bonded Zone
120801	大沽口港区	Dagukou Gangqu
121001	南疆港区	Nanjiang Gangqu
121002	渤中	Bozhong
121501	东疆港区	Dongjiang Gangqu
121502	天津邮轮母港	Tianjin Youlun Mugang
121503	天津新港客运码头	Tianjin Xingang Passenger Transpor Dock
121504	天津东疆保税港区	Tianjin Dongjiang Free Trade Port Zone
121701	天津滨海国际机场货邮	Tianjin Binhai International Airport Huoyou
121702	天津滨海国际机场 T1 通道	Tianjin Binhai International Airport T1 tongdao
121703	天津滨海国际机场 T2 通道	Tianjin Binhai International Airport T2 Tongdao
130001	石家庄	Shijiazhuang
130002	石家庄正定机场	Shijiazhuang Zhengding Airport
130101	秦皇岛	Qinhuangdao
130102	秦皇岛出口加工区	Qinhuangdao Export Processind Zone
130200	河北省唐山市	Hebei Sheng Tangshan Shi
130201	京唐港	Jingtanggang
130202	唐山	Tangshan
130203	曹妃甸港	Caofeidian Harbor
130204	曹妃甸综合保税区	Caofeidian Comprehensive Bonded Zone
130300	河北省秦皇岛市	Hebei Sheng Qinhuangdao Shi
130400	河北省邯郸市	Hebei Sheng Handan Shi
130500	河北省邢台市	Hebei Sheng Xingtai Shi
130600	河北省保定市	Hebei Sheng Baoding Shi
130700	河北省张家口市	Hebei Sheng Zhangjiakou Shi
130701	廊坊出口加工区	Langfang Export Processind Zone
130800	河北省承德市	Hebei Sheng Chengde Shi

代码	中文名称	罗马字母名称
130900	河北省沧州市	Hebei Sheng Cangzhou Shi
131000	河北省廊坊市	Hebei Sheng Langfang Shi
131100	河北省衡水市	Hebei Sheng Hengshui Shi
131101	黄骅	Huanghua
131201	石家庄综合保税区	Shijiazhuang Comprehensive Bonded Zone
140001	太原	Taiyuan
140002	太原武宿机场	Taiyuan Wusu Airport
140003	太原武宿综合保税区	Taiyuan Wusu Comprehensive Bonded Zone
140200	山西省大同市	Shanxi Sheng Datong Shi
140300	山西省阳泉市	Shanxi Sheng Yangquan Shi
140400	山西省长治市	Shanxi Sheng Changzhi Shi
140500	山西省晋城市	Shanxi Sheng Jincheng Shi
140600	山西省朔州市	Shanxi Sheng Shouzhou Shi
140700	山西省晋中市	Shanxi Sheng Jinzhong Shi
140800	山西省运城市	Shanxi Sheng Yuncheng Shi
140900	山西省忻州市	Shanxi Sheng Xinzhou Shi
141000	山西省临汾市	Shanxi Sheng Linfen Shi
141100	山西省吕梁市	Shanxi Sheng Luliang Shi
150001	呼和浩特	Hohhot
150002	呼和浩特白塔机场	Hohhot Baita Airport
150003	呼和浩特出口加工区	Hohhot Export Processind Zone
150004	鄂尔多斯伊金霍洛机场	Erdos Ejin Horo Airport
150101	满洲里西郊机场	Manzhouli Xijiao Airport
150102	满洲里铁路	Manzhouli Railway
150103	二卡	Erka
150104	满洲里十八里	Manzhouli Shibali
150105	阿日哈沙特	Arhaxat
150106	满洲里综合保税区	Manzhouli Comprehensive Bonded Zone
150200	内蒙古自治区包头市	Nei Mongol Zizhiqu Baotou Shi
150201	二连浩特铁路	Erlianhaote Railway
150202	二连浩特公路	Erlianhaote Highroad
150300	内蒙古自治区乌海市	Nei Mongol Zizhiqu Wuhai Shi
150301	海拉尔东山机场	Hailar Dongshan Airport
150302	额布都格	Ebuduge
150303	胡列也吐	Hulieyetu
150400	内蒙古自治区赤峰市	Nei Mongol Zizhiqu Chifeng(Ulanhad) Shi
150401	满都拉	Mandula
150500	内蒙古自治区通辽市	Nei Mongol Zizhiqu Tongliao Shi
150600	内蒙古自治区鄂尔多斯市	Nei Mongol Zizhiqu Ordos Shi
150700	内蒙古自治区呼伦贝尔市	Nei Mongol Zizhiqu Hulun Buir Shi
150800	内蒙古自治区巴彦淖尔市	Nei Mongol Zizhiqu Bayannur Shi
150801	黑山头	Heishantou
150802	室韦	Shiwei
150900	内蒙古自治区乌兰察布市	Nei Mongol Zizhiqu Ulanqab Shi
150901	策克	Ceke
151001	珠恩嘎达布其	Zhuengadabuqi
151101	甘其毛都	Ganqmaod
151102	巴格毛都	Bagemaodu

代码	中文名称	罗马字母名称
151201	阿尔山	Aershan
152200	内蒙古自治区兴安盟	Nei Mongol Zizhiqu Hinggan Meng
152500	内蒙古自治区锡林郭勒盟	Nei Mongol Zizhiqu Xilin Gol Meng
152900	内蒙古自治区阿拉善盟	Nei Mongol Zizhiqu Alxa Meng
210001	沈阳	Shenyang
210101	大连港大窑湾港区	Dalian Harbor Dayaowan Gangqu
210102	大连北良港区	Dalian Beiliang Gangqu
210103	大连港油品码头港区	Dalian Harbor Youpin Dock Gangqu
210104	大连大窑湾保税港区	Dalian Dayaowan Free Trade Port Zone
210200	辽宁省大连市	Liaoning Sheng Dalian Shi
210300	辽宁省鞍山市	Liaoning Sheng Anshan Shi
210301	沈阳桃仙国际机场	Shenyang Taoxian International Airport
210400	辽宁省抚顺市	Liaoning Sheng Fushun Shi
210401	锦州	Jinzhou
210500	辽宁省本溪市	Liaoning Sheng Benxi Shi
210600	辽宁省丹东市	Liaoning Sheng Dandong Shi
210700	辽宁省锦州市	Liaoning Sheng Jinzhou Shi
210701	丹东港浪头港区	Dandong Harbor Langtou Gangqu
210702	丹东铁路	Dandong Railway
210703	丹东公路	Dandong Highroad
210704	丹东输油管道	Dandong Shuyou Guandao
210705	丹东太平湾	Dandong Taipingwan
210706	丹东长甸河口	Dandong Changdian Hekou
210707	丹东哑巴沟	Dandong Yabagou
210708	丹东马市过货点	Dandong Mashi Guohuodian
210709	丹东安民	Dandong Anmin
210800	辽宁省营口市	Liaoning Sheng Yingkou Shi
210801	丹东港大东港区	Dandong Harbor Dadong Gangqu
210802	丹东大鹿岛	Dandong Daludao
210803	丹东大台子	Dandong Dataizi
210804	丹东一撮毛过货点	Dandong Yicuomao Guohuodian
210805	丹东丹纸码头	Dandong Danzhi Dock
210900	辽宁省阜新市	Liaoning Sheng Fuxin Shi
210901	营口港老港区	Yingkou Harbor Laogangqu
211000	辽宁省辽阳市	Liaoning Sheng Liaoyang Shi
211001	营口港鲅鱼圈港区	Yingkou Harbor Bayuquan Gangqu
211002	营口港仙人岛港区	Yingkou Harbor Xianrendao Gangqu
211003	营口港保税物流园区	Yingkougang Bonded Logistics Zone
211100	辽宁省盘锦市	Liaoning Sheng Panjin Shi
211200	辽宁省铁岭市	Liaoning Sheng Tieling Shi
211300	辽宁省朝阳市	Liaoning Sheng Chaoyang Shi
211400	辽宁省葫芦岛市	Liaoning Sheng Huludao Shi
211401	盘锦港	Panjin Harbor
211501	葫芦岛港	Huludao Harbor
211801	大连周水子国际机场	Dalian Zhoushuizi International Airport
211901	大连港香炉礁港区	Dalian Harbor Xianglujiao Gangqu
211902	大连港老港区	Dalian Harbor laogangqu
211903	大连港大连湾港区	Daliangangdalianwangangqu

代码	中文名称	罗马字母名称
211904	大连港汽车码头港区	Dalian Harbor Qiche Dock Gangqu
211905	大连港矿石码头港区	Dalian Harbor Kuangshi Dock Gangqu
211906	旅顺新港	Lushun Xingang
211907	庄河港	Zhuanghe Harbor
211908	大连长海四块石码头	Dalian Changhai Sikuaishi Dock
211909	大连出口加工区	Dalian Export Processind Zone
211910	大连保税区	Dalian Free Trade Zone
212001	长兴岛港	Changxingdao Harbor
212101	沈阳综合保税区	Shenyang Comprehensive Bonded Zone
220001	长春	Changchun
220002	长春龙嘉国际机场	Changchun Longjia International Airport
220003	长春铁路	Changchun Railway
220004	临江	Linjiang
220005	大安	Daan
220006	图们公路	Tumen Highroad
220007	图们铁路	Tumen Railway
220008	船营	Chuanying
220009	档石	Dangshi
220010	下三道沟	Xiasandaogou
220011	长春兴隆综合保税区	Changchun Xinglong Comprehensive Bonded Zone
220101	双目峰公务通道	Shuangmofeng Gongwu Tongdao
220102	延吉朝阳川机场	Yanji Chaoyangchuan Airport
220103	三合	Sanhe
220104	开山屯	Kaishantun
220105	南坪	Nanping
220106	古城里	Guchengli
220200	吉林省吉林市	Jilin Sheng Jilin Shi
220201	珲春公路	Hunchun Highroad
220202	珲春铁路	Hunchun Railway
220203	沙坨子	Shatuozi
220204	圈河	Quanhe
220205	珲春出口加工区	Hunchun Export Processind Zone
220300	吉林省四平市	Jilin Sheng Siping Shi
220400	吉林省辽源市	Jilin Sheng Liaoyuan Shi
220500	吉林省通化市	Jilin Sheng Tonghua Shi
220501	集安铁路	Jian Railway
220502	老虎哨	Laohushao
220503	青石	Qinshi
220504	秋皮村	Qiupicun
220505	集安过货通道	Jian Guohuo Tongdao
220600	吉林省白山市	Jilin Sheng Baishan Shi
220601	长白	Changbai
220602	十三道沟	Shisandaogou
220603	八道沟	Badaogou
220604	南尖头	Nanjiantou
220700	吉林省松原市	Jilin Sheng Songyuan Shi
220701	吉林铁路	Jilin Railway
220800	吉林省白城市	Jilin Sheng Baicheng Shi

代码	中文名称	罗马字母名称
222400	吉林省延边朝鲜族自治州	Jilin Sheng Yanbian Chosenzu Zizhizhou
230001	哈尔滨	Harbin
230002	哈尔滨太平国际机场	Harbin Taiping International Airport
230003	嘉荫	Jiayin
230004	漠河	Mohe
230005	绥芬河综合保税区	Suifenhe Comprehensive Bonded Zone
230101	齐齐哈尔三家子机场	Qiqihar Sanjiazi Airport
230200	黑龙江省齐齐哈尔市	Heilongjiang Sheng Qiqihar Shi
230201	大庆	Daqing
230300	黑龙江省鸡西市	Heilongjiang Sheng Jixi Shi
230301	牡丹江海浪机场	Mudanjiang Hailang Airport
230400	黑龙江省鹤岗市	Heilongjiang Sheng Hegang Shi
230401	绥芬河铁路	Suifenhe Railway
230402	绥芬河公路	Suifenhe Highroad
230500	黑龙江省双鸭山市	Heilongjiang Sheng Shuangyashan Shi
230501	虎林	Hulin
230600	黑龙江省大庆市	Heilongjiang Sheng Daqing Shi
230601	密山	Mishan
230700	黑龙江省伊春市	Heilongjiang Sheng Yichun Shi
230701	佳木斯港	Jiamusi Harbor
230702	佳木斯东郊机场	Jiamusi Dongjiao Airport
230703	桦川	Huachuan
230800	黑龙江省佳木斯市	Heilongjiang Sheng Jiamusi Shi
230801	饶河	Raohe
230900	黑龙江省七台河市	Heilongjiang Sheng Qitaihe Shi
230901	同江	Tongjiang
231000	黑龙江省牡丹江市	Heilongjiang Sheng Mudanjiang Shi
231001	抚远	Fuyuan
231100	黑龙江省黑河市	Heilongjiang Sheng Heihe Shi
231101	黑河	Heihe
231102	孙吴港	Sunwu Harbor
231103	孙吴边境通道	Sunwu Bianjing Tongdao
231104	呼玛	Huma
231200	黑龙江省绥化市	Heilongjiang Sheng Suihua Shi
231201	逊克	Xunke
231401	萝北	Luobei
231501	东宁	Dongning
231601	绥滨	Suibin
231602	富锦	Fujin
231701	哈尔滨港	Harbin Harbor
231702	哈尔滨站	Harbin Zhan
232700	黑龙江省大兴安岭地区	Heilongjiang Sheng Da Hinggan Ling Diqu
310001	上海	Shanghai
310002	龙吴	Longwu
310011	中国（上海）自由贸易试验区	China (Shanghai) Pilot Free Trade Zone
310101	上海嘉定出口加工区	Shanghai Jiading Export Processind Zone
310102	上海青浦出口加工区	Shanghai Qngpu Export Processind Zone
310201	上海金桥出口加工区	Shangha Jinqiao Export Processind Zone

代码	中文名称	罗马字母名称
310301	上海虹桥国际机场	Shanghai Hongqiao International Airport
310302	上海浦东国际机场	Shanghai Pudong International Airport
310303	上海浦东机场综合保税区	Shanghai Pudong Airport Comprehensive Bonded Zone
310401	罗泾	luojing
310402	吴淞	Wusong
310501	崇明	Chongming
310601	上海闵行出口加工区	Shanghai Minhang Export Processind Zone
310701	外高桥	Waigaoqiao
310702	上海外高桥保税物流园区	Shanghai Waigaoqiao Bonded Logistics Zone
310703	上海外高桥保税区	Shanghai Waigaoqiao Free Trade Zone
310901	上海漕河泾出口加工区	Shanghai Caohejing Export Processind Zone
311001	浦东临港产业作业区	Pudong Lingang Chanye Zuoyequ
311002	洋山港	Yangshan Harbor
311003	洋山保税港区	Yangshan Free Trade Port Zone
311201	上海站	Shanghai Zhan
311301	上海松江出口加工区 A 区	Shanghai Songjiang Export Processind Zone Zone A
311302	上海松江出口加工区 B 区	Shanghai Songjiang Export Processind Zone Zone B
320001	南京	Nanjing
320101	南京禄口国际机场	Nanjing Lukou International Airport
320102	南京港	Nanjing Harbor
320103	南京出口加工区	Nanjing Export Processind Zone
320104	南京综合保税区	Nanjing Comprehensive Bonded Zone
320200	江苏省无锡市	Jiangsu Sheng Wuxi Shi
320201	苏州	Suzhou
320202	苏州工业园综合保税区	Suzhou Gongyeyuan Comprehensive Bonded Zone
320203	苏州高新技术产业开发区综合保税区	Suzhou Gaoxinjishu Chanye Kaifaqu Comprehensive Bonded Zone
320204	吴中出口加工区	Wuzhong Export Processind Zone
320300	江苏省徐州市	Jiangsu Sheng Xuzhou Shi
320301	吴江出口加工区	Wujiang Export Processind Zone
320400	江苏省常州市	Jiangsu Sheng Changzhou Shi
320401	昆山综合保税区	Kunshan Comprehensive Bonded Zone
320500	江苏省苏州市	Jiangsu Sheng Suzhou Shi
320501	张家港	Zhangjiagang
320502	张家港保税港区	Zhangjiagang Free Trade Port Zone
320600	江苏省南通市	Jiangsu Sheng Nantong Shi
320601	常熟	Changshu
320602	常熟出口加工区	Changshu Export Processind Zone
320700	江苏省连云港市	Jiangsu Sheng Lianyungang Shi
320701	太仓	Taicang
320702	太仓港综合保税区	Taicanggang Comprehensive Bonded Zone
320800	江苏省淮安市	Jiangsu Sheng Huai'an Shi
320801	无锡	Wuxi
320802	苏南硕放国际机场	Sunan Shuofang International Airport
320803	无锡高新区综合保税区	Wuxi Gaoxinqu Comprehensive Bonded Zone
320804	无锡出口加工区	Wuxi Export Processind Zone
320900	江苏省盐城市	Jiangsu Sheng Yancheng Shi
320901	江阴	Jiangyin

代码	中文名称	罗马字母名称
321000	江苏省扬州市	Jiangsu Sheng Yangzhou Shi
321100	江苏省镇江市	Jiangsu Sheng Zhengjiang Shi
321101	南通	Nantong
321103	如皋	Rugao
321104	南通综合保税区	Nantong Comprehensive Bonded Zone
321106	南通机场	Nantong Airport
321200	江苏省泰州市	Jiangsu Sheng Taizhou Shi
321201	连云港	Lianyungang
321202	连云港出口加工区	Lianyungang Export Processind Zone
321300	江苏省宿迁市	Jiangsu Sheng Suqian Shi
321301	镇江	Zhenjiang
321302	镇江出口加工区	Zhenjiang Export Processind Zone
321401	徐州机场	Xuzhou Airport
321501	淮安综合保税区	Huaian Comprehensive Bonded Zone
321502	淮安出口加工区	Huai'an Export Processind Zone
321601	常州	Changzhou
321602	常州出口加工区	Changzhou Export Processind Zone
321603	武进出口加工区	Wujin Export Processind Zone
321604	常州奔牛机场	Changzhou Benniu Airport
321701	盐城机场	Yancheng Airport
321702	射阳	Sheyang
321703	盐城综合保税区	YanchengComprehensive Bonded Zone
321704	大丰	Dafeng
321801	扬州	Yangzhou
321802	扬州出口加工区	Yangzhou Export Processind Zone
321901	高港	Gaogang
321902	泰州	Taizhou
322201	靖江	Jingjiang
322202	泰州出口加工区	Taizhou Export Processind Zone
322401	启东	Qidong
322501	如东洋口	Rudong Yangkou
330001	杭州	Hangzhou
330002	杭州萧山国际机场	Hangzhou Xiaoshan International Airport
330101	温州龙湾国际机场	Wenzhou Longwan International Airport
330102	温州港瓯江港区七里作业区	Wenzhou Harbor Oujiang Port Area Qili Operational Zone
330103	温州港平阳港区	Wenzhou Harbor Pingyang Port Area
330104	温州港状元岙港区	Wenzhou Harbor Zhuangyuanao Port Area
330105	温州港乐清湾港区	Wenzhou Harbor Yueqingwan Port Area
330106	温州港大小门岛港区	Wenzhou Harbor Daxiaomendao Port Areaxia
330200	浙江省宁波市	Zhejiang Sheng Ningbo Shi
330201	金义综合保税区	Jinyi Comprehensive Bonded Zone
330300	浙江省温州市	Zhejiang Sheng Wenzhou Shi
330301	舟山	Zhoushan
330302	舟山定海港区	Zhoushan Dinghai Gangqu
330303	舟山定海岙山油库	Zhoushan Dinghai Aoshan Youku
330304	舟山定海万向油库	Zhoushan Dinghai Wanxiang Youku
330305	舟山老塘山港区	Zhoushan Laotangshan Gangqu

代码	中文名称	罗马字母名称
330306	舟山老塘山三期码头	Zhoushan Laotangshan Sanqimatou
330307	舟山老塘山五期码头	Zhoushan Laotangshan Wuqimatou
330308	舟山老塘山册子油库	Zhoushan Laotangshan Cezi Youku
330309	舟山金塘港区	Zhoushan Jintang Gangqu
330310	舟山金塘集装箱码头	Zhoushan Jintang Container Dock
330311	舟山沈家门港区	Zhoushan Shenjiamen Gangqu
330312	舟山沈家门半升洞油库	Zhoushan Shenjiamen Banshengdong Youku
330313	舟山六横港区	Zhoushan Liuheng Gangqu
330314	舟山六横煤电码头	Zhoushan Liuheng Meidian Dock
330315	舟山六横武港码头	Zhoushan Liuheng Wugang Dock
330316	舟山六横金润石油	Zhoushan Liuheng Jinrun Shiyou
330317	舟山衢山港区	Zhoushan Qushan Gangqu
330318	舟山马岙港区	Zhoushan Maao Gangqu
330319	舟山马岙太平洋化工	Zhoushan Maao Taipingyang Huagong
330320	舟山马岙纳海油污	Zhoushan Maao Nahai Youwu
330321	舟山马岙天禄能源	Zhoushan Maao Tianlu Nengyuan
330322	岱山高亭	Daishan Gaoting
330323	舟山港综合保税区	Zhoushangang Comprehensive Bonded Zone
330400	浙江省嘉兴市	Zhejiang Sheng Jiaxing Shi
330401	泗礁	Sijiao
330500	浙江省湖州市	Zhejiang Sheng Huzhou Shi
330501	海门	Haimen
330502	台州	Taizhou
330503	大麦屿	Damaiyu
330600	浙江省绍兴市	Zhejiang Sheng Shaoxing Shi
330700	浙江省金华市	Zhejiang Sheng Jinhua Shi
330701	嘉兴	Jiaxing
330702	嘉兴港	Jiaxing Harbor
330703	嘉兴出口加工区 A 区	Jiaxing Export Processind Zonc Zone A
330704	嘉兴出口加工区 B 区	Jiaxing Export Processind Zone Zone B
330800	浙江省衢州市	Zhejiang Sheng Quzhou Shi
330801	湖州	Huzhou
330802	湖州南浔	Huzhou Nanxun
330803	湖州安吉川达	Huzhou Anji Chuanda
330900	浙江省舟山市	Zhejiang Sheng Zhoushan Shi
331000	浙江省台州市	Zhejiang Sheng Taizhou Shi
331100	浙江省丽水市	Zhejiang Sheng Lishui Shi
331101	杭州保税物流园区（B 型）	Hangzhou Bonded Logistics Zone(B)
331201	义乌	Yiwu
333301	杭州出口加工区	Hangzhou Export Processind Zone
333302	杭州中和保税区	Hangzhou Zhonghe Free Trade Zone
340001	合肥	Hefei
340002	合肥新桥国际机场	Hefei Xinqiao International Airport
340003	合肥新站	Hefei Xinzhan
340004	六安	Luan
340005	芜湖出口加工区	Wuhu Export Processind Zone
340006	合肥出口加工区	Hefei Export Processind Zone
340007	合肥综合保税区	Hefei Comprehensive Bonded Zone

代码	中文名称	罗马字母名称
340101	芜湖	Wuhu
340200	安徽省芜湖市	Anhui Sheng Wuhu Shi
340201	安庆	Anqing
340300	安徽省蚌埠市	Anhui Sheng Bengbu Shi
340301	铜陵	Tongling
340400	安徽省淮南市	Anhui Sheng Huainan Shi
340401	马鞍山	Maanshan
340500	安徽省马鞍山市	Anhui Sheng Ma'anshan Shi
340501	蚌埠	Bengbu
340502	淮南	Huainan
340600	安徽省淮北市	Anhui Sheng Huaibei Shi
340601	阜阳	Fuyang
340602	亳州	Bozhou
340700	安徽省铜陵市	Anhui Sheng Tongling Shi
340701	黄山屯溪机场	Huangshan Tunxi Airport
340800	安徽省安庆市	Anhui Sheng Anqing Shi
340801	池州	Chizhou
340901	滁州	Chuzhou
341000	安徽省黄山市	Anhui Sheng Huangshan Shi
341001	宣城	Xuancheng
341100	安徽省滁州市	Anhui Sheng Chuzhou Shi
341200	安徽省阜阳市	Anhui Sheng Fuyang Shi
341201	淮北	Huaibei
341202	宿州	Suzhou
341300	安徽省宿州市	Anhui Sheng Suzhou Shi
341500	安徽省六安市	Anhui Sheng Lu'an Shi
341600	安徽省亳州市	Anhui Sheng Bozhou Shi
341700	安徽省池州市	Anhui Sheng Chizhou Shi
341800	安徽省宣城市	Anhui Sheng Xuncheng Shi
350001	福州	Fuzhou
350002	福州港江阴港区非保税码头	Fuzhou Harbor Jiangyin Gangqu Feibaoshui Dock
350003	福州港平潭金井码头	Fuzhou Harbor Pingtan Jinjing Dock
350004	平潭港口岸澳前港区	Pingtan Harbor Aoqian Gangqu
350005	福州港平潭澳前客滚码头	Fuzhou Harbor Pingtan Aoqiankegun Dock
350006	武夷山机场	Wuyishan Airport
350007	武夷山陆地港	Wuyishan Ludigang
350008	福州保税港区	Fuzhou Free Trade Port Zone
350011	中国（福建）自由贸易试验区	China (Fujian) Pilot Free Trade Zone
350101	泉州港肖厝港区	Quanzhou Harbor Xiaocuo Gangqu
350102	泉州港泉州湾港区	Quanzhou Harbor Quanzhouwan Gangqu
350103	泉州港围头湾港区	Quanzhou Harbor Weitouwan Gangqu
350104	泉州港深沪湾港区	Quanzhou Harbor Shenhuwan Gangqu
350105	泉州港斗尾港区	Quanzhou Harbor Douwei Gangqu
350106	泉州港石井客运码头	Quanzhou Harbor Shijing Passenger Transpor Dock
350107	泉州港肖厝小额贸易点	Quanzhou Harbor Xiaocuo Xiaoemaoyidian
350108	泉州惠安崇武小额贸易点	Quanzhou Huian Chongwu Xiaoemaoyidian
350109	泉州后渚小额贸易点	Quanzhou Houzhu Xiaoemaoyidian
350110	泉州石狮石湖小额贸易点	Quanzhou Shishi Shihu Xiaoemaoyidian

代码	中文名称	罗马字母名称
350111	泉州晋江围头小额贸易点	Quanzhou Jinjiang Weitou Xiaoemaoyidian
350112	泉州晋江深沪小额贸易点	Quanzhou Jinjiang Shenhu Xiaoemaoyidian
350113	泉州南安石井小额贸易点	Quanzhou Nanan Shijing Xiaoemaoyidian
350114	泉州晋江陆地港	Quanzhou Jinjiang Ludigang
350115	泉州晋江机场	Quanzhou Jinjiang Airport
350116	泉州出口加工区	Quanzhou Export Processind Zone
350200	福建省厦门市	Fujian Sheng Xiamen Shi
350201	莆田湄洲岛小额贸易点	Putian Meizhoudao Xiaoemaoyidian
350202	莆田港秀屿港区	Putian Harbor Xiuyu Gangqu
350203	莆田港湄洲岛客运码头	Putian Harbor Meizhoudao Passenger Transpor Dock
350204	莆田港东吴港区	Putian Harbor Dongwu Gangqu
350300	福建省莆田市	Fujian Sheng Putian Shi
350301	三明陆地港	Sanming Ludigang
350400	福建省三明市	Fujian Sheng Sanming Shi
350401	福州港马尾客运码头	Fuzhou Harbor Mawei Passenger Transpor Dock
350402	福州港闽江口内港区	Fuzhou Harbor Minjiangkou Neigangqu
350403	福州港马尾小额贸易点	Fuzhou Harbor Mawei Xiaoemaoyidian
350404	福州港连江琯头小额贸易点	Fuzhou Harbor Lianjiang Guantou Xiaoemaoyidian
350405	福州港罗源迹头小额贸易点	Fuzhou Harbor Luoyuan Jitou Xiaoemaoyidian
350406	福州港罗源湾港区	Fuzhou Harbor luoyuanwan Gangqu
350407	福州港黄岐港区	Fuzhou Harbor Huangqi Gangqu
350408	福州港松下港区牛头湾作业区	Fuzhou Harbor Songxia Gangqu Niutouwan Zuoyequ
350409	福州港松下港区长乐松下小额贸易点	Fuzhou Harbor Songxia Gangqu Changlesong Xiaxiaoemaoyidian
350410	福州保税区	Fuzhou Free Trade Zone
350411	福州出口加工区	Fuzhou Export Processind Zone
350412	贵安综合保税区	Gui'an Comprehensive Bonded Zone
350500	福建省泉州市	Fujian Sheng Quanzhou Shi
350501	宁德港三都澳港区	Ningde Harbor Sanduao Gangqu
350502	宁德港三沙港区	Ningde Harbor Sansha Gangqu
350503	宁德港沙埕港区	Ningde Harbor Shacheng Gangqu
350504	宁德港赛江港区	Ningde Harbor Saijiang Gangqu
350505	霞浦三沙小额贸易点	Xiapu Sansha Xiaoemaoyidian
350600	福建省漳州市	Fujian Sheng Zhangzhou Shi
350601	福州港松下港区元洪作业区	Fuzhou Harbor Songxia Gangqu Yuanhong Zuoyequ
350602	福州港松下港区南青屿小额贸易点	Fuzhou Harbor Songxia Gangqu Nanqingyu Xiaoemaoyidian
350700	福建省南平市	Fujian Sheng Nanping Shi
350800	福建省龙岩市	Fujian Sheng Longyan Shi
350900	福建省宁德市	Fujian Sheng Ningde Shi
350901	龙岩陆地港	Longyan Ludigang
351101	东山湾东山港区	Dongshanwan Dongshan Gangqu
351102	东山湾诏安港区	Dongshanwan Zhaoan Gangqu
351103	漳州东山铜陵小额贸易点	Zhangzhou Dongshan Tongling Xiaoemaoyidian
351104	漳州云霄礁美小额贸易点	Zhangzhou Yunxiao Jiaomei Xiaoemaoyidian
351105	漳州诏安田厝小额贸易点	Zhangzhou Zhaoan Tiancuo Xiaoemaoyidian
351201	福州长乐国际机场	Fuzhou Changle International Airport
360001	南昌	Nanchang

代码	中文名称	罗马字母名称
360002	南昌昌北机场	Nanchang Changbei Airport
360003	南昌出口加工区	Nanchang Export Processind Zone
360101	九江	Jiujiang
360102	九江出口加工区	Jiujiang Export Processind Zone
360200	江西省景德镇市	Jiangxi Sheng Jingdezhen Shi
360300	江西省萍乡市	Jiangxi Sheng Pingxiang Shi
360301	赣州出口加工区	Ganzhou Export Processind Zone
360302	赣州综合保税区	Ganzhou Comprehensive Bonded Zone
360400	江西省九江市	Jiangxi Sheng Jiujiang Shi
360500	江西省新余市	Jiangxi Sheng Xinyu Shi
360600	江西省鹰潭市	Jiangxi Sheng Yingtan Shi
360601	井冈山出口加工区	Jinggnanshan Export Processind Zone
360700	江西省赣州市	Jiangxi Sheng Ganzhou Shi
360800	江西省吉安市	Jiangxi Sheng Ji'an Shi
360900	江西省宜春市	Jiangxi Sheng Yichun Shi
361000	江西省抚州市	Jiangxi Sheng Fuzhou Shi
361100	江西省上饶市	Jiangxi Sheng Shangrao Shi
370001	济南	Jinan
370002	日照	Rizhao
370003	岚山	Lanshan
370101	青岛港	Qingdao Harbor
370102	青岛出口加工区	Qingdao Export Processind Zone
370200	山东省青岛市	Shandong Sheng Qingdao Shi
370201	黄岛	Huangdao
370202	青岛前湾保税港区	Qingdao Qianwan Free Trade Port Zone
370203	青岛西海岸出口加工区	Qingdao Xihaian Export Processind Zone
370300	山东省淄博市	Shandong Sheng Zibo Shi
370301	烟台莱山机场	Yantai Laishan Airport
370302	烟台港	Yantai Harbor
370303	烟台保税港区 A 区	Yantai Free Trade Port Zone A Qu
370304	烟台保税港区 B 区	Yantai Free Trade Port Zone B Qu
370400	山东省枣庄市	Shandong Sheng Zaozhuang Shi
370401	石岛	Shidao
370402	龙眼	Longyan
370500	山东省东营市	Shandong Sheng Dongying Shi
370501	龙口	Longkou
370600	山东省烟台市	Shandong Sheng Yantai Shi
370601	莱州	Laizhou
370700	山东省潍坊市	Shandong Sheng Weifang Shi
370701	济南遥墙机场	Jinan Yaoqiang Airport
370702	济南综合保税区	Jinan Comprehensive Bonded Zone
370703	济南出口加工区	Jinan Export Processind Zone
370800	山东省济宁市	Shandong Sheng Jining Shi
370801	济宁站	Jiningzhan
370900	山东省泰安市	Shandong Sheng Tai'an Shi
370901	潍坊	Weifang
370902	潍坊综合保税区	Weifang Comprehensive Bonded Zone
371000	山东省威海市	Shandong Sheng Weihai Shi

代码	中文名称	罗马字母名称
371100	山东省日照市	Shandong Sheng Rizhao Shi
371200	山东省莱芜市	Shandong Sheng Laiwu Shi
371201	威海机场	Weihai Airport
371202	威海港	Weihai Harbor
371203	威海出口加工区	Weihai Export Processind Zone
371300	山东省临沂市	Shandong Sheng Linyi Shi
371400	山东省德州市	Shandong Sheng Dezhou Shi
371500	山东省聊城市	Shandong Sheng Liaocheng Shi
371600	山东省滨州市	Shandong Sheng Binzhou Shi
371700	山东省菏泽市	Shandong Sheng Heze Shi
371801	临沂站	Linyizhan
371802	临沂综合保税区	Linyi Comprehensive Bonded Zone
371901	东营	Dongying
371902	东营综合保税区	Dongying Comprehensive Bonded Zone
372301	青岛流亭机场	Qingdao Liuting Airport
372401	蓬莱	Penglai
380001	宁波	Ningbo
380002	宁波栎社机场	Ningbo Lishe Airport
380003	宁波甬江港区	Ningbo Yongjiang Gangqu
380004	宁波出口加工区	Ningbo Export Processind Zone
380005	宁波保税区	Ningbo Free Trade Zone
380101	宁波北仑港港区	Ningbo Beilungang Gangqu
380102	宁波穿山港区	Ningbo Chuanshan Gangqu
380201	慈溪出口加工区	Cixi Export Processind Zone
380701	宁波象山石浦港区	Ningbo Xiangshan Shipu Gangqu
380702	宁波象山港区	Ningbo Xiangshan Gangqu
380801	宁波大榭港区	Ningbo Daxie Gangqu
380901	宁波梅山保税港区	Ningbo Meishan Free Trade Port Zone
381001	宁波镇海港区	Ningbo Zhenhai Gangqu
390001	厦门	Xiamen
390002	厦门邮轮中心	Xiamen Youlun Center
390003	刘五店	Liuwudian
390004	大磴岛	Dadengdao
390005	厦门象屿保税物流园区	Xiamen Xiangyu Bonded Logistics Zone
390007	厦门翔安火炬保税物流园区	Xiamen Xiangan Huoju Bonded Logistics Zone
390008	厦门保税区	Xiamen Free Trade Zone
390101	厦门海沧港区	Xiamen Haicang Gangqu
390102	厦门海沧保税港区	Xiamen Haicang Free Trade Port Zone
390301	漳州招银港区	Zhangzhou Zhaoyin Gangqu
390302	漳州后石港区	Zhangzhou Houshi Gangqu
390303	漳州古雷港区	Zhangzhou Gulei Gangqu
390304	漳州旧镇港区	Zhangzhou Jiuzhen Gangqu
390305	漳州石码港区	Zhangzhou Shima Gangqu
399101	厦门高崎国际机场	Xiamen Gaoqi International Airport
399102	厦门五通码头	Xiamen Wutong Dock
399103	厦门五缘湾码头	Xiamen Wuyuanwan Dock
399501	厦门东渡港区	Xiamen Dongdu Gangqu
410001	郑州	Zhengzhou

代码	中文名称	罗马字母名称
410002	郑州查验场	Zhengzhou Check the field
410003	郑州新郑国际机场	Zhengzhou Xinzheng International Airport
410004	郑州站	Zhengzhouzhan
410005	郑州出口加工区	Zhengzhou Export Processind Zone
410101	洛阳北郊机场	Luoyang Beijiao Airport
410200	河南省开封市	Henan Sheng Kaifeng Shi
410300	河南省洛阳市	Henan Sheng Luoyang Shi
410400	河南省平顶山市	Henan Sheng Pingdingshan Shi
410500	河南省安阳市	Henan Sheng Anyang Shi
410501	漯河查验场	Luohe Check the field
410600	河南省鹤壁市	Henan Sheng Hebi Shi
410601	南阳卧龙综合保税区	Nanyang Wolong Comprehensive Bonded Zone
410700	河南省新乡市	Henan Sheng Xinxiang Shi
410800	河南省焦作市	Henan Sheng Jiaozuo Shi
410900	河南省濮阳市	Henan Sheng Puyang Shi
410901	郑州新郑综合保税区	Zhengzhou Xinzheng Comprehensive Bonded Zone
411000	河南省许昌市	Henan Sheng Xuchang Shi
411100	河南省漯河市	Henan Sheng Luohe Shi
411200	河南省三门峡市	Henan Sheng Sanmenxia Shi
411300	河南省南阳市	Henan Sheng Nanyang Shi
411400	河南省商丘市	Henan Sheng Shangqiu Shi
411500	河南省信阳市	Henan Sheng Xingyang Shi
411600	河南省周口市	Henan Sheng Zhoukou Shi
411700	河南省驻马店市	Zhumadian Diqu Zhumadian Shi
419000	河南省省直辖县级行政区划	Henan Sheng Sheng Zhixia Xianji Xingzhengquhua
420001	武汉	Wuhan
420002	武汉天河机场	Wuhan Tianhe Airport
420003	武汉阳逻水运港	Wuhan Yangluo Shuiyun Harbor
420004	武汉出口加工区	Wuhan Export Processind Zone
420005	武汉东西湖保税物流园区	Wuhan Dongxihu Bonded Logistics Zone
420006	武汉东湖综合保税区	Wuhan Donghu Comprehensive Bonded Zone
420007	武汉新港空港综合保税区	Wuhan Xingang Konggang Comprehensive Bonded Zone
420101	荆州盐卡	Jingzhou Yanka
420200	湖北省黄石市	Hubei Sheng Huangshi Shi
420201	襄阳铁路	Xiangyang Railway
420202	襄阳公路	Xiangyang Highroad
420203	十堰公路	Shiyan Highroad
420300	湖北省十堰市	Hubei Sheng Shiyan Shi
420301	宜昌三峡机场	Yichang Sanxia Airport
420302	宜昌水运港	Yichang Shuiyun Harbor
420401	黄石水运港	Huangshi Shuiyun Harbor
420500	湖北省宜昌市	Hubei Sheng Yichang Shi
420600	湖北省襄阳市	Hubei Sheng Xiangyang Shi
420700	湖北省鄂州市	Hubei Sheng Ezhou Shi
420800	湖北省荆门市	Hubei Sheng Jingmen Shi
420900	湖北省孝感市	Hubei Sheng Xiaogan Shi
421000	湖北省荆州市	Hubei Sheng Jingzhou Shi
421100	湖北省黄冈市	Hubei Sheng Huanggang Shi

代码	中文名称	罗马字母名称
421200	湖北省咸宁市	Hubei Sheng Xianning Shi
421300	湖北省随州市	Hubei Sheng Suizhou Shi
422800	湖北省恩施土家族苗族自治州	Hubei Sheng Enshi Tujiazu Miaozu Zizhizhou
429000	湖北省省直辖县级行政区划	Hubei Sheng Sheng Zhixia Xianji Xingzhengquhua
430001	长沙	Changsha
430002	长沙黄花国际机场旅检通道	Changsha Huanghua International Airport Passenger-Inspection Tongdao
430003	长沙黄花国际机场货场	Changsha Huanghua International Airport Huochang
430004	张家界荷花国际机场	Zhangjiajie Hehua International Airport
430005	长沙霞凝港	Changsha Xianing Harbor
430006	长沙霞凝铁路	Changsha Xianing Railway
430007	长沙金霞保税物流园区	Changsha Jinxia Bonded Logistics Zone
430008	湘潭综合保税区	Xiangtan Comprehensive Bonded Zone
430009	长沙黄花国际机场国际快件监控中心	Changsha Huanghua International Airport Kuaijian
430101	岳阳城陵矶水运	Yueyang Chenglingji Shuiyun
430103	岳阳城陵矶综合保税区	Yueyang Chenglingji Comprehensive Bonded Zone
430200	湖南省株洲市	Hunan Sheng Zhuzhou Shi
430201	常德盐关水运	Changde Yanguan Shuiyun
430300	湖南省湘潭市	Hunan Sheng Xiangtan Shi
430400	湖南省衡阳市	Hunan Sheng Hengyang Shi
430401	衡阳公路	Hengyang Highroad
430402	衡阳综合保税区	Hengyang Comprehensive Bonded Zone
430500	湖南省邵阳市	Hunan Sheng Shaoyang Shi
430501	郴州公路	Chenzhou Highroad
430502	郴州铁路	Chenzhou Railway
430503	郴州出口加工区	Chenzhou Export Processind Zone
430600	湖南省岳阳市	Hunan Sheng Yueyang Shi
430700	湖南省常德市	Hunan Sheng Changde Shi
430701	湘潭公路	Xiangtan Highroad
430702	长沙黄花综合保税区	Changsha Huanghua Comprehensive Bonded Zone
430800	湖南省张家界市	Hunan Sheng Zhangjiajie Shi
430900	湖南省益阳市	Hunan Sheng Yiyang Shi
431000	湖南省郴州市	Hunan Sheng Chenzhou Shi
431100	湖南省永州市	Hunan Sheng Yongzhou Shi
431200	湖南省怀化市	Hunan Sheng Huaihua Shi
431300	湖南省娄底市	Hunan Sheng Loudi Shi
433100	湖南省湘西土家族苗族自治州	Hunan Sheng Xiangxi Tujiazu Miaozu Zizhizhou
440001	广州	Guangzhou
440002	黄埔港务码头	Huangpu Gangwu Dock
440003	南沙粮食及通用码头	Nansha Liangshi Tongyong Dock
440004	黄埔嘉利仓码头	Huangpu Jialicang Dock
440005	佛山三水西南码头	Foshan Sanshui Xinan Dock
440006	佛山三水港码头	Foshan Sanshui Harbor Dock
440007	佛山三水车检场	Foshan Sanshui Truck Inspection Field
440008	东莞凤岗车检场	Dongguan Fenggang Truck Inspection Field
440009	东莞长安车检场	Dongguan Changan Truck Inspection Field
440010	广州香港马会马匹查验场	Guangzhou Hongkong Jockey Club Horse Inspection Field

代码	中文名称	罗马字母名称
440011	中国（广东）自由贸易试验区	China (Guangdong) Pilot Free Trade Zone
440101	广州新沙码头	Guangzhou Xinsha Dock
440102	广州新风码头	Guangzhou Xinfeng Dock
440103	广州河南码头	Guangzhou Henan Dock
440104	广州石榴岗码头	Guangzhou Shiliugang Dock
440105	广州造纸厂码头	Guangzhou Zaozhichang Dock
440106	广州石井滘心港码头	Guangzhou Shijing Jiaoxin Harbor Dock
440107	广州东朗码头	Guangzhou Donglang Dock
440108	广州萝岗车检场	Guangzhou Luogang Truck Inspection Field
440200	广东省韶关市	Guangdong Sheng Shaoguan Shi
440201	韶关新港码头	Shaoguan Xingang Dock
440202	韶关铁路装卸点	Shaoguan Railway Zhuangxiedian
440203	乐昌铁路装卸点	Lechang Railway Zhuangxiedian
440204	韶关车检场	Shaoguan Truck Inspection Field
440300	广东省深圳市	Guangdong Sheng Shenzhen Shi
440301	南海港客运码头	Nanhai Harbor Passenger Transpor Dock
440302	南海三山港	Nanhai Sanshan Harbor
440303	南海九江码头	Nanhai Jiujiang Dock
440304	南海北村码头	Nanhai Beicun Dock
440305	南海平洲南港码头	Nanhai Pingzhou Nangang Dock
440306	南海官窑车检场	Nanhai Guanyao Truck Inspection Field
440307	南海桂江车检场	Nanhai Guijiang Truck Inspection Field
440400	广东省珠海市	Guangdong Sheng Zhuhai Shi
440401	顺德港客运码头	Shunde Harbor Passenger Transpor Dock
440402	顺德容奇货运码头	Shunde Rongqi Freight Dock
440403	顺德食出码头	Shunde Shichu Dock
440404	顺德北滘港货运码头	Shunde Beijiao Harbor Freight Dock
440405	顺德勒流港货运码头	Shunde Leliu Harbor Freight Dock
440406	顺德陈村车检场	Shunde Chenchun Truck Inspection Field
440407	顺德勒流车检场	Shunde Leliu Truck Inspection Field
440408	顺德容奇车检场	Shunde Rongqi Truck Inspection Field
440409	顺德乐从车检场	Shunde Lecong Truck Inspection Field
440410	顺德北窖车检场	Shunde Beiyao Truck Inspection Field
440500	广东省汕头市	Guangdong Sheng Shantou Shi
440501	汕头广澳港港务公司码头	Shantou Guangaogang Port Liability Company Dock
440502	汕头暹罗石油气码头	Shantou Xianluo Shiyouqi Dock
440503	汕头海门电厂码头	Shantou Haimen Dianchang Dock
440504	汕头西堤码头	Shantou Xiti Dock
440505	汕头永泰码头	Shantou Yongtai Dock
440506	汕头大明石油气码头	Shantou Daming Shiyouqi Dock
440507	汕头华润水泥码头	Shantou Huarun Shuini Dock
440508	汕头港务四公司煤码头	Shantou Gangwu Sigongsi Mei Dock
440509	汕头港务三公司煤码头	Shantou Gangwu Sangongsi Mei Dock
440510	汕头国集码头	Shantou Guoji Dock
440511	汕头海通码头	Shantou Haitong Dock
440512	汕头莱芜码头	Shantou Laiwu Dock
440513	汕头前江码头	Shantou Qianjiang Dock
440514	汕头铁路装卸点	Shantou Railway Zhuangxiedian

代码	中文名称	罗马字母名称
440515	汕头联成车检场	Shantou Liancheng Truck Inspection Field
440516	汕头濠江车检场	Shantou Haojiang Truck Inspection Field
440517	汕头澄海车检场	Shantou Chenghai Truck Inspection Field
440518	汕头潮阳车检场	Shantou Chaoyang Truck Inspection Field
440519	揭阳潮汕机场	Jieyang Chaoshan Airport
440520	汕头保税区	Shantou Free Trade Zone
440521	汕头海门中转基地码头	Shantou Haimen Zhongzhuan Jidi Dock
440600	广东省佛山市	Guangdong Sheng Foshan Shi
440601	佛山铁路客运站	Foshan Railway Passenger Transport Erlei
440602	佛山澜石码头	Foshan Lanshi Dock
440603	佛山滘口码头	Foshan Jiaokou Dock
440604	佛山新港码头	Foshan Xingang Dock
440605	佛山车检场	Foshan Truck Inspection Field
440700	广东省江门市	Guangdong Sheng Jiangmen Shi
440701	江门港客运码头	Jiangmen Harbor Passenger Transpor Dock
440702	江门鹤山港客运码头	Jiangmen Heshan Harbor Passenger Transpor Dock
440703	江门台山核电重件码头	Jiangmen Taishan Nuclear Power Zhongjian Dock
440704	江门台山国华粤电煤码头	Jiangmen Taishan Guohua Yuedian Mei Dock
440705	江门台山公益港客运码头	Jiangmen Taishan Gongyi Harbor Passenger Transpor Dock
440706	江门中外运外海货柜码头	Jiangmen Zhongwaiyun Waihai Container Dock
440707	江门国际货柜码头	Jiangmen Guoji Container Dock
440708	江门荷塘码头	Jiangmen Hetang Dock
440709	江门台山公益码头	Jiangmen Taishan Gongyi Dock
440710	江门恩平横板码头	Jiangmen Enping Hengban Dock
440711	江门鹤山港货运码头	Jiangmen Heshangang Freight Dock
440712	江门车检场	Jiangmen Truck Inspection Field
440713	江门台山车检场	Jiangmen Taishan Truck Inspection Field
440714	江门鹤山车检场	Jiangmen Heshan Truck Inspection Field
440715	江门恩平车检场	Jiangmen Enping Truck Inspection Field
440800	广东省湛江市	Guangdong Sheng Zhanjiang Shi
440801	湛江机场	Zhanjiang Airport
440802	湛江港集团公司霞山港区码头	Zhanjiang Harbor Group Company Xiashan Gangqu Dock
440803	湛江南油码头	Zhanjiang Nanyou Dock
440804	湛江港集团公司调顺港区码头	Zhanjiang Harbor Group Company Tiaoshun Gangqu Dock
440805	湛江调顺岛电力公司码头	Zhanjiang Tiaoshundao Dianligongsi Dock
440806	湛江霞海港码头	Zhanjiang Xiahai Harbor Dock
440807	湛江霞海中外运码头	Zhanjiang Xiahai Zhongwaiyun Dock
440808	湛江霞山长桥码头	Zhanjiang Xiashan Changqiao Dock
440809	湛江徐闻海安港码头	Zhanjiang Xuwen Haian Harbor Dock
440810	湛江廉江营仔港码头	Zhanjiang Lianjiang Yingzai Harbor Dock
440811	湛江遂溪北潭港码头	Zhanjiang Suixi Beitan Harbor Dock
440812	湛江雷州流沙港码头	Zhanjiang Leizhou Liusha Harbor Dock
440813	湛江霞海港车检场	Zhanjiang Truck Inspection Field
440814	湛江宝满港集装箱码头	Zhanjiang Baoman Harbor Container Dock
440815	湛江霞山散货码头	Zhanjiang Xiasan Sanhuo Dock
440816	湛江东海岛宝钢基地码头	Zhanjiang Donghaidao Baogangjidi Dock

代码	中文名称	罗马字母名称
440817	湛江东海岛宝钢成品码头	Zhanjiang Donghaidao Baogangchengpin Dock
440818	湛江吴川车检场	Zhanjiang Wuchuan Truck Inspection Field
440819	湛江龙腾码头	Zhanjiang longteng Dock
440820	湛江遂溪车检场	Zhanjiang sui'xi Truck Inspection Field
440900	广东省茂名市	Guangdong Sheng Maoming Shi
440901	茂名水东港港口公司双泊位码头	Maoming Shuidong Harbor Port company Shuangbowei Dock
440902	茂名水东港石化公司码头	Maoming Shuidong Harbor Petrochemical Corporation Dock
440903	茂名水东港 30 万吨级单点	Maoming Shuidong Harbor 0.3 Million Tons Jidandian
440904	茂名水东港天源化工码头	Maoming Shuidong Harbor Tianyuanhuagong Dock
440905	茂名水东港港口公司公用码头	Maoming Shuidong Harbor Port company Public Dock
440906	茂名水东港隆港石油码头	Maoming Shuidong Harbor Longgang Oil Dock
440907	茂名水东港长晟综合码头	Maoming Shuidong Harbor Changcheng Zhonghe Dock
440908	茂名水东港天源煤炭码头	Maoming Shuidong Harbor Tianyuan Coal Dock
440909	茂名博贺港码头	Maoming Bohe Harbor Dock
441001	潮州车检场	Chaozhou Truck Inspection Field
441101	潮州三百门港务码头	Chaozhou Sanbaimen Gangwu Dock
441102	潮州三百门华丰油气码头	Chaozhou Sanbaimen Huafeng Youqi Dock
441103	潮州三百门恒业码头	Chaozhou Sanbaimen Hengye Dock
441104	潮州金狮湾华丰油气码头	Chaozhou Jinshiwan Huafeng Youqi Dock
441105	潮州金狮湾大唐电厂煤码头	Chaozhou Jinshiwan Datang Dianchang Mei Dock
441106	潮州金狮湾亚太一期码头	Chaozhou Jinshiwan Yatai Yiqi Dock
441107	饶平车检场	Raoping Truck Inspection Field
441200	广东省肇庆市	Guangdong Sheng Zhaoqing Shi
441201	肇庆铁路客运站	Zhaoqing Railway Passenger Transport Erlei
441202	肇庆港客运码头	Zhaoqing Harbor Passenger Transpor Dock
441203	肇庆三榕港码头	Zhaoqing Sanrong Harbor Dock
441204	肇庆新港码头	Zhaoqing Xingang Dock
441205	肇庆高要港码头	Zhaoqing Gaoyao Harbor Dock
441206	肇庆德庆康州码头	Zhaoqing Deqing Kangzhou Dock
441207	肇庆四会港码头	Zhaoqing Sihui Harbor Dock
441208	肇庆大旺车检场	Zhaoqing Dawang Truck Inspection Field
441300	广东省惠州市	Guangdong Sheng Huizhou Shi
441301	惠州大澳塘码头	Huizhou Daaotang Dock
441302	惠州平海电厂煤码头	Huizhou Pinghai Dianchang Mei Dock
441303	惠州碧甲码头	Huizhou Bijia Dock
441304	惠州博罗宏兴码头	Huizhou Boluo Hongxing Dock
441305	惠州石湾集装箱码头	Huizhou Shiwan Container Dock
441306	惠州车检场	Huizhou Truck Inspection Field
441307	惠州淡水车检场	Huizhou Danshui Truck Inspection Field
441308	惠州惠东车检场	Huizhou Huidong Truck Inspection Field
441309	惠州红海车检场	Huizhou Honghai Truck Inspection Field
441310	惠州园洲车检场	Huizhou Yuanzhou Truck Inspection Field
441311	惠州中海油基地码头	Huizhou Zhonghaiyou Jidi Dock
441400	广东省梅州市	Guangdong Sheng Meizhou Shi
441401	梅州机场	Meizhou Airport
441402	梅州车检场	Meizhou Truck Inspection Field

代码	中文名称	罗马字母名称
441500	广东省汕尾市	Guangdong Sheng Shanwei Shi
441501	汕尾港务码头	Shanwei Gangwu Dock
441502	汕尾电厂码头	Shanwei Dianchang Dock
441503	汕尾万聪码头	Shanwei Wancong Dock
441504	汕尾乌坎码头	Shanwei Wukan Dock
441505	汕尾海丰车检场	Shanwei Haifeng Truck Inspection Field
441506	汕尾陆丰车检场	Shanwei Lufeng Truck Inspection Field
441507	汕尾车检场	Shanwei Truck Inspection Field
441508	汕尾华润海丰电厂码头	Shanwei Huarun Haifeng Dianchang Dock
441600	广东省河源市	Guangdong Sheng Heyuan Shi
441601	河源车检场	Heyuan Truck Inspection Field
441700	广东省阳江市	Guangdong Sheng Yangjiang Shi
441701	阳江港务公司码头	Yangjiang Port Liability Company Dock
441702	阳江良港码头	Yangjiang Lianggang Dock
441703	阳江保丰码头	Yangjiang Baofeng Dock
441704	阳江闸坡码头	Yangjiang Zhapo Dock
441705	阳江东平码头	Yangjiang Dongping Dock
441706	阳江溪头港码头	Yangjiang Xitou Harbor Dock
441707	阳江车检场	Yangjiang Truck Inspection Field
441708	华夏阳西电厂码头	Huaxia Yangxi Dianchang Dock
441800	广东省清远市	Guangdong Sheng Qingyuan Shi
441801	清远新港码头	Qingyuan Xingang Dock
441802	清远英德码头	Qingyuan Yingde Dock
441803	清远铁路装卸点	Qinyuan Railway Zhuangxiedian
441804	清远车检场	Qingyuan Truck Inspection Field
441900	广东省东莞市	Guangdong Sheng Dongguan Shi
441901	东莞铁路客运站	Dongguan Railway Passenger Transport Erlei
441902	东莞虎门港客运码头	Dongguan Humen Harbor Passenger Transpor Dock
441903	东莞海腾码头	Dongguan Haiteng Dock
441904	东莞华润水泥码头	Dongguan Huarun Shuini Dock
441905	东莞金明石化码头	Dongguan Jinming Petrochemicals Dock
441906	东莞国际货柜码头	Dongguan Guoji Container Dock
441907	东莞飞虎石化码头	Dongguan Feihu Petrochemicals Dock
441908	东莞荣轩货柜码头	Dongguan Rongxuan Container Dock
441909	东莞同舟石化码头	Dongguan Tongzhou Petrochemicals Dock
441910	东莞三江石化码头	Dongguan Sanjiang Petrochemicals Dock
441911	东莞虎门港 5、6 号泊位	Dongguan Humen Harbor 5-6 Bowei
441912	东莞九丰石化码头	Dongguan Jiufeng Petrochemicals Dock
441913	东莞东洲油气化工码头	Dongguan Dongzhou Youqihuagong Dock
441914	东莞虎门港 7、8 号泊位	Dongguan Humen Harbor 7-8 Bowei
441915	东莞中海油立沙码头	Dongguan CNOOC Lisha Dock
441916	东莞南粤码头	Dongguan Nanyue Dock
441917	东莞东江口码头	Dongguan Dongjiangkou Dock
441918	东莞海昌煤码头	Dongguan Haichang Mei Dock
441919	东莞深赤湾散杂货码头	Dongguan Shenchiwan Sanzahuo Dock
441920	东莞宏业货柜码头	Dongguan Hongye Container Dock
441921	东莞沙角 A 电厂煤码头	Dongguan Shajiao A Dianchang Mei Dock
441922	东莞沙角 B 电厂煤码头	Dongguan Shajiao B Dianchang Mei Dock

代码	中文名称	罗马字母名称
441923	东莞沙角 C 电厂煤码头	Dongguan Shajiao C Dianchang Mei Dock
441924	东莞龙通码头	Dongguan Longtong Dock
441925	东莞基业码头	Dongguan Jiye Dock
441926	东莞中外运石龙码头	Dongguan Zhongwaiyun Shilong Dock
441927	东莞马士基码头	Dongguan Mashiji Dock
441928	东莞永安码头	Dongguan Yongan Dock
441929	东莞联通码头	Dongguan Liantong Dock
441930	常平铁路装卸点	Changping Railway Zhuangxiedian
441931	东莞虎门车检场	Dongguan Humen Truck Inspection Field
441932	东莞寮步车检场	Dongguan Liaobu Truck Inspection Field
441933	东莞立沙岛阳鸿石化码头	Dongguan Lishadao Yanghongshihua Dock
441934	东莞立沙岛鸿源油品码头	Dongguan Lishadao Hongyuanyoupin Dock
441935	东莞石龙铁路物流中心	Dongguan Shilong Railway Logistics Zone
441936	东莞联兴化工码头	Dongguanlianxinghuagong Dock
442000	广东省中山市	Guangdong Sheng Zhongshan Shi
442001	中山港货运码头	Zhongshan Harbor Freight Dock
442002	中山港客运码头	Zhongshan Harbor Passenger Transpor Dock
442003	中山港外贸码头	Zhongshan Harbor Foreign Trade Dock
442004	中山石岐纸厂码头	Zhongshan Shiqi Zhichang Dock
442005	中山水出码头	Zhongshan Shuichu Dock
442006	中山小榄码头	Zhongshan Xiaolan Dock
442007	中山神湾码头	Zhongshan Shenwan Dock
442008	中山小榄车检场	Zhongshan Xiaolan Truck Inspection Field
442009	中山保税物流中心车检场	Zhongshan Bonded Logistics Zone Truck Inspection Field
442010	中山神湾游艇码头	Zhongshan Shenwan Youting Dock
442011	中山黄圃多用途码头	Zhongshan Huangpu Duoyongtu Dock
442101	黄埔石化码头	Huangpu Petrochemicals Dock
442102	黄埔新港码头	Huangpu Xingang Dock
442103	黄埔集装箱码头	Huangpu Container Dock
442104	黄埔墩头西基码头	Huangpu Duntou Xiji Dock
442105	黄埔东江口码头	Huangpu Dongjiangkou Dock
442106	黄埔省物资码头	Huangpu Shengwuzi Dock
442107	黄埔广保通码头	Huangpu Guangbaotong Dock
442108	广州开发区东江仓码头	Guangzhou Development Zone Dongjiangcang Dock
442109	黄埔中外运东江仓码头	Huangpu Zhongwaiyun Dongjiangcang Dock
442110	中外运黄埔仓码头	Zhongwaiyun Huangpucang Dock
442111	黄埔庙沙围码头	Huangpu Miaoshawei Dock
442112	黄埔庙头建翔码头	Huangpu Miaotou Jianxiang Dock
442113	黄埔集通码头	Huangpu Jitong Dock
442114	广州开发区车检场	Guangzhou Development Zone Truck Inspection Field
442115	广州保税物流园区	Guangzhou Bonded Logistics Zone
442116	广州保税区	Guangzhou Free Trade Zone
442117	广州出口加工区	Guangzhou Export Processind Zone
442201	广州铁路客运站	Guangzhou Railway Passenger Transport Erlei
442202	广州东圃永业码头	Guangzhou Dongpu Yongye Dock
442301	广州白云国际机场	Guangzhou Baiyun International Airport
442302	广州白云机场综合保税区	Guangzhou Baiyun Airport Comprehensive Bonded Zone
442401	番禺莲花山客运港	Panyu Lianhuashan Passenger Transpor Harbor

代码	中文名称	罗马字母名称
442402	番禺莲花山货运港	Panyu Lianhuashan Freight Harbor
442403	番禺沙湾车检场	Panyu Shawan Truck Inspection Field
442501	花都港码头	Huadu Harbor Dock
442502	花都车检场	Huadu Truck Inspection Field
442601	增城新塘港客运码头	Zengcheng Xintang Harbor Passenger Transpor Dock
442602	增城新塘东洲湾码头	Zengcheng Xintang Dongzhouwan Dock
442603	增城新塘口岸码头	Zengcheng Xintang Kouan Dock
442604	增城新塘食出码头	Zengcheng Xintang Shichu Dock
442605	增城新塘车检场	Zengcheng Xintang Truck Inspection Field
442701	从化车检场	Conghua Truck Inspection Field
442801	江门天马码头	Jiangmen Tianma Dock
442802	江门新会电厂码头	Jiangmen Xinhui Dianchang Dock
442803	江门银湖修船码头	Jiangmen Yinhu Xiuchuan Dock
442804	江门宜大化工码头	Jiangmen Yida Huagong Dock
442805	新会港客运码头	Xinhui Harbor Passenger Transpor Dock
442806	新会西河口码头	Xinhui Xihekou Dock
442807	新会今古洲码头	Xinhui Jinguzhou Dock
442808	新会睦洲糖纸厂码头	Xinhui Muzhoutang Zhichang Dock
442809	新会大敖集装箱厂码头	Xinhui Daao Container Plant Dock
442810	新会崖门沙石泥码头	Xinhui Yamen Shashini Dock
442811	新会崖西沙石泥码头	Xinhui Yaxi Shashini Dock
442812	新会牛牯岭易燃品码头	Xinhui Niuguling Inflammable Substance Dock
442813	新会车检场	Xinhui Truck Inspection Field
442814	新会航建码头	Xinhui Hangjian Dock
442901	江门三埠港客运码头	Jiangmen Sanbu Harbor Passenger Transpor Dock
442902	江门三埠港货运码头	Jiangmen Sanbugang Freight Dock
442903	江门水口码头	Jiangmen Shuikou Dock
442904	开平车检场	Kaiping Truck Inspection Field
443001	高明港客运码头	Gaoming Harbor Passenger Transpor Dock
443002	高明食出码头	Gaoming Shichu Dock
443003	高明珠江码头	Gaoming Zhujiang Dock
443004	高明车检场	Gaoming Truck Inspection Field
443101	惠州港通用码头	Huizhou Harbor Tongyong Dock
443102	惠州港油气码头	Huizhou Harbor Youqi Dock
443103	惠州大港石化码头	Huizhou Dagang Petrochemicals Dock
443104	惠州泽华石化码头	Huizhou Zehua Petrochemicals Dock
443105	惠州国际集装箱码头	Huizhou Guoji Container Dock
443106	惠州马鞭洲石化码头	Huizhou Mabianzhou Petrochemicals Dock
443107	惠州中海壳牌马鞭洲码头	Huizhou Zhonghai Qiaopai Mabianzhou Dock
443108	惠州中海壳牌东联码头	Huizhou Zhonghai Qiaopai Donglian Dock
443109	惠州中海炼油马鞭洲码头	Huizhou Zhonghai Lianyou Mabianzhou Dock
443110	惠州中海炼油东联码头	Huizhou Zhonghai Lianyou Donglian Dock
443111	大亚湾石化区公用石化码头	Dayawan Shihuaqu Gongyong Petrochemicals Dock
443201	揭阳榕江泰丰码头	Jieyang Rongjiang Taifeng Dock
443202	揭阳靖海惠来电厂码头	Jieyang Jinghai Huilai Dianchang Dock
443203	揭阳曲溪码头	Jieyang Quxi Dock
443204	揭阳车检场	Jieyang Truck Inspection Field
443205	揭阳惠来车检场	Jieyang Huilai Truck Inspection Field

代码	中文名称	罗马字母名称
443206	揭阳普宁车检场	Jieyang Puning Truck Inspection Field
443207	揭阳神泉中海油码头	Jieyang Shenquan Zhonghaiyou Dock
443301	云浮新港	Yunfu Xingang
443302	云浮罗定车检场	Yunfu Luoding Truck Inspection Field
443303	云浮车检场	Yunfu Truck Inspection Field
443401	南沙港客运码头	Nansha Harbor Passenger Transpor Dock
443402	南沙南伟码头	Nansha Nanwei Dock
443403	南沙东发码头	Nansha Dongfa Dock
443404	南沙港一期码头	Nansha Harbor Yiqi Dock
443405	南沙港二期码头	Nansha Harbor Erqi Dock
443406	南沙汽车码头	Nansha Qiche Dock
443407	南沙港发石化码头	Nansha Gangfa Petrochemicals Dock
443408	南沙小虎石化码头	Nansha Xiaohu Petrochemicals Dock
443409	南沙华润热电煤码头	Nansha Huarun Redianmei Dock
443410	南沙粤海石化码头	Nansha Yuehai Petrochemicals Dock
443411	南沙珠江电厂码头	Nansha Zhujiang Dianchang Dock
443412	南沙中石油码头	Nansha CNPC Dock
443413	南沙中船龙穴船舶维修码头	Nansha Zhongchuan Longxue Chuanbo Weixiu Dock
443414	南沙港建液化气码头	Nansha Harbor Jianyehuaqi Dock
443415	南沙车检场	Nansha Truck Inspection Field
443416	广州南沙保税港区	Guangzhou Nansha Free Trade Port Zone
443417	南沙港三期码头	Nansha Harbor Sanqi Dock
445100	广东省潮州市	Guangdong Sheng Chaozhou Shi
445200	广东省揭阳市	Guangdong Sheng Jieping Shi
445300	广东省云浮市	Guangdong Sheng Yunfu Shi
450001	南宁	Nanning
450002	南宁吴圩机场	Nanning Wuxu Airport
450101	梧州	Wuzhou
450200	广西壮族自治区柳州市	Guangxi Zhuangzu Zizhiqu Liuzhou Shi
450201	北海福成机场	Beihai Fucheng Airport
450202	北海	Beihai
450203	石头埠	Shitoubu
450204	北海出口加工区	Beihai Export Processind Zone
450300	广西壮族自治区桂林市	Guangxi Zhuangzu Zizhiqu Guilin Shi
450301	防城	Fangcheng
450302	茅岭	Maoling
450303	企沙	Qisha
450400	广西壮族自治区梧州市	Guangxi Zhuangzu Zizhiqu Wuzhou Shi
450401	凭祥友谊关公路	Pingxiang Youyiguan Highroad
450402	凭祥友谊关通道	Pingxiang Youyiguan Tongdao
450403	凭祥浦寨通道	Pingxiang Puzhai Tongdao
450404	凭祥弄尧通道	Pingxinag Nongyao Tongdao
450405	凭祥站	Pingxinagzhan
450406	爱店	Aidian
450407	凭祥综合保税区	Pingxiang Comprehensive Bonded Zone
450500	广西壮族自治区北海市	Guangxi Zhuangzu Zizhiqu Beihai Shi
450501	水口	Shuikou
450502	硕龙	Shuolong

代码	中文名称	罗马字母名称
450600	广西壮族自治区防城港市	Guangxi Zhuangzu Zizhiqu Fangchenggang Shi
450601	东兴	Dongxing
450602	江平	Jiangping
450603	江山	Jiangshan
450604	峒中	Tongzhong
450700	广西壮族自治区钦州市	Guangxi Zhuangzu Zizhiqu Qinzhou Shi
450701	果子山	Guozishan
450702	钦州	Qinzhou
450800	广西壮族自治区贵港市	Guangxi Zhuangzu Zizhiqu Guigang Shi
450801	桂林两江国际机场	Guilin Liangjiang International Airport
450900	广西壮族自治区玉林市	Guangxi Zhuangzu Zizhiqu Yulin Shi
450901	柳州	Liuzhou
451000	广西壮族自治区百色市	Guangxi Zhuangzu Zizhiqu Bose Shi
451100	广西壮族自治区贺州市	Guangxi Zhuangzu Zizhiqu Hezhou Shi
451101	贵港	Guigang
451200	广西壮族自治区河池市	Guangxi Zhuangzu Zizhiqu Hechi Shi
451201	岳圩	Yuexu
451202	龙邦	Longbang
451203	平孟	Pingmeng
451300	广西壮族自治区来宾市	Guangxi Zhuangzu Zizhiqu Laibin Shi
451301	钦州保税港区	Qinzhou Free Trade Port Zone
451400	广西壮族自治区崇左市	Guangxi Zhuangzu Zizhiqu Chongzuo Shi
451501	南宁港	Nanning Harbor
460001	海口	Haikou
460002	海口港	Haikou Harbor
460003	马村港	Macun Harbor
460004	海口综合保税区	Haikou Comprehensive Bonded Zone
460005	洋浦保税港区	Yangpu Free Trade Port Zone
460101	三亚凤凰国际机场	Sanya Fenghuang International Airport
460102	三亚港	Sanya Harbor
460200	海南省三亚市	Hainan Sheng Sanya Shi
460201	八所港	Basuo Harbor
460300	海南省三沙市	Hainan Sheng Sansha Shi
460301	洋浦港	Yangpu Harbor
460302	洋浦神头港	Yangpu Shentou Harbor
460400	海南省儋州市	Hainan Sheng Danzhou Shi
460401	清澜港	Qinglan Harbor
460402	铺前	Puqian
460403	琼海潭门	Qionghai Tanmen
460501	海口美兰机场	Haikou Meilan Airport
469000	海南省省直辖县级行政区划	Hainan Sheng Sheng Zhixia Xianji Xingzhengquhua
470001	深圳	Shenzhen
470101	蛇口	Shekou
470102	赤湾	Chiwan
470103	东角头	Dongjiaotou
470104	妈湾 1 号泊位	Mawan 1 Bowei
470105	妈湾 2 号泊位	Mawan 2 Bowei
470106	妈湾 3 号泊位	Mawan 3 Bowei

代码	中文名称	罗马字母名称
470107	妈湾 4 号泊位	Mawan 4 Bowei
470201	皇岗	Huanggang
470202	福田	Futian
470301	罗湖	Luhu
470401	文锦渡	Wenjindu
470501	沙头角	Shatoujiao
470502	中英街桥头	Zhongyingjie Qiaotou
470503	深圳沙头角保税区	Shenzhen Shatoujiao Free Trade Zone
470601	盐田	Yantian
470602	下洞码头	Xiadong Dock
470603	LNG 码头	LNG Dock
470604	沙鱼冲	Shayuchong
470605	深圳盐田保税物流园区	Shenzhen Yantian Bonded Logistics Zone
470606	深圳盐田保税区	Shenzhen Yantian Free Trade Zone
470701	大亚湾	Dayawan
471001	深圳宝安国际机场	Shenzhen Baoan International Airport
471002	福永码头	Fuyong Dock
471003	机场油轮码头	Jichang Youlun Dock
471101	深圳福田保税区	Shenzhen Futian Free Trade Zone
471301	深圳出口加工区	Shenzhen Export Processind Zone
471401	深圳湾	Shenzhenwan
471601	大铲湾	Dachanwan
471801	妈湾 5 号泊位	Mawan 5 Bowei
471802	妈湾 6 号泊位	Mawan 6 Bowei
471803	妈湾 7 号泊位	Mawan 7 Bowei
471804	深圳前海湾保税港区	Shenzhen Qianhaiwan Free Trade Port Zone
480001	珠海	Zhuhai
480002	拱北货场	Gongbei Huochang
480003	拱北旅检通道	Gongbei Passenger-Inspection Tongdao
480004	香洲	Xiangzhou
480005	九洲货运码头	Jiuzhou Freight Dock
480006	九洲客运码头	Jiuzhou Passenger Transpor Dock
480007	九洲白石货场	Jiuzhou Baishi Huochang
480008	湾仔豪通码头	Wanzai Haotong Dock
480009	湾仔客运码头	Wanzai Passenger Transpor Dock
480010	湾仔西域码头	Wanzai Xiyu Dock
480011	珠海保税区加华码头	Zhuhai Free Trade Zone Jiahua Dock
480012	珠海保税区货场	Zhuhai Free Trade Zone Huochang
480013	珠澳跨境工业区（珠海园区）货场	Zhuao Cross Bonded Industrial Zone Huochang
480014	珠澳跨境工业区（珠海园区）旅检通道	Zhuao Cross Bonded Industrial Zone Passenger-Inspection Tongdao
480015	湾仔洪湾码头	Wanzai Hongwan Dock
480101	斗门客运码头	Doumen Passenger Transpor Dock
480102	斗门新环码头	Doumen Xinhuan Dock
480201	高栏	Gaolan
480202	平沙新码头	Pingsha Xinmatou
480301	万山	Wanshan
480401	横琴	Hengqin

代码	中文名称	罗马字母名称
500001	重庆	Chongqing
500002	重庆港	Chongqing Harbor
500101	万州	Wanzhou
500201	九龙坡港	Jiulongpo Harbor
500401	重庆两路寸滩保税港区水港	Chongqing Lianglucuntan Free Trade Port Zone Shuigang
500402	重庆两路寸滩保税港区空港	Chongqing Lianglucuntan Free Trade Port Zone Konggang
500501	重庆西永综合保税区	Chongqing Xiyong Comprehensive Bonded Zone
500601	重庆江北国际机场	Chongqing Jiangbei International Airport
510001	成都	Chengdu
510002	成都国际邮件互换局	Chengdu Guoji Youjian Huhuanju
510003	成都双流国际机场 T1 航站楼	Chengdu Shuangliu International Airport T1
510004	成都双流国际机场货场	Chengdu Shuangliu International Airport Huochang
510005	成都双流国际机场国际快件	Chengdu Shuangliu International Airport Kuaijian
510006	宜宾港	Yibin Harbor
510007	成都龙泉驿	Chengdu Longquanyi
510008	成都青白江	Chengdu Qingbaijiang
510101	攀枝花	Panzihua
510300	四川省自贡市	Sichuan Sheng Zigong Shi
510400	四川省攀枝花市	Sichuan Sheng Panzhihua Shi
510401	乐山	Leshan
510500	四川省泸州市	Sichuan Sheng Luzhou Shi
510600	四川省德阳市	Sichuan Sheng Deyang Shi
510601	绵阳	Mianyang
510602	绵阳出口加工区	Mianyang Export Processind Zone
510700	四川省绵阳市	Sichuan Sheng Mianyang Shi
510701	泸州港	Luzhou Harbor
510800	四川省广元市	Sichuan Sheng Guangyuan Shi
510900	四川省遂宁市	Sichuan Sheng Suining Shi
511000	四川省内江市	Sichuan Sheng Neijiang Shi
511001	成都高新综合保税区双流园区	Chengdu Gaoxin Comprehensive Bonded Zone Shuangliu Yuanqu
511002	成都高新综合保税区 A 区	Chengdu Gaoxin Comprehensive Bonded Zone Zone A
511003	成都高新综合保税区 B 区	Chengdu Gaoxin Comprehensive Bonded Zone Zone B
511004	成都高新综合保税区 C 区	Chengdu Gaoxin Comprehensive Bonded Zone Zone C
511100	四川省乐山市	Sichuan Sheng Leshan Shi
511300	四川省南充市	Sichuan Sheng Nanchong Shi
511400	四川省眉山市	Sichuan Sheng Meishan Shi
511500	四川省宜宾市	Sichuan Sheng Yibin Shi
511600	四川省广安市	Sichuan Sheng Guang'an Shi
511700	四川省达州市	Sichuan Sheng Dachuan Shi
511800	四川省雅安市	Sichuan Sheng Ya'an Shi
511900	四川省巴中市	Sichuan Sheng Bazhong Shi
512000	四川省资阳市	Sichuan Sheng Ziyang Shi
513200	四川省阿坝藏族羌族自治州	Sichuan Sheng Aba Zangzu Qiangzu Zizhizhou
513300	四川省甘孜藏族自治州	Sichuan Sheng Garze Zangzu Zizhizhou
513400	四川省凉山彝族自治州	Sichuan Sheng Liangshan Yizu Zizhizhou
520001	贵阳	Guiyang
520002	贵阳龙洞堡机场	Guiyang Longdongbao Airport

代码	中文名称	罗马字母名称
520003	贵阳综合保税区	Guiyang Comprehensive Bonded Zone
520200	贵州省六盘水市	Guizhou Sheng Lupanshui Shi
520300	贵州省遵义市	Guizhou Sheng Zunyi Shi
520400	贵州省安顺市	Guizhou Sheng Anshun Shi
520500	贵州省毕节市	Guizhou Sheng Bijie Shi
520600	贵州省铜仁市	Guizhou Sheng Tongren Shi
522300	贵州省黔西南布依族苗族自治州	Guizhou Sheng Qianxinan Buyeizu Miaozu Zizhizhou
522600	贵州省黔东南苗族侗族自治州	Guizhou Sheng Qiandongnan Miaozu Dongzu Zizhizhou
522700	贵州省黔南布依族苗族自治州	Guizhou Sheng Qiannan Buyeizu Miaozu Zizhizhou
530001	昆明	Kunming
530002	昆明出口加工区	Kunming Export Processind Zone
530003	昆明综合保税区	Kunming Comprehensive Bonded Zone
530101	瑞丽	Ruili
530102	姐告	Jiegao
530103	弄岛	Nongdao
530104	畹町	Wanding
530201	芒市	Mangshi
530202	盈江	Yingjiang
530203	章凤	Zhangfeng
530300	云南省曲靖市	Yunnan Sheng Qujing Shi
530301	腾冲	Tengchong
530302	猴桥	Houqiao
530303	滇滩	Diantan
530400	云南省玉溪市	Yunnan Sheng Yuxi Shi
530401	耿马	Gengma
530402	孟定清水河	Mengding Qingshuihe
530403	沧源	Cangyuan
530404	南伞	Nansan
530500	云南省保山市	Yunnan Sheng Baoshan Shi
530501	河口站	Hekouzhan
530502	河口	Hekou
530600	云南省昭通市	Yunnan Sheng Zhaotong Shi
530601	西双版纳	Xishuangbanna
530602	西双版纳国际机场	Xishuangbanna International Airport
530603	景洪港	Jinghong Harbor
530604	打洛	Daluo
530605	大勐龙	Damenglong
530700	云南省丽江市	Yunnan Sheng Lijiang Shi
530701	普洱	Puer
530702	孟连	Menglian
530703	思茅港	Simao Dixibei
530800	云南省普洱市	Yunnan Sheng Pu'er Shi
530801	勐腊	Mengla
530802	磨憨	Mohan
530803	关累港	Guanlei Harbor
530900	云南省临沧市	Yunnan Sheng Lincang Shi
530901	金平	Jinping
530902	金水河	Jinshuihe

代码	中文名称	罗马字母名称
530903	红河综合保税区	Honghe Comprehensive Bonded Zone
531001	麻栗坡	Malipo
531002	天保	Tianbao
531003	田蓬	Tianpeng
531101	大理	Dali
531201	昆明长水国际机场	Kunming Changshui International Airport
531301	丽江三义机场	Lijiang Sanyi Airport
531401	勐康	Mengkang
531402	龙富	Longfu
531501	怒江	Nujiang
531502	片马	Pianma
532300	云南省楚雄彝族自治州	Yunnan Sheng Chuxiong Yizu Zizhizhou
532500	云南省红河哈尼族彝族自治州	Yunnan Sheng Honghe Hanizu Yizu Zizhizhou
532600	云南省文山壮族苗族自治州	Yunnan Sheng Wenshan Zhuangzu Miaozu Zizhizhou
532800	云南省西双版纳傣族自治州	Yunnan Sheng Xishuangbanna Daizu Zizhizhou
532900	云南省大理白族自治州	Yunnan Sheng Dali Baizu Zizhizhou
533100	云南省德宏傣族景颇族自治州	Yunnan Sheng Dehong Daizu Jingpozu Zizhizhou
533300	云南省怒江傈僳族自治州	Yunnan Sheng Nujiang Lisuzu Zizhizhou
533400	云南省迪庆藏族自治州	Yunnan Sheng Deqen Zangzu Zizhizhou
540001	拉萨	Lhasa
540002	拉萨贡嘎机场	Lhasa Gongga Airport
540101	吉隆	Gyirong
540102	樟木	Zham
540103	日屋	Riwo
540200	西藏自治区日喀则市	Xizang Zizhiqu Xigaze Shi
540201	普兰	Burang
540300	西藏自治区昌都市	Xizang Zizhiqu Qamdo Shi
540400	西藏自治区林芝市	Xizang Zizhiqu Nyingchi Shi
540500	西藏自治区山南市	Xizang Zizhiqu Shannan Shi
540600	西藏自治区那曲市	Xizang ZiZhiqu Nagqu Shi
542500	西藏自治区阿里地区	Xizang Zizhiqu Ngari Diqu
610001	西安	Xian
610002	西安咸阳国际机场	Xian Xianyang International Airport
610003	宝鸡	Baoji
610004	汉中	Hanzhong
610005	榆林	Yulin
610006	延安	Yanan
610007	渭南	Weinan
610008	西安综合保税区	Xian Comprehensive Bonded Zone
610009	西安出口加工区	Xian Export Processind Zone
610010	西安高新综合保税区	Xi'an Gaoxin Comprehensive Bonded Zone
610200	陕西省铜川市	Shanxi Sheng Tongchuan Shi
610300	陕西省宝鸡市	Shanxi Sheng Baoji Shi
610400	陕西省咸阳市	Shanxi Sheng Xianyang Shi
610500	陕西省渭南市	Shanxi Sheng Weinan Shi
610600	陕西省延安市	Shanxi Sheng Yan'an Shi
610700	陕西省汉中市	Shanxi Sheng Hanzhong Shi
610800	陕西省榆林市	Shanxi Sheng Yulin Shi

代码	中文名称	罗马字母名称
610900	陕西省安康市	Shanxi Sheng Ankang Shi
611000	陕西省商洛市	Shanxi Sheng Shangluo Shi
620001	兰州	Lanzhou
620002	兰州中川机场	Lanzhou Zhongchuan Airport
620003	兰州新区综合保税区	Lanzhou Xinqu Comprehensive Bonded Zone
620101	酒泉	Jiuquan
620102	马鬃山	Mazongshan
620200	甘肃省嘉峪关市	Gansu Sheng Jiayuguan Shi
620300	甘肃省金昌市	Gansu Sheng Jinchang Shi
620400	甘肃省白银市	Gansu Sheng Baiyin Shi
620500	甘肃省天水市	Gansu Sheng Tianshui Shi
620600	甘肃省武威市	Gansu Sheng Wuwei Shi
620700	甘肃省张掖市	Gansu Sheng Zhangye Shi
620800	甘肃省平凉市	Gansu Sheng Pingliang Shi
620900	甘肃省酒泉市	Gansu Sheng Jiuquan Shi
621000	甘肃省庆阳市	Gansu Sheng Qingyang Shi
621100	甘肃省定西市	Gansu Sheng Dingxi Shi
621200	甘肃省陇南市	Gansu Sheng Longnan Diqu
622900	甘肃省临夏回族自治州	Gansu Sheng Linxia Huizu Zizhizhou
623000	甘肃省甘南藏族自治州	Gansu Sheng Gannan Zangzu Zizhizhou
630001	西宁	Xining
630002	西宁曹家堡机场	Xining Caojiabao Airport
630200	青海省海东市	Qinghai Sheng Haidong Shi
632200	青海省海北藏族自治州	Qinghai Sheng Haibei Zangzu Zizhizhou
632300	青海省黄南藏族自治州	Qinghai Sheng Huangnan Zangzu Zizhizhou
632500	青海省海南藏族自治州	Qinghai Sheng Hainan Zangzu Zizhizhou
632600	青海省果洛藏族自治州	Qinghai Sheng Golog Zangzu Zizhizhou
632700	青海省玉树藏族自治州	Qinghai Sheng Yushu Zangzu Zizhizhou
632800	青海省海西蒙古族藏族自治州	Qinghai Sheng Haixi Mongolzu Zangzu Zizhizhou
640001	银川	Yinchuan
640101	银川河东机场	Yinchuan Hedong Airport
640200	宁夏回族自治区石嘴山市	Ningxiahuizu Zizhiqu Shizuishan Shi
640300	宁夏回族自治区吴忠市	Ningxiahuizu Zizhiqu Wuzhong Shi
640400	宁夏回族自治区固原市	Ningxiahuizu Zizhiqu Guyuan Shi
640500	宁夏回族自治区中卫市	Ningxiahuizu Zizhiqu Zhongwei Shi
650001	乌鲁木齐	Urumqi
650002	乌鲁木齐地窝堡国际机场	Urumqi Diwobao International Airport
650101	阿勒泰	Aletai
650102	红山嘴	Hongshanzui
650103	阿黑土别克	Aheitubieke
650104	塔克什肯	Taykexkin
650200	新疆维吾尔自治区克拉玛依市	Xinjiang Uygur Zizhiqu Karamay Shi
650201	巴克图	Baketu
650202	巴克图国际汽车货运	Baketu Automobile Freight Erlei
650301	阿拉山口公路	Alatawshankou Highroad
650302	阿拉山口铁路	Alatawshankou Railway
650303	阿拉山口综合保税区	Alatawshankou Comprehensive Bonded Zone
650400	新疆维吾尔自治区吐鲁番市	Xinjiang Uygur Zizhiqu Turpan Shi

代码	中文名称	罗马字母名称
650401	伊犁	Yili
650402	伊犁州国际汽车	Yilizhou Automobile Erlei
650403	木扎尔特	Muzhaerte
650404	都拉塔	Dulata
650500	新疆维吾尔自治区哈密市	Xinjiang Uygur Zizhiqu Hami Shi
650501	霍尔果斯	Horgos
650701	巴州	Bazhouerrlei
650801	喀什	Kashi
650802	其尼瓦格国际汽车	Qiniwage Automabile Erlei
650803	喀什机场	Kashi Airport
650804	红其拉甫	Kunjirap
650805	喀什综合保税区	Kashi Comprehensive Bonded Zone
650901	伊尔克什坦	Yierkeshitan
650902	吐尔尕特	Turugart
650903	阿图什国际汽车	AtushiI Automabile Erlei
651001	吉木乃	Jeminay
651101	卡拉苏	Kalasu
651201	奎屯	Kuitun
651301	霍尔果斯国际边境合作中心（中方配套区）	Horgos Guoji Bianjing Hezuo Center
651401	老爷庙	Laoyemiao
651501	乌拉斯台	Ulastai
651502	乌鲁木齐铁路	Urumqi Railway
651503	乌鲁木齐碾子沟客运站	Urumqi Nianzigou Passenger Transport Erlei
651504	边疆宾馆国际汽车货运	Bianjiangbinguan Automobile Freight Erlei
651505	乌鲁木齐出口加工区	Urumqi Export Processind Zone
652300	新疆维吾尔自治区昌吉回族自治州	Xinjiang Uygur Zizhiqu Changji Huizu Zizhizhou
652700	新疆维吾尔自治区博尔塔拉蒙古自治州	Xinjiang Uygur Zizhiqu Bortala Mongol Zizhizhou
652800	新疆维吾尔自治区巴音郭楞蒙古自治州	Xinjiang Uygur Zizhiqu Bayingolin Mongol Zizhizhou
652900	新疆维吾尔自治区阿克苏地区	Xinjiang Uygur Zizhiqu Aksu Diqu
653000	新疆维吾尔自治区克孜勒苏柯尔克孜自治州	Xinjiang Uygur Zizhiqu Kizilsu Kirgiz Zizhizhou
653100	新疆维吾尔自治区喀什地区	Xinjiang Uygur Zizhiqu Kashi Diqu
653200	新疆维吾尔自治区和田地区	Xinjiang Uygur Zizhiqu Hotan Diqu
654000	新疆维吾尔自治区伊犁哈萨克自治州	Xinjiang Uygur Zizhiqu Ili Kazak Zizhizhou
654200	新疆维吾尔自治区塔城地区	Xinjiang Uygur Zizhiqu Tacheng Diqu
654300	新疆维吾尔自治区阿勒泰地区	Xinjiang Uygur Zizhiqu Altay Diqu
659000	新疆维吾尔自治区自治区直辖县级行政单位	Xinjiang Uygur Zizhiqu Zizhiqu Zhixia Xianji Xingzhengdanwei
999999	未列出的特殊监管区	Unlisted Special Supervision Areas

附表 8 包装种类代码表

（与原报关代码、原报检代码对照）

代码	名称	原报关代码	原报关名称	原报检代码	原报检名称
00	散装	4	散装	9993	散装
01	裸装	7	其他	9994	裸装
22	纸制或纤维板制盒 / 箱	2	纸箱	4M	纸箱
23	木制或竹藤等植物性材料制盒 / 箱	1	木箱	4C11	木制箱
29	其他材料制盒 / 箱	7	其他	490	其他箱
32	纸制或纤维板制桶	3	桶装	1G	纤维圆桶
33	木制或竹藤等植物性材料制桶	3	桶装	1C	木圆桶
39	其他材料制桶	3	桶装	190	其他桶
04	球状罐类	7	其他	390	其他罐
06	包 / 袋	6	包	590	包 / 袋类
92	再生木托	5	托盘	9F91	再生木托
93	天然木托	5	托盘	9C91	天然木托
99	其他包装	7	其他	9999	其他

附表 9 成交方式代码表

代码	名称
1	CIF
2	C&F
3	FOB
4	C&I
5	市场价
6	垫仓
7	EXW

附表 10 货币代码表

（与原报关代码、原报检代码对照）

代码	中文名称	英文名称	原报关代码	原报检代码
HKD	港币	Hong Kong Dollar	110	344
IDR	印度尼西亚卢比	Rupiah	112	360
JPY	日本元	Yen	116	392
MOP	澳门元	Pataca	121	446
MYR	马来西亚林吉特	Malaysian Ringgit	122	458
PHP	菲律宾比索	Philippine Piso	129	608
SGD	新加坡元	Singapore Dollar	132	702
KRW	韩国圆	Won	133	410
THB	泰国铢	Baht	136	764
CNY	人民币	Yuan Renminbi	142	156
TWD	新台币	New Taiwan Dollar	143	158
EUR	欧元	Euro	300	910
DKK	丹麦克朗	Danish Krone	302	208
GBP	英镑	Pound Sterling	303	826
NOK	挪威克朗	Norwegian Krone	326	578
SEK	瑞典克朗	Swedish Krona	330	752
CHF	瑞士法郎	Swiss Franc	331	756
RUB	俄罗斯卢布	Russian Ruble	344	643
CAD	加拿大元	Canadian Dollar	501	124
USD	美元	US Dollar	502	840
AUD	澳大利亚元	Australian Dollar	601	36
NZD	新西兰元	New Zealand Dollar	609	554

附表 11 监管证件代码表

代码	名称
1	进口许可证
2	两用物项和技术进口许可证
3	两用物项和技术出口许可证
4	出口许可证
5	纺织品临时出口许可证
6	旧机电产品禁止进口
7	自动进口许可证
8	禁止出口商品
9	禁止进口商品
A	检验检疫
B	电子底账
D	出 / 入境货物通关单（毛坯钻石用）
E	濒危物种允许出口证明书
F	濒危物种允许进口证明书
G	两用物项和技术出口许可证 (定向)
H	港澳 OPA 纺织品证明
I	精神药物进 (出) 口准许证
J	黄金及其制品进出口准许证或批件
K	深加工结转申请表
L	药品进出口准许证
M	密码产品和设备进口许可证
O	自动进口许可证 (新旧机电产品)
P	固体废物进口许可证
Q	进口药品通关单
R	进口兽药通关单
S	进出口农药登记证明
T	银行调运现钞进出境许可证
U	合法捕捞产品通关证明
W	麻醉药品进出口准许证
X	有毒化学品环境管理放行通知单
Y	原产地证明
Z	音像批准 / 节目提取单 / 光盘备案证明
a	保税核注清单
c	内销征税联系单
e	关税配额外优惠税率进口棉花配额证
h	核增核扣表
q	国别关税配额证明
r	预归类标志
s	适用 ITA 税率的商品用途认定证明
t	关税配额证明

代码	名称
v	自动进口许可证(加工贸易)
x	出口许可证(加工贸易)
y	出口许可证(边境小额贸易)

附表 12 随附单据代码表

代码	名称
00000001	发票
00000002	装箱单
00000003	提 / 运单
00000004	合同
00000008	代理报关委托协议（纸质）
00000009	原产地证据文件
00000010	载货清单（舱单）
10000001	代理报关委托协议（电子）
10000002	减免税货物税款担保证明
10000003	减免税货物税款担保延期证明
20000011	兽医 (卫生) 证书
20000012	动物检疫证书
20000013	植物检疫证书
20000014	装运前检验证书
20000015	重量证书
20000016	TCK 检验证书（美国小麦）
20000017	熏蒸证书
20000018	放射性物质检测合格证明
20000019	木材发货检验码单
20000020	水果预检验证书
20000021	中转进境确认证明文件（经港澳地区中转入境水果）
20000022	检测报告
20000023	危险特性分类鉴别报告
20000024	型式试验报告
20000025	动物检疫合格证明（国产原料）；进境货物检疫证明、原产国检验证书（进口原料）
20000026	微生物检测报告（沙门氏菌、产志贺毒素大肠杆菌、金黄色葡萄球菌、单增李斯特菌）
20000027	出口水产品成品检验报告
50000001	企业提供的证明材料
50000002	企业提供的声明
50000003	企业提供的标签标识
50000004	企业提供的其他
50000005	农业转基因生物安全证书
50000006	引进种子、苗木检疫审批单
50000007	远洋自捕水产品的确认通知（文件）和远洋渔业项目确认表、农业部远洋渔业企业资格证书
50000008	特种设备制造许可证
50000009	进口化妆品卫生许可批件
50000010	特殊医学用途配方食品注册证书
50000011	保健食品注册证书 / 备案凭证
50000012	捕捞船舶登记证和捕捞许可证（野生捕捞水生动物）
50000013	化妆品生产许可证（仅限首次出口时提供）

代码	名称
50000014	特殊用途销售包装化妆品成品应当提供相应的卫生许可批件或者具有相关资质的机构出具的是否存在安全性风险物质的有关安全性评估资料（仅限首次出口时提供）
60000001	民用爆炸品进口审批单
60000002	民用爆炸品出口审批单
60000003	军品出口许可证
60000004	人类遗传资源材料出口、出境证明
60000005	古生物化石出口、出境批件
60000006	密码出口许可证
60000007	援外项目任务通知单
60000008	医疗用毒性药品进出口批件
60000009	放射性药品进出口批件
60000010	血液出口批件
60000011	化学品进出口环境管理登记证明
70000001	唛码

附表 13 HS 编码与 CIQ 编码对照表

HS 编码	CIQ 扩展品名
0101210010	999
0101210090	999
0101290010	999
0101290090	101 屠宰马,102 赛马,103 其他用途马
0101301010	999
0101301090	999
0101309010	999
0101309090	999
0101900000	999
0102210000	101 种牛,102 屠宰牛,103 其他用途牛
0102290000	101 种牛,102 屠宰牛,103 其他用途牛
0102310010	999
0102310090	999
0102390010	999
0102390090	999
0102901010	999
0102901090	101 种牛,102 屠宰牛,103 其他用途牛,104 水牛,105 牦牛
0102909010	999
0102909090	101 种牛,102 屠宰牛,103 其他用途牛,104 水牛,105 牦牛
0103100010	999
0103100090	999
0103911010	999
0103911090	101 屠宰猪,102 其他用途猪
0103912010	999
0103912090	102 其他用途猪,101 屠宰猪
0103920010	999
0103920090	101 屠宰猪,102 其他用途猪
0104101000	999
0104109000	101 屠宰绵羊,102 其他用途绵羊
0104201000	101 种山羊,102 种野山羊
0104209000	101 屠宰山羊,102 其他用途山羊,103 屠宰野山羊,104 其他用途野山羊
0105111000	101 肉种鸡,102 蛋种鸡
0105119000	101 屠宰鸡,102 其他用途鸡
0105121000	999
0105129000	999
0105131000	999
0105139000	999
0105141000	999
0105149000	999
0105151000	999
0105159000	999
0105941000	101 肉种鸡,102 蛋种鸡
0105949000	101 屠宰鸡,102 其他用途鸡
0105991000	101 珍珠鸡,102 其他饲养鸡形目禽鸟,103 鹅,104 鸭,105 其他饲养雁形目禽鸟,106 鸽,107 其他饲养禽鸟
0105999100	999
0105999200	999
0105999300	999
0105999400	999
0106111000	101 猴,102 猿,103 猩猩,104 狒狒,105 山魈,106 其他野生灵长动物
0106119000	101 猴,102 猿,103 猩猩,104 狒狒,105 山魈,106 其他野生灵长动物
0106121100	101 海豚,102 鲸,103 海牛,104 其他野生哺乳动物
0106121900	101 海豚,102 鲸,103 海牛,104 其他野生哺乳动物
0106122100	101 海豹,102 海狮,103 海象,104 其他野生哺乳动物
0106122900	102 海狮,101 海豹,103 海象,104 其他野生哺乳动物
0106131010	101 骆驼,102 其他野生偶蹄动物
0106131090	101 骆驼,102 其他饲养偶蹄动物
0106139010	101 骆驼,102 其他饲养偶蹄动物
0106139090	101 骆驼,102 其他饲养偶蹄动物
0106141010	999
0106141090	999
0106149010	999
0106149090	999
0106191010	118 其他野生偶蹄动物,150 刺猬,119 狐狸,120 貂,121 大熊猫,122 小熊猫,123 熊,124 水獭,125 果子狸,126 狮,127 虎,128 豹,129 貉,130 豺,131 狼,132 大灵猫,133 小灵猫,134 野狗,135 其他野生食肉动物,136 旱獭,137 松鼠,138 花鼠,139 麝鼠,140 海狸鼠,141 河狸,142 地鼠,143 豪猪,144 其他野生啮齿动物,145 猩猩,146 狒狒,147 山魈,148 其他野生灵长动物,149 象,151 穿山甲,152 袋鼠,153 蝙蝠,154 其他野生哺乳动物,101 斑马,102 犀,103 貘,104 其他野生奇蹄动物,105 鹿,106 长颈鹿,107 黄羊,108 河马,109 羚牛,110 羚羊,111 斑羚,112 叉角羚,113 骆马,114 美洲驼,115 角马,116 梅花鹿,117 马鹿
0106191090	101 其他饲养奇蹄动物,102 其他饲养偶蹄动物,103 伴侣犬,104 工作犬,105 其他用途犬,106 伴侣猫,107 其他用途猫,108 其他饲养食肉动物,109 大鼠,110 小鼠,111 豚鼠,112 其他饲养啮齿动物,113 其他饲养兔形目动物,114 其他饲养哺乳动物

HS 编码	CIQ 扩展品名
0106199010	117 马鹿,151 穿山甲,101 斑马,102 犀,103 貘,104 其他野生奇蹄动物,105 鹿,106 长颈鹿,107 黄羊,108 河马,109 羚牛,110 羚羊,111 斑羚,112 叉角羚,113 骆马,114 美洲驼,115 角马,116 梅花鹿,118 其他野生偶蹄动物,119 狐狸,120 貂,121 大熊猫,122 小熊猫,123 熊,124 水獭,125 果子狸,126 狮,127 虎,128 豹,129 貉,130 豺,131 狼,132 大灵猫,133 小灵猫,134 野狗,135 其他野生食肉动物,136 旱獭,137 松鼠,138 花鼠,139 麝鼠,140 海狸鼠,141 河狸,142 地鼠,143 豪猪,144 其他野生啮齿动物,145 猩猩,146 狒狒,147 山魈,148 其他野生灵长动物,149 象,150 刺猬,152 袋鼠,153 蝙蝠,154 其他野生哺乳动物
0106199090	101 其他饲养奇蹄动物,102 其他饲养偶蹄动物,103 伴侣犬,104 工作犬,105 其他用途犬,106 伴侣猫,107 其他用途猫,108 其他饲养食肉动物,109 大鼠,110 小鼠,111 豚鼠,112 其他饲养啮齿动物,113 其他饲养兔形目动物,114 其他饲养哺乳动物
0106201100	999
0106201900	101 乌龟,102 草龟,103 绿毛龟,104 甲鱼、团鱼,105 玳瑁,106 鳄龟,107 其他龟鳖,108 蛇,109 蜥蜴,110 鳄,111 壁虎,112 巨蜥,113 蟒,114 其他爬行动物
0106202010	999
0106202021	103 绿毛龟,101 乌龟,102 草龟,104 甲鱼、团鱼,105 玳瑁,106 鳄龟,107 其他龟鳖
0106202029	101 乌龟,102 草龟,103 绿毛龟,104 甲鱼、团鱼,105 玳瑁,106 鳄龟,107 其他龟鳖
0106202091	999
0106202099	999
0106209010	999
0106209090	101 乌龟,102 草龟,103 绿毛龟,104 甲鱼、团鱼,105 玳瑁,106 鳄龟,107 其他龟鳖,108 蛇,109 蜥蜴,110 鳄,111 壁虎,112 巨蜥,113 蟒,114 其他爬行动物
0106311000	101 鹰,102 其他野生禽鸟
0106319000	101 鹰,102 其他野生禽鸟
0106321010	999
0106321020	999
0106321090	999
0106329010	999
0106329020	999
0106329090	999
0106331010	999
0106331090	101 鸵鸟,102 鸸鹋
0106339010	999
0106339090	101 鸵鸟,102 鸸鹋
0106391010	127 巨嘴鸟,101 鹌鹑,102 鹧鸪,103 孔雀,104 竹鸡,105 松鸡,106 锦鸡,107 山鸡,108 乌骨鸡,109 鸬鹚,110 鹈鹕,111 其他野生鸡形目禽鸟,112 天鹅,113 鸳鸯,114 野鸭,115 大雁,116 其他野生雁形目禽鸟,117 画眉,118 野生禽鸟,119 百灵,120 金丝鸟,121 相思鸟,122 鹤,123 鸵鸟,124 鸸鹋,125 朱鹮,126 火烈鸟,128 厚嘴妥空,129 其他野生禽鸟
0106391090	999
0106392100	999
0106392300	999
0106392910	101 鹌鹑,102 鹧鸪,103 山鸡,104 乌骨鸡,105 其他野生鸡形目禽鸟
0106392990	101 其他饲养鸡形目禽鸟,102 其他饲养雁形目禽鸟,103 其他饲养禽鸟
0106399010	123 鸵鸟,101 鹌鹑,102 鹧鸪,103 孔雀,104 竹鸡,105 松鸡,106 锦鸡,107 山鸡,108 乌骨鸡,109 鸬鹚,110 鹈鹕,111 其他野生鸡形目禽鸟,112 天鹅,113 鸳鸯,114 野鸭,115 大雁,116 其他野生雁形目禽鸟,117 画眉,118 野生禽鸟,119 百灵,120 金丝鸟,121 相思鸟,122 鹤,124 鸸鹋,125 朱鹮,126 火烈鸟,127 鹰,128 巨嘴鸟,129 厚嘴妥空,130 其他野生禽鸟
0106399090	101 其他饲养鸡形目禽鸟,102 其他饲养雁形目禽鸟,103 其他饲养禽鸟
0106411000	999
0106419001	999
0106419090	101 蜜蜂,102 其他动物
0106491010	101 有害昆虫,102 媒介昆虫,103 害虫
0106491090	101 有害昆虫,102 媒介昆虫,103 害虫
0106499001	999
0106499010	999
0106499090	101 有害昆虫,102 媒介昆虫,103 害虫
0106901110	101 牛蛙苗,102 青蛙苗,103 金线蛙苗,104 棘胸蛙苗,105 其他蛙苗
0106901190	101 牛蛙苗,102 青蛙苗,103 金线蛙苗,104 棘胸蛙苗,105 其他蛙苗
0106901910	103 貘,136 旱獭,101 斑马,102 犀,104 其他野生奇蹄动物,105 鹿,106 长颈鹿,107 黄羊,108 河马,109 羚牛,110 羚羊,111 斑羚,112 叉角羚,113 骆马,114 美洲驼,115 角马,116 梅花鹿,117 马鹿,118 其他野生偶蹄动物,119 狐狸,120 貂,121 大熊猫,122 小熊猫,123 熊,124 水獭,125 果子狸,126 狮,127 虎,128 豹,129 貉,130 豺,131 狼,132 大灵猫,133 小灵猫,134 野狗,135 其他野生食肉动物,137 松鼠,138 花鼠,139 麝鼠,140 海狸鼠,141 河狸,142 地鼠,143 豪猪,144 其他野生啮齿动物,145 其他野生灵长动物,146 象,147 刺猬,148 穿山甲,149 袋鼠,150 蝙蝠,151 其他野生哺乳动物
0106901990	101 其他饲养奇蹄动物,102 其他饲养偶蹄动物,103 其他用途犬,104 其他用途猫,105 其他饲养食肉动物,106 大鼠,107 小鼠,108 豚鼠,109 其他饲养啮齿动物,110 其他饲养兔形目动物,111 其他饲养哺乳动物

HS 编码	CIQ 扩展品名
0106909010	108 豚鼠,143 狼,178 蝉,101 其他饲养奇蹄动物,102 其他饲养偶蹄动物,103 其他用途犬,104 其他用途猫,105 其他饲养食肉动物,106 大鼠,107 小鼠,109 其他饲养啮齿动物,110 其他饲养兔形目动物,111 其他饲养哺乳动物,112 斑马,113 犀,114 貘,115 其他野生奇蹄动物,117 鹿,118 长颈鹿,119 黄羊,120 河马,121 羚牛,122 羚羊,123 斑羚,124 叉角羚,125 骆马,126 美洲驼,127 角马,128 梅花鹿,129 马鹿,130 其他野生偶蹄动物,131 狐狸,132 貂,133 大熊猫,134 小熊猫,135 熊,136 水獭,137 果子狸,138 狮,139 虎,140 豹,141 貉,142 豺,144 大灵猫,145 小灵猫,146 野狗,147 其他野生食肉动物,148 旱獭,149 松鼠,150 花鼠,151 麝鼠,152 海狸鼠,153 河狸,154 地鼠,155 豪猪,156 其他野生啮齿动物,157 其他野生灵长动物,158 象,159 刺猬,160 穿山甲,161 袋鼠,162 蝙蝠,163 其他野生哺乳动物,164 牛蛙,165 青蛙,166 金线蛙,167 棘胸蛙,168 其他蛙,169 娃娃鱼,170 小鲵,171 蟾蜍,
0106909090	134 其他动物,101 其他饲养奇蹄动物,102 其他饲养偶蹄动物,103 伴侣犬,104 工作犬,105 其他用途犬,106 伴侣猫,107 其他用途猫,108 其他饲养食肉动物,109 大鼠,110 小鼠,111 豚鼠,112 其他饲养啮齿动物,113 其他饲养兔形目动物,114 其他饲养哺乳动物,115 牛蛙,116 青蛙,117 金线蛙,118 棘胸蛙,119 其他蛙,120 娃娃鱼,121 小鲵,122 蟾蜍,123 蝾螈,124 鱼螈,125 其他两栖动物,126 蚕,127 蟋蟀,128 蚱蜢,129 蝉,130 蝴蝶,131 其他动物,132 禾虫,133 其他动物,135 其他动物,136 其他本章动物
0201100010	101 鲜的,102 冷藏
0201100090	101 鲜的,102 冷藏
0201200010	101 鲜的,102 冷藏
0201200090	101 鲜的,102 冷藏
0201300010	101 鲜的,102 冷藏
0201300090	101 鲜的,102 冷藏
0202100010	999
0202100090	999
0202200010	999
0202200090	999
0202300010	999
0202300090	999
0203111010	101 鲜的,102 冷藏
0203111090	101 鲜的,102 冷藏
0203119010	101 鲜的,102 冷藏
0203119090	101 鲜的,102 冷藏
0203120010	101 鲜的,102 冷藏
0203120090	101 鲜的,102 冷藏
0203190010	101 鲜的,102 冷藏
0203190090	101 鲜的,102 冷藏
0203211010	999
0203211090	999
0203219010	999
0203219090	999
0203220010	999
0203220090	999
0203290010	999

HS 编码	CIQ 扩展品名
0203290090	999
0204100000	101 鲜的绵羊肉,102 冷藏绵羊肉,103 鲜的山羊肉,104 冷藏山羊肉,105 鲜的野羊肉,106 冷藏野羊肉
0204210000	101 鲜的绵羊肉,102 冷藏绵羊肉,103 鲜的野羊肉,104 冷藏野羊肉
0204220000	101 鲜的绵羊肉,102 冷藏绵羊肉,103 鲜的野羊肉,104 冷藏野羊肉
0204230000	101 鲜的绵羊肉,102 冷藏绵羊肉,103 鲜的野羊肉,104 冷藏野羊肉
0204300000	101 绵羊肉,102 山羊肉,103 野羊肉
0204410000	101 绵羊肉,102 野羊肉
0204420000	101 绵羊肉,102 野羊肉
0204430000	101 绵羊肉,102 野羊肉
0204500000	104 冷藏去骨山羊肉,101 鲜的去骨山羊肉,102 鲜的带骨山羊肉,103 鲜的整头及半头山羊肉,105 冷藏带骨山羊肉,106 冷藏整头及半头山羊肉,107 冻藏去骨山羊肉,108 冻藏带骨山羊肉,109 冻藏整头及半头山羊肉,110 鲜的去骨野羊肉,111 鲜的带骨野羊肉,112 鲜的整头及半头野羊肉,113 冷藏去骨野羊肉,114 冷藏带骨野羊肉,115 冻藏整头及半头野羊肉,116 冻藏去骨野羊肉,117 冻藏带骨野羊肉,118 冷藏整头及半头野羊肉
0205000010	101 鲜的去骨野马肉,102 鲜的带骨野马肉,103 鲜的整头及半头野马肉,104 冷藏去骨野马肉,105 冷藏带骨野马肉,106 冷藏整头及半头野马肉,107 冻藏去骨野马肉,108 冻藏带骨野马肉,109 冻藏整头及半头野马肉,110 鲜的去骨野驴肉,111 鲜的带骨野驴肉,112 鲜的整头及半头野驴肉,113 冷藏去骨野驴肉,114 冷藏带骨野驴肉,115 冷藏整头及半头野驴肉,116 冻藏去骨野驴肉,117 冻藏带骨野驴肉,118 冻藏整头及半头野驴肉
0205000090	103 鲜的整头及半头马肉,104 冷藏去骨马肉,105 冷藏带骨马肉,106 冷藏整头及半头马肉,107 冻藏去骨马肉,108 冻藏带骨马肉,109 冻藏整头及半头马肉,110 鲜的去骨驴肉,111 鲜的带骨驴肉,112 鲜的整头及半头驴肉,113 冻藏去骨驴肉,114 冷藏带骨驴肉,115 冷藏整头及半头驴肉,116 冷藏去骨驴肉,117 冻藏带骨驴肉,118 冻藏整头及半头驴肉,119 鲜的去骨骡肉,120 鲜的带骨骡肉,121 鲜的整头及半头骡肉,122 冷藏去骨骡肉,123 冷藏带骨骡肉,124 冷藏整头及半头骡肉,125 冻藏去骨骡肉,126 冻藏带骨骡肉,127 冻藏整头及半头骡肉,101 鲜的去骨马肉,102 鲜的带骨马肉

HS 编码	CIQ 扩展品名
0206100000	114 冷藏牛横膈膜,101 鲜的牛心,102 冷藏牛心,103 鲜的牛鞭,104 冷藏牛鞭,105 鲜的牛舌,106 冷藏牛舌,107 鲜的牛尾,108 冷藏牛尾,109 鲜的牛肝,110 冷藏牛肝,111 鲜的牛筋,112 冷藏牛筋,113 鲜的牛横膈膜,115 鲜的牛头及头块,116 冷藏牛头及头块,117 鲜的牛食用皮,118 冷藏牛食用皮,119 鲜的牛肾,120 冷藏牛肾,121 鲜的牛脚,122 冷藏牛脚,123 鲜的其他牛杂碎,124 冷藏其他牛杂碎,125 鲜的野牛心,126 冷藏野牛心,127 鲜的野牛舌,128 冷藏野牛舌,129 鲜的野牛尾,130 冷藏野牛尾,131 鲜的野牛肝,132 冷藏野牛肝,133 鲜的野牛筋,134 冷藏野牛筋,135 鲜的野牛横膈膜,136 冷藏野牛横膈膜,137 鲜的野牛头及头块,138 冷藏野牛头及头块,139 鲜的野牛食用皮,140 冷藏野牛食用皮,141 鲜的野牛肾,142 冷藏野牛肾,143 鲜的野牛脚,144 冷藏野牛脚,145 鲜的其他野牛杂碎,146 冷藏其他野牛杂碎
0206210000	101 冻牛舌,102 冻野牛舌
0206220000	101 冻牛肝,102 冻野牛肝
0206290000	103 冻牛尾,101 牛心,102 冻牛鞭,104 冻牛筋,105 牛横膈膜,106 牛头及头块,107 牛食用皮,108 牛肾,109 牛脚,110 其他牛杂碎,111 野牛心,112 野牛尾,113 野牛筋,114 野牛横膈膜,115 野牛头及头块,116 野牛食用皮,117 野牛肾,118 野牛脚,119 其他野牛杂碎
0206300000	124 冷藏猪横膈膜,101 鲜的猪心,102 冷藏猪心,103 鲜的猪肝,104 冷藏猪肝,105 鲜的猪肺,106 冷藏猪肺,107 鲜的猪肾,108 冷藏猪肾,109 鲜的猪舌,110 冷藏猪舌,111 鲜的猪尾,112 冷藏猪尾,113 鲜的猪耳,114 冷藏猪耳,115 鲜的猪蹄,116 冷藏猪蹄,117 鲜的猪睾丸,118 冷藏猪睾丸,119 鲜的猪食用皮,120 冷藏猪食用皮,121 鲜的猪头及头块,122 冷藏猪头及头块,123 鲜的猪横膈膜,125 鲜的其他猪杂碎,126 冷藏其他猪杂碎,127 鲜的野猪心,128 冷藏野猪心,129 鲜的野猪肝,130 冷藏野猪肝,131 鲜的野猪肺,132 冷藏野猪肺,133 鲜的野猪肾,134 冷藏野猪肾,135 鲜的野猪舌,136 冷藏野猪舌,137 鲜的野猪尾,138 冷藏野猪尾,139 鲜的野猪耳,140 冷藏野猪耳,141 鲜的野猪蹄,142 冷藏野猪蹄,143 鲜的野猪全蹄,144 冷藏野猪全蹄,145 鲜的野猪睾丸,146 冷藏野猪睾丸,147 鲜的野猪食用皮,148 冷藏野猪食用皮,149 鲜的野猪头及头块,150 冷藏野猪头及
0206410000	101 冻猪肝,102 冻野猪肝
0206490000	107 猪蹄,101 猪心,102 猪肺,103 猪肾,104 猪舌,105 猪尾,106 猪耳,109 猪睾丸,110 猪食用皮,111 猪头及头块,112 猪横膈膜,113 其他猪杂碎,114 野猪心,115 野猪肺,116 野猪肾,117 野猪舌,118 野猪尾,119 野猪耳,120 野猪蹄,121 野猪全蹄,122 野猪睾丸,123 野猪食用皮,124 野猪头及头块,125 野猪横膈膜,126 其他野猪杂碎

HS 编码	CIQ 扩展品名
0206800010	120 饲料用其他山羊杂碎,160 冷藏野山羊心,101 饲料用绵羊肠,102 绵羊肚,103 绵羊百叶,104 饲料用绵羊网胃,105 饲料用绵羊瘤胃,106 饲料用绵羊心,107 饲料用绵羊肝,108 饲料用绵羊肺,109 饲料用绵羊肾,110 饲料用其他绵羊杂碎,111 饲料用山羊肠,112 山羊肚,113 山羊百叶,114 饲料用山羊网胃,115 饲料用山羊瘤胃,116 饲料用山羊心,117 饲料用山羊肝,118 饲料用山羊肺,119 饲料用山羊肾,121 鲜的绵羊心,122 冷藏绵羊心,123 鲜的绵羊肝,124 冷藏绵羊肝,125 鲜的绵羊肺,126 冷藏绵羊肺,127 鲜的绵羊肾,128 冷藏绵羊肾,129 鲜的绵羊舌,130 冷藏绵羊舌,131 鲜的绵羊睾丸,132 冷藏绵羊睾丸,133 鲜的绵羊蹄,134 冷藏绵羊蹄,135 鲜的绵羊头及头块,136 冷藏绵羊头及头块,139 鲜的其他绵羊杂碎,140 冷藏其他绵羊杂碎,141 鲜的山羊心,142 冷藏山羊心,143 鲜的山羊肝,144 冷藏山羊肝,145 鲜的山羊肺,146 冷藏山羊肺,147 鲜的山羊肾
0206800090	122 冷藏野马肝,160 冷藏野驴肺,101 鲜的马心,102 冷藏马心,103 鲜的马肝,104 冷藏马肝,105 鲜的马肺,106 冷藏马肺,107 鲜的马肾,108 冷藏马肾,109 鲜的马舌,110 冷藏马舌,111 鲜的马睾丸,112 冷藏马睾丸,113 鲜的马脚,114 冷藏马脚,115 鲜的马头及头块,116 冷藏马头及头块,117 鲜的其他马杂碎,118 冷藏其他马杂碎,119 鲜的野马心,120 冷藏野马心,121 鲜的野马肝,123 鲜的野马肺,124 冷藏野马肺,125 鲜的野马肾,126 冷藏野马肾,127 鲜的野马舌,128 冷藏野马舌,129 鲜的野马睾丸,130 冷藏野马睾丸,131 鲜的野马脚,132 冷藏野马脚,133 鲜的野马头及头块,134 冷藏野马头及头块,135 鲜的其他野马杂碎,136 冷藏其他野马杂碎,137 鲜的驴心,138 冷藏驴心,139 鲜的驴肝,140 冷藏驴肝,141 鲜的驴肺,142 冷藏驴肺,143 鲜的驴肾,144 冷藏驴肾,145 鲜的驴舌,146 冷藏驴舌,147 鲜的驴睾丸,148 冷藏驴睾丸,149 鲜的驴脚,150 冷藏驴脚,151 鲜的
0206900010	107 饲料用绵羊肝,147 其他野羊杂碎,101 饲料用绵羊肠,102 绵羊肚,103 绵羊百叶,104 饲料用绵羊网胃,105 饲料用绵羊瘤胃,106 饲料用绵羊心,108 饲料用绵羊肺,109 饲料用绵羊肾,110 饲料用其他绵羊杂碎,111 饲料用山羊肠,112 山羊肚,113 山羊百叶,114 饲料用山羊网胃,115 饲料用山羊瘤胃,116 饲料用山羊心,117 饲料用山羊肝,118 饲料用山羊肺,119 饲料用山羊肾,120 饲料用其他山羊杂碎,121 绵羊心,122 绵羊肝,123 绵羊肺,124 绵羊肾,125 绵羊舌,126 绵羊睾丸,127 绵羊蹄,128 绵羊头及头块,129 其他绵羊杂碎,130 山羊心,131 山羊肝,132 山羊肺,133 山羊肾,134 山羊舌,135 山羊睾丸,136 山羊蹄,137 山羊头及头块,138 其他山羊杂碎,139 野羊心,140 野羊肝,141 野羊肺,142 野羊肾,143 野羊舌,144 野羊睾丸,145 野羊蹄,146 野羊头及头块

HS 编码	CIQ 扩展品名
0206900090	139 骡肺 ,101 马心 ,102 马肝 ,103 马肺 ,104 马肾 ,105 马舌 ,106 马睾丸 ,107 马脚 ,108 马头及头块 ,109 其他马杂碎 ,110 野马心 ,111 野马肝 ,112 野马肺 ,113 野马肾 ,114 野马舌 ,115 野马睾丸 ,116 野马脚 ,117 野马头及头块 ,118 其他野马杂碎 ,119 驴心 ,120 驴肝 ,121 驴肺 ,122 驴肾 ,123 驴舌 ,124 驴睾丸 ,125 驴脚 ,126 驴头及头块 ,127 其他驴杂碎 ,128 野驴心 ,129 野驴肝 ,130 野驴肺 ,131 野驴肾 ,132 野驴舌 ,133 野驴睾丸 ,134 野驴脚 ,135 野驴头及头块 ,136 其他野驴杂碎 ,137 骡心 ,138 骡肝 ,140 骡肾 ,141 骡舌 ,142 骡睾丸 ,143 骡脚 ,144 骡头及头块 ,145 其他骡杂碎
0207110000	101 鲜的整只鸡 ,102 冷藏整只鸡
0207120000	999
0207131100	101 鲜的带骨的鸡块 ,102 冷藏带骨的鸡块
0207131900	101 其他鲜的鸡块 ,102 其他冷藏鸡块
0207132100	101 鲜的鸡翼 ,102 冷藏鸡翼
0207132900	101 鲜的的鸡胸、鸡腿 ,102 冷藏的鸡胸、鸡腿 ,103 鲜的鸡翼 , 包括翼尖 ,104 冷藏鸡翼 , 包括翼尖 ,105 鲜的鸡翼翼尖 ,106 冷藏鸡翼翼尖 ,107 鲜的鸡爪 ,108 冷藏鸡爪 ,109 鲜的鸡肫、胃 ,110 冷藏鸡肫、胃 ,111 其他鲜的鸡杂碎 ,112 其他冷藏鸡杂碎
0207141100	101 冷冻带骨鸡肉，除鸡胸、鸡腿 ,102 鸡胸、鸡腿
0207141900	101 冷冻不带骨鸡肉，除鸡胸、鸡腿 ,102 鸡胸、鸡腿
0207142100	999
0207142200	999
0207142900	103 鸡肝 ,101 鸡翼 , 包括翼尖 ,102 鸡翼翼尖 ,104 其他鸡杂碎
0207240000	101 鲜的整只火鸡 ,102 冷藏整只火鸡
0207250000	999
0207260000	101 鲜的带骨火鸡肉 , 不包括火鸡胸、火鸡腿 ,102 冷藏带骨火鸡肉 , 不包括火鸡胸、火鸡腿 ,103 鲜的其他火鸡肉 , 不包括火鸡胸、火鸡腿 ,104 冷藏其他火鸡肉 , 不包括火鸡胸、火鸡腿 ,105 鲜的的火鸡胸、火鸡腿 ,106 冷藏的火鸡胸、火鸡腿 ,107 鲜的火鸡爪 ,108 冷藏火鸡爪 ,109 鲜的火鸡肫、胃 ,110 冷藏火鸡肫、胃 ,111 鲜的火鸡翼 , 不包括翼尖 ,112 冷藏火鸡翼 , 不包括翼尖 ,113 鲜的火鸡翼 , 包括翼尖 ,114 冷藏火鸡翼 , 包括翼尖 ,115 鲜的火鸡颈 ,116 冷藏火鸡颈 ,117 其他鲜的火鸡杂碎 ,118 其他冷藏火鸡杂碎
0207270000	101 火鸡胸、火鸡腿 ,102 火鸡胃 ,103 火鸡翼 , 不包括翼尖 ,104 火鸡爪 ,105 火鸡翼 , 包括翼尖 ,106 火鸡颈 ,107 其他火鸡肉 , 不包括火鸡胸、火鸡腿 ,108 带骨火鸡肉 , 不包括火鸡胸、火鸡腿 ,109 其他冻火鸡杂碎
0207410000	101 鲜的 ,102 冷的
0207420000	999
0207430000	101 鲜的 ,102 冷的
0207440000	101 鲜的鸭肉 ,102 冷藏鸭肉 ,103 鲜的鸭胸 ,104 冷藏鸭胸 ,105 鲜的鸭爪 ,106 冷藏鸭爪 ,107 鲜的鸭翼，不包括翼尖 ,108 冷藏鸭翼，不包括翼尖 ,109 鲜的鸭翼，包括翼尖 ,110 冷藏鸭翼，包括翼尖 ,111 鲜的鸭翼翼尖 ,112 冷藏鸭翼翼尖 ,113 鲜的鸭翼尖 ,114 冷藏鸭翼尖 ,115 鲜的鸭腿 ,116 冷藏鸭腿 ,117 鲜的鸭颈 ,118 冷藏鸭颈 ,119 鲜的鸭肫、胃 ,120 冷藏鸭肫、胃 ,121 鲜的其他鸭肉及杂碎 ,122 冷藏其他鸭肉及杂碎
0207450000	111 鸭肫、胃 ,101 鸭肉 ,102 鸭胸 ,103 鸭爪 ,104 鸭翼，不包括翼尖 ,105 鸭翼，包括翼尖 ,106 鸭翼翼尖 ,107 鸭翼尖 ,108 鸭腿 ,109 鸭肝 ,110 鸭颈 ,112 其他鸭肉及杂碎
0207510000	101 鲜的 ,102 冷藏
0207520000	999
0207530000	101 鲜的 ,102 冷藏
0207540000	101 鲜的鹅肉 ,102 冷藏鹅肉 ,103 鲜的鹅胸 ,104 冷藏鹅胸 ,105 鲜的鹅爪 ,106 冷藏鹅爪 ,107 鲜的鹅翼，不包括翼尖 ,108 冷藏鹅翼，不包括翼尖 ,109 鲜的鹅翼，包括翼尖 ,110 冷藏鹅翼，包括翼尖 ,111 鲜的鹅翼翼尖 ,112 冷藏鹅翼翼尖 ,113 鲜的鹅腿 ,114 冷藏鹅腿 ,115 鲜的鹅颈 ,116 冷藏鹅颈 ,117 鲜的其他鹅肉及杂碎 ,118 冷藏其他鹅肉及杂碎
0207550000	101 冻藏鹅肉 ,102 冻藏鹅胸 ,103 冻藏鹅爪 ,104 冻藏鹅翼，不包括翼尖 ,105 冻藏鹅鹅翼，包括翼尖 ,106 冻藏鹅翼翼尖 ,107 冻藏鹅腿 ,108 冻藏鹅肝 ,109 冻藏鹅颈 ,110 冻藏其它鹅肉及杂碎
0207600000	102 冷藏，饲养的 ,101 鲜的，饲养的 ,103 冻藏，饲养的
0208101000	101 鲜的家兔肉 ,102 冷藏家兔肉
0208102000	999
0208109010	101 鲜的野兔肉 ,102 冷藏野兔肉 ,103 冻藏野兔肉 ,104 鲜的野兔杂碎 ,105 冷藏野兔杂碎 ,106 冻藏野兔杂碎
0208109090	101 鲜的 ,102 冷藏 ,103 冻藏
0208300000	101 鲜的 ,102 冷藏 ,103 冻藏
0208400000	101 鲜、冷的 ,102 冻的
0208500000	114 冷藏其他饲养爬行动物肉及食用杂碎 ,115 冻藏其他饲养爬行动物肉及食用杂碎 ,116 鲜的其他野生爬行动物肉及食用杂碎 ,117 冷藏其他野生爬行动物肉及食用杂碎 ,118 冻藏其他野生爬行动物肉及食用杂碎 ,101 鲜的蛇肉 ,102 冷藏蛇肉 ,103 冻藏蛇肉 ,104 鲜的鳄鱼肉 ,105 冷藏鳄鱼肉 ,106 冻藏鳄鱼肉 ,107 鲜的龟肉 ,108 冷藏龟肉 ,109 冻藏龟肉 ,110 鲜的甲鱼肉 ,111 冷藏甲鱼肉 ,112 冻藏甲鱼肉 ,113 鲜的其他饲养爬行动物肉及食用杂碎
0208600010	101 鲜的 ,102 冷藏 ,103 冻藏
0208600090	101 鲜的 ,102 冷藏 ,103 冻藏
0208901000	101 鲜的乳鸽肉 ,102 冷藏的乳鸽肉 ,103 冻藏的乳鸽肉 ,104 鸽杂碎 ,105 其它鸽肉及杂碎

HS 编码	CIQ 扩展品名
0208909010	117 冷藏珍珠鸡肉 ,152 鲜的野生鸵鸟肉 ,170 冻的爬行类 ,171 鲜、冷的海洋哺乳动物 ,172 冻的海洋哺乳动物 ,101 未列出的鲜的野生奇蹄动物肉 ,102 未列出的冷藏野生奇蹄动物肉 ,103 未列出的冻藏野生奇蹄动物肉 ,104 鲜的野鹿肉 ,105 冷藏野鹿肉 ,106 冻藏野鹿肉 ,107 鲜的骆驼肉 ,108 冷藏骆驼肉 ,109 冻藏骆驼肉 ,110 未列出的鲜的野生偶蹄动物肉 ,111 未列出的冷藏野生偶蹄动物肉 ,112 未列出的冻藏野生偶蹄动物肉 ,113 鲜的山鸡肉 ,114 冷藏山鸡肉 ,115 冻藏山鸡肉 ,116 鲜的珍珠鸡肉 ,118 冻藏珍珠鸡肉 ,119 鲜的竹鸡肉 ,120 冷藏竹鸡肉 ,121 冻藏竹鸡肉 ,122 鲜的松鸡肉 ,123 冷藏松鸡肉 ,124 冻藏松鸡肉 ,125 鲜的沙鸡肉 ,126 冷藏沙鸡肉 ,127 冻藏沙鸡肉 ,128 鲜的石鸡肉 ,129 冷藏石鸡肉 ,130 冻藏石鸡肉 ,131 鲜的榛鸡肉 ,132 冷藏榛鸡肉 ,133 冻藏榛鸡肉 ,134 鲜的野鸭肉 ,135 冷藏野鸭肉 ,136 冻藏野鸭肉 ,137 鲜的野鹅肉 ,138 冷藏野鹅肉 ,1
0208909090	117 鲜的鹿肺 ,152 冻藏饲养鸵鸟杂碎 ,185 冻藏饲养牛蛙肉及食用杂碎 ,199 未列出的鲜的饲养海洋哺乳动物肉及杂碎 ,200 未列出的冷藏饲养海洋哺乳动物肉及杂碎 ,201 未列出的冻藏饲养海洋哺乳动物肉及杂碎 ,202 未列出的鲜的野生海洋哺乳动物肉及杂碎 ,203 未列出的冷藏野生海洋哺乳动物肉及杂碎 ,204 未列出的冻藏野生海洋哺乳动物肉及杂碎 ,101 未列出的鲜的饲养奇蹄动物肉 ,103 未列出的冻藏饲养奇蹄动物肉 ,104 未列出的鲜的饲养奇蹄动物杂碎 ,106 未列出的冻藏饲养奇蹄动物杂碎 ,107 鲜的鹿肉 ,108 冷藏鹿肉 ,109 冻藏鹿肉 ,111 鲜的鹿心 ,112 冷藏鹿心 ,113 冻藏鹿心 ,114 鲜的鹿肝 ,115 冷藏鹿肝 ,116 冻藏鹿肝 ,118 冷藏鹿肺 ,119 冻藏鹿肺 ,120 鲜的鹿肾 ,121 冷藏鹿肾 ,122 冻藏鹿肾 ,123 鲜的鹿舌 ,124 冷藏鹿舌 ,125 冻藏鹿舌 ,126 鲜的鹿鞭 ,127 冷藏鹿鞭 ,128 冻藏鹿鞭 ,129 鲜的鹿睾丸 ,130 冷藏鹿睾丸 ,131 冻藏鹿睾丸 ,1
0209100000	114 未炼制的冻藏食用猪脂肪 ,101 不带瘦肉 ,102 工业用猪油脂 ,103 不带瘦肉 ,104 饲料用猪油脂 ,105 饲料用野生猪、牛、羊油脂 ,106 未炼制的鲜的食用纯肥猪肉 ,107 未炼制的冷藏食用纯肥猪肉 ,108 未炼制的冻藏食用纯肥猪肉 ,109 未炼制的干制食用纯肥猪肉 ,110 未炼制的熏制食用纯肥猪肉 ,111 未炼制的盐制食用纯肥猪肉 ,112 未炼制的鲜的食用猪脂肪 ,113 未炼制的冷藏食用猪脂肪 ,115 未炼制的干制食用猪脂肪 ,116 未炼制的熏制食用猪脂肪 ,117 未炼制的盐制食用猪脂肪 ,118 用其他方法提取的鲜的食用纯肥猪肉 ,119 用其他方法提取的冷藏食用纯肥猪肉 ,120 用其他方法提取的冻藏食用纯肥猪肉 ,121 用其他方法提取的干制食用纯肥猪肉 ,122 用其他方法提取的熏制食用纯肥猪肉 ,123 用其他方法提取的盐制食用纯肥猪肉 ,124 用其他方法提取的鲜的食用猪脂肪 ,125 用其他方法提取的冷藏食用猪脂肪 ,126 用其
0209900000	109 包括鲜、冷、冻、干、熏、盐制的用其他方法提取的鲜的食用家禽脂肪 ,101 工业用禽油脂 ,102 饲料用禽油脂 ,103 未炼制的鲜的食用家禽脂肪 ,104 未炼制的冷藏食用家禽脂肪 ,105 未炼制的冻藏食用家禽脂肪 ,106 未炼制的干制食用家禽脂肪 ,107 未炼制的熏制食用家禽脂肪 ,108 未炼制的盐制食用家禽脂肪 ,110 包括鲜、冷、冻、干、熏、盐制的用其他方法提取的冷藏食用家禽脂肪 ,111 包括鲜、冷、冻、干、熏、盐制的用其他方法提取的冻藏食用家禽脂肪 ,112 用其他方法提取的干制食用家禽脂肪 ,113 包括鲜、冷、冻、干、熏、盐制的用其他方法提取的熏制食用家禽脂肪 ,114 用其他方法提取的盐制食用家禽脂肪
0210111010	101 猪蹄 ,102 带骨熟制猪肉制品
0210111090	101 猪蹄 ,102 带骨熟制猪肉制品
0210119010	101 猪蹄 ,102 带骨熟制猪肉制品
0210119090	101 猪蹄 ,102 带骨熟制猪肉制品
0210120010	101 干、熏制鹿豚腹肉 ,102 去骨熟制猪肉制品 ,103 盐制鹿豚腹肉
0210120090	101 其他盐制猪腹肉、腌制猪腹肉 ,102 去骨熟制猪肉制品
0210190010	101 干、熏、盐制姬猪其他肉 ,102 干、熏鹿豚其他肉 ,103 盐制鹿豚其他肉
0210190090	101 其他干制其他猪肉 ,102 去骨熟制猪肉制品
0210200010	101 干、熏制野牛肉 ,102 盐制带骨野牛肉、腌制带骨牛肉 ,103 盐制去骨野牛肉、腌制去骨牛肉 ,104 去骨熟制牛肉制品
0210200090	101 干、熏制牛肉 ,102 盐制带骨牛肉、腌制带骨牛肉 ,103 盐制去骨牛肉、腌制去骨牛肉 ,104 去骨熟制牛肉制品
0210910000	101 干、熏、盐制灵长目动物肉 ,102 干、熏、盐制灵长目动物食用杂碎
0210920000	101 干、熏、盐制鲸目海牛目动物肉 ,102 干、熏、盐制鲸目海牛目动物食用杂碎 ,103 熏烤的灌肠类熟肉制品 ,104 腌制的灌肠类熟肉制品
0210930000	105 养殖干制 ,106 野生干制 ,107 养殖盐腌及盐渍等 ,108 野生盐腌及盐渍等 ,109 养殖其他制作及保藏 ,110 野生其他制作及保藏
0210990010	101 干、熏、盐制其他濒危动物肉 ,102 干、熏、盐制其他濒危动物食用杂碎
0210990090	101 腌制马肉 ,102 腌制绵羊肉 ,103 腌制山羊肉 ,104 腌制鹿肉 ,105 干、熏、盐制其他肉 ,106 干、熏、盐制其他食用杂碎 ,107 去骨熟制猪肉制品
0301110010	101 淡水养殖热带鱼 ,102 淡水捕捞热带鱼 ,103 其他观赏鱼
0301110090	101 淡水养殖热带鱼 ,102 淡水捕捞热带鱼 ,103 其他观赏鱼
0301190010	101 海水养殖热带鱼 ,102 海水捕捞热带鱼 ,103 其他观赏鱼
0301190090	101 海水养殖热带鱼 ,102 海水捕捞热带鱼 ,103 其他观赏鱼
0301911000	999
0301919000	999

HS 编码	CIQ 扩展品名
0301921010	999
0301921020	999
0301921090	101 种用鳗鲡,102 海鳗
0301929010	999
0301929020	999
0301929090	101 种用鳗鲡,102 食用鳗鲡,103 海鳗
0301931000	999
0301939000	999
0301941000	999
0301949100	999
0301949200	999
0301951000	999
0301959000	999
0301991100	101 淡水鲈鱼,102 海水鲈鱼
0301991200	999
0301991910	101 其他淡水鱼,102 其他海水鱼,103 其他观赏鱼,104 其他鱼
0301991990	116 海鳗,117 鲽鱼,118 似石首鱼,119 牙鲆鱼,120 石斑鱼,121 大鲮鲆鱼,122 带鱼,123 鲷鱼,124 鲑鱼,125 金枪鱼,126 鲱鱼,127 鲣鱼,128 沙丁鱼,129 黄鱼,130 鲨鱼,131 鲭鱼,132 鳀鱼,133 鳕鱼,134 鲳鱼,135 卡拉白鱼,136 其他海水鱼,137 金鱼,138 锦鲤,139 其他鱼,140 其他受精卵,101 草鱼,102 胖头鱼,103 鲢鱼,104 青鱼,105 鲇鱼,106 武昌鱼,107 大马哈鱼,108 黄鳝,109 泥鳅,110 鲫鱼,111 牛头鮰鱼,112 斑点叉尾鮰鱼,113 狮鼻鲳鱼参,114 多瑙哲罗鱼,115 其他淡水鱼
0301999100	999
0301999200	101 其他淡水鱼,102 其他海水鱼,103 其他观赏鱼
0301999310	999
0301999390	999
0301999910	101 其他淡水鱼,102 其他海水鱼,103 其他观赏鱼,104 其他鱼
0301999990	101 草鱼,102 胖头鱼,103 鲢鱼,104 青鱼,105 淡水鲈鱼,106 鲇鱼,107 武昌鱼,108 大马哈鱼,109 黄鳝,110 泥鳅,111 鲫鱼,112 鲟鱼,113 牛头鮰鱼,114 斑点叉尾鮰鱼,115 狮鼻鲳鱼参,116 罗非鱼,117 多瑙哲罗鱼,118 其他淡水鱼,119 海鳗,120 鲽鱼,121 似石首鱼,122 牙鲆鱼,123 石斑鱼,124 大鲮鲆鱼,125 海水鲈鱼,126 带鱼,127 鲷鱼,128 鲑鱼,129 金枪鱼,130 鲱鱼,131 鲣鱼,132 沙丁鱼,133 黄鱼,134 鲨鱼,135 鲭鱼,136 鳀鱼,137 鳕鱼,138 鲳鱼,139 卡拉白鱼,140 其他海水鱼,141 金鱼,142 锦鲤,143 其他鱼
0302110000	102 养殖虹鳟,103 野生河鳟,104 野生虹鳟,105 克拉克大麻哈鱼,106 阿瓜大麻哈鱼,107 吉雨大麻哈鱼,108 亚利桑那大麻哈鱼,109 金腹大麻哈鱼,101 养殖河鳟
0302130000	108 野生红大麻哈鱼,109 野生细磷大麻哈鱼,110 野生大麻哈鱼,111 野生大鳞大麻哈鱼,112 野生银大麻哈鱼,113 野生马苏大麻哈鱼,114 野生玫瑰大麻哈鱼,101 养殖红大麻哈鱼,102 养殖细磷大麻哈鱼,103 养殖大麻哈鱼,104 养殖大鳞大麻哈鱼,105 养殖银大麻哈鱼,106 养殖马苏大麻哈鱼,107 养殖玫瑰大麻哈鱼
0302141000	101 非生食,102 可能用于生食,103 非生食,104 可能用于生食
0302142000	102 野生,101 养殖
0302190010	101 养殖,102 野生
0302190020	101 养殖,102 野生
0302190090	101 养殖,102 野生
0302210010	101 养殖,102 野生
0302210020	101 养殖,102 野生
0302210090	101 养殖,102 野生
0302220000	101 养殖,102 野生
0302230000	101 养殖,102 野生
0302240000	101 养殖,102 野生
0302290010	101 养殖,102 野生
0302290090	101 养殖,102 野生
0302310000	101 非生食,102 可能用于生食
0302320000	101 非生食,102 可能用于生食
0302330000	999
0302340000	101 非生食,102 可能用于生食
0302351000	102 可能用于生食,101 非生食
0302352000	101 非生食,102 子目 0302.91 至 0302.99 的可食用鱼杂碎除外
0302360000	101 非生食,102 可能用于生食
0302390000	101 非生食,102 可能用于生食,103 养殖
0302410010	101 养殖,102 野生
0302410090	101 养殖,102 野生
0302420000	101 饲料用其他海水鱼,102 鳀属,103 鳀属
0302430000	101 饲料用沙丁鱼、黍鲱鱼,102 沙丁鱼、沙瑙鱼属,103 养殖小沙丁鱼属,104 养殖黍鲱,105 养殖西鲱,106 沙丁鱼、沙瑙鱼属,107 野生小沙丁鱼属,108 野生黍鲱,109 野生西鲱
0302440000	101 饲料用鲭鱼,102 鲐,103 大西洋鲭,104 鲐,105 鲐
0302450000	101 饲料用其他海水鱼,102 养殖对称竹荚鱼,103 竹荚鱼属,104 野生对称竹荚鱼,105 竹荚鱼属
0302460000	101 饲料用其他海水鱼,102 食用
0302470000	999
0302490000	101 羽鳃鲐属,102 马鲛属,103 鲹属,104 鲳属,105 鲜或冷秋刀鱼,106 圆鲹属,107 毛鳞鱼,108 鲜或冷鲔鱼,109 狐鲣属,110 鲜或冷枪鱼,111 鲜或冷旗鱼,112 旗鱼科
0302510000	101 大西洋鳕鱼,102 太平洋鳕鱼,103 格陵兰鳕鱼
0302520000	999
0302530000	999
0302540000	101 饲料用其他海水鱼,102 无须鳕属,103 长鳍鳕属
0302550000	101 饲料用其他海水鱼,102 食用

HS 编码	CIQ 扩展品名
0302560000	101 饲料用其他海水鱼 ,102 小鲭鳕 ,103 南蓝鳕
0302590000	101 饲料用其他海水鱼 ,102 犀鳕科 ,103 多丝真鳕科 ,104 鳕科 ,105 长尾鳕科 ,106 黑鳕科 ,107 无须鳕科 ,108 深海鳕科 ,109 南极鳕科
0302710000	101 口孵非鲫属 ,102 口孵非鲫属
0302720000	101 饲料用其他海水鱼 ,102 鱼芒鲶属 ,103 养殖胡鲶属 ,104 养殖真鮰属 ,105 鱼芒鲶属 ,106 野生胡鲶属 ,107 野生真鮰属
0302730000	115 卡特拉鲃、野鲮属、哈氏纹唇鱼、何氏细须鲃、鲂属 ,114 野生青鱼 ,106 养殖鲮属 ,101 饲料用其他海水鱼 ,102 养殖鲤属 ,103 养殖鲫属 ,104 养殖草鱼 ,105 养殖鲢属 ,107 养殖青鱼 ,108 卡特拉鲃、野鲮属、哈氏纹唇鱼、何氏细须鲃、鲂属 ,109 野生鲤属 ,110 野生鲫属 ,111 野生草鱼 ,112 野生鲢属 ,113 野生鲮属
0302740010	101 非生食 ,102 可能用于生食 ,103 非生食 ,104 可能用于生食
0302740020	101 非生食 ,102 可能用于生食 ,103 非生食 ,104 可能用于生食
0302740090	101 非生食 ,102 可能用于生食 ,103 非生食 ,104 可能用于生食
0302790001	101 非生食 ,102 可能用于生食 ,103 非生食 ,104 可能用于生食
0302790090	103 非生食 ,104 可能用于生食 ,101 非生食 ,102 可能用于生食
0302810010	999
0302810090	999
0302820000	101 饲料用其他海水鱼 ,102 食用
0302830000	999
0302840000	999
0302850000	101 饲料用其他海水鱼 ,102 非生食 ,103 可能用于生食 ,104 非生食 ,105 可能用于生食
0302891000	999
0302892000	101 养殖 ,102 野生
0302893000	101 养殖 ,102 野生
0302894000	999
0302899001	101 非生食 ,102 可能用于生食 ,103 非生食 ,104 可能用于生食
0302899010	999
0302899020	101 养殖 ,102 野生
0302899030	101 养殖 ,102 野生
0302899090	101 饲料用马面鱼 ,102 饲料用其他海水鱼 ,103 养殖石斑鱼 ,104 养殖鲥鱼 ,105 非生食 ,106 可能用于生食 ,107 非生食 ,108 可能用于生食 ,109 养殖海鲂 ,110 养殖鲆鱼 ,111 养殖鲽鱼 ,112 非生食 ,113 可能用于生食 ,114 非生食 ,115 可能用于生食 ,116 非生食 ,117 可能用于生食 ,118 野生石斑鱼 ,119 野生鲥鱼 ,120 野生鲷科 , 菱羊鲷除外 ,121 野生安康鱼 ,122 野生海鲂 ,123 野生鲆鱼 ,124 野生鲽鱼 ,125 海鲫鱼 ,126 金线鱼 ,127 马面鱼 ,128 马鲛鱼 ,129 非生食 ,130 可能用于生食 ,131 非生食 ,132 可能用于生食
0302910010	101 鲜或冷养殖濒危鱼鱼肝 ,102 鲜或冷养殖濒危鱼鱼肝 ,103 鲜或冷养殖濒危鱼鱼卵 ,104 鲜或冷养殖濒危鱼鱼卵 ,105 鲜或冷养殖濒危鱼鱼精 ,106 鲜或冷野生濒危鱼鱼精

HS 编码	CIQ 扩展品名
0302910090	101 其他鲜或冷养殖鱼鱼肝 ,102 其他鲜或冷野生鱼鱼肝 ,103 其他鲜或冷养殖鱼鱼卵 ,104 其他鲜或冷野生鱼鱼卵 ,105 其他鲜或冷养殖鱼鱼精 ,106 其他鲜或冷野生鱼鱼精
0302920010	999
0302920090	999
0302990010	101 养殖 ,102 野生
0302990020	101 养殖 ,102 野生
0302990090	101 养殖 ,102 野生
0303110000	101 冻养殖红大麻哈鱼 ,102 冻野生红大麻哈鱼
0303120000	101 养殖细磷大麻哈鱼 ,102 养殖大麻哈鱼 ,103 养殖大鳞大麻哈鱼 ,104 养殖银大麻哈鱼 ,105 养殖马苏大麻哈鱼 ,106 养殖玫瑰大麻哈鱼 ,107 野生细磷大麻哈鱼 ,108 野生大麻哈鱼 ,109 野生大鳞大麻哈鱼 ,110 野生银大麻哈鱼 ,111 野生马苏大麻哈鱼 ,112 野生玫瑰大麻哈鱼
0303130000	101 非生食 ,102 可能用于生食 ,103 养殖多瑙哲罗鱼 ,104 非生食 ,105 可能用于生食 ,106 野生多瑙哲罗鱼
0303140000	104 野生虹鳟 ,105 克拉克大麻哈鱼 ,106 阿瓜大麻哈鱼 ,107 吉雨大麻哈鱼 ,108 亚利桑那大麻哈鱼 ,109 金腹大麻哈鱼 ,101 养殖河鳟 ,102 养殖虹鳟 ,103 野生河鳟
0303190010	101 养殖 ,102 野生
0303190020	101 养殖 ,102 野生
0303190090	101 养殖 ,102 野生
0303230000	101 养殖 ,102 野生
0303240000	101 饲料用其他海水鱼 ,102 鱼芒鲶属 ,103 养殖胡鲶属 ,104 养殖真鮰属 ,105 鱼芒鲶属 ,106 野生胡鲶属 ,107 野生真鮰属
0303250000	101 饲料用其他海水鱼 ,102 养殖鲤属 ,103 养殖鲫属 ,104 养殖草鱼 ,115 卡特拉鲃、野鲮属、哈氏纹唇鱼、何氏细须鲃、鲂属 ,114 野生青鱼 ,105 养殖鲢属 ,106 养殖鲮属 ,107 养殖青鱼 ,108 卡特拉鲃、野鲮属、哈氏纹唇鱼、何氏细须鲃、鲂属 ,109 野生鲤属 ,110 野生鲫属 ,111 野生草鱼 ,112 野生鲢属 ,113 野生鲮属
0303260010	101 养殖 ,102 野生
0303260020	101 养殖 ,102 野生
0303260090	101 养殖 ,102 野生
0303290001	101 养殖 ,102 野生
0303290090	101 养殖 ,102 野生
0303311000	999
0303319010	101 养殖 ,102 野生
0303319090	101 养殖 ,102 野生
0303320000	101 养殖 ,102 野生
0303330000	101 养殖 ,102 野生
0303340000	101 养殖 ,102 野生
0303390010	101 养殖 ,102 野生
0303390090	101 养殖鲽科 ,102 养殖鲆科 ,103 养殖舌鳎科 ,104 养殖鳎科 ,105 养殖菱鲆科 ,106 养殖刺鲆科 ,107 野生鲽科 ,108 野生鲆科 ,109 野生舌鳎科 ,110 野生鳎科 ,111 野生菱鲆科 ,112 野生刺鲆科
0303410000	999

HS 编码	CIQ 扩展品名
0303420000	999
0303430000	999
0303440000	999
0303451000	999
0303452000	999
0303460000	999
0303490000	101 养殖 ,102 野生
0303510010	101 养殖 ,102 野生
0303510090	101 养殖 ,102 野生
0303530000	101 但子目 0303.91 至 0303.99 的可食用鱼杂碎除外饲料用沙丁鱼、黍鲱鱼 ,102 沙丁鱼、沙瑙鱼属 ,103 养殖小沙丁鱼属 ,104 养殖黍鲱 ,105 养殖西鲱 ,106 沙丁鱼、沙瑙鱼属 ,107 野生小沙丁鱼属 ,108 野生黍鲱 ,109 野生西鲱
0303540000	101 饲料用鲭鱼 ,102 鲐 ,103 鲐 ,104 大西洋鲭 ,105 鲐
0303550000	101 饲料用其他海水鱼 ,102 养殖对称竹荚鱼 ,103 竹荚鱼属 ,104 野生对称竹荚鱼 ,105 竹荚鱼属
0303560000	101 饲料用其他海水鱼 ,102 食用鱼
0303570000	999
0303590010	999
0303590090	101 鳀属 ,102 羽鳃鲐属 ,103 马鲛属 ,104 鲹属 ,105 鲳属 ,106 冻的秋刀鱼 ,107 圆鲹属 ,108 毛鳞鱼 ,109 冻的鲔鱼 ,110 狐鲣属 ,111 冻的枪鱼 ,112 冻的旗鱼 ,113 旗鱼科
0303630000	101 大西洋鳕鱼 ,102 太平洋鳕鱼 ,103 格陵兰鳕鱼
0303640000	999
0303650000	999
0303660000	101 无须鳕属 ,102 长鳍鳕属
0303670000	101 饲料用其他海水鱼 ,102 食用鱼
0303680000	101 饲料用其他海水鱼 ,102 小鳍鳕 ,103 南蓝鳕
0303690000	101 饲料用其他海水鱼 ,102 犀鳕科 ,103 多丝真鳕科 ,104 鳕科 ,105 长尾鳕科 ,106 黑鳕科 ,107 无须鳕科 ,108 深海鳕科 ,109 南极鳕科鱼
0303810010	999
0303810090	999
0303820000	101 饲料用其他海水鱼 ,102 食用鱼
0303830000	999
0303840000	999
0303891000	999
0303892000	101 养殖 ,102 野生
0303893000	101 养殖 ,102 野生
0303899001	101 养殖 ,102 野生
0303899010	999
0303899020	101 养殖 ,102 野生
0303899030	101 养殖 ,102 野生
0303899090	112 野生石斑鱼 ,113 野生鲥鱼 ,114 野生鲷科 ,115 野生安康鱼 ,116 野生海鲂 ,117 野生鲆鱼 ,118 野生鲽鱼 ,119 野生红鱼 ,120 海鲫鱼 ,121 金线鱼 ,122 马面鱼 ,123 马鲛鱼 ,124 蓝圆鲹 ,999 其他野生鱼 ,101 饲料用马面鱼 ,102 饲料用其他海水鱼 ,103 养殖石斑鱼 ,104 养殖鲥鱼 ,105 养殖鲷科 ,106 养殖安康鱼 ,107 养殖海鲂 ,108 养殖鲆鱼 ,109 养殖鲽鱼 ,110 养殖红鱼 ,111 其他养殖鱼
0303910010	105 养殖冷冻鱼鱼精 ,106 野生冷冻鱼鱼精 ,101 养殖冷冻鱼鱼肝 ,102 野生冷冻鱼鱼肝 ,103 养殖冷冻鱼鱼卵 ,104 野生冷冻鱼鱼卵
0303910090	105 养殖冷冻鱼鱼精 ,106 野生冷冻鱼鱼精 ,101 养殖冷冻鱼鱼肝 ,102 野生冷冻鱼鱼肝 ,103 养殖冷冻鱼鱼卵 ,104 野生冷冻鱼鱼卵
0303920010	999
0303920090	999
0303990010	101 其他养殖冷冻鱼 ,102 其他野生冷冻鱼
0303990020	101 其他养殖冷冻鱼 ,102 其他野生冷冻鱼
0303990090	101 其他养殖冷冻鱼 ,102 其他野生冷冻鱼
0304310000	101 养殖 ,102 野生
0304320000	101 鱼芒鲶属 ,102 养殖胡鲶属 ,103 养殖真鮰属 ,104 鱼芒鲶属 ,105 野生胡鲶属 ,106 野生真鮰属
0304330000	999
0304390010	101 养殖 ,102 野生
0304390020	101 养殖 ,102 野生
0304390090	101 养殖西鲤 ,102 养殖黑鲫 ,103 养殖草鱼 ,104 养殖鲢属 ,105 养殖鲮属 ,106 养殖青鱼 ,107 鳗鲡属 ,108 鳢属 ,109 野生西鲤 ,110 野生黑鲫 ,111 野生草鱼 ,112 野生鲢属 ,113 野生鲮属 ,114 野生青鱼 ,115 鳗鲡属 ,116 鳢属
0304410000	101 非生食 ,102 可能用于生食
0304420000	999
0304430000	109 野生舌鳎科 ,110 野生鳎科 ,111 野生菱鲆科 ,112 野生刺鲆科 ,101 养殖鲽科 ,102 养殖鲆科 ,103 养殖舌鳎科 ,104 养殖鳎科 ,105 养殖菱鲆科 ,106 养殖刺鲆科 ,107 野生鲽科 ,108 野生鲆科
0304440000	101 犀鳕科 ,102 多丝真鳕科 ,103 鳕科 ,104 长尾鳕科 ,105 黑鳕科 ,106 无须鳕科 ,107 深海鳕科 ,108 南极鳕科鱼
0304450000	999
0304460000	999
0304470010	999
0304470090	999
0304480010	999
0304480090	999
0304490010	999
0304490090	999
0304510010	101 养殖 ,102 野生
0304510020	101 养殖 ,102 野生

HS 编码	CIQ 扩展品名
0304510090	103 鲜或冷的养殖胡鲶属,115 鱼芒鲶属,101 口孵非鲫属,102 鱼芒鲶属,104 鲜或冷的养殖真鮰属,105 鲜或冷的养殖鲤属,106 鲜或冷的养殖鲫属,107 鲜或冷的养殖草鱼,108 鲜或冷的养殖鲢属,109 鲜或冷的养殖鲮属,110 鲜或冷的养殖青鱼,111 鳗鲡属,112 尼罗尖吻鲈,113 醴属,114 口孵非鲫属,116 鲜或冷的野生胡鲶属,117 鲜或冷的野生真鮰属,118 鲜或冷的野生鲤属,119 鲜或冷的野生鲫属,120 鲜或冷的野生草鱼,121 鲜或冷的野生鲢属,122 鲜或冷的野生鲮属,123 鲜或冷的野生青鱼,124 鳗鲡属,125 尼罗尖吻鲈,126 醴属,127 鲜或冷的养殖鲶属,128 卡特拉鲃、野鲮属、哈氏纹唇鱼、何氏细须鲃、鲂属,129 鲜或冷的野生鲶属,130 卡特拉鲃、野鲮属、哈氏纹唇鱼、何氏细须鲃、鲂属
0304520000	101 养殖,102 野生
0304530000	107 深海鳕科,108 南极鳕科,101 犀鳕科,102 多丝真鳕科,103 鳕科,104 长尾鳕科,105 黑鳕科,106 无须鳕科
0304540000	999
0304550000	999
0304560010	999
0304560090	999
0304570010	999
0304570090	999
0304590010	999
0304590090	101 养殖石斑鱼,102 养殖鲥鱼,103 非生食,104 可能用于生食,105 养殖安康鱼,106 养殖海鲂,107 养殖鲆鱼,108 养殖其他鱼,109 非生食,110 可能用于生食,111 野生石斑鱼,112 野生鲥鱼,113 野生安康鱼,114 野生海鲂,115 野生鲆鱼,116 野生鲽鱼,117 海鲫鱼,118 金线鱼,119 马面鱼,120 马鲛鱼,121 野生其他鱼
0304610000	999
0304621100	101 养殖,102 野生
0304621900	101 养殖,102 野生
0304629000	101 鱼芒鲶属,102 养殖胡鲶属,103 养殖真鮰属,104 鱼芒鲶属,105 野生胡鲶属,106 野生真鮰属,107 养殖鲶属,108 野生鲶属
0304630000	999
0304690010	101 养殖,102 野生
0304690020	101 养殖,102 野生
0304690090	115 鳗鲡属,101 冻的养殖鲤属,102 冻的养殖鲫属,103 冻的养殖草鱼,104 冻的养殖鲢属,105 冻的养殖鲮属,106 冻的养殖青鱼,107 鳗鲡属,108 鳢属,109 冻的野生鲤属,110 冻的野生鲫属,111 冻的野生草鱼,112 冻的野生鲢属,113 冻的野生鲮属,114 冻的野生青鱼,116 鳢属,117 卡特拉鲃、野鲮属、哈氏纹唇鱼、何氏细须鲃、鲂属,118 卡特拉鲃、野鲮属、哈氏纹唇鱼、何氏细须鲃、鲂属
0304710000	101 大西洋鳕鱼,102 太平洋鳕鱼,103 格陵兰鳕鱼
0304720000	999
0304730000	999
0304740000	101 无须鳕属,102 长鳍鳕属
0304750000	999
0304790000	101 犀鳕科,102 多丝真鳕科,103 鳕科,104 长尾鳕科,105 黑鳕科,106 无须鳕科,107 深海鳕科,108 南极鳕科
0304810000	106 养殖大鳞大麻哈鱼,101 非生食,102 可能用于生食,103 养殖红大麻哈鱼,104 养殖细磷大麻哈鱼,107 养殖银大麻哈鱼,108 养殖马苏大麻哈鱼,109 养殖玫瑰大麻哈鱼,110 非生食,111 可能用于生食,112 野生红大麻哈鱼,113 野生细磷大麻哈鱼,114 野生大麻哈鱼,115 野生大鳞大麻哈鱼,116 野生银大麻哈鱼,117 野生马苏大麻哈鱼,118 野生玫瑰大麻哈鱼,119 多瑙哲罗鱼,105 养殖大麻哈鱼
0304820000	106 阿瓜大麻哈鱼,107 吉雨大麻哈鱼鱼,108 亚利桑那大麻哈鱼,109 金腹大麻哈鱼,101 养殖河鳟,102 养殖虹鳟,103 野生河鳟,104 野生虹鳟,105 克拉克大麻哈鱼
0304830000	101 养殖鲽科,102 养殖鲆科,103 养殖舌鳎科,104 养殖鳎科,105 养殖菱鲆科,106 养殖刺鲆科,107 野生鲽科,108 野生鲆科,109 野生舌鳎科,110 野生鳎科,111 野生菱鲆科,112 野生刺鲆科
0304840000	999
0304850000	999
0304860000	101 大西洋鲱鱼,102 太平洋鲱鱼
0304870000	101 金枪鱼属,102 鲣
0304880010	999
0304880090	999
0304890010	999
0304890090	999
0304910000	999
0304920000	999
0304930010	101 养殖,102 野生
0304930020	101 养殖,102 野生
0304930090	124 鳗鲡属,101 口孵非鲫属,102 鱼芒鲶属,103 冻的养殖胡鲶属,104 冻的养殖真鮰属,105 冻的养殖鲤属,106 冻的养殖鲫属,107 冻的养殖草鱼,108 冻的养殖鲢属,109 冻的养殖鲮属,110 冻的养殖青鱼,111 鳗鲡属,125 尼罗尖吻鲈,126 鳢属,112 尼罗尖吻鲈,127 冻的养殖鲶属,128 卡特拉鲃、野鲮属、哈氏纹唇鱼、何氏细须鲃、鲂属,129 冻的野生鲶属,130 卡特拉鲃、野鲮属、哈氏纹唇鱼、何氏细须鲃、鲂属,113 醴属,114 口孵非鲫属,115 鱼芒鲶属,116 冻的野生胡鲶属,117 冻的野生真鮰属,118 冻的野生鲤属,119 冻的野生鲫属,120 冻的野生草鱼,121 冻的野生鲢属,122 冻的野生鲮属,123 冻的野生青鱼
0304940000	999
0304950000	101 犀鳕科,102 多丝真鳕科,103 鳕科,104 长尾鳕科,105 黑鳕科,106 无须鳕科,107 深海鳕科,108 南极鳕科鱼
0304960010	999
0304960090	999
0304970010	999
0304970090	999
0304990010	999

HS 编码	CIQ 扩展品名
0304990090	114 野生海鲂,101 养殖石斑鱼,102 养殖鲥鱼,103 养殖鲷科,104 养殖安康鱼,105 养殖海鲂,106 养殖鲆鱼,107 养殖鲽鱼,108 养殖红鱼,109 养殖其他鱼,110 野生石斑鱼,111 野生鲥鱼,112 野生鲷科,113 野生安康鱼,115 野生鲆鱼,116 野生鲽鱼,117 野生红鱼,118 海鲫鱼,119 金线鱼,120 马面鱼,121 马鲛鱼,122 野生其他鱼
0305100000	101 养殖,102 野生
0305200010	101 干制的养殖濒危鱼鱼肝,102 干制的野生濒危鱼鱼肝,103 干制的养殖濒危鱼鱼卵,104 干制的野生濒危鱼鱼卵,105 干制的养殖濒危鱼鱼精,106 干制的野生濒危鱼鱼精,107 熏制的养殖濒危鱼鱼肝,108 熏制的野生濒危鱼鱼肝,109 熏制的养殖濒危鱼鱼卵,110 熏制的野生濒危鱼鱼卵,111 熏制的养殖濒危鱼鱼精,112 熏制的野生濒危鱼鱼精,113 盐制的养殖濒危鱼鱼肝,114 盐制的野生濒危鱼鱼肝,115 盐制的养殖濒危鱼鱼卵,116 盐制的野生濒危鱼鱼卵,117 盐制的养殖濒危鱼鱼精,118 盐制的野生濒危鱼鱼精
0305200090	111 其他干制的养殖鱼鱼肝,112 其他干制的野生鱼鱼肝,113 其他干制的养殖鱼鱼卵,114 其他干制的野生鱼鱼卵,115 其他干制的养殖鱼鱼精,116 其他干制的野生鱼鱼精,117 其他熏制的养殖鱼鱼肝,118 其他熏制的野生鱼鱼肝,119 其他熏制的养殖鱼鱼卵,120 其他熏制的野生鱼鱼卵,121 其他熏制的养殖鱼鱼精,122 其他熏制的野生鱼鱼精,123 其他盐制的养殖鱼鱼肝,124 其他盐制的野生鱼鱼肝,125 其他盐制的养殖鱼鱼卵,126 其他盐制的野生鱼鱼卵,127 其他盐制的养殖鱼鱼精,128 其他盐制的野生鱼鱼精
0305310010	101 干制的养殖花鳗鲡,102 盐腌或盐渍的养殖花鳗鲡,103 干制的野生花鳗鲡,104 盐腌或盐渍的野生花鳗鲡
0305310020	101 干制的养殖欧洲鳗鲡,102 盐腌或盐渍的养殖欧洲鳗鲡,103 干制的野生欧洲鳗鲡,104 熏制的除外
0305310090	161 干制的养殖鱼,162 干制的野生鱼,163 盐腌或盐渍的养殖鱼,164 盐腌或盐渍的野生鱼
0305320000	101 干制的犀鳕科,102 干制的多丝真鳕科,103 干制的鳕科,104 干制的长尾鳕科,105 干制的黑鳕科,106 干制的无须鳕科,107 干制的深海鳕科,108 干制的南极鳕科,109 盐腌或盐渍的犀鳕科,110 盐腌或盐渍的多丝真鳕科,111 盐腌或盐渍的鳕科,112 盐腌或盐渍的长尾鳕科,113 盐腌或盐渍的黑鳕科,114 盐腌或盐渍的无须鳕科,115 盐腌或盐渍的深海鳕科,116 盐腌或盐渍的南极鳕科
0305390010	999
0305390090	132 盐腌或盐渍的野生石斑鱼,133 盐腌或盐渍的野生鲥鱼,134 盐腌或盐渍的野生鲷科,135 盐腌或盐渍的野生安康鱼,136 盐腌或盐渍的野生海鲂,137 盐腌或盐渍的野生鲆鱼,138 盐腌或盐渍的野生鲽鱼,139 盐腌或盐渍的野生红鱼,140 盐腌或盐渍的海鲫鱼,141 盐腌或盐渍的金线鱼,142 盐腌或盐渍的马面鱼,143 盐腌或盐渍的马鲛鱼,144 盐腌或盐渍的野生杂鱼,101 干制的养殖石斑鱼,102 干制的养殖鲥鱼,103 干制的养殖鲷科,104 干制的养殖安康鱼,105 干制的养殖海鲂,106 干制的养殖鲆鱼,107 干制的养殖鲽鱼,108 干制的养殖红鱼,109 干制的养殖杂鱼,110 盐腌或盐渍的养殖石斑鱼,111 盐腌或盐渍的养殖鲥鱼,112 盐腌或盐渍的养殖鲷科,113 盐腌或盐渍的养殖安康鱼,114 盐腌或盐渍的养殖海鲂,115 盐腌或盐渍的养殖鲆鱼,116 盐腌或盐渍的养殖鲽鱼,117 盐腌或盐渍的养殖红鱼,118 盐腌或盐渍的养殖杂鱼,119 干制的
0305411000	101 养殖,102 野生
0305412000	101 养殖大麻哈鱼,102 养殖多瑙哲罗鱼,103 野生大麻哈鱼,104 野生多瑙哲罗鱼
0305420000	101 养殖大西洋鲱鱼,102 养殖太平洋鲱鱼,103 野生大西洋鲱鱼,104 野生太平洋鲱鱼
0305430000	103 野生河鳟,101 养殖河鳟,102 养殖虹鳟,104 野生虹鳟,105 克拉克大麻哈鱼,106 阿瓜大麻哈鱼,107 吉雨大麻哈鱼,108 亚利桑那大麻哈鱼,109 金腹大麻哈鱼
0305440010	101 养殖,102 野生
0305440020	101 养殖,102 野生
0305440090	131 熏制的养殖鱼,132 熏制的野生鱼
0305490020	999
0305490090	112 熏制的野生鲷科,101 熏制的养殖石斑鱼,102 熏制的养殖鲥鱼,103 熏制的养殖鲷科,104 熏制的养殖安康鱼,105 熏制的养殖海鲂,106 熏制的养殖鲆鱼,107 熏制的养殖鲽鱼,108 熏制的养殖红鱼,109 熏制的其他养殖鱼,110 熏制的野生石斑鱼,111 熏制的野生鲥鱼,113 熏制的野生安康鱼,114 熏制的野生海鲂,115 熏制的野生鲆鱼,116 熏制的野生鲽鱼,117 熏制的野生红鱼,118 熏制的海鲫鱼,119 熏制的金线鱼,120 熏制的马面鱼,121 熏制的马鲛鱼,122 熏制的其他野生鱼
0305510000	101 干制的大西洋鳕鱼,102 干制的太平洋鳕鱼,103 干制的格陵兰鳕鱼
0305520000	101 养殖干制鱼类制品,102 野生干制鱼类制品
0305530000	101 大西洋鳕鱼、格陵兰鳕鱼、太平洋鳕鱼除外
0305540000	101 养殖干制鱼类制品,102 野生干制鱼类制品
0305591000	101 干制的海马,102 干制的海龙,103 药用海马,104 药用海龙
0305599010	999

HS 编码	CIQ 扩展品名
0305599090	101 干制的养殖石斑鱼,102 干制的养殖鲥鱼,103 干制的养殖鲷科,104 干制的养殖安康鱼,105 干制的养殖海鲂,106 干制的养殖鲆鱼,107 干制的养殖鲽鱼,108 干制的养殖红鱼,109 干制的养殖其他鱼,110 干制的野生石斑鱼,111 干制的野生鲥鱼,112 干制的野生鲷科,113 干制的野生安康鱼,114 干制的野生海鲂,115 干制的野生鲆鱼,116 干制的野生鲽鱼,117 干制的野生红鱼,118 干制的海鲫鱼,119 干制的金线鱼,120 干制的马面鱼,121 干制的马鲛鱼,122 干制的野生其他鱼
0305610000	101 盐腌及盐渍的大西洋鲱鱼,102 盐腌及盐渍的太平洋鲱鱼
0305620000	101 盐腌及盐渍的大西洋鳕鱼,102 盐腌及盐渍的太平洋鳕鱼,103 盐腌及盐渍的格陵兰鳕鱼
0305630000	999
0305640010	101 盐腌及盐渍的养殖花鳗鲡,102 盐腌及盐渍的野生花鳗鲡
0305640020	101 盐腌及盐渍的养殖,102 盐腌及盐渍的野生
0305640090	131 盐腌及腌渍的养殖鱼类制品,132 盐腌及腌渍的野生鱼类制品
0305691000	999
0305692000	101 盐腌及盐渍的养殖黄鱼,102 盐腌及盐渍的野生黄鱼
0305693000	102 盐腌及盐渍的野生鲳鱼,101 盐腌及盐渍的养殖鲳鱼外
0305699010	999
0305699090	101 盐腌或盐渍的养殖石斑鱼,102 盐腌或盐渍的养殖鲥鱼,103 盐腌或盐渍的养殖鲷科鱼,104 盐腌或盐渍的养殖安康鱼,105 盐腌或盐渍的养殖海鲂,106 盐腌或盐渍的养殖鲆鱼,107 盐腌或盐渍的养殖鲽鱼,108 盐腌或盐渍的养殖红鱼,109 盐腌或盐渍的养殖其他鱼,110 盐腌或盐渍的野生石斑鱼,111 盐腌或盐渍的野生鲥鱼,112 盐腌或盐渍的野生鲷科鱼,113 盐腌或盐渍的野生安康鱼,114 盐腌或盐渍的野生海鲂,115 盐腌或盐渍的野生鲆鱼,116 盐腌或盐渍的野生鲽鱼,117 盐腌或盐渍的野生红鱼,118 盐腌或盐渍的海鲫鱼,119 盐腌或盐渍的金线鱼,120 盐腌或盐渍的马面鱼,121 盐腌或盐渍的马鲛鱼,122 盐腌或盐渍的其他野生其他鱼
0305710010	999
0305710090	999
0305720010	999
0305720090	101 养殖,102 野生
0305790010	999
0305790090	101 养殖,102 野生
0306110000	101 养殖大螯虾,102 养殖小龙虾,103 野生大螯虾,104 野生小龙虾
0306120000	101 养殖,102 野生
0306141000	101 饲料用梭子蟹,102 养殖,103 野生
0306149011	101 养殖,102 野生
0306149019	101 冻的养殖毛蟹,102 仿岩蟹,103 冻的养殖堪察加拟石蟹,104 冻的养殖短足拟石蟹,105 冻的养殖扁足拟石蟹,106 冻的养殖雪蟹,107 冻的养殖日本雪蟹,108 冻的野生毛蟹,109 仿岩蟹,110 冻的野生堪察加拟石蟹,111 冻的野生短足拟石蟹,112 冻的野生扁足拟石蟹,113 冻的野生雪蟹,114 冻的野生日本雪蟹
0306149090	101 饲料用青蟹,102 饲料用其他海水蟹,103 饲料用淡水蟹,104 养殖花蟹,105 养殖软壳蟹,106 养殖老虎蟹,107 养殖青蟹,108 养殖中华绒螯蟹,109 养殖其他蟹,110 野生花蟹,111 野生软壳蟹,112 野生老虎蟹,113 野生青蟹,114 帝王蟹,115 雪蟹,116 毛蟹,117 面包蟹,118 棕蟹,119 蜘蛛蟹,120 野生其他蟹
0306150000	101 养殖,102 野生
0306161100	101 养殖,102 野生
0306161200	101 养殖,102 野生
0306161900	101 养殖,102 野生
0306162100	101 养殖,102 野生
0306162900	101 养殖,102 野生
0306171100	101 养殖河虾,102 养殖罗氏沼虾,103 养殖其他小虾,104 野生河虾,105 野生红虾,106 野生罗氏沼虾,107 野生其他小虾
0306171900	101 养殖河虾,102 养殖罗氏沼虾,103 养殖其他小虾,104 野生河虾,105 野生红虾,106 野生罗氏沼虾,107 野生其他小虾
0306172100	101 养殖,102 野生
0306172900	101 虎虾,102 养殖南美白对虾,103 养殖草虾,104 养殖其他对虾,105 虎虾,106 野生南美白对虾,107 野生草虾,108 野生其他对虾
0306191100	101 养殖,102 野生
0306191900	101 养殖,102 野生
0306199000	101 养殖,102 野生
0306311000	999
0306319000	102 鲜或冷的带壳或去壳养殖岩礁虾,103 鲜或冷的带壳或去壳野生岩礁虾,104 真龙虾属、龙虾属、岩龙虾属,105 真龙虾属、龙虾属、岩龙虾属,101 活龙虾
0306321000	999
0306329000	102 螯龙虾属,103 螯龙虾属,101 活螯虾
0306331000	105 其他淡水虾蟹,103 其他海水虾蟹,101 青蟹,102 梭子蟹,104 大闸蟹
0306339100	103 野生鲜或冷中华绒螯蟹,102 其他野生鲜或冷蟹,101 大闸蟹
0306339200	103 鲜或冷的养殖梭子蟹,104 鲜或冷的野生梭子蟹,101 活的梭子蟹,102 饲料用梭子蟹
0306339911	101
0306339919	102 鲜或冷的养殖毛蟹,103 仿岩蟹,104 鲜或冷的养殖堪察加拟石蟹,105 鲜或冷的养殖短足拟石蟹,106 鲜或冷的养殖扁足拟石蟹,107 鲜或冷的养殖雪蟹,108 鲜或冷的养殖日本雪蟹,109 帝王蟹,110 鲜或冷的野生毛蟹,111 仿岩蟹,112 鲜或冷的野生堪察加拟石蟹,113 鲜或冷的野生短足拟石蟹,114 鲜或冷的野生扁足拟石蟹,115 鲜或冷的野生雪蟹,116 鲜或冷的野生日本雪蟹,117 帝王蟹,101 其他海水虾蟹

HS 编码	CIQ 扩展品名
0306339990	106 鲜或冷的养殖青蟹,107 鲜或冷的野生青蟹,108 其他鲜或冷的带壳或去壳养殖蟹,109 其他鲜或冷的带壳或去壳野生蟹,102 活的其他海水虾蟹,101 活的青蟹,105 饲料用淡水蟹,104 饲料用其他海水蟹,103 饲料用青蟹
0306341000	999
0306349000	102 养殖,103 野生,101 活挪威海螯虾
0306351000	102 褐虾种苗,101 长额虾属种苗
0306352000	101 养殖,102 野生
0306359001	103 养殖,104 野生,102 饲料用淡水虾,101 饲料用海水虾
0306359090	102 活的斑节对虾,109 活的糠虾,106 马来沼虾,101 活的南美白对虾,107 活的其他淡水虾蟹,103 活的其他对虾,104 活的其他海水虾蟹,110 活的其他甲壳动物,105 青虾,108 活的虾蛄
0306361000	102 斑节对虾,101 南美白对虾,103 其他对虾,104 其他海水虾蟹
0306362000	101 其他养殖鲜或冷虾,102 其他野生鲜或冷虾
0306369001	103 其他养殖鲜或冷虾,104 其他野生鲜或冷虾,102 饲料用淡水虾,101 饲料用海水虾
0306369090	102 活的斑节对虾,109 活的糠虾,106 马来沼虾,101 活的南美白对虾,107 活的其他淡水虾蟹,103 活的其他对虾,104 活的其他海水虾蟹,110 活的其他甲壳动物,105 青虾,108 活的虾蛄
0306391000	109 螯卵,110 龟卵,107 糠虾,103 马来沼虾,105 其他淡水虾蟹,101 其他海水虾蟹,108 其他甲壳动物,102 青虾,106 虾蛄,104 中华小长臂虾
0306399000	103 养殖,104 野生,101 活的其他淡水虾蟹,102 未列出的饲料用其他淡水产品
0306910000	101 养殖干制虾类制品,102 野生干制虾类制品,105 养殖盐腌及盐渍虾类制品,106 野生盐腌及盐渍虾类制品
0306920000	101 养殖干制虾类制品,102 野生干制虾类制品,103 养殖盐腌及盐渍虾类制品,104 野生盐腌及盐渍虾类制品
0306931000	101 养殖干制蟹类制品,102 野生干制蟹类制品,103 养殖盐腌及盐渍蟹类制品,104 野生盐腌及盐渍蟹类制品
0306932000	101 养殖干制蟹类制品,102 野生干制蟹类制品,103 养殖盐腌及盐渍蟹类制品,104 野生盐腌及盐渍蟹类制品
0306939000	101 养殖干制蟹类制品,102 野生干制蟹类制品,103 养殖盐腌及盐渍蟹类制品,104 野生盐腌及盐渍蟹类制品
0306940000	101 养殖干制虾类制品,102 野生干制虾类制品,103 养殖盐腌及盐渍虾类制品,104 野生盐腌及盐渍虾类制品
0306951000	101 养殖干制虾类制品,102 野生干制虾类制品,105 养殖盐腌及盐渍虾类制品,106 野生盐腌及盐渍虾类制品
0306959000	101 养殖干制虾类制品,102 野生干制虾类制品,105 养殖盐腌及盐渍虾类制品,106 野生盐腌及盐渍虾类制品

HS 编码	CIQ 扩展品名
0306990000	103 鲜、冷的其他养殖甲壳动物,104 鲜、冷的其他野生甲壳动物,105 干制的其他养殖甲壳动物,106 干制的其他野生甲壳动物,107 盐腌或盐渍的其他养殖甲壳动物,108 盐腌或盐渍的其他野生甲壳动物,101 活的其他淡水虾蟹,102 未列出的饲料用其他淡水产品
0307111000	999
0307119000	101 蚝,105 蚝,102 蚝,103 蚝,104 蚝
0307120000	101 养殖,102 野生
0307190000	103 蚝,104 蚝,101 蚝,102 蚝
0307211010	999
0307211090	999
0307219010	101 活的扇贝,102 鲜、冷的养殖大珠母贝,103 鲜、冷的野生大珠母贝
0307219090	101 活的扇贝,102 非生食的鲜、冷的养殖扇贝,103 可用于生食的鲜、冷的养殖扇贝,104 非生食的鲜、冷的野生扇贝,105 可用于生食的鲜、冷的野生扇贝
0307220010	101 其他养殖冷冻双壳贝,102 其他野生冷冻双壳贝
0307220090	101 养殖冷冻扇贝,102 野生冷冻扇贝
0307290010	101 干制的养殖大珠母贝,102 干制的野生大珠母贝,103 盐腌或盐渍的养殖大珠母贝,104 盐腌或盐渍的野生大珠母贝
0307290090	103 盐腌或盐渍的养殖扇贝,104 盐腌或盐渍的野生扇贝,101 干制的养殖扇贝,102 干制的野生扇贝
0307311000	999
0307319001	101 养殖,102 野生
0307319090	999
0307320000	101 养殖冷冻贻贝,102 其他野生冷冻双壳贝
0307390000	101 养殖干制贝类制品,102 野生干制贝类制品,103 养殖盐腌及盐渍贝类制品,104 野生盐腌及盐渍贝类制品
0307421000	101 墨鱼,102 鱿鱼
0307429100	105 乌贼属、巨粒僧头乌贼、耳乌贼属,106 乌贼属、巨粒僧头乌贼、耳乌贼属,107 柔鱼属、枪乌贼属、双柔鱼属、拟乌贼属,108 柔鱼属、枪乌贼属、双柔鱼属、拟乌贼属,101 墨鱼,102 活的鱿鱼,103 饲料用乌贼,104 饲料用鱿鱼
0307429900	105 其他鲜、冷的养殖墨鱼,106 其他鲜、冷的野生墨鱼,107 其他鲜、冷的养殖鱿鱼,108 其他鲜、冷的野生鱿鱼,101 墨鱼,102 活的鱿鱼,103 饲料用乌贼,104 饲料用鱿鱼
0307431000	101 乌贼属、巨粒僧头乌贼、耳乌贼属,102 乌贼属、巨粒僧头乌贼、耳乌贼属,103 柔鱼属、枪乌贼属、双柔鱼属、拟乌贼属,104 柔鱼属、枪乌贼属、双柔鱼属、拟乌贼属
0307439000	101 其他冻的养殖墨鱼,102 其他冻的野生墨鱼,103 其他冻的养殖鱿鱼,104 其他冻的野生鱿鱼

HS 编码	CIQ 扩展品名
0307491000	101 乌贼属、巨粒僧头乌贼、耳乌贼属 ,102 乌贼属、巨粒僧头乌贼、耳乌贼属 ,103 柔鱼属、枪乌贼属、双柔鱼属、拟乌贼属 ,104 柔鱼属、枪乌贼属、双柔鱼属、拟乌贼属 ,105 乌贼属、巨粒僧头乌贼、耳乌贼属 ,106 乌贼属、巨粒僧头乌贼、耳乌贼属 ,107 柔鱼属、枪乌贼属、双柔鱼属、拟乌贼属 ,108 柔鱼属、枪乌贼属、双柔鱼属、拟乌贼属
0307499000	101 其他干制的养殖墨鱼 ,102 其他干制的野生墨鱼 ,103 其他干制的养殖鱿鱼 ,104 其他干制的野生鱿鱼 ,105 其他盐制的养殖墨鱼 ,106 其他盐制的野生墨鱼 ,107 其他盐制的养殖鱿鱼 ,108 其他盐制的野生鱿鱼
0307510000	101 活的章鱼 ,102 饲料用章鱼 ,103 非生食的 ,104 可用于非生食的
0307520000	101 养殖 ,102 野生
0307590000	101 饲料用章鱼 ,102 干制的章鱼 ,103 盐制的章鱼
0307601010	101 田螺 ,102 蜗牛
0307601090	101 田螺 ,102 蜗牛
0307609010	101 田螺 ,102 蜗牛 ,103 其他软体
0307609090	101 活的田螺 ,102 活的蜗牛 ,103 鲜、冷的养殖蜗牛及螺 ,104 鲜、冷的野生蜗牛及螺 ,105 冻的养殖蜗牛及螺,106 冻的野生蜗牛及螺,107 干的养殖蜗牛及螺,108 干的野生蜗牛及螺,109 盐腌或盐渍的养殖蜗牛及螺 ,110 盐腌或盐渍的野生蜗牛及螺
0307711010	999
0307711090	999
0307719100	104 活的其他海水贝 ,105 活的其他淡水贝 ,106 活的其他软体及其他水生无脊椎动物 ,107 鲜、冷的养殖蛤 ,108 鲜、冷的野生蛤
0307719910	101 活的砗磲 ,102 鲜、冷的养殖砗磲 ,103 鲜、冷的野生砗磲
0307719920	101 活的 ,102 鲜、冷的
0307719990	101 鲜、冷的鸟蛤 ,102 鲜、冷的舟贝 ,103 非生食的鲜、冷的赤贝 ,104 可用于生食的鲜、冷的赤贝 ,105 鲜、冷的养殖缢蛏 ,106 活的文蛤 ,107 活的食用杂色蛤 ,108 活的紫石房蛤 ,109 赤贝 ,110 活的泥蚶 ,111 活的缢蛏 ,112 活的其他鸟蛤及舟贝
0307720010	999
0307720020	999
0307720090	101 冻的其他养殖蛤 ,102 冻的其他野生蛤 ,103 冻的养殖鸟蛤 ,104 冻的野生鸟蛤 ,105 冻的养殖舟贝 ,106 冻的野生舟贝 ,107 冻的养殖缢蛏 ,108 冻的养殖扇贝 ,109 冻的野生扇贝 ,110 冻的野生北极贝 ,111 冻的养殖杂色蛤
0307790010	101 干制的砗磲 ,102 盐制的砗磲
0307790020	101 干制的粗饰蚶 ,102 盐制的粗饰蚶
0307790090	101 干制的其他养殖蛤 ,102 干制的其他野生蛤 ,103 干制的其他养殖鸟蛤 ,104 干制的其他野生鸟蛤 ,105 干制的其他养殖舟贝 ,106 干制的其他野生舟贝 ,107 盐制的其他养殖蛤 ,108 盐制的其他野生蛤 ,109 盐制的其他养殖鸟蛤 ,110 盐制的其他野生鸟蛤 ,111 盐制的其他养殖舟贝 ,112 盐制的其他野生舟贝

HS 编码	CIQ 扩展品名
0307811000	999
0307819000	101 活的鲍鱼鲍鱼 ,102 鲜、冷养殖的鲍鱼 ,103 鲜、冷野生的鲍鱼
0307821000	999
0307829000	102 凤螺属 ,103 凤螺属 ,101 活的
0307830000	101 养殖 ,102 野生
0307840000	101 养殖 ,102 野生
0307870000	101 鲍属 ,102 鲍属 ,103 鲍属 ,104 鲍属
0307880000	101 凤螺属 ,102 凤螺属 ,103 凤螺属 ,104 凤螺属
0307911010	101 其他海水贝 ,102 其他淡水贝 ,103 其他棘皮动物 ,104 其他软体及其他水生无脊椎动物
0307911090	106 缢蛏 ,107 紫石房蛤 ,108 海螺 ,109 象拔蚌 ,110 其他海水贝 ,111 河蚌 ,101 赤贝 ,102 泥蚶 ,103 文蛤 ,104 杂色蛤苗 ,105 大竹蛏 ,112 河蚬 ,113 其他淡水贝 ,117 其他软体及其他水生无脊椎动物
0307919010	999
0307919020	101 活的 ,102 鲜、冷的蚬属
0307919030	101 活的 ,102 非生食的养殖象拔蚌 ,103 可用于生食的养殖象拔蚌 ,104 非生食的野生象拔蚌 ,105 可用于生食的野生象拔蚌
0307919090	101 活的软体动物 ,102 非生食的养殖北极贝 ,103 可用于生食的养殖北极贝 ,104 非生食的野生北极贝 ,105 可用于生食的野生北极贝 ,106 鲜、冷的其他养殖双壳贝类 ,114 活的有害软体动物 ,107 鲜、冷的其他野生双壳贝类 ,108 鲜、冷的其他养殖单壳贝类 ,109 鲜、冷的其他野生单壳贝类 ,110 鲜、冷的养殖头足类 ,111 鲜、冷的其他野生头足类 ,112 鲜、冷的其他养殖软体动物 ,113 鲜、冷的其他野生软体动物 ,115 活的海螺
0307920010	101 养殖 ,102 野生
0307920020	101 养殖 ,102 野生
0307920090	101 养殖 ,102 野生
0307990010	999
0307990020	101 冻的 ,102 干的 ,103 盐腌或盐渍
0307990090	101 干制的养殖软体动物 ,102 干制的野生软体动物 ,103 盐腌或盐渍的养殖软体动物 ,104 盐腌或盐渍的野生软体动物
0308111010	999
0308111090	999
0308119010	101 活的暗色刺参 ,102 鲜或冷的养殖暗色刺参 ,103 鲜或冷的野生暗色刺参
0308119020	101 活的其他海参 ,102 鲜或冷的养殖其他海参 ,103 鲜或冷的野生其他海参
0308119090	101 活的其他海参 ,102 鲜或冷的养殖其他海参 ,103 鲜或冷的野生其他海参
0308120010	101 养殖冷冻海参 ,102 野生冷冻海参
0308120020	101 养殖冷冻海参 ,102 野生冷冻海参
0308120090	101 养殖冷冻海参 ,102 野生冷冻海参
0308190010	101 干制的养殖暗色刺参 ,102 干制的野生暗色刺参 ,103 盐腌或盐渍的养殖暗色刺参 ,104 盐腌或盐渍的野生暗色刺参
0308190020	101 干制的其他养殖刺参 ,102 干制的其他野生刺参 ,103 盐腌或盐渍的其他养殖刺参 ,104 盐腌或盐渍的其他野生刺参

HS 编码	CIQ 扩展品名
0308190090	101 仿刺参、海参纲 ,102 仿刺参、海参纲 ,103 仿刺参、海参纲 ,104 仿刺参、海参纲
0308211000	999
0308219010	101 活的海胆纲 ,102 鲜或冷的养殖海胆纲 ,103 鲜或冷的野生海胆纲
0308219090	101 活的海胆 ,102 鲜或冷的养殖海胆 ,103 鲜或冷的野生海胆
0308220010	101 养殖冷冻海胆 ,102 野生冷冻海胆
0308220090	101 养殖冷冻海胆 ,102 野生冷冻海胆
0308290010	101 干制的养殖海胆纲 ,102 干制的野生海胆纲 ,103 盐制的养殖海胆纲 ,104 盐制的野生海胆纲
0308290090	101 干制的养殖海胆 ,102 干制的野生海胆 ,103 盐制的养殖海胆 ,104 盐制的野生海胆
0308301100	999
0308301900	101 活的海蜇 ,102 鲜或冷的养殖海蜇 ,103 鲜或冷的野生海蜇
0308309000	101 海蜇属 ,103 海蜇属 ,105 海蜇属 ,106 海蜇属 ,107 海蜇属 ,108 海蜇属
0308901110	999
0308901190	999
0308901200	999
0308901910	999
0308901990	101 饲料用红赤虫 ,102 饲料用丰年虫 ,103 鲜或冷 ,104 鲜或冷的其他养殖棘皮类 ,105 鲜或冷的其他野生棘皮类 ,106 活的珊瑚虫 ,107 活的海鞘 ,108 活的食用海肠 ,109 活的饲料用海肠 ,110 活的其他食用水生无脊椎动物 ,111 活的其他饲料用水生无脊椎动物 ,112 活的其他种用观赏水生无脊椎动物
0308909010	111: 其他冻的养殖濒危水生无脊椎动物 ,112: 其他冻的野生濒危水生无脊椎动物 ,113: 其他干制的养殖濒危水生无脊椎动物 ,114: 其他干制的野生濒危水生无脊椎动物 ,115: 其他盐制的养殖濒危水生无脊椎动物 ,116: 其他盐制的野生濒危水生无脊椎动物
0308909090	105 其他冷冻的养殖棘皮类 ,106 其他冷冻的野生棘皮类 ,111 其他冻的养殖水生无脊椎动物 ,112 其他冻的野生水生无脊椎动物 ,113 其他干制的养殖水生无脊椎动物 ,114 其他干制的野生水生无脊椎动物 ,115 其他盐制的养殖水生无脊椎动物 ,116 其他盐制的野生水生无脊椎动物
0401100000	101 巴氏杀菌乳 ,102 超高温灭菌乳 ,103 保持灭菌乳 ,104 巴氏杀菌工艺调制乳 ,105 其他乳与乳制品 ,106 灭菌工艺调制乳 ,107 其他调制乳
0401200000	101 巴氏杀菌乳 ,102 超高温灭菌乳 ,103 保持灭菌乳 ,104 巴氏杀菌工艺调制乳 ,105 生乳 ,106 其他乳与乳制品 ,107 其他调制乳 ,108 灭菌工艺调制乳
0401400000	101 稀奶油 ,102 淡炼乳 ,103 加糖炼乳 ,104 调制淡炼乳 ,105 其他乳与乳制品
0401500000	101 稀奶油 ,102 奶油 ,103 无水奶油 ,104 淡炼乳 ,105 加糖炼乳 ,106 调制淡炼乳 ,107 其他乳与乳制品

HS 编码	CIQ 扩展品名
0402100000	101 脱脂乳粉 ,102 儿童调制乳粉 ,103 其他乳与乳制品 ,104 孕产妇调制乳粉 ,105 其他调制乳粉
0402210000	101 全脂乳粉 ,103 部分脱脂乳粉 ,104 儿童调制乳粉 ,105 其他乳与乳制品 ,106 孕产妇调制乳粉 ,107 其他调制乳粉
0402290000	101 儿童调制乳粉 ,102 其他乳与乳制品 ,103 孕产妇调制乳粉 ,104 其他调制乳粉
0402910000	101 巴氏杀菌工艺调制乳 ,102 稀奶油 ,103 奶油 ,104 无水奶油 ,105 其他奶油 ,106 淡炼乳 ,107 调制淡炼乳 ,108 其他炼乳 ,109 其他乳与乳制品 ,110 灭菌工艺调制乳 ,111 其他调制乳
0402990000	101 巴氏杀菌工艺调制乳 ,102 稀奶油 ,103 奶油 ,104 无水奶油 ,105 其他奶油 ,106 加糖炼乳 ,107 调制加糖炼乳 ,108 其他炼乳 ,109 其他乳与乳制品 ,110 灭菌工艺调制乳 ,111 其他调制乳
0403100000	101 发酵乳 ,102 其他乳与乳制品 ,103 风味发酵乳
0403900000	101 风味发酵乳 ,102 奶油 ,103 无水奶油 ,104 其他乳与乳制品
0404100000	101 饲料用乳粉 ,102 饲料用乳清粉 ,103 脱盐乳清粉 ,104 非脱盐乳清粉 ,105 乳清蛋白粉 ,106 其他乳清粉 ,107 其他乳与乳制品
0404900000	999
0405100000	101 奶油 ,102 无水奶油 ,103 其他奶油
0405200000	101 调制淡炼乳 ,102 其他乳与乳制品
0405900000	101 其他奶油 ,102 其他乳与乳制品
0406100000	101 非熟化干酪 ,102 其他干酪
0406200000	101 霉菌成熟干酪 ,102 其他熟化干酪 ,103 非熟化干酪 ,104 其他干酪
0406300000	101 再制干酪 ,102 其他干酪
0406400000	101 霉菌成熟干酪 ,102 其他干酪
0406900000	999
0407110010	999
0407110090	999
0407190010	101 鸭种蛋 ,102 鹅种蛋 ,103 鸵鸟种蛋 ,104 火鸡种蛋 ,105 鸽种蛋 ,106 其他种蛋
0407190090	101 鸭种蛋 ,102 鹅种蛋 ,103 鸵鸟种蛋 ,104 火鸡种蛋 ,105 鸽种蛋 ,106 其他种蛋
0407210000	999
0407290010	999
0407290090	101 食用鸭蛋 ,102 食用鹅蛋 ,103 食用鸽蛋 ,104 食用鹌鹑蛋 ,105 食用鹧鸪蛋 ,106 食用火鸡蛋 ,107 食用鸵鸟蛋 ,108 食用
0407901000	999
0407902000	999
0407909010	999
0407909090	999
0408110000	999
0408190000	101 咸蛋黄 ,102 食用蛋黄粉
0408910000	101 食用全蛋粉 ,102 片 ,103 干的其他食用蛋制品
0408990000	101 即食蛋沙律 ,102 其他食用蛋制品 ,103 全蛋液 ,104 蛋黄液 ,105 蛋白液 ,106 冰全蛋 ,107 冰蛋黄 ,108 冰蛋白

HS 编码	CIQ 扩展品名
0409000000	101 药用蜂蜜 ,102 食用蜂蜜
0410001000	101 毛燕 ,102 食用燕窝 ,103 燕窝制品 ,104 具有保健食品批准文号
0410004100	999
0410004200	999
0410004300	999
0410004900	101 药用蜂房 ,102 药用蜂胶 ,103 蜂胶 ,104,105 蜂胶乙醇提取物
0410009010	101 批准为新食品原料 ,102 其他未列出的动物源性食品
0410009090	101 食用龟蛋 ,102 食用鳖蛋 ,103 其他两栖类动物食用蛋品 ,104 其他爬行类动物食用蛋品 ,105 批准为新食品原料 ,106 其他未列出的动物源性食品
0501000000	999
0502101000	999
0502102000	999
0502103000	101 猪毛 ,102 猪鬃
0502901100	999
0502901200	999
0502901910	101 鬃 ,102 绒 ,103 绒 ,104 獾毛 ,105 其他饲养奇蹄动物鬃毛 ,106 其他野生奇蹄动物鬃毛 ,107 其他饲养偶蹄动物鬃毛 ,108 其他野生偶蹄动物鬃毛 ,109 未列出的其他动物鬃毛
0502901990	101 牛毛 ,102 牦牛毛 ,103 水牛毛 ,104 绵羊毛 ,105 山羊毛 ,106 鬃 ,107 绒 ,108 绒 ,109 獾毛 ,110 其他饲养奇蹄动物鬃毛 ,111 其他野生奇蹄动物鬃毛 ,112 其他饲养偶蹄动物鬃毛 ,113 其他野生偶蹄动物鬃毛 ,114 未列出的其他动物鬃毛
0502902010	101 獾毛 ,102 其他饲养奇蹄动物鬃毛 ,103 其他野生奇蹄动物鬃毛 ,104 其他饲养偶蹄动物鬃毛 ,105 其他野生偶蹄动物鬃毛 ,106 未列出的其他动物鬃毛
0502902090	101 獾毛 ,102 其他饲养奇蹄动物鬃毛 ,103 其他野生奇蹄动物鬃毛 ,104 其他饲养偶蹄动物鬃毛 ,105 其他野生偶蹄动物鬃毛 ,106 未列出的其他动物鬃毛
0504001100	999
0504001200	999
0504001300	999
0504001400	999
0504001900	101 鲜、冷、冻猪肠衣 ,102 干、熏的猪肠衣 ,103 鲜、冷、冻牛肠衣 ,104 干、熏、盐腌或腌渍的牛肠衣 ,105 鲜、冷、冻绵羊肠衣 ,106 干、熏的绵羊肠衣 ,107 鲜、冷、冻山羊肠衣 ,108 干、熏的山羊肠衣 ,109 鲜、冷、冻鹿肠衣 ,110 干、熏、盐腌或腌渍的鹿肠衣 ,111 鲜、冷、冻其他动物肠衣 ,112 干、熏、盐腌或腌渍的其他动物肠衣
0504002100	101 冷藏的鸡胗、胃 ,102 冻藏的鸡胗、胃

HS 编码	CIQ 扩展品名
0504002900	105 鲜、冷、冻的牛网胃 ,106 鲜、冷、冻的牛瘤胃 ,107 干、熏、盐腌或盐渍的牛真胃 ,108 干、熏、盐腌或盐渍的牛瓣胃、牛百叶 ,109 干、熏、盐腌或盐渍的牛网胃 ,110 干、熏、盐腌或盐渍的牛瘤胃 ,111 鲜、冷、冻的绵羊真胃 ,112 鲜、冷、冻的绵羊瓣胃、绵羊百叶 ,113 鲜、冷、冻的绵羊网胃 ,114 鲜、冷、冻的绵羊瘤胃 ,115 干、熏、盐腌或盐渍的绵羊真胃 ,116 干、熏、盐腌或盐渍的绵羊瓣胃、绵羊百叶 ,117 干、熏、盐腌或盐渍的绵羊网胃 ,118 干、熏、盐腌或盐渍的绵羊瘤胃 ,119 鲜、冷、冻的山羊真胃 ,120 鲜、冷、冻的山羊瓣胃、山羊百叶 ,121 鲜、冷、冻的山羊网胃 ,122 鲜、冷、冻的山羊瘤胃 ,123 干、熏、盐腌或盐渍的山羊真胃 ,124 干、熏、盐腌或盐渍的山羊瓣胃、山羊百叶 ,125 干、熏、盐腌或盐渍的山羊网胃 ,126 干、熏、盐腌或盐渍的山羊瘤胃 ,127 鲜、冷、冻的鹿真胃 ,128 鲜、冷、冻的
0504009000	101 鲜、冷、冻的猪肠 ,102 干、熏、盐腌或盐渍的猪肠 ,103 鲜、冷、冻的猪膀胱 ,104 干、熏、盐腌或盐渍的猪膀胱 ,105 鲜、冷、冻的牛肠 ,106 干、熏、盐腌或盐渍的牛肠 ,107 鲜、冷、冻的牛膀胱 ,108 干、熏、盐腌或盐渍的牛膀胱 ,109 鲜、冷、冻的绵羊肠 ,110 干、熏、盐腌或盐渍的绵羊肠 ,111 鲜、冷、冻的绵羊膀胱 ,112 干、熏、盐腌或盐渍的绵羊膀胱 ,113 鲜、冷、冻的山羊肠 ,114 干、熏、盐腌或盐渍的山羊肠 ,115 鲜、冷、冻的山羊膀胱 ,116 干、熏、盐腌或盐渍的山羊膀胱 ,117 鲜、冷、冻的鹿肠 ,118 干、熏、盐腌或盐渍的鹿肠 ,119 鲜、冷、冻的鹿膀胱 ,120 干、熏、盐腌或盐渍的鹿膀胱 ,121 鲜、冷、冻的其他动物肠 ,122 干、熏、盐腌或盐渍的其他动物肠 ,123 鲜、冷、冻的其他动物膀胱 ,124 干、熏、盐腌或盐渍的其他动物膀胱
0505100010	999
0505100090	999
0505901000	101 鸡毛 ,102 鸭毛 ,103 鸭绒 ,104 鹅毛 ,105 鹅绒 ,106 火鸡毛 ,107 其他禽鸟羽毛
0505909010	101 绒 ,102 其他禽鸟羽毛
0505909090	101 鸡毛 ,102 鸭毛 ,103 鸭绒 ,104 鹅毛 ,105 鹅绒 ,106 火鸡毛 ,107 其他禽鸟羽毛
0506100000	101 猪骨 ,102 猪蹄壳 ,103 牛骨 ,104 牛蹄壳 ,105 含饲养偶蹄动物的杂骨、骨块、骨粒 ,106 其他饲养偶蹄动物骨、蹄、角 ,107 未列出的其他动物骨、蹄、角
0506901110	999
0506901190	101 骨成分 67% 以上 ,102 骨成分 67% 以上 ,103 饲料用混合型饲养偶蹄动物骨粉
0506901910	999
0506901990	101 骨成分 67% 以上 ,102 饲料用混合型饲养偶蹄动物骨粉 ,103 饲料用其他饲养偶蹄动物粉 ,104 骨成分 67% 以上 ,105 骨成份 67% 以上 ,106 饲料用其他动物蹄粉 ,107 饲料用其他动物角粉 ,108 未列出的饲料用其他动物粉
0506909011	999
0506909019	999
0506909021	999

HS 编码	CIQ 扩展品名
0506909029	999
0506909031	101 其他野生偶蹄动物骨、蹄、角,102 未列出的其他动物骨、蹄、角
0506909039	999
0506909091	999
0506909099	999
0507100010	999
0507100020	101 其他野生偶蹄动物骨、蹄、角,102 象牙,103 未列出的其他动物骨、蹄、角
0507100030	101 含饲养偶蹄动物的杂骨、骨块、骨粒,102 其他饲养偶蹄动物骨、蹄、角,103 其他野生偶蹄动物骨、蹄、角,104 象牙,105 未列出的其他动物骨、蹄、角
0507100090	101 含饲养偶蹄动物的杂骨、骨块、骨粒,102 其他饲养偶蹄动物骨、蹄、角,103 其他野生偶蹄动物骨、蹄、角,104 未列出的其他动物骨、蹄、角
0507901000	101 羚羊角,102 药用羚羊角
0507902000	101 饲养鹿的鹿茸,102 非饲养鹿的鹿茸,103 药用鹿茸,104 药用马鹿茸
0507909010	101 饲养鹿的鹿角,102 含饲养偶蹄动物的杂骨、骨块、骨粒,103 其他饲养偶蹄动物骨、蹄、角,104 非饲养鹿的鹿角,105 其他野生偶蹄动物骨、蹄、角,106 未列出的其他动物骨、蹄、角,201 药用水牛角,202 药用龟甲,203 药用鳖甲,204 药用鹿角
0507909090	101 猪蹄壳,102 牛蹄壳,103 牛角,104 饲养鹿的鹿角,105 含饲养偶蹄动物的杂骨、骨块、骨粒,106 其他饲养偶蹄动物骨、蹄、角,107 非饲养鹿的鹿角,108 其他野生偶蹄动物骨、蹄、角,109 未列出的其他动物骨、蹄、角,201 药用水牛角,202 药用龟甲,203 药用鳖甲,204 药用鹿角
0508001010	999
0508001090	101 药用瓦楞子,102 药用海螵蛸,103 药用蛤壳,104 药用石决明,105 壳,106 药用珍珠母,108 未列出的饲料用其他动物粉
0508009010	999
0508009090	999
0510001010	101 药用牛黄,102 药用人工牛黄,103 药用体外培育牛黄
0510001020	999
0510001090	999
0510002010	999
0510002020	999
0510003000	999
0510004000	999
0510009010	101
0510009090	101 药用九香虫,102 药用虫白蜡,103 药用土鳖虫,104 药用蝉蜕,105 药用僵蚕,106 药用桑螵蛸,107 药用地龙,108 药用蜈蚣,109 药用全蝎,110 药用鸡内金,111 药用猪胆粉,112 药用哈蟆油,113 药用蛇蜕,114 药用水蛭,118 其他药用动物源性中药材
0511100010	999
0511100090	101 牛精液,102 其他精液
0511911110	999
0511911190	101 鲈鱼卵,102 鲑鱼卵,103 鲟鱼卵,104 牙鲆鱼卵,105 虹鳟鱼卵,106 河豚鱼卵,107 大鲮鲆鱼卵,108 其他受精卵
0511911910	101 受精卵,102 用作鱼饵的海水鱼,103 用作鱼饵的淡水鱼
0511911990	101 受精卵,102 用作鱼饵的海水鱼,103 用作鱼饵的淡水鱼
0511919010	101 头索类,102 头索类以外
0511919090	101 头索类,102 头索类以外
0511991010	999
0511991090	101 猪精液,102 绵羊精液,103 山羊精液,104 马精液,105 其他精液
0511992010	999
0511992090	101 牛胚胎,102 猪胚胎,103 马胚胎,104 绵羊胚胎,105 山羊胚胎,106 其他胚胎
0511993000	999
0511994010	101 含马尾毛,102 其他饲养奇蹄动物鬃毛,103 含尾毛,104 其他野生奇蹄动物鬃毛
0511994090	101 含马尾毛,102 其他饲养奇蹄动物鬃毛,103 含尾毛,104 其他野生奇蹄动物鬃毛
0511999010	101 其他动物卵细胞,102 其他动物繁殖材料,103 其他野生奇蹄动物鬃毛,104 其他野生偶蹄动物鬃毛,105 偶蹄动物标本,106 奇蹄动物标本,107 禽鸟标本,108 爬行动物标本,109 其他动物标本,110 动物尸体
0511999090	101 鳖卵,102 龟卵,103 蚕卵,104 牛卵细胞,105 猪卵细胞,106 绵羊卵细胞,107 山羊卵细胞,108 其他动物卵细胞,109 其他动物繁殖材料,110 其他动物,111 其他饲养奇蹄动物鬃毛,112 其他饲养偶蹄动物鬃毛,113 其他禽鸟羽毛,114 蚕茧,115 蚕蛹,116 不包含蚕丝等纺织原料,117 偶蹄动物标本,118 奇蹄动物标本,119 禽鸟标本,120 爬行动物标本,121 其他动物标本,122 动物尸体,131 鳞片,132 药用蛤蚧,133 药用蟾酥,134 药用金钱白花蛇,135 药用蕲蛇,136 药用乌梢蛇
0601101000	999
0601102100	999
0601102900	999
0601109110	999
0601109191	999
0601109199	101 球根海棠,102 其他观赏花木,103 鳞球块根茎,104 种用,105 种用,106 郁金香球茎,107 朱顶兰球茎,108 睡莲块根,109 水仙花球茎,110 其他鳞球块根茎
0601109910	999
0601109991	999
0601109999	101 水仙花球茎,102 其他鳞球块根茎
0601200010	999
0601200020	999
0601200091	999
0601200099	101 鳞球块根茎,102 种用,103 种用,104 甘薯块茎,105 百合球茎,106 郁金香球茎,107 朱顶兰球茎,108 睡莲块根,109 水仙花球茎,110 其他鳞球块根茎
0602100010	101 营养体,102 其他组培苗
0602100090	101 其他观赏花木,102 营养体

HS 编码	CIQ 扩展品名
0602201000	101 芭蕉苗木,102 番石榴苗木,103 柑桔苗木,104 海棠苗木,105 胡桃苗木,106 梨苗木,107 李苗木,108 荔枝苗木,109 芒果苗木,110 葡萄苗木,111 苹果苗木,112 木瓜苗木,113 山核桃苗木,114 山楂苗木,115 柿苗木,116 香蕉苗木,117 杏苗木,118 椰子苗木,119 枇杷苗木,120 橄榄苗木,121 桃苗木,122 草莓苗木,123 樱桃苗木,124 甘蔗苗木,125 木莓苗木,126 其他果树苗木,127 其他组培苗
0602209000	999
0602301000	101 观赏花木,102 其他组培苗,103 营养体
0602309000	999
0602401000	101 玫瑰,102 其他组培苗,103 营养体
0602409000	999
0602901000	999
0602909110	101 春兰,102 君子兰,103 蝴蝶兰,104 惠兰,105 石槲兰,106 卡特利亚兰,107 舞女兰,108 兰花,109 其他组培苗,110 营养体
0602909120	999
0602909191	102 其他观赏花木,103 其他组培苗,104 营养体,101 其他林木苗木
0602909199	101 白腊槭苗木,102 长叶松苗木,103 岛松苗木,104 其他松属苗木,105 黄檀苗木,106 柳苗木,107 榆苗木,108 杉属苗木,109 梧桐苗木,110 棕榈苗木,111 栎树苗木,112 槟榔苗木,113 其他林木苗木,114 牡丹,115 安祖花,116 其他观赏花木,117 其他组培苗,118 营养体
0602909200	101 蝴蝶兰,102 兰花
0602909300	999
0602909410	999
0602909490	101 观赏花木,102 药用百合
0602909500	999
0602909910	999
0602909920	999
0602909930	999
0602909991	101 其他观赏花木,102 其他盆景,103 组培苗,104 营养体
0602909999	101 长春花,102 复盆子,103 龙舌兰,104 水仙,105 黄杨,106 郁金香,107 茶花,108 春兰,109 君子兰,110 芦荟,111 含笑花,112 仙客来,113 万年青,114 牡丹,115 月季,116 惠兰,117 洋桔梗,118 天竺葵,119 唐菖蒲,120 一品红,121 非洲菊,122 满天星,123 安祖花,124 球根海棠,125 马蹄莲,126 石槲兰,127 卡特利亚兰,128 舞女兰,129 海枣,130 富贵竹,131 散尾葵,132 万寿菊,133 绿藤,134 姜花,135 年桔,136 草皮,137 其他观赏花木,138 三角枫盆景,139 五角枫盆景,140 鸡爪槭盆景,141 山茶花盆景,142 翠竹盆景,143 白花杜鹃盆景,144 金豆盆景,145 腊梅盆景,146 榕盆景,147 榆盆景,148 五针松盆景,149 罗汉松盆景,150 金钱松盆景,151 福建茶盆景,152 乌头叶蛇葡萄盆景,153 朱砂根盆景,154 紫金牛盆景,155 凌宵盆景,156 花孝顺竹盆景,157 凤尾竹盆景,158 黄杨盆景,159 锦鸡儿盆景,160 雪松属盆景,161 朴盆景,162 木桃盆景,163 代代盆景,164 佛手盆景,165 金桔盆
0603110000	999
0603120000	999
0603130000	101 洋兰切花,102 鹤望兰切花,103 其他切花
0603140000	999
0603150000	999
0603190010	999
0603190090	999
0603900010	999
0603900090	999
0604201000	101 苔藓及地衣,102 栽培介质,103 栽培介质
0604209010	999
0604209090	101 其他林木苗木,102 其他观赏花木,103 富贵竹切花,104 未列出的其他植物
0604901000	101 苔藓及地衣,102 栽培介质,103 栽培介质
0604909010	999
0604909090	102 未列出的其他植物产品,101 干花
0701100000	999
0701900000	999
0702000000	999
0703101000	999
0703102000	999
0703201000	102 蒜头,101 大蒜
0703202000	101 蒜苔,102 蒜苗,103 青蒜
0703209000	999
0703901000	999
0703902000	999
0703909000	999
0704100001	999
0704100002	999
0704200000	999
0704901000	999
0704902000	999
0704909001	999
0704909090	999
0705110000	999
0705190000	999
0705210000	999
0705290000	999
0706100001	999
0706100090	999
0706900000	101 小萝卜,102 芜菁
0707000000	999
0708100000	999
0708200000	101 豇豆,102 菜豆
0708900000	103 四棱豆,104 豆苗,105 豆芽,106 其他豆科蔬菜,101 蚕豆,102 毛豆
0709200000	999
0709300000	999
0709400000	999
0709510000	999
0709591000	999
0709592000	999
0709593000	999
0709594000	999
0709595000	999

HS 编码	CIQ 扩展品名
0709596000	101 银耳 ,102 木耳 ,103 其他块菌
0709599000	101 杏鲍菇 ,102 猴头菇 ,103 姬菇 ,104 平菇 ,105 秀珍菇 ,106 牛肝菌 ,107 其他食用菌
0709600000	999
0709700000	999
0709910000	999
0709920000	999
0709930000	101 南瓜 ,102 笋瓜 ,103 瓠瓜
0709991010	999
0709991090	999
0709999001	999
0709999002	999
0709999003	999
0709999004	999
0709999005	999
0709999010	999
0709999090	101 魔芋 ,102 其他薯类 ,103 大白菜 ,104 小松菜 ,105 青梗菜 ,106 油菜 ,107 菜心 ,108 芥蓝 ,109 其他十字花科蔬菜 ,110 牛蒡 ,111 苦苣 ,112 茼蒿 ,113 其他菊科蔬菜 ,114 韭菜 ,115 荞头 ,116 百合 ,117 金针菜 ,118 其他百合科蔬菜 ,119 芫荽 ,120 结球茴香 ,121 其他伞形科蔬菜 ,122 其他茄科蔬菜 ,123 冬瓜 ,124 其他葫芦科蔬菜 ,125 黄秋葵 ,126 生姜 ,127 芡实 ,128 茭白 ,129 玉米笋 ,130 香椿芽 ,131 鱼腥草 ,132 食用大黄 ,133 马齿苋 ,134 苋菜 ,135 番杏 ,136 落葵 ,137 蕨菜 ,138 紫苏 ,139 薄荷 ,140 保鲜其他未列出蔬菜
0710100000	999
0710210000	999
0710221000	999
0710229000	101 豇豆 ,102 菜豆
0710290000	999
0710300000	999
0710400000	999
0710801000	999
0710802000	101 蒜苔 ,102 蒜苗 ,103 青蒜
0710803000	999
0710804000	999
0710809010	999
0710809020	999
0710809030	999
0710809090	101 冷冻魔芋 ,102 冷冻其他薯类 ,103 冷冻萝卜 ,104 冷冻芜菁 ,105 冷冻山葵 ,106 冷冻大白菜 ,107 冷冻甘蓝 ,108 冷冻抱子甘蓝 ,109 冷冻羽衣甘蓝 ,110 冷冻小松菜 ,111 冷冻青梗菜 ,112 冷冻小白菜 ,113 冷冻油菜 ,114 冷冻菜心 ,115 冷冻芥蓝 ,116 冷冻青江菜 ,117 冷冻芥菜 ,118 冷冻花椰菜 ,119 冷冻西兰花 ,120 冷冻其他十字花科蔬菜 ,121 冷冻牛蒡 ,122 冷冻洋蓟 ,123 冷冻苦苣 ,124 冷冻菊苣 ,125 冷冻茼蒿 ,126 冷冻莴苣 ,127 冷冻生菜 ,128 冷冻其他菊科蔬菜 ,129 冷冻洋葱 ,130 冷冻大葱 ,131 冷冻青葱 ,132 冷冻韭葱 ,133 冷冻韭菜 ,134 冷冻荞头 ,135 冷冻百合 ,136 冷冻金针菜 ,137 冷冻芦笋 ,138 冷冻其他百合科蔬菜 ,139 冷冻胡萝卜 ,140 冷冻芹菜 ,141 冷冻芫荽 ,142 冷冻结球茴香 ,143 冷冻其他伞形科蔬菜 ,144 冷冻茄子 ,145 冷冻辣椒、甜椒 ,146 冷冻其他茄科蔬菜 ,147 冷冻黄瓜 ,148 冷冻南瓜 ,149 冷冻西葫芦 ,150 冷冻瓠瓜 ,151 冷冻苦瓜 ,152 冷冻冬瓜 ,153
0710900000	999
0711200000	999
0711400000	999
0711511200	999
0711511900	101 腌渍草菇 ,102 腌渍姬菇 ,103 腌渍口蘑 ,104 腌渍其他食用菌
0711519000	101 腌渍草菇 ,102 腌渍姬菇 ,103 腌渍口蘑 ,104 腌渍其他食用菌
0711591100	999
0711591910	999
0711591990	101 腌渍牛肝菌 ,102 腌渍其他块菌
0711599010	999
0711599090	101 腌渍蘑菇 ,102 腌渍其他块菌
0711903110	999
0711903190	999
0711903410	999
0711903490	999
0711903900	101 腌渍萝卜 ,102 包括大头菜 ,103 包菜、卷心菜 ,104 腌渍芥菜 ,105 腌渍洋葱 ,106 腌渍荞头 ,107 腌渍胡萝卜 ,108 腌渍茄子 ,109 腌渍豇豆 ,110 腌渍菜豆 ,111 腌渍其他豆科蔬菜 ,112 腌渍生姜 ,113 腌渍蕨菜 ,114 腌渍紫苏 ,115 腌渍其他包叶菜类蔬菜 ,116 腌渍其他小叶菜类蔬菜 ,117 腌渍其他根菜类蔬菜 ,118 腌渍其他果菜类蔬菜 ,119 不适于直接食用的盐渍其他瓜菜类蔬菜 ,120 腌渍其他未列出蔬菜
0711909000	101 腌渍萝卜 ,102 包括大头菜 ,103 包菜、卷心菜 ,104 腌渍芥菜 ,105 腌渍洋葱 ,106 腌渍荞头 ,107 腌渍胡萝卜 ,108 腌渍茄子 ,109 腌渍豇豆 ,110 腌渍菜豆 ,111 腌渍其他豆科蔬菜 ,112 腌渍生姜 ,113 腌渍鱼腥草 ,114 腌渍食用大黄 ,115 腌渍马齿苋 ,116 腌渍蕨菜 ,117 腌渍紫苏 ,118 腌渍薄荷 ,119 腌渍其他未列出蔬菜
0712200000	999
0712310000	101 脱水杏鲍菇 ,102 脱水姬菇 ,103 脱水秀珍菇 ,104 脱水姬松茸
0712320000	999

HS 编码	CIQ 扩展品名
0712330000	999
0712391000	999
0712392000	999
0712395000	999
0712399100	999
0712399910	999
0712399990	101 脱水蘑菇 ,102 脱水猴头菇 ,103 脱水平菇 ,104 脱水其他块菌 ,105 脱水竹荪 ,106 脱水其他食用菌
0712901010	999
0712901090	999
0712902000	999
0712903000	999
0712904000	999
0712905010	999
0712905090	999
0712909100	999
0712909910	999
0712909990	118 脱水瓠瓜 ,119 脱水苦瓜 ,120 脱水甜玉米 ,121 脱水鱼腥草 ,122 脱水食用大黄 ,123 脱水马齿苋 ,124 脱水菠菜 ,125 脱水紫苏 ,126 脱水薄荷 ,127 脱水山野菜 ,128 脱水其他未列出蔬菜 ,102 脱水魔芋 ,103 脱水其他薯类 ,104 脱水萝卜 ,105 包菜、卷心菜 ,106 脱水芥菜 ,107 白花菜 ,108 绿花菜 ,109 脱水其他十字花科蔬菜 ,110 脱水牛蒡 ,111 脱水青葱 ,112 脱水芦笋 ,113 脱水胡萝卜 ,114 脱水芹菜 ,115 干甜椒 ,116 脱水南瓜 ,117 笋瓜
0713101000	999
0713109000	999
0713201000	999
0713209000	999
0713311000	999
0713319000	999
0713321000	999
0713329000	101 干赤豆 ,102 药用赤小豆
0713331000	999
0713339000	999
0713340000	999
0713350000	101 豇豆 ,102 脱水豇豆
0713390000	101 豇豆 ,102 脱水豇豆 ,103 脱水菜豆
0713401000	999
0713409000	101 干扁豆 ,102 药用白扁豆
0713501000	999
0713509000	999
0713601000	999
0713609000	999
0713901000	999
0713909000	101 其他食用豆类 ,102 药用黑豆
0714101000	999
0714102000	101 饲用 ,102 食品加工 ,103 工业用
0714103000	999
0714201100	999
0714201900	999
0714202000	999
0714203000	101 冷藏甘薯 ,102 冻藏甘薯
0714300000	101 鲜、冷的山药 ,102 冷冻山药 ,103 脱水山药 ,104 药用山药
0714400001	999
0714400090	101 冷冻芋头 ,102 脱水芋头
0714500000	101 鲜、冷箭叶黄体芋 ,102 冷冻箭叶黄体芋 ,103 脱水箭叶黄体芋
0714901000	101 荸荠 ,102 荸荠 ,103 荸荠
0714902100	999
0714902900	101 鲜、冷的莲藕 ,102 冷冻莲藕 ,103 脱水莲藕
0714909010	999
0714909091	999 包括西谷茎髓 , 不论是否切片或制成团粒 , 鲜、冷、冻或干的 ,101 鲜、冷的 ,102 冷冻的 ,103 干的 ,104 腌渍的
0714909099	999 包括西谷茎髓 , 不论是否切片或制成团粒 , 鲜、冷、冻或干的 ,101 鲜、冷的 ,102 冷冻的 ,103 干的 ,104 腌渍的
0801110000	101 坚果 ,102 蜜饯
0801120000	999 椰青除外 ,101 椰青
0801191000	999
0801199000	999
0801210000	999
0801220000	999
0801310000	999
0801320000	999
0802110000	999
0802120000	101 巴旦木 ,102 其他蜜饯
0802210000	999
0802220000	999
0802310000	999
0802320000	999
0802411000	999
0802419000	999
0802421000	999
0802429000	999
0802510000	999
0802520000	999
0802611000	999
0802619000	999
0802620000	999
0802700000	999
0802800001	999
0802800090	101 坚果 ,102 其他蜜饯
0802902000	101 药用白果 ,102 白果
0802903010	999
0802903020	999
0802903090	999
0802909010	101 药用榧子 ,102 松子 ,103 榧子
0802909020	999
0802909030	999
0802909040	101 核桃 ,102 核桃仁 ,103 药用核桃仁
0802909090	101 干的其他瓜子 ,103 其他坚果
0803100000	101 鲜芭蕉 ,102 干的芭蕉 ,103 其他蜜饯
0803900000	101 鲜香蕉 ,102 干的香蕉 ,103 其他蜜饯

HS 编码	CIQ 扩展品名
0804100000	999
0804200000	101 鲜的无花果 ,102 干的无花果 ,103 其他蜜饯
0804300001	999
0804300090	101,102 其他蜜饯
0804400000	101 鲜的鳄梨 ,102 干的鳄梨 ,103 其他蜜饯
0804501001	999
0804501090	101,102 其他蜜饯
0804502001	999
0804502090	101,102 其他蜜饯
0804503000	101 鲜的山竹果 ,102 干的山竹果 ,103 其他蜜饯
0805100000	101 鲜的橙 ,102 干的橙 ,103 其他蜜饯
0805211000	999 干的蕉柑 ,101 鲜的蕉柑
0805219000	999 干的柑橘 ,101 鲜的柑橘
0805220000	999 干的克里曼丁橘 ,101 鲜的克里曼丁橘
0805290000	999 干的韦尔金橘及其他类似的杂交柑橘 ,101 鲜的韦尔金橘及其他类似的杂交柑橘
0805400001	101 柚 ,102 葡萄柚
0805400090	101 干的葡柚 , 包括干柚 ,102 其他蜜饯
0805500000	101 鲜的柠檬 ,102 鲜的酸橙 ,103 干的酸橙 ,104 其他蜜饯 ,105 柠檬干
0805900000	101 鲜的榅桲 ,102 鲜的其他柑桔 ,103 干的其他柑桔属水果 ,104 其他蜜饯
0806100000	999
0806200000	999
0807110000	999
0807191000	999
0807192000	999
0807199000	101 其他甜瓜 ,102 香瓜
0807200000	999
0808100000	999
0808301000	101 鸭梨 ,102 其它梨
0808302000	999
0808309000	101 砂梨属 ,102 中国梨 ,103 其它梨
0808400000	999
0809100000	999
0809210000	999
0809290000	999
0809300000	999
0809400001	999
0809400090	999
0810100000	999
0810200000	101 木莓 ,102 其他瓜果
0810300000	999
0810400010	101
0810400090	101 蓝莓 ,102 蓝莓除外
0810500000	999
0810600000	999
0810700000	999
0810901000	999
0810903000	999
0810904000	999
0810905000	999
0810906000	999

HS 编码	CIQ 扩展品名
0810907000	999
0810908000	999
0810909001	999
0810909002	999
0810909010	999
0810909090	101 杨梅 ,102 椰青 ,103 椰子 ,104 水果 ,105 槟榔 ,106 山楂 ,107 余甘子 ,108 西番莲 ,109 石榴 ,110 菱角 ,111 橄榄 ,112 菠萝蜜 ,113 蓝莓 ,114 其他瓜果
0811100000	999
0811200000	999
0811901000	999
0811909010	999
0811909021	999
0811909022	999
0811909030	999
0811909040	999
0811909050	999
0811909090	101 冷冻荔枝 ,102 冷冻菠萝 ,103 冷冻桃 ,104 冷冻草莓 ,105 冷冻苹果 ,106 冷冻梨 ,107 冷冻西瓜 ,108 冷冻樱桃 ,109 冷冻猕猴桃 ,110 冷冻龙眼 ,111 冷冻葡萄 ,112 冷冻榴莲 ,113 冷冻菠萝蜜 ,115 其他未列名冷冻坚果 ,116 冷冻蔓越莓 ,117 冷冻无花果 ,118 冷冻越橘 ,119 冷冻黑莓 ,120 冷冻木莓 ,121 冷冻穗醋栗 ,122 冷冻香蕉 ,123 冷冻柠檬 ,999 其它冷冻植物产品
0812100000	999
0812900010	999
0812900021	999
0812900022	999
0812900030	999
0812900040	999
0812900050	999
0812900090	999
0813100000	101 杏干 ,102 其他蜜饯
0813200000	101 药用乌梅 ,102 李干 ,103 梅干 ,104 话梅 ,105 其他蜜饯
0813300000	999
0813401000	101 药用龙眼肉 ,102 龙眼干 ,103 其他蜜饯
0813402000	101 柿饼 ,102 其他蜜饯
0813403000	101 药用大枣 ,102 干枣 ,103 其他蜜饯
0813404000	999
0813409010	999
0813409020	999
0813409090	101 药用芡实 ,102 薏苡仁 ,103 薏米 ,104 山楂干 ,105 坚果 ,106 桑葚干 ,107 其他蜜饯
0813500000	999
0814000000	101 果脯 ,102 其他蜜饯 ,103 橘皮
0901110000	999
0901120000	999
0901210000	999,101 咖啡粉
0901220000	999
0901901000	999
0901902000	999
0902101000	999

HS 编码	CIQ 扩展品名
0902109000	101 绿茶,102 白茶
0902201000	999
0902209000	101 绿茶,102 白茶
0902301000	999
0902302000	999
0902309000	999
0902401000	999
0902402000	999
0902409000	999
0903000000	999
0904110010	101 药用荜茇,102 调味料
0904110090	101 药用未磨胡椒,102 调味料
0904120000	101 药用已磨胡椒,102 调味料
0904210000	101 干,102 辣椒干
0904220000	999
0905100000	999
0905200000	999
0906110000	999
0906190000	101 桂枝,102 调味料
0906200000	101 桂枝,102 调味料
0907100000	101 药用未磨丁香,102 调味料
0907200000	101 药用已磨丁香,102 调味料
0908110000	101 药用未磨肉豆蔻,102 调味料
0908120000	101 药用已磨肉豆蔻,102 调味料
0908210000	999
0908220000	999
0908310000	101 药用未磨豆蔻,102 调味料
0908320000	101 药用已磨豆蔻,102 调味料
0909210000	999
0909220000	999
0909310000	999
0909320000	999
0909611000	101 药用未磨八角茴香,102 调味料
0909619010	101 药用未磨小茴香,102 调味料
0909619090	101 茴芹子,102 页蒿子
0909621000	101 药用已磨八角茴香,102 调味料
0909629010	101 药用已磨小茴香,102 调味料
0909629090	101 茴芹子,102 页蒿子
0910110000	101 药用未磨干姜,102,103 调味料
0910120000	101 药用已磨干姜,102 调味料
0910200000	101 西红花,102 调味料
0910300000	102 药用姜黄,103 调味料,104 有检疫要求食品添加剂
0910910000	999
0910990000	101 药用花椒,102 调味料
1001110001	999
1001110090	999
1001190001	101 食用小麦,102 工业用小麦,103 饲用小麦
1001190090	101 食用小麦,102 工业用小麦,103 饲用小麦
1001910001	999
1001910090	999
1001990001	101 食用小麦,102 工业用小麦,103 饲用小麦
1001990090	101 食用小麦,102 工业用小麦,103 饲用小麦
1002100000	999
1002900000	999

HS 编码	CIQ 扩展品名
1003100000	999
1003900000	101 食用,102 饲料用
1004100000	999
1004900000	999
1005100001	999
1005100090	999
1005900001	101 食用玉米,102 工业用玉米,103 饲用玉米
1005900090	101 食用玉米,102 工业用玉米,103 饲用玉米
1006102101	999
1006102190	999
1006102901	999
1006102990	999
1006108101	999
1006108190	999
1006108901	999
1006108990	999
1006202001	999
1006202090	999
1006208001	999
1006208090	999
1006302001	201 食用白米,202 食用蒸煮米,203 食用其他加工米
1006302090	201 食用白米,202 食用蒸煮米,203 食用其他加工米
1006308001	201 食用白米,202 食用蒸煮米,203 食用其他加工米
1006308090	201 食用白米,202 食用蒸煮米,203 食用其他加工米
1006402001	201 食用白米,202 食用蒸煮米,203 食用其他加工米
1006402090	201 食用白米,202 食用蒸煮米,203 食用其他加工米
1006408001	201 食用白米,202 食用蒸煮米,203 食用其他加工米
1006408090	201 食用白米,202 食用蒸煮米,203 食用其他加工米
1007100000	101 种用,102 食用、带壳,103 食用、去壳
1007900000	101 饲用,102 食用、带壳,103 食用、去壳
1008100000	101 食用、带壳,102 食用、去壳
1008210000	999
1008290000	101 食用、带壳,102 食用、去壳
1008300000	999
1008401000	999
1008409000	999
1008501000	999
1008509000	999
1008601000	999
1008609000	101 食用,102 工业用,103 饲用
1008901000	101 粟种子,102 荞麦种子,103 其他谷物种子
1008909000	101 饲用其他粮谷,102 食用、去壳黍子,103 食用、带壳黍子,104 食用谷穗,105 食用其他粮谷
1101000001	999
1101000090	999
1102200001	999

HS 编码	CIQ 扩展品名
1102200090	999
1102902101	999
1102902190	999
1102902901	201 食用米粉 ,202 食用其他粮食加工产品
1102902990	201 食用米粉 ,202 食用其他粮食加工产品
1102909000	101 食用荞麦仁、粉 ,102 食用其他面粉类 ,103 食用其他粮食加工产品
1103110001	999
1103110090	999
1103130001	999
1103130090	999
1103191000	999
1103193101	999
1103193190	999
1103193901	201 食用米粉 ,202 食用其他粮食加工产品
1103193990	201 食用 ,202 食用米粉 ,203 食用其他粮食加工产品
1103199000	101 食用荞麦仁、粉 ,102 食用黑麦粉 ,103 食用其他粮食加工产品
1103201001	999
1103201090	999
1103209000	101 食用荞麦仁、粉 ,102 食用黑麦粉 ,103 食用燕麦粉 ,104 食用其他面粉类
1104120000	999
1104191000	999
1104199010	999
1104199090	999
1104220000	999
1104230001	101 食用玉米粉 ,102 食用其他粮食加工产品
1104230090	101 食用玉米粉 ,102 食用其他粮食加工产品
1104291000	999
1104299000	101 食用小麦粉 ,102 食用荞麦仁、粉 ,103 食用燕麦粉 ,104 食用其他粮食加工产品
1104300000	101 食用其他麦芽 ,102 食用其他粮食加工产品
1105100000	999
1105200000	999
1106100000	999
1106200000	999
1106300000	999 其他籽仁为皮或衣等包被的籽实 ,998 其他籽仁为坚硬外壳包被的籽实
1107100000	101 食用 ,102 药用未焙制麦芽
1107200000	101 食用 ,102 食用其他粮食加工产品 ,103 药用已焙制麦芽 ,104 其他粮食制品
1108110000	999
1108120000	999 食用 ,101 饲用 ,102 工业用
1108130000	999
1108140000	999
1108190000	101 其他粮食加工产品 ,102 其他粮食制品 ,103 其他淀粉制品 ,104 淀粉
1108200000	999
1109000000	101 面筋 ,102 其他粮食制品
1201100000	999
1201901000	101 榨油用 ,102 饲料用 ,103 食品加工用
1201902000	101 榨油用 ,102 饲料用 ,103 食品加工用

HS 编码	CIQ 扩展品名
1201903000	101 榨油用 ,102 饲料用 ,103 食品加工用
1201909000	101 榨油用 ,102 饲料用 ,103 食品加工用
1202300000	999
1202410000	999
1202420000	999
1203000000	999
1204000000	999
1205101000	999
1205109000	999
1205901000	999
1205909000	999
1206001000	999
1206009000	101 非熟制 ,102 熟制
1207101010	999
1207101090	999
1207109010	999
1207109090	999
1207210000	999
1207290000	999
1207301000	999
1207309000	999
1207401000	999
1207409000	101 食用 ,102 药用黑芝麻
1207501000	999
1207509000	999
1207601000	999
1207609000	999
1207701000	101 西瓜种子 ,102 哈密瓜种子 ,103 甜瓜种子
1207709100	101 非熟制 ,102 熟制
1207709200	999
1207709900	999
1207910000	999
1207991000	101 亚麻种子 ,102 蓖麻种子 ,103 油棕果种子 ,104 红花籽 ,105 其他油料种子
1207999100	999
1207999900	101 未去壳油用花生 ,102 其他籽仁为皮或衣等包被的油籽 ,103 油用茶籽 ,104 油用大麻籽 ,105 油橄榄 ,106 油桐籽 ,107 油用橡子仁 ,108 葡萄籽 ,109 其他籽仁为坚硬外壳包被的油籽 ,110 去壳油用花生
1208100000	999
1208900000	999
1209100000	999
1209210000	999
1209220000	999
1209230000	999
1209240000	999
1209250000	999
1209291000	999
1209299000	101 鸭茅属种子 ,102 苜蓿属种子，紫苜蓿种子除外 ,103 车轴草属种子 ,104 杂高粱种子 ,105 苏丹草种子 ,106 草革芦属种子 ,107 狼尾草属种子 ,108 梯牧草子
1209300010	999

HS 编码	CIQ 扩展品名
1209300090	101 地毯草种子,102 散尾葵种子,103 唐倡蒲种子,104 鸢尾种子,105 兔尾草种子,106 鹤望兰种子,107 其他花卉种子
1209910000	101 菜豆种子,102 番茄种子,103 葱种子,104 莴苣种子,105 萝卜种子,106 黄瓜种子,107 辣椒种子,108 白菜种子,109 菠菜种子,110 南瓜种子,111 茄子种子,112 西葫芦种子,113 甜菜种子,114 牛蒡种子,115 黄秋葵种子,116 芦笋种子,117 空心菜种子,118 苦瓜种子,119 韭菜种子,120 花椰菜种子,121 芹属种子,122 蕹菜种子,123 生菜种子,124 青瓜种子,125 非种用芥菜种子,126 芥兰种子,127 甘蓝种子,128 刺葵种子,129 豆薯种子,130 丝瓜种子,131 芫荽种子,132 刀豆种子,133 其他蔬菜种子
1209990010	101 其他花卉种子,102 其他林木种子,103 其他经济类植物种子
1209990090	101 其他花卉种子,102 乔荆相思种子,103 银荆相思种子,104 红槭种子,105 糖槭种子,106 雪松种子,107 崖柏种子,108 珙桐种子,109 赤桉种子,110 黑核桃种子,111 班克松种子,112 黄花松种子,113 晚松种子,114 火炬松种子,115 西蒙得木种子,116 湿地松种子,117 黑木相思种子,118 其他林木种子,119 剪股颖属种子,120 早熟禾属种子,121 黍属种子,122 臂形草属种子,123 狗尾草属种子,124 笔花豆属种子,125 雀稗属种子,126 狗牙根种子,127 其他牧草种子,128 大麻种子,129 烟草种子,130 药用植物种子,131 糖类植物种子,132 种用甜菜,133 罂粟子,134 其他经济类植物种子,135 洋香瓜种子,136 梅子种子,137 其他瓜果种子
1210100000	999
1210200000	999
1211201000	999
1211202000	101 药用野山参,102 食用野山参
1211209100	101 药用鲜人参,102 食用鲜人参
1211209900	101 药用人参,102 药用红参,103 食用人参
1211300010	999
1211300020	999
1211300090	999
1211400010	999
1211400020	999
1211400090	999
1211500011	999
1211500019	999
1211500021	999
1211500029	999
1211500091	999
1211500099	999
1211901100	101 药用当归,102 药用三七
1211901200	101 药用田七,102 药用党参
1211901300	999
1211901400	999
1211901500	101 药用野菊花,102 药用菊花,103 食用菊花
1211901600	999
1211901700	999
1211901800	101

HS 编码	CIQ 扩展品名
1211901900	999
1211902100	101
1211902200	101
1211902300	101
1211902400	999
1211902500	101
1211902600	101
1211902700	101 药用槐米,102 食用槐米
1211902800	999
1211902900	101 药用茯苓,102 食用茯苓
1211903100	101 药用枸杞子,102 食用枸杞子
1211903200	101 胖大海,102 胖大海
1211903300	999
1211903400	999
1211903500	999
1211903600	101 药用甘草,103 食用甘草
1211903700	999
1211903810	999
1211903890	999
1211903930	999
1211903940	999
1211903950	999
1211903960	101
1211903970	999
1211903981	999
1211903989	999
1211903991	101 药用濒危植物中药材,102 食用濒危植物中药材
1211903992	999
1211903993	999
1211903999	101 药用玉竹,102 药用白芷,103 药用桔梗,104 药用高良姜,105 药用黄精,106 药用葛根,107 药用白茅根,108 药用芦根,109 药用薤白,110 药用白及,111 药用板蓝根,112 药用苍术,113 药用柴胡,114 药用赤芍,115 药用刺五加,116 药用丹参,117 药用地骨皮,118 药用地榆,119 药用独活,120 药用莪术,121 药用防风,122 药用附子,123 药用钩藤,124 药用骨碎补,125 药用何首乌,126 药用红景天,127 药用厚朴,128 药用黄柏,129 麦门冬,130 药用牡丹皮,131 药用木通,132 药用牛膝,133 药用前胡,134 药用羌活,135 药用秦艽,136 药用青风藤,137 药用桑白皮,138 药用升麻,139 药用石菖蒲,140 药用太子参,141 天门冬,142 药用土茯苓,143 药用威灵仙,144 药用五加皮,145 药用细辛,146 药用香附,147 川断,148 药用玄参,149 元胡,150 药用远志,151 药用泽泻,152 药用知母,153 药用竹茹,154 药用茜草,155 药用巴戟天,156 药用木贼,157 药用首乌藤,158 药用桑枝,15
1211905030	999
1211905091	101 香辛料,102 其他调味料
1211905099	111 香辛料,112 其他调味料
1211909100	999
1211909991	999
1211909999	999

HS 编码	CIQ 扩展品名
1212211000	101 鲜、冷的养殖海带 ,102 冻的养殖海带 ,103 干的养殖海带 ,104 鲜、冷的野生海带 ,105 冻的野生海带 ,106 干的野生海带 ,107 药用昆布
1212212000	101 鲜、冷的养殖发菜 ,102 冻的养殖发菜 ,103 干的养殖发菜 ,104 鲜、冷的野生发菜 ,105 冻的野生发菜 ,106 干的野生发菜
1212213100	101 干的养殖裙带菜 ,102 干的野生裙带菜
1212213200	101 鲜的养殖裙带菜 ,102 鲜的野生裙带菜
1212213900	101 冷藏养殖裙带菜 ,102 冻藏养殖裙带菜 ,103 冷藏野生裙带菜 ,104 冻藏野生裙带菜
1212214100	101 干的养殖紫菜 ,102 干的野生紫菜
1212214200	101 鲜的养殖紫菜 ,102 鲜的野生紫菜
1212214900	101 冷藏养殖紫菜 ,102 冻藏养殖紫菜 ,103 冷藏野生紫菜 ,104 冻藏野生紫菜
1212216100	101 干的养殖麒麟菜 ,102 干的野生麒麟菜
1212216900	101 鲜、冷的养殖麒麟菜 ,102 冻藏养殖麒麟菜 ,103 鲜、冷的野生麒麟菜 ,104 冻藏野生麒麟菜
1212217100	101 干的养殖江蓠 ,102 干的野生江蓠
1212217900	101 鲜、冷的养殖江蓠 ,102 冻藏养殖江蓠 ,103 鲜、冷的野生江蓠 ,104 冻藏野生江蓠
1212219000	101 鲜、冷的养殖海草及藻类 ,102 冻藏养殖海草及藻类 ,103 干的养殖海草及藻类 ,104 鲜、冷的野生海草及藻类 ,105 冻藏野生海草及藻类 ,106 干的野生海草及藻类
1212291000	999
1212299000	999
1212910000	999
1212920000	999
1212930000	999
1212940000	101
1212991100	101 药用苦杏仁 ,102 非药用
1212991200	999
1212991900	101 药用桃仁 ,102 非熟制 ,103 熟制
1212999300	101 非熟制 ,102 熟制 ,103 饲用
1212999400	101 药用莲子心 ,102 药用莲子 ,103 非药用
1212999600	999
1212999910	101 坚果 ,102 供制食品或医药用的植物产品 ,103 批准为新食品原料
1212999990	101 瓜子 ,102 坚果 ,103 供制食品或医药用的植物产品 ,104 批准为新食品原料
1213000000	101 其他饲用粮谷 ,102 稻草及其制品 ,103 其他草及草制品 ,104 饲用燕麦草 ,105 饲用稻草 ,106 其他饲草 ,107 饲用其他淀粉 ,108 饲用植物颗粒和植物粉 ,109 其他植物饲料
1214100000	999
1214900001	101 其他饲草 ,102 饲用其他淀粉 ,103 饲用植物颗粒和植物粉 ,104 其他植物饲料
1214900002	101 其他饲草 ,102 饲用其他淀粉 ,103 饲用植物颗粒和植物粉 ,104 其他植物饲料
1214900090	101 其他饲草 ,102 饲用其他淀粉 ,103 饲用植物颗粒和植物粉 ,104 其他植物饲料
1301200000	101 饲料添加剂 ,102 有检疫要求食品添加剂 ,301 需申报仅用于工业用途不用于食品添加剂有检疫要求的化学品
1301901000	101

HS 编码	CIQ 扩展品名
1301902000	101 植物产品 ,102 药用乳香 ,103 药用没药 ,104 药用血竭
1301903000	101 植物产品 ,102 药用阿魏
1301904010	999,301 属于危险化学品的食品添加剂 ,302 一般化学品，需申报仅用于工业用途不用于食品添加剂有检疫要求 ,303 易燃液体，需申报仅用于工业用途不用于食品添加剂有检疫要求 ,304 有检疫要求食品添加剂
1301904090	999,301 属于危险化学品的食品添加剂 ,302 一般化学品，需申报仅用于工业用途不用于食品添加剂有检疫要求 ,303 易燃液体，需申报仅用于工业用途不用于食品添加剂有检疫要求 ,304 有检疫要求食品添加剂
1301909010	999
1301909020	999
1301909091	999 例如香树脂 ,301 属于危险化学品的食品添加剂
1301909099	101 药用干漆 ,102 药用安息香 ,103 药用苏合香 ,104 药用枫香脂 ,117 其他植物产品 ,301 属于危险化学品的食品添加剂
1302110000	101 供制食品或医药用的植物提取物 ,301 其他危险化学品
1302120000	101 供制食品或医药用的植物提取物 ,102 有检疫要求食品添加剂 ,103 有检疫要求食品添加剂
1302130000	999,301 有检疫要求食品添加剂
1302140011	999
1302140012	101 供工业用的植物及植物提取物
1302140019	101 供工业用的植物及植物提取物
1302140020	101 供工业用的植物及植物提取物
1302191000	101 植物产品 ,102 毒害品 ,301 其他危险化学品
1302192000	999
1302193000	101 供工业用的植物及植物提取物
1302194000	999
1302199001	999
1302199013	999
1302199019	101 供工业用的植物及植物提取物
1302199095	101 供工业用的植物及植物提取物 ,102 供制食品或医药用的植物提取物
1302199096	101 供工业用的植物及植物提取物 ,102 供制食品或医药用的植物提取物
1302199097	101 供工业用的植物及植物提取物 ,102 供制食品或医药用的植物提取物 ,103 批准为新食品原料
1302199099	101 供工业用的植物及植物提取物 ,102 供制食品或医药用的植物提取物 ,103 批准为新食品原料 ,301 属于危险化学品的食品添加剂 ,302 斑蝥素，毒性物质，需申报仅用于工业用途不用于食品添加剂有检疫要求 ,303 一般化学品，需申报仅用于工业用途不用于食品添加剂有检疫要求 ,304 易燃液体，需申报仅用于工业用途不用于食品添加剂有检疫要求 ,305 有检疫要求食品添加剂
1302200000	999
1302310000	101 饲料添加剂 ,102 有检疫要求食品添加剂
1302320000	101 饲料添加剂 ,301 有检疫要求食品添加剂

HS 编码	CIQ 扩展品名
1302391100	101 有检疫要求食品添加剂 ,102 有检疫要求食品添加剂 ,301 需申报仅用于工业用途不用于食品添加剂有检疫要求的化学品
1302391200	999
1302391900	103
1302399010	101
1302399090	101 土荆芥油 ,301 有检疫要求食品添加剂
1401100010	999
1401100090	101 原竹 ,102 其他竹及竹制品
1401200010	999
1401200090	999
1401901000	999
1401902000	999
1401903100	999
1401903900	999
1401909000	999
1404200000	999
1404901000	999
1404909010	999
1404909090	101 其他竹及竹制品 ,102 藤及藤制品 ,103 柳及柳制品 ,104 其他草及草制品 ,105 芦苇及芦苇制品 ,106 棕及棕制品 ,107 葵及葵制品 ,108 其他竹藤柳草类 ,109 栽培介质 ,110 栽培介质 ,111 栽培介质 ,112 栽培介质 ,113 栽培介质 ,114 其他有机栽培介质 ,115 植物标本 ,116 未列出的其他植物产品
1501100000	101 工业用猪油脂 ,102 饲料用猪油脂 ,103 饲料用野生猪、牛、羊油脂 ,104 脂 ,105 脂
1501200000	101 工业用猪油脂 ,102 饲料用猪油脂 ,103 饲料用野生猪、牛、羊油脂 ,104 脂 ,105 脂
1501900000	101 工业用禽油脂 ,102 饲料用禽油脂 ,103 脂 ,104 脂
1502100000	101 工业用牛油脂 ,102 工业用羊油脂 ,103 工业用野生猪、牛、羊油脂 ,104 饲料用牛油脂 ,105 饲料用羊油脂 ,106 饲料用野生猪、牛、羊油脂 ,107 脂 ,108 脂 ,109 脂 ,110 脂
1502900000	101 工业用牛油脂 ,102 工业用羊油脂 ,103 工业用野生猪、牛、羊油脂 ,104 饲料用牛油脂 ,105 饲料用羊油脂 ,106 饲料用野生猪、牛、羊油脂 ,107 未炼制的食用牛脂肪 ,108 未炼制的食用羊脂肪 ,109 脂 ,110 脂
1503000000	101 工业用猪油脂 ,102 工业用其他野生偶蹄动物油脂 ,103 未列出的工业用其他动物油脂 ,104 饲料用猪油脂 ,105 饲料用其他野生偶蹄动物油脂 ,106 脂
1504100010	101
1504100090	101 工业用鱼油脂 ,102 未列出的工业用其他动物油脂 ,103 饲料用鱼油脂 ,104 未列出的饲料用其他动物油脂 ,201 保健食品
1504200011	101 保健食品 ,102 除保健食品以外
1504200019	105 养殖鱼鱼油 ,106 野生鱼鱼油 ,107 保健食品 ,101 工业用鱼油脂 ,103 饲料用鱼油脂 ,102 未列出的工业用其他动物油脂 ,104 未列出的饲料用其他动物油脂
1504200091	101 保健食品 ,102 除保健食品以外
1504200099	105 养殖鱼鱼油 ,106 野生鱼鱼油 ,107 保健食品 ,101 工业用鱼油脂 ,103 饲料用鱼油脂 ,102 未列出的工业用其他动物油脂 ,104 未列出的饲料用其他动物油脂
1504300010	101 工业用海生哺乳动物油脂 ,102 未列出的工业用其他动物油脂 ,103 饲料用海生哺乳动物油脂 ,104 野生鱼鱼油
1504300090	101 工业用海生哺乳动物油脂 ,102 未列出的工业用其他动物油脂 ,103 饲料用海生哺乳动物油脂 ,104 野生鱼鱼油
1505000000	101 工业用羊毛脂 ,102 饲料用羊毛脂
1506000010	101 工业用其他野生偶蹄动物油脂 ,102 未列出的工业用其他动物油脂 ,103 饲料用其他野生偶蹄动物油脂 ,104 未列出的饲料用其他动物油脂 ,105 脂 ,106 脂
1506000090	101 工业用其他饲养偶蹄动物油脂 ,102 工业用野生猪、牛、羊油脂 ,103 工业用其他野生偶蹄动物油脂 ,104 工业用马油脂 ,105 未列出的工业用其他动物油脂 ,106 饲料用其他饲养偶蹄动物油脂 ,107 饲料用其他野生偶蹄动物油脂 ,108 饲料用马油脂 ,109 未列出的饲料用其他动物油脂 ,110 脂 ,111 脂 ,113 养殖虾虾油 ,114 野生虾虾油 ,115 其他养殖水产动物油脂 ,116 其他野生水产动物油脂
1507100000	999
1507900000	101 初榨食用大豆油 ,102 食用豆油
1508100000	999
1508900000	999
1509100000	999
1509900000	999
1510000000	101 初榨食用橄榄油 ,102 其他初榨植物食用油 ,103 食用橄榄油
1511100000	999
1511901000	999
1511902001	999
1511902090	999
1511909000	999
1512110000	101 初榨食用葵花油 ,102 初榨食用红花油 ,103 其他食用植物油
1512190000	101 食用葵花籽油 ,102 其他食用植物油
1512210000	999
1512290000	999
1513110000	999
1513190000	999
1513210000	101 初榨食用棕榈油 ,102 其他初榨植物食用油
1513290000	999
1514110000	999
1514190000	999
1514911000	999
1514919000	999
1514990000	101 食用菜籽油 ,102 其他食用植物油
1515110000	999
1515190000	999
1515210000	999
1515290000	999

HS 编码	CIQ 扩展品名
1515300000	101
1515500000	101 初榨食用芝麻油 ,102 食用芝麻油
1515901000	101 初榨食用桐油 ,102 其他初榨植物食用油
1515902000	101 其他初榨植物食用油 ,102 食用茶油 ,103 其他食用植物油
1515903000	101 初榨食用桐油 ,102 其他初榨植物食用油 ,103 其他食用植物油
1515909010	101 其他初榨植物食用油 ,102 其他食用植物油
1515909090	101 饲料添加剂 ,102 其他初榨植物食用油 ,103 食用茶油 ,104 其他食用植物油 ,301 属于危险化学品的食品添加剂 ,302 一般化学品，需申报仅用于工业用途不用于食品添加剂有检疫要求 ,303 易燃液体，需申报仅用于工业用途不用于食品添加剂有检疫要求 ,304 有检疫要求食品添加剂
1516100000	999
1516200000	101 其他食用植物油 ,103 食用起酥油 ,104 食用其他加工油脂 ,301 无检疫要求食品添加剂
1517100000	101 食用植物奶油 ,102 食用其他加工油脂 ,301 无检疫要求食品添加剂
1517901001	999 品目 1516 的食用油、脂及其分离品除外 ,301 无检疫要求食品添加剂
1517901090	101 食用植物调和油 ,102 食用其他加工油脂 ,301 无检疫要求食品添加剂
1517909001	101 脂或制品 ,102 食用其他加工油脂 ,301 无检疫要求食品添加剂
1517909090	101 食用植物调和油 ,102 其他食用植物油 ,103 食用其他加工油脂 ,301 无检疫要求食品添加剂
1518000000	101 脂 ,102 食用植物奶油 ,104 食用起酥油 ,105 食用其他加工油脂 ,107 油粉 ,301 无检疫要求食品添加剂 ,302 属于危险化学品的食品添加剂 ,303 一般化学品，需申报仅用于工业用途不用于食品添加剂无检疫要求 ,304 易燃液体，需申报仅用于工业用途不用于食品添加剂无检疫要求
1520000000	301 无检疫要求食品添加剂 ,302 需申报仅用于工业用途不用于食品添加剂无检疫要求的化学品
1521100010	999
1521100090	101 果蜡 ,102 巴西棕榈蜡
1521901000	101
1521909010	999
1521909090	101 其他动物产品 ,102 药用五倍子
1522000000	999
1601001010	101 动物肉及杂碎 ,102 其他熟制禽肉制品 ,103 其他熟制畜肉制品
1601001090	101 动物肉及杂碎 ,102 其他熟制禽肉制品 ,103 其他熟制畜肉制品
1601002010	101 动物肉及杂碎 ,102 其他熟制禽肉制品 ,103 其他熟制畜肉制品
1601002090	101 动物肉及杂碎 ,102 其他熟制禽肉制品 ,103 其他熟制畜肉制品 ,104 其他养殖制作及保藏水产制品 ,105 其他野生制作及保藏水产制品
1601003010	101 其他熟制禽肉制品 ,102 其他熟制畜肉制品
1601003090	101 其他熟制禽肉制品 ,102 其他熟制畜肉制品
1602100010	999 指用肉、食用杂碎或动物血经精细均化制成，零售包装 ,102 其他熟制禽肉制品 ,103 其他去骨熟制畜肉制品 ,104 其他带骨熟制畜肉制品
1602100090	999 指用肉、食用杂碎或动物血经精细均化制成，零售包装 ,102 其他熟制禽肉制品 ,103 其他去骨熟制畜肉制品 ,104 其他带骨熟制畜肉制品
1602200010	101 动物肉及杂碎 ,102 其他熟制禽肉制品 ,103 其他熟制畜肉制品
1602200090	101 动物肉及杂碎 ,102 其他熟制禽肉制品 ,103 其他熟制畜肉制品
1602310000	101 火鸡肉及杂碎 ,102 热处理火鸡肉 ,103 其他热处理火鸡肉
1602321000	999
1602329100	101 非热处理鸡肉 ,102 热处理鸡肉 ,103 其他热处理鸡肉
1602329200	101 非热处理鸡肉 ,102 热处理鸡肉 ,103 其他热处理鸡肉
1602329900	101 非热处理其他禽肉 ,102 热处理鸡肉 ,103 其他热处理鸡肉
1602391000	101 鸭肉罐头 ,102 鹅肉罐头 ,103 其他家禽肉及杂碎的罐头
1602399100	101 非热处理其他禽肉 ,102 热处理鸭肉 ,103 其他热处理鸭肉
1602399900	101 非热处理其他禽肉 ,102 热处理鹅肉 ,103 其他热处理鹅肉 ,104 其他熟制禽肉制品
1602410010	101 猪蹄 ,102 去骨熟制猪肉制品 ,103 带骨熟制猪肉制品
1602410090	101 猪蹄 ,102 去骨熟制猪肉制品 ,103 带骨熟制猪肉制品
1602420010	101 猪蹄 ,102 去骨熟制猪肉制品 ,103 带骨熟制猪肉制品
1602420090	101 猪蹄 ,102 去骨熟制猪肉制品 ,103 带骨熟制猪肉制品
1602491010	999
1602491090	101 猪肉罐头 ,102 午餐肉罐头 ,103 火腿午餐肉罐头 ,104 火腿罐头 ,105 云腿罐头
1602499010	101 其他猪杂碎 ,102 去骨熟制猪肉制品 ,103 带骨熟制猪肉制品
1602499090	101 猪杂碎 ,102 去骨熟制猪肉制品 ,103 带骨熟制猪肉制品
1602501010	999
1602501090	999
1602509010	101 野牛肉及杂碎 ,102 去骨熟制牛肉制品 ,103 带骨熟制牛肉制品
1602509090	101 其他牛杂碎 ,102 去骨熟制牛肉制品 ,103 带骨熟制牛肉制品
1602901010	999
1602901090	101 鸟肉罐头 ,102 香肠罐头 ,103 羊肉罐头 ,104 鹿肉罐头 ,105 袋鼠肉罐头 ,106 马肉罐头 ,107 食用
1602909010	101 其他动物肉脏及杂碎 ,102 其他熟制禽肉制品 ,103 其他去骨熟制畜肉制品 ,104 其他带骨熟制畜肉制品

HS 编码	CIQ 扩展品名
1602909090	101 其他动物肉脏及杂碎,102 去骨熟制羊肉制品,103 带骨熟制羊肉制品,104 去骨熟制鹿肉制品,105 带骨熟制鹿肉制品,106 去骨熟制马肉制品,107 带骨熟制马肉制品,108 其他熟制禽肉制品,109 其他去骨熟制畜肉制品,110 其他带骨熟制畜肉制品
1603000010	101 水产制品,102 鱼类罐头
1603000090	101 养殖水产制品,102 野生水产制品
1604111000	101 养殖水产制品,102 野生水产制品,103 养殖鱼类罐头,104 野生鱼类罐头
1604119010	101 水产制品,102 鱼类罐头
1604119020	101 水产制品,102 鱼类罐头
1604119090	101 水产制品,102 鱼类罐头
1604120000	101 水产制品,102 鱼类罐头
1604130000	101 沙丁鱼水产制品,102 小沙丁鱼属水产制品,103 黍鲱水产制品,104 西鲱水产制品,105 沙丁鱼罐头,106 小沙丁鱼属罐头,107 黍鲱罐头,108 西鲱罐头
1604140000	101 金枪鱼水产制品,102 鲣鱼水产制品,103 狐鲣属水产制品,104 金枪鱼罐头,105 鲣鱼罐头,106 狐鲣属罐头
1604150000	101 养殖水产制品,102 野生水产制品,103 养殖鱼类罐头,104 野生鱼类罐头
1604160000	101 养殖水产制品,102 野生水产制品,103 养殖鱼类罐头,104 野生鱼类罐头
1604170010	103 养殖鱼类罐头,104 野生鱼类罐头,105 养殖花鳗鲡制成的烤鳗,106 野生花鳗鲡制成的烤鳗,107 养殖花鳗鲡制成的其他水产制品,108 野生花鳗鲡制成的其他水产制品
1604170020	103 养殖鱼类罐头,104 野生鱼类罐头,105 养殖欧洲鳗鲡制成的烤鳗,106 野生欧洲鳗鲡制成的烤鳗,107 养殖欧洲鳗鲡制成的其他水产制品,108 野生欧洲鳗鲡制成的其他水产制品
1604170090	103 养殖鱼类罐头,104 野生鱼类罐头,105 养殖日本鳗鲡制成的烤鳗,106 野生日本鳗鲡制成的烤鳗,107 养殖日本鳗鲡制成的其他水产制品,108 野生日本鳗鲡制成的其他水产制品,109 其他养殖鳗鲡制成的烤鳗,110 其他野生鳗鲡制成的烤鳗,111 其他养殖鳗鲡制成的其他水产制品,112 其他野生鳗鲡制成的其他水产制品
1604180010	999
1604180090	999
1604192000	101 养殖水产制品,102 野生水产制品,103 养殖鱼类罐头,104 野生鱼类罐头
1604193100	101 养殖水产制品,102 野生水产制品,103 养殖鱼类罐头,104 野生鱼类罐头
1604193900	101 养殖水产制品,102 野生水产制品,103 养殖鱼类罐头,104 野生鱼类罐头
1604199010	101 野生水产制品,102 野生鱼类罐头
1604199090	101 养殖石斑鱼,102 养殖鲥鱼,103 养殖鲷科,104 养殖安康鱼,105 养殖海鲂,106 养殖鲆鱼,107 养殖鲽鱼,108 养殖红鱼,109 养殖鲈鱼,110 养殖黄鱼,111 养殖鲮鱼,112 其他养殖鱼,113 野生石斑鱼,114 野生鲥鱼,115 野生鲷科,116 野生安康鱼,117 野生海鲂,118 野生鲆鱼,119 野生鲽鱼,120 野生红鱼,121 海鲫鱼,122 金线鱼,123 马面鱼,124 野生鲮鱼,125 野生鲈鱼,126 野生黄鱼,127 马鲛鱼,128 带鱼,129 其他野生鱼,130 养殖石斑鱼罐头,131 养殖鲥鱼罐头,132 养殖鲷科罐头,133 养殖安康鱼罐头,134 养殖海鲂罐头,135 养殖鲆鱼罐头,136 养殖鲽鱼罐头,137 养殖红鱼罐头,138 其他养殖鱼罐头,139 野生石斑鱼罐头,140 野生鲥鱼罐头,141 野生鲷科罐头,142 野生安康鱼罐头,143 野生海鲂罐头,144 野生鲆鱼罐头,145 野生鲽鱼罐头,146 野生红鱼罐头,147 海鲫鱼罐头,148 金线鱼罐头,149 马面鱼罐头,150 马鲛鱼罐头,151 其他野生鱼罐头
1604201110	999
1604201190	999
1604201910	999
1604201990	101 养殖石斑鱼,102 养殖鲥鱼,103 养殖鲷科,104 养殖安康鱼,105 养殖海鲂,106 养殖鲆鱼,107 养殖鲽鱼,108 养殖红鱼,109 其他养殖鱼,110 野生石斑鱼,111 野生鲥鱼,112 野生鲷科,113 野生安康鱼,114 野生海鲂,115 野生鲆鱼,116 野生鲽鱼,117 野生红鱼,118 海鲫鱼,119 金线鱼,120 马面鱼,121 马鲛鱼,122 其他野生鱼
1604209110	999
1604209190	999
1604209910	999
1604209990	101 养殖石斑鱼,102 养殖鲥鱼,103 养殖鲷科,104 养殖安康鱼,105 养殖海鲂,106 养殖鲆鱼,107 养殖鲽鱼,108 养殖红鱼,109 其他养殖鱼,110 野生石斑鱼,111 野生鲥鱼,112 野生鲷科,113 野生安康鱼,114 野生海鲂,115 野生鲆鱼,116 野生鲽鱼,117 野生红鱼,118 海鲫鱼,119 金线鱼,120 马面鱼,121 马鲛鱼,122 其他野生鱼
1604310000	999
1604320000	999
1605100000	101 养殖水产制品,102 野生水产制品,103 养殖甲壳类罐头,104 野生甲壳类罐头
1605210000	101 养殖水产制品,102 野生水产制品,103 养殖甲壳类罐头,104 野生甲壳类罐头
1605290000	101 养殖水产制品,102 野生水产制品,103 养殖甲壳类罐头,104 野生甲壳类罐头
1605300000	101 养殖水产制品,102 野生水产制品,103 养殖甲壳类罐头,104 野生甲壳类罐头
1605401100	101 养殖水产制品,102 野生水产制品,103 养殖甲壳类罐头,104 野生甲壳类罐头
1605401900	101 养殖水产制品,102 野生水产制品,103 养殖甲壳类罐头,104 野生甲壳类罐头
1605409000	101 养殖水产制品,102 野生水产制品,103 养殖甲壳类罐头,104 野生甲壳类罐头

HS 编码	CIQ 扩展品名
1605510000	101 养殖水产制品 ,102 野生水产制品 ,103 养殖贝类罐头 ,104 野生贝类罐头
1605520010	101 养殖水产制品 ,102 野生水产制品 ,103 养殖贝类罐头 ,104 野生贝类罐头
1605520090	101 养殖水产制品 ,102 野生水产制品 ,103 养殖贝类罐头 ,104 野生贝类罐头
1605530000	101 养殖水产制品 ,102 野生水产制品 ,103 养殖贝类罐头 ,104 野生贝类罐头
1605540000	101 养殖水产制品 ,102 野生水产制品 ,103 养殖水产罐头 ,104 野生水产罐头
1605550000	101 养殖水产制品 ,102 野生水产制品 ,103 养殖水产罐头 ,104 野生水产罐头
1605561000	101 养殖水产制品 ,102 野生水产制品 ,103 养殖贝类罐头 ,104 野生贝类罐头
1605562010	101 养殖水产制品 ,102 野生水产制品 ,103 养殖贝类罐头 ,104 野生贝类罐头
1605562090	101 养殖水产制品 ,102 野生水产制品 ,103 养殖贝类罐头 ,104 野生贝类罐头
1605570000	101 养殖水产制品 ,102 野生水产制品 ,103 养殖贝类罐头 ,104 野生贝类罐头
1605580010	101 野生水产制品 ,102 野生水产罐头
1605580090	101 野生水产制品 ,102 野生水产罐头
1605590010	101 野生水产制品 ,102 野生水产罐头
1605590090	101 养殖水产制品 ,102 野生水产制品 ,103 养殖水产罐头 ,104 野生水产罐头
1605610010	101 养殖水产制品 ,102 野生水产制品 ,103 养殖水产罐头 ,104 野生水产罐头
1605610090	101 养殖水产制品 ,102 野生水产制品 ,103 养殖水产罐头 ,104 野生水产罐头
1605620000	101 野生水产制品 ,102 野生水产罐头
1605630000	101 养殖水产制品 ,102 野生水产制品 ,103 养殖水产罐头 ,104 野生水产罐头
1605690010	101 野生水产制品 ,102 野生水产罐头
1605690090	101 养殖水产制品 ,102 野生水产制品 ,103 养殖水产罐头 ,104 野生水产罐头
1701120001	999
1701120090	999
1701130001	101 冰糖 ,102 冰片糖 ,103 原糖
1701130090	101 冰糖 ,102 冰片糖 ,103 原糖
1701140001	101 冰糖 ,102 冰片糖 ,103 原糖
1701140090	101 冰糖 ,102 冰片糖 ,103 原糖
1701910001	999
1701910090	999
1701991010	101 白砂糖 ,102 冰砂糖
1701991090	101 白砂糖 ,102 冰砂糖
1701992001	999
1701992090	999
1701999001	101 方糖 ,102 冰糖 ,103 红塘 ,104 冰片糖内 ,105 糖浆 ,106 糖霜 ,107 其他食糖
1701999090	101 方糖 ,102 冰糖 ,103 红塘 ,104 冰片糖内 ,105 糖浆 ,106 糖霜 ,107 其他食糖
1702110000	999
1702190000	111 其他乳糖及乳糖浆 ,301 无检疫要求食品添加剂 ,302 无检疫要求食品添加剂
1702200000	101 槭糖浆 ,102 槭糖 ,301 需申报仅用于工业用途不用于食品添加剂无检疫要求的化学品
1702300000	101 葡萄糖浆 ,102 葡萄糖 ,103 变性淀粉 ,301 无检疫要求食品添加剂
1702400000	101 葡萄糖浆 ,102 葡萄糖
1702500000	101 合成糖 ,102 无检疫要求食品添加剂 ,301 需申报仅用于工业用途不用于食品添加剂无检疫要求的化学品
1702600000	101 冰糖 ,102 糖浆 ,103 其他食糖 ,104 合成糖 ,105 其他糖果 ,106 无检疫要求食品添加剂
1702900010	101 人造糖浆 ,102 合成糖 ,103 无检疫要求食品添加剂
1702900090	101 合成糖 ,103 其他糖果 ,301 无检疫要求食品添加剂
1703100000	101 冰片糖 ,102 糖浆 ,103 糖霜 ,104 其他食糖 ,105 废糖蜜 ,301 需申报仅用于工业用途不用于食品添加剂无检疫要求的化学品
1703900000	101 冰片糖 ,102 糖浆 ,103 糖霜 ,104 其他食糖 ,106 废糖蜜 ,301 无检疫要求食品添加剂 ,302 需申报仅用于工业用途不用于食品添加剂无检疫要求的化学品
1704100000	102 凝胶口香糖 ,103 胶基口香糖
1704900000	101 合成糖 ,107 胶基糖果 ,111 其他糖果 ,112 巧克力，不适用非可可脂添加量超过 5% 的产品 ,113 其他糖与糖果，巧克力与可可制品
1801000000	999
1802000000	999
1803100000	999
1803200000	999
1804000010	999
1804000090	101,102 无检疫要求食品添加剂 ,103 无检疫要求食品添加剂
1805000000	101
1806100000	101 可可粉 ,102 可可粉固体饮料
1806200000	102 巧克力，不适用非可可脂添加量超过 5% 的产品 ,103 可可粉固体饮料 ,104 巧克力
1806310000	102 巧克力，不适用非可可脂添加量超过 5% 的产品 ,103 巧克力 , 适用非可可脂添加量超过 5% 的产品
1806320000	101 巧克力，不适用非可可脂添加量超过 5% 的产品 ,102 其他糖与糖果，巧克力与可可制品 ,103 巧克力 , 适用非可可脂添加量超过 5% 的产品
1806900000	101 巧克力，不适用非可可脂添加量超过 5% 的产品 ,102 其他可可制品 ,103 其他糖与糖果，巧克力与可可制品 ,104 巧克力 , 适用非可可脂添加量超过 5% 的产品
1901101000	101 乳基婴儿配方食品 ,102 乳基较大婴儿配方食品 ,103 早产 / 低出生体重婴儿配方食品 ,104 乳基幼儿配方食品
1901109000	101 其他含肉速冻粮食制品 ,102 其他不含肉速冻粮食制品 ,103 其他不含馅速冻粮食制品 ,104 豆基婴儿配方食品 ,105 豆基较大婴儿和幼儿配方食品 ,106 婴幼儿谷类辅助食品 ,107 婴幼儿罐装辅助食品
1901200000	101 速食粮食产品 ,102 其他粮食制品 ,103 其他含肉速冻粮食制品 ,104 其他不含肉速冻粮食制品 ,105 其他不含馅速冻粮食制品

HS 编码	CIQ 扩展品名
1901900000	101 其他冷冻饮品 ,102 纯麦片 ,103 发酵豆制品 ,104 方便米、粉 ,105 通心粉 ,106 米粉 ,107 速食粮食产品 ,108 其他粮食制品 ,109 其他含肉速冻粮食制品 ,110 其他不含肉速冻粮食制品 ,111 其他不含馅速冻粮食制品 ,112 非发酵豆制品 ,113 婴幼儿谷类辅助食品 ,114 婴幼儿罐装辅助食品 ,115 特殊医学用途配方食品 ,116 灭菌工艺调制乳 ,117 其他调制乳 ,118 儿童调制乳粉 ,119 孕产妇调制乳粉 ,120 其他调制乳粉 ,121 淡炼乳 ,122 加糖炼乳 ,123 调制淡炼乳 ,124 调制加糖炼乳 ,125 其他炼乳 ,126 乳基婴儿配方乳粉基粉 ,127 乳基较大婴儿和幼儿配方乳粉基粉 ,128 其他乳与乳制品 ,129 巴氏杀菌工艺调制乳 ,130 其他纯谷物的冲调谷物制品 ,131 含其他原料的谷物类冲调谷物制品 ,132 淀粉质类冲调谷物制品 ,133 其他食糖
1902110000	101 生面食 ,102 如挂面等 ,103 通心粉 ,104 速食粮食产品 ,105 其他粮食制品
1902190000	101 生面食 ,102 如挂面等 ,103 通心粉 ,104 湿面 ,105 速食粮食产品 ,106 其他粮食制品 ,107 馒头
1902200000	101 月饼 ,102 蛋糕 ,103 其他糕点 ,104 饼干 ,107 面包 ,108 膨化食品 ,109 生面食 ,110 其他糕点饼干 ,111 速食粮食产品 ,112 其他粮食制品 ,113 含肉包子 ,114 不含肉包子 ,115 含肉饺子 ,116 不含肉饺子 ,117 含肉春卷 ,118 不含肉春卷 ,119 其他含肉速冻粮食制品 ,120 其他不含肉速冻粮食制品
1902301000	101 方便米、粉 ,102 米粉 ,103 其他粮食制品 ,104 其他不含馅速冻粮食制品
1902302000	101 粉丝 ,102 其他粮食制品
1902303000	101 快熟面条 ,102 即食面条 ,103 如挂面等 ,104 方便面 ,105 方便米、粉 ,106 速食通粉
1902309000	101 面食罐头 ,102 其他糕点饼干 ,103 如挂面等 ,104 方便面 ,105 方便米、粉 ,106 通心粉 ,107 即食通粉沙律 ,108 湿面 ,109 速食粮食产品 ,110 其他粮食制品 ,111 馒头 ,112 其他含肉速冻粮食制品 ,113 其他不含肉速冻粮食制品 ,114 其他不含馅速冻粮食制品
1902400000	101 其他糕点饼干 ,102 速食粮食产品 ,103 其他粮食制品
1903000000	101 其他糕点饼干 ,102 速食粮食产品 ,103 其他粮食制品 ,104 其他淀粉制品
1904100000	101 熟制谷物坚果炒货 ,102 膨化食品 ,103 纯麦片 ,104 速食粮食产品 ,105 其他粮食制品 ,106 其他纯谷物的冲调谷物制品 ,107 含其他原料的谷物类冲调谷物制品 ,108 淀粉质类冲调谷物制品
1904200000	101 其他糕点饼干 ,102 纯麦片 ,103 湿粉 ,104 速食粮食产品 ,105 其他粮食制品 ,106 其他含肉速冻粮食制品 ,107 其他不含肉速冻粮食制品 ,108 其他不含馅速冻粮食制品 ,109 其他纯谷物的冲调谷物制品 ,110 含其他原料的谷物类冲调谷物制品 ,111 淀粉质类冲调谷物制品
1904300000	101 食用小麦粉 ,102 其他粮食制品
1904900000	101 食用 ,102 膨化食品 ,103 其他糕点饼干 ,104 纯麦片 ,105 方便米、粉 ,106 速食粮食产品 ,107 其他粮食制品 ,108 其他含肉速冻粮食制品 ,109 其他不含肉速冻粮食制品 ,110 其他不含馅速冻粮食制品 ,111 其他纯谷物的冲调谷物制品 ,112 含其他原料的谷物类冲调谷物制品 ,113 淀粉质类冲调谷物制品
1905100000	999
1905200000	101 姜饼 ,102 姜饼类似品
1905310000	999
1905320000	101 华夫饼干 ,102 圣餐饼 ,103 饼干
1905400000	999
1905900000	101 未列出的其他熟制坚果炒货 ,103 月饼 ,104 蛋糕 ,105 其他糕点 ,106 饼干 ,109 面包 ,110 膨化食品 ,111 其他糕点饼干 ,112 发酵豆制品 ,113 其他含肉速冻粮食制品 ,114 其他不含肉速冻粮食制品 ,115 其他不含馅速冻粮食制品 ,116 其他淀粉制品 ,117 非发酵豆制品
2001100000	999
2001901010	999
2001901090	999
2001909010	999
2001909020	999
2001909030	999
2001909040	999
2001909050	999
2001909090	101 腌渍蘑菇 ,102 腌渍其他未列出蔬菜
2002101000	999
2002109000	101 冷冻番茄 ,102 脱水番茄
2002901100	999
2002901900	999
2002909000	101 冷冻番茄 ,102 脱水番茄
2003101100	999
2003101900	101 草菇罐头 ,102 金针菇罐头 ,103 其他食用菌罐头
2003109000	101 冷冻其他伞菌属蘑菇 ,102 脱水其他伞菌属蘑菇 ,103 腌渍蘑菇 ,104 腌渍其他伞菌属蘑菇
2003901010	999
2003901020	999
2003901090	101 滑子蘑罐头 ,102 猴头菇罐头 ,103 鸡油菌罐头 ,104 牛肝菌罐头 ,105 姬菇罐头 ,106 鲍鱼菇罐头 ,107 白灵菇罐头 ,108 平菇罐头 ,109 茶树菇罐头 ,110 凤尾菇罐头 ,111 灰树花菇罐头 ,112 黑木耳罐头 ,113 球盖菇罐头 ,114 鸡腿菇罐头 ,115 松茸罐头 ,116 什锦菇罐头 ,117 其他蘑菇类罐头 ,118 其他木耳类罐头 ,119 其他食用菌罐头
2003909010	101 冷冻香菇 ,102 脱水香菇 ,103 腌渍香菇
2003909020	101 冷冻松茸 ,102 脱水松茸 ,103 腌渍松茸
2003909090	101 冷冻其他非伞菌属蘑菇 ,102 脱水其他非伞菌属蘑菇 ,103 腌渍其他非伞菌属蘑菇
2004100000	999
2004900010	999
2004900020	999
2004900030	999

HS 编码	CIQ 扩展品名
2004900040	999
2004900090	101 其它冷冻植物产品,102 其他含肉速冻粮食制品,103 其他不含肉速冻粮食制品,104 冷冻其他未列出蔬菜
2005100000	999
2005200000	999
2005400000	101 青豆罐头,102 即食豌豆沙律,103 熟制豌豆炒货,104 发酵豆制品,105 非发酵豆制品
2005511100	101 红豆罐头,102 豆类罐头
2005511900	999
2005519100	101 红豆馅,102 其他粮食制品
2005519900	101 冷冻脱荚豇豆,102 冷冻脱荚菜豆
2005591000	999
2005599000	101 腌渍豇豆,102 腌渍菜豆
2005601000	999
2005609000	101 冷冻芦笋,102 脱水芦笋,103 腌渍芦笋
2005700000	999
2005800000	101
2005911010	999
2005911090	999
2005919010	999
2005919090	101 冷冻竹笋,102 腌渍竹笋,103 脱水竹笋
2005992000	999
2005994000	999
2005995000	999
2005996000	999
2005999100	101 荠头罐头,102 其他鳞茎类罐头,103 红焖大头菜罐头,104 其他芸苔属类罐头,105 香菜心罐头,106 雪菜罐头,107 橄榄菜罐头,108 其他叶菜类罐头,109 其他茄果类罐头,110 美味黄瓜罐头,111 苦瓜罐头,112 其他瓜类罐头,113 青刀豆罐头,114 芸豆罐头,115 红豆罐头,116 发酵豆类罐头,117 其他豆类罐头,118 其他茎类罐头,119 胡萝卜罐头,120 姜罐头,121 地瓜罐头,122 其他根茎类和薯芋类罐头,123 莲藕罐头,124 清水莲子罐头,125 其他水生类罐头,126 绿豆芽罐头,127 黄豆芽罐头,128 其他芽菜类罐头,129 其他多年生蔬菜罐头,130 玉米笋罐头,131 四鲜烤夫罐头,132 什锦蔬菜罐头,133 其他蔬菜罐头
2005999910	101 冷冻仙人掌,102 脱水仙人掌,103 腌渍仙人掌
2005999920	101 冷冻芦荟,102 脱水芦荟,103 腌渍芦荟
2005999990	999
2006001000	999
2006002000	999
2006009010	999
2006009090	101 红豆馅,102 果脯,103 话梅,104 其他蜜饯
2007100000	999 果酱罐头,201 非罐头工艺生产的果酱
2007910000	999 果酱罐头,201 非罐头工艺生产的果酱
2007991000	101 什锦果酱罐头,102 杏酱罐头,103 菠萝酱罐头,104 苹果酱罐头,105 西瓜酱罐头,106 猕猴桃酱罐头,107 其他果酱罐头,108 果冻罐头
2007999000	999 包括果泥、果膏,201 非罐头工艺生产的果酱
2008111000	999

HS 编码	CIQ 扩展品名
2008112000	999
2008113000	999
2008119000	101 熟制,102 花生罐头
2008191000	999
2008192000	999
2008199100	999
2008199200	101 芝麻罐头,102 即食芝麻沙律,103 熟制芝麻炒货,104 芝麻酱
2008199910	101 熟制红松子仁,102 其他红松子仁炒货
2008199990	101 杏仁罐头,102 银杏罐头,103 板栗罐头,104 腰果罐头,105 其他坚果罐头,106 熟制杏仁,107 熟制开心果,108 熟制松子,109 熟制夏威夷果,110 熟制南瓜子,111 熟制西瓜子,112 未列名的即食坚果沙律,113 未列出的其他熟制坚果炒货,114 榛子酱,115 扁桃仁酱,116 酱
2008201000	101 马口铁菠萝罐头,102 玻璃瓶菠萝罐头,103 复合塑料袋菠萝罐头,104 其他材质菠萝罐头
2008209000	999
2008301000	101 桔子罐头,102 糖水橘子罐头,103 橘子囊胞罐头,104 其他橘子罐头
2008309000	999 用醋或醋酸以外其他方法制作或保藏的,101 汁、浆
2008401000	101 梨罐头,102 糖水梨罐头,103 糖水洋梨罐头,104 其他梨罐头
2008409000	999
2008500000	101 杏子罐头,102 果脯
2008601000	101 樱桃罐头,102 果脯
2008609000	101 果脯,102 其他蜜饯
2008701000	999
2008709000	101 其他桃罐头,102 果脯
2008800000	101 果脯,102 其他蜜饯
2008910000	999
2008930000	999
2008970000	101 马口铁什锦水果罐头,102 玻璃瓶什锦水果罐头,103 复合塑料袋什锦水果罐头,104 其他材质什锦水果罐头,105 果脯
2008991000	101 马口铁荔枝罐头,102 玻璃瓶荔枝罐头,103 复合塑料袋荔枝罐头,104 其他材质荔枝罐头
2008992000	101 马口铁龙眼罐头,102 玻璃瓶龙眼罐头,103 复合塑料袋龙眼罐头,104 其他材质龙眼罐头
2008993100	101 养殖,102 野生
2008993200	101 养殖,102 野生
2008993300	101 养殖,102 野生
2008993400	999 野生,998 养殖
2008993900	104 养殖水产制品,105 野生水产制品
2008994000	999

HS 编码	CIQ 扩展品名
2008999000	101 苹果罐头,102 葡萄罐头,103 海棠罐头,104 干装苹果罐头,105 什锦水果罐头,106 马口铁什锦水果罐头,107 玻璃瓶什锦水果罐头,108 复合塑料袋什锦水果罐头,109 橄榄罐头,110 芒果罐头,111 双色罐头,112 枇杷罐头,113 杨梅罐头,114 猕猴桃罐头,115 番石榴罐头,116 番荔枝罐头,117 山楂罐头,118 李子罐头,119 榴莲罐头,120 其他瓜果类罐头,121 其他浆果和小型水果类罐头,122 其他核果类水果罐头,123 其他热带和亚热带水果罐头,124 其他未列名水果罐头,125 熟制葵花子,126 未列出的其他熟制坚果炒货,127 果脯,128 其他蜜饯
2009110000	999
2009120000	101 可直接饮用的蔬菜果汁类饮料,102 包括冷冻的,103 汁、浆
2009190000	101 可直接饮用的蔬菜果汁类饮料,102 包括冷冻的,103 汁、浆
2009210000	101 可直接饮用的蔬菜果汁类饮料,102 包括冷冻的,103 汁、浆
2009290000	101 可直接饮用的蔬菜果汁类饮料,102 包括冷冻的,103 汁、浆
2009311000	101 可直接饮用的蔬菜果汁类饮料,102 包括冷冻的,103 汁、浆
2009319000	101 可直接饮用的蔬菜果汁类饮料,102 包括冷冻的,103 汁、浆
2009391000	101 包括冷冻的,102 可直接饮用的蔬菜果汁类饮料,103 汁、浆
2009399000	999
2009410000	101 可直接饮用的蔬菜果汁类饮料,102 包括冷冻的
2009490000	101 可直接饮用的蔬菜果汁类饮料,102 包括冷冻的
2009500000	101 可直接饮用的蔬菜果汁类饮料,102 包括冷冻的
2009610000	101 包括冷冻的,102 未发酵葡萄酒,103 可直接饮用的蔬菜果蔬汁类饮料
2009690000	101 包括冷冻的,102 未发酵葡萄酒
2009710000	101 可直接饮用的蔬菜果汁类饮料,102 包括冷冻的
2009790000	101 可直接饮用的蔬菜果汁类饮料,102 包括冷冻的
2009810000	101 可直接饮用的蔬菜果汁类饮料,102 包括冷冻的,103 汁、浆
2009891200	101 可直接饮用的蔬菜果汁类饮料,102 包括冷冻的,103 汁、浆
2009891300	101 可直接饮用的蔬菜果汁类饮料,102 包括冷冻的,103 汁、浆
2009891400	101 可直接饮用的蔬菜果汁类饮料,102 包括冷冻的,103 汁、浆
2009891500	101 可直接饮用的蔬菜果汁类饮料,102 包括冷冻的,103 汁、浆
2009891900	101 可直接饮用的蔬菜果汁类饮料,102 包括冷冻的,103 汁、浆
2009892000	101 可直接饮用的蔬菜果汁类饮料,102 包括冷冻的,103 汁、浆
2009901000	101 可直接饮用的蔬菜果汁类饮料,102 包括冷冻的,103 汁、浆

HS 编码	CIQ 扩展品名
2009909000	101 可直接饮用的蔬菜果汁类饮料,102 包括冷冻的,103 汁、浆
2101110000	101 速溶咖啡,102 其他咖啡,103 咖啡伴侣,104 未列出的其他饮料、冷冻饮品、咖啡、果冻
2101120000	101 茶饮料,102 咖啡粉,103 速溶咖啡,104 其他咖啡,105 未列出的其他饮料、冷冻饮品、咖啡、果冻
2101200000	999
2101300000	101 其他咖啡,102 咖啡伴侣,103 未列出的其他饮料、冷冻饮品、咖啡、果冻
2102100000	101 饲料添加剂,104 活性酵母
2102200000	999,301 有检疫要求食品添加剂,201 非活性酵母
2102300000	101 饲料添加剂,102 其他粮食制品,103 活性酵母,104 非活性酵母,105 食品加工用酵母衍生制品,106 食品加工用其他酵母产品
2103100000	101 酿造酱油,102 配制酱油,103 鲜味汁,104 其他酱油
2103200000	101 番茄沙司,102 番茄调味汁
2103300000	999 香辛料,998 未列出的其他调味品
2103901000	999
2103902000	999
2103909000	101 食用茶油,102 食用芝麻油,103 食用植物调和油,104 海鲜酱,105 即食沙律酱,106 冰梅酱,107 柱侯酱,108 排骨酱,109 沙茶酱,110 沙爹酱,111 豆瓣酱,112 甜酸酱,113 黄豆酱,114 其他酱,115 酿造食醋,116 配制食醋,117 白米醋,118 添丁甜醋,119 苹果醋,120 大红浙醋,121 其他食醋,122 调味剂,123 鸡精,124 鲜味粉,125 鲜味膏,126 其他鲜味剂,127 混合调味品,128 豆豉,129 姜豉,130 沙姜粉,131 五香粉,132 调味汁,133 未列出的其他调味品,134 红豆馅,135 芝麻酱,136 榛子酱,137 扁桃仁酱,138 酱,139 水产调味品
2104100000	101 制汤调料,102 其他含肉速冻粮食制品,103 其他不含肉速冻粮食制品
2104200000	101 汤料,102 混合调味品,103 未列出的其他调味品,104 具有保健食品批准文号
2105000000	101 冰淇淋,102 冷冻饮品制作料,104 食用冰,105 其他冷冻饮品
2106100000	101 蛋白型固体饮料,102 具有保健食品批准文号,104 大豆蛋白,105 豌豆蛋白,106 特殊医学用途配方食品,107 蚕豆蛋白,108 其他豆类蛋白,109 小麦蛋白,110 燕麦蛋白,111 大米蛋白,112 玉米蛋白,113 其他谷类蛋白,114 花生蛋白,115 其他坚果及籽类蛋白,116 马铃薯蛋白,117 其他薯类蛋白,118 其他植物蛋白
2106901000	102 如菊花精、柠檬茶、果珍,103 未列出的其他饮料、冷冻饮品、咖啡、果冻
2106902000	999
2106903010	101 具有保健食品批准文号,102 蜂王浆及制品
2106903090	101 具有保健食品批准文号,102 蜂王浆及制品
2106904000	999
2106905010	999
2106905090	999

HS 编码	CIQ 扩展品名
2106909001	101 乳基婴儿配方食品 ,102 乳基较大婴儿配方食品 ,103 氨基酸代谢障碍配方特殊医学用途婴儿配方食品 ,104 无乳糖配方特殊医学用途婴儿配方食品 ,105 乳蛋白部分水解配方特殊医学用途婴儿配方食品 ,106 乳蛋白深度水解配方特殊医学用途婴儿配方食品 ,107 乳基幼儿配方食品
2106909011	999
2106909019	101 蛋白型固体饮料 ,102 如菊花精、柠檬茶、果珍 ,103 未列出的其他饮料、冷冻饮品、咖啡、果冻 ,104 发酵豆制品 ,105 红豆馅 ,106 其他粮食制品 ,107 具有保健食品批准文号 ,108 非发酵豆制品 ,109 婴幼儿谷类辅助食品 ,110 婴幼儿罐装辅助食品 ,111 特殊医学用途配方食品
2106909090	101 其他食用植物调和油 ,102 其他食用植物油 ,103 代用茶 ,104 其他茶叶及制品 ,105 其他乳与乳制品 ,106 即食坚果沙律 ,107 熟制坚果炒货 ,108 含乳饮料 ,109 植物蛋白饮料 ,110 蛋白型固体饮料 ,111 如菊花精、柠檬茶、果珍 ,112 果冻 ,115 未列出的其他饮料、冷冻饮品、咖啡、果冻 ,116 其他原酒 ,118 未列出的其他酒 ,119 冰片糖 ,120 糖浆 ,121 糖霜 ,122 胶基糖果 ,123 其他食糖 ,127 其他糖果 ,128 其他糖与糖果，巧克力与可可制品 ,129 发酵豆制品 ,130 红豆馅 ,131 即食通粉沙律 ,132 湿粉 ,133 湿面 ,134 速食粮食产品 ,135 其他粮食制品 ,136 含肉饺子 ,137 不含肉饺子 ,138 其他不含馅速冻粮食制品 ,139 其他蜜饯 ,140 具有保健食品批准文号 ,141 母乳营养补充剂 ,142 婴幼儿谷类辅助食品 ,143 婴幼儿罐装辅助食品 ,144 特殊医学用途配方食品 ,146 食用其他加工油脂 ,148 其他未列出的加工食品 ,149 燕窝制品，以燕窝为主要原料的食品 ,150
2201101000	999
2201102000	101
2201901100	999
2201901900	999
2201909000	101 如矿泉水、纯净水等 ,102 食用冰 ,103 其他冷冻饮品 ,104 未列出的其他饮料、冷冻饮品、咖啡、果冻 ,301 需申报仅用于工业用途不用于食品添加剂无检疫要求的化学品
2202100010	101 碳酸饮料 ,102 可直接饮用的蔬菜果汁类饮料 ,103 含乳饮料 ,104 植物蛋白饮料 ,105 茶饮料 ,106 运动饮料 ,108 具有保健食品批准文号 ,109 植物饮料 ,110 乳酸菌饮料
2202100090	101 碳酸饮料 ,102 可直接饮用的蔬菜果汁类饮料 ,103 含乳饮料 ,104 植物蛋白饮料 ,105 茶饮料 ,106 运动饮料 ,108 具有保健食品批准文号 ,109 植物饮料 ,110 乳酸菌饮料
2202910011	999
2202910019	999
2202910091	999
2202910099	999
2202990011	101 碳酸饮料 ,102 含乳饮料 ,103 植物蛋白饮料 ,104 茶饮料 ,105 运动饮料 ,106 其他软饮料 ,107 未列出的其他饮料、冷冻饮品、咖啡、果冻 ,108 具有保健食品批准文号 ,109 植物饮料 ,110 乳酸菌饮料
2202990019	999 保健食品 ,101 碳酸饮料 ,102 含乳饮料 ,103 植物蛋白饮料 ,104 茶饮料 ,105 运动饮料 ,106 其他软饮料 ,107 未列出的其他饮料、冷冻饮品、咖啡、果冻 ,108 植物饮料 ,109 乳酸菌饮料
2202990091	101 碳酸饮料 ,102 含乳饮料 ,103 植物蛋白饮料 ,104 茶饮料 ,105 运动饮料 ,106 其他软饮料 ,107 未列出的其他饮料、冷冻饮品、咖啡、果冻 ,108 具有保健食品批准文号 ,109 植物饮料 ,110 乳酸菌饮料
2202990099	101 碳酸饮料 ,102 含乳饮料 ,103 植物蛋白饮料 ,104 茶饮料 ,105 运动饮料 ,106 其他软饮料 ,107 蛋白型固体饮料 ,108 其他咖啡 ,109 未列出的其他饮料、冷冻饮品、咖啡、果冻 ,110 燕窝制品，以燕窝主要原料制成的饮料 ,111 乳酸菌饮料 ,112 植物饮料
2203000000	999
2204100000	999
2204210000	999
2204220000	101 葡萄酒 ,102 未发酵葡萄酒 ,103 其他原酒
2204290000	101 葡萄酒 ,102 未发酵葡萄酒 ,103 其他原酒
2204300000	101 未发酵葡萄酒 ,102 其他原酒 ,301 需申报仅用于工业用途不用于食品添加剂无检疫要求的化学品
2205100000	101 发酵酒配制酒 ,102 未列出的其他酒
2205900000	102
2206001000	999
2206009000	101 含乳饮料 ,102 未列出的其他饮料、冷冻饮品、咖啡、果冻 ,103 果酒 ,104 清酒 ,105 其他发酵酒 ,106 发酵酒配制酒
2207100000	101 食用酒精 ,102 其他原酒 ,301 易燃液体，需申报仅用于工业用途不用于食品添加剂无检疫要求 ,302 属于危险化学品的食品添加剂
2207200010	301 属于危险化学品的食品添加剂 ,302 无检疫要求食品添加剂 ,303 一般化学品，需申报仅用于工业用途不用于食品添加剂无检疫要求 ,304 易燃液体，需申报仅用于工业用途不用于食品添加剂无检疫要求
2207200090	101 食用酒精 ,102 其他原酒 ,301 属于危险化学品的食品添加剂 ,302 无检疫要求食品添加剂 ,303 一般化学品，需申报仅用于工业用途不用于食品添加剂无检疫要求 ,304 易燃液体，需申报仅用于工业用途不用于食品添加剂无检疫要求
2208200010	101 白兰地 ,102 其他蒸馏酒
2208200090	101 白兰地 ,102 其他蒸馏酒
2208300000	999
2208400000	101 朗姆酒 ,102 其他蒸馏酒
2208500000	999
2208600000	999
2208700000	999
2208901010	999
2208901090	999
2208902000	999

HS 编码	CIQ 扩展品名
2208909001	101 食用酒精 ,102 其他原酒 ,301 属于危险化学品的食品添加剂 ,302 无检疫要求食品添加剂 ,303 一般化学品，需申报仅用于工业用途不用于食品添加剂无检疫要求 ,304 易燃液体，需申报仅用于工业用途不用于食品添加剂无检疫要求
2208909021	101 中国白酒 ,102 其他蒸馏酒 ,103 蒸馏酒配制酒 ,104 未列出的其他酒 ,105 具有保健食品批准文号
2208909029	101 中国白酒 ,102 其他蒸馏酒 ,103 蒸馏酒配制酒 ,104 未列出的其他酒
2208909091	101 中药酒 ,102 其他蒸馏酒 ,103 蒸馏酒配制酒 ,104 其他蒸馏配制酒 ,105 未列出的其他酒 ,106 具有保健食品批准文号
2208909099	101 其他蒸馏酒 ,102 蒸馏酒配制酒 ,103 其他蒸馏配制酒 ,104 未列出的其他酒 ,105 按体积比乙醇≥ 24%, 每一容器盛装＞ 5L 的
2209000000	101 配制食醋 ,102 其他食醋 ,103 未列出的其他调味品 ,104 具有保健食品批准文号
2301101100	101 肉成分 67% 以上 ,102 饲料用牛肉骨粉 ,103 饲料用牛血粉 ,104 肉成分 67% 以上 ,105 饲料用羊肉骨粉 ,106 饲料用羊血粉 ,107 饲料用混合型饲养偶蹄动物肉骨粉 ,108 饲料用野生偶蹄猪、牛、羊肉骨粉 ,109 饲料用野生偶蹄猪、牛、羊血粉
2301101900	101 肉成分 67% 以上 ,102 饲料用猪肉骨粉 ,103 饲料用猪血粉 ,104 饲料用鹿肉骨粉 ,105 饲料用鹿血粉 ,106 饲料用混合型饲养偶蹄动物肉骨粉 ,107 饲料用其他饲养偶蹄动物粉 ,108 肉成分 67% 以上 ,109 饲料用其他野生偶蹄动物粉 ,110 饲料用禽肉骨粉 ,111 饲料用禽血粉 ,112 肉成份 67% 以上 ,113 饲料用其他动物肉骨粉 ,114 饲料用其他动物血粉
2301102000	101 工业用其他动物油脂 ,102 饲料用动物油渣 ,103 其他饲用加工植物蛋白
2301109000	999
2301201000	101 饲料用红鱼粉 ,102 饲料用白鱼粉
2301209000	999
2302100000	999
2302300000	101 饲用麦麸 ,102 其他饲用加工植物蛋白
2302400000	101 饲用米糠 ,102 其他饲用加工植物蛋白
2302500000	999
2303100000	101 其他饲用加工植物蛋白 ,102 饲用植物颗粒和植物粉 ,103 其他植物饲料
2303200000	101 饲用甜菜粕 ,102 其他饲用加工植物蛋白 ,103 栽培介质
2303300011	999
2303300019	999
2303300090	999
2304001000	999
2304009000	999
2305000000	999
2306100000	999
2306200000	999
2306300000	999
2306410000	999
2306490000	999
2306500000	999
2306600010	999
2306600090	999
2306900000	101 饲用芝麻饼、粕 ,102 其他饲用加工植物蛋白
2307000000	999,301 需申报仅用于工业用途不用于食品添加剂无检疫要求的化学品
2308000000	101 饲用苜蓿草 ,102 饲用燕麦草 ,103 其他饲草 ,104 饲用其他淀粉 ,105 饲用青贮 ,106 饲用植物颗粒和植物粉 ,107 其他植物饲料
2309101000	999
2309109000	101 非罐装宠物食品 ,102 咀嚼物
2309901000	101 含动物源性饲料添加剂 ,102 含植物源性饲料添加剂 ,103 其他饲料添加剂
2309909000	101 饲料用乳粉、蛋粉、乳清粉 ,102 未列出的饲料用其他动物粉 ,103 添加剂预混合饲料 ,104 浓缩饲料 ,105 全价配合饲料 ,106 精料补充料 ,107 其他配制的动物饲料 ,108 其他宠物食品
2401101000	999
2401109000	101 香料烟 ,102 白肋烟
2401201000	999
2401209000	101 香料烟 ,102 白肋烟
2401300000	999
2402100000	999
2402200000	999
2402900001	999
2402900009	999
2403110000	999
2403190000	999
2403910010	999
2403910090	999
2403990010	999
2403990090	101 其他烟草及烟草代用品的制品 ,102 烟用香精
2501001100	101 饲料用盐 ,102 食盐
2501001900	101 饲料添加剂 ,102 矿盐 ,103 海盐 ,104 除海盐、矿盐外
2501002000	101 矿物源性饲料添加剂 ,102 其他盐
2501003000	999
2502000000	999
2503000000	101 属于危险化学品的食品添加剂 ,102 易燃固体，需申报仅用于工业用途不用于食品添加剂无检疫要求
2504101000	999
2504109100	999
2504109900	999
2504900000	999
2505100000	101 栽培介质 ,102 硅砂
2505900010	101 栽培介质 ,102 硅砂
2505900090	101 栽培介质 ,102 硅砂
2506100000	101 石英砂 ,102 石英粉 ,103 熔融石英砂 ,104 熔融石英粉 ,105 其他石英
2506200000	101 栽培介质 ,102 石英岩
2507001000	102
2507009000	999

HS 编码	CIQ 扩展品名
2508100000	101 无检疫要求食品添加剂,102 膨润土
2508300000	999
2508400000	102
2508500000	999
2508600000	999
2508700000	998 火泥,999 第纳斯土
2509000000	999
2510101000	999
2510109000	999
2510201000	999
2510209000	999
2511100000	101 重晶石块,102 重晶石粉
2511200000	999
2512001000	101 无检疫要求食品添加剂,102 硅藻土
2512009000	999
2513100000	999
2513200000	101 刚玉岩,102 天然刚玉砂,103 天然石榴石
2514000000	999
2515110000	999
2515120000	999
2515200000	999
2516110000	999
2516120000	999
2516200001	999
2516200090	999
2516900000	999
2517100000	999
2517200000	999
2517300000	999
2517410000	999
2517490000	999
2518100000	999
2518200000	999
2518300000	999
2519100000	999
2519901000	999
2519902000	999
2519903000	999
2519909100	101 矿物源性饲料添加剂,102 无检疫要求食品添加剂,103 氧化镁
2519909910	101 矿物源性饲料添加剂,102 氧化镁
2519909990	101 矿物源性饲料添加剂,102 氧化镁
2520100000	999
2520201000	999
2520209000	999
2521000000	999
2522100000	999
2522200000	999
2522300000	999
2523100000	999
2523210000	999
2523290000	999
2523300000	999
2523900000	101 矿渣水泥,102 其他水泥
2524100000	101 栽培介质,301 杂项物质

HS 编码	CIQ 扩展品名
2524901010	101 栽培介质,102 毒害品,103 长纤维石棉,301 杂项物质
2524901090	101 栽培介质,102 长纤维石棉,301 杂项物质
2524909010	101 栽培介质,102 石棉,301 杂项物质
2524909090	101 栽培介质,102 石棉,301 杂项物质
2525100000	999
2525200000	999
2525300000	101 其他云母,102 废矿
2526101000	999
2526102000	999
2526201000	999
2526202001	999
2526202090	999
2528001000	999
2528009000	999
2529100000	101 栽培介质,102 长石
2529210000	999
2529220000	999
2529300000	101 栽培介质,102 石材
2530101000	999
2530102000	101 栽培介质,102 栽培介质,103 石材
2530200000	999
2530901000	999
2530902000	999
2530909100	999
2530909901	999
2530909902	999
2530909910	999
2530909920	999
2530909930	999
2530909992	999
2530909999	999
2601111000	999
2601112000	999
2601119000	999
2601120000	999
2601200000	999
2602000000	999
2603000010	999 铜矿,998 铜精矿
2603000090	999 铜矿,998 铜精矿
2604000001	999
2604000090	999
2605000001	999
2605000090	999
2606000000	999
2607000001	999 铅矿,998 铅精矿
2607000090	999 铅矿,998 铅精矿
2608000001	999
2608000090	999 锌矿,998 锌精矿
2609000000	999
2610000000	999
2611000000	999
2612100000	999
2612200000	999
2613100000	999

HS 编码	CIQ 扩展品名
2613900000	999
2614000000	999
2615100000	101 悬浮于易燃液体中的 ,102 锆英砂矿
2615901000	999
2615909010	999
2615909090	999
2616100000	999
2616900001	999
2616900009	999
2617101000	999
2617109001	999
2617109090	999
2617901000	999 辰砂 ,301 毒性物质和感染性物质
2617909000	999
2618001001	999
2618001090	999
2618009000	999
2619000010	999
2619000021	999
2619000029	999
2619000030	999
2619000090	101 栽培介质 ,102 栽培介质
2620110000	999
2620190000	999
2620210000	999
2620290000	999
2620300000	999
2620400000	999
2620600000	999
2620910000	999
2620991000	999
2620999011	999
2620999019	999
2620999020	101 用作铜冶炼的原料 ,102 用作除锈磨料的其他铜冶炼渣
2620999090	999
2621100000	999
2621900010	999
2621900090	999
2701110010	999
2701110090	999
2701121000	999
2701129000	999
2701190000	999
2701200000	999
2702100000	999
2702200000	999
2703000010	101 栽培介质 ,102 化工产品
2703000090	101 栽培介质 ,102 泥煤
2704001000	999
2704009000	999
2705000010	999
2705000090	999 其他化工产品 ,998 其他危险化学品
2706000001	999 其他化工产品 ,998 其他危险化学品

HS 编码	CIQ 扩展品名
2706000090	101 煤焦油 ,102 其他焦油 ,103 煤焦沥青 ,104 其他危险化学品 ,105 其他危险化学品
2707100000	999
2707200000	999
2707300000	999
2707400000	301
2707500000	999 其他化工产品 ,998 其他危险化学品
2707910000	999 其他化工产品 ,998 其他危险化学品
2707991000	999 其他化工产品 ,998 其他危险化学品
2707999000	101 分离焦油 ,102 塑料印油 ,103 偶氨紫苯溶液 ,104 塑料薄膜油墨 ,105 闪烁液
2708100000	999 其他化工产品 ,998 其他危险化学品
2708200001	999 其他化工产品 ,998 其他危险化学品
2708200090	999 其他化工产品 ,998 其他危险化学品
2709000000	999
2710121000	301
2710122000	999
2710123000	999
2710129101	999 其他化工产品 ,301 易燃液体
2710129190	999 其他化工产品 ,301 易燃液体
2710129910	999 其他化工产品 ,301 易燃液体
2710129990	999 易燃液体 ,301 其他化工产品
2710191100	999 其他化工产品 ,301 易燃液体
2710191200	999 其他化工产品 ,301 易燃液体
2710191910	999 其他化工产品 ,998 其他危险化学品
2710191990	301 其他化工产品 ,302 易燃液体
2710192200	999 其他化工产品 ,998 其他危险化学品
2710192300	999
2710192910	999 其他化工产品 ,998 其他危险化学品
2710192990	999 其他化工产品 ,301 易燃液体
2710199100	999 其他化工产品 ,998 其他危险化学品
2710199200	999 其他化工产品 ,998 其他危险化学品
2710199300	999 其他化工产品 ,998 其他危险化学品
2710199400	301 属于危险化学品的食品添加剂 ,302 无检疫要求食品添加剂 ,303 一般化学品，需申报仅用于工业用途不用于食品添加剂无检疫要求 ,304 易燃液体，需申报仅用于工业用途不用于食品添加剂无检疫要求
2710199900	999
2710200000	999 其他化工产品 ,301 易燃液体
2710910000	999 其他化工产品 ,998 其他危险化学品
2710990000	999 其他化工产品 ,998 其他危险化学品
2711110000	301
2711120000	301
2711131000	999
2711139000	301
2711140010	999
2711140090	999
2711191000	999
2711199010	999
2711199090	999
2711210000	301
2711290010	999
2711290090	999
2712100000	999

HS 编码	CIQ 扩展品名
2712200000	999 其他化工产品 ,301 需申报仅用于工业用途不用于食品添加剂无检疫要求的化学品 ,998 其他危险化学品
2712901000	101 无检疫要求食品添加剂 ,102 无检疫要求食品添加剂 ,103 需申报仅用于工业用途不用于食品添加剂无检疫要求的化学品
2712909000	999 其他化工产品 ,998 其他危险化学品
2713111000	999 其他化工产品 ,998 其他危险化学品
2713119000	999 其他化工产品 ,998 其他危险化学品
2713121000	999 其他化工产品 ,998 其他危险化学品
2713129000	999 其他化工产品 ,998 其他危险化学品
2713200000	999 其他化工产品 ,998 其他危险化学品
2713900000	999 其他化工产品 ,998 其他危险化学品
2714100000	999 其他化工产品 ,998 其他危险化学品
2714901000	999 其他化工产品 ,998 其他危险化学品
2714902000	999 其他化工产品 ,998 其他危险化学品
2714909000	999 其他化工产品 ,998 其他危险化学品
2715000000	999
2716000000	999
2801100000	999
2801200000	999
2801301000	999
2801302000	999
2802000000	101 胶体硫 ,102 硫磺
2803000000	999
2804100000	103 压缩的 ,301 压缩或液化的氢气
2804210000	301
2804290000	109 稀有气体混合物，如氦氖混合气 ,301
2804300000	301
2804400000	301
2804500001	999
2804500010	999
2804500020	999
2804500090	999
2804611700	999
2804611900	999
2804612000	999
2804619011	101 多晶硅 ,102 硅废碎料
2804619012	999
2804619013	999
2804619019	999
2804619091	101 其他硅 ,102 硅废碎料
2804619092	999
2804619093	999
2804619099	999
2804690000	101 化工产品 ,102 金属硅 ,103 其他硅
2804701000	999
2804709010	301
2804709090	999 其他化工产品 ,998 其他危险化学品
2804800000	101,301 毒性物质和感染性物质
2804901000	999
2804909000	999 其他化工产品 ,998 其他危险化学品
2805110000	101 碱金属、碱土金属 ,102 金属钠
2805120010	101 碱金属、碱土金属 ,102 金属钙
2805120090	301

HS 编码	CIQ 扩展品名
2805191000	999
2805199000	101 碱金属、碱土金属 ,102 钡合金 ,103 金属钾 ,104 钾合金 ,105 钾钠合金 ,106 金属铷 ,107 金属铯 ,108 金属锶 ,109 金属钡 ,110 其他二级有机钡化合物 ,301 易于自燃的物质 ,302 遇水放出易燃气体的物质
2805301100	301
2805301200	999
2805301300	999
2805301400	999
2805301510	301
2805301590	999
2805301600	999
2805301700	999
2805301900	101 金属钐 ,102 金属铕 ,103 金属钪 ,104 未相互混合或相互熔合 ,105 浸在煤油中的 ,106 浸在煤油中的
2805302100	301
2805302900	301 米许合金，属于危险化学品的稀土 ,302 不属于危险化学品的稀土
2805400000	999
2806100000	301 腐蚀性物质，需申报仅用于工业用途不用于食品添加剂无检疫要求 ,302 属于危险化学品的食品添加剂 ,303 毒性气体，需申报仅用于工业用途不用于食品添加剂无检疫要求
2806200000	999
2807000010	101 废硫酸 ,102 酸性的 ,103 危险化学品 ,104 属于危险化学品的食品添加剂
2807000090	999
2808000010	999
2808000090	101 硝酸 ,102 废硝酸
2809100000	999
2809201100	101 饲料添加剂 ,102 属于危险化学品的食品添加剂
2809201900	101 饲料添加剂 ,102 酸性腐蚀品 ,301 腐蚀性物质 ,302 需申报仅用于工业用途不用于食品添加剂无检疫要求的化学品 ,303 其他化工产品
2809209000	101 饲料添加剂 ,102 化工产品
2810001000	999
2810002000	999
2811111000	301
2811119000	301
2811120000	999
2811192000	999
2811199010	999
2811199020	301
2811199090	301 其他危险化学品，需申报仅用于工业用途不用于食品添加剂无检疫要求 ,302 无检疫要求食品添加剂 ,303 一般化学品，需申报仅用于工业用途不用于食品添加剂无检疫要求 ,304 属于危险化学品的食品添加剂

HS 编码	CIQ 扩展品名
2811210000	101 二氧化碳和氧气混合物 ,301 二氧化碳和环氧乙烷混合物 ,302 非易燃无毒气体，需申报仅用于工业用途不用于食品添加剂无检疫要求 ,303 需申报仅用于工业用途不用于食品添加剂无检疫要求的化学品 ,304 属于危险化学品的食品添加剂
2811221000	999
2811229000	101 饲料添加剂 ,102 非晶形的 ,301 需申报仅用于工业用途不用于食品添加剂无检疫要求的化学品 ,302 无检疫要求食品添加剂
2811290010	301
2811290020	999
2811290090	301 易燃气体 ,302 非易燃无毒气体 ,303 毒性气体 ,304 氧化性物质 ,305 毒性物质和感染性物质 ,306 腐蚀性物质 ,307 其他化工产品
2812110000	999
2812120000	999
2812130000	999
2812140000	999
2812150000	999
2812160000	999
2812170000	999
2812190010	999
2812190020	999
2812190091	999 毒性物质和感染性物质 ,301 易燃气体 ,302 毒性气体 ,303 腐蚀性物质 ,304 其他化工产品
2812190099	999 其他化工产品 ,301 毒性气体 ,302 腐蚀性物质
2812901100	999
2812901910	999
2812901920	999
2812901930	999
2812901990	301 非易然无毒气体 ,302 毒性气体 ,303 氧化性物质 ,304 毒性物质和感染性物质 ,305 其他化工产品
2812909010	301
2812909090	301 易于自燃的物质 ,302 氧化性物质 ,303 毒性物质和感染性物质 ,304 腐蚀性物质 ,305 其他化工产品
2813100000	999
2813900010	999
2813900020	999
2813900090	301 毒性物质和感染性物质 ,302 其他化工产品
2814100000	101 饲料添加剂 ,301 毒性气体
2814200010	101 饲料添加剂 ,301 腐蚀性物质
2814200090	101 饲料添加剂 ,102 化工产品
2815110000	101 饲料添加剂 ,103 属于危险化学品的食品添加剂 ,301 腐蚀性物质，需申报仅用于工业用途不用于食品添加剂无检疫要求
2815120000	101 饲料添加剂 ,301 腐蚀性物质
2815200000	301 腐蚀性物质，需申报仅用于工业用途不用于食品添加剂无检疫要求 ,302 属于危险化学品的食品添加剂
2815300000	301
2816100010	999

HS 编码	CIQ 扩展品名
2816100090	999
2816400000	301 氧化性物质 ,302 腐蚀性物质 ,303 其他化工产品
2817001000	101 矿物源性饲料添加剂 ,102 无检疫要求食品添加剂 ,301 需申报仅用于工业用途不用于食品添加剂无检疫要求的化学品
2817009000	999
2818101000	999
2818109000	101 化工产品 ,102 人造刚玉 ,103 白刚玉 ,104 黑刚玉 ,105 锆刚玉
2818200000	101 饲料添加剂 ,102 化工产品
2818300000	999
2819100000	999
2819900000	999 其他化工产品 ,998 其他危险化学品
2820100000	101 矿物源性饲料添加剂 ,102 化工产品
2820900000	101 矿物源性饲料添加剂 ,102 化工产品
2821100000	101 矿物源性饲料添加剂
2821200000	101 矿物源性饲料添加剂 ,102 化工产品
2822001000	999
2822009000	999 其他化工产品 ,998 其他危险化学品
2823000000	999
2824100000	301
2824901000	999
2824909000	999,301 其他化工产品
2825101010	999
2825101090	301
2825102000	999
2825109000	301 爆炸品 ,302 其他化工产品
2825201000	301
2825209000	999
2825301000	999
2825309000	999
2825400000	999
2825500000	101 矿物源性饲料添加剂 ,102 化工产品
2825600001	999
2825600090	999
2825700000	999
2825800000	999 其他化工产品 ,301 毒性物质和感染性物质
2825901100	999
2825901200	999
2825901910	999
2825901990	999
2825902100	999
2825902900	999
2825903100	999
2825903900	999
2825904100	999
2825904900	999
2825909000	301 其他危险化学品，需申报仅用于工业用途不用于食品添加剂无检疫要求 ,302 无检疫要求食品添加剂 ,303 无检疫要求食品添加剂 ,304 无检疫要求食品添加剂 ,305 一般化学品，需申报仅用于工业用途不用于食品添加剂无检疫要求 ,306 属于危险化学品的食品添加剂

HS 编码	CIQ 扩展品名
2826121000	999
2826129000	999
2826191010	999
2826191090	999 毒性物质和感染性物质 ,301 其他化工产品
2826192010	999
2826192020	999
2826192090	999
2826199010	999
2826199020	999
2826199030	301 毒性物质和感染性物质 ,302 杂项物质
2826199090	301 毒性物质和感染性物质 ,302 腐蚀性物质 ,303 杂项物质 ,304 其他危险化学品 ,305 其他化工产品
2826300000	999
2826901000	301 毒性物质和感染 性物质 ,302 其他化工产品
2826902000	999
2826909010	999
2826909030	301
2826909090	301 毒性物质和感染性物质 ,302 腐蚀性物质 ,303 其他化工产品
2827101000	999
2827109000	999
2827200000	101 矿物源性饲料添加剂 ,102 无检疫要求食品添加剂 ,103 需申报仅用于工业用途不用于食品添加剂无检疫要求的化学品
2827310000	101 矿物源性饲料添加剂 ,102 无检疫要求食品添加剂 ,103 需申报仅用于工业用途不用于食品添加剂无检疫要求的化学品
2827320000	101 无水 ,102 三氯化铝溶液
2827350000	999
2827391000	999
2827392000	999
2827393000	101 矿物源性饲料添加剂 ,102 危险化学品，需申报仅用于工业用途不用于食品添加剂无检疫要求
2827399000	101 矿物源性饲料添加剂 ,301 其他危险化学品，需申报仅用于工业用途不用于食品添加剂无检疫要求 ,302 无检疫要求食品添加剂 ,303 一般化学品，需申报仅用于工业用途不用于食品添加剂无检疫要求 ,304 属于危险化学品的食品添加剂
2827410000	999
2827491000	999
2827499000	301 氧化性物质 ,302 毒性物质和感染性物中 ,303 其他化工产品
2827510000	999
2827590000	301 毒性物质和感染性物质 ,302 腐蚀性物质 ,303 其他化工产品
2827600000	101 矿物源性饲料添加剂 ,301 其他危险化学品，需申报仅用于工业用途不用于食品添加剂无检疫要求 ,302 无检疫要求食品添加剂 ,303 一般化学品，需申报仅用于工业用途不用于食品添加剂无检疫要求 ,304 属于危险化学品的食品添加剂
2828100000	301
2828900000	301 其他危险化学品，需申报仅用于工业用途不用于食品添加剂无检疫要求 ,302 无检疫要求食品添加剂 ,303 一般化学品，需申报仅用于工业用途不用于食品添加剂无检疫要求 ,304 属于危险化学品的食品添加剂
2829110000	301
2829191000	301
2829199000	301 氧化性物质 ,302 其他化工产品
2829900010	301 爆炸品 ,302 氧化性物质
2829900090	101 矿物源性饲料添加剂 ,301 氧化性物质 ,302 其他化工产品
2830101000	101 无水或含结晶水 < 30%,102 含结晶水 ≥ 30%
2830109000	301 易于自燃的物质 ,302 其他化工产品
2830902000	999 硫化锑及其精矿 ,301 毒性物质和感染性物质
2830903000	999
2830909000	301 易燃液体 ,302 易于自燃的物质 ,303 腐蚀性物质 ,304 杂项物质 ,305 其他危险化学品 ,306 其他化工产品
2831101000	301 其他危险化学品，需申报仅用于工业用途不用于食品添加剂无检疫要求 ,302 无检疫要求食品添加剂 ,303 一般化学品，需申报仅用于工业用途不用于食品添加剂无检疫要求 ,304 属于危险化学品的食品添加剂
2831102000	999
2831900000	301 易于自燃的物质 ,302 其他化工产品
2832100000	101 危险化学品 ,104 属于危险化学品的食品添加剂
2832200000	301 其他危险化学品，需申报仅用于工业用途不用于食品添加剂无检疫要求 ,302 无检疫要求食品添加剂 ,303 一般化学品，需申报仅用于工业用途不用于食品添加剂无检疫要求 ,304 属于危险化学品的食品添加剂
2832300000	999
2833110000	101 矿物源性饲料添加剂 ,102 化工产品
2833190000	301 其他危险化学品 ,302 其他化工产品
2833210000	101 矿物源性饲料添加剂 ,102 无检疫要求食品添加剂 ,103 需申报仅用于工业用途不用于食品添加剂无检疫要求的化学品
2833220000	999
2833240000	999
2833250000	101 矿物源性饲料添加剂 ,102 危险化学品 ,103 属于危险化学品的食品添加剂
2833270000	999
2833291000	101 矿物源性饲料添加剂 ,102 无检疫要求食品添加剂 ,103 需申报仅用于工业用途不用于食品添加剂无检疫要求的化学品
2833292000	999
2833293000	101 矿物源性饲料添加剂 ,102 无检疫要求食品添加剂 ,103 需申报仅用于工业用途不用于食品添加剂无检疫要求的化学品
2833299010	101 矿物源性饲料添加剂 ,301 其他危险化学品，需申报仅用于工业用途不用于食品添加剂无检疫要求

HS 编码	CIQ 扩展品名
2833299020	101 矿物源性饲料添加剂 ,301 其他危险化学品，需申报仅用于工业用途不用于食品添加剂无检疫要求
2833299090	101 矿物源性饲料添加剂 ,301 其他危险化学品，需申报仅用于工业用途不用于食品添加剂无检疫要求 ,302 无检疫要求食品添加剂 ,303 需申报仅用于工业用途不用于食品添加剂无检疫要求的化学品 ,304 属于危险化学品的食品添加剂
2833301000	999
2833309000	101 硫酸氧钒 ,102 无检疫要求食品添加剂 ,301 毒性物质和感染性物质
2833400000	301
2834100000	301 其他危险化学品，需申报仅用于工业用途不用于食品添加剂无检疫要求 ,302 无检疫要求食品添加剂 ,303 一般化学品，需申报仅用于工业用途不用于食品添加剂无检疫要求 ,304 属于危险化学品的食品添加剂
2834211000	999 其他化工产品 ,998 其他危险化学品
2834219000	102 无检疫要求食品添加剂 ,301
2834291000	999
2834299001	999
2834299090	301 爆炸品 ,302 氧化性物质 ,303 无检疫要求食品添加剂 ,304 其他化工产品
2835100000	999
2835220000	101 矿物源性饲料添加剂 ,102 化工产品
2835240000	101 矿物源性饲料添加剂
2835251000	101 矿物源性饲料添加剂 ,102 化工产品
2835252000	101 矿物源性饲料添加剂 ,102 无检疫要求食品添加剂
2835259000	999
2835260000	101 矿物源性饲料添加剂 ,104 无检疫要求食品添加剂
2835291000	999,301 需申报仅用于工业用途不用于食品添加剂无检疫要求的化学品
2835299000	101 矿物源性饲料添加剂 ,301 其他危险化学品，需申报仅用于工业用途不用于食品添加剂无检疫要求 ,302 无检疫要求食品添加剂 ,303 一般化学品，需申报仅用于工业用途不用于食品添加剂无检疫要求 ,304 属于危险化学品的食品添加剂
2835311000	999
2835319000	999
2835391100	999
2835391900	999
2835399000	101 矿物源性饲料添加剂
2836200000	101 矿物源性饲料添加剂 ,102 无检疫要求食品添加剂 ,301 需申报仅用于工业用途不用于食品添加剂无检疫要求的化学品
2836300000	101 矿物源性饲料添加剂 ,301 无检疫要求食品添加剂 ,302 无检疫要求食品添加剂 ,303 需申报仅用于工业用途不用于食品添加剂无检疫要求的化学品
2836400000	101 碳酸氢钾 ,102 碳酸钾
2836500000	101 矿物源性饲料添加剂 ,102 无检疫要求食品添加剂 ,103 无检疫要求食品添加剂 ,104 无检疫要求食品添加剂 ,301 需申报仅用于工业用途不用于食品添加剂无检疫要求的化学品
2836600000	999
2836910000	999
2836920000	999
2836991000	301 无检疫要求食品添加剂 ,302 需申报仅用于工业用途不用于食品添加剂无检疫要求的化学品
2836993000	101 矿物源性饲料添加剂 ,102 化工产品
2836994000	101 矿物源性饲料添加剂
2836995000	999
2836999000	101 矿物源性饲料添加剂 ,301 氧化性物质，需申报仅用于工业用途不用于食品添加剂无检疫要求 ,302 其他危险化学品，需申报仅用于工业用途不用于食品添加剂无检疫要求 ,303 无检疫要求食品添加剂 ,304 一般化学品，需申报仅用于工业用途不用于食品添加剂无检疫要求 ,305 属于危险化学品的食品添加剂 ,306 属于危险化学品的食品添加剂
2837111000	999
2837112000	999
2837191000	999
2837199011	301
2837199012	103 氰化镍钾 ,301 氰化亚镍
2837199013	301
2837199014	999
2837199090	999 其他化工产品 ,998 其他危险化学品
2837200011	999
2837200012	101
2837200090	999 其他化工产品 ,998 其他危险化学品
2839110000	999
2839191000	999
2839199000	999
2839900001	999
2839900010	999
2839900090	101 硅酸镁 ,102 硅酸钙铝
2840110000	999
2840190000	999
2840200010	999
2840200090	999
2840300000	999
2841300000	999
2841500000	301
2841610000	101 氧化性物质 ,102 属于危险化学品的食品添加剂
2841691000	999
2841699000	301 氧化性物质 ,302 其他化工产品
2841701000	999
2841709000	101 矿物源性饲料添加剂 ,102 化工产品
2841801000	999
2841802000	999
2841803000	999
2841804000	999

HS 编码	CIQ 扩展品名
2841809000	999
2841900010	999
2841900020	999
2841900090	301 毒性物质和感染性物质 ,302 腐蚀性物质 ,303 其他化工产品
2842100000	101 矿物源性饲料添加剂 ,301 其他危险化学品，需申报仅用于工业用途不用于食品添加剂无检疫要求 ,302 无检疫要求食品添加剂 ,303 一般化学品，需申报仅用于工业用途不用于食品添加剂无检疫要求 ,304 属于危险化学品的食品添加剂
2842901100	101 硫氰酸钙 ,102 硫氰酸汞 ,103 硫氰酸汞钾 ,104 硫氰酸汞铵 ,105 其他一级其他液态农药
2842901910	301 其他危险化学品 ,302 其他化工产品
2842901990	999 其他化工产品 ,998 其他危险化学品
2842902000	999
2842903000	999
2842904000	999
2842905000	301 其他危险化学品，需申报仅用于工业用途不用于食品添加剂无检疫要求 ,302 无检疫要求食品添加剂 ,303 一般化学品，需申报仅用于工业用途不用于食品添加剂无检疫要求 ,304 属于危险化学品的食品添加剂
2842906000	999
2842909013	301
2842909014	301
2842909015	301
2842909016	999
2842909017	301
2842909018	301
2842909019	301
2842909021	301
2842909022	301
2842909023	301 毒性物质和感染性物质 ,302 杂项物质
2842909090	101 矿物源性饲料添加剂 ,301 其他危险化学品，需申报仅用于工业用途不用于食品添加剂无检疫要求 ,302 无检疫要求食品添加剂 ,303 一般化学品，需申报仅用于工业用途不用于食品添加剂无检疫要求 ,304 属于危险化学品的食品添加剂
2843100000	999
2843210000	999
2843290010	301
2843290090	301 氧化性物质 ,302 腐蚀性物质 ,303 其他化工产品
2843300010	999
2843300090	999
2843900010	999
2843900020	999
2843900031	999
2843900039	999
2843900090	101 其他碱金属汞齐 ,102 硝酸铑 ,103 硝酸钯
2844100010	999
2844100090	999
2844200010	999
2844200090	999
2844300000	999
2844401010	999
2844401090	999
2844402000	999
2844409010	999
2844409020	999
2844409030	999
2844409040	999
2844409090	999
2844500000	999
2845100000	999
2845900010	999
2845900020	999
2845900030	999
2845900090	999
2846101000	999
2846102000	999
2846103000	999
2846109010	999
2846109090	101 矿物源性饲料添加剂 ,103 不属于危险化学品的稀土 ,301 属于危险化学品的稀土
2846901100	999
2846901200	999
2846901300	999
2846901400	999
2846901500	999
2846901600	999
2846901700	999
2846901920	999
2846901930	999
2846901940	999
2846901970	999
2846901980	999
2846901991	999
2846901992	999
2846901999	999
2846902100	999
2846902200	999
2846902300	999
2846902400	999
2846902500	999
2846902600	999
2846902800	999
2846902900	999
2846903100	999
2846903200	999
2846903300	999
2846903400	999
2846903500	999
2846903600	999
2846903900	301 不属于危险化学品的稀土 ,302 属于危险化学品的稀土
2846904100	999
2846904200	999

HS 编码	CIQ 扩展品名
2846904300	999
2846904400	999
2846904500	999
2846904600	999
2846904810	999
2846904890	999
2846904900	999
2846909100	301 不属于危险化学品的稀土 ,302 属于危险化学品的稀土
2846909200	301 不属于危险化学品的稀土 ,302 属于危险化学品的稀土
2846909300	999
2846909400	301 不属于危险化学品的稀土 ,302 属于危险化学品的稀土
2846909500	301 不属于危险化学品的稀土 ,302 属于危险化学品的稀土
2846909601	999
2846909690	301 不属于危险化学品的稀土 ,302 属于危险化学品的稀土
2846909901	999
2846909910	999
2846909990	101 饲料添加剂 ,301 不属于危险化学品的稀土 ,302 属于危险化学品的稀土
2847000000	301 氧化性物质，需申报仅用于工业用途不用于食品添加剂无检疫要求 ,302 属于危险化学品的食品添加剂
2849100000	999
2849200000	999
2849901000	999
2849902000	999
2849909000	999 遇水放出易燃气体的物质 ,301 其他化工产品
2850001100	999
2850001200	999
2850001900	301 爆炸品 ,302 易燃气体 ,303 毒性气体 ,304 易燃固体 ,305 遇水放出易燃气体的物质 ,306 毒性物质和感染性物质 ,307 其他化工产品
2850009010	999
2850009090	301 易燃气体 ,302 毒性气体 ,303 易燃固体 ,304 易于自燃的物质 ,305 遇水放出易燃气体的物质 ,306 其他化工产品
2852100000	301 毒性物质和感染性物质？ ,302 不属于危险化学品的金属？
2852900000	999 其他化工产品 ,998 其他危险化学品
2853100000	999
2853901000	998 食用 ,999 实验用
2853903000	999
2853904010	999
2853904090	999 不论是否已有化学定义 , 但不包括磷铁 ,301 毒性气体 ,302 遇水放出易燃气体的物质 ,303 其他化工产品
2853905000	999
2853909010	998 食用 ,999 实验用
2853909021	999 包括氰气 , 碘化氰 , 溴化氰 ,301 毒性气体 ,302 毒性物质和感染性物质
2853909022	999
2853909090	999 包括单氰胺、导电水、液态空气、汞齐等 , 贵金属汞齐除外 ,301 遇水放出易燃气体的物质 ,302 毒性物质和感染性物质 ,303 杂项物质 ,304 其他危险化学品 ,305 其他化工产品
2901100000	301 易燃气体 ,302 易燃液体 ,303 其他化工产品
2901210000	999
2901220000	999
2901231000	999
2901232000	301
2901233000	999
2901241000	301
2901242000	999
2901291000	301
2901292000	999
2901299010	999
2901299090	301 易燃气体 ,302 易燃液体 ,303 其他化工产品
2902110000	301
2902191000	101: α – 蒎烯 ,102: β – 蒎烯
2902192000	999
2902199011	999
2902199012	999
2902199090	301 易燃液体 ,302 易燃固体 ,303 其他化工产品
2902200000	102
2902300000	999
2902410000	999
2902420000	999
2902430000	301
2902440000	999
2902500000	301
2902600000	999
2902700000	301
2902901000	999
2902902000	999
2902903000	999
2902904000	999
2902905000	999
2902909000	101 易燃液体 ,102 易燃固体 ,105 其他化工产品
2903110000	999
2903120001	999
2903120090	999
2903130000	999
2903140010	999
2903140090	999
2903150000	301 易燃液体，需申报仅用于工业用途不用于食品添加剂无检疫要求 ,302 属于危险化学品的食品添加剂
2903191010	999
2903191090	999
2903199000	301 易燃液体 ,302 毒性物质和感染性物质 ,303 杂项物质 ,304 其他化工产品
2903210000	999

HS 编码	CIQ 扩展品名
2903220000	999
2903230000	999
2903291000	999
2903299010	999
2903299090	301 易燃气体 ,302 毒性气体 ,303 易燃液体 ,304 其他化工产品
2903310000	999
2903391000	999
2903399010	999
2903399020	102 三溴甲烷 ,103 四溴甲烷 ,301 一溴甲烷
2903399030	999
2903399090	301 易燃气体 ,302 非易燃无毒气体 ,303 易燃液体 ,305 毒性物质和感染性物质 ,306 腐蚀性物质 ,307 杂项物质 ,308 其他危险化学品 ,309 其他化工产品
2903710000	999
2903720000	999
2903730000	999
2903740000	999
2903750010	999
2903750020	999
2903750090	999
2903760010	999
2903760020	999
2903760030	999
2903771000	999
2903772011	101 不燃气体 ,102 含环氧乙烷≤ 12%
2903772012	999
2903772013	999
2903772014	999
2903772015	999
2903772016	999
2903772090	999 其他化工产品 ,998 其他危险化学品
2903779000	999 其他化工产品 ,998 其他危险化学品
2903780000	999 其他化工产品 ,998 其他危险化学品
2903791011	999
2903791012	999
2903791013	999
2903791014	999
2903791015	999
2903791090	999
2903799010	999
2903799021	999,301 非易燃无毒气体
2903799090	101 抑制了的 ,102 三氟溴乙烯 ,103 氯溴甲烷 ,1041- 氯 -2- 溴乙烷 ,1051- 氯 -1- 溴丙烷 ,1061- 氯 -2- 溴丙烷 ,1071- 氯 -3- 溴丙烷 ,1082- 氯 -1- 溴丙烷 ,1092- 氯 -2- 溴丙烷
2903810010	301
2903810020	999
2903810090	301
2903820010	101 含量 > 75%,102 含量 > 10%,103 狄氏剂 ,104 含量 > 75%,105 含量 > 10%,106 含量 > 5%,107 其他一级有机氯液态农药 ,108 含量 7% ~ 75%,109 含量 > 8%,110 含量 2% ~ 75%,111 含量 2% ~ 80%,301ISO
2903820090	301
2903830000	999
2903890010	301
2903890020	999
2903890090	301 非易燃无毒气体 ,302 易燃液体 ,303 毒性物质和感染性物质 ,304 其他化工产品
2903911000	999
2903919010	999
2903919090	999
2903920000	101 含量 > 20%,102 滴滴涕乳剂 ,103 滴滴混剂 ,3014- 氯苯基乙烷]
2903930000	999
2903940000	999
2903991000	999
2903992000	999
2903993000	999
2903999010	101 多氯联苯 ,102 基苯
2903999030	999
2903999040	999
2903999090	301 易燃液体 ,302 毒性物质和感染性物质 ,303 杂项物质 ,304 其他化工产品
2904100000	301 腐蚀性物质 ,302 其他化工产品
2904201000	101 干的或含水 < 30%,102 毒性物质和感染性物质
2904202000	1012- 硝基甲苯 ,1023- 硝基甲苯 ,1034- 硝基甲苯
2904203000	301
2904204000	101 干的或含水 < 30%,1022,4,6- 三硝基二甲苯 ,103 含水 ≥ 30%
2904209010	999
2904209020	999
2904209090	301 爆炸品 ,302 易燃液体 ,303 易燃固体 ,304 毒性物质和感染性物质 ,305 杂项物质 ,306 其他化工产品
2904310000	999
2904320000	999
2904330000	999
2904340000	999
2904350000	999,301 其他危险化学品 ,302 其他化工产品
2904360000	999
2904910000	999
2904990011	999
2904990012	999
2904990013	999
2904990090	999 不论是否卤化 ,301 爆炸品 ,302 毒性物质和感染性物质 ,303 腐蚀性物质 ,304 杂项物质 ,305 其他化工产品
2905110000	301
2905121000	301
2905122000	301
2905130000	301 易燃液体，需申报仅用于工业用途不用于食品添加剂无检疫要求 ,302 属于危险化学品的食品添加剂
2905141000	999
2905142000	999

HS 编码	CIQ 扩展品名
2905143000	999
2905161000	101:2- 辛醇 ,102: 非工业用无检疫要求食品添加剂
2905169000	999
2905170000	999
2905191000	999
2905199010	999
2905199090	301 易燃液体 ,302 毒性物质和感染性物质 ,303 其他化工产品
2905221000	101 反式 -3- 己烯醇 ,102 香叶醇 ,103 橙花醇
2905222000	999
2905223000	102 无检疫要求食品添加剂 ,301 需申报仅用于工业用途不用于食品添加剂无检疫要求的化学品
2905229000	301 易燃液体 ,302 毒性物质和感染性物质 ,303 腐蚀性物质 ,304 其他化工产品
2905290000	101 环丙基甲醇 ,102 丙炔醇 ,1031- 丁炔 -3- 醇 ,1042- 甲基 -3- 丁炔 -2- 醇 ,1053- 甲基 -1- 戊炔 -3- 醇 ,1063- 甲基 -2- 戊烯 -4- 炔醇
2905310000	999
2905320000	101
2905391000	999
2905399001	101 饲料添加剂 ,102 化工产品
2905399002	999
2905399010	999
2905399091	301 无检疫要求食品添加剂 ,302 需申报仅用于工业用途不用于食品添加剂无检疫要求的化学品
2905399099	301 无检疫要求食品添加剂 ,302 需申报仅用于工业用途不用于食品添加剂无检疫要求的化学品 ,303 属于危险化学品的食品添加剂
2905410000	999
2905420000	999
2905430000	101 饲料添加剂 ,102 无检疫要求食品添加剂 ,103 需申报仅用于工业用途不用于食品添加剂无检疫要求的化学品
2905440000	101
2905450000	101 饲料添加剂 ,102 无检疫要求食品添加剂 ,103 需申报仅用于工业用途不用于食品添加剂无检疫要求的化学品
2905491000	999
2905499000	101:2- 苯乙硫醇 ,102: 赤藓糖醇 ,103:2,5- 二甲基 -3- 呋喃硫醇 ,104:2- 丙硫醇 ,105:2- 甲基 -1- 丁硫醇 ,106:2- 戊基硫醇 ,107:3- 甲基 -2- 丁硫醇 ,108:3- 甲基丁基硫醇 ,109:4- 甲氧基 -2- 甲基 -2- 丁硫醇
2905510000	999
2905590010	999
2905590020	999
2905590040	999
2905590090	301 易燃液体 ,302 遇水放出易燃气体的物质 ,303 毒性物质和感染性物质 ,304 腐蚀性物质 ,305 其他化工产品
2906110000	301
2906120010	999
2906120090	999
2906131000	999
2906132000	101 饲料添加剂 ,102 无检疫要求食品添加剂 ,103 需申报仅用于工业用途不用于食品添加剂无检疫要求的化学品
2906191000	101 松油醇 ,102 α – 松油醇
2906199011	999
2906199012	999
2906199013	999
2906199090	301 易燃固体 ,302 毒性物质和感染性物质 ,303 其他化工产品
2906210000	999
2906291000	999
2906299010	999
2906299090	301 毒性物质和感染性物质 ,302 其他化工产品
2907111000	301
2907119000	301 腐蚀性物质 ,302 其他化工产品
2907121100	101 苯酚 ,102 苯酚 ,103 苯酚 ,104 苯酚
2907121200	101 苯酚 ,102 苯酚
2907121900	301 其他危险化学品，需申报仅用于工业用途不用于食品添加剂无检疫要求 ,302 无检疫要求食品添加剂 ,303 一般化学品，需申报仅用于工业用途不用于食品添加剂无检疫要求 ,304 属于危险化学品的食品添加剂
2907129000	101
2907131000	999
2907139000	999
2907151000	999
2907159000	301 其他危险化学品，需申报仅用于工业用途不用于食品添加剂无检疫要求 ,302 无检疫要求食品添加剂 ,303 一般化学品，需申报仅用于工业用途不用于食品添加剂无检疫要求 ,304 属于危险化学品的食品添加剂
2907191010	999
2907191090	999
2907199012	301 腐蚀性物质 ,302 其他化工产品
2907199090	301 腐蚀性物质 ,302 杂项物质 ,303 其他化工产品
2907210001	301
2907210090	101 属于危险化学品的食品添加剂 ,102 化工产品
2907221000	301
2907229000	999
2907230001	999
2907230090	999
2907291000	999
2907299001	999
2907299010	999
2907299090	301 其他危险化学品，需申报仅用于工业用途不用于食品添加剂无检疫要求 ,302 无检疫要求食品添加剂 ,303 一般化学品，需申报仅用于工业用途不用于食品添加剂无检疫要求 ,304 属于危险化学品的食品添加剂
2908110000	301
2908191000	999
2908199021	999

HS 编码	CIQ 扩展品名
2908199022	999
2908199023	999
2908199090	301 毒性物质和感染性物质 ,302 其他化工产品
2908910000	301 毒性物质和感染性物质 ,302 其他化工产品
2908920000	999
2908991010	101 苯酚 ,102 苯酚
2908991090	301
2908999021	999
2908999022	999
2908999023	999
2908999024	999
2908999090	301 爆炸品 ,302 易燃液体 ,303 易燃固体 ,304 毒性物质和感染性物质 ,305 腐蚀性物质 ,306 杂项物质 ,307 其他化工产品
2909110000	301
2909191000	999
2909199011	999
2909199012	999
2909199090	301 易燃气体 ,302 易燃液体 ,303 毒性物质和感染性物质 ,304 腐蚀性物质 ,305 其他化工产品
2909200000	101: 桉叶油醇 ,102:1,2– 环氧 –3– 乙氧基丙烷
2909301000	999
2909302000	999
2909309011	999
2909309012	999
2909309013	999
2909309014	999
2909309015	999
2909309016	999
2909309090	101 饲料添加剂 ,301 爆炸品 ,302 易燃气体 ,303 易燃固体 ,304 毒性物质和感染性物质 ,305 杂项物质 ,306 其他化工产品
2909410000	999
2909430000	101:1,2– 二甲氧基乙烷 ,102:2,2– 二甲氧基丙烷
2909440000	301 易燃液体 ,302 其他化工产品
2909491000	999
2909499000	301 易燃液体 ,302 毒性物质和感染性物质 ,303 其他化工产品
2909500000	301 其它危险化学品 ,302 其他化工产品
2909600000	301 自反应物质 ,302 有机过氧化物 ,303 其他化工品
2910100000	301
2910200000	101 抑制了的 ,102 含环氧乙烷≤ 30%
2910300000	999
2910400000	101: 含 量 10% ~ 90%,102: 含 量 2% ~ 90%,301:ISO、INN
2910500000	999
2910900020	999
2910900090	301 有机过氧化物 ,302 毒性物质和感染性物质 ,303 其他化工产品
2911000000	301 易燃液体 ,302 其他化工产品

HS 编码	CIQ 扩展品名
2912110000	301 易燃液体 ,302 腐蚀性物质
2912120000	301
2912190001	999
2912190030	999
2912190090	101 危险化学品 ,102 正丁醛 ,103 正戊醛 ,1043–甲基丁醛 ,1052– 乙基丁醛 ,1063,3– 二乙氧基丙烯 ,107 抑制了的 ,108 α – 甲基丙烯醛 ,109 危险化学品 ,110 正己醛 ,111 危险化学品 ,112 正庚醛 ,1132,3– 二甲基戊醛 ,114 其他辛醛 ,115 乙基己醛 ,116 基丁醛 ,1172– 羟基苯甲醛 ,185 属于危险化学品的食品添加剂 ,186 属于危险化学品的食品添加剂 ,187 属于危险化学品的食品添加剂 ,301 易燃液体 ,302 毒性物质和感染性物质 ,303 其他化工产品
2912210000	101:2– 羰基 –4– 甲基苯甲醛 ,102: 非工业用无检疫要求食品添加剂
2912291000	999
2912299000	101:1,2,3,6– 四氢化苯甲醛 ,301: 易燃液体 ,302: 毒性物质和感染性物质 ,303: 其他化工产品
2912410000	101 双香兰素 ,102 香兰素
2912420000	999
2912491000	999
2912499000	1012,3– 环氧 –1– 丙醛
2912500010	999
2912500090	301 易燃固体 ,302 其他化工产品
2912600000	999
2913000010	999
2913000090	301 毒性物质和感染性物质 ,302 腐蚀性物质 ,303 其他化工产品
2914110000	301 二甲基甲酮、二甲酮、醋酮、木酮
2914120000	101
2914130000	999
2914190010	999
2914190090	301 易燃液体 ,302 其他化工产品
2914220000	301
2914230000	999
2914291000	101
2914299010	301 易燃液体 ,302 毒性物质和感染性物质 ,303 腐蚀性物质 ,304 其他化工产品
2914299090	301 易燃液体 ,302 毒性物质和感染性物质 ,303 腐蚀性物质 ,304 其他化工产品
2914310000	999
2914391000	1014– 甲基苯乙酮 ,102 非工业用无检疫要求食品添加剂
2914399011	999
2914399012	999
2914399013	101 含量＜ 2%,102 含量＜ 2%
2914399014	999
2914399090	101:2– 甲基苯乙酮 ,102: 二苯甲酮
2914400010	999
2914400020	999
2914400090	1014– 羟基 –4– 甲基 –2– 戊酮 ,1023– 羟基 –2– 丁酮 ,1035– 羟基 –2– 戊酮 ,301 易燃液体 ,302 其他化工产品
2914501100	101 悬钩子酮 ,102 复盆子酮 ?
2914501900	999

HS 编码	CIQ 扩展品名
2914502000	999
2914509011	999
2914509012	999
2914509090	1014- 甲氧基 -4- 甲基 -2- 戊酮 ,301 易燃液体 ,302 其他化工产品
2914610000	999
2914620000	999
2914690010	999
2914690090	999
2914710000	999
2914790011	999
2914790012	999
2914790013	999
2914790014	999
2914790015	999
2914790016	999
2914790090	301 爆炸品 ,302 毒性气体 ,303 易燃液体 ,304 易燃固体 ,305 毒性物质和感染性物质 ,306 腐蚀性物质 ,307 其他化工产品
2915110000	101 饲料添加剂 ,301 腐蚀性物质
2915120000	101 饲料添加剂 ,102 甲酸亚铊 ,103 甲酸钡 ,301 毒性物质和感染性物质 ,302 其他化工产品
2915130000	101 甲酸甲酯 ,102 危险化学品 ,103 甲酸正丙酯 ,104 甲酸异丙酯 ,105 甲酸正丁酯 ,106 甲酸异丁酯 ,107 三甲酯 ,108 甲酸烯丙酯 ,109 氯甲酸甲酯 ,110 氯甲酸乙酯 ,111 氯甲酸异丙酯 ,112 其他甲酸酯类化合物 ,113 甲酸正戊酯 ,114 危险化学品 ,115 甲酸正己酯 ,116 三乙酯 ,117 甲酸环己酯 ,136 属于危险化学品的食品添加剂 ,137 属于危险化学品的食品添加剂 ,301 易燃液体 ,302 毒性物质和感染性物质 ,303 其他化工产品
2915211100	101 饲料添加剂 ,301 属于危险化学品的食品添加剂
2915211900	101 冰醋酸饲料添加剂 ,102 化工产品
2915219010	101 饲料添加剂 ,301 腐蚀性物质
2915219020	101 饲料添加剂 ,301 腐蚀性物质
2915219090	101 饲料添加剂 ,301 腐蚀性物质，需申报仅用于工业用途不用于食品添加剂无检疫要求 ,302 无检疫要求食品添加剂 ,303 需申报仅用于工业用途不用于食品添加剂无检疫要求的化学品 ,304 属于危险化学品的食品添加剂
2915240000	999
2915291000	101 饲料添加剂 ,301 无检疫要求食品添加剂 ,302 需申报仅用于工业用途不用于食品添加剂无检疫要求的化学品
2915299011	999
2915299023	999
2915299090	101 饲料添加剂 ,301 其他危险化学品，需申报仅用于工业用途不用于食品添加剂无检疫要求 ,302 无检疫要求食品添加剂 ,303 一般化学品，需申报仅用于工业用途不用于食品添加剂无检疫要求 ,304 属于危险化学品的食品添加剂
2915310000	301 易燃液体，需申报仅用于工业用途不用于食品添加剂无检疫要求 ,302 属于危险化学品的食品添加剂

HS 编码	CIQ 扩展品名
2915320000	999
2915330000	301
2915360000	999
2915390011	999
2915390013	999
2915390014	999
2915390015	999
2915390016	999
2915390090	301 其他危险化学品，需申报仅用于工业用途不用于食品添加剂无检疫要求 ,302 无检疫要求食品添加剂 ,303 一般化学品，需申报仅用于工业用途不用于食品添加剂无检疫要求 ,304 属于危险化学品的食品添加剂
2915400010	999
2915400090	301 毒性物质和感染性物质 ,302 腐蚀性物质 ,303 其他危险化学品 ,304 其他化工产品
2915501000	101 饲料添加剂 ,103 危险化学品 & 食品添加剂 ,301 腐蚀性物质 ,302 属于危险化学品的食品添加剂
2915509000	101 饲料添加剂 ,301 其他危险化学品，需申报仅用于工业用途不用于食品添加剂无检疫要求 ,302 无检疫要求食品添加剂 ,303 一般化学品，需申报仅用于工业用途不用于食品添加剂无检疫要求 ,304 属于危险化学品的食品添加剂
2915600000	101 饲料添加剂 ,301 易燃液体 ,302 腐蚀性物质 ,303 杂项物质 ,304 其他化工产品
2915701000	101 饲料添加剂 ,102 化工产品 ,301 无检疫要求食品添加剂 ,302 需申报仅用于工业用途不用于食品添加剂无检疫要求的化学品
2915709000	101 饲料添加剂 ,102 十二酸钡
2915900011	999
2915900012	999
2915900013	999
2915900020	999
2915900090	301 其他危险化学品，需申报仅用于工业用途不用于食品添加剂无检疫要求 ,302 无检疫要求食品添加剂 ,303 一般化学品，需申报仅用于工业用途不用于食品添加剂无检疫要求 ,304 属于危险化学品的食品添加剂
2916110000	301 腐蚀性物质 ,302 其他化工产品
2916121000	999
2916122000	301
2916123001	999
2916123090	999
2916124000	999
2916129000	301 易燃液体 ,302 腐蚀性物质 ,303 杂项物质 ,304 其他化工产品
2916130010	999
2916130090	999
2916140010	301 爆炸品 ,302 易燃液体
2916140090	301 爆炸品 ,302 易燃液体
2916150000	101 亚麻酸 ,102 亚油酸 ,10352% 混合物 ,104 亚油酸乙酯 ,105 油酸乙酯 ,106 单，双甘油脂肪酸酯
2916160000	301

HS 编码	CIQ 扩展品名
2916190011	999
2916190012	999
2916190013	999
2916190090	101 饲料添加剂 ,301 其他危险化学品 ,302 无检疫要求的食品添加剂 ,303 需申报仅用于工业用途不用于食品添加剂无检疫要求的化学品 ,304 属于危险化学品的食品添加剂
2916201000	999
2916209021	999
2916209022	101 苄氯菊酯乙醇溶液 ,102 氯氰菊酯 ,103 含量＞30%
2916209023	999
2916209024	999
2916209025	999
2916209026	999
2916209027	999
2916209028	999
2916209090	301 其他危险化学品，需申报仅用于工业用途不用于食品添加剂无检疫要求 ,302 无检疫要求食品添加剂 ,303 一般化学品，需申报仅用于工业用途不用于食品添加剂无检疫要求 ,304 属于危险化学品的食品添加剂
2916310000	101 饲料添加剂 ,301 其他危险化学品，需申报仅用于工业用途不用于食品添加剂无检疫要求 ,302 无检疫要求食品添加剂 ,303 一般化学品，需申报仅用于工业用途不用于食品添加剂无检疫要求 ,304 属于危险化学品的食品添加剂
2916320000	301 其他危险化学品，需申报仅用于工业用途不用于食品添加剂无检疫要求 ,302 属于危险化学品的食品添加剂
2916340010	101
2916340090	999
2916391000	999
2916392000	999
2916393000	999
2916399012	999
2916399013	999
2916399014	999
2916399015	999
2916399016	999
2916399017	999
2916399018	999
2916399090	101 可得然胶 ,102 石膏 ,1034– 茴香酸 ,104 肉桂酸 ,105 肉桂酸 –3– 苯丙酯 ,106 肉桂酸苯乙酯 ,107 肉桂酸苄酯 ,108 肉桂酸芳樟酯 ,109 肉桂酸甲酯 ,110 肉桂酸肉桂酯 ,111 肉桂酸烯丙酯 ,112 肉桂酸乙酯 ,113 肉桂酸异丁酯 ,114 肉桂酸异戊酯 ,115 薪草提取物
2917111000	999
2917112000	999
2917119000	301 其他危险化学品 ,302 需申报仅用于工业用途不用于食品添加剂无检疫要求的化学品
2917120001	999
2917120090	999,301 无检疫要求食品添加剂 ,302 需申报仅用于工业用途不用于食品添加剂无检疫要求的化学品
2917131000	999
2917139000	999
2917140000	999
2917190010	999
2917190090	101 饲料添加剂 ,301 有机过氧化物 ,302 毒性物质和感染性物质 ,303 其他化工产品
2917201000	999
2917209010	999
2917209090	301 其他危险化学品，需申报仅用于工业用途不用于食品添加剂无检疫要求 ,302 无检疫要求食品添加剂 ,303 一般化学品，需申报仅用于工业用途不用于食品添加剂无检疫要求 ,304 属于危险化学品的食品添加剂
2917320000	999
2917330000	999
2917341010	999
2917341090	301 杂项物质 ,302 其他化工产品
2917349000	999
2917350000	301 腐蚀性物质 ,302 其他化工产品
2917361100	999
2917361900	999
2917369000	999
2917370000	999
2917391000	999
2917399011	999
2917399012	999
2917399013	999
2917399090	301 易燃固体 ,302 腐蚀性物质 ,303 其他危险化学品 ,304 其他化工产品
2918110000	101 饲料添加剂 ,301 其他危险化学品，需申报仅用于工业用途不用于食品添加剂无检疫要求 ,302 无检疫要求食品添加剂 ,303 一般化学品，需申报仅用于工业用途不用于食品添加剂无检疫要求 ,304 属于危险化学品的食品添加剂
2918120000	101 饲料添加剂 ,301 无检疫要求食品添加剂 ,302 需申报仅用于工业用途不用于食品添加剂无检疫要求的化学品
2918130000	301 毒性物质和感染性物质 ,302 无检疫要求食品添加剂 ,303 属于危险化学品的食品添加剂 ,304 一般化工品
2918140000	101 饲料添加剂 ,102 无检疫要求食品添加剂 ,103 需申报仅用于工业用途不用于食品添加剂无检疫要求的化学品
2918150000	101 饲料添加剂 ,301 无检疫要求食品添加剂 ,302 需申报仅用于工业用途不用于食品添加剂无检疫要求的化学品
2918160000	101 葡萄糖酸钙 ,102 葡萄糖酸锌 ,103 葡萄糖酸亚铁 ,104 葡萄糖酸钠
2918170000	999
2918180000	301
2918190010	999
2918190030	999

HS 编码	CIQ 扩展品名
2918190041	999
2918190042	999
2918190043	999
2918190044	999
2918190090	999 毒害品 ,101 饲料添加剂
2918211000	999
2918219000	999
2918221000	999
2918229000	999
2918230000	101 水杨酸苯乙酯 ,102 水杨酸苯酯 ,103 柳酸苄酯 ,104 柳酸甲酯 ,105 柳酸乙酯 ,106 水杨酸异丁酯 ,107 柳酸异戊酯 ,108 水杨酸丁酯
2918290000	301 无检疫要求食品添加剂 ,302 需申报仅用于工业用途不用于食品添加剂无检疫要求的化学品
2918300011	999
2918300012	999
2918300013	999
2918300014	999
2918300015	999
2918300016	999
2918300017	999
2918300018	999
2918300090	101 乙酰丙酸 ,102 乙酰丙酸乙酯 ,103 乙酰乙酸乙酯 ,104 乙酰化双淀粉己二酸酯 ,105 丙酮酸 ,106 丙酮酸叶醇酯 ,107 丙酮酸顺式 -3- 己烯酯 ,108 丙酮酸乙酯 ,109 丙酮酸异戊酯 ,110 茉莉酮酸甲酯
2918910000	301
2918990021	301
2918990022	101:2 甲 4 氯 ,102:2 甲 4 氯 丙 酸 ,103: 除 草佳 ,104: 含量＞ 35%,105: 含量＞ 30%
2918990023	999
2918990024	101 含 量 ＞ 60%,102 麦 草 畏 ,103 含 量 ＞ 50%,104 含量＞ 50%
2918990025	999
2918990026	999
2918990027	999
2918990028	999
2918990029	999
2918990030	999
2918990041	999
2918990090	301
2919100000	999
2919900020	999
2919900031	301
2919900032	301
2919900033	301
2919900034	301
2919900035	999
2919900036	999
2919900037	999
2919900090	301 毒性物质和感染性物质，需申报仅用于工业用途不用于食品添加剂无检疫要求 ,302 无检疫要求食品添加剂 ,303 一般化学品，需申报仅用于工业用途不用于食品添加剂无检疫要求 ,304 属于危险化学品的食品添加剂
2920110000	301
2920190012	999
2920190013	101 杀螟硫磷粉剂、可湿性粉剂 ,102 含量＞ 50%,103 含量＞ 10%,104 含量＞ 10%
2920190014	101 异氯磷粉剂、可湿性粉剂 ,102 皮蝇磷粉剂、丸剂、可湿性粉剂 ,103 皮蝇磷乳剂、水混悬剂
2920190015	301 毒性物质和感染性物质 ,302 其他化工产品
2920190017	999
2920190018	999
2920190019	301
2920190090	301 毒性物质和感染性物质 ,302 其他化工产品
2920210000	999
2920220000	999
2920230000	999
2920240000	999
2920291000	999,301 易燃液体 ,302 杂项物质 ,303 其他化工产品
2920299010	999
2920299090	999,301 其他危险化学品 ,302 其他化工产品
2920300000	999
2920900011	999
2920900012	999 治螟磷 ,301 治螟磷 ,302 治螟磷
2920900013	999
2920900014	999
2920900015	999
2920900016	999
2920900090	999 包括其盐以及它们的卤化，磺化，硝化或亚硝化衍生物 ,301 爆炸品 ,302 易燃气体 ,303 易燃液体 ,304 有机过氧化物 ,305 毒性物质和感染性物质 ,306 腐蚀性物质 ,307 杂项物质 ,308 其他化工产品
2921110010	301 易燃气体 ,302 易燃液体
2921110020	999
2921110030	999
2921110090	301 易燃气体 ,302 易燃液体 ,303 其他化工产品
2921120000	999
2921130000	999
2921140000	999
2921191000	301
2921192000	999
2921193000	999
2921194000	999
2921195000	999
2921196000	999
2921199011	301
2921199020	999
2921199031	999

HS 编码	CIQ 扩展品名
2921199033	999
2921199090	301 易燃气体 ,302 易燃液体 ,303 易燃固体 ,304 毒性物质和感染性物质 ,305 腐蚀性物质 ,306 其他化工产品
2921211000	999
2921219000	301
2921221000	999
2921229000	301 易燃液体 ,302 腐蚀性物质
2921290010	101 饲料添加剂 ,301 易燃液体 ,302 毒性物质和感染性物质 ,303 腐蚀性物质 ,304 其他化工产品
2921290090	101 饲料添加剂 ,301 易燃液体 ,302 毒性物质和感染性物质 ,303 腐蚀性物质 ,304 其他化工产品
2921300010	999
2921300030	999
2921300040	999
2921300090	301 易燃液体 ,302 易燃固体 ,303 毒性物质和感染性物质 ,304 腐蚀性物质 ,305 其他化工产品
2921411000	999
2921419000	999
2921420012	999
2921420013	999
2921420020	999
2921420090	301 爆炸品 ,302 易燃液体 ,303 易于自燃的物质 ,304 毒性物质和感染性物质 ,305 杂项物质 ,306 其他危险化学品 ,307 其他化工产品
2921430001	999
2921430010	999
2921430020	999
2921430031	999
2921430032	999
2921430033	999
2921430034	999
2921430035	999
2921430036	999
2921430037	999
2921430038	999
2921430090	301 毒性物质和感染性物质 ,302 其他危险化学品 ,303 其他化工产品
2921440000	301 毒性物质和感染性物质 ,302 腐蚀性物质 ,303 其他化工产品
2921450010	999
2921450090	111 盐酸 –1– 萘乙二胺 ,301 杂项物质 ,302 其他危险化学品 ,303 其他化工产品
2921460011	999
2921460012	999
2921460013	999
2921491000	999
2921492000	301 毒性物质和感染性物质 ,302 杂项物质
2921493000	999
2921494000	999
2921499011	999
2921499012	999
2921499013	999
2921499020	999
2921499031	999
2921499032	999
2921499090	301 爆炸品 ,302 腐蚀性物质 ,303 杂项物质 ,304 其他危险化学品 ,305 其他化工产品
2921511000	999
2921519011	999
2921519012	999
2921519020	999
2921519090	301 毒性物质和感染性物质 ,302 杂项物质 ,303 其他危险化学品 ,304 其他化工产品
2921590010	999
2921590020	999
2921590031	999
2921590032	999
2921590033	999
2921590090	301 毒性物质和感染性物质 ,302 腐蚀性物质 ,303 杂项物质 ,304 其他危险化学品 ,305 其他化工产品
2922110001	301:1– 氨基乙醇，无检疫要求食品添加剂 ,302:1– 氨基乙醇，一般化学品，需申报仅用于工业用途不用于食品添加剂无检疫要求 ,303:N,N– 二甲基乙醇胺，易燃液体，需申报仅用于工业用途不用于食品添加剂无检疫要求 ,304:2– 氨基乙醇，腐蚀性物质，需申报仅用于工业用途不用于食品添加剂无检疫要求 ,305: 属于危险化学品的食品添加剂
2922110090	999
2922120000	999,301 腐蚀性物质 ,302 其他化工产品
2922140000	999
2922150000	999
2922160000	999
2922170000	999
2922180000	999
2922191000	999
2922192100	999,301 腐蚀性物质 ,302 其他化工产品
2922192210	999
2922192290	999
2922192900	301 腐蚀性物质 ,302 其他化工产品
2922193000	999
2922194000	999
2922195000	999
2922199010	999
2922199020	999
2922199031	999
2922199032	999
2922199033	999
2922199041	999
2922199049	999
2922199090	301 易燃液体 ,302 腐蚀性物质 ,303 其他危险化学品 ,304 其他化工产品
2922210000	301 毒性物质和感染性物质 ,302 其他化工产品
2922291000	999

HS 编码	CIQ 扩展品名
2922299011	999
2922299012	999
2922299013	999
2922299014	999
2922299015	999
2922299016	999
2922299017	999
2922299090	301 毒性物质和感染性物质 ,302 其他化工产品
2922310010	999
2922310020	999
2922391000	999
2922392000	999
2922399010	999
2922399020	999
2922399030	999
2922399040	999
2922399050	999
2922399090	101
2922411000	101 饲料添加剂 ,301 有检疫要求食品添加剂 ,302 有检疫要求食品添加剂
2922419000	101 饲料添加剂 ,102 有检疫要求食品添加剂
2922421000	101 饲料添加剂 ,102 有检疫要求食品添加剂
2922422000	101 饲料添加剂 ,102 有检疫要求食品添加剂
2922429000	101 饲料添加剂 ,102 有检疫要求食品添加剂
2922431000	101 饲料添加剂 ,102 化工产品
2922439000	101
2922440000	999
2922491100	101 饲料添加剂 ,102 化工产品
2922491910	101 饲料添加剂 ,102 化工产品
2922491990	101 饲料添加剂 ,102 有检疫要求食品添加剂 ,103 有检疫要求食品添加剂 ,104 有检疫要求食品添加剂 ,105 有检疫要求食品添加剂 ,106 有检疫要求食品添加剂 ,107 有检疫要求食品添加剂 ,108 有检疫要求食品添加剂 ,109 有检疫要求食品添加剂 ,110 有检疫要求食品添加剂 ,301 需申报仅用于工业用途不用于食品添加剂有检疫要求的化学品
2922499100	999
2922499911	999
2922499912	301 毒性物质和感染性物质 ,302 其他化工产品
2922499913	101 含量 > 30%,102 含量 > 6% ~ 60%,103 含量 2% ~ 25%,104 除害威 ,105 含量 1% ~ 60%,106 含量< 25%,107 除害威乳剂
2922499914	301
2922499915	101 仲丁威 ,102 合杀威 ,103 仲丁威乳剂 ,104 合杀威乳剂
2922499916	999
2922499917	999
2922499918	101 饲料添加剂 ,102 化工产品
2922499919	999

HS 编码	CIQ 扩展品名
2922499990	101 饲料添加剂 ,301 有检疫要求食品添加剂 ,302 需申报仅用于工业用途不用于食品添加剂无检疫要求的化学品 ,303 需申报仅用于工业用途不用于食品添加剂有检疫要求的化学品 ,304 毒性物质和感染性物质
2922501000	999
2922502000	999
2922509010	999
2922509020	999,101 饲用 ,301 有检疫要求食品添加剂
2922509091	301 无检疫要求食品添加剂 ,302 需申报仅用于工业用途不用于食品添加剂无检疫要求的化学品
2922509099	301 无检疫要求食品添加剂 ,302 需申报仅用于工业用途不用于食品添加剂无检疫要求的化学品
2923100000	101 饲料添加剂 ,102 无检疫要求食品添加剂 ,103 需申报仅用于工业用途不用于食品添加剂无检疫要求的化学品
2923200000	101 饲料添加剂 ,102 具有保健食品批准文号 ,301 无检疫要求食品添加剂 ,302 无检疫要求食品添加剂 ,303 需申报仅用于工业用途不用于食品添加剂无检疫要求的化学品
2923300000	999 其他化工产品 ,301 毒性物质和感染性物质
2923400000	999 其他化工产品 ,301 其他危险化学品
2923900011	101 含量> 30%,102
2923900012	999
2923900090	101 饲料添加剂 ,301 易燃液体 ,302 毒性物质和感染性物质 ,303 腐蚀性物质 ,304 其他化工产品 ,305 无检疫要求食品添加剂
2924110000	999
2924120010	301
2924120090	301
2924191000	999
2924199012	301
2924199013	999
2924199014	999
2924199015	999
2924199016	101 含量> 35%,102 含量> 35%
2924199018	999
2924199030	999
2924199040	999
2924199090	101 饲料添加剂 ,301 爆炸品 ,302 易燃液体 ,303 易燃固体 ,304 毒性物质和感染性物质 ,305 其他危险化学品 ,306 其他化工产品
2924210010	999
2924210020	999
2924210090	101 饲料添加剂 ,301 杂项物质 ,302 其他化工产品
2924230010	999
2924230090	999
2924240000	999
2924250000	999
2924291000	999
2924292000	999
2924293000	999

HS 编码	CIQ 扩展品名
2924299011	999
2924299012	301 杂项物质 ,302 其他化工产品
2924299013	301 杂项物质 ,302 其他化工产品
2924299014	301 杂项物质 ,302 其他化工产品
2924299015	999
2924299016	999
2924299017	999
2924299018	999
2924299019	999
2924299020	999
2924299031	101 敌稗 ,102 含量＞ 25%
2924299032	999
2924299033	999
2924299034	301 杂项物质 ,302 其他化工产品
2924299035	999
2924299036	101 灭草灵 ,102 灭草灵乳剂
2924299037	101 含量＞ 55%,102 含量＞ 10%
2924299038	301 杂项物质 ,302 其他化工产品
2924299039	999
2924299040	999
2924299050	999
2924299091	999
2924299099	301 易燃固体、自反应物质及固态退敏爆炸品 ,302 毒性物质和感染性物质 ,303 其他危险化学品 ,304 其他化工产品
2925110000	101 饲料添加剂 ,102 无检疫要求食品添加剂 ,103 需申报仅用于工业用途不用于食品添加剂无检疫要求的化学品
2925120000	999
2925190010	999
2925190021	999
2925190022	999
2925190023	999
2925190024	999
2925190090	999
2925210000	301 毒性物质和感染性物质 ,302 杂项物质
2925290011	999
2925290012	301 毒性物质和感染性物质 ,302 其他化工产品
2925290013	999
2925290014	999
2925290015	999
2925290016	999
2925290020	999
2925290030	999
2925290090	301 易燃液体 ,302 易燃固体 ,303 氧化性物质 ,304 其他化工产品
2926100000	999
2926200000	999
2926300010	999
2926300020	999
2926400000	999
2926901000	999
2926902000	999
2926909010	999
2926909020	999
2926909031	301 杂项物质 ,302 其他化工产品
2926909032	301 毒性物质和感染性物质 ,302 其他化工产品
2926909033	999
2926909034	999
2926909035	999
2926909036	999
2926909037	999
2926909038	999
2926909039	999
2926909041	999
2926909050	999
2926909060	999
2926909070	999
2926909090	301 易燃液体 ,302 毒性物质和感染性物质 ,303 杂项物质 ,304 其他危险化学品 ,305 其他化工产品
2927000010	999
2927000090	301 爆炸品 ,302 易燃气体 ,303 易燃液体 ,304 易燃固体 ,305 自反应物质和混合物 ,306 易于自燃的物质 ,307 毒性物质和感染性物质 ,308 其他化工产品
2928000010	999
2928000020	999
2928000031	999
2928000032	999
2928000033	999
2928000034	999
2928000035	999
2928000036	999
2928000090	301 爆炸品 ,302 易燃液体 ,303 易燃固体 ,304 自反应物质和混合物 ,305 易于自燃的物质 ,306 毒性物质和感染性物质 ,307 杂项物质 ,308 其他危险化学品 ,309 其他化工产品
2929101000	999
2929102000	999
2929103000	999
2929104000	999
2929109000	301 易燃液体 ,302 毒性物质和感染性物质 ,303 腐蚀性物质 ,304 其他危险化学品 ,305 其他化工产品
2929901000	301 无检疫要求食品添加剂 ,302 无检疫要求食品添加剂 ,303 需申报仅用于工业用途不用于食品添加剂无检疫要求的化学品
2929902000	999
2929903000	999
2929904000	999
2929909011	999
2929909012	301 毒性物质和感染性物质 ,302 其他危险化学品 ,303 其他化工产品
2929909013	301 毒性物质和感染性物质 ,302 其他化工产品
2929909090	301 爆炸品 ,302 毒性物质和感染性物质 ,303 其他化工产品
2930200011	101 巴丹 ,102 杀草丹颗粒剂 ,103 杀草丹

HS 编码	CIQ 扩展品名
2930200012	301 毒性物质和感染性物质 ,302 杂项物质 ,303 其他化工产品
2930200013	101 含量> 30%,102 含量> 80%,103 燕麦敌二号 ,104 含量> 20%,105 燕麦敌二号乳剂 ,106 燕麦敌二号蒽油乳油
2930200014	999
2930200015	999
2930200016	301 杂项物质 ,302 其他化工产品
2930200090	101
2930300010	102
2930300090	999
2930400000	101
2930600000	999
2930700000	999
2930800010	999
2930800020	999
2930800030	999
2930901000	101
2930902000	999
2930909011	999
2930909013	999
2930909014	999
2930909015	999
2930909016	999
2930909017	999
2930909018	999
2930909019	999
2930909021	999
2930909022	999
2930909023	999
2930909024	999
2930909026	999
2930909027	999
2930909028	999
2930909031	999
2930909032	999
2930909051	999
2930909052	999 包括杀线威、甲硫威、多杀威、涕灭砜威、硫双威、,301 毒性物质和感染性物质 ,302 杂项物质 ,303 其他化工产品
2930909053	301 毒性物质和感染性物质 ,302 杂项物质 ,303 其他化工产品
2930909054	101 一氯杀螨砜 ,102 杀螨酯 ,103 一氯杀螨砜乳剂 ,104 杀螨酯乳剂
2930909055	301 易于自燃的物质 ,302 其他化工产品
2930909056	301 毒性物质和感染性物质 ,302 杂项物质 ,303 其他化工产品
2930909057	999
2930909058	301 毒性物质和感染性物质 ,302 其他化工产品
2930909059	301 毒性物质和感染性物质 ,302 其他化工产品
2930909061	301 杂项物质 ,302 其他化工产品
2930909062	301 毒性物质和感染性物质 ,302 其他化工产品

HS 编码	CIQ 扩展品名
2930909063	301 毒性物质和感染性物质 ,302 其他化工产品
2930909064	301 毒性物质和感染性物质 ,302 其他化工产品
2930909065	301 毒性物质和感染性物质 ,302 其他化工产品
2930909066	301 毒性物质和感染性物质 ,302 其他化工产品
2930909067	999
2930909091	101 饲料添加剂 ,102 化工产品
2930909092	999
2930909099	248 其他化工产品 ,301 爆炸品 ,302 易燃气体 ,303 毒性气体 ,304 易燃液体 ,305 易于自燃的物质 ,306 毒性物质和感染性物质 ,307 腐蚀性物质 ,308 杂项物质 ,309 其他危险化学品
2931100000	101 四甲基铅 ,102 四乙基铅
2931200000	999
2931310000	999
2931320000	999
2931330000	999
2931340000	999
2931350000	999
2931360000	999
2931370000	999
2931380000	999
2931391000	999
2931399011	999
2931399012	999
2931399013	999
2931399014	999
2931399015	999
2931399016	999
2931399017	999
2931399018	999
2931399019	999
2931399021	999
2931399022	999
2931399090	999,301 需申报仅用于工业用途不用于食品添加剂无检疫要求的化学品 ,302 其他危险化学品 ,303 无检疫要求的食品添加剂 ,304 属于危险化学品的食品添加剂
2931900001	999
2931900011	999
2931900012	999
2931900013	999
2931900014	999
2931900015	999
2931900016	999
2931900017	999
2931900018	999
2931900019	999
2931900021	999
2931900022	999
2931900023	999
2931900024	999

HS 编码	CIQ 扩展品名
2931900025	999
2931900026	999
2931900027	999
2931900028	999
2931900029	999
2931900031	999
2931900090	999,301 其他危险化学品 ,302 无检疫要求的食品添加剂 ,303 属于危险化学品的食品添加剂
2932110000	102:2– 甲基四氢呋喃 ,301: 易燃液体 ,302: 无检疫要求食品添加剂 ,303: 无检疫要求食品添加剂
2932120000	301
2932130000	101
2932140000	999
2932190011	999
2932190012	999
2932190013	999
2932190014	999
2932190015	999
2932190016	999
2932190020	999
2932190090	301
2932201000	301 无检疫要求食品添加剂 ,302 其他化工产品
2932209011	301 其他危险化学品 ,302 毒性物质和感染性物质
2932209012	999
2932209013	301
2932209014	999
2932209015	999
2932209016	999
2932209020	999
2932209090	301 毒性物质和感染性物质 ,302 无检疫要求食品添加剂 ,303 其他化工产品
2932910000	999
2932920000	999
2932930000	999
2932940000	999
2932950000	999
2932991000	999
2932992000	999
2932993000	999
2932999011	301
2932999012	101 丁硫威粉剂 ,102 含量 5% ~ 65%,103 含量 > 3%,104 丁硫威 ,105 含量> 10%
2932999013	301
2932999014	999
2932999015	999
2932999016	999
2932999017	999
2932999021	999
2932999022	999
2932999023	999
2932999024	999
2932999025	999
2932999026	999
2932999027	999
2932999028	999
2932999029	999
2932999031	999
2932999040	999
2932999051	999
2932999052	999
2932999053	999
2932999054	999
2932999060	999
2932999070	999
2932999080	999
2932999091	999
2932999092	999
2932999099	301 易燃液体 ,302 毒性物质和感染性物质
2933110000	999
2933192000	999
2933199011	101 含量 2% ~ 20%,102 含量 5% ~ 50%,103 含量 0.5% ~ 20%,104 含量 1% ~ 50%
2933199012	999
2933199013	999
2933199014	999
2933199015	999
2933199090	999
2933210000	999
2933290011	999
2933290012	999
2933290013	999
2933290014	999
2933290015	999
2933290090	999
2933310010	301
2933310090	999
2933321000	301
2933322000	999
2933330011	999
2933330012	999
2933330013	999
2933330021	999
2933330022	999
2933330031	999
2933330032	999
2933330033	999
2933391000	999
2933392000	999
2933399021	101 含量> 15%,102 含量> 4%
2933399022	101 含量> 4%,102 含量 4% ~ 40%
2933399023	999
2933399024	999
2933399025	101:RH–908,102: 含量> 2%
2933399026	999
2933399027	999
2933399028	999
2933399029	999

HS 编码	CIQ 扩展品名
2933399030	999
2933399040	999
2933399051	999
2933399052	999
2933399053	999
2933399054	999
2933399055	999
2933399056	999
2933399057	999
2933399058	999
2933399060	999
2933399071	999
2933399072	999
2933399073	999
2933399074	999
2933399075	999
2933399076	999
2933399077	999
2933399078	999
2933399080	999
2933399091	301 其他危险化学品 ,302 其他化工产品
2933399099	301 易燃液体 ,302 易燃固体、自反应物质及固态退敏爆炸品 ,303 毒性物质和感染性物质 ,304 其他危险化学品
2933410000	999
2933490011	999
2933490012	999
2933490013	101 饲料添加剂 ,102 化工产品
2933490014	999
2933490015	999
2933490021	999
2933490022	999
2933490030	999
2933490090	301 易燃液体 ,302 毒性物质和感染性物质 ,303 其他危险化学品 ,304 其他化工产品
2933520000	999
2933530011	999
2933530012	999
2933530013	999
2933530014	999
2933530015	999
2933540000	999
2933550011	999
2933550012	999
2933591000	999
2933592000	999
2933599011	101 嘧啶氧磷粉剂 ,102 嘧啶氧磷
2933599012	999
2933599013	999
2933599014	999
2933599015	101 含量＞ 75%,102 嘧啶威可湿性粉剂、颗粒剂 ,103 嘧啶威
2933599016	999
2933599017	999
2933599018	999
2933599019	999
2933599020	999
2933599030	999
2933599040	999
2933599051	999
2933599052	999
2933599091	999
2933599099	301 腐蚀性物质 ,302 其他化工产品
2933610000	999
2933691000	999
2933692100	999
2933692200	999
2933692910	999
2933692990	999
2933699011	999
2933699012	101 扑草灭颗粒剂 ,102 含量＞ 80%,103 西草净 ,104 莠灭净 ,105 敌草净
2933699013	999
2933699014	999
2933699015	999
2933699016	999
2933699091	301 其他危险化学品 ,302 其他化工产
2933699099	999
2933710000	999
2933720000	999
2933790010	999
2933790020	999
2933790030	999
2933790090	999
2933910011	999
2933910012	999
2933910013	999
2933910014	999
2933910015	999
2933910016	999
2933910017	999
2933910018	999
2933910021	999
2933910022	999
2933920000	999
2933990011	301
2933990012	999
2933990013	999
2933990014	101 三唑酮 ,102 三唑醇
2933990015	999
2933990016	999
2933990017	101 草达灭颗粒剂 ,102 含量＞ 25%,103 含量＞ 45%,104 含量＞ 10%
2933990018	999
2933990019	999
2933990021	999
2933990022	999
2933990023	999
2933990030	999
2933990040	999

HS 编码	CIQ 扩展品名
2933990051	999
2933990052	999
2933990053	999
2933990054	999
2933990055	999
2933990056	999
2933990057	999
2933990060	999
2933990070	999
2933990080	999
2933990091	999
2933990092	999
2933990099	301 爆炸品 ,302 易燃液体 ,303 易燃固体 ,304 杂项物质 ,305 一般化工产品
2934101000	999
2934109011	999
2934109012	999
2934109013	999
2934109014	999
2934109015	999
2934109016	999
2934109017	999
2934109018	999
2934109019	999
2934109091	301 其他危险化学品 ,302 其他化工产品
2934109099	301 麦草净 ,3022- 氨基噻唑硫酸盐 ,3032- 氨基噻唑盐酸盐
2934200011	999
2934200012	999
2934200013	999
2934200014	999
2934200015	999
2934200016	999
2934200017	999
2934200018	999
2934200019	999
2934200090	999
2934300000	999
2934910011	999
2934910012	999
2934910013	999
2934910014	999
2934910020	999
2934991000	999
2934992000	999
2934993000	104
2934994000	999
2934995000	999
2934996000	999
2934999001	301 无检疫要求食品添加剂 ,302 需申报仅用于工业用途不用于食品添加剂无检疫要求的化学品
2934999010	999
2934999021	301
2934999022	101

HS 编码	CIQ 扩展品名
2934999023	999
2934999024	101 代森硫 ,102 代森环
2934999025	999
2934999026	999
2934999027	999
2934999028	999
2934999029	999
2934999031	999
2934999032	999
2934999033	999
2934999034	101 二噻农 ,102 含量＞ 50%
2934999035	999
2934999036	101 蜗螺净粉剂、颗粒剂 ,102 蜗螺净乳剂
2934999037	999
2934999038	999
2934999039	999
2934999041	999
2934999042	999
2934999043	999
2934999044	999
2934999045	999
2934999050	999
2934999061	999
2934999062	999
2934999071	999
2934999072	999
2934999073	999
2934999074	999
2934999075	999
2934999091	999
2934999099	301 易燃液体 ,302 毒性物质和感染性物质 ,303 腐蚀性物质 ,304 其他化工产品
2935100000	999
2935200000	999
2935300000	999
2935400000	999
2935500000	999
2935900011	999
2935900012	999
2935900013	999
2935900014	999
2935900015	999
2935900016	999
2935900017	999
2935900018	999
2935900019	999
2935900020	999
2935900031	999
2935900032	999
2935900033	999
2935900034	999
2935900035	999
2935900090	101 偶氮甲酰胺 ,102 β – 羟乙基噻唑

HS 编码	CIQ 扩展品名
2936210000	101 饲料添加剂 ,301 无检疫要求食品添加剂 ,302 需申报仅用于工业用途不用于食品添加剂无检疫要求的化学品
2936220000	101 饲料添加剂 ,301 无检疫要求食品添加剂 ,302 无检疫要求食品添加剂 ,303 需申报仅用于工业用途不用于食品添加剂无检疫要求的化学品
2936230000	101 饲料添加剂 ,301 无检疫要求食品添加剂 ,303 需申报仅用于工业用途不用于食品添加剂无检疫要求的化学品 ,302 无检疫要求食品添加剂
2936240000	101 饲料添加剂 ,301 无检疫要求食品添加剂 ,302 无检疫要求食品添加剂 ,303 无检疫要求食品添加剂 ,304 无检疫要求食品添加剂 ,305 无检疫要求食品添加剂 ,306 需申报仅用于工业用途不用于食品添加剂无检疫要求的化学品
2936250000	101 饲料添加剂 ,301 无检疫要求食品添加剂 ,302 需申报仅用于工业用途不用于食品添加剂无检疫要求的化学品
2936260000	101 饲料添加剂 ,301 无检疫要求食品添加剂 ,302 无检疫要求食品添加剂 ,303 需申报仅用于工业用途不用于食品添加剂无检疫要求的化学品
2936270010	301 无检疫要求食品添加剂 ,302 需申报仅用于工业用途不用于食品添加剂无检疫要求的化学品
2936270020	103 化工产品 ,301 无检疫要求食品添加剂 ,302 无检疫要求食品添加剂 ,303 需申报仅用于工业用途不用于食品添加剂无检疫要求的化学品
2936270030	999 不论是否溶于溶剂 ,301 无检疫要求食品添加剂 ,302 需申报仅用于工业用途不用于食品添加剂无检疫要求的化学品
2936270090	101 饲料添加剂 ,102 化工产品 ,301 无检疫要求食品添加剂 ,302 需申报仅用于工业用途不用于食品添加剂无检疫要求的化学品
2936280000	101 饲料添加剂 ,102 具有保健食品批准文号 ,301 无检疫要求食品添加剂 ,302 无检疫要求食品添加剂 ,303 无检疫要求食品添加剂 ,304 无检疫要求食品添加剂 ,305 需申报仅用于工业用途不用于食品添加剂无检疫要求的化学品
2936290010	101 饲料添加剂 ,301 无检疫要求食品添加剂 ,302 需申报仅用于工业用途不用于食品添加剂无检疫要求的化学品
2936290090	101 饲料添加剂 ,301 无检疫要求食品添加剂 ,302 无检疫要求食品添加剂 ,303 无检疫要求食品添加剂 ,304 无检疫要求食品添加剂 ,305 需申报仅用于工业用途不用于食品添加剂无检疫要求的化学品
2936901000	101 饲料添加剂 ,102 具有保健食品批准文号 ,103 无检疫要求食品添加剂
2936909000	101 饲料添加剂 ,102 具有保健食品批准文号 ,301 无检疫要求食品添加剂 ,302 需申报仅用于工业用途不用于食品添加剂无检疫要求的化学品
2937110010	999
2937110090	999
2937121000	999
2937129000	999
2937190013	999
2937190015	999
2937190016	999
2937190091	999
2937190099	999
2937210000	999
2937221000	999
2937229000	999
2937231100	999
2937231910	999
2937231990	999
2937239010	999
2937239091	999
2937239099	999
2937290011	999
2937290012	999
2937290013	999
2937290014	999
2937290015	999
2937290016	999
2937290017	999
2937290018	999
2937290019	999
2937290021	999
2937290022	999
2937290023	999
2937290024	999
2937290025	999
2937290026	999
2937290027	999
2937290028	999
2937290031	999
2937290032	999
2937290033	999
2937290034	999
2937290091	999
2937290099	999
2937500000	999
2937900010	999
2937900090	999
2938100000	999
2938901000	999
2938909010	999
2938909020	301 需申报仅用于工业用途不用于食品添加剂无检疫要求的化学品 ,302 无检疫要求食品添加剂
2938909030	999
2938909090	301 毒性物质和感染性物质 ,302 无检疫要求食品添加剂 ,303 其他化工产品
2939110011	999
2939110012	999
2939110013	999

HS 编码	CIQ 扩展品名
2939110014	999
2939110015	999
2939110016	999
2939110020	999
2939190010	999
2939190021	999
2939190022	999
2939190023	999
2939190024	999
2939190025	999
2939190030	999
2939190040	999
2939190090	999
2939200000	999
2939300010	301 无检疫要求食品添加剂 ,302 需申报仅用于工业用途不用于食品添加剂无检疫要求的化学品
2939300090	999,301 需申报仅用于工业用途不用于食品添加剂无检疫要求的化学品
2939410010	999
2939410020	999
2939410030	999
2939410040	999
2939410090	999
2939420010	999
2939420020	999
2939420090	999
2939430000	999
2939440000	999
2939490010	999
2939490020	999
2939490090	999
2939510000	999
2939590000	999
2939610010	999
2939610090	999
2939620010	999
2939620090	999
2939630010	999
2939630090	999
2939690010	999
2939690090	999
2939711000	999
2939719011	999
2939719012	999
2939719013	999
2939719020	999
2939791010	999
2939791090	999
2939792010	999
2939792090	999
2939799011	999
2939799012	999
2939799091	301 无检疫要求食品添加剂 ,302 需申报仅用于工业用途不用于食品添加剂无检疫要求的化学品
2939799099	301 毒性物质和感染性物质 ,302 其他危险化学品 ,303 需申报仅用于工业用途不用于食品添加剂无检疫要求的化学品
2939800000	999 毒性物质和感染性物质 ,301 需申报仅用于工业用途不用于食品添加剂无检疫要求的化学品
2940001000	101 饲料添加剂 ,301 无检疫要求食品添加剂 ,302 无检疫要求食品添加剂 ,303 无检疫要求食品添加剂 ,304 无检疫要求食品添加剂 ,305 无检疫要求食品添加剂 ,306 无检疫要求食品添加剂 ,307 无检疫要求食品添加剂 ,308 无检疫要求食品添加剂 ,309 无检疫要求食品添加剂
2940009000	101 饲料添加剂 ,301 无检疫要求食品添加剂 ,302 无检疫要求食品添加剂 ,303 无检疫要求食品添加剂 ,304 无检疫要求食品添加剂 ,305 无检疫要求食品添加剂 ,306 无检疫要求食品添加剂 ,307 无检疫要求食品添加剂 ,308 无检疫要求食品添加剂 ,309 无检疫要求食品添加剂 ,310 需申报仅用于工业用途不用于食品添加剂无检疫要求的化学品 ,201 合成糖
2941101100	999
2941101200	999
2941101900	999
2941109100	999
2941109200	999
2941109300	999
2941109400	999
2941109500	999
2941109600	999
2941109900	999
2941200011	999
2941200090	999
2941301100	999
2941301200	999
2941302000	999
2941400000	999
2941500000	999
2941901000	999
2941902000	999
2941903000	999
2941904000	999
2941905200	999
2941905300	999
2941905400	999
2941905500	999
2941905600	999
2941905700	999
2941905800	999
2941905910	999
2941905990	999
2941906000	999
2941907000	999

HS 编码	CIQ 扩展品名
2941909011	101
2941909012	101
2941909013	999
2941909091	999
2941909099	999
2942000000	101 饲料添加剂,301 爆炸品,302 易燃气体,303 非易燃无毒气体,304 毒性气体,305 易燃液体,306 易燃固体,307 易于自燃的物质,308 遇水放出易燃气体的物质,309 氧化性物质,310 有机过氧化物,311 毒性物质和感染性物质,312 腐蚀性物质,313 杂项物质,314 其他危险化学品
3001200010	101 动物培养器官,102 动物培养细胞,103 动物微生物培养培养基,104 其他动物器官、细胞、培养基,105 未列出的其他动物产品,106 其他化工产品
3001200020	101 人体器官,102 人体组织,103 人体细胞,104 人源细胞系,105 人体胚胎、人胚活细胞,106 人体排泄物、分泌物,107 医学科研用人类尸体,108 其他人体组织器官,109 殡葬目的人类尸体 / 棺柩,110 人类骸骨
3001200090	101 动物白蛋白,102 动物球蛋白,103 动物纤维蛋白原,104 其他动物血清蛋白,105 动物培养器官,106 动物培养细胞,107 动物微生物培养培养基,108 其他动物器官、细胞、培养基,109 未列出的其他动物产品,110 其他化工产品,111 医用动物细胞系,112 其他医用生物制品
3001901000	999
3001909010	999
3001909091	101 动物性血液制品,102 其他化工产品
3001909099	101 动物性血液制品,102 药用血余炭,104 其他化工产品,105 医用抗体,106 医用抗原,107 其他医用生物制品
3002110000	101 医用诊断试剂,999 其他化工产品
3002120011	101 医用细胞因子,999 其他化工产品
3002120012	101 医用细胞因子,999 其他化工产品
3002120013	101 医用细胞因子,999 其他化工产品
3002120014	101 医用细胞因子,999 其他化工产品
3002120015	101 医用细胞因子,999 其他化工产品
3002120016	101 医用细胞因子,999 其他化工产品
3002120017	101 医用细胞因子,999 其他化工产品
3002120018	101 医用细胞因子,999 其他化工产品
3002120019	101 其他医用蛋白,999 其他化工产品
3002120021	101 其他医用蛋白,999 其他化工产品
3002120022	101 其他医用蛋白,999 其他化工产品
3002120091	301 其他化工产品,401 其他人血制品
3002120099	301 其他化工产品,401 其他人血制品
3002130000	101 其他医用生物制品,999 其他化工产品
3002140000	101 其他医用生物制品,999 其他化工产品
3002150010	301 其他化工产品,401 其他医用生物制品
3002150090	301 其他化工产品,401 其他医用生物制品
3002190010	301 其他化工产品,401 其他医用生物制品

HS 编码	CIQ 扩展品名
3002190090	101 猪全血,102 马全血,103 兔全血,104 狗全血,105 其他动物全血,106 猪血浆,107 马血浆,108 兔血浆,109 狗血浆,110 其他动物血浆,111 胎牛血清,112 犊牛血清,113 猪血清,114 马血清,115 兔血清,116 小鼠血清,117 其他动物血清,118 动检抗原,119 动检抗体,120 动检抗血清,121 动检补体,122 动检溶血素,123 动物球蛋白,124 动物纤维蛋白原,125 其他动物血清蛋白,126 其他动物性血液制品,127 动物微生物培养培养基,128 诊断用试剂及试剂盒,301 其他化工产品,401 医用诊断试剂,402 医用检测试剂,403 医用抗体,404 医用抗毒素,405 医用抗原,406 医用变态反应原,407 生长因子之外医用细胞因子,408 其他医用蛋白,409 其他医用生物制品
3002200000	999
3002300000	101 动检灭活疫苗,102 动检强毒疫苗,103 动检弱毒疫苗,104 动检基因疫苗,105 动检菌苗,106 其他动物疫苗
3002901000	999
3002902000	999
3002903010	101 动检细菌,102 动检病毒,103 动检真菌,104 动检放线菌,105 动检螺旋体,106 动检立克次氏体,107 动检支原体,108 动检衣原体,109 动检菌种,110 动检毒种,111 其他动检微生物,112 动检寄生虫,113 植物细菌,114 植物病毒,115 医用细菌,116 医用病毒,117 其他医用微生物
3002903020	999
3002903030	999
3002903090	101 动检细菌,102 动检病毒,103 动检真菌,104 动检放线菌,105 动检螺旋体,106 动检立克次氏体,107 动检支原体,108 动检衣原体,109 动检菌种,110 动检毒种,111 其他动检微生物,112 动检寄生虫,113 植物细菌,114 植物病毒,115 医用细菌,116 医用病毒,117 医用真菌,118 除细菌、真菌、病毒以外的其他医用微生物,119 环保微生物,120 人体寄生虫,121 医用微生态制剂,131 活性酵母,132 非活性酵母,133 食品加工用酵母衍生制品,134 食品加工用其他酵母产品,135 食品加工用乳酸菌,136 食品加工用乳酸菌产品,137 其他食品加工用菌种及其产品
3002904010	101 动检细菌,102 动检病毒,103 动检真菌,104 动检放线菌,105 动检螺旋体,106 动检立克次氏体,107 动检支原体,108 动检衣原体,109 动检菌种,110 动检毒种,111 其他动检微生物,112 动检寄生虫,113 其他化工产品,114 医用核酸及其制品,115 其他医用生物制品
3002904090	101 动检细菌,102 动检病毒,103 动检真菌,104 动检放线菌,105 动检螺旋体,106 动检立克次氏体,107 动检支原体,108 动检衣原体,109 动检菌种,110 动检毒种,111 其他动检微生物,112 动检寄生虫,113 医用核酸及其制品,114 其他医用生物制品

HS 编码	CIQ 扩展品名
3002909011	101 猪全血 ,102 马全血 ,103 兔全血 ,104 狗全血 ,105 其他动物全血 ,106 猪血浆 ,107 马血浆 ,108 兔血浆 ,109 狗血浆 ,110 其他动物血浆 ,111 胎牛血清 ,112 犊牛血清 ,113 猪血清 ,114 马血清 ,115 兔血清 ,116 小鼠血清 ,117 其他动物血清 ,118 动检抗原 ,119 动检抗体 ,120 动检抗血清 ,121 动检补体 ,122 动检溶血素 ,123 动物球蛋白 ,124 动物纤维蛋白原 ,125 其他动物血清蛋白 ,126 其他动物性血液制品 ,127 动物微生物培养培养基 ,128 诊断用试剂及试剂盒 ,129 其他化工产品
3002909019	101 猪全血 ,102 马全血 ,103 兔全血 ,104 狗全血 ,105 其他动物全血 ,106 猪血浆 ,107 马血浆 ,108 兔血浆 ,109 狗血浆 ,110 其他动物血浆 ,111 胎牛血清 ,112 犊牛血清 ,113 猪血清 ,114 马血清 ,115 兔血清 ,116 小鼠血清 ,117 其他动物血清 ,118 动检抗原 ,119 动检抗体 ,120 动检抗血清 ,121 动检补体 ,122 动检溶血素 ,123 动物球蛋白 ,124 动物纤维蛋白原 ,125 其他动物血清蛋白 ,126 其他动物性血液制品 ,127 动物微生物培养培养基 ,128 诊断用试剂及试剂盒 ,129 医用抗体 ,130 医用抗原 ,131 其他医用生物制品 ,132 人源血浆 ,133 人源血清 ,134 红细胞、白细胞、血小板 ,135 白蛋白、球蛋白、纤维蛋白原 ,136 人血液因子制剂 ,137 其他人血制品
3002909021	101 用于非医学、环保领域 ,102 用于医学、环保领域
3002909022	101 用于非医学、环保领域 ,102 用于医学、环保领域
3002909023	101 用于非医学、环保领域 ,102 用于医学、环保领域
3002909024	101 用于非医学、环保领域 ,102 用于医学、环保领域
3002909091	101 动检细菌 ,102 动检病毒 ,103 动检真菌 ,104 动检放线菌 ,105 动检螺旋体 ,106 动检立克次氏体 ,107 动检支原体 ,108 动检衣原体 ,109 其他动检微生物 ,110 动检寄生虫 ,111 猪全血 ,112 马全血 ,113 兔全血 ,114 狗全血 ,115 其他动物全血 ,116 猪血浆 ,117 马血浆 ,118 兔血浆 ,119 狗血浆 ,120 其他动物血浆 ,121 胎牛血清 ,122 犊牛血清 ,123 猪血清 ,124 马血清 ,125 兔血清 ,126 小鼠血清 ,127 其他动物血清 ,128 动检抗原 ,129 动检抗体 ,130 动检抗血清 ,131 动检补体 ,132 动检溶血素 ,133 动物球蛋白 ,134 动物纤维蛋白原 ,135 其他动物血清蛋白 ,136 其他动物性血液制品 ,137 动物微生物培养培养基 ,138 诊断用试剂及试剂盒 ,139 其他化工产品 ,140 毒素

HS 编码	CIQ 扩展品名
3002909099	101 动检细菌 ,102 动检病毒 ,103 动检真菌 ,104 动检放线菌 ,105 动检螺旋体 ,106 动检立克次氏体 ,107 动检支原体 ,108 动检衣原体 ,109 其他动检微生物 ,110 动检寄生虫 ,111 猪全血 ,112 马全血 ,113 兔全血 ,114 狗全血 ,115 其他动物全血 ,116 猪血浆 ,117 马血浆 ,118 兔血浆 ,119 狗血浆 ,120 其他动物血浆 ,121 胎牛血清 ,122 犊牛血清 ,123 猪血清 ,124 马血清 ,125 兔血清 ,126 小鼠血清 ,127 其他动物血清 ,128 动检抗原 ,129 动检抗体 ,130 动检抗血清 ,131 动检补体 ,132 动检溶血素 ,133 动物白蛋白 ,134 动物球蛋白 ,135 动物纤维蛋白原 ,136 其他动物血清蛋白 ,137 其他动物性血液制品 ,138 动物微生物培养培养基 ,139 不包括酵母及类似产品诊断用试剂及试剂盒 ,140 医用抗体 ,141 医用抗原 ,142 毒素 ,143 其他医用生物制品 ,144 人源全血 ,145 人源血浆 ,146 人源血清 ,147 红细胞、白细胞、血小板 ,148 脐带血 ,149 其他人血制品 ,150 环保微生物
3003101100	101 其他化工产品 ,999 未配定剂量或非零售包装
3003101200	101 其他化工产品 ,999 未配定剂量或非零售包装
3003101300	101 其他化工产品 ,999 未配定剂量或非零售包装
3003101900	101 其他化工产品 ,999 未配定剂量或非零售包装
3003109000	101 其他化工产品 ,999 未配定剂量或非零售包装 , 混合指含两种或两种以上成分
3003201100	999
3003201200	999
3003201300	999
3003201400	999
3003201500	999
3003201600	999
3003201700	999
3003201800	999
3003201900	999
3003209000	999
3003310000	999
3003390000	101 其他化工产品 ,999 不含抗菌素且未配定剂量或非零售包装 , 混合指含两种或两种以上成分
3003410000	998 药品 ,999 其他化工产品
3003420000	998 药品 ,999 其他化工产品
3003430000	998 药品 ,999 其他化工产品
3003490010	998 药品 ,999 其他化工产品
3003490090	998 药品 ,999 其他化工产品
3003601000	998 药品 ,999 其他化工产品
3003609010	998 药品 ,999 其他化工产品
3003609020	998 药品 ,999 其他化工产品
3003609090	998 药品 ,999 其他化工产品
3003900010	998 药品 ,999 其他化工产品
3003900020	998 药品 ,999 其他化工产品
3003900030	998 药品 ,999 其他化工产品
3003900090	998 药品 ,999 其他化工产品

HS 编码	CIQ 扩展品名
3004101110	999
3004101190	101 其他化工产品 ,999 包括制成零售包装
3004101200	101 其他化工产品 ,999 包括制成零售包装
3004101300	101 其他化工产品 ,999 包括制成零售包装
3004101900	999
3004109010	999
3004109090	999
3004201100	999
3004201200	999
3004201300	999
3004201400	999
3004201500	999
3004201600	999
3004201700	999
3004201800	999
3004201911	999
3004201912	999
3004201990	999
3004209011	999
3004209012	999
3004209013	999
3004209091	999
3004209099	999
3004311010	999
3004311090	999
3004319010	999
3004319090	999
3004320011	999
3004320012	999
3004320013	999
3004320014	999
3004320015	999
3004320016	999
3004320017	999
3004320018	999
3004320019	999
3004320021	999
3004320022	999
3004320023	999
3004320024	999
3004320025	999
3004320028	999
3004320029	999
3004320031	999
3004320032	999
3004320033	999
3004320034	999
3004320035	999
3004320036	999
3004320037	999
3004320038	999
3004320039	999
3004320041	999
3004320042	999
3004320043	999
3004320044	999
3004320045	999
3004320046	999
3004320047	999
3004320048	999
3004320049	999
3004320051	999
3004320052	999
3004320053	999
3004320054	999
3004320060	999
3004320071	999
3004320072	999
3004320073	999
3004320074	999
3004320075	999
3004320076	999
3004320077	999
3004320091	999
3004320099	301 易燃液体 ,999 包括其衍生物及结构类似物 , 不含抗菌素 , 包括零售包装
3004390011	999
3004390022	999
3004390025	999
3004390026	999
3004390027	999
3004390028	999
3004390030	999
3004390091	999
3004390099	999
3004410010	998 药品 ,999 其他化工产品
3004410020	998 药品 ,999 其他化工产品
3004410090	998 药品 ,999 其他化工产品
3004420010	998 药品 ,999 其他化工产品
3004420020	998 药品 ,999 其他化工产品
3004420090	998 药品 ,999 其他化工产品
3004430010	998 药品 ,999 其他化工产品
3004430090	998 药品 ,999 其他化工产品
3004490010	998 药品 ,999 其他化工产品
3004490020	998 药品 ,999 其他化工产品
3004490031	998 药品 ,999 其他化工产品
3004490039	998 药品 ,999 其他化工产品
3004490040	998 药品 ,999 其他化工产品
3004490050	998 药品 ,999 其他化工产品
3004490061	998 药品 ,999 其他化工产品
3004490062	998 药品 ,999 其他化工产品
3004490063	998 药品 ,999 其他化工产品
3004490070	998 药品 ,999 其他化工产品
3004490091	999
3004490099	301 其他化工产品 ,999 药品
3004500000	999
3004601000	998 药品 ,999 其他化工产品
3004609010	998 药品 ,999 其他化工产品
3004609021	998 药品 ,999 其他化工产品

HS 编码	CIQ 扩展品名
3004609029	998 药品 ,999 其他化工产品
3004609030	998 药品 ,999 其他化工产品
3004609090	998 药品 ,999 其他化工产品
3004901000	999
3004902000	999
3004905110	101 中药酒 ,102 保健食品 ,999 已配定剂量或零售包装
3004905190	101 中药酒 ,102 具有保健食品批准文号 ,103 其他化工产品 ,999 已配定剂量或零售包装
3004905200	101 其他化工产品 ,999 已配定剂量或零售包装
3004905310	999
3004905390	999
3004905400	101 其他化工产品 ,999 已配定剂量或零售包装
3004905510	999
3004905590	101 其他化工产品 ,999 已配定剂量或零售包装
3004905910	999
3004905990	101 其他化工产品 ,999 已配定剂量或零售包装
3004909010	999
3004909020	999
3004909030	101 其他化工产品 ,999 已配定剂量或制成零售包装
3004909041	101 其他化工产品 ,999 已配定剂量或制成零售包装
3004909049	101 其他化工产品 ,999 已配定剂量或制成零售包装
3004909050	999
3004909060	999
3004909071	999
3004909072	999
3004909073	999
3004909074	999
3004909075	999
3004909077	101 其他化工产品 ,999 已配剂量或制成零售包装
3004909078	999
3004909079	999
3004909081	999
3004909082	999
3004909091	999
3004909092	999
3004909093	999
3004909099	101 鸡眼水 ,102 硫汞白癜疯擦药 ,999 包括零售包装
3005101000	101 其他化工产品 ,999 制成零售包装供医疗、外科、牙科或兽医用
3005109000	101 其他化工产品 ,999 经药物浸涂或制成零售包装 , 供医疗、外科、牙科或兽医用
3005901000	999
3005909000	101 其他化工产品 ,999 经药物浸涂或制成零售包装 , 供医疗、外科、牙科或兽医用

HS 编码	CIQ 扩展品名
3006100000	101 其他化工产品 ,999 无菌吸收性止血材料 , 无菌抗粘连阻隔材料 , 外伤创口闭合用无菌粘合胶布
3006200000	999
3006300000	101 其他化工产品 ,102 医用诊断试剂
3006400000	101 其他化工产品 ,999 包括骨骼粘固剂
3006500000	101 其他化工产品 ,999
3006601000	101 其他化工产品 ,999
3006609000	101 其他化工产品 ,999 以品目 2937 的其他产品或杀精子剂为基本成分
3006700000	999
3006910000	101 其他化工产品 ,999
3006920000	101 其他化工产品 ,999 超过有效保存期等原因而不适于原用途的药品
3101001100	999
3101001910	101 栽培介质 ,102 其他有机栽培介质 ,103 植物有机肥 ,104 其他动植物肥料
3101001990	101 其他动物器官、细胞、培养基 ,102 猪、牛、羊等偶蹄动物粪便 ,103 马等奇蹄动物粪 ,104 其他动物粪便 ,105 动物性肥料、垃圾 ,106 其他动物性废弃物 ,107 植物有机肥 ,108 其他动物源性肥料
3101009010	101 其他动物器官、细胞、培养基 ,102 猪、牛、羊等偶蹄动物粪便 ,103 马等奇蹄动物粪 ,104 其他动物粪便 ,105 动物性肥料、垃圾 ,106 其他动物性废弃物 ,107 其他化工产品
3101009020	101 其他动物器官、细胞、培养基 ,102 植物有机肥 ,103 其他化工产品
3101009090	101 其他动物器官、细胞、培养基 ,102 猪、牛、羊等偶蹄动物粪便 ,103 马等奇蹄动物粪 ,104 其他动物粪便 ,105 动物性肥料、垃圾 ,106 其他动物性废弃物 ,107 植物有机肥 ,108 其他动物源性肥料 ,109 其他化工产品
3102100010	101
3102100090	101 饲料添加剂 ,102 其他化工产品
3102210000	101 矿物源性饲料添加剂 ,102 无检疫要求食品添加剂 ,103 需申报仅用于工业用途不用于食品添加剂无检疫要求的化学品
3102290000	999
3102300000	301 爆炸品 ,302 氧化性物质
3102400000	999
3102500000	301 氧化性物质，需申报仅用于工业用途不用于食品添加剂无检疫要求 ,302 无检疫要求食品添加剂 ,303 一般化学品，需申报仅用于工业用途不用于食品添加剂无检疫要求 ,304 属于危险化学品的食品添加剂
3102600000	999
3102800000	999
3102901000	301 遇水放出易燃气体的物质 ,302 其他化工产品
3102909000	999
3103111000	999
3103119000	999
3103190000	999
3103900000	999
3104202000	999

HS 编码	CIQ 扩展品名
3104209000	101 矿物源性饲料添加剂 ,102 化工产品 ,301 需申报仅用于工业用途不用于食品添加剂无检疫要求的化学品
3104300000	101 矿物源性饲料添加剂 ,102 化工产品
3104901000	999
3104909000	999
3105100010	999
3105100090	999
3105200010	999
3105200090	999
3105300010	101 饲料添加剂 ,301 需申报仅用于工业用途不用于食品添加剂无检疫要求的化学品
3105300090	101 矿物源性饲料添加剂 ,102 化工产品 ,301 需申报仅用于工业用途不用于食品添加剂无检疫要求的化学品
3105400000	101 矿物源性饲料添加剂 ,102 化工产品
3105510000	301 其他危险化学品 ,302 无检疫要求的食品添加剂 ,303 属于危险化学品的食品添加剂
3105590000	101 矿物源性饲料添加剂 ,102 化工产品
3105600000	999
3105901000	999 其他化工产品 ,301 其他危险化学品
3105909000	999 其他化工产品 ,301 其他危险化学品
3201100000	999
3201200000	999
3201901010	999
3201901090	999
3201909000	101 食用单宁 ,102 单宁酸 ,103 固化单宁
3202100000	999
3202900010	999
3202900090	999
3203001100	301 无检疫要求食品添加剂 ,302 需申报仅用于工业用途不用于食品添加剂无检疫要求的化学品
3203001910	101 饲料添加剂 ,301 其他危险化学品，需申报仅用于工业用途不用于食品添加剂无检疫要求 ,302 无检疫要求食品添加剂 ,303 一般化学品，需申报仅用于工业用途不用于食品添加剂无检疫要求 ,304 属于危险化学品的食品添加剂
3203001990	101 饲料添加剂 ,301 其他危险化学品，需申报仅用于工业用途不用于食品添加剂无检疫要求 ,302 无检疫要求食品添加剂 ,303 一般化学品，需申报仅用于工业用途不用于食品添加剂无检疫要求 ,304 属于危险化学品的食品添加剂
3203002000	301 其他危险化学品，需申报仅用于工业用途不用于食品添加剂无检疫要求 ,302 无检疫要求食品添加剂 ,303 一般化学品，需申报仅用于工业用途不用于食品添加剂无检疫要求 ,304 属于危险化学品的食品添加剂
3204110000	301 其他危险化学品，需申报仅用于工业用途不用于食品添加剂无检疫要求 ,302 无检疫要求食品添加剂 ,303 需申报仅用于工业用途不用于食品添加剂无检疫要求的化学品 ,304 一般化学品，需申报仅用于工业用途不用于食品添加剂无检疫要求 ,305 属于危险化学品的食品添加剂
3204120000	301 其他危险化学品，需申报仅用于工业用途不用于食品添加剂无检疫要求 ,302 无检疫要求食品添加剂 ,303 一般化学品，需申报仅用于工业用途不用于食品添加剂无检疫要求 ,304 属于危险化学品的食品添加剂
3204130000	301 其他危险化学品，需申报仅用于工业用途不用于食品添加剂无检疫要求 ,302 无检疫要求食品添加剂 ,303 需申报仅用于工业用途不用于食品添加剂无检疫要求的化学品 ,304 一般化学品，需申报仅用于工业用途不用于食品添加剂无检疫要求 ,305 属于危险化学品的食品添加剂
3204140000	301 其他危险化学品，需申报仅用于工业用途不用于食品添加剂无检疫要求 ,302 无检疫要求食品添加剂 ,303 一般化学品，需申报仅用于工业用途不用于食品添加剂无检疫要求 ,304 属于危险化学品的食品添加剂
3204151000	101 无检疫要求食品添加剂 ,102 无检疫要求食品添加剂 ,103 需申报仅用于工业用途不用于食品添加剂无检疫要求的化学品
3204159000	999
3204160000	999
3204170000	999
3204191100	999
3204191900	999
3204199000	101 饲料添加剂 ,301 其他危险化学品，需申报仅用于工业用途不用于食品添加剂无检疫要求 ,302 无检疫要求食品添加剂 ,303 一般化学品，需申报仅用于工业用途不用于食品添加剂无检疫要求 ,304 属于危险化学品的食品添加剂
3204200000	301 其他危险化学品 ,302 其他化工产品
3204901000	999
3204902000	999 其他化工产品 ,998 无检疫要求食品添加剂
3204909000	999
3205000000	301 无检疫要求食品添加剂 ,302 无检疫要求食品添加剂 ,303 需申报仅用于工业用途不用于食品添加剂无检疫要求的化学品
3206111000	999
3206119000	999
3206190000	999
3206200000	999
3206410000	999
3206421000	999
3206429000	999
3206491100	999
3206491900	999
3206499000	999
3206500000	999
3207100000	999
3207200000	999
3207300000	999
3207400000	999
3208100010	301
3208100090	301

HS 编码	CIQ 扩展品名
3208201011	999 不属于危险化学品的涂料 ,998 属于危险化学品的涂料
3208201019	999 不属于危险化学品的涂料 ,998 属于危险化学品的涂料
3208201091	301
3208201099	301
3208202010	301
3208202090	301
3208901011	999
3208901019	999
3208901091	999
3208901099	999
3208909010	101 属于危险化学品的涂料 ,102 银幕白漆 ,103 聚酯树脂清漆 ,104 红丹油性防锈漆 ,105 远红外线辐射涂料 ,106 硼钡酚醛防锈漆 ,107 互感器环氧酯磁漆 ,108 环氧防腐漆 ,109 环氧绝缘烘漆 ,110 环氧绝缘漆 ,111 环氧烘漆 ,112 环氧清漆 ,113 环氧磁漆 ,114 环氧醇酸清烘漆 ,115 环氧酚醛防腐烘漆 ,116 环氧腻子 ,117 环氧富锌底漆 ,118 环氧聚氯酯耐水漆 ,119 环烷酸铜防虫漆 ,120 松香防污漆 ,121 氨基透明烘漆 ,122 氨基清烘漆 ,123 氨基静电清烘漆 ,124 氨基醇酸绝缘漆 ,125 酚醛绝缘漆 ,126 酚醛烘漆 ,127 酚醛清漆 ,128 酚醛漆包线漆 ,129 酚醛透明漆 ,130 酚醛硅钢片漆 ,131 铝红酚醛防锈漆 ,132 铝粉酚醛磁漆 ,133 铝粉缩醛磁漆 ,134 铝粉醇酸磁漆 ,135 银灰氨基锤纹漆 ,136 银灰酚醛磁漆 ,137 聚酰亚胺漆包线漆 ,138 醇酸绝缘漆 ,139 醇酸烘漆 ,140 醇酸清漆 ,141 醇酸漆包线漆
3208909090	301
3209100010	301 不属于危险化学品的涂料 ,302 属于危险化学品的涂料
3209100090	301 不属于危险化学品的涂料 ,302 属于危险化学品的涂料
3209901010	301 不属于危险化学品的涂料 ,302 属于危险化学品的涂料
3209901090	301 不属于危险化学品的涂料 ,302 属于危险化学品的涂料
3209902010	301 不属于危险化学品的涂料 ,302 属于危险化学品的涂料
3209902090	301 不属于危险化学品的涂料 ,302 属于危险化学品的涂料
3209909010	301 不属于危险化学品的涂料 ,302 属于危险化学品的涂料
3209909090	301 不属于危险化学品的涂料 ,302 属于危险化学品的涂料
3210000011	999 不属于危险化学品的涂料 ,998 属于危险化学品的涂料
3210000019	999 不属于危险化学品的涂料 ,998 属于危险化学品的涂料
3210000091	101 染皮鞋水 ,102 再生胶沥青涂料 ,103 银灰三防锤纹漆 ,104 有机硅耐高温漆 ,105 沥青半导体漆 ,106 沥青防污漆 ,107 沥青底漆 ,108 沥青绝缘漆 ,109 沥青清烘漆 ,110 沥青清漆 ,111 沥青耐酸漆 ,112 沥青锅炉漆 ,113 沥青磁漆 ,114 沥青醇酸氨基烘漆 ,115 鱼油沥青涂料 ,116 油封清漆 ,117 油基硅钢片漆 ,118 玻璃管绝缘漆 ,119 贴花快燥清漆 ,120 钙酯清漆 ,121 铝粉有机硅耐热漆 ,122 铝粉环氧沥青耐油底漆 ,123 铝粉氯化橡胶底漆 ,124 黑色氯丁橡胶可剥漆 ,125 酯胶清烘漆 ,126 酯胶清漆 ,127 煤焦沥青清漆 ,128 聚合清油 ,129 硝化纤维漆布 ,130 硝化纤维漆纸 ,131 硝化纤维漆片
3210000099	101 染皮鞋水 ,102 再生胶沥青涂料 ,103 银灰三防锤纹漆 ,104 有机硅耐高温漆 ,105 沥青半导体漆 ,106 沥青防污漆 ,107 沥青底漆 ,108 沥青绝缘漆 ,109 沥青清烘漆 ,110 沥青清漆 ,111 沥青耐酸漆 ,112 沥青锅炉漆 ,113 沥青磁漆 ,114 沥青醇酸氨基烘漆 ,115 鱼油沥青涂料 ,116 油封清漆 ,117 油基硅钢片漆 ,118 玻璃管绝缘漆 ,119 贴花快燥清漆 ,120 钙酯清漆 ,121 铝粉有机硅耐热漆 ,122 铝粉环氧沥青耐油底漆 ,123 铝粉氯化橡胶底漆 ,124 黑色氯丁橡胶可剥漆 ,125 酯胶清烘漆 ,126 酯胶清漆 ,127 煤焦沥青清漆 ,128 聚合清油 ,129 硝化纤维漆布 ,130 硝化纤维漆纸 ,131 硝化纤维漆片
3211000000	999
3212100000	999
3212900000	999 其他化工产品 ,998 其他危险化学品
3213100000	999 其他化工产品 ,998 其他危险化学品
3213900000	999 其他化工产品 ,998 其他危险化学品
3214101000	999
3214109000	101 贴胡胶 ,102 聚氨酯导电粘合剂 ,103 多用粘结胶 ,104FS203C 胶 ,105 压敏胶 ,106 嵌缝油膏
3214900010	999
3214900090	999
3215110010	999 其他化工产品 ,998 其他危险化学品
3215110090	999 其他化工产品 ,998 其他危险化学品
3215190010	999 其他化工产品 ,998 其他危险化学品
3215190090	101 醇溶凹印油墨 ,102 其他塑料油墨 ,103 塑料凸板油墨 ,104 塑料喷涂油墨 ,105 影印油墨 ,106 氧化锌静电复印油墨
3215901000	999 其他化工产品 ,998 其他危险化学品
3215902000	999
3215909000	101 软管滚涂油墨 ,102 软管白墨 ,103 其他化工产品
3301120000	111 面部香精油 ,112 发用香精精油 ,113 体用香精精油 ,301 易燃液体 ,302 无检疫要求食品添加剂 ,303 无检疫要求的食品添加剂 ,304 属于危险化学品的食品添加剂
3301130000	111 面部香精油 ,112 发用香精精油 ,113 体用香精精油 ,301 易燃液体 ,302 无检疫要求食品添加剂 ,303 无检疫要求的食品添加剂 ,304 属于危险化学品的食品添加剂

HS 编码	CIQ 扩展品名
3301191000	111 面部香精油 ,112 发用香精精油 ,113 体用香精精油 ,301 易燃液体 ,302 无检疫要求食品添加剂 ,303 无检疫要求的食品添加剂 ,304 属于危险化学品的食品添加剂
3301199000	111 面部香精油 ,112 发用香精精油 ,113 体用香精精油 ,301 无检疫要求食品添加剂
3301240000	111 面部香精油 ,112 发用香精精油 ,113 体用香精精油 ,301 无检疫要求食品添加剂
3301250000	111 面部香精油 ,112 发用香精精油 ,113 体用香精精油 ,301 无检疫要求食品添加剂 ,302 需申报仅用于工业用途不用于食品添加剂无检疫要求的化学品
3301291000	111 面部香精油 ,112 发用香精精油 ,113 体用香精精油 ,301 易燃液体 ,302 无检疫要求食品添加剂 ,303 无检疫要求的食品添加剂 ,304 属于危险化学品的食品添加剂
3301292000	111 面部香精油 ,112 发用香精精油 ,113 体用香精精油 ,301 无检疫要求食品添加剂
3301293000	111 面部香精油 ,112 发用香精精油 ,113 体用香精精油 ,301 无检疫要求食品添加剂
3301294000	111 面部香精油 ,112 发用香精精油 ,113 体用香精精油 ,301 无检疫要求食品添加剂
3301295000	111 面部香精油 ,112 发用香精精油 ,113 体用香精精油 ,301 无检疫要求食品添加剂
3301296000	102 桉叶油 ,111 面部香精油 ,112 发用香精精油 ,113 体用香精精油 ,301 无检疫要求食品添加剂
3301299100	101 面部香精油 ,102 发用香精精油 ,103 体用香精精油 ,301 无检疫要求食品添加剂
3301299910	101 面部香精油 ,102 发用香精精油 ,103 体用香精精油 ,301 无检疫要求食品添加剂
3301299991	111 面部香精油 ,112 发用香精精油 ,113 体用香精精油 ,301 无检疫要求食品添加剂
3301299999	338 工业用精油 ,401 面部香精油 ,402 发用香精精油 ,403 体用香精精油 ,339 无检疫要求食品添加剂
3301301000	101
3301309010	999
3301309090	103 吐鲁香膏 ,104 晚香玉浸膏 ,105 香榧子壳浸膏 ,106 秘鲁香膏油 ,107 秘鲁香脂
3301901010	999
3301901090	301 易燃液体 ,302 无检疫要求食品添加剂 ,303 属于危险化学品的食品添加剂
3301902000	101
3301909000	101 含固定油、蜡及类似品，精油水溶液及水馏液
3302101000	999
3302109001	301 易燃液体 ,302 无检疫要求食品添加剂 ,303 无检疫要求的食品添加剂 ,304 属于危险化学品的食品添加剂
3302109090	501 其他危险化学品 ,502 无检疫要求食品添加剂 ,503 无检疫要求的食品添加剂 ,504 属于危险化学品的食品添加剂
3302900000	103
3303000010	101 液体香水、香氛 ,102 粉 ,103 花露水、去痱水
3303000020	101 液体香水、香氛 ,102 粉 ,103 花露水、去痱水
3304100011	101 防晒化妆品 ,102 婴幼儿驻留类肤用化妆品 ,103 成人口唇驻留类化妆品 ,104 成人口唇淋洗类化妆品 ,105 成人口唇膜类化妆品 ,106 成人口唇美容化妆品
3304100012	101 防晒化妆品 ,102 婴幼儿驻留类肤用化妆品 ,103 成人口唇驻留类化妆品 ,104 成人口唇淋洗类化妆品 ,105 成人口唇膜类化妆品 ,106 成人口唇美容化妆品
3304100013	101 成人口唇膜类化妆品
3304100091	101 防晒化妆品 ,102 婴幼儿驻留类肤用化妆品 ,103 成人口唇驻留类化妆品 ,104 成人口唇淋洗类化妆品 ,105 成人口唇膜类化妆品 ,106 成人口唇美容化妆品
3304100092	101 防晒化妆品 ,102 婴幼儿驻留类肤用化妆品 ,103 成人口唇驻留类化妆品 ,104 成人口唇淋洗类化妆品 ,105 成人口唇膜类化妆品 ,106 成人口唇美容化妆品
3304100093	101 成人口唇膜类化妆品
3304200011	101 美白化妆品 ,102 防晒化妆品 ,103 婴幼儿驻留类肤用化妆品 ,104 成人眼部驻留类化妆品 ,105 成人眼部淋洗类化妆品 ,106 成人眼部膜类化妆品 ,107 成人眼部美容化妆品
3304200012	101 美白化妆品 ,102 防晒化妆品 ,103 婴幼儿驻留类肤用化妆品 ,104 成人眼部驻留类化妆品 ,105 成人眼部淋洗类化妆品 ,106 成人眼部膜类化妆品 ,107 成人眼部美容化妆品
3304200013	101 成人眼部膜类化妆品
3304200091	101 美白化妆品 ,102 防晒化妆品 ,103 婴幼儿驻留类肤用化妆品 ,104 成人眼部驻留类化妆品 ,105 成人眼部淋洗类化妆品 ,106 成人眼部膜类化妆品 ,107 成人眼部美容化妆品
3304200092	101 美白化妆品 ,102 防晒化妆品 ,103 婴幼儿驻留类肤用化妆品 ,104 成人眼部驻留类化妆品 ,105 成人眼部淋洗类化妆品 ,106 成人眼部膜类化妆品 ,107 成人眼部美容化妆品
3304200093	101 成人眼部膜类化妆品
3304300001	101 趾甲护理化妆品 ,102 趾甲美容化妆品 ,103 趾甲化妆品
3304300002	101 趾甲护理化妆品 ,102 趾甲美容化妆品 ,103 趾甲化妆品
3304300003	101 趾甲护理化妆品 ,102 趾甲美容化妆品 ,103 趾甲化妆品
3304910000	101 成人爽身粉 ,102 成人面部用美容化妆品 ,103 成人体用美容化妆品 ,104 婴幼儿美容化妆品 ,105 粉 ,106 美白化妆品 ,107 防晒化妆品 ,108 婴幼儿爽身粉 ,109 婴幼儿驻留类肤用化妆品 ,110 婴幼儿淋洗类肤用化妆品 ,111 成人面部驻留类化妆品 ,112 成人面部淋洗类化妆品 ,113 婴幼儿淋洗类发用化妆品 ,114 成人淋洗类毛发用化妆品 ,115 成人驻留类毛发用化妆品 ,116 成人眼部美容化妆品 ,117 成人眉用美容化妆品

HS 编码	CIQ 扩展品名
3304990021	201 婴幼儿驻留类肤用化妆品 ,202 婴幼儿淋洗类肤用化妆品 ,203 成人面部驻留类化妆品 ,204 成人面部淋洗类化妆品 ,205 成人面部膜类化妆品 ,206 成人眼部驻留类化妆品 ,207 成人口唇驻留类化妆品 ,208 成人眼部淋洗类化妆品 ,209 成人口唇淋洗类化妆品 ,210 成人体用驻留类化妆品 ,211 成人体用淋洗类化妆品 ,212 成人体用膜类化妆品 ,213 成人面部用美容化妆品 ,214 成人体用美容化妆品 ,215 成人睫毛用美容化妆品 ,216 成人眉用美容化妆品 ,217 婴幼儿美容化妆品 ,218 面部香精油 ,219 发用香精精油 ,220 体用香精精油 ,221 美白化妆品 ,222 防晒化妆品 ,223 美乳化妆品 ,224 健美化妆品 ,225 脱毛化妆品
3304990029	201 婴幼儿驻留类肤用化妆品 ,202 婴幼儿淋洗类肤用化妆品 ,203 成人面部驻留类化妆品 ,204 成人面部淋洗类化妆品 ,205 成人面部膜类化妆品 ,206 成人眼部驻留类化妆品 ,207 成人口唇驻留类化妆品 ,208 成人眼部淋洗类化妆品 ,209 成人口唇淋洗类化妆品 ,210 成人体用驻留类化妆品 ,211 成人体用淋洗类化妆品 ,212 成人体用膜类化妆品 ,213 成人面部用美容化妆品 ,214 成人体用美容化妆品 ,215 成人睫毛用美容化妆品 ,216 成人眉用美容化妆品 ,217 婴幼儿美容化妆品 ,218 面部香精油 ,219 发用香精精油 ,220 体用香精精油 ,221 美白化妆品 ,222 防晒化妆品 ,223 美乳化妆品 ,224 健美化妆品 ,225 脱毛化妆品
3304990031	201 婴幼儿驻留类肤用化妆品 ,202 婴幼儿淋洗类肤用化妆品 ,203 成人面部驻留类化妆品 ,204 成人面部淋洗类化妆品 ,205 成人面部膜类化妆品 ,206 成人眼部驻留类化妆品 ,207 成人口唇驻留类化妆品 ,208 成人眼部淋洗类化妆品 ,209 成人口唇淋洗类化妆品 ,210 成人体用驻留类化妆品 ,211 成人体用淋洗类化妆品 ,212 成人体用膜类化妆品 ,213 成人面部用美容化妆品 ,214 成人体用美容化妆品 ,215 成人睫毛用美容化妆品 ,216 成人眉用美容化妆品 ,217 婴幼儿美容化妆品 ,218 面部香精油 ,219 发用香精精油 ,220 体用香精精油 ,221 美白化妆品 ,222 防晒化妆品 ,223 美乳化妆品 ,224 健美化妆品 ,225 脱毛化妆品
3304990039	201 婴幼儿驻留类肤用化妆品 ,202 婴幼儿淋洗类肤用化妆品 ,203 成人面部驻留类化妆品 ,204 成人面部淋洗类化妆品 ,205 成人面部膜类化妆品 ,206 成人眼部驻留类化妆品 ,207 成人口唇驻留类化妆品 ,208 成人眼部淋洗类化妆品 ,209 成人口唇淋洗类化妆品 ,210 成人体用驻留类化妆品 ,211 成人体用淋洗类化妆品 ,212 成人体用膜类化妆品 ,213 成人面部用美容化妆品 ,214 成人体用美容化妆品 ,215 成人睫毛用美容化妆品 ,216 成人眉用美容化妆品 ,217 婴幼儿美容化妆品 ,218 面部香精油 ,219 发用香精精油 ,220 体用香精精油 ,221 美白化妆品 ,222 防晒化妆品 ,223 美乳化妆品 ,224 健美化妆品 ,225 脱毛化妆品
3304990041	201 成人面部膜类化妆品 ,202 成人眼部膜类化妆品 ,203 成人口唇膜类化妆品 ,204 成人体用膜类化妆品 ,205 美白化妆品
3304990049	201 成人面部膜类化妆品 ,202 成人眼部膜类化妆品 ,203 成人口唇膜类化妆品 ,204 成人体用膜类化妆品 ,205 美白化妆品
3304990091	101 婴幼儿驻留类肤用化妆品 ,103 成人面部驻留类化妆品 ,104 成人体用驻留类化妆品 ,105 婴幼儿淋洗类肤用化妆品 ,106 成人面部淋洗类化妆品 ,107 成人口唇淋洗类化妆品 ,108 成人体用淋洗类化妆品 ,112 防晒化妆品 ,120 成人面部膜类化妆品 ,121 成人眼部驻留类化妆品 ,122 成人口唇驻留类化妆品 ,123 成人眼部淋洗类化妆品 ,124 成人体用膜类化妆品 ,125 面部香精油 ,126 发用香精精油 ,127 体用香精精油 ,128 美白化妆品
3304990099	101 婴幼儿驻留类肤用化妆品 ,103 成人面部驻留类化妆品 ,104 成人体用驻留类化妆品 ,105 婴幼儿淋洗类肤用化妆品 ,106 成人面部淋洗类化妆品 ,107 成人口唇淋洗类化妆品 ,108 成人体用淋洗类化妆品 ,112 防晒化妆品 ,120 成人面部膜类化妆品 ,121 成人眼部驻留类化妆品 ,122 成人口唇驻留类化妆品 ,123 成人眼部淋洗类化妆品 ,124 成人体用膜类化妆品 ,125 面部香精油 ,126 发用香精精油 ,127 体用香精精油 ,128 美白化妆品
3305100010	102 婴幼儿淋洗类发用化妆品 ,107 成人淋洗类毛发用化妆品
3305100090	102 婴幼儿淋洗类发用化妆品 ,107 成人淋洗类毛发用化妆品
3305200000	101 烫发化妆品 ,301 其他危险化学品
3305300000	107 婴幼儿驻留类发用化妆品 ,108 成人驻留类毛发用化妆品 ,301 其他危险化学品
3305900000	108 染发化妆品 ,109 育发化妆品 ,110 婴幼儿淋洗类发用化妆品 ,111 婴幼儿驻留类发用化妆品 ,112 成人淋洗类毛发用化妆品 ,113 成人驻留类毛发用化妆品 ,301 其他危险化学品
3306101010	104 成人牙膏 ,105 婴幼儿口腔类产品
3306101090	104 成人牙膏 ,105 婴幼儿口腔类产品
3306109000	999
3306200000	999
3306901000	201 包括漱口水、口腔清新喷雾 ,202 包括牙粉、牙贴、假牙模膏 ,203 包括漱口水、口腔清新喷雾
3306909000	201 包括牙粉、牙贴、假牙模膏 ,202 婴幼儿口腔类产品 ,203 包括假牙模膏及粉
3307100000	103 成人面部驻留类化妆品 ,104 成人淋洗类毛发用化妆品
3307200000	106
3307300000	101 婴幼儿淋洗类肤用化妆品 ,112 成人体用淋洗类化妆品
3307410000	999
3307490000	999
3307900000	999
3401110000	101 婴幼儿淋洗类肤用化妆品 ,109 成人面部淋洗类化妆品 ,110 成人体用淋洗类化妆品 ,111 其他产品
3401191000	999
3401199000	105
3401200000	999

HS 编码	CIQ 扩展品名
3401300000	101 婴幼儿淋洗类肤用化妆品 ,109 成人面部淋洗类化妆品 ,110 成人体用淋洗类化妆品
3402110000	999
3402120000	106
3402130010	999
3402130090	999
3402190000	999
3402201000	999
3402209000	999
3402900001	999
3402900090	103
3403110000	999
3403190000	999
3403910000	999
3403990000	102 汽油稀型防锈油 ,103 半干型防锈油 ,104 溶剂稀释型防锈油 ,105 薄层防锈油 ,106 驻退液
3404200000	999
3404900000	999 无检疫要求食品添加剂 ,301 其他化工产品
3405100000	101 皮革光滑剂 ,102 皮革顶层涂饰剂 ,103 皮革光亮剂
3405200000	999
3405300000	999
3405400000	999
3405900000	102 修相油 ,103 油画上光油 ,104 油画色调合油 ,105 闪烁体材料
3406000010	101 含木制品 ,102 不含木制品
3406000090	101 含木制品 ,102 不含木制品
3407001000	999
3407002000	999
3407009000	999
3501100000	999,101 食用 ,301 无检疫要求食品添加剂 ,302 需申报仅用于工业用途不用于食品添加剂无检疫要求的化学品
3501900000	101 非食用性乳品 ,102 无检疫要求食品添加剂 ,103 需申报仅用于工业用途不用于食品添加剂无检疫要求的化学品
3502110000	101
3502190000	101
3502200000	999 动物白蛋白 ,101 食用浓缩乳清蛋白粉 ,102 乳清蛋白粉 ,301 无检疫要求食品添加剂 ,302 需申报仅用于工业用途不用于食品添加剂无检疫要求的化学品
3502900000	999 包括白蛋白衍生物 ,301 无检疫要求食品添加剂 ,302 需申报仅用于工业用途不用于食品添加剂无检疫要求的化学品
3503001001	101 饲用 ,102 工业用 ,103 有检疫要求食品添加剂
3503001090	101 饲用 ,102 工业用
3503009000	101 药用龟甲胶 ,102 药用阿胶 ,103 药用鹿角胶 ,104 有检疫要求食品添加剂 ,105 工业用
3504001000	101 具有保健食品批准文号 ,102 无检疫要求食品添加剂 ,301 需申报仅用于工业用途不用于食品添加剂无检疫要求的化学品
3504009000	101 具有保健食品批准文号 ,102 无检疫要求食品添加剂 ,103 需申报仅用于工业用途不用于食品添加剂无检疫要求的化学品 ,104 其他医用蛋白 ,105 大豆蛋白 ,106 豌豆蛋白 ,107 蚕豆蛋白 ,108 其他豆类蛋白 ,109 小麦蛋白 ,110 燕麦蛋白 ,111 大米蛋白 ,112 玉米蛋白 ,113 其他谷类蛋白 ,114 花生蛋白 ,115 其他坚果及籽类蛋白 ,116 马铃薯蛋白 ,117 其他薯类蛋白 ,118 其他植物蛋白
3505100000	101 饲料添加剂 ,102 变性淀粉 ,301 爆炸品，需申报仅用于工业用途不用于食品添加剂无检疫要求 ,302 无检疫要求食品添加剂 ,303 一般化学品，需申报仅用于工业用途不用于食品添加剂无检疫要求 ,304 属于危险化学品的食品添加剂
3505200000	101 变性淀粉 ,301 其他危险化学品，需申报仅用于工业用途不用于食品添加剂无检疫要求 ,302 无检疫要求食品添加剂 ,303 一般化学品，需申报仅用于工业用途不用于食品添加剂无检疫要求 ,304 属于危险化学品的食品添加剂
3506100010	301 其他危险化学品 ,302 其他化工产品
3506100090	101:301 胶粘剂 ,102:303 胶粘剂 ,103:730 胶粘剂 ,104:1452# 胶粘剂 ,105:JX-15 胶粘剂 ,106:JY-7 胶粘剂 ,107:SF-5 胶粘剂
3506911000	999
3506912000	999
3506919010	301 其他危险化学品 ,302 其他化工产品
3506919020	999
3506919090	101 丙烯酸酯胶粘剂 ,102 氯丁酚醛胶粘剂 ,103 聚氨基甲酸酯胶粘剂 ,104202 胶粘剂 ,105 传真纸粘合剂 ,106 聚氨酯粘合剂 ,107 嫌气性密封粘合剂 ,108 酚醛 · 丁腈粘合剂 ,109 酚醛 · 缩醛有机硅粘合剂 ,110 酚醛 · 缩醛粘合剂 ,111 聚乙烯醇缩醛胶 ,112 聚硅氧橡皮基印模膏 ,113 过氯乙烯胶 ,114 体患除凝胶 ,115 汽车门窗胶 ,116 橡胶金属胶 ,117 液体密封胶 ,118 聚氨酯涂层胶 ,119 黑醇酸隔热胶 ,120 橡胶水 ,121 蜡纸胶水 ,122 氟橡胶胶浆 ,123 硝基胶液 ,124 缩醛胶液 ,125 缩醛烘干胶液 ,126 硅酸苯悬浮液 ,127 聚氨酯化学灌浆材料 ,128 伏烂 ,129 电子束光刻胶
3506990000	999
3507100000	999,301 无检疫要求食品添加剂 ,302 需申报仅用于工业用途不用于食品添加剂无检疫要求的化学品
3507901000	999,301 无检疫要求食品添加剂 ,302 需申报仅用于工业用途不用于食品添加剂无检疫要求的化学品
3507902000	999,301 无检疫要求食品添加剂 ,302 需申报仅用于工业用途不用于食品添加剂无检疫要求的化学品
3507909010	301 其他化工产品 ,401 医用酶及酶制剂
3507909090	101 饲用酶制剂 ,301 无检疫要求食品添加剂 ,302 需申报仅用于工业用途不用于食品添加剂无检疫要求的化学品 ,401 医用诊断试剂 ,402 医用检测试剂 ,403 医用酶及酶制剂 ,404 其他医用生物制品

HS 编码	CIQ 扩展品名
3601000010	999
3601000020	999
3601000090	999
3602001010	301
3602001090	999
3602009010	301
3602009090	999
3603000010	999
3603000020	999
3603000030	999
3603000040	999
3603000050	999
3603000060	999
3603000090	999
3604100000	101 喷花类玩具烟花爆竹,102 旋转类玩具烟花爆竹,103 旋转升空类玩具烟花爆竹,104 火箭类玩具烟花爆竹,105 吐珠类玩具烟花爆竹,106 线香类玩具烟花爆竹,107 摩擦炮类玩具烟花爆竹,108 造型玩具类玩具烟花爆竹,109 地面礼花类玩具烟花爆竹,110 烟雾类玩具烟花爆竹,111 礼花弹类玩具烟花爆竹,112 玩具烟花爆竹组合,113 爆竹,114 喷花类大型烟花,115 旋转类大型烟花,116 火箭类大型烟花,117 吐珠类大型烟花,118 地面礼花类大型烟花,119 礼花弹类大型烟花,120 大型烟花组合
3604900000	999
3605000000	101 含木制品的其他轻工品,102 任何地方可擦燃
3606100000	999
3606901100	999
3606901900	102
3606909000	301
3701100000	999
3701200000	999
3701302100	999
3701302200	999
3701302400	999
3701302500	999
3701302900	999
3701309000	999
3701910000	999
3701992001	999
3701992090	999
3701999000	999
3702100000	999
3702311000	999
3702319000	999
3702321000	999
3702322000	999
3702329000	999
3702392000	999
3702399000	999
3702410000	999
3702422100	999
3702422900	999

HS 编码	CIQ 扩展品名
3702429201	999
3702429290	999
3702429900	999
3702432100	999
3702432900	999
3702439000	999
3702442100	999
3702442200	999
3702442900	999
3702449000	999
3702520000	999
3702530000	999
3702541000	999
3702549000	999
3702552000	999
3702559000	999
3702562000	999
3702569000	999
3702960000	999
3702970000	101 硝化纤维片基,999 用纸、纸板及纺织物以外任何材料制成
3702980000	999
3703101000	999
3703109000	999
3703201000	999
3703209000	999
3703901000	999
3703909000	999
3704001000	999
3704009000	999
3705001000	999
3705002100	999
3705002900	999
3705009000	999
3706101000	999
3706109000	999
3706901000	999
3706909000	999
3707100001	999,301 易燃液体
3707100090	101 尼龙丝网感光浆,999,102 易燃液体
3707901000	101 照相红碘水,102 显影液,999 包括摄影用未混合产品,定量或零售包装即可使用的
3707902000	999
3707909000	101 照相用,102 照相用,999 包括摄影用未混合产品
3801100010	999
3801100020	999
3801100090	999
3801200000	101 电子束管石墨乳,102 电子数码管石墨乳,103 胶体石墨乙醇制剂,104 其他石墨
3801300000	999
3801901000	999
3801909000	999
3802101000	101
3802109000	999

HS 编码	CIQ 扩展品名
3802900010	999
3802900090	102
3803000000	999
3804000010	999
3804000090	999
3805100000	301 易燃液体 ,302 其他化工产品
3805901000	301 易燃液体 ,302 其他化工产品
3805909000	101 松节油混合萜 ,102 双戊烯 ,103 萜品油烯
3806101000	999
3806102000	999
3806201000	301
3806209000	999
3806300000	301 其他危险化学品 ,302 无检疫要求的食品添加剂 ,303 属于危险化学品的食品添加剂
3806900000	999
3807000000	301
3808520000	999 其他化工产品 ,301 其他危险化学品
3808591010	999 其他化工产品 ,301 其他危险化学品
3808591090	999 其他化工产品 ,301 其他危险化学品
3808599010	999 其他化工产品 ,301 其他危险化学品
3808599090	999,301 其他危险化学品 ,302 其他化工产品
3808610000	999,301 其他危险化学品 ,302 其他化工产品
3808620000	999 其他化工产品 ,301 其他危险化学品
3808690000	999 其他化工产品 ,301 其他危险化学品
3808911100	301 其他危险化学品 ,302 其他化工产品
3808911200	301 其他危险化学品 ,302 其他化工产品
3808911900	301 其他危险化学品 ,302 其他化工产品
3808919000	301 其他危险化学品 ,302 其他化工产品
3808921000	999
3808929010	999
3808929021	999
3808929029	999
3808929090	999
3808931100	301 其他危险化学品 ,302 其他化工产品
3808931910	301
3808931990	301 其他危险化学品 ,302 其他化工产品
3808939100	999
3808939900	999
3808940010	999
3808940020	999
3808940090	999
3808991000	999
3808999000	999 包括类似品 ,301 毒性物质和感染性物质
3809100000	999
3809910000	101 塑料增光剂 ,102 硬脂酰氯化铬 ,999 包括整理剂、染料加速着色或固色助剂及其他制剂
3809920000	999
3809930000	999
3810100000	999
3810900000	101 快干助焊剂 ,999 包括作焊条芯子或焊条涂料用的制品
3811110000	999
3811190000	999
3811210000	999
3811290000	999
3811900000	999
3812100000	999
3812200000	999
3812310000	999
3812391000	999 其他化工产品 ,301 易燃固体 ,302 其他危险化学品
3812399000	999 其他化工产品 ,301 易燃固体 ,302 其他危险化学品
3813001000	101 腐蚀性液体 ,999
3813002000	999
3814000000	101 脱漆剂 ,102 有机硅漆稀释剂 ,103 过氯乙烯锤纹漆稀释剂 ,104 过氯乙烯漆稀释剂 ,105 沥青漆稀释剂 ,106 环氧漆稀释剂 ,107 氨基漆稀释剂 ,108 氨基静电漆稀释剂 ,109 酚醛皱纹漆稀释剂 ,110 硝基铝箔漆稀释剂 ,111 硝基漆稀释剂 ,112 聚氨酯漆稀释剂 ,113 聚酯漆包线漆稀释剂 ,114 聚酯漆稀释剂 ,115 缩醛漆稀释剂 ,116 醇酸漆稀释剂
3815110000	999 包括以镍化合物为活性物的 ,301 易燃固体
3815120010	999
3815120090	999
3815190000	999
3815900000	999 包括反应催化剂 ,302 易于自燃的物质 ,301 腐蚀性物质
3816000000	999
3817000000	101 但马酸二甲苯溶液 ,102 环化橡胶二甲苯溶液 ,103 环庚亚胺二甲苯溶剂
3818001100	999
3818001900	999
3818009000	999
3819000000	999
3820000000	999
3821000000	101 动物微生物培养培养基 ,102 其他医用生物制品
3822001000	101 其他动物性血液制品 ,102 诊断用试剂及试剂盒 ,103 医用诊断试剂 ,104 医用检测试剂 ,105 其他医用生物制品 ,106 化学试剂
3822009000	101 诊断用试剂及试剂盒 ,102 医用诊断试剂 ,103 医用检测试剂 ,104 其他医用生物制品 ,105 化学试剂
3823110000	101 其他饲料添加剂 ,999
3823120000	999,301 无检疫要求食品添加剂 ,302 需申报仅用于工业用途不用于食品添加剂无检疫要求的化学品
3823130000	999
3823190001	999
3823190090	999
3823700000	999
3824100000	999
3824300010	999
3824300090	999
3824401000	999
3824409000	999
3824500000	999

HS 编码	CIQ 扩展品名
3824600000	999
3824710011	301
3824710012	999
3824710013	301
3824710014	301
3824710015	999
3824710016	999
3824710017	999
3824710018	999
3824710090	999
3824720000	999
3824730000	999
3824740011	999
3824740012	999
3824740013	999
3824740014	999
3824740015	999
3824740016	999
3824740017	999
3824740018	999
3824740019	999
3824740021	999
3824740022	999
3824740023	999
3824740024	999
3824740025	999
3824740026	101 二氟一氯甲烷 , 氯二氟甲烷 ,999
3824740090	999
3824750000	999
3824760000	101 汽油氯仿混合液 ,999 甲基氯仿的混合物
3824770000	999
3824780000	999
3824790000	101 氯甲烷和二氯甲烷混合物 ,999,301 遇水放出易燃气体的物质
3824810000	999
3824820000	999
3824830000	999
3824840000	999 其他化工产品 ,301 其他危险化学品
3824850000	999: 其他化工产品 ,301:ISO，INN 的
3824860000	999 其他化工产品 ,301 其他危险化学品
3824870000	999 其他化工产品 ,301 其他危险化学品
3824880000	999 其他化工产品 ,301 其他危险化学品
3824910000	999 其他化工产品 ,301 其他危险化学品
3824991000	999 其他化工产品 ,301 易燃液体
3824992000	999 其他化工产品 ,301 其他危险化学品
3824993000	999 其他化工产品 ,301 其他危险化学品
3824999100	999
3824999200	999
3824999300	999 其他化工产品 ,301 其他危险化学品
3824999910	999
3824999920	999
3824999930	999
3824999940	999
3824999950	999
3824999960	999 其他化工产品 ,301 其他危险化学品

HS 编码	CIQ 扩展品名
3824999970	999,301 有检疫要求食品添加剂 ,302 需申报仅用于工业用途不用于食品添加剂有检疫要求的化学品
3824999980	999 其他化工产品 ,301 其他危险化学品
3824999990	999 其他化工产品 ,301 其他危险化学品
3825100000	999
3825200000	999
3825300000	999
3825410000	999
3825490000	999
3825500000	999
3825610000	999
3825690000	999
3825900010	999,301 无检疫要求食品添加剂 ,302 需申报仅用于工业用途不用于食品添加剂无检疫要求的化学品
3825900090	999
3826000001	999
3826000090	999
3901100001	999
3901100090	999
3901200001	999
3901200090	999
3901300000	999
3901401000	999
3901402000	999
3901409000	999
3901901000	999
3901909000	999
3902100010	999
3902100090	999
3902200000	101 无检疫要求食品添加剂 ,999,301 需申报仅用于工业用途不用于食品添加剂无检疫要求的化学品
3902301000	999
3902309000	999
3902900010	999
3902900020	999
3902900090	999
3903110000	301
3903191000	999
3903199000	999
3903200000	999
3903301000	999
3903309000	999
3903900000	999
3904101000	999
3904109001	999
3904109090	999
3904210000	999
3904220000	999
3904300000	999
3904400000	999
3904500010	999
3904500090	999

HS 编码	CIQ 扩展品名
3904610000	999
3904690000	999
3904900000	999
3905120000	101:PM2035 溶液 ,999:
3905190000	999
3905210000	999
3905290000	999
3905300000	101 无检疫要求食品添加剂 ,999 不论是否含有未水解的乙酸酯基 ,301 需申报仅用于工业用途不用于食品添加剂无检疫要求的化学品
3905910000	999
3905990000	999
3906100000	999
3906901000	999,301 无检疫要求食品添加剂 ,302 需申报仅用于工业用途不用于食品添加剂无检疫要求的化学品
3906909000	999
3907101010	999
3907101090	999
3907109010	999
3907109090	999
3907201000	999
3907209000	101:-18℃≤闪点＜23℃，环氧树脂 ,999:
3907300001	999 如溶于溶剂 , 以纯环氧树脂折算溴的百分比含量 ,301 其他危险化学品
3907300090	999 溴重量百分比含量在 18% 以下 ,301 其他危险化学品
3907400000	999
3907500000	999,301 易燃液体
3907611000	999 其他化工产品 ,301 易燃液体
3907619000	999 其他化工产品 ,301 易燃液体
3907691000	999 其他化工产品 ,301 易燃液体
3907699000	999 其他化工产品 ,301 易燃液体
3907700000	999
3907910000	101:-18℃≤闪点＜23℃，不饱和聚酯树脂 ,999:
3907991001	999
3907991090	999
3907999110	999
3907999190	999
3907999910	999
3907999990	999,301 无检疫要求食品添加剂 ,302 需申报仅用于工业用途不用于食品添加剂无检疫要求的化学品
3908101101	999
3908101190	999
3908101200	999
3908101900	999
3908109000	999
3908901000	101: 闭杯闪点 ≤ 60℃ ,102:-18℃≤闪点＜23℃，酚醛树脂 ,103:
3908902000	101: 闭杯闪点 ≤ 60℃ ,102:-18℃≤闪点＜23℃，酚醛树脂 ,103:
3908909000	101: 闭杯闪点 ≤ 60℃ ,102:-18℃≤闪点＜23℃，酚醛树脂 ,103:

HS 编码	CIQ 扩展品名
3909100000	999
3909200000	101:-18℃≤闪点＜23℃，三聚氰胺甲醛树脂 ,102:-18℃≤闪点＜23℃，三聚氰胺树脂 ,103:-18℃≤闪点＜23℃，甲醇改性三羟甲基三聚氰胺甲醛树脂 ,104:-18℃≤闪点＜23℃，苯代三聚氰胺甲醛树脂 ,999:
3909310000	999
3909390000	999 其他化工产品 ,301 易燃液体
3909400000	999,301 易燃液体
3909500000	102 含二级易燃溶剂的合成树脂 , 聚氨酯树脂 ,103 含二级易燃溶剂的合成树脂 , 潮气固化型聚氨基甲酸酯 ,301 易燃液体 ,302 其他化工产品
3910000000	101:-18℃≤闪点＜23℃，有机硅树脂 ,999:
3911100000	999
3911900001	999
3911900003	999
3911900004	999
3911900005	999
3911900090	999 等包括本章注释三所规定的其他编号未列名产品 ,301 无检疫要求食品添加剂
3912110000	999
3912120000	999
3912200000	999 包括棉胶 ,301 爆炸品 ,302 易燃液体 ,303 易燃固体
3912310000	101 其他饲料添加剂 ,999
3912390000	999
3912900000	999 包括化学衍生物 ,301 易于自燃的物质
3913100000	101 其他饲料添加剂 ,301 其他危险化学品，需申报仅用于工业用途不用于食品添加剂无检疫要求 ,302 无检疫要求食品添加剂 ,303 一般化学品，需申报仅用于工业用途不用于食品添加剂无检疫要求 ,304 属于危险化学品的食品添加剂
3913900011	101 其他饲料添加剂 ,999
3913900090	101 其他饲料添加剂 ,999 如硬化蛋白
3914000000	999
3915100000	101 不包括铝塑复合膜 ,102 铝塑复合膜
3915200000	999
3915300000	999
3915901000	101 砖 ,102 砖
3915909000	101 不包括废光盘破碎料 ,102 废光盘破碎料
3916100000	999
3916201000	999
3916209000	999
3916901000	999
3916909000	999
3917100000	999
3917210000	999
3917220000	999
3917230000	999
3917290000	999
3917310000	999
3917320000	999
3917330000	999
3917390000	999

HS 编码	CIQ 扩展品名
3917400000	999
3918101000	999
3918109000	999
3918901000	999
3918909000	999
3919101000	999
3919109100	999
3919109900	999
3919901000	999
3919909010	999
3919909090	101 车身反光标识零部件 ,999 包括箔 , 带 , 扁条及其他扁平形状材料 , 不论是否成卷
3920101000	999
3920109010	999
3920109090	999
3920201000	999
3920209010	999
3920209090	999
3920300000	999
3920430010	999
3920430090	999
3920490010	999
3920490090	999
3920510000	999
3920590000	999
3920610000	999
3920620000	999
3920630000	999
3920690000	999
3920710000	999
3920730000	999
3920790000	999
3920910001	999
3920910090	999
3920920000	999
3920930000	999
3920940000	999
3920991000	999
3920999001	999
3920999090	999
3921110000	999
3921121000	999
3921129000	999
3921131000	999
3921139000	999
3921140000	999
3921191000	999
3921199000	999
3921902000	999
3921903000	999
3921909001	999
3921909010	999
3921909090	999
3922100000	999
3922200000	999

HS 编码	CIQ 扩展品名
3922900000	999
3923100010	999
3923100090	101 食品用其他塑料包装 ,999 包括塑料制板条箱 , 供运输或包装货物用的
3923210000	101 食品用其他塑料包装 ,999 供运输或包装货物用的
3923290000	101 食品用其他塑料包装 ,999 供运输或包装货物用的
3923300000	101 食品用其他塑料包装 ,999 供运输或包装货物用的
3923400000	101 食品接触其他塑料产品 ,102 食品用其他塑料包装 ,999
3923500000	101 食品用其他塑料包装 ,999
3923900000	101 食品用其他塑料包装 ,999
3924100000	101 食品接触聚苯乙烯产品 ,102 食品接触聚乙烯产品 ,103 食品接触聚丙烯产品 ,104 食品接触聚氯乙烯产品 ,105 食品接触三聚氰胺 – 甲醛产品 ,106 食品接触丙烯腈 – 丁二烯 – 苯乙烯产品 ,107 食品接触丙烯腈 – 苯乙烯产品 ,108 食品接触不饱和聚酯树脂及其玻璃钢产品 ,109 食品接触对苯二甲酸乙二醇酯产品 ,110 食品接触尼龙产品 ,111 食品接触聚碳酸酯产品 ,112 食品接触聚偏二氯乙烯产品 ,113 食品接触聚甲基丙烯酸甲酯产品 ,114 食品接触聚甲基戊烯产品 ,115 仅指多种塑料材质复合产品 ,116 食品接触其他塑料产品 ,117 食品用聚苯乙烯包装 ,118 食品用聚乙烯包装 ,119 食品用聚丙烯包装 ,120 食品用聚氯乙烯瓶盖垫片 ,121 食品用其他聚氯乙烯包装 ,122 食品用三聚氰胺 – 甲醛包装 ,123 食品用丙烯腈 – 丁二烯 – 苯乙烯包装 ,124 食品用丙烯腈 – 苯乙烯包装 ,125 食品用不饱和聚酯树脂及其玻璃钢包装 ,126 食品用对苯二甲酸
3924900000	999
3925100000	101 食品用其他塑料包装 ,999 容积超过 300 升
3925200000	999
3925300000	999
3925900000	999
3926100000	999
3926201100	999
3926201900	999
3926209000	999
3926300000	101 车辆内饰零部件 ,999
3926400000	999
3926901000	999
3926909010	999
3926909020	999
3926909090	101:–18 ℃ ≤闪点 < 23 ℃，胶套 ,102: 塑料沥青 ,999: 包括品目 3901 至 3914 所列材料的制品
4001100000	101 有检疫要求食品添加剂 ,999 不论是否预硫化
4001210000	999
4001220000	999
4001290000	999

HS 编码	CIQ 扩展品名
4001300000	101 杜仲胶溶液 ,999 包括古塔波胶 , 糖胶树胶等 , 胶乳外的初级形状或板 , 片 , 带
4002111000	999
4002119000	999
4002191100	999
4002191200	999
4002191300	999
4002191400	999
4002191500	999
4002191600	999
4002191900	999
4002199001	999
4002199090	999
4002201000	999
4002209000	999
4002311000	999
4002319000	999
4002391000	999
4002399000	999
4002410000	999
4002491000	999
4002499000	999
4002510000	999
4002591000	999
4002599000	999
4002601000	999
4002609000	999
4002701000	999
4002709000	999
4002800000	999
4002910000	999
4002991100	999
4002991900	999
4002999000	999
4003000000	999
4004000010	999
4004000020	999
4004000090	101 橡胶皮革废碎料 ,999
4005100000	999
4005200000	999
4005910000	999
4005990000	999
4006100000	999
4006901000	999
4006902000	999
4007000000	999
4008110000	999
4008190000	999
4008210000	999
4008290000	999
4009110000	999
4009120000	999
4009210000	999
4009220000	999
4009310000	999
4009320000	999
4009410000	999
4009420000	999
4010110000	999
4010120000	999
4010190000	999
4010310000	999
4010320000	999
4010330000	999
4010340000	999
4010350000	999
4010360000	999
4010390000	999
4011100000	101 有内胎 ,102 无内胎 ,999 橡胶轮胎 , 包括旅行小客车及赛车用
4011200010	101 轻型、微型载重汽车轮胎 ,102 其他载重轮胎 ,999 指机动车辆用橡胶轮胎 , 断面宽度 ≥ 30 英寸
4011200090	101 轻型、微型载重汽车轮胎 ,102 其他载重轮胎 ,999 指机动车辆用橡胶轮胎
4011300000	999
4011400000	999
4011500000	999
4011701010	999
4011701090	999
4011709000	999
4011801110	999
4011801190	999
4011801210	999
4011801290	999
4011809100	999
4011809210	999
4011809290	999
4011901010	999
4011901090	999
4011909010	999
4011909090	999
4012110000	999
4012120000	999
4012130000	999
4012190000	999
4012201000	999
4012209000	999
4012901000	999
4012902000	101 充气轮胎轮辋实心轮胎 ,102 压配式实心轮胎 ,999
4012909000	999
4013100000	101 轿车轮胎 ,102 载重轮胎 ,999 包括旅行小客车及赛车、客运车或货运车用
4013200000	999
4013901000	999
4013909000	999
4014100000	999
4014900000	101 其他医疗器具 ,102 食品接触橡胶产品 ,103 食品用橡胶包装

HS 编码	CIQ 扩展品名
4015110000	999
4015190000	999
4015901000	999
4015909000	999
4016101000	999
4016109000	999
4016910000	999
4016920000	999
4016931000	999
4016939000	999
4016940000	999
4016950001	999
4016950090	999
4016991001	999
4016991090	999
4016999001	101 硫化橡胶制品 ,102 食品接触橡胶产品 ,103 食品用橡胶包装
4016999090	101 硫化橡胶制品 ,102 硫化橡胶制品 ,103 食品接触橡胶产品 ,104 食品用橡胶包装
4017001010	999
4017001090	999
4017002000	999
4101201110	999
4101201190	101 牛皮 ,102 水牛皮 ,103 牦牛皮
4101201910	999
4101201990	101 牛皮 ,102 水牛皮 ,103 牦牛皮
4101202011	999
4101202019	999
4101202091	999
4101202099	999
4101501110	999
4101501190	101 牛皮 ,102 水牛皮 ,103 牦牛皮
4101501910	999
4101501990	101 牛皮 ,102 水牛皮 ,103 牦牛皮
4101502010	999
4101502090	999
4101901110	999
4101901190	101 牛皮 ,102 水牛皮 ,103 牦牛皮
4101901910	999
4101901990	101 牛皮 ,102 水牛皮 ,103 牦牛皮
4101902010	999
4101902090	999
4102100000	999
4102211000	999
4102219000	999
4102291000	999
4102299000	999
4103200010	101 鳄鱼皮 ,102 蜥蜴皮 ,103 蛇皮 ,104 蟒蛇皮 ,105 未列出的其他动物皮张
4103200090	101 鳄鱼皮 ,102 蜥蜴皮 ,103 蛇皮 ,104 蟒蛇皮 ,105 未列出的其他动物皮张
4103300010	999
4103300090	999
4103901100	101 山羊皮 ,102 野羊皮
4103901900	101 山羊皮 ,102 野羊皮

HS 编码	CIQ 扩展品名
4103902100	101 山羊皮 ,102 野羊皮
4103902900	101 山羊皮 ,102 野羊皮
4103909010	101 斑马皮 ,102 野驴皮 ,103 其他野生奇蹄动物皮张 ,104 野骆驼皮 ,105 野鹿皮 ,106 其他野生偶蹄动物皮张 ,107 其他禽鸟皮 ,108 象皮 ,109 袋鼠皮 ,110 海豹皮 ,111 蛇皮 ,112 貂皮 ,113 狐狸皮 ,114 未列出的其他动物皮张
4103909090	101 驴皮 ,102 骡皮 ,103 其他饲养奇蹄动物皮张 ,104 骆驼皮 ,105 鹿皮 ,106 其他饲养偶蹄动物皮张 ,107 其他禽鸟皮 ,108 象皮 ,109 袋鼠皮 ,110 海豹皮 ,111 蛇皮 ,112 貂皮 ,113 狐狸皮 ,114 未列出的其他动物皮张
4104111110	999
4104111190	999
4104111910	999
4104111990	999
4104112010	999
4104112090	999
4104191110	999
4104191190	999
4104191910	999
4104191990	999
4104192010	999
4104192090	999
4104410010	999
4104410090	999
4104491010	999
4104491090	101 马皮革 ,102 牛皮革
4104499010	999
4104499090	101 马皮革 ,102 牛皮革
4105101000	999
4105109000	999
4105300000	999
4106210001	999
4106210090	101 山羊皮革 ,102 未列出的其他动物皮革
4106220000	101 山羊皮革 ,102 未列出的其他动物皮革
4106311010	999
4106311090	999
4106319010	999
4106319090	999
4106320010	999
4106320090	999
4106400010	101 鳄鱼皮 ,102 鳄鱼皮革 ,103 蜥蜴皮 ,104 蟒蛇皮 ,105 蛇皮革 ,106 未列出的其他动物皮革
4106400090	101 鳄鱼皮 ,102 鳄鱼皮革 ,103 蜥蜴皮 ,104 蟒蛇皮 ,105 蛇皮革 ,106 未列出的其他动物皮革
4106910010	999
4106910090	999
4106920010	999
4106920090	999
4107111010	999
4107111090	999
4107112010	999
4107112090	999
4107121010	999

HS 编码	CIQ 扩展品名
4107121090	999
4107122010	999
4107122090	999
4107191010	999
4107191090	101 马皮革 ,102 牛皮革
4107199010	999
4107199090	101 马皮革 ,102 牛皮革
4107910010	999
4107910090	101 马皮革 ,102 牛皮革 ,103 未列出的其他动物皮革
4107920010	999
4107920090	101 马皮革 ,102 牛皮革 ,103 未列出的其他动物皮革
4107991010	999
4107991090	101 马皮革 ,102 牛皮革
4107999010	999
4107999090	101 马皮革 ,102 牛皮革
4112000000	999
4113100000	101 山羊皮革 ,102 未列出的其他动物皮革
4113200010	999
4113200090	999
4113300010	101 鳄鱼皮 ,102 鳄鱼皮革 ,103 蜥蜴皮 ,104 蟒蛇皮 ,105 蛇皮革 ,106 未列出的其他动物皮革
4113300090	101 鳄鱼皮 ,102 鳄鱼皮革 ,103 蜥蜴皮 ,104 蟒蛇皮 ,105 蛇皮革 ,106 未列出的其他动物皮革
4113900010	101 其他奇蹄动物皮革 ,102 骆驼皮革 ,103 鹿皮革 ,104 其他偶蹄动物皮革 ,105 象皮革 ,106 袋鼠皮革 ,107 兔皮革 ,108 海豹皮革 ,109 未列出的其他动物皮革
4113900090	101 驴皮革 ,102 骡皮革 ,103 其他奇蹄动物皮革 ,104 骆驼皮革 ,105 鹿皮革 ,106 其他偶蹄动物皮革 ,107 象皮革 ,108 袋鼠皮革 ,109 兔皮革 ,110 未列出的其他动物皮革
4114100010	999
4114100090	999
4114200000	999
4115100000	999
4115200010	999
4115200090	101 未列出的其他动物皮革 ,102 橡胶皮革废碎料
4201000010	101 含木制品 ,102 不含木制品
4201000090	101 含木制品 ,102 不含木制品
4202111010	999
4202111090	999
4202119010	101 皮箱 ,102 皮包
4202119090	101 皮箱 ,102 儿童用皮包 ,103 非儿童用皮包
4202121000	101 塑料类 ,102 纺织材料类
4202129000	101 塑料箱 ,102 纺织材料箱 ,103 儿童用塑料包 ,104 非儿童用塑料包 ,105 儿童用纺织材料包 ,106 非儿童用纺织材料包
4202190000	101 其他箱 ,102 其他包
4202210010	999
4202210090	999
4202220000	101 塑料包 ,102 纺织材料包
4202290000	999

HS 编码	CIQ 扩展品名
4202310010	999
4202310090	999
4202320000	101 塑料包 ,102 纺织材料包
4202390000	999
4202910010	999
4202910090	999
4202920000	101 塑料包 ,102 纺织材料包
4202990000	999
4203100010	999
4203100090	999
4203210010	999
4203210090	999
4203291010	999
4203291090	999
4203299010	999
4203299090	999
4203301010	999
4203301090	999
4203302010	999
4203302090	999
4203400010	999
4203400090	999
4205001010	999
4205001090	999
4205002010	999
4205002090	999
4205009010	999
4205009020	999
4205009090	999
4206000000	999
4301100000	999
4301300000	101 绵羊皮 ,102 山羊皮
4301600010	999
4301600090	999
4301801010	999
4301801090	999
4301809010	101 斑马皮 ,102 野驴皮 ,103 其他野生奇蹄动物皮张 ,104 野猪皮 ,105 野羊皮 ,106 野骆驼皮 ,107 野鹿皮 ,108 其他野生偶蹄动物皮张 ,109 其他禽鸟皮 ,110 象皮 ,111 袋鼠皮 ,112 海豹皮 ,113 鳄鱼皮 ,114 蜥蜴皮 ,115 蛇皮 ,116 蟒蛇皮 ,117 未列出的其他动物皮张
4301809090	101 驴皮 ,102 骡皮 ,103 其他饲养奇蹄动物皮张 ,104 猪皮 ,105 绵羊皮 ,106 山羊皮 ,107 骆驼皮 ,108 鹿皮 ,109 其他饲养偶蹄动物皮张 ,110 鸡、鸭、鹅皮 ,111 兔皮 ,112 未列出的其他动物皮张
4301901000	999
4301909010	999
4301909090	999
4302110000	999
4302191010	999
4302191020	999
4302191090	999
4302192010	999

HS 编码	CIQ 扩展品名
4302192090	999
4302193000	999
4302199010	999
4302199090	999
4302200010	999
4302200090	999
4302301010	999
4302301090	999
4302309010	999
4302309090	999
4303101010	999
4303101090	999
4303102010	999
4303102090	999
4303900010	999
4303900090	999
4304001000	999
4304002000	101 其他装饰用纺织制品 ,102 其他纺织制品
4401110000	999
4401120000	999
4401210010	999
4401210090	999
4401220010	999
4401220090	999
4401310000	999
4401390000	102
4401400000	999
4402100000	999
4402900010	999
4402900090	999
4403110010	999
4403110020	999
4403110090	999
4403120010	999
4403120090	999
4403211010	999
4403211090	999
4403212000	999
4403213000	999
4403214000	999
4403219010	999
4403219090	999
4403221010	999
4403221090	999
4403222000	999
4403223000	999
4403224000	999
4403229010	999
4403229090	999
4403230010	999
4403230090	999
4403240010	999
4403240090	999
4403250010	999

HS 编码	CIQ 扩展品名
4403250020	999
4403250090	999
4403260010	999
4403260020	999
4403260090	999
4403410000	999
4403491000	999
4403492000	999
4403493000	999
4403494000	999
4403495000	999
4403496000	999
4403497000	999
4403498010	999
4403498090	999
4403499010	101
4403499020	999
4403499090	101 针叶原木 ,102 白柳桉原木及其他柳桉原木 ,103 羯布罗香木等原木 ,104 安哥拉香桃花心木等原木 ,105 其他非针叶原木
4403910010	999
4403910090	999
4403930000	999
4403940000	999
4403950010	999
4403950090	999
4403960010	999
4403960090	999
4403970000	999
4403980000	999
4403993010	999
4403993090	999
4403994000	999
4403995000	999
4403996000	999
4403998010	101 加蓬榄木、非洲白梧桐木等原木 ,102 白柳桉原木及其他柳桉原木 ,103 羯布罗香木等原木 ,104 安哥拉香桃花心木等原木 ,105 其他非针叶原木
4403998090	101 加蓬榄木、非洲白梧桐木等原木 ,102 白柳桉原木及其他柳桉原木 ,103 羯布罗香木等原木 ,104 安哥拉香桃花心木等原木 ,105 其他非针叶原木
4403999012	999
4403999019	101 加蓬榄木、非洲白梧桐木等原木 ,102 白柳桉原木及其他柳桉原木 ,103 羯布罗香木等原木 ,104 安哥拉香桃花心木等原木 ,105 其他非针叶原木
4403999090	101 加蓬榄木、非洲白梧桐木等原木 ,102 白柳桉原木及其他柳桉原木 ,103 羯布罗香木等原木 ,104 安哥拉香桃花心木等原木 ,105 其他非针叶原木
4404100010	999
4404100090	999
4404200010	999

HS 编码	CIQ 扩展品名
4404200090	101 其他木制品 ,102 其他碎木料、锯末、刨花
4405000000	999
4406110000	999
4406120000	999
4406910010	999
4406910090	999
4406920010	999
4406920090	999
4407111011	999
4407111019	999
4407111091	999
4407111099	999
4407112010	999
4407112090	999
4407113010	999
4407113090	999
4407119011	999
4407119019	999
4407119091	999
4407119099	999
4407120011	999
4407120019	999
4407120091	999
4407120099	999
4407190011	999
4407190019	999
4407190091	999
4407190099	999
4407210010	999
4407210090	999
4407220010	999
4407220090	999
4407250010	999
4407250090	999
4407260010	999
4407260090	999
4407270010	999
4407270090	999
4407280010	999
4407280090	999
4407291010	999
4407291090	999
4407292010	999
4407292090	999
4407293010	999
4407293090	999
4407294011	999
4407294019	999
4407294091	999
4407294099	999
4407299011	999
4407299012	101
4407299013	999
4407299019	101

HS 编码	CIQ 扩展品名
4407299091	101
4407299092	999
4407299099	101 其他热带木木材 ,102 加蓬榄木、非洲白梧桐等木厚板材
4407910011	999
4407910019	999
4407910091	999
4407910099	999
4407920010	999
4407920090	999
4407930010	999
4407930090	999
4407940010	999
4407940090	999
4407950011	999
4407950019	999
4407950091	999
4407950099	999
4407960011	999
4407960019	999
4407960091	999
4407960099	999
4407970010	999
4407970090	999
4407991011	999
4407991019	999
4407991091	999
4407991099	999
4407992010	999
4407992090	999
4407993010	999
4407993090	999
4407998011	999
4407998019	999
4407998091	999
4407998099	999
4407999012	999
4407999015	101 针叶木木材 ,102 其他非针叶木材
4407999019	101 针叶木木材 ,102 其他非针叶木材
4407999092	999
4407999095	101 针叶木木材 ,102 其他非针叶木材
4407999099	101 针叶木木材 ,102 其他非针叶木材
4408101110	999
4408101190	999
4408101910	999
4408101990	999
4408102010	999
4408102090	999
4408109010	999
4408109090	999
4408311100	999
4408311900	999
4408312000	999
4408319000	999
4408391110	999

HS 编码	CIQ 扩展品名
4408391120	999
4408391130	101 针叶木薄板 ,102 非针叶木薄板
4408391190	101 针叶木薄板 ,102 非针叶木薄板
4408391910	999
4408391920	999
4408391930	101 针叶木薄板 ,102 非针叶木薄板
4408391990	101 针叶木薄板 ,102 非针叶木薄板
4408392010	999
4408392020	999
4408392030	101 针叶木薄板 ,102 非针叶木薄板
4408392090	101 针叶木薄板 ,102 非针叶木薄板
4408399010	999
4408399020	999
4408399030	101 针叶木薄板 ,102 非针叶木薄板
4408399090	101 针叶木薄板 ,102 非针叶木薄板
4408901110	101 针叶木薄板 ,102 非针叶木薄板
4408901190	101 针叶木薄板 ,102 非针叶木薄板
4408901210	999
4408901290	999
4408901310	999
4408901390	999
4408901911	101 针叶木薄板 ,102 非针叶木薄板
4408901919	101 针叶木薄板 ,102 非针叶木薄板
4408901991	101 针叶木薄板 ,102 非针叶木薄板
4408901999	101 针叶木薄板 ,102 非针叶木薄板
4408902110	999
4408902190	999
4408902911	101 针叶木薄板 ,102 非针叶木薄板
4408902919	101 针叶木薄板 ,102 非针叶木薄板
4408902991	101 针叶木薄板 ,102 非针叶木薄板
4408902999	101 针叶木薄板 ,102 非针叶木薄板
4408909110	999
4408909190	999
4408909910	101 针叶木薄板 ,102 非针叶木薄板
4408909990	999
4409101010	999
4409101090	999
4409109010	999
4409109090	999
4409211010	999
4409211090	999
4409219010	999
4409219090	999
4409221010	999
4409221020	999
4409221030	999
4409221090	999
4409229010	999
4409229020	999
4409229030	999
4409229090	999
4409291030	999
4409291090	999
4409299030	101 针叶木木材 ,102 其他非针叶木材

HS 编码	CIQ 扩展品名
4409299090	999
4410110000	101 其它胶合板 ,102 其他碎木料、锯末、刨花
4410120000	999
4410190000	999
4410901100	999
4410901900	999
4410909000	101 其他厚度超过 6 毫米的板材、方材、垫木 ,102 其他厚度小于或等于 6 毫米的薄板
4411121100	101 针叶木纤维板 ,102 非针叶木纤维板 ,103 其他纤维板
4411121900	101 针叶木纤维板 ,102 非针叶木纤维板 ,103 其他纤维板
4411122100	999
4411122900	101 针叶木纤维板 ,102 非针叶木纤维板 ,103 其他纤维板
4411129100	101 针叶木纤维板 ,102 非针叶木纤维板 ,103 其他纤维板
4411129900	999
4411131100	101 针叶木纤维板 ,102 非针叶木纤维板 ,103 其他纤维板
4411131900	101 针叶木纤维板 ,102 非针叶木纤维板 ,103 其他纤维板
4411132100	999
4411132900	101 针叶木纤维板 ,102 非针叶木纤维板 ,103 其他纤维板
4411139100	101 针叶木纤维板 ,102 非针叶木纤维板 ,103 其他纤维板
4411139900	101 针叶木纤维板 ,102 非针叶木纤维板 ,103 其他纤维板
4411141100	999
4411141900	999
4411142100	999
4411142900	101 针叶木纤维板 ,102 非针叶木纤维板 ,103 其他纤维板
4411149100	999
4411149900	101 针叶木纤维板 ,102 非针叶木纤维板 ,103 其他纤维板
4411921000	101 针叶木纤维板 ,102 非针叶木纤维板 ,103 其他纤维板
4411929000	999
4411931000	999
4411939000	101 针叶木纤维板 ,102 非针叶木纤维板 ,103 其他纤维板
4411941000	999
4411942100	101 针叶木纤维板 ,102 非针叶木纤维板 ,103 其他纤维板
4411942900	999
4412101111	999
4412101119	999
4412101191	999
4412101199	999
4412101911	999
4412101919	999
4412101921	999
4412101929	999

HS 编码	CIQ 扩展品名
4412101991	999
4412101999	999
4412102011	999
4412102019	999
4412102091	999
4412102099	999
4412109110	999
4412109190	999
4412109210	999
4412109290	999
4412109910	999
4412109990	999
4412310010	999
4412310020	999
4412310030	999
4412310090	999
4412330010	999
4412330090	999
4412341010	999
4412341090	999
4412349010	999
4412349090	999
4412390010	101 针叶木胶合板 ,102 非针叶木胶合板 ,103 其它胶合板
4412390090	101 针叶木胶合板 ,102 非针叶木胶合板 ,103 其它胶合板
4412941010	999
4412941020	999
4412941030	999
4412941040	999
4412941090	999
4412949110	999
4412949190	999
4412949210	999
4412949290	999
4412949910	999
4412949990	999
4412991010	999
4412991020	999
4412991030	999
4412991040	999
4412991090	999
4412999110	999
4412999190	999
4412999210	999
4412999290	999
4412999910	999
4412999990	999
4413000000	999
4414001000	999
4414009010	999
4414009020	999
4414009090	999
4415100010	999
4415100020	101 针叶木木质包装 ,102 非针叶木木质包装

HS 编码	CIQ 扩展品名
4415100090	101 针叶木木质包装 ,102 非针叶木木质包装 ,103 其他木质包装
4415201000	999
4415209010	999
4415209020	101 针叶木木质包装 ,102 非针叶木木质包装 ,103 其他木质包装
4415209090	101 针叶木木质包装 ,102 非针叶木木质包装 ,103 其他木质包装
4416001000	101 其他木制品 ,102 针叶木木质包装
4416009010	101 其他木制品 ,102 非针叶木木质包装
4416009020	101 其他木制品 ,102 针叶木木质包装 ,103 非针叶木木质包装 ,104 其他木质包装
4416009090	101 其他木制品 ,102 针叶木木质包装 ,103 非针叶木木质包装
4417001000	999
4417009010	999
4417009020	999
4417009090	999
4418101000	999
4418109010	999
4418109020	999
4418109090	999
4418200010	999
4418200020	999
4418200090	101 木门 ,102 其他木制品
4418400000	999
4418500000	101 木瓦 ,102 其他木制品
4418600010	999
4418600090	999
4418731000	999
4418732000	999
4418739000	999
4418740010	999
4418740020	999
4418740090	999
4418750010	999
4418750020	999
4418750090	999
4418790010	999
4418790020	999
4418790090	999
4418910010	999
4418910090	999
4418990010	999
4418990020	999
4418990090	999
4419110000	999
4419121010	999 食品接触木制产品 ,998 竹筷
4419121090	999 食品接触木制产品 ,998 竹筷
4419129000	999 食品接触木制产品 ,998 竹筷
4419190000	999
4419901000	999 食品接触木制产品 ,998 木质餐具及厨房用具
4419909010	999
4419909020	999

HS 编码	CIQ 扩展品名
4419909090	999
4420101120	999
4420101190	101 木制工艺品 ,102 其他木制品
4420101200	999
4420102020	999
4420102090	999
4420109030	999
4420109040	999
4420109090	999
4420901010	999
4420901020	999
4420901090	999
4420909010	999
4420909020	999
4420909090	999
4421100010	999
4421100020	999
4421100090	999
4421911010	999 食品接触竹制产品 ,998 其他竹及竹制品
4421911090	999 食品接触竹制产品 ,998 其他竹及竹制品
4421919010	999
4421919090	999
4421991010	999 其他木制品 ,998 其他木制品
4421991020	999 食品接触木制产品 ,998 其他木制品
4421991090	999 食品接触木制产品 ,998 其他木制品
4421999010	999
4421999020	999
4421999090	999
4501100000	999
4501901000	102
4501902000	999
4502000000	999
4503100000	101 软木、软木粒及软木制品 ,102 食品接触木制产品
4503900000	999
4504100010	999
4504100090	999
4504900000	999
4601210000	101 竹帘 ,102 竹席
4601220000	999
4601291111	999
4601291112	999
4601291119	999
4601291190	999
4601291900	101 稻草及其制品 ,102 其他草及草制品
4601292100	999
4601292900	999
4601299000	101 其他草及草制品 ,102 棕及棕制品 ,103 葵及葵制品 ,104 其他竹藤柳草类
4601921000	101 其他竹及竹制品 ,102 其他竹藤柳草类
4601929000	101 其他竹及竹制品 ,102 其他竹藤柳草类
4601931000	999
4601939000	999
4601941100	999
4601941900	101 稻草及其制品 ,102 其他草及草制品
4601949100	101 其他竹及竹制品 ,102 藤及藤制品 ,103 柳及柳制品 ,104 其他草及草制品 ,105 棕及棕制品 ,106 葵及葵制品 ,107 其他竹藤柳草类
4601949900	101 藤及藤制品 ,102 柳及柳制品 ,103 其他草及草制品 ,104 棕及棕制品 ,105 葵及葵制品 ,106 其他竹藤柳草类
4601991000	999
4601999000	999
4602110000	101 竹片、竹地板 ,102 竹工艺品 ,103 竹叶 ,104 竹帘 ,105 竹椅 ,106 竹席 ,107 竹蒌 ,108 其他竹及竹制品
4602120000	101 藤及藤制品 ,102 其他竹藤柳草类
4602191000	101 蔺草及其制品 ,102 稻草及其制品 ,103 其他草及草制品 ,104 其他竹藤柳草类
4602192000	101 其他草及草制品 ,102 其他竹藤柳草类
4602193000	101 柳及柳制品 ,102 其他竹藤柳草类
4602199000	101 藤及藤制品 ,102 其他草及草制品 ,103 棕及棕制品 ,104 葵及葵制品 ,105 其他竹藤柳草类
4602900000	999
4701000000	999
4702000001	999
4702000090	999
4703110000	999
4703190000	999
4703210001	999
4703210090	999
4703290000	999
4704110000	999
4704190000	999
4704210000	999
4704290000	999
4705000000	999
4706100001	999
4706100090	999
4706200000	999
4706300001	999
4706300090	999
4706910000	999
4706920000	999
4706930000	999
4707100000	999
4707200000	999
4707300000	999
4707900010	999
4707900090	999
4801001000	999
4801009000	999
4802101000	999
4802109000	999
4802201000	999
4802209000	999
4802400000	999
4802540000	999
4802550010	999

HS 编码	CIQ 扩展品名
4802550090	999
4802560010	999
4802560090	999
4802570010	999
4802570090	999
4802580000	999
4802610000	999
4802620000	999
4802690000	999
4803000000	101 卫生纸原纸、卫生纸 ,102 面巾纸、餐巾纸及类似纸 ,103 擦拭用纸
4804110000	999
4804190000	999
4804210000	999
4804290000	999
4804310020	999
4804310090	999
4804390000	999
4804410000	999
4804420000	999
4804490000	999
4804510000	999
4804520000	999
4804590000	999
4805110000	999
4805120000	999
4805190000	999
4805240000	999
4805250000	999
4805300000	999
4805400000	999
4805500000	999
4805911000	999
4805919000	999
4805920000	999
4805930000	999
4806100000	999
4806200000	999
4806300000	999
4806400000	999
4807000000	999
4808100000	999
4808400000	999
4808900000	999
4809200000	999
4809900000	999
4810130001	999
4810130090	999
4810140000	999
4810190000	999
4810220000	999
4810290000	999
4810310010	999
4810310090	999
4810320010	999

HS 编码	CIQ 扩展品名
4810320090	999
4810390000	999
4810920000	999
4810990000	999
4811100000	999
4811410000	999
4811490000	999
4811511000	999
4811519100	999
4811519900	999
4811591000	999
4811599100	999
4811599900	999
4811601000	999
4811609000	999
4811900000	999
4812000000	999
4813100000	999
4813200000	999
4813900000	999
4814200000	999
4814900010	999
4814900090	999
4816200000	999
4816901000	999
4816909000	999
4817100000	999
4817200000	999
4817300000	999
4818100000	999
4818200000	101 面巾纸、餐巾纸及类似纸 ,102 擦拭用纸
4818300000	101 面巾纸、餐巾纸及类似纸 ,102 擦拭用纸
4818500000	101 服装生产用纸板或衬里 ,102 一次性生活用纸
4818900000	999
4819100000	999
4819200000	999
4819300000	999
4819400000	999
4819500000	999
4819600000	999
4820100000	999
4820200000	999
4820300000	999
4820400000	999
4820500000	999
4820900000	999
4821100000	999
4821900000	999
4822100000	999
4822900000	999
4823200000	999
4823400000	999

HS 编码	CIQ 扩展品名
4823610000	101 纸和塑料膜等其他材料复合 ,102 食品接触上蜡纸产品 ,103 食品接触其他纸产品 ,104 纸和塑料膜等其他材料复合 ,105 食品用上蜡纸包装 ,106 食品用其他纸包装
4823691000	101 纸和塑料膜等其他材料复合 ,102 食品接触上蜡纸产品 ,103 食品接触其他纸产品 ,104 纸和塑料膜等其他材料复合 ,105 食品用上蜡纸包装 ,106 食品用其他纸包装
4823699000	101 食品接触原纸产品 ,102 纸和塑料膜等其他材料复合 ,103,104 食品接触其他纸产品 ,105,106 纸和塑料膜等其他材料复合 ,107 食品用上蜡纸包装 ,108 食品用其他纸包装
4823700000	999
4823901000	999
4823902000	999
4823903000	999
4823909000	101 其它纸及纸制品 ,102 食品接触原纸产品 ,103 纸和塑料膜等其他材料复合 ,104 食品接触上蜡纸产品 ,105 食品接触其他纸产品 ,106 食品用原纸包装 ,107 纸和塑料膜等其他材料复合 ,108 食品用上蜡纸包装 ,109 食品用其他纸包装
4901100000	999
4901910000	999
4901990000	999
4902100000	999
4902900000	999
4903000000	999
4904000000	999
4905100000	999
4905910000	999
4905990000	999
4906000000	999
4907001000	999
4907002000	999
4907003000	999
4907009011	999
4907009019	999
4907009090	999
4908100000	999
4908900000	999
4909001000	999
4909009000	999
4910000000	999
4911101000	999
4911109000	999
4911910000	999
4911991010	999
4911991090	999
4911999010	999
4911999090	999
5001001000	999
5001009000	999
5002001100	101 生丝 ,102 粗丝 ,103 初级加工丝
5002001200	999
5002001300	999

HS 编码	CIQ 扩展品名
5002001900	999
5002002000	999
5002009000	999
5003001100	999
5003001200	999
5003001900	999
5003009100	999
5003009900	999
5004000000	101 桑蚕捻线丝 ,102 双宫捻线丝 ,103 土丝捻线丝 ,104 特种加工丝
5005001000	999
5005009000	101 桑蚕绢丝 ,102 柞蚕绢丝 ,103 木署绢丝
5006000000	999
5007101000	999
5007109000	999
5007201100	999
5007201900	999
5007202100	999
5007202900	999
5007203100	999
5007203900	999
5007209000	999
5007901000	999
5007909000	999
5101110001	101 绵羊毛 ,102 山羊毛
5101110090	101 绵羊毛 ,102 山羊毛
5101190001	101 绵羊毛 ,102 山羊毛
5101190090	101 绵羊毛 ,102 山羊毛
5101210001	101 洗净绵羊毛 ,102 洗净山羊毛
5101210090	101 洗净绵羊毛 ,102 洗净山羊毛
5101290001	101 洗净绵羊毛 ,102 洗净山羊毛
5101290090	101 洗净绵羊毛 ,102 洗净山羊毛
5101300001	999
5101300090	999
5102110000	101 未洗净山羊毛 ,102 洗净山羊毛 ,103 山羊绒
5102191010	101 未洗净兔毛 ,102 洗净兔毛
5102191090	101 未洗净兔毛 ,102 洗净兔毛
5102192000	101 未洗净山羊绒 ,102 绒 ,103 洗净山羊绒 ,104 洗净野山羊绒
5102193010	101 未洗净驼毛 ,102 未洗净驼绒 ,103 未洗净其他野生偶蹄动物鬃毛 ,104 绒 ,105 洗净其他野生偶蹄动物鬃毛
5102193090	101 未洗净驼毛 ,102 未洗净驼绒 ,103 洗净驼毛 ,104 洗净驼绒
5102199010	101 未洗净其他野生奇蹄动物鬃毛 ,102 绒 ,103 未洗净其他野生偶蹄动物鬃毛 ,104 未洗净兔绒 ,105 未洗净未列出的其他动物鬃毛 ,106 洗净未列出的野生奇蹄动物鬃毛 ,107 绒 ,108 洗净未列出的野生偶蹄动物鬃毛 ,109 洗净兔绒 ,110 洗净其他动物毛

HS 编码	CIQ 扩展品名
5102199090	101 未洗净其他饲养奇蹄动物鬃毛,102 未洗净其他野生奇蹄动物鬃毛,103 未洗净牦牛绒,104 未洗净其他饲养偶蹄动物鬃毛,105 未洗净其他野生偶蹄动物鬃毛,106 未洗净兔绒,107 未洗净未列出的其他动物鬃毛,108 洗净未列出的饲养奇蹄动物鬃毛,109 洗净未列出的野生奇蹄动物鬃毛,110 洗净牦牛绒,111 洗净未列出的饲养偶蹄动物鬃毛,112 洗净未列出的野生偶蹄动物鬃毛,113 洗净兔绒,114 洗净其他动物毛
5102200010	101 未洗净其他野生奇蹄动物鬃毛,102 绒,103 未洗净其他野生偶蹄动物鬃毛,104 未洗净未列出的其他动物鬃毛,105 洗净未列出的野生奇蹄动物鬃毛,106 洗净未列出的野生偶蹄动物鬃毛,107 洗净未列出的其他动物鬃毛
5102200090	101 未洗净其他饲养奇蹄动物鬃毛,102 未洗净其他野生奇蹄动物鬃毛,103 未洗净其他饲养偶蹄动物鬃毛,104 绒,105 未洗净其他野生偶蹄动物鬃毛,106 未洗净未列出的其他动物鬃毛,107 洗净未列出的其他动物鬃毛
5103101001	101 未洗净绵羊毛,102 未洗净山羊毛,103 未洗净山羊绒,104 绒,105 洗净羊毛
5103101090	101 未洗净绵羊毛,102 未洗净山羊毛,103 未洗净山羊绒,104 绒,105 洗净羊毛
5103109010	101 未洗净其他野生奇蹄动物鬃毛,102 绒,103 未洗净其他野生偶蹄动物鬃毛,104 未洗净兔绒,105 未洗净未列出的其他动物鬃毛,106 洗净濒危野生动物细毛
5103109090	110
5103201000	999
5103209010	999
5103209090	102 包括废纱线,不包括回收纤维
5103300010	999
5103300090	102 包括废纱线,不包括回收纤维
5104001000	999
5104009010	101 毛回收纤维,102 用于纺织原料的其它动物纤维
5104009090	103
5105100001	999
5105100090	999
5105210001	999
5105210090	999
5105290001	999
5105290090	999
5105310000	999
5105391010	999
5105391090	999
5105392100	999
5105392900	999
5105399010	999
5105399090	999
5105400010	999
5105400090	999
5106100000	999
5106200000	999
5107100000	999

HS 编码	CIQ 扩展品名
5107200000	999
5108101100	999
5108101910	999
5108101990	999
5108109010	999
5108109090	999
5108201100	999
5108201910	999
5108201990	999
5108209010	999
5108209090	999
5109101100	999
5109101900	999
5109109000	999
5109901100	999
5109901900	999
5109909000	999
5110000010	999
5110000090	999
5111111100	999
5111111900	999
5111119000	999
5111191100	999
5111191900	999
5111199000	999
5111200000	999
5111300000	999
5111900000	999
5112110000	999
5112190000	999
5112200000	999
5112300000	999
5112900000	999
5113000000	999
5201000001	999
5201000080	999
5201000090	999
5202100000	999
5202910000	102
5202990000	102
5203000001	999
5203000090	999
5204110000	999
5204190000	999
5204200000	999
5205110000	999
5205120000	999
5205130000	999
5205140000	999
5205150000	999
5205210000	999
5205220000	999
5205230000	999
5205240000	999

HS 编码	CIQ 扩展品名
5205260000	999
5205270000	999
5205280000	999
5205310000	999
5205320000	999
5205330000	999
5205340000	999
5205350000	999
5205410000	999
5205420000	999
5205430000	999
5205440000	999
5205460000	999
5205470000	999
5205480000	999
5206110000	999
5206120000	999
5206130000	999
5206140000	999
5206150000	999
5206210000	999
5206220000	999
5206230000	999
5206240000	999
5206250000	999
5206310000	999
5206320000	999
5206330000	999
5206340000	999
5206350000	999
5206410000	999
5206420000	999
5206430000	999
5206440000	999
5206450000	999
5207100000	999
5207900000	999
5208110000	999
5208120000	999
5208130000	999
5208190000	999
5208210010	999
5208210020	999
5208210030	999
5208210040	999
5208210050	999
5208210060	999
5208220010	999
5208220020	999
5208220030	999
5208220040	999
5208220050	999
5208230000	999
5208290010	999

HS 编码	CIQ 扩展品名
5208290020	999
5208290030	999
5208290090	999
5208310010	999
5208310091	999
5208310092	999
5208310093	999
5208310094	999
5208310095	999
5208320010	999
5208320091	999
5208320092	999
5208320093	999
5208320094	999
5208320095	999
5208330000	999
5208390010	999
5208390020	999
5208390030	999
5208390090	999
5208410010	999
5208410090	999
5208420010	999
5208420090	999
5208430000	999
5208490010	999
5208490090	999
5208510010	999
5208510091	999
5208510092	999
5208510093	999
5208510094	999
5208510095	999
5208520010	999
5208520091	999
5208520092	999
5208520093	999
5208520094	999
5208520095	999
5208591000	999
5208599010	999
5208599020	999
5208599030	999
5208599090	999
5209110000	999
5209120000	999
5209190000	999
5209210000	999
5209220000	999
5209290000	999
5209310010	999
5209310091	999
5209310092	999
5209310093	999

HS 编码	CIQ 扩展品名
5209320000	999
5209390010	999
5209390020	999
5209390030	999
5209390090	999
5209410010	999
5209410090	999
5209420010	999
5209420090	999
5209430000	999
5209490010	999
5209490090	999
5209510010	999
5209510091	999
5209510092	999
5209510093	999
5209520000	999
5209590010	999
5209590020	999
5209590030	999
5209590090	999
5210110011	999
5210110012	999
5210110013	999
5210110014	999
5210110015	999
5210110091	999
5210110092	999
5210110093	999
5210110094	999
5210110095	999
5210191000	999
5210199011	999
5210199012	999
5210199013	999
5210199019	999
5210199091	999
5210199092	999
5210199093	999
5210199099	999
5210210000	999
5210291000	999
5210299000	999
5210310000	999
5210320000	999
5210390000	999
5210410000	999
5210491000	999
5210499000	999
5210510000	999
5210591000	999
5210599000	999
5211110011	999
5211110012	999
5211110019	999
5211110091	999
5211110092	999
5211110099	999
5211120010	999
5211120090	999
5211190000	999
5211200000	999
5211310000	999
5211320000	999
5211390000	999
5211410000	999
5211420010	999
5211420090	999
5211430000	999
5211490000	999
5211510000	999
5211520000	999
5211590000	999
5212110000	999
5212120000	999
5212130000	999
5212140000	999
5212150000	999
5212210011	999
5212210019	999
5212210021	999
5212210029	999
5212210030	999
5212210040	999
5212210050	999
5212210060	999
5212210070	999
5212210090	999
5212220000	999
5212230000	999
5212240000	999
5212250000	999
5301100000	101 亚麻 ,102 麻纤维
5301210000	101 亚麻 ,102 麻纤维
5301290000	101 亚麻 ,102 麻纤维
5301300000	999
5302100000	101 麻 ,102 麻纤维
5302900000	999
5303100000	101 麻 ,102 麻纤维
5303900000	999
5305001100	101 麻 ,102 麻纤维
5305001200	101 麻 ,102 麻纤维
5305001300	999
5305001900	999
5305002000	999
5305009100	999
5305009200	999
5305009900	999

HS 编码	CIQ 扩展品名
5306100000	999
5306200000	101 麻纱线 ,102 绳、索、缆
5307100000	999
5307200000	101 麻纱线 ,102 绳、索、缆
5308100000	999
5308200000	999
5308901100	999
5308901200	999
5308901300	999
5308901400	999
5308909100	999
5308909900	999
5309111000	999
5309112000	999
5309190000	999
5309211000	101 棉混纺坯布 ,102 亚麻混纺织物
5309212000	101 漂白棉混纺布 ,102 亚麻混纺织物
5309290000	999
5310100000	999
5310900000	999
5311001200	999
5311001300	999
5311001400	101 棉混纺坯布 ,102 苎麻混纺织物 ,103 其他麻织物
5311001500	101 苎麻混纺织物 ,102 其他麻织物
5311002000	999
5311003000	999
5311009000	999
5401101000	999
5401102000	999
5401201000	999
5401202000	999
5402111000	999
5402112000	999
5402119000	999
5402191000	999
5402192000	999
5402199000	999
5402200010	999
5402200020	999
5402200090	999
5402311100	999
5402311200	999
5402311300	999
5402311900	999
5402319000	999
5402321100	999
5402321200	999
5402321300	999
5402321900	999
5402329000	999
5402331000	999
5402339000	999
5402340000	101 合成纤维纱线 ,102 绳、索、缆
5402390000	999

HS 编码	CIQ 扩展品名
5402441000	101 合成纤维纱线 ,102 绳、索、缆
5402449000	999
5402451000	101 合成纤维纱线 ,102 绳、索、缆
5402452000	101 合成纤维纱线 ,102 绳、索、缆
5402453000	101 合成纤维纱线 ,102 绳、索、缆
5402459000	101 合成纤维纱线 ,102 绳、索、缆
5402460000	999
5402470000	999
5402480000	101 合成纤维纱线 ,102 绳、索、缆
5402491000	999
5402499001	999
5402499090	999
5402511000	999
5402512000	999
5402513000	999
5402519000	999
5402520000	999
5402530000	999
5402592000	999
5402599000	999
5402611000	101 合成纤维纱线 ,102 绳、索、缆
5402612000	101 合成纤维纱线 ,102 绳、索、缆
5402613000	101 合成纤维纱线 ,102 绳、索、缆
5402619000	101 合成纤维纱线 ,102 绳、索、缆
5402620000	101 合成纤维纱线 ,102 绳、索、缆
5402630000	999
5402692000	101 合成纤维纱线 ,102 绳、索、缆
5402699000	101 合成纤维纱线 ,102 绳、索、缆
5403100000	999
5403311000	999
5403319000	999
5403321000	999
5403329000	999
5403331010	999
5403331020	999
5403331090	999
5403339000	999
5403390000	999
5403410000	999
5403420000	999
5403490000	999
5404110010	999
5404110090	999
5404120000	999
5404190010	999
5404190090	999
5404900000	999
5405000000	999
5406001000	999
5406002000	999
5407101000	999
5407102010	999
5407102090	999
5407200000	999

HS 编码	CIQ 扩展品名
5407300000	999
5407410000	999
5407420000	999
5407430000	999
5407440000	999
5407510000	999
5407520000	999
5407530000	999
5407540000	999
5407610000	999
5407690000	999
5407710000	999
5407720000	999
5407730000	999
5407740000	999
5407810000	101 棉混纺坯布 ,102 漂白棉混纺布 ,103 合成纤维混纺机织物
5407820000	101 棉混纺染色布 ,102 合成纤维混纺机织物
5407830000	101 色织棉混纺布 ,102 合成纤维混纺机织物
5407840000	101 棉混纺印花布 ,102 合成纤维混纺机织物
5407910000	999
5407920000	999
5407930000	999
5407940000	999
5408100000	999
5408211000	999
5408212000	999
5408219000	999
5408221000	999
5408222000	999
5408229000	999
5408231000	999
5408232000	999
5408239000	999
5408241000	999
5408242000	999
5408249000	999
5408310000	999
5408320000	999
5408330000	999
5408340000	999
5501100000	999
5501200000	999
5501300010	999
5501300090	999
5501400000	999
5501900000	999
5502101000	999
5502109000	999
5502900000	999
5503111000	999
5503112000	999
5503119000	999
5503190000	999
5503200000	999

HS 编码	CIQ 扩展品名
5503300010	999
5503300090	999
5503400000	999
5503901000	999
5503909000	999
5504101000	999
5504102100	999
5504102900	999
5504109000	999
5504900000	999
5505100000	999
5505200000	999
5506101100	999
5506101200	999
5506101900	999
5506109000	999
5506200000	999
5506300010	999
5506300090	999
5506400000	999
5506901000	999
5506909000	999
5507000000	999
5508100000	999
5508200000	999
5509110000	999
5509120000	999
5509210000	999
5509220000	999
5509310000	999
5509320000	999
5509410000	999
5509420000	999
5509510000	999
5509520000	999
5509530000	999
5509590000	999
5509610000	999
5509620000	999
5509690000	999
5509910000	999
5509920000	999
5509990000	999
5510110000	999
5510120000	999
5510200000	999
5510300000	999
5510900000	999
5511100000	999
5511200000	999
5511300000	999
5512110000	999
5512190000	999
5512210000	999

HS 编码	CIQ 扩展品名
5512290000	999
5512910000	999
5512990000	999
5513111000	101 含聚酯短纤 <85%,102 含聚酯短纤 <85%
5513112010	101 漂白棉混纺布 ,102 合成纤维混纺机织物
5513112020	101 漂白棉混纺布 ,102 合成纤维混纺机织物
5513112030	101 漂白棉混纺布 ,102 合成纤维混纺机织物
5513112040	101 漂白棉混纺布 ,102 合成纤维混纺机织物
5513121000	101 棉混纺坯布 ,102 漂白棉混纺布 ,103 合成纤维混纺机织物
5513122000	101 漂白棉混纺布 ,102 合成纤维混纺机织物
5513131000	101 棉混纺坯布 ,102 合成纤维混纺机织物
5513132000	101 漂白棉混纺布 ,102 合成纤维混纺机织物
5513190000	101 棉混纺坯布 ,102 漂白棉混纺布 ,103 合成纤维混纺机织物
5513210000	101 棉混纺染色布 ,102 合成纤维混纺机织物
5513231000	101 棉混纺染色布 ,102 合成纤维混纺机织物
5513239000	101 棉混纺染色布 ,102 合成纤维混纺机织物
5513290000	101 棉混纺染色布 ,102 合成纤维混纺机织物
5513310000	101 色织棉混纺布 ,102 合成纤维混纺机织物
5513391000	101 色织棉混纺布 ,102 合成纤维混纺机织物
5513392000	101 色织棉混纺布 ,102 合成纤维混纺机织物
5513399000	101 色织棉混纺布 ,102 合成纤维混纺机织物
5513410000	101 棉混纺印花布 ,102 合成纤维混纺机织物
5513491000	101 棉混纺印花布 ,102 合成纤维混纺机织物
5513492000	101 棉混纺印花布 ,102 合成纤维混纺机织物
5513499000	101 棉混纺印花布 ,102 合成纤维混纺机织物
5514111000	101 棉混纺坯布 ,102 合成纤维混纺机织物
5514112000	101 漂白棉混纺布 ,102 合成纤维混纺机织物
5514121000	101 棉混纺坯布 ,102 合成纤维混纺机织物
5514122000	101 漂白棉混纺布 ,102 合成纤维混纺机织物
5514191100	101 棉混纺坯布 ,102 合成纤维混纺机织物
5514191200	101 漂白棉混纺布 ,102 合成纤维混纺机织物
5514199000	101 棉混纺坯布 ,102 漂白棉混纺布 ,103 合成纤维混纺机织物
5514210000	101 棉混纺染色布 ,102 合成纤维混纺机织物
5514220000	101 棉混纺染色布 ,102 合成纤维混纺机织物
5514230000	101 棉混纺染色布 ,102 合成纤维混纺机织物
5514290000	101 棉混纺染色布 ,102 合成纤维混纺机织物
5514301000	101 色织棉混纺布 ,102 合成纤维混纺机织物
5514302000	101 色织棉混纺布 ,102 合成纤维混纺机织物
5514303000	101 色织棉混纺布 ,102 合成纤维混纺机织物
5514309000	101 色织棉混纺布 ,102 合成纤维混纺机织物
5514410000	101 棉混纺印花布 ,102 合成纤维混纺机织物
5514420000	101 棉混纺印花布 ,102 合成纤维混纺机织物
5514430000	101 棉混纺印花布 ,102 合成纤维混纺机织物
5514490000	101 棉混纺印花布 ,102 合成纤维混纺机织物
5515110000	999
5515120000	999
5515130000	999
5515190000	999
5515210000	999
5515220000	999
5515290000	999
5515910000	999

HS 编码	CIQ 扩展品名
5515990000	999
5516110000	999
5516120000	999
5516130000	999
5516140000	999
5516210000	999
5516220000	999
5516230000	999
5516240000	999
5516310000	999
5516320000	999
5516330000	999
5516340000	999
5516410000	101 棉混纺坯布 ,102 漂白棉混纺布 ,103 人造纤维混纺机织物
5516420000	101 棉混纺染色布 ,102 人造纤维混纺机织物
5516430000	101 色织棉混纺布 ,102 人造纤维混纺机织物
5516440000	101 棉混纺印花布 ,102 人造纤维混纺机织物
5516910000	999
5516920000	999
5516930000	999
5516940000	999
5601210000	999
5601221000	999
5601229000	999
5601290000	999
5601300010	999
5601300090	999
5602100000	999
5602210000	999
5602290000	999
5602900000	999
5603111000	999
5603119000	999
5603121000	999
5603129000	999
5603131000	999
5603139000	999
5603141000	999
5603149000	999
5603911010	999
5603911090	999
5603919000	999
5603921010	999
5603921090	999
5603929000	999
5603931010	999
5603931090	999
5603939000	999
5603941000	999
5603949000	999
5604100000	999
5604900000	999
5605000000	999
5606000000	999

HS 编码	CIQ 扩展品名
5607210000	999
5607290000	999
5607410000	999
5607490000	999
5607500000	999
5607901000	999
5607909000	999
5608110000	999
5608190000	999
5608900000	999
5609000000	999
5701100000	999
5701901000	999
5701902000	999
5701909000	999
5702100000	999
5702200000	999
5702310000	999
5702320000	999
5702390000	999
5702410000	999
5702420000	999
5702490000	999
5702501000	999
5702502000	999
5702509000	999
5702910000	999
5702920000	999
5702990000	999
5703100000	999
5703200000	999
5703300000	999
5703900000	999
5704100000	999
5704200000	999
5704900000	999
5705001000	999
5705002000	999
5705009000	999
5801100000	999
5801210000	101 棉混纺坯布 ,102 其他特种机织物
5801220000	999
5801230000	101 棉混纺坯布 ,102 其他特种机织物
5801260000	101 棉混纺坯布 ,102 其他特种机织物
5801271000	999
5801272000	101 棉混纺坯布 ,102 其他特种机织物
5801310000	999
5801320000	999
5801330000	999
5801360000	999
5801371000	999
5801372000	999
5801901000	999
5801909000	101 亚麻混纺织物 ,102 其他特种机织物

HS 编码	CIQ 扩展品名
5802110000	999
5802190000	999
5802201000	999
5802202000	999
5802203000	999
5802209000	999
5802301000	999
5802302000	999
5802303000	999
5802304000	999
5802309000	999
5803001000	999
5803002000	999
5803003000	999
5803009000	999
5804101000	999
5804102000	999
5804103000	999
5804109000	999
5804210000	999
5804291000	999
5804292000	999
5804299000	999
5804300000	999
5805001000	999
5805009000	999
5806101000	999
5806109000	999
5806200000	999
5806310000	999
5806320000	999
5806391000	999
5806392000	999
5806399000	999
5806401000	999
5806409000	999
5807100000	999
5807900000	999
5808100020	999
5808100090	999
5808900000	999
5809001000	999
5809002000	999
5809009000	999
5810100000	999
5810910000	999
5810920000	999
5810990000	999
5811001000	101 被子 ,102 褥垫
5811002000	101 被子 ,102 褥垫
5811003000	101 被子 ,102 褥垫
5811004000	101 被子 ,102 褥垫 ,103 毯子
5811009000	101 被子 ,102 褥垫
5901101010	101 棉混纺印花布 ,999 作书籍封面，棉织物重≥ 50%，经漂染印花

HS 编码	CIQ 扩展品名
5901101090	999
5901102010	999
5901102090	999
5901109010	999
5901109090	999
5901901000	999
5901909110	101 棉混纺印花布 ,102 服装衬布 ,999 包括类似硬挺纺织物 , 棉织物重≥ 50% 经漂染印花
5901909190	101 服装衬布 ,999 包括类似硬挺纺织物
5901909210	101 服装衬布 ,999 含帽里硬衬类似硬挺纺织物 , 织物重≥ 50%，经漂染印
5901909290	101 服装衬布 ,999 包括类似硬挺纺织物
5901909910	101 服装衬布 ,999 包括类似硬挺纺织物，精梳羊毛或动物细毛织物重≥ 50%
5901909990	101 服装衬布 ,999 包括类似硬挺纺织物
5902101000	999
5902102000	999
5902109000	999
5902200000	999
5902900000	999
5903101000	999
5903102000	101 棉混纺印花布 ,999
5903109000	101 棉混纺印花布 ,999 包括用聚氯乙烯涂布 , 包覆或层压的
5903201000	999
5903202000	999
5903209000	999
5903901000	999
5903902000	101 棉混纺印花布 ,999
5903909000	101 棉混纺印花布 ,999 包括用其他塑料涂布、包覆或层压的
5904100000	999
5904900000	999
5905000000	999
5906101000	999
5906109000	999
5906910000	999
5906991000	101 棉混纺印花布 ,999 非针织或钩编 , 宽 >20cm
5906999000	101 棉混纺印花布 ,999 非针织或钩编 . 宽 >20cm
5907001000	999
5907002000	999
5907009000	999
5908000000	999
5909000000	999
5910000000	999
5911101000	999
5911109000	999
5911200010	101 网料与筛布 ,999 不论是否制成的 .
5911200090	101 网料与筛布 ,999 不论是否制成的 . 刻版筛网印布除外
5911310000	101 毡呢 ,999 每平方米重量在 650 克以下 , 用于造纸机器或类似机器
5911320000	101 毡呢 ,999 每平方米重量在 650 克及以上 , 用于造纸机器或类似机器
5911400000	101 网料与筛布 ,999 包括人发制滤布
5911900010	999
5911900090	101 网料与筛布 ,102 其他产业用纺织制品
6001100000	999
6001210000	999
6001220000	999
6001290000	999
6001910000	999
6001920000	999
6001990000	999
6002401000	999
6002402000	999
6002403000	999
6002404000	999
6002409000	999
6002901000	999
6002902000	999
6002903000	999
6002904000	999
6002909000	999
6003100000	999
6003200000	999
6003300000	999
6003400000	999
6003900000	999
6004101000	999
6004102000	999
6004103000	999
6004104000	999
6004109000	999
6004901000	999
6004902000	999
6004903000	999
6004904000	999
6004909000	999
6005210000	999
6005220000	999
6005230000	999
6005240000	999
6005350000	999
6005360000	999
6005370000	999
6005380000	999
6005390000	999
6005410000	999
6005420000	999
6005430000	999
6005440000	999
6005901000	999
6005909000	999
6006100000	999
6006210000	999
6006220000	999

HS 编码	CIQ 扩展品名
6006230000	999
6006240000	999
6006310000	999
6006320000	999
6006330000	999
6006340000	999
6006410000	999
6006420000	999
6006430000	999
6006440000	999
6006900000	999
6101200000	999
6101300000	999
6101901010	999
6101901090	999
6101909000	999
6102100010	999
6102100021	999
6102100029	999
6102100030	999
6102200000	999
6102300000	999
6102900000	999
6103101000	999
6103102000	999
6103109000	999
6103220000	999
6103230000	999
6103291000	999
6103299000	999
6103310000	999
6103320000	999
6103330000	999
6103390000	999
6103410000	101 针织外衣 ,102 针织童装 ,999
6103420012	999
6103420021	999
6103420029	999
6103420090	999
6103430090	101 针织童装 ,999 包括马裤、短裤及其他长裤
6103430092	999
6103430093	999
6103490013	999
6103490023	999
6103490026	999
6103490051	999
6103490052	999
6103490053	999
6103490059	999
6103490090	101 针织童装 ,999
6104130000	999
6104191000	999
6104192000	999
6104199000	999
6104220000	999
6104230000	999
6104291000	999
6104299000	999
6104310000	999
6104320000	999
6104330000	999
6104390000	999
6104410000	999
6104420000	999
6104430000	999
6104440000	999
6104490000	999
6104510000	999
6104520000	999
6104530000	999
6104590000	999
6104610000	101 针织童装 ,999
6104620030	999
6104620040	999
6104620090	101 针织裤子 ,102 针织童装
6104630090	101 针织裤子 ,102 针织童装
6104630091	999
6104630092	999
6104690000	101 针织童装 ,999
6105100011	999
6105100019	999
6105100090	101 针织童装 ,999
6105200021	999
6105200029	999
6105200090	101 针织童装 ,999
6105900000	101 针织童装 ,102 针织或钩编 ,999
6106100010	999
6106100090	999
6106200020	999
6106200090	999
6106900000	101 毛衫 ,999
6107110000	999
6107120000	999
6107191010	999
6107191090	999
6107199010	999
6107199090	999
6107210000	999
6107220000	999
6107291010	999
6107291090	999
6107299000	999
6107910010	999
6107910090	999
6107991000	999
6107999000	999
6108110000	999
6108191000	999

HS 编码	CIQ 扩展品名
6108192000	999
6108199000	999
6108210000	999
6108220010	999
6108220090	999
6108291010	999
6108291090	999
6108299010	999
6108299090	999
6108310000	999
6108320000	999
6108391010	999
6108391090	999
6108399010	999
6108399090	999
6108910010	999
6108910090	999
6108920010	999
6108920090	999
6108990010	999
6108990020	999
6108990090	999
6109100010	999
6109100021	999
6109100022	999
6109100091	101 针织外衣,102 针织童装
6109100092	999
6109100099	999
6109901011	999
6109901019	999
6109901021	101 针织外衣,102 针织童装
6109901029	101 针织外衣,102 针织童装
6109901091	999
6109901099	999
6109909011	999
6109909012	999
6109909013	999
6109909021	999
6109909022	999
6109909031	101 毛衫,102 针织童装
6109909032	999
6109909033	999
6109909040	999
6109909050	999
6109909060	101 针织外衣,102 针织童装
6109909091	999
6109909092	101 针织外衣,102 针织童装
6109909093	999
6110110000	999
6110120011	999
6110120019	999
6110120021	999
6110120029	999
6110120031	999

HS 编码	CIQ 扩展品名
6110120039	999
6110120041	999
6110120049	999
6110191000	999
6110192000	999
6110199000	999
6110200011	999
6110200012	999
6110200051	999
6110200052	999
6110200090	999
6110300011	999
6110300012	999
6110300041	999
6110300042	999
6110300090	999
6110901000	999
6110909000	999
6111200010	999
6111200020	999
6111200040	999
6111200050	999
6111200090	999
6111300010	999
6111300020	999
6111300040	999
6111300050	999
6111300090	999
6111901000	999
6111909010	999
6111909090	999
6112110000	999
6112120000	999
6112190000	999
6112201000	999
6112209000	999
6112310000	999
6112390000	999
6112410000	999
6112490000	999
6113000000	999
6114200011	999
6114200021	101 针织童装,102 其他针织服装
6114200022	101 针织童装,102 其他针织服装
6114200040	101 针织外衣,102 针织童装
6114200090	999
6114300021	101 针织童装,102 其他针织服装
6114300022	999
6114300090	999,101 针织外衣,102 针织衬衫,103 针织运动服,104 针织童装
6114901000	999
6114909000	999
6115100000	999
6115210000	999
6115220000	999

HS 编码	CIQ 扩展品名
6115291000	999
6115299000	999
6115300000	999
6115940000	999
6115950011	999
6115950019	999
6115960000	999
6115990000	999
6116100000	999
6116910000	999
6116920000	999
6116930010	999
6116930090	999
6116990000	999
6117101100	999
6117101900	999
6117102000	999
6117109000	999
6117801000	999
6117809000	999
6117900000	999
6201110010	999
6201110090	999
6201121000	999
6201129010	999
6201129020	999
6201129090	999
6201131000	999
6201139000	999
6201190000	999
6201910000	101 大衣、短大衣 ,102 上衣
6201921000	999
6201929000	101 大衣、短大衣 ,102 上衣
6201931000	999
6201939000	101 大衣、短大衣 ,102 上衣
6201990000	999
6202110010	999
6202110090	999
6202121000	999
6202129010	999
6202129020	999
6202129090	999
6202131000	999
6202139000	999
6202190000	999
6202910000	999
6202921000	999
6202929000	999
6202931000	999
6202939000	999
6202990000	999
6203110000	999
6203120010	999
6203120090	999

HS 编码	CIQ 扩展品名
6203191000	999
6203199000	999
6203220000	999
6203230000	999
6203291000	999
6203292000	999
6203299000	999
6203310010	999
6203310090	999
6203320010	999
6203320090	999
6203330000	999
6203391010	999
6203391090	999
6203399000	999
6203410022	101 裤子 ,102 童装
6203410029	999
6203410090	999
6203421000	999
6203429015	999
6203429019	999
6203429049	999
6203429062	101 裤子 ,102 童装
6203429069	999
6203429090	101 裤子 ,102 童装
6203431000	999
6203439015	999
6203439019	999
6203439049	999
6203439061	101 裤子 ,102 童装
6203439069	999
6203439082	999
6203439089	999
6203439090	101 裤子 ,102 童装
6203491000	999
6203499012	999
6203499019	999
6203499090	999
6204110000	999
6204120010	999
6204120090	999
6204130010	999
6204130090	999
6204191000	999
6204199000	999
6204210000	999
6204220000	999
6204230000	999
6204291010	999
6204291090	999
6204299000	999
6204310000	999
6204320010	999
6204320090	999

HS 编码	CIQ 扩展品名
6204330000	999
6204391010	999
6204391090	999
6204399000	999
6204410000	999
6204420000	999
6204430010	999
6204430090	999
6204440010	999
6204440090	999
6204491010	999
6204491090	999
6204499000	999
6204510000	999
6204520000	999
6204530010	999
6204530090	999
6204591010	999
6204591090	999
6204599000	999
6204610000	999
6204620000	999
6204630000	999
6204690000	999
6205200010	101 衬衫,102 童装
6205200091	999
6205200099	999
6205300011	101 衬衫,102 童装
6205300019	999
6205300091	101 衬衫,102 童装
6205300092	999
6205300099	999
6205901011	101 衬衫,102 童装
6205901019	999
6205901021	101 衬衫,102 童装
6205901029	999
6205901031	101 衬衫,102 童装
6205901039	999
6205901041	101 衬衫,102 童装
6205901049	999
6205901091	101 衬衫,102 童装
6205901099	999
6205902000	101 衬衫,102 童装
6205909011	101 衬衫,102 童装
6205909019	999
6205909021	101 衬衫,102 童装
6205909029	999
6205909031	101 衬衫,102 童装
6205909039	999
6205909091	101 衬衫,102 童装
6205909099	999
6206100011	101 衬衫,102 童装
6206100019	999
6206100021	101 衬衫,102 童装

HS 编码	CIQ 扩展品名
6206100029	999
6206100031	101 衬衫,102 童装
6206100039	999
6206100041	101 衬衫,102 童装
6206100049	999
6206100091	101 衬衫,102 童装
6206100099	999
6206200010	101 衬衫,102 童装
6206200090	999
6206300010	101 衬衫,102 童装
6206300020	999
6206300090	999
6206400011	101 衬衫,102 童装
6206400019	101 衬衫,102 童装
6206400020	101 衬衫,102 童装
6206400030	999
6206400090	999
6206900010	999
6206900020	999
6206900030	999
6206900091	101 衬衫,102 童装
6206900099	101 衬衫,102 童装
6207110000	999
6207191010	999
6207191090	999
6207192000	999
6207199010	999
6207199090	999
6207210000	101 内衣,102 内裤
6207220000	101 内衣,102 内裤
6207291011	101 内衣,102 内裤,103 童装
6207291019	101 内衣,102 内裤,103 童装
6207291091	999
6207291099	999
6207299010	101 内衣,102 内裤
6207299091	101 内衣,102 内裤,103 童装
6207299099	999
6207910011	999
6207910012	101 内衣,102 童装
6207910019	999
6207910091	999
6207910092	101 内衣,102 内裤,103 童装
6207910099	101 内衣,102 童装
6207991011	999
6207991019	999
6207991021	999
6207991029	999
6207991091	999
6207991099	999
6207992011	999
6207992012	101 童装,102 其他服装
6207992019	999
6207992021	999
6207992029	999

HS 编码	CIQ 扩展品名
6207992091	101 内衣 ,102 内裤
6207992099	999
6207999011	999
6207999012	101 内衣 ,102 童装
6207999013	999
6207999019	999
6207999091	999
6207999092	999
6207999099	999
6208110000	999
6208191000	101 裙子 ,102 童装
6208192000	999
6208199010	999
6208199090	999
6208210000	101 内衣 ,102 内裤
6208220000	101 内衣 ,102 内裤
6208291010	101 内衣 ,102 内裤
6208291090	101 内衣 ,102 内裤
6208299010	101 内衣 ,102 内裤
6208299090	101 内衣 ,102 内裤
6208910010	101 内衣 ,102 内裤
6208910021	101 内衣 ,102 童装
6208910029	999
6208910090	999
6208920010	101 内衣 ,102 内裤
6208920021	101 内衣 ,102 童装
6208920029	999
6208920090	999
6208991011	101 内衣 ,102 内裤
6208991019	101 内衣 ,102 内裤
6208991021	999
6208991029	999
6208991091	999
6208991099	999
6208999011	101 内衣 ,102 内裤
6208999012	101 内衣 ,102 童装
6208999013	999
6208999019	999
6208999090	101 内衣 ,102 内裤
6209200000	999
6209300010	999
6209300020	999
6209300030	999
6209300090	999
6209901000	999
6209909000	999
6210101000	999
6210102000	999
6210103000	999
6210109000	999
6210200000	999
6210300000	999
6210400000	999
6210500000	999

HS 编码	CIQ 扩展品名
6211110010	999
6211110041	999
6211110049	999
6211110090	999
6211120010	999
6211120041	999
6211120049	999
6211120090	999
6211201000	999
6211209000	999
6211321000	999
6211322000	999
6211329000	101 大衣、短大衣 ,102 上衣 ,103 裤子 ,104 衬衫 ,105 童装 ,999
6211331000	999
6211332000	999
6211339000	101 大衣、短大衣 ,102 上衣 ,103 衬衫 ,104 童装 ,999
6211391000	101 大衣、短大衣 ,102 上衣 ,103 裤子 ,104 运动服 ,999
6211392000	999
6211399000	101 大衣、短大衣 ,102 上衣 ,103 裤子 ,104 运动服 ,999
6211421000	999
6211429000	999
6211431000	999
6211439000	999
6211491000	101 大衣、短大衣 ,102 上衣 ,103 裤子 ,104 运动服 ,999
6211499000	101 运动服 ,998 其他梭织服装 ,999 其他服装
6212101000	999
6212109010	999
6212109020	999
6212109031	999
6212109039	999
6212109090	999
6212201000	999
6212209010	999
6212209020	999
6212209031	999
6212209039	999
6212209090	999
6212301000	999
6212309010	999
6212309020	999
6212309031	999
6212309039	999
6212309090	999
6212901000	999
6212909000	999
6213201000	999
6213209000	999
6213902000	999
6213909000	999
6214100010	999

HS 编码	CIQ 扩展品名
6214100090	999
6214201000	999
6214202000	999
6214209000	999
6214300000	999
6214400000	999
6214900010	999
6214900090	999
6215100000	999
6215200000	999
6215900000	999
6216000000	999
6217101000	999
6217102000	999
6217109000	999
6217900000	999
6301100000	101 其它电热器具及其零件 ,102 毯子
6301200010	999
6301200020	999
6301300000	999
6301400000	999
6301900000	999
6302101000	999
6302109000	999
6302211000	999
6302219000	101 枕芯、枕套 ,999
6302221000	999
6302229000	101 枕芯、枕套 ,999
6302291000	999
6302292000	999
6302299000	101 床单、床罩 ,102 其他日用纺织制品
6302311000	999
6302319100	999
6302319200	999
6302319900	101 被子 ,102 枕芯、枕套 ,999
6302321000	999
6302329000	101 床单、床罩 ,102 被子 ,103 枕芯、枕套 ,999
6302391010	999
6302391090	999
6302392110	999
6302392190	999
6302392910	999
6302392990	999
6302399110	999
6302399190	999
6302399910	999
6302399990	999
6302401000	999
6302409000	999
6302511000	999
6302519000	999
6302531000	999
6302539010	999
6302539090	999

HS 编码	CIQ 扩展品名
6302591100	999
6302591900	999
6302599010	999
6302599090	999
6302601010	999
6302601090	999
6302609000	999
6302910000	999
6302930010	999
6302930090	999
6302991000	999
6302999010	999
6302999090	999
6303121010	999
6303121090	999
6303122010	999
6303122090	999
6303193100	999
6303193200	999
6303199100	999
6303199200	999
6303910010	999
6303910090	999
6303920010	999
6303920090	999
6303990000	999
6304112100	999
6304112900	999
6304113100	999
6304113900	999
6304191010	999
6304191090	999
6304192100	999
6304192900	999
6304193100	999
6304193900	999
6304199110	999
6304199190	999
6304199910	999
6304199990	999
6304201000	999
6304209000	999
6304912100	999
6304912900	999
6304913100	999
6304913900	999
6304921000	999
6304929000	999
6304931000	999
6304939000	999
6304991010	999
6304991090	999
6304992110	999
6304992190	999

HS 编码	CIQ 扩展品名
6304992910	999
6304992990	999
6304999000	999
6305100010	999
6305100090	999
6305200000	999
6305320000	999
6305330010	999
6305330090	999
6305390000	999
6305900000	999
6306120000	999
6306191000	999
6306192000	999
6306199010	999
6306199090	999
6306220010	999
6306220090	999
6306291000	999
6306299000	999
6306301000	999
6306309000	999
6306401000	999
6306402000	999
6306409000	999
6306901000	999
6306902000	999
6306903000	999
6306909000	999
6307100000	999
6307200000	999
6307900000	999
6308000000	998 其他装饰用纺织制品 ,999 其他纺织制品
6309000000	999
6310100010	999
6310100090	999
6310900010	999
6310900090	999
6401101000	999
6401109000	999
6401921000	999
6401929000	999
6401990000	999
6402120010	999
6402120090	101 橡塑类鞋靴 ,102 运动类鞋靴
6402190010	999
6402190090	999
6402200000	101 内底长度小于等于 17cm,102 内底长度大于 17cm
6402910000	101 内底长度小于等于 17cm,102 内底长度大于 17cm 的橡塑类鞋靴
6402991000	101 内底长度小于等于 17cm,102 内底长度大于 17cm
6402992100	101 内底长度小于等于 17cm,102 内底长度大于 17cm

HS 编码	CIQ 扩展品名
6402992900	101 内底长度小于等于 17cm,102 内底长度大于 17cm
6403120010	999
6403120090	999
6403190010	999
6403190090	999
6403200010	101 内底长度小于等于 17cm,102 内底长度大于 17cm
6403200090	999
6403400010	999
6403400090	999
6403511110	101 内底长度小于等于 17cm,102 内底长度大于 17cm
6403511190	101 内底长度小于等于 17cm,102 内底长度大于 17cm，适用于 14 周岁及以下儿童穿用 ,103 内底长度大于 17cm，不适用于 14 周岁及以下儿童穿用
6403511910	101 内底长度小于等于 17cm,102 内底长度大于 17cm
6403511990	101 内底长度小于等于 17cm,102 内底长度大于 17cm
6403519110	101 内底长度小于等于 17cm,102 内底长度大于 17cm
6403519190	101 内底长度小于等于 17cm,102 内底长度大于 17cm，适用于 14 周岁及以下儿童穿用 ,103 内底长度大于 17cm，不适用于 14 周岁及以下儿童穿用
6403519910	101 内底长度小于等于 17cm,102 内底长度大于 17cm
6403519990	101 内底长度小于等于 17cm,102 内底长度大于 17cm
6403590010	101 内底长度小于等于 17cm,102 内底长度大于 17cm
6403590090	101 内底长度小于等于 17cm,102 内底长度大于 17cm
6403911110	101 内底长度小于等于 17cm,102 内底长度大于 17cm
6403911190	101 内底长度小于等于 17cm,102 内底长度大于 17cm，适用于 14 周岁及以下儿童穿用 ,103 内底长度大于 17cm，不适用于 14 周岁及以下儿童穿用
6403911910	101 内底长度小于等于 17cm,102 内底长度大于 17cm
6403911990	101 内底长度小于等于 17cm,102 内底长度大于 17cm
6403919110	101 内底长度小于等于 17cm,102 内底长度大于 17cm
6403919190	101 内底长度小于等于 17cm,102 内底长度大于 17cm，适用于 14 周岁及以下儿童穿用 ,103 内底长度大于 17cm，不适用于 14 周岁及以下儿童穿用
6403919910	101 内底长度小于等于 17cm,102 内底长度大于 17cm
6403919990	101 内底长度小于等于 17cm,102 内底长度大于 17cm
6403990010	101 内底长度小于等于 17cm,102 内底长度大于 17cm

HS 编码	CIQ 扩展品名
6403990090	101 内底长度小于等于 17cm,102 内底长度小于等于 17cm
6404110000	999
6404191000	101 内底长度小于等于 17cm,102 内底长度大于 17cm
6404199000	101 内底长度小于等于 17cm,102 内底长度大于 17cm
6404201000	101 内底长度小于等于 17cm,102 内底长度大于 17cm，非运动鞋 ,103 运动类鞋靴
6404209000	101 内底长度小于等于 17cm,102 内底长度大于 17cm，非运动鞋 ,103 运动类鞋靴
6405101000	101 内底长度小于等于 17cm,102 内底长度大于 17cm
6405109010	101 内底长度小于等于 17cm,102 内底长度大于 17cm
6405109090	101 内底长度小于等于 17cm,102 内底长度大于 17cm
6405200010	101 内底长度小于等于 17cm,102 内底长度大于 17cm
6405200090	101 内底长度小于等于 17cm,102 内底长度大于 17cm
6405901000	101 日常穿着用 ,102 非日常穿着用
6405909000	101 日常穿着用 ,102 非日常穿着用
6406100010	999
6406100090	999
6406201000	999
6406202000	999
6406901000	999
6406909100	999
6406909200	999
6406909900	999
6501000000	101 纤维素纤维制生活帽 ,102 动物纤维制生活帽 ,103 化学纤维制生活帽
6502000000	101 皮革制生活帽 ,102 纤维素纤维制生活帽 ,103 动物纤维制生活帽 ,104 化学纤维制生活帽
6504000000	101 皮革制生活帽 ,102 纤维素纤维制生活帽 ,103 动物纤维制生活帽 ,104 化学纤维制生活帽
6505001000	999
6505002000	101 纤维素纤维制生活帽 ,102 动物纤维制生活帽 ,103 化学纤维制生活帽
6505009100	101 纤维素纤维制生活帽 ,102 动物纤维制生活帽 ,103 化学纤维制生活帽
6505009900	101 纤维素纤维制生活帽 ,102 动物纤维制生活帽 ,103 化学纤维制生活帽
6506100010	999
6506100090	101 工业用安全帽 ,102 非工业用安全帽
6506910000	999
6506991010	999
6506991090	999
6506992010	999
6506992090	999
6506999000	999
6507000010	999
6507000090	999

HS 编码	CIQ 扩展品名
6601100000	101 含木制品 ,102 不含木制品
6601910000	101 含木制品 ,102 不含木制品
6601990000	101 含木制品 ,102 不含木制品
6602000011	101 含木制品 ,102 不含木制品
6602000019	101 含木制品 ,102 不含木制品
6602000090	101 含木制品 ,102 不含木制品
6603200000	101 含木制品 ,102 不含木制品
6603900010	101 含木制品 ,102 不含木制品
6603900090	101 含木制品 ,102 不含木制品
6701000010	999
6701000090	999
6702100000	101 含木制品 ,102 不含木制品
6702901010	101 含木制品 ,102 不含木制品
6702901090	101 含木制品 ,102 不含木制品
6702902000	101 含木制品 ,102 不含木制品
6702903000	101 含木制品 ,102 不含木制品
6702909000	101 含木制品 ,102 不含木制品
6703000000	101 含木制品 ,102 不含木制品
6704110000	101 含木制品 ,102 不含木制品
6704190000	101 含木制品 ,102 不含木制品
6704200000	101 含木制品 ,102 不含木制品
6704900000	101 含木制品 ,102 不含木制品
6801000000	999
6802101000	999
6802109000	999
6802211000	999
6802212000	999
6802219000	999
6802230000	999
6802291000	999
6802299000	999
6802911000	999
6802919000	999
6802921000	999
6802929000	999
6802931100	999
6802931900	999
6802939000	999
6802991000	101 含木制品的工艺品 ,102 不含木制品的工艺品 ,103 其他石材、石料
6802999000	999
6803001000	999
6803009000	999
6804100000	999
6804211000	999
6804219000	101 石磨或石碾 ,102 其它磨具 ,103 其他石材、石料
6804221000	999
6804229000	999
6804231000	999
6804239000	999
6804301000	999
6804309000	999
6805100000	999
6805200000	999

HS 编码	CIQ 扩展品名
6805300000	999
6806101000	999
6806109001	999
6806109090	999
6806200000	999
6806900000	999
6807100000	999
6807900000	999 如石油沥青或煤焦油沥青 ,301 杂项物质
6808000000	999
6809110000	999
6809190000	999
6809900000	999
6810110000	999
6810191000	999
6810199000	999
6810911000	999
6810919000	999
6810991000	999
6810999000	999
6811401000	999
6811402000	999
6811403000	999
6811409000	999
6811810000	999
6811820000	999
6811891000	999
6811899000	999
6812800000	999
6812910000	999
6812920000	999
6812930000	999
6812990000	999
6813201000	999
6813209000	999
6813810000	999
6813890000	999
6814100000	999
6814900000	999
6815100000	999
6815200000	999
6815910000	999
6815992010	999
6815992090	999
6815993100	999
6815993210	999
6815993290	999
6815993900	999
6815994000	999
6815999000	999
6901000000	999
6902100000	999
6902200000	999
6902900000	999
6903100000	999

HS 编码	CIQ 扩展品名
6903200000	999
6903900000	999
6904100000	999
6904900000	999
6905100000	999
6905900000	999
6906000000	999
6907211000	999
6907219000	999
6907221000	999
6907229000	999
6907231000	999
6907239000	999
6907301000	999
6907309000	999
6907401000	999
6907409000	999
6909110000	999
6909120000	999
6909190000	999
6909900000	999
6910100000	101 洗涤槽 ,102 面盆 ,103 浴缸 ,104 座便器 ,105 小便器 ,106 其他卫生瓷
6910900000	101 洗涤槽 ,102 面盆 ,103 浴缸 ,104 座便器 ,105 小便器 ,106 其他卫生陶
6911101100	101 食品接触陶瓷产品 ,102 食品用陶瓷包装
6911101900	101 食品接触陶瓷产品 ,102 食品用陶瓷包装
6911102100	101 食品接触陶瓷产品 ,102 食品用陶瓷包装
6911102900	101 食品接触陶瓷产品 ,102 食品用陶瓷包装
6911900000	999
6912001000	101 食品接触陶瓷产品 ,102 食品用陶瓷包装
6912009000	101 食品接触陶瓷产品 ,102 食品用陶瓷包装
6913100000	999
6913900000	999
6914100000	101 其他陶瓷及制品 ,102 食品接触陶瓷产品 ,103 食品用陶瓷包装
6914900000	101 其他陶瓷及制品 ,102 食品接触陶瓷产品 ,103 食品用陶瓷包装
7001000010	999
7001000090	999
7002100000	999
7002201000	999
7002209000	999
7002311000	999
7002319000	999
7002320000	999
7002390001	999
7002390090	999
7003120000	999
7003190001	999
7003190090	999
7003200000	999
7003300000	999
7004200000	999
7004900001	999

HS 编码	CIQ 扩展品名
7004900090	999
7005100000	999
7005210000	999
7005290002	999
7005290090	999
7005300000	999
7006000001	999
7006000002	999
7006000090	999
7007111001	999
7007111090	999
7007119000	101 其他车辆零部件 ,102 钢化玻璃
7007190000	999
7007211000	999
7007219000	101 其他车辆零部件 ,102 钢化玻璃
7007290000	999
7008001000	101 其他车辆零部件 ,102 钢化玻璃 ,103 其他玻璃及制品
7008009000	101 其他车辆零部件 ,102 钢化玻璃 ,103 其他玻璃及制品
7009100000	101 其他车辆零部件 ,102 玻璃镜
7009910001	999
7009910090	999
7009920000	999
7010100000	999
7010200000	101 非食品用玻璃器皿 ,102 食品用玻璃包装
7010901000	101 非食品用玻璃器皿 ,102 食品用玻璃包装
7010902000	101 非食品用玻璃器皿 ,102 食品用玻璃包装
7010903000	101 非食品用玻璃器皿 ,102 食品用玻璃包装
7010909000	101 非食品用玻璃器皿 ,102 食品用玻璃包装
7011100000	999
7011201000	101 其它电光源及其零件 ,102 其它显像管及其零件
7011209001	101 其它电光源及其零件 ,102 其它显像管及其零件
7011209090	101 其它电光源及其零件 ,102 其它显像管及其零件
7011901000	999
7011909000	999
7013100000	999
7013220000	101 非食品用玻璃器皿 ,102 食品接触玻璃产品
7013280000	101 非食品用玻璃器皿 ,102 食品接触玻璃产品
7013330000	101 非食品用玻璃器皿 ,102 食品接触玻璃产品 ,103 食品用玻璃包装
7013370000	101 非食品用玻璃器皿 ,102 食品接触玻璃产品 ,103 食品用玻璃包装
7013410000	101 非食品用玻璃器皿 ,102 食品接触玻璃产品 ,103 食品用玻璃包装
7013420000	101 非食品用玻璃器皿 ,102 食品接触玻璃产品 ,103 食品用玻璃包装
7013490000	101 非食品用玻璃器皿 ,102 食品接触玻璃产品 ,103 食品用玻璃包装
7013910000	101 非食品用玻璃器皿 ,102 食品接触玻璃产品 ,103 食品用玻璃包装
7013990000	101 非食品用玻璃器皿 ,102 食品接触玻璃产品 ,103 食品用玻璃包装
7014001000	999
7014009001	999
7014009090	999
7015101000	999
7015109000	999
7015901000	999
7015902000	999
7015909000	999
7016100000	999
7016901000	999
7016909000	999
7017100000	999
7017200000	999
7017900000	999
7018100000	999
7018200001	999
7018200090	999
7018900000	999
7019110010	999
7019110090	999
7019120020	999
7019120090	999
7019190012	999
7019190090	999
7019310000	999
7019320000	999
7019391000	999
7019399000	999
7019400000	999
7019510010	999
7019510090	999
7019520001	999
7019520090	999
7019590000	999
7019901000	999
7019902100	999
7019902900	999
7019909000	999
7020001100	999
7020001200	999
7020001301	999
7020001390	999
7020001901	999
7020001990	999
7020009100	999
7020009901	999
7020009990	999
7101101100	999
7101101900	999
7101109100	999

HS 编码	CIQ 扩展品名
7101109900	101 药用天然珍珠 ,999 不论是否加工 , 但未制成制品
7101211001	999
7101211090	999
7101219001	999
7101219090	101 药用未加工养殖珍珠 ,999 未制成制品
7101221001	999
7101221090	999
7101229001	999
7101229090	101 药用已加工珍珠 ,999 未制成制品
7102100000	999
7102210000	999
7102290000	999
7102310000	999
7102390000	999
7103100000	999
7103910000	999
7103991000	999
7103992000	999
7103993000	999
7103994000	999
7103999000	999
7104100000	999
7104201000	999
7104209000	999
7104901100	999
7104901201	999
7104901290	999
7104901900	999
7104909100	999
7104909900	999
7105101000	999
7105102000	999
7105900000	999
7106101100	999
7106101900	101 银粉浆 ,999
7106102100	999
7106102900	999
7106911000	999
7106919000	999
7106921000	999
7106929000	999
7107000000	999
7108110000	999
7108120000	999
7108130000	999
7108200000	999
7109000000	999
7110110000	999
7110191000	999
7110199000	999
7110210000	999
7110291000	999
7110299000	999
7110310000	999

HS 编码	CIQ 扩展品名
7110391000	999
7110399000	999
7110410000	999
7110491000	999
7110499000	999
7111000000	999
7112301000	999
7112309000	999
7112911010	999
7112911090	999
7112912000	999
7112921000	999
7112922001	999
7112922090	999
7112991000	999
7112992000	999
7112999000	999
7113111000	999
7113119010	999
7113119090	999
7113191100	999
7113191910	999
7113191990	999
7113192100	999
7113192910	999
7113192990	999
7113199100	999
7113199910	999
7113199990	999
7113201000	999
7113209010	999
7113209090	999
7114110010	999
7114110090	999
7114190010	999
7114190020	999
7114190090	999
7114200010	999
7114200090	999
7115100000	999
7115901010	999
7115901020	999
7115901090	999
7115909000	999
7116100000	101 具有保健食品批准文号 ,102 珍珠宝石制品
7116200000	999
7117110000	101 锌合金制儿童用仿真首饰 ,102 铜合金制儿童用仿真首饰 ,103 不锈钢制儿童用仿真首饰 ,104 其他材料制儿童用仿真首饰 ,105 接触皮肤的成人用仿真首饰 ,106 非接触皮肤的成人用仿真首饰

HS 编码	CIQ 扩展品名
7117190000	101 锌合金制儿童用仿真首饰,102 铜合金制儿童用仿真首饰,103 不锈钢制儿童用仿真首饰,104 其他材料制儿童用仿真首饰,105 接触皮肤的成人用仿真首饰,106 非接触皮肤的成人用仿真首饰
7117900000	101 其他材料制儿童用仿真首饰,102 接触皮肤的成人用仿真首饰,103 非接触皮肤的成人用仿真首饰
7118100000	999
7118900010	999
7118900090	999
7201100010	999
7201100090	999
7201200000	999
7201500010	999
7201500090	999
7202110000	999
7202190000	999
7202210010	999
7202210090	999
7202290010	999
7202290090	999
7202300000	999
7202410000	999
7202490000	999
7202500000	999
7202600000	999
7202700000	999
7202801000	999
7202802000	999
7202910000	101 硅钛铁,102 钛铁
7202921000	999
7202929000	999
7202930010	999
7202930090	101 铌铁,102 其他铁合金
7202991100	999
7202991200	999
7202991900	999
7202999110	104
7202999191	104
7202999199	104
7202999900	104
7203100010	999
7203100090	999
7203900000	999
7204100000	999
7204210000	999
7204290000	999
7204300000	999
7204410000	999
7204490010	999
7204490020	999
7204490090	999
7204500000	999

HS 编码	CIQ 扩展品名
7205100000	101 非合金生铁,102 合金生铁,103 其他铁合金
7205210000	999
7205290000	999
7206100000	999
7206900000	101 板坯,102 锭
7207110000	999
7207120010	999
7207120090	999
7207190010	999
7207190090	999
7207200010	999
7207200090	999
7208100000	999
7208250000	999
7208261000	999
7208269000	999
7208271000	999
7208279000	999
7208360000	999
7208370000	999
7208381000	999
7208389000	999
7208391000	999
7208399000	999
7208400000	999
7208511000	999
7208512000	999
7208519000	999
7208520000	999
7208531000	999
7208539000	999
7208541000	999
7208549000	999
7208900000	999
7209151000	999
7209159000	999
7209161000	999
7209169000	999
7209171000	999
7209179000	999
7209181000	999
7209189000	999
7209250000	999
7209260000	999
7209270000	999
7209280000	999
7209900000	999
7210110000	999
7210120000	999
7210200000	999
7210300000	999
7210410000	999
7210490000	999
7210500000	999

HS 编码	CIQ 扩展品名
7210610000	999
7210690000	999
7210701000	999
7210709000	999
7210900000	999
7211130000	999
7211140000	999
7211190000	999
7211230000	999
7211290000	999
7211900000	999
7212100000	999
7212200000	999
7212300000	999
7212400000	999
7212500000	999
7212600000	999
7213100000	999
7213200000	999
7213910000	999
7213990000	999
7214100000	999
7214200000	101 螺纹钢 ,102 其他型钢
7214300000	999
7214910000	999
7214990000	101 螺纹钢 ,102 其他型钢
7215100000	999
7215500000	101 螺纹钢 ,102 其他型钢
7215900000	999
7216101000	999
7216102000	999
7216109000	999
7216210000	999
7216220000	999
7216310000	999
7216321000	999
7216329000	999
7216331100	999
7216331900	999
7216339000	999
7216401000	999
7216402000	999
7216501000	999
7216502000	999
7216509000	101 方钢 ,102 其他型钢 ,103 其他异型钢
7216610000	101 方钢 ,102 其他型钢 ,103 其他异型钢
7216690000	101 方钢 ,102 其他型钢 ,103 其他异型钢
7216910000	101 方钢 ,102 其他型钢 ,103 其他异型钢
7216990000	101 方钢 ,102 其他型钢 ,103 其他异型钢
7217100000	999
7217200000	999
7217301000	999
7217309000	999
7217900000	101 表面有镀层铁丝或钢丝 ,102 其他线材

HS 编码	CIQ 扩展品名
7218100000	999
7218910000	999
7218990000	999
7219110000	999
7219120000	999
7219131200	999
7219131900	999
7219132200	999
7219132900	999
7219141200	999
7219141900	999
7219142200	999
7219142900	999
7219210000	999
7219220000	999
7219230000	999
7219241000	999
7219242000	999
7219243000	999
7219310000	999
7219320000	999
7219331000	101 硅锰铁 ,102 冷轧不锈钢板
7219339000	999
7219340000	999
7219350000	999
7219900000	999
7220110000	999
7220120000	999
7220202000	999
7220203000	999
7220204000	999
7220900000	101 冷轧不锈钢板 ,102 热轧不锈钢板
7221000000	999
7222110000	999
7222190000	999
7222200000	999
7222300000	999
7222400000	101 其他型钢 ,102 其他异型钢
7223000000	102
7224100000	999
7224901000	999
7224909010	999
7224909090	999
7225110000	999
7225190000	999
7225300000	999
7225401000	999
7225409100	999
7225409900	999
7225500000	999
7225910000	999
7225920000	999
7225991000	999
7225999000	999

HS 编码	CIQ 扩展品名
7226110000	999
7226190000	999
7226200000	999
7226911000	999
7226919100	999
7226919910	999
7226919990	999
7226920000	999
7226991000	999
7226992000	101 镀锌板,102 涂层板
7226999001	999
7226999090	999
7227100000	999
7227200000	999
7227901000	999
7227909000	999
7228100000	999
7228200000	999
7228301000	999
7228309000	999
7228400000	999
7228500000	999
7228600000	999
7228701000	999
7228709000	999
7228800000	999
7229200000	999
7229901000	999
7229909000	999
7301100000	999
7301200000	999
7302100000	999
7302300000	999
7302400000	999
7302901000	999
7302909000	999
7303001000	101
7303009000	101
7304111000	101 无缝钢管压力管道,102 无缝钢管
7304112000	101 无缝钢管压力管道,102 无缝钢管
7304113000	101 无缝钢管压力管道,102 无缝钢管
7304119000	101 无缝钢管压力管道,102 无缝钢管
7304191000	101 无缝钢管压力管道,102 无缝钢管
7304192000	101 无缝钢管压力管道,102 无缝钢管
7304193000	101 无缝钢管压力管道,102 无缝钢管
7304199000	101 无缝钢管压力管道,102 无缝钢管
7304221000	101 无缝钢管压力管道,102 无缝钢管
7304229000	101 无缝钢管压力管道,102 无缝钢管
7304231000	101 无缝钢管压力管道,102 无缝钢管
7304239000	101 无缝钢管压力管道,102 无缝钢管
7304240000	101 无缝钢管压力管道,102 无缝钢管
7304291000	101 无缝钢管压力管道,102 无缝钢管
7304292000	101 无缝钢管压力管道,102 无缝钢管
7304293000	101 无缝钢管压力管道,102 无缝钢管
7304311000	101 无缝钢管压力管道,102 无缝钢管
7304312000	101 无缝钢管压力管道,102 无缝钢管
7304319000	101 无缝钢管压力管道,102 无缝钢管
7304391000	101 无缝钢管压力管道,102 无缝钢管
7304392000	101 无缝钢管压力管道,102 无缝钢管
7304399000	101 无缝钢管压力管道,102 无缝钢管
7304411000	101 无缝钢管压力管道,102 无缝钢管
7304419000	101 无缝钢管压力管道,102 无缝钢管
7304491000	101 无缝钢管压力管道,102 无缝钢管
7304499000	101 无缝钢管压力管道,102 无缝钢管
7304511001	101 无缝钢管压力管道,102 无缝钢管
7304511090	101 无缝钢管压力管道,102 无缝钢管
7304512000	101 无缝钢管压力管道,102 无缝钢管
7304519001	101 无缝钢管压力管道,102 无缝钢管
7304519090	101 无缝钢管压力管道,102 无缝钢管
7304591001	101 无缝钢管压力管道,102 无缝钢管
7304591090	101 无缝钢管压力管道,102 无缝钢管
7304592000	101 无缝钢管压力管道,102 无缝钢管
7304599001	101 无缝钢管压力管道,102 无缝钢管
7304599090	101 无缝钢管压力管道,102 无缝钢管
7304900000	101 无缝钢管压力管道,102 无缝钢管
7305110000	101 焊接钢管压力管道,102 焊接钢管
7305120000	101 焊接钢管压力管道,102 焊接钢管
7305190000	101 焊接钢管压力管道,102 焊接钢管
7305200000	101 焊接钢管压力管道,102 焊接钢管
7305310000	101 焊接钢管压力管道,102 焊接钢管
7305390000	101 焊接钢管压力管道,102 焊接钢管
7305900000	101 焊接钢管压力管道,102 焊接钢管
7306110000	101 焊接钢管压力管道,102 焊接钢管
7306190000	101 焊接钢管压力管道,102 焊接钢管
7306210000	101 焊接钢管压力管道,102 焊接钢管
7306290000	101 无缝钢管压力管道,102 焊接钢管压力管道,103 无缝钢管,104 焊接钢管
7306301100	101
7306301900	101
7306309000	101
7306400000	101
7306500000	101
7306610000	101 焊接钢管压力管道,102 铸铁管压力管道,103 其它铸铁管压力管道
7306690000	101 焊接钢管压力管道,102 铸铁管压力管道
7306900010	101 无缝钢管压力管道,102 焊接钢管压力管道,103 铸铁管压力管道,104 无缝钢管,105 焊接钢管,106 铸铁管,107 其他钢铁及制品
7306900090	101 无缝钢管压力管道,102 焊接钢管压力管道,103 铸铁管压力管道,104 无缝钢管,105 焊接钢管,106 铸铁管,107 其他钢铁及制品
7307110000	101 其它金属制法兰及管件压力管件,102 其它金属制法兰及管件
7307190000	101 其它金属制法兰及管件压力管件,102 其它金属制法兰及管件,103 其他金属及制品
7307210000	999
7307220000	101 不锈钢制螺纹管子附件压力管件,102 不锈钢制其它管子附件

HS 编码	CIQ 扩展品名
7307230000	101 不锈钢制对焊件管子附件压力管件 ,102 不锈钢制其它管子附件
7307290000	101 不锈钢制对焊件管子附件压力管件 ,102 不锈钢制其它管子附件
7307910000	101 其它金属制法兰及管件压力管件 ,102 其它金属制法兰及管件
7307920000	101 其它金属制法兰及管件压力管件 ,102 其它金属制法兰及管件 ,103 其他金属及制品
7307930000	101 其它金属制法兰及管件压力管件 ,102 其它金属制法兰及管件
7307990000	101 其它金属制法兰及管件压力管件 ,102 其它金属制法兰及管件
7308100000	999
7308200000	999
7308300000	999
7308400000	999
7308900000	999
7309000000	999
7310100010	999
7310100090	999
7310211000	999
7310219000	999
7310291000	999
7310299000	999
7311001000	999
7311009000	999
7312100000	101 其他深加工金属制品 ,102 钢丝绳 ,103 其他钢铁及制品
7312900000	101
7313000000	101
7314120000	101
7314140000	101
7314190000	101
7314200000	101
7314310000	101
7314390000	101
7314410000	101
7314420000	101
7314490000	101
7314500000	101
7315111000	999
7315112000	101 其他车辆零部件 ,102 滚子链
7315119000	999
7315120000	999
7315190000	999
7315200000	999
7315810000	999
7315820000	999
7315890000	999
7315900000	999
7316000000	999
7317000000	999
7318110000	999
7318120001	999
7318120090	999

HS 编码	CIQ 扩展品名
7318130000	999
7318140001	999
7318140090	999
7318151001	999
7318151090	999
7318159001	101 螺钉 ,102 螺栓
7318159090	101 螺钉 ,102 螺栓
7318160000	999
7318190000	999
7318210001	999
7318210090	999
7318220001	999
7318220090	999
7318230000	999
7318240000	999
7318290000	999
7319401000	999
7319409000	999
7319900000	999
7320101000	999
7320102000	999
7320109000	999
7320201000	999
7320209000	999
7320901000	999
7320909000	999
7321110000	999
7321121000	999
7321129000	999
7321190000	999
7321810000	999
7321820000	999
7321890000	999
7321900000	999
7322110000	999
7322190000	999
7322900000	999
7323100000	999
7323910000	101 食品接触铸铁产品 ,102 食品用铸铁包装
7323920000	101 食品接触铸铁产品 ,102 食品用铸铁包装
7323930000	101 食品接触不锈钢产品 ,102 食品用不锈钢包装
7323941000	101 食品接触搪瓷产品 ,102 食品用搪瓷包装
7323942000	999
7323949000	101 食品接触搪瓷产品 ,102 食品用搪瓷包装
7323990000	101 食品接触铁产品 ,102 食品用铁包装
7324100000	999
7324210000	999
7324290000	999
7324900000	999
7325101000	999
7325109000	999
7325910000	999
7325991000	999
7325999000	999

HS 编码	CIQ 扩展品名
7326110000	999
7326191000	999
7326199000	999
7326201000	999
7326209000	999
7326901100	999
7326901900	999
7326909000	999
7401000010	999
7401000090	999
7402000001	101 粗铜,102 电解铜
7402000090	101 粗铜,102 电解铜
7403111101	999
7403111190	999
7403111900	999
7403119000	999
7403120000	999
7403130000	999
7403190000	999
7403210000	999
7403220000	999
7403290000	999
7404000010	999
7404000090	999
7405000000	999
7406101000	999
7406102000	999
7406103000	999
7406104000	999
7406109000	999
7406201000	999
7406202000	999
7406209000	999
7407101000	999
7407109000	999
7407211100	999
7407211900	999
7407219000	999
7407290000	999
7408110000	999
7408190001	999
7408190090	999
7408210000	999
7408221000	999
7408229000	999
7408290000	999
7409111000	999
7409119000	999
7409190000	999
7409210000	999
7409290000	999
7409310000	999
7409390000	999
7409400000	999

HS 编码	CIQ 扩展品名
7409900000	999
7410110000	999
7410121000	999
7410129000	999
7410211000	999
7410219000	999
7410221000	999
7410229000	999
7411101100	101
7411101901	101
7411101990	101
7411102000	101
7411109000	101
7411211000	101
7411219000	101
7411220000	101
7411290000	101
7412100000	101 其它金属制法兰及管件压力管件,102 其它金属制法兰及管件
7412201000	101 其它金属制法兰及管件压力管件,102 其它金属制法兰及管件
7412209000	101 其它金属制法兰及管件压力管件,102 其它金属制法兰及管件
7413000000	999
7415100000	999
7415210000	999
7415290000	999
7415331000	999
7415339000	101 螺钉,102 螺栓,103 螺母
7415390000	999
7418101000	999
7418102000	101 食品接触铜产品,102 食品用铜包装
7418109000	101 食品接触铜产品,102 食品用铜包装
7418200000	999
7419100000	999
7419911000	999
7419919000	999
7419992000	101
7419993000	101
7419994000	101
7419995000	101 其它装压缩或液化气的容器及其零件,102 深加工铜制品
7419999100	101 其它装压缩或液化气的容器及其零件,102 深加工铜制品
7419999900	101 其它装压缩或液化气的容器及其零件,102 深加工铜制品
7501100000	999
7501201000	999
7501209000	999
7502101000	999
7502109000	999
7502200000	999
7503000000	999
7504001000	999
7504002000	999

HS 编码	CIQ 扩展品名
7505110000	999
7505120000	999
7505210000	999
7505220000	999
7506100000	999
7506200000	999
7507110000	101
7507120000	101
7507200000	101 镍管压力管道 ,102 其它金属制法兰及管件
7508101000	101
7508108000	101
7508109000	101
7508901000	101
7508908000	101
7508909000	101
7601101000	999
7601109000	999
7601200010	999
7601200090	999
7602000010	999
7602000090	999
7603100010	101 其他铝及制品 ,301 属于危险化学品的金属
7603100090	999,301 属于危险化学品的金属
7603200000	999
7604101000	999
7604109000	999
7604210000	999
7604291010	999
7604291090	101 铝条 ,102 其他铝及制品
7604299000	999
7605110000	999
7605190000	999
7605210000	999
7605290000	999
7606112100	101 铝板 ,102 其他铝及制品
7606112900	999
7606119100	101 铝板 ,102 其他铝及制品
7606119900	999
7606122000	999
7606123000	999
7606125100	101 铝板 ,102 其他铝及制品
7606125900	999
7606129000	999
7606910000	999
7606920000	999
7607111000	999
7607112000	999
7607119000	999
7607190001	999
7607190090	999
7607200000	999
7608100000	101
7608201010	101 铝管压力管道 ,102 铝管

HS 编码	CIQ 扩展品名
7608201090	101 铝管压力管道 ,102 铝管
7608209110	101 铝管压力管道 ,102 铝管
7608209190	101 铝管压力管道 ,102 铝管
7608209910	101 铝管压力管道 ,102 铝管
7608209990	101 铝管压力管道 ,102 铝管
7609000000	101 其它金属制法兰及管件压力管件 ,102 深加工铝制品压力管件 ,103 其它金属制法兰及管件 ,104 深加工铝制品
7610100000	999
7610900000	999
7611000000	999
7612100000	999
7612901000	101 深加工铝制品 ,102 食品用铝包装
7612909000	999
7613001000	101 装压缩或液化气的铝容器 ,102 深加工铝制品
7613009000	101 装压缩或液化气的铝容器 ,102 深加工铝制品
7614100000	999
7614900000	999
7615101000	999
7615109010	101 深加工铝制品 ,102 食品接触铝产品
7615109090	101 深加工铝制品 ,102 食品接触铝产品 ,103 食品用铝包装
7615200000	101 深加工铝制品 ,102 食品接触铝产品 ,103 食品用铝包装
7616100000	101 螺钉 ,102 螺栓 ,103 螺母 ,104 垫圈 ,105 其它紧固件 ,106 深加工铝制品
7616910000	101
7616991010	101
7616991090	101
7616999000	101
7801100000	999
7801910000	999
7801990000	999
7802000000	999
7804110000	999
7804190000	999
7804200000	999
7806001000	101
7806009000	101 其它装压缩或液化气的容器及其零件 ,102 深加工铝制品
7901111000	999
7901119000	999
7901120000	999
7901200000	999
7902000000	999
7903100000	999 包括锌合金 ,301 属于危险化学品的金属
7903900010	999: 含量≥ 97%, 不论球形 , 椭球体 , 雾化 , 片状 , 研碎金属燃料 ,301: 属于危险化学品的金属
7903900090	101 其他锌及制品 ,301 属于危险化学品的金属
7904000000	999
7905000000	999

HS 编码	CIQ 扩展品名
7907002000	101 其它装压缩或液化气的容器及其零件 ,102 深加工锌制品
7907003000	101
7907009000	101 其它装压缩或液化气的容器及其零件 ,102 深加工锌制品
8001100000	999
8001201000	999
8001202100	101 焊锡 ,102 锡合金
8001202900	101 焊锡 ,102 锡合金
8001209000	999
8002000000	999
8003000000	999
8007002000	101
8007003000	101
8007004000	101 其它装压缩或液化气的容器及其零件 ,102 深加工锡制品
8007009000	101 其它装压缩或液化气的容器及其零件 ,102 深加工锡制品
8101100010	999
8101100090	999
8101940000	999
8101960000	999
8101970000	999
8101991000	999
8101999000	999
8102100000	999
8102940000	999
8102950000	101
8102960000	101
8102970000	999
8102990000	101 其他深加工金属制品 ,103 二硫化钼润滑膜
8103201100	999
8103201900	999
8103209000	999
8103300000	999
8103901100	101
8103901900	101
8103909010	101
8103909090	101
8104110000	999
8104190000	301
8104200000	999
8104300010	301
8104300090	301
8104901000	101 其他深加工金属制品 ,103 片状、带状或条状
8104902010	101
8104902090	101
8105201000	999
8105202000	999
8105209001	999
8105209010	999
8105209090	999
8105300000	999

HS 编码	CIQ 扩展品名
8105900000	101
8106001011	999
8106001019	999
8106001091	999
8106001092	999
8106001099	999
8106009010	999
8106009090	999
8107200000	999
8107300000	999
8107900000	101
8108202100	102
8108202910	999: 含量 ≥ 97%, 不论球形 , 椭球体 , 雾化 , 片状 , 研碎金属燃料 ,301: 属于危险化学品的金属
8108202990	999
8108203000	101 其他有色金属及其制品 ,301 属于危险化学品的金属
8108300000	999
8108901010	999
8108901020	999
8108901090	999
8108902000	101
8108903100	101
8108903210	101
8108903290	101
8108904010	999
8108904090	999
8108909000	101
8109200010	999: 含量 ≥ 97%, 不论球形 , 椭球体 , 雾化 , 片状 , 研碎金属燃料 ,301: 属于危险化学品的金属
8109200090	101 其他有色金属及其制品 ,301 属于危险化学品的金属
8109300000	999
8109900010	999
8109900090	102 金属锆片 ,103 金属锆条 ,104 金属锆丝 ,105 干的 , 碎屑
8110101000	101 高铅锑 ,102 锑合金 ,103 其他锑及其制品
8110102000	101 高铅锑 ,102 锑合金 ,103 其他锑及其制品 ,301 属于危险化学品的金属
8110200000	999
8110900000	101 锑合金 ,102 其他锑及其制品
8111001010	999
8111001090	101 锰粉 ,102 锰片 ,103 锰锭 ,104 未锻轧锰桃、锰球、锰块 ,301 属于危险化学品的金属
8111009000	101
8112120000	301 其他有色金属及其制品 ,302 属于危险化学品的金属
8112130000	999
8112190000	101
8112210000	999
8112220000	999
8112290000	999

HS 编码	CIQ 扩展品名
8112510000	301 其他有色金属及其制品 ,302 属于危险化学品的金属
8112520000	999
8112590000	999
8112921010	999
8112921090	999
8112922001	102
8112922010	999
8112922090	999
8112923010	999
8112923090	999
8112924010	999
8112924090	999
8112929011	999
8112929019	301
8112929091	999,301 属于危险化学品的金属
8112929099	999,301 属于危险化学品的金属
8112991000	101
8112992001	101
8112992090	101
8112993000	101
8112994000	101
8112999010	101
8112999090	101
8113001010	999
8113001090	999
8113009010	999
8113009090	999
8201100010	101 其他木制品 ,102 农用手工具
8201100090	999
8201300010	101 其他木制品 ,102 农用手工具
8201300090	999
8201400010	101 其他木制品 ,102 农用手工具
8201400090	999
8201500010	101 其他木制品 ,102 农用手工具
8201500090	999
8201600010	101 其他木制品 ,102 农用手工具
8201600090	999
8201901010	101 其他木制品 ,102 农用手工具
8201901090	999
8201909010	101 其他木制品 ,102 农用手工具
8201909090	999
8202100000	999
8202201000	999
8202209000	999
8202310000	999
8202391000	999
8202399000	999
8202400000	999
8202911000	999
8202919000	999
8202991000	999
8202999000	999
8203100000	999
8203200000	999
8203300000	999
8203400000	999
8204110000	999
8204120000	999
8204200000	999
8205100000	999
8205200000	999
8205300000	999
8205400000	999
8205510000	999
8205590000	999
8205600000	999
8205700000	101 台钳、夹钳及类似品 ,102 其它五金工具
8205900000	999
8206000000	999
8207130000	999
8207191000	999
8207199000	999
8207201000	999
8207209000	999
8207300010	999
8207300020	999
8207300090	999
8207400000	999
8207501000	999
8207509000	999
8207601000	999
8207609000	999
8207701000	999
8207709000	999
8207801000	999
8207809000	999
8207901000	999
8207909000	999
8208101100	999
8208101900	999
8208109000	999
8208200000	999
8208300000	999
8208400000	999
8208900000	999
8209001000	999
8209002100	999
8209002900	999
8209003000	999
8209009000	999
8210000000	999
8211100000	999
8211910000	101 餐桌用具 ,102 食品接触不锈钢产品 ,103 食品接触铁产品 ,104 食品接触铝产品 ,105 食品接触其他金属产品
8211920000	101 其它食品加工机器及其零件 ,102 食品接触不锈钢产品 ,103 食品接触铁产品 ,104 食品接触铝产品 ,105 食品接触其他金属产品

HS 编码	CIQ 扩展品名
8211930000	101 其它食品加工机器及其零件,102 食品接触不锈钢产品,103 食品接触铝产品,104 食品接触其他金属产品,105 食品接触铁产品
8211940000	101 其它食品加工机器及其零件,102 食品接触不锈钢产品,103,104 食品接触铝产品,105
8211950000	101 其它食品加工机器及其零件,102 食品接触其他金属产品
8212100000	999
8212200000	999
8212900000	999
8213000000	101 其它机电产品及其零件,103 其他金属及制品
8214100000	999
8214200000	999
8214900010	101 厨房用具,102 食品接触不锈钢产品,103 食品接触铁产品,104 食品接触铝产品,105 食品接触其他金属产品
8214900090	999
8215100000	101 厨房用具,102 餐桌用具,103 食品接触其他金属产品,104 食品用其他金属包装
8215200000	101 厨房用具,102 餐桌用具,103 食品接触其他金属产品,104 食品用其他金属包装
8215910000	101 厨房用具,102 餐桌用具,103 食品接触其他金属产品,104 食品用其他金属包装
8215990000	101 厨房用具,102 餐桌用具,103 食品接触其他金属产品,104 食品用其他金属包装
8301100000	999
8301201000	101 其他车辆零部件,102 机动车锁
8301209000	101 其他车辆零部件,102 机动车锁
8301300000	999
8301400000	999
8301500000	999
8301600000	999
8301700000	999
8302100000	101 其他车辆零部件,102 其他深加工金属制品
8302200000	999
8302300000	101 其他车辆零部件,102 其他深加工金属制品
8302410000	999
8302420000	999
8302490000	999
8302500000	999
8302600000	999
8303000000	999
8304000000	999
8305100000	999
8305200000	999
8305900000	999
8306100000	999
8306210000	999
8306291000	999
8306299000	999
8306300000	999
8307100000	999
8307900000	999
8308100000	999
8308200000	999
8308900000	999
8309100000	999
8309900000	999
8310000000	999
8311100000	999
8311200000	999
8311300000	999
8311900000	999
8401100000	999
8401200000	999
8401301000	999
8401309000	999
8401401000	999
8401402000	999
8401409010	999
8401409020	999
8401409030	999
8401409090	999
8402111000	999
8402119000	999
8402120010	999
8402120090	999
8402190000	999
8402200000	999
8402900000	999
8403101000	999
8403109000	101 承压热水锅炉,102 沼气锅炉
8403900000	999
8404101010	999
8404101090	999
8404102000	999
8404200000	999
8404901000	999
8404909010	999
8404909090	999
8405100000	999
8405900000	999
8406100000	999
8406811000	999
8406812000	999
8406813000	999
8406820000	999
8406900000	999
8407101000	999
8407102010	999
8407102090	999
8407210000	999
8407290000	999
8407310000	101 其他车辆零部件,102 汽油发动机
8407320000	101 其他车辆零部件,102 汽油发动机
8407330000	101 其他车辆零部件,102 汽油发动机

HS 编码	CIQ 扩展品名
8407341000	101 其他车辆零部件 ,102 汽油发动机
8407342010	101 其他车辆零部件 ,102 汽油发动机
8407342090	101 其他车辆零部件 ,102 汽油发动机
8407901000	999
8407909010	999
8407909020	999
8407909031	999
8407909039	999
8407909040	999
8407909090	999
8408100000	999
8408201001	101 其他车辆零部件 ,102 柴油发动机
8408201010	101 其他车辆零部件 ,102 柴油发动机
8408201090	101 其他车辆零部件 ,102 柴油发动机
8408209010	101 其他车辆零部件 ,102 柴油发动机
8408209020	101 其他车辆零部件 ,102 柴油发动机
8408209090	101 其他车辆零部件 ,102 柴油发动机
8408901000	101 其他车辆零部件 ,102 柴油发动机
8408909111	999
8408909119	999
8408909191	999
8408909199	999
8408909210	999
8408909220	999
8408909290	999
8408909310	999
8408909390	999
8409100000	999
8409911000	999
8409919100	101 其他车辆零部件 ,102 其它动力设备及其零部件
8409919920	101 其他车辆零部件 ,102 其它动力设备及其零部件
8409919930	101 其他车辆零部件 ,102 其它动力设备及其零部件
8409919940	101 其他车辆零部件 ,102 其它动力设备及其零部件
8409919950	101 其他车辆零部件 ,102 其它动力设备及其零部件
8409919990	101 其他车辆零部件 ,102 其它动力设备及其零部件
8409991000	999
8409992000	101 其他车辆零部件 ,102 其它动力设备及其零部件
8409999100	101 其他车辆零部件 ,102 其它动力设备及其零部件
8409999910	101 其他车辆零部件 ,102 其它动力设备及其零部件
8409999990	101 其他车辆零部件 ,102 其它动力设备及其零部件
8410110000	999
8410120000	999
8410131000	999
8410132000	999
8410133000	999

HS 编码	CIQ 扩展品名
8410139000	999
8410901000	999
8410909000	999
8411111000	999
8411119000	999
8411121000	999
8411129010	999
8411129090	999
8411210000	999
8411221000	999
8411222000	999
8411223000	999
8411810001	999
8411810090	999
8411820000	999
8411910000	999
8411991010	999
8411991090	999
8411999000	999
8412101010	999
8412101020	999
8412101030	999
8412101090	999
8412109000	999
8412210000	999
8412291000	999
8412299010	999
8412299020	999
8412299090	999
8412310001	999
8412310090	999
8412390000	999
8412800010	999
8412800020	999
8412800090	999
8412901010	999
8412901020	999
8412901090	999
8412909010	999
8412909090	999
8413110000	999
8413190000	999
8413200000	999
8413302100	101 其他车辆零部件 ,102 燃油泵
8413302900	101 其他车辆零部件 ,102 燃油泵
8413303000	101 其他车辆零部件 ,102 燃油泵
8413309000	101 其他车辆零部件 ,102 燃油泵
8413400000	999
8413501010	999
8413501020	999
8413501090	999
8413502010	999
8413502020	999
8413502030	999

HS 编码	CIQ 扩展品名
8413502090	999
8413503101	999
8413503190	999
8413503901	999
8413503920	999
8413503990	999
8413509010	999
8413509020	999
8413509090	999
8413602101	999
8413602110	999
8413602190	999
8413602201	999
8413602202	999
8413602210	999
8413602220	999
8413602290	999
8413602901	999
8413602990	999
8413603101	999
8413603110	999
8413603190	999
8413603201	999
8413603210	999
8413603290	999
8413603901	999
8413603990	999
8413604001	999
8413604010	999
8413604090	999
8413605001	999
8413605090	999
8413606001	999
8413606090	999
8413609010	999
8413609090	999
8413701010	999
8413701020	999
8413701030	999
8413701090	999
8413709110	999
8413709190	999
8413709910	999
8413709920	999
8413709930	999
8413709940	999
8413709950	999
8413709960	999
8413709990	999
8413810010	999
8413810020	999
8413810090	999
8413820000	999
8413910000	999

HS 编码	CIQ 扩展品名
8413920000	999
8414100010	101 站及零件 I 类器具,102 站及零件 II 类器具,103 站及零件 III 类器具,104 站及零件 0I 类器具,105 站及零件 0 类器具
8414100020	999
8414100030	999
8414100040	999
8414100050	999
8414100060	999
8414100090	999
8414200000	999
8414301100	999
8414301200	999
8414301300	999
8414301400	999
8414301500	999
8414301900	999
8414309000	102 其他车辆零部件,101 其它制冷设备用压缩机及其零件
8414400000	999
8414511000	101 吊扇 I 类器具,102 吊扇 II 类器具,103 吊扇 III 类器具,104 吊扇 0I 类器具,105 吊扇 0 类器具
8414512000	101 换气扇 I 类器具,102 换气扇 II 类器具,103 换气扇 III 类器具,104 换气扇 0I 类器具,105 换气扇 0 类器具,106 其它电扇及其零件 I 类器具,107 其它电扇及其零件 II 类器具,108 其它电扇及其零件 III 类器具,109 其它电扇及其零件 0I 类器具,110 其它电扇及其零件 0 类器具
8414513000	101 有旋转导风轮的风扇 I 类器具,102 有旋转导风轮的风扇 II 类器具,103 有旋转导风轮的风扇 III 类器具,104 有旋转导风轮的风扇 0I 类器具,105 有旋转导风轮的风扇 0 类器具
8414519100	101 台扇 I 类器具,102 台扇 II 类器具,103 台扇 III 类器具,104 台扇 0I 类器具,105 台扇 0 类器具
8414519200	101 落地扇 I 类器具,102 落地扇 II 类器具,103 落地扇 III 类器具,104 落地扇 0I 类器具,105 落地扇 0 类器具
8414519300	101 壁扇 I 类器具,102 壁扇 II 类器具,103 壁扇 III 类器具,104 壁扇 0I 类器具,105 壁扇 0 类器具
8414519900	101 其它电扇及其零件 I 类器具,102 其它电扇及其零件 II 类器具,103 其它电扇及其零件 III 类器具,104 其它电扇及其零件 0I 类器具,105 其它电扇及其零件 0 类器具
8414591000	101 吊扇 I 类器具,102 吊扇 II 类器具,103 吊扇 III 类器具,104 吊扇 0I 类器具,105 吊扇 0 类器具,106 其它电扇及其零件 I 类器具,107 其它电扇及其零件 II 类器具,108 其它电扇及其零件 III 类器具,109 其它电扇及其零件 0I 类器具,110 其它电扇及其零件 0 类器具

HS 编码	CIQ 扩展品名
8414592000	101 换气扇 I 类器具,102 换气扇 II 类器具,103 换气扇 III 类器具,104 换气扇 0I 类器具,105 换气扇 0 类器具,106 其它电扇及其零件 I 类器具,107 其它电扇及其零件 II 类器具,108 其它电扇及其零件 III 类器具,109 其它电扇及其零件 0I 类器具,110 其它电扇及其零件 0 类器具
8414593000	999
8414599010	999
8414599020	999
8414599030	999
8414599040	999
8414599050	101 换气扇 I 类器具,102 换气扇 II 类器具,103 换气扇 III 类器具,104 换气扇 0I 类器具,105 换气扇 0 类器具
8414599060	101 换气扇 I 类器具,102 换气扇 II 类器具,103 换气扇 III 类器具,104 换气扇 0I 类器具,105 换气扇 0 类器具
8414599091	101 台扇 I 类器具,102 台扇 II 类器具,103 台扇 III 类器具,104 台扇 0I 类器具,105 台扇 0 类器具,106 落地扇 I 类器具,107 落地扇 II 类器具,108 落地扇 III 类器具,109 落地扇 0I 类器具,110 落地扇 0 类器具,111 壁扇 I 类器具,112 壁扇 II 类器具,113 壁扇 III 类器具,114 壁扇 0I 类器具,115 壁扇 0 类器具,116 其它电扇及其零件 I 类器具,117 其它电扇及其零件 II 类器具,118 其它电扇及其零件 III 类器具,119 其它电扇及其零件 0I 类器具,120 其它电扇及其零件 0 类器具
8414599099	101 其它电扇及其零件 I 类器具,102 其它电扇及其零件 II 类器具,103 其它电扇及其零件 III 类器具,104 其它电扇及其零件 0I 类器具,105 其它电扇及其零件 0 类器具
8414601000	999
8414609011	101 非家用过滤及净化装置,102 气体纯化过滤、净化机器及装置
8414609012	101 非家用过滤及净化装置,102 气体纯化过滤、净化机器及装置
8414609013	101 非家用过滤及净化装置,102 气体纯化过滤、净化机器及装置
8414609014	101 非家用过滤及净化装置,102 气体纯化过滤、净化机器及装置
8414609015	101 非家用过滤及净化装置,102 气体纯化过滤、净化机器及装置
8414609016	999
8414609090	999
8414801000	999
8414802000	999
8414803001	999
8414803090	101 其他车辆零部件,102 其它风机及其零件,103 站及零件
8414804010	999
8414804020	999
8414804030	999
8414804040	999
8414804090	999

HS 编码	CIQ 扩展品名
8414809051	101 非家用过滤及净化装置,102 气体纯化过滤、净化机器及装置
8414809052	101 非家用过滤及净化装置,102 气体纯化过滤、净化机器及装置
8414809053	101 非家用过滤及净化装置,102 气体纯化过滤、净化机器及装置
8414809054	999
8414809055	101 非家用过滤及净化装置,102 气体纯化过滤、净化机器及装置
8414809056	999
8414809090	101 其它风机及其零件,102 站及零件
8414901100	999
8414901900	999
8414902000	101 其它风机及其零件,102 其它电扇及其零件
8414909010	101 其它风机及其零件,102 其它电扇及其零件 I 类器具,103 其它电扇及其零件 II 类器具,104 其它电扇及其零件 III 类器具,105 其它电扇及其零件 0I 类器具,106 其它电扇及其零件 0 类器具,107 带有迷宫式密封装置往复式压缩机,108 站及零件,109 其它制冷设备用压缩机及其零件
8414909090	101 其它风机及其零件,102 其它电扇及其零件,103 站及零件
8415101000	999
8415102100	999
8415102210	999
8415102290	999
8415200000	101 车用空气调节器 I 类器具,102 车用空气调节器 II 类器具,103 车用空气调节器 III 类器具,104 车用空气调节器 0I 类器具,105 车用空气调节器 0 类器具
8415811000	101 独立窗式空调调节器 I 类器具,102 独立窗式空调调节器 II 类器具,103 独立窗式空调调节器 III 类器具,104 独立窗式空调调节器 0I 类器具,105 独立窗式空调调节器 0 类器具,106 分体空调调节器 I 类器具,107 分体空调调节器 II 类器具,108 分体空调调节器 III 类器具,109 分体空调调节器 0I 类器具,110 分体空调调节器 0 类器具,111 其它空气调节装置及其零件 I 类器具,112 其它空气调节装置及其零件 II 类器具,113 其它空气调节装置及其零件 III 类器具,114 其它空气调节装置及其零件 0I 类器具,115 其它空气调节装置及其零件 0 类器具
8415812001	101 独立窗式空调调节器 I 类器具,102 独立窗式空调调节器 II 类器具,103 独立窗式空调调节器 III 类器具,104 独立窗式空调调节器 0I 类器具,105 独立窗式空调调节器 0 类器具,106 分体空调调节器 I 类器具,107 分体空调调节器 II 类器具,108 分体空调调节器 III 类器具,109 分体空调调节器 0I 类器具,110 分体空调调节器 0 类器具,111 其它空气调节装置及其零件 I 类器具,112 其它空气调节装置及其零件 II 类器具,114 其它空气调节装置及其零件 0I 类器具,115 其它空气调节装置及其零件 0 类器具,113 其它空气调节装置及其零件 III 类器具

HS 编码	CIQ 扩展品名
8415812090	101 独立窗式空调调节器 I 类器具,102 独立窗式空调调节器 II 类器具,103 独立窗式空调调节器 III 类器具,104 独立窗式空调调节器 0I 类器具,105 独立窗式空调调节器 0 类器具,106 分体空调调节器 I 类器具,107 分体空调调节器 II 类器具,108 分体空调调节器 III 类器具,109 分体空调调节器 0I 类器具,110 分体空调调节器 0 类器具,111 其它空气调节装置及其零件 I 类器具,112 其它空气调节装置及其零件 II 类器具,113 其它空气调节装置及其零件 III 类器具,114 其它空气调节装置及其零件 0I 类器具,115 其它空气调节装置及其零件 0 类器具
8415821000	101 独立窗式空调调节器 I 类器具,102 独立窗式空调调节器 II 类器具,103 独立窗式空调调节器 III 类器具,104 独立窗式空调调节器 0I 类器具,105 独立窗式空调调节器 0 类器具,106 分体空调调节器 I 类器具,107 分体空调调节器 II 类器具,108 分体空调调节器 III 类器具,109 分体空调调节器 0I 类器具,110 分体空调调节器 0 类器具,111 其它空气调节装置及其零件 I 类器具,112 其它空气调节装置及其零件 II 类器具,113 其它空气调节装置及其零件 III 类器具,114 其它空气调节装置及其零件 0I 类器具,115 其它空气调节装置及其零件 0 类器具
8415822001	101 独立窗式空调调节器 I 类器具,102 独立窗式空调调节器 II 类器具,103 独立窗式空调调节器 III 类器具,104 独立窗式空调调节器 0I 类器具,105 独立窗式空调调节器 0 类器具,106 分体空调调节器 I 类器具,107 分体空调调节器 II 类器具,108 分体空调调节器 III 类器具,109 分体空调调节器 0I 类器具,110 分体空调调节器 0 类器具,111 其它空气调节装置及其零件 I 类器具,112 其它空气调节装置及其零件 II 类器具,113 其它空气调节装置及其零件 III 类器具,114 其它空气调节装置及其零件 0I 类器具,115 其它空气调节装置及其零件 0 类器具
8415822090	101 独立窗式空调调节器 I 类器具,102 独立窗式空调调节器 II 类器具,103 独立窗式空调调节器 III 类器具,104 独立窗式空调调节器 0I 类器具,105 独立窗式空调调节器 0 类器具,106 分体空调调节器 I 类器具,107 分体空调调节器 II 类器具,108 分体空调调节器 III 类器具,109 分体空调调节器 0I 类器具,110 分体空调调节器 0 类器具,111 其它空气调节装置及其零件 I 类器具,112 其它空气调节装置及其零件 II 类器具,113 其它空气调节装置及其零件 III 类器具,114 其它空气调节装置及其零件 0I 类器具,115 其它空气调节装置及其零件 0 类器具
8415830000	101 未装有制冷装置的空调器 I 类器具,102 未装有制冷装置的空调器 II 类器具,103 未装有制冷装置的空调器 III 类器具,104 未装有制冷装置的空调器 0I 类器具,105 未装有制冷装置的空调器 0 类器具
8415901000	999
8415909000	999

HS 编码	CIQ 扩展品名
8416100000	999
8416201101	999
8416201190	999
8416201900	999
8416209001	999
8416209090	999
8416300000	101 煤炭行业成套设备,102 其他行业成套设备
8416900000	999
8417100000	999
8417200000	999
8417801000	999
8417802000	999
8417803000	999
8417804000	999
8417805000	999
8417809010	999
8417809020	999
8417809090	999
8417901000	999
8417902000	999
8417909010	999
8417909090	999
8418101000	101 冷藏冷冻组合机 I 类器具,102 冷藏冷冻组合机 II 类器具,103 冷藏冷冻组合机 III 类器具,104 冷藏冷冻组合机 0I 类器具,105 冷藏冷冻组合机 0 类器具
8418102000	101 冷藏冷冻组合机 I 类器具,102 冷藏冷冻组合机 II 类器具,103 冷藏冷冻组合机 III 类器具,104 冷藏冷冻组合机 0I 类器具,105 冷藏冷冻组合机 0 类器具
8418103000	101 冷藏冷冻组合机 I 类器具,102 冷藏冷冻组合机 II 类器具,103 冷藏冷冻组合机 III 类器具,104 冷藏冷冻组合机 0I 类器具,105 冷藏冷冻组合机 0 类器具
8418211000	101 压缩式家用型冷藏箱 I 类器具,102 压缩式家用型冷藏箱 II 类器具,103 压缩式家用型冷藏箱 III 类器具,104 压缩式家用型冷藏箱 0I 类器具,105 压缩式家用型冷藏箱 0 类器具
8418212000	101 压缩式家用型冷藏箱 I 类器具,102 压缩式家用型冷藏箱 II 类器具,103 压缩式家用型冷藏箱 III 类器具,104 压缩式家用型冷藏箱 0I 类器具,105 压缩式家用型冷藏箱 0 类器具
8418213000	101 压缩式家用型冷藏箱 I 类器具,102 压缩式家用型冷藏箱 II 类器具,103 压缩式家用型冷藏箱 III 类器具,104 压缩式家用型冷藏箱 0I 类器具,105 压缩式家用型冷藏箱 0 类器具
8418291000	999
8418292000	101 电气吸收式家用型冷藏箱 I 类器具,102 电气吸收式家用型冷藏箱 II 类器具,103 电气吸收式家用型冷藏箱 III 类器具,104 电气吸收式家用型冷藏箱 0I 类器具,105 电气吸收式家用型冷藏箱 0 类器具
8418299000	999
8418301000	999
8418302100	999
8418302900	999

HS 编码	CIQ 扩展品名
8418401000	999
8418402100	999
8418402900	999
8418500000	101 制冰机 I 类器具 ,102 制冰机 II 类器具 ,103 制冰机 III 类器具 ,104 制冰机 0I 类器具 ,105 制冰机 0 类器具 ,106 其它冷藏冷冻柜设备及其零件
8418612010	999
8418612090	999
8418619000	999
8418692010	999
8418692090	999
8418699010	999
8418699020	101 制冰机 I 类器具 ,102 制冰机 II 类器具 ,103 制冰机 III 类器具 ,104 制冰机 0 类器具 ,105 制冰机 0I 类器具 ,106 冰激凌机 I 类器具 ,107 冰激凌机 II 类器具 ,108 冰激凌机 III 类器具 ,109 冰激凌机 0 类器具 ,110 冰激凌机 0I 类器具
8418699090	999
8418910000	999
8418991000	999
8418999100	999
8418999200	999
8418999910	999
8418999990	999
8419110000	999
8419191000	999
8419199000	101 燃气热水器 ,102 其他非电热热水器及其零件
8419200000	999
8419310000	999
8419320000	999
8419391000	999
8419399010	999
8419399020	999
8419399030	999
8419399040	999
8419399050	999
8419399090	999
8419401000	999
8419402000	999
8419409010	999
8419409020	999
8419409090	999
8419500010	101 螺旋板式交换器 ,102 其它热交换装置
8419500020	999
8419500030	999
8419500040	999
8419500050	999
8419500060	999
8419500090	101 废热锅炉 ,102 螺旋板式交换器 ,103 其它热交换装置
8419601100	999
8419601900	999
8419609010	999

HS 编码	CIQ 扩展品名
8419609020	101 其它液化空气或其它气体用的机器 ,102 其它液化空气或气体用的机器及其零件
8419609090	101 其它液化空气或其它气体用的机器 ,102 其它液化空气或气体用的机器及其零件
8419810000	999
8419891000	999
8419899010	999
8419899021	101 氨气提法二氧化碳气提塔等 ,102 其它利用温度变化处理材料的机器
8419899022	101 氨气提法二氧化碳气提塔等 ,102 其它利用温度变化处理材料的机器
8419899023	101 氨气提法二氧化碳气提塔等 ,102 其它利用温度变化处理材料的机器
8419899090	101 氨气提法二氧化碳气提塔等 ,102 其它利用温度变化处理材料的机器 ,103 非压力容器产品
8419901000	999
8419909000	999
8420100001	999
8420100020	999
8420100090	101 纺织行业成套设备 ,102 轻工行业成套设备 ,103 印刷行业成套设备 ,104 其他行业成套设备
8420910000	101 纺织行业成套设备 ,102 轻工行业成套设备 ,103 印刷行业成套设备 ,104 其他行业成套设备
8420990000	999
8421110000	999
8421121000	101 干衣机 I 类器具 ,102 干衣机 II 类器具 ,103 干衣机 III 类器具 ,104 干衣机 0I 类器具 ,105 干衣机 0 类器具
8421129000	101 干衣机 I 类器具 ,102 干衣机 II 类器具 ,103 干衣机 III 类器具 ,104 干衣机 0I 类器具 ,105 干衣机 0 类器具
8421191000	999
8421192000	999
8421199020	999
8421199030	999
8421199090	101 其它干燥器及其零件 ,102 其他离心机及类似装置及其零件
8421211000	101 非家用过滤及净化装置 ,102 家用型过滤或净化水的机器及装置 I 类器具 ,103 家用型过滤或净化水的机器及装置 II 类器具 ,104 家用型过滤或净化水的机器及装置 III 类器具 ,105 家用型过滤或净化水的机器及装置 0I 类器具 ,106 家用型过滤或净化水的机器及装置 0 类器具
8421219100	999
8421219910	999
8421219920	999
8421219990	999
8421220000	101 非家用过滤及净化装置 ,102 其它过滤及其喷射装置及其零件 I 类器具 ,103 其它过滤及其喷射装置及其零件 II 类器具 ,104 其它过滤及其喷射装置及其零件 III 类器具 ,105 其它过滤及其喷射装置及其零件 0I 类器具 ,106 其它过滤及其喷射装置及其零件 0 类器具

HS 编码	CIQ 扩展品名
8421230000	101 其他车辆零部件,102 动力设备零部件,103 非家用过滤及净化装置
8421291010	999
8421291090	999
8421299010	999
8421299040	999
8421299090	101 非家用过滤及净化装置,102 其它过滤及其喷射装置及其零件 I 类器具,103 其他离心机及类似装置及其零件,104 其它过滤及其喷射装置及其零件 II 类器具,105 其它过滤及其喷射装置及其零件 III 类器具,106 其它过滤及其喷射装置及其零件 0I 类器具,107 其它过滤及其喷射装置及其零件 0 类器具
8421310000	101 其他车辆零部件,102 动力设备零部件,103 非家用过滤及净化装置,104 其他离心机及类似装置及其零件
8421391000	101 其他离心机及类似装置及其零件,102 家用型气体过滤、净化机器及装置 I 类器具,103 家用型气体过滤、净化机器及装置 II 类器具,104 家用型气体过滤、净化机器及装置 III 类器具,105 家用型气体过滤、净化机器及装置 0I 类器具,106 家用型气体过滤、净化机器及装置 0 类器具
8421392110	999
8421392190	999
8421392210	999
8421392290	999
8421392310	999
8421392390	999
8421392410	999
8421392490	999
8421392910	999
8421392990	999
8421393001	101 其他车辆零部件,102 非家用过滤及净化装置,103 气体纯化过滤、净化机器及装置
8421393020	999
8421393090	101 其他车辆零部件,102 非家用过滤及净化装置,103 气体纯化过滤、净化机器及装置
8421394010	999
8421394090	101 非家用过滤及净化装置,102 气体纯化过滤、净化机器及装置
8421395010	999
8421395090	101 非家用过滤及净化装置,102 气体纯化过滤、净化机器及装置
8421399010	999
8421399090	101 非家用过滤及净化装置,102 气体纯化过滤、净化机器及装置
8421911000	999
8421919011	999
8421919012	999
8421919013	999
8421919014	999
8421919090	999
8421991000	999
8421999010	999
8421999090	101 其它工业用旋除尘器及其零件,102 非家用过滤及净化装置,103 气体纯化过滤、净化机器及装置,104 其它过滤及其喷射装置及其零件
8422110000	101 洗碟机及其零件 I 类器具,102 洗碟机及其零件 II 类器具,103 洗碟机及其零件 III 类器具,104 洗碟机及其零件 0I 类器具,105 洗碟机及其零件 0 类器具
8422190000	101 洗碟机及其零件 I 类器具,102 洗碟机及其零件 II 类器具,103 洗碟机及其零件 III 类器具,104 洗碟机及其零件 0I 类器具,105 洗碟机及其零件 0 类器具
8422200000	101 其它食品加工机器及其零件,102 其它餐具清洗机及其零件 I 类器具,103 其它餐具清洗机及其零件 II 类器具,104 其它餐具清洗机及其零件 III 类器具,105 其它餐具清洗机及其零件 0I 类器具,106 其它餐具清洗机及其零件 0 类器具,107 其它大型家用及其类似用途电器及其零件 I 类器具,108 其它大型家用及其类似用途电器及其零件 II 类器具,109 其它大型家用及其类似用途电器及其零件 III 类器具,110 其它大型家用及其类似用途电器及其零件 0I 类器具,111 其它大型家用及其类似用途电器及其零件 0 类器具
8422301010	999
8422301090	999
8422302100	999
8422302900	999
8422303001	999
8422303090	999
8422309001	999
8422309010	999
8422309090	999
8422400000	999
8422901000	999
8422902000	999
8422909000	101 建材行业成套设备,102 包装行业成套设备,103 其它餐具清洗机及其零件
8423100000	101 电子衡器,102 机械衡器
8423201000	999
8423209000	999
8423301010	999
8423301090	999
8423302000	101 电子衡器,102 机械衡器
8423303010	999
8423303090	999
8423309010	999
8423309090	999
8423811000	101 电子衡器,102 机械衡器
8423812000	999
8423819010	999
8423819090	999
8423821010	999
8423821090	999
8423829010	999
8423829090	999

HS 编码	CIQ 扩展品名
8423891010	999
8423891090	999
8423892010	999
8423892090	999
8423893010	999
8423893090	999
8423899010	999
8423899090	999
8423900010	999
8423900090	999
8424100000	999
8424200000	999
8424300000	999
8424410000	999
8424490000	999
8424820000	999
8424891000	101 家用型喷射、喷雾机械器具 I 类器具 ,102 家用型喷射、喷雾机械器具 II 类器具 ,103 家用型喷射、喷雾机械器具 III 类器具 ,104 家用型喷射、喷雾机械器具 0I 类器具 ,105 家用型喷射、喷雾机械器具 0 类器具
8424892000	999
8424899100	999
8424899910	101 其它过滤及其喷射装置及其零件 I 类器具 ,102 其它过滤及其喷射装置及其零件 II 类器具 ,103 其它过滤及其喷射装置及其零件 III 类器具 ,104 其它过滤及其喷射装置及其零件 0I 类器具 ,105 其它过滤及其喷射装置及其零件 0 类器具
8424899990	101 其它过滤及其喷射装置及其零件 I 类器具 ,102 其它过滤及其喷射装置及其零件 II 类器具 ,103 其它过滤及其喷射装置及其零件 III 类器具 ,104 其它过滤及其喷射装置及其零件 0I 类器具 ,105 其它过滤及其喷射装置及其零件 0 类器具
8424901000	999
8424902000	101 蒸脸器 ,102 家用型喷射、喷雾机械器具
8424909000	999
8425110000	999
8425190000	999
8425311000	999
8425319000	999
8425391000	999
8425399000	999
8425410000	999
8425421000	999
8425429000	999
8425491000	999
8425499000	999
8426112000	999
8426119000	999
8426120000	999
8426191000	999
8426192100	999
8426192900	999
8426193000	999

HS 编码	CIQ 扩展品名
8426194100	999
8426194200	999
8426194300	999
8426194900	999
8426199000	999
8426200000	999
8426300000	999
8426411000	999
8426419000	999
8426491000	999
8426499000	999
8426910000	999
8426990000	999
8427101000	999
8427102000	999
8427109000	999
8427201000	999
8427209000	999
8427900000	999
8428101001	999
8428101090	999
8428109000	101 载货电梯、升降机 ,102 起重机 ,103 机械式停车设备及其它装卸、储运设备及其零件 ,104 集装箱装卸桥 ,105 其他装卸桥、提升、起重设备及零件
8428200000	101 载货电梯、升降机 ,102 其他装卸桥、提升、起重设备及零件
8428310000	101 载货电梯、升降机 ,102 其他装卸桥、提升、起重设备及零件
8428320000	101 载货电梯、升降机 ,102 其他装卸桥、提升、起重设备及零件
8428330000	101 载货电梯、升降机 ,102 其他装卸桥、提升、起重设备及零件
8428391000	101 载货电梯、升降机 ,102 其他装卸桥、提升、起重设备及零件
8428392000	101 载货电梯、升降机 ,102 其他装卸桥、提升、起重设备及零件
8428399000	101 载货电梯、升降机 ,102 机械式停车设备及其它装卸、储运设备及其零件 ,103 其他装卸桥、提升、起重设备及零件
8428400000	999
8428601000	999
8428602100	999
8428602900	999
8428609000	101 载货电梯、升降机 ,102 客货运缆车
8428901000	999
8428902000	999
8428903100	999
8428903900	999
8428904000	999
8428909010	999
8428909020	999
8428909090	999
8429111000	999
8429119000	999

HS 编码	CIQ 扩展品名
8429191000	999
8429199000	999
8429201000	999
8429209000	999
8429301000	999
8429309000	999
8429401100	999
8429401900	999
8429409000	101 压路机 ,102 捣固机
8429510000	999
8429521100	999
8429521200	999
8429521900	999
8429529000	999
8429590000	999
8430100000	999
8430200000	999
8430311000	999
8430312000	999
8430313000	999
8430390000	999
8430411100	999
8430411900	999
8430412100	999
8430412200	999
8430412900	999
8430419000	999
8430490000	999
8430501000	999
8430502000	999
8430503100	999
8430503900	999
8430509000	999
8430610000	999
8430691100	999
8430691900	999
8430692000	101 铲运机 ,102 其它工程机械及其零件 ,103 建筑工业行业成套设备
8430699000	999
8431100000	999
8431201000	999
8431209000	999
8431310001	999
8431310090	999
8431390000	999
8431410000	101 其它工程机械及其零件 ,102 其他装卸桥、提升、起重设备及零件
8431420000	999
8431431000	999
8431432000	999
8431439000	999
8431492000	999
8431499100	101 其它工程机械及其零件 ,102 其他装卸桥、提升、起重设备及零件

HS 编码	CIQ 扩展品名
8431499900	101 其它工程机械及其零件 ,102 其他装卸桥、提升、起重设备及零件
8432100000	999
8432210000	999
8432290000	101 耕作机 ,102 其它农牧业机械及其零件
8432311100	999
8432311900	999
8432312100	999
8432312900	999
8432313100	999
8432313900	999
8432391100	999
8432391900	999
8432392100	999
8432392900	999
8432393100	999
8432393900	999
8432410000	999
8432420000	999
8432801000	999
8432809000	999
8432900000	999
8433110000	999
8433190000	999
8433200000	999
8433300000	999
8433400000	999
8433510001	999
8433510090	999
8433520000	999
8433530001	999
8433530090	999
8433591001	999
8433591090	999
8433592000	999
8433599001	999
8433599002	999
8433599090	101 收割机 ,102 脱粒机
8433601000	999
8433609000	999
8433901000	999
8433909000	999
8434100000	999
8434200000	999
8434900000	999
8435100000	999
8435900000	999
8436100000	999
8436210000	999
8436290000	999
8436800001	999
8436800002	999
8436800090	999
8436910000	999
8436990000	999

HS 编码	CIQ 扩展品名
8437101000	999
8437109000	999
8437800000	999
8437900000	999
8438100010	999
8438100090	999
8438200000	999
8438300000	999
8438400000	999
8438500000	999
8438600000	999
8438800000	999
8438900000	999
8439100000	999
8439200000	999
8439300000	999
8439910000	999
8439990000	999
8440101000	999
8440102000	999
8440109000	999
8440900000	999
8441100000	999
8441200000	999
8441301000	999
8441309000	999
8441400000	999
8441801000	999
8441809000	999
8441901001	999
8441901002	999
8441901090	999
8441909000	999
8442301000	999
8442302110	999
8442302190	999
8442302900	999
8442309000	999
8442400010	999
8442400090	999
8442500000	999
8443110000	999
8443120000	999
8443131100	999
8443131200	999
8443131301	999
8443131302	999
8443131303	999
8443131390	999
8443131901	999
8443131902	999
8443131903	999
8443131990	999
8443139000	999

HS 编码	CIQ 扩展品名
8443140000	999
8443150000	999
8443160001	999
8443160002	999
8443160090	999
8443170001	999
8443170090	999
8443192101	999
8443192190	999
8443192201	999
8443192210	999
8443192290	999
8443192900	999
8443198000	999
8443311010	101 多功能一体打印机 ,102 打印机 ,103 复印机 ,104 电话机 ,105 传真机 ,106 电传打字机
8443311090	101 多功能一体打印机 ,102 打印机 ,103 复印机 ,104 电话机 ,105 传真机 ,106 电传打字机
8443319010	101 多功能一体打印机 ,102 打印机 ,103 复印机 ,104 电话机 ,105 传真机 ,106 电传打字机
8443319020	101 多功能一体打印机 ,102 打印机 ,103 复印机 ,104 电话机 ,105 传真机 ,106 电传打字机
8443319090	101 打印机 ,102 复印机 ,103 电话机 ,104 传真机 ,105 电传打字机
8443321100	999
8443321200	999
8443321300	999
8443321400	999
8443321900	999
8443322100	999
8443322200	999
8443322900	999
8443329010	999
8443329090	101 打印机 ,102 油印机 ,103 复印机 ,104 电话机 ,105 电传打字机
8443391100	101 印刷行业成套设备 ,102 打印机 ,103 复印机
8443391200	101 印刷行业成套设备 ,102 打印机 ,103 复印机
8443392100	101 印刷行业成套设备 ,102 打印机 ,103 复印机
8443392200	101 印刷行业成套设备 ,102 打印机 ,103 复印机
8443392300	999
8443392400	101 印刷行业成套设备 ,102 打印机 ,103 复印机
8443393100	999
8443393200	999
8443393900	999
8443399000	999
8443911110	999
8443911190	999
8443911900	999
8443919010	999
8443919090	999

HS 编码	CIQ 扩展品名
8443991000	999
8443992100	999
8443992910	999
8443992990	999
8443999010	999
8443999090	999
8444001000	999
8444002000	999
8444003000	999
8444004000	999
8444005000	999
8444009000	999
8445111100	999
8445111200	999
8445111300	999
8445111900	999
8445112000	999
8445119001	999
8445119090	999
8445121000	999
8445122000	999
8445129000	999
8445131000	999
8445132100	999
8445132200	999
8445132900	999
8445190000	999
8445203101	999
8445203190	999
8445203200	999
8445203900	999
8445204100	999
8445204200	999
8445204900	999
8445209000	999
8445300000	999
8445401000	999
8445409000	101 自动络筒机 ,102 卷纬机及遥纱机 ,103 其它纺织机械及其零件
8445901000	999
8445902000	999
8445909000	999
8446100000	999
8446211000	999
8446219000	999
8446290000	999
8446302000	999
8446303000	999
8446304000	999
8446305000	999
8446309000	999
8447110000	999
8447120000	999
8447201100	999
8447201200	999

HS 编码	CIQ 扩展品名
8447201900	999
8447202000	999
8447203000	999
8447901100	999
8447901900	999
8447902000	999
8447909000	101 采棉机 ,102 清花机 ,103 其它纺织机械及其零件
8448110001	999
8448110090	999
8448190000	999
8448202000	999
8448209000	999
8448310000	999
8448320000	999
8448331000	999
8448339000	999
8448391000	999
8448392000	999
8448393000	999
8448394000	101 细纱机 ,102 其它纺织机械及其零件
8448399000	999
8448420000	999
8448491000	999
8448492000	999
8448493000	999
8448499000	999
8448512000	999
8448519000	999
8448590000	999
8449001001	999
8449001090	999
8449002001	999
8449002090	999
8449009000	999
8450111000	101 洗衣机 I 类器具 ,102 洗衣机 II 类器具 ,103 洗衣机 III 类器具 ,104 洗衣机 0I 类器具 ,105 洗衣机 0 类器具
8450112000	101 洗衣机 I 类器具 ,102 洗衣机 II 类器具 ,103 洗衣机 III 类器具 ,104 洗衣机 0I 类器具 ,105 洗衣机 0 类器具
8450119000	101 洗衣机 I 类器具 ,102 洗衣机 II 类器具 ,103 洗衣机 III 类器具 ,104 洗衣机 0I 类器具 ,105 洗衣机 0 类器具
8450120000	101 洗衣机 I 类器具 ,102 洗衣机 II 类器具 ,103 洗衣机 III 类器具 ,104 洗衣机 0I 类器具 ,105 洗衣机 0 类器具
8450190000	101 洗衣机 I 类器具 ,102 洗衣机 II 类器具 ,103 洗衣机 III 类器具 ,104 洗衣机 0I 类器具 ,105 洗衣机 0 类器具
8450201100	101 洗衣机 I 类器具 ,102 洗衣机 II 类器具 ,103 洗衣机 III 类器具 ,104 洗衣机 0I 类器具 ,105 洗衣机 0 类器具
8450201200	101 洗衣机 I 类器具 ,102 洗衣机 II 类器具 ,103 洗衣机 III 类器具 ,104 洗衣机 0I 类器具 ,105 洗衣机 0 类器具

HS 编码	CIQ 扩展品名
8450201900	101 洗衣机 I 类器具,102 洗衣机 II 类器具,103 洗衣机 III 类器具,104 洗衣机 0I 类器具,105 洗衣机 0 类器具
8450209000	101 洗衣机 I 类器具,102 洗衣机 II 类器具,103 洗衣机 III 类器具,104 洗衣机 0I 类器具,105 洗衣机 0 类器具
8450901000	999
8450909000	999
8451100000	101 干洗机 I 类器具,102 干洗机 II 类器具,103 干洗机 III 类器具,104 干洗机 0I 类器具,105 干洗机 0 类器具
8451210000	101 干衣机 I 类器具,102 干衣机 II 类器具,103 干衣机 III 类器具,104 干衣机 0I 类器具,105 干衣机 0 类器具
8451290000	101 干衣机 I 类器具,102 干衣机 II 类器具,103 干衣机 III 类器具,104 干衣机 0I 类器具,105 干衣机 0 类器具
8451300000	101 印花机,102 纺织行业成套设备,103 熨烫机 I 类器具,104 熨烫机 II 类器具,105 熨烫机 III 类器具,106 熨烫机 0I 类器具,107 熨烫机 0 类器具
8451400000	101 染色机,102 其它印染机械及其零件,103 纺织行业成套设备
8451500000	999
8451800001	101 其它印染机械及其零件,102 纺织行业成套设备,103 其它衣物处理设备及其零件 I 类器具,104 其它衣物处理设备及其零件 II 类器具,105 其它衣物处理设备及其零件 III 类器具,106 其它衣物处理设备及其零件 0I 类器具,107 其它衣物处理设备及其零件 0 类器具,108 其它大型家用及其类似用途电器及其零件 I 类器具,109 其它大型家用及其类似用途电器及其零件 II 类器具,110 其它大型家用及其类似用途电器及其零件 III 类器具,111 其它大型家用及其类似用途电器及其零件 0I 类器具,112 其它大型家用及其类似用途电器及其零件 0 类器具
8451800002	101 其它印染机械及其零件,102 纺织行业成套设备,103 其它衣物处理设备及其零件 I 类器具,104 其它衣物处理设备及其零件 II 类器具,105 其它衣物处理设备及其零件 III 类器具,106 其它衣物处理设备及其零件 0I 类器具,107 其它衣物处理设备及其零件 0 类器具,108 其它大型家用及其类似用途电器及其零件 I 类器具,109 其它大型家用及其类似用途电器及其零件 II 类器具,110 其它大型家用及其类似用途电器及其零件 III 类器具,111 其它大型家用及其类似用途电器及其零件 0I 类器具,112 其它大型家用及其类似用途电器及其零件 0 类器具
8451800003	101 其它印染机械及其零件,102 纺织行业成套设备,103 其它衣物处理设备及其零件 I 类器具,104 其它衣物处理设备及其零件 II 类器具,105 其它衣物处理设备及其零件 III 类器具,106 其它衣物处理设备及其零件 0I 类器具,107 其它衣物处理设备及其零件 0 类器具,108 其它大型家用及其类似用途电器及其零件 I 类器具,109 其它大型家用及其类似用途电器及其零件 II 类器具,110 其它大型家用及其类似用途电器及其零件 III 类器具,111 其它大型家用及其类似用途电器及其零件 0I 类器具,112 其它大型家用及其类似用途电器及其零件 0 类器具
8451800004	999
8451800090	101 印花机,102 染色机,103 其它印染机械及其零件,104 纺织行业成套设备,105 其它衣物处理设备及其零件 I 类器具,106 其它衣物处理设备及其零件 II 类器具,107 其它衣物处理设备及其零件 III 类器具,108 其它衣物处理设备及其零件 0I 类器具,109 其它衣物处理设备及其零件 0 类器具,110 其它大型家用及其类似用途电器及其零件 I 类器具,111 其它大型家用及其类似用途电器及其零件 II 类器具,112 其它大型家用及其类似用途电器及其零件 III 类器具,113 其它大型家用及其类似用途电器及其零件 0I 类器具,114 其它大型家用及其类似用途电器及其零件 0 类器具
8451900000	101 其它印染机械及其零件,102 纺织行业成套设备,103 其它衣物处理设备及其零件
8452101000	999
8452109100	999
8452109900	101 电动家用缝纫机,102 机械家用缝纫机
8452211000	101 电动工业用缝纫机,102 机械工业用缝纫机
8452212000	101 电动工业用缝纫机,102 机械工业用缝纫机
8452213000	101 电动工业用缝纫机,102 机械工业用缝纫机
8452219000	101 电动工业用缝纫机,102 机械工业用缝纫机,103 其它缝纫机
8452290000	101 电动工业用缝纫机,102 机械工业用缝纫机,103 其它缝纫机
8452300000	999
8452901100	999
8452901900	999
8452909100	999
8452909200	999
8452909900	999
8453100000	999
8453200000	999
8453800000	999
8453900000	999
8454100000	999
8454201010	999
8454201090	999
8454209000	999
8454301000	999

HS 编码	CIQ 扩展品名
8454302100	999
8454302200	999
8454302900	999
8454309000	999
8454901000	999
8454902100	999
8454902200	999
8454902900	999
8454909000	999
8455101000	999
8455102000	999
8455103000	999
8455109000	999
8455211000	999
8455212000	999
8455213000	999
8455219000	999
8455221000	999
8455229010	999
8455229090	999
8455300000	999
8455900000	999
8456110010	999
8456110090	999
8456120000	999
8456200000	999
8456301010	999
8456301090	999
8456309010	999
8456309090	999
8456401000	999
8456409000	999
8456500000	999
8456900000	101 电化学处理加工机床,102 火焰切割机,103 其它特种加工机床
8457101000	999
8457102000	999
8457103000	999
8457109100	999
8457109900	999
8457200000	999
8457300000	999
8458110010	999
8458110090	999
8458190000	999
8458911010	999
8458911090	999
8458912010	999
8458912090	999
8458990000	999
8459100000	999
8459210000	999
8459290000	999
8459310000	999
8459390000	999

HS 编码	CIQ 扩展品名
8459410000	999
8459490000	999
8459510000	999
8459590000	999
8459611000	999
8459619000	999
8459691000	999
8459699000	999
8459700000	999
8460121000	999
8460129000	999
8460191000	999
8460199000	999
8460221000	999
8460229000	999
8460231100	999
8460231900	999
8460239000	999
8460241100	999
8460241900	999
8460249000	999
8460291100	999
8460291200	999
8460291300	999
8460291900	999
8460299000	999
8460310000	999
8460390000	999
8460401000	999
8460402000	999
8460901000	101 磨床,102 砂磨工具
8460902000	999
8460909000	999
8461201000	999
8461202000	999
8461300000	999
8461401100	999
8461401900	999
8461409000	999
8461500010	999
8461500090	999
8461901100	999
8461901900	999
8461909000	999
8462101000	101 锻造机床,102 冲压机床
8462109000	101 锻造机床,102 冲压机床
8462211000	999
8462219000	101 折叠机,102 矫直机或矫平机,103 折弯机
8462291000	999
8462299000	101 折叠机,102 矫直机或矫平机,103 折弯机
8462311000	999
8462312000	999
8462319000	999
8462391000	999

HS 编码	CIQ 扩展品名
8462392000	999
8462399000	999
8462411100	101 冲压机床 ,102 开槽机 ,103 冲孔机 ,104 组合机床
8462411900	101 冲压机床 ,102 组合机床
8462419000	101 开槽机 ,102 冲孔机 ,103 组合机床
8462490000	101 开槽机 ,102 冲孔机 ,103 组合机床
8462911000	999
8462919000	101 冲压机床 ,102 挤压机 ,103 其它锻压或成型机床
8462991000	101 冲压机床 ,102 挤压机 ,103 其它锻压或成型机床
8462999000	999
8463101100	999
8463101900	999
8463102000	999
8463109000	999
8463200000	999
8463300000	999
8463900010	999
8463900020	999
8463900090	999
8464101000	999
8464102000	999
8464109000	999
8464201000	999
8464209000	999
8464901100	999
8464901200	999
8464901900	999
8464909000	999
8465100000	999
8465200000	999
8465910000	999
8465920000	999
8465930000	101 研磨或抛光机器 ,102 加工木材等材料的其它机床
8465940000	999
8465950000	999
8465960000	999
8465990000	999
8466100000	999
8466200000	999
8466300000	999
8466910000	101 机床附件 ,102 机床零件
8466920000	101 机床附件 ,102 机床零件
8466931000	101 机床附件 ,102 机床零件
8466939000	101 机床附件 ,102 机床零件
8466940010	999
8466940020	999
8466940090	101 机床附件 ,102 机床零件
8467110000	999
8467190000	999
8467210000	999
8467221000	999

HS 编码	CIQ 扩展品名
8467229000	999
8467291000	999
8467292000	999
8467299000	999
8467810000	999
8467890000	101 手提式液压工具 ,102 其他手提式动力工具及其零件
8467911000	999
8467919000	999
8467920000	999
8467991000	999
8467999000	999
8468100000	999
8468200010	999
8468200090	999
8468800000	101 波峰焊设备 ,102 其它焊接设备及其零件
8468900000	999
8470100000	999
8470210000	999
8470290000	999
8470300000	999
8470501000	999
8470509000	999
8470900000	999
8471301000	101 便携数字自动数据处理机 ,102 掌上电脑
8471309000	101 便携数字自动数据处理机 ,102 掌上电脑
8471411010	999
8471411090	999
8471412000	999
8471414000	999
8471419000	999
8471491010	999
8471491090	999
8471492000	999
8471494000	999
8471499100	999
8471499900	999
8471501010	999
8471501090	999
8471502000	999
8471504001	999
8471504090	999
8471509000	999
8471604000	999
8471605000	999
8471606000	999
8471607100	999
8471607200	999
8471609000	999
8471701000	999
8471702000	999
8471703000	999
8471709000	999
8471800000	999
8471900010	999

HS编码	CIQ扩展品名
8471900090	999
8472100000	999
8472301000	999
8472309000	999
8472901000	999
8472902100	999
8472902200	999
8472902900	999
8472903000	999
8472904000	999
8472905000	101 打印机,102 打字机
8472906000	101 打印机,102 打字机
8472909000	999
8473210000	999
8473290000	999
8473301000	999
8473309000	999
8473401000	999
8473402000	999
8473409010	999
8473409090	999
8473500000	101 其它计算机、辅助设备及其零件,102 其它办公机器及其零件
8474100000	101 其它工程机械及其零件,102 建筑工业行业成套设备
8474201000	101 其它工程机械及其零件,102 建筑工业行业成套设备
8474202000	101 其它工程机械及其零件,102 建筑工业行业成套设备
8474209000	101 其它工程机械及其零件,102 建筑工业行业成套设备
8474310000	101 其它工程机械及其零件,102 建筑工业行业成套设备
8474320000	101 其它工程机械及其零件,102 建筑工业行业成套设备
8474390000	101 其它工程机械及其零件,102 建筑工业行业成套设备
8474801000	101 其它工程机械及其零件,102 建筑工业行业成套设备
8474802000	101 其它工程机械及其零件,102 建材行业成套设备,103 建筑工业行业成套设备,104 其他行业成套设备
8474809010	101 其它工程机械及其零件,102 建筑工业行业成套设备
8474809090	101 其它工程机械及其零件,102 建材行业成套设备,103 建筑工业行业成套设备,104 其他行业成套设备
8474900000	101 其它工程机械及其零件,102 建筑工业行业成套设备
8475100000	999
8475210000	999
8475291100	999
8475291200	999
8475291900	999
8475299000	999
8475900010	999
8475900090	999
8476210000	999
8476290000	999
8476810000	999
8476890010	999
8476890090	999
8476900010	999
8476900090	999
8477101010	999
8477101090	101 电子行业成套设备,102 化工行业成套设备,103 轻工行业成套设备
8477109000	101 电子行业成套设备,102 化工行业成套设备,103 轻工行业成套设备
8477201000	101 电子行业成套设备,102 化工行业成套设备,103 轻工行业成套设备
8477209000	101 电子行业成套设备,102 化工行业成套设备,103 轻工行业成套设备
8477301000	101 电子行业成套设备,102 化工行业成套设备,103 轻工行业成套设备
8477302000	101 电子行业成套设备,102 化工行业成套设备,103 轻工行业成套设备
8477309000	101 电子行业成套设备,102 化工行业成套设备,103 轻工行业成套设备
8477401000	101 电子行业成套设备,102 化工行业成套设备,103 轻工行业成套设备
8477402000	101 电子行业成套设备,102 化工行业成套设备,103 轻工行业成套设备
8477409000	101 电子行业成套设备,102 化工行业成套设备,103 轻工行业成套设备
8477510000	999
8477591000	999
8477599000	101 电子行业成套设备,102 化工行业成套设备,103 轻工行业成套设备
8477800000	101 电子行业成套设备,102 化工行业成套设备,103 轻工行业成套设备
8477900000	101 电子行业成套设备,102 化工行业成套设备,103 轻工行业成套设备
8478100000	999
8478900000	999
8479102100	999
8479102200	999
8479102900	999
8479109000	999
8479200000	999
8479300000	999
8479400000	999
8479501000	101 电子行业成套设备,102 其他行业成套设备
8479509010	999
8479509090	101 电子行业成套设备,102 其他行业成套设备
8479600000	101 蒸发式空气冷却器 I 类器具,102 蒸发式空气冷却器 II 类器具,103 蒸发式空气冷却器 III 类器具,104 蒸发式空气冷却器 0I 类器具,105 蒸发式空气冷却器 0 类器具
8479710000	999

HS 编码	CIQ 扩展品名
8479790000	999
8479811000	101 机械行业成套设备,102 电子行业成套设备
8479819000	101 机械行业成套设备,102 电子行业成套设备
8479820010	101 轻工行业成套设备,102 其他行业成套设备
8479820020	101 轻工行业成套设备,102 其他行业成套设备
8479820090	101 轻工行业成套设备,102 其他行业成套设备
8479891000	101 船舶用零部件,102 船舶行业成套设备
8479892000	101 空气增湿器及减湿器 I 类器具,102 空气增湿器及减湿器 II 类器具,103 空气增湿器及减湿器 III 类器具,104 空气增湿器及减湿器 0I 类器具,105 空气增湿器及减湿器 0 类器具
8479894000	999
8479895000	999
8479896100	999
8479896200	999
8479896900	999
8479899200	101 机械行业成套设备,102 石油化工行业成套设备,103 铁路运输行业成套设备,104 交通行业成套设备,105 电子行业成套设备,106 通讯行业成套设备,107 电力行业成套设备,108 化工行业成套设备,109 石油天然气行业成套设备,110 冶金行业成套设备,111 纺织行业成套设备,112 轻工行业成套设备,113 建材行业成套设备,114 水利行业成套设备,115 兵工民品行业成套设备,116 劳动和劳动安全行业成套设备,117 公共安全行业成套设备,118 广播电影电视行业成套设备,119 船舶行业成套设备,120 环保行业成套设备,121 包装行业成套设备,122 煤炭行业成套设备,123 建筑工业行业成套设备,124 海洋行业成套设备,125 地质矿产行业成套设备,126 地震行业成套设备,127 印刷行业成套设备,128 其他行业成套设备
8479899910	999
8479899920	999
8479899930	999
8479899940	999
8479899951	999
8479899952	999
8479899953	999
8479899954	999
8479899955	999
8479899959	999
8479899960	999
8479899990	101 机械行业成套设备,102 石油化工行业成套设备,103 铁路运输行业成套设备,104 交通行业成套设备,105 电子行业成套设备,106 通讯行业成套设备,107 电力行业成套设备,108 化工行业成套设备,109 石油天然气行业成套设备,110 冶金行业成套设备,111 纺织行业成套设备,112 轻工行业成套设备,113 建材行业成套设备,114 水利行业成套设备,115 兵工民品行业成套设备,116 劳动和劳动安全行业成套设备,117 公共安全行业成套设备,118 广播电影电视行业成套设备,119 船舶行业成套设备,120 环保行业成套设备,121 包装行业成套设备,122 煤炭行业成套设备,123 建筑工业行业成套设备,124 海洋行业成套设备,125 地质矿产行业成套设备,126 地震行业成套设备,127 印刷行业成套设备,128 其他行业成套设备
8479901000	101 船舶用零部件,102 船舶行业成套设备
8479902000	999
8479909010	101 船舶用零部件,102 机械行业成套设备,103 电子行业成套设备,104 船舶行业成套设备,105 其他行业成套设备,106 其它过滤及其喷射装置及其零件 I 类器具,107 其它过滤及其喷射装置及其零件 II 类器具,108 其它过滤及其喷射装置及其零件 III 类器具,109 其它过滤及其喷射装置及其零件 0I 类器具,110 其它过滤及其喷射装置及其零件 0 类器具
8479909090	101 船舶用零部件,102 机械行业成套设备,103 电子行业成套设备,104 船舶行业成套设备,105 其他行业成套设备,106 其它过滤及其喷射装置及其零件
8480100000	999
8480200000	999
8480300000	999
8480411000	101 机械行业成套设备,102 电子行业成套设备,103 轻工行业成套设备
8480412000	101 机械行业成套设备,102 电子行业成套设备,103 轻工行业成套设备
8480419000	101 机械行业成套设备,102 电子行业成套设备,103 轻工行业成套设备
8480490000	101 机械行业成套设备,102 电子行业成套设备,103 轻工行业成套设备
8480500000	101 轻工行业成套设备,102 其他行业成套设备
8480600000	999
8480711000	999
8480719010	999
8480719090	101 机械行业成套设备,102 电子行业成套设备,103 轻工行业成套设备
8480790010	999
8480790090	101 机械行业成套设备,102 电子行业成套设备,103 轻工行业成套设备
8481100001	101 安全附件,102 减压阀
8481100090	101 安全附件,102 减压阀
8481201000	101 安全附件,102 传动阀
8481202000	101 安全附件,102 传动阀
8481300000	101 安全附件,102 止回阀
8481400000	101 安全附件,102 安全阀或溢流阀

HS 编码	CIQ 扩展品名
8481802110	101 安全附件 ,102 其它阀门及类似品
8481802190	101 安全附件 ,102 其它阀门及类似品
8481802910	101 安全附件 ,102 其它阀门及类似品
8481802990	101 安全附件 ,102 其它阀门及类似品
8481803110	101 安全附件 ,102 其它阀门及类似品
8481803190	101 安全附件 ,102 其它阀门及类似品
8481803910	101 安全附件 ,102 其它阀门及类似品
8481803990	101 安全附件 ,102 其它阀门及类似品
8481804010	101 安全附件 ,102 其它阀门及类似品
8481804090	101 安全附件 ,102 其它阀门及类似品
8481809000	101 安全附件 ,102 其它阀门及类似品
8481901000	101 安全附件 ,102 其它阀门及类似品零件
8481909000	101 安全附件 ,102 其它阀门及类似品零件
8482101000	999
8482102000	999
8482103000	999
8482104010	999
8482104090	999
8482109000	999
8482200000	999
8482300000	999
8482400000	999
8482500010	999
8482500090	999
8482800000	999
8482910000	999
8482990000	999
8483101100	999
8483101900	999
8483109000	999
8483200000	999
8483300010	999
8483300020	999
8483300090	999
8483401000	999
8483402000	999
8483409000	999
8483500000	999
8483600001	999
8483600090	999
8483900010	999
8483900090	999
8484100000	999
8484200010	999
8484200020	999
8484200030	999
8484200090	999
8484900000	999
8486101000	999
8486102000	999
8486103000	999
8486104000	999
8486109000	999
8486201000	999

HS 编码	CIQ 扩展品名
8486202100	999
8486202200	999
8486202900	999
8486203100	999
8486203900	101 其它机床 ,102 电子行业成套设备
8486204100	101 其它机床 ,102 电子行业成套设备
8486204900	101 其它机床 ,102 电子行业成套设备
8486205000	999
8486209000	101 其它机床 ,102 电子行业成套设备
8486301000	999
8486302100	999
8486302200	999
8486302900	999
8486303100	999
8486303900	101 其它机床 ,102 电子行业成套设备
8486304100	101 电子行业成套设备 ,102 非家用过滤及净化装置
8486304900	101 其它机床 ,102 电子行业成套设备 ,103 非家用过滤及净化装置
8486309000	101 其它机床 ,102 电子行业成套设备
8486401000	999
8486402100	999
8486402200	999
8486402900	999
8486403100	101 电子行业成套设备 ,102 机械式停车设备及其它装卸、储运设备及其零件
8486403900	101 起重机 ,102 机械式停车设备及其它装卸、储运设备及其零件 ,103 升降机 ,104 其他装卸桥、提升、起重设备及零件
8486901000	101 机械式停车设备及其它装卸、储运设备及其零件 ,102 其他装卸桥、提升、起重设备及零件
8486902000	999
8486909100	999
8486909900	999
8487100000	999
8487900000	999
8501101000	999
8501109101	999
8501109102	999
8501109190	999
8501109901	999
8501109902	999
8501109903	999
8501109990	101 玩具电机 ,102 微电机
8501200000	999
8501310000	101 微电机 ,102 直流电动机 ,103 组及其零件
8501320000	101 直流电动机 ,102 组及其零件
8501330000	101 直流电动机 ,102 组及其零件
8501340000	101 直流电动机 ,102 组及其零件
8501400000	999
8501510010	999
8501510090	999
8501520000	999
8501530010	999

HS 编码	CIQ 扩展品名
8501530090	999
8501610000	999
8501620000	999
8501630000	999
8501641010	999
8501641090	999
8501642010	999
8501642090	999
8501643010	999
8501643090	999
8502110000	999
8502120000	999
8502131000	999
8502132000	999
8502200000	999
8502310000	999
8502390010	999
8502390090	999
8502400000	999
8503001000	999
8503002000	999
8503003000	999
8503009010	999
8503009020	999
8503009030	999
8503009090	999
8504101000	999
8504109000	101 电子镇流器 ,102 其它镇流器及其零件
8504210000	999
8504220000	999
8504231100	999
8504231200	999
8504231300	999
8504232100	999
8504232900	999
8504311000	999
8504319000	999
8504321000	999
8504329000	999
8504331000	999
8504339000	999
8504341000	999
8504349000	999
8504401300	101: Ⅰ类稳压电源 ,102: Ⅱ类稳压电源 ,103: Ⅲ类稳压电源
8504401400	101: Ⅰ类稳压电源 ,102: Ⅱ类稳压电源 ,103: Ⅲ类稳压电源
8504401500	101: Ⅰ类稳压电源 ,102: Ⅱ类稳压电源 ,103: Ⅲ类稳压电源
8504401910	101: Ⅰ类稳压电源 ,102: Ⅱ类稳压电源 ,103: Ⅲ类稳压电源
8504401920	101: Ⅰ类稳压电源 ,102: Ⅱ类稳压电源 ,103: Ⅲ类稳压电源
8504401930	101: Ⅰ类稳压电源 ,102: Ⅱ类稳压电源 ,103: Ⅲ类稳压电源

HS 编码	CIQ 扩展品名
8504401940	101: Ⅰ类稳压电源 ,102: Ⅱ类稳压电源 ,103: Ⅲ类稳压电源
8504401990	101: Ⅰ类稳压电源 ,102: Ⅱ类稳压电源 ,103: Ⅲ类稳压电源
8504402000	999
8504403010	999
8504403020	999
8504403090	999
8504409110	999
8504409190	999
8504409910	999
8504409920	999
8504409930	999
8504409940	999
8504409950	999
8504409960	999
8504409970	999
8504409980	999
8504409991	999
8504409992	999
8504409999	999
8504500000	999
8504901100	999
8504901900	999
8504902000	999
8504909010	999
8504909090	999
8505111000	999
8505119000	999
8505190010	999
8505190090	999
8505200000	999
8505901000	999
8505909010	999
8505909020	999
8505909090	999
8506101110	101 锌－锰原电池及原电池组 ,102 碱性锌－锰原电池及原电池组 ,103 其他二氧化锰的原电池及原电池组
8506101190	101 锌－锰原电池及原电池组 ,102 碱性锌－锰原电池及原电池组 ,103 其他二氧化锰的原电池及原电池组
8506101210	101 锌－锰原电池及原电池组 ,102 碱性锌－锰原电池及原电池组 ,103 其他二氧化锰的原电池及原电池组
8506101290	101 锌－锰原电池及原电池组 ,102 碱性锌－锰原电池及原电池组 ,103 其他二氧化锰的原电池及原电池组
8506101910	101 锌－锰原电池及原电池组 ,102 碱性锌－锰原电池及原电池组 ,103 其他二氧化锰的原电池及原电池组 ,104 碱性的
8506101990	101 锌－锰原电池及原电池组 ,102 碱性锌－锰原电池及原电池组 ,103 其他二氧化锰的原电池及原电池组 ,104 碱性的

HS 编码	CIQ 扩展品名
8506109010	101 锌－锰原电池及原电池组,102 碱性锌－锰原电池及原电池组,103 其他二氧化锰的原电池及原电池组
8506109090	101 锌－锰原电池及原电池组,102 碱性锌－锰原电池及原电池组,103 其他二氧化锰的原电池及原电池组
8506300000	999
8506400010	101 锌银扣式电池,102 锌银其他电池,103 其他氧化银的原电池及原电池组
8506400090	101 锌银扣式电池,102 锌银其他电池,103 其他氧化银的原电池及原电池组
8506500000	101 锂－二氧化锰扣式电池,102 锂－二氧化锰其他电池,103 其他锂的原电池及原电池组
8506600010	999
8506600090	999
8506800011	999
8506800019	999
8506800091	999
8506800099	999
8506901000	999
8506909000	999
8507100000	101 起动用铅酸蓄电池,102 牵引用铅酸蓄电池,103 摩托车用铅酸蓄电池,104 固定型防酸式铅酸蓄电池,105 内燃机车用铅酸蓄电池,106 其他铅酸蓄电池,107 注有酸液
8507200000	101 起动用铅酸蓄电池,102 牵引用铅酸蓄电池,103 摩托车用铅酸蓄电池,104 固定型防酸式铅酸蓄电池,105 内燃机车用铅酸蓄电池,106 其他铅酸蓄电池
8507300000	101 圆柱镍镉电池,102 方形开口镉镍单体蓄电池,103 其他镍镉电池
8507400000	999
8507500000	101 密封金属氢化物镍可充单休电池,102 其他镍氢蓄电池
8507600010	999
8507600020	999
8507600090	101 蜂窝电话用锂离子蓄电池,102 其他锂离子蓄电池
8507803000	999
8507809010	101 其它蓄电池及其零件,102 注有碱液的,103 含氢氧化钾固体
8507809090	101 其它蓄电池及其零件,102 注有碱液的,103 含氢氧化钾固体
8507901001	999
8507901090	999
8507909000	999
8508110000	101 真空吸尘器 I 类器具,102 真空吸尘器 II 类器具,103 真空吸尘器 III 类器具,104 真空吸尘器 0I 类器具,105 真空吸尘器 0 类器具
8508190000	101 真空吸尘器 I 类器具,102 真空吸尘器 II 类器具,103 真空吸尘器 III 类器具,104 真空吸尘器 0I 类器具,105 真空吸尘器 0 类器具
8508600000	101 真空吸尘器 I 类器具,102 真空吸尘器 II 类器具,103 真空吸尘器 III 类器具,104 真空吸尘器 0I 类器具,105 真空吸尘器 0 类器具
8508701000	999
8508709000	999
8509401000	101 食品研磨机，搅拌机及果、菜榨汁器 I 类器具,102 食品研磨机，搅拌机及果、菜榨汁器 II 类器具,103 食品研磨机，搅拌机及果、菜榨汁器 III 类器具,104 食品研磨机，搅拌机及果、菜榨汁器 0I 类器具,105 食品研磨机，搅拌机及果、菜榨汁器 0 类器具,106 豆浆机 I 类器具,107 豆浆机 II 类器具,108 豆浆机 III 类器具,109 豆浆机 0I 类器具,110 豆浆机 0 类器具
8509409000	101 食品研磨机，搅拌机及果、菜榨汁器 I 类器具,102 食品研磨机，搅拌机及果、菜榨汁器 II 类器具,103 食品研磨机，搅拌机及果、菜榨汁器 III 类器具,104 食品研磨机，搅拌机及果、菜榨汁器 0I 类器具,105 食品研磨机，搅拌机及果、菜榨汁器 0 类器具
8509801000	101 地板打蜡机 I 类器具,102 地板打蜡机 II 类器具,103 地板打蜡机 III 类器具,104 地板打蜡机 0I 类器具,105 地板打蜡机 0 类器具
8509802000	101 厨房废物处理器 I 类器具,102 厨房废物处理器 II 类器具,103 厨房废物处理器 III 类器具,104 厨房废物处理器 0I 类器具,105 厨房废物处理器 0 类器具
8509809010	999
8509809090	101 其它电动器具及其零件 I 类器具,102 其它电动器具及其零件 II 类器具,103 其它电动器具及其零件 III 类器具,104 其它电动器具及其零件 0I 类器具,105 其它电动器具及其零件 0 类器具,106 其它小型家用及类似用途电器及其零件 I 类器具,107 其它小型家用及类似用途电器及其零件 II 类器具,108 其它小型家用及类似用途电器及其零件 III 类器具,109 其它小型家用及类似用途电器及其零件 0I 类器具,110 其它小型家用及类似用途电器及其零件 0 类器具
8509900000	101 其它电动器具及其零件,102 其它小型家用及类似用途电器及其零件
8510100000	101 电动剃须刀 I 类器具,102 电动剃须刀 II 类器具,103 电动剃须刀 III 类器具,104 电动剃须刀 0I 类器具,105 电动剃须刀 0 类器具
8510200000	101 电动毛发推剪 I 类器具,102 电动毛发推剪 II 类器具,103 电动毛发推剪 III 类器具,104 电动毛发推剪 0I 类器具,105 电动毛发推剪 0 类器具
8510300000	101 电动脱毛机 I 类器具,102 电动脱毛机 II 类器具,103 电动脱毛机 III 类器具,104 电动脱毛机 0I 类器具,105 电动脱毛机 0 类器具
8510900000	999
8511100000	101 其他车辆零部件,102 动力设备零部件
8511201000	101 航空器用零部件,102 船舶用零部件,103 铁道机车用零部件,104 组及其零件
8511209000	999
8511301000	101 航空器用零部件,102 船舶用零部件,103 铁道机车用零部件
8511309000	101 其他车辆零部件,102 组及其零件
8511401000	101 其它电动机及其零件,102 组及其零件
8511409100	999

HS 编码	CIQ 扩展品名
8511409900	999
8511501000	999
8511509000	999
8511800000	999
8511901000	101 航空器用零部件 ,102 船舶用零部件 ,103 铁道机车用零部件
8511909000	999
8512100000	999
8512201000	999
8512209000	999
8512301100	999
8512301200	999
8512301900	999
8512309000	999
8512400000	999
8512900000	999
8513101000	999
8513109000	999
8513901000	999
8513909000	999
8514101000	999
8514109000	999
8514200010	999
8514200090	999
8514300020	999
8514300030	999
8514300040	999
8514300090	999
8514400001	999
8514400090	999
8514901000	999
8514909000	999
8515110000	101 钎焊机器及装置 ,102 钎焊烙铁及焊枪
8515190010	999
8515190090	999
8515212001	999
8515212090	999
8515219100	999
8515219900	999
8515290000	999
8515312000	999
8515319100	999
8515319900	999
8515390000	999
8515801001	999
8515801090	999
8515809010	101 波峰焊设备 ,102 其它焊接设备及其零件
8515809090	101 波峰焊设备 ,102 其它焊接设备及其零件
8515900010	999
8515900090	999
8516101000	101 电热水器 I 类器具 ,102 电热水器 II 类器具 ,103 电热水器 III 类器具 ,104 电热水器 0I 类器具 ,105 电热水器 0 类器具
8516102000	101 电热水器 I 类器具 ,102 电热水器 II 类器具 ,103 电热水器 III 类器具 ,104 电热水器 0I 类器具 ,105 电热水器 0 类器具
8516109000	101 电热水器 I 类器具 ,102 电热水器 II 类器具 ,103 电热水器 III 类器具 ,104 电热水器 0I 类器具 ,105 电热水器 0 类器具
8516210000	101 电气储存式散热器 I 类器具 ,102 电气储存式散热器 II 类器具 ,103 电气储存式散热器 III 类器具 ,104 电气储存式散热器 0I 类器具 ,105 电气储存式散热器 0 类器具
8516291000	101 其它电热器具及其零件 I 类器具 ,102 其它电热器具及其零件 II 类器具 ,103 其它电热器具及其零件 III 类器具 ,104 其它电热器具及其零件 0I 类器具 ,105 其它电热器具及其零件 0 类器具
8516292000	101 其它电热器具及其零件 I 类器具 ,102 其它电热器具及其零件 II 类器具 ,103 其它电热器具及其零件 III 类器具 ,104 其它电热器具及其零件 0I 类器具 ,105 其它电热器具及其零件 0 类器具 ,106 其它小型家用及类似用途电器及其零件 I 类器具 ,107 其它小型家用及类似用途电器及其零件 II 类器具 ,108 其它小型家用及类似用途电器及其零件 III 类器具 ,109 其它小型家用及类似用途电器及其零件 0I 类器具 ,110 其它小型家用及类似用途电器及其零件 0 类器具
8516293100	101 其它电热器具及其零件 I 类器具 ,102 其它电热器具及其零件 II 类器具 ,103 其它电热器具及其零件 III 类器具 ,104 其它电热器具及其零件 0I 类器具 ,105 其它电热器具及其零件 0 类器具 ,106 其它小型家用及类似用途电器及其零件 I 类器具 ,107 其它小型家用及类似用途电器及其零件 II 类器具 ,108 其它小型家用及类似用途电器及其零件 III 类器具 ,109 其它小型家用及类似用途电器及其零件 0I 类器具 ,110 其它小型家用及类似用途电器及其零件 0 类器具
8516293200	101 其它电热器具及其零件 I 类器具 ,102 其它电热器具及其零件 II 类器具 ,103 其它电热器具及其零件 III 类器具 ,104 其它电热器具及其零件 0I 类器具 ,105 其它电热器具及其零件 0 类器具 ,106 其它小型家用及类似用途电器及其零件 I 类器具 ,107 其它小型家用及类似用途电器及其零件 II 类器具 ,108 其它小型家用及类似用途电器及其零件 III 类器具 ,109 其它小型家用及类似用途电器及其零件 0I 类器具 ,110 其它小型家用及类似用途电器及其零件 0 类器具

HS 编码	CIQ 扩展品名
8516293900	101 其它电热器具及其零件 I 类器具,102 其它电热器具及其零件 II 类器具,103 其它电热器具及其零件 III 类器具,104 其它电热器具及其零件 0I 类器具,105 其它电热器具及其零件 0 类器具,106 其它小型家用及类似用途电器及其零件 I 类器具,107 其它小型家用及类似用途电器及其零件 II 类器具,108 其它小型家用及类似用途电器及其零件 III 类器具,109 其它小型家用及类似用途电器及其零件 0I 类器具,110 其它小型家用及类似用途电器及其零件 0 类器具
8516299000	101 电气空间加热器 I 类器具,102 电气空间加热器 II 类器具,103 电气空间加热器 III 类器具,104 电气空间加热器 0I 类器具,105 电气空间加热器 0 类器具
8516310000	101 电吹风机 I 类器具,102 电吹风机 II 类器具,103 电吹风机 III 类器具,104 电吹风机 0I 类器具,105 电吹风机 0 类器具
8516320000	101 电热理发器具 I 类器具,102 电热理发器具 II 类器具,103 电热理发器具 III 类器具,104 电热理发器具 0I 类器具,105 电热理发器具 0 类器具,106 焗油机 I 类器具,107 焗油机 II 类器具,108 焗油机 III 类器具,109 焗油机 0I 类器具,110 焗油机 0 类器具
8516330000	101 电热干手器 I 类器具,102 电热干手器 II 类器具,103 电热干手器 III 类器具,104 电热干手器 0I 类器具,105 电热干手器 0 类器具
8516400000	101 电熨斗 I 类器具,102 电熨斗 II 类器具,103 电熨斗 III 类器具,104 电熨斗 0I 类器具,105 电熨斗 0 类器具
8516500000	101 微波炉 I 类器具,102 微波炉 II 类器具,103 微波炉 III 类器具,104 微波炉 0I 类器具,105 微波炉 0 类器具
8516601000	101 电磁炉 I 类器具,102 电磁炉 II 类器具,103 电磁炉 III 类器具,104 电磁炉 0I 类器具,105 电磁炉 0 类器具
8516603000	101 电饭锅 I 类器具,102 电饭锅 II 类器具,103 电饭锅 III 类器具,104 电饭锅 0I 类器具,105 电饭锅 0 类器具
8516604000	101 电炒锅 I 类器具,102 电炒锅 II 类器具,103 电炒锅 III 类器具,104 电炒锅 0I 类器具,105 电炒锅 0 类器具
8516605000	101 电热炉 I 类器具,102 电热炉 II 类器具,103 电热炉 III 类器具,104 电热炉 0I 类器具,105 电热炉 0 类器具
8516609000	101 电热炉 I 类器具,102 电热炉 II 类器具,103 电热炉 III 类器具,104 电热炉 0I 类器具,105 电热炉 0 类器具,106 光波炉 I 类器具,107 光波炉 II 类器具,108 光波炉 III 类器具,109 光波炉 0I 类器具,110 光波炉 0 类器具,111 油炸锅 I 类器具,112 油炸锅 II 类器具,113 油炸锅 III 类器具,114 油炸锅 0I 类器具,115 油炸锅 0 类器具
8516711000	101 电热咖啡壶或茶壶 I 类器具,102 电热咖啡壶或茶壶 II 类器具,103 电热咖啡壶或茶壶 III 类器具,104 电热咖啡壶或茶壶 0I 类器具,105 电热咖啡壶或茶壶 0 类器具
8516712000	101 电热咖啡壶或茶壶 I 类器具,102 电热咖啡壶或茶壶 II 类器具,103 电热咖啡壶或茶壶 III 类器具,104 电热咖啡壶或茶壶 0I 类器具,105 电热咖啡壶或茶壶 0 类器具
8516713000	101 电热咖啡壶或茶壶 I 类器具,102 电热咖啡壶或茶壶 II 类器具,103 电热咖啡壶或茶壶 III 类器具,104 电热咖啡壶或茶壶 0I 类器具,105 电热咖啡壶或茶壶 0 类器具
8516719000	101 电热咖啡壶或茶壶 I 类器具,102 电热咖啡壶或茶壶 II 类器具,103 电热咖啡壶或茶壶 III 类器具,104 电热咖啡壶或茶壶 0I 类器具,105 电热咖啡壶或茶壶 0 类器具,106 电热水壶 I 类器具,107 电热水壶 II 类器具,108 电热水壶 III 类器具,109 电热水壶 0I 类器具,110 电热水壶 0 类器具
8516721000	101 电热烤面包器 I 类器具,102 电热烤面包器 II 类器具,103 电热烤面包器 III 类器具,104 电热烤面包器 0I 类器具,105 电热烤面包器 0 类器具
8516722000	101 电热烤面包器 I 类器具,102 电热烤面包器 II 类器具,103 电热烤面包器 III 类器具,104 电热烤面包器 0I 类器具,105 电热烤面包器 0 类器具
8516729000	101 电热烤面包器 I 类器具,102 电热烤面包器 II 类器具,103 电热烤面包器 III 类器具,104 电热烤面包器 0I 类器具,105 电热烤面包器 0 类器具
8516791000	101 其它电热器具及其零件 I 类器具,102 其它电热器具及其零件 II 类器具,103 其它电热器具及其零件 III 类器具,104 其它电热器具及其零件 0I 类器具,105 其它电热器具及其零件 0 类器具,106 其它小型家用及类似用途电器及其零件 I 类器具,107 其它小型家用及类似用途电器及其零件 II 类器具,108 其它小型家用及类似用途电器及其零件 III 类器具,109 其它小型家用及类似用途电器及其零件 0I 类器具,110 其它小型家用及类似用途电器及其零件 0 类器具
8516799010	999
8516799090	101 电蒸炉 I 类器具,102 电蒸炉 II 类器具,103 电蒸炉 III 类器具,104 电蒸炉 0I 类器具,105 电蒸炉 0 类器具,106 电子炖盅 I 类器具,107 电子炖盅 II 类器具,108 电子炖盅 III 类器具,109 电子炖盅 0I 类器具,110 电子炖盅 0 类器具,111 其它电热器具及其零件 I 类器具,112 其它电热器具及其零件 II 类器具,113 其它电热器具及其零件 III 类器具,114 其它电热器具及其零件 0I 类器具,115 其它电热器具及其零件 0 类器具,116 其它小型家用及类似用途电器及其零件 I 类器具,117 其它小型家用及类似用途电器及其零件 II 类器具,118 其它小型家用及类似用途电器及其零件 III 类器具,119 其它小型家用及类似用途电器及其零件 0I 类器具,120 其它小型家用及类似用途电器及其零件 0 类器具

HS 编码	CIQ 扩展品名
8516800000	101 其它电热器具及其零件 I 类器具 ,102 其它电热器具及其零件 II 类器具 ,103 其它电热器具及其零件 III 类器具 ,104 其它电热器具及其零件 0I 类器具 ,105 其它电热器具及其零件 0 类器具
8516901000	999
8516909000	999
8517110010	999
8517110090	999
8517121011	101 不带附件及包装 ,102 包含附件及包装
8517121019	101 不带附件及包装 ,102 包含附件及包装
8517121021	101 不带附件及包装 ,102 包含附件及包装
8517121029	101 不带附件及包装 ,102 包含附件及包装
8517121090	101 不带附件及包装 ,102 包含附件及包装
8517122000	101 对讲机 ,102 其它通讯设备及其零件
8517129000	101 不带附件及包装 ,102 包含附件及包装 ,103 其它通讯设备及其零件
8517180010	999
8517180090	999
8517611010	999
8517611020	999
8517611030	999
8517611090	999
8517619000	101 不带附件及包装 ,102 包含附件及包装 ,103 其它通讯设备及其零件
8517621100	101 电话交换机 ,102 网络交换机 ,103 其它通讯设备及其零件
8517621200	101 网络交换机 ,102 其它通讯设备及其零件
8517621900	999
8517622100	101 调制解调器 ,102 光通信数字同步设备 ,103 其它通讯设备及其零件
8517622200	999
8517622910	101 光通信数字同步设备 ,102 其它通讯设备及其零件
8517622990	101 光通信数字同步设备 ,102 其它通讯设备及其零件
8517623100	999
8517623210	999
8517623290	999
8517623300	999
8517623400	999
8517623500	999
8517623610	999
8517623690	999
8517623710	999
8517623790	999
8517623910	999
8517623990	999
8517629200	999
8517629300	999
8517629400	101: Ⅰ类其它扬声器及其零件 ,102: Ⅱ类其它扬声器及其零件 ,103: Ⅲ类其它扬声器及其零件
8517629900	999

HS 编码	CIQ 扩展品名
8517691001	101 无线接收装置 ,102 无线寻呼机 ,103 其它通讯设备及其零件
8517691090	101 不带附件及包装 ,102 包含附件及包装
8517699000	101 其它办公机器及其零件 ,102 其它通讯设备及其零件
8517701000	999
8517702000	999
8517703000	999
8517704000	101 移动通讯设备 ,102 其它通讯设备及其零件
8517706000	999
8517707001	999
8517707090	999
8517709000	999
8518100001	101: Ⅰ类其它扬声器及其零件 ,102: Ⅱ类其它扬声器及其零件 ,103: Ⅲ类其它扬声器及其零件
8518100090	101: Ⅰ类其它扬声器及其零件 ,102: Ⅱ类其它扬声器及其零件 ,103: Ⅲ类其它扬声器及其零件
8518210000	101: Ⅰ类单喇叭音箱 ,102: Ⅱ类单喇叭音箱 ,103: Ⅲ类单喇叭音箱
8518220000	101: Ⅰ类多喇叭音箱 ,102: Ⅱ类多喇叭音箱 ,103: Ⅲ类多喇叭音箱
8518290000	101: Ⅰ类其它扬声器及其零件 ,102: Ⅱ类其它扬声器及其零件 ,103: Ⅲ类其它扬声器及其零件
8518300000	101: Ⅰ类其它扬声器及其零件 ,102: Ⅱ类其它扬声器及其零件 ,103: Ⅲ类其它扬声器及其零件
8518400001	101: Ⅰ类音频功率放大器 ,102: Ⅱ类音频功率放大器 ,103: Ⅲ类音频功率放大器
8518400090	101: Ⅰ类音频功率放大器 ,102: Ⅱ类音频功率放大器 ,103: Ⅲ类音频功率放大器
8518500000	101: Ⅰ类电气扩音机组 ,102: Ⅱ类电气扩音机组 ,103: Ⅲ类电气扩音机组
8518900001	101: Ⅰ类其它扬声器及其零件 ,102: Ⅱ类其它扬声器及其零件 ,103: Ⅲ类其它扬声器及其零件 ,104: Ⅰ类其它收录放音装置及其零件 ,105: Ⅱ类其它收录放音装置及其零件 ,106: Ⅲ类其它收录放音装置及其零件
8518900090	101: Ⅰ类其它扬声器及其零件 ,102: Ⅱ类其它扬声器及其零件 ,103: Ⅲ类其它扬声器及其零件 ,104: Ⅰ类其它收录放音装置及其零件 ,105: Ⅱ类其它收录放音装置及其零件 ,106: Ⅲ类其它收录放音装置及其零件
8519200010	101: Ⅰ类激光唱机 ,102: Ⅱ类激光唱机 ,103: Ⅲ类激光唱机
8519200090	101: Ⅰ类录音机走带机构 ,102: Ⅱ类录音机走带机构 ,103: Ⅲ类录音机走带机构类 ,104: Ⅰ类收音机 ,105: Ⅱ类收音机 ,106: 收音机 ,107: 放音组合机 ,108: 放音组合机 ,109: 放音组合机 ,110: Ⅰ类其它收录放音装置及其零件 ,111: Ⅱ类其它收录放音装置及其零件 ,112: Ⅲ类其它收录放音装置及其零件

HS 编码	CIQ 扩展品名
8519300000	101: Ⅰ类放音机 ,102: Ⅱ类放音机 ,103: Ⅲ类放音机 ,104: Ⅰ类激光唱机 ,105: Ⅱ类激光唱机 ,106: Ⅲ类激光唱机
8519500000	101 放音组合机 ,102 放音组合机 ,103 放音组合机
8519811100	101: Ⅰ类放音机 ,102: Ⅱ类放音机 ,103: Ⅲ类放音机
8519811200	101: Ⅰ类录音机 ,102: Ⅱ类录音机 ,103: Ⅲ类录音机
8519811900	101: Ⅰ类录音机 ,102: Ⅱ类录音机 ,103: Ⅲ类录音机
8519812100	101: Ⅰ类激光唱机 ,102: Ⅱ类激光唱机 ,103: Ⅲ类激光唱机
8519812910	101: Ⅰ类录音机 ,102: Ⅱ类录音机 ,103: Ⅲ类录音机
8519812990	101: Ⅰ类录音机 ,102: Ⅱ类录音机 ,103: Ⅲ类录音机
8519813100	101 电子行业成套设备 ,102,103 Ⅱ类录音机 ,104 Ⅲ类录音机
8519813900	101: Ⅰ类录音机 ,102: Ⅱ类录音机 ,103: Ⅲ类录音机
8519891000	101: Ⅰ类放音机 ,102: Ⅱ类放音机 ,103: Ⅲ类放音机
8519899000	101: Ⅰ类录音机 ,102: Ⅱ类录音机 ,103: Ⅲ类录音机
8521101100	101: Ⅰ类磁带录放像机 ,102: Ⅱ类磁带录放像机 ,103: Ⅲ类磁带录放像机
8521101900	101: Ⅰ类磁带录放像机 ,102: Ⅱ类磁带录放像机 ,103: Ⅲ类磁带录放像机
8521102000	101: Ⅰ类磁带录放像机 ,102: Ⅱ类磁带录放像机 ,103: Ⅲ类磁带录放像机
8521901110	101: Ⅰ类激光视盘放像机 ,102: Ⅱ类激光视盘放像机 ,103: Ⅲ类激光视盘放像机
8521901190	101: Ⅰ类激光视盘放像机 ,102: Ⅱ类激光视盘放像机 ,103: Ⅲ类激光视盘放像机
8521901210	101: Ⅰ类激光视盘放像机 ,102: Ⅱ类激光视盘放像机 ,103: Ⅲ类激光视盘放像机
8521901290	101: Ⅰ类激光视盘放像机 ,102: Ⅱ类激光视盘放像机 ,103: Ⅲ类激光视盘放像机
8521901910	101: Ⅰ类激光视盘放像机 ,102: Ⅱ类激光视盘放像机 ,103: Ⅲ类激光视盘放像机
8521901990	101: Ⅰ类激光视盘放像机 ,102: Ⅱ类激光视盘放像机 ,103: Ⅲ类激光视盘放像机
8521909010	999
8521909020	999
8521909090	101: Ⅰ类其它摄录放像装置及其零件 ,102: Ⅱ类其它摄录放像装置及其零件 ,103: Ⅲ类其它摄录放像装置及其零件
8522100000	101: Ⅰ类其它收录放音装置及其零件 ,102: Ⅱ类其它收录放音装置及其零件 ,103: Ⅲ类其它收录放音装置及其零件
8522901000	101: Ⅰ类其它收录放音装置及其零件 ,102: Ⅱ类其它收录放音装置及其零件 ,103: Ⅲ类其它收录放音装置及其零件
8522902100	101: Ⅰ类录音机走带机构 ,102: Ⅱ类录音机走带机构 ,103: Ⅲ类录音机走带机构
8522902200	101: Ⅰ类其它收录放音装置及其零件 ,102: Ⅱ类其它收录放音装置及其零件 ,103: Ⅲ类其它收录放音装置及其零件
8522902300	101: Ⅰ类其它收录放音装置及其零件 ,102: Ⅱ类其它收录放音装置及其零件 ,103: Ⅲ类其它收录放音装置及其零件
8522902900	101: Ⅰ类其它收录放音装置及其零件 ,102: Ⅱ类其它收录放音装置及其零件 ,103: Ⅲ类其它收录放音装置及其零件
8522903110	999
8522903190	101: Ⅰ类其它收录放音装置及其零件 ,102: Ⅱ类其它收录放音装置及其零件 ,103: Ⅲ类其它收录放音装置及其零件
8522903900	999
8522909100	101: Ⅰ类其它收录放音装置及其零件 ,102: Ⅱ类其它收录放音装置及其零件 ,103: Ⅲ类其它收录放音装置及其零件
8522909900	101: Ⅰ类其它收录放音装置及其零件 ,102: Ⅱ类其它收录放音装置及其零件 ,103: Ⅲ类其它收录放音装置及其零件
8523211000	999
8523212000	999
8523291100	999
8523291900	999
8523292100	999
8523292200	999
8523292300	999
8523292800	999
8523292900	999
8523299000	999
8523410000	999
8523491000	999
8523492000	999
8523499000	999
8523511000	101 其它计算机、辅助设备及其零件 ,102 磁带、磁盘
8523512000	101 其它计算机、辅助设备及其零件 ,102 磁带、磁盘
8523521000	101 软、硬、光盘驱动器 ,102 其它计算机、辅助设备及其零件 ,103 磁带、磁盘
8523529000	101 软、硬、光盘驱动器 ,102 其它计算机、辅助设备及其零件 ,103 磁带、磁盘
8523591000	999
8523592000	999
8523801100	101 磁带、磁盘 ,102 其它视听设备及其零件
8523801900	101 磁带、磁盘 ,102 其它视听设备及其零件
8523802100	101 软、硬、光盘驱动器 ,102 磁带、磁盘
8523802900	101 软、硬、光盘驱动器 ,102 磁带、磁盘
8523809100	101 软、硬、光盘驱动器 ,102 磁带、磁盘
8523809900	101 软、硬、光盘驱动器 ,102 磁带、磁盘
8525500000	101: Ⅰ类其它电视接收、发送装置及其零件 ,102: Ⅱ类其它电视接收、发送装置及其零件 ,103: Ⅲ类其它电视接收、发送装置及其零件
8525601000	101: Ⅰ类卫星电视接收机 ,102: Ⅱ类卫星电视接收机 ,103: Ⅲ类卫星电视接收机

HS 编码	CIQ 扩展品名
8525609000	101: Ⅰ类其它电视接收、发送装置及其零件 ,102: Ⅱ类其它电视接收、发送装置及其零件 ,103: Ⅲ类其它电视接收、发送装置及其零件
8525801110	101: Ⅰ类电视摄像机 ,102: Ⅱ类电视摄像机 ,103: Ⅲ类电视摄像机
8525801190	101: Ⅰ类电视摄像机 ,102: Ⅱ类电视摄像机 ,103: Ⅲ类电视摄像机
8525801200	101: Ⅰ类电视摄像机 ,102: Ⅱ类电视摄像机 ,103: Ⅲ类电视摄像机
8525801301	101: Ⅰ类电视摄像机 ,102: Ⅱ类电视摄像机 ,103: Ⅲ类电视摄像机
8525801302	101: Ⅰ类电视摄像机 ,102: Ⅱ类电视摄像机 ,103: Ⅲ类电视摄像机
8525801390	101: Ⅰ类电视摄像机 ,102: Ⅱ类电视摄像机 ,103: Ⅲ类电视摄像机
8525802100	999
8525802200	999
8525802500	999
8525802910	999
8525802990	999
8525803100	101: Ⅰ类电视摄像机 ,102: Ⅱ类电视摄像机 ,103: Ⅲ类电视摄像机 ,104: Ⅰ类家用型摄录一体机 ,105: Ⅱ类家用型摄录一体机 ,106: Ⅲ类家用型摄录一体机
8525803200	101: Ⅰ类电视摄像机 ,102: Ⅱ类电视摄像机 ,103: Ⅲ类电视摄像机
8525803300	101: Ⅰ类家用型摄录一体机 ,102: Ⅱ类家用型摄录一体机 ,103: Ⅲ类家用型摄录一体机
8525803910	301: Ⅰ类电视摄像机 ,302: Ⅱ类电视摄像机 ,303: Ⅲ类电视摄像机
8525803990	301: Ⅰ类电视摄像机 ,302: Ⅱ类电视摄像机 ,303: Ⅲ类电视摄像机
8526101010	999
8526101090	999
8526109010	999
8526109020	999
8526109030	999
8526109040	999
8526109090	999
8526911000	999
8526919010	999
8526919090	999
8526920000	999
8527120000	101: Ⅰ类放音机 ,102: Ⅱ类放音机 ,103: Ⅲ类放音机
8527130000	101 放音组合机 ,102 放音组合机 ,103 放音组合机
8527190000	101: Ⅰ类收音机 ,102: Ⅱ类收音机 ,103: Ⅲ类收音机
8527210010	101 放音组合机 ,102 放音组合机 ,103 放音组合机
8527210090	101 放音组合机 ,102 放音组合机 ,103 放音组合机
8527290000	101: Ⅰ类收音机 ,102: Ⅱ类收音机 ,103: Ⅲ类收音机

HS 编码	CIQ 扩展品名
8527910000	101 放音组合机 ,102 放音组合机 ,103 放音组合机 ,104 其它收录放音装置及其零件
8527920000	101: Ⅰ类其它收录放音装置及其零件 ,102: Ⅱ类其它收录放音装置及其零件 ,103: Ⅲ类其它收录放音装置及其零件 ,104: 其它收录放音装置及其零件
8527990000	101: Ⅰ类收音机 ,102: Ⅱ类收音机 ,103: Ⅲ类收音机
8528420000	101 彩色视频监视器 ,102 黑白或其它单色视频监视器
8528491000	101: Ⅰ类彩色视频监视器 ,102: Ⅱ类彩色视频监视器 ,103: Ⅲ类彩色视频监视器
8528499000	101: Ⅰ类黑白或其它单色视频监视器 ,102: Ⅱ类黑白或其它单色视频监视器 ,103: Ⅲ类黑白或其它单色视频监视器
8528521100	999
8528521200	999
8528521900	999
8528529100	999
8528529200	999
8528529900	999
8528591010	999
8528591090	101: Ⅰ类彩色视频监视器 ,102: Ⅱ类彩色视频监视器 ,103: Ⅲ类彩色视频监视器
8528599000	101: Ⅰ类黑白或其它单色视频监视器 ,102: Ⅱ类黑白或其它单色视频监视器 ,103: Ⅲ类黑白或其它单色视频监视器
8528621010	999
8528621090	999
8528622000	999
8528629000	999
8528691000	101: Ⅰ类视频投影机 ,102: Ⅱ类视频投影机 ,103: Ⅲ类视频投影机
8528699000	101: Ⅰ类视频投影机 ,102: Ⅱ类视频投影机 ,103: Ⅲ类视频投影机
8528711000	101: Ⅰ类卫星电视接收机 ,102: Ⅱ类卫星电视接收机 ,103: Ⅲ类卫星电视接收机
8528718000	101: Ⅰ类彩色电视机 ,102: Ⅱ类彩色电视机 ,103: Ⅲ类彩色电视机
8528719000	101: Ⅰ类单色电视机 ,102: Ⅱ类单色电视机 ,103: Ⅲ类单色电视机
8528721100	101: Ⅰ类彩色电视机 ,102: Ⅱ类彩色电视机 ,103: Ⅲ类彩色电视机
8528721200	101: Ⅰ类彩色电视机 ,102: Ⅱ类彩色电视机 ,103: Ⅲ类彩色电视机
8528721900	101: Ⅰ类彩色电视机 ,102: Ⅱ类彩色电视机 ,103: Ⅲ类彩色电视机
8528722100	101: Ⅰ类彩色电视机 ,102: Ⅱ类彩色电视机 ,103: Ⅲ类彩色电视机
8528722200	101: Ⅰ类彩色电视机 ,102: Ⅱ类彩色电视机 ,103: Ⅲ类彩色电视机
8528722900	101: Ⅰ类彩色电视机 ,102: Ⅱ类彩色电视机 ,103: Ⅲ类彩色电视机
8528723100	101: Ⅰ类彩色电视机 ,102: Ⅱ类彩色电视机 ,103: Ⅲ类彩色电视机

HS 编码	CIQ 扩展品名
8528723200	101: Ⅰ类彩色电视机,102: Ⅱ类彩色电视机,103: Ⅲ类彩色电视机
8528723900	101: Ⅰ类彩色电视机,102: Ⅱ类彩色电视机,103: Ⅲ类彩色电视机
8528729100	101: Ⅰ类彩色电视机,102: Ⅱ类彩色电视机,103: Ⅲ类彩色电视机
8528729200	101: Ⅰ类彩色电视机,102: Ⅱ类彩色电视机,103: Ⅲ类彩色电视机
8528729900	101: Ⅰ类彩色电视机,102: Ⅱ类彩色电视机,103: Ⅲ类彩色电视机
8528730000	101: Ⅰ类单色电视机,102: Ⅱ类单色电视机,103: Ⅲ类单色电视机
8529101000	999
8529102000	101: Ⅰ类其它收录放音装置及其零件,102: Ⅱ类其它收录放音装置及其零件,103: Ⅲ类其它收录放音装置及其零件,104: Ⅰ类其它电视接收、发送装置及其零件,105: Ⅱ类其它电视接收、发送装置及其零件,106: Ⅲ类其它电视接收、发送装置及其零件
8529109021	101: Ⅰ类其它电视接收、发送装置及其零件,102: Ⅱ类其它电视接收、发送装置及其零件,103: Ⅲ类其它电视接收、发送装置及其零件
8529109029	101: Ⅰ类其它收录放音装置及其零件,102: Ⅱ类其它收录放音装置及其零件,103: Ⅲ类其它收录放音装置及其零件,104: Ⅰ类其它电视接收、发送装置及其零件,105: Ⅱ类其它电视接收、发送装置及其零件,106: Ⅲ类其它电视接收、发送装置及其零件
8529109090	101: Ⅰ类其它收录放音装置及其零件,102: Ⅱ类其它收录放音装置及其零件,103: Ⅲ类其它收录放音装置及其零件,104: Ⅰ类其它电视接收、发送装置及其零件,105: Ⅱ类其它电视接收、发送装置及其零件,106: Ⅲ类其它电视接收、发送装置及其零件
8529901011	101: Ⅰ类其它电视接收、发送装置及其零件,102: Ⅱ类其它电视接收、发送装置及其零件,103: Ⅲ类其它电视接收、发送装置及其零件
8529901012	101: Ⅰ类其它电视接收、发送装置及其零件,102: Ⅱ类其它电视接收、发送装置及其零件,103: Ⅲ类其它电视接收、发送装置及其零件
8529901013	101: Ⅰ类其它电视接收、发送装置及其零件,102: Ⅱ类其它电视接收、发送装置及其零件,103: Ⅲ类其它电视接收、发送装置及其零件
8529901014	101: Ⅰ类其它电视接收、发送装置及其零件,102: Ⅱ类其它电视接收、发送装置及其零件,103: Ⅲ类其它电视接收、发送装置及其零件
8529901090	101: Ⅰ类其它电视接收、发送装置及其零件,102: Ⅱ类其它电视接收、发送装置及其零件,103: Ⅲ类其它电视接收、发送装置及其零件
8529904100	101: Ⅰ类其它摄录放像装置及其零件,102: Ⅱ类其它摄录放像装置及其零件,103: Ⅲ类其它摄录放像装置及其零件
8529904210	101: Ⅰ类家用型摄录一体机,102: Ⅱ类家用型摄录一体机,103: Ⅲ类家用型摄录一体机,104: Ⅰ类其它摄录放像装置及其零件,105: Ⅱ类其它摄录放像装置及其零件,106: Ⅲ类其它摄录放像装置及其零件
8529904220	999
8529904290	101: Ⅰ类其它摄录放像装置及其零件,102: Ⅱ类其它摄录放像装置及其零件,103: Ⅲ类其它摄录放像装置及其零件
8529904900	101: Ⅰ类家用型摄录一体机,102: Ⅱ类家用型摄录一体机,103: Ⅲ类家用型摄录一体机,104: Ⅰ类其它摄录放像装置及其零件,105: Ⅱ类其它摄录放像装置及其零件,106: Ⅲ类其它摄录放像装置及其零件
8529905000	999
8529906000	101: Ⅰ类其它收录放音装置及其零件,102: Ⅱ类其它收录放音装置及其零件,103: Ⅲ类其它收录放音装置及其零件
8529908100	101: Ⅰ类其它电视接收、发送装置及其零件,102: Ⅱ类其它电视接收、发送装置及其零件,103: Ⅲ类其它电视接收、发送装置及其零件
8529908200	101: Ⅰ类其它电视接收、发送装置及其零件,102: Ⅱ类其它电视接收、发送装置及其零件,103: Ⅲ类其它电视接收、发送装置及其零件
8529908300	999
8529908900	101: Ⅰ类其它电视接收、发送装置及其零件,102: Ⅱ类其它电视接收、发送装置及其零件,103: Ⅲ类其它电视接收、发送装置及其零件
8529909011	101: Ⅰ类其它电视接收、发送装置及其零件,102: Ⅱ类其它电视接收、发送装置及其零件,103: Ⅲ类其它电视接收、发送装置及其零件
8529909090	999
8530100000	999
8530800000	999
8530900000	999
8531100000	101 防盗报警装置,102 防火报警装置
8531200000	999
8531801001	999
8531801090	999
8531809000	101 可燃气体报警器,102 有毒气体报警器,103 其它视听设备及其零件
8531901000	999
8531909000	101 可燃气体报警器,102 有毒气体报警器,103 其它视听设备及其零件
8532100000	999
8532211000	999
8532219000	999
8532221000	999
8532229000	999
8532230000	999
8532241000	999
8532249000	999

HS 编码	CIQ 扩展品名
8532251000	999
8532259000	999
8532290000	999
8532300000	999
8532901000	999
8532909000	999
8533100000	999
8533211000	999
8533219000	999
8533290000	999
8533310000	999
8533390000	999
8533400000	999
8533900000	999
8534001000	999
8534009000	999
8535100000	999
8535210000	999
8535291000	999
8535292000	999
8535299000	999
8535301000	999
8535302000	999
8535309000	999
8535400000	999
8535900010	101 高压开关装置 ,102 其它高压电器及其零件
8535900020	101 高压开关装置 ,102 其它高压电器及其零件
8535900090	101 高压开关装置 ,102 其它高压电器及其零件
8536100000	999
8536200000	101 断路器 ,102 其它低压电器及其零件
8536300000	999
8536411000	999
8536419000	999
8536490000	999
8536500000	999
8536610000	999
8536690000	101 插头 ,102 插座 ,103 转换器
8536700000	101 其它低压电器及其零件 ,102 路由器 ,103 光缆 ,104 光通信数字同步设备
8536901100	999
8536901900	999
8536909000	999
8537101101	101 低压电器及其零件 ,102 集成电路 ,103 其它电子元器件
8537101110	101 集成电路 ,102 其它电子元器件
8537101190	999
8537101901	999
8537101990	999
8537109001	999
8537109021	999
8537109022	999
8537109090	999

HS 编码	CIQ 扩展品名
8537201000	101 高压开关装置 ,102 其它高压电器及其零件
8537209000	999
8538101000	999
8538109000	999
8538900000	101 高压电器及其零件 ,102 低压电器及其零件
8539100000	999
8539211000	999
8539212000	999
8539213000	999
8539219000	999
8539221000	999
8539229000	999
8539291000	999
8539292000	999
8539293000	999
8539299100	999
8539299900	999
8539311000	999
8539312000	999
8539319100	999
8539319900	999
8539323000	999
8539324001	999
8539324090	999
8539329000	999
8539391000	999
8539392000	999
8539399010	999
8539399090	999
8539410000	999
8539490000	999
8539500000	999
8539900000	999
8540110000	999
8540120000	999
8540201000	999
8540209010	999
8540209090	999
8540401000	999
8540402000	999
8540601000	999
8540609000	999
8540710000	999
8540791000	999
8540799000	999
8540810000	999
8540890010	999
8540890090	999
8540911000	999
8540912000	999
8540919000	999
8540991000	999
8540999000	999

HS 编码	CIQ 扩展品名
8541100000	999
8541210000	999
8541290000	999
8541300000	999
8541401000	999
8541402000	999
8541409000	999
8541500000	999
8541600000	999
8541900000	999
8542311110	999
8542311190	999
8542311900	999
8542319000	999
8542321000	999
8542329000	999
8542331000	999
8542339000	999
8542391000	999
8542399000	999
8542900000	999
8543100010	999
8543100020	999
8543100090	999
8543201000	999
8543209010	999
8543209090	999
8543300010	999
8543300020	999
8543300090	999
8543709100	101 机电产品及其零件 ,102 电子测量分析设备及其零件
8543709200	999
8543709300	999
8543709910	101 机电产品及其零件 ,102 电子测量分析设备及其零件
8543709920	101 机电产品及其零件 ,102 电视接收、发送装置及其零件
8543709930	101 机电产品及其零件 ,102 调制解调器
8543709940	999
8543709950	101 电话密码机 ,102 传真密码机 ,103 其他密码机 ,104 密码卡
8543709990	999
8543901000	999
8543902100	999
8543902900	999
8543903000	999
8543904000	999
8543909000	999
8544110000	999
8544190000	101 电线 ,102 其它电线电缆
8544200000	101 绞股线 ,102 电缆 ,103 同轴电缆 ,104 其它电线电缆
8544302001	999
8544302090	999

HS 编码	CIQ 扩展品名
8544309000	101 绞股线 ,102 电线 ,103 电缆 ,104 其它电线电缆
8544421100	101 电缆 ,102 电脑连接线 ,103 游戏机线 ,104 其它电线电缆
8544421900	101 绞股线 ,102 电线 ,103 电脑连接线 ,104 游戏机线 ,105 其它电线电缆
8544422100	101 电线 ,102 电缆 ,103 其它电线电缆
8544422900	101 绞股线 ,102 电线 ,103 其它电线电缆
8544491100	101 电缆 ,102 电脑连接线 ,103 游戏机线 ,104 其它电线电缆
8544491900	101 绞股线 ,102 电线 ,103 电脑连接线 ,104 游戏机线 ,105 其它电线电缆
8544492100	101 电缆 ,102 其它电线电缆
8544492900	101 绞股线 ,102 电线 ,103 其它电线电缆
8544601200	999
8544601300	999
8544601400	999
8544601900	101 电缆 ,102 其它电线电缆
8544609001	101 绞股线 ,102 电线 ,103 其它电线电缆
8544609090	101 绞股线 ,102 电线 ,103 其它电线电缆
8544700000	999
8545110000	999
8545190000	999
8545200000	999
8545900000	999
8546100000	999
8546201000	999
8546209001	999
8546209090	999
8546900000	999
8547100000	999
8547200000	999
8547901000	999
8547909000	999
8548100000	999
8548900001	101 其它机电产品及其零件 ,102 集成电路 ,103 其它电子元器件
8548900002	999
8548900010	999
8548900020	999
8548900030	999
8548900090	999
8601101100	999
8601101900	999
8601102000	999
8601109000	999
8601200000	999
8602101000	999
8602109000	999
8602900000	999
8603100000	999
8603900000	999
8604001100	999
8604001200	999
8604001900	999

HS 编码	CIQ 扩展品名
8604009100	999
8604009900	999
8605001000	999
8605009000	999
8606100000	999
8606300000	999
8606910000	999
8606920000	999
8606990000	999
8607110000	999
8607120000	999
8607191000	999
8607199000	999
8607210000	999
8607290000	999
8607300000	999
8607910000	999
8607990000	999
8608001000	999
8608009000	999
8609001100	999
8609001200	999
8609001900	999
8609002100	999
8609002200	999
8609002900	999
8609003000	999
8609009000	999
8701100000	999
8701200000	999
8701300010	999
8701300090	999
8701911000	999
8701919000	999
8701921000	999
8701929000	999
8701931000	999
8701939000	999
8701941010	999
8701941090	999
8701949000	999
8701951010	999
8701951090	999
8701959000	999
8702102000	999
8702109100	999
8702109210	999
8702109290	999
8702109300	999
8702201000	999
8702209100	999
8702209210	999
8702209290	999
8702209300	999

HS 编码	CIQ 扩展品名
8702301000	999
8702302010	999
8702302090	999
8702303000	999
8702401000	999
8702402010	999
8702402090	999
8702403000	999
8702901000	999
8702902001	999
8702902090	999
8702903000	999
8703101100	101 电动全地形车 ,102 内燃机动全地形车 ,103 混合动力全地形车 ,104 其他能源全地形车
8703101900	999
8703109000	999
8703213010	999
8703213090	999
8703214010	999
8703214090	999
8703215010	999
8703215090	999
8703219010	999
8703219090	999
8703223010	999
8703223090	999
8703224010	999
8703224090	999
8703225010	999
8703225090	999
8703229010	999
8703229090	999
8703234110	999
8703234190	999
8703234210	999
8703234290	999
8703234310	999
8703234390	999
8703234910	999
8703234990	999
8703235110	999
8703235190	999
8703235210	999
8703235290	999
8703235310	999
8703235390	999
8703235910	999
8703235990	999
8703236110	999
8703236190	999
8703236210	999
8703236290	999
8703236310	999
8703236390	999
8703236910	999

HS 编码	CIQ 扩展品名
8703236990	999
8703241110	999
8703241190	999
8703241210	999
8703241290	999
8703241310	999
8703241390	999
8703241910	999,101 福特 F150 猛禽
8703241990	999
8703242110	999
8703242190	999
8703242210	999
8703242290	999
8703242310	999
8703242390	999
8703242910	999
8703242990	999
8703311110	999
8703311190	999
8703311910	999
8703311990	999
8703312110	999
8703312190	999
8703312210	999
8703312290	999
8703312310	999
8703312390	999
8703312910	999
8703312990	999
8703321110	999
8703321190	999
8703321210	999
8703321290	999
8703321310	999
8703321390	999
8703321910	999
8703321990	999
8703322110	999
8703322190	999
8703322210	999
8703322290	999
8703322310	999
8703322390	999
8703322910	999
8703322990	999
8703331110	999
8703331190	999
8703331210	999
8703331290	999
8703331310	999
8703331390	999
8703331910	999
8703331990	999
8703332110	999
8703332190	999
8703332210	999
8703332290	999
8703332310	999
8703332390	999
8703332910	999
8703332990	999
8703336110	999
8703336190	999
8703336210	999
8703336290	999
8703336310	999
8703336390	999
8703336910	999
8703336990	999
8703401110	999
8703401190	999
8703401210	999
8703401290	999
8703401310	999
8703401390	999
8703401910	999
8703401990	999
8703402110	999
8703402190	999
8703402210	999
8703402290	999
8703402310	999
8703402390	999
8703402910	999
8703402990	999
8703403110	999
8703403190	999
8703403210	999
8703403290	999
8703403310	999
8703403390	999
8703403910	999
8703403990	999
8703404110	999
8703404190	999
8703404210	999
8703404290	999
8703404310	999
8703404390	999
8703404910	999
8703404990	999
8703405110	999
8703405190	999
8703405210	999
8703405290	999
8703405310	999
8703405390	999
8703405910	999

HS 编码	CIQ 扩展品名
8703405990	999
8703406110	999
8703406190	999
8703406210	999
8703406290	999
8703406310	999
8703406390	999
8703406910	999
8703406990	999
8703407110	999
8703407190	999
8703407210	999
8703407290	999
8703407310	999
8703407390	999
8703407910	999
8703407990	999
8703409010	999
8703409090	999
8703501110	999
8703501190	999
8703501910	999
8703501990	999
8703502110	999
8703502190	999
8703502210	999
8703502290	999
8703502310	999
8703502390	999
8703502910	999
8703502990	999
8703503110	999
8703503190	999
8703503210	999
8703503290	999
8703503310	999
8703503390	999
8703503910	999
8703503990	999
8703504110	999
8703504190	999
8703504210	999
8703504290	999
8703504310	999
8703504390	999
8703504910	999
8703504990	999
8703505110	999
8703505190	999
8703505210	999
8703505290	999
8703505310	999
8703505390	999
8703505910	999

HS 编码	CIQ 扩展品名
8703505990	999
8703506110	999
8703506190	999
8703506210	999
8703506290	999
8703506310	999
8703506390	999
8703506910	999
8703506990	999
8703507110	999
8703507190	999
8703507210	999
8703507290	999
8703507310	999
8703507390	999
8703507910	999
8703507990	999
8703509010	999
8703509090	999
8703600000	999
8703700000	999
8703800000	999
8703900021	999
8703900022	999
8703900023	999
8703900024	999
8703900025	999
8703900026	999
8703900027	999
8703900029	999
8703900090	999
8704103000	999
8704109000	999
8704210000	999
8704223000	999
8704224000	999
8704230010	999
8704230020	999
8704230030	999
8704230090	999
8704310000	999
8704323000	999
8704324000	999
8704900000	101 电动汽车 ,102 内燃机汽车 ,103 混合动力汽车 ,104 其他能源汽车
8705102100	101 起重车 ,102 汽车起重机
8705102200	101 起重车 ,102 汽车起重机
8705102300	101 起重车 ,102 汽车起重机
8705109100	101 起重车 ,102 汽车起重机
8705109200	101 起重车 ,102 汽车起重机
8705109300	101 起重车 ,102 汽车起重机
8705200000	999
8705301000	999
8705309000	999
8705400000	999

HS 编码	CIQ 扩展品名
8705901000	999
8705902000	999
8705903000	999
8705904000	999
8705905100	999
8705905900	999
8705906000	999
8705907000	999
8705908000	999
8705909100	999
8705909901	999
8705909930	999
8705909990	999
8706001000	999
8706002100	999
8706002200	999
8706003000	999
8706004000	999
8706009000	999
8707100000	999
8707901000	999
8707909000	999
8708100000	999
8708210000	999
8708293000	999
8708294100	999
8708294200	999
8708295100	999
8708295200	999
8708295300	999
8708295400	999
8708295500	999
8708295600	999
8708295700	999
8708295900	999
8708299000	999
8708301000	999
8708302100	999
8708302900	999
8708309100	999
8708309200	999
8708309300	999
8708309400	999
8708309500	999
8708309600	999
8708309911	999
8708309919	999
8708309990	999
8708401010	999
8708401090	999
8708402000	999
8708403001	999
8708403090	999
8708404000	999
8708405000	999
8708406000	999
8708409101	999
8708409104	999
8708409191	999
8708409199	999
8708409910	999
8708409990	999
8708507110	999
8708507190	999
8708507201	999
8708507291	999
8708507299	999
8708507300	999
8708507410	999
8708507490	999
8708507510	999
8708507590	999
8708507610	999
8708507690	999
8708507910	999
8708507990	999
8708508100	999
8708508200	999
8708508300	999
8708508400	999
8708508500	999
8708508600	999
8708508910	999
8708508990	999
8708701000	999
8708702000	999
8708703000	999
8708704000	999
8708705000	999
8708706000	999
8708709100	999
8708709900	999
8708801000	999
8708809000	999
8708911000	999
8708912000	999
8708919000	999
8708920000	999
8708931010	999
8708931090	999
8708932000	999
8708933000	999
8708934000	999
8708935000	999
8708936000	999
8708939000	999
8708941000	999
8708942001	999

HS 编码	CIQ 扩展品名
8708942090	999
8708943000	999
8708944000	999
8708945001	999
8708945090	999
8708946000	999
8708949001	999
8708949090	999
8708950000	999
8708991000	999
8708992100	999
8708992900	999
8708993100	999
8708993900	999
8708994100	999
8708994900	999
8708995100	999
8708995900	999
8708996000	999
8708999100	999
8708999200	999
8708999910	999
8708999990	999
8709111000	999
8709119000	999
8709191000	999
8709199000	999
8709900000	999
8710001000	999
8710009000	999
8711100010	999
8711100090	999
8711201000	999
8711202000	999
8711203000	999
8711204000	999
8711205010	999
8711205090	101 自行车零配件 ,102 其它非机动脚踏车零配件 ,103 摩托车
8711301000	999
8711302000	999
8711400000	999
8711500000	999
8711600010	999
8711600090	999
8711900010	999
8711900020	999
8711900030	999
8711900090	999
8712002000	999
8712003000	999
8712004100	10116、18 英寸越野自行车 ,10220 英寸越野自行车 ,103 其他越野自行车

HS 编码	CIQ 扩展品名
8712004900	101:16、18 英寸越野自行车 ,102:20 英寸越野自行车 ,103: 其他越野自行车 ,104: 货运三轮脚踏车
8712008110	999
8712008190	999
8712008900	10112–16 英寸其它自行车 ,10211 英寸及以下其它自行车 ,103 其它自行车
8712009000	101:12–16 英寸其它自行车 ,102:11 英寸及以下其它自行车 ,103: 其它自行车 ,104: 货运三轮脚踏车 ,105: 其他脚踏车
8713100000	999
8713900000	999
8714100001	999
8714100010	999
8714100090	999
8714200000	101 其他车辆零部件 ,102 其它非机动脚踏车零配件
8714910000	101 自行车零配件 ,102 其它非机动脚踏车零配件
8714921000	101 自行车零配件 ,102 其它非机动脚踏车零配件
8714929000	101 自行车零配件 ,102 其它非机动脚踏车零配件
8714931000	101 自行车零配件 ,102 其它非机动脚踏车零配件
8714932000	101 自行车零配件 ,102 其它非机动脚踏车零配件
8714939000	101 自行车零配件 ,102 其它非机动脚踏车零配件
8714940000	101 自行车零配件 ,102 其它非机动脚踏车零配件
8714950000	101 自行车零配件 ,102 其它非机动脚踏车零配件
8714961000	101 自行车零配件 ,102 其它非机动脚踏车零配件
8714962000	101 自行车零配件 ,102 其它非机动脚踏车零配件
8714990000	101 自行车零配件 ,102 其它非机动脚踏车零配件
8715000010	101 婴儿推车 ,102 学步车
8715000090	999
8716100000	999
8716200000	999
8716311000	999
8716319000	999
8716391000	999
8716399000	999
8716400000	999
8716800000	999
8716900000	999
8801001000	999
8801009010	999
8801009090	999
8802110010	999
8802110090	999
8802121000	999

HS 编码	CIQ 扩展品名
8802122000	999
8802200011	101 飞机 ,102 航天器
8802200019	101 飞机 ,102 航天器
8802200090	101 飞机 ,102 航天器
8802300000	101 飞机 ,102 航天器
8802401000	101 飞机 ,102 航天器
8802402000	999
8802600010	999
8802600090	101 航天器 ,102 其它航空器
8803100000	999
8803200000	999
8803300000	999
8803900010	999
8803900090	999
8804000000	999
8805100000	999
8805210000	999
8805290000	999
8901101010	999
8901101090	999
8901109000	999
8901201100	999
8901201200	999
8901201300	999
8901202100	999
8901202200	999
8901202300	999
8901203100	999
8901203200	999
8901204100	999
8901204200	999
8901209000	999
8901300000	999
8901902100	999
8901902200	999
8901903100	999
8901903200	999
8901904100	999
8901904200	999
8901904300	999
8901905000	999
8901908000	999
8901909000	999
8902001000	999
8902009000	999
8903100000	999
8903910001	101 客运船舶 ,102 货运船舶 ,103 客、货两用船舶
8903910090	101 客运船舶 ,102 货运船舶 ,103 客、货两用船舶
8903920001	101 客运船舶 ,102 货运船舶 ,103 客、货两用船舶
8903920090	101 客运船舶 ,102 货运船舶 ,103 客、货两用船舶
8903990001	101 客运船舶 ,102 其它船舶

HS 编码	CIQ 扩展品名
8903990090	999
8904000000	999
8905100000	999
8905200000	999
8905901000	999
8905909000	999
8906100000	999
8906901000	999
8906902000	999
8906903000	999
8907100000	999
8907900000	999
8908000000	999
9001100001	999
9001100002	999
9001100090	999
9001200010	999
9001200020	999
9001200090	999
9001300000	999
9001401000	999
9001409100	999
9001409900	999
9001501000	999
9001509100	999
9001509900	999
9001901000	999
9001909010	999
9001909020	999
9001909030	999
9001909040	101 计算机、辅助设备及其零件 ,102 视听设备及其零件
9001909050	999
9001909060	999
9001909090	999
9002111000	999
9002112000	999
9002113110	999
9002113190	999
9002113900	999
9002119010	999
9002119090	999
9002191000	999
9002199010	999
9002199020	999
9002199090	999
9002201000	999
9002209000	999
9002901010	999
9002901090	999
9002909010	999
9002909020	999
9002909030	999
9002909090	999
9003110000	999

HS 编码	CIQ 扩展品名
9003191000	999
9003192010	999
9003192090	999
9003199000	999
9003900000	999
9004100000	999
9004901000	999
9004909000	999
9005100000	999
9005801000	999
9005809000	999
9005901000	999
9005909000	999
9006300000	999
9006400000	999
9006510000	999
9006521000	999
9006529000	999
9006530000	999
9006591000	999
9006592100	999
9006592900	999
9006599010	999
9006599020	999
9006599090	999
9006610001	999
9006610002	999
9006610090	999
9006691000	101 其它电光源及其零件 ,102 其他电子式光学仪器零件
9006699000	999
9006911000	999
9006912000	999
9006919100	999
9006919200	999
9006919900	999
9006990000	999
9007101000	999
9007109000	999
9007201001	999
9007201090	999
9007209000	999
9007910000	999
9007920010	999
9007920090	999
9008501000	999
9008502000	101: Ⅰ类设备 ,102: Ⅱ类设备 ,103: 其他类缩微阅读机设备
9008503100	101: Ⅰ类设备 ,102: Ⅱ类设备 ,103: 其他类正射投影仪设备
9008503900	101: 有源式，Ⅰ类设备 ,102: 有源式，Ⅱ类设备 ,103: 有源式，其他类影像投影仪设备 ,104: 机械式
9008504000	101: 有源式，Ⅰ类设备 ,102: 有源式，Ⅱ类设备 ,103: 电影片除外放大机及缩片机设备 ,104: 机械式
9008901000	999
9008902000	999
9008909000	999
9010101000	999
9010102000	999
9010109100	999
9010109900	999
9010501000	999
9010502100	999
9010502200	999
9010502900	999
9010600000	999
9010901000	999
9010902000	999
9010909000	999
9011100000	999
9011200000	999
9011800010	999
9011800090	999
9011900000	999
9012100000	999
9012900000	999
9013100010	999
9013100090	999
9013200010	999
9013200020	999
9013200030	999
9013200040	999
9013200050	999
9013200060	999
9013200070	999
9013200080	999
9013200091	999
9013200092	999
9013200099	999
9013801000	999
9013802000	999
9013803010	999
9013803020	999
9013803090	999
9013809000	999
9013901010	999
9013901090	999
9013902000	999
9013909010	999
9013909090	999
9014100000	999
9014201010	999
9014201090	999
9014209011	999
9014209012	999
9014209013	999

HS 编码	CIQ 扩展品名
9014209015	999
9014209016	999
9014209017	999
9014209018	999
9014209090	999
9014800010	101 电子 ,102 机械
9014800020	999
9014800090	999
9014901000	999
9014909000	999
9015100000	101 电子 ,102 机械
9015200000	999
9015300000	999
9015400000	999
9015800010	999
9015800020	999
9015800090	101 电子 ,102 机械
9015900010	999
9015900090	101 电子 ,102 机械
9016001000	101 电子衡器 ,102 机械量具
9016009000	101 电子衡器 ,102 机械量具
9017100000	101 电子衡器 ,102 机械量具
9017200000	999
9017300000	999
9017800000	999
9017900000	999
9018110000	999
9018121000	999
9018129110	999
9018129190	999
9018129900	999
9018131000	999
9018139000	999
9018140000	999
9018193010	999
9018193090	999
9018194100	999
9018194900	999
9018199000	999
9018200000	101 诊断仪器及零部件 ,102 治疗仪器及零部件
9018310000	101 一次性使用无菌注射器 ,102 玻璃注射器 ,103 预填充药剂及与药液配套的注射器 ,104 胰岛素注射器 ,105 兽医金属注射器 ,106 兽医塑钢连续注射器 ,107 一次性使用精密过滤输液器 ,108 滴定管式输液器 ,109 一次性使用避光输液器 ,110 一次性使用压力输液设备用输液器 ,111 一次性使用吊瓶式和袋式输液器 ,112 一次性使用流量设定微调式输液器 ,113 其他注射器、输液器
9018321000	101 一次性使用无菌注射针 ,102 不锈钢注射针管 ,103 一次性使用静脉输液针 ,104 金属骨髓内针 ,105 泪道探针 ,106 一次性使用无菌牙科注射针 ,107 一次性使用麻醉穿刺针 ,108 其他管状金属针头
9018322000	999
9018390000	999
9018410000	999
9018491000	999
9018499000	999
9018500000	101 诊断仪器及零部件 ,102 治疗仪器及零部件
9018901000	999
9018902010	999
9018902090	999
9018903010	999
9018903090	999
9018904000	999
9018905000	999
9018906000	101 一次性使用输血器 ,102 血液透析、过滤设备 ,103 一次性使用血路产品 ,104 血泵 ,105 其他输血设备
9018907010	999
9018907090	999
9018909100	999
9018909911	101 诊断仪器及零部件 ,102 治疗仪器及零部件 ,103 其他医疗仪器及零部件 ,104 与人体接触的进入式医疗器具 ,105 与人体接触的非进入式医疗器具 ,106 其他医疗器具
9018909919	101 诊断仪器及零部件 ,102 治疗仪器及零部件 ,103 其他医疗仪器及零部件 ,104 与人体接触的进入式医疗器具 ,105 与人体接触的非进入式医疗器具 ,106 其他医疗器具
9018909991	101 诊断仪器及零部件 ,102 治疗仪器及零部件 ,103 其他医疗仪器及零部件 ,104 与人体接触的进入式医疗器具 ,105 与人体接触的非进入式医疗器具 ,106 其他医疗器具
9018909999	101 诊断仪器及零部件 ,102 治疗仪器及零部件 ,103 其他医疗仪器及零部件 ,104 与人体接触的进入式医疗器具 ,105 与人体接触的非进入式医疗器具 ,106 其他医疗器具
9019101000	101 按摩垫 I 类器具 ,102 按摩垫 II 类器具 ,103 按摩垫 III 类器具 ,104 按摩垫 0I 类器具 ,105 按摩垫 0 类器具 ,106 按摩椅 I 类器具 ,107 按摩椅 II 类器具 ,108 按摩椅 III 类器具 ,109 按摩椅 0I 类器具 ,110 按摩椅 0 类器具 ,111 按摩床 I 类器具 ,112 按摩床 II 类器具 ,113 按摩床 III 类器具 ,114 按摩床 0I 类器具 ,115 按摩床 0 类器具 ,116 其它按摩器具及其零件 I 类器具 ,117 其它按摩器具及其零件 II 类器具 ,118 其它按摩器具及其零件 III 类器具 ,119 其它按摩器具及其零件 0I 类器具 ,120 其它按摩器具及其零件 0 类器具

HS 编码	CIQ 扩展品名
9019109000	101 心理功能测验装置 ,102 与人体接触的机械疗法器具 ,103 其他机械疗法器具 ,104 按摩垫 I 类器具 ,105 按摩垫 II 类器具 ,106 按摩垫 III 类器具 ,107 按摩垫 0I 类器具 ,108 按摩垫 0 类器具 ,109 按摩椅 I 类器具 ,110 按摩椅 II 类器具 ,111 按摩椅 III 类器具 ,112 按摩椅 0I 类器具 ,113 按摩椅 0 类器具 ,114 按摩床 I 类器具 ,115 按摩床 II 类器具 ,116 按摩床 III 类器具 ,117 按摩床 0I 类器具 ,118 按摩床 0 类器具 ,119 其它按摩器具及其零件 I 类器具 ,120 其它按摩器具及其零件 II 类器具 ,121 其它按摩器具及其零件 III 类器具 ,122 其它按摩器具及其零件 0I 类器具 ,123 其它按摩器具及其零件 0 类器具
9019200000	999
9020000000	999
9021100000	101 与人体接触的进入式医疗器具 ,102 与人体接触的非进入式医疗器具
9021210000	999
9021290000	999
9021310000	999
9021390000	999
9021400000	999
9021500000	999
9021901100	999
9021901900	999
9021909010	999
9021909090	101 与人体接触的进入式医疗器具 ,102 与人体接触的非进入式医疗器具 ,103 其他医疗器具
9022120000	101 医用 X 射线诊断放射设备 ,102X 射线计算机体层摄影设备 ,103X 射线断层扫描高频发生设备 ,104X 射线断层扫描附属设备 ,105 乳腺 X 射线机 ,106 其他 X 射线断层检查设备
9022130000	999
9022140010	999
9022140090	999
9022191010	999
9022191090	999
9022192000	999
9022199010	999
9022199090	999
9022210000	101 诊断仪器及零部件 ,102 治疗仪器及零部件
9022291000	999
9022299010	999
9022299090	999
9022300000	999
9022901000	999
9022909001	999
9022909020	999
9022909030	999
9022909040	999
9022909090	999
9023001000	999
9023009000	999
9024101000	999
9024102000	999
9024109000	999
9024800000	999
9024900000	999
9025110000	999
9025191000	101 电子温度计 ,102 温度计
9025199010	999
9025199090	101 电子温度计 ,102 温度计
9025800000	101 温度计 ,102 比重计 ,103 湿度计 ,104 其他机械式仪表及其零件
9025900010	999
9025900090	101 温度计零件 ,102 比重计零件 ,103 其他机械式仪表及其零件
9026100000	101 电子测量仪 ,102 机械测量仪
9026201010	999
9026201020	101 电子分析仪 ,102 机械分析仪
9026201030	101 电子分析仪 ,102 机械分析仪
9026201090	101 电子分析仪 ,102 机械分析仪
9026209010	101 电子分析仪 ,102 机械分析仪
9026209090	101 电子分析仪 ,102 机械分析仪
9026801000	101 电子分析仪 ,102 机械分析仪
9026809000	101 电子分析仪 ,102 机械分析仪
9026900000	101 电子分析仪 ,102 机械分析仪
9027100010	101 电子分析仪 ,102 机械分析仪
9027100090	101 电子分析仪 ,102 机械分析仪
9027201100	999
9027201200	999
9027201900	999
9027202000	999
9027300000	101 电子分析仪 ,102 机械分析仪
9027500000	101 电子分析仪 ,102 机械分析仪
9027801100	999
9027801200	999
9027801910	999
9027801920	999
9027801990	999
9027809100	999
9027809900	101 电子测量仪 ,102 电子分析仪 ,103 机械测量仪 ,104 机械分析仪
9027900000	999
9028101000	999
9028109000	999
9028201000	999
9028209000	999
9028301100	999
9028301200	999
9028301300	999
9028301400	999
9028301900	999
9028309000	999
9028901000	101 其他电子仪表 ,102 其他机械式仪表及其零件
9028909000	101 其他电子仪表 ,102 其他机械式仪表及其零件

HS 编码	CIQ 扩展品名
9029101000	999
9029102000	101 其他车辆零部件 ,102 其他电子仪表
9029109000	999
9029201000	999
9029209000	999
9029900000	999
9030100000	999
9030201000	999
9030209000	999
9030311000	999
9030319000	999
9030320000	999
9030331000	999
9030332000	101 电子测量仪 ,102 机械测量仪
9030339000	999
9030390000	999
9030401000	999
9030409000	101 其他行业成套设备 ,102 电子测量仪
9030820000	999
9030841000	999
9030849000	999
9030891000	999
9030899010	999
9030899090	999
9030900001	999
9030900002	999
9030900090	999
9031100010	999
9031100090	999
9031200010	999
9031200020	999
9031200030	999
9031200040	999
9031200090	999
9031410000	999
9031491000	999
9031492000	999
9031499010	999
9031499090	999
9031801000	999
9031802000	999
9031803100	999
9031803200	999
9031803300	999
9031803900	999
9031809010	999
9031809020	999
9031809030	999
9031809040	999
9031809050	999
9031809060	999
9031809090	101 电子测量仪 ,102 机械测量仪
9031900020	999
9031900030	999

HS 编码	CIQ 扩展品名
9031900090	999
9032100000	101 其它电子测量分析设备及其零件 ,102 其它机械测量分析设备及其零件
9032200000	101 其它电子测量分析设备及其零件 ,102 其它机械测量分析设备及其零件
9032810000	999
9032891100	999
9032891200	999
9032891900	999
9032899010	999
9032899020	999
9032899030	999
9032899040	999
9032899050	999
9032899060	999
9032899070	999
9032899080	999
9032899090	999
9032900001	999
9032900090	999
9033000010	101 其它电子测量分析设备及其零件 ,102 其它机械测量分析设备及其零件
9033000090	101 其它电子测量分析设备及其零件 ,102 其它机械测量分析设备及其零件
9101110000	999
9101191000	999
9101199000	999
9101210010	999
9101210090	999
9101290010	999
9101290090	999
9101910000	999
9101990000	999
9102110000	999
9102120000	999
9102190000	999
9102210010	999
9102210090	999
9102290010	999
9102290090	999
9102910000	999
9102990000	999
9103100000	999
9103900000	999
9104000000	999
9105110000	999
9105190000	999
9105210000	999
9105290000	999
9105911000	999
9105919000	999
9105990000	999
9106100000	999
9106900000	101 其他车辆零部件 ,102 其他钟表、计时器及零件

HS 编码	CIQ 扩展品名
9107000000	999
9108110000	999
9108120000	999
9108190000	999
9108200000	999
9108901000	999
9108909000	999
9109100000	999
9109900000	999
9110110000	999
9110120000	999
9110190000	999
9110901000	999
9110909000	999
9111100010	999
9111100090	999
9111200000	999
9111800000	999
9111900000	999
9112200000	999
9112900000	999
9113100010	999
9113100090	999
9113200000	999
9113900010	999
9113900090	999
9114100000	999
9114300000	999
9114400000	999
9114901000	999
9114909000	999
9201100000	999
9201200001	999
9201200090	999
9201900000	999
9202100011	999
9202100019	999
9202100091	999
9202100099	999
9202900010	101 吉他,102 小提琴,103 大提琴,104 竖琴,105 二胡,106 其他弓弦乐器
9202900090	101 吉他,102 小提琴,103 大提琴,104 竖琴,105 二胡,106 其他弓弦乐器
9205100001	999
9205100090	999
9205901000	999
9205902000	999
9205903000	999
9205909001	999
9205909091	999
9205909099	999
9206000010	101 鼓,102 钹,103 锣,104 木琴,105 其他打击乐器
9206000090	101 鼓,102 钹,103 锣,104 木琴,105 其他打击乐器

HS 编码	CIQ 扩展品名
9207100000	101 电子琴,102 电风琴,103 其他电声乐器
9207900010	301 电吉他,302 其他电声乐器
9207900090	301 电吉他,302 其他电声乐器
9208100000	999
9208900000	999
9209300000	999
9209910000	999
9209920000	999
9209940000	999
9209991000	999
9209992000	999
9209999000	999
9301101000	999
9301109000	999
9301200000	999
9301900000	999
9302000000	999
9303100000	999
9303200000	999
9303300000	999
9303900000	999
9304000000	999
9305100000	999
9305200000	999
9305910000	999
9305990000	999
9306210000	999
9306290000	999
9306308000	999
9306309000	999
9306900010	999
9306900020	999
9306900030	999
9306900040	999
9306900090	999
9307001010	999
9307001090	999
9307009010	999
9307009090	999
9401100000	999
9401201000	101 其他车辆零部件,102 软体家具
9401209000	101 其他车辆零部件,102 其他家具,103 靠垫
9401300000	999
9401401000	999
9401409000	999
9401520000	999
9401530000	999
9401590000	101 柳及柳制品,102 柳条及类似材料制的家具
9401611000	101 其他木制品,102 软体家具
9401619000	101 其他木制品,102 软体家具
9401690010	101 其他木制品,102 其他家具
9401690090	101 其他木制品,102 其他家具
9401711000	999
9401719000	999

HS 编码	CIQ 扩展品名
9401790000	101 其他家具 ,102 其他体育竞技运动器具
9401801000	999
9401809010	101 其他家具 ,102 靠垫 ,103 其他日用纺织制品
9401809091	999
9401809099	101 其他家具 ,102 靠垫 ,103 其他日用纺织制品
9401901100	101 其他车辆零部件 ,102 其他家具
9401901900	101 其他车辆零部件 ,102 家具零件
9401909010	999
9401909090	301 家具零件 ,302 其他金属及制品
9402101000	999
9402109000	999
9402900000	999
9403100000	999
9403200000	999
9403300010	101 其他木制品 ,102 木家具
9403300090	101 其他木制品 ,102 木家具
9403400010	101 其他木制品 ,102 木家具
9403400090	101 其他木制品 ,102 木家具
9403501010	101 其他木制品 ,102 木家具
9403501090	101 其他木制品 ,102 木家具
9403509100	101 其他木制品 ,102 木家具 ,103 儿童用
9403509910	101 其他木制品 ,102 木家具
9403509990	101 其他木制品 ,102 木家具 ,103 儿童用
9403601010	101 其他木制品 ,102 木家具
9403601090	101 其他木制品 ,102 木家具
9403609100	101 其他木制品 ,102 木家具 ,103 儿童用
9403609910	101 其他木制品 ,102 木家具
9403609990	101 其他木制品 ,102 木家具
9403700000	999
9403820000	999 竹制或藤制家具 ,998 其他竹及竹制品
9403830000	999 竹制或藤制家具 ,998 藤及藤制品
9403891000	101 柳及柳制品 ,102 柳条及类似材料制的家具
9403892000	999
9403899000	999
9403900091	999
9403900099	999
9404100000	999
9404210010	101 蔺草及其制品 ,102 褥垫 ,103 靠垫
9404210090	101 褥垫 ,102 靠垫
9404290000	999
9404301010	999
9404301090	999
9404309000	999
9404901010	101 褥垫 ,102 靠垫
9404901090	101 褥垫 ,102 靠垫
9404902010	999
9404902090	999
9404903000	999
9404904000	101 褥垫 ,102 靠垫 ,103 其他日用纺织制品 ,104 其他纺织制品
9404909000	101 靠垫 ,102 其他日用纺织制品

HS 编码	CIQ 扩展品名
9405100000	101:0 类吊灯 ,102:I 类吊灯 ,103:II 类吊灯 ,104:III 类吊灯 ,105:0 类壁灯 ,106:I 类壁灯 ,107:II 类壁灯 ,108:0 类吸顶灯 ,109:I 类吸顶灯 ,110:II 类吸顶灯 ,111:III 类吸顶灯 ,112:光管支架 ,113:0 类射灯 ,114:I 类射灯 ,115:II 类射灯 ,116:III 类射灯 ,117:0 类筒灯 ,118:I 类筒灯 ,119:II 类筒灯 ,120:III 类筒灯 ,121:0 类嵌灯 ,122:I 类嵌灯 ,123:II 类嵌灯 ,124:III 类嵌灯 ,125: 灯盘
9405200010	101:0 类台灯 ,102:I 类台灯 ,103:II 类台灯 ,104:III 类台灯 ,105:0 类落地灯 ,106:I 类落地灯 ,107:II 类落地灯 ,108:III 类落地灯 ,109:0 类吸顶灯 ,110:I 类吸顶灯 ,111:II 类吸顶灯 ,112:III 类吸顶灯 ,113: 光管支架 ,114:0 类射灯 ,115:I 类射灯 ,116:II 类射灯 ,117:III 类射灯 ,118:0 类筒灯 ,119:I 类筒灯 ,120:II 类筒灯 ,121:III 类筒灯 ,122:0 类嵌灯 ,123:I 类嵌灯 ,124:II 类嵌灯 ,125:III 类嵌灯 ,126: 灯盘 ,127:0 类夹灯 ,128:I 类夹灯 ,129:II 类夹灯 ,130:III 类夹灯
9405200090	101:0 类台灯 ,102:I 类台灯 ,103:II 类台灯 ,104:III 类台灯 ,105:0 类落地灯 ,106:I 类落地灯 ,107:II 类落地灯 ,108:III 类落地灯 ,109:0 类吸顶灯 ,110:I 类吸顶灯 ,111:II 类吸顶灯 ,112:III 类吸顶灯 ,113: 光管支架 ,114:0 类射灯 ,115:I 类射灯 ,116:II 类射灯 ,117:III 类射灯 ,118:0 类筒灯 ,119:I 类筒灯 ,120:II 类筒灯 ,121:III 类筒灯 ,122:0 类嵌灯 ,123:I 类嵌灯 ,124:II 类嵌灯 ,125:III 类嵌灯 ,126: 灯盘 ,127:0 类夹灯 ,128:I 类夹灯 ,129:II 类夹灯 ,130:III 类夹灯
9405300000	101:II 类圣诞树用成套灯具 ,102:III 类圣诞树用成套灯具
9405401000	101O 类探照灯 ,102I 类探照灯 ,103II 类探照灯 ,104III 类探照灯
9405402000	101:0 类聚光灯具 ,102:I 类聚光灯具 ,103:II 类聚光灯具 ,104:III 类聚光灯具
9405409000	101:0 类路灯 ,102:I 类路灯 ,103:II 类路灯 ,104:III 类路灯 ,105:0 类庭院灯 ,106:I 类庭院灯 ,107:II 类庭院灯 ,108:III 类庭院灯 ,109:0 类草地灯 ,110:I 类草地灯 ,111:II 类草地灯 ,112:III 类草地灯 ,113:0 类手提灯 ,114:I 类手提灯 ,115:II 类手提灯 ,116:III 类手提灯 ,117:0 类儿童感兴趣灯 ,118:II 类儿童感兴趣灯 ,119:III 类儿童感兴趣灯 ,120:0 类水族箱用灯 ,121:I 类水族箱用灯 ,122:II 类水族箱用灯 ,123:III 类水族箱用灯 ,124:0 类夜灯 ,125:I 类夜灯 ,126:II 类夜灯 ,127:III 类夜灯 ,128:0 类地埋灯 ,129:I 类地埋灯 ,130:II 类地埋灯 ,131:III 类地埋灯 ,132:0 类舞台、电视、电影及摄影场所室内外用灯具 ,133:I 类舞台、电视、电影及摄影场所室内外用灯具 ,134:II 类舞台、电视、电影及摄影场所室内外用灯具 ,135:III 类舞台、电视、电影及摄影场所室内外用灯具 ,136:0 类游泳池和类似场所用灯具 ,137:I 类游泳池和类似场所用灯具 ,138:II 类游泳池和类似场所用灯具 ,139:III 类游泳池
9405500000	999

HS 编码	CIQ 扩展品名
9405600000	999
9405910000	999
9405920000	999
9405990000	999
9406100000	999
9406900010	999
9406900020	999
9406900090	999
9503001000	101 儿童三轮车 ,102 儿童推车 ,103435mm-635mm 范围内儿童自行车 ,104 儿童踏板车 ,105 儿童玩偶车 ,106 其他童车
9503002100	101 布绒玩具 ,102 竹木玩具 ,103 塑胶玩具 ,104 电玩具 ,105 软体造型玩具 ,106 弹射玩具 ,107 金属玩具
9503002900	101 布绒玩具 ,102 竹木玩具 ,103 塑胶玩具 ,104 电玩具 ,105 纸制玩具 ,106 软体造型玩具 ,107 弹射玩具 ,108 金属玩具 ,109 玩具收藏品
9503006000	101 布绒玩具 ,102 竹木玩具 ,103 塑胶玩具 ,104 电玩具 ,105 纸制玩具 ,106 类似文具玩具 ,107 软体造型玩具 ,108 金属玩具 ,109 玩具收藏品
9503008310	999
9503008390	301 布绒玩具 ,302 竹木玩具 ,303 塑胶玩具 ,304 电玩具 ,305 弹射玩具 ,306 金属玩具 ,307 其他未列名玩具 ,308 玩具收藏品
9503008900	101 乘骑玩具 ,102 其他未列名玩具 ,103 玩具收藏品
9503009000	999
9504200010	999
9504200090	999
9504301000	999
9504309000	999
9504400000	999
9504501100	999
9504501900	999
9504509100	999
9504509900	999
9504901000	999
9504902100	999
9504902200	999
9504902300	999
9504902900	999
9504903000	999
9504904000	101 麻将 ,102 除麻将外
9504909000	101 其它游戏机 ,102 游乐设备零件 ,103 其他游戏器具
9505100010	101 木制工艺品 ,102 其他木制品 ,103 其他草及草制品 ,104 其他竹藤柳草类 ,105 含动物产品类
9505100090	101 含木制品 ,102 不含木制品
9505900000	101 含木制品 ,102 不含木制品
9506110000	999
9506120000	999
9506190000	999
9506210000	999
9506290000	999
9506310000	999
9506320000	999
9506390000	999
9506401000	999
9506409000	999
9506510000	999
9506590000	999
9506610000	999
9506621000	999
9506629000	999
9506690000	999
9506701000	999
9506702000	999
9506911110	101 电动跑步机 ,102 其他跑步机
9506911190	101 电动跑步机 ,102 其他跑步机
9506911900	101 力量型训练器材 ,102 力量型训练长凳 ,103 曲柄踏板类训练器材 ,104 划船机 ,105 踏步机、台阶机和登山机 ,106 椭圆训练机 ,107 带固定飞轮和不带自由飞轮的练习自行车 ,108 其他健身器材
9506912000	999
9506919000	999
9506990000	101 康复健身器械及其零件 ,102 其他体育竞技运动器具
9507100010	101 其他木制品 ,102 其他竹藤柳草类 ,103 钓鱼器具
9507100090	999
9507200000	999
9507300000	999
9507900000	999
9508100010	999
9508100090	999
9508900000	101 大型游乐设施 ,102 其他游戏器具
9601100010	101 未列出的其他动物骨、蹄、角 ,102 含木制品的工艺品 ,103 不含木制品的工艺品
9601100090	101 未列出的其他动物骨、蹄、角 ,102 含木制品的工艺品 ,103 不含木制品的工艺品
9601900010	101 含木制品的工艺品 ,102 不含木制品的工艺品
9601900090	101 含木制品的工艺品 ,102 不含木制品的工艺品
9602001000	999
9602009000	101 其他木制品 ,102 其他竹藤柳草类 ,103 含木制品 ,104 不含木制品
9603100000	101 其他竹及竹制品 ,102 棕及棕制品 ,103 扫帚
9603210000	101 牙刷 ,102 齿板刷
9603290010	101 含木制品 ,102 不含木制品
9603290090	101 含木制品 ,102 不含木制品
9603301010	999
9603301090	999
9603302010	999
9603302090	999
9603309010	999
9603309090	999
9603401100	101 含木制品 ,102 不含木制品

HS 编码	CIQ 扩展品名
9603401900	101 含木制品,102 不含木制品
9603402000	101 含木制品,102 不含木制品
9603501100	101 含木制品,102 不含木制品
9603501900	101 其他车辆零部件,102 含木制品,103 不含木制品
9603509110	101 含木制品,102 不含木制品
9603509190	101 含木制品,102 不含木制品
9603509910	101 其他车辆零部件,102 含木制品,103 不含木制品
9603509990	101 其他车辆零部件,102 含木制品,103 不含木制品
9603901010	999
9603901090	999
9603909010	101 含木制品,102 不含木制品
9603909020	101 其他木制品,102 其他竹及竹制品,103 棕及棕制品,104 扫帚,105 藁杆,106 其他竹藤柳草类
9603909090	101 含木制品,102 不含木制品
9604000000	101 含木制品,102 不含木制品
9605000000	101 含木制品,102 不含木制品
9606100000	101 含木制品,102 不含木制品
9606210000	101 含木制品,102 不含木制品
9606220000	101 含木制品,102 不含木制品
9606290010	101 含木制品,102 不含木制品
9606290090	101 含木制品,102 不含木制品
9606300000	101 含木制品,102 不含木制品
9607110000	101 含木制品,102 不含木制品
9607190000	101 含木制品,102 不含木制品
9607200000	101 含木制品,102 不含木制品
9608100000	999
9608200000	101 彩笔,102 其他笔
9608301000	101 毛笔,102 其他笔
9608302000	999
9608309000	999
9608400000	999
9608500000	999
9608600000	999
9608910000	999
9608991000	999
9608992000	101 蜡纸铁笔,102 笔杆等
9608999000	999
9609101000	999
9609102000	999
9609200000	999
9609900000	101 蜡笔,102 碳笔,103 粉笔
9610000000	999
9611000010	101 含木制品,102 不含木制品
9611000090	101 含木制品,102 不含木制品
9612100000	999
9612200000	101 含木制品,102 不含木制品
9613100000	999
9613200000	999
9613800000	101 台式打火机,102 器及其零件

HS 编码	CIQ 扩展品名
9613900000	999
9614001010	101 含木制品,102 不含木制品
9614001020	101 其他木制品,102 含木制品,103 不含木制品
9614001090	101 含木制品,102 不含木制品
9614009010	101 含木制品,102 不含木制品
9614009090	101 含木制品,102 不含木制品
9615110000	999
9615190010	101 含木制品,102 不含木制品
9615190090	101 含木制品,102 不含木制品
9615900000	101 含木制品,102 不含木制品
9616100000	101 含木制品,102 不含木制品
9616200000	101 含木制品,102 不含木制品
9617001100	999
9617001900	999
9617009000	999
9618000010	999
9618000090	101 含木制品,102 不含木制品
9619001100	999
9619001900	999
9619002000	999
9619009000	999
9620000000	999
9701101100	999
9701101900	999
9701102000	999
9701900010	999
9701900020	999
9701900090	999
9702000000	999
9703000010	999
9703000090	999
9704001000	999
9704009000	999
9705000010	101 植物标本,999 具有动植物学意义的
9705000090	101 植物标本,999 还包括具有解剖、历史、考古、古生物学意义的收藏品
9706000010	101 植物标本,999 具收藏或文史价值的
9706000090	999
9801001000	999
9801009000	101 植物真菌,102 植物线虫,103 其他植物病原体,104 杂草,105 螨类,106 多足虫类动物,107 其他植物有害生物,108 土壤,109 科研用试剂和其它材料,110 其他植物检疫类特殊物品,999
9801300000	999
9803001000	999
9803002000	999
9803003000	999
9803009000	999
9804000000	999

注：此为表格样式，请按此格式从“CIQ 编码表”中提取相应数据组建表格。

附表 14 国内地区代码表

国内地区代码	国内地区名称 / 国内地区简称	国内地区性质标记
11013	中关村国家自主创新示范区（东城园）	
11019	东城区	9
11023	中关村国家自主创新示范区（西城园）	
11029	西城区	9
11039	崇文区	9
11049	宣武区	9
11053	中关村国家自主创新示范区（朝阳园）	B
11059	朝阳区	9
11063	中关村国家自主创新示范区（丰台园）	B
11069	丰台区	9
11073	中关村国家自主创新示范区（石景山园）	
11079	石景山	9
11083	中关村国家自主创新示范区（海淀园）	B
11089	海淀区其他	9
11093	中关村国家自主创新示范区（门头沟园）	
11099	门头沟	9
11103	中关村国家自主创新示范区（房山园）	
11109	房山	9
11113	中关村国家自主创新示范区（顺义园）	
11115	北京天竺出口加工区	
11116	北京天竺综合保税区	
11119	顺义	9
11123	中关村国家自主创新示范区（昌平园）	B
11129	昌平	9
11132	北京经济技术开发区	3
11133	中关村国家自主创新示范区（大兴－亦庄园）	B
11139	大兴其他	9
1113W	北京亦庄保税物流中心	
11143	中关村国家自主创新示范区（通州园）	
11149	通县	9
11153	中关村国家自主创新示范区（怀柔园）	
11159	怀柔	9
11163	中关村国家自主创新示范区（平谷园）	
11169	平谷	9
11173	中关村国家自主创新示范区（延庆园）	
11179	延庆	9
11183	中关村国家自主创新示范区（密云园）	
11189	密云	9
11909	北京其他	9
12019	和平区	2
12029	河东区	2
12039	河西区	2
12043	天津新技术产业园区	B
12049	南开区其他	2
12059	河北区	2
12069	红桥区	2
12072	天津经济技术开发区	3
12074	天津港保税区	A
12075	天津出口加工区	
12076	天津东疆保税港区	2
12077	天津保税物流园	2
12079	滨海新区（塘沽其他）	2
1207W	天津经济技术开发区保税物流中心	
12089	滨海新区（汉沽）	2
12099	滨海新区（大港）	2
12106	天津滨海新区综合保税区	6
12109	东丽区	2
12119	西青区	2
12129	津南区	2
12139	北辰区	2
12149	宁河县	2

国内地区代码	国内地区名称 / 国内地区简称	国内地区性质标记
12159	武清县	2
12169	静海县	2
12179	宝坻县	2
12189	蓟县	2
12909	天津其他	2
13013	石家庄高新技术产业开发实验区	B
13016	石家庄综合保税区	
13019	石家庄其他	2
13022	曹妃甸经济技术开发区	
13026	曹妃甸综合保税区	
13029	唐山	
1302W	唐山港京唐港区保税物流中心（B 型）	
13032	秦皇岛经济技术开发区	3
13035	河北秦皇岛出口加工区	2
13039	秦皇岛其他	2
13049	邯郸	
13059	邢台	
13063	保定高新技术产业开发区	B
13069	保定其他	
13079	张家口	
13089	承德	
13099	沧州	
13105	河北廊坊出口加工区	
13109	廊坊	
13119	衡水	
13129	武安	
1312W	河北武安保税物流中心（B 型）	
13909	河北其他	
14012	山西太原经济技术开发区	3
14013	太原高新技术产业开发区	B
14016	太原武宿综合保税区	
14019	太原其他	2
14022	大同经济技术开发区	2
14029	大同	
14039	阳泉	
14049	长治	
14059	晋城	
1405W	山西兰花保税物流中心（B 型）	
14069	朔州	
14079	雁北	

国内地区代码	国内地区名称 / 国内地区简称	国内地区性质标记
14089	忻州	
14099	吕梁	
14102	晋中经济技术开发区	2
14109	晋中	
14119	临汾	
1411W	山西方略保税物流中心	
14129	运城	
14139	古交	
14909	山西其他	
15015	内蒙古呼和浩特出口加工区	
15019	呼和浩特	
15023	包头高新技术产业开发区	B
15029	包头其他	
15039	乌海	
15049	赤峰	
1504W	赤峰保税物流中心	
15059	二连	2
15066	满洲里综合保税区	
15069	满洲里	2
15079	呼伦贝尔盟	
15089	哲里木盟	
15099	兴安盟	
15109	乌兰察布盟	
15119	巴彦淖尔市	
15129	伊克昭盟	
15139	阿拉善盟	
15149	锡林郭勒盟	
15909	内蒙古其他	
21012	沈阳经济技术开发区	3
21013	沈阳南湖科技开发区	B
21015	辽宁沈阳、张士出口加工区	
21016	沈阳综合保税区	
21019	沈阳其他	
21022	大连经济技术开发区	3
21023	大连高新技术产业园区	B
21024	大连大窑湾保税区	A
21025	辽宁大连出口加工区	
21026	大窑湾保税港区	
21027	大连保税物流园区	2
21029	大连其他	2
21033	鞍山高新技术产业开发区	B
21039	鞍山其他	
21049	抚顺	

国内地区代码	国内地区名称 / 国内地区简称	国内地区性质标记
21059	本溪	
21069	丹东	
21079	锦州	
21089	营口	
2108W	营口港保税物流中心	
21099	阜新	
21109	辽阳	
21119	盘锦	
2111W	盘锦港保税物流中心（B型）	
21129	铁岭	
2112W	铁岭保税物流中心（B型）	
21139	朝阳	
21149	葫芦岛市	
21159	瓦房店	
21169	海城	
21179	兴城	
21189	铁法	
21199	北票	
21209	开源	
21909	辽宁其他	
22012	长春经济技术开发区	3
22013	长春南湖－南岭新技术产业园区	B
22016	长春兴隆综合保税区	
22019	长春其他	2
22023	吉林高新技术产业开发区	B
22029	吉林其他	
2202W	吉林市保税物流中心（B型）	
22039	四平	
22049	辽源	
22059	通化	
22069	白山	
22075	吉林珲春出口加工区	
22079	珲春	2
22089	图们	
22099	白城	
22109	延边	
22119	公主岭	
22129	梅河口	
22139	集安	
22149	桦甸	
22159	九台	
22169	蛟河	
22179	松原	
22189	延吉市	
22909	吉林其他	
23012	哈尔滨经济技术开发区	3
23013	哈尔滨高技术开发区	B
23016	哈尔滨综合保税区	
23019	哈尔滨其他	2
23029	齐齐哈尔	
23039	鸡西	
23049	鹤岗	
23059	双鸭山	
23063	大庆高新技术产业开发区	B
23069	大庆其他	
23079	伊春	
23089	佳木斯	
23099	七台河	
23109	牡丹江	
23119	黑河	2
23126	绥芬河综合保税区	
23129	绥芬河	2
23139	松花江	
23149	绥化	
23159	大兴安岭	
23169	阿城	
23179	同江	
23189	富锦	
23199	铁力	
23209	密山	
23909	黑龙江其他	
31019	黄浦	2
31029	南市	2
31039	卢湾	2
31043	上海漕河泾新技术开发区	B
31049	徐汇其他	2
31052	上海经济技术开发区	3
31059	长宁	2
31069	静安	2
31079	普陀	2
3107W	上海西北物流园区保税物流中心	
31089	闸北	2
31099	虹口	2
31109	杨浦	2
31112	上海闵行经济技术开发区	2

国内地区代码	国内地区名称 / 国内地区简称	国内地区性质标记
31113	上海浦江高科技园区	B
31115	上海漕河泾出口加工区	2
31119	闵行其他	2
31129	宝山	2
31145	上海嘉定出口加工区	2
31149	嘉定	2
31159	川沙	2
31162	上海闵行经济技术开发区（临港新城）	3
31166	洋山保税港区	2
31169	南汇	2
31175	上海闵行出口加工区	2
31179	奉贤	2
31185	上海松江出口加工区	
31189	松江	2
31199	金山	2
31205	上海青浦出口加工区	2
31209	青浦	2
31219	崇明	2
31222	上海浦东新区	3
31224	上海外高桥保税区	A
31225	上海金桥出口加工区南区	
31226	上海浦东机场综合保税区	2
31227	上海保税物流园区	2
31229	浦东其他	2
31909	上海其他	2
32013	南京浦口高新技术外向型开发区	B
32015	江苏南京出口加工区	
32016	南京综合保税区	
32019	南京其他	
3201W	南京龙潭港保税物流中心	
32023	无锡高新技术产业开发区	B
32025	江苏无锡出口加工区	
32026	无锡高新区综合保税区	
32029	无锡其他	
32039	徐州	
3203W	徐州保税物流中心（B型）	
32043	常州高新技术产业开发区	B
32045	江苏常州出口加工区	
32046	常州综合保税区	
32049	常州其他	
32052	苏州工业园区	3
32053	苏州高新技术产业开发区	B
32055	江苏苏州工业园区加工区	
32056	苏州工业园综合保税区、苏州高新综保区	
32059	苏州其他	
32062	南通经济技术开发区	3
32065	江苏南通出口加工区	
32066	南通综合保税区	
32069	南通其他	2
3206W	如皋港保税物流中心（B型）	
32072	连云港经济技术开发区	3
32075	江苏连云港出口加工区	2
32079	连云港其他	2
3207W	连云港保税物流中心	
32085	江苏省淮安出口加工区	
32086	淮安综合保税区	
32089	淮安市	
32096	盐城综合保税区	
32099	盐城	
3209W	大丰港保税物流中心（B型）	
32105	江苏扬州出口加工区	
32109	扬州	
32115	江苏镇江出口加工区	
32116	镇江综合保税区	
32119	镇江	
32125	江苏泰州出口加工区	
32126	泰州综合保税区	
32129	泰州	
32139	仪征	
32145	江苏常熟出口加工区	
32146	常熟综合保税区	
32149	常熟	
32154	江苏张家港保税区	A
32156	张家港保税港区	
32157	张家港保税物流园	
32159	张家港其他	
32169	江阴	
3216W	江阴保税物流中心	
32179	宿迁	
32189	丹阳	
32199	东台	

国内地区代码	国内地区名称 / 国内地区简称	国内地区性质标记
32209	兴化	
32229	宜兴	
32235	江苏昆山出口加工区	
32236	昆山综合保税区	
32239	昆山	
32249	启东	
32255	江苏吴江出口加工区	
32256	吴江综合保税区	
32259	吴江市	
32266	太仓港综合保税区	
32269	太仓市	
3226W	太仓保税物流中心	
32546	武进综合保税区	
3256W	江苏海安保税物流中心（B 型）	
32909	江苏其他	
33012	杭州经济技术开发区	3
33013	杭州高新技术产业开发区	B
33015	浙江杭州出口加工区	
33019	杭州其他	
33022	宁波经济技术开发区	3
33023	宁波高新技术产业开发区	3
33024	宁波北仑港保税区	A
33025	浙江宁波出口加工区	2
33026	宁波梅山保税港区	2
33027	宁波保税物流园	2
33029	宁波其他	2
3302W	宁波栎社保税物流中心	
33032	温州经济技术开发区	3
33039	温州其他	2
3303W	温州保税物流中心（B型）	
33045	浙江嘉兴出口加工区	
33046	嘉兴综合保税区	
33049	嘉兴	
33059	湖州	
33069	绍兴	
33072	金华经济技术开发区	3
33076	金义综合保税区（一期）	
33079	金华	
33089	衢州	
33096	舟山港综合保税区	
33099	舟山	
33109	丽水	
33119	台州	

国内地区代码	国内地区名称 / 国内地区简称	国内地区性质标记
33129	余姚	
33139	海宁	
33149	兰溪	
33159	瑞安	
33169	萧山	
3316W	杭州保税物流中心	
33179	江山	
33189	义乌	
3318W	义乌保税物流中心	
33199	东阳	
33202	宁波杭州湾经济技术开发区	
33205	浙江慈溪出口加工区	
33209	慈溪	
33219	奉化	
33229	诸暨	
33239	黄岩	
3352W	宁波镇海保税物流中心（B 型）	
33909	浙江其他	
34012	合肥经济技术开发区	3
34013	合肥科技工业园区	B
34015	安徽合肥出口加工区	5
34016	合肥综合保税区	
34019	合肥其他	2
34022	芜湖经济技术开发区	3
34023	芜湖高新技术产业开发区	
34025	安徽芜湖出口加工区	
34026	芜湖综合保税区	
34029	芜湖其他	2
34033	蚌埠高新技术产业开发区	
34039	蚌埠	
3403W	蚌埠（皖北）保税物流中心	
34042	安徽淮南经济技术开发区	
34049	淮南	
34052	马鞍山经济技术开发区	3
34053	马鞍山慈湖高新技术产业开发区	
34059	马鞍山	
34069	淮北	
34072	铜陵经济技术开发区	3
34079	铜陵	

国内地区代码	国内地区名称 / 国内地区简称	国内地区性质标记
34082	安庆桐城经济技术开发区	3
34089	安庆	
3408W	安庆（皖西南）保税物流中心（B 型）	
34099	黄山	
34109	阜阳	
34119	宿州	
34122	滁州经济技术开发区	3
34129	滁州	
34132	安徽六安经济技术开发区	
34139	六安	
34142	宣城宁国经济技术开发区	
34149	宣城	
3414W	安徽皖东南保税物流中心（B 型）	
34159	巢湖	
34162	池州经济技术开发区	3
34169	池州	
34179	亳州	
34909	安徽其他	
35012	福州经济技术开发区	3
35013	福州科技园区	B
35014	福建马尾保税区	A
35015	福建福州、福清出口加工区	8
35016	福州保税港区	
35017	福州保税物流园区	2
35019	福州其他	2
35021	厦门特区	1
35023	厦门火炬高技术产业开发区	B
35024	厦门象屿保税区	A
35025	福建厦门出口加工区	
35026	厦门海沧保税港区	
35027	厦门象屿保税物流园	1
35029	厦门其他	2
3502W	厦门火炬（翔安）保税物流中心	
35039	莆田	8
35049	三明	
35055	福建泉州出口加工区	8
35056	泉州综合保税区	
35059	泉州	8
35069	漳州	8
35079	南平	8
35089	宁德	8
35099	龙岩	8
35109	永安	8
35119	石狮	8
35128	平潭综合试验区	8
35129	平潭	
35909	福建其他	8
36012	南昌经济技术开发区	3
36013	南昌高新技术产业开发区	B
36015	江西南昌出口加工区	
36016	南昌综合保税区	
36019	南昌其他	
3601W	南昌保税物流中心	
36023	景德镇高新技术产业开发区	B
36029	景德镇	
36032	萍乡经济技术开发区	3
36039	萍乡	
36042	九江经济技术开发区	3
36045	江西九江出口加工区	2
36049	九江	2
36053	新余高新技术产业开发区	B
36059	新余	
36063	鹰潭高新技术产业开发区	
36069	鹰潭	
36072	赣州经济技术开发区	3
36075	江西赣州出口加工区	
36076	赣州综合保税区	
36079	赣州	
3607W	龙南保税物流中心（B 型）	
36082	宜春经济技术开发区	
36089	宜春	
36092	上饶经济技术开发区	3
36099	上饶	
36102	井冈山经济技术开发区	3
36105	井冈山出口加工区	
36109	吉安	
36119	抚州	
36129	瑞昌	
36909	江西其他	
37013	济南高技术产业开发区	B
37015	山东济南出口加工区	

国内地区代码	国内地区名称 / 国内地区简称	国内地区性质标记
37016	济南综合保税区	
37019	济南其他	
37022	青岛经济技术开发区	3
37023	青岛高新技术产业开发区	B
37024	青岛保税区	A
37025	山东青岛出口加工区	
37026	青岛前湾保税港区	2
37027	青岛保税物流园	2
37029	青岛其他	2
3702W	青岛保税物流中心	
37033	淄博高新技术产业开发区	B
37039	淄博	
3703W	淄博保税物流中心	
37049	枣庄	
37056	东营综合保税区	
37059	东营	
37062	烟台经济技术开发区	3
37065	山东烟台出口加工区	
37069	烟台其他	2
37073	潍坊高新技术产业开发区	B
37075	山东潍坊出口加工区	
37076	潍坊综合保税区	
37079	潍坊其他	
37089	济宁	
37099	泰安	
37103	威海火炬高技术产业开发区	B
37105	山东威海出口加工区	
37109	威海其他	
37119	日照	
3711W	日照保税物流中心	
37129	山东省滨州其他 / 滨州其他	
3712W	鲁中运达保税物流中心	
37139	德州	
37149	聊城	
37156	临沂综合保税区	
37159	临沂	
37169	菏泽	
37179	青州	
37189	龙口	
37199	曲阜	
37209	莱芜	
37219	新泰	
37229	胶州	
37239	诸城	
3723W	青岛保税港区诸城功能区保税物流中心（B 型）	
37249	莱阳	
37259	滕州	
37269	文登	
37279	荣城	
37289	即墨	
37299	平度	
37909	山东其他	
41012	郑州经济技术开发区	2
41013	郑州高新技术开发区	B
41015	河南郑州出口加工区	
41016	新郑综合保税区	
41018	郑州航空港经济综合实验区	
41019	郑州其他	2
4101W	河南保税物流中心	
41029	开封	
41033	洛阳高新技术产业开发区	B
41039	洛阳其他	
41049	平顶山	
41059	安阳	
41069	鹤壁	
41079	新乡	
41089	焦作	
4108W	河南德众保税物流中心	
41099	濮阳	
41109	许昌	
41119	漯河	
41129	三门峡	
41139	商丘	
4113W	河南商丘保税物流中心（B 型）	
41149	周口	
41159	驻马店	
41166	南阳卧龙综合保税区	
41169	南阳	
41179	信阳	
41189	义马	
41199	汝州	
41209	济源	
41219	禹州	
41229	卫辉	
41239	辉县	

国内地区代码	国内地区名称/国内地区简称	国内地区性质标记
41249	泌阳	
41909	河南其他	
42012	武汉经济技术开发区	3
42013	武汉东湖新技术开发区	B
42015	湖北武汉出口加工区	
42016	武汉东湖综合保税区	
42019	武汉其他	2
4201W	武汉东西湖保税物流中心	
42022	黄石经济技术开发区	3
42029	黄石	
4202W	黄石棋盘洲保税物流中心	
42039	十堰	
42049	沙市	
42059	宜昌	
4205W	宜昌三峡保税物流中心（B型）	
42062	襄阳经济技术开发区	3
42063	襄阳高新技术产业开发区	B
42069	襄阳其他	
4206W	襄阳保税物流中心（B型）	
42079	鄂州	
42089	荆门	
42099	黄冈	
42109	孝感	
42119	咸宁	
42122	荆州经济技术开发区	3
42129	荆州	
42139	郧阳	
42149	鄂西	
42159	随州	
42169	老河口	
42179	枣阳	
42189	神农架	
42506	武汉新港空港	
42909	湖北其他	
43012	长沙经济技术开发区	
43013	长沙科技开发区	B
43016	长沙黄花综合保税区	
43019	长沙其他	2
4301W	长沙金霞保税物流中心	
43023	株州高新技术产业开发区	B
43029	株州其他	
4302W	株洲铜塘湾保税物流中心（B型）	
43032	湘潭经济技术开发区	
43033	湘潭高新技术产业开发区	
43036	湘潭综合保税区	
43039	湘潭	
43043	衡阳高新技术产业开发区	
43046	衡阳综合保税区	
43049	衡阳	
43059	邵阳	
43066	岳阳城陵矶综合保税区	
43069	岳阳	2
43072	常德经济技术开发区	
43079	常德	
43089	张家界	
43093	益阳高新技术产业开发区	
43099	益阳	
43109	娄底	
43115	湖南郴州出口加工区	
43116	郴州综合保税区	
43119	郴州	
43129	永州	
43139	怀化	
43149	湘西	
43159	醴陵	
43169	湘乡	
43179	耒阳	
43189	汨罗	
43199	津市	
43202	浏阳经济技术开发区	
43209	浏阳其他	
43909	湖南其他	
44012	广州经济技术开发区	3
44013	广州天河高新技术产业开发区	B
44014	广州保税区	A
44015	广东广州出口加工区	
44016	广州白云机场综合保税区	
44017	广州保税物流园区	7
44019	广州其他	2
44029	韶关	7
44031	深圳特区	1
44033	深圳科技工业园	B

国内地区代码	国内地区名称 / 国内地区简称	国内地区性质标记
44034	福田盐田沙头角保税区	A
44035	广东深圳出口加工区	
44036	深圳前海湾保税港区	
44037	深圳盐田保税物流园	1
44039	深圳其他	7
4403W	深圳机场保税物流中心	
44041	珠海特区	1
44043	珠海高新技术产业开发区	B
44044	珠海保税区	A
44045	珠澳跨境工业区珠海园区	7
44048	珠海横琴新区	
44049	珠海其他	7
44051	汕头特区	1
44054	汕头保税区	A
44059	汕头其他	7
4405W	汕头保税物流中心（B型）	
44063	佛山高新技术产业开发区	B
44069	佛山其他	7
44079	江门	7
44082	湛江经济技术开发区	3
44089	湛江其他	2
4408W	湛江保税物流中心（B型）	
44099	茂名	7
44129	肇庆	7
44133	惠州高新技术产业开发区	B
44139	惠州其他	7
44149	梅州	7
44159	汕尾	7
44169	河源	7
44179	阳江	7
44189	清远	7
44193	东莞松山湖高新技术产业开发区	
44199	东莞	7
4419W	东莞保税物流中心	
44203	中山火炬高技术产业开发区	B
44209	中山其他	7
4420W	中山保税物流中心	
44219	潮州	7
44229	顺德	7
4422W	佛山国通保税物流中心（B型）	
44235	广东南沙出口加工区	7
44236	广州南沙保税港区	
44239	番禺	7
44249	揭阳	7
44289	南海	7
44299	云浮市	7
44306	广州南沙保税港区	
44309	南沙其他	
44536	深圳盐田综合保税区（一期）	
4469W	东莞清溪保税物流中心（B型）	
44909	广东其他	7
45013	南宁高新技术产业开发区	B
45016	南宁综合保税区	
45019	南宁其他	2
4501W	南宁保税物流中心	
45029	柳州	
45033	桂林高新技术产业开发区	B
45039	桂林其他	
45049	梧州	
45055	广西北海出口加工区	
45059	北海	2
45069	玉林	
45079	百色	
45089	河池	
45096	广西钦州保税港区	
45099	钦州	
45106	广西凭祥综合保税区	
45109	凭祥	2
45119	东兴	2
45129	防城港市	
45139	贵港市	
45149	崇左	
45159	来宾	
45169	贺州	
45909	广西其他	
46011	海口	1
46013	海南国际科技园区	B
46014	海南海口保税区	A
46016	海口综合保税区	1
46021	三亚	5
46031	三沙	

国内地区代码	国内地区名称 / 国内地区简称	国内地区性质标记
46041	五指山	
46051	琼海	
46061	儋州	
46062	洋浦经济开发区	
46066	洋浦保税港区	
46071	文昌	
46081	万宁	
46091	东方	
46101	定安	
46111	屯昌	
46121	澄迈	
46131	临高	
46141	白沙	
46151	昌江	
46161	乐东	
46171	陵水	
46181	保亭	
46191	琼中	
46901	海南其他	1
46902	海南洋浦经济技术开发区	3
46906	海南洋浦保税港区	5
4724	襄阳保税物流中心（B 型）/ 襄阳物流	
50012	万州经济技术开发区	
50019	万州区	
50029	涪陵区	
50039	渝中区	
50049	大渡口区	
50052	重庆两江新区江北区	3
50056	重庆两路寸滩保税港区（水港）	
50059	江北区	
50066	重庆西永综合保税区	
50069	沙坪坝区	
5006W	重庆铁路保税物流中心	
50073	重庆高新技术产业开发区	B
50079	九龙坡区	
50082	重庆经济技术开发区	3
50089	南岸区	
50092	重庆两江新区北碚区	3
50099	北碚区	
50109	万盛区	
50119	双桥区	
50122	重庆两江新区渝北区	3
50125	重庆出口加工区	
50126	重庆两路寸滩保税港区（空港）	
50129	渝北区	
50139	巴南区	
5013W	重庆南彭公路保税物流中心（B 型）	
50212	长寿经济技术开发区	2
50219	长寿县	
50229	綦江区	
50239	潼南县	
50249	重庆市铜梁区 / 铜梁区	
50259	大足区	
50269	荣昌县	
50279	重庆市璧山区 / 璧山区	
50289	梁平县	
50299	城口县	
50309	丰都县	
50319	垫江县	
50329	武隆县	
50339	忠县	
50349	开县	
50359	云阳县	
50369	奉节县	
50379	巫山县	
50389	巫溪县	
50399	黔江	
50409	石柱土家族自治县	
50419	秀山土家族苗族自治县	
50429	酉阳土家族苗族自治县	
50439	彭水苗族土家族自治县	
50819	江津区	
50829	合川区	
50839	永川区	
50849	南川区	
51012	成都经济技术开发区	3
51013	成都高新技术产业开发区	B
51015	四川成都出口加工区	
51016	成都高新综合保税区	
51019	成都其他	2
5101W	成都空港保税物流中心	
51039	自贡	
51049	攀枝花	
51053	泸州高新技术产业开发区	
51059	泸州	

国内地区代码	国内地区名称 / 国内地区简称	国内地区性质标记
5105W	泸州港保税物流中心（B型）	
51069	德阳	
51072	绵阳经济技术开发区	
51073	绵阳高新技术产业开发区	B
51075	四川绵阳出口加工区	
51079	绵阳其他	
51082	广元经济技术开发区	
51089	广元	
51099	遂宁	
51109	内江	
51113	乐山高新技术产业开发区	
51119	乐山	
51142	宜宾临港经济开发区	
51149	宜宾	
5114W	宜宾港保税物流中心（B型）	
51159	南充	
51169	达县	
51179	雅安	
51189	阿坝	
51199	甘孜	
51209	凉山	
51229	广汉	
51239	江油	
51249	都江堰	
51259	峨眉山	
51269	资阳 / 资阳	
51279	眉山 / 眉山	
51289	广安 / 广安	
51299	巴中 / 巴中	
5151W	成都铁路保税物流中心（B型）	
51909	四川其他	
52013	贵阳高新技术产业开发区	B
52016	贵阳综合保税区	
52019	贵阳其他	2
52029	六盘水	
52039	遵义	
52049	铜仁	
52059	黔西南	
52069	毕节	
52079	安顺	
52089	黔东南	
52099	黔南	
52502	贵阳贵安新区	
52506	贵安综合保税区	
52909	贵州其他	
53012	昆明经济技术开发区	3
53013	昆明高新技术产业开发区	B
53015	云南昆明出口加工区	
53016	昆明综合保税区	
53019	昆明其他	
5301W	昆明高新保税物流中心（B型）	
53029	东川	
53039	昭通	
53042	曲靖经济技术开发区	3
53049	曲靖	
53059	楚雄	
53069	玉溪	
53072	云南省蒙自经济技术开发区	
53076	云南红河综合保税区	
53079	红河	
53089	文山	
53099	普洱	
53109	西双版纳	
53119	大理	
53129	保山	
53139	德宏	
53149	丽江	
53159	怒江	
53169	迪庆	
53179	临沧	
53189	畹町	2
53199	瑞丽	2
53209	河口	2
5351W	滕俊国际陆港保税物流中心（B型）	
53909	云南其他	
54012	拉萨经济技术开发区	
54019	拉萨	6
54029	昌都	6
54039	山南	6
54049	日喀则	6
54059	那曲	6
54069	阿里	6
54079	林芝	6
54909	西藏其他	6

国内地区代码	国内地区名称 / 国内地区简称	国内地区性质标记
61012	陕西航天经济技术开发区	
61013	西安新技术产业开发区	B
61015	陕西西安出口加工区	
61016	西安综合保税区和西安高新综合保税区	
61019	西安其他	2
61029	铜川	
61033	宝鸡高新技术产业开发区	B
61039	宝鸡其他	
61049	咸阳	
6104W	陕西西咸保税物流中心	
61059	渭南	
61062	汉中经济技术开发区	
61069	汉中	
61079	安康	
61089	商洛	
61099	延安	
61109	榆林	
61909	陕西其他	
62013	兰州宁卧庄新技术产业开发区	B
62016	兰州新区综合保税区	
62019	兰州其他	2
62029	嘉峪关	
62039	金昌	
62049	白银	
62059	天水	
62069	酒泉	
62079	张掖	
62089	武威	
6208W	武威保税物流中心	
62099	定西	
62109	陇南	
62119	平凉	
62129	庆阳	
62139	临夏	
62149	甘南	
62909	甘肃其他	
63012	西宁经济技术开发区	3
63013	青海高新技术产业开发区	B
63019	西宁	2
63029	海东	
6302W	青海曹家堡保税物流中心（B 型）	
63039	海北	
63049	黄南	
63059	海南	
63069	果洛	
63079	玉树	
63089	海西	
63909	青海其他	
64012	银川经济技术开发区	3
64016	银川综合保税区	
64019	银川	2
64029	石嘴山	
64039	吴中	
64049	固原	
64059	中卫	
64909	宁夏其他	
65012	乌鲁木齐经济技术开发区	3
65013	乌鲁木齐高新技术产业开发区	B
65015	新疆乌鲁木齐出口加工区	9
65016	乌鲁木齐综合保税区	
65019	乌鲁木齐其他	9
65029	克拉玛依	9
65036	阿拉山口综合保税区	
65039	博乐	9
65049	巴音	9
65059	阿克苏	9
65069	克孜	9
65076	喀什综合保税区	
65079	喀什	9
65089	和田	9
65095	中哈霍尔果斯国际边境合作中心中方配套区（一期）	
65099	伊宁	9
6509A	中哈霍尔果斯国际边境合作中心中方配套区（一期）	
6509W	奎屯保税物流中心	
65109	塔城	2
65119	阿勒泰	9
65122	石河子经济技术开发区	3
65129	石河子	9
65219	吐鲁番	9
65229	哈密	9
65239	昌吉回族自治州	9
65909	新疆其他	9

附表 15 中华人民共和国行政区划代码表

（2018 年 6 月）

代码	单位名称
110000	北京市
110101	东城区
110102	西城区
110105	朝阳区
110106	丰台区
110107	石景山区
110108	海淀区
110109	门头沟区
110111	房山区
110112	通州区
110113	顺义区
110114	昌平区
110115	大兴区
110116	怀柔区
110117	平谷区
110118	密云区
110119	延庆区
120000	天津市
120101	和平区
120102	河东区
120103	河西区
120104	南开区
120105	河北区
120106	红桥区
120110	东丽区
120111	西青区
120112	津南区
120113	北辰区
120114	武清区
120115	宝坻区
120116	滨海新区
120117	宁河区
120118	静海区
120119	蓟州区
130000	河北省
130100	石家庄市
130102	长安区
130104	桥西区
130105	新华区

代码	单位名称
130107	井陉矿区
130108	裕华区
130109	藁城区
130110	鹿泉区
130111	栾城区
130121	井陉县
130123	正定县
130125	行唐县
130126	灵寿县
130127	高邑县
130128	深泽县
130129	赞皇县
130130	无极县
130131	平山县
130132	元氏县
130133	赵县
130181	辛集市
130183	晋州市
130184	新乐市
130200	唐山市
130202	路南区
130203	路北区
130204	古冶区
130205	开平区
130207	丰南区
130208	丰润区
130209	曹妃甸区
130223	滦县
130224	滦南县
130225	乐亭县
130227	迁西县
130229	玉田县
130281	遵化市
130283	迁安市
130300	秦皇岛市
130302	海港区
130303	山海关区
130304	北戴河区
130306	抚宁区

代码	单位名称
130321	青龙满族自治县
130322	昌黎县
130324	卢龙县
130400	邯郸市
130402	邯山区
130403	丛台区
130404	复兴区
130406	峰峰矿区
130407	肥乡区
130408	永年区
130423	临漳县
130424	成安县
130425	大名县
130426	涉县
130427	磁县
130430	邱县
130431	鸡泽县
130432	广平县
130433	馆陶县
130434	魏县
130435	曲周县
130481	武安市
130500	邢台市
130502	桥东区
130503	桥西区
130521	邢台县
130522	临城县
130523	内丘县
130524	柏乡县
130525	隆尧县
130526	任县
130527	南和县
130528	宁晋县
130529	巨鹿县
130530	新河县
130531	广宗县
130532	平乡县
130533	威县
130534	清河县

附表15 中华人民共和国行政区划代码表◎

代码	单位名称
130535	临西县
130581	南宫市
130582	沙河市
130600	保定市
130602	竞秀区
130606	莲池区
130607	满城区
130608	清苑区
130609	徐水区
130623	涞水县
130624	阜平县
130626	定兴县
130627	唐县
130628	高阳县
130629	容城县
130630	涞源县
130631	望都县
130632	安新县
130633	易县
130634	曲阳县
130635	蠡县
130636	顺平县
130637	博野县
130638	雄县
130681	涿州市
130682	定州市
130683	安国市
130684	高碑店市
130700	张家口市
130702	桥东区
130703	桥西区
130705	宣化区
130706	下花园区
130708	万全区
130709	崇礼区
130722	张北县
130723	康保县
130724	沽源县
130725	尚义县
130726	蔚县
130727	阳原县
130728	怀安县
130730	怀来县
130731	涿鹿县
130732	赤城县
130800	承德市
130802	双桥区
130803	双滦区

代码	单位名称
130804	鹰手营子矿区
130821	承德县
130822	兴隆县
130824	滦平县
130825	隆化县
130826	丰宁满族自治县
130827	宽城满族自治县
130828	围场满族蒙古族自治县
130881	平泉市
130900	沧州市
130902	新华区
130903	运河区
130921	沧县
130922	青县
130923	东光县
130924	海兴县
130925	盐山县
130926	肃宁县
130927	南皮县
130928	吴桥县
130929	献县
130930	孟村回族自治县
130981	泊头市
130982	任丘市
130983	黄骅市
130984	河间市
131000	廊坊市
131002	安次区
131003	广阳区
131022	固安县
131023	永清县
131024	香河县
131025	大城县
131026	文安县
131028	大厂回族自治县
131081	霸州市
131082	三河市
131100	衡水市
131102	桃城区
131103	冀州区
131121	枣强县
131122	武邑县
131123	武强县
131124	饶阳县
131125	安平县
131126	故城县
131127	景县
131128	阜城县

代码	单位名称
131182	深州市
140000	山西省
140100	太原市
140105	小店区
140106	迎泽区
140107	杏花岭区
140108	尖草坪区
140109	万柏林区
140110	晋源区
140121	清徐县
140122	阳曲县
140123	娄烦县
140181	古交市
140200	大同市
140202	城区
140203	矿区
140211	南郊区
140212	新荣区
140221	阳高县
140222	天镇县
140223	广灵县
140224	灵丘县
140225	浑源县
140226	左云县
140227	大同县
140300	阳泉市
140302	城区
140303	矿区
140311	郊区
140321	平定县
140322	盂县
140400	长治市
140402	城区
140411	郊区
140421	长治县
140423	襄垣县
140424	屯留县
140425	平顺县
140426	黎城县
140427	壶关县
140428	长子县
140429	武乡县
140430	沁县
140431	沁源县
140481	潞城市
140500	晋城市
140502	城区
140521	沁水县

代码	单位名称
140522	阳城县
140524	陵川县
140525	泽州县
140581	高平市
140600	朔州市
140602	朔城区
140603	平鲁区
140621	山阴县
140622	应县
140623	右玉县
140624	怀仁县
140700	晋中市
140702	榆次区
140721	榆社县
140722	左权县
140723	和顺县
140724	昔阳县
140725	寿阳县
140726	太谷县
140727	祁县
140728	平遥县
140729	灵石县
140781	介休市
140800	运城市
140802	盐湖区
140821	临猗县
140822	万荣县
140823	闻喜县
140824	稷山县
140825	新绛县
140826	绛县
140827	垣曲县
140828	夏县
140829	平陆县
140830	芮城县
140881	永济市
140882	河津市
140900	忻州市
140902	忻府区
140921	定襄县
140922	五台县
140923	代县
140924	繁峙县
140925	宁武县
140926	静乐县
140927	神池县
140928	五寨县
140929	岢岚县

代码	单位名称
140930	河曲县
140931	保德县
140932	偏关县
140981	原平市
141000	临汾市
141002	尧都区
141021	曲沃县
141022	翼城县
141023	襄汾县
141024	洪洞县
141025	古县
141026	安泽县
141027	浮山县
141028	吉县
141029	乡宁县
141030	大宁县
141031	隰县
141032	永和县
141033	蒲县
141034	汾西县
141081	侯马市
141082	霍州市
141100	吕梁市
141102	离石区
141121	文水县
141122	交城县
141123	兴县
141124	临县
141125	柳林县
141126	石楼县
141127	岚县
141128	方山县
141129	中阳县
141130	交口县
141181	孝义市
141182	汾阳市
150000	内蒙古自治区
150100	呼和浩特市
150102	新城区
150103	回民区
150104	玉泉区
150105	赛罕区
150121	土默特左旗
150122	托克托县
150123	和林格尔县
150124	清水河县
150125	武川县
150200	包头市

代码	单位名称
150202	东河区
150203	昆都仑区
150204	青山区
150205	石拐区
150206	白云鄂博矿区
150207	九原区
150221	土默特右旗
150222	固阳县
150223	达尔罕茂明安联合旗
150300	乌海市
150302	海勃湾区
150303	海南区
150304	乌达区
150400	赤峰市
150402	红山区
150403	元宝山区
150404	松山区
150421	阿鲁科尔沁旗
150422	巴林左旗
150423	巴林右旗
150424	林西县
150425	克什克腾旗
150426	翁牛特旗
150428	喀喇沁旗
150429	宁城县
150430	敖汉旗
150500	通辽市
150502	科尔沁区
150521	科尔沁左翼中旗
150522	科尔沁左翼后旗
150523	开鲁县
150524	库伦旗
150525	奈曼旗
150526	扎鲁特旗
150581	霍林郭勒市
150600	鄂尔多斯市
150602	东胜区
150603	康巴什区
150621	达拉特旗
150622	准格尔旗
150623	鄂托克前旗
150624	鄂托克旗
150625	杭锦旗
150626	乌审旗
150627	伊金霍洛旗
150700	呼伦贝尔市
150702	海拉尔区
150703	扎赉诺尔区

附表 15 中华人民共和国行政区划代码表◎

代码	单位名称
150721	阿荣旗
150722	莫力达瓦达斡尔族自治旗
150723	鄂伦春自治旗
150724	鄂温克族自治旗
150725	陈巴尔虎旗
150726	新巴尔虎左旗
150727	新巴尔虎右旗
150781	满洲里市
150782	牙克石市
150783	扎兰屯市
150784	额尔古纳市
150785	根河市
150800	巴彦淖尔市
150802	临河区
150821	五原县
150822	磴口县
150823	乌拉特前旗
150824	乌拉特中旗
150825	乌拉特后旗
150826	杭锦后旗
150900	乌兰察布市
150902	集宁区
150921	卓资县
150922	化德县
150923	商都县
150924	兴和县
150925	凉城县
150926	察哈尔右翼前旗
150927	察哈尔右翼中旗
150928	察哈尔右翼后旗
150929	四子王旗
150981	丰镇市
152200	兴安盟
152201	乌兰浩特市
152202	阿尔山市
152221	科尔沁右翼前旗
152222	科尔沁右翼中旗
152223	扎赉特旗
152224	突泉县
152500	锡林郭勒盟
152501	二连浩特市
152502	锡林浩特市
152522	阿巴嘎旗
152523	苏尼特左旗
152524	苏尼特右旗
152525	东乌珠穆沁旗
152526	西乌珠穆沁旗

代码	单位名称
152527	太仆寺旗
152528	镶黄旗
152529	正镶白旗
152530	正蓝旗
152531	多伦县
152900	阿拉善盟
152921	阿拉善左旗
152922	阿拉善右旗
152923	额济纳旗
210000	辽宁省
210100	沈阳市
210102	和平区
210103	沈河区
210104	大东区
210105	皇姑区
210106	铁西区
210111	苏家屯区
210112	浑南区
210113	沈北新区
210114	于洪区
210115	辽中区
210123	康平县
210124	法库县
210181	新民市
210200	大连市
210202	中山区
210203	西岗区
210204	沙河口区
210211	甘井子区
210212	旅顺口区
210213	金州区
210214	普兰店区
210224	长海县
210281	瓦房店市
210283	庄河市
210300	鞍山市
210302	铁东区
210303	铁西区
210304	立山区
210311	千山区
210321	台安县
210323	岫岩满族自治县
210381	海城市
210400	抚顺市
210402	新抚区
210403	东洲区
210404	望花区
210411	顺城区

代码	单位名称
210421	抚顺县
210422	新宾满族自治县
210423	清原满族自治县
210500	本溪市
210502	平山区
210503	溪湖区
210504	明山区
210505	南芬区
210521	本溪满族自治县
210522	桓仁满族自治县
210600	丹东市
210602	元宝区
210603	振兴区
210604	振安区
210624	宽甸满族自治县
210681	东港市
210682	凤城市
210700	锦州市
210702	古塔区
210703	凌河区
210711	太和区
210726	黑山县
210727	义县
210781	凌海市
210782	北镇市
210800	营口市
210802	站前区
210803	西市区
210804	鲅鱼圈区
210811	老边区
210881	盖州市
210882	大石桥市
210900	阜新市
210902	海州区
210903	新邱区
210904	太平区
210905	清河门区
210911	细河区
210921	阜新蒙古族自治县
210922	彰武县
211000	辽阳市
211002	白塔区
211003	文圣区
211004	宏伟区
211005	弓长岭区
211011	太子河区
211021	辽阳县
211081	灯塔市

代码	单位名称
211100	盘锦市
211102	双台子区
211103	兴隆台区
211104	大洼区
211122	盘山县
211200	铁岭市
211202	银州区
211204	清河区
211221	铁岭县
211223	西丰县
211224	昌图县
211281	调兵山市
211282	开原市
211300	朝阳市
211302	双塔区
211303	龙城区
211321	朝阳县
211322	建平县
211324	喀喇沁左翼蒙古族自治县
211381	北票市
211382	凌源市
211400	葫芦岛市
211402	连山区
211403	龙港区
211404	南票区
211421	绥中县
211422	建昌县
211481	兴城市
220000	吉林省
220100	长春市
220102	南关区
220103	宽城区
220104	朝阳区
220105	二道区
220106	绿园区
220112	双阳区
220113	九台区
220122	农安县
220182	榆树市
220183	德惠市
220200	吉林市
220202	昌邑区
220203	龙潭区
220204	船营区
220211	丰满区
220221	永吉县
220281	蛟河市

代码	单位名称
220282	桦甸市
220283	舒兰市
220284	磐石市
220300	四平市
220302	铁西区
220303	铁东区
220322	梨树县
220323	伊通满族自治县
220381	公主岭市
220382	双辽市
220400	辽源市
220402	龙山区
220403	西安区
220421	东丰县
220422	东辽县
220500	通化市
220502	东昌区
220503	二道江区
220521	通化县
220523	辉南县
220524	柳河县
220581	梅河口市
220582	集安市
220600	白山市
220602	浑江区
220605	江源区
220621	抚松县
220622	靖宇县
220623	长白朝鲜族自治县
220681	临江市
220700	松原市
220702	宁江区
220721	前郭尔罗斯蒙古族自治县
220722	长岭县
220723	乾安县
220781	扶余市
220800	白城市
220802	洮北区
220821	镇赉县
220822	通榆县
220881	洮南市
220882	大安市
222400	延边朝鲜族自治州
222401	延吉市
222402	图们市
222403	敦化市
222404	珲春市

代码	单位名称
222405	龙井市
222406	和龙市
222424	汪清县
222426	安图县
230000	黑龙江省
230100	哈尔滨市
230102	道里区
230103	南岗区
230104	道外区
230108	平房区
230109	松北区
230110	香坊区
230111	呼兰区
230112	阿城区
230113	双城区
230123	依兰县
230124	方正县
230125	宾县
230126	巴彦县
230127	木兰县
230128	通河县
230129	延寿县
230183	尚志市
230184	五常市
230200	齐齐哈尔市
230202	龙沙区
230203	建华区
230204	铁锋区
230205	昂昂溪区
230206	富拉尔基区
230207	碾子山区
230208	梅里斯达斡尔族区
230221	龙江县
230223	依安县
230224	泰来县
230225	甘南县
230227	富裕县
230229	克山县
230230	克东县
230231	拜泉县
230281	讷河市
230300	鸡西市
230302	鸡冠区
230303	恒山区
230304	滴道区
230305	梨树区
230306	城子河区
230307	麻山区

代码	单位名称
230321	鸡东县
230381	虎林市
230382	密山市
230400	鹤岗市
230402	向阳区
230403	工农区
230404	南山区
230405	兴安区
230406	东山区
230407	兴山区
230421	萝北县
230422	绥滨县
230500	双鸭山市
230502	尖山区
230503	岭东区
230505	四方台区
230506	宝山区
230521	集贤县
230522	友谊县
230523	宝清县
230524	饶河县
230600	大庆市
230602	萨尔图区
230603	龙凤区
230604	让胡路区
230605	红岗区
230606	大同区
230621	肇州县
230622	肇源县
230623	林甸县
230624	杜尔伯特蒙古族自治县
230700	伊春市
230702	伊春区
230703	南岔区
230704	友好区
230705	西林区
230706	翠峦区
230707	新青区
230708	美溪区
230709	金山屯区
230710	五营区
230711	乌马河区
230712	汤旺河区
230713	带岭区
230714	乌伊岭区
230715	红星区
230716	上甘岭区

代码	单位名称
230722	嘉荫县
230781	铁力市
230800	佳木斯市
230803	向阳区
230804	前进区
230805	东风区
230811	郊区
230822	桦南县
230826	桦川县
230828	汤原县
230881	同江市
230882	富锦市
230883	抚远市
230900	七台河市
230902	新兴区
230903	桃山区
230904	茄子河区
230921	勃利县
231000	牡丹江市
231002	东安区
231003	阳明区
231004	爱民区
231005	西安区
231025	林口县
231081	绥芬河市
231083	海林市
231084	宁安市
231085	穆棱市
231086	东宁市
231100	黑河市
231102	爱辉区
231121	嫩江县
231123	逊克县
231124	孙吴县
231181	北安市
231182	五大连池市
231200	绥化市
231202	北林区
231221	望奎县
231222	兰西县
231223	青冈县
231224	庆安县
231225	明水县
231226	绥棱县
231281	安达市
231282	肇东市
231283	海伦市
232700	大兴安岭地区

代码	单位名称
232721	呼玛县
232722	塔河县
232723	漠河县
310000	上海市
310101	黄浦区
310104	徐汇区
310105	长宁区
310106	静安区
310107	普陀区
310109	虹口区
310110	杨浦区
310112	闵行区
310113	宝山区
310114	嘉定区
310115	浦东新区
310116	金山区
310117	松江区
310118	青浦区
310120	奉贤区
310151	崇明区
320000	江苏省
320100	南京市
320102	玄武区
320104	秦淮区
320105	建邺区
320106	鼓楼区
320111	浦口区
320113	栖霞区
320114	雨花台区
320115	江宁区
320116	六合区
320117	溧水区
320118	高淳区
320200	无锡市
320205	锡山区
320206	惠山区
320211	滨湖区
320213	梁溪区
320214	新吴区
320281	江阴市
320282	宜兴市
320300	徐州市
320302	鼓楼区
320303	云龙区
320305	贾汪区
320311	泉山区
320312	铜山区
320321	丰县

代码	单位名称
320322	沛县
320324	睢宁县
320381	新沂市
320382	邳州市
320400	常州市
320402	天宁区
320404	钟楼区
320411	新北区
320412	武进区
320413	金坛区
320481	溧阳市
320500	苏州市
320505	虎丘区
320506	吴中区
320507	相城区
320508	姑苏区
320509	吴江区
320581	常熟市
320582	张家港市
320583	昆山市
320585	太仓市
320600	南通市
320602	崇川区
320611	港闸区
320612	通州区
320621	海安县
320623	如东县
320681	启东市
320682	如皋市
320684	海门市
320700	连云港市
320703	连云区
320706	海州区
320707	赣榆区
320722	东海县
320723	灌云县
320724	灌南县
320800	淮安市
320803	淮安区
320804	淮阴区
320812	清江浦区
320813	洪泽区
320826	涟水县
320830	盱眙县
320831	金湖县
320900	盐城市
320902	亭湖区
320903	盐都区

代码	单位名称
320904	大丰区
320921	响水县
320922	滨海县
320923	阜宁县
320924	射阳县
320925	建湖县
320981	东台市
321000	扬州市
321002	广陵区
321003	邗江区
321012	江都区
321023	宝应县
321081	仪征市
321084	高邮市
321100	镇江市
321102	京口区
321111	润州区
321112	丹徒区
321181	丹阳市
321182	扬中市
321183	句容市
321200	泰州市
321202	海陵区
321203	高港区
321204	姜堰区
321281	兴化市
321282	靖江市
321283	泰兴市
321300	宿迁市
321302	宿城区
321311	宿豫区
321322	沭阳县
321323	泗阳县
321324	泗洪县
330000	浙江省
330100	杭州市
330102	上城区
330103	下城区
330104	江干区
330105	拱墅区
330106	西湖区
330108	滨江区
330109	萧山区
330110	余杭区
330111	富阳区
330112	临安区
330122	桐庐县
330127	淳安县

代码	单位名称
330182	建德市
330200	宁波市
330203	海曙区
330205	江北区
330206	北仑区
330211	镇海区
330212	鄞州区
330213	奉化区
330225	象山县
330226	宁海县
330281	余姚市
330282	慈溪市
330300	温州市
330302	鹿城区
330303	龙湾区
330304	瓯海区
330305	洞头区
330324	永嘉县
330326	平阳县
330327	苍南县
330328	文成县
330329	泰顺县
330381	瑞安市
330382	乐清市
330400	嘉兴市
330402	南湖区
330411	秀洲区
330421	嘉善县
330424	海盐县
330481	海宁市
330482	平湖市
330483	桐乡市
330500	湖州市
330502	吴兴区
330503	南浔区
330521	德清县
330522	长兴县
330523	安吉县
330600	绍兴市
330602	越城区
330603	柯桥区
330604	上虞区
330624	新昌县
330681	诸暨市
330683	嵊州市
330700	金华市
330702	婺城区
330703	金东区

代码	单位名称
330723	武义县
330726	浦江县
330727	磐安县
330781	兰溪市
330782	义乌市
330783	东阳市
330784	永康市
330800	衢州市
330802	柯城区
330803	衢江区
330822	常山县
330824	开化县
330825	龙游县
330881	江山市
330900	舟山市
330902	定海区
330903	普陀区
330921	岱山县
330922	嵊泗县
331000	台州市
331002	椒江区
331003	黄岩区
331004	路桥区
331022	三门县
331023	天台县
331024	仙居县
331081	温岭市
331082	临海市
331083	玉环市
331100	丽水市
331102	莲都区
331121	青田县
331122	缙云县
331123	遂昌县
331124	松阳县
331125	云和县
331126	庆元县
331127	景宁畲族自治县
331181	龙泉市
340000	安徽省
340100	合肥市
340102	瑶海区
340103	庐阳区
340104	蜀山区
340111	包河区
340121	长丰县
340122	肥东县
340123	肥西县
340124	庐江县
340181	巢湖市
340200	芜湖市
340202	镜湖区
340203	弋江区
340207	鸠江区
340208	三山区
340221	芜湖县
340222	繁昌县
340223	南陵县
340225	无为县
340300	蚌埠市
340302	龙子湖区
340303	蚌山区
340304	禹会区
340311	淮上区
340321	怀远县
340322	五河县
340323	固镇县
340400	淮南市
340402	大通区
340403	田家庵区
340404	谢家集区
340405	八公山区
340406	潘集区
340421	凤台县
340422	寿县
340500	马鞍山市
340503	花山区
340504	雨山区
340506	博望区
340521	当涂县
340522	含山县
340523	和县
340600	淮北市
340602	杜集区
340603	相山区
340604	烈山区
340621	濉溪县
340700	铜陵市
340705	铜官区
340706	义安区
340711	郊区
340722	枞阳县
340800	安庆市
340802	迎江区
340803	大观区
340811	宜秀区
340822	怀宁县
340824	潜山县
340825	太湖县
340826	宿松县
340827	望江县
340828	岳西县
340881	桐城市
341000	黄山市
341002	屯溪区
341003	黄山区
341004	徽州区
341021	歙县
341022	休宁县
341023	黟县
341024	祁门县
341100	滁州市
341102	琅琊区
341103	南谯区
341122	来安县
341124	全椒县
341125	定远县
341126	凤阳县
341181	天长市
341182	明光市
341200	阜阳市
341202	颍州区
341203	颍东区
341204	颍泉区
341221	临泉县
341222	太和县
341225	阜南县
341226	颍上县
341282	界首市
341300	宿州市
341302	埇桥区
341321	砀山县
341322	萧县
341323	灵璧县
341324	泗县
341500	六安市
341502	金安区
341503	裕安区
341504	叶集区
341522	霍邱县
341523	舒城县
341524	金寨县
341525	霍山县
341600	亳州市

代码	单位名称
341602	谯城区
341621	涡阳县
341622	蒙城县
341623	利辛县
341700	池州市
341702	贵池区
341721	东至县
341722	石台县
341723	青阳县
341800	宣城市
341802	宣州区
341821	郎溪县
341822	广德县
341823	泾县
341824	绩溪县
341825	旌德县
341881	宁国市
350000	福建省
350100	福州市
350102	鼓楼区
350103	台江区
350104	仓山区
350105	马尾区
350111	晋安区
350112	长乐区
350121	闽侯县
350122	连江县
350123	罗源县
350124	闽清县
350125	永泰县
350128	平潭县
350181	福清市
350200	厦门市
350203	思明区
350205	海沧区
350206	湖里区
350211	集美区
350212	同安区
350213	翔安区
350300	莆田市
350302	城厢区
350303	涵江区
350304	荔城区
350305	秀屿区
350322	仙游县
350400	三明市
350402	梅列区
350403	三元区

代码	单位名称
350421	明溪县
350423	清流县
350424	宁化县
350425	大田县
350426	尤溪县
350427	沙县
350428	将乐县
350429	泰宁县
350430	建宁县
350481	永安市
350500	泉州市
350502	鲤城区
350503	丰泽区
350504	洛江区
350505	泉港区
350521	惠安县
350524	安溪县
350525	永春县
350526	德化县
350527	金门县
350581	石狮市
350582	晋江市
350583	南安市
350600	漳州市
350602	芗城区
350603	龙文区
350622	云霄县
350623	漳浦县
350624	诏安县
350625	长泰县
350626	东山县
350627	南靖县
350628	平和县
350629	华安县
350681	龙海市
350700	南平市
350702	延平区
350703	建阳区
350721	顺昌县
350722	浦城县
350723	光泽县
350724	松溪县
350725	政和县
350781	邵武市
350782	武夷山市
350783	建瓯市
350800	龙岩市
350802	新罗区

代码	单位名称
350803	永定区
350821	长汀县
350823	上杭县
350824	武平县
350825	连城县
350881	漳平市
350900	宁德市
350902	蕉城区
350921	霞浦县
350922	古田县
350923	屏南县
350924	寿宁县
350925	周宁县
350926	柘荣县
350981	福安市
350982	福鼎市
360000	江西省
360100	南昌市
360102	东湖区
360103	西湖区
360104	青云谱区
360105	湾里区
360111	青山湖区
360112	新建区
360121	南昌县
360123	安义县
360124	进贤县
360200	景德镇市
360202	昌江区
360203	珠山区
360222	浮梁县
360281	乐平市
360300	萍乡市
360302	安源区
360313	湘东区
360321	莲花县
360322	上栗县
360323	芦溪县
360400	九江市
360402	濂溪区
360403	浔阳区
360404	柴桑区
360423	武宁县
360424	修水县
360425	永修县
360426	德安县
360428	都昌县
360429	湖口县

代码	单位名称
360430	彭泽县
360481	瑞昌市
360482	共青城市
360483	庐山市
360500	新余市
360502	渝水区
360521	分宜县
360600	鹰潭市
360602	月湖区
360622	余江县
360681	贵溪市
360700	赣州市
360702	章贡区
360703	南康区
360704	赣县区
360722	信丰县
360723	大余县
360724	上犹县
360725	崇义县
360726	安远县
360727	龙南县
360728	定南县
360729	全南县
360730	宁都县
360731	于都县
360732	兴国县
360733	会昌县
360734	寻乌县
360735	石城县
360781	瑞金市
360800	吉安市
360802	吉州区
360803	青原区
360821	吉安县
360822	吉水县
360823	峡江县
360824	新干县
360825	永丰县
360826	泰和县
360827	遂川县
360828	万安县
360829	安福县
360830	永新县
360881	井冈山市
360900	宜春市
360902	袁州区
360921	奉新县
360922	万载县

代码	单位名称
360923	上高县
360924	宜丰县
360925	靖安县
360926	铜鼓县
360981	丰城市
360982	樟树市
360983	高安市
361000	抚州市
361002	临川区
361003	东乡区
361021	南城县
361022	黎川县
361023	南丰县
361024	崇仁县
361025	乐安县
361026	宜黄县
361027	金溪县
361028	资溪县
361030	广昌县
361100	上饶市
361102	信州区
361103	广丰区
361121	上饶县
361123	玉山县
361124	铅山县
361125	横峰县
361126	弋阳县
361127	余干县
361128	鄱阳县
361129	万年县
361130	婺源县
361181	德兴市
370000	山东省
370100	济南市
370102	历下区
370103	市中区
370104	槐荫区
370105	天桥区
370112	历城区
370113	长清区
370114	章丘区
370124	平阴县
370125	济阳县
370126	商河县
370200	青岛市
370202	市南区
370203	市北区
370211	黄岛区

代码	单位名称
370212	崂山区
370213	李沧区
370214	城阳区
370215	即墨区
370281	胶州市
370283	平度市
370285	莱西市
370300	淄博市
370302	淄川区
370303	张店区
370304	博山区
370305	临淄区
370306	周村区
370321	桓台县
370322	高青县
370323	沂源县
370400	枣庄市
370402	市中区
370403	薛城区
370404	峄城区
370405	台儿庄区
370406	山亭区
370481	滕州市
370500	东营市
370502	东营区
370503	河口区
370505	垦利区
370522	利津县
370523	广饶县
370600	烟台市
370602	芝罘区
370611	福山区
370612	牟平区
370613	莱山区
370634	长岛县
370681	龙口市
370682	莱阳市
370683	莱州市
370684	蓬莱市
370685	招远市
370686	栖霞市
370687	海阳市
370700	潍坊市
370702	潍城区
370703	寒亭区
370704	坊子区
370705	奎文区
370724	临朐县

代码	单位名称
370725	昌乐县
370781	青州市
370782	诸城市
370783	寿光市
370784	安丘市
370785	高密市
370786	昌邑市
370800	济宁市
370811	任城区
370812	兖州区
370826	微山县
370827	鱼台县
370828	金乡县
370829	嘉祥县
370830	汶上县
370831	泗水县
370832	梁山县
370881	曲阜市
370883	邹城市
370900	泰安市
370902	泰山区
370911	岱岳区
370921	宁阳县
370923	东平县
370982	新泰市
370983	肥城市
371000	威海市
371002	环翠区
371003	文登区
371082	荣成市
371083	乳山市
371100	日照市
371102	东港区
371103	岚山区
371121	五莲县
371122	莒县
371200	莱芜市
371202	莱城区
371203	钢城区
371300	临沂市
371302	兰山区
371311	罗庄区
371312	河东区
371321	沂南县
371322	郯城县
371323	沂水县
371324	兰陵县
371325	费县

代码	单位名称
371326	平邑县
371327	莒南县
371328	蒙阴县
371329	临沭县
371400	德州市
371402	德城区
371403	陵城区
371422	宁津县
371423	庆云县
371424	临邑县
371425	齐河县
371426	平原县
371427	夏津县
371428	武城县
371481	乐陵市
371482	禹城市
371500	聊城市
371502	东昌府区
371521	阳谷县
371522	莘县
371523	茌平县
371524	东阿县
371525	冠县
371526	高唐县
371581	临清市
371600	滨州市
371602	滨城区
371603	沾化区
371621	惠民县
371622	阳信县
371623	无棣县
371625	博兴县
371626	邹平县
371700	菏泽市
371702	牡丹区
371703	定陶区
371721	曹县
371722	单县
371723	成武县
371724	巨野县
371725	郓城县
371726	鄄城县
371728	东明县
410000	河南省
410100	郑州市
410102	中原区
410103	二七区
410104	管城回族区

代码	单位名称
410105	金水区
410106	上街区
410108	惠济区
410122	中牟县
410181	巩义市
410182	荥阳市
410183	新密市
410184	新郑市
410185	登封市
410200	开封市
410202	龙亭区
410203	顺河回族区
410204	鼓楼区
410205	禹王台区
410212	祥符区
410221	杞县
410222	通许县
410223	尉氏县
410225	兰考县
410300	洛阳市
410302	老城区
410303	西工区
410304	瀍河回族区
410305	涧西区
410306	吉利区
410311	洛龙区
410322	孟津县
410323	新安县
410324	栾川县
410325	嵩县
410326	汝阳县
410327	宜阳县
410328	洛宁县
410329	伊川县
410381	偃师市
410400	平顶山市
410402	新华区
410403	卫东区
410404	石龙区
410411	湛河区
410421	宝丰县
410422	叶县
410423	鲁山县
410425	郏县
410481	舞钢市
410482	汝州市
410500	安阳市
410502	文峰区

代码	单位名称
410503	北关区
410505	殷都区
410506	龙安区
410522	安阳县
410523	汤阴县
410526	滑县
410527	内黄县
410581	林州市
410600	鹤壁市
410602	鹤山区
410603	山城区
410611	淇滨区
410621	浚县
410622	淇县
410700	新乡市
410702	红旗区
410703	卫滨区
410704	凤泉区
410711	牧野区
410721	新乡县
410724	获嘉县
410725	原阳县
410726	延津县
410727	封丘县
410728	长垣县
410781	卫辉市
410782	辉县市
410800	焦作市
410802	解放区
410803	中站区
410804	马村区
410811	山阳区
410821	修武县
410822	博爱县
410823	武陟县
410825	温县
410882	沁阳市
410883	孟州市
410900	濮阳市
410902	华龙区
410922	清丰县
410923	南乐县
410926	范县
410927	台前县
410928	濮阳县
411000	许昌市
411002	魏都区
411003	建安区

代码	单位名称
411024	鄢陵县
411025	襄城县
411081	禹州市
411082	长葛市
411100	漯河市
411102	源汇区
411103	郾城区
411104	召陵区
411121	舞阳县
411122	临颍县
411200	三门峡市
411202	湖滨区
411203	陕州区
411221	渑池县
411224	卢氏县
411281	义马市
411282	灵宝市
411300	南阳市
411302	宛城区
411303	卧龙区
411321	南召县
411322	方城县
411323	西峡县
411324	镇平县
411325	内乡县
411326	淅川县
411327	社旗县
411328	唐河县
411329	新野县
411330	桐柏县
411381	邓州市
411400	商丘市
411402	梁园区
411403	睢阳区
411421	民权县
411422	睢县
411423	宁陵县
411424	柘城县
411425	虞城县
411426	夏邑县
411481	永城市
411500	信阳市
411502	浉河区
411503	平桥区
411521	罗山县
411522	光山县
411523	新县
411524	商城县

代码	单位名称
411525	固始县
411526	潢川县
411527	淮滨县
411528	息县
411600	周口市
411602	川汇区
411621	扶沟县
411622	西华县
411623	商水县
411624	沈丘县
411625	郸城县
411626	淮阳县
411627	太康县
411628	鹿邑县
411681	项城市
411700	驻马店市
411702	驿城区
411721	西平县
411722	上蔡县
411723	平舆县
411724	正阳县
411725	确山县
411726	泌阳县
411727	汝南县
411728	遂平县
411729	新蔡县
419001	济源市
420000	湖北省
420100	武汉市
420102	江岸区
420103	江汉区
420104	硚口区
420105	汉阳区
420106	武昌区
420107	青山区
420111	洪山区
420112	东西湖区
420113	汉南区
420114	蔡甸区
420115	江夏区
420116	黄陂区
420117	新洲区
420200	黄石市
420202	黄石港区
420203	西塞山区
420204	下陆区
420205	铁山区
420222	阳新县

代码	单位名称
420281	大冶市
420300	十堰市
420302	茅箭区
420303	张湾区
420304	郧阳区
420322	郧西县
420323	竹山县
420324	竹溪县
420325	房县
420381	丹江口市
420500	宜昌市
420502	西陵区
420503	伍家岗区
420504	点军区
420505	猇亭区
420506	夷陵区
420525	远安县
420526	兴山县
420527	秭归县
420528	长阳土家族自治县
420529	五峰土家族自治县
420581	宜都市
420582	当阳市
420583	枝江市
420600	襄阳市
420602	襄城区
420606	樊城区
420607	襄州区
420624	南漳县
420625	谷城县
420626	保康县
420682	老河口市
420683	枣阳市
420684	宜城市
420700	鄂州市
420702	梁子湖区
420703	华容区
420704	鄂城区
420800	荆门市
420802	东宝区
420804	掇刀区
420821	京山县
420822	沙洋县
420881	钟祥市
420900	孝感市
420902	孝南区
420921	孝昌县
420922	大悟县

代码	单位名称
420923	云梦县
420981	应城市
420982	安陆市
420984	汉川市
421000	荆州市
421002	沙市区
421003	荆州区
421022	公安县
421023	监利县
421024	江陵县
421081	石首市
421083	洪湖市
421087	松滋市
421100	黄冈市
421102	黄州区
421121	团风县
421122	红安县
421123	罗田县
421124	英山县
421125	浠水县
421126	蕲春县
421127	黄梅县
421181	麻城市
421182	武穴市
421200	咸宁市
421202	咸安区
421221	嘉鱼县
421222	通城县
421223	崇阳县
421224	通山县
421281	赤壁市
421300	随州市
421303	曾都区
421321	随县
421381	广水市
422800	恩施土家族苗族自治州
422801	恩施市
422802	利川市
422822	建始县
422823	巴东县
422825	宣恩县
422826	咸丰县
422827	来凤县
422828	鹤峰县
429004	仙桃市
429005	潜江市
429006	天门市
429021	神农架林区

代码	单位名称
430000	湖南省
430100	长沙市
430102	芙蓉区
430103	天心区
430104	岳麓区
430105	开福区
430111	雨花区
430112	望城区
430121	长沙县
430181	浏阳市
430182	宁乡市
430200	株洲市
430202	荷塘区
430203	芦淞区
430204	石峰区
430211	天元区
430221	株洲县
430223	攸县
430224	茶陵县
430225	炎陵县
430281	醴陵市
430300	湘潭市
430302	雨湖区
430304	岳塘区
430321	湘潭县
430381	湘乡市
430382	韶山市
430400	衡阳市
430405	珠晖区
430406	雁峰区
430407	石鼓区
430408	蒸湘区
430412	南岳区
430421	衡阳县
430422	衡南县
430423	衡山县
430424	衡东县
430426	祁东县
430481	耒阳市
430482	常宁市
430500	邵阳市
430502	双清区
430503	大祥区
430511	北塔区
430521	邵东县
430522	新邵县
430523	邵阳县
430524	隆回县

代码	单位名称
430525	洞口县
430527	绥宁县
430528	新宁县
430529	城步苗族自治县
430581	武冈市
430600	岳阳市
430602	岳阳楼区
430603	云溪区
430611	君山区
430621	岳阳县
430623	华容县
430624	湘阴县
430626	平江县
430681	汨罗市
430682	临湘市
430700	常德市
430702	武陵区
430703	鼎城区
430721	安乡县
430722	汉寿县
430723	澧县
430724	临澧县
430725	桃源县
430726	石门县
430781	津市市
430800	张家界市
430802	永定区
430811	武陵源区
430821	慈利县
430822	桑植县
430900	益阳市
430902	资阳区
430903	赫山区
430921	南县
430922	桃江县
430923	安化县
430981	沅江市
431000	郴州市
431002	北湖区
431003	苏仙区
431021	桂阳县
431022	宜章县
431023	永兴县
431024	嘉禾县
431025	临武县
431026	汝城县
431027	桂东县
431028	安仁县

代码	单位名称
431081	资兴市
431100	永州市
431102	零陵区
431103	冷水滩区
431121	祁阳县
431122	东安县
431123	双牌县
431124	道县
431125	江永县
431126	宁远县
431127	蓝山县
431128	新田县
431129	江华瑶族自治县
431200	怀化市
431202	鹤城区
431221	中方县
431222	沅陵县
431223	辰溪县
431224	溆浦县
431225	会同县
431226	麻阳苗族自治县
431227	新晃侗族自治县
431228	芷江侗族自治县
431229	靖州苗族侗族自治县
431230	通道侗族自治县
431281	洪江市
431300	娄底市
431302	娄星区
431321	双峰县
431322	新化县
431381	冷水江市
431382	涟源市
433100	湘西土家族苗族自治州
433101	吉首市
433122	泸溪县
433123	凤凰县
433124	花垣县
433125	保靖县
433126	古丈县
433127	永顺县
433130	龙山县
440000	广东省
440100	广州市
440103	荔湾区
440104	越秀区
440105	海珠区
440106	天河区

代码	单位名称
440111	白云区
440112	黄埔区
440113	番禺区
440114	花都区
440115	南沙区
440117	从化区
440118	增城区
440200	韶关市
440203	武江区
440204	浈江区
440205	曲江区
440222	始兴县
440224	仁化县
440229	翁源县
440232	乳源瑶族自治县
440233	新丰县
440281	乐昌市
440282	南雄市
440300	深圳市
440303	罗湖区
440304	福田区
440305	南山区
440306	宝安区
440307	龙岗区
440308	盐田区
440309	龙华区
440310	坪山区
440400	珠海市
440402	香洲区
440403	斗门区
440404	金湾区
440500	汕头市
440507	龙湖区
440511	金平区
440512	濠江区
440513	潮阳区
440514	潮南区
440515	澄海区
440523	南澳县
440600	佛山市
440604	禅城区
440605	南海区
440606	顺德区
440607	三水区
440608	高明区
440700	江门市
440703	蓬江区
440704	江海区

代码	单位名称
440705	新会区
440781	台山市
440783	开平市
440784	鹤山市
440785	恩平市
440800	湛江市
440802	赤坎区
440803	霞山区
440804	坡头区
440811	麻章区
440823	遂溪县
440825	徐闻县
440881	廉江市
440882	雷州市
440883	吴川市
440900	茂名市
440902	茂南区
440904	电白区
440981	高州市
440982	化州市
440983	信宜市
441200	肇庆市
441202	端州区
441203	鼎湖区
441204	高要区
441223	广宁县
441224	怀集县
441225	封开县
441226	德庆县
441284	四会市
441300	惠州市
441302	惠城区
441303	惠阳区
441322	博罗县
441323	惠东县
441324	龙门县
441400	梅州市
441402	梅江区
441403	梅县区
441422	大埔县
441423	丰顺县
441424	五华县
441426	平远县
441427	蕉岭县
441481	兴宁市
441500	汕尾市
441502	城区
441521	海丰县

代码	单位名称
441523	陆河县
441581	陆丰市
441600	河源市
441602	源城区
441621	紫金县
441622	龙川县
441623	连平县
441624	和平县
441625	东源县
441700	阳江市
441702	江城区
441704	阳东区
441721	阳西县
441781	阳春市
441800	清远市
441802	清城区
441803	清新区
441821	佛冈县
441823	阳山县
441825	连山壮族瑶族自治县
441826	连南瑶族自治县
441881	英德市
441882	连州市
441900	东莞市
442000	中山市
445100	潮州市
445102	湘桥区
445103	潮安区
445122	饶平县
445200	揭阳市
445202	榕城区
445203	揭东区
445222	揭西县
445224	惠来县
445281	普宁市
445300	云浮市
445302	云城区
445303	云安区
445321	新兴县
445322	郁南县
445381	罗定市
450000	广西壮族自治区
450100	南宁市
450102	兴宁区
450103	青秀区
450105	江南区
450107	西乡塘区
450108	良庆区

代码	单位名称
450109	邕宁区
450110	武鸣区
450123	隆安县
450124	马山县
450125	上林县
450126	宾阳县
450127	横县
450200	柳州市
450202	城中区
450203	鱼峰区
450204	柳南区
450205	柳北区
450206	柳江区
450222	柳城县
450223	鹿寨县
450224	融安县
450225	融水苗族自治县
450226	三江侗族自治县
450300	桂林市
450302	秀峰区
450303	叠彩区
450304	象山区
450305	七星区
450311	雁山区
450312	临桂区
450321	阳朔县
450323	灵川县
450324	全州县
450325	兴安县
450326	永福县
450327	灌阳县
450328	龙胜各族自治县
450329	资源县
450330	平乐县
450331	荔浦县
450332	恭城瑶族自治县
450400	梧州市
450403	万秀区
450405	长洲区
450406	龙圩区
450421	苍梧县
450422	藤县
450423	蒙山县
450481	岑溪市
450500	北海市
450502	海城区
450503	银海区
450512	铁山港区

代码	单位名称
450521	合浦县
450600	防城港市
450602	港口区
450603	防城区
450621	上思县
450681	东兴市
450700	钦州市
450702	钦南区
450703	钦北区
450721	灵山县
450722	浦北县
450800	贵港市
450802	港北区
450803	港南区
450804	覃塘区
450821	平南县
450881	桂平市
450900	玉林市
450902	玉州区
450903	福绵区
450921	容县
450922	陆川县
450923	博白县
450924	兴业县
450981	北流市
451000	百色市
451002	右江区
451021	田阳县
451022	田东县
451023	平果县
451024	德保县
451026	那坡县
451027	凌云县
451028	乐业县
451029	田林县
451030	西林县
451031	隆林各族自治县
451081	靖西市
451100	贺州市
451102	八步区
451103	平桂区
451121	昭平县
451122	钟山县
451123	富川瑶族自治县
451200	河池市
451202	金城江区
451203	宜州区
451221	南丹县

代码	单位名称
451222	天峨县
451223	凤山县
451224	东兰县
451225	罗城仫佬族自治县
451226	环江毛南族自治县
451227	巴马瑶族自治县
451228	都安瑶族自治县
451229	大化瑶族自治县
451300	来宾市
451302	兴宾区
451321	忻城县
451322	象州县
451323	武宣县
451324	金秀瑶族自治县
451381	合山市
451400	崇左市
451402	江州区
451421	扶绥县
451422	宁明县
451423	龙州县
451424	大新县
451425	天等县
451481	凭祥市
460000	海南省
460100	海口市
460105	秀英区
460106	龙华区
460107	琼山区
460108	美兰区
460200	三亚市
460202	海棠区
460203	吉阳区
460204	天涯区
460205	崖州区
460300	三沙市
460400	儋州市
469001	五指山市
469002	琼海市
469005	文昌市
469006	万宁市
469007	东方市
469021	定安县
469022	屯昌县
469023	澄迈县
469024	临高县
469025	白沙黎族自治县
469026	昌江黎族自治县
469027	乐东黎族自治县

代码	单位名称
469028	陵水黎族自治县
469029	保亭黎族苗族自治县
469030	琼中黎族苗族自治县
500000	重庆市
500101	万州区
500102	涪陵区
500103	渝中区
500104	大渡口区
500105	江北区
500106	沙坪坝区
500107	九龙坡区
500108	南岸区
500109	北碚区
500110	綦江区
500111	大足区
500112	渝北区
500113	巴南区
500114	黔江区
500115	长寿区
500116	江津区
500117	合川区
500118	永川区
500119	南川区
500120	璧山区
500151	铜梁区
500152	潼南区
500153	荣昌区
500154	开州区
500155	梁平区
500156	武隆区
500229	城口县
500230	丰都县
500231	垫江县
500233	忠县
500235	云阳县
500236	奉节县
500237	巫山县
500238	巫溪县
500240	石柱土家族自治县
500241	秀山土家族苗族自治县
500242	酉阳土家族苗族自治县
500243	彭水苗族土家族自治县
510000	四川省
510100	成都市
510104	锦江区
510105	青羊区
510106	金牛区
510107	武侯区

代码	单位名称
510108	成华区
510112	龙泉驿区
510113	青白江区
510114	新都区
510115	温江区
510116	双流区
510117	郫都区
510121	金堂县
510129	大邑县
510131	蒲江县
510132	新津县
510181	都江堰市
510182	彭州市
510183	邛崃市
510184	崇州市
510185	简阳市
510300	自贡市
510302	自流井区
510303	贡井区
510304	大安区
510311	沿滩区
510321	荣县
510322	富顺县
510400	攀枝花市
510402	东区
510403	西区
510411	仁和区
510421	米易县
510422	盐边县
510500	泸州市
510502	江阳区
510503	纳溪区
510504	龙马潭区
510521	泸县
510522	合江县
510524	叙永县
510525	古蔺县
510600	德阳市
510603	旌阳区
510604	罗江区
510623	中江县
510681	广汉市
510682	什邡市
510683	绵竹市
510700	绵阳市
510703	涪城区
510704	游仙区
510705	安州区

代码	单位名称
510722	三台县
510723	盐亭县
510725	梓潼县
510726	北川羌族自治县
510727	平武县
510781	江油市
510800	广元市
510802	利州区
510811	昭化区
510812	朝天区
510821	旺苍县
510822	青川县
510823	剑阁县
510824	苍溪县
510900	遂宁市
510903	船山区
510904	安居区
510921	蓬溪县
510922	射洪县
510923	大英县
511000	内江市
511002	市中区
511011	东兴区
511024	威远县
511025	资中县
511083	隆昌市
511100	乐山市
511102	市中区
511111	沙湾区
511112	五通桥区
511113	金口河区
511123	犍为县
511124	井研县
511126	夹江县
511129	沐川县
511132	峨边彝族自治县
511133	马边彝族自治县
511181	峨眉山市
511300	南充市
511302	顺庆区
511303	高坪区
511304	嘉陵区
511321	南部县
511322	营山县
511323	蓬安县
511324	仪陇县
511325	西充县
511381	阆中市

代码	单位名称
511400	眉山市
511402	东坡区
511403	彭山区
511421	仁寿县
511423	洪雅县
511424	丹棱县
511425	青神县
511500	宜宾市
511502	翠屏区
511503	南溪区
511521	宜宾县
511523	江安县
511524	长宁县
511525	高县
511526	珙县
511527	筠连县
511528	兴文县
511529	屏山县
511600	广安市
511602	广安区
511603	前锋区
511621	岳池县
511622	武胜县
511623	邻水县
511681	华蓥市
511700	达州市
511702	通川区
511703	达川区
511722	宣汉县
511723	开江县
511724	大竹县
511725	渠县
511781	万源市
511800	雅安市
511802	雨城区
511803	名山区
511822	荥经县
511823	汉源县
511824	石棉县
511825	天全县
511826	芦山县
511827	宝兴县
511900	巴中市
511902	巴州区
511903	恩阳区
511921	通江县
511922	南江县
511923	平昌县

代码	单位名称
512000	资阳市
512002	雁江区
512021	安岳县
512022	乐至县
513200	阿坝藏族羌族自治州
513201	马尔康市
513221	汶川县
513222	理县
513223	茂县
513224	松潘县
513225	九寨沟县
513226	金川县
513227	小金县
513228	黑水县
513230	壤塘县
513231	阿坝县
513232	若尔盖县
513233	红原县
513300	甘孜藏族自治州
513301	康定市
513322	泸定县
513323	丹巴县
513324	九龙县
513325	雅江县
513326	道孚县
513327	炉霍县
513328	甘孜县
513329	新龙县
513330	德格县
513331	白玉县
513332	石渠县
513333	色达县
513334	理塘县
513335	巴塘县
513336	乡城县
513337	稻城县
513338	得荣县
513400	凉山彝族自治州
513401	西昌市
513422	木里藏族自治县
513423	盐源县
513424	德昌县
513425	会理县
513426	会东县
513427	宁南县
513428	普格县
513429	布拖县
513430	金阳县
513431	昭觉县
513432	喜德县
513433	冕宁县
513434	越西县
513435	甘洛县
513436	美姑县
513437	雷波县
520000	贵州省
520100	贵阳市
520102	南明区
520103	云岩区
520111	花溪区
520112	乌当区
520113	白云区
520115	观山湖区
520121	开阳县
520122	息烽县
520123	修文县
520181	清镇市
520200	六盘水市
520201	钟山区
520203	六枝特区
520221	水城县
520281	盘州市
520300	遵义市
520302	红花岗区
520303	汇川区
520304	播州区
520322	桐梓县
520323	绥阳县
520324	正安县
520325	道真仡佬族苗族自治县
520326	务川仡佬族苗族自治县
520327	凤冈县
520328	湄潭县
520329	余庆县
520330	习水县
520381	赤水市
520382	仁怀市
520400	安顺市
520402	西秀区
520403	平坝区
520422	普定县
520423	镇宁布依族苗族自治县
520424	关岭布依族苗族自治县
520425	紫云苗族布依族自治县
520500	毕节市
520502	七星关区
520521	大方县
520522	黔西县
520523	金沙县
520524	织金县
520525	纳雍县
520526	威宁彝族回族苗族自治县
520527	赫章县
520600	铜仁市
520602	碧江区
520603	万山区
520621	江口县
520622	玉屏侗族自治县
520623	石阡县
520624	思南县
520625	印江土家族苗族自治县
520626	德江县
520627	沿河土家族自治县
520628	松桃苗族自治县
522300	黔西南布依族苗族自治州
522301	兴义市
522322	兴仁县
522323	普安县
522324	晴隆县
522325	贞丰县
522326	望谟县
522327	册亨县
522328	安龙县
522600	黔东南苗族侗族自治州
522601	凯里市
522622	黄平县
522623	施秉县
522624	三穗县
522625	镇远县
522626	岑巩县
522627	天柱县
522628	锦屏县
522629	剑河县
522630	台江县
522631	黎平县
522632	榕江县
522633	从江县

代码	单位名称
522634	雷山县
522635	麻江县
522636	丹寨县
522700	黔南布依族苗族自治州
522701	都匀市
522702	福泉市
522722	荔波县
522723	贵定县
522725	瓮安县
522726	独山县
522727	平塘县
522728	罗甸县
522729	长顺县
522730	龙里县
522731	惠水县
522732	三都水族自治县
530000	云南省
530100	昆明市
530102	五华区
530103	盘龙区
530111	官渡区
530112	西山区
530113	东川区
530114	呈贡区
530115	晋宁区
530124	富民县
530125	宜良县
530126	石林彝族自治县
530127	嵩明县
530128	禄劝彝族苗族自治县
530129	寻甸回族彝族自治县
530181	安宁市
530300	曲靖市
530302	麒麟区
530303	沾益区
530321	马龙县
530322	陆良县
530323	师宗县
530324	罗平县
530325	富源县
530326	会泽县
530381	宣威市
530400	玉溪市
530402	红塔区
530403	江川区
530422	澄江县
530423	通海县
530424	华宁县

代码	单位名称
530425	易门县
530426	峨山彝族自治县
530427	新平彝族傣族自治县
530428	元江哈尼族彝族傣族自治县
530500	保山市
530502	隆阳区
530521	施甸县
530523	龙陵县
530524	昌宁县
530581	腾冲市
530600	昭通市
530602	昭阳区
530621	鲁甸县
530622	巧家县
530623	盐津县
530624	大关县
530625	永善县
530626	绥江县
530627	镇雄县
530628	彝良县
530629	威信县
530630	水富县
530700	丽江市
530702	古城区
530721	玉龙纳西族自治县
530722	永胜县
530723	华坪县
530724	宁蒗彝族自治县
530800	普洱市
530802	思茅区
530821	宁洱哈尼族彝族自治县
530822	墨江哈尼族自治县
530823	景东彝族自治县
530824	景谷傣族彝族自治县
530825	镇沅彝族哈尼族拉祜族自治县
530826	江城哈尼族彝族自治县
530827	孟连傣族拉祜族佤族自治县
530828	澜沧拉祜族自治县
530829	西盟佤族自治县
530900	临沧市
530902	临翔区
530921	凤庆县
530922	云县
530923	永德县

代码	单位名称
530924	镇康县
530925	双江拉祜族佤族布朗族傣族自治县
530926	耿马傣族佤族自治县
530927	沧源佤族自治县
532300	楚雄彝族自治州
532301	楚雄市
532322	双柏县
532323	牟定县
532324	南华县
532325	姚安县
532326	大姚县
532327	永仁县
532328	元谋县
532329	武定县
532331	禄丰县
532500	红河哈尼族彝族自治州
532501	个旧市
532502	开远市
532503	蒙自市
532504	弥勒市
532523	屏边苗族自治县
532524	建水县
532525	石屏县
532527	泸西县
532528	元阳县
532529	红河县
532530	金平苗族瑶族傣族自治县
532531	绿春县
532532	河口瑶族自治县
532600	文山壮族苗族自治州
532601	文山市
532622	砚山县
532623	西畴县
532624	麻栗坡县
532625	马关县
532626	丘北县
532627	广南县
532628	富宁县
532800	西双版纳傣族自治州
532801	景洪市
532822	勐海县
532823	勐腊县
532900	大理白族自治州
532901	大理市
532922	漾濞彝族自治县

代码	单位名称
532923	祥云县
532924	宾川县
532925	弥渡县
532926	南涧彝族自治县
532927	巍山彝族回族自治县
532928	永平县
532929	云龙县
532930	洱源县
532931	剑川县
532932	鹤庆县
533100	德宏傣族景颇族自治州
533102	瑞丽市
533103	芒市
533122	梁河县
533123	盈江县
533124	陇川县
533300	怒江傈僳族自治州
533301	泸水市
533323	福贡县
533324	贡山独龙族怒族自治县
533325	兰坪白族普米族自治县
533400	迪庆藏族自治州
533401	香格里拉市
533422	德钦县
533423	维西傈僳族自治县
540000	西藏自治区
540100	拉萨市
540102	城关区
540103	堆龙德庆区
540104	达孜区
540121	林周县
540122	当雄县
540123	尼木县
540124	曲水县
540127	墨竹工卡县
540200	日喀则市
540202	桑珠孜区
540221	南木林县
540222	江孜县
540223	定日县
540224	萨迦县
540225	拉孜县
540226	昂仁县
540227	谢通门县
540228	白朗县

代码	单位名称
540229	仁布县
540230	康马县
540231	定结县
540232	仲巴县
540233	亚东县
540234	吉隆县
540235	聂拉木县
540236	萨嘎县
540237	岗巴县
540300	昌都市
540302	卡若区
540321	江达县
540322	贡觉县
540323	类乌齐县
540324	丁青县
540325	察雅县
540326	八宿县
540327	左贡县
540328	芒康县
540329	洛隆县
540330	边坝县
540400	林芝市
540402	巴宜区
540421	工布江达县
540422	米林县
540423	墨脱县
540424	波密县
540425	察隅县
540426	朗县
540500	山南市
540502	乃东区
540521	扎囊县
540522	贡嘎县
540523	桑日县
540524	琼结县
540525	曲松县
540526	措美县
540527	洛扎县
540528	加查县
540529	隆子县
540530	错那县
540531	浪卡子县
540600	那曲市
540602	色尼区
540621	嘉黎县
540622	比如县
540623	聂荣县
540624	安多县

代码	单位名称
540625	申扎县
540626	索县
540627	班戈县
540628	巴青县
540629	尼玛县
540630	双湖县
542500	阿里地区
542521	普兰县
542522	札达县
542523	噶尔县
542524	日土县
542525	革吉县
542526	改则县
542527	措勤县
610000	陕西省
610100	西安市
610102	新城区
610103	碑林区
610104	莲湖区
610111	灞桥区
610112	未央区
610113	雁塔区
610114	阎良区
610115	临潼区
610116	长安区
610117	高陵区
610118	鄠邑区
610122	蓝田县
610124	周至县
610200	铜川市
610202	王益区
610203	印台区
610204	耀州区
610222	宜君县
610300	宝鸡市
610302	渭滨区
610303	金台区
610304	陈仓区
610322	凤翔县
610323	岐山县
610324	扶风县
610326	眉县
610327	陇县
610328	千阳县
610329	麟游县
610330	凤县
610331	太白县
610400	咸阳市

代码	单位名称
610402	秦都区
610403	杨陵区
610404	渭城区
610422	三原县
610423	泾阳县
610424	乾县
610425	礼泉县
610426	永寿县
610428	长武县
610429	旬邑县
610430	淳化县
610431	武功县
610481	兴平市
610482	彬州市
610500	渭南市
610502	临渭区
610503	华州区
610522	潼关县
610523	大荔县
610524	合阳县
610525	澄城县
610526	蒲城县
610527	白水县
610528	富平县
610581	韩城市
610582	华阴市
610600	延安市
610602	宝塔区
610603	安塞区
610621	延长县
610622	延川县
610623	子长县
610625	志丹县
610626	吴起县
610627	甘泉县
610628	富县
610629	洛川县
610630	宜川县
610631	黄龙县
610632	黄陵县
610700	汉中市
610702	汉台区
610703	南郑区
610722	城固县
610723	洋县
610724	西乡县
610725	勉县
610726	宁强县

代码	单位名称
610727	略阳县
610728	镇巴县
610729	留坝县
610730	佛坪县
610800	榆林市
610802	榆阳区
610803	横山区
610822	府谷县
610824	靖边县
610825	定边县
610826	绥德县
610827	米脂县
610828	佳县
610829	吴堡县
610830	清涧县
610831	子洲县
610881	神木市
610900	安康市
610902	汉滨区
610921	汉阴县
610922	石泉县
610923	宁陕县
610924	紫阳县
610925	岚皋县
610926	平利县
610927	镇坪县
610928	旬阳县
610929	白河县
611000	商洛市
611002	商州区
611021	洛南县
611022	丹凤县
611023	商南县
611024	山阳县
611025	镇安县
611026	柞水县
620000	甘肃省
620100	兰州市
620102	城关区
620103	七里河区
620104	西固区
620105	安宁区
620111	红古区
620121	永登县
620122	皋兰县
620123	榆中县
620200	嘉峪关市
620300	金昌市

代码	单位名称
620302	金川区
620321	永昌县
620400	白银市
620402	白银区
620403	平川区
620421	靖远县
620422	会宁县
620423	景泰县
620500	天水市
620502	秦州区
620503	麦积区
620521	清水县
620522	秦安县
620523	甘谷县
620524	武山县
620525	张家川回族自治县
620600	武威市
620602	凉州区
620621	民勤县
620622	古浪县
620623	天祝藏族自治县
620700	张掖市
620702	甘州区
620721	肃南裕固族自治县
620722	民乐县
620723	临泽县
620724	高台县
620725	山丹县
620800	平凉市
620802	崆峒区
620821	泾川县
620822	灵台县
620823	崇信县
620824	华亭县
620825	庄浪县
620826	静宁县
620900	酒泉市
620902	肃州区
620921	金塔县
620922	瓜州县
620923	肃北蒙古族自治县
620924	阿克塞哈萨克族自治县
620981	玉门市
620982	敦煌市
621000	庆阳市
621002	西峰区
621021	庆城县

代码	单位名称
621022	环县
621023	华池县
621024	合水县
621025	正宁县
621026	宁县
621027	镇原县
621100	定西市
621102	安定区
621121	通渭县
621122	陇西县
621123	渭源县
621124	临洮县
621125	漳县
621126	岷县
621200	陇南市
621202	武都区
621221	成县
621222	文县
621223	宕昌县
621224	康县
621225	西和县
621226	礼县
621227	徽县
621228	两当县
622900	临夏回族自治州
622901	临夏市
622921	临夏县
622922	康乐县
622923	永靖县
622924	广河县
622925	和政县
622926	东乡族自治县
622927	积石山保安族东乡族撒拉族自治县
623000	甘南藏族自治州
623001	合作市
623021	临潭县
623022	卓尼县
623023	舟曲县
623024	迭部县
623025	玛曲县
623026	碌曲县
623027	夏河县
630000	青海省
630100	西宁市
630102	城东区
630103	城中区
630104	城西区

代码	单位名称
630105	城北区
630121	大通回族土族自治县
630122	湟中县
630123	湟源县
630200	海东市
630202	乐都区
630203	平安区
630222	民和回族土族自治县
630223	互助土族自治县
630224	化隆回族自治县
630225	循化撒拉族自治县
632200	海北藏族自治州
632221	门源回族自治县
632222	祁连县
632223	海晏县
632224	刚察县
632300	黄南藏族自治州
632321	同仁县
632322	尖扎县
632323	泽库县
632324	河南蒙古族自治县
632500	海南藏族自治州
632521	共和县
632522	同德县
632523	贵德县
632524	兴海县
632525	贵南县
632600	果洛藏族自治州
632621	玛沁县
632622	班玛县
632623	甘德县
632624	达日县
632625	久治县
632626	玛多县
632700	玉树藏族自治州
632701	玉树市
632722	杂多县
632723	称多县
632724	治多县
632725	囊谦县
632726	曲麻莱县
632800	海西蒙古族藏族自治州
632801	格尔木市
632802	德令哈市
632821	乌兰县
632822	都兰县
632823	天峻县

代码	单位名称
640000	宁夏回族自治区
640100	银川市
640104	兴庆区
640105	西夏区
640106	金凤区
640121	永宁县
640122	贺兰县
640181	灵武市
640200	石嘴山市
640202	大武口区
640205	惠农区
640221	平罗县
640300	吴忠市
640302	利通区
640303	红寺堡区
640323	盐池县
640324	同心县
640381	青铜峡市
640400	固原市
640402	原州区
640422	西吉县
640423	隆德县
640424	泾源县
640425	彭阳县
640500	中卫市
640502	沙坡头区
640521	中宁县
640522	海原县
650000	新疆维吾尔自治区
650100	乌鲁木齐市
650102	天山区
650103	沙依巴克区
650104	新市区
650105	水磨沟区
650106	头屯河区
650107	达坂城区
650109	米东区
650121	乌鲁木齐县
650200	克拉玛依市
650202	独山子区
650203	克拉玛依区
650204	白碱滩区
650205	乌尔禾区
650400	吐鲁番市
650402	高昌区
650421	鄯善县
650422	托克逊县
650500	哈密市

代码	单位名称
650502	伊州区
650521	巴里坤哈萨克自治县
650522	伊吾县
652300	昌吉回族自治州
652301	昌吉市
652302	阜康市
652323	呼图壁县
652324	玛纳斯县
652325	奇台县
652327	吉木萨尔县
652328	木垒哈萨克自治县
652700	博尔塔拉蒙古自治州
652701	博乐市
652702	阿拉山口市
652722	精河县
652723	温泉县
652800	巴音郭楞蒙古自治州
652801	库尔勒市
652822	轮台县
652823	尉犁县
652824	若羌县
652825	且末县
652826	焉耆回族自治县
652827	和静县
652828	和硕县
652829	博湖县
652900	阿克苏地区
652901	阿克苏市
652922	温宿县
652923	库车县
652924	沙雅县
652925	新和县
652926	拜城县
652927	乌什县
652928	阿瓦提县
652929	柯坪县
653000	克孜勒苏柯尔克孜自治州
653001	阿图什市
653022	阿克陶县
653023	阿合奇县
653024	乌恰县
653100	喀什地区
653101	喀什市
653121	疏附县
653122	疏勒县
653123	英吉沙县
653124	泽普县
653125	莎车县
653126	叶城县
653127	麦盖提县
653128	岳普湖县
653129	伽师县
653130	巴楚县
653131	塔什库尔干塔吉克自治县
653200	和田地区
653201	和田市
653221	和田县
653222	墨玉县
653223	皮山县
653224	洛浦县
653225	策勒县
653226	于田县
653227	民丰县
654000	伊犁哈萨克自治州
654002	伊宁市
654003	奎屯市
654004	霍尔果斯市
654021	伊宁县
654022	察布查尔锡伯自治县
654023	霍城县
654024	巩留县
654025	新源县
654026	昭苏县
654027	特克斯县
654028	尼勒克县
654200	塔城地区
654201	塔城市
654202	乌苏市
654221	额敏县
654223	沙湾县
654224	托里县
654225	裕民县
654226	和布克赛尔蒙古自治县
654300	阿勒泰地区
654301	阿勒泰市
654321	布尔津县
654322	富蕴县
654323	福海县
654324	哈巴河县
654325	青河县
654326	吉木乃县
659001	石河子市
659002	阿拉尔市
659003	图木舒克市
659004	五家渠市
659005	北屯市
659006	铁门关市
659007	双河市
659008	可克达拉市
659009	昆玉市
710000	台湾省
810000	香港特别行政区
820000	澳门特别行政区

附表 16 征减免税方式代码表

代码	名称
1	照章征税
2	折半征税
3	全免
4	特案
5	随征免性质
6	保证金
7	保函
8	折半补税
9	全额退税

附表 17 计量单位代码表

代码	中文名称
1	台
2	座
3	辆
4	艘
5	架
6	套
7	个
8	只
9	头
10	张
11	件
12	支
13	枝
14	根
15	条
16	把
17	块
18	卷
19	副
20	片
21	组
22	份
23	幅
25	双
26	对
27	棵
28	株
29	井
30	米
31	盘
32	平方米
33	立方米
34	筒
35	千克
36	克
37	盆
38	万个
39	具
40	百副
41	百支
42	百把
43	百个
44	百片
45	刀
46	疋
47	公担
48	扇
49	百枝
50	千只
51	千块
52	千盒
53	千枝
54	千个
55	亿支
56	亿个
57	万套
58	千张
59	万张
60	千伏安
61	千瓦
62	千瓦时
63	千升
67	英尺
70	吨
71	长吨
72	短吨
73	司马担
74	司马斤
75	斤
76	磅
77	担
78	英担
79	短担
80	两
81	市担
83	盎司
84	克拉
85	市尺
86	码
88	英寸
89	寸
95	升
96	毫升
97	英加仑
98	美加仑
99	立方英尺
101	立方尺
110	平方码
111	平方英尺
112	平方尺
115	英制马力
116	公制马力
118	令
120	箱
121	批
122	罐
123	桶
124	扎
125	包
126	箩
127	打
128	筐
129	罗
130	匹
131	册
132	本
133	发
134	枚
135	捆
136	袋
139	粒
140	盒
141	合
142	瓶
143	千支
144	万双
145	万粒
146	千粒
147	千米
148	千英尺
149	百万贝可
163	部
164	亿株

附表 18 世界各国和地区名称及一级行政区划代码表 (ECIQ)

代码	iso2	iso3	中文名称	英文名称	分类代码
002	AC		大西洋群岛	Atlantic Ocean Islands	9002
004	AF	AFG	阿富汗	Afghanistan	1004
004001	AF001	AFG001	巴达赫尚（阿富汗）	Badakhshan, Afghanistan	1004001
004004	AF004	AFG004	巴德吉斯（阿富汗）	Badghis, Afghanistan	1004004
004007	AF007	AFG007	巴格兰（阿富汗）	Baghlan, Afghanistan	1004007
004010	AF010	AFG010	巴尔赫（阿富汗）	Balkh, Afghanistan	1004010
004013	AF013	AFG013	巴米扬（阿富汗）	Bamian, Afghanistan	1004013
004016	AF016	AFG016	法拉（阿富汗）	Farah, Afghanistan	1004016
004019	AF019	AFG019	法里布亚（阿富汗）	Faryab, Afghanistan	1004019
004022	AF022	AFG022	加兹尼（阿富汗）	Ghazni, Afghanistan	1004022
004025	AF025	AFG025	古尔（阿富汗）	Ghor, Afghanistan	1004025
004028	AF028	AFG028	赫尔曼德（阿富汗）	Helmand, Afghanistan	1004028
004031	AF031	AFG031	赫拉德（阿富汗）	Herat, Afghanistan	1004031
004034	AF034	AFG034	朱兹詹（阿富汗）	Jowzjan, Afghanistan	1004034
004037	AF037	AFG037	喀布尔（阿富汗）	Kabol, Afghanistan	1004037
004040	AF040	AFG040	坎大哈（阿富汗）	Kandahar, Afghanistan	1004040
004043	AF043	AFG043	卡皮萨（阿富汗）	Kapisa, Afghanistan	1004043
004046	AF046	AFG046	昆都士（阿富汗）	Kunduz, Afghanistan	1004046
004049	AF049	AFG049	库纳尔（阿富汗）	Konarha, Afghanistan	1004049
004052	AF052	AFG052	拉格曼（阿富汗）	Laghman, Afghanistan	1004052
004055	AF055	AFG055	卢格尔（阿富汗）	Lowgar, Afghanistan	1004055
004058	AF058	AFG058	楠格哈尔（阿富汗）	Nangarhar, Afghanistan	1004058
004061	AF061	AFG061	尼姆鲁兹（阿富汗）	Nimruz, Afghanistan	1004061
004064	AF064	AFG064	乌鲁兹甘（阿富汗）	Oruzgan, Afghanistan	1004064
004067	AF067	AFG067	帕克蒂亚（阿富汗）	Paktya, Afghanistan	1004067
004070	AF070	AFG070	帕尔万（阿富汗）	Parvan, Afghanistan	1004070
004073	AF073	AFG073	帕克提卡（阿富汗）	Paktika, Afghanistan	1004073
004076	AF076	AFG076	萨曼甘（阿富汗）	Samangan, Afghanistan	1004076
004079	AF079	AFG079	塔哈尔（阿富汗）	Takhar, Afghanistan	1004079
004082	AF082	AFG082	瓦尔达克（阿富汗）	Vardak, Afghanistan	1004082
004085	AF085	AFG085	查布尔（阿富汗）	Zabol, Afghanistan	1004085
008	AL	ALB	阿尔巴尼亚	Albania	3008
008001	AL001	ALB001	培拉特（阿尔巴尼亚）	Berat, Albania	3008001
008004	AL004	ALB004	迪勃拉（阿尔巴尼亚）	Dibre, Albania	3008004
008007	AL007	ALB007	都拉斯（阿尔巴尼亚）	Durres, Albania	3008007
008010	AL010	ALB010	爱尔巴桑（阿尔巴尼亚）	Elbasan, Albania	3008010
008013	AL013	ALB013	费里（阿尔巴尼亚）	Fier, Albania	3008013
008016	AL016	ALB016	吉诺卡斯特(阿尔巴尼亚）	Gjirokaster, Albania	3008016
008019	AL019	ALB019	格拉姆什（阿尔巴尼亚）	Gramsh, Albania	3008019
008022	AL022	ALB022	科洛涅（阿尔巴尼亚）	Kolonje, Albania	3008022

代码	iso2	iso3	中文名称	英文名称	分类代码
008025	AL025	ALB025	科尔察（阿尔巴尼亚）	Korce, Albania	3008025
008028	AL028	ALB028	克鲁亚（阿尔巴尼亚）	Kruje, Albania	3008028
008031	AL031	ALB031	库克斯（阿尔巴尼亚）	Kukes, Albania	3008031
008034	AL034	ALB034	莱什（阿尔巴尼亚）	Lezhe, Albania	3008034
008037	AL037	ALB037	利布拉什德(阿尔巴尼亚)	Librazhd, Albania	3008037
008040	AL040	ALB040	卢什涅（阿尔巴尼亚）	Lushnje, Albania	3008040
008043	AL043	ALB043	马蒂（阿尔巴尼亚）	Mat, Albania	3008043
008046	AL046	ALB046	米尔迪塔（阿尔巴尼亚）	Mirdite, Albania	3008046
008049	AL049	ALB049	佩尔梅特（阿尔巴尼亚）	Permet, Albania	3008049
008052	AL052	ALB052	波格拉德茨(阿尔巴尼亚)	Pogradec, Albania	3008052
008055	AL055	ALB055	普克（阿尔巴尼亚）	Puke, Albania	3008055
008058	AL058	ALB058	萨兰达（阿尔巴尼亚）	Sarande, Albania	3008058
008061	AL061	ALB061	斯库台（阿尔巴尼亚）	Shkoder, Albania	3008061
008064	AL064	ALB064	斯克拉巴里(阿尔巴尼亚)	Skrapar, Albania	3008064
008067	AL067	ALB067	台佩莱纳（阿尔巴尼亚）	Tepelene, Albania	3008067
008070	AL070	ALB070	地拉那（阿尔巴尼亚）	Tirane, Albania	3008070
008073	AL073	ALB073	特罗波亚（阿尔巴尼亚）	Tropoje, Albania	3008073
008076	AL076	ALB076	发罗拉（阿尔巴尼亚）	Vlore, Albania	3008076
010	AQ	ATA	南极洲	Antarctica	9010
012	DZ	DZA	阿尔及利亚	Algeria	2012
012001	DZ001	DZA001	阿德拉尔（阿尔及利亚）	Adrar, Algeria	2012001
012004	DZ004	DZA004	艾因迪夫拉(阿尔及利亚)	Ain Defla, Algeria	2012004
012007	DZ007	DZA007	艾因泰穆尚特（阿尔及利亚）	Ain Temouchent, Algeria	2012007
012010	DZ010	DZA010	阿尔及尔（阿尔及利亚）	Alger, Algeria	2012010
012013	DZ013	DZA013	安纳巴（阿尔及利亚）	Annaba, Algeria	2012013
012016	DZ016	DZA016	巴特纳（阿尔及利亚）	Batna, Algeria	2012016
012019	DZ019	DZA019	巴亚兹（阿尔及利亚）	Bayadh, El, Algeria	2012019
012022	DZ022	DZA022	贝沙尔（阿尔及利亚）	Bechar, Algeria	2012022
012025	DZ025	DZA025	贝贾亚（阿尔及利亚）	Bejaia, Algeria	2012025
012028	DZ028	DZA028	比斯克拉（阿尔及利亚）	Biskra, Algeria	2012028
012031	DZ031	DZA031	卜利达（阿尔及利亚）	Blida, Algeria	2012031
012034	DZ034	DZA034	布阿拉里季堡（阿尔及利亚）	Bordj Bou-Arreridj, Algeria	2012034
012037	DZ037	DZA037	布维拉（阿尔及利亚）	Bouira, Algeria	2012037
012040	DZ040	DZA040	布米尔达斯(阿尔及利亚)	Boumerdes, Algeria	2012040
012043	DZ043	DZA043	谢利夫（阿尔及利亚）	Chlef, Algeria	2012043
012046	DZ046	DZA046	君士坦丁（阿尔及利亚）	Constantine, Algeria	2012046
012049	DZ049	DZA049	杰勒法（阿尔及利亚）	Djelfa, Algeria	2012049
012052	DZ052	DZA052	盖勒马（阿尔及利亚）	Guelma, Algeria	2012052
012055	DZ055	DZA055	盖尔达耶（阿尔及利亚）	Ghardaia, Algeria	2012055
012058	DZ058	DZA058	伊利济（阿尔及利亚）	Illizi, Algeria	2012058
012061	DZ061	DZA061	吉杰勒（阿尔及利亚）	Jijel, Algeria	2012061
012064	DZ064	DZA064	汉舍莱（阿尔及利亚）	Khenchela, Algeria	2012064
012067	DZ067	DZA067	艾格瓦特（阿尔及利亚）	Laghouat, Algeria	2012067
012070	DZ070	DZA070	穆阿斯凯尔(阿尔及利亚)	Mascara, Algeria	2012070
012073	DZ073	DZA073	麦迪亚（阿尔及利亚）	Medea, Algeria	2012073
012076	DZ076	DZA076	米拉（阿尔及利亚）	Mila, Algeria	2012076

代码	iso2	iso3	中文名称	英文名称	分类代码
012079	DZ079	DZA079	穆斯塔加奈姆（阿尔及利亚）	Mostaganem, Algeria	2012079
012082	DZ082	DZA082	姆西拉（阿尔及利亚）	M'Sila, Algeria	2012082
012085	DZ085	DZA085	纳马（阿尔及利亚）	Naama, Algeria	2012085
012088	DZ088	DZA088	奥兰（阿尔及利亚）	Oran, Algeria	2012088
012091	DZ091	DZA091	瓦尔格拉（阿尔及利亚）	Ouargla, Algeria	2012091
012094	DZ094	DZA094	瓦德（阿尔及利亚）	Oued, El-, Algeria	2012094
012097	DZ097	DZA097	乌姆布瓦吉(阿尔及利亚)	Oum-el-Bouaghi, Algeria	2012097
012100	DZ100	DZA100	埃利赞（阿尔及利亚）	Relizane, Algeria	2012100
012103	DZ103	DZA103	塞伊达（阿尔及利亚）	Saida, Algeria	2012103
012106	DZ106	DZA106	塞提夫（阿尔及利亚）	Setif, Algeria	2012106
012109	DZ109	DZA109	西迪贝勒阿巴斯（阿尔及利亚）	Sidi-Bel-Abbes, Algeria	2012109
012112	DZ112	DZA112	斯基克达（阿尔及利亚）	Skikda, Algeria	2012112
012115	DZ115	DZA115	苏格艾赫拉斯（阿尔及利亚）	Souk-Ahras, Algeria	2012115
012118	DZ118	DZA118	塔曼拉塞特(阿尔及利亚)	Tamanrasset, Algeria	2012118
012121	DZ121	DZA121	泰赖夫（阿尔及利亚）	Tarf, El-, Algeria	2012121
012124	DZ124	DZA124	泰贝萨（阿尔及利亚）	Tebessa, Algeria	2012124
012127	DZ127	DZA127	提亚雷特（阿尔及利亚）	Tiaret, Algeria	2012127
012130	DZ130	DZA130	廷杜夫（阿尔及利亚）	Tindouf, Algeria	2012130
012133	DZ133	DZA133	提帕萨（阿尔及利亚）	Tipaza, Algeria	2012133
012136	DZ136	DZA136	提塞姆西勒特（阿尔及利亚）	Tissemsilt, Algeria	2012136
012139	DZ139	DZA139	提济乌祖（阿尔及利亚）	Tizi-Ouzou, Algeria	2012139
012142	DZ142	DZA142	特莱姆森（阿尔及利亚）	Tlemcen, Algeria	2012142
016	AS	ASM	美属萨摩亚	American Samoa	6016
020	AD	AND	安道尔	Andorra	3020
020001	AD001	AND001	安道尔（安道尔）	Andorra-la-Vella, Andorra	3020001
020004	AD004	AND004	卡尼略（安道尔）	Canillo, Andorra	3020004
020007	AD007	AND007	恩坎普（安道尔）	Encamp, Andorra	3020007
020010	AD010	AND010	拉马萨纳（安道尔）	La Massana, Andorra	3020010
020013	AD013	AND013	莱塞斯卡尔德－恩戈尔达尼（安道尔）	Les Escaldes-Engordany, Andorra	3020013
020016	AD016	AND016	奥尔迪诺（安道尔）	Ordino, Andorra	3020016
020019	AD019	AND019	圣胡利亚－德洛里亚（安道尔）	Sant Julia de Loria, Andorra	3020019
024	AO	AGO	安哥拉	Angola	2024
024001	AO001	AGO001	本戈（安哥拉）	Bengo, Angola	2024001
024004	AO004	AGO004	本格拉（安哥拉）	Benguela, Angola	2024004
024007	AO007	AGO007	比耶（安哥拉）	Bie, Angola	2024007
024010	AO010	AGO010	卡宾达（安哥拉）	Cabinda, Angola	2024010
024013	AO013	AGO013	万博（安哥拉）	Huambo, Angola	2024013
024016	AO016	AGO016	威拉（安哥拉）	Huila, Angola	2024016
024019	AO019	AGO019	宽多库邦戈（安哥拉）	Kuando Kubango, Angola	2024019
024022	AO022	AGO022	北宽扎（安哥拉）	Kuanza Norte, Angola	2024022
024025	AO025	AGO025	南宽扎（安哥拉）	Kuanza Sul, Angola	2024025
024028	AO028	AGO028	库内内（安哥拉）	Kunene, Angola	2024028

代码	iso2	iso3	中文名称	英文名称	分类代码
024031	AO031	AGO031	罗安达（安哥拉）	Luanda, Angola	2024031
024034	AO034	AGO034	北隆达（安哥拉）	Lunda Norte, Angola	2024034
024037	AO037	AGO037	南隆达（安哥拉）	Lunda Sul, Angola	2024037
024040	AO040	AGO040	马兰热（安哥拉）	Malanje, Angola	2024040
024043	AO043	AGO043	莫希科（安哥拉）	Moxico, Angola	2024043
024046	AO046	AGO046	纳米贝（安哥拉）	Namibe, Angola	2024046
024049	AO049	AGO049	威热（安哥拉）	Uige, Angola	2024049
024052	AO052	AGO052	扎伊尔（安哥拉）	Zaire, Angola	2024052
028	AG	ATG	安提瓜和巴布达	Antigua and Barbuda	5028
028001	AG001	ATG001	圣乔治(安提瓜和巴布达)	St.George, Antigua and Barbuda	5028001
028004	AG004	ATG004	圣约翰(安提瓜和巴布达)	St.John's, Antigua and Barbuda	5028004
028007	AG007	ATG007	圣玛丽(安提瓜和巴布达)	St.Mary, Antigua and Barbuda	5028007
028010	AG010	ATG010	圣保罗(安提瓜和巴布达)	St.Paul, Antigua and Barbuda	5028010
028013	AG013	ATG013	圣彼得(安提瓜和巴布达)	St.Peter, Antigua and Barbuda	5028013
028016	AG016	ATG016	圣菲利普（安提瓜和巴布达）	St.Phillip, Antigua and Barbuda	5028016
028019	AG019	ATG019	巴布达(安提瓜和巴布达)	Barbuda, Antigua and Barbuda	5028019
028022	AG022	ATG022	雷东达(安提瓜和巴布达)	Redonda, Antigua and Barbuda	5028022
031	AZ	AZE	阿塞拜疆	Azerbaijan	1031
031001	AZ001	AZE001	纳希切万自治共和国（阿塞拜疆）	Nakhichevan, Azerbaijan	1031001
031004	AZ004	AZE004	纳戈尔诺－卡拉马赫自治洲（阿塞拜疆）	Nagorny Karabakh, Azerbaijan	1031004
031007	AZ007	AZE007	巴库市（阿塞拜疆）	Baki, Azerbaijan	1031007
032	AR	ARG	阿根廷	Argentina	4032
032001	AR001	ARG001	布宜诺斯艾利斯(阿根廷)	Buenos Aires, Argentina	4032001
032004	AR004	ARG004	卡塔马卡（阿根廷）	Catamarca, Argentina	4032004
032007	AR007	ARG007	查科（阿根廷）	Chaco, Argentina	4032007
032010	AR010	ARG010	丘布特（阿根廷）	Chubut, Argentina	4032010
032013	AR013	ARG013	科尔多瓦（阿根廷）	Cordoba, Argentina	4032013
032016	AR016	ARG016	科连特斯（阿根廷）	Corrientes, Argentina	4032016
032019	AR019	ARG019	恩特雷里奥斯（阿根廷）	Entre Rios, Argentina	4032019
032022	AR022	ARG022	福莫萨（阿根廷）	Formosa, Argentina	4032022
032025	AR025	ARG025	胡胡伊（阿根廷）	Jujuy, Argentina	4032025
032028	AR028	ARG028	拉潘帕（阿根廷）	La Pampa, Argentina	4032028
032031	AR031	ARG031	拉里奥哈（阿根廷）	La Rioja, Argentina	4032031
032034	AR034	ARG034	门多萨（阿根廷）	Mendoza, Argentina	4032034
032037	AR037	ARG037	米西奥内斯（阿根廷）	Misiones, Argentina	4032037
032040	AR040	ARG040	内乌肯（阿根廷）	Neuquen, Argentina	4032040
032043	AR043	ARG043	内格罗河（阿根廷）	Rio Negro, Argentina	4032043
032046	AR046	ARG046	萨尔塔（阿根廷）	Salta, Argentina	4032046
032049	AR049	ARG049	圣胡安（阿根廷）	San Juan, Argentina	4032049
032052	AR052	ARG052	圣路易斯（阿根廷）	San Luis, Argentina	4032052
032055	AR055	ARG055	圣克鲁斯（阿根廷）	Santa Cruz, Argentina	4032055
032058	AR058	ARG058	圣菲（阿根廷）	Santa Fe, Argentina	4032058
032061	AR061	ARG061	圣地亚哥－德尔埃斯特罗（阿根廷）	Santiago del Estero, Argentina	4032061
032064	AR064	ARG064	图库曼（阿根廷）	Tucuman, Argentina	4032064

代码	iso2	iso3	中文名称	英文名称	分类代码
032067	AR067	ARG067	火地岛（阿根廷）	Tierra de Fuego, Argentina	4032067
032070	AR070	ARG070	联邦首都区（阿根廷）	Capital Federal, Argentina	4032070
036	AU	AUS	澳大利亚	Australia	6036
036001	AU001	AUS001	新南威尔士（澳大利亚）	New South Wales, Australia	6036001
036004	AU004	AUS004	昆士兰（澳大利亚）	Queensland, Australia	6036004
036007	AU007	AUS007	南澳大利亚（澳大利亚）	South Australia, Australia	6036007
036010	AU010	AUS010	塔斯马尼亚（澳大利亚）	Tasmania, Australia	6036010
036013	AU013	AUS013	维多利亚（澳大利亚）	Victoria, Australia	6036013
036016	AU016	AUS016	西澳大利亚（澳大利亚）	Western Australia, Australia	6036016
036019	AU019	AUS019	澳大利亚首都直辖区（澳大利亚）	Australian Capital Territory, Australia	6036019
036022	AU022	AUS022	北部地方（澳大利亚）	Northern Territory, Australia	6036022
040	AT	AUT	奥地利	Austria	3040
040001	AT001	AUT001	布尔根兰（奥地利）	Burgenland, Austria	3040001
040004	AT004	AUT004	克恩滕（奥地利）	Karnten, Austria	3040004
040007	AT007	AUT007	下奥地利（奥地利）	Niederosterreich, Austria	3040007
040010	AT010	AUT010	上奥地利（奥地利）	Oberosterreich, Austria	3040010
040013	AT013	AUT013	萨尔茨堡（奥地利）	Salzburg, Austria	3040013
040016	AT016	AUT016	施泰尔马克（奥地利）	Steiermark, Austria	3040016
040019	AT019	AUT019	蒂罗尔（奥地利）	Tirol, Austria	3040019
040022	AT022	AUT022	福拉尔贝格（奥地利）	Vorarlberg, Austria	3040022
040025	AT025	AUT025	维也纳（奥地利）	Wien, Austria	3040025
044	BS	BHS	巴哈马	Bahamas	5044
044001	BS001	BHS001	大、小阿巴科岛（巴哈马）	Abaco, Great and Little, Bahamas	5044001
044004	BS004	BHS004	阿克林（巴哈马）	Acklins, Bahamas	5044004
044007	BS007	BHS007	安德罗斯（巴哈马）	Andros, Bahamas	5044007
044010	BS010	BHS010	贝里群岛（巴哈马）	Berry Islands, Bahamas	5044010
044013	BS013	BHS013	比米尼群岛（巴哈马）	Bimini Islands, Bahamas	5044013
044016	BS016	BHS016	卡特群岛（巴哈马）	Cat Islands, Bahamas	5044016
044019	BS019	BHS019	克鲁克德岛和长岛（巴哈马）	Crooked and Long Cay, Bahamas	5044019
044022	BS022	BHS022	伊柳塞拉（巴哈马）	Eleuthera, Bahamas	5044022
044025	BS025	BHS025	大埃克苏马岛和埃克苏马岛（巴哈马）	Exuma, Great, and Exuma Cays, Bahamas	5044025
044028	BS028	BHS028	大巴哈马（巴哈马）	Grand Bahama, Bahamas	5044028
044031	BS031	BHS031	哈伯岛（巴哈马）	Harbour Island, Bahamas	5044031
044034	BS034	BHS034	大、小伊纳瓜（巴哈马）	Inagua, Great and Little, Bahamas	5044034
044037	BS037	BHS037	长岛（巴哈马）	Long Island, Bahamas	5044037
044040	BS040	BHS040	马亚瓜纳（巴哈马）	Mayaguana, Bahamas	5044040
044043	BS043	BHS043	新普罗维登斯（巴哈马）	New Providence, Bahamas	5044043
044046	BS046	BHS046	拉吉德岛（巴哈马）	Ragged Island, Bahamas	5044046
044049	BS049	BHS049	拉姆岛（巴哈马）	Rum Cay, Bahamas	5044049
044052	BS052	BHS052	圣萨尔瓦多（巴哈马）	San Salvador, Bahamas	5044052
044055	BS055	BHS055	西班牙韦尔斯（巴哈马）	Spanish Wells, Bahamas	5044055
048	BH	BHR	巴林	Bahrain	1048
048001	BH001	BHR001	中部（巴林）	Central, Bahrain	1048001
048004	BH004	BHR004	哈德（巴林）	Hadd, Al, Bahrain	1048004
048007	BH007	BHR007	吉德哈夫斯（巴林）	Jidd Hafs(Judd Hafs), Bahrain	1048007

代码	iso2	iso3	中文名称	英文名称	分类代码
048010	BH010	BHR010	麦纳麦（巴林）	Manamah, Al, Bahrain	1048010
048013	BH013	BHR013	穆哈拉格（巴林）	Muharraq, Al, Bahrain	1048013
048016	BH016	BHR016	里法（巴林）	Rifa', Bahrain	1048016
048019	BH019	BHR019	北部（巴林）	Shamaliyah, Al, Bahrain	1048019
048022	BH022	BHR022	东部（巴林）	Sharqiyah, Ash, Bahrain	1048022
048025	BH025	BHR025	锡特拉（巴林）	Sitrah, Bahrain	1048025
048028	BH028	BHR028	西部（巴林）	Western, Bahrain	1048028
048031	BH031	BHR031	哈马德（巴林）	Hammad, Bahrain	1048031
048034	BH034	BHR034	伊萨城（巴林）	Madinat'Isa, Bahrain	1048034
050	BD	BGD	孟加拉	Bangladesh	1050
050001	BD001	BGD001	吉大港（孟加拉国）	Chittagong, Bangladesh	1050001
050004	BD004	BGD004	达卡（孟加拉国）	Dhaka, Bangladesh	1050004
050007	BD007	BGD007	库尔纳（孟加拉国）	Khulna, Bangladesh	1050007
050010	BD010	BGD010	拉杰沙希（孟加拉国）	Rajshahi, Bangladesh	1050010
051	AM	ARM	亚美尼亚	Armenia	1051
051001	AM001	ARM001	久姆里（亚美尼亚）	Gyumri, Armenia	1051001
051004	AM004	ARM004	基洛瓦坎（亚美尼亚）	Kirovakan, Armenia	1051004
051007	AM007	ARM007	埃里温（亚美尼亚）	Yerevan, Armenia	1051007
051010	AM010	ARM010	阿博维扬（亚美尼亚）	Abovyani, Armenia	1051010
051013	AM013	ARM013	阿胡良（亚美尼亚）	Akhuryani, Armenia	1051013
051016	AM016	ARM016	阿马西亚（亚美尼亚）	Amasiayi, Armenia	1051016
051019	AM019	ARM019	阿尼（亚美尼亚）	Anii, Armenia	1051019
051022	AM022	ARM022	阿帕兰（亚美尼亚）	Aparani, Armenia	1051022
051025	AM025	ARM025	阿拉加茨（亚美尼亚）	Aragatsi, Armenia	1051025
051028	AM028	ARM028	亚拉腊（亚美尼亚）	Aravati, Armenia	1051028
051031	AM031	ARM031	阿尔塔沙特（亚美尼亚）	Artashati, Armenia	1051031
051034	AM034	ARM034	阿尔蒂克（亚美尼亚）	Art'iki, Armenia	1051034
051037	AM037	ARM037	阿什塔拉克（亚美尼亚）	Ashtaraki, Armenia	1051037
051040	AM040	ARM040	瓦伊克（亚美尼亚）	Vayki, Armenia	1051040
051043	AM043	ARM043	巴格拉米扬（亚美尼亚）	Baghramyani, Armenia	1051043
051046	AM046	ARM046	埃季米阿津（亚美尼亚）	Ejmiadzini, Armenia	1051046
051049	AM049	ARM049	加潘（亚美尼亚）	Ghap'ani, Armenia	1051049
051052	AM052	ARM052	古卡相（亚美尼亚）	Ghukadyani, Armenia	1051052
051055	AM055	ARM055	戈里斯（亚美尼亚）	Goris, Armenia	1051055
051058	AM058	ARM058	古加尔克（亚美尼亚）	Gugark'i, Armenia	1051058
051061	AM061	ARM061	霍克滕贝良（亚美尼亚）	Hoktemberyani, Armenia	1051061
051064	AM064	ARM064	赫拉兹丹（亚美尼亚）	Harazdani, Armenia	1051064
051067	AM067	ARM067	伊杰万（亚美尼亚）	Ijevani, Armenia	1051067
051070	AM070	ARM070	塔希尔（亚美尼亚）	Tashiri, Armenia	1051070
051073	AM073	ARM073	卡莫（亚美尼亚）	Kamoyi, Armenia	1051073
051076	AM076	ARM076	昌巴拉克（亚美尼亚）	Chambaraki, Armenia	1051076
051079	AM079	ARM079	马尔图尼（亚美尼亚）	Martunu, Armenia	1051079
051082	AM082	ARM082	马西斯（亚美尼亚）	Masisi, Armenia	1051082
051085	AM085	ARM085	梅格里（亚美尼亚）	Meghru, Armenia	1051085
051088	AM088	ARM088	奈里（亚美尼亚）	Nairii, Armenia	1051088
051091	AM091	ARM091	诺延贝良（亚美尼亚）	Noyemberyani, Armenia	1051091
051094	AM094	ARM094	塞凡（亚美尼亚）	Sevani, Armenia	1051094
051097	AM097	ARM097	沙姆沙丁（亚美尼亚）	Shamshadini, Armenia	1051097

代码	iso2	iso3	中文名称	英文名称	分类代码
051100	AM100	ARM100	锡西安（亚美尼亚）	Sisiani, Armenia	1051100
051103	AM103	ARM103	斯皮塔克（亚美尼亚）	Spitaki, Armenia	1051103
051106	AM106	ARM106	斯捷潘纳万（亚美尼亚）	Step'anavani, Armenia	1051106
051109	AM109	ARM109	塔林（亚美尼亚）	T'alini, Armenia	1051109
051112	AM112	ARM112	图马尼扬（亚美尼亚）	Tumanyani, Armenia	1051112
051115	AM115	ARM115	瓦尔代尼斯（亚美尼亚）	Vardenisi, Armenia	1051115
051118	AM118	ARM118	耶盖格纳佐尔(亚美尼亚)	Yeghegnadzori, Armenia	1051118
052	BB	BRB	巴巴多斯	Barbados	5052
052001	BB001	BRB001	克赖斯特彻奇(巴巴多斯)	Chirst Church, Barbados	5052001
052004	BB004	BRB004	圣安德鲁（巴巴多斯）	St.Andrew, Barbados	5052004
052007	BB007	BRB007	圣乔治（巴巴多斯）	St.George, Barbados	5052007
052010	BB010	BRB010	圣詹姆斯（巴巴多斯）	St.James, Barbados	5052010
052013	BB013	BRB013	圣约翰（巴巴多斯）	St.John, Barbados	5052013
052016	BB016	BRB016	圣约瑟夫（巴巴多斯）	St.Joseph, Barbados	5052016
052019	BB019	BRB019	圣露西（巴巴多斯）	St.Lucy, Barbados	5052019
052022	BB022	BRB022	圣迈克尔（巴巴多斯）	St.Michael, Barbados	5052022
052025	BB025	BRB025	圣彼得（巴巴多斯）	St.Peter, Barbados	5052025
052028	BB028	BRB028	圣菲利普（巴巴多斯）	St.Philip, Barbados	5052028
052031	BB031	BRB031	圣托马斯（巴巴多斯）	St.Thomas, Barbados	5052031
056	BE	BEL	比利时	Belgium	3056
056001	BE001	BEL001	布鲁塞尔（比利时）	Brussels, Belgium	3056001
056004	BE004	BEL004	佛兰德（比利时）	Flanders, Belgium	3056004
056007	BE007	BEL007	安特卫普（比利时）	Antwerpen, Belgium	3056007
056010	BE010	BEL010	布拉班特（比利时）	Brabant, Belgium	3056010
056013	BE013	BEL013	东佛兰德（比利时）	Oost-Vlaanderen, Belgium	3056013
056016	BE016	BEL016	林堡（比利时）	Limburg, Belgium	3056016
056019	BE019	BEL019	西佛兰德（比利时）	West-Vlaanderen, Belgium	3056019
056022	BE022	BEL022	瓦隆（比利时）	Wallonia, Belgium	3056022
056025	BE025	BEL025	布拉班特（比利时）	Brabant, Belgium	3056025
056028	BE028	BEL028	埃诺（比利时）	Hainaut, Belgium	3056028
056031	BE031	BEL031	列日（比利时）	Liege, Belgium	3056031
056034	BE034	BEL034	卢森堡（比利时）	Luxembourg, Belgium	3056034
056037	BE037	BEL037	那慕尔（比利时）	Namur, Belgium	3056037
060	BM	BMU	百慕大	Bermuda	5060
060001	BM001	BMU001	德文郡（百慕大）	Devonshire, Bermuda	5060001
060004	BM004	BMU004	哈密尔顿（百慕大）	Hamilton, Bermuda	5060004
060007	BM007	BMU007	帕吉特（百慕大）	Paget, Bermuda	5060007
060010	BM010	BMU010	彭布罗克（百慕大）	Pembroke, Bermuda	5060010
060013	BM013	BMU013	圣乔治斯（百慕大）	St.George's, Bermuda	5060013
060016	BM016	BMU016	桑兹（百慕大）	Sandys, Bermuda	5060016
060019	BM019	BMU019	史密斯（百慕大）	Smith's, Bermuda	5060019
060022	BM022	BMU022	南安普敦（百慕大）	Southampton, Bermuda	5060022
060025	BM025	BMU025	沃里克（百慕大）	Warwick, Bermuda	5060025
060028	BM028	BMU028	哈密尔顿市（百慕大）	Hamilton, Bermuda	5060028
060031	BM031	BMU031	圣乔治市（百慕大）	St.Geotge, Bermuda	5060031
064	BT	BTN	不丹	Bhutan	1064
064001	BT001	BTN001	布姆唐（不丹）	Bumthang, Bhutan	1064001
064004	BT004	BTN004	奇朗（不丹）	Chirang, Bhutan	1064004

代码	iso2	iso3	中文名称	英文名称	分类代码
064007	BT007	BTN007	达加纳（不丹）	Dagana, Bhutan	1064007
064010	BT010	BTN010	盖莱普（不丹）	Gaylegphug, Bhutan	1064010
064013	BT013	BTN013	哈（不丹）	Ha, Bhutan	1064013
064016	BT016	BTN016	伦齐（不丹）	Lhuntsi, Bhutan	1064016
064019	BT019	BTN019	蒙加尔（不丹）	Mongar, Bhutan	1064019
064022	BT022	BTN022	帕罗（不丹）	Paro, Bhutan	1064022
064025	BT025	BTN025	佩马加策尔（不丹）	Pema Gatsel, Bhutan	1064025
064028	BT028	BTN028	普那卡（不丹）	Punakha, Bhutan	1064028
064031	BT031	BTN031	萨姆奇（不丹）	Samchi, Bhutan	1064031
064034	BT034	BTN034	萨姆德鲁琼卡尔（不丹）	Samdrup Jongkhar, Bhutan	1064034
064037	BT037	BTN037	谢姆冈（不丹）	Shemgang, Bhutan	1064037
064040	BT040	BTN040	塔希冈（不丹）	Tashigang, Bhutan	1064040
064043	BT043	BTN043	廷布（不丹）	Thimbu, Bhutan	1064043
064046	BT046	BTN046	通萨（不丹）	Tongsa, Bhutan	1064046
064049	BT049	BTN049	旺迪波德朗（不丹）	Wangdi Phodrang, Bhutan	1064049
068	BO	BOL	玻利维亚	Bolivia	4068
068001	BO001	BOL001	贝尼（玻利维亚）	Beni, Bolivia	4068001
068004	BO004	BOL004	丘基萨卡（玻利维亚）	Chuquisaca, Bolivia	4068004
068007	BO007	BOL007	科恰班巴（玻利维亚）	Cochabamba, Bolivia	4068007
068010	BO010	BOL010	拉巴斯（玻利维亚）	La Paz, Bolivia	4068010
068013	BO013	BOL013	奥鲁罗（玻利维亚）	Oruro, Bolivia	4068013
068016	BO016	BOL016	潘多（玻利维亚）	Pando, Bolivia	4068016
068019	BO019	BOL019	波托西（玻利维亚）	Potosi, Bolivia	4068019
068022	BO022	BOL022	圣克鲁斯（玻利维亚）	Santa Cruz, Bolivia	4068022
068025	BO025	BOL025	塔里哈（玻利维亚）	Tarija, Bolivia	4068025
070	BA	BIH	波斯尼亚和黑塞哥维那	Bosnia and Herzegovina	3070
070001	BA001	BIH001	察普利纳（波斯尼亚和黑塞哥维那）	Capljina, Bosnia and Herzegovina	3070001
070004	BA004	BIH004	察律（波斯尼亚和黑塞哥维那）	Cazin, Bosnia and Herzegovina	3070004
070007	BA007	BIH007	切利纳茨（波斯尼亚和黑塞哥维那）	Celinac, Bosnia and Herzegovina	3070007
070010	BA010	BIH010	契特卢克（波斯尼亚和黑塞哥维那）	Citluk, Bosnia and Herzegovina	3070010
070013	BA013	BIH013	代尔文塔（波斯尼亚和黑塞哥维那）	Derventa, Bosnia and Herzegovina	3070013
070016	BA016	BIH016	多博伊（波斯尼亚和黑塞哥维那）	Doboj, Bosnia and Herzegovina	3070016
070019	BA019	BIH019	下瓦库夫（波斯尼亚和黑塞哥维那）	Donji Vakuf, Bosnia and Herzegovina	3070019
070022	BA022	BIH022	德瓦尔（波斯尼亚和黑塞哥维那）	Drvar, Bosnia and Herzegovina	3070022
070025	BA025	BIH025	福查（波斯尼亚和黑塞哥维那）	Foca, Bosnia and Herzegovina	3070025
070028	BA028	BIH028	福伊尼察（波斯尼亚和黑塞哥维那）	Fojnica, Bosnia and Herzegovina	3070028
070031	BA031	BIH031	加茨科（波斯尼亚和黑塞哥维那）	Gacko, Bosnia and Herzegovina	3070031

附表 18 世界各国和地区名称及一级行政区划代码表 (ECIQ) ◎

代码	iso2	iso3	中文名称	英文名称	分类代码
070034	BA034	BIH034	格拉莫奇（波斯尼亚和黑塞哥维那）	Glamoc, Bosnia and Herzegovina	3070034
070037	BA037	BIH037	戈拉日代（波斯尼亚和黑塞哥维那）	Gorazde, Bosnia and Herzegovina	3070037
070040	BA040	BIH040	上瓦库夫（波斯尼亚和黑塞哥维那）	Gornji Vakuf, Bosnia and Herzegovina	3070040
070043	BA043	BIH043	格拉恰尼察（波斯尼亚和黑塞哥维那）	Gracanica, Bosnia and Herzegovina	3070043
070046	BA046	BIH046	格拉达查茨（波斯尼亚和黑塞哥维那）	Gradacac, Bosnia and Herzegovina	3070046
070049	BA049	BIH049	格鲁代（波斯尼亚和黑塞哥维那）	Grude, Bosnia and Herzegovina	3070049
070052	BA052	BIH052	汉皮耶萨克（波斯尼亚和黑塞哥维那）	Han Pijesak, Bosnia and Herzegovina	3070052
070055	BA055	BIH055	亚布拉尼察（波斯尼亚和黑塞哥维那）	Jablanica, Bosnia and Herzegovina	3070055
070058	BA058	BIH058	亚伊采（波斯尼亚和黑塞哥维那）	Jajce, Bosnia and Herzegovina	3070058
070061	BA061	BIH061	卡卡尼（波斯尼亚和黑塞哥维那）	Kakanj, Bosnia and Herzegovina	3070061
070064	BA064	BIH064	卡莱西亚（波斯尼亚和黑塞哥维那）	Kalesija, Bosnia and Herzegovina	3070064
070067	BA067	BIH067	卡利诺维克（波斯尼亚和黑塞哥维那）	Kalinovik, Bosnia and Herzegovina	3070067
070070	BA070	BIH070	基塞利亚克（波斯尼亚和黑塞哥维那）	Kiseljak, Bosnia and Herzegovina	3070070
070073	BA073	BIH073	克拉达尼（波斯尼亚和黑塞哥维那）	Kladanj, Bosnia and Herzegovina	3070073
070076	BA076	BIH076	克柳奇（波斯尼亚和黑塞哥维那）	Kljuc, Bosnia and Herzegovina	3070076
070079	BA079	BIH079	科尼茨（波斯尼亚和黑塞哥维那）	Konjic, Bosnia and Herzegovina	3070079
070082	BA082	BIH082	科托尔城（波斯尼亚和黑塞哥维那）	Kotor Varos, Bosnia and Herzegovina	3070082
070085	BA085	BIH085	克雷舍沃（波斯尼亚和黑塞哥维那）	Kresevo, Bosnia and Herzegovina	3070085
070088	BA088	BIH088	库普雷斯（波斯尼亚和黑塞哥维那）	Kupres, Bosnia and Herzegovina	3070088
070091	BA091	BIH091	拉克塔希（波斯尼亚和黑塞哥维那）	Laktasi, Bosnia and Herzegovina	3070091
070094	BA094	BIH094	利什蒂察（波斯尼亚和黑塞哥维那）	Listica, Bosnia and Herzegovina	3070094
070097	BA097	BIH097	利夫诺（波斯尼亚和黑塞哥维那）	Livno, Bosnia and Herzegovina	3070097
070100	BA100	BIH100	柳比涅（波斯尼亚和黑塞哥维那）	Ljubinje, Bosnia and Herzegovina	3070100
070103	BA103	BIH103	柳布什基（波斯尼亚和黑塞哥维那）	Ljubuski, Bosnia and Herzegovina	3070103

代码	iso2	iso3	中文名称	英文名称	分类代码
070106	BA106	BIH106	洛帕雷（波斯尼亚和黑塞哥维那）	Lopare, Bosnia and Herzegovina	3070106
070109	BA109	BIH109	卢卡瓦茨（波斯尼亚和黑塞哥维那）	Lukavac, Bosnia and Herzegovina	3070109
070112	BA112	BIH112	马格拉伊（波斯尼亚和黑塞哥维那）	Maglaj, Bosnia and Herzegovina	3070112
070115	BA115	BIH115	莫德里查（波斯尼亚和黑塞哥维那）	Modrica, Bosnia and Herzegovina	3070115
070118	BA118	BIH118	莫斯塔尔（波斯尼亚和黑塞哥维那）	Mostar, Bosnia and Herzegovina	3070118
070121	BA121	BIH121	姆尔科尼奇格勒（波斯尼亚和黑塞哥维那）	Mrkonjic Grad, Bosnia and Herzegovina	3070121
070124	BA124	BIH124	内乌姆（波斯尼亚和黑塞哥维那）	Neum, Bosnia and Herzegovina	3070124
070127	BA127	BIH127	内韦西涅（波斯尼亚和黑塞哥维那）	Nevesinje, Bosnia and Herzegovina	3070127
070130	BA130	BIH130	奥扎克（波斯尼亚和黑塞哥维那）	Odzak, Bosnia and Herzegovina	3070130
070133	BA133	BIH133	奥洛沃（波斯尼亚和黑塞哥维那）	Olovo, Bosnia and Herzegovina	3070133
070136	BA136	BIH136	奥拉谢（波斯尼亚和黑塞哥维那）	Orasje, Bosnia and Herzegovina	3070136
070139	BA139	BIH139	波苏谢（波斯尼亚和黑塞哥维那）	Posusje, Bosnia and Herzegovina	3070139
070142	BA142	BIH142	普里耶多尔（波斯尼亚和黑塞哥维那）	Prijedor, Bosnia and Herzegovina	3070142
070145	BA145	BIH145	普尔尼亚沃尔（波斯尼亚和黑塞哥维那）	Prnjavor, Bosnia and Herzegovina	3070145
070148	BA148	BIH148	普罗佐尔（波斯尼亚和黑塞哥维那）	Prozor, Bosnia and Herzegovina	3070148
070151	BA151	BIH151	普察雷沃（波斯尼亚和黑塞哥维那）	Pucarevo, Bosnia and Herzegovina	3070151
070154	BA154	BIH154	罗加蒂察（波斯尼亚和黑塞哥维那）	Rogatica, Bosnia and Herzegovina	3070154
070157	BA157	BIH157	鲁多（波斯尼亚和黑塞哥维那）	Rudo, Bosnia and Herzegovina	3070157
070160	BA160	BIH160	桑斯基莫斯特（波斯尼亚和黑塞哥维那）	Sanski Most, Bosnia and Herzegovina	3070160
070163	BA163	BIH163	萨拉热窝（波斯尼亚和黑塞哥维那）	Sarajevo, Bosnia and Herzegovina	3070163
070166	BA166	BIH166	舍科维契（波斯尼亚和黑塞哥维那）	Sekovici, Bosnia and Herzegovina	3070166
070169	BA169	BIH169	希波沃（波斯尼亚和黑塞哥维那）	Sipovo, Bosnia and Herzegovina	3070169
070172	BA172	BIH172	斯肯代尔瓦库夫（波斯尼亚和黑塞哥维那）	Skender Vakuf, Bosnia and Herzegovina	3070172
070175	BA175	BIH175	索科拉茨（波斯尼亚和黑塞哥维那）	Sokolac, Bosnia and Herzegovina	3070175

代码	iso2	iso3	中文名称	英文名称	分类代码
070178	BA178	BIH178	斯尔巴茨（波斯尼亚和黑塞哥维那）	Srbac, Bosnia and Herzegovina	3070178
070181	BA181	BIH181	斯雷布雷尼察（波斯尼亚和黑塞哥维那）	Srebrenica, Bosnia and Herzegovina	3070181
070184	BA184	BIH184	斯雷布雷尼克（波斯尼亚和黑塞哥维那）	Srebrenik, Bosnia and Herzegovina	3070184
070187	BA187	BIH187	斯托拉茨（波斯尼亚和黑塞哥维那）	Stolac, Bosnia and Herzegovina	3070187
070190	BA190	BIH190	泰沙尼（波斯尼亚和黑塞哥维那）	Tesanj, Bosnia and Herzegovina	3070190
070193	BA193	BIH193	泰斯利奇（波斯尼亚和黑塞哥维那）	Teslic, Bosnia and Herzegovina	3070193
070196	BA196	BIH196	托米斯拉夫格勒（波斯尼亚和黑塞哥维那）	Tomislavgrad, Bosnia and Herzegovina	3070196
070199	BA199	BIH199	特拉夫尼克（波斯尼亚和黑塞哥维那）	Travnic, Bosnia and Herzegovina	3070199
070202	BA202	BIH202	特雷比涅（波斯尼亚和黑塞哥维那）	Trebinje, Bosnia and Herzegovina	3070202
070205	BA205	BIH205	图兹拉（波斯尼亚和黑塞哥维那）	Tuzla, Bosnia and Herzegovina	3070205
070208	BA208	BIH208	乌格列维克（波斯尼亚和黑塞哥维那）	Ugljevik, Bosnia and Herzegovina	3070208
070211	BA211	BIH211	瓦雷什（波斯尼亚和黑塞哥维那）	Vares, Bosnia and Herzegovina	3070211
070214	BA214	BIH214	大克拉杜沙（波斯尼亚和黑塞哥维那）	Velika Kladusa, Bosnia and Herzegovina	3070214
070217	BA217	BIH217	维舍格勒（波斯尼亚和黑塞哥维那）	Visegrad, Bosnia and Herzegovina	3070217
070220	BA220	BIH220	维索科（波斯尼亚和黑塞哥维那）	Visoko, Bosnia and Herzegovina	3070220
070223	BA223	BIH223	维泰兹（波斯尼亚和黑塞哥维那）	Vitez, Bosnia and Herzegovina	3070223
070226	BA226	BIH226	弗拉塞尼察（波斯尼亚和黑塞哥维那）	Vlasenica, Bosnia and Herzegovina	3070226
070229	BA229	BIH229	扎维多维契（波斯尼亚和黑塞哥维那）	Zavidovici, Bosnia and Herzegovina	3070229
070232	BA232	BIH232	泽尼察（波斯尼亚和黑塞哥维那）	Zenica, Bosnia and Herzegovina	3070232
070235	BA235	BIH235	热普切（波斯尼亚和黑塞哥维那）	Zepce, Bosnia and Herzegovina	3070235
070238	BA238	BIH238	日维尼采（波斯尼亚和黑塞哥维那）	Zivinice, Bosnia and Herzegovina	3070238
070241	BA241	BIH241	兹沃尔尼克（波斯尼亚和黑塞哥维那）	Zvornik, Bosnia and Herzegovina	3070241
070244	BA244	BIH244	巴尼亚卢卡（波斯尼亚和黑塞哥维那）	Banja luka, Bosnia and Herzegovina	3070244
070247	BA247	BIH247	巴诺维契（波斯尼亚和黑塞哥维那）	Banovici, Bosnia and Herzegovina	3070247

代码	iso2	iso3	中文名称	英文名称	分类代码
070250	BA250	BIH250	比哈奇（波斯尼亚和黑塞哥维那）	Bihac, Bosnia and Herzegovina	3070250
070253	BA253	BIH253	比耶利纳（波斯尼亚和黑塞哥维那）	Bijeljina, Bosnia and Herzegovina	3070253
070256	BA256	BIH256	比莱恰（波斯尼亚和黑塞哥维那）	Bileca, Bosnia and Herzegovina	3070256
070259	BA259	BIH259	波斯尼亚杜比察（波斯尼亚和黑塞哥维那）	Bosanska Dubica, Bosnia and Herzegovina	3070259
070262	BA262	BIH262	波斯尼亚格拉迪什卡（波斯尼亚和黑塞哥维那）	Bosanska Gradiska, Bosnia and Herzegovina	3070262
070265	BA265	BIH265	波斯尼亚克鲁帕（波斯尼亚和黑塞哥维那）	Bosanska Krupa, Bosnia and Herzegovina	3070265
070268	BA268	BIH268	波斯尼亚布鲁德（波斯尼亚和黑塞哥维那）	Bosanski Brod, Bosnia and Herzegovina	3070268
070271	BA271	BIH271	波斯尼亚诺维（波斯尼亚和黑塞哥维那）	Bosanski Novi, Bosnia and Herzegovina	3070271
070274	BA274	BIH274	波斯尼亚彼得罗瓦茨（波斯尼亚和黑塞哥维那）	Bosanski Petrovac, Bosnia and Herzegovina	3070274
070277	BA277	BIH277	波斯尼亚沙马茨（波斯尼亚和黑塞哥维那）	Bosanski Samac, Bosnia and Herzegovina	3070277
070280	BA280	BIH280	波斯尼亚格拉霍沃（波斯尼亚和黑塞哥维那）	Bosansko Grahovo, Bosnia and Herzegovina	3070280
070283	BA283	BIH283	布拉图纳茨（波斯尼亚和黑塞哥维那）	Bratunac, Bosnia and Herzegovina	3070283
070286	BA286	BIH286	布尔奇科（波斯尼亚和黑塞哥维那）	Brcao, Bosnia and Herzegovina	3070286
070289	BA289	BIH289	布雷扎（波斯尼亚和黑塞哥维那）	Breza, Bosnia and Herzegovina	3070289
070292	BA292	BIH292	布戈伊诺（波斯尼亚和黑塞哥维那）	Bugojno, Bosnia and Herzegovina	3070292
070295	BA295	BIH295	布索瓦恰（波斯尼亚和黑塞哥维那）	Busovaca, Bosnia and Herzegovina	3070295
070298	BA298	BIH298	恰伊尼切（波斯尼亚和黑塞哥维那）	Cajnice, Bosnia and Herzegovina	3070298
072	BW	BWA	博茨瓦纳	Botswana	2072
072001	BW001	BWA001	巴罗隆（博茨瓦纳）	Barolong, Botswana	2072001
072004	BW004	BWA004	中部（博茨瓦纳）	Central, Botswana	2072004
072007	BW007	BWA007	杭济（博茨瓦纳）	Ghanzi, Botswana	2072007
072010	BW010	BWA010	卡拉哈迪（博茨瓦纳）	Kgalagadi, Botswana	2072010
072013	BW013	BWA013	卡特伦（博茨瓦纳）	Kgatleng, Botswana	2072013
072016	BW016	BWA016	奎嫩（博茨瓦纳）	Kweneng, Botswana	2072016
072019	BW019	BWA019	东北（博茨瓦纳）	North East, Botswana	2072019
072022	BW022	BWA022	西北（博茨瓦纳）	North West, Botswana	2072022
072025	BW025	BWA025	乔贝（博茨瓦纳）	Chobe, Botswana	2072025
072028	BW028	BWA028	恩加米兰（博茨瓦纳）	Ngamiland, Botswana	2072028
072031	BW031	BWA031	恩夸凯采（博茨瓦纳）	Ngwaketse, Botswana	2072031
072034	BW034	BWA034	塞罗韦（博茨瓦纳）	Serowe, Botswana	2072034
072037	BW037	BWA037	东南（博茨瓦纳）	South East, Botswana	2072037

代码	iso2	iso3	中文名称	英文名称	分类代码
072040	BW040	BWA040	弗朗西斯敦（博茨瓦纳）	Francistown, Botswana	2072040
072043	BW043	BWA043	哈博罗内（博茨瓦纳）	Gaborone, Botswana	2072043
072046	BW046	BWA046	朱瓦能（博茨瓦纳）	Jwaneng, Botswana	2072046
072049	BW049	BWA049	洛巴策（博茨瓦纳）	Lobatse, Botswana	2072049
072052	BW052	BWA052	奥拉帕（博茨瓦纳）	Orapa, Botswana	2072052
072055	BW055	BWA055	帕拉佩（博茨瓦纳）	Palapye, Botswana	2072055
072058	BW058	BWA058	塞莱比－皮奎(博茨瓦纳)	Selebi-Pikwe, Botswana	2072058
072061	BW061	BWA061	索瓦（博茨瓦纳）	Sowa, Botswana	2072061
072064	BW064	BWA064	特洛昆（博茨瓦纳）	Tlokweng, Botswana	2072064
074	BV	BVT	布维岛	Bouvet Island	9074
076	BR	BRA	巴西	Brazil	4076
076001	BR001	BRA001	阿克里（巴西）	Acre, Brazil	4076001
076004	BR004	BRA004	阿拉戈斯（巴西）	Alagoas, Brazil	4076004
076007	BR007	BRA007	亚马孙（巴西）	Amazonas, Brazil	4076007
076010	BR010	BRA010	巴伊亚（巴西）	Bahia, Brazil	4076010
076013	BR013	BRA013	塞阿拉（巴西）	Ceara, Brazil	4076013
076016	BR016	BRA016	圣埃斯皮里图（巴西）	Espirito Santo, Brazil	4076016
076019	BR019	BRA019	联邦区（巴西）	Dstrito Federal, Brazil	4076019
076022	BR022	BRA022	戈亚斯（巴西）	Goias, Brazil	4076022
076025	BR025	BRA025	马拉尼昂（巴西）	Maranhao, Brazil	4076025
076028	BR028	BRA028	马托格罗索（巴西）	Mato Grosso, Brazil	4076028
076031	BR031	BRA031	南马托格罗索（巴西）	Mato Grosso do Sul, Brazil	4076031
076034	BR034	BRA034	米纳斯吉拉斯（巴西）	Minas Gerais, Brazil	4076034
076037	BR037	BRA037	帕拉（巴西）	Para, Brazil	4076037
076040	BR040	BRA040	帕拉伊巴（巴西）	Paraiba, Brazil	4076040
076043	BR043	BRA043	巴拉那（巴西）	Parana, Brazil	4076043
076046	BR046	BRA046	伯南布哥（巴西）	Pernambuco, Brazil	4076046
076049	BR049	BRA049	皮奥伊（巴西）	Piaui, Brazil	4076049
076052	BR052	BRA052	里约热内卢（巴西）	Rio de Janeiro, Brazil	4076052
076055	BR055	BRA055	北里奥格兰德（巴西）	Rio Grande do Norte, Brazil	4076055
076058	BR058	BRA058	南里奥格兰德（巴西）	Rio Grande do Sul, Brazil	4076058
076061	BR061	BRA061	朗多尼亚（巴西）	Rondonia, Brazil	4076061
076064	BR064	BRA064	圣卡塔琳娜（巴西）	Santa Catarina, Brazil	4076064
076067	BR067	BRA067	圣保罗（巴西）	Sao Paulo, Brazil	4076067
076070	BR070	BRA070	塞尔希培（巴西）	Sergipe, Brazil	4076070
076073	BR073	BRA073	托坎廷斯（巴西）	Tocantins, Brazil	4076073
076076	BR076	BRA076	阿马帕（巴西）	Amapa, Brazil	4076076
076079	BR079	BRA079	罗赖马（巴西）	Roraima, Brazil	4076079
084	BZ	BLZ	伯利兹	Belize	5084
084001	BZ001	BLZ001	伯利兹（伯利兹）	Belize, Belize	5084001
084004	BZ004	BLZ004	卡约（伯利兹）	Cayo, Belize	5084004
084007	BZ007	BLZ007	科罗萨尔（伯利兹）	Corozal, Belize	5084007
084010	BZ010	BLZ010	奥兰治沃克（伯利兹）	Orange Walk, Belize	5084010
084013	BZ013	BLZ013	斯坦克里克（伯利兹）	Stann Creek, Belize	5084013
084016	BZ016	BLZ016	托莱多（伯利兹）	Toledo, Belize	5084016
086	IO	IOT	英属印度洋领土	British Indian Ocean Territory	1086
090	SB	SLB	所罗门群岛	Solomon Islands	6090
090001	SB001	SLB001	中部群岛（所罗门群岛）	Central Islands, Solomon Islands	6090001

代码	iso2	iso3	中文名称	英文名称	分类代码
090004	SB004	SLB004	瓜达尔卡纳尔（所罗门群岛）	Guadalcanal, Solomon Islands	6090004
090007	SB007	SLB007	伊莎贝尔（所罗门群岛）	Isabel, Solomon Islands	6090007
090010	SB010	SLB010	马基拉－乌拉瓦（所罗门群岛）	Makira and Ulawa, Solomon Islands	6090010
090013	SB013	SLB013	马莱塔（所罗门群岛）	Malaita, Solomon Islands	6090013
090016	SB016	SLB016	泰莫图（所罗门群岛）	Temotu, Solomon Islands	6090016
090019	SB019	SLB019	西部（所罗门群岛）	Western, Solomon Islands	6090019
090022	SB022	SLB022	霍尼亚拉（所罗门群岛）	Honiara, Solomon Islands	6090022
092	VG	VGB	英属维尔京群岛	British Virgin Islands	5092
096	BN	BRN	文莱	Brunei Darussalam	1096
096001	BN001	BRN001	白拉奕（文莱）	Belait, Brunei Darussalam	1096001
096004	BN004	BRN004	文莱－麻拉（文莱）	Brunei and Muara, Brunei Darussalam	1096004
096007	BN007	BRN007	淡布伦（文莱）	Temburong, Brunei Darussalam	1096007
096010	BN010	BRN010	都东（文莱）	Tutong, Brunei Darussalam	1096010
100	BG	BGR	保加利亚	Bulgaria	3100
100001	BG001	BGR001	布尔加斯（保加利亚）	Burgas, Bulgaria	3100001
100004	BG004	BGR004	哈斯科沃（保加利亚）	Haskovo, Bulgaria	3100004
100007	BG007	BGR007	洛维奇（保加利亚）	Lovec, Bulgaria	3100007
100010	BG010	BGR010	蒙塔纳（保加利亚）	Montana, Bulgaria	3100010
100013	BG013	BGR013	普罗夫迪夫（保加利亚）	Plovdiv, Bulgaria	3100013
100016	BG016	BGR016	鲁塞（保加利亚）	Ruse, Bulgaria	3100016
100019	BG019	BGR019	索非亚（保加利亚）	Sofia, Bulgaria	3100019
100022	BG022	BGR022	瓦尔纳（保加利亚）	Varna, Bulgaria	3100022
104	MM	MMR	缅甸	Myanmar	1104
104001	MM001	MMR001	伊洛瓦底（缅甸）	Ayeyarwady, Myanmar	1104001
104004	MM004	MMR004	马圭（缅甸）	Magway, Myanmar	1104004
104007	MM007	MMR007	曼德勒（缅甸）	Mandalay, Myanmar	1104007
104010	MM010	MMR010	勃固（缅甸）	Bago, Myanmar	1104010
104013	MM013	MMR013	仰光（缅甸）	Yangon, Myanmar	1104013
104016	MM016	MMR016	实皆（缅甸）	Sagaing, Myanmar	1104016
104019	MM019	MMR019	德林达依（缅甸）	Tanintharyi, Myanmar	1104019
104022	MM022	MMR022	钦（缅甸）	Chin, Myanmar	1104022
104025	MM025	MMR025	克钦（缅甸）	Kachin, Myanmar	1104025
104028	MM028	MMR028	克伦（缅甸）	Kayin, Myanmar	1104028
104031	MM031	MMR031	克耶（缅甸）	Kayah, Myanmar	1104031
104034	MM034	MMR034	孟（缅甸）	Mon, Myanmar	1104034
104037	MM037	MMR037	若开（缅甸）	Rakhine, Myanmar	1104037
104040	MM040	MMR040	掸（缅甸）	Shan, Myanmar	1104040
108	BI	BDI	布隆迪	Burundi	2108
108001	BI001	BDI001	布班扎（布隆迪）	Bubanza, Burundi	2108001
108004	BI004	BDI004	布琼布拉（布隆迪）	Bujumbura, Burundi	2108004
108007	BI007	BDI007	布鲁里（布隆迪）	Bururi, Burundi	2108007
108010	BI010	BDI010	坎库佐（布隆迪）	Cankuzo, Burundi	2108010
108013	BI013	BDI013	锡比托凯（布隆迪）	Cibitoke, Burundi	2108013
108016	BI016	BDI016	基特加（布隆迪）	Gitega, Burundi	2108016
108019	BI019	BDI019	卡鲁济（布隆迪）	Karuzi, Burundi	2108019
108022	BI022	BDI022	卡扬扎（布隆迪）	Kayanza, Burundi	2108022

附表 18 世界各国和地区名称及一级行政区划代码表 (ECIQ) ◎

代码	iso2	iso3	中文名称	英文名称	分类代码
108025	BI025	BDI025	基龙多（布隆迪）	Kirundo, Burundi	2108025
108028	BI028	BDI028	马坎巴（布隆迪）	Makamba, Burundi	2108028
108031	BI031	BDI031	穆拉姆维亚（布隆迪）	Muramvya, Burundi	2108031
108034	BI034	BDI034	穆因加（布隆迪）	Muyinga, Burundi	2108034
108037	BI037	BDI037	恩戈齐（布隆迪）	Ngozi, Burundi	2108037
108040	BI040	BDI040	鲁塔纳（布隆迪）	Rutana, Burundi	2108040
108043	BI043	BDI043	鲁伊吉（布隆迪）	Ruyigi, Burundi	2108043
112	BY	BLR	白俄罗斯	Belarus	3112
112001	BY001	BLR001	格罗德诺州（白俄罗斯）	Grodeneskaja obl., Belarus	3112001
112004	BY004	BLR004	明斯克州（白俄罗斯）	Minskaja obl., Belarus	3112004
112007	BY007	BLR007	莫吉廖夫州（白俄罗斯）	Mogilevskaja obl., Belarus	3112007
112010	BY010	BLR010	布列斯特州（白俄罗斯）	Brestskaja obl., Belarus	3112010
112013	BY013	BLR013	维捷布斯克州(白俄罗斯)	Vitebskaja obl., Belarus	3112013
112016	BY016	BLR016	戈梅利州（白俄罗斯）	Gomelskaja obl., Belarus	3112016
116	KH	KHM	柬埔寨	Cambodia	1116
116001	KH001	KHM001	马德望（柬埔寨）	Battambang, Cambodia	1116001
116004	KH004	KHM004	贡布（柬埔寨）	Kampot, Cambodia	1116004
116007	KH007	KHM007	干丹（柬埔寨）	Kandal, Cambodia	1116007
116010	KH010	KHM010	戈公（柬埔寨）	Koh Kong, Cambodia	1116010
116013	KH013	KHM013	磅湛（柬埔寨）	Kompong Cham, Cambodia	1116013
116016	KH016	KHM016	磅清扬（柬埔寨）	Kompong Chhnang, Cambodia	1116016
116019	KH019	KHM019	磅士卑（柬埔寨）	Kompong Speu, Cambodia	1116019
116022	KH022	KHM022	磅同（柬埔寨）	Kompong Thom, Cambodia	1116022
116025	KH025	KHM025	桔井（柬埔寨）	Kratie, Cambodia	1116025
116028	KH028	KHM028	蒙多基里（柬埔寨）	Mondolkiri, Cambodia	1116028
116031	KH031	KHM031	金边（柬埔寨）	Phnum Penh, Cambodia	1116031
116034	KH034	KHM034	柏威夏（柬埔寨）	Preah Vihear, Cambodia	1116034
116037	KH037	KHM037	波萝勉（柬埔寨）	Prey Veng, Cambodia	1116037
116040	KH040	KHM040	菩萨（柬埔寨）	Pursat, Cambodia	1116040
116043	KH043	KHM043	腊塔纳基里（柬埔寨）	Ratanakiri, Cambodia	1116043
116046	KH046	KHM046	暹粒（柬埔寨）	Siemreap, Cambodia	1116046
116049	KH049	KHM049	上丁（柬埔寨）	Stung Treng, Cambodia	1116049
116052	KH052	KHM052	柴桢（柬埔寨）	Svay Rieng, Cambodia	1116052
116055	KH055	KHM055	茶胶（柬埔寨）	Takeo, Cambodia	1116055
116058	KH058	KHM058	西哈努克市（柬埔寨）	Sihanoukville, Cambodia	1116058
120	CM	CMR	喀麦隆	Cameroon	2120
120001	CM001	CMR001	阿达马瓦（喀麦隆）	Adamaoua, Cameroon	2120001
120004	CM004	CMR004	中央（喀麦隆）	Centre, Cameroon	2120004
120007	CM007	CMR007	东部（喀麦隆）	Est, Cameroon	2120007
120010	CM010	CMR010	北端（喀麦隆）	Extreme–Nord, Cameroon	2120010
120013	CM013	CMR013	滨海（喀麦隆）	Littoral, Cameroon	2120013
120016	CM016	CMR016	北部（喀麦隆）	Nord, Cameroon	2120016
120019	CM019	CMR019	西北（喀麦隆）	Nord–Ouest, Cameroon	2120019
120022	CM022	CMR022	西部（喀麦隆）	Ouest, Cameroon	2120022
120025	CM025	CMR025	南部（喀麦隆）	Sud, Cameroon	2120025
120028	CM028	CMR028	西南（喀麦隆）	Sud–Ouest, Cameroon	2120028
124	CA	CAN	加拿大	Canada	5124
124001	CA001	CAN001	艾伯塔（加拿大）	Alberta, Canada	5124001

代码	iso2	iso3	中文名称	英文名称	分类代码
124004	CA004	CAN004	不列颠哥伦比亚(加拿大)	British Columbia, Canada	5124004
124007	CA007	CAN007	马尼托巴（加拿大）	Manitoba, Canada	5124007
124010	CA010	CAN010	新不伦瑞克（加拿大）	New Brunswick, Canada	5124010
124013	CA013	CAN013	纽芬兰（加拿大）	Newfoundland, Canada	5124013
124016	CA016	CAN016	新斯科舍（加拿大）	Nova Scotia, Canada	5124016
124019	CA019	CAN019	安大略（加拿大）	Ontario, Canada	5124019
124022	CA022	CAN022	爱德华王子岛（加拿大）	Prince Edward I., Canada	5124022
124025	CA025	CAN025	魁北克（加拿大）	Quebec, Canada	5124025
124028	CA028	CAN028	萨斯喀彻温（加拿大）	Saskatchewan, Canada	5124028
124031	CA031	CAN031	西北地区（加拿大）	Northwest Territories, Canada	5124031
124034	CA034	CAN034	育空地区（加拿大）	Yukon Territory, Canada	5124034
132	CV	CPV	佛得角	Cape Verde	2132
132001	CV001	CPV001	博阿维斯塔（佛得角）	Boa Vista, Cape Verde	2132001
132004	CV004	CPV004	布拉瓦（佛得角）	Brava, Cape Verde	2132004
132007	CV007	CPV007	福古（佛得角）	Fogo, Cape Verde	2132007
132010	CV010	CPV010	马尤（佛得角）	Maio, Cape Verde	2132010
132013	CV013	CPV013	萨尔（佛得角）	Sal, Cape Verde	2132013
132016	CV016	CPV016	普拉亚（佛得角）	Praia, Cape Verde	2132016
132019	CV019	CPV019	圣卡塔琳娜（佛得角）	Santa Catarina, Cape Verde	2132019
132022	CV022	CPV022	圣克鲁斯（佛得角）	Santa Cruz, Cape Verde	2132022
132025	CV025	CPV025	塔拉法尔（佛得角）	Tarrafal, Cape Verde	2132025
132028	CV028	CPV028	保尔（佛得角）	Paul, Cape Verde	2132028
132031	CV031	CPV031	波多诺伏（佛得角）	Porto Novo, Cape Verde	2132031
132034	CV034	CPV034	大里贝拉（佛得角）	Ribeira Grande, Cape Verde	2132034
132037	CV037	CPV037	圣尼古拉（佛得角）	Sao Nicolau, Cape Verde	2132037
132040	CV040	CPV040	圣维森特（佛得角）	Sao Vicente, Cape Verde	2132040
136	KY	CYM	开曼群岛	Cayman Islands	5136
140	CF	CAF	中非	Central African Republic	2140
140001	CF001	CAF001	巴明吉－班戈兰（中非）	Bamingui-Bangoran, Central Africa	2140001
140004	CF004	CAF004	下科托（中非）	Basse-Kotto, Central Africa	2140004
140007	CF007	CAF007	纳纳－格里比济（中非）	Nana-Gribizi, Central Africa	2140007
140010	CF010	CAF010	上科托（中非）	Haute-Kotto, Central Africa	2140010
140013	CF013	CAF013	曼贝雷－卡代（中非）	Mambere-Kadei, Central Africa	2140013
140016	CF016	CAF016	上姆博穆（中非）	Haut-Mbomou, Central Africa	2140016
140019	CF019	CAF019	凯莫（中非）	Kemo, Central Africa	2140019
140022	CF022	CAF022	洛巴伊（中非）	Lobaye, Central Africa	2140022
140025	CF025	CAF025	姆博穆（中非）	M'bomou, Central Africa	2140025
140028	CF028	CAF028	纳纳－曼贝雷（中非）	Nana-Manbere, Central Africa	2140028
140031	CF031	CAF031	翁贝拉－姆波科（中非）	Ombella-M'pokko, Central Africa	2140031
140034	CF034	CAF034	瓦卡（中非）	Ouaka, Central Africa	2140034
140037	CF037	CAF037	瓦姆（中非）	Ouham, Central Africa	2140037
140040	CF040	CAF040	瓦姆－彭代（中非）	Ouham-Oende, Central Africa	2140040
140043	CF043	CAF043	桑加－姆巴埃雷（中非）	Sangha-M'baere, Central Africa	2140043
140046	CF046	CAF046	瓦卡加（中非）	Vakaga, Central Africa	2140046
140049	CF049	CAF049	班吉（中非）	Bangui, Central Africa	2140049
142	CE		休达	Ceuta	2142
144	LK	LKA	斯里兰卡	Sri Lanka	1144
144001	LK001	LKA001	中央（斯里兰卡）	Central, Sri Lanka	1144001

代码	iso2	iso3	中文名称	英文名称	分类代码
144004	LK004	LKA004	东部（斯里兰卡）	Eastern, Sri Lanka	1144004
144007	LK007	LKA007	北中（斯里兰卡）	North Central, Sri Lanka	1144007
144010	LK010	LKA010	北部（斯里兰卡）	Northern, Sri Lanka	1144010
144013	LK013	LKA013	西北（斯里兰卡）	North Western, Sri Lanka	1144013
144016	LK016	LKA016	萨伯勒格穆沃(斯里兰卡)	Sabaragamuwa, Sri Lanka	1144016
144019	LK019	LKA019	南部（斯里兰卡）	Southern, Sri Lanka	1144019
144022	LK022	LKA022	乌沃（斯里兰卡）	Uva, Sri Lanka	1144022
144025	LK025	LKA025	西部（斯里兰卡）	Western, Sri Lanka	1144025
148	TD	TCD	乍得	Chad	2148
148001	TD001	TCD001	巴塔（乍得）	Batha, Chad	2148001
148004	TD004	TCD004	比尔廷（乍得）	Biltine, Chad	2148004
148007	TD007	TCD007	博尔库-恩内迪-提贝斯提（乍得）	Borkou-Ennedi-Tibesti, Chad	2148007
148010	TD010	TCD010	沙里-巴吉尔米（乍得）	Chari-Baguirmi, Chad	2148010
148013	TD013	TCD013	盖拉（乍得）	Guera, Chad	2148013
148016	TD016	TCD016	加奈姆（乍得）	Kanem, Chad	2148016
148019	TD019	TCD019	湖（乍得）	Lac, Chad	2148019
148022	TD022	TCD022	西洛贡（乍得）	Logone Occidental, Chad	2148022
148025	TD025	TCD025	东洛贡（乍得）	Logone Oriental, Chad	2148025
148028	TD028	TCD028	凯比河（乍得）	Mayo-Kebbi, Chad	2148028
148031	TD031	TCD031	中沙里（乍得）	Moyen-Chari, Chad	2148031
148034	TD034	TCD034	瓦达伊（乍得）	Ouada, Chad	2148034
148037	TD037	TCD037	萨拉马特（乍得）	Salamat, Chad	2148037
148040	TD040	TCD040	坦吉莱（乍得）	Tandjile, Chad	2148040
152	CL	CHL	智利	Chile	4152
152001	CL001	CHL001	塔拉帕卡（智利）	Tarapaca, Chile	4152001
152004	CL004	CHL004	安托法加斯塔（智利）	Antofagasta, Chile	4152004
152007	CL007	CHL007	阿塔卡马（智利）	Atacama, Chile	4152007
152010	CL010	CHL010	科金博（智利）	Coquimbo, Chile	4152010
152013	CL013	CHL013	瓦尔帕莱索（智利）	Valparaiso, Chile	4152013
152016	CL016	CHL016	解放者奥伊金斯将军（智利）	Libertador General Bernardo O'Higgins, Chile	4152016
152019	CL019	CHL019	马乌莱（智利）	Maule, Chile	4152019
152022	CL022	CHL022	比奥比奥（智利）	Bio-Bio, Chile	4152022
152025	CL025	CHL025	阿劳卡尼亚（智利）	Araucania, Chile	4152025
152028	CL028	CHL028	湖区（智利）	Los Lagos, Chile	4152028
152031	CL031	CHL031	伊瓦涅斯将军的艾森（智利）	Aisen del General Carlos Ibanez del Campo, Chile	4152031
152034	CL034	CHL034	麦哲伦-智利南极(智利)	Magallanes y la Antartica Chilena, Chile	4152034
152037	CL037	CHL037	圣地亚哥首都区（智利）	Region Metropolitana de Santiago, Chile	4152037
156	CN	CHN	中国	China	1156
158	TW	TWN	中国台湾	Taiwan, Province of China	1158
162	CX	CXR	圣诞岛	Christmas Island	9162
166	CC	CCK	科科斯（基林）群岛	Cocos (Keeling) Islands	9166
170	CO	COL	哥伦比亚	Colombia	4170
170001	CO001	COL001	安蒂奥基亚（哥伦比亚）	Antioquia, Colombia	4170001
170004	CO004	COL004	大西洋（哥伦比亚）	Atlantico, Colombia	4170004
170007	CO007	COL007	玻利瓦尔（哥伦比亚）	Bolivar, Colombia	4170007

代码	iso2	iso3	中文名称	英文名称	分类代码
170010	CO010	COL010	博亚卡（哥伦比亚）	Boyaca, Colombia	4170010
170013	CO013	COL013	卡尔达斯（哥伦比亚）	Caldas, Colombia	4170013
170016	CO016	COL016	卡克塔（哥伦比亚）	Caqueta, Colombia	4170016
170019	CO019	COL019	考卡（哥伦比亚）	Cauca, Colombia	4170019
170022	CO022	COL022	塞萨尔（哥伦比亚）	Cesar, Colombia	4170022
170025	CO025	COL025	乔科（哥伦比亚）	Choco, Colombia	4170025
170028	CO028	COL028	科尔多瓦（哥伦比亚）	Cordoba, Colombia	4170028
170031	CO031	COL031	昆迪纳马卡（哥伦比亚）	Cundinamarca, Colombia	4170031
170034	CO034	COL034	乌伊拉（哥伦比亚）	Huila, Colombia	4170034
170037	CO037	COL037	瓜希拉（哥伦比亚）	La Guajira, Colombia	4170037
170040	CO040	COL040	马格达莱纳（哥伦比亚）	Magdalena, Colombia	4170040
170043	CO043	COL043	梅塔（哥伦比亚）	Meta, Colombia	4170043
170046	CO046	COL046	纳里尼奥（哥伦比亚）	Narino, Colombia	4170046
170049	CO049	COL049	北桑坦德（哥伦比亚）	Norte de Santander, Colombia	4170049
170052	CO052	COL052	金迪奥（哥伦比亚）	Quindio, Colombia	4170052
170055	CO055	COL055	里萨拉尔达（哥伦比亚）	Risaralda, Colombia	4170055
170058	CO058	COL058	桑坦德（哥伦比亚）	Santander, Colombia	4170058
170061	CO061	COL061	苏克雷（哥伦比亚）	Sucre, Colombia	4170061
170064	CO064	COL064	托利马（哥伦比亚）	Tolima, Colombia	4170064
170067	CO067	COL067	山谷（哥伦比亚）	Valle, Colombia	4170067
170070	CO070	COL070	阿劳卡（哥伦比亚）	Arauca, Colombia	4170070
170073	CO073	COL073	卡萨纳雷（哥伦比亚）	Casanare, Colombia	4170073
170076	CO076	COL076	普图马约（哥伦比亚）	Putumayo, Colombia	4170076
170079	CO079	COL079	圣安德烈斯－普罗维登西亚（哥伦比亚）	San Andres y Providencia, Colombia	4170079
170082	CO082	COL082	亚马孙（哥伦比亚）	Amazonas, Colombia	4170082
170085	CO085	COL085	瓜伊尼亚（哥伦比亚）	Guainia, Colombia	4170085
170088	CO088	COL088	瓜维亚雷（哥伦比亚）	Guaviare, Colombia	4170088
170091	CO091	COL091	沃佩斯（哥伦比亚）	Vauper, Colombia	4170091
170094	CO094	COL094	比查达（哥伦比亚）	Vichada, Colombia	4170094
170097	CO097	COL097	圣菲波哥大（哥伦比亚）	Santafe de Bogota, D.C., Colombia	4170097
174	KM	COM	科摩罗	Comoros	2174
174001	KM001	COM001	莫伊利（科摩罗）	Moili, Comoros	2174001
174004	KM004	COM004	恩加济贾（科摩罗）	Ngazidja, Comoros	2174004
174007	KM007	COM007	恩祖瓦尼（科摩罗）	Ndzuwani, Comoros	2174007
175	YT	MYT	马约特	Mayotte	2175
178	CG	COG	刚果（布）	Congo–Brazzaville	2178
178001	CG001	COG001	布恩扎（刚果（布））	Bouenza, Congo–Brazzaville	2178001
178004	CG004	COG004	盆地（刚果（布））	Cuvette, Congo–Brazzaville	2178004
178007	CG007	COG007	奎卢（刚果（布））	Kouilou, Congo–Brazzaville	2178007
178010	CG010	COG010	莱库穆（刚果（布））	Lekoumou, Congo–Brazzaville	2178010
178013	CG013	COG013	利夸拉（刚果（布））	Likouala, Congo–Brazzaville	2178013
178016	CG016	COG016	尼阿里（刚果（布））	Niari, Congo–Brazzaville	2178016
178019	CG019	COG019	高原（刚果（布））	Plateaux, Congo–Brazzaville	2178019
178022	CG022	COG022	普尔（刚果（布））	Pool, Congo–Brazzaville	2178022
178025	CG025	COG025	桑加（刚果（布））	Sangha, Congo–Brazzaville	2178025
178028	CG028	COG028	布拉柴维尔（刚果（布））	Brazzaville, Congo–Brazzaville	2178028
178031	CG031	COG031	卢博莫（刚果（布））	Loubomo, Congo–Brazzaville	2178031

附表 18 世界各国和地区名称及一级行政区划代码表 (ECIQ) ◎

代码	iso2	iso3	中文名称	英文名称	分类代码
178034	CG034	COG034	莫森焦（刚果（布））	Mossendjo, Congo–Brazzaville	2178034
178037	CG037	COG037	恩卡伊（刚果（布））	N'Kayi, Congo–Brazzaville	2178037
178040	CG040	COG040	韦索（刚果（布））	Ouesso, Congo–Brazzaville	2178040
178043	CG043	COG043	黑角（刚果（布））	Pointe–Noire, Congo–Brazzaville	2178043
180	CD	COD	刚果（金）	Congo–Kinshasa	2180
184	CK	COK	库克群岛	Cook Islands	6184
188	CR	CRI	哥斯达黎加	Costa Rica	5188
188001	CR001	CRI001	阿拉胡埃拉(哥斯达黎加)	Alajuela, Costa Rica	5188001
188004	CR004	CRI004	卡塔戈（哥斯达黎加）	Cartago, Costa Rica	5188004
188007	CR007	CRI007	瓜纳卡斯特(哥斯达黎加)	Guanacaste, Costa Rica	5188007
188010	CR010	CRI010	埃雷迪亚（哥斯达黎加）	Heredia, Costa Rica	5188010
188013	CR013	CRI013	利蒙（哥斯达黎加）	Limon, Costa Rica	5188013
188016	CR016	CRI016	蓬塔雷纳斯(哥斯达黎加)	Puntarenas, Costa Rica	5188016
188019	CR019	CRI019	圣何塞（哥斯达黎加）	San Jose, Costa Rica	5188019
191	HR	HRV	克罗地亚	Croatia	3191
191001	HR001	HRV001	别洛瓦尔－比洛戈拉县（克罗地亚）	Country of Bielovar–Bilogora, Croatia	3191001
191004	HR004	HRV004	斯拉沃尼亚布罗德－波萨维纳县（克罗地亚）	Country of Sl. Brod–Posavina, Croatia	3191004
191007	HR007	HRV007	杜布罗夫尼克－内雷特瓦县（克罗地亚）	Country of Dubrovnik and Neretva region, Croatia	3191007
191010	HR010	HRV010	伊斯特拉县（克罗地亚）	Country of Istra, Croatia	3191010
191013	HR013	HRV013	卡尔洛瓦茨县(克罗地亚)	Country of Karlovac, Croatia	3191013
191016	HR016	HRV016	科普里夫尼察－克里热夫齐县（克罗地亚）	Country of Koprivnica–Krizevci, Croatia	3191016
191019	HR019	HRV019	克拉皮纳－扎戈列县（克罗地亚）	Country of Krapina–Zagorje, Croatia	3191019
191022	HR022	HRV022	利卡－塞尼县(克罗地亚)	Country of Lika–Senj, Croatia	3191022
191025	HR025	HRV025	梅吉穆列县（克罗地亚）	Country of Medimurje, Croatia	3191025
191028	HR028	HRV028	奥西耶克－巴拉尼亚县（克罗地亚）	Country of Osijek–Baranja, Croatia	3191028
191031	HR031	HRV031	波热加－斯拉沃尼亚县（克罗地亚）	Country of Pozega–Slavonia, Croatia	3191031
191034	HR034	HRV034	滨海和山区县(克罗地亚)	Country of Primorje and Gorski Kotar region, Croatia	3191034
191037	HR037	HRV037	希贝尼克县（克罗地亚）	Country of Sibenik, Croatia	3191037
191040	HR040	HRV040	锡萨克－莫斯拉维纳县（克罗地亚）	Country of Sisak–Moslavina, Croatia	3191040
191043	HR043	HRV043	斯普利特－达尔马提亚县（克罗地亚）	Country of Split–Dalmatia, Croatia	3191043
191046	HR046	HRV046	瓦拉日丁县（克罗地亚）	Country of Varazdin, Croatia	3191046
191049	HR049	HRV049	维罗维蒂察－波德拉维纳县（克罗地亚）	Country of Virovitica–Podravina, Croatia	3191049
191052	HR052	HRV052	武科瓦尔－斯里耶姆县（克罗地亚）	Country of Vukovar–Srijem, Croatia	3191052
191055	HR055	HRV055	扎达尔－克宁县（克罗地亚）	Country of Zadar–knin, Croatia	3191055
191058	HR058	HRV058	萨格勒布县（克罗地亚）	Country of Zagreb, Croatia	3191058

代码	iso2	iso3	中文名称	英文名称	分类代码
191061	HR061	HRV061	萨格勒布市（克罗地亚）	City of Zagreb, Croatia	3191061
192	CU	CUB	古巴	Cuba	5192
192001	CU001	CUB001	卡马圭（古巴）	Camaguey, Cuba	5192001
192004	CU004	CUB004	谢戈德阿维拉（古巴）	Ciego de Avila, Cuba	5192004
192007	CU007	CUB007	西恩富戈斯（古巴）	Cienfuegos, Cuba	5192007
192010	CU010	CUB010	哈瓦那城（古巴）	Ciudad de la Habana, Cuba	5192010
192013	CU013	CUB013	格拉玛（古巴）	Granma, Cuba	5192013
192016	CU016	CUB016	关塔那摩（古巴）	Guantanamo, Cuba	5192016
192019	CU019	CUB019	奥尔金（古巴）	Holguin, Cuba	5192019
192022	CU022	CUB022	哈瓦那（古巴）	La Habana, Cuba	5192022
192025	CU025	CUB025	拉斯图纳斯（古巴）	Las Tunas, Cuba	5192025
192028	CU028	CUB028	马坦萨斯（古巴）	Matanzas, Cuba	5192028
192031	CU031	CUB031	比那尔德里奥（古巴）	Pinar del Rio, Cuba	5192031
192034	CU034	CUB034	圣斯皮里图斯（古巴）	Sancti Spiritus, Cuba	5192034
192037	CU037	CUB037	圣地亚哥（古巴）	Santiago de Cuba, Cuba	5192037
192040	CU040	CUB040	比亚克拉拉（古巴）	Villa Clara, Cuba	5192040
192043	CU043	CUB043	青年岛（古巴）	Isla de La Juventud, Cuba	5192043
196	CY	CYP	塞浦路斯	Cyprus	1196
196001	CY001	CYP001	法马古斯塔（塞浦路斯）	Famagusta, Cyprus	1196001
196004	CY004	CYP004	凯里尼亚（塞浦路斯）	Kyrenia, Cyprus	1196004
196007	CY007	CYP007	拉纳卡（塞浦路斯）	Larnaca, Cyprus	1196007
196010	CY010	CYP010	利马索尔（塞浦路斯）	Limassol, Cyprus	1196010
196013	CY013	CYP013	尼科西亚（塞浦路斯）	Nicosia, Cyprus	1196013
196016	CY016	CYP016	帕福斯（塞浦路斯）	Paphos, Cyprus	1196016
203	CZ	CZE	捷克	Czech Republic	3203
203001	CZ001	CZE001	南捷克（捷克）	Jizni Cechy, Czech Republic	3203001
203004	CZ004	CZE004	南摩拉瓦（捷克）	Jizni Morava, Czech Republic	3203004
203007	CZ007	CZE007	北捷克（捷克）	Severni Cechy, Czech Republic	3203007
203010	CZ010	CZE010	北摩拉瓦（捷克）	Severni Morava, Czech Republic	3203010
203013	CZ013	CZE013	中捷克（捷克）	Stredni Cechy, Czech Republic	3203013
203016	CZ016	CZE016	东捷克（捷克）	Vychodni Cechy, Czech Republic	3203016
203019	CZ019	CZE019	西捷克（捷克）	Zepadni Cechy, Czech Republic	3203019
203022	CZ022	CZE022	布拉格（捷克）	Prague, Czech Republic	3203022
204	BJ	BEN	贝宁	Benin	2204
204001	BJ001	BEN001	阿塔科拉（贝宁）	Atakora, Benin	2204001
204004	BJ004	BEN004	大西洋（贝宁）	Atlantique, Benin	2204004
204007	BJ007	BEN007	博尔古（贝宁）	Borgou, Benin	2204007
204010	BJ010	BEN010	莫诺（贝宁）	Mono, Benin	2204010
204013	BJ013	BEN013	韦梅（贝宁）	Oueme, Benin	2204013
204016	BJ016	BEN016	祖（贝宁）	Zou, Benin	2204016
208	DK	DNK	丹麦	Denmark	3208
208001	DK001	DNK001	奥胡斯（丹麦）	Arhus, Denmark	3208001
208004	DK004	DNK004	博恩霍尔姆（丹麦）	Bornholm, Denmark	3208004
208007	DK007	DNK007	腓特烈堡（丹麦）	Frederiksborg, Denmark	3208007
208010	DK010	DNK010	菲英（丹麦）	Fyn, Denmark	3208010
208013	DK013	DNK013	哥本哈根（丹麦）	Kobenhavn, Denmark	3208013
208016	DK016	DNK016	北日德兰（丹麦）	Nordjylland, Denmark	3208016
208019	DK019	DNK019	里伯（丹麦）	Ribe, Denmark	3208019

代码	iso2	iso3	中文名称	英文名称	分类代码
208022	DK022	DNK022	灵克宾（丹麦）	Ringkobing, Denmark	3208022
208025	DK025	DNK025	罗斯基勒（丹麦）	Roskilde, Denmark	3208025
208028	DK028	DNK028	南日德兰（丹麦）	Sonderjylland, Denmark	3208028
208031	DK031	DNK031	斯托海峡（丹麦）	Storstrom, Denmark	3208031
208034	DK034	DNK034	瓦埃勒（丹麦）	Vejle, Denmark	3208034
208037	DK037	DNK037	西西兰（丹麦）	Vestsjelland, Denmark	3208037
208040	DK040	DNK040	维堡（丹麦）	Viborg, Denmark	3208040
208043	DK043	DNK043	哥本哈根市（丹麦）	Copenhagen city, Denmark	3208043
208046	DK046	DNK046	腓特烈斯贝（丹麦）	Frederiksberg, Denmark	3208046
212	DM	DMA	多米尼克	Dominica	5212
214	DO	DOM	多米尼加共和国	Dominican Republic	5214
214001	DO001	DOM001	阿苏阿(多米尼加共和国)	Azua, Dominican Republic	5214001
214004	DO004	DOM004	巴奥鲁科（多米尼加共和国）	Bahoruco, Dominican Republic	5214004
214007	DO007	DOM007	巴拉奥纳（多米尼加共和国）	Barahona, Dominican Republic	5214007
214010	DO010	DOM010	达哈翁(多米尼加共和国)	Dajabon, Dominican Republic	5214010
214013	DO013	DOM013	杜阿尔特（多米尼加共和国）	Duarte, Dominican Republic	5214013
214016	DO016	DOM016	埃尔塞沃（多米尼加共和国）	El Seibo, Dominican Republic	5214016
214019	DO019	DOM019	埃斯派亚（多米尼加共和国）	Espaillat, Dominican Republic	5214019
214022	DO022	DOM022	阿托马约尔（多米尼加共和国）	Hato Mayor, Dominican Republic	5214022
214025	DO025	DOM025	独立（多米尼加共和国）	Independencia, Dominican Republic	5214025
214028	DO028	DOM028	拉阿尔塔格拉西亚（多米尼加共和国）	La Altagracia, Dominican Republic	5214028
214031	DO031	DOM031	拉埃斯特雷耶塔（多米尼加共和国）	La Estrelleta, Dominican Republic	5214031
214034	DO034	DOM034	拉罗马纳（多米尼加共和国）	La Romana, Dominican Republic	5214034
214037	DO037	DOM037	拉贝加(多米尼加共和国)	La Vega, Dominican Republic	5214037
214040	DO040	DOM040	玛丽亚．特立尼达．桑切斯（多米尼加共和国）	Maria Trinidad Sanchez, Dominican Republic	5214040
214043	DO043	DOM043	蒙塞尼奥努埃尔（多米尼加共和国）	Monsenor Nouel, Dominican Republic	5214043
214046	DO046	DOM046	蒙特克里斯蒂（多米尼加共和国）	Monte Cristi, Dominican Republic	5214046
214049	DO049	DOM049	蒙特普拉塔（多米尼加共和国）	Monte Plata, Dominican Republic	5214049
214052	DO052	DOM052	佩德纳莱斯（多米尼加共和国）	Pedernales, Dominican Republic	5214052
214055	DO055	DOM055	佩拉维亚（多米尼加共和国）	Peravia, Dominican Republic	5214055
214058	DO058	DOM058	普拉塔港（多米尼加共和国）	Puerto Plata, Dominican Republic	5214058

代码	iso2	iso3	中文名称	英文名称	分类代码
214061	DO061	DOM061	萨尔塞多（多米尼加共和国）	Salcedo, Dominican Republic	5214061
214064	DO064	DOM064	萨马纳(多米尼加共和国)	Samana, Dominican Republic	5214064
214067	DO067	DOM067	桑切斯拉米雷斯（多米尼加共和国）	Sanchez Ramirez, Dominican Republic	5214067
214070	DO070	DOM070	圣克里斯托瓦尔（多米尼加共和国）	San Cristobal, Dominican Republic	5214070
214073	DO073	DOM073	圣胡安(多米尼加共和国)	San Juan, Dominican Republic	5214073
214076	DO076	DOM076	圣佩德罗－德马科里斯（多米尼加共和国）	San Pedro de Macoris, Dominican Republic	5214076
214079	DO079	DOM079	圣地亚哥（多米尼加共和国）	Santiago, Dominican Republic	5214079
214082	DO082	DOM082	圣地亚哥－罗德里格斯（多米尼加共和国）	Santiago Rodriguez, Dominican Republic	5214082
214085	DO085	DOM085	巴尔韦德（多米尼加共和国）	Valverde, Dominican Republic	5214085
214088	DO088	DOM088	圣多明各（多米尼加共和国）	Santo Domingo, Dominican Republic	5214088
218	EC	ECU	厄瓜多尔	Ecuador	4218
218001	EC001	ECU001	阿苏艾（厄瓜多尔）	Azuay, Ecuador	4218001
218004	EC004	ECU004	玻利瓦尔（厄瓜多尔）	Bolivar, Ecuador	4218004
218007	EC007	ECU007	卡尼亚尔（厄瓜多尔）	Canar, Ecuador	4218007
218010	EC010	ECU010	卡尔奇（厄瓜多尔）	Carchi, Ecuador	4218010
218013	EC013	ECU013	钦博拉索（厄瓜多尔）	Chimborazo, Ecuador	4218013
218016	EC016	ECU016	加拉帕戈斯（厄瓜多尔）	Galapagos, Ecuador	4218016
218019	EC019	ECU019	科托帕希（厄瓜多尔）	Cotopaxi, Ecuador	4218019
218022	EC022	ECU022	埃尔奥罗（厄瓜多尔）	El Oro, Ecuador	4218022
218025	EC025	ECU025	埃斯梅拉达斯(厄瓜多尔)	Esmeradas, Ecuador	4218025
218028	EC028	ECU028	瓜亚斯（厄瓜多尔）	Guayas, Ecuador	4218028
218031	EC031	ECU031	因巴布拉（厄瓜多尔）	Imbabura, Ecuador	4218031
218034	EC034	ECU034	洛哈（厄瓜多尔）	Loja, Ecuador	4218034
218037	EC037	ECU037	洛斯里奥斯（厄瓜多尔）	Los Rios, Ecuador	4218037
218040	EC040	ECU040	马纳维（厄瓜多尔）	Manabi, Ecuador	4218040
218043	EC043	ECU043	莫罗纳－圣地亚哥（厄瓜多尔）	Morona-Santiago, Ecuador	4218043
218046	EC046	ECU046	纳波（厄瓜多尔）	Napo, Ecuador	4218046
218049	EC049	ECU049	帕斯塔萨（厄瓜多尔）	Pastaza, Ecuador	4218049
218052	EC052	ECU052	皮钦查（厄瓜多尔）	Pichincha, Ecuador	4218052
218055	EC055	ECU055	苏昆比奥斯（厄瓜多尔）	Sucumbios, Ecuador	4218055
218058	EC058	ECU058	通古拉瓦（厄瓜多尔）	Tungurahua, Ecuador	4218058
218061	EC061	ECU061	萨莫拉－钦奇佩（厄瓜多尔）	Zamora-Chinchipe, Ecuador	4218061
222	SV	SLV	萨尔瓦多	El Salvador	5222
222001	SV001	SLV001	阿瓦查潘（萨尔瓦多）	Ahuachapan, El Salvador	5222001
222004	SV004	SLV004	卡瓦尼亚斯（萨尔瓦多）	Cabanas, El Salvador	5222004
222007	SV007	SLV007	查拉特南戈（萨尔瓦多）	Chalatenango, El Salvador	5222007
222010	SV010	SLV010	库斯卡特兰（萨尔瓦多）	Cuscatlan, El Salvador	5222010
222013	SV013	SLV013	拉利伯塔德（萨尔瓦多）	La Libertad, El Salvador	5222013

代码	iso2	iso3	中文名称	英文名称	分类代码
222016	SV016	SLV016	拉巴斯（萨尔瓦多）	La Paz, El Salvador	5222016
222019	SV019	SLV019	拉乌尼翁（萨尔瓦多）	La Union, El Salvador	5222019
222022	SV022	SLV022	莫拉桑（萨尔瓦多）	Morazan, El Salvador	5222022
222025	SV025	SLV025	圣米格尔（萨尔瓦多）	San Miguel, El Salvador	5222025
222028	SV028	SLV028	圣萨尔瓦多（萨尔瓦多）	San Salvador, El Salvador	5222028
222031	SV031	SLV031	圣安娜（萨尔瓦多）	Santa Ana, El Salvador	5222031
222034	SV034	SLV034	圣维森特（萨尔瓦多）	San Vicente, El Salvador	5222034
222037	SV037	SLV037	松索纳特（萨尔瓦多）	Sonsonate, El Salvador	5222037
222040	SV040	SLV040	乌苏卢坦（萨尔瓦多）	Usulutan, El Salvador	5222040
226	GQ	GNQ	赤道几内亚	Equatorial Guinea	2226
226001	GQ001	GNQ001	安诺本（赤道几内亚）	Annobon, Equatorial Guinea	2226001
226004	GQ004	GNQ004	北比奥科（赤道几内亚）	Bioko Norte, Equatorial Guinea	2226004
226007	GQ007	GNQ007	南比奥科（赤道几内亚）	Bioko Sur, Equatorial Guinea	2226007
226010	GQ010	GNQ010	中南（赤道几内亚）	Centro-Sur, Equatorial Guinea	2226010
226013	GQ013	GNQ013	基埃－恩特姆（赤道几内亚）	Kie-Ntem, Equatorial Guinea	2226013
226016	GQ016	GNQ016	滨海（赤道几内亚）	Litoral, Equatorial Guinea	2226016
226019	GQ019	GNQ019	韦莱－恩萨斯（赤道几内亚）	Wele-Nzas, Equatorial Guinea	2226019
231	ET	ETH	埃塞俄比亚	Ethiopia	2231
231001	ET001	ETH001	亚的斯亚贝巴（埃塞俄比亚）	Addis Ababa, Ethiopia	2231001
231004	ET004	ETH004	阿鲁西（埃塞俄比亚）	Arsi, Ethiopia	2231004
231007	ET007	ETH007	阿索萨（埃塞俄比亚）	Asosa, Ethiopia	2231007
231010	ET010	ETH010	巴莱（埃塞俄比亚）	Bale, Ethiopia	2231010
231013	ET013	ETH013	博雷纳（埃塞俄比亚）	Borena, Ethiopia	2231013
231016	ET016	ETH016	东戈贾姆（埃塞俄比亚）	Eastern Gojam, Ethiopia	2231016
231019	ET019	ETH019	东哈勒尔盖(埃塞俄比亚)	Eastern Harerge, Ethiopia	2231019
231022	ET022	ETH022	东绍阿（埃塞俄比亚）	Eastern Shewa, Ethiopia	2231022
231025	ET025	ETH025	甘贝拉（埃塞俄比亚）	Gambela, Ethiopia	2231025
231028	ET028	ETH028	伊路巴博（埃塞俄比亚）	Illubabor, Ethiopia	2231028
231031	ET031	ETH031	咖法（埃塞俄比亚）	Kefa, Ethiopia	2231031
231034	ET034	ETH034	默特克勒（埃塞俄比亚）	Metekel, Ethiopia	2231034
231037	ET037	ETH037	北贡德尔（埃塞俄比亚）	Northern Gonder, Ethiopia	2231037
231040	ET040	ETH040	北奥莫（埃塞俄比亚）	Northern Omo, Ethiopia	2231040
231043	ET043	ETH043	北绍阿（埃塞俄比亚）	Northern Shewa, Ethiopia	2231043
231046	ET046	ETH046	北沃洛（埃塞俄比亚）	Northern Welo, Ethiopia	2231046
231049	ET049	ETH049	锡达莫（埃塞俄比亚）	Sidamo, Ethiopia	2231049
231052	ET052	ETH052	南贡德尔（埃塞俄比亚）	Southern Gonder, Ethiopia	2231052
231055	ET055	ETH055	南奥莫（埃塞俄比亚）	Southern Omo, Ethiopia	2231055
231058	ET058	ETH058	南绍阿（埃塞俄比亚）	Southern Shewa, Ethiopia	2231058
231061	ET061	ETH061	南沃洛（埃塞俄比亚）	Southern Welo, Ethiopia	2231061
231064	ET064	ETH064	沃莱加（埃塞俄比亚）	Welega, Ethiopia	2231064
231067	ET067	ETH067	西戈贾姆（埃塞俄比亚）	Western Gojam, Ethiopia	2231067
231070	ET070	ETH070	西哈勒尔盖(埃塞俄比亚)	Western Harerge, Ethiopia	2231070
231073	ET073	ETH073	西绍阿（埃塞俄比亚）	Western Shewa, Ethiopia	2231073
231076	ET076	ETH076	阿萨布（埃塞俄比亚）	Aseb, Ethiopia	2231076
231079	ET079	ETH079	德雷达瓦（埃塞俄比亚）	Dire Dawa, Ethiopia	2231079

代码	iso2	iso3	中文名称	英文名称	分类代码
231082	ET082	ETH082	欧加登（埃塞俄比亚）	Ogaden, Ethiopia	2231082
231085	ET085	ETH085	提格雷（埃塞俄比亚）	Tigray, Ethiopia	2231085
232	ER	ERI	厄立特里亚	Eritrea	2232
232001	ER001	ERI001	阿克莱古扎伊（厄立特里亚）	Akele Guzai, Eritrea	2232001
232004	ER004	ERI004	阿斯马拉（厄立特里亚）	Asmara, Eritrea	2232004
232007	ER007	ERI007	拜尔凯（厄立特里亚）	Barka, Eritrea	2232007
232010	ER010	ERI010	丹卡利亚（厄立特里亚）	Dankalia, Eritrea	2232010
232013	ER013	ERI013	加什－塞提特（厄立特里亚）	Gash-Setit, Eritrea	2232013
232016	ER016	ERI016	哈马森（厄立特里亚）	Hamasien, Eritrea	2232016
232019	ER019	ERI019	萨赫勒（厄立特里亚）	Sahel, Eritrea	2232019
232022	ER022	ERI022	塞姆哈尔（厄立特里亚）	Semhar, Eritrea	2232022
232025	ER025	ERI025	森希特（厄立特里亚）	Senhit, Eritrea	2232025
232028	ER028	ERI028	塞拉耶（厄立特里亚）	Seraye, Eritrea	2232028
233	EE	EST	爱沙尼亚	Estonia	3233
233001	EE001	EST001	哈尔尤（爱沙尼亚）	Harjumaa, Estonia	3233001
233004	EE004	EST004	希乌（爱沙尼亚）	Hiiumaa, Estonia	3233004
233007	EE007	EST007	伊达－维鲁（爱沙尼亚）	Ida-Virumaa, Estonia	3233007
233010	EE010	EST010	约格瓦（爱沙尼亚）	Jogevamaa, Estonia	3233010
233013	EE013	EST013	耶尔瓦（爱沙尼亚）	Jarvamaa, Estonia	3233013
233016	EE016	EST016	莱内（爱沙尼亚）	Laanemaa, Estonia	3233016
233019	EE019	EST019	莱内－维鲁（爱沙尼亚）	Laane-Virumaa, Estonia	3233019
233022	EE022	EST022	珀尔瓦（爱沙尼亚）	Polvamaa, Estonia	3233022
233025	EE025	EST025	派尔努（爱沙尼亚）	Parnumaa, Estonia	3233025
233028	EE028	EST028	拉普拉（爱沙尼亚）	Raplamaa, Estonia	3233028
233031	EE031	EST031	萨雷（爱沙尼亚）	Saaremaa, Estonia	3233031
233034	EE034	EST034	塔尔图（爱沙尼亚）	Tartumaa, Estonia	3233034
233037	EE037	EST037	瓦尔加（爱沙尼亚）	Valgamaa, Estonia	3233037
233040	EE040	EST040	维尔扬迪（爱沙尼亚）	Viljandimaa, Estonia	3233040
233043	EE043	EST043	沃鲁（爱沙尼亚）	Vorumaa, Estonia	3233043
233046	EE046	EST046	科赫特拉－耶尔韦（爱沙尼亚）	Kohtla-Jarve, Estonia	3233046
233049	EE049	EST049	纳尔瓦（爱沙尼亚）	Narva, Estonia	3233049
233052	EE052	EST052	派尔努市（爱沙尼亚）	Parnu, Estonia	3233052
233055	EE055	EST055	锡拉迈埃（爱沙尼亚）	Sillamae, Estonia	3233055
233058	EE058	EST058	塔林（爱沙尼亚）	Tallin, Estonia	3233058
233061	EE061	EST061	塔尔图（爱沙尼亚）	Tartu, Estonia	3233061
234	FO	FRO	法罗群岛	Faroe Islands	3234
238	FK	FLK	福克兰群岛(马尔维纳斯)	Falkland Islands (Malvinas)	4238
239	GS	SGS	南乔治亚岛和南桑德韦奇岛	South Georgia and the South Sandwich Islands	9239
242	FJ	FJI	斐济	Fiji	6242
242001	FJ001	FJI001	坎达武（斐济）	Kandavu, Fiji	6242001
242004	FJ004	FJI004	劳（斐济）	Lau, Fiji	6242004
242007	FJ007	FJI007	洛迈维蒂（斐济）	Lomaiviti, Fiji	6242007
242010	FJ010	FJI010	马苏阿塔（斐济）	Mathuata, Fiji	6242010
242013	FJ013	FJI013	姆巴（斐济）	Mba, Fiji	6242013

代码	iso2	iso3	中文名称	英文名称	分类代码
242016	FJ016	FJI016	姆布阿（斐济）	Mbua, Fiji	6242016
242019	FJ019	FJI019	楠德龙加－诺沃萨（斐济）	Nandroga-Novosa, Fiji	6242019
242022	FJ022	FJI022	奈塔西里（斐济）	Naitasiri, Fiji	6242022
242025	FJ025	FJI025	纳莫西（斐济）	Namosi, Fiji	6242025
242028	FJ028	FJI028	拉（斐济）	Ra, Fiji	6242028
242031	FJ031	FJI031	雷瓦（斐济）	Rewa, Fiji	6242031
242034	FJ034	FJI034	罗图马（斐济）	Rotuma, Fiji	6242034
242037	FJ037	FJI037	塞鲁阿（斐济）	Serua, Fiji	6242037
242040	FJ040	FJI040	泰莱武（斐济）	Tailevu, Fiji	6242040
242043	FJ043	FJI043	萨考恩德罗韦（斐济）	Thakaundrove, Fiji	6242043
246	FI	FIN	芬兰	Finland	3246
246001	FI001	FIN001	奥兰(阿赫韦南马)(芬兰)	Aland(Ahvenanmaa), Finland	3246001
246004	FI004	FIN004	海梅（芬兰）	Hame, Finland	3246004
246007	FI007	FIN007	中芬兰（芬兰）	Keski-Suomi, Finland	3246007
246010	FI010	FIN010	库奥皮奥（芬兰）	Kuopio, Finland	3246010
246013	FI013	FIN013	屈米（芬兰）	Kymi, Finland	3246013
246016	FI016	FIN016	拉皮（芬兰）	Lappi, Finland	3246016
246019	FI019	FIN019	米凯利（芬兰）	Mikkeli, Finland	3246019
246022	FI022	FIN022	奥卢（芬兰）	Oulu, Finland	3246022
246025	FI025	FIN025	北卡尔亚拉（芬兰）	Pohjois-Karjala, Finland	3246025
246028	FI028	FIN028	图尔库－波里（芬兰）	Turku ja Pori, Finland	3246028
246031	FI031	FIN031	新地（芬兰）	Uudenmaan(Uusimaa), Finland	3246031
246034	FI034	FIN034	瓦萨（芬兰）	Vaasa, Finland	3246034
248	AX	ALA	阿兰群岛（波罗的海中芬兰所属群岛）	Aland Islands	3248
250	FR	FRA	法国	France	3250
250001	FR001	FRA001	阿尔萨斯（法国）	Alsace, France	3250001
250004	FR004	FRA004	下莱茵（法国）	Bas-Rhin, France	3250004
250007	FR007	FRA007	上莱茵（法国）	Haut-Rhin, France	3250007
250010	FR010	FRA010	阿基坦（法国）	Aquitaine, France	3250010
250013	FR013	FRA013	多尔多涅（法国）	Dordogne, France	3250013
250016	FR016	FRA016	吉伦特（法国）	Gironde, France	3250016
250019	FR019	FRA019	朗德（法国）	Landes, France	3250019
250022	FR022	FRA022	洛特－加龙（法国）	Lot-et-Garonne, France	3250022
250025	FR025	FRA025	大西洋岸比利牛斯(法国)	Pyrenees-Atlantiques, France	3250025
250028	FR028	FRA028	奥弗涅（法国）	Auvergne, France	3250028
250031	FR031	FRA031	阿列（法国）	Allier, France	3250031
250034	FR034	FRA034	康塔尔（法国）	Cantal, France	3250034
250037	FR037	FRA037	上卢瓦尔（法国）	Haute-Loire, France	3250037
250040	FR040	FRA040	多姆山（法国）	Puy-de-Dome, France	3250040
250043	FR043	FRA043	下诺曼底（法国）	Basse-Normandie, France	3250043
250046	FR046	FRA046	卡尔瓦多斯（法国）	Calvados, France	3250046
250049	FR049	FRA049	芒什（法国）	Manche, France	3250049
250052	FR052	FRA052	奥恩（法国）	Orne, France	3250052
250055	FR055	FRA055	布列塔尼（法国）	Bretagne, France	3250055
250058	FR058	FRA058	阿摩尔滨海（法国）	Cotes-d'Armor, France	3250058
250061	FR061	FRA061	菲尼斯泰尔（法国）	Finistere, France	3250061
250064	FR064	FRA064	伊勒－维莱讷（法国）	Ille-et-Vilaine, France	3250064

代码	iso2	iso3	中文名称	英文名称	分类代码
250067	FR067	FRA067	莫尔比昂（法国）	Morbihan, France	3250067
250070	FR070	FRA070	勃艮第（法国）	Bourgogne, France	3250070
250073	FR073	FRA073	科多尔（法国）	Cote-d'Or, France	3250073
250076	FR076	FRA076	涅夫勒（法国）	Nievre, France	3250076
250079	FR079	FRA079	索恩－卢瓦尔（法国）	Saone-et-Loire, France	3250079
250082	FR082	FRA082	约讷（法国）	Yonne, France	3250082
250085	FR085	FRA085	中央（法国）	Centre, France	3250085
250088	FR088	FRA088	谢尔（法国）	Cher, France	3250088
250091	FR091	FRA091	厄尔－卢瓦尔（法国）	Eure-et-Loir, France	3250091
250094	FR094	FRA094	安德尔（法国）	Indre, France	3250094
250097	FR097	FRA097	安德尔－卢瓦尔（法国）	Indre-et-Loire, France	3250097
250100	FR100	FRA100	卢瓦雷（法国）	Loiret, France	3250100
250103	FR103	FRA103	卢瓦－谢尔（法国）	Loir-et-Cher, France	3250103
250106	FR106	FRA106	香槟－阿登（法国）	Champagne-Ardenne, France	3250106
250109	FR109	FRA109	阿登（法国）	Ardenne, France	3250109
250112	FR112	FRA112	奥布（法国）	Aube, France	3250112
250115	FR115	FRA115	上马恩（法国）	Haute-Marne, France	3250115
250118	FR118	FRA118	马恩（法国）	Marne, France	3250118
250121	FR121	FRA121	科西嘉（法国）	Corse, France	3250121
250124	FR124	FRA124	南科西嘉（法国）	Corse-du-Sud, France	3250124
250127	FR127	FRA127	上科西嘉（法国）	Haute-Corse, France	3250127
250130	FR130	FRA130	弗朗什孔泰（法国）	Franche-Comte, France	3250130
250133	FR133	FRA133	杜（法国）	Doubs, France	3250133
250136	FR136	FRA136	上索恩（法国）	Haute-Saone, France	3250136
250139	FR139	FRA139	侏罗（法国）	Jura, France	3250139
250142	FR142	FRA142	贝尔福地区（法国）	Territoire de Belfort, France	3250142
250145	FR145	FRA145	上诺曼底（法国）	Haute-Normandie, France	3250145
250148	FR148	FRA148	厄尔（法国）	Eure, France	3250148
250151	FR151	FRA151	滨海塞纳（法国）	Seine-Maritime, France	3250151
250154	FR154	FRA154	法兰西岛（法国）	Ile-de-France, France	3250154
250157	FR157	FRA157	埃松（法国）	Essonne, France	3250157
250160	FR160	FRA160	上塞纳（法国）	Hauts-de-Seine, France	3250160
250163	FR163	FRA163	巴黎（法国）	Paris, France	3250163
250166	FR166	FRA166	塞纳－马恩（法国）	Seine-et-Marne, France	3250166
250169	FR169	FRA169	塞纳－圣但尼（法国）	Seine-Saint-Denis, France	3250169
250172	FR172	FRA172	瓦勒德马恩（法国）	Val-de-Marne, France	3250172
250175	FR175	FRA175	瓦勒德瓦兹（法国）	Val-d'Oise, France	3250175
250178	FR178	FRA178	伊夫林（法国）	Yvelines, France	3250178
250181	FR181	FRA181	朗格多克－鲁西永（法国）	Languedoc-Roussillon, France	3250181
250184	FR184	FRA184	奥德（法国）	Aude, France	3250184
250187	FR187	FRA187	加尔（法国）	Gard, France	3250187
250190	FR190	FRA190	埃罗（法国）	Herault, France	3250190
250193	FR193	FRA193	洛泽尔（法国）	Lozere, France	3250193
250196	FR196	FRA196	东比利牛斯（法国）	Pyrenees-Orientales, France	3250196
250199	FR199	FRA199	利穆赞（法国）	Limousin, France	3250199
250202	FR202	FRA202	科雷兹（法国）	Correze, France	3250202
250205	FR205	FRA205	克勒兹（法国）	Creuse, France	3250205
250208	FR208	FRA208	上维埃纳（法国）	Haute-Vienne, France	3250208

代码	iso2	iso3	中文名称	英文名称	分类代码
250211	FR211	FRA211	洛林（法国）	Lorraine, France	3250211
250214	FR214	FRA214	默尔特－摩泽尔（法国）	Meurthe-et-Moselle, France	3250214
250217	FR217	FRA217	默兹（法国）	Meuse, France	3250217
250220	FR220	FRA220	摩泽尔（法国）	Moselle, France	3250220
250223	FR223	FRA223	孚日（法国）	Vosges, France	3250223
250226	FR226	FRA226	南部－比利牛斯（法国）	Midi-Pyrenees, France	3250226
250229	FR229	FRA229	阿列日（法国）	Ariege, France	3250229
250232	FR232	FRA232	阿韦龙（法国）	Aveyron, France	3250232
250235	FR235	FRA235	热尔（法国）	Gers, France	3250235
250238	FR238	FRA238	上加龙（法国）	Haute-Garonne, France	3250238
250241	FR241	FRA241	上比利牛斯（法国）	Haute-Pyrenees, France	3250241
250244	FR244	FRA244	洛特－加龙（法国）	Lot, France	3250244
250247	FR247	FRA247	塔恩（法国）	Tarn, France	3250247
250250	FR250	FRA250	塔恩－加龙（法国）	Tarn-et-Garonne, France	3250250
250253	FR253	FRA253	北部－加来海峡（法国）	Nord-Pas-de-Calais, France	3250253
250256	FR256	FRA256	北部（法国）	Nord, France	3250256
250259	FR259	FRA259	加来海峡（法国）	Pas-de-Calais, France	3250259
250262	FR262	FRA262	卢瓦尔河地区（法国）	Pays de la Loire, France	3250262
250265	FR265	FRA265	大西洋岸卢瓦尔（法国）	Loire-Atlantique, France	3250265
250268	FR268	FRA268	曼恩－卢瓦尔（法国）	Maine-et-Loire, France	3250268
250271	FR271	FRA271	马耶讷（法国）	Mayenne, France	3250271
250274	FR274	FRA274	萨尔特（法国）	Sarthe, France	3250274
250277	FR277	FRA277	旺代（法国）	Vendee, France	3250277
250280	FR280	FRA280	皮卡第（法国）	Picardie, France	3250280
250283	FR283	FRA283	埃纳（法国）	Aisne, France	3250283
250286	FR286	FRA286	瓦兹（法国）	Oise, France	3250286
250289	FR289	FRA289	索姆（法国）	Somme, France	3250289
250292	FR292	FRA292	普瓦图－夏朗德（法国）	Poitou-Charentes, France	3250292
250295	FR295	FRA295	夏朗德（法国）	Charente, France	3250295
250298	FR298	FRA298	滨海夏朗德（法国）	Charente-Maritime, France	3250298
250301	FR301	FRA301	德塞夫勒（法国）	Deux-Sevres, France	3250301
250304	FR304	FRA304	维埃纳（法国）	Vienne, France	3250304
250307	FR307	FRA307	普罗旺斯－阿尔卑斯－蓝岸（法国）	Provence-Alpes-Cote d'Azur, France	3250307
250310	FR310	FRA310	滨海阿尔卑斯（法国）	Alpes-Maritime, France	3250310
250313	FR313	FRA313	上普罗旺斯阿尔卑斯（法国）	Alpes-de-Haute-Provence, France	3250313
250316	FR316	FRA316	罗讷河口（法国）	Bouches-du-Rhone, France	3250316
250319	FR319	FRA319	上阿尔卑斯（法国）	Hautes-Alpes, France	3250319
250322	FR322	FRA322	瓦尔（法国）	Var, France	3250322
250325	FR325	FRA325	沃克吕兹（法国）	Vaucluse, France	3250325
250328	FR328	FRA328	罗讷－阿尔卑斯（法国）	Rhone-Alpes, France	3250328
250331	FR331	FRA331	安（法国）	Ain, France	3250331
250334	FR334	FRA334	阿尔代什（法国）	Ardeche, France	3250334
250337	FR337	FRA337	德龙（法国）	Drome, France	3250337
250340	FR340	FRA340	上萨瓦（法国）	Haute-Savoie, France	3250340
250343	FR343	FRA343	伊泽尔（法国）	Iser, France	3250343
250346	FR346	FRA346	卢瓦尔河地区（法国）	Loire, France	3250346

代码	iso2	iso3	中文名称	英文名称	分类代码
250349	FR349	FRA349	罗讷（法国）	Rhone, France	3250349
250352	FR352	FRA352	萨瓦（法国）	Savoie, France	3250352
254	GF	GUF	法属圭亚那	French Guiana	4254
254001	GF001	GUF001	卡宴（法属圭亚那）	Cayenne, French Guiana	4254001
254004	GF004	GUF004	圣洛朗（法属圭亚那）	St-Laurent, French Guiana	4254004
258	PF	PYF	法属波利尼西亚	French Polynesia	6258
258001	PF001	PYF001	南方群岛（法属波利尼西亚）	Iles Australes, French Polynesia	6258001
258004	PF004	PYF004	马克萨斯群岛（法属波利尼西亚）	Marquesas Is., French Polynesia	6258004
258007	PF007	PYF007	背风群岛（法属波利尼西亚）	Iles Sous le Vent, French Polynesia	6258007
258010	PF010	PYF010	土阿莫土甘比尔群岛（法属波利尼西亚）	Iles Tuamotu et Gambier, French Polynesia	6258010
258013	PF013	PYF013	向风群岛（法属波利尼西亚）	Iles du Vent, French Polynesia	6258013
260	TF	ATF	法属南部领土	French Southern Territories	9260
262	DJ	DJI	吉布提	Djibouti	2262
262001	DJ001	DJI001	阿里萨比赫（吉布提）	Ali Sabih, Djibouti	2262001
262004	DJ004	DJI004	迪基勒（吉布提）	Dikhil, Djibouti	2262004
262007	DJ007	DJI007	吉布提（吉布提）	Djibouti, Djibouti	2262007
262010	DJ010	DJI010	奥博克（吉布提）	Obock, Djibouti	2262010
262013	DJ013	DJI013	塔朱拉（吉布提）	Tadjoura, Djibouti	2262013
266	GA	GAB	加蓬	Gabon	2266
266001	GA001	GAB001	河口（加蓬）	Estuaire, Gabon	2266001
266004	GA004	GAB004	上奥果韦（加蓬）	Haut-Ogooue, Gabon	2266004
266007	GA007	GAB007	中奥果韦（加蓬）	Moyen-Ogooue, Gabon	2266007
266010	GA010	GAB010	恩古涅（加蓬）	N'Gounie, Gabon	2266010
266013	GA013	GAB013	尼扬加（加蓬）	Nyanga, Gabon	2266013
266016	GA016	GAB016	奥果韦－伊温多（加蓬）	Ogooue-Ivindo, Gabon	2266016
266019	GA019	GAB019	奥果韦－洛洛（加蓬）	Ogooue-Lolo, Gabon	2266019
266022	GA022	GAB022	滨海奥果韦（加蓬）	Ogooue-Maritime, Gabon	2266022
266025	GA025	GAB025	沃勒－恩特姆（加蓬）	Woleu-N'Tem, Gabon	2266025
268	GE	GEO	格鲁吉亚	Georgia	1268
268001	GE001	GEO001	阿布哈兹（格鲁吉亚）	Abkhazia, Georgia	1268001
268004	GE004	GEO004	阿扎尔（格鲁吉亚）	Adzhazia, Georgia	1268004
268007	GE007	GEO007	南奥塞梯（格鲁吉亚）	South Osetia, Georgia	1268007
268010	GE010	GEO010	第比利斯市（格鲁吉亚）	Tbilisi, Georgia	1268010
270	GM	GMB	冈比亚	Gambia	2270
270001	GM001	GMB001	孔博圣玛丽（冈比亚）	Kombo Saint Mary, Gambia	2270001
270004	GM004	GMB004	下游（冈比亚）	Lower River, Gambia	2270004
270007	GM007	GMB007	麦卡锡岛（冈比亚）	MacCarthy Island, Gambia	2270007
270010	GM010	GMB010	北岸（冈比亚）	North Bank, Gambia	2270010
270013	GM013	GMB013	上游（冈比亚）	Upper River, Gambia	2270013
270016	GM016	GMB016	西部（冈比亚）	Western, Gambia	2270016
270019	GM019	GMB019	班珠尔（冈比亚）	Banjul, Gambia	2270019
275	PS	PSE	巴勒斯坦	Palestine, State of	1275
276	DE	DEU	德国	Germany	3276

代码	iso2	iso3	中文名称	英文名称	分类代码
276001	DE001	DEU001	巴登－符腾堡（德国）	Baden-Wurttemberg, Germany	3276001
276004	DE004	DEU004	拜恩（德国）	Bavaria, Germany	3276004
276007	DE007	DEU007	柏林（德国）	Berlin, Germany	3276007
276010	DE010	DEU010	勃兰登堡（德国）	Bradenburg, Germany	3276010
276013	DE013	DEU013	不来梅（德国）	Bremen, Germany	3276013
276016	DE016	DEU016	汉堡（德国）	Hamburg, Germany	3276016
276019	DE019	DEU019	黑森（德国）	Hessen, Germany	3276019
276022	DE022	DEU022	梅克伦堡－前波美拉尼亚（德国）	Mecklenburg-Vorpommern, Germany	3276022
276025	DE025	DEU025	下萨克森（德国）	Niedersachsen, Germany	3276025
276028	DE028	DEU028	北莱茵－威斯特法伦（德国）	Nordrhein-Westfalen, Germany	3276028
276031	DE031	DEU031	莱茵兰－普法尔茨（德国）	Rheinland-Pfalz, Germany	3276031
276034	DE034	DEU034	萨尔兰（德国）	Saarland, Germany	3276034
276037	DE037	DEU037	萨克森（德国）	Sachsen, Germany	3276037
276040	DE040	DEU040	萨克森－安哈尔特（德国）	Sachsen-Anhalt, Germany	3276040
276043	DE043	DEU043	石勒苏益格－荷尔斯泰因（德国）	Schleswig-Holstein, Germany	3276043
276046	DE046	DEU046	图林根（德国）	Thuringen, Germany	3276046
288	GH	GHA	加纳	Ghana	2288
288001	GH001	GHA001	阿散蒂（加纳）	Ashanti, Ghana	2288001
288004	GH004	GHA004	布朗阿哈福（加纳）	Brong-Ahafo, Ghana	2288004
288007	GH007	GHA007	中部（加纳）	Central, Ghana	2288007
288010	GH010	GHA010	东部（加纳）	Eastern, Ghana	2288010
288013	GH013	GHA013	大阿克拉（加纳）	Greater Accra, Ghana	2288013
288016	GH016	GHA016	北部（加纳）	Northern, Ghana	2288016
288019	GH019	GHA019	上东部（加纳）	Upper East, Ghana	2288019
288022	GH022	GHA022	上西部（加纳）	Upper West, Ghana	2288022
288025	GH025	GHA025	沃尔特（加纳）	Volta, Ghana	2288025
288028	GH028	GHA028	西部（加纳）	Western, Ghana	2288028
292	GI	GIB	直布罗陀	Gibraltar	3292
296	KI	KIR	基里巴斯	Kiribati	6296
296001	KI001	KIR001	吉尔伯特群岛（基里巴斯）	Gilbert Islands, Kiribati	6296001
296004	KI004	KIR004	阿拜昂（基里巴斯）	Abaiang, Kiribati	6296004
296007	KI007	KIR007	阿贝马马（基里巴斯）	Abemama, Kiribati	6296007
296010	KI010	KIR010	阿拉努卡（基里巴斯）	Aranuka, Kiribati	6296010
296013	KI013	KIR013	阿罗赖（基里巴斯）	Arorae, Kiribati	6296013
296016	KI016	KIR016	巴纳巴（基里巴斯）	Banaba, Kiribati	6296016
296019	KI019	KIR019	贝鲁（基里巴斯）	Beru, Kiribati	6296019
296022	KI022	KIR022	布塔里塔里（基里巴斯）	Butaritari, Kiribati	6296022
296025	KI025	KIR025	库里亚（基里巴斯）	Kuria, Kiribati	6296025
296028	KI028	KIR028	迈亚纳（基里巴斯）	Maiana, Kiribati	6296028
296031	KI031	KIR031	马金（基里巴斯）	Makin, Kiribati	6296031
296034	KI034	KIR034	马拉凯（基里巴斯）	Marakei, Kiribati	6296034
296037	KI037	KIR037	尼库瑙（基里巴斯）	Nikunau, Kiribati	6296037
296040	KI040	KIR040	诺诺乌蒂（基里巴斯）	Nonouti, Kiribati	6296040
296043	KI043	KIR043	奥诺托阿（基里巴斯）	Onotoa, Kiribati	6296043
296046	KI046	KIR046	北塔比持韦亚（基里巴斯）	Tabiteuea North, Kiribati	6296046

代码	iso2	iso3	中文名称	英文名称	分类代码
296049	KI049	KIR049	南塔比特韦亚（基里巴斯）	Tabiteuea South, Kiribati	6296049
296052	KI052	KIR052	塔马纳（基里巴斯）	Tamana, Kiribati	6296052
296055	KI055	KIR055	北塔拉瓦（基里巴斯）	Tarawa North, Kiribati	6296055
296058	KI058	KIR058	北部（基里巴斯）	Tarawa South, Kiribati	6296058
296061	KI061	KIR061	南塔拉瓦（基里巴斯）	Northern, Kiribati	6296061
296064	KI064	KIR064	莱恩群岛（基里巴斯）	Line Group, Kiribati	6296064
296067	KI067	KIR067	圣诞岛（基里巴斯）	Kiritimati, Kiribati	6296067
296070	KI070	KIR070	塔布阿埃兰（基里巴斯）	Tabuaeran, Kiribati	6296070
296073	KI073	KIR073	泰拉伊纳（基里巴斯）	Teraina, Kiribati	6296073
296076	KI076	KIR076	南部（基里巴斯）	Sorthern, Kiribati	6296076
296079	KI079	KIR079	菲尼克斯群岛(基里巴斯)	Phoenix Group, Kiribati	6296079
300	GR	GRC	希腊	Greece	3300
300001	GR001	GRC001	阿提卡（希腊）	Attica, Greece	3300001
300004	GR004	GRC004	爱琴北（希腊）	Aegean North, Greece	3300004
300007	GR007	GRC007	爱琴南（希腊）	Aegean South, Greece	3300007
300010	GR010	GRC010	克里特（希腊）	Crete, Greece	3300010
300013	GR013	GRC013	伊庇鲁斯（希腊）	Epirus, Greece	3300013
300016	GR016	GRC016	希腊中（希腊）	Greece Central, Greece	3300016
300019	GR019	GRC019	希腊西（希腊）	Greece West, Greece	3300019
300022	GR022	GRC022	伊奥尼亚群岛（希腊）	Ionian Island, Greece	3300022
300025	GR025	GRC025	马其顿中（希腊）	Macedonia Central, Greece	3300025
300028	GR028	GRC028	马其顿东－色雷斯(希腊)	Macedonia East and Thrace, Greece	3300028
300031	GR031	GRC031	马其顿西（希腊）	Macedonia West, Greece	3300031
300034	GR034	GRC034	伯罗奔尼撒（希腊）	Peloponnisos, Greece	3300034
300037	GR037	GRC037	色萨利（希腊）	Thessalia, Greece	3300037
304	GL	GRL	格陵兰	Greenland	5304
308	GD	GRD	格林纳达	Grenada	5308
308001	GD001	GRD001	卡里亚库（格林纳达）		5308001
308004	GD004	GRD004	圣安德鲁（格林纳达）		5308004
308007	GD007	GRD007	圣戴维（格林纳达）		5308007
308010	GD010	GRD010	圣乔治（格林纳达）		5308010
308013	GD013	GRD013	圣约翰（格林纳达）	St.John, Grenada	5308013
308016	GD016	GRD016	圣马克（格林纳达）	St.Mark, Grenada	5308016
308019	GD019	GRD019	圣帕特里克（格林纳达）	St.Partrick, Grenada	5308019
308022	GD022	GRD022	小马提尼克（格林纳达）	Petite Martinique, Grenada	5308022
308025	GD025	GRD025	圣乔治市（格林纳达）	St.George's, Grenada	5308025
312	GP	GLP	瓜德罗普	Guadeloupe	5312
312001	GP001	GLP001	巴斯特尔（瓜德罗普）	Basse-Terre, Guadeloupe	5312001
312004	GP004	GLP004	皮特尔角（瓜德罗普）	Pointe-a-Pitre, Guadeloupe	5312004
312007	GP007	GLP007	圣马丁－圣巴泰勒米（瓜德罗普）	Saint-Martin-Saint-Barthelemy, Guadeloupe	5312007
316	GU	GUM	关岛	Guam	6316
316001	GU001	GUM001	阿加尼亚（关岛）	Agana, Guam	6316001
316004	GU004	GUM004	阿加尼亚高地（关岛）	Agana Heights, Guam	6316004
316007	GU007	GUM007	阿加特（关岛）	Agat, Guam	6316007
316010	GU010	GUM010	阿桑（关岛）	Asan, Guam	6316010
316013	GU013	GUM013	巴里加达（关岛）	Barrigada, Guam	6316013
316016	GU016	GUM016	查兰帕戈奥多特（关岛）	Chalan Pago-Ordot, Guam	6316016

代码	iso2	iso3	中文名称	英文名称	分类代码
316019	GU019	GUM019	德德多（关岛）	Dededo, Guam	6316019
316022	GU022	GUM022	伊纳拉詹（关岛）	Inarajan, Guam	6316022
316025	GU025	GUM025	芒伊劳（关岛）	Mangilao, Guam	6316025
316028	GU028	GUM028	梅里佐（关岛）	Merizo, Guam	6316028
316031	GU031	GUM031	蒙蒙托托迈特（关岛）	Mongmong-Toto-Maite, Guam	6316031
316034	GU034	GUM034	皮蒂（关岛）	Piti, Guam	6316034
316037	GU037	GUM037	圣丽塔（关岛）	Santa Rita, Guam	6316037
316040	GU040	GUM040	锡纳贾纳（关岛）	Sinajana, Guam	6316040
316043	GU043	GUM043	塔洛福福（关岛）	Talofofo, Guam	6316043
316046	GU046	GUM046	塔穆宁（关岛）	Tamuning, Guam	6316046
316049	GU049	GUM049	乌马塔克（关岛）	Umatac, Guam	6316049
316052	GU052	GUM052	伊戈（关岛）	Yigo, Guam	6316052
316055	GU055	GUM055	约纳（关岛）	Yona, Guam	6316055
320	GT	GTM	危地马拉	Guatemala	5320
320001	GT001	GTM001	上韦拉帕斯（危地马拉）	Alta Verapaz, Guatemala	5320001
320004	GT004	GTM004	下韦拉帕斯（危地马拉）	Baja Verapaz, Guatemala	5320004
320007	GT007	GTM007	奇马尔特南戈(危地马拉）	Chimaltenango, Guatemala	5320007
320010	GT010	GTM010	奇基穆拉（危地马拉）	Chiquimula, Guatemala	5320010
320013	GT013	GTM013	埃尔普罗格雷索（危地马拉）	El Progreso, Guatemala	5320013
320016	GT016	GTM016	埃斯昆特拉（危地马拉）	Escuintla, Guatemala	5320016
320019	GT019	GTM019	危地马拉（危地马拉）	Guatemala, Guatemala	5320019
320022	GT022	GTM022	韦韦特南戈（危地马拉）	Huehuetenango, Guatemala	5320022
320025	GT025	GTM025	伊萨瓦尔（危地马拉）	Izabal, Guatemala	5320025
320028	GT028	GTM028	哈拉帕（危地马拉）	Jalapa, Guatemala	5320028
320031	GT031	GTM031	胡蒂亚帕（危地马拉）	Jutiapa, Guatemala	5320031
320034	GT034	GTM034	佩滕（危地马拉）	Peten, Guatemala	5320034
320037	GT037	GTM037	克萨尔特南戈(危地马拉）	Quezaltenango, Guatemala	5320037
320040	GT040	GTM040	基切（危地马拉）	Quiche, Guatemala	5320040
320043	GT043	GTM043	雷塔卢莱乌（危地马拉）	Retalhuleu, Guatemala	5320043
320046	GT046	GTM046	萨卡特佩克斯(危地马拉）	Sacatepequez, Guatemala	5320046
320049	GT049	GTM049	圣马科斯（危地马拉）	San Marcos, Guatemala	5320049
320052	GT052	GTM052	圣罗莎（危地马拉）	Santa Rosa, Guatemala	5320052
320055	GT055	GTM055	索洛拉（危地马拉）	Solola, Guatemala	5320055
320058	GT058	GTM058	苏奇特佩克斯(危地马拉）	Suchitepequez, Guatemala	5320058
320061	GT061	GTM061	托托尼卡潘（危地马拉）	Totonicapan, Guatemala	5320061
320064	GT064	GTM064	萨卡帕（危地马拉）	Zacapa, Guatemala	5320064
324	GN	GIN	几内亚	Guinea	2324
324001	GN001	GIN001	贝拉（几内亚）	Beyla, Guinea	2324001
324004	GN004	GIN004	博法（几内亚）	Boffa, Guinea	2324004
324007	GN007	GIN007	博凯（几内亚）	Boke, Guinea	2324007
324010	GN010	GIN010	科纳克里（几内亚）	Conakry, Guinea	2324010
324013	GN013	GIN013	科亚（几内亚）	Coyah, Guinea	2324013
324016	GN016	GIN016	克博拉（几内亚）	Dabola, Guinea	2324016
324019	GN019	GIN019	达拉巴（几内亚）	Dalaba, Guinea	2324019
324022	GN022	GIN022	丁吉拉伊（几内亚）	Dinguiraye, Guinea	2324022
324025	GN025	GIN025	法拉纳（几内亚）	Faranah, Guinea	2324025
324028	GN028	GIN028	福雷卡里亚（几内亚）	Forecariah, Guinea	2324028

代码	iso2	iso3	中文名称	英文名称	分类代码
324031	GN031	GIN031	弗里亚（几内亚）	Fria, Guinea	2324031
324034	GN034	GIN034	加瓦尔（几内亚）	Gaoual, Guinea	2324034
324037	GN037	GIN037	盖凯杜（几内亚）	Gueckedou, Guinea	2324037
324040	GN040	GIN040	康康（几内亚）	Kankan, Guinea	2324040
324043	GN043	GIN043	凯鲁阿内（几内亚）	Kerouane, Guinea	2324043
324046	GN046	GIN046	金迪亚（几内亚）	Kindia, Guinea	2324046
324049	GN049	GIN049	基西杜古（几内亚）	Kissidougou, Guinea	2324049
324052	GN052	GIN052	库比亚（几内亚）	Koubia, Guinea	2324052
324055	GN055	GIN055	孔达拉（几内亚）	Koundara, Guinea	2324055
324058	GN058	GIN058	库鲁萨（几内亚）	Kouroussa, Guinea	2324058
324061	GN061	GIN061	拉贝（几内亚）	Labe, Guinea	2324061
324064	GN064	GIN064	莱卢马（几内亚）	Lelouma, Guinea	2324064
324067	GN067	GIN067	洛拉（几内亚）	Lola, Guinea	2324067
324070	GN070	GIN070	马森塔（几内亚）	Macenta, Guinea	2324070
324073	GN073	GIN073	马里（几内亚）	Mali, Guinea	2324073
324076	GN076	GIN076	马木（几内亚）	Mamou, Guinea	2324076
324079	GN079	GIN079	芒贾纳（几内亚）	Mandiana, Guinea	2324079
324082	GN082	GIN082	恩泽雷科雷（几内亚）	Nzerekore, Guinea	2324082
324085	GN085	GIN085	皮塔（几内亚）	Pita, Guinea	2324085
324088	GN088	GIN088	锡吉里（几内亚）	Siguiri, Guinea	2324088
324091	GN091	GIN091	泰利梅莱（几内亚）	Telimele, Guinea	2324091
324094	GN094	GIN094	图盖（几内亚）	Tougue, Guinea	2324094
324097	GN097	GIN097	约穆（几内亚）	Yomou, Guinea	2324097
328	GY	GUY	圭亚那	Guyana	4328
328001	GY001	GUY001	1区(巴里马/瓦伊尼)(圭亚那)	Region 1 (Barima/Waini), Guyana	4328001
328004	GY004	GUY004	2区(波默伦/苏佩纳姆)(圭亚那)	Region 2 (Pomeroon/Supenaam), Guyana	4328004
328007	GY007	GUY007	3区（埃塞奎博群岛/西德梅拉拉）（圭亚那）	Region 3 (Essequibo Islands/West Demerara), Guyana	4328007
328010	GY010	GUY010	4区(德梅拉拉/马海卡)(圭亚那)	Region 4 (Demerara/Mahaica)Guyana	4328010
328013	GY013	GUY013	5区(马海卡/伯比斯)(圭亚那)	Region 5 (Mahaica/Berbice), Guyana	4328013
328016	GY016	GUY016	6区（东伯比斯/科兰太因）（圭亚那）	Region 6 (East Berbice/Corentyne), Guyana	4328016
328019	GY019	GUY019	7区(库尤尼/马扎鲁尼)(圭亚那)	Region 7 (Cuyuni/Mazaruni), Guyana	4328019
328022	GY022	GUY022	8区(波塔罗/锡帕鲁尼)(圭亚那)	Region 8 (Potaro/Siparuni), Guyana	4328022
328025	GY025	GUY025	9区（上塔库图/上埃塞奎博）（圭亚那）	Region 9 (Upper Takutu/Upper Essequibo), Guyana	4328025
328028	GY028	GUY028	10区/（上德梅拉拉/伯比斯）（圭亚那）	Region 10 (Upper Demerara/Berbice), Guyana	4328028
332	HT	HTI	海地	Haiti	5332
332001	HT001	HTI001	阿蒂博尼特（海地）	Artibonite, Haiti	5332001
332004	HT004	HTI004	中部（海地）	Centre, Haiti	5332004
332007	HT007	HTI007	大湾（海地）	Grande Anse, Haiti	5332007

代码	iso2	iso3	中文名称	英文名称	分类代码
332010	HT010	HTI010	北部（海地）	Nord, Haiti	5332010
332013	HT013	HTI013	东北（海地）	Nord-Est, Haiti	5332013
332016	HT016	HTI016	西北（海地）	Nord-Ouest, Haiti	5332016
332019	HT019	HTI019	西部（海地）	Ouest, Haiti	5332019
332022	HT022	HTI022	南部（海地）	Sud, Haiti	5332022
332025	HT025	HTI025	东南（海地）	Sud-Est, Haiti	5332025
334	HM	HMD	赫德岛和麦克唐纳群岛	Heard Island and McDonald Islands	9334
336	VA	VAT	梵蒂冈	Vatican	3336
340	HN	HND	洪都拉斯	Honduras	5340
340001	HN001	HND001	阿特兰蒂达（洪都拉斯）	Atlantida, Honduras	5340001
340004	HN004	HND004	乔卢特卡（洪都拉斯）	Choluteca, Honduras	5340004
340007	HN007	HND007	科隆（洪都拉斯）	Colon, Honduras	5340007
340010	HN010	HND010	科马亚瓜（洪都拉斯）	Comayagua, Honduras	5340010
340013	HN013	HND013	科潘（洪都拉斯）	Copan, Honduras	5340013
340016	HN016	HND016	科尔特斯（洪都拉斯）	Cortes, Honduras	5340016
340019	HN019	HND019	埃尔帕拉伊索(洪都拉斯)	El Paraiso, Honduras	5340019
340022	HN022	HND022	弗朗西斯科－莫拉桑（洪都拉斯）	Francisco Morazan, Honduras	5340022
340025	HN025	HND025	格拉西亚斯－阿迪奥斯（洪都拉斯）	Gracias a dios, Honduras	5340025
340028	HN028	HND028	因蒂布卡（洪都拉斯）	Intibuca, Honduras	5340028
340031	HN031	HND031	海湾群岛（洪都拉斯）	Islas de la Bahia, Honduras	5340031
340034	HN034	HND034	拉巴斯（洪都拉斯）	La Paz, Honduras	5340034
340037	HN037	HND037	伦皮拉（洪都拉斯）	Lempira, Honduras	5340037
340040	HN040	HND040	奥科特佩克（洪都拉斯）	Ocotepeque, Honduras	5340040
340043	HN043	HND043	奥兰乔（洪都拉斯）	Olancho, Honduras	5340043
340046	HN046	HND046	圣巴巴拉（洪都拉斯）	Santa Barbara, Honduras	5340046
340049	HN049	HND049	山谷（洪都拉斯）	Valle, Honduras	5340049
340052	HN052	HND052	约罗（洪都拉斯）	Yoro, Honduras	5340052
344	HK	HKG	中国香港	Hong Kong (China)	1344
348	HU	HUN	匈牙利	Hungary	3348
348001	HU001	HUN001	巴奇－基什孔（匈牙利）	Bacs-Kiskun, Hungary	3348001
348004	HU004	HUN004	巴兰尼亚（匈牙利）	Baranya, Hungary	3348004
348007	HU007	HUN007	贝凯什（匈牙利）	Bekes, Hungary	3348007
348010	HU010	HUN010	包尔绍德－奥包乌伊－曾普伦（匈牙利）	Borsod-Abauj Zemplen, Hungary	3348010
348013	HU013	HUN013	琼格拉德（匈牙利）	Csongrad, Hungary	3348013
348016	HU016	HUN016	费耶尔（匈牙利）	Fejer, Hungary	3348016
348019	HU019	HUN019	杰尔－莫雄－肖普朗（匈牙利）	Gyor-Moson-Sopron, Hungary	3348019
348022	HU022	HUN022	豪伊杜－比豪尔(匈牙利)	Hajdu-Bihar, Hungary	3348022
348025	HU025	HUN025	赫维什（匈牙利）	Heves, Hungary	3348025
348028	HU028	HUN028	科马罗姆－埃斯泰尔戈姆（匈牙利）	Komarom-Esztergom, Hungary	3348028
348031	HU031	HUN031	诺格拉德（匈牙利）	Nograd, Hungary	3348031
348034	HU034	HUN034	佩斯（匈牙利）	Pest, Hungary	3348034
348037	HU037	HUN037	绍莫吉（匈牙利）	Somogy, Hungary	3348037

代码	iso2	iso3	中文名称	英文名称	分类代码
348040	HU040	HUN040	索博尔奇－索特马尔－拜赖格（匈牙利）	Szabolcs-Szatmar-Bereg, Hungary	3348040
348043	HU043	HUN043	亚斯－瑙吉孔－索尔诺克（匈牙利）	Jasz-Nagykun-Szolnok, Hungary	3348043
348046	HU046	HUN046	托尔瑙（匈牙利）	Tolna, Hungary	3348046
348049	HU049	HUN049	沃什（匈牙利）	Vas, Hungary	3348049
348052	HU052	HUN052	维斯普雷姆（匈牙利）	Veszprem, Hungary	3348052
348055	HU055	HUN055	左洛（匈牙利）	Zala, Hungary	3348055
348058	HU058	HUN058	布达佩斯（匈牙利）	Budapest, Hungary	3348058
352	IS	ISL	冰岛	Iceland	3352
352001	IS001	ISL001	东部（冰岛）	Austurland, Iceland	3352001
352004	IS004	ISL004	首都区（冰岛）	Hofudhborgarsvedhi, Iceland	3352004
352007	IS007	ISL007	东北部（冰岛）	Nordhurland eystra, Iceland	3352007
352010	IS010	ISL010	西北部（冰岛）	Nordhurland, vestra, Iceland	3352010
352013	IS013	ISL013	南部（冰岛）	Sudhurland, Iceland	3352013
352016	IS016	ISL016	南半岛（冰岛）	Sudhurnes, Iceland	3352016
352019	IS019	ISL019	西峡湾（冰岛）	Vestfirdhir, Iceland	3352019
352022	IS022	ISL022	西部（冰岛）	Vesturland, Iceland	3352022
356	IN	IND	印度	India	1356
356001	IN001	IND001	安得拉邦（印度）	Andhra Pradesh, India	1356001
356004	IN004	IND004	阿萨姆（印度）	Assam, India	1356004
356007	IN007	IND007	比哈尔（印度）	Bihar, India	1356007
356010	IN010	IND010	果阿（印度）	Goa, India	1356010
356013	IN013	IND013	古吉拉特（印度）	Gujarat, India	1356013
356016	IN016	IND016	哈里亚纳（印度）	Haryana, India	1356016
356019	IN019	IND019	喜马偕尔邦（印度）	Himachal Pradesh, India	1356019
356022	IN022	IND022	卡纳塔克（印度）	Karnataka, India	1356022
356025	IN025	IND025	喀拉拉（印度）	Kerala, India	1356025
356028	IN028	IND028	中央邦（印度）	Madhya Pradesh, India	1356028
356031	IN031	IND031	马哈拉施特拉（印度）	Maharashtra, India	1356031
356034	IN034	IND034	曼尼普尔（印度）	Manipur, India	1356034
356037	IN037	IND037	梅加拉亚（印度）	Meghalaya, India	1356037
356040	IN040	IND040	米佐拉姆（印度）	Mizoram, India	1356040
356043	IN043	IND043	那加兰（印度）	Nagaland, India	1356043
356046	IN046	IND046	奥里萨（印度）	Orissa, India	1356046
356049	IN049	IND049	旁遮普（印度）	Punjab, India	1356049
356052	IN052	IND052	拉贾斯坦（印度）	Rajasthan, India	1356052
356055	IN055	IND055	泰米尔纳德（印度）	Tamil Nadu, India	1356055
356058	IN058	IND058	特里普拉（印度）	Tripura, India	1356058
356061	IN061	IND061	北方邦（印度）	Uttar Pradesh, India	1356061
356064	IN064	IND064	西孟加拉（印度）	West Bengal, India	1356064
356067	IN067	IND067	安达曼和尼科巴群岛（印度）	Andaman and Nicobar Is., India	1356067
356070	IN070	IND070	昌迪加尔（印度）	Chandigarh, India	1356070
356073	IN073	IND073	达德拉和纳加尔哈维利（印度）	Dadra and Nagar Haveli, India	1356073
356076	IN076	IND076	达曼－第乌（印度）	Daman and Diu, India	1356076
356079	IN079	IND079	德里（印度）	Delhi, India	1356079

代码	iso2	iso3	中文名称	英文名称	分类代码
356082	IN082	IND082	拉克沙群岛（印度）	Lakshadweep, India	1356082
356085	IN085	IND085	本地治里（印度）	Pondicherry, India	1356085
360	ID	IDN	印度尼西亚	Indonesia	1360
360001	ID001	IDN001	大雅加达（印度尼西亚）	Jakarta Raya, Indonesia	1360001
360004	ID004	IDN004	亚齐（印度尼西亚）	Aceh, Indonesia	1360004
360007	ID007	IDN007	日惹（印度尼西亚）	Yogyakarta, Indonesia	1360007
360010	ID010	IDN010	巴厘（印度尼西亚）	Bali, Indonesia	1360010
360013	ID013	IDN013	明古鲁（印度尼西亚）	Bengkulu, Indonesia	1360013
360016	ID016	IDN016	伊里安查亚(印度尼西亚)	Irian Jaya, Indonesia	1360016
360019	ID019	IDN019	占碑（印度尼西亚）	Jambi, Indonesia	1360019
360022	ID022	IDN022	西爪哇（印度尼西亚）	Jawa Barat, Indonesia	1360022
360025	ID025	IDN025	中爪哇（印度尼西亚）	Jawa Tengah, Indonesia	1360025
360028	ID028	IDN028	东爪哇（印度尼西亚）	Jawa Timur, Indonesia	1360028
360031	ID031	IDN031	西加里曼丹(印度尼西亚)	Kalimantan Barat, Indonesia	1360031
360034	ID034	IDN034	南加里曼丹(印度尼西亚)	Kalimantan Selatan, Indonesia	1360034
360037	ID037	IDN037	中加里曼丹(印度尼西亚)	Kalimantan Tengah, Indonesia	1360037
360040	ID040	IDN040	东加里曼丹(印度尼西亚)	Kalimantan Timur, Indonesia	1360040
360043	ID043	IDN043	楠榜（印度尼西亚）	Lampung, Indonesia	1360043
360046	ID046	IDN046	马鲁古（印度尼西亚）	Maluku, Indonesia	1360046
360049	ID049	IDN049	西努沙登加拉（印度尼西亚）	Nusa Tenggara Barat, Indonesia	1360049
360052	ID052	IDN052	东努沙登加拉（印度尼西亚）	Nusa Tenggara Timur, Indonesia	1360052
360055	ID055	IDN055	廖内（印度尼西亚）	Riau, Indonesia	1360055
360058	ID058	IDN058	南苏拉威西(印度尼西亚)	Sulawesi Selatan, Indonesia	1360058
360061	ID061	IDN061	中苏拉威西(印度尼西亚)	Sulawesi Tengah, Indonesia	1360061
360064	ID064	IDN064	东南苏拉威西（印度尼西亚）	Sulawesi Tenggara, Indonesia	1360064
360067	ID067	IDN067	北苏拉威西(印度尼西亚)	Sulawesi Utara, Indonesia	1360067
360070	ID070	IDN070	西苏六答腊(印度尼西亚)	Sumatera Barat, Indonesia	1360070
360073	ID073	IDN073	南苏六答腊(印度尼西亚)	Sumatera Selatan, Indonesia	1360073
360076	ID076	IDN076	北苏门答腊(印度尼西亚)	Sumatera Utara, Indonesia	1360076
364	IR	IRN	伊朗	Iran (Islamic Republic of)	1364
364001	IR001	IRN001	西阿塞拜疆（伊朗）	Azarbaijan–e Gharbi, Iran	1364001
364004	IR004	IRN004	东阿塞拜疆（伊朗）	Azarbaijan–e Sharqi, Iran	1364004
364007	IR007	IRN007	巴赫塔兰（伊朗）	Bakhtaran, Iran	1364007
364010	IR010	IRN010	科吉卢耶博耶尔艾哈迈迪（伊朗）	Kohkiluyeh va Boyer Ahmadi, Iran	1364010
364013	IR013	IRN013	布什尔（伊朗）	Bushehr, Iran	1364013
364016	IR016	IRN016	恰哈尔巴哈勒 – 巴赫蒂亚里（伊朗）	Chahar Mahallva Bakhtiari, Iran	1364016
364019	IR019	IRN019	伊斯法罕（伊朗）	Esfahan, Iran	1364019
364022	IR022	IRN022	法尔斯（伊朗）	Fars, Iran	1364022
364025	IR025	IRN025	吉兰（伊朗）	Gilan, Iran	1364025
364028	IR028	IRN028	哈马丹（伊朗）	Hamadan, Iran	1364028
364031	IR031	IRN031	霍尔木兹甘（伊朗）	Hormozgan, Iran	1364031
364034	IR034	IRN034	伊拉姆（伊朗）	Ilam, Iran	1364034
364037	IR037	IRN037	克尔曼（伊朗）	Kerman, Iran	1364037

代码	iso2	iso3	中文名称	英文名称	分类代码
364040	IR040	IRN040	呼罗珊（伊朗）	Khorasan, Iran	1364040
364043	IR043	IRN043	胡齐斯坦（伊朗）	Khuzestan, Iran	1364043
364046	IR046	IRN046	库尔德斯坦（伊朗）	Kordestan, Iran	1364046
364049	IR049	IRN049	洛雷斯坦（伊朗）	Lorestan, Iran	1364049
364052	IR052	IRN052	中央（伊朗）	Markazi, Iran	1364052
364055	IR055	IRN055	马赞达兰（伊朗）	Mazandaran, Iran	1364055
364058	IR058	IRN058	塞姆南（伊朗）	Semnan, Iran	1364058
364061	IR061	IRN061	锡斯坦－俾路支斯坦（伊朗）	Sistan va Baluchestan, Iran	1364061
364064	IR064	IRN064	德黑兰（伊朗）	Tehran, Iran	1364064
364067	IR067	IRN067	亚兹德（伊朗）	Yazd, Iran	1364067
364070	IR070	IRN070	赞詹（伊朗）	Zanjan, Iran	1364070
368	IQ	IRQ	伊拉克	Iraq	1368
368001	IQ001	IRQ001	安巴尔（伊拉克）	Anbar, Al, Iraq	1368001
368004	IQ004	IRQ004	埃尔比勒（伊拉克）	Irbil, Iraq	1368004
368007	IQ007	IRQ007	巴比伦（伊拉克）	Babylon, Iraq	1368007
368010	IQ010	IRQ010	巴格达（伊拉克）	Baghdad, Iraq	1368010
368013	IQ013	IRQ013	巴士拉（伊拉克）	Basrah, Al, Iraq	1368013
368016	IQ016	IRQ016	济加尔（伊拉克）	Dhi Qar, Iraq	1368016
368019	IQ019	IRQ019	迪亚拉（伊拉克）	Diyala, Iraq	1368019
368022	IQ022	IRQ022	代胡克（伊拉克）	Dahuk, Iraq	1368022
368025	IQ025	IRQ025	卡尔巴拉（伊拉克）	Karbala', Iraq	1368025
368028	IQ028	IRQ028	迈桑（伊拉克）	Maysan, Iraq	1368028
368031	IQ031	IRQ031	穆萨纳（伊拉克）	Muthanna, Al, Iraq	1368031
368034	IQ034	IRQ034	纳杰夫（伊拉克）	Najaf, An, Iraq	1368034
368037	IQ037	IRQ037	尼尼微（伊拉克）	Nineveh, Iraq	1368037
368040	IQ040	IRQ040	卡迪西亚（伊拉克）	Qadisiyah, Al, Iraq	1368040
368043	IQ043	IRQ043	萨拉赫丁（伊拉克）	Salah ad-Din, Iraq	1368043
368046	IQ046	IRQ046	苏莱曼尼亚（伊拉克）	Sulaymaniyah, As, Iraq	1368046
368049	IQ049	IRQ049	塔米姆（伊拉克）	Ta'mim, Iraq	1368049
368052	IQ052	IRQ052	瓦西特（伊拉克）	Wasit, Iraq	1368052
372	IE	IRL	爱尔兰	Ireland	3372
372001	IE001	IRL001	卡洛（爱尔兰）	Carlow, Ireland	3372001
372004	IE004	IRL004	卡文（爱尔兰）	Cavan, Ireland	3372004
372007	IE007	IRL007	克莱尔（爱尔兰）	Clare, Ireland	3372007
372010	IE010	IRL010	科克（爱尔兰）	Cork, Ireland	3372010
372013	IE013	IRL013	多尼戈尔（爱尔兰）	Donegal, Ireland	3372013
372016	IE016	IRL016	都柏林（爱尔兰）	Dublin, Ireland	3372016
372019	IE019	IRL019	戈尔韦（爱尔兰）	Galway, Ireland	3372019
372022	IE022	IRL022	凯里（爱尔兰）	Kerry, Ireland	3372022
372025	IE025	IRL025	基尔代尔（爱尔兰）	Kildare, Ireland	3372025
372028	IE028	IRL028	基尔肯尼（爱尔兰）	Kilkenny, Ireland	3372028
372031	IE031	IRL031	莱伊什（爱尔兰）	Laois, Ireland	3372031
372034	IE034	IRL034	利特里姆（爱尔兰）	Leitrim, Ireland	3372034
372037	IE037	IRL037	利默里克（爱尔兰）	Limerick, Ireland	3372037
372040	IE040	IRL040	朗福德（爱尔兰）	Longford, Ireland	3372040
372043	IE043	IRL043	劳斯（爱尔兰）	Louth, Ireland	3372043
372046	IE046	IRL046	梅奥（爱尔兰）	Mayo, Ireland	3372046

代码	iso2	iso3	中文名称	英文名称	分类代码
372049	IE049	IRL049	米斯（爱尔兰）	Meath, Ireland	3372049
372052	IE052	IRL052	莫纳亨（爱尔兰）	Monaghan, Ireland	3372052
372055	IE055	IRL055	奥法利（爱尔兰）	Offaly, Ireland	3372055
372058	IE058	IRL058	罗斯康芒（爱尔兰）	Roscommon, Ireland	3372058
372061	IE061	IRL061	斯莱戈（爱尔兰）	Sligo, Ireland	3372061
372064	IE064	IRL064	蒂珀雷里北区（爱尔兰）	Tipperary, North Riding, Ireland	3372064
372067	IE067	IRL067	蒂珀雷里南区（爱尔兰）	Tipperary, South Riding, Ireland	3372067
372070	IE070	IRL070	沃特福德（爱尔兰）	Waterford, Ireland	3372070
372073	IE073	IRL073	韦斯特米斯（爱尔兰）	Westmeath, Ireland	3372073
372076	IE076	IRL076	韦克斯福德（爱尔兰）	Wexford, Ireland	3372076
372079	IE079	IRL079	威克洛（爱尔兰）	Wicklow, Ireland	3372079
372082	IE082	IRL082	科克（爱尔兰）	Cork, Ireland	3372082
372085	IE085	IRL085	都柏林（爱尔兰）	Dublin, Ireland	3372085
372088	IE088	IRL088	利默里克（爱尔兰）	Limerick, Ireland	3372088
372091	IE091	IRL091	沃特福德（爱尔兰）	Waterford, Ireland	3372091
372094	IE094	IRL094	戈尔韦（爱尔兰）	Galway, Ireland	3372094
376	IL	ISR	以色列	Israel	1376
376001	IL001	ISR001	中央（以色列）	Central, Israel	1376001
376004	IL004	ISR004	海法（以色列）	Haifa, Israel	1376004
376007	IL007	ISR007	耶路撒冷（以色列）	Jerusalem, Israel	1376007
376010	IL010	ISR010	北部（以色列）	Northern, Israel	1376010
376013	IL013	ISR013	南部（以色列）	Southern, Israel	1376013
376016	IL016	ISR016	特拉维夫（以色列）	Tel Aviv, Israel	1376016
380	IT	ITA	意大利	Italy	3380
380001	IT001	ITA001	阿布鲁佐（意大利）	Abruzzo, Italy	3380001
380004	IT004	ITA004	巴西利卡塔（意大利）	Basilicata, Italy	3380004
380007	IT007	ITA007	卡拉布里亚（意大利）	Calabria, Italy	3380007
380010	IT010	ITA010	坎帕尼亚（意大利）	Campania, Italy	3380010
380013	IT013	ITA013	艾米利亚－罗马涅（意大利）	Emilia–Romagna, Italy	3380013
380016	IT016	ITA016	弗留利－威尼斯朱利亚（意大利）	Friuli–Venezia Giulia, Italy	3380016
380019	IT019	ITA019	拉齐奥（意大利）	Lazio, Italy	3380019
380022	IT022	ITA022	利古里亚（意大利）	Liguria, Italy	3380022
380025	IT025	ITA025	伦巴第（意大利）	Lombardia, Italy	3380025
380028	IT028	ITA028	马尔凯（意大利）	Marche, Italy	3380028
380031	IT031	ITA031	莫利塞（意大利）	Molise, Italy	3380031
380034	IT034	ITA034	皮埃蒙特（意大利）	Piemonte, Italy	3380034
380037	IT037	ITA037	普利亚（意大利）	Puglia, Italy	3380037
380040	IT040	ITA040	撒丁（意大利）	Sardegna, Italy	3380040
380043	IT043	ITA043	西西里（意大利）	Sicilia, Italy	3380043
380046	IT046	ITA046	托斯卡纳（意大利）	Toscana, Italy	3380046
380049	IT049	ITA049	特伦蒂诺－上阿迪杰（意大利）	Trentino–Alto Adige, Italy	3380049
380052	IT052	ITA052	翁布里亚（意大利）	Umbria, Italy	3380052
380055	IT055	ITA055	瓦莱达奥斯塔（意大利）	Valle d'Aosta, Italy	3380055
380058	IT058	ITA058	威尼托（意大利）	Veneto, Italy	3380058
384	CI	CIV	科特迪瓦	Cote d'Ivoire	2384

代码	iso2	iso3	中文名称	英文名称	分类代码
384001	CI001	CIV001	阿本古鲁（科特迪瓦）	Abengourou, Cote d'Ivoire	2384001
384004	CI004	CIV004	阿比让（科特迪瓦）	Abidjan, Cote d'Ivoire	2384004
384007	CI007	CIV007	阿博伊索（科特迪瓦）	Aboisso, Cote d'Ivoire	2384007
384010	CI010	CIV010	阿佐佩（科特迪瓦）	Adzope, Cote d'Ivoire	2384010
384013	CI013	CIV013	阿博维尔（科特迪瓦）	Agboville, Cote d'Ivoire	2384013
384016	CI016	CIV016	阿尼比莱克鲁(科特迪瓦)	Agnibilekrou, Cote d'Ivoire	2384016
384019	CI019	CIV019	帮戈洛（科特迪瓦）	Bangolo, Cote d'Ivoire	2384019
384022	CI022	CIV022	贝乌米（科特迪瓦）	Beoumi, Cote d'Ivoire	2384022
384025	CI025	CIV025	比昂库马（科特迪瓦）	Biankouma, Cote d'Ivoire	2384025
384028	CI028	CIV028	邦杜库（科特迪瓦）	Bondoukou, Cote d'Ivoire	2384028
384031	CI031	CIV031	邦瓜努（科特迪瓦）	Bongouanou, Cote d'Ivoire	2384031
384034	CI034	CIV034	布瓦夫莱（科特迪瓦）	Bouafle, Cote d'Ivoire	2384034
384037	CI037	CIV037	布瓦凯（科特迪瓦）	Bouake, Cote d'Ivoire	2384037
384040	CI040	CIV040	布纳（科特迪瓦）	Bouna, Cote d'Ivoire	2384040
384043	CI043	CIV043	本贾利（科特迪瓦）	Boundiali, Cote d'Ivoire	2384043
384046	CI046	CIV046	达巴卡拉（科特迪瓦）	Dabakala, Cote d'Ivoire	2384046
384049	CI049	CIV049	达洛亚（科特迪瓦）	Daloa, Cote d'Ivoire	2384049
384052	CI052	CIV052	达纳内（科特迪瓦）	Danane, Cote d'Ivoire	2384052
384055	CI055	CIV055	达乌克罗（科特迪瓦）	Daoukro, Cote d'Ivoire	2384055
384058	CI058	CIV058	丁博克罗（科特迪瓦）	Dimbokro, Cote d'Ivoire	2384058
384061	CI061	CIV061	迪沃（科特迪瓦）	Divo, Cote d'Ivoire	2384061
384064	CI064	CIV064	迪埃奎（科特迪瓦）	Duekoue, Cote d'Ivoire	2384064
384067	CI067	CIV067	费尔凯塞杜古(科特迪瓦)	Ferkessedougou, Cote d'Ivoire	2384067
384070	CI070	CIV070	加尼奥阿（科特迪瓦）	Gagnoa, Cote d'Ivoire	2384070
384073	CI073	CIV073	大拉乌（科特迪瓦）	Grand-Lahou, Cote d'Ivoire	2384073
384076	CI076	CIV076	吉格洛（科特迪瓦）	Guiglo, Cote d'Ivoire	2384076
384079	CI079	CIV079	伊西亚（科特迪瓦）	Issia, Cote d'Ivoire	2384079
384082	CI082	CIV082	卡蒂奥拉（科特迪瓦）	Katiola, Cote d'Ivoire	2384082
384085	CI085	CIV085	科霍戈（科特迪瓦）	Korhogo, Cote d'Ivoire	2384085
384088	CI088	CIV088	拉科塔（科特迪瓦）	Lakota, Cote d'Ivoire	2384088
384091	CI091	CIV091	马恩（科特迪瓦）	Man, Cote d'Ivoire	2384091
384094	CI094	CIV094	芒科诺（科特迪瓦）	Mankono, Cote d'Ivoire	2384094
384097	CI097	CIV097	姆巴亚克罗（科特迪瓦）	M'Bahiakro, Cote d'Ivoire	2384097
384100	CI100	CIV100	奥迭内（科特迪瓦）	Odienne, Cote d'Ivoire	2384100
384103	CI103	CIV103	乌梅（科特迪瓦）	Oume, Cote d'Ivoire	2384103
384106	CI106	CIV106	萨卡苏（科特迪瓦）	Sakassou, Cote d'Ivoire	2384106
384109	CI109	CIV109	圣佩德罗（科特迪瓦）	San-Pedro, Cote d'Ivoire	2384109
384112	CI112	CIV112	萨桑德拉（科特迪瓦）	Sassandra, Cote d'Ivoire	2384112
384115	CI115	CIV115	塞盖拉（科特迪瓦）	Seguela, Cote d'Ivoire	2384115
384118	CI118	CIV118	辛夫拉（科特迪瓦）	Sinfra, Cote d'Ivoire	2384118
384121	CI121	CIV121	苏布雷（科特迪瓦）	Soubre, Cote d'Ivoire	2384121
384124	CI124	CIV124	塔布（科特迪瓦）	Tabou, Cote d'Ivoire	2384124
384127	CI127	CIV127	坦达（科特迪瓦）	Tanda, Cote d'Ivoire	2384127
384130	CI130	CIV130	滕格雷拉（科特迪瓦）	Tengrela, Cote d'Ivoire	2384130
384133	CI133	CIV133	蒂亚萨莱（科特迪瓦）	Tiassale, Cote d'Ivoire	2384133
384136	CI136	CIV136	图巴（科特迪瓦）	Touba, Cote d'Ivoire	2384136
384139	CI139	CIV139	图莫迪（科特迪瓦）	Toumodi, Cote d'Ivoire	2384139
384142	CI142	CIV142	瓦武阿（科特迪瓦）	Vavoua, Cote d'Ivoire	2384142

代码	iso2	iso3	中文名称	英文名称	分类代码
384145	CI145	CIV145	亚穆苏克罗（科特迪瓦）	Yamoussoukro, Cote d'Ivoire	2384145
384148	CI148	CIV148	祖埃努拉（科特迪瓦）	Zuenoula, Cote d'Ivoire	2384148
388	JM	JAM	牙买加	Jamaica	5388
388001	JM001	JAM001	克拉伦登（牙买加）	Clarendon, Jamaica	5388001
388004	JM004	JAM004	汉诺威（牙买加）	Hanover, Jamaica	5388004
388007	JM007	JAM007	金斯敦（牙买加）	Kingston, Jamaica	5388007
388010	JM010	JAM010	曼彻斯特（牙买加）	Manchester, Jamaica	5388010
388013	JM013	JAM013	波特兰（牙买加）	Portland, Jamaica	5388013
388016	JM016	JAM016	圣安德鲁（牙买加）	St.Andrew, Jamaica	5388016
388019	JM019	JAM019	圣安娜（牙买加）	St.Ann, Jamaica	5388019
388022	JM022	JAM022	圣凯瑟琳（牙买加）	St.Catherine, Jamaica	5388022
388025	JM025	JAM025	圣伊丽莎白（牙买加）	St.Elizabeth, Jamaica	5388025
388028	JM028	JAM028	圣詹姆斯（牙买加）	St.James, Jamaica	5388028
388031	JM031	JAM031	圣玛丽（牙买加）	St.Mary, Jamaica	5388031
388034	JM034	JAM034	圣托马斯（牙买加）	St.Thomas, Jamaica	5388034
388037	JM037	JAM037	特里洛尼（牙买加）	Trelawny, Jamaica	5388037
388040	JM040	JAM040	威斯特摩兰（牙买加）	Westmoreland, Jamaica	5388040
392	JP	JPN	日本	Japan	1392
392001	JP001	JPN001	东京（日本）	Tokyo, Japan	1392001
392004	JP004	JPN004	北海道（日本）	Hokkaido, Japan	1392004
392007	JP007	JPN007	大阪（日本）	Osaka, Japan	1392007
392010	JP010	JPN010	京都（日本）	Kyoto, Japan	1392010
392013	JP013	JPN013	爱知（日本）	Aichi, Japan	1392013
392016	JP016	JPN016	秋田（日本）	Akita, Japan	1392016
392019	JP019	JPN019	青森（日本）	Aomori, Japan	1392019
392022	JP022	JPN022	千叶（日本）	Chiba, Japan	1392022
392025	JP025	JPN025	爱媛（日本）	Ehime, Japan	1392025
392028	JP028	JPN028	福井（日本）	Fukui, Japan	1392028
392031	JP031	JPN031	福冈（日本）	Fukuoka, Japan	1392031
392034	JP034	JPN034	福岛（日本）	Fukushima, Japan	1392034
392037	JP037	JPN037	岐阜（日本）	Gifu, Japan	1392037
392040	JP040	JPN040	群马（日本）	Gumma, Japan	1392040
392043	JP043	JPN043	广岛（日本）	Hiroshima, Japan	1392043
392046	JP046	JPN046	兵库（日本）	Hyogo, Japan	1392046
392049	JP049	JPN049	茨城（日本）	Ibaraki, Japan	1392049
392052	JP052	JPN052	石川（日本）	Ishidawa, Japan	1392052
392055	JP055	JPN055	岩手（日本）	Iwate, Japan	1392055
392058	JP058	JPN058	香川（日本）	Kagawa, Japan	1392058
392061	JP061	JPN061	鹿儿岛（日本）	Kagoshima, Japan	1392061
392064	JP064	JPN064	神奈川（日本）	Kanagawa, Japan	1392064
392067	JP067	JPN067	高知（日本）	Kochi, Japan	1392067
392070	JP070	JPN070	熊本（日本）	Kumamoto, Japan	1392070
392073	JP073	JPN073	三重（日本）	Mie, Japan	1392073
392076	JP076	JPN076	宫城（日本）	Miyagi, Japan	1392076
392079	JP079	JPN079	宫崎（日本）	Miyazaki, Japan	1392079
392082	JP082	JPN082	长野（日本）	Nagano, Japan	1392082
392085	JP085	JPN085	长崎（日本）	Nagasaki, Japan	1392085
392088	JP088	JPN088	奈良（日本）	Nara, Japan	1392088

代码	iso2	iso3	中文名称	英文名称	分类代码
392091	JP091	JPN091	新（日本）	Niigata, Japan	1392091
392094	JP094	JPN094	大分（日本）	Oita, Japan	1392094
392097	JP097	JPN097	冈山（日本）	Okayama, Japan	1392097
392100	JP100	JPN100	冲绳（日本）	Okinawa, Japan	1392100
392103	JP103	JPN103	佐贺（日本）	Saga, Japan	1392103
392106	JP106	JPN106	玉（日本）	Saitama, Japan	1392106
392109	JP109	JPN109	滋贺（日本）	Shiga, Japan	1392109
392112	JP112	JPN112	岛根（日本）	Shimane, Japan	1392112
392115	JP115	JPN115	静冈（日本）	Shizuoka, Japan	1392115
392118	JP118	JPN118	枥木（日本）	Tochigi, Japan	1392118
392121	JP121	JPN121	德岛（日本）	Tokushima, Japan	1392121
392124	JP124	JPN124	鸟取（日本）	Tottori, Japan	1392124
392127	JP127	JPN127	富山（日本）	Toyama, Japan	1392127
392130	JP130	JPN130	和歌山（日本）	Wakayama, Japan	1392130
392133	JP133	JPN133	山形（日本）	Yamagata, Japan	1392133
392136	JP136	JPN136	山口（日本）	Yamaguchi, Japan	1392136
392139	JP139	JPN139	山梨（日本）	Yamanashi, Japan	1392139
398	KZ	KAZ	哈萨克斯坦	Kazakhstan	1398
398001	KZ001	KAZ001	阿拉木图（哈萨克斯坦）	Almaty, Kazakhstan	1398001
398004	KZ004	KAZ004	阿克莫拉（哈萨克斯坦）	Akmola, Kazakhstan	1398004
398007	KZ007	KAZ007	阿克托别（哈萨克斯坦）	Aktobe, Kazakhstan	1398007
398010	KZ010	KAZ010	阿蒂拉乌（哈萨克斯坦）	Atyrau, Kazakhstan	1398010
398013	KZ013	KAZ013	东哈萨克斯坦（哈萨克斯坦）	East Kazakhstan, Kazakhstan	1398013
398016	KZ016	KAZ016	克列库（哈萨克斯坦）	Kereku, Kazakhstan	1398016
398019	KZ019	KAZ019	科克舍套（哈萨克斯坦）	Kokshetau, Kazakhstan	1398019
398022	KZ022	KAZ022	曼吉斯套（哈萨克斯坦）	Mangistau, Kazakhstan	1398022
398025	KZ025	KAZ025	北哈萨克斯坦（哈萨克斯坦）	North Kazakhstan, Kazakhstan	1398025
398028	KZ028	KAZ028	卡拉干达（哈萨克斯坦）	Karaghandy, Kazakhstan	1398028
398031	KZ031	KAZ031	库斯塔奈（哈萨克斯坦）	Kostanay, Kazakhstan	1398031
398034	KZ034	KAZ034	克孜勒奥尔达（哈萨克斯坦）	Kyzylorda, Kazakhstan	1398034
398037	KZ037	KAZ037	塞梅伊（哈萨克斯坦）	Semey, Kazakhstan	1398037
398040	KZ040	KAZ040	南哈萨克斯坦（哈萨克斯坦）	South Kazakhstan, Kazakhstan	1398040
398043	KZ043	KAZ043	塔尔迪库尔干（哈萨克斯坦）	Taldykorghan, Kazakhstan	1398043
398046	KZ046	KAZ046	图尔盖（哈萨克斯坦）	Turgay, Kazakhstan	1398046
398049	KZ049	KAZ049	西哈萨克斯坦（哈萨克斯坦）	West Kazakhstan, Kazakhstan	1398049
398052	KZ052	KAZ052	江布尔（哈萨克斯坦）	Zhambyl, Kazakhstan	1398052
398055	KZ055	KAZ055	杰兹卡兹甘(哈萨克斯坦)	Zhezkazghan, Kazakhstan	1398055
400	JO	JOR	约旦	Jordan	1400
400001	JO001	JOR001	安曼（约旦）	Amman, Jordan	1400001
400004	JO004	JOR004	拜勒加（约旦）	Balqa, Al, Jordan	1400004
400007	JO007	JOR007	伊尔比德（约旦）	Irbid, Jordan	1400007
400010	JO010	JOR010	卡拉克（约旦）	Karak, Al, Jordan	1400010

代码	iso2	iso3	中文名称	英文名称	分类代码
400013	JO013	JOR013	马安（约旦）	Ma'an, Jordan	1400013
400016	JO016	JOR016	马弗拉克（约旦）	Mafraq, Al, Jordan	1400016
400019	JO019	JOR019	塔菲拉（约旦）	Tafilah, At, Jordan	1400019
400022	JO022	JOR022	扎尔卡（约旦）	Zarqa', Az, Jordan	1400022
404	KE	KEN	肯尼亚	Kenya	2404
404001	KE001	KEN001	中央（肯尼亚）	Central, Kenya	2404001
404004	KE004	KEN004	滨海（肯尼亚）	Coast, Kenya	2404004
404007	KE007	KEN007	东部（肯尼亚）	Eastern, Kenya	2404007
404010	KE010	KEN010	内罗毕市（肯尼亚）	Nairobi Municipality, Kenya	2404010
404013	KE013	KEN013	东北（肯尼亚）	North-Eastern, Kenya	2404013
404016	KE016	KEN016	尼安萨（肯尼亚）	Nyanza, Kenya	2404016
404019	KE019	KEN019	裂谷（肯尼亚）	Rift Valley, Kenya	2404019
404022	KE022	KEN022	西部（肯尼亚）	Western, Kenya	2404022
408	KP	PRK	朝鲜	Korea (Democratic People's Republic of)	1408
408001	KP001	PRK001	慈江道（朝鲜）	Chagang-do, Korea (Democratic People's Republic of)	1408001
408004	KP004	PRK004	咸镜北道（朝鲜）	Hamgyongbuk-do, Korea (Democratic People's Republic of)	1408004
408007	KP007	PRK007	咸镜南道（朝鲜）	Hamgyongnam-do, Korea (Democratic People's Republic of)	1408007
408010	KP010	PRK010	黄海北道（朝鲜）	Hwanghaebuk-do, Korea (Democratic People's Republic of)	1408010
408013	KP013	PRK013	黄海南道（朝鲜）	Hwanghaenam-do, Korea (Democratic People's Republic of)	1408013
408016	KP016	PRK016	江原道（朝鲜）	Kangwon-do, Korea (Democratic People's Republic of)	1408016
408019	KP019	PRK019	平安北道（朝鲜）	P'yonganbuk-do, Korea (Democratic People's Republic of)	1408019
408022	KP022	PRK022	平安南道（朝鲜）	P'yongannam-do, Korea (Democratic People's Republic of)	1408022
408025	KP025	PRK025	两江道（朝鲜）	Yanggang-do, Korea (Democratic People's Republic of)	1408025
408028	KP028	PRK028	南浦市（朝鲜）	Namp'o-si, Korea (Democratic People's Republic of)	1408028
408031	KP031	PRK031	平壤特别市（朝鲜）	P'yongyang-tukpyol-si, Korea (Democratic People's Republic of)	1408031
408034	KP034	PRK034	开城市（朝鲜）	Kaesong-si, Korea (Democratic People's Republic of)	1408034
410	KR	KOR	韩国	Korea (Republic of)	1410
410001	KR001	KOR001	济州道（韩国）	Cheju-do, Korea (Republic of)	1410001
410004	KR004	KOR004	全罗北道（韩国）	Chollabuk-doKorea (Republic of)	1410004
410007	KR007	KOR007	全罗南道（韩国）	Chollanam-do, Korea (Republic of)	1410007
410010	KR010	KOR010	忠清北道（韩国）	Ch'ungch'ongbuk-do, Korea (Republic of)	1410010
410013	KR013	KOR013	忠清南道（韩国）	Ch'ungch'ongnam-do, Korea (Republic of)	1410013
410016	KR016	KOR016	江原道（韩国）	Kangwon-do, Korea (Republic of)	1410016
410019	KR019	KOR019	京畿道（韩国）	Kyonggi-do, Korea (Republic of)	1410019

代码	iso2	iso3	中文名称	英文名称	分类代码
410022	KR022	KOR022	庆尚北道（韩国）	Kyongsangbuk-do, Korea (Republic of)	1410022
410025	KR025	KOR025	庆尚南道（韩国）	Kyongsangnam-do, Korea (Republic of)	1410025
410028	KR028	KOR028	仁川市（韩国）	Inchon-si, Korea (Republic of)	1410028
410031	KR031	KOR031	釜山市（韩国）	Pusan-si, Korea (Republic of)	1410031
410034	KR034	KOR034	汉城特别市（韩国）	Seoul-tukptyolsi, Korea (Republic of)	1410034
410037	KR037	KOR037	大邱市（韩国）	Taegu-si, Korea (Republic of)	1410037
410040	KR040	KOR040	大田市（韩国）	Taejon-si, Korea (Republic of)	1410040
410043	KR043	KOR043	光州市（韩国）	Kwangju-si, Korea (Republic of)	1410043
410046	KR046	KOR046	蔚山市（韩国）	Ulsan-si, Korea (Republic of)	1410046
414	KW	KWT	科威特	Kuwait	1414
414001	KW001	KWT001	艾哈迈迪（科威特）	Ahmadi, Al, Kuwait	1414001
414004	KW004	KWT004	哈瓦利（科威特）	Hawalli, Kuwait	1414004
414007	KW007	KWT007	首都（科威特）	Capital, Kuwait	1414007
414010	KW010	KWT010	杰赫拉（科威特）	Jahra', Al, Kuwait	1414010
414013	KW013	KWT013	费尔瓦尼耶（科威特）	Farwaniyah, Al, Kuwait	1414013
417	KG	KGZ	吉尔吉斯斯坦	Kyrgyzstan	1417
417001	KG001	KGZ001	楚河（吉尔吉斯斯坦）	Chui, Kyrgyzstan	1417001
417004	KG004	KGZ004	伊塞克湖(吉尔吉斯斯坦)	Issyk—kul', Kyrgyzstan	1417004
417007	KG007	KGZ007	贾拉拉巴德（吉尔吉斯斯坦）	Jalal—Abad, Kyrgyzstan	1417007
417010	KG010	KGZ010	纳伦（吉尔吉斯斯坦）	Naryn, Kyrgyzstan	1417010
417013	KG013	KGZ013	奥什（吉尔吉斯斯坦）	Osh, Kyrgyzstan	1417013
417016	KG016	KGZ016	塔拉斯（吉尔吉斯斯坦）	Talas, Kyrgyzstan	1417016
418	LA	LAO	老挝	Lao People's Democratic Republic	1418
418001	LA001	LAO001	阿速坡（老挝）	Attapeu, Laos People's Democratic Republic	1418001
418004	LA004	LAO004	博胶（老挝）	Bokeo, Laos People's Democratic Republic	1418004
418007	LA007	LAO007	波里坎塞（老挝）	Borikhamxay, Laos People's Democratic Republic	1418007
418010	LA010	LAO010	占巴塞（老挝）	Champasack, Laos People's Democratic Republic	1418010
418013	LA013	LAO013	华潘（老挝）	Huaphanh, Laos People's Democratic Republic	1418013
418016	LA016	LAO016	甘蒙（老挝）	Khammuane, Laos People's Democratic Republic	1418016
418019	LA019	LAO019	琅南塔（老挝）	Luangnamtha, Laos People's Democratic Republic	1418019
418022	LA022	LAO022	琅勃拉邦（老挝）	Luangprabang, Laos People's Democratic Republic	1418022
418025	LA025	LAO025	乌多姆赛（老挝）	Oudomxay, Laos People's Democratic Republic	1418025
418028	LA028	LAO028	丰沙里（老挝）	Phongsaly, Laos People's Democratic Republic	1418028
418031	LA031	LAO031	沙拉湾（老挝）	Saravane, Laos People's Democratic Republic	1418031
418034	LA034	LAO034	沙湾拿吉（老挝）	Savannakhet, Laos People's Democratic Republic	1418034

代码	iso2	iso3	中文名称	英文名称	分类代码
418037	LA037	LAO037	万象（老挝）	Vientiane, Laos People's Democratic Republic	1418037
418040	LA040	LAO040	沙耶武里（老挝）	Xayaboury, Laos People's Democratic Republic	1418040
418043	LA043	LAO043	塞公（老挝）	Sekhong, Laos People's Democratic Republic	1418043
418046	LA046	LAO046	川圹（老挝）	Xiengkhuang, Laos People's Democratic Republic	1418046
418049	LA049	LAO049	万象市（老挝）	Vientiane Municipality, Laos People's Democratic Republic	1418049
418052	LA052	LAO052	特区（老挝）	Special Areas, Laos People's Democratic Republic	1418052
422	LB	LBN	黎巴嫩	Lebanon	1422
422001	LB001	LBN001	贝鲁特（黎巴嫩）	Bayrut, Lebanon	1422001
422004	LB004	LBN004	贝卡（黎巴嫩）	Bekaa, Lebanon	1422004
422007	LB007	LBN007	黎巴嫩山（黎巴嫩）	Jabal Lubnan, Lebanon	1422007
422010	LB010	LBN010	南部（黎巴嫩）	Liban-Sud, Lebanon	1422010
422013	LB013	LBN013	北部（黎巴嫩）	Liban-Nord, Lebanon	1422013
426	LS	LSO	莱索托	Lesotho	2426
426001	LS001	LSO001	伯里亚（莱索托）	Berea, Lesotho	2426001
426004	LS004	LSO004	布塔布泰（莱索托）	Butha-Buthe, Lesotho	2426004
426007	LS007	LSO007	莱里贝（莱索托）	Leribe, Lesotho	2426007
426010	LS010	LSO010	马费滕（莱索托）	Mafeteng, Lesotho	2426010
426013	LS013	LSO013	马塞卢（莱索托）	Maseru, Lesotho	2426013
426016	LS016	LSO016	莫哈莱斯胡克（莱索托）	Mohale's Hoek, Lesotho	2426016
426019	LS019	LSO019	莫霍特隆（莱索托）	Mokhotlong, Lesotho	2426019
426022	LS022	LSO022	加查斯内克（莱索托）	Qacha's Nek, Lesotho	2426022
426025	LS025	LSO025	古廷（莱索托）	Quthing, Lesotho	2426025
426028	LS028	LSO028	塔巴采卡（莱索托）	Thaba-Tseka, Lesotho	2426028
428	LV	LVA	拉脱维亚	Latvia	3428
428001	LV001	LVA001	陶格夫匹尔斯(拉脱维亚)	Daugavpils, Latvia	3428001
428004	LV004	LVA004	叶尔加瓦（拉脱维亚）	Jelgava, Latvia	3428004
428007	LV007	LVA007	尤尔马拉（拉脱维亚）	Julmala, Latvia	3428007
428010	LV010	LVA010	利耶帕亚（拉脱维亚）	Liepaja, Latvia	3428010
428013	LV013	LVA013	雷泽克内（拉脱维亚）	Rezekne, Latvia	3428013
428016	LV016	LVA016	里加（拉脱维亚）	Riga, Latvia	3428016
428019	LV019	LVA019	文茨皮尔斯（拉脱维亚）	Ventspils, Latvia	3428019
428022	LV022	LVA022	艾兹克劳克莱(拉脱维亚)	Aizkraukle, Latvia	3428022
428025	LV025	LVA025	阿卢克斯内（拉脱维亚）	Aluksne, Latvia	3428025
428028	LV028	LVA028	巴尔维（拉脱维亚）	Balvi, Latvia	3428028
428031	LV031	LVA031	包斯卡（拉脱维亚）	Bauska, Latvia	3428031
428034	LV034	LVA034	采西斯（拉脱维亚）	Cesis, Latvia	3428034
428037	LV037	LVA037	多贝莱（拉脱维亚）	Dobele, Latvia	3428037
428040	LV040	LVA040	古尔贝内（拉脱维亚）	Gulbene, Latvia	3428040
428043	LV043	LVA043	叶卡布皮尔斯(拉脱维亚)	Jekabpils, Latvia	3428043
428046	LV046	LVA046	克拉斯拉瓦（拉脱维亚）	Kraslava, Latvia	3428046
428049	LV049	LVA049	库尔迪加（拉脱维亚）	Kuldiga, Latvia	3428049
428052	LV052	LVA052	林巴日（拉脱维亚）	Limbazi, Latvia	3428052

代码	iso2	iso3	中文名称	英文名称	分类代码
428055	LV055	LVA055	卢扎（拉脱维亚）	Ludza, Latvia	3428055
428058	LV058	LVA058	马多纳（拉脱维亚）	Madona, Latvia	3428058
428061	LV061	LVA061	奥格雷（拉脱维亚）	Ogre, Latvia	3428061
428064	LV064	LVA064	普雷利（拉脱维亚）	Preili, Latvia	3428064
428067	LV067	LVA067	萨尔杜斯（拉脱维亚）	Saldus, Latvia	3428067
428070	LV070	LVA070	塔尔西（拉脱维亚）	Talsi, Latvia	3428070
428073	LV073	LVA073	图库姆斯（拉脱维亚）	Tukums, Latvia	3428073
428076	LV076	LVA076	瓦尔卡（拉脱维亚）	Valka, Latvia	3428076
428079	LV079	LVA079	瓦尔米耶拉（拉脱维亚）	Valmiera, Latvia	3428079
428082	LV082	LVA082	文茨皮尔斯（拉脱维亚）	Ventspils, Latvia	3428082
430	LR	LBR	利比里亚	Liberia	2430
430001	LR001	LBR001	邦（利比里亚）	Bong, Liberia	2430001
430004	LR004	LBR004	大巴萨（利比里亚）	Grand Bassa, Liberia	2430004
430007	LR007	LBR007	大角山（利比里亚）	Grand Cape Mount, Liberia	2430007
430010	LR010	LBR010	大吉德（利比里亚）	Grand Gedeh, Liberia	2430010
430013	LR013	LBR013	大克鲁（利比里亚）	Grand Kru, Liberia	2430013
430016	LR016	LBR016	洛法（利比里亚）	Lofa, Liberia	2430016
430019	LR019	LBR019	马吉比（利比里亚）	Margibi, Liberia	2430019
430022	LR022	LBR022	马里兰（利比里亚）	Maryland, Liberia	2430022
430025	LR025	LBR025	蒙特塞拉多（利比里亚）	Monteserrado, Liberia	2430025
430028	LR028	LBR028	宁巴（利比里亚）	Nimba, Liberia	2430028
430031	LR031	LBR031	锡诺（利比里亚）	Sinoe, Liberia	2430031
430034	LR034	LBR034	博米（利比里亚）	Bomi, Liberia	2430034
430037	LR037	LBR037	里弗塞斯（利比里亚）	Rivercess, Liberia	2430037
434	LY	LBY	利比亚	Libya	2434
434001	LY001	LBY001	班加西（利比亚）	Banghazi, Libya	2434001
434004	LY004	LBY004	绿山（利比亚）	Jabal al-Akhdar, Al, Libya	2434004
434007	LY007	LBY007	西山（利比亚）	Jabal al-Gharbi, Al, Libya	2434007
434010	LY010	LBY010	苏尔特湾（利比亚）	Khalij Surt, Libya	2434010
434013	LY013	LBY013	库夫拉（利比亚）	Kufrah, AI, Libya	2434013
434016	LY016	LBY016	迈尔吉卜（利比亚）	Margib, Libya	2434016
434019	LY019	LBY019	迈尔祖格（利比亚）	Marzug, Libya	2434019
434022	LY022	LBY022	尼卡特胡姆斯（利比亚）	Nikat al-Khums, Libya	2434022
434025	LY025	LBY025	塞卜哈（利比亚）	Sabha, Libya	2434025
434028	LY028	LBY028	的黎波里（利比亚）	Tripoli, Libya	2434028
434031	LY031	LBY031	图卜鲁格（利比亚）	Tubruq, Libya	2434031
434034	LY034	LBY034	瓦迪哈伊特（利比亚）	Wadi al Ha'it, Libya	2434034
434037	LY037	LBY037	扎维耶（利比亚）	Zawiyah, Az, Libya	2434037
438	LI	LIE	列支敦士登	Liechtenstein	3438
438001	LI001	LIE001	巴尔策斯（列支敦士登）	Balzers, Liechtenstein	3438001
438004	LI004	LIE004	埃申（列支敦士登）	Eschen, Liechtenstein	3438004
438007	LI007	LIE007	甘普林（列支敦士登）	Gamprin, Liechtenstein	3438007
438010	LI010	LIE010	毛伦（列支敦士登）	Mauren, Liechtenstein	3438010
438013	LI013	LIE013	普兰肯（列支敦士登）	Planken, Liechtenstein	3438013
438016	LI016	LIE016	鲁格尔（列支敦士登）	Ruggell, Liechtenstein	3438016
438019	LI019	LIE019	沙恩（列支敦士登）	Schaan, Liechtenstein	3438019
438022	LI022	LIE022	施伦贝格（列支敦士登）	Schellenberg, Liechtenstein	3438022
438025	LI025	LIE025	特里森（列支敦士登）	Triesen, Liechtenstein	3438025

代码	iso2	iso3	中文名称	英文名称	分类代码
438028	LI028	LIE028	特里森贝格(列支敦士登)	Triesenberg, Liechtenstein	3438028
438031	LI031	LIE031	瓦杜兹(列支敦士登)	Vaduz, Liechtenstein	3438031
440	LT	LTU	立陶宛	Lithuania	3440
440001	LT001	LTU001	阿雷图斯(立陶宛)	Alytus, Lithuania	3440001
440004	LT004	LTU004	比什托纳斯(立陶宛)	Birstonas, Lithuania	3440004
440007	LT007	LTU007	德鲁斯基宁凯(立陶宛)	Druskininkai, Lithuania	3440007
440010	LT010	LTU010	考纳斯(立陶宛)	Kaunas, Lithuania	3440010
440013	LT013	LTU013	克莱佩达(立陶宛)	Klaipeda, Lithuania	3440013
440016	LT016	LTU016	马里扬波莱(立陶宛)	Marijampole, Lithuania	3440016
440019	LT019	LTU019	内林加(立陶宛)	Neringa, Lithuania	3440019
440022	LT022	LTU022	帕兰加(立陶宛)	Palanga, Lithuania	3440022
440025	LT025	LTU025	帕内韦日斯(立陶宛)	Panevezys, Lithuania	3440025
440028	LT028	LTU028	艾奥利艾(立陶宛)	Siauliai, Lithuania	3440028
440031	LT031	LTU031	纽尔纽斯(立陶宛)	Vilnius, Lithuania	3440031
440034	LT034	LTU034	阿克梅内(立陶宛)	Akmene, Lithuania	3440034
440037	LT037	LTU037	阿雷图斯(立陶宛)	Alytus, Lithuania	3440037
440040	LT040	LTU040	阿尼克什奇艾(立陶宛)	Anyksciai, Lithuania	3440040
440043	LT043	LTU043	比尔扎伊(立陶宛)	Birzai, Lithuania	3440043
440046	LT046	LTU046	伊格纳利纳(立陶宛)	Ignalina, Lithuania	3440046
440049	LT049	LTU049	约纳瓦(立陶宛)	Jonava, Lithuania	3440049
440052	LT052	LTU052	约尼什基斯(立陶宛)	Joniskis, Lithuania	3440052
440055	LT055	LTU055	尤尔巴尔卡斯(立陶宛)	Jurbarkas, Lithuania	3440055
440058	LT058	LTU058	凯希亚多里斯(立陶宛)	Kaisiadorys, Lithuania	3440058
440061	LT061	LTU061	凯代尼艾(立陶宛)	Kedainiai, Lithuania	3440061
440064	LT064	LTU064	凯尔梅(立陶宛)	Kelme, Lithuania	3440064
440067	LT067	LTU067	克雷延加(立陶宛)	Kretinga, Lithuania	3440067
440070	LT070	LTU070	库皮什基斯(立陶宛)	Kupiskis, Lithuania	3440070
440073	LT073	LTU073	拉兹迪亚伊(立陶宛)	Lazdijai, Lithuania	3440073
440076	LT076	LTU076	马热伊基艾(立陶宛)	Mazeikiai, Lithuania	3440076
440079	LT079	LTU079	莫莱泰(立陶宛)	Moletai, Lithuania	3440079
440082	LT082	LTU082	帕克鲁奥伊斯(立陶宛)	Pakruojis, Lithuania	3440082
440085	LT085	LTU085	帕内韦日斯(立陶宛)	Panevezys, Lithuania	3440085
440088	LT088	LTU088	帕斯瓦利斯(立陶宛)	Pasvalys, Lithuania	3440088
440091	LT091	LTU091	普伦盖(立陶宛)	Plunge, Lithuania	3440091
440094	LT094	LTU094	普里埃奈(立陶宛)	Prienai, Lithuania	3440094
440097	LT097	LTU097	拉德维利什基斯(立陶宛)	Radviliskis, Lithuania	3440097
440100	LT100	LTU100	拉塞尼艾(立陶宛)	Raseiniai, Lithuania	3440100
440103	LT103	LTU103	罗基什基斯(立陶宛)	Rokiskis, Lithuania	3440103
440106	LT106	LTU106	沙基艾(立陶宛)	Sakiai, Lithuania	3440106
440109	LT109	LTU109	沙尔奇宁凯(立陶宛)	Salcininkai, Lithuania	3440109
440112	LT112	LTU112	希奥利艾(立陶宛)	Siauliai, Lithuania	3440112
440115	LT115	LTU115	希拉莱(立陶宛)	Silale, Lithuania	3440115
440118	LT118	LTU118	希卢泰(立陶宛)	Silute, Lithuania	3440118
440121	LT121	LTU121	希尔温托斯(立陶宛)	Sirvintos, Lithuania	3440121
440124	LT124	LTU124	斯库奥达斯(立陶宛)	Skuodas, Lithuania	3440124
440127	LT127	LTU127	什文乔尼斯(立陶宛)	Svencionys, Lithuania	3440127
440130	LT130	LTU130	陶拉盖(立陶宛)	Taurage, Lithuania	3440130
440133	LT133	LTU133	泰尔希艾(立陶宛)	Telsiai, Lithuania	3440133

代码	iso2	iso3	中文名称	英文名称	分类代码
440136	LT136	LTU136	特拉凯（立陶宛）	Trakai, Lithuania	3440136
440139	LT139	LTU139	乌克梅尔盖（立陶宛）	Ukmerge, Lithuania	3440139
440142	LT142	LTU142	乌泰纳（立陶宛）	Utena, Lithuania	3440142
440145	LT145	LTU145	瓦雷纳（立陶宛）	Varena, Lithuania	3440145
440148	LT148	LTU148	维尔基什基斯（立陶宛）	Vilkiskis, Lithuania	3440148
440151	LT151	LTU151	维尔纽斯（立陶宛）	Vilnius, Lithuania	3440151
440154	LT154	LTU154	扎拉赛（立陶宛）	Zarasai, Lithuania	3440154
442	LU	LUX	卢森堡	Luxembourg	3442
442001	LU001	LUX001	迪基希（卢森堡）	Diekirch, Luxembourg	3442001
442004	LU004	LUX004	格雷文马赫（卢森堡）	Grevenmacher, Luxembourg	3442004
442007	LU007	LUX007	卢森堡（卢森堡）	Luxembourg, Luxembourg	3442007
446	MO	MAC	中国澳门	Macau (China)	1446
450	MG	MDG	马达加斯加	Madagascar	2450
450001	MG001	MDG001	塔那那利佛(马达加斯加)	Antananarivo, Madagascar	2450001
450004	MG004	MDG004	安齐拉纳纳(马达加斯加)	Antsiranana, Madagascar	2450004
450007	MG007	MDG007	菲亚纳兰楚阿（马达加斯加）	Fianarantsoa, Madagascar	2450007
450010	MG010	MDG010	马哈赞加（马达加斯加）	Mahajanga, Madagascar	2450010
450013	MG013	MDG013	图阿马西拉(马达加斯加)	Toamasira, Madagascar	2450013
450016	MG016	MDG016	图利亚拉（马达加斯加）	Toliara, Madagascar	2450016
454	MW	MWI	马拉维	Malawi	2454
454001	MW001	MWI001	中央（马拉维）	Central, Malawi	2454001
454004	MW004	MWI004	北部（马拉维）	Northern, Malawi	2454004
454007	MW007	MWI007	南部（马拉维）	Southern, Malawi	2454007
458	MY	MYS	马来西亚	Malaysia	1458
458001	MY001	MYS001	柔佛（马来西亚）	Johor, Malaysia	1458001
458004	MY004	MYS004	吉打（马来西亚）	Kedah, Malaysia	1458004
458007	MY007	MYS007	吉兰丹（马来西亚）	Kelantan, Malaysia	1458007
458010	MY010	MYS010	马六甲（马来西亚）	Melaka, Malaysia	1458010
458013	MY013	MYS013	森美兰（马来西亚）	Negeri Sembilan, Malaysia	1458013
458016	MY016	MYS016	彭亨（马来西亚）	Pahang, Malaysia	1458016
458019	MY019	MYS019	霹雳（马来西亚）	Perak, Malaysia	1458019
458022	MY022	MYS022	玻璃市（马来西亚）	Perlis, Malaysia	1458022
458025	MY025	MYS025	槟榔屿（马来西亚）	Pulau Pinang, Malaysia	1458025
458028	MY028	MYS028	沙巴（马来西亚）	Sabah, Malaysia	1458028
458031	MY031	MYS031	沙捞越（马来西亚）	Sarawak, Malaysia	1458031
458034	MY034	MYS034	雪兰莪（马来西亚）	Selangor, Malaysia	1458034
458037	MY037	MYS037	丁加奴（马来西亚）	Terengganu, Malaysia	1458037
458040	MY040	MYS040	吉隆坡（马来西亚）	Kuala Lumpur, Malaysia	1458040
458043	MY043	MYS043	纳闽岛（马来西亚）	Pulau Labuan, Malaysia	1458043
462	MV	MDV	马尔代夫	Maldives	1462
462001	MV001	MDV001	北蒂拉敦马蒂(马尔代夫)	North Thiladhunmathi, Maldives	1462001
462004	MV004	MDV004	南蒂拉敦马蒂(马尔代夫)	South Thiladhunmathi, Maldives	1462004
462007	MV007	MDV007	北米拉敦马杜(马尔代夫)	North Miladhunmadulu, Maldives	1462007
462010	MV010	MDV010	南米拉敦马杜卢（马尔代夫）	South Miladhunmadulu, Maldives	1462010
462013	MV013	MDV013	北马洛斯马杜卢（马尔代夫）	North Maalhosmadulu, Maldives	1462013

代码	iso2	iso3	中文名称	英文名称	分类代码
462016	MV016	MDV016	南马洛斯马杜卢（马尔代夫）	South Maalhosmadulu, Maldives	1462016
462019	MV019	MDV019	法迪波卢（马尔代夫）	Faadhippolhu, Maldives	1462019
462022	MV022	MDV022	马累（马尔代夫）	Male', Maldives	1462022
462025	MV025	MDV025	阿里环礁北支(马尔代夫)	Ari Atoll Uthuru Gofi, Maldives	1462025
462028	MV028	MDV028	阿里环礁南支(马尔代夫)	Ari Atoll Dhekunu, Maldives	1462028
462031	MV031	MDV031	费利杜环礁（马尔代夫）	Felidhu Atoll, Maldives	1462031
462034	MV034	MDV034	穆拉卡托卢（马尔代夫）	Muladatholhu, Maldives	1462034
462037	MV037	MDV037	北米兰代环礁(马尔代夫)	North Nilandhe, Maldives	1462037
462040	MV040	MDV040	南米兰代环礁(马尔代夫)	South Nilandhe, Maldives	1462040
462043	MV043	MDV043	科卢马杜卢（马尔代夫）	Kolhumadulu, Maldives	1462043
462046	MV046	MDV046	哈敦马蒂（马尔代夫）	Hadhdhunmathi, Maldives	1462046
462049	MV049	MDV049	北胡瓦杜环礁(马尔代夫)	North Huvadhu Atoll, Maldives	1462049
462052	MV052	MDV052	南胡瓦杜环礁(马尔代夫)	South Huvadhu Atoll, Maldives	1462052
462055	MV055	MDV055	福阿穆拉（马尔代夫）	Foammulah, Maldives	1462055
462058	MV058	MDV058	阿杜环礁（马尔代夫）	Addu Atoll, Maldives	1462058
462061	MV061	MDV061	马累（马尔代夫）	Male, Maldives	1462061
466	ML	MLI	马里	Mali	2466
466001	ML001	MLI001	加奥（马里）	Gao, Mali	2466001
466004	ML004	MLI004	卡伊（马里）	Kayes, Mali	2466004
466007	ML007	MLI007	库利科罗（马里）	Koulikoro, Mali	2466007
466010	ML010	MLI010	莫普提（马里）	Mopti, Mali	2466010
466013	ML013	MLI013	塞古（马里）	Segou, Mali	2466013
466016	ML016	MLI016	锡尔索（马里）	Sikasso, Mali	2466016
466019	ML019	MLI019	通布图（马里）	Tombouctou, Mali	2466019
466022	ML022	MLI022	首都区（马里）	Capital District, Mali	2466022
466025	ML025	MLI025	基达尔（马里）	Kidal, Mali	2466025
470	MT	MLT	马耳他	Malta	3470
470001	MT001	MLT001	戈佐－科米诺（马耳他）	Gozo and Comino, Malta	3470001
470004	MT004	MLT004	内港（马耳他）	Inner Harour, Malta	3470004
470007	MT007	MLT007	北部（马耳他）	Northern, Malta	3470007
470010	MT010	MLT010	外港（马耳他）	Outer Harbour, Malta	3470010
470013	MT013	MLT013	东南（马耳他）	South Eastern, Malta	3470013
470016	MT016	MLT016	西部（马耳他）	Western, Malta	3470016
474	MQ	MTQ	马提尼克	Martinique	5474
474001	MQ001	MTQ001	法兰西堡（马提尼克）	Fort-de-France, Martinique	5474001
474004	MQ004	MTQ004	勒马兰（马提尼克）	Le Marin, Martinique	5474004
474007	MQ007	MTQ007	拉特里尼泰（马提尼克）	La Trinite, Martinique	5474007
478	MR	MRT	毛里塔尼亚	Mauritania	2478
478001	MR001	MRT001	阿萨巴（毛里塔尼亚）	Acaba, El, Mauritania	2478001
478004	MR004	MRT004	阿德拉尔（毛里塔尼亚）	Adrar, Mauritania	2478004
478007	MR007	MRT007	卜拉克纳（毛里塔尼亚）	Brakna, Mauritania	2478007
478010	MR010	MRT010	努瓦迪布湾(毛里塔尼亚)	Dakhlet Nouadhibou, Mauritania	2478010
478013	MR013	MRT013	戈尔戈勒（毛里塔尼亚）	Gorgol, Mauritania	2478013
478016	MR016	MRT016	吉迪马卡（毛里塔尼亚）	Guidimaka, Mauritania	2478016
478019	MR019	MRT019	西胡德（毛里塔尼亚）	Hodh el-Gharbi, Mauritania	2478019
478022	MR022	MRT022	东胡德（毛里塔尼亚）	Hodh el-Chargui, Mauritania	2478022
478025	MR025	MRT025	因希里（毛里塔尼亚）	Inchiri, Mauritania	2478025

代码	iso2	iso3	中文名称	英文名称	分类代码
478028	MR028	MRT028	塔甘特（毛里塔尼亚）	Tagant, Mauritania	2478028
478031	MR031	MRT031	提里斯－宰穆尔（毛里塔尼亚）	Tiris Zemmour, Mauritania	2478031
478034	MR034	MRT034	特拉扎（毛里塔尼亚）	Trarza, Mauritania	2478034
478037	MR037	MRT037	努瓦克肖特(毛里塔尼亚)	Nouakchott, Mauritania	2478037
480	MU	MUS	毛里求斯	Mauritius	2480
480001	MU001	MUS001	毛里求斯岛（毛里求斯）	Mauritius I., Mauritius	2480001
480004	MU004	MUS004	黑河（毛里求斯）	Black-River, Mauritius	2480004
480007	MU007	MUS007	弗拉克（毛里求斯）	Flacq, Mauritius	2480007
480010	MU010	MUS010	大港（毛里求斯）	Grand Port, Mauritius	2480010
480013	MU013	MUS013	莫卡（毛里求斯）	Moka, Mauritius	2480013
480016	MU016	MUS016	庞普勒穆斯（毛里求斯）	Pamplemousses, Mauritius	2480016
480019	MU019	MUS019	威廉平原（毛里求斯）	Plaines Wilhelms, Mauritius	2480019
480022	MU022	MUS022	路易港（毛里求斯）	Port Louis, Mauritius	2480022
480025	MU025	MUS025	里维耶尔－迪朗帕（毛里求斯）	Riviere du Rempart, Mauritius	2480025
480028	MU028	MUS028	萨凡纳（毛里求斯）	Savanne, Mauritius	2480028
480031	MU031	MUS031	罗德里格斯岛(毛里求斯)	Rodrigues I., Mauritius	2480031
480034	MU034	MUS034	阿加莱加群岛(毛里求斯)	Agalega Is., Mauritius	2480034
480037	MU037	MUS037	卡加多斯－卡拉若斯群岛（毛里求斯）	Cargados Carajos Shoals, Mauritius	2480037
482	ME		梅利利亚	Melilla	2482
484	MX	MEX	墨西哥	Mexico	5484
484001	MX001	MEX001	阿瓜斯卡连特斯(墨西哥)	Aguascalientes, Mexico	5484001
484004	MX004	MEX004	北下加利福尼亚(墨西哥)	Baja California Norte, Mexico	5484004
484007	MX007	MEX007	南下加利福尼亚(墨西哥)	Baja California Sur, Mexico	5484007
484010	MX010	MEX010	坎佩切（墨西哥）	Campeche, Mexico	5484010
484013	MX013	MEX013	恰帕斯（墨西哥）	Chiapas, Mexico	5484013
484016	MX016	MEX016	奇瓦瓦（墨西哥）	Chihuahua, Mexico	5484016
484019	MX019	MEX019	科阿韦拉（墨西哥）	Coahuila, Mexico	5484019
484022	MX022	MEX022	科利马（墨西哥）	Colima, Mexico	5484022
484025	MX025	MEX025	联邦区（墨西哥）	Distrito Federal, Mexico	5484025
484028	MX028	MEX028	杜兰戈（墨西哥）	Durango, Mexico	5484028
484031	MX031	MEX031	瓜纳华托（墨西哥）	Guanajuato, Mexico	5484031
484034	MX034	MEX034	格雷罗（墨西哥）	Guerrero, Mexico	5484034
484037	MX037	MEX037	伊达尔戈（墨西哥）	Hidalgo, Mexico	5484037
484040	MX040	MEX040	哈利斯科（墨西哥）	Jalisco, Mexico	5484040
484043	MX043	MEX043	墨西哥（墨西哥）	Mexico, Mexico	5484043
484046	MX046	MEX046	米却肯（墨西哥）	Michoacan, Mexico	5484046
484049	MX049	MEX049	莫雷洛斯（墨西哥）	Morelos, Mexico	5484049
484052	MX052	MEX052	纳亚里特（墨西哥）	Nayarit, Mexico	5484052
484055	MX055	MEX055	新莱昂（墨西哥）	Nueco Leon, Mexico	5484055
484058	MX058	MEX058	瓦哈卡（墨西哥）	Oaxaca, Mexico	5484058
484061	MX061	MEX061	普埃布拉（墨西哥）	Puebla, Mexico	5484061
484064	MX064	MEX064	克雷塔罗（墨西哥）	Queretaro, Mexico	5484064
484067	MX067	MEX067	金塔纳罗奥（墨西哥）	Quintana Roo, Mexico	5484067
484070	MX070	MEX070	圣路易斯波托西(墨西哥)	San Luis Potosi, Mexico	5484070
484073	MX073	MEX073	锡那罗亚（墨西哥）	Sinaloa, Mexico	5484073

代码	iso2	iso3	中文名称	英文名称	分类代码
484076	MX076	MEX076	索诺拉（墨西哥）	Sonora, Mexico	5484076
484079	MX079	MEX079	塔瓦斯科（墨西哥）	Tabasco, Mexico	5484079
484082	MX082	MEX082	塔毛利帕斯（墨西哥）	Tamaulipas, Mexico	5484082
484085	MX085	MEX085	特拉斯卡拉（墨西哥）	Tlaxcala, Mexico	5484085
484088	MX088	MEX088	韦拉克鲁斯（墨西哥）	Veracruz, Mexico	5484088
484091	MX091	MEX091	尤卡坦（墨西哥）	Yucatan, Mexico	5484091
484094	MX094	MEX094	萨卡特卡斯（墨西哥）	Zacatecas, Mexico	5484094
492	MC	MCO	摩纳哥	Monaco	3492
492001	MC001	MCO001	丰维耶（摩纳哥）	Fontvieille, Monaco	3492001
492004	MC004	MCO004	拉孔达米讷（摩纳哥）	La Condamine, Monaco	3492004
492007	MC007	MCO007	蒙特卡洛（摩纳哥）	Monte-Carlo, Monaco	3492007
492010	MC010	MCO010	摩纳哥（摩纳哥）	Monaco-Ville, Monaco	3492010
496	MN	MNG	蒙古	Mongolia	1496
496001	MN001	MNG001	后杭爱（蒙古）	Arhangay, Mongolia	1496001
496004	MN004	MNG004	巴彦洪戈尔（蒙古）	Bayanhongor, Mongolia	1496004
496007	MN007	MNG007	巴彦乌列盖（蒙古）	Bayan-Olgiy, Mongolia	1496007
496010	MN010	MNG010	布尔干（蒙古）	Bulgan, Mongolia	1496010
496013	MN013	MNG013	达尔汗乌拉（蒙古）	Darhanuul, Mongolia	1496013
496016	MN016	MNG016	东方（蒙古）	Dornod, Mongolia	1496016
496019	MN019	MNG019	东戈壁（蒙古）	Dornogovi, Mongolia	1496019
496022	MN022	MNG022	中弋壁（蒙古）	Dundgovi, Mongolia	1496022
496025	MN025	MNG025	扎布汗（蒙古）	Dzavhan, Mongolia	1496025
496028	MN028	MNG028	戈壁阿尔泰（蒙古）	Govi-Altay, Mongolia	1496028
496031	MN031	MNG031	戈壁苏木贝尔（蒙古）	Govi Sumber, Mongolia	1496031
496034	MN034	MNG034	肯特（蒙古）	Hentiy, Mongolia	1496034
496037	MN037	MNG037	科布多（蒙古）	Hovd, Mongolia	1496037
496040	MN040	MNG040	库苏古尔（蒙古）	Hovsgol, Mongolia	1496040
496043	MN043	MNG043	南戈壁（蒙古）	Omnogovi, Mongolia	1496043
496046	MN046	MNG046	鄂尔浑（蒙古）	Orhon, Mongolia	1496046
496049	MN049	MNG049	前杭爱（蒙古）	Ovorhangay, Mongolia	1496049
496052	MN052	MNG052	色楞格（蒙古）	Selenge, Mongolia	1496052
496055	MN055	MNG055	苏赫巴托尔（蒙古）	Suhbaatar, Mongolia	1496055
496058	MN058	MNG058	中央（蒙古）	Tov, Mongolia	1496058
496061	MN061	MNG061	乌布苏（蒙古）	Uvs, Mongolia	1496061
496064	MN064	MNG064	乌兰巴托（蒙古）	Ulaanbaatar, Mongolia	1496064
498	MD	MDA	摩尔多瓦	Moldova (Republic of)	3498
498001	MD001	MDA001	阿内尼诺伊（摩尔多瓦）	Anenii Noi, Moldova	3498001
498004	MD004	MDA004	巴萨拉贝亚斯卡（摩尔多瓦）	Basarabeasca, Moldova	3498004
498007	MD007	MDA007	布林切尼（摩尔多瓦）	Brinceni, Moldova	3498007
498010	MD010	MDA010	卡胡尔（摩尔多瓦）	Cahul, Moldova	3498010
498013	MD013	MDA013	克伊纳里（摩尔多瓦）	Cainari, Moldova	3498013
498016	MD016	MDA016	克勒拉希（摩尔多瓦）	Calarasi, Moldova	3498016
498019	MD019	MDA019	卡门卡（摩尔多瓦）	Camenca, Moldova	3498019
498022	MD022	MDA022	坎泰米尔（摩尔多瓦）	Cantemir, Moldova	3498022
498025	MD025	MDA025	克乌谢尼（摩尔多瓦）	Causeni, Moldova	3498025
498028	MD028	MDA028	恰德尔-隆加(摩尔多瓦）	Ceadir-Lunga, Moldova	3498028
498031	MD031	MDA031	奇米什利亚（摩尔多瓦）	Cimislia, Moldova	3498031

代码	iso2	iso3	中文名称	英文名称	分类代码
498034	MD034	MDA034	科姆拉特（摩尔多瓦）	Comrat, Moldova	3498034
498037	MD037	MDA037	克留莱尼（摩尔多瓦）	Criuleni, Moldova	3498037
498040	MD040	MDA040	栋杜谢尼（摩尔多瓦）	Donduseni, Moldova	3498040
498043	MD043	MDA043	德罗基亚（摩尔多瓦）	Drochia, Moldova	3498043
498046	MD046	MDA046	杜伯萨里（摩尔多瓦）	Dubasari, Moldova	3498046
498049	MD049	MDA049	埃迪内茨（摩尔多瓦）	Edinet, Moldova	3498049
498052	MD052	MDA052	弗莱什蒂（摩尔多瓦）	Falesti, Moldova	3498052
498055	MD055	MDA055	弗洛雷什蒂（摩尔多瓦）	Floresti, Moldova	3498055
498058	MD058	MDA058	格洛代尼（摩尔多瓦）	Glodeni, Moldova	3498058
498061	MD061	MDA061	格里戈里奥波尔（摩尔多瓦）	Grigoriopol, Moldova	3498061
498064	MD064	MDA064	亨切什蒂（摩尔多瓦）	Hincesti, Moldova	3498064
498067	MD067	MDA067	亚洛韦尼（摩尔多瓦）	Ialoveni, Moldova	3498067
498070	MD070	MDA070	莱奥瓦（摩尔多瓦）	Leova, Moldova	3498070
498073	MD073	MDA073	尼斯波雷尼（摩尔多瓦）	Nisporeni, Moldova	3498073
498076	MD076	MDA076	奥克尼察（摩尔多瓦）	Ocnita, Moldova	3498076
498079	MD079	MDA079	奥尔海伊（摩尔多瓦）	Orhei, Moldova	3498079
498082	MD082	MDA082	勒布尼察（摩尔多瓦）	Ribnita, Moldova	3498082
498085	MD085	MDA085	雷济纳（摩尔多瓦）	Rezina, Moldova	3498085
498088	MD088	MDA088	勒什卡尼（摩尔多瓦）	Riscani, Moldova	3498088
498091	MD091	MDA091	森盖雷伊（摩尔多瓦）	Singerei, Moldova	3498091
498094	MD094	MDA094	斯洛博齐亚（摩尔多瓦）	Slobozia, Moldova	3498094
498097	MD097	MDA097	绍尔德内什蒂(摩尔多瓦）	Soldanesti, Moldova	3498097
498100	MD100	MDA100	索罗卡（摩尔多瓦）	Soroca, Moldova	3498100
498103	MD103	MDA103	斯特凡大公（摩尔多瓦）	Stefan–Voda, Moldova	3498103
498106	MD106	MDA106	斯特勒谢尼（摩尔多瓦）	Straseni, Moldova	3498106
498109	MD109	MDA109	塔拉克利亚（摩尔多瓦）	Taraclia, Moldova	3498109
498112	MD112	MDA112	泰莱内什蒂（摩尔多瓦）	Telenesti, Moldova	3498112
498115	MD115	MDA115	温盖尼（摩尔多瓦）	Ungheni, Moldova	3498115
498118	MD118	MDA118	武尔克内什蒂(摩尔多瓦）	Vulcanesti, Moldova	3498118
498121	MD121	MDA121	伯尔齐（摩尔多瓦）	Balti, Moldova	3498121
498124	MD124	MDA124	卡胡尔（摩尔多瓦）	Cahul, Moldova	3498124
498127	MD127	MDA127	基希讷乌（摩尔多瓦）	Chisinau, Moldova	3498127
498130	MD130	MDA130	杜伯萨里（摩尔多瓦）	Dubasari, Moldova	3498130
498133	MD133	MDA133	奥尔海伊（摩尔多瓦）	Orhei, Moldova	3498133
498136	MD136	MDA136	勒布尼察（摩尔多瓦）	Rabnita, Moldova	3498136
498139	MD139	MDA139	索罗卡（摩尔多瓦）	Soroca, Moldova	3498139
498142	MD142	MDA142	蒂吉纳（宾杰里）（摩尔多瓦）	Tighina(Bendery), Moldova	3498142
498145	MD145	MDA145	蒂拉斯波尔（摩尔多瓦）	Tiraspol, Moldova	3498145
498148	MD148	MDA148	温盖尼（摩尔多瓦）	Ungheni, Moldova	3498148
499	ME	MNE	黑山共和国	Republic of Montenegro	3499
499001	ME001	MNE001	黑山（黑山共和国）	Grna Gora, Republic of Montenegro	3499001
500	MS	MSR	蒙特塞拉特	Montserrat	5500
504	MA	MAR	摩洛哥	Morocco	2504
504001	MA001	MAR001	阿加迪尔（摩洛哥）	Agadir, Morocco	2504001
504004	MA004	MAR004	艾济拉勒（摩洛哥）	Azilal, Morocco	2504004
504007	MA007	MAR007	贝尼迈拉勒（摩洛哥）	Beni Mellal, Morocco	2504007

代码	iso2	iso3	中文名称	英文名称	分类代码
504010	MA010	MAR010	本苏莱曼（摩洛哥）	Ben Slimane, Morocco	2504010
504013	MA013	MAR013	布勒曼（摩洛哥）	Boulemane, Morocco	2504013
504016	MA016	MAR016	沙万（摩洛哥）	Chaouen, Morocco	2504016
504019	MA019	MAR019	拉希迪耶（摩洛哥）	Errachidia, Morocco	2504019
504022	MA022	MAR022	索维拉（摩洛哥）	Essaouira, Morocco	2504022
504025	MA025	MAR025	非斯（摩洛哥）	Fes, Morocco	2504025
504028	MA028	MAR028	菲吉格（摩洛哥）	Figuig, Morocco	2504028
504031	MA031	MAR031	盖勒敏（摩洛哥）	Guelmin, Morocco	2504031
504034	MA034	MAR034	胡塞马（摩洛哥）	Hoceima, Al-, Morocco	2504034
504037	MA037	MAR037	伊夫兰（摩洛哥）	Ifrane, Morocco	2504037
504040	MA040	MAR040	杰迪代（摩洛哥）	Jadida, El-, Morocco	2504040
504043	MA043	MAR043	斯拉格奈堡（摩洛哥）	Kelaa Srarhna, El-, Morocco	2504043
504046	MA046	MAR046	盖尼特拉（摩洛哥）	Kenitra, Morocco	2504046
504049	MA049	MAR049	海米萨特（摩洛哥）	Khemisset, Morocco	2504049
504052	MA052	MAR052	海尼夫拉（摩洛哥）	Khenifra, Morocco	2504052
504055	MA055	MAR055	胡里卜盖（摩洛哥）	Khouribga, Morocco	2504055
504058	MA058	MAR058	马拉喀什（摩洛哥）	Marrakesh, Morocco	2504058
504061	MA061	MAR061	梅克内斯（摩洛哥）	Meknes, Morocco	2504061
504064	MA064	MAR064	纳祖尔（摩洛哥）	Nador, Morocco	2504064
504067	MA067	MAR067	瓦尔扎扎特（摩洛哥）	Ouarzazate, Morocco	2504067
504070	MA070	MAR070	乌季达（摩洛哥）	Oujda, Morocco	2504070
504073	MA073	MAR073	萨菲（摩洛哥）	Safi, Morocco	2504073
504076	MA076	MAR076	塞塔特（摩洛哥）	Settat, Morocco	2504076
504079	MA079	MAR079	西姆卡塞姆（摩洛哥）	Sidi Kacem, Morocco	2504079
504082	MA082	MAR082	丹吉尔（摩洛哥）	Tanger, Morocco	2504082
504085	MA085	MAR085	坦坦（摩洛哥）	Tan-Tan, Morocco	2504085
504088	MA088	MAR088	陶纳特（摩洛哥）	Taounate, Morocco	2504088
504091	MA091	MAR091	塔鲁丹特（摩洛哥）	Taroudannt, Morocco	2504091
504094	MA094	MAR094	塔塔（摩洛哥）	Tata, Morocco	2504094
504097	MA097	MAR097	塔扎（摩洛哥）	Taza, Morocco	2504097
504100	MA100	MAR100	得土安（摩洛哥）	Tetuan, Morocco	2504100
504103	MA103	MAR103	提兹尼特（摩洛哥）	Tiznit, Morocco	2504103
504106	MA106	MAR106	艾因舒克－海·哈桑尼(摩洛哥）	Ain Chok-Hay Hassani, Morocco	2504106
504109	MA109	MAR109	艾因塞巴－海·穆罕默德（摩洛哥）	Ain Sebaa-Hay Mohammadi, Morocco	2504109
504112	MA112	MAR112	本姆西克－西迪奥斯曼（摩洛哥）	Ben Msik-Sidi Othmane, Morocco	2504112
504115	MA115	MAR115	卡萨布兰卡－安法（摩洛哥）	Casablanca-Anfa, Morocco	2504115
504118	MA118	MAR118	穆罕默迪耶－兹纳塔（摩洛哥）	Mohammadia-Znata, Morocco	2504118
504121	MA121	MAR121	拉巴特（摩洛哥）	Rabat, Morocco	2504121
504124	MA124	MAR124	塞拉（摩洛哥）	Sale, Morocco	2504124
504127	MA127	MAR127	斯希拉特－泰马拉（摩洛哥）	Skhirate-Temara, Morocco	2504127
508	MZ	MOZ	莫桑比克	Mozambique	2508
508001	MZ001	MOZ001	德尔加杜角（莫桑比克）	Cabo Delgado, Mozambique	2508001

代码	iso2	iso3	中文名称	英文名称	分类代码
508004	MZ004	MOZ004	加扎（莫桑比克）	Gaza, Mozambique	2508004
508007	MZ007	MOZ007	伊尼扬巴内（莫桑比克）	Inhambane, Mozambique	2508007
508010	MZ010	MOZ010	马尼卡（莫桑比克）	Manica, Mozambique	2508010
508013	MZ013	MOZ013	马普托（莫桑比克）	Maputo, Mozambique	2508013
508016	MZ016	MOZ016	楠普拉（莫桑比克）	Nampula, Mozambique	2508016
508019	MZ019	MOZ019	尼亚萨（莫桑比克）	Niassa, Mozambique	2508019
508022	MZ022	MOZ022	索法拉（莫桑比克）	Sofala, Mozambique	2508022
508025	MZ025	MOZ025	太特（莫桑比克）	Tete, Mozambique	2508025
508028	MZ028	MOZ028	赞比西亚（莫桑比克）	Zambezia, Mozambique	2508028
508031	MZ031	MOZ031	马普托（莫桑比克）	Maputo, Mozambique	2508031
512	OM	OMN	阿曼	Oman	1512
512001	OM001	OMN001	巴提奈（阿曼）	Batinah, Al, Oman	1512001
512004	OM004	OMN004	内地（阿曼）	Interior, Oman	1512004
512007	OM007	OMN007	南部（阿曼）	Janubiyah, Oman	1512007
512010	OM010	OMN010	马斯喀斯（阿曼）	Muscat, Oman	1512010
512013	OM013	OMN013	穆桑代姆（阿曼）	Musandam, Oman	1512013
512016	OM016	OMN016	东部（阿曼）	Sharqiyah, Oman	1512016
512019	OM019	OMN019	扎希拉（阿曼）	Zahirah, Az, Oman	1512019
516	NA	NAM	纳米比亚	Namibia	2516
516001	NA001	NAM001	贝塔尼恩（纳米比亚）	Bethanien, Namibia	2516001
516004	NA004	NAM004	布须曼兰（纳米比亚）	Bushmanland, Namibia	2516004
516007	NA007	NAM007	卡普里维（纳米比亚）	Caprivi, Namibia	2516007
516010	NA010	NAM010	马达拉兰（纳米比亚）	Damaraland, Namibia	2516010
516013	NA013	NAM013	戈巴比斯（纳米比亚）	Gobabis, Namibia	2516013
516016	NA016	NAM016	赫鲁特方丹（纳米比亚）	Grootfontein, Namibia	2516016
516019	NA019	NAM019	赫雷罗兰东（纳米比亚）	Hereroland East, Namibia	2516019
516022	NA022	NAM022	赫雷罗兰西（纳米比亚）	Hereroland West, Namibia	2516022
516025	NA025	NAM025	卡奥科兰（纳米比亚）	Kaokoland, Namibia	2516025
516028	NA028	NAM028	卡拉斯堡（纳米比亚）	Karasburg, Namibia	2516028
516031	NA031	NAM031	卡里比布（纳米比亚）	Karibib, Namibia	2516031
516034	NA034	NAM034	卡万戈（纳米比亚）	Kavango, Namibia	2516034
516037	NA037	NAM037	基特曼斯胡普(纳米比亚)	Keetmanshoop, Namibia	2516037
516040	NA040	NAM040	吕德里茨（纳米比亚）	Luderitz, Namibia	2516040
516043	NA043	NAM043	马尔塔赫厄（纳米比亚）	Maltahohe, Namibia	2516043
516046	NA046	NAM046	马林塔尔（纳米比亚）	Mariental, Namibia	2516046
516049	NA049	NAM049	纳马兰（纳米比亚）	Namaland, Namibia	2516049
516052	NA052	NAM052	奥卡汉贾（纳米比亚）	Okahandja, Namibia	2516052
516055	NA055	NAM055	奥马鲁鲁（纳米比亚）	Omaruru, Namibia	2516055
516058	NA058	NAM058	奥奇瓦龙戈（纳米比亚）	Otjiwarongo, Namibia	2516058
516061	NA061	NAM061	奥乔（纳米比亚）	Outjo, Namibia	2516061
516064	NA064	NAM064	奥万博（纳米比亚）	Owambo, Namibia	2516064
516067	NA067	NAM067	雷霍博特（纳米比亚）	Rehoboth, Namibia	2516067
516070	NA070	NAM070	斯瓦科普蒙德(纳米比亚)	Swakopmund, Namibia	2516070
516073	NA073	NAM073	楚梅市（纳米比亚）	Tsumeb, Namibia	2516073
516076	NA076	NAM076	温得和克（纳米比亚）	Windhoek, Namibia	2516076
520	NR	NRU	瑙鲁	Nauru	6520
520001	NR001	NRU001	艾沃（瑙鲁）	Aiwo, Nauru	6520001
520004	NR004	NRU004	阿纳巴尔（瑙鲁）	Anabar, Nauru	6520004

代码	iso2	iso3	中文名称	英文名称	分类代码
520007	NR007	NRU007	阿内坦（瑙鲁）	Anetan, Nauru	6520007
520010	NR010	NRU010	阿尼巴雷（瑙鲁）	Anibare, Nauru	6520010
520013	NR013	NRU013	拜蒂（瑙鲁）	Baiti, Nauru	6520013
520016	NR016	NRU016	博埃（瑙鲁）	Boe, Nauru	6520016
520019	NR019	NRU019	布阿达（瑙鲁）	Buada, Nauru	6520019
520022	NR022	NRU022	代尼戈莫杜（瑙鲁）	Denigomodu, Nauru	6520022
520025	NR025	NRU025	埃瓦（瑙鲁）	Ewa, Nauru	6520025
520028	NR028	NRU028	伊朱布（瑙鲁）	Ijuw, Nauru	6520028
520031	NR031	NRU031	梅嫩（瑙鲁）	Meneng, Nauru	6520031
520034	NR034	NRU034	尼博克（瑙鲁）	Nibok, Nauru	6520034
520037	NR037	NRU037	瓦博埃（瑙鲁）	Uaboe, Nauru	6520037
520040	NR040	NRU040	亚伦（瑙鲁）	Yaren, Nauru	6520040
524	NP	NPL	尼泊尔	Nepal	1524
524001	NP001	NPL001	巴格马蒂（尼泊尔）	Bagmati, Nepal	1524001
524004	NP004	NPL004	佩里（尼泊尔）	Bheri, Nepal	1524004
524007	NP007	NPL007	道拉吉里（尼泊尔）	Dhawalagiri, Nepal	1524007
524010	NP010	NPL010	甘达基（尼泊尔）	Gandaki, Nepal	1524010
524013	NP013	NPL013	贾纳克布尔（尼泊尔）	Janakpur, Nepal	1524013
524016	NP016	NPL016	格尔纳利（尼泊尔）	Karnali, Nepal	1524016
524019	NP019	NPL019	戈希（尼泊尔）	Koshi, Nepal	1524019
524022	NP022	NPL022	蓝毗尼（尼泊尔）	Lumbini, Nepal	1524022
524025	NP025	NPL025	马哈卡利（尼泊尔）	Mahakali, Nepal	1524025
524028	NP028	NPL028	梅吉（尼泊尔）	Mechi, Nepal	1524028
524031	NP031	NPL031	纳拉亚尼（尼泊尔）	Narayani, Nepal	1524031
524034	NP034	NPL034	拉布蒂（尼泊尔）	Rapti, Nepal	1524034
524037	NP037	NPL037	萨加玛塔（尼泊尔）	Sagarmatha, Nepal	1524037
524040	NP040	NPL040	塞蒂（尼泊尔）	Seti, Nepal	1524040
528	NL	NLD	荷兰	Netherlands	3528
528001	NL001	NLD001	德伦特（荷兰）	Drenthe, Netherlands	3528001
528004	NL004	NLD004	弗莱福兰（荷兰）	Flevoland, Netherlands	3528004
528007	NL007	NLD007	弗里斯兰（荷兰）	Friesland, Netherlands	3528007
528010	NL010	NLD010	海尔德兰（荷兰）	Gelderland, Netherlands	3528010
528013	NL013	NLD013	格罗宁根（荷兰）	Groningen, Netherlands	3528013
528016	NL016	NLD016	林堡（荷兰）	Limburg, Netherlands	3528016
528019	NL019	NLD019	北布拉班特（荷兰）	Noord–Brabant, Netherlands	3528019
528022	NL022	NLD022	北荷兰（荷兰）	Noord–Holland, Netherlands	3528022
528025	NL025	NLD025	上艾瑟尔（荷兰）	Overijssel, Netherlands	3528025
528028	NL028	NLD028	乌得勒支（荷兰）	Utrecht, Netherlands	3528028
528031	NL031	NLD031	泽兰（荷兰）	Zeeland, Netherlands	3528031
528034	NL034	NLD034	南荷兰（荷兰）	Zuid–Holland, Netherlands	3528034
530	AN	ANT	荷属安的列斯	Netherlands Antilles	5530
530001	AN001	ANT001	博奈尔（荷属安的列斯）	Bonaire, Netherlands Antilles	5530001
530004	AN004	ANT004	库拉索（荷属安的列斯）	Curacao, Netherlands Antilles	5530004
530007	AN007	ANT007	萨巴（荷属安的列斯）	Saba, Netherlands Antilles	5530007
530010	AN010	ANT010	圣尤斯特歇斯（荷属安的列斯）	Sint Eustatius, Netherlands Antilles	5530010
530013	AN013	ANT013	圣马丁（荷属安的列斯）	Sint Maarten, Netherlands Antilles	5530013
531	CW	CUW	库腊索岛	Curacao	5531

代码	iso2	iso3	中文名称	英文名称	分类代码
533	AW	ABW	阿鲁巴	Aruba	5533
534	SX	SXM	荷属圣马丁岛	Sint Maarten (Dutch part)	5534
535	BQ	BES	博内尔岛、圣尤斯特歇斯岛和萨巴岛	Bonaire, Sint Eustatius and Saba	5535
540	NC	NCL	新喀里多尼亚	New Caledonia	6540
540001	NC001	NCL001	洛亚蒂（新喀里多尼亚）	Loyaute, New Caledonia	6540001
540004	NC004	NCL004	北部（新喀里多尼亚）	Nord, New Caledonia	6540004
540007	NC007	NCL007	努美阿（新喀里多尼亚）	Noumea, New Caledonia	6540007
540010	NC010	NCL010	南部（新喀里多尼亚）	Sud, New Caledonia	6540010
548	VU	VUT	瓦努阿图	Vanuatu	6548
548001	VU001	VUT001	安布里姆（瓦努阿图）	Ambrym, Vanuatu	6548001
548004	VU004	VUT004	迈沃（瓦努阿图）	Maewo, Vanuatu	6548004
548007	VU007	VUT007	托雷斯（瓦努阿图）	Torres, Vanuatu	6548007
548010	VU010	VUT010	埃法特（瓦努阿图）	Efate, Vanuatu	6548010
548013	VU013	VUT013	埃皮（瓦努阿图）	Epi, Vanuatu	6548013
548016	VU016	VUT016	马勒库拉（瓦努阿图）	Malekula, Vanuatu	6548016
548019	VU019	VUT019	帕马（瓦努阿图）	Paama, Vanuatu	6548019
548022	VU022	VUT022	彭特科斯特（瓦努阿图）	Pentecost, Vanuatu	6548022
548025	VU025	VUT025	马洛（瓦努阿图）	Malo, Vanuatu	6548025
548028	VU028	VUT028	谢泼德（瓦努阿图）	Shepherd, Vanuatu	6548028
548031	VU031	VUT031	塔费阿（瓦努阿图）	Tafea, Vanuatu	6548031
554	NZ	NZL	新西兰	New Zealand	6554
554001	NZ001	NZL001	奥克兰（新西兰）	Auckland, New Zealand	6554001
554004	NZ004	NZL004	普伦蒂湾（新西兰）	Bay of Plenty, New Zealand	6554004
554007	NZ007	NZL007	东角（新西兰）	East Cape, New Zealand	6554007
554010	NZ010	NZL010	霍克湾（新西兰）	Hawke's Bay, New Zealand	6554010
554013	NZ013	NZL013	霍罗费努阿（新西兰）	Horowhenua, New Zealand	6554013
554016	NZ016	NZL016	马纳瓦图（新西兰）	Manawatu, New Zealand	6554016
554019	NZ019	NZL019	北部（新西兰）	Northland, New Zealand	6554019
554022	NZ022	NZL022	塔拉纳基（新西兰）	Taranaki, New Zealand	6554022
554025	NZ025	NZL025	泰晤士谷地（新西兰）	Thames Valley, New Zealand	6554025
554028	NZ028	NZL028	汤加里罗（新西兰）	Tongariro, New Zealand	6554028
554031	NZ031	NZL031	怀卡托（新西兰）	Waikato, New Zealand	6554031
554034	NZ034	NZL034	怀拉拉帕（新西兰）	Wairarapa, New Zealand	6554034
554037	NZ037	NZL037	旺阿努伊（新西兰）	Wanganui, New Zealand	6554037
554040	NZ040	NZL040	惠灵顿（新西兰）	Wellington, New Zealand	6554040
554043	NZ043	NZL043	奥伦吉（新西兰）	Aorangi, New Zealand	6554043
554046	NZ046	NZL046	坎特伯雷（新西兰）	Canterbury, New Zealand	6554046
554049	NZ049	NZL049	克卢萨－中奥塔戈（新西兰）	Clutha-Central Otago, New Zealand	6554049
554052	NZ052	NZL052	滨海－北奥塔戈（新西兰）	Coastal-North Otago, New Zealand	6554052
554055	NZ055	NZL055	莫尔伯勒（新西兰）	Marlborough, New Zealand	6554055
554058	NZ058	NZL058	纳尔逊湾（新西兰）	Nelson Bays, New Zealand	6554058
554061	NZ061	NZL061	南部（新西兰）	Sorthland, New Zealand	6554061
554064	NZ064	NZL064	西岸（新西兰）	West Coast, New Zealand	6554064
558	NI	NIC	尼加拉瓜	Nicaragua	5558
558001	NI001	NIC001	博阿科（尼加拉瓜）	Boaco, Nicaragua	5558001
558004	NI004	NIC004	卡拉索（尼加拉瓜）	Carazo, Nicaragua	5558004

代码	iso2	iso3	中文名称	英文名称	分类代码
558007	NI007	NIC007	奇南德加（尼加拉瓜）	Chinandega, Nicaragua	5558007
558010	NI010	NIC010	琼塔莱斯（尼加拉瓜）	Chontales, Nicaragua	5558010
558013	NI013	NIC013	埃斯特利（尼加拉瓜）	Esteli, Nicaragua	5558013
558016	NI016	NIC016	格拉纳达（尼加拉瓜）	Granada, Nicaragua	5558016
558019	NI019	NIC019	希诺特加（尼加拉瓜）	Jinotega, Nicaragua	5558019
558022	NI022	NIC022	莱昂（尼加拉瓜）	Leon, Nicaragua	5558022
558025	NI025	NIC025	马德里斯（尼加拉瓜）	Madriz, Nicaragua	5558025
558028	NI028	NIC028	马那瓜（尼加拉瓜）	Managua, Nicaragua	5558028
558031	NI031	NIC031	马萨亚（尼加拉瓜）	Masaya, Nicaragua	5558031
558034	NI034	NIC034	马塔加尔帕（尼加拉瓜）	Matagalpa, Nicaragua	5558034
558037	NI037	NIC037	新塞哥维亚（尼加拉瓜）	Nueva segovia, Nicaragua	5558037
558040	NI040	NIC040	圣胡安河（尼加拉瓜）	Rio San Juan, Nicaragua	5558040
558043	NI043	NIC043	里瓦斯（尼加拉瓜）	Rivas, Nicaragua	5558043
558046	NI046	NIC046	北大西洋（尼加拉瓜）	North Atlantic, Nicaragua	5558046
558049	NI049	NIC049	南大西洋（尼加拉瓜）	South Atlantic, Nicaragua	5558049
562	NE	NER	尼日尔	Niger	2562
562001	NE001	NER001	阿加德兹（尼日尔）	Agadez, Niger	2562001
562004	NE004	NER004	迪法（尼日尔）	Diffa, Niger	2562004
562007	NE007	NER007	多索（尼日尔）	Dosso, Niger	2562007
562010	NE010	NER010	马拉迪（尼日尔）	Maradi, Niger	2562010
562013	NE013	NER013	塔瓦（尼日尔）	Tahoua, Niger	2562013
562016	NE016	NER016	蒂拉贝里（尼日尔）	Tillabery, Niger	2562016
562019	NE019	NER019	津德尔（尼日尔）	Zinder, Niger	2562019
562022	NE022	NER022	尼亚美（尼日尔）	Niamey, Niger	2562022
566	NG	NGA	尼日利亚	Nigeria	2566
566001	NG001	NGA001	索科托（尼日利亚）	Sokoto, Nigeria	2566001
566004	NG004	NGA004	凯比（尼日利亚）	Kebbi, Nigeria	2566004
566007	NG007	NGA007	尼日尔（尼日利亚）	Niger, Nigeria	2566007
566010	NG010	NGA010	夸拉（尼日利亚）	Kwara, Nigeria	2566010
566013	NG013	NGA013	科吉（尼日利亚）	Kogi, Nigeria	2566013
566016	NG016	NGA016	贝努埃（尼日利亚）	Benue, Nigeria	2566016
566019	NG019	NGA019	高原（尼日利亚）	Plateau, Nigeria	2566019
566022	NG022	NGA022	塔拉巴（尼日利亚）	Taraba, Nigeria	2566022
566025	NG025	NGA025	阿达马瓦（尼日利亚）	Adamawa, Nigeria	2566025
566028	NG028	NGA028	博尔诺（尼日利亚）	Borno, Nigeria	2566028
566031	NG031	NGA031	约贝（尼日利亚）	Yobe, Nigeria	2566031
566034	NG034	NGA034	包奇（尼日利亚）	Bauchi, Nigeria	2566034
566037	NG037	NGA037	吉加瓦（尼日利亚）	Jigawa, Nigeria	2566037
566040	NG040	NGA040	卡诺（尼日利亚）	Kano, Nigeria	2566040
566043	NG043	NGA043	卡齐纳（尼日利亚）	Katsina, Nigeria	2566043
566046	NG046	NGA046	卡杜纳（尼日利亚）	Kaduna, Nigeria	2566046
566049	NG049	NGA049	联邦首都区（尼日利亚）	Federal Capital Territory, Nigeria	2566049
566052	NG052	NGA052	奥约（尼日利亚）	Oyo, Nigeria	2566052
566055	NG055	NGA055	奥孙（尼日利亚）	Osun, Nigeria	2566055
566058	NG058	NGA058	奥贡（尼日利亚）	Ogun, Nigeria	2566058
566061	NG061	NGA061	拉各斯（尼日利亚）	Lagos, Nigeria	2566061
566064	NG064	NGA064	翁多（尼日利亚）	Ondo, Nigeria	2566064
566067	NG067	NGA067	埃多（尼日利亚）	Edo, Nigeria	2566067

代码	iso2	iso3	中文名称	英文名称	分类代码
566070	NG070	NGA070	三角洲（尼日利亚）	Delta, Nigeria	2566070
566073	NG073	NGA073	河流（尼日利亚）	Rivers, Nigeria	2566073
566076	NG076	NGA076	阿比亚（尼日利亚）	Abia, Nigeria	2566076
566079	NG079	NGA079	伊莫（尼日利亚）	Imo, Nigeria	2566079
566082	NG082	NGA082	阿南布拉（尼日利亚）	Anambra, Nigeria	2566082
566085	NG085	NGA085	埃努古（尼日利亚）	Enugu, Nigeria	2566085
566088	NG088	NGA088	克罗斯河（尼日利亚）	Cross River, Nigeria	2566088
566091	NG091	NGA091	阿夸伊博姆（尼日利亚）	Akwa Ibom, Nigeria	2566091
570	NU	NIU	纽埃	Niue	6570
574	NF	NFK	诺福克岛	Norfolk Island	6574
578	NO	NOR	挪威	Norway	3578
578001	NO001	NOR001	阿克什胡斯（挪威）	Akershus, Norway	3578001
578004	NO004	NOR004	东阿格德尔（挪威）	Aust-Agder, Norway	3578004
578007	NO007	NOR007	布斯克吕（挪威）	Buskerud, Norway	3578007
578010	NO010	NOR010	芬马克（挪威）	Finnmark, Norway	3578010
578013	NO013	NOR013	海德马克（挪威）	Hedmark, Norway	3578013
578016	NO016	NOR016	霍达兰（挪威）	Hordaland, Norway	3578016
578019	NO019	NOR019	默勒－鲁姆斯达尔（挪威）	More og Romsdal, Norway	3578019
578022	NO022	NOR022	诺尔兰（挪威）	Nordland, Norway	3578022
578025	NO025	NOR025	北特伦德拉格（挪威）	Nord-Trondelag, Norway	3578025
578028	NO028	NOR028	奥普兰（挪威）	Oppland, Norway	3578028
578031	NO031	NOR031	奥斯陆（挪威）	Oslo, Norway	3578031
578034	NO034	NOR034	东福尔（挪威）	ϕ stfold, Norway	3578034
578037	NO037	NOR037	罗加兰（挪威）	Rogaland, Norway	3578037
578040	NO040	NOR040	松恩－菲尤拉讷（挪威）	Sogn og Fjordane, Norway	3578040
578043	NO043	NOR043	南特伦德拉格（挪威）	Sor-Trondelag, Norway	3578043
578046	NO046	NOR046	泰勒马克（挪威）	Telemark, Norway	3578046
578049	NO049	NOR049	特罗姆斯（挪威）	Troms, Norway	3578049
578052	NO052	NOR052	西阿格德尔（挪威）	Vest-Agder, Norway	3578052
578055	NO055	NOR055	西福尔（挪威）	Vestfold, Norway	3578055
580	MP	MNP	北马里亚纳自由联邦	Northern Mariana Islands	9580
581	UM	UMI	美国本土外小岛屿	United States Minor Outlying Islands	9581
582	PC		太平洋群岛	Pacific Islands(trust territory)	9582
583	FM	FSM	密克罗尼西亚（联邦）	Micronesia (Federated States of)	6583
583001	FM001	FSM001	科斯雷（密克罗尼西亚（联邦））	Kosrae, Micronesia (Federated States of)	6583001
583004	FM004	FSM004	波恩佩（密克罗尼西亚（联邦））	Pohnpei, Micronesia (Federated States of)	6583004
583007	FM007	FSM007	丘克（密克罗尼西亚（联邦））	Chuuk, Micronesia (Federated States of)	6583007
583010	FM010	FSM010	雅浦（密克罗尼西亚（联邦））	Yap, Micronesia (Federated States of)	6583010
584	MH	MHL	马绍尔群岛	Marshall Islands	6584
585	PW	PLW	帕劳	Palau	6585
586	PK	PAK	巴基斯坦	Pakistan	1586
586001	PK001	PAK001	俾路支（巴基斯坦）	Balochistan, Pakistan	1586001
586004	PK004	PAK004	西北边境（巴基斯坦）	North-West Frontier, Pakistan	1586004
586007	PK007	PAK007	旁遮普（巴基斯坦）	Punjab, Pakistan	1586007

代码	iso2	iso3	中文名称	英文名称	分类代码
586010	PK010	PAK010	信德（巴基斯坦）	Sindh, Pakistan	1586010
586013	PK013	PAK013	伊斯兰堡（巴基斯坦）	Islamabad, Pakistan	1586013
591	PA	PAN	巴拿马	Panama	5591
591001	PA001	PAN001	博卡斯－德尔托罗（巴拿马）	Bocas del Toro, Panama	5591001
591004	PA004	PAN004	奇里基（巴拿马）	Chiriqui, Panama	5591004
591007	PA007	PAN007	科克莱（巴拿马）	Cocle, Panama	5591007
591010	PA010	PAN010	科隆（巴拿马）	Colon, Panama	5591010
591013	PA013	PAN013	达连（巴拿马）	Darien, Panama	5591013
591016	PA016	PAN016	埃雷拉（巴拿马）	Herrera, Panama	5591016
591019	PA019	PAN019	洛斯桑托斯（巴拿马）	Los Santos, Panama	5591019
591022	PA022	PAN022	巴拿马（巴拿马）	Panama, Panama	5591022
591025	PA025	PAN025	贝拉瓜斯（巴拿马）	Veraguas, Panama	5591025
591028	PA028	PAN028	圣布拉斯（巴拿马）	San Blas, Panama	5591028
598	PG	PNG	巴布亚新几内亚	Papua New Guinea	6598
598001	PG001	PNG001	中央（巴布亚新几内亚）	Central, Papua New Guinea	6598001
598004	PG004	PNG004	辛布（巴布亚新几内亚）	Simbu, Papua New Guinea	6598004
598007	PG007	PNG007	东部高地（巴布亚新几内亚）	Eastern Highlands, Papua New Guinea	6598007
598010	PG010	PNG010	东新不列颠（巴布亚新几内亚）	East New Britain, Papua New Guinea	6598010
598013	PG013	PNG013	东塞皮克（巴布亚新几内亚）	East Sepik, Papua New Guinea	6598013
598016	PG016	PNG016	恩加（巴布亚新几内亚）	Enga, Papua New Guinea	6598016
598019	PG019	PNG019	海湾（巴布亚新几内亚）	Gulf, Papua New Guinea	6598019
598022	PG022	PNG022	马当（巴布亚新几内亚）	Madang, Papua New Guinea	6598022
598025	PG025	PNG025	马努斯(巴布亚新几内亚)	Manus, Papua New Guinea	6598025
598028	PG028	PNG028	米尔恩湾（巴布亚新几内亚）	Milne Bay, Papua New Guinea	6598028
598031	PG031	PNG031	莫罗贝(巴布亚新几内亚)	Morobe, Papua New Guinea	6598031
598034	PG034	PNG034	国家首都区（巴布亚新几内亚）	National Capital District, Papua New Guinea	6598034
598037	PG037	PNG037	新爱尔兰（巴布亚新几内亚）	New Ireland, Papua New Guinea	6598037
598040	PG040	PNG040	奥罗（巴布亚新几内亚）	Oro, Papua New Guinea	6598040
598043	PG043	PNG043	北所罗门（巴布亚新几内亚）	North Solomons, Papua New Guinea	6598043
598046	PG046	PNG046	南部高地（巴布亚新几内亚）	Southern Highlands, Papua New Guinea	6598046
598049	PG049	PNG049	西部（巴布亚新几内亚）	Western, Papua New Guinea	6598049
598052	PG052	PNG052	西部高地（巴布亚新几内亚）	Western Highlands, Papua New Guinea	6598052
598055	PG055	PNG055	西新不列颠（巴布亚新几内亚）	West New Britain, Papua New Guinea	6598055
598058	PG058	PNG058	桑达温(巴布亚新几内亚)	Sandaun, Papua New Guinea	6598058
600	PY	PRY	巴拉圭	Paraguay	4600
600001	PY001	PRY001	上巴拉圭（巴拉圭）	Alto Paraguay, Paraguay	4600001
600004	PY004	PRY004	上巴拉那（巴拉圭）	Alto Parana, Paraguay	4600004

代码	iso2	iso3	中文名称	英文名称	分类代码
600007	PY007	PRY007	阿曼拜（巴拉圭）	Amambay, Paraguay	4600007
600010	PY010	PRY010	亚松森（巴拉圭）	Asuncion, Paraguay	4600010
600013	PY013	PRY013	博克龙（巴拉圭）	Boqueron, Paraguay	4600013
600016	PY016	PRY016	卡瓜苏（巴拉圭）	Caaguazu, Paraguay	4600016
600019	PY019	PRY019	卡萨帕（巴拉圭）	Caazapa, Paraguay	4600019
600022	PY022	PRY022	卡宁迪尤（巴拉圭）	Canindiyu, Paraguay	4600022
600025	PY025	PRY025	中央（巴拉圭）	Central, Paraguay	4600025
600028	PY028	PRY028	科迪勒拉（巴拉圭）	Cordillera, Paraguay	4600028
600031	PY031	PRY031	康塞普西翁（巴拉圭）	Concepcion, Paraguay	4600031
600034	PY034	PRY034	瓜伊拉（巴拉圭）	Guaira, Paraguay	4600034
600037	PY037	PRY037	伊塔普阿（巴拉圭）	Itapua, Paraguay	4600037
600040	PY040	PRY040	米西奥内斯（巴拉圭）	Misiones, Paraguay	4600040
600043	PY043	PRY043	涅恩布库（巴拉圭）	Neembucu, Paraguay	4600043
600046	PY046	PRY046	巴拉瓜里（巴拉圭）	Paraguari, Paraguay	4600046
600049	PY049	PRY049	阿耶斯总统（巴拉圭）	Presidente Hayes, Paraguay	4600049
600052	PY052	PRY052	圣佩德罗（巴拉圭）	San Pedro, Paraguay	4600052
604	PE	PER	秘鲁	Peru	4604
604001	PE001	PER001	亚马孙（秘鲁）	Amazonas, Peru	4604001
604004	PE004	PER004	安卡什（秘鲁）	Ancash, Peru	4604004
604007	PE007	PER007	阿普里马克（秘鲁）	Apurimac, Peru	4604007
604010	PE010	PER010	阿雷基帕（秘鲁）	Arequipa, Peru	4604010
604013	PE013	PER013	阿亚库乔（秘鲁）	Ayacucho, Peru	4604013
604016	PE016	PER016	卡哈马卡（秘鲁）	Cajamarca, Peru	4604016
604019	PE019	PER019	卡亚俄（秘鲁）	Callao, Peru	4604019
604022	PE022	PER022	库斯科（秘鲁）	Cusco, Peru	4604022
604025	PE025	PER025	万卡韦利卡（秘鲁）	Huancavelica, Peru	4604025
604028	PE028	PER028	瓦努科（秘鲁）	Huanuco, Peru	4604028
604031	PE031	PER031	伊卡（秘鲁）	Ica, Peru	4604031
604034	PE034	PER034	胡宁（秘鲁）	Junin, Peru	4604034
604037	PE037	PER037	拉利伯塔德（秘鲁）	La Libertad, Peru	4604037
604040	PE040	PER040	兰巴耶克（秘鲁）	Lambayeque, Peru	4604040
604043	PE043	PER043	利马（秘鲁）	Lima, Peru	4604043
604046	PE046	PER046	洛雷托（秘鲁）	Loreto, Peru	4604046
604049	PE049	PER049	马德雷德迪奥斯（秘鲁）	Madre de Dios, Peru	4604049
604052	PE052	PER052	莫克瓜（秘鲁）	Moquegua, Peru	4604052
604055	PE055	PER055	帕斯科（秘鲁）	Pasco, Peru	4604055
604058	PE058	PER058	皮乌拉（秘鲁）	Piura, Peru	4604058
604061	PE061	PER061	普诺（秘鲁）	Puno, Peru	4604061
604064	PE064	PER064	圣马丁（秘鲁）	San Martin, Peru	4604064
604067	PE067	PER067	塔克纳（秘鲁）	Tacna, Peru	4604067
604070	PE070	PER070	通贝斯（秘鲁）	Tumbes, Peru	4604070
604073	PE073	PER073	乌卡亚利（秘鲁）	Ucayali, Peru	4604073
608	PH	PHL	菲律宾	Philippines	1608
608001	PH001	PHL001	阿布拉（菲律宾）	Abra, Philippines	1608001
608004	PH004	PHL004	北阿古桑（菲律宾）	Agusan del Norte, Philippines	1608004
608007	PH007	PHL007	南阿古桑（菲律宾）	Agusan del Sur, Philippines	1608007
608010	PH010	PHL010	阿克兰（菲律宾）	Aklan, Philippines	1608010
608013	PH013	PHL013	阿尔拜（菲律宾）	Albay, Philippines	1608013

代码	iso2	iso3	中文名称	英文名称	分类代码
608016	PH016	PHL016	安蒂克（菲律宾）	Antique, Philippines	1608016
608019	PH019	PHL019	奥罗拉（菲律宾）	Aurora, Philippines	1608019
608022	PH022	PHL022	巴西兰（菲律宾）	Basilan, Philippines	1608022
608025	PH025	PHL025	巴丹（菲律宾）	Bataan, Philippines	1608025
608028	PH028	PHL028	巴坦群岛（菲律宾）	Batanes, Philippines	1608028
608031	PH031	PHL031	八打雁（菲律宾）	Batangas, Philippines	1608031
608034	PH034	PHL034	本格特（菲律宾）	Benguet, Philippines	1608034
608037	PH037	PHL037	比利兰（菲律宾）	Biliran, Philippines	1608037
608040	PH040	PHL040	保和（菲律宾）	Bohol, Philippines	1608040
608043	PH043	PHL043	布基农（菲律宾）	Bukidnon, Philippines	1608043
608046	PH046	PHL046	布拉干（菲律宾）	Bulacan, Philippines	1608046
608049	PH049	PHL049	卡加延（菲律宾）	Cagayan, Philippines	1608049
608052	PH052	PHL052	北甘马（菲律宾）	Camarines Norte, Philippines	1608052
608055	PH055	PHL055	南甘马（菲律宾）	Camarines Sur, Philippines	1608055
608058	PH058	PHL058	甘米银（菲律宾）	Camiguin, Philippines	1608058
608061	PH061	PHL061	卡皮斯（菲律宾）	Capiz, Philippines	1608061
608064	PH064	PHL064	卡坦端内斯（菲律宾）	Catanduanes, Philippines	1608064
608067	PH067	PHL067	甲米地（菲律宾）	Cavite, Philippines	1608067
608070	PH070	PHL070	宿务（菲律宾）	Cebu, Philippines	1608070
608073	PH073	PHL073	北达沃（菲律宾）	Davao del Norte, Philippines	1608073
608076	PH076	PHL076	南达沃（菲律宾）	Davao del Sur, Philippines	1608076
608079	PH079	PHL079	东达沃（菲律宾）	Davao Oriental, Philippines	1608079
608082	PH082	PHL082	东萨马（菲律宾）	Eastern Samar, Philippines	1608082
608085	PH085	PHL085	吉马拉斯（菲律宾）	Guimaras, Philippines	1608085
608088	PH088	PHL088	伊富高（菲律宾）	Ifugao, Philippines	1608088
608091	PH091	PHL091	北伊罗戈（菲律宾）	Ilocos Norte, Philippines	1608091
608094	PH094	PHL094	南伊罗戈（菲律宾）	Ilocos Sur, Philippines	1608094
608097	PH097	PHL097	伊洛伊洛（菲律宾）	Iloilo, Philippines	1608097
608100	PH100	PHL100	伊莎贝拉（菲律宾）	Isabela, Philippines	1608100
608103	PH103	PHL103	卡林阿－阿巴尧(菲律宾)	Kalinga-Apayao, Philippines	1608103
608106	PH106	PHL106	内湖（菲律宾）	Laguna, Philippines	1608106
608109	PH109	PHL109	北拉瑙（菲律宾）	Lanao del Norte, Philippines	1608109
608112	PH112	PHL112	南拉瑙（菲律宾）	Lanao del Sur, Philippines	1608112
608115	PH115	PHL115	拉乌尼翁（菲律宾）	La Union, Philippines	1608115
608118	PH118	PHL118	莱特（菲律宾）	Leyte, Philippines	1608118
608121	PH121	PHL121	马京达瑙（菲律宾）	Maguindanao, Philippines	1608121
608124	PH124	PHL124	马林杜克（菲律宾）	Marinduque, Philippines	1608124
608127	PH127	PHL127	马斯巴特（菲律宾）	Masbate, Philippines	1608127
608130	PH130	PHL130	西米萨米斯（菲律宾）	Misamis Occidental, Philippines	1608130
608133	PH133	PHL133	东米萨米斯（菲律宾）	Misamis Oriental, Philippines	1608133
608136	PH136	PHL136	高山省（菲律宾）	Mountain Prov., Philippines	1608136
608139	PH139	PHL139	西内格罗斯（菲律宾）	Negros Occidental, Philippines	1608139
608142	PH142	PHL142	东内格罗斯（菲律宾）	Negros Oriental, Philippines	1608142
608145	PH145	PHL145	北哥打巴托（菲律宾）	North Cotabato, Philippines	1608145
608148	PH148	PHL148	北萨马（菲律宾）	Northern Samar, Philippines	1608148
608151	PH151	PHL151	新怡诗夏（菲律宾）	Nueva Ecija, Philippines	1608151
608154	PH154	PHL154	新比斯开（菲律宾）	Nueva Vizcaya, Philippines	1608154
608157	PH157	PHL157	西民都洛（菲律宾）	Occidental Mindoro, Philippines	1608157

代码	iso2	iso3	中文名称	英文名称	分类代码
608160	PH160	PHL160	东民都洛（菲律宾）	Oriental Mindoro, Philippines	1608160
608163	PH163	PHL163	巴拉望（菲律宾）	Palawan, Philippines	1608163
608166	PH166	PHL166	邦板牙（菲律宾）	Pampanga, Philippines	1608166
608169	PH169	PHL169	邦阿西楠（菲律宾）	Pangasinan, Philippines	1608169
608172	PH172	PHL172	奎松（菲律宾）	Quezon, Philippines	1608172
608175	PH175	PHL175	季里诺（菲律宾）	Quirino, Philippines	1608175
608178	PH178	PHL178	黎刹（菲律宾）	Rizal, Philippines	1608178
608181	PH181	PHL181	朗布隆（菲律宾）	Romblon, Philippines	1608181
608184	PH184	PHL184	西萨马（菲律宾）	Samar Occidental, Philippines	1608184
608187	PH187	PHL187	锡基霍尔（菲律宾）	Siquijor, Philippines	1608187
608190	PH190	PHL190	索索贡（菲律宾）	Sorsogon, Philippines	1608190
608193	PH193	PHL193	南哥打巴托（菲律宾）	South Cotabato, Philippines	1608193
608196	PH196	PHL196	南莱特（菲律宾）	Southern Leyte, Philippines	1608196
608199	PH199	PHL199	苏丹库达拉（菲律宾）	Sultan Kudarat, Philippines	1608199
608202	PH202	PHL202	苏禄（菲律宾）	Sulu, Philippines	1608202
608205	PH205	PHL205	北苏里高（菲律宾）	Surigao del Norte, Philippines	1608205
608208	PH208	PHL208	南苏里高（菲律宾）	Surigao del Sur, Philippines	1608208
608211	PH211	PHL211	打拉（菲律宾）	Tarlac, Philippines	1608211
608214	PH214	PHL214	塔威塔威（菲律宾）	Tawi Tawi, Philippines	1608214
608217	PH217	PHL217	三描礼士（菲律宾）	Zambales, Philippines	1608217
608220	PH220	PHL220	北三宝颜（菲律宾）	Zamboanga del Norte, Philippines	1608220
608223	PH223	PHL223	南三宝颜（菲律宾）	Zamboanga del Sur, Philippines	1608223
608226	PH226	PHL226	萨兰加尼（菲律宾）	Sarangani, Philippines	1608226
612	PN	PCN	皮特凯恩群岛	Pitcairn Islands Group	6612
616	PL	POL	波兰	Poland	3616
616001	PL001	POL001	比亚瓦－波德拉斯卡（波兰）	Biala Podlaska, Poland	3616001
616004	PL004	POL004	比亚韦斯托克（波兰）	Bialystok, Poland	3616004
616007	PL007	POL007	别尔斯科－比亚瓦(波兰)	Bielsko-Bia a, Poland	3616007
616010	PL010	POL010	比得哥什（波兰）	Bydgoszcz, Poland	3616010
616013	PL013	POL013	海乌姆（波兰）	Chelm, Poland	3616013
616016	PL016	POL016	切哈努夫（波兰）	Ciechanow, Poland	3616016
616019	PL019	POL019	琴斯托霍瓦（波兰）	Czestochowa, Poland	3616019
616022	PL022	POL022	埃尔布隆格（波兰）	Elblag, Poland	3616022
616025	PL025	POL025	格但斯克（波兰）	Gdansk, Poland	3616025
616028	PL028	POL028	戈茹夫（波兰）	Gorzow, Poland	3616028
616031	PL031	POL031	耶莱尼亚古拉（波兰）	Jelenia Gora, Poland	3616031
616034	PL034	POL034	卡利什（波兰）	Kalisz, Poland	3616034
616037	PL037	POL037	卡托维兹（波兰）	Katowice, Poland	3616037
616040	PL040	POL040	凯尔采（波兰）	Kielce, Poland	3616040
616043	PL043	POL043	科宁（波兰）	Konin, Poland	3616043
616046	PL046	POL046	科沙林（波兰）	Koszalin, Poland	3616046
616049	PL049	POL049	克拉科夫（波兰）	Krakow, Poland	3616049
616052	PL052	POL052	克罗斯诺（波兰）	Krosno, Poland	3616052
616055	PL055	POL055	莱格尼察（波兰）	Legnica, Poland	3616055
616058	PL058	POL058	莱什诺（波兰）	Leszno, Poland	3616058
616061	PL061	POL061	罗兹（波兰）	Lodz, Poland	3616061
616064	PL064	POL064	沃姆扎（波兰）	Lomza, Poland	3616064

代码	iso2	iso3	中文名称	英文名称	分类代码
616067	PL067	POL067	卢布林（波兰）	Lublin, Poland	3616067
616070	PL070	POL070	新松奇（波兰）	Nowy Sacz, Poland	3616070
616073	PL073	POL073	奥尔什丁（波兰）	Olsztyn, Poland	3616073
616076	PL076	POL076	奥波莱（波兰）	Opole, Poland	3616076
616079	PL079	POL079	奥斯特罗文卡（波兰）	Ostroleka, Poland	3616079
616082	PL082	POL082	皮瓦（波兰）	Pila, Poland	3616082
616085	PL085	POL085	彼得库夫（波兰）	Piotrkow, Poland	3616085
616088	PL088	POL088	普沃茨克（波兰）	Plock, Poland	3616088
616091	PL091	POL091	波兹南（波兰）	Poznan, Poland	3616091
616094	PL094	POL094	普热梅希尔（波兰）	Przemysl, Poland	3616094
616097	PL097	POL097	拉多姆（波兰）	Radom, Poland	3616097
616100	PL100	POL100	热舒夫（波兰）	Rzeszow, Poland	3616100
616103	PL103	POL103	谢德尔采（波兰）	Siedlce, Poland	3616103
616106	PL106	POL106	谢拉兹（波兰）	Sieradz, Poland	3616106
616109	PL109	POL109	斯凯尔涅维采（波兰）	Skierniewice, Poland	3616109
616112	PL112	POL112	斯武普斯克（波兰）	Supsk, Poland	3616112
616115	PL115	POL115	苏瓦乌基（波兰）	Suwa ki, Poland	3616115
616118	PL118	POL118	什切青（波兰）	Szczecin, Poland	3616118
616121	PL121	POL121	塔尔诺布热格（波兰）	Tarnobrzeg, Poland	3616121
616124	PL124	POL124	塔尔努夫（波兰）	Tarnow, Poland	3616124
616127	PL127	POL127	托伦（波兰）	Torun, Poland	3616127
616130	PL130	POL130	瓦乌布日赫（波兰）	Walbrzych, Poland	3616130
616133	PL133	POL133	华沙（波兰）	Warszawa, Poland	3616133
616136	PL136	POL136	弗沃茨瓦韦克（波兰）	Wloclawek, Poland	3616136
616139	PL139	POL139	弗罗茨瓦夫（波兰）	Wroclaw, Poland	3616139
616142	PL142	POL142	扎莫希奇（波兰）	Zamosc, Poland	3616142
616145	PL145	POL145	绿山（波兰）	Zielona Gora, Poland	3616145
620	PT	PRT	葡萄牙	Portugal	3620
620001	PT001	PRT001	阿威罗（葡萄牙）	Aveiro, Portugal	3620001
620004	PT004	PRT004	贝雅（葡萄牙）	Beja, Portugal	3620004
620007	PT007	PRT007	布拉加（葡萄牙）	Braga, Portugal	3620007
620010	PT010	PRT010	布拉干萨（葡萄牙）	Braganca, Portugal	3620010
620013	PT013	PRT013	布朗库堡（葡萄牙）	CasteloBranco, Portugal	3620013
620016	PT016	PRT016	科英布拉（葡萄牙）	Coimbra, Portugal	3620016
620019	PT019	PRT019	埃武拉（葡萄牙）	Evora, Portugal	3620019
620022	PT022	PRT022	法鲁（葡萄牙）	Faro, Portugal	3620022
620025	PT025	PRT025	瓜达（葡萄牙）	Guarda, Portugal	3620025
620028	PT028	PRT028	莱里亚（葡萄牙）	Leiria, Portugal	3620028
620031	PT031	PRT031	里斯本（葡萄牙）	Lisboa, Portugal	3620031
620034	PT034	PRT034	波塔莱格里（葡萄牙）	Portalegre, Portugal	3620034
620037	PT037	PRT037	波尔图（葡萄牙）	Porto, Portugal	3620037
620040	PT040	PRT040	圣塔伦（葡萄牙）	Santarem, Portugal	3620040
620043	PT043	PRT043	塞图巴尔（葡萄牙）	Setubal, Portugal	3620043
620046	PT046	PRT046	维亚纳堡（葡萄牙）	Viana do Castelo, Portugal	3620046
620049	PT049	PRT049	雷阿尔城（葡萄牙）	Vila Real, Portugal	3620049
620052	PT052	PRT052	维塞乌（葡萄牙）	Viseu, Portugal	3620052
620055	PT055	PRT055	亚速尔（葡萄牙）	Acores, Portugal	3620055
620058	PT058	PRT058	马德拉（葡萄牙）	Madeira, Portugal	3620058

代码	iso2	iso3	中文名称	英文名称	分类代码
624	GW	GNB	几内亚比绍	Guinea-Bissau	2624
624001	GW001	GNB001	巴法塔（几内亚比绍）	Bafata, Guinea-Bissau	2624001
624004	GW004	GNB004	比翁博（几内亚比绍）	Biombo, Guinea-Bissau	2624004
624007	GW007	GNB007	博拉巴（几内亚比绍）	Bolama, Guinea-Bissau	2624007
624010	GW010	GNB010	卡谢乌（几内亚比绍）	Cacheu, Guinea-Bissau	2624010
624013	GW013	GNB013	加布（几内亚比绍）	Gabu, Guinea-Bissau	2624013
624016	GW016	GNB016	奥约（几内亚比绍）	Oio, Guinea-Bissau	2624016
624019	GW019	GNB019	基纳拉（几内亚比绍）	Quinara, Guinea-Bissau	2624019
624022	GW022	GNB022	通巴利（几内亚比绍）	Tombali, Guinea-Bissau	2624022
624025	GW025	GNB025	比绍（几内亚比绍）	Bissau, Guinea-Bissau	2624025
626	TL	TLS	东帝汶	Timor-Leste	1626
630	PR	PRI	波多黎各	Puerto Rico	5630
630001	PR001	PRI001	阿德洪塔斯（波多黎各）	Adjuntas, Puerto Rico	5630001
630004	PR004	PRI004	阿瓜达（波多黎各）	Aguada, Puerto Rico	5630004
630007	PR007	PRI007	阿瓜迪亚（波多黎各）	Aguadilla, Puerto Rico	5630007
630010	PR010	PRI010	阿瓜纳斯布埃纳斯（波多黎各）	Aguanas Buenas, Puerto Rico	5630010
630013	PR013	PRI013	艾沃尼托（波多黎各）	Aibonito, Puerto Rico	5630013
630016	PR016	PRI016	阿尼亚斯科（波多黎各）	Anasco, Puerto Rico	5630016
630019	PR019	PRI019	阿雷西沃（波多黎各）	Arecibo, Puerto Rico	5630019
630022	PR022	PRI022	阿罗约（波多黎各）	Arroyo, Puerto Rico	5630022
630025	PR025	PRI025	巴塞洛内塔（波多黎各）	Barceloneta, Puerto Rico	5630025
630028	PR028	PRI028	巴兰基塔斯（波多黎各）	Barranquitas, Puerto Rico	5630028
630031	PR031	PRI031	巴亚蒙（波多黎各）	Bayamon, Puerto Rico	5630031
630034	PR034	PRI034	卡沃罗霍（波多黎各）	Cabo Rojo, Puerto Rico	5630034
630037	PR037	PRI037	卡瓜斯（波多黎各）	Caguas, Puerto Rico	5630037
630040	PR040	PRI040	卡穆伊（波多黎各）	Camuy, Puerto Rico	5630040
630043	PR043	PRI043	卡诺瓦纳斯（波多黎各）	Canovanas, Puerto Rico	5630043
630046	PR046	PRI046	卡罗利纳（波多黎各）	Carolina, Puerto Rico	5630046
630049	PR049	PRI049	卡塔尼奥（波多黎各）	Catano, Puerto Rico	5630049
630052	PR052	PRI052	卡耶伊（波多黎各）	Cayey, Puerto Rico	5630052
630055	PR055	PRI055	塞瓦（波多黎各）	Ceiba, Puerto Rico	5630055
630058	PR058	PRI058	锡亚莱斯（波多黎各）	Ciales, Puerto Rico	5630058
630061	PR061	PRI061	锡德拉（波多黎各）	Cidra, Puerto Rico	5630061
630064	PR064	PRI064	科阿莫（波多黎各）	Coamo, Puerto Rico	5630064
630067	PR067	PRI067	科梅里奥（波多黎各）	Comerio, Puerto Rico	5630067
630070	PR070	PRI070	科罗萨尔（波多黎各）	Corozal, Puerto Rico	5630070
630073	PR073	PRI073	库莱布拉（波多黎各）	Culebra, Puerto Rico	5630073
630076	PR076	PRI076	多拉多（波多黎各）	Dorado, Puerto Rico	5630076
630079	PR079	PRI079	法哈多（波多黎各）	Fajardo, Puerto Rico	5630079
630082	PR082	PRI082	佛罗里达（波多黎各）	Florida, Puerto Rico	5630082
630085	PR085	PRI085	瓜尼卡（波多黎各）	Guanica, Puerto Rico	5630085
630088	PR088	PRI088	瓜亚马（波多黎各）	Guayama, Puerto Rico	5630088
630091	PR091	PRI091	瓜亚尼亚（波多黎各）	Guayanilla, Puerto Rico	5630091
630094	PR094	PRI094	瓜伊纳沃（波多黎各）	Guaynabo, Puerto Rico	5630094
630097	PR097	PRI097	古拉沃（波多黎各）	Gurabo, Puerto Rico	5630097
630100	PR100	PRI100	阿蒂约（波多黎各）	Hatillo, Puerto Rico	5630100
630103	PR103	PRI103	奥米格罗斯（波多黎各）	Hormigueros, Puerto Rico	5630103

代码	iso2	iso3	中文名称	英文名称	分类代码
630106	PR106	PRI106	乌马考（波多黎各）	Humacao, Puerto Rico	5630106
630109	PR109	PRI109	伊莎贝拉（波多黎各）	Isabela, Puerto Rico	5630109
630112	PR112	PRI112	哈尤亚（波多黎各）	Jayuya, Puerto Rico	5630112
630115	PR115	PRI115	胡安娜 - 迪亚斯（波多黎各）	Juana Diaz, Puerto Rico	5630115
630118	PR118	PRI118	洪科斯（波多黎各）	Juncos, Puerto Rico	5630118
630121	PR121	PRI121	拉哈斯（波多黎各）	Lajas, Puerto Rico	5630121
630124	PR124	PRI124	拉雷斯（波多黎各）	Lares, Puerto Rico	5630124
630127	PR127	PRI127	拉斯玛丽亚斯(波多黎各)	Las Marias, Puerto Rico	5630127
630130	PR130	PRI130	拉斯彼德拉斯(波多黎各)	Las Piedras, Puerto Rico	5630130
630133	PR133	PRI133	洛伊萨（波多黎各）	Loiza, Puerto Rico	5630133
630136	PR136	PRI136	卢基约（波多黎各）	Luquillo, Puerto Rico	5630136
630139	PR139	PRI139	马纳蒂（波多黎各）	Manati, Puerto Rico	5630139
630142	PR142	PRI142	马里考（波多黎各）	Maricao, Puerto Rico	5630142
630145	PR145	PRI145	毛纳沃（波多黎各）	Maunabo, Puerto Rico	5630145
630148	PR148	PRI148	马亚圭斯（波多黎各）	Mayaguez, Puerto Rico	5630148
630151	PR151	PRI151	莫卡（波多黎各）	Moca, Puerto Rico	5630151
630154	PR154	PRI154	莫罗维斯（波多黎各）	Morovis, Puerto Rico	5630154
630157	PR157	PRI157	纳瓜沃（波多黎各）	Naguabo, Puerto Rico	5630157
630160	PR160	PRI160	纳兰希托（波多黎各）	Naranjito, Puerto Rico	5630160
630163	PR163	PRI163	奥罗科维斯（波多黎各）	Orocovis, Puerto Rico	5630163
630166	PR166	PRI166	帕蒂亚斯（波多黎各）	Patillas, Puerto Rico	5630166
630169	PR169	PRI169	佩纽埃拉斯（波多黎各）	Penuelas, Puerto Rico	5630169
630172	PR172	PRI172	蓬塞（波多黎各）	Ponce, Puerto Rico	5630172
630175	PR175	PRI175	克布拉迪亚斯(波多黎各)	Quebradillas, Puerto Rico	5630175
630178	PR178	PRI178	林孔（波多黎各）	Rincon, Puerto Rico	5630178
630181	PR181	PRI181	里奥格兰德（波多黎各）	Rio Grande, Puerto Rico	5630181
630184	PR184	PRI184	大萨瓦纳（波多黎各）	Sabana Grande, Puerto Rico	5630184
630187	PR187	PRI187	萨利纳斯（波多黎各）	Salinas, Puerto Rico	5630187
630190	PR190	PRI190	圣赫尔曼（波多黎各）	San German, Puerto Rico	5630190
630193	PR193	PRI193	圣胡安（波多黎各）	San Juan, Puerto Rico	5630193
630196	PR196	PRI196	圣洛伦索（波多黎各）	San Lorenzo, Puerto Rico	5630196
630199	PR199	PRI199	圣塞瓦斯蒂安(波多黎各)	San Sebastian, Puerto Rico	5630199
630202	PR202	PRI202	圣伊莎贝尔（波多黎各）	Santa Isabel, Puerto Rico	5630202
630205	PR205	PRI205	上托阿（波多黎各）	Toa Alta, Puerto Rico	5630205
630208	PR208	PRI208	下托阿（波多黎各）	Toa Baja, Puerto Rico	5630208
630211	PR211	PRI211	上特鲁希略（波多黎各）	Trujillo Alto, Puerto Rico	5630211
630214	PR214	PRI214	乌图阿多（波多黎各）	Utuado, Puerto Rico	5630214
630217	PR217	PRI217	上维加（波多黎各）	Vega Alto, Puerto Rico	5630217
630220	PR220	PRI220	下维加（波多黎各）	Vega Baja, Puerto Rico	5630220
630223	PR223	PRI223	别克斯（波多黎各）	Vieques, Puerto Rico	5630223
630226	PR226	PRI226	比亚尔瓦（波多黎各）	Villalba, Puerto Rico	5630226
630229	PR229	PRI229	亚武科阿（波多黎各）	Yabucoa, Puerto Rico	5630229
630232	PR232	PRI232	尧科（波多黎各）	Yauco, Puerto Rico	5630232
634	QA	QAT	卡塔尔	Qatar	1634
634001	QA001	QAT001	多哈（卡塔尔）	Doha, Qatar	1634001
634004	QA004	QAT004	古韦里耶（卡塔尔）	Guwayriyah, Al, Qatar	1634004
634007	QA007	QAT007	杰里扬拜特奈（卡塔尔）	Jarian al Batinah, Qatar	1634007

代码	iso2	iso3	中文名称	英文名称	分类代码
634010	QA010	QAT010	朱迈利耶（卡塔尔）	Jumayliyah, Al, Qatar	1634010
634013	QA013	QAT013	豪尔（卡塔尔）	Khawr, Al, Qatar	1634013
634016	QA016	QAT016	赖扬（卡塔尔）	Rayyan, Al, Qatar	1634016
634019	QA019	QAT019	北部（卡塔尔）	Shamal, Ash, Qatar	1634019
634022	QA022	QAT022	乌姆塞拉勒（卡塔尔）	Umm Salal, Qatar	1634022
634025	QA025	QAT025	沃克拉（卡塔尔）	Wakrah, Al, Qatar	1634025
638	RE	REU	留尼汪	Reunion	2638
638001	RE001	REU001	圣伯努瓦（留尼汪）	Saint-Benoit, Reunion	2638001
638004	RE004	REU004	圣但尼（留尼汪）	Saint-Denis, Reunion	2638004
638007	RE007	REU007	圣保罗（留尼汪）	Saint-Paul, Reunion	2638007
638010	RE010	REU010	圣皮埃尔（留尼汪）	Saint-Pierre, Reunion	2638010
642	RO	ROU	罗马尼亚	Romania	3642
642001	RO001	ROU001	阿尔巴（罗马尼亚）	Alba, Romania	3642001
642004	RO004	ROU004	阿拉德（罗马尼亚）	Arad, Romania	3642004
642007	RO007	ROU007	阿尔杰什（罗马尼亚）	Arges, Romania	3642007
642010	RO010	ROU010	巴克乌（罗马尼亚）	Bacau, Romania	3642010
642013	RO013	ROU013	比霍尔（罗马尼亚）	Bihor, Romania	3642013
642016	RO016	ROU016	比斯特里察–讷瑟乌德（罗马尼亚）	Bistrita-Nasaud, Romania	3642016
642019	RO019	ROU019	博托沙尼（罗马尼亚）	Botosani, Romania	3642019
642022	RO022	ROU022	布勒伊拉（罗马尼亚）	Braila, Romania	3642022
642025	RO025	ROU025	布拉索夫（罗马尼亚）	Brasov, Romania	3642025
642028	RO028	ROU028	布泽乌（罗马尼亚）	Buzau, Romania	3642028
642031	RO031	ROU031	卡拉什–塞维林（罗马尼亚）	Caras-Severin, Romania	3642031
642034	RO034	ROU034	克勒拉希（罗马尼亚）	Calarasi, Romania	3642034
642037	RO037	ROU037	克卢日（罗马尼亚）	Cluj, Romania	3642037
642040	RO040	ROU040	康斯坦察（罗马尼亚）	Constanta, Romania	3642040
642043	RO043	ROU043	科瓦斯纳（罗马尼亚）	Covasna, Romania	3642043
642046	RO046	ROU046	登博维察（罗马尼亚）	Dambovita, Romania	3642046
642049	RO049	ROU049	多尔日（罗马尼亚）	Dolj, Romania	3642049
642052	RO052	ROU052	加拉茨（罗马尼亚）	Galati, Romania	3642052
642055	RO055	ROU055	久尔久（罗马尼亚）	Giurgiu, Romania	3642055
642058	RO058	ROU058	戈尔日（罗马尼亚）	Gorj, Romania	3642058
642061	RO061	ROU061	哈尔吉塔（罗马尼亚）	Harghita, Romania	3642061
642064	RO064	ROU064	胡内多阿拉（罗马尼亚）	Hunedoara, Romania	3642064
642067	RO067	ROU067	雅洛米察（罗马尼亚）	Ialomita, Romania	3642067
642070	RO070	ROU070	雅西（罗马尼亚）	Iasi, Romania	3642070
642073	RO073	ROU073	马拉穆列什（罗马尼亚）	Maramures, Romania	3642073
642076	RO076	ROU076	梅赫丁茨（罗马尼亚）	Mehedinti, Romania	3642076
642079	RO079	ROU079	穆列什（罗马尼亚）	Mures, Romania	3642079
642082	RO082	ROU082	尼亚姆茨（罗马尼亚）	Neamt, Romania	3642082
642085	RO085	ROU085	奥尔特（罗马尼亚）	Olt, Romania	3642085
642088	RO088	ROU088	普拉霍瓦（罗马尼亚）	Prahova, Romania	3642088
642091	RO091	ROU091	瑟拉日（罗马尼亚）	Salaj, Romania	3642091
642094	RO094	ROU094	萨图马雷（罗马尼亚）	Satu Mare, Romania	3642094
642097	RO097	ROU097	锡比乌（罗马尼亚）	Sibiu, Romania	3642097
642100	RO100	ROU100	苏恰瓦（罗马尼亚）	Suceava, Romania	3642100

代码	iso2	iso3	中文名称	英文名称	分类代码
642103	RO103	ROU103	泰莱奥尔曼（罗马尼亚）	Teleorman, Romania	3642103
642106	RO106	ROU106	蒂米什（罗马尼亚）	Timis, Romania	3642106
642109	RO109	ROU109	图尔恰（罗马尼亚）	Tulcea, Romania	3642109
642112	RO112	ROU112	瓦斯卢伊（罗马尼亚）	Vaslui, Romania	3642112
642115	RO115	ROU115	沃尔恰（罗马尼亚）	Valcea, Romania	3642115
642118	RO118	ROU118	弗朗恰（罗马尼亚）	Vrancea, Romania	3642118
642121	RO121	ROU121	布加勒斯特（罗马尼亚）	Bucharest, Romania	3642121
643	RU	RUS	俄罗斯	Russian Federation	3643
643001	RU001	RUS001	阿迪格（俄罗斯）	Adygeya, Russian Federation	3643001
643004	RU004	RUS004	巴什科尔托斯坦(俄罗斯)	Bashkortostan, Russian Federation	3643004
643007	RU007	RUS007	布里亚特（俄罗斯）	Buryatia, Russian Federation	3643007
643010	RU010	RUS010	车臣（俄罗斯）	Chechenia, Russian Federation	3643010
643013	RU013	RUS013	楚瓦什（俄罗斯）	Chuvashia, Russian Federation	3643013
643016	RU016	RUS016	达吉斯坦（俄罗斯）	Dagestan, Russian Federation	3643016
643019	RU019	RUS019	阿尔泰（俄罗斯）	Altay, Russian Federation	3643019
643022	RU022	RUS022	印古什（俄罗斯）	Ingushetia, Russian Federation	3643022
643025	RU025	RUS025	卡巴尔达－巴尔卡尔（俄罗斯）	Kabardino-Balkaria, Russian Federation	3643025
643028	RU028	RUS028	卡尔梅克（俄罗斯）	Kalmykia, Russian Federation	3643028
643031	RU031	RUS031	卡拉恰耶—切尔克斯（俄罗斯）	Karachayevo-Cherkesskaya, Russian Federation	3643031
643034	RU034	RUS034	卡累利阿（俄罗斯）	Karelia, Russian Federation	3643034
643037	RU037	RUS037	哈卡斯（俄罗斯）	Khakasia, Russian Federation	3643037
643040	RU040	RUS040	科米（俄罗斯）	Komi, Russian Federation	3643040
643043	RU043	RUS043	马里埃尔（俄罗斯）	Mariy El, Russian Federation	3643043
643046	RU046	RUS046	莫尔多瓦（俄罗斯）	Mordvinia(Mordovia), Russian Federation	3643046
643049	RU049	RUS049	北奥塞梯－阿兰(俄罗斯)	North Ossetia-Alania, Russian Federation	3643049
643052	RU052	RUS052	萨哈（雅库特）(俄罗斯)	Sakha(Yakutia), Russian Federation	3643052
643055	RU055	RUS055	鞑靼斯坦（俄罗斯）	Tatarstan, Russian Federation	3643055
643058	RU058	RUS058	图瓦（俄罗斯）	Tyva, Russian Federation	3643058
643061	RU061	RUS061	乌德穆尔特（俄罗斯）	Udmurtia, Russian Federation	3643061
643064	RU064	RUS064	阿穆尔（俄罗斯）	Amur, Russian Federation	3643064
643067	RU067	RUS067	阿尔汉格尔斯克(俄罗斯)	Arkhangelsk, Russian Federation	3643067
643070	RU070	RUS070	阿斯特拉罕（俄罗斯）	Astrakhan, Russian Federation	3643070
643073	RU073	RUS073	别尔哥罗德（俄罗斯）	Belgorod, Russian Federation	3643073
643076	RU076	RUS076	布良斯克（俄罗斯）	Bryansk, Russian Federation	3643076
643079	RU079	RUS079	车里雅宾斯克（俄罗斯）	Chelyabinsk, Russian Federation	3643079
643082	RU082	RUS082	赤塔（俄罗斯）	Chita, Russian Federation	3643082
643085	RU085	RUS085	伊尔库茨克（俄罗斯）	Irkutsk, Russian Federation	3643085
643088	RU088	RUS088	伊万诺沃（俄罗斯）	Ivanovo, Russian Federation	3643088
643091	RU091	RUS091	加里宁格勒（俄罗斯）	Kaliningrad, Russian Federation	3643091
643094	RU094	RUS094	卡卢加（俄罗斯）	Kaluga, Russian Federation	3643094
643097	RU097	RUS097	堪察加（俄罗斯）	Kamchatka, Russian Federation	3643097
643100	RU100	RUS100	克麦罗沃（俄罗斯）	Kemerovo, Russian Federation	3643100
643103	RU103	RUS103	基洛夫（俄罗斯）	Kirov, Russian Federation	3643103
643106	RU106	RUS106	科斯特罗马（俄罗斯）	Kostroma, Russian Federation	3643106

代码	iso2	iso3	中文名称	英文名称	分类代码
643109	RU109	RUS109	库尔干（俄罗斯）	Kurgan, Russian Federation	3643109
643112	RU112	RUS112	库尔斯克（俄罗斯）	Kursk, Russian Federation	3643112
643115	RU115	RUS115	列宁格勒（俄罗斯）	Leningrad, Russian Federation	3643115
643118	RU118	RUS118	利佩茨克（俄罗斯）	Lipetsk, Russian Federation	3643118
643121	RU121	RUS121	马加丹（俄罗斯）	Magadan, Russian Federation	3643121
643124	RU124	RUS124	莫斯科（俄罗斯）	Moscow, Russian Federation	3643124
643127	RU127	RUS127	摩尔曼斯克（俄罗斯）	Murmansk, Russian Federation	3643127
643130	RU130	RUS130	下诺夫哥罗德（俄罗斯）	Nizhegorod, Russian Federation	3643130
643133	RU133	RUS133	诺夫哥罗德（俄罗斯）	Novgorod, Russian Federation	3643133
643136	RU136	RUS136	新西伯利亚（俄罗斯）	Novosibirsk, Russian Federation	3643136
643139	RU139	RUS139	鄂木斯克（俄罗斯）	Omsk, Russian Federation	3643139
643142	RU142	RUS142	奥伦堡（俄罗斯）	Orenburg, Russian Federation	3643142
643145	RU145	RUS145	奥廖尔（俄罗斯）	Orel, Russian Federation	3643145
643148	RU148	RUS148	奔萨（俄罗斯）	Penza, Russian Federation	3643148
643151	RU151	RUS151	彼尔姆（俄罗斯）	Perm'+C487, Russian Federation	3643151
643154	RU154	RUS154	普斯科夫（俄罗斯）	Pskov, Russian Federation	3643154
643157	RU157	RUS157	罗斯托夫（俄罗斯）	Rostov, Russian Federation	3643157
643160	RU160	RUS160	梁赞（俄罗斯）	Ryazan, Russian Federation	3643160
643163	RU163	RUS163	萨哈林（俄罗斯）	Sakhalin, Russian Federation	3643163
643166	RU166	RUS166	萨马拉（俄罗斯）	Samara, Russian Federation	3643166
643169	RU169	RUS169	萨拉托夫（俄罗斯）	Saratov, Russian Federation	3643169
643172	RU172	RUS172	斯摩棱斯克（俄罗斯）	Smolensk, Russian Federation	3643172
643175	RU175	RUS175	斯维尔德洛夫斯克（俄罗斯）	Sverdlovsk, Russian Federation	3643175
643178	RU178	RUS178	坦波夫（俄罗斯）	Tambov, Russian Federation	3643178
643181	RU181	RUS181	托木斯克（俄罗斯）	Tomsk, Russian Federation	3643181
643184	RU184	RUS184	图拉（俄罗斯）	Tula, Russian Federation	3643184
643187	RU187	RUS187	特维尔（俄罗斯）	Tver, Russian Federation	3643187
643190	RU190	RUS190	秋明（俄罗斯）	Tyumen, Russian Federation	3643190
643193	RU193	RUS193	乌里扬诺夫斯克(俄罗斯）	Ulyanovsk, Russian Federation	3643193
643196	RU196	RUS196	弗拉基米尔（俄罗斯）	Vladimir, Russian Federation	3643196
643199	RU199	RUS199	伏尔加格勒（俄罗斯）	Volgograd, Russian Federation	3643199
643202	RU202	RUS202	沃洛格达（俄罗斯）	Vologda, Russian Federation	3643202
643205	RU205	RUS205	沃罗涅日（俄罗斯）	Voronezh, Russian Federation	3643205
643208	RU208	RUS208	雅罗斯拉夫尔（俄罗斯）	Yaroslavl, Russian Federation	3643208
643211	RU211	RUS211	犹太（俄罗斯）	Jewish, Russian Federation	3643211
643214	RU214	RUS214	阿尔泰（俄罗斯）	Altay, Russian Federation	3643214
643217	RU217	RUS217	哈巴罗夫斯克（俄罗斯）	Khabarovsk, Russian Federation	3643217
643220	RU220	RUS220	克拉斯诺亚尔斯克（俄罗斯）	Krasnoyarsk, Russian Federation	3643220
643223	RU223	RUS223	滨海（俄罗斯）	Maritime, Russian Federation	3643223
643226	RU226	RUS226	斯塔夫罗波尔（俄罗斯）	Stavropol, Russian Federation	3643226
643229	RU229	RUS229	圣彼得堡（俄罗斯）	Saint Petersburg, Russian Federation	3643229
643232	RU232	RUS232	阿加布里亚特（俄罗斯）	Aga-Buryat, Russian Federation	3643232
643235	RU235	RUS235	楚科奇（俄罗斯）	Chukchi(Chukotka), Russian Federation	3643235
643238	RU238	RUS238	埃文基（俄罗斯）	Evenk, Russian Federation	3643238
643241	RU241	RUS241	汉特-曼西（俄罗斯）	Khanty-Mansi, Russian Federation	3643241

代码	iso2	iso3	中文名称	英文名称	分类代码
643244	RU244	RUS244	科米－彼尔米亚克（俄罗斯）	Komi-Permyak, Russian Federation	3643244
643247	RU247	RUS247	科里亚克（俄罗斯）	Koryak, Russian Federation	3643247
643250	RU250	RUS250	涅涅茨（俄罗斯）	Nenets, Russian Federation	3643250
643253	RU253	RUS253	泰梅尔(多尔干—涅涅茨)（俄罗斯）	Taymyr(Dolgano-Nenets), Russian Federation	3643253
643256	RU256	RUS256	乌斯季奥尔达布里亚特（俄罗斯）	Ust'-Ordynsk-Byryat, Russian Federation	3643256
643259	RU259	RUS259	亚马尔－涅涅茨(俄罗斯)	Yamalo Nenets, Russian Federation	3643259
643262	RU262	RUS262	莫斯科（俄罗斯）	Moscow, Russian Federation	3643262
646	RW	RWA	卢旺达	Rwanda	2646
646001	RW001	RWA001	布塔雷（卢旺达）	Butare, Rwanda	2646001
646004	RW004	RWA004	比温巴（卢旺达）	Byumba, Rwanda	2646004
646007	RW007	RWA007	尚古古（卢旺达）	Cyangugu, Rwanda	2646007
646010	RW010	RWA010	吉孔戈罗（卢旺达）	Gikongoro, Rwanda	2646010
646013	RW013	RWA013	吉塞尼（卢旺达）	Gisenyi, Rwanda	2646013
646016	RW016	RWA016	吉塔拉马（卢旺达）	Gitarama, Rwanda	2646016
646019	RW019	RWA019	基本古（卢旺达）	Kibungu, Rwanda	2646019
646022	RW022	RWA022	基布耶（卢旺达）	Kibuye, Rwanda	2646022
646025	RW025	RWA025	基加利（卢旺达）	Kigali, Rwanda	2646025
646028	RW028	RWA028	鲁亨盖里（卢旺达）	Ruhengeri, Rwanda	2646028
652	BL	BLM	加勒比海圣巴特岛	Saint Barthelemy	5652
654	SH	SHN	圣赫勒拿	Saint Helena, Ascension and Tristan da Cunha	9654
659	KN	KNA	圣基茨和尼维斯	Saint Kitts and Nevis	5659
659001	KN001	KNA001	圣基茨岛（圣基茨和尼维斯）	St.Kitts I., Saint Kitts and Nevis	5659001
659004	KN004	KNA004	克赖斯特彻奇尼古拉镇（圣基茨和尼维斯）	Christ Church Nichola Town, Saint Kitts and Nevis	5659004
659007	KN007	KNA007	圣安妮桑迪波因特（圣基茨和尼维斯）	Saint Anne Sandy Point, Saint Kitts and Nevis	5659007
659010	KN010	KNA010	圣乔治巴斯特尔（圣基茨和尼维斯）	Saint George Basseterre, Saint Kitts and Nevis	5659010
659013	KN013	KNA013	圣约翰卡皮斯特尔（圣基茨和尼维斯）	Sanit John Capisterre, Saint Kitts and Nevis	5659013
659016	KN016	KNA016	圣玛丽卡永（圣基茨和尼维斯）	Saint Mary Cayon, Saint Kitts and Nevis	5659016
659019	KN019	KNA019	圣保罗卡皮斯特尔（圣基茨和尼维斯）	Saint Paul Capisterre, Saint Kitts and Nevis	5659019
659022	KN022	KNA022	圣彼得巴斯特尔（圣基茨和尼维斯）	Saint Peter Basaeterre, Saint Kitts and Nevis	5659022
659025	KN025	KNA025	圣托马斯米德尔艾兰（圣基茨和尼维斯）	Saint Thomas Middle Island, Saint Kitts and Nevis	5659025
659028	KN028	KNA028	特里尼蒂帕尔梅托波因特（圣基茨和尼维斯）	Trinity Palmetto Point, Saint Kitts and Nevis	5659028
659031	KN031	KNA031	尼维斯岛（圣基茨和尼维斯）	Nevis I., Saint Kitts and Nevis	5659031

代码	iso2	iso3	中文名称	英文名称	分类代码
659034	KN034	KNA034	圣乔治金杰兰（圣基茨和尼维斯）	Sanit George Gingerland, Saint Kitts and Nevis	5659034
659037	KN037	KNA037	圣詹姆斯温德沃德（圣基茨和尼维斯）	Saint James Windward, Saint Kitts and Nevis	5659037
659040	KN040	KNA040	圣约翰菲格特里（圣基茨和尼维斯）	Saint John Figtree, Saint Kitts and Nevis	5659040
659043	KN043	KNA043	圣保罗查尔斯敦（圣基茨和尼维斯）	Sanit Paul Charlestown, Saint Kitts and Nevis	5659043
659046	KN046	KNA046	圣托马斯洛兰（圣基茨和尼维斯）	Sanit Thomas Lowland, Saint Kitts and Nevis	5659046
660	AI	AIA	安圭拉	Anguilla	5660
662	LC	LCA	圣卢西亚	Saint Lucia	5662
662001	LC001	LCA001	昂斯拉赖（圣卢西亚）	Anse-La-Raye, Saint Lucia	5662001
662004	LC004	LCA004	卡纳里（圣卢西亚）	Canaries, Saint Lucia	5662004
662007	LC007	LCA007	卡斯特里（圣卢西亚）	Castries, Saint Lucia	5662007
662010	LC010	LCA010	舒瓦瑟尔（圣卢西亚）	Choiseul, Saint Lucia	5662010
662013	LC013	LCA013	代讷里（圣卢西亚）	Dennery, Saint Lucia	5662013
662016	LC016	LCA016	格罗西勒（圣卢西亚）	Gros Islet, Saint Lucia	5662016
662019	LC019	LCA019	拉博里（圣卢西亚）	Laborie, Saint Lucia	5662019
662022	LC022	LCA022	米库（圣卢西亚）	Micoud, Saint Lucia	5662022
662025	LC025	LCA025	苏弗里耶尔（圣卢西亚）	Soufriere, Saint Lucia	5662025
662028	LC028	LCA028	维约堡（圣卢西亚）	Vieux Fort, Saint Lucia	5662028
663	MF	MAF	圣马丁（法国）	Saint Martin (French part)	5663
666	PM	SPM	圣皮埃尔和密克隆	Saint Pierre and Miquelon	5666
670	VC	VCT	圣文森特和格林纳丁斯	Saint Vincent and the Grenadines	5670
670001	VC001	VCT001	巴鲁阿利（圣文森特和格林纳丁斯）	Barrouallie, Saint Vincent and the Grenadines	5670001
670004	VC004	VCT004	布里奇敦（圣文森特和格林纳丁斯）	Bridgetown, Saint Vincent and the Grenadines	5670004
670007	VC007	VCT007	卡利亚夸（圣文森特和格林纳丁斯）	Calliaqua, Saint Vincent and the Grenadines	5670007
670010	VC010	VCT010	沙托贝莱尔（圣文森特和格林纳丁斯）	Chateaubelair, Saint Vincent and the Grenadines	5670010
670013	VC013	VCT013	科洛纳里（圣文森特和格林纳丁斯）	Colonarie, Saint Vincent and the Grenadines	5670013
670016	VC016	VCT016	乔治敦（圣文森特和格林纳丁斯）	Georgetown, Saint Vincent and the Grenadines	5670016
670019	VC019	VCT019	金斯敦（城）（圣文森特和格林纳丁斯）	Kingstown(city), Saint Vincent and the Grenadines	5670019
670022	VC022	VCT022	金斯敦（效区）（圣文森特和格林纳丁斯）	Kingstown(suburbs)Saint Vincent and the Grenadines	5670022
670025	VC025	VCT025	拉尤（圣文森特和格林纳丁斯）	Layou, Saint Vincent and the Grenadines	5670025
670028	VC028	VCT028	马利亚夸（圣文森特和格林纳丁斯）	Malliaqua, Saint Vincent and the Grenadines	5670028
670031	VC031	VCT031	桑迪贝（圣文森特和格林纳丁斯）	Sandy Bay, Saint Vincent and the Grenadines	5670031

代码	iso2	iso3	中文名称	英文名称	分类代码
670034	VC034	VCT034	北格林纳丁斯（圣文森特和格林纳丁斯）	Northern Grenadines, Saint Vincent and the Grenadines	5670034
670037	VC037	VCT037	南格林纳丁斯（圣文森特和格林纳丁斯）	Southern Grenadines, Saint Vincent and the Grenadines	5670037
674	SM	SMR	圣马力诺	San Marino	3674
674001	SM001	SMR001	阿夸维瓦（圣马力诺）	Acquaviva, San Marino	3674001
674004	SM004	SMR004	博尔戈马焦雷(圣马力诺)	Borgo Maggiore, San Marino	3674004
674007	SM007	SMR007	基耶萨努奥瓦(圣马力诺)	Chiesanuova, San Marino	3674007
674010	SM010	SMR010	圣马力诺城堡(圣马力诺)	Citta, San Marino	3674010
674013	SM013	SMR013	多马尼亚诺（圣马力诺）	Domagnano, San Marino	3674013
674016	SM016	SMR016	法埃塔诺（圣马力诺）	Faetano, San Marino	3674016
674019	SM019	SMR019	菲奥伦蒂诺（圣马力诺）	Fiorentino, San Marino	3674019
674022	SM022	SMR022	蒙特贾尔迪诺(圣马力诺)	Montegiardino, San Marino	3674022
674025	SM025	SMR025	塞拉瓦莱（圣马力诺）	Serravalle, San Marino	3674025
678	ST	STP	圣多美和普林西比	Sao Tome and Principe	2678
678001	ST001	STP001	阿夸格兰德（圣多美和普林西比）	Aqua Grande, Sao Tome and Principe	2678001
678004	ST004	STP004	坎塔加卢（圣多美和普林西比）	Cantagalo, Sao Tome and Principe	2678004
678007	ST007	STP007	考埃(圣多美和普林西比)	Caue, Sao Tome and Principe	2678007
678010	ST010	STP010	伦巴(圣多美和普林西比)	Lemba, Sao Tome and Principe	2678010
678013	ST013	STP013	洛巴塔（圣多美和普林西比）	Lobata, Sao Tome and Principe	2678013
678016	ST016	STP016	梅佐希（圣多美和普林西比）	Me-Zochi, Sao Tome and Principe	2678016
678019	ST019	STP019	帕盖(圣多美和普林西比)	Pague, Sao Tome and Principe	2678019
682	SA	SAU	沙特阿拉伯	Saudi Arabia	1682
682001	SA001	SAU001	巴哈（沙特阿拉伯）	Bahah, Al, Saudi Arabia	1682001
682004	SA004	SAU004	麦地那（沙特阿拉伯）	Madinah, Al, Saudi Arabia	1682004
682007	SA007	SAU007	麦加（沙特阿拉伯）	Makkah, Saudi Arabia	1682007
682010	SA010	SAU010	阿西尔（沙特阿拉伯）	Asir, Saudi Arabia	1682010
682013	SA013	SAU013	吉赞（沙特阿拉伯）	Jizan, Saudi Arabia	1682013
682016	SA016	SAU016	奈季兰（沙特阿拉伯）	Najran, Saudi Arabia	1682016
682019	SA019	SAU019	焦夫（沙特阿拉伯）	Jawf, Al, Saudi Arabia	1682019
682022	SA022	SAU022	北部边境（沙特阿拉伯）	Hudud ash Shamaliyah(Northern Borders), Saudi Arabia	1682022
682025	SA025	SAU025	泰布克（沙特阿拉伯）	Tabuk, Saudi Arabia	1682025
682028	SA028	SAU028	哈伊勒（沙特阿拉伯）	Ha'il, Saudi Arabia	1682028
682031	SA031	SAU031	盖西姆（沙特阿拉伯）	Qasim, Saudi Arabia	1682031
682034	SA034	SAU034	利雅得（沙特阿拉伯）	Riyad, Ar, Saudi Arabia	1682034
686	SN	SEN	塞内加尔	Senegal	2686
686001	SN001	SEN001	达喀尔（塞内加尔）	Dakar, Senegal	2686001
686004	SN004	SEN004	久尔贝勒（塞内加尔）	Diourbel, Senegal	2686004
686007	SN007	SEN007	法蒂克（塞内加尔）	Fatick, Senegal	2686007
686010	SN010	SEN010	考拉克（塞内加尔）	Kaolack, Senegal	2686010
686013	SN013	SEN013	科尔达（塞内加尔）	Kolda, Senegal	2686013
686016	SN016	SEN016	卢加（塞内加尔）	Louga, Senegal	2686016
686019	SN019	SEN019	圣路易（塞内加尔）	Saint-Louis, Senegal	2686019

代码	iso2	iso3	中文名称	英文名称	分类代码
686022	SN022	SEN022	坦巴昆达（塞内加尔）	Tambacounda, Senegal	2686022
686025	SN025	SEN025	捷斯（塞内加尔）	Thies, Senegal	2686025
686028	SN028	SEN028	济金绍尔（塞内加尔）	Ziguinchor, Senegal	2686028
688	RS	SRB	塞尔维亚共和国	Republic of Serbia	3688
688001	RS001	SRB001	塞尔维亚（塞尔维亚共和国）	Srbija, Republic of Serbia	3688001
688004	RS004	SRB004	科索沃和梅托希亚（塞尔维亚共和国）	Kosovo Metohija, Republic of Serbia	3688004
688007	RS007	SRB007	伏伊伏丁那（塞尔维亚共和国）	Vojvodina, Republic of Serbia	3688007
690	SC	SYC	塞舌尔	Seychelles	2690
694	SL	SLE	塞拉利昂	Sierra Leone	2694
694001	SL001	SLE001	东部省（塞拉利昂）	Eastern Province, Sierra Leone	2694001
694004	SL004	SLE004	凯拉洪（塞拉利昂）	Kailahun, Sierra Leone	2694004
694007	SL007	SLE007	凯内马（塞拉利昂）	Kenema, Sierra Leone	2694007
694010	SL010	SLE010	科诺（塞拉利昂）	Kono, Sierra Leone	2694010
694013	SL013	SLE013	北部省（塞拉利昂）	Northern Province, Sierra Leone	2694013
694016	SL016	SLE016	邦巴利（塞拉利昂）	Bombali, Sierra Leone	2694016
694019	SL019	SLE019	坎比亚（塞拉利昂）	Kambia, Sierra Leone	2694019
694022	SL022	SLE022	科伊纳杜加（塞拉利昂）	Koinaduge, Sierra Leone	2694022
694025	SL025	SLE025	洛科港（塞拉利昂）	Port Loko, Sierra Leone	2694025
694028	SL028	SLE028	通科利利（塞拉利昂）	Tonkolili, Sierra Leone	2694028
694031	SL031	SLE031	南部省（塞拉利昂）	Southern Province, Sierra Leone	2694031
694034	SL034	SLE034	博城（塞拉利昂）	Bo, Sierra Leone	2694034
694037	SL037	SLE037	邦特（塞拉利昂）	Bonthe, Sierra Leone	2694037
694040	SL040	SLE040	莫扬巴（塞拉利昂）	Moyamba, Sierra Leone	2694040
694043	SL043	SLE043	普杰洪（塞拉利昂）	Pujehun, Sierra Leone	2694043
694046	SL046	SLE046	西部地区（塞拉利昂）	Western Area, Sierra Leone	2694046
702	SG	SGP	新加坡	Singapore	1702
703	SK	SVK	斯洛伐克	Slovakia	3703
703001	SK001	SVK001	中斯洛伐克（斯洛伐克）	Stredne Slovensko, Slovakia	3703001
703004	SK004	SVK004	东斯洛伐克（斯洛伐克）	Vychodne Slovensko, Slovakia	3703004
703007	SK007	SVK007	西斯洛伐克（斯洛伐克）	Zapadne Slovensko, Slovakia	3703007
703010	SK010	SVK010	布拉迪斯拉发(斯洛伐克)	Bratislava, Slovakia	3703010
704	VN	VNM	越南	Viet Nam	1704
704001	VN001	VNM001	安江（越南）	An Giang, Viet Nam	1704001
704004	VN004	VNM004	巴地－头顿（越南）	Ba Ria-Vung Tau, Viet Nam	1704004
704007	VN007	VNM007	北太（越南）	Bac Thai, Viet Nam	1704007
704010	VN010	VNM010	槟知（越南）	Ben Tre, Viet Nam	1704010
704013	VN013	VNM013	平定（越南）	Binh Dinh, Viet Nam	1704013
704016	VN016	VNM016	平顺（越南）	Binh Thuan, Viet Nam	1704016
704019	VN019	VNM019	芹苴（越南）	Can Tho, Viet Nam	1704019
704022	VN022	VNM022	高平（越南）	Cao Bang, Viet Nam	1704022
704025	VN025	VNM025	多乐（越南）	Dac Lac, Viet Nam	1704025
704028	VN028	VNM028	同奈（越南）	Dong Nai, Viet Nam	1704028
704031	VN031	VNM031	同塔（越南）	Dong Thap, Viet Nam	1704031
704034	VN034	VNM034	嘉莱（越南）	Gia Lai, Viet Nam	1704034
704037	VN037	VNM037	河北（越南）	Ha Bac, Viet Nam	1704037

代码	iso2	iso3	中文名称	英文名称	分类代码
704040	VN040	VNM040	河江（越南）	Ha Giang, Viet Nam	1704040
704043	VN043	VNM043	海兴（越南）	Hai Hung, Viet Nam	1704043
704046	VN046	VNM046	河西（越南）	Ha Tay, Viet Nam	1704046
704049	VN049	VNM049	河静（越南）	Ha Tinh, Viet Nam	1704049
704052	VN052	VNM052	和平（越南）	Hoa Binh, Viet Nam	1704052
704055	VN055	VNM055	庆和（越南）	Khanh Hoa, Viet Nam	1704055
704058	VN058	VNM058	昆嵩（越南）	Kon Tum, Viet Nam	1704058
704061	VN061	VNM061	建江（越南）	Kien Giang, Viet Nam	1704061
704064	VN064	VNM064	莱州（越南）	Lai Chau, Viet Nam	1704064
704067	VN067	VNM067	林同（越南）	Lam Dong, Viet Nam	1704067
704070	VN070	VNM070	谅山（越南）	Lang Son, Viet Nam	1704070
704073	VN073	VNM073	老街（越南）	Lao Cai, Viet Nam	1704073
704076	VN076	VNM076	隆安（越南）	Long An, Viet Nam	1704076
704079	VN079	VNM079	明海（越南）	Minh Hai, Viet Nam	1704079
704082	VN082	VNM082	南河（越南）	Nam Ha, Viet Nam	1704082
704085	VN085	VNM085	义安（越南）	Nghe An, Viet Nam	1704085
704088	VN088	VNM088	宁平（越南）	Ninh Binh, Viet Nam	1704088
704091	VN091	VNM091	宁顺（越南）	Ninh Thuan, Viet Nam	1704091
704094	VN094	VNM094	富安（越南）	Phu Yen, Viet Nam	1704094
704097	VN097	VNM097	广平（越南）	Quang Binh, Viet Nam	1704097
704100	VN100	VNM100	广南 – 岘港（越南）	Quang Nam–Da Nang, Viet Nam	1704100
704103	VN103	VNM103	广义（越南）	Quang Ngai, Viet Nam	1704103
704106	VN106	VNM106	广宁（越南）	Quang Ninh, Viet Nam	1704106
704109	VN109	VNM109	广治（越南）	Quang Tri, Viet Nam	1704109
704112	VN112	VNM112	朔庄（越南）	Soc Trang, Viet Nam	1704112
704115	VN115	VNM115	小河（越南）	Song Be, Viet Nam	1704115
704118	VN118	VNM118	山萝（越南）	Son La, Viet Nam	1704118
704121	VN121	VNM121	西宁（越南）	Tay Ninh, Viet Nam	1704121
704124	VN124	VNM124	太平（越南）	Thai Binh, Viet Nam	1704124
704127	VN127	VNM127	清化（越南）	Thanh Hoa, Viet Nam	1704127
704130	VN130	VNM130	承天 – 顺化（越南）	Thua Thien–Hue, Viet Nam	1704130
704133	VN133	VNM133	前江（越南）	Tien Giang, Viet Nam	1704133
704136	VN136	VNM136	宣光（越南）	Tuyen Quang, Viet Nam	1704136
704139	VN139	VNM139	茶荣（越南）	Tra Vinh, Viet Nam	1704139
704142	VN142	VNM142	永隆（越南）	Vinh Long, Viet Nam	1704142
704145	VN145	VNM145	永富（越南）	Vinh Phu, Viet Nam	1704145
704148	VN148	VNM148	安沛（越南）	Yen Bai, Viet Nam	1704148
704151	VN151	VNM151	河内（越南）	Ha Noi, Viet Nam	1704151
704154	VN154	VNM154	胡志明市（越南）	Thanh Pho Ho Chi Minh, Viet Nam	1704154
704157	VN157	VNM157	海防（越南）	Hai Phong, Viet Nam	1704157
705	SI	SVN	斯洛文尼亚	Slovenia	3705
705001	SI001	SVN001	阿伊多夫什契纳（斯洛文尼亚）	Ajdovscina, Slovenia	3705001
705004	SI004	SVN004	贝尔延齐（斯洛文尼亚）	Beltinci, Slovenia	3705004
705007	SI007	SVN007	布莱德（斯洛文尼亚）	Bled, Slovenia	3705007
705010	SI010	SVN010	博希尼（斯洛文尼亚）	Bohinj, Slovenia	3705010
705013	SI013	SVN013	博罗夫尼察(斯洛文尼亚)	Borovnica, Slovenia	3705013
705016	SI016	SVN016	博韦茨（斯洛文尼亚）	Bovec, Slovenia	3705016

代码	iso2	iso3	中文名称	英文名称	分类代码
705019	SI019	SVN019	布尔达（斯洛文尼亚）	Brda, Slovenia	3705019
705022	SI022	SVN022	布雷佐维察(斯洛文尼亚)	Brezovica, Slovenia	3705022
705025	SI025	SVN025	布雷日采（斯洛文尼亚）	Brezice, Slovenia	3705025
705028	SI028	SVN028	灿科瓦－蒂希纳（斯洛文尼亚）	Cankova–Tisina, Slovenia	3705028
705031	SI031	SVN031	采列（斯洛文尼亚）	Celie, Slovenia	3705031
705034	SI034	SVN034	戈雷尼斯卡地区采尔克列（斯洛文尼亚）	Cerklie na Gorenjiskem, Slovenia	3705034
705037	SI037	SVN037	采尔克尼察(斯洛文尼亚)	Cerknica, Slovenia	3705037
705040	SI040	SVN040	采尔克诺（斯洛文尼亚）	Cerkno, Slovenia	3705040
705043	SI043	SVN043	奇伦绍夫齐(斯洛文尼亚)	Crensovci, Slovenia	3705043
705046	SI046	SVN046	科罗什卡地区奇尔纳（斯洛文尼亚）	Crna na Koroskem, Slovenia	3705046
705049	SI049	SVN049	奇尔诺梅利(斯洛文尼亚)	Crnomelj, Slovenia	3705049
705052	SI052	SVN052	代斯特尔尼克－特尔诺夫斯克村（斯洛文尼亚）	Destrnik–Trnovska vas, Slovenia	3705052
705055	SI055	SVN055	迪瓦查（斯洛文尼亚）	Divaca, Slovenia	3705055
705058	SI058	SVN058	多布雷波列(斯洛文尼亚)	Dobrepolje, Slovenia	3705058
705061	SI061	SVN061	多布罗瓦－霍尔尤尔－波尔霍夫格拉代茨（斯洛文尼亚）	Dobrova–Horjul–Polhov Gradec, Slovenia	3705061
705064	SI064	SVN064	卢布尔雅那附近多尔（斯洛文尼亚）	Dol pri Ljubljani, Slovenia	3705064
705067	SI067	SVN067	多姆扎莱（斯洛文尼亚）	Domzale, Slovenia	3705067
705070	SI070	SVN070	多尔纳瓦（斯洛文尼亚）	Dornava, Slovenia	3705070
705073	SI073	SVN073	德拉沃格勒(斯洛文尼亚)	Dravograd, Slovenia	3705073
705076	SI076	SVN076	杜普莱克（斯洛文尼亚）	Duplek, Slovenia	3705076
705079	SI079	SVN079	戈雷尼亚村－波利亚内（斯洛文尼亚）	Gorenja vas–Poljane, Slovenia	3705079
705082	SI082	SVN082	戈里什尼察(斯洛文尼亚)	Gorisnica, Slovenia	3705082
705085	SI085	SVN085	上拉德戈纳(斯洛文尼亚)	Gornja Radgona, Slovenia	3705085
705088	SI088	SVN088	戈尔尼格勒(斯洛文尼亚)	Gornji Grad, Slovenia	3705088
705091	SI091	SVN091	上彼得罗夫齐（斯洛文尼亚）	Gornji Petrovci, Slovenia	3705091
705094	SI094	SVN094	格罗苏普列(斯洛文尼亚)	Grosuplje, Slovenia	3705094
705097	SI097	SVN097	霍多什沙洛夫齐（斯洛文尼亚）	Hodos–Salovci, Slovenia	3705097
705100	SI100	SVN100	赫拉斯特尼克（斯洛文尼亚）	Hrastnik, Slovenia	3705100
705103	SI103	SVN103	赫尔佩列－科济纳（斯洛文尼亚）	Hrpelie–Kozina, Slovenia	3705103
705106	SI106	SVN106	伊德里亚（斯洛文尼亚）	Idrija, Slovenia	3705106
705109	SI109	SVN109	伊格（斯洛文尼亚）	Ig, Slovenia	3705109
705112	SI112	SVN112	伊利尔斯卡比斯特里察（斯洛文尼亚）	Ilirska Bistrica, Slovenia	3705112
705115	SI115	SVN115	伊万奇纳戈里察（斯洛文尼亚）	Ivancna Gorica, Slovenia	3705115
705118	SI118	SVN118	伊佐拉（斯洛文尼亚）	Izola, Slovenia	3705118

代码	iso2	iso3	中文名称	英文名称	分类代码
705121	SI121	SVN121	耶塞尼采（斯洛文尼亚）	Jesenice, Slovenia	3705121
705124	SI124	SVN124	尤尔欣齐（斯洛文尼亚）	Jursinci, Slovenia	3705124
705127	SI127	SVN127	卡姆尼克（斯洛文尼亚）	Kamnik, Slovenia	3705127
705130	SI130	SVN130	卡纳尔（斯洛文尼亚）	Kanal, Slovenia	3705130
705133	SI133	SVN133	基德里切沃(斯洛文尼亚)	Kidricevo, Slovenia	3705133
705136	SI136	SVN136	科巴里德（斯洛文尼亚）	Kobarid, Slovenia	3705136
705139	SI139	SVN139	科比列（斯洛文尼亚）	Kobilje, Slovenia	3705139
705142	SI142	SVN142	科切维（斯洛文尼亚）	Kocevje, Slovenia	3705142
705145	SI145	SVN145	科门（斯洛文尼亚）	Komen, Slovenia	3705145
705148	SI148	SVN148	科佩尔 / 卡波迪斯特里亚（斯洛文尼亚）	Koper/Capodistria, Slovenia	3705148
705151	SI151	SVN151	科济耶（斯洛文尼亚）	Kozje, Slovenia	3705151
705154	SI154	SVN154	克拉尼（斯洛文尼亚）	Kranj, Slovenia	3705154
705157	SI157	SVN157	克拉尼斯卡戈拉（斯洛文尼亚）	Kranjska Gora, Slovenia	3705157
705160	SI160	SVN160	克尔什科（斯洛文尼亚）	Krsko, Slovenia	3705160
705163	SI163	SVN163	昆戈塔（斯洛文尼亚）	Kungota, Slovenia	3705163
705166	SI166	SVN166	库兹马（斯洛文尼亚）	Kuzma, Slovenia	3705166
705169	SI169	SVN169	拉什科（斯洛文尼亚）	Lasko, Slovenia	3705169
705172	SI172	SVN172	莱纳尔特（斯洛文尼亚）	Lenart, Slovenia	3705172
705175	SI175	SVN175	伦达瓦（斯洛文尼亚）	Lendava, Slovenia	3705175
705178	SI178	SVN178	利蒂亚（斯洛文尼亚）	Litija, Slovenia	3705178
705181	SI181	SVN181	卢布尔雅那(斯洛文尼亚)	Ljubljana, Slovenia	3705181
705184	SI184	SVN184	柳布诺（斯洛文尼亚）	Ljubno, Slovenia	3705184
705187	SI187	SVN187	柳托梅尔（斯洛文尼亚）	Ljutomer, Slovenia	3705187
705190	SI190	SVN190	洛加泰茨（斯洛文尼亚）	Logatec, Slovenia	3705190
705193	SI193	SVN193	洛什卡多利纳（斯洛文尼亚）	Loska dolina, Slovenia	3705193
705196	SI196	SVN196	洛什基波托克（斯洛文尼亚）	Loski Potok, Slovenia	3705196
705199	SI199	SVN199	卢切（斯洛文尼亚）	Luce, Slovenia	3705199
705202	SI202	SVN202	卢科维察（斯洛文尼亚）	Lukovica, Slovenia	3705202
705205	SI205	SVN205	马伊什佩克(斯洛文尼亚)	Majsperk, Slovenia	3705205
705208	SI208	SVN208	马里博尔（斯洛文尼亚）	Maribor, Slovenia	3705208
705211	SI211	SVN211	梅德沃代（斯洛文尼亚）	Medvode, Slovenia	3705211
705214	SI214	SVN214	门盖什（斯洛文尼亚）	Menges, Slovenia	3705214
705217	SI217	SVN217	梅特利卡（斯洛文尼亚）	Metlika, Slovenia	3705217
705220	SI220	SVN220	梅日察（斯洛文尼亚）	Mezica, Slovenia	3705220
705223	SI223	SVN223	米伦 - 科斯塔涅维察（斯洛文尼亚）	Miren–Kostanjevica, Slovenia	3705223
705226	SI226	SVN226	米斯利尼亚(斯洛文尼亚)	Mislinja, Slovenia	3705226
705229	SI229	SVN229	摩拉夫切（斯洛文尼亚）	Moravce, Slovenia	3705229
705232	SI232	SVN232	摩拉瓦托普利采（斯洛文尼亚）	Moravske Toplice, Slovenia	3705232
705235	SI235	SVN235	莫济列（斯洛文尼亚）	Mozirje, Slovenia	3705235
705238	SI238	SVN238	穆尔斯卡索博塔（斯洛文尼亚）	Murska Sobota, Slovenia	3705238
705241	SI241	SVN241	穆塔（斯洛文尼亚）	Muta, Slovenia	3705241

代码	iso2	iso3	中文名称	英文名称	分类代码
705244	SI244	SVN244	纳克洛（斯洛文尼亚）	Naklo, Slovenia	3705244
705247	SI247	SVN247	纳扎列（斯洛文尼亚）	Nazarje, Slovenia	3705247
705250	SI250	SVN250	新戈里察（斯洛文尼亚）	Nova Gorica, Slovenia	3705250
705253	SI253	SVN253	新梅斯托（斯洛文尼亚）	Novo mesto, Slovenia	3705253
705256	SI256	SVN256	奥德兰齐（斯洛文尼亚）	Odranci, Slovenia	3705256
705259	SI259	SVN259	奥尔莫日（斯洛文尼亚）	Ormoz, Slovenia	3705259
705262	SI262	SVN262	奥西尔尼察(斯洛文尼亚)	Osilnica, Slovenia	3705262
705265	SI265	SVN265	佩斯尼察（斯洛文尼亚）	Pesnica, Slovenia	3705265
705268	SI268	SVN268	皮兰（斯洛文尼亚）	Piran, Slovenia	3705268
705271	SI271	SVN271	皮夫卡（斯洛文尼亚）	Pivka, Slovenia	3705271
705274	SI274	SVN274	波德切特泰克（斯洛文尼亚）	Podctrtek, Slovenia	3705274
705277	SI277	SVN277	波德韦尔卡－里布尼察（斯洛文尼亚）	Podvelka-Ribnica, Slovenia	3705277
705280	SI280	SVN280	波斯托伊纳(斯洛文尼亚)	Postojna, Slovenia	3705280
705283	SI283	SVN283	普雷德沃尔(斯洛文尼亚)	Preddvor, Slovenia	3705283
705286	SI286	SVN286	普图伊（斯洛文尼亚）	Ptuj, Slovenia	3705286
705289	SI289	SVN289	普聪齐（斯洛文尼亚）	Puconci, Slovenia	3705289
705292	SI292	SVN292	拉切－弗拉姆（斯洛文尼亚）	Race-Fram, Slovenia	3705292
705295	SI295	SVN295	拉代切（斯洛文尼亚）	Radece, Slovenia	3705295
705298	SI298	SVN298	拉登齐（斯洛文尼亚）	Radenci, Slovenia	3705298
705301	SI301	SVN301	德拉瓦河畔拉德列（斯洛文尼亚）	Radlje ob Dravi, Slovenia	3705301
705304	SI304	SVN304	拉多夫利察(斯洛文尼亚)	Radovljica, Slovenia	3705304
705307	SI307	SVN307	拉夫内－普雷瓦列（斯洛文尼亚）	Ravne-Prevalje, Slovenia	3705307
705310	SI310	SVN310	里布尼察（斯洛文尼亚）	Ribnica, Slovenia	3705310
705313	SI313	SVN313	罗加舍夫齐(斯洛文尼亚)	Rogasevci, Slovenia	3705313
705316	SI316	SVN316	罗加什卡－斯拉蒂纳（斯洛文尼亚）	Rogaska Slatina, Slovenia	3705316
705319	SI319	SVN319	罗加泰茨（斯洛文尼亚）	Rogatec, Slovenia	3705319
705322	SI322	SVN322	鲁舍（斯洛文尼亚）	Ruse, Slovenia	3705322
705325	SI325	SVN325	塞米奇（斯洛文尼亚）	Semic, Slovenia	3705325
705328	SI328	SVN328	塞夫尼察（斯洛文尼亚）	Sevnica, Slovenia	3705328
705331	SI331	SVN331	塞扎纳（斯洛文尼亚）	Sezana, Slovenia	3705331
705334	SI334	SVN334	斯洛文尼格拉代茨（斯洛文尼亚）	Slovenj Gradec, Slovenia	3705334
705337	SI337	SVN337	斯洛文尼亚比斯特里察（斯洛文尼亚）	Slovenska Bistrica, Slovenia	3705337
705340	SI340	SVN340	斯洛文尼亚科尼采（斯洛文尼亚）	Slovenske Konjice, Slovenia	3705340
705343	SI343	SVN343	斯塔尔舍（斯洛文尼亚）	Starse, Slovenia	3705343
705346	SI346	SVN346	圣尤里（斯洛文尼亚）	Sveti Jurij, Slovenia	3705346
705349	SI349	SVN349	申丘尔（斯洛文尼亚）	Sencur, Slovenia	3705349
705352	SI352	SVN352	申蒂利（斯洛文尼亚）	Sentilj, Slovenia	3705352
705355	SI355	SVN355	申特耶尔内伊（斯洛文尼亚）	Sentjernej, Slovenia	3705355

代码	iso2	iso3	中文名称	英文名称	分类代码
705358	SI358	SVN358	采列附近申特尤尔（斯洛文尼亚）	Sentjur pri Celju, Slovenia	3705358
705361	SI361	SVN361	什科茨扬（斯洛文尼亚）	Skocjan, Slovenia	3705361
705364	SI364	SVN364	什科菲亚洛卡（斯洛文尼亚）	Skofia Loka, Slovenia	3705364
705367	SI367	SVN367	什科夫利察(斯洛文尼亚）	Skofljica, Slovenia	3705367
705370	SI370	SVN370	耶尔沙赫附近什马列（斯洛文尼亚）	Smarje pri Jelsah, Slovenia	3705370
705373	SI373	SVN373	帕卡河畔什马尔特诺（斯洛文尼亚）	Smartno ob Paki, Slovenia	3705373
705376	SI376	SVN376	绍什塔尼（斯洛文尼亚）	Sostanj, Slovenia	3705376
705379	SI379	SVN379	什托雷（斯洛文尼亚）	Store, Slovenia	3705379
705382	SI382	SVN382	托尔明（斯洛文尼亚）	Tolmin, Slovenia	3705382
705385	SI385	SVN385	特尔博夫列(斯洛文尼亚）	Trbovlje, Slovenia	3705385
705388	SI388	SVN388	特雷布涅（斯洛文尼亚）	Trebnje, Slovenia	3705388
705391	SI391	SVN391	特尔日奇（斯洛文尼亚）	Trzic, Slovenia	3705391
705394	SI394	SVN394	图尔尼什切(斯洛文尼亚）	Turnisce, Slovenia	3705394
705397	SI397	SVN397	韦莱涅（斯洛文尼亚）	Velenje, Slovenia	3705397
705400	SI400	SVN400	大拉什切（斯洛文尼亚）	Velike Lasce, Slovenia	3705400
705403	SI403	SVN403	维代姆（斯洛文尼亚）	Videm, Slovenia	3705403
705406	SI406	SVN406	维帕瓦（斯洛文尼亚）	Vipava, Slovenia	3705406
705409	SI409	SVN409	维塔涅（斯洛文尼亚）	Vitanje, Slovenia	3705409
705412	SI412	SVN412	沃迪采（斯洛文尼亚）	Vodice, Slovenia	3705412
705415	SI415	SVN415	沃伊尼克（斯洛文尼亚）	Vojnik, Slovenia	3705415
705418	SI418	SVN418	弗尔赫尼卡(斯洛文尼亚）	Vrhnika, Slovenia	3705418
705421	SI421	SVN421	武泽尼察（斯洛文尼亚）	Vuzenica, Slovenia	3705421
705424	SI424	SVN424	萨瓦河畔扎戈列（斯洛文尼亚）	Zagorje ob Savi, Slovenia	3705424
705427	SI427	SVN427	扎夫尔奇（斯洛文尼亚）	Zavrc, Slovenia	3705427
705430	SI430	SVN430	兹雷切（斯洛文尼亚）	Zrece, Slovenia	3705430
705433	SI433	SVN433	扎莱茨（斯洛文尼亚）	Zalec, Slovenia	3705433
705436	SI436	SVN436	热莱兹尼基(斯洛文尼亚）	Zelezniki, Slovenia	3705436
705439	SI439	SVN439	日里（斯洛文尼亚）	Ziri, Slovenia	3705439
706	SO	SOM	索马里	Somalia	2706
706001	SO001	SOM001	巴科勒（索马里）	Bakool, Somalia	2706001
706004	SO004	SOM004	巴纳迪尔（索马里）	Banaadir, Somalia	2706004
706007	SO007	SOM007	巴里（索马里）	Bari, Somalia	2706007
706010	SO010	SOM010	拜（索马里）	Bay, Somalia	2706010
706013	SO013	SOM013	加勒古杜德（索马里）	Galguduud, Somalia	2706013
706016	SO016	SOM016	盖多（索马里）	Gedo, Somalia	2706016
706019	SO019	SOM019	希兰（索马里）	Hiiraan, Somalia	2706019
706022	SO022	SOM022	中朱巴（索马里）	Jubbada Dhexe, Somalia	2706022
706025	SO025	SOM025	下朱巴（索马里）	Jubbada Hoose, Somalia	2706025
706028	SO028	SOM028	穆杜格（索马里）	Mudug, Somalia	2706028
706031	SO031	SOM031	努加尔（索马里）	Nugaal, Somalia	2706031
706034	SO034	SOM034	萨纳格（索马里）	Sanaag, Somalia	2706034
706037	SO037	SOM037	中谢贝利（索马里）	Shabeellaha Dhexe, Somalia	2706037
706040	SO040	SOM040	小谢贝利（索马里）	Shabeellaha Hoose, Somalia	2706040

代码	iso2	iso3	中文名称	英文名称	分类代码
706043	SO043	SOM043	托格代尔（索马里）	Togdheer, Somalia	2706043
706046	SO046	SOM046	西北（索马里）	North-West, Somalia	2706046
706049	SO049	SOM049	索勒（索马里）	Sol, Somalia	2706049
706052	SO052	SOM052	奥达勒（索马里）	Awdal, Somalia	2706052
710	ZA	ZAF	南非	South Africa	2710
710001	ZA001	ZAF001	东开普（南非）	Eastern Cape, South Africa	2710001
710004	ZA004	ZAF004	东德兰士瓦（南非）	Eastern Transvaal, South Africa	2710004
710007	ZA007	ZAF007	纳塔尔（南非）	Natal, South Africa	2710007
710010	ZA010	ZAF010	北开普（南非）	Northern Cape, South Africa	2710010
710013	ZA013	ZAF013	北德兰士瓦（南非）	Northern Transvaal, South Africa	2710013
710016	ZA016	ZAF016	西北（南非）	North-West, South Africa	2710016
710019	ZA019	ZAF019	奥兰治自由邦（南非）	Orange Free State, South Africa	2710019
710022	ZA022	ZAF022	豪滕（南非）	Gauteng, South Africa	2710022
710025	ZA025	ZAF025	西开普（南非）	Western Cape, South Africa	2710025
716	ZW	ZWE	津巴布韦	Zimbabwe	2716
716001	ZW001	ZWE001	马尼卡兰（津巴布韦）	Manicaland, Zimbabwe	2716001
716004	ZW004	ZWE004	中马绍纳兰（津巴布韦）	Mashonaland Central, Zimbabwe	2716004
716007	ZW007	ZWE007	东马绍纳兰（津巴布韦）	Mashonaland East, Zimbabwe	2716007
716010	ZW010	ZWE010	西马绍纳兰（津巴布韦）	Mashonaland West, Zimbabwe	2716010
716013	ZW013	ZWE013	马斯温戈（津巴布韦）	Masvingo, Zimbabwe	2716013
716016	ZW016	ZWE016	北马塔贝莱兰(津巴布韦)	Matabeleland North, Zimbabwe	2716016
716019	ZW019	ZWE019	南马塔贝莱兰(津巴布韦)	Matabeleland South, Zimbabwe	2716019
716022	ZW022	ZWE022	中部（津巴布韦）	Midlands, Zimbabwe	2716022
716025	ZW025	ZWE025	布拉瓦约（津巴布韦）	Bulawayo, Zimbabwe	2716025
716028	ZW028	ZWE028	哈拉雷（津巴布韦）	Harare, Zimbabwe	2716028
724	ES	ESP	西班牙	Spain	3724
724001	ES001	ESP001	安达卢西亚（西班牙）	Andalucia, Spain	3724001
724004	ES004	ESP004	阿拉贡（西班牙）	Aragon, Spain	3724004
724007	ES007	ESP007	阿斯图里亚斯（西班牙）	Asturias, Spain	3724007
724010	ES010	ESP010	巴利阿里（西班牙）	Islas Baleares, Spain	3724010
724013	ES013	ESP013	加那利群岛（西班牙）	Islas Canarias, Spain	3724013
724016	ES016	ESP016	坎塔布里亚（西班牙）	Cantabria, Spain	3724016
724019	ES019	ESP019	卡斯蒂利亚 – 拉曼查（西班牙）	Castilla-La Mancha, Spain	3724019
724022	ES022	ESP022	卡斯蒂利亚 – 莱昂（西班牙）	Castilla-Leon, Spain	3724022
724025	ES025	ESP025	加泰隆尼亚（西班牙）	Cataluna, Spain	3724025
724028	ES028	ESP028	埃斯特雷马杜拉(西班牙)	Extremadura, Spain	3724028
724031	ES031	ESP031	加利西亚（西班牙）	Galicia, Spain	3724031
724034	ES034	ESP034	拉里奥哈（西班牙）	La Rioja, Spain	3724034
724037	ES037	ESP037	马德里（西班牙）	Madrid, Spain	3724037
724040	ES040	ESP040	纳瓦拉（西班牙）	Navarra, Spain	3724040
724043	ES043	ESP043	巴斯克地区（西班牙）	Basque Country, Spain	3724043
724046	ES046	ESP046	巴伦西亚（西班牙）	Valencia, Spain	3724046
728	SS	SSD	南苏丹	South Sudan	2728
728001	SS001	SSD001	北加扎勒河（南苏丹）	Eastern Bahr al Ghazal，South Sudan	2728001
728004	SS004	SSD004	西加扎勒河（南苏丹）	Western Bahr al Ghazal，South Sudan	2728004
728007	SS007	SSD007	湖泊（南苏丹）	Al Buhayrat，South Sudan	2728007

代码	iso2	iso3	中文名称	英文名称	分类代码
728010	SS010	SSD010	瓦拉布（南苏丹）	Varab，South Sudan	2728010
728013	SS013	SSD013	西赤道（南苏丹）	Western Equatoria，South Sudan	2728013
728016	SS016	SSD016	中赤道（南苏丹）	Equatoria，South Sudan	2728016
728019	SS019	SSD019	东赤道（南苏丹）	Eastern Equatoria，South Sudan	2728019
728022	SS022	SSD022	琼莱（南苏丹）	Junqali，South Sudan	2728022
728025	SS025	SSD025	团结（南苏丹）	Unity，South Sudan	2728025
728028	SS028	SSD028	上尼罗（南苏丹）	Upper Nile，South Sudan	2728028
729	SD	SDN	苏丹	Sudan	2729
729001	SD001	SDN001	喀土穆（苏丹）	Khartoum, Sudan	2729001
729004	SD004	SDN004	北方（苏丹）	Northern, Sudan	2729004
729007	SD007	SDN007	尼罗河（苏丹）	Nile, Sudan	2729007
729010	SD010	SDN010	红海（苏丹）	Red Sea, Sudan	2729010
729013	SD013	SDN013	卡萨拉（苏丹）	Kassala, Sudan	2729013
729016	SD016	SDN016	加达里夫（苏丹）	Ghada Leaf, Sudan	2729016
729019	SD019	SDN019	杰济拉（苏丹）	El Gezira, Sudan	2729019
729022	SD022	SDN022	森纳尔（苏丹）	Senal, Sudan	2729022
729025	SD025	SDN025	白尼罗河（苏丹）	White Nile, Sudan	2729025
729028	SD028	SDN028	青尼罗河（苏丹）	Blue Nile, Sudan	2729028
729031	SD031	SDN031	北科尔多凡（苏丹）	Northern Kordofan, Sudan	2729031
729034	SD034	SDN034	南科尔多凡（苏丹）	Southern Kordofan, Sudan	2729034
729037	SD037	SDN037	北达尔富尔（苏丹）	Northern Darfur, Sudan	2729037
729040	SD040	SDN040	西达尔富尔（苏丹）	Western Darfur, Sudan	2729040
729043	SD043	SDN043	南达尔富尔（苏丹）	Southern Darfur, Sudan	2729043
729046	SD046	SDN046	中达尔富尔（苏丹）	Darfur, Sudan	2729046
729049	SD049	SDN049	东达尔富尔（苏丹）	Eastern Darfur, Sudan	2729049
732	EH	ESH	西撒哈拉	Western Sahara	2732
740	SR	SUR	苏里南	Suriname	4740
740001	SR001	SUR001	布罗拉蓬多（苏里南）	Brokopondo, Suriname	4740001
740004	SR004	SUR004	科默韦讷（苏里南）	Commewijne, Suriname	4740004
740007	SR007	SUR007	科罗尼（苏里南）	Coronie, Suriname	4740007
740010	SR010	SUR010	马罗韦讷（苏里南）	Marowijne, Suriname	4740010
740013	SR013	SUR013	尼克里（苏里南）	Nickerie, Suriname	4740013
740016	SR016	SUR016	帕拉（苏里南）	Para, Suriname	4740016
740019	SR019	SUR019	帕拉马里博（苏里南）	Paramaribo, Suriname	4740019
740022	SR022	SUR022	萨拉马卡（苏里南）	Saramacca, Suriname	4740022
740025	SR025	SUR025	锡帕尔维尼（苏里南）	Sipalwini, Suriname	4740025
740028	SR028	SUR028	瓦尼卡（苏里南）	Wanica, Suriname	4740028
744	SJ	SJM	斯瓦巴德群岛	Svalbard and Jan Mayen Islands	9744
748	SZ	SWZ	斯威士兰	Swaziland	2748
748001	SZ001	SWZ001	霍霍（斯威士兰）	Hhohho, Swaziland	2748001
748004	SZ004	SWZ004	卢邦博（斯威士兰）	Lubombo, Swaziland	2748004
748007	SZ007	SWZ007	曼齐尼（斯威士兰）	Manzini, Swaziland	2748007
748010	SZ010	SWZ010	希塞卢韦尼（斯威士兰）	Shiselweni, Swaziland	2748010
752	SE	SWE	瑞典	Sweden	3752
752001	SE001	SWE001	艾尔夫斯堡（瑞典）	Alvsborg, Sweden	3752001
752004	SE004	SWE004	布莱金厄（瑞典）	Blekinge, Sweden	3752004
752007	SE007	SWE007	耶夫勒堡（瑞典）	Gavleborg, Sweden	3752007
752010	SE010	SWE010	哥德堡 – 布胡斯（瑞典）	Goteborgs och Bohus, Sweden	3752010

代码	iso2	iso3	中文名称	英文名称	分类代码
752013	SE013	SWE013	哥德兰（瑞典）	Gotland, Sweden	3752013
752016	SE016	SWE016	哈兰（瑞典）	Halland, Sweden	3752016
752019	SE019	SWE019	耶姆特兰（瑞典）	Jamtland, Sweden	3752019
752022	SE022	SWE022	延雪平（瑞典）	Jonkoping, Sweden	3752022
752025	SE025	SWE025	卡尔马（瑞典）	Kalmar, Sweden	3752025
752028	SE028	SWE028	科帕尔贝里（瑞典）	Kopparberg, Sweden	3752028
752031	SE031	SWE031	克里斯蒂安斯塔德(瑞典)	Kristianstad, Sweden	3752031
752034	SE034	SWE034	克鲁努贝里（瑞典）	Kronoberg, Sweden	3752034
752037	SE037	SWE037	马尔默胡斯（瑞典）	Malmohus, Sweden	3752037
752040	SE040	SWE040	北博滕（瑞典）	Norrbotten, Sweden	3752040
752043	SE043	SWE043	厄勒布鲁（瑞典）	Orebro, Sweden	3752043
752046	SE046	SWE046	东约特兰（瑞典）	Ostergotland, Sweden	3752046
752049	SE049	SWE049	斯卡拉堡（瑞典）	Skaraborg, Sweden	3752049
752052	SE052	SWE052	南曼兰（瑞典）	Sodermanland, Sweden	3752052
752055	SE055	SWE055	斯德哥尔摩（瑞典）	Stockholm, Sweden	3752055
752058	SE058	SWE058	乌普萨拉（瑞典）	Uppsala, Sweden	3752058
752061	SE061	SWE061	韦姆兰（瑞典）	Varmland, Sweden	3752061
752064	SE064	SWE064	西博滕（瑞典）	Vasterbotten, Sweden	3752064
752067	SE067	SWE067	西诺尔兰（瑞典）	Vasternorrland, Sweden	3752067
752070	SE070	SWE070	西曼兰（瑞典）	Vastmanland, Sweden	3752070
756	CH	CHE	瑞士	Switzerland	3756
756001	CH001	CHE001	阿尔高（瑞士）	Aargau, Switzerland	3756001
756004	CH004	CHE004	外阿彭策尔（瑞士）	Appenzell AusserRhoden, Switzerland	3756004
756007	CH007	CHE007	内阿彭策尔（瑞士）	Appenzell InnerRhoden, Switzerland	3756007
756010	CH010	CHE010	巴塞尔乡村（瑞士）	Basel-Land, Switzerland	3756010
756013	CH013	CHE013	巴塞尔城市（瑞士）	Basel-Stadt, Switzerland	3756013
756016	CH016	CHE016	伯尔尼（瑞士）	Bern, Switzerland	3756016
756019	CH019	CHE019	弗里堡（瑞士）	Fribourg, Switzerland	3756019
756022	CH022	CHE022	日内瓦（瑞士）	Geneve, Switzerland	3756022
756025	CH025	CHE025	格拉鲁斯（瑞士）	Glarus, Switzerland	3756025
756028	CH028	CHE028	格劳宾登（瑞士）	Graubunden, Switzerland	3756028
756031	CH031	CHE031	侏罗（瑞士）	Jura, Switzerland	3756031
756034	CH034	CHE034	卢塞恩（瑞士）	Luzern, Switzerland	3756034
756037	CH037	CHE037	纳沙泰尔（瑞士）	Neuchatel, Switzerland	3756037
756040	CH040	CHE040	下瓦尔登（瑞士）	Nidwalden, Switzerland	3756040
756043	CH043	CHE043	上瓦尔登（瑞士）	Obwalden, Switzerland	3756043
756046	CH046	CHE046	圣加仑（瑞士）	Sankt Gallen, Switzerland	3756046
756049	CH049	CHE049	沙夫豪森（瑞士）	Schaffhausen, Switzerland	3756049
756052	CH052	CHE052	施维茨（瑞士）	Schwyz, Switzerland	3756052
756055	CH055	CHE055	索洛图恩（瑞士）	Solothurn, Switzerland	3756055
756058	CH058	CHE058	图尔高（瑞士）	Thurgau, Switzerland	3756058
756061	CH061	CHE061	提契诺（瑞士）	Ticino, Switzerland	3756061
756064	CH064	CHE064	乌里（瑞士）	Uri, Switzerland	3756064
756067	CH067	CHE067	瓦莱（瑞士）	Valais, Switzerland	3756067
756070	CH070	CHE070	沃（瑞士）	Vaud, Switzerland	3756070
756073	CH073	CHE073	楚格（瑞士）	Zug, Switzerland	3756073
756076	CH076	CHE076	苏黎世（瑞士）	Zurich, Switzerland	3756076
760	SY	SYR	叙利亚	Syrian Arab Republic	1760

代码	iso2	iso3	中文名称	英文名称	分类代码
760001	SY001	SYR001	德拉（叙利亚）	Dar'a, Syrian Arab Republic	1760001
760004	SY004	SYR004	代尔祖尔（叙利亚）	Dayr az-Zawr, Syrian Arab Republic	1760004
760007	SY007	SYR007	大马士革（叙利亚）	Damascus, Syrian Arab Republic	1760007
760010	SY010	SYR010	阿勒颇（叙利亚）	Aleppo, Syrian Arab Republic	1760010
760013	SY013	SYR013	哈马（叙利亚）	Hamah, Syrian Arab Republic	1760013
760016	SY016	SYR016	哈塞克（叙利亚）	Hasakah, Al, Syrian Arab Republic	1760016
760019	SY019	SYR019	霍姆斯（叙利亚）	Homs, Syrian Arab Republic	1760019
760022	SY022	SYR022	伊德利卜（叙利亚）	Idlib, Syrian Arab Republic	1760022
760025	SY025	SYR025	拉塔基亚（叙利亚）	Ladhiqiyah, Al, Syrian Arab Republic	1760025
760028	SY028	SYR028	库奈特拉（叙利亚）	Qunaytirah, Al, Syrian Arab Republic	1760028
760031	SY031	SYR031	拉卡（叙利亚）	Raqqah, Ar, Syrian Arab Republic	1760031
760034	SY034	SYR034	苏韦达（叙利亚）	Suwayda', As, Syrian Arab Republic	1760034
760037	SY037	SYR037	塔尔图斯（叙利亚）	Tartus, Syrian Arab Republic	1760037
760040	SY040	SYR040	大马士革市（叙利亚）	Damascus City, Syrian Arab Republic	1760040
762	TJ	TJK	塔吉克斯坦	Tajikistan	1762
762001	TJ001	TJK001	列宁纳巴德(塔吉克斯坦)	Leninabad, Tajikistan	1762001
762004	TJ004	TJK004	哈特隆（塔吉克斯坦）	Khatlon, Tajikistan	1762004
762007	TJ007	TJK007	共和国直辖区（塔吉克斯坦）	Region under Republic Administration, Tajikistan	1762007
762010	TJ010	TJK010	杜尚别（塔吉克斯坦）	Dushanbe, Tajikistan	1762010
762013	TJ013	TJK013	戈尔诺—巴达赫尚（塔吉克斯坦）	Gorno-Badakhshan, Tajikistan	1762013
764	TH	THA	泰国	Thailand	1764
764001	TH001	THA001	红统（泰国）	Ang Thong, Thailand	1764001
764004	TH004	THA004	武里南（泰国）	Buriram, Thailand	1764004
764007	TH007	THA007	差春骚（泰国）	Chachoengsao, Thailand	1764007
764010	TH010	THA010	猜纳（泰国）	Chai Nat, Thailand	1764010
764013	TH013	THA013	猜也蓬（泰国）	Chaiyaphum, Thailand	1764013
764016	TH016	THA016	庄他武里（泰国）	Chanthaburi, Thailand	1764016
764019	TH019	THA019	清迈（泰国）	Chiang Mai, Thailand	1764019
764022	TH022	THA022	清莱（泰国）	Chiang Rai, Thailand	1764022
764025	TH025	THA025	春武里（泰国）	Chon Bury, Thailand	1764025
764028	TH028	THA028	春蓬（泰国）	Chumphon, Thailand	1764028
764031	TH031	THA031	加拉信（泰国）	Kalasin, Thailand	1764031
764034	TH034	THA034	甘烹碧（泰国）	Kamphaeng Phet, Thailand	1764034
764037	TH037	THA037	北碧（泰国）	Kanchanaburi, Thailand	1764037
764040	TH040	THA040	大曼谷府（泰国）	Krung Thep Mahanakhan, Thailand	1764040
764043	TH043	THA043	孔敬（泰国）	Khon Kaen, Thailand	1764043
764046	TH046	THA046	甲米（泰国）	Krabi, Thailand	1764046
764049	TH049	THA049	南邦（泰国）	Lampang, Thailand	1764049
764052	TH052	THA052	南奔（泰国）	Lamphun, Thailand	1764052
764055	TH055	THA055	黎（泰国）	Loei, Thailand	1764055
764058	TH058	THA058	华富里（泰国）	Lop Buri, Thailand	1764058
764061	TH061	THA061	夜丰颂（泰国）	Mae Hong Son, Thailand	1764061
764064	TH064	THA064	马哈沙拉堪（泰国）	Maha Sarakham, Thailand	1764064
764067	TH067	THA067	穆达汉（泰国）	Mukdahan, Thailand	1764067
764070	TH070	THA070	那空那育（泰国）	Nakhon Nayok, Thailand	1764070
764073	TH073	THA073	那空拍侬（泰国）	Nakhon Phanom, Thailand	1764073

代码	iso2	iso3	中文名称	英文名称	分类代码
764076	TH076	THA076	佛统（泰国）	Nakhon Pathom, Thailand	1764076
764079	TH079	THA079	呵叻（泰国）	Nakhon Ratchasima, Thailand	1764079
764082	TH082	THA082	那空沙旺（泰国）	Nakhon Sawan, Thailand	1764082
764085	TH085	THA085	那空是贪玛叻（泰国）	Nakhon Si Thammarat, Thailand	1764085
764088	TH088	THA088	难（泰国）	Nan, Thailand	1764088
764091	TH091	THA091	那拉提瓦（泰国）	Narathiwat, Thailand	1764091
764094	TH094	THA094	廊开（泰国）	Nong Khai, Thailand	1764094
764097	TH097	THA097	暖武里（泰国）	Nonthaburi, Thailand	1764097
764100	TH100	THA100	巴吞他尼（泰国）	Pathum Thani, Thailand	1764100
764103	TH103	THA103	北大年（泰国）	Pattani, Thailand	1764103
764106	TH106	THA106	攀牙（泰国）	Phangnga, Thailand	1764106
764109	TH109	THA109	博他仑（泰国）	Phatthalung, Thailand	1764109
764112	TH112	THA112	碧差汶（泰国）	Phetchabun, Thailand	1764112
764115	TH115	THA115	碧武里（泰国）	Phetchaburi, Thailand	1764115
764118	TH118	THA118	披集（泰国）	Phichit, Thailand	1764118
764121	TH121	THA121	彭世洛（泰国）	Phitsanulok, Thailand	1764121
764124	TH124	THA124	帕（泰国）	Phrae, Thailand	1764124
764127	TH127	THA127	普吉（泰国）	Phuket, Thailand	1764127
764130	TH130	THA130	大城（泰国）	Phra Nakhon Si Ayutthaya, Thailand	1764130
764133	TH133	THA133	巴真（泰国）	Prachin Buri, Thailand	1764133
764136	TH136	THA136	巴蜀（泰国）	Prachuap Khiri Khan, Thailand	1764136
764139	TH139	THA139	拉廊（泰国）	Ranong, Thailand	1764139
764142	TH142	THA142	叻武里（泰国）	Ratchaburi, Thailand	1764142
764145	TH145	THA145	罗勇（泰国）	Rayong, Thailand	1764145
764148	TH148	THA148	黎逸（泰国）	Roi Et, Thailand	1764148
764151	TH151	THA151	沙功那空（泰国）	Sakon Nakhon, Thailand	1764151
764154	TH154	THA154	沙没巴干（泰国）	Samut Prakan, Thailand	1764154
764157	TH157	THA157	沙没沙空（泰国）	Samut Sakhon, Thailand	1764157
764160	TH160	THA160	沙没颂堪（泰国）	Samut Songkhram, Thailand	1764160
764163	TH163	THA163	沙拉武里（泰国）	Sara Buri, Thailand	1764163
764166	TH166	THA166	沙敦（泰国）	Satun, Thailand	1764166
764169	TH169	THA169	信武里（泰国）	Sing Buri, Thailand	1764169
764172	TH172	THA172	宋卡（泰国）	Songkhla, Thailand	1764172
764175	TH175	THA175	四色菊（泰国）	Sisaket, Thailand	1764175
764178	TH178	THA178	素可泰（泰国）	Sukhothai, Thailand	1764178
764181	TH181	THA181	素攀（泰国）	Suphan Buri, Thailand	1764181
764184	TH184	THA184	素叻他尼（泰国）	Surat Thani, Thailand	1764184
764187	TH187	THA187	素林（泰国）	Surin, Thailand	1764187
764190	TH190	THA190	达（泰国）	Tak, Thailand	1764190
764193	TH193	THA193	董里（泰国）	Trang, Thailand	1764193
764196	TH196	THA196	达叻（泰国）	Trat, Thailand	1764196
764199	TH199	THA199	乌汶（泰国）	Ubon Ratchathani, Thailand	1764199
764202	TH202	THA202	乌隆（泰国）	Udon Thani, Thailand	1764202
764205	TH205	THA205	乌泰他尼（泰国）	Uthai Thani, Thailand	1764205
764208	TH208	THA208	程逸（泰国）	Uttaradit, Thailand	1764208
764211	TH211	THA211	也拉（泰国）	Yala, Thailand	1764211
764214	TH214	THA214	益梭通（泰国）	Yasothon, Thailand	1764214
764217	TH217	THA217	帕尧（泰国）	Phayao, Thailand	1764217

代码	iso2	iso3	中文名称	英文名称	分类代码
768	TG	TGO	多哥	Togo	2768
768001	TG001	TGO001	中部（多哥）	Centrale, Togo	2768001
768004	TG004	TGO004	卡拉（多哥）	La Kara, Togo	2768004
768007	TG007	TGO007	滨海（多哥）	Maritime, Togo	2768007
768010	TG010	TGO010	高原（多哥）	Plateaux, Togo	2768010
768013	TG013	TGO013	草原（多哥）	Savanes, Togo	2768013
772	TK	TKL	托克劳	Tokelau	6772
776	TO	TON	汤加	Tonga	6776
776001	TO001	TON001	埃瓦（汤加）	Eua, Tonga	6776001
776004	TO004	TON004	哈派（汤加）	Ha'apai, Tonga	6776004
776007	TO007	TON007	纽阿斯（汤加）	Niuas, Tonga	6776007
776010	TO010	TON010	汤加塔布（汤加）	Tongatapu, Tonga	6776010
776013	TO013	TON013	瓦瓦乌（汤加）	Vava'u, Tonga	6776013
780	TT	TTO	特立尼达和多巴哥	Trinidad and Tobago	5780
780001	TT001	TTO001	卡罗尼（特立尼达和多巴哥）	Caroni, Trinidad and Tobago	5780001
780004	TT004	TTO004	纳里瓦 / 马亚罗（特立尼达和多巴哥）	Nariva/Mayaro, Trinidad and Tobago	5780004
780007	TT007	TTO007	圣安德鲁 / 圣戴维（特立尼达和多巴哥）	St.Andrew/St.David, Trinidad and Tobago	5780007
780010	TT010	TTO010	圣乔治（特立尼达和多巴哥）	St.George, Trinidad and Tobago	5780010
780013	TT013	TTO013	圣帕特里克（特立尼达和多巴哥）	St.Patrick, Trinidad and Tobago	5780013
780016	TT016	TTO016	维多利来（特立尼达和多巴哥）	Victoria, Trinidad and Tobago	5780016
780019	TT019	TTO019	西班牙港（特立尼达和多巴哥）	Port-of-Spain, Trinidad and Tobago	5780019
780022	TT022	TTO022	圣费尔南多（特立尼达和多巴哥）	San Fernando, Trinidad and Tobago	5780022
780025	TT025	TTO025	查瓜纳斯（特立尼达和多巴哥）	Chaguanas, Trinidad and Tobago	5780025
780028	TT028	TTO028	阿里马（特立尼达和多巴哥）	Arima, Trinidad and Tobago	5780028
780031	TT031	TTO031	波因特福廷（特立尼达和多巴哥）	Point Fortin, Trinidad and Tobago	5780031
780034	TT034	TTO034	多巴哥（特立尼达和多巴哥）	Tobago, Trinidad and Tobago	5780034
784	AE	ARE	阿联酋	United Arab Emirates	1784
784001	AE001	ARE001	阿布扎比（阿联酋）	Abu Dhabi, United Arab Emirates	1784001
784004	AE004	ARE004	阿治曼（阿联酋）	Ajman, United Arab Emirates	1784004
784007	AE007	ARE007	迪拜（阿联酋）	Dubayy, United Arab Emirates	1784007
784010	AE010	ARE010	富查伊拉（阿联酋）	Fujayrah, Al, United Arab Emirates	1784010
784013	AE013	ARE013	哈伊马角（阿联酋）	Ra's al-Khaymah, United Arab Emirates	1784013
784016	AE016	ARE016	沙迦（阿联酋）	Shariqah, As, United Arab Emirates	1784016
784019	AE019	ARE019	乌姆盖万（阿联酋）	Umm al Qaywayn, United Arab Emirates	1784019
788	TN	TUN	突尼斯	Tunisia	2788
788001	TN001	TUN001	艾尔亚奈（突尼斯）	Aryanah, Tunisia	2788001

代码	iso2	iso3	中文名称	英文名称	分类代码
788004	TN004	TUN004	巴杰（突尼斯）	Bajah, Tunisia	2788004
788007	TN007	TUN007	本阿鲁斯（突尼斯）	Bin Arus, Tunisia	2788007
788010	TN010	TUN010	比塞大（突尼斯）	Banzart, Tunisia	2788010
788013	TN013	TUN013	加贝斯（突尼斯）	Qabis, Tunisia	2788013
788016	TN016	TUN016	加夫萨（突尼斯）	Qafsah, Tunisia	2788016
788019	TN019	TUN019	坚杜拜（突尼斯）	Jundubah, Tunisia	2788019
788022	TN022	TUN022	凯鲁万（突尼斯）	Qayrawan, Tunisia	2788022
788025	TN025	TUN025	卡塞林（突尼斯）	Qasrayn, Tunisia	2788025
788028	TN028	TUN028	吉比利（突尼斯）	Qibili, Tunisia	2788028
788031	TN031	TUN031	卡夫（突尼斯）	Kaf, Tunisia	2788031
788034	TN034	TUN034	马赫迪耶（突尼斯）	Mahdiyah, Tunisia	2788034
788037	TN037	TUN037	梅德宁（突尼斯）	Madaniyin, Tunisia	2788037
788040	TN040	TUN040	莫纳斯提尔（突尼斯）	Munastir, Tunisia	2788040
788043	TN043	TUN043	纳布勒（突尼斯）	Nabul, Tunisia	2788043
788046	TN046	TUN046	斯法克斯（突尼斯）	Safaqis, Tunisia	2788046
788049	TN049	TUN049	西迪布济德（突尼斯）	Sidi Bu Zayd, Tunisia	2788049
788052	TN052	TUN052	锡勒亚奈（突尼斯）	Silyanah, Tunisia	2788052
788055	TN055	TUN055	苏塞（突尼斯）	Susah, Tunisia	2788055
788058	TN058	TUN058	泰塔温（突尼斯）	Tatawin, Tunisia	2788058
788061	TN061	TUN061	托泽尔（突尼斯）	Tawzar, Tunisia	2788061
788064	TN064	TUN064	突尼斯（突尼斯）	Tunis, Tunisia	2788064
788067	TN067	TUN067	宰格万（突尼斯）	Zaghouan, Tunisia	2788067
792	TR	TUR	土耳其	Turkey	1792
792001	TR001	TUR001	阿达纳（土耳其）	Adana, Turkey	1792001
792004	TR004	TUR004	阿德亚曼（土耳其）	Adiyaman, Turkey	1792004
792007	TR007	TUR007	阿菲永（土耳其）	Afyon, Turkey	1792007
792010	TR010	TUR010	阿勒（土耳其）	Agri, Turkey	1792010
792013	TR013	TUR013	阿克萨赖（土耳其）	Aksaray, Turkey	1792013
792016	TR016	TUR016	阿马西亚（土耳其）	Amasya, Turkey	1792016
792019	TR019	TUR019	安卡拉（土耳其）	Ankara, Turkey	1792019
792022	TR022	TUR022	安塔利亚（土耳其）	Antalya, Turkey	1792022
792025	TR025	TUR025	阿尔达汉（土耳其）	Ardahan, Turkey	1792025
792028	TR028	TUR028	阿尔特温（土耳其）	Artvin, Turkey	1792028
792031	TR031	TUR031	艾登（土耳其）	Aydin, Turkey	1792031
792034	TR034	TUR034	巴勒克埃西尔（土耳其）	Balikesir, Turkey	1792034
792037	TR037	TUR037	巴尔滕（土耳其）	Bartin, Turkey	1792037
792040	TR040	TUR040	巴特曼（土耳其）	Batman, Turkey	1792040
792043	TR043	TUR043	巴伊布尔特（土耳其）	Bayburt, Turkey	1792043
792046	TR046	TUR046	比莱吉克（土耳其）	Bilecik, Turkey	1792046
792049	TR049	TUR049	宾格尔（土耳其）	Bingol, Turkey	1792049
792052	TR052	TUR052	比特利斯（土耳其）	Bitlis, Turkey	1792052
792055	TR055	TUR055	博卢（土耳其）	Bolu, Turkey	1792055
792058	TR058	TUR058	布尔杜尔（土耳其）	Burdur, Turkey	1792058
792061	TR061	TUR061	布尔萨（土耳其）	Bursa, Turkey	1792061
792064	TR064	TUR064	恰纳卡莱（土耳其）	Canakkale, Turkey	1792064
792067	TR067	TUR067	昌克勒（土耳其）	Cankiri, Turkey	1792067
792070	TR070	TUR070	乔鲁姆（土耳其）	Corum, Turkey	1792070
792073	TR073	TUR073	代尼兹利（土耳其）	Denizli, Turkey	1792073

代码	iso2	iso3	中文名称	英文名称	分类代码
792076	TR076	TUR076	迪亚巴克尔（土耳其）	Diyarbakir, Turkey	1792076
792079	TR079	TUR079	埃迪尔内（土耳其）	Edirne, Turkey	1792079
792082	TR082	TUR082	埃拉泽（土耳其）	Elazig, Turkey	1792082
792085	TR085	TUR085	埃尔津詹（土耳其）	Erzincan, Turkey	1792085
792088	TR088	TUR088	埃尔祖鲁姆（土耳其）	Erzurum, Turkey	1792088
792091	TR091	TUR091	埃斯基谢希尔（土耳其）	Eskisehir, Turkey	1792091
792094	TR094	TUR094	加济安泰普（土耳其）	Gaziantep, Turkey	1792094
792097	TR097	TUR097	吉雷松（土耳其）	Giresun, Turkey	1792097
792100	TR100	TUR100	居米什哈内（土耳其）	Gumushane, Turkey	1792100
792103	TR103	TUR103	哈卡里（土耳其）	Hakkari, Turkey	1792103
792106	TR106	TUR106	哈塔伊（土耳其）	Hatay, Turkey	1792106
792109	TR109	TUR109	厄德尔（土耳其）	Igdir, Turkey	1792109
792112	TR112	TUR112	伊斯帕尔塔（土耳其）	Isparta, Turkey	1792112
792115	TR115	TUR115	伊切尔（土耳其）	Icel, Turkey	1792115
792118	TR118	TUR118	伊斯坦布尔（土耳其）	Istanbul, Turkey	1792118
792121	TR121	TUR121	伊兹密尔（土耳其）	Izmir, Turkey	1792121
792124	TR124	TUR124	卡赫拉曼马拉什(土耳其)	Kahramanmaras, Turkey	1792124
792127	TR127	TUR127	卡拉曼（土耳其）	Karaman, Turkey	1792127
792130	TR130	TUR130	卡尔斯（土耳其）	Kars, Turkey	1792130
792133	TR133	TUR133	卡斯塔莫努（土耳其）	Kastamonu, Turkey	1792133
792136	TR136	TUR136	开塞利（土耳其）	Kayseri, Turkey	1792136
792139	TR139	TUR139	克勒克卡莱（土耳其）	Kirikkale, Turkey	1792139
792142	TR142	TUR142	柯克拉雷利（土耳其）	Kirklareli, Turkey	1792142
792145	TR145	TUR145	克尔谢希尔（土耳其）	Kirsehir, Turkey	1792145
792148	TR148	TUR148	科贾埃利（土耳其）	Kocaeli, Turkey	1792148
792151	TR151	TUR151	科尼亚（土耳其）	Konya, Turkey	1792151
792154	TR154	TUR154	屈塔希亚（土耳其）	Kutahya, Turkey	1792154
792157	TR157	TUR157	马拉蒂亚（土耳其）	Malatya, Turkey	1792157
792160	TR160	TUR160	马尼萨（土耳其）	Manisa, Turkey	1792160
792163	TR163	TUR163	马尔丁（土耳其）	Mardin, Turkey	1792163
792166	TR166	TUR166	穆拉（土耳其）	Mugla, Turkey	1792166
792169	TR169	TUR169	穆什（土耳其）	Mus, Turkey	1792169
792172	TR172	TUR172	内夫谢希尔（土耳其）	Nevsehir, Turkey	1792172
792175	TR175	TUR175	尼代（土耳其）	Nigde, Turkey	1792175
792178	TR178	TUR178	奥尔杜（土耳其）	Ordu, Turkey	1792178
792181	TR181	TUR181	里泽（土耳其）	Rize, Turkey	1792181
792184	TR184	TUR184	萨卡里亚（土耳其）	Sakarya, Turkey	1792184
792187	TR187	TUR187	萨姆松（土耳其）	Samsun, Turkey	1792187
792190	TR190	TUR190	锡尔特（土耳其）	Siirt, Turkey	1792190
792193	TR193	TUR193	锡诺普（土耳其）	Sinop, Turkey	1792193
792196	TR196	TUR196	锡瓦斯（土耳其）	Sivas, Turkey	1792196
792199	TR199	TUR199	尚勒乌尔法（土耳其）	Sanl urfa, Turkey	1792199
792202	TR202	TUR202	舍尔纳克（土耳其）	Sirnak, Turkey	1792202
792205	TR205	TUR205	泰基尔达（土耳其）	Tekirdag, Turkey	1792205
792208	TR208	TUR208	托卡特（土耳其）	Tokat, Turkey	1792208
792211	TR211	TUR211	特拉布宗（土耳其）	Trabzon, Turkey	1792211
792214	TR214	TUR214	通杰利（土耳其）	Tunceli, Turkey	1792214
792217	TR217	TUR217	乌沙克（土耳其）	Usak, Turkey	1792217

代码	iso2	iso3	中文名称	英文名称	分类代码
792220	TR220	TUR220	凡（土耳其）	Van, Turkey	1792220
792223	TR223	TUR223	约兹加特（土耳其）	Yozgat, Turkey	1792223
792226	TR226	TUR226	宗古尔达克（土耳其）	Zonguldak, Turkey	1792226
792229	TR229	TUR229	卡拉比克（土耳其）	Karabuk, Turkey	1792229
792232	TR232	TUR232	基利斯（土耳其）	Kilis, Turkey	1792232
792235	TR235	TUR235	奥斯曼尼耶（土耳其）	Osmaniye, Turkey	1792235
792238	TR238	TUR238	亚洛瓦（土耳其）	Yalova, Turkey	1792238
795	TM	TKM	土库曼斯坦	Turkmenistan	1795
795001	TM001	TKM001	巴尔坎（土库曼斯坦）	Balkan, Turkmenistan	1795001
795004	TM004	TKM004	查尔朱（土库曼斯坦）	Chardzhou, Turkmenistan	1795004
795007	TM007	TKM007	马雷（土库曼斯坦）	Mary, Turkmenistan	1795007
795010	TM010	TKM010	塔沙乌兹（土库曼斯坦）	Tashauz, Turkmenistan	1795010
795013	TM013	TKM013	阿什哈巴德(土库曼斯坦）	Ashgabat, Turkmenistan	1795013
796	TC	TCA	特克斯和凯科斯群岛	Turks and Caicos Islands	5796
798	TV	TUV	图瓦卢	Tuvalu	6798
798001	TV001	TUV001	富纳富提（图瓦卢）	Funafuti, Tuvalu	6798001
798004	TV004	TUV004	纳努芒阿（图瓦卢）	Nanumaga, Tuvalu	6798004
798007	TV007	TUV007	纳诺梅阿（图瓦卢）	Nanumea, Tuvalu	6798007
798010	TV010	TUV010	纽拉基塔（图瓦卢）	Niulakita, Tuvalu	6798010
798013	TV013	TUV013	纽陶（图瓦卢）	Niutao, Tuvalu	6798013
798016	TV016	TUV016	努伊（图瓦卢）	Nui, Tuvalu	6798016
798019	TV019	TUV019	努库费陶（图瓦卢）	Nukufetau, Tuvalu	6798019
798022	TV022	TUV022	努库莱莱（图瓦卢）	Nukulaelae, Tuvalu	6798022
798025	TV025	TUV025	瓦伊图普（图瓦卢）	Vaitupu, Tuvalu	6798025
800	UG	UGA	乌干达	Uganda	2800
800001	UG001	UGA001	坎帕拉（乌干达）	Kampala, Uganda	2800001
800004	UG004	UGA004	卡兰加拉（乌干达）	Kalangala, Uganda	2800004
800007	UG007	UGA007	卢韦罗（乌干达）	Luwero, Uganda	2800007
800010	UG010	UGA010	马萨卡（乌干达）	Masaka, Uganda	2800010
800013	UG013	UGA013	姆皮吉（乌干达）	Mpigi, Uganda	2800013
800016	UG016	UGA016	穆本德（乌干达）	Mubende, Uganda	2800016
800019	UG019	UGA019	穆科诺（乌干达）	Mukono, Uganda	2800019
800022	UG022	UGA022	拉卡伊（乌干达）	Rakai, Uganda	2800022
800025	UG025	UGA025	布迪布焦（乌干达）	Bundibugyo, Uganda	2800025
800028	UG028	UGA028	布谢尼（乌干达）	Bushenyi, Uganda	2800028
800031	UG031	UGA031	霍伊马（乌干达）	Hoima, Uganda	2800031
800034	UG034	UGA034	卡巴莱（乌干达）	Kabale, Uganda	2800034
800037	UG037	UGA037	卡巴罗莱（乌干达）	Kabarole, Uganda	2800037
800040	UG040	UGA040	卡塞塞（乌干达）	Kasese, Uganda	2800040
800043	UG043	UGA043	马辛迪（乌干达）	Masindi, Uganda	2800043
800046	UG046	UGA046	姆巴拉拉（乌干达）	Mbarara, Uganda	2800046
800049	UG049	UGA049	鲁昆吉里（乌干达）	Rukungiri, Uganda	2800049
800052	UG052	UGA052	伊甘加（乌干达）	Iganga, Uganda	2800052
800055	UG055	UGA055	金贾（乌干达）	Jinja, Uganda	2800055
800058	UG058	UGA058	卡穆利（乌干达）	Kamuli, Uganda	2800058
800061	UG061	UGA061	卡普乔鲁瓦（乌干达）	Kapchorwa, Uganda	2800061
800064	UG064	UGA064	库米（乌干达）	Kumi, Uganda	2800064
800067	UG067	UGA067	姆巴莱（乌干达）	Mbale, Uganda	2800067

代码	iso2	iso3	中文名称	英文名称	分类代码
800070	UG070	UGA070	索罗蒂（乌干达）	Soroti, Uganda	2800070
800073	UG073	UGA073	托罗罗（乌干达）	Tororo, Uganda	2800073
800076	UG076	UGA076	阿帕克（乌干达）	Apac, Uganda	2800076
800079	UG079	UGA079	阿鲁阿（乌干达）	Arua, Uganda	2800079
800082	UG082	UGA082	古卢（乌干达）	Gulu, Uganda	2800082
800085	UG085	UGA085	基特古姆（乌干达）	Kitgum, Uganda	2800085
800088	UG088	UGA088	科蒂多（乌干达）	Kotido, Uganda	2800088
800091	UG091	UGA091	利拉（乌干达）	Lira, Uganda	2800091
800094	UG094	UGA094	莫罗托（乌干达）	Moroto, Uganda	2800094
800097	UG097	UGA097	莫约（乌干达）	Moyo, Uganda	2800097
800100	UG100	UGA100	内比（乌干达）	Nebbi, Uganda	2800100
804	UA	UKR	乌克兰	Ukraine	3804
804001	UA001	UKR001	切尔卡瑟（乌克兰）	Cherkassy, Ukraine	3804001
804004	UA004	UKR004	切尔尼戈夫（乌克兰）	Chernigov, Ukraine	3804004
804007	UA007	UKR007	切尔诺夫策（乌克兰）	Chernovtsy, Ukraine	3804007
804010	UA010	UKR010	第聂伯罗彼得罗夫斯克（乌克兰）	Dnepropetrovsk, Ukraine	3804010
804013	UA013	UKR013	顿涅茨克（乌克兰）	Donetsk, Ukraine	3804013
804016	UA016	UKR016	伊万诺－弗兰科夫斯克（乌克兰）	Ivano–Frankovsk, Ukraine	3804016
804019	UA019	UKR019	哈尔科夫（乌克兰）	Kharkov, Ukraine	3804019
804022	UA022	UKR022	赫尔松（乌克兰）	Kherson, Ukraine	3804022
804025	UA025	UKR025	赫梅利尼茨基（乌克兰）	Khmelnitsky, Ukraine	3804025
804028	UA028	UKR028	基洛沃格勒（乌克兰）	Kirovograd, Ukraine	3804028
804031	UA031	UKR031	基辅（乌克兰）	Kyyiv, Ukraine	3804031
804034	UA034	UKR034	卢甘斯克（乌克兰）	Luhansk, Ukraine	3804034
804037	UA037	UKR037	利沃夫（乌克兰）	L'vov, Ukraine	3804037
804040	UA040	UKR040	尼古拉耶夫（乌克兰）	Nikolayev, Ukraine	3804040
804043	UA043	UKR043	敖德萨（乌克兰）	Odessa, Ukraine	3804043
804046	UA046	UKR046	波尔塔瓦（乌克兰）	Poltava, Ukraine	3804046
804049	UA049	UKR049	罗夫诺（乌克兰）	Rovno, Ukraine	3804049
804052	UA052	UKR052	苏梅（乌克兰）	Sumy, Ukraine	3804052
804055	UA055	UKR055	捷尔诺波尔（乌克兰）	Ternopol, Ukraine	3804055
804058	UA058	UKR058	文尼察（乌克兰）	Vinnitsa, Ukraine	3804058
804061	UA061	UKR061	沃伦（乌克兰）	Volyn, Ukraine	3804061
804064	UA064	UKR064	外喀尔巴阡（乌克兰）	Zakarpatska, Ukraine	3804064
804067	UA067	UKR067	扎波罗热（乌克兰）	Zaporozhye, Ukraine	3804067
804070	UA070	UKR070	日托米尔（乌克兰）	Zhitomyr, Ukraine	3804070
804073	UA073	UKR073	克里木（克里米亚）（乌克兰）	Crimea, Ukraine	3804073
807	MK	MKD	马其顿	Macedonia	3807
807001	MK001	MKD001	贝罗沃（马其顿）	Berovo, Macedonia	3807001
807004	MK004	MKD004	比托利（马其顿）	Bitolj, Macedonia	3807004
807007	MK007	MKD007	布罗德（马其顿）	Brod, Macedonia	3807007
807010	MK010	MKD010	德巴尔（马其顿）	Debar, Macedonia	3807010
807013	MK013	MKD013	代尔切沃（马其顿）	Delcevo, Macedonia	3807013
807016	MK016	MKD016	代米尔希萨尔（马其顿）	Demir Hisar, Macedonia	3807016
807019	MK019	MKD019	盖夫盖利亚（马其顿）	Gevgelija, Macedonia	3807019

代码	iso2	iso3	中文名称	英文名称	分类代码
807022	MK022	MKD022	戈斯蒂瓦尔（马其顿）	Gostivar, Macedonia	3807022
807025	MK025	MKD025	卡瓦达尔齐（马其顿）	Kavadarci, Macedonia	3807025
807028	MK028	MKD028	基切沃（马其顿）	Kicevo, Macedonia	3807028
807031	MK031	MKD031	科查尼（马其顿）	Kocani, Macedonia	3807031
807034	MK034	MKD034	克拉托沃（马其顿）	Kratovo, Macedonia	3807034
807037	MK037	MKD037	克里瓦帕兰卡（马其顿）	Kriva Palanka, Macedonia	3807037
807040	MK040	MKD040	克鲁舍沃（马其顿）	Krusevo, Macedonia	3807040
807043	MK043	MKD043	库马诺沃（马其顿）	Kumanovo, Macedonia	3807043
807046	MK046	MKD046	内戈蒂诺（马其顿）	Negotino, Macedonia	3807046
807049	MK049	MKD049	奥赫里德（马其顿）	Ohrid, Macedonia	3807049
807052	MK052	MKD052	普里莱普（马其顿）	Prilep, Macedonia	3807052
807055	MK055	MKD055	普罗比什蒂普（马其顿）	Probistip, Macedonia	3807055
807058	MK058	MKD058	拉多维什（马其顿）	Radovis, Macedonia	3807058
807061	MK061	MKD061	雷森（马其顿）	Resen, Macedonia	3807061
807064	MK064	MKD064	斯科普里（马其顿）	Skopje, Macedonia	3807064
807067	MK067	MKD067	什蒂普（马其顿）	Stip, Macedonia	3807067
807070	MK070	MKD070	斯特鲁加（马其顿）	Struga, Macedonia	3807070
807073	MK073	MKD073	斯特鲁米察（马其顿）	Strumica, Macedonia	3807073
807076	MK076	MKD076	圣尼古莱（马其顿）	Sveti Nikole, Macedonia	3807076
807079	MK079	MKD079	泰托沃（马其顿）	Tetovo, Macedonia	3807079
807082	MK082	MKD082	瓦兰多沃（马其顿）	Valandovo, Macedonia	3807082
807085	MK085	MKD085	韦莱斯（马其顿）	Veles, Macedonia	3807085
807088	MK088	MKD088	维尼察（马其顿）	Vinica, Macedonia	3807088
818	EG	EGY	埃及	Egypt	2818
818001	EG001	EGY001	阿斯旺（埃及）	Aswan, Egypt	2818001
818004	EG004	EGY004	艾斯尤特（埃及）	Asyut, Egypt	2818004
818007	EG007	EGY007	红海（埃及）	Red Sea, Egypt	2818007
818010	EG010	EGY010	布海拉（埃及）	Beheira, Egypt	2818010
818013	EG013	EGY013	贝尼苏韦夫（埃及）	Beni Suef, Egypt	2818013
818016	EG016	EGY016	塞得港（埃及）	Port Said, Egypt	2818016
818019	EG019	EGY019	代盖赫利耶（埃及）	Daqahliya, Egypt	2818019
818022	EG022	EGY022	杜姆亚特（埃及）	Dumyat, Egypt	2818022
818025	EG025	EGY025	法尤姆（埃及）	Faiyum, Egypt	2818025
818028	EG028	EGY028	西部（埃及）	Gharbiya, Egypt	2818028
818031	EG031	EGY031	吉萨（埃及）	Giza, EL, Egypt	2818031
818034	EG034	EGY034	亚历山大（埃及）	Alexandria, Egypt	2818034
818037	EG037	EGY037	伊斯梅利亚（埃及）	Ismailia, Egypt	2818037
818040	EG040	EGY040	谢赫村（埃及）	Kafr el Sheikh, Egypt	2818040
818043	EG043	EGY043	马特鲁（埃及）	Matruh, Egypt	2818043
818046	EG046	EGY046	米努夫（埃及）	Minuf ya, Egypt	2818046
818049	EG049	EGY049	明亚（埃及）	Minya, El, Egypt	2818049
818052	EG052	EGY052	新河谷（埃及）	New Valley, Egypt	2818052
818055	EG055	EGY055	基纳（埃及）	Qena, Egypt	2818055
818058	EG058	EGY058	开罗（埃及）	Cairo, Egypt	2818058
818061	EG061	EGY061	盖勒尤卜（埃及）	Qalyub ya, Egypt	2818061
818064	EG064	EGY064	东部（埃及）	Sharq ya, Egypt	2818064
818067	EG067	EGY067	索哈杰（埃及）	Sohag, Egypt	2818067
818070	EG070	EGY070	南西奈（埃及）	South Sinai, Egypt	2818070

代码	iso2	iso3	中文名称	英文名称	分类代码
818073	EG073	EGY073	北西奈（埃及）	North Sinai, Egypt	2818073
818076	EG076	EGY076	苏伊士（埃及）	Suez, Egypt	2818076
826	GB	GBR	英国	United Kingdom	3826
826001	GB001	GBR001	埃文（英国）	Avon, United Kingdom	3826001
826004	GB004	GBR004	贝德福德郡（英国）	Berdfordshire, United Kingdom	3826004
826007	GB007	GBR007	伯克郡（英国）	Berkshire, United Kingdom	3826007
826010	GB010	GBR010	白金汉郡（英国）	Buckinghamshire, United Kingdom	3826010
826013	GB013	GBR013	剑桥郡（英国）	Cambridgeshire, United Kingdom	3826013
826016	GB016	GBR016	柴郡（英国）	Cheshire, United Kingdom	3826016
826019	GB019	GBR019	克利夫兰（英国）	Cleveland, United Kingdom	3826019
826022	GB022	GBR022	康沃尔－锡利群岛（英国）	Cornwall and Isles of Scilly, United Kingdom	3826022
826025	GB025	GBR025	坎布里亚（英国）	Cumbria, United Kingdom	3826025
826028	GB028	GBR028	德比郡（英国）	Derbyshire, United Kingdom	3826028
826031	GB031	GBR031	德文（英国）	Devon, United Kingdom	3826031
826034	GB034	GBR034	多塞特（英国）	Dorset, United Kingdom	3826034
826037	GB037	GBR037	达勒姆（英国）	Durham, United Kingdom	3826037
826040	GB040	GBR040	东萨塞克斯（英国）	East-Sussex, United Kingdom	3826040
826043	GB043	GBR043	埃塞克斯（英国）	Essex, United Kingdom	3826043
826046	GB046	GBR046	格洛斯特郡（英国）	Gloucestershire, United Kingdom	3826046
826049	GB049	GBR049	大伦敦（英国）	Greater London, United Kingdom	3826049
826052	GB052	GBR052	大曼彻斯特（英国）	Greater Manchester, United Kingdom	3826052
826055	GB055	GBR055	汉普郡（英国）	Hampshire, United Kingdom	3826055
826058	GB058	GBR058	赫里福德－伍斯特（英国）	Hereford & Worcester, United Kingdom	3826058
826061	GB061	GBR061	赫特福德郡（英国）	Hertfordshire, United Kingdom	3826061
826064	GB064	GBR064	亨伯赛德（英国）	Humberside, United Kingdom	3826064
826067	GB067	GBR067	怀特岛（英国）	Isle of Wight, United Kingdom	3826067
826070	GB070	GBR070	肯特（英国）	Kent, United Kingdom	3826070
826073	GB073	GBR073	兰开夏郡（英国）	Lancashire, United Kingdom	3826073
826076	GB076	GBR076	莱斯特郡（英国）	Leicestershire, United Kingdom	3826076
826079	GB079	GBR079	林肯郡（英国）	Lincolnshire, United Kingdom	3826079
826082	GB082	GBR082	默西赛德（英国）	Merseyside, United Kingdom	3826082
826085	GB085	GBR085	诺福克（英国）	Norfolk, United Kingdom	3826085
826088	GB088	GBR088	北安普敦郡（英国）	Northamptonshire, United Kingdom	3826088
826091	GB091	GBR091	诺森伯兰（英国）	Northumberland, United Kingdom	3826091
826094	GB094	GBR094	北约克郡（英国）	North Yorkshire, United Kingdom	3826094
826097	GB097	GBR097	诺丁汉郡（英国）	Nottinghamshire, United Kingdom	3826097
826100	GB100	GBR100	牛津郡（英国）	Oxfordshire, United Kingdom	3826100
826103	GB103	GBR103	什罗普郡（英国）	Shropshire, United Kingdom	3826103
826106	GB106	GBR106	萨默塞特（英国）	Somerset, United Kingdom	3826106
826109	GB109	GBR109	南约克郡（英国）	South Yorkshire, United Kingdom	3826109
826112	GB112	GBR112	斯塔福德郡（英国）	Staffordshire, United Kingdom	3826112
826115	GB115	GBR115	萨克福（英国）	Suffolk, United Kingdom	3826115
826118	GB118	GBR118	萨里（英国）	Surrey, United Kingdom	3826118
826121	GB121	GBR121	泰恩－威尔（英国）	Tyne & Wear, United Kingdom	3826121
826124	GB124	GBR124	沃里克郡（英国）	Warwickshire, United Kingdom	3826124
826127	GB127	GBR127	西米德兰（英国）	West Midlands, United Kingdom	3826127
826130	GB130	GBR130	西萨塞克斯（英国）	West Sussex, United Kingdom	3826130

代码	iso2	iso3	中文名称	英文名称	分类代码
826133	GB133	GBR133	西约克郡（英国）	West Yorkshire, United Kingdom	3826133
826136	GB136	GBR136	威尔特郡（英国）	Wiltshire, United Kingdom	3826136
826139	GB139	GBR139	博德斯（英国）	Borders, United Kingdom	3826139
826142	GB142	GBR142	中部（英国）	Central, United Kingdom	3826142
826145	GB145	GBR145	邓弗里斯－加洛韦（英国）	Dumfries & Galloway, United Kingdom	3826145
826148	GB148	GBR148	法夫（英国）	Fife, United Kingdom	3826148
826151	GB151	GBR151	格兰扁（英国）	Grampian, United Kingdom	3826151
826154	GB154	GBR154	苏格兰高地（英国）	Highland, United Kingdom	3826154
826157	GB157	GBR157	洛锡安（英国）	Lothian, United Kingdom	3826157
826160	GB160	GBR160	斯特拉斯克莱德（英国）	Strathclyde, United Kingdom	3826160
826163	GB163	GBR163	泰赛德（英国）	Tayside, United Kingdom	3826163
826166	GB166	GBR166	奥克尼（英国）	Orkney, United Kingdom	3826166
826169	GB169	GBR169	设得兰（英国）	Shetland, United Kingdom	3826169
826172	GB172	GBR172	西部群岛（英国）	Western Isles, United Kingdom	3826172
826175	GB175	GBR175	克卢伊德（英国）	Clwyd, United Kingdom	3826175
826178	GB178	GBR178	达费德（英国）	Dyfed, United Kingdom	3826178
826181	GB181	GBR181	格温特（英国）	Gwent, United Kingdom	3826181
826184	GB184	GBR184	圭内斯（英国）	Gwynedd, United Kingdom	3826184
826187	GB187	GBR187	中格拉摩根（英国）	Mid Glamorgan, United Kingdom	3826187
826190	GB190	GBR190	波伊斯（英国）	Powys, United Kingdom	3826190
826193	GB193	GBR193	南格拉摩根（英国）	South Glamorgan, United Kingdom	3826193
826196	GB196	GBR196	西格拉摩根（英国）	West Glamorgan, United Kingdom	3826196
826199	GB199	GBR199	安特里姆（英国）	Antrim, United Kingdom	3826199
826202	GB202	GBR202	阿兹（英国）	Ards, United Kingdom	3826202
826205	GB205	GBR205	阿马（英国）	Armagh, United Kingdom	3826205
826208	GB208	GBR208	巴利米纳（英国）	Ballymena, United Kingdom	3826208
826211	GB211	GBR211	巴利马尼（英国）	Ballymoney, United Kingdom	3826211
826214	GB214	GBR214	班布里奇（英国）	Banbridge, United Kingdom	3826214
826217	GB217	GBR217	贝尔法斯特（英国）	Belfast, United Kingdom	3826217
826220	GB220	GBR220	卡里克弗格斯（英国）	Carrickfergus, United Kingdom	3826220
826223	GB223	GBR223	卡斯尔雷（英国）	Castlereagh, United Kingdom	3826223
826226	GB226	GBR226	科尔雷恩（英国）	Coleraine, United Kingdom	3826226
826229	GB229	GBR229	库克斯敦（英国）	Cookstown, United Kingdom	3826229
826232	GB232	GBR232	克雷加文（英国）	Craigavon, United Kingdom	3826232
826235	GB235	GBR235	唐（英国）	Down, United Kingdom	3826235
826238	GB238	GBR238	邓甘嫩（英国）	Dungannon, United Kingdom	3826238
826241	GB241	GBR241	弗马纳（英国）	Fermanagh, United Kingdom	3826241
826244	GB244	GBR244	拉恩（英国）	Larne, United Kingdom	3826244
826247	GB247	GBR247	利马瓦迪（英国）	Limavady, United Kingdom	3826247
826250	GB250	GBR250	利斯本（英国）	Lisburn, United Kingdom	3826250
826253	GB253	GBR253	德里（英国）	Derry, United Kingdom	3826253
826256	GB256	GBR256	马拉费尔特（英国）	Magherafelt, United Kingdom	3826256
826259	GB259	GBR259	莫伊尔（英国）	Moyle, United Kingdom	3826259
826262	GB262	GBR262	纽里－莫恩（英国）	Newry & Mourne, United Kingdom	3826262
826265	GB265	GBR265	纽敦阿比（英国）	Newtownabbey, United Kingdom	3826265
826268	GB268	GBR268	北唐（英国）	North Down, United Kingdom	3826268
826271	GB271	GBR271	奥马（英国）	Omagh, United Kingdom	3826271
826274	GB274	GBR274	斯特拉班（英国）	Strabane, United Kingdom	3826274

代码	iso2	iso3	中文名称	英文名称	分类代码
831	GG	GGY	根西岛	Guernsey	3831
832	JE	JEY	泽西岛	Jersey	3832
833	IM	IMN	马恩岛	Isle of Man	3833
834	TZ	TZA	坦桑尼亚	Tanzania	2834
834001	TZ001	TZA001	阿鲁沙（坦桑尼亚）	Arusha, Tanzania	2834001
834004	TZ004	TZA004	卡盖拉（坦桑尼亚）	Kagera, Tanzania	2834004
834007	TZ007	TZA007	达累斯萨拉姆(坦桑尼亚)	Dar es Salaam, Tanzania	2834007
834010	TZ010	TZA010	多多马（坦桑尼亚）	Dodoma, Tanzania	2834010
834013	TZ013	TZA013	伊林加（坦桑尼亚）	Iringa, Tanzania	2834013
834016	TZ016	TZA016	基戈马（坦桑尼亚）	Kigoma, Tanzania	2834016
834019	TZ019	TZA019	乞力马扎罗（坦桑尼亚）	Kilimanjaro, Tanzania	2834019
834022	TZ022	TZA022	林迪（坦桑尼亚）	Lindi, Tanzania	2834022
834025	TZ025	TZA025	马拉（坦桑尼亚）	Mara, Tanzania	2834025
834028	TZ028	TZA028	姆贝亚（坦桑尼亚）	Mbeya, Tanzania	2834028
834031	TZ031	TZA031	莫罗戈罗（坦桑尼亚）	Morogoro, Tanzania	2834031
834034	TZ034	TZA034	姆特瓦拉（坦桑尼亚）	Mtwara, Tanzania	2834034
834037	TZ037	TZA037	姆万扎（坦桑尼亚）	Mwanza, Tanzania	2834037
834040	TZ040	TZA040	奔巴北（坦桑尼亚）	Pemba North, Tanzania	2834040
834043	TZ043	TZA043	奔巴南（坦桑尼亚）	Pemba South, Tanzania	2834043
834046	TZ046	TZA046	滨海（坦桑尼亚）	Pwani, Tanzania	2834046
834049	TZ049	TZA049	鲁夸（坦桑尼亚）	Rukwa, Tanzania	2834049
834052	TZ052	TZA052	鲁伍马（坦桑尼亚）	Ruvuma, Tanzania	2834052
834055	TZ055	TZA055	希尼安加（坦桑尼亚）	Shinyanga, Tanzania	2834055
834058	TZ058	TZA058	辛吉达（坦桑尼亚）	Singida, Tanzania	2834058
834061	TZ061	TZA061	塔波拉（坦桑尼亚）	Tabora, Tanzania	2834061
834064	TZ064	TZA064	坦噶（坦桑尼亚）	Tanga, Tanzania	2834064
834067	TZ067	TZA067	桑给巴尔北（坦桑尼亚）	Zanzibar North, Tanzania	2834067
834070	TZ070	TZA070	桑给巴尔南和中（坦桑尼亚）	Zanzibar Sorth and Central, Tanzania	2834070
834073	TZ073	TZA073	桑给巴尔西（坦桑尼亚）	Zanzibar West, Tanzania	2834073
840	US	USA	美国	United States	5840
840001	US001	USA001	亚拉巴马（美国）	Alabama, United States	5840001
840004	US004	USA004	阿拉斯加（美国）	Alaska, United States	5840004
840007	US007	USA007	亚利桑那（美国）	Arizona, United States	5840007
840010	US010	USA010	阿肯色（美国）	Arkansas, United States	5840010
840013	US013	USA013	加利福尼亚（美国）	California, United States	5840013
840016	US016	USA016	科罗拉多（美国）	Colorado, United States	5840016
840019	US019	USA019	康涅狄格（美国）	Connecticut, United States	5840019
840022	US022	USA022	特拉华（美国）	Delaware, United States	5840022
840025	US025	USA025	哥伦比亚特区（美国）	District of Columbia, United States	5840025
840028	US028	USA028	佛罗里达（美国）	Florida, United States	5840028
840031	US031	USA031	佐治亚（美国）	Georgia, United States	5840031
840034	US034	USA034	夏威夷（美国）	Hawaii, United States	5840034
840037	US037	USA037	爱达荷（美国）	Idaho, United States	5840037
840040	US040	USA040	伊利诺伊（美国）	Illinois, United States	5840040
840043	US043	USA043	印第安纳（美国）	Indiana, United States	5840043
840046	US046	USA046	艾奥瓦（美国）	Iowa, United States	5840046
840049	US049	USA049	堪萨斯（美国）	Kansas, United States	5840049

代码	iso2	iso3	中文名称	英文名称	分类代码
840052	US052	USA052	肯塔基（美国）	Kentucky, United States	5840052
840055	US055	USA055	路易斯安娜（美国）	Louisiana, United States	5840055
840058	US058	USA058	缅因（美国）	Maine, United States	5840058
840061	US061	USA061	马里兰（美国）	Maryland, United States	5840061
840064	US064	USA064	马萨诸塞（美国）	Massachusetts, United States	5840064
840067	US067	USA067	密歇根（美国）	Michigan, United States	5840067
840070	US070	USA070	明尼苏达（美国）	Minnesota, United States	5840070
840073	US073	USA073	密西西比（美国）	Mississippi, United States	5840073
840076	US076	USA076	密苏里（美国）	Missouri, United States	5840076
840079	US079	USA079	蒙大拿（美国）	Montana, United States	5840079
840082	US082	USA082	内布拉斯加（美国）	Nebraska, United States	5840082
840085	US085	USA085	内华达（美国）	Nevada, United States	5840085
840088	US088	USA088	新罕布什尔（美国）	New Hampshire, United States	5840088
840091	US091	USA091	新泽西（美国）	New Jersey, United States	5840091
840094	US094	USA094	新墨西哥（美国）	New Mexico, United States	5840094
840097	US097	USA097	纽约（美国）	New York, United States	5840097
840100	US100	USA100	北卡罗来纳（美国）	North Carolina, United States	5840100
840103	US103	USA103	北达科他（美国）	North Dakota, United States	5840103
840106	US106	USA106	俄亥俄（美国）	Ohio, United States	5840106
840109	US109	USA109	俄克拉何马（美国）	Oklahoma, United States	5840109
840112	US112	USA112	俄勒冈（美国）	Oregon, United States	5840112
840115	US115	USA115	宾夕法尼亚（美国）	Pennsylvania, United States	5840115
840118	US118	USA118	罗得岛（美国）	Rhode Island, United States	5840118
840121	US121	USA121	南卡罗来纳（美国）	South Carolina, United States	5840121
840124	US124	USA124	南达科他（美国）	South Dakota, United States	5840124
840127	US127	USA127	田纳西（美国）	Tennessee, United States	5840127
840130	US130	USA130	得克萨斯（美国）	Texas, United States	5840130
840133	US133	USA133	犹他（美国）	Utah, United States	5840133
840136	US136	USA136	佛蒙特（美国）	Vermont, United States	5840136
840139	US139	USA139	弗吉尼亚（美国）	Virginia, United States	5840139
840142	US142	USA142	华盛顿（美国）	Washington, United States	5840142
840145	US145	USA145	西弗吉尼亚（美国）	West Virginia, United States	5840145
840148	US148	USA148	威斯康星（美国）	Wisconsin, United States	5840148
840151	US151	USA151	怀俄明（美国）	Wyoming, United States	5840151
850	VI	VIR	维尔京群岛（美国）	Virgin Islands (U.S.)	5850
850001	VI001	VIR001	圣克罗伊(维尔京群岛(美国))	St.Croix, Virgin Is.of The U.S. , Virgin Islands (U.S.)	5850001
850004	VI004	VIR004	圣托马斯/圣约翰（维尔京群岛(美国))	St.Tomas/St.John, Virgin Is.of The U.S. , Virgin Islands (U.S.)	5850004
854	BF	BFA	布基纳法索	Burkina Faso	2854
854001	BF001	BFA001	巴姆（布基纳法索）	Bam, Burkina Faso	2854001
854004	BF004	BFA004	巴泽加（布基纳法索）	Bazega, Burkina Faso	2854004
854007	BF007	BFA007	布古里巴（布基纳法索）	Bougouriba, Burkina Faso	2854007
854010	BF010	BFA010	布尔古（布基纳法索）	Boulgou, Burkina Faso	2854010
854013	BF013	BFA013	布尔基恩德(布基纳法索)	Boulkiemde, Burkina Faso	2854013
854016	BF016	BFA016	科莫埃（布基纳法索）	Comoe, Burkina Faso	2854016
854019	BF019	BFA019	冈祖尔古（布基纳法索）	Ganzourgou, Burkina Faso	2854019
854022	BF022	BFA022	尼亚尼亚（布基纳法索）	Gnagna, Burkina Faso	2854022

代码	iso2	iso3	中文名称	英文名称	分类代码
854025	BF025	BFA025	古尔马（布基纳法索）	Gourma, Burkina Faso	2854025
854028	BF028	BFA028	乌埃（布基纳法索）	Houet, Burkina Faso	2854028
854031	BF031	BFA031	卡焦戈（布基纳法索）	Kadiogo, Burkina Faso	2854031
854034	BF034	BFA034	凯内杜古（布基纳法索）	Kenedougou, Burkina Faso	2854034
854037	BF037	BFA037	科西（布基纳法索）	Kossi, Burkina Faso	2854037
854040	BF040	BFA040	库里滕加（布基纳法索）	Kourigenga, Burkina Faso	2854040
854043	BF043	BFA043	穆翁（布基纳法索）	Mouhoun, Burkina Faso	2854043
854046	BF046	BFA046	纳乌里（布基纳法索）	Nahouri, Burkina Faso	2854046
854049	BF049	BFA049	纳门滕加（布基纳法索）	Namentenga, Burkina Faso	2854049
854052	BF052	BFA052	乌布里滕加(布基纳法索)	Oubritenga, Burkina Faso	2854052
854055	BF055	BFA055	乌达兰（布基纳法索）	Oudalan, Burkina Faso	2854055
854058	BF058	BFA058	帕索雷（布基纳法索）	Passore, Burkina Faso	2854058
854061	BF061	BFA061	波尼（布基纳法索）	Poni, Burkina Faso	2854061
854064	BF064	BFA064	桑吉（布基纳法索）	Sanguie, Burkina Faso	2854064
854067	BF067	BFA067	桑马滕加（布基纳法索）	Sanmatenga, Burkina Faso	2854067
854070	BF070	BFA070	塞诺（布基纳法索）	Seno, Burkina Faso	2854070
854073	BF073	BFA073	锡西利（布基纳法索）	Sissili, Burkina Faso	2854073
854076	BF076	BFA076	苏姆（布基纳法索）	Soum, Burkina Faso	2854076
854079	BF079	BFA079	苏鲁（布基纳法索）	Sourou, Burkina Faso	2854079
854082	BF082	BFA082	塔波阿（布基纳法索）	Tapoa, Burkina Faso	2854082
854085	BF085	BFA085	亚滕加（布基纳法索）	Yatenga, Burkina Faso	2854085
854088	BF088	BFA088	宗德韦奥戈(布基纳法索)	Zoundweogo, Burkina Faso	2854088
858	UY	URY	乌拉圭	Uruguay	4858
858001	UY001	URY001	阿蒂加斯（乌拉圭）	Artigas, Uruguay	4858001
858004	UY004	URY004	卡内洛内斯（乌拉圭）	Canelones, Uruguay	4858004
858007	UY007	URY007	塞罗拉尔戈（乌拉圭）	Cerro Largo, Uruguay	4858007
858010	UY010	URY010	科洛尼亚（乌拉圭）	Colonia, Uruguay	4858010
858013	UY013	URY013	杜拉斯诺（乌拉圭）	Durazno, Uruguay	4858013
858016	UY016	URY016	弗洛雷斯（乌拉圭）	Flores, Uruguay	4858016
858019	UY019	URY019	佛罗里达（乌拉圭）	Florida, Uruguay	4858019
858022	UY022	URY022	拉瓦耶哈（乌拉圭）	Lavalleja, Uruguay	4858022
858025	UY025	URY025	马尔多纳多（乌拉圭）	Maldonado, Uruguay	4858025
858028	UY028	URY028	蒙得维的亚（乌拉圭）	Montevideo, Uruguay	4858028
858031	UY031	URY031	派桑杜（乌拉圭）	Paysandu, Uruguay	4858031
858034	UY034	URY034	内格罗河（乌拉圭）	Rio Negro, Uruguay	4858034
858037	UY037	URY037	里韦拉（乌拉圭）	Rivera, Uruguay	4858037
858040	UY040	URY040	罗恰（乌拉圭）	Rocha, Uruguay	4858040
858043	UY043	URY043	萨尔托（乌拉圭）	Salto, Uruguay	4858043
858046	UY046	URY046	圣何塞（乌拉圭）	San Jose, Uruguay	4858046
858049	UY049	URY049	索里亚诺（乌拉圭）	Soriano, Uruguay	4858049
858052	UY052	URY052	塔夸伦博（乌拉圭）	Tacuarembo, Uruguay	4858052
858055	UY055	URY055	三十三人（乌拉圭）	Treinta y Tres, Uruguay	4858055
860	UZ	UZB	乌兹别克斯坦	Uzbekistan	1860
860001	UZ001	UZB001	卡拉卡尔帕克斯坦（乌兹别克斯坦）	Karakalpakstan, Uzbekistan	1860001
860004	UZ004	UZB004	安集延（乌兹别克斯坦）	Andijan, Uzbekistan	1860004
860007	UZ007	UZB007	布哈拉（乌兹别克斯坦）	Bukhara, Uzbekistan	1860007
860010	UZ010	UZB010	吉扎克（乌兹别克斯坦）	Djizak, Uzbekistan	1860010

代码	iso2	iso3	中文名称	英文名称	分类代码
860013	UZ013	UZB013	卡什卡达里亚（乌兹别克斯坦）	Kashkadarya, Uzbekistan	1860013
860016	UZ016	UZB016	纳曼干（乌兹别克斯坦）	Namangan, Uzbekistan	1860016
860019	UZ019	UZB019	撒马尔罕(乌兹别克斯坦)	Samarkand, Uzbekistan	1860019
860022	UZ022	UZB022	苏尔汉河(乌兹别克斯坦)	Surkhandarya, Uzbekistan	1860022
860025	UZ025	UZB025	锡尔河（乌兹别克斯坦）	Syrdarya, Uzbekistan	1860025
860028	UZ028	UZB028	花拉子模(乌兹别克斯坦)	Khorezm, Uzbekistan	1860028
860031	UZ031	UZB031	塔什干（乌兹别克斯坦）	Toshkent, Uzbekistan	1860031
860034	UZ034	UZB034	费尔干纳(乌兹别克斯坦)	Fergana, Uzbekistan	1860034
860037	UZ037	UZB037	纳沃伊（乌兹别克斯坦）	Navoi, Uzbekistan	1860037
862	VE	VEN	委内瑞拉	Venezuela (Bolivarian Republic of)	4862
862001	VE001	VEN001	安索阿特吉（委内瑞拉）	Anzoategui, Venezuela (Bolivarian Republic of)	4862001
862004	VE004	VEN004	阿普雷（委内瑞拉）	Apure, Venezuela (Bolivarian Republic of)	4862004
862007	VE007	VEN007	阿拉瓜（委内瑞拉）	Aragua, Venezuela (Bolivarian Republic of)	4862007
862010	VE010	VEN010	巴里纳斯（委内瑞拉）	Barinas, Venezuela (Bolivarian Republic of)	4862010
862013	VE013	VEN013	玻利瓦尔（委内瑞拉）	Bolivar, Venezuela (Bolivarian Republic of)	4862013
862016	VE016	VEN016	卡拉沃沃（委内瑞拉）	Carabobo, Venezuela (Bolivarian Republic of)	4862016
862019	VE019	VEN019	科赫德斯（委内瑞拉）	Cojedes, Venezuela (Bolivarian Republic of)	4862019
862022	VE022	VEN022	法尔孔（委内瑞拉）	Falcon, Venezuela (Bolivarian Republic of)	4862022
862025	VE025	VEN025	瓜里科（委内瑞拉）	Guarico, Venezuela (Bolivarian Republic of)	4862025
862028	VE028	VEN028	拉腊（委内瑞拉）	Lara, Venezuela (Bolivarian Republic of)	4862028
862031	VE031	VEN031	梅里达（委内瑞拉）	Merida, Venezuela (Bolivarian Republic of)	4862031
862034	VE034	VEN034	米兰达（委内瑞拉）	Miranda, Venezuela (Bolivarian Republic of)	4862034
862037	VE037	VEN037	莫纳加斯（委内瑞拉）	Monagas, Venezuela (Bolivarian Republic of)	4862037
862040	VE040	VEN040	新埃斯帕塔（委内瑞拉）	Nueva Esparta, Venezuela (Bolivarian Republic of)	4862040
862043	VE043	VEN043	波图格萨（委内瑞拉）	Portuguesa, Venezuela (Bolivarian Republic of)	4862043
862046	VE046	VEN046	苏克雷（委内瑞拉）	Sucre, Venezuela (Bolivarian Republic of)	4862046
862049	VE049	VEN049	塔奇拉（委内瑞拉）	Tachira, Venezuela (Bolivarian Republic of)	4862049
862052	VE052	VEN052	特鲁希略（委内瑞拉）	Trujillo, Venezuela (Bolivarian Republic of)	4862052
862055	VE055	VEN055	亚拉奎（委内瑞拉）	Yaracuy, Venezuela (Bolivarian Republic of)	4862055
862058	VE058	VEN058	苏利亚（委内瑞拉）	Zulia, Venezuela (Bolivarian Republic of)	4862058
862061	VE061	VEN061	亚马孙（委内瑞拉）	Amazonas, Venezuela (Bolivarian Republic of)	4862061
862064	VE064	VEN064	阿马库罗三角洲（委内瑞拉）	Delta Amacuro, Venezuela (Bolivarian Republic of)	4862064

代码	iso2	iso3	中文名称	英文名称	分类代码
862067	VE067	VEN067	联邦属地（委内瑞拉）	Dependencias Federales, Venezuela (Bolivarian Republic of)	4862067
862070	VE070	VEN070	联邦区（委内瑞拉）	Distrito Federal, Venezuela (Bolivarian Republic of)	4862070
872			威克岛	Wake Island	9872
876	WF	WLF	瓦利斯和富图纳群岛	Wallis and Futuna Islands	6876
882	WS	WSM	萨摩亚	Samoa	6882
887	YE	YEM	也门	Yemen	1887
887001	YE001	YEM001	阿比扬（也门）	Abyan, Yemen	1887001
887004	YE004	YEM004	亚丁（也门）	Aden, Yemen	1887004
887007	YE007	YEM007	贝达（也门）	Bayda', Al, Yemen	1887007
887010	YE010	YEM010	扎马尔（也门）	Dhamar, Yemen	1887010
887013	YE013	YEM013	哈德拉毛（也门）	Hadhramaut, Yemen	1887013
887016	YE016	YEM016	哈杰（也门）	Hajjah, Yemen	1887016
887019	YE019	YEM019	荷台达（也门）	Hudaydah, Al, Yemen	1887019
887022	YE022	YEM022	伊卜（也门）	Ibb, Yemen	1887022
887025	YE025	YEM025	焦夫（也门）	Jawf, Al, Yemen	1887025
887028	YE028	YEM028	拉赫季（也门）	Lahij, Yemen	1887028
887031	YE031	YEM031	迈赫拉（也门）	Mahra, Al, Yemen	1887031
887034	YE034	YEM034	迈赫维特（也门）	Mahwit, Al, Yemen	1887034
887037	YE037	YEM037	马里卜（也门）	Ma'rib, Yemen	1887037
887040	YE040	YEM040	萨达（也门）	Sa'dah, Yemen	1887040
887043	YE043	YEM043	萨那（也门）	San'a', Yemen	1887043
887046	YE046	YEM046	舍卜沃（也门）	Shabwah, Yemen	1887046
887049	YE049	YEM049	塔伊兹（也门）	Ta'izz, Yemen	1887049
894	ZM	ZMB	赞比亚	Zambia	2894
894001	ZM001	ZMB001	中央（赞比亚）	Central, Zambia	2894001
894004	ZM004	ZMB004	铜带（赞比亚）	Copperbelt, Zambia	2894004
894007	ZM007	ZMB007	东部（赞比亚）	Eastern, Zambia	2894007
894010	ZM010	ZMB010	卢阿普拉（赞比亚）	Luapula, Zambia	2894010
894013	ZM013	ZMB013	卢萨卡（赞比亚）	Lusaka, Zambia	2894013
894016	ZM016	ZMB016	北部（赞比亚）	Northern, Zambia	2894016
894019	ZM019	ZMB019	西北（赞比亚）	North-Western, Zambia	2894019
894022	ZM022	ZMB022	南部（赞比亚）	Southern, Zambia	2894022
894025	ZM025	ZMB025	西部（赞比亚）	Western, Zambia	2894025
903			亚洲	Asia	1
906			非洲	Africa	2
909			欧洲	Europe	3
910			欧盟	Europe Union	3
912			南美洲	South America	4
915			北美洲	North America	5
918			大洋洲	Oceania	6
921			太平洋	Pacific Ocean	9921
924			大西洋	Atlantic Ocean	9924
927			印度洋	Indian Ocean	9927
930			北冰洋	Arctic Ocean	9930
999			未列出的国家或地区	Unlisted Countries or Districts	9999

附表 19 集装箱规格代码表

代码	中文名称
11	普通 2* 标准箱（L）
12	冷藏 2* 标准箱（L）
13	罐式 2* 标准箱（L）
21	普通标准箱（S）
22	冷藏标准箱（S）
23	罐式标准箱（S）
31	其他标准箱（S）
32	其他 2* 标准箱（L）

附表 20 检验检疫机关代码表

代码	中文全称	中文简称
000000	中华人民共和国海关总署本部	海关总署本部
000009	中华人民共和国海关总署关金伯利办公室	海关总署金伯利办公室
110000	中华人民共和国北京出入境检验检疫机关本部	北京机关本部
110009	中华人民共和国北京出入境检验检疫机关金伯利办公室	北京机关金伯利办公室
110030	中华人民共和国北京出入境检验检疫机关平谷办事处	北京机关平谷办事处
110040	中华人民共和国北京出入境检验检疫机关天竺综合保税区办事处	北京机关天竺综合保税区办事处
110050	中华人民共和国北京出入境检验检疫机关中关村办事处	北京机关中关村办事处
110060	中华人民共和国北京出入境检验检疫机关国际邮件及展品检验检疫办事处	北京机关国际邮件及展品检验检疫办事处
110070	中华人民共和国北京出入境检验检疫机关特种检疫办事处	北京机关特种检疫办事处办事处
110100	中华人民共和国首都机场出入境检验检疫机关本部	首都机场机关本部
110101	中华人民共和国首都机场出入境检验检疫机关快件工作点	首都机场机关快件工作点
110200	中华人民共和国北京丰台出入境检验检疫机关本部	北京丰台机关本部
110300	中华人民共和国北京朝阳出入境检验检疫机关本部	北京朝阳机关本部
110400	中华人民共和国北京经济技术开发区出入境检验检疫机关本部	北京经济技术开发区机关本部
110401	中华人民共和国北京经济技术开发区出入境检验检疫机关 B 保工作点	北京经济技术开发区机关 B 保工作点
110500	中华人民共和国北京顺义出入境检验检疫机关本部	北京顺义机关本部
110600	中华人民共和国北京通州出入境检验检疫机关本部	北京通州机关本部
110700	中华人民共和国北京海淀出入境检验检疫机关本部	北京海淀机关本部
110800	中华人民共和国北京西站出入境检验检疫机关本部	北京西站机关本部
120000	中华人民共和国天津出入境检验检疫机关本部	天津机关本部
120009	中华人民共和国天津出入境检验检疫机关金伯利办公室	天津机关金伯利办公室
120010	中华人民共和国天津出入境检验检疫机关保税区办事处	天津机关保税区办事处
120030	中华人民共和国天津出入境检验检疫机关国际贸易与航运服务中心办事处	天津机关国际贸易与航运服务中心办事处
120200	中华人民共和国天津经济技术开发区出入境检验检疫机关本部	天津经济技术开发区机关本部
120300	中华人民共和国天津东港出入境检验检疫机关本部	天津东港机关本部
120400	中华人民共和国天津静海出入境检验检疫机关本部	天津静海机关本部
120500	中华人民共和国天津宝坻出入境检验检疫机关本部	天津宝坻机关本部
120600	中华人民共和国天津空港出入境检验检疫机关本部	天津空港机关本部
120700	中华人民共和国天津出入境检验检疫机关滨海办事处	天津机关滨海办事处
120800	中华人民共和国天津出入境检验检疫机关临港办事处	天津机关临港办事处
120900	中华人民共和国天津出入境检验检疫机关新港办事处	天津机关新港办事处
121000	中华人民共和国天津出入境检验检疫机关南疆办事处	天津机关南疆办事处
121100	中华人民共和国天津出入境检验检疫机关北疆办事处	天津机关北疆办事处

代码	中文全称	中文简称
121200	中华人民共和国天津出入境检验检疫机关北辰办事处	天津机关北辰办事处
121300	中华人民共和国武清出入境检验检疫机关本部	武清机关本部
121500	中华人民共和国天津出入境检验检疫机关东疆筹备处	天津机关东疆筹备处
121600	中华人民共和国天津出入境检验检疫机关北港办事处	天津机关北港办事处
121700	中华人民共和国天津机场出入境检验检疫机关本部	天津机场机关本部
121800	中华人民共和国天津出入境检验检疫机关邮检办事处	天津机关邮检办事处
121900	中华人民共和国大港出入境检验检疫机关本部	大港机关本部
122000	中华人民共和国北塘出入境检验检疫机关本部	北塘机关本部
130000	中华人民共和国河北出入境检验检疫机关本部	河北机关本部
130020	中华人民共和国河北出入境检验检疫机关石家庄机场办事处	河北机关石家庄机场办事处
130030	中华人民共和国邢台出入境检验检疫机关清河办事处	邢台机关清河办事处
130040	中华人民共和国河北出入境检验检疫机关石家庄内陆港办事处	河北机关石家庄内陆港办事处
130100	中华人民共和国秦皇岛出入境检验检疫机关本部	秦皇岛机关本部
130200	中华人民共和国唐山出入境检验检疫机关本部	唐山机关本部
130210	中华人民共和国唐山出入境检验检疫机关曹妃甸办事处	唐山机关曹妃甸办事处
130220	中华人民共和国唐山出入境检验检疫机关京唐港办事处	唐山机关京唐港办事处
130300	中华人民共和国邯郸出入境检验检疫机关本部	邯郸机关本部
130400	中华人民共和国承德出入境检验检疫机关本部	承德机关本部
130500	中华人民共和国张家口出入境检验检疫机关本部	张家口机关本部
130600	中华人民共和国沧州出入境检验检疫机关本部	沧州机关本部
130700	中华人民共和国廊坊出入境检验检疫机关本部	廊坊机关本部
130710	中华人民共和国河北出入境检验检疫机关燕郊办事处	河北机关燕郊办事处
130800	中华人民共和国邢台出入境检验检疫机关本部	邢台机关本部
130810	中华人民共和国邢台出入境检验检疫机关平乡办事处	邢台机关平乡办事处
130900	中华人民共和国保定出入境检验检疫机关本部	保定机关本部
130910	中华人民共和国保定出入境检验检疫机关安国办事处	保定机关安国办事处
131000	中华人民共和国衡水出入境检验检疫机关本部	衡水机关本部
131010	中华人民共和国衡水出入境检验检疫机关枣强办事处	衡水机关枣强办事处
131100	中华人民共和国黄骅港出入境检验检疫机关本部	黄骅港机关本部
131200	中华人民共和国石家庄出入境检验检疫机关本部	石家庄机关本部
140000	中华人民共和国山西出入境检验检疫机关本部	山西机关本部
140040	中华人民共和国山西出入境检验检疫机关晋城办事处	山西机关晋城办事处
140050	中华人民共和国山西出入境检验检疫机关太原武宿综合保税区办事处	山西机关太原武宿综合保税区办事处
140100	中华人民共和国大同出入境检验检疫机关本部	大同机关本部
140200	中华人民共和国阳泉出入境检验检疫机关本部	阳泉机关本部
140300	中华人民共和国长治出入境检验检疫机关本部	长治机关本部
140400	中华人民共和国侯马出入境检验检疫机关本部	侯马机关本部
140500	中华人民共和国太原机场出入境检验检疫机关本部	太原机场机关本部
140600	中华人民共和国运城出入境检验检疫机关本部	运城机关本部
140700	中华人民共和国朔州出入境检验检疫机关本部	朔州机关本部
150000	中华人民共和国内蒙古出入境检验检疫机关本部	内蒙古机关本部
150030	中华人民共和国内蒙古出入境检验检疫机关呼和浩特机场办事处	内蒙古机关呼和浩特机场办事处
150040	中华人民共和国内蒙古出入境检验检疫机关鄂尔多斯办事处	内蒙古机关鄂尔多斯办事处

代码	中文全称	中文简称
150100	中华人民共和国满洲里出入境检验检疫机关本部	满洲里机关本部
150110	中华人民共和国满洲里出入境检验检疫机关铁路口岸办事处	满洲里机关铁路口岸办事处
150120	中华人民共和国满洲里出入境检验检疫机关公路口岸办事处	满洲里机关公路口岸办事处
150130	中华人民共和国满洲里出入境检验检疫机关机场办事处	满洲里机关机场办事处
150200	中华人民共和国二连浩特出入境检验检疫机关本部	二连浩特机关本部
150210	中华人民共和国二连浩特出入境检验检疫机关铁路口岸办事处	二连浩特机关铁路口岸办事处
150220	中华人民共和国二连浩特出入境检验检疫机关公路口岸办事处	二连浩特机关公路口岸办事处
150300	中华人民共和国呼伦贝尔出入境检验检疫机关本部	呼伦贝尔机关本部
150400	中华人民共和国包头出入境检验检疫机关本部	包头机关本部
150500	中华人民共和国赤峰出入境检验检疫机关本部	赤峰机关本部
150600	中华人民共和国通辽出入境检验检疫机关本部	通辽机关本部
150800	中华人民共和国内蒙古出入境检验检疫机关额尔古纳工作点	内蒙古机关额尔古纳工作点
150900	中华人民共和国额济纳出入境检验检疫机关本部	额济纳机关本部
151000	中华人民共和国东乌珠穆沁出入境检验检疫机关本部	东乌珠穆沁机关本部
151100	中华人民共和国乌拉特出入境检验检疫机关本部	乌拉特机关本部
151200	中华人民共和国阿尔山出入境检验检疫机关本部	阿尔山机关本部
151300	中华人民共和国乌兰察布出入境检验检疫机关本部	乌兰察布机关本部
151400	中华人民共和国乌海出入境检验检疫机关本部	乌海机关本部
151500	中华人民共和国阿拉善出入境检验检疫机关本部	阿拉善机关本部
151600	中华人民共和国呼和浩特出入境检验检疫机关本部	呼和浩特机关本部
210000	中华人民共和国辽宁出入境检验检疫机关本部	辽宁机关本部
210001	中华人民共和国辽宁出入境检验检疫机关检验检疫隔离中心工作点	辽宁机关检验检疫隔离中心工作点
210009	中华人民共和国辽宁出入境检验检疫机关金伯利办公室	辽宁机关金伯利办公室
210080	中华人民共和国辽宁出入境检验检疫机关本溪办事处	辽宁机关本溪办事处
210100	中华人民共和国大窑湾出入境检验检疫机关本部	大窑湾机关本部
210300	中华人民共和国沈阳出入境检验检疫机关本部	沈阳机关本部
210310	中华人民共和国沈阳出入境检验检疫机关沈阳机场办事处	沈阳机关沈阳机场办事处
210320	中华人民共和国沈阳出入境检验检疫机关沈阳经济技术开发区办事处	沈阳机关沈阳经济技术开发区办事处
210330	中华人民共和国沈阳出入境检验检疫机关邮检办事处	沈阳机关邮检事处
210400	中华人民共和国锦州出入境检验检疫机关本部	锦州机关本部
210500	中华人民共和国朝阳出入境检验检疫机关本部	朝阳机关本部
210600	中华人民共和国阜新出入境检验检疫机关本部	阜新机关本部
210700	中华人民共和国丹东出入境检验检疫机关本部	丹东机关本部
210800	中华人民共和国东港出入境检验检疫机关本部	东港机关本部
210900	中华人民共和国营口出入境检验检疫机关本部	营口机关本部
211000	中华人民共和国鲅鱼圈出入境检验检疫机关本部	鲅鱼圈机关本部
211100	中华人民共和国鞍山出入境检验检疫机关本部	鞍山机关本部
211200	中华人民共和国抚顺出入境检验检疫机关本部	抚顺机关本部
211300	中华人民共和国辽阳出入境检验检疫机关本部	辽阳机关本部
211400	中华人民共和国盘锦出入境检验检疫机关本部	盘锦机关本部

代码	中文全称	中文简称
211500	中华人民共和国葫芦岛出入境检验检疫机关本部	葫芦岛机关本部
211600	中华人民共和国铁岭出入境检验检疫机关本部	铁岭机关本部
211800	中华人民共和国大连机场出入境检验检疫机关本部	大连机场机关本部
211900	中华人民共和国大连出入境检验检疫机关本部	大连机关本部
211910	中华人民共和国大连出入境检验检疫机关庄河办事处	大连机关庄河办事处
211920	中华人民共和国大连出入境检验检疫机关大连保税区办事处	大连机关大连保税区办事处
211930	中华人民共和国大连出入境检验检疫机关大连湾办事处	大连机关大连湾办事处
211940	中华人民共和国大连出入境检验检疫机关港湾办事处	大连机关港湾办事处
211950	中华人民共和国大连出入境检验检疫机关长海办事处	大连机关长海办事处
211960	中华人民共和国大连出入境检验检疫机关旅顺办事处	大连机关旅顺办事处
211970	中华人民共和国大连出入境检验检疫机关高新园区工作点	大连机关高新园区工作点
212000	中华人民共和国长兴岛出入境检验检疫机关本部	长兴岛机关本部
212100	中华人民共和国沈阳综合保税区出入境检验检疫机关本部	沈阳综合保税区机关本部
220000	中华人民共和国吉林出入境检验检疫机关本部	吉林机关本部
220002	中华人民共和国吉林出入境检验检疫机关长春兴隆综合保税区工作点	吉林机关长春兴隆综合保税区工作点
220020	中华人民共和国吉林出入境检验检疫机关临江办事处	吉林机关临江办事处
220040	中华人民共和国吉林出入境检验检疫机关长春机场办事处	吉林机关长春机场办事处
220050	中华人民共和国吉林出入境检验检疫机关图们办事处	吉林机关图们办事处
220060	中华人民共和国吉林出入境检验检疫机关长春汽车产业开发区办事处	吉林机关长春汽车产业开发区办事处
220070	中华人民共和国吉林出入境检验检疫机关长春经济技术开发区办事处	吉林机关长春经济技术开发区办事处
220080	中华人民共和国吉林出入境检验检疫机关松原办事处	吉林机关松原办事处
220090	中华人民共和国吉林出入境检验检疫机关邮检办事处	吉林机关邮检办事处
220100	中华人民共和国延边出入境检验检疫机关本部	延边机关本部
220101	中华人民共和国延边出入境检验检疫机关古城里口岸工作点	延边机关古城里口岸工作点
220102	中华人民共和国延边出入境检验检疫机关敦化工作点	延边机关敦化工作点
220110	中华人民共和国延边出入境检验检疫机关开山屯办事处	延边机关开山屯办事处
220120	中华人民共和国延边出入境检验检疫机关延吉机场办事处	延边机关延吉机场办事处
220130	中华人民共和国延边出入境检验检疫机关三合办事处	延边机关三合办事处
220140	中华人民共和国延边出入境检验检疫机关南坪办事处	延边机关南坪办事处
220150	中华人民共和国延边出入境检验检疫机关江桥办事处	延边机关江桥办事处
220160	中华人民共和国延边出入境检验检疫机关车站办事处	延边机关车站办事处
220200	中华人民共和国珲春出入境检验检疫机关本部	珲春机关本部
220210	中华人民共和国珲春出入境检验检疫机关沙坨子办事处	珲春机关沙坨子办事处
220220	中华人民共和国珲春出入境检验检疫机关长岭子办事处	珲春机关长岭子办事处
220230	中华人民共和国珲春出入境检验检疫机关圈河办事处	珲春机关圈河办事处
220240	中华人民共和国珲春出入境检验检疫机关车站办事处	珲春机关车站办事处
220300	中华人民共和国白城出入境检验检疫机关本部	白城机关本部
220400	中华人民共和国通化出入境检验检疫机关本部	通化机关本部
220500	中华人民共和国集安出入境检验检疫机关本部	集安机关本部

代码	中文全称	中文简称
220510	中华人民共和国集安出入境检验检疫机关老虎哨办事处	集安机关老虎哨办事处
220520	中华人民共和国集安出入境检验检疫机关车站办事处	集安机关车站办事处
220600	中华人民共和国长白出入境检验检疫机关本部	长白机关本部
220700	中华人民共和国吉林（市）出入境检验检疫机关本部	吉林（市）机关本部
230000	中华人民共和国黑龙江出入境检验检疫机关本部	黑龙江机关本部
230010	中华人民共和国黑龙江出入境检验检疫机关漠河办事处	黑龙江机关漠河办事处
230020	中华人民共和国黑龙江出入境检验检疫机关嘉荫办事处	黑龙江机关嘉荫办事处
230030	中华人民共和国黑龙江出入境检验检疫机关哈尔滨机场办事处	黑龙江机关哈尔滨机场办事处
230080	中华人民共和国黑龙江出入境检验检疫机关绥芬河综合保税区办事处	黑龙江机关绥芬河综合保税区办事处
230100	中华人民共和国齐齐哈尔出入境检验检疫机关本部	齐齐哈尔机关本部
230200	中华人民共和国大庆出入境检验检疫机关本部	大庆机关本部
230300	中华人民共和国牡丹江出入境检验检疫机关本部	牡丹江机关本部
230310	中华人民共和国牡丹江出入境检验检疫机关牡丹江机场办事处	牡丹江机关牡丹江机场办事处
230400	中华人民共和国绥芬河出入境检验检疫机关本部	绥芬河机关本部
230410	中华人民共和国绥芬河出入境检验检疫机关公路口岸办事处	绥芬河机关公路口岸办事处
230420	中华人民共和国绥芬河出入境检验检疫机关铁路口岸办事处	绥芬河机关铁路口岸办事处
230500	中华人民共和国密山出入境检验检疫机关虎林工作点	密山机关虎林工作点
230600	中华人民共和国密山出入境检验检疫机关本部	密山机关本部
230700	中华人民共和国佳木斯出入境检验检疫机关本部	佳木斯机关本部
230800	中华人民共和国饶河出入境检验检疫机关本部	饶河机关本部
230900	中华人民共和国同江出入境检验检疫机关本部	同江机关本部
231000	中华人民共和国抚远出入境检验检疫机关本部	抚远机关本部
231100	中华人民共和国黑河出入境检验检疫机关本部	黑河机关本部
231110	中华人民共和国黑河出入境检验检疫机关大黑河岛办事处	黑河机关大黑河岛办事处
231200	中华人民共和国黑龙江出入境检验检疫机关逊克办事处	黑龙江机关逊克办事处
231300	中华人民共和国鹤岗出入境检验检疫机关本部	鹤岗机关本部
231400	中华人民共和国萝北出入境检验检疫机关本部	萝北机关本部
231500	中华人民共和国东宁出入境检验检疫机关本部	东宁机关本部
231509	中华人民共和国东宁出入境检验检疫机关金伯利办公室	东宁机关金伯利办公室
231600	中华人民共和国黑龙江出入境检验检疫机关富锦办事处	黑龙江机关富锦办事处
231700	中华人民共和国哈尔滨出入境检验检疫机关本部	哈尔滨机关本部
231710	中华人民共和国哈尔滨出入境检验检疫机关内陆港办事处	哈尔滨机关内陆港办事处
231720	中华人民共和国哈尔滨出入境检验检疫机关哈尔滨经济技术开发区办事处	哈尔滨机关哈尔滨经济技术开发区办事处
231730	中华人民共和国哈尔滨出入境检验检疫机关邮机关办事处	哈尔滨机关邮机关办事处
231800	中华人民共和国黑龙江出入境检验检疫机关嘉荫办事处伊春工作点	黑龙江机关嘉荫办事处伊春工作点
310000	中华人民共和国上海出入境检验检疫机关本部	上海机关本部
310001	中华人民共和国上海出入境检验检疫机关世博园区工作点	上海机关世博园区工作点

代码	中文全称	中文简称
310009	中华人民共和国上海出入境检验检疫机关金伯利办公室	上海机关金伯利办公室
310010	中华人民共和国上海出入境检验检疫机关金桥办事处	上海机关金桥办事处
310020	中华人民共和国上海出入境检验检疫机关宝山办事处	上海机关宝山办事处
310030	中华人民共和国上海出入境检验检疫机关张华浜办事处	上海机关张华浜办事处
310040	中华人民共和国上海出入境检验检疫机关龙吴办事处	上海机关龙吴办事处
310050	中华人民共和国上海出入境检验检疫机关虹口办事处	上海机关虹口办事处
310051	中华人民共和国上海出入境检验检疫机关虹口办事处工作点	上海机关虹口办事处工作点
310052	中华人民共和国上海出入境检验检疫机关虹口办事处工作点 2	上海机关虹口办事处工作点 2
310060	中华人民共和国上海出入境检验检疫机关莘庄办事处	上海机关莘庄办事处
310080	中华人民共和国上海出入境检验检疫机关化学工业区办事处	上海机关化学工业区办事处
310100	中华人民共和国上海浦江出入境检验检疫机关本部	上海浦江机关本部
310101	中华人民共和国上海浦江出入境检验检疫机关松江出口加工区 B 区工作点	上海浦江机关松江出口加工区 B 区工作点
310110	中华人民共和国上海浦江出入境检验检疫机关青浦办事处	上海浦江机关青浦办事处
310200	中华人民共和国上海浦东出入境检验检疫机关本部	上海浦东机关本部
310209	中华人民共和国上海浦东出入境检验检疫机关金伯利办公室	上海浦东机关金伯利办公室
310300	中华人民共和国上海国际机场出入境检验检疫机关本部	上海国际机场机关本部
310301	中华人民共和国上海国际机场出入境检验检疫机关综合保税区工作点	上海国际机场机关综合保税区工作点
310302	中华人民共和国上海国际机场出入境检验检疫机关快件中心工作点	上海国际机场机关快件中心工作点
310310	中华人民共和国上海国际机场出入境检验检疫机关虹桥机场办事处	上海国际机场机关虹桥机场办事处
310320	中华人民共和国上海国际机场出入境检验检疫机关浦东机场办事处	上海国际机场机关浦东机场办事处
310400	中华人民共和国上海吴淞出入境检验检疫机关本部	上海吴淞机关本部
310500	中华人民共和国上海崇明出入境检验检疫机关本部	上海崇明机关本部
310600	中华人民共和国上海奉贤出入境检验检疫机关本部	上海奉贤机关本部
310700	中华人民共和国上海外高桥出入境检验检疫机关本部	上海外高桥机关本部
310701	中华人民共和国上海外高桥出入境检验检疫机关三港三区工作点	上海外高桥机关三港三区工作点
310710	中华人民共和国上海外高桥出入境检验检疫机关外高桥物流园区办事处	上海外高桥机关物流园区办事处
310720	中华人民共和国上海外高桥出入境检验检疫机关保税区办事处	上海外高桥机关保税区办事处
310800	中华人民共和国上海南汇出入境检验检疫机关本部	上海南汇机关本部
310900	中华人民共和国闵行出入境检验检疫机关本部	闵行机关本部
310903	中华人民共和国闵行出入境检验检疫机关漕河泾工作点	闵行机关漕河泾工作点
310910	中华人民共和国闵行出入境检验检疫机关松江办事处	闵行机关松江办事处
310920	中华人民共和国闵行出入境检验检疫机关闵行出口加工区办事处	闵行机关闵行出口加工区办事处
311000	中华人民共和国上海洋山入境检验检疫机关本部	上海洋山机关本部

代码	中文全称	中文简称
311010	中华人民共和国上海洋山出入境检验检疫机关小洋山办事处	上海洋山机关小洋山办事处
311030	中华人民共和国上海洋山出入境检验检疫机关临港办事处	上海洋山机关临港办事处
311100	中华人民共和国上海金山出入境检验检疫机关本部	上海金山机关本部
311200	中华人民共和国上海铁路出入境检验检疫机关本部	上海铁路机关本部
311300	中华人民共和国松江出入境检验检疫机关本部	松江机关本部
311500	中华人民共和国上海出入境检验检疫机关青浦办事处	上海机关青浦办事处
311600	中华人民共和国上海出入境检验检疫机关钻石交易所办事处	上海机关钻石交易所办事处
311800	中华人民共和国上海出入境检验检疫机关虹桥办事处	上海机关虹桥办事处
311900	中华人民共和国上海出入境检验检疫机关邮检办事处	上海机关邮检办事处
312000	中华人民共和国上海出入境检验检疫机关嘉定办事处	上海机关嘉定办事处
312100	中华人民共和国上海出入境检验检疫机关张江办事处	上海机关张江办事处
320000	中华人民共和国江苏出入境检验检疫机关本部	江苏机关本部
320009	中华人民共和国江苏出入境检验检疫机关金伯利办公室	江苏机关金伯利办公室
320100	中华人民共和国南京出入境检验检疫机关本部	南京机关本部
320109	中华人民共和国南京出入境检验检疫机关金伯利办公室	南京机关金伯利办公室
320120	中华人民共和国南京出入境检验检疫机关南京港办事处	南京机关南京港办事处
320130	中华人民共和国南京出入境检验检疫机关江宁经济技术开发区办事处	南京机关江宁经济技术开发区办事处
320140	中华人民共和国南京出入境检验检疫机关邮机关办事处	南京机关邮机关办事处
320150	中华人民共和国南京出入境检验检疫机关龙潭港办事处	南京机关龙潭港办事处
320160	中华人民共和国南京出入境检验检疫机关江北办事处	南京机关江北办事处
320170	中华人民共和国南京出入境检验检疫机关南京经济技术开发区办事处	南京机关南京经济技术开发区办事处
320200	中华人民共和国苏州出入境检验检疫机关本部	苏州机关本部
320210	中华人民共和国苏州出入境检验检疫机关苏州新区办事处	苏州机关苏州新区办事处
320220	中华人民共和国苏州出入境检验检疫机关苏州工业园区办事处	苏州机关苏州工业园区办事处
320230	中华人民共和国苏州出入境检验检疫机关吴中办事处	苏州机关吴中办事处
320240	中华人民共和国苏州出入境检验检疫机关相城办事处	苏州机关相城办事处
320250	中华人民共和国苏州出入境检验检疫机关苏州工业园区出口加工区办事处	苏州机关苏州工业园区出口加工区办事处
320260	中华人民共和国苏州出入境检验检疫机关苏州新区出口加工区办事处	苏州机关苏州新区出口加工区办事处
320280	中华人民共和国苏州出入境检验检疫机关吴江办事处	苏州机关吴江办事处
320290	中华人民共和国苏州出入境检验检疫机关国际邮件办事处	苏州机关国际邮件办事处
320310	中华人民共和国苏州出入境检验检疫机关吴江汾湖经济开发区办事处	苏州机关吴江汾湖经济开发区办事处
320400	中华人民共和国昆山出入境检验检疫机关本部	昆山机关本部
320410	中华人民共和国昆山出入境检验检疫机关昆山综合保税区办事处	昆山机关昆山综合保税区办事处
320420	中华人民共和国昆山出入境检验检疫机关昆山高新技术产业开发区办事处	昆山机关昆山高新技术产业开发区办事处
320500	中华人民共和国张家港出入境检验检疫机关本部	张家港机关本部

代码	中文全称	中文简称
320510	中华人民共和国张家港出入境检验检疫机关保税区办事处	张家港机关保税区办事处
320520	中华人民共和国张家港出入境检验检疫机关冶金工业园办事处	张家港机关冶金工业园办事处
320530	中华人民共和国张家港出入境检验检疫机关港口办事处	张家港机关港口办事处
320600	中华人民共和国常熟出入境检验检疫机关本部	常熟机关本部
320610	中华人民共和国常熟出入境检验检疫机关常熟经济技术开发区办事处	常熟机关常熟经济技术开发区办事处
320700	中华人民共和国太仓出入境检验检疫机关本部	太仓机关本部
320710	中华人民共和国太仓出入境检验检疫机关太仓港办事处	太仓机关太仓港办事处
320800	中华人民共和国无锡出入境检验检疫机关本部	无锡机关本部
320810	中华人民共和国无锡出入境检验检疫机关高新区办事处	无锡机关高新区办事处
320820	中华人民共和国无锡出入境检验检疫机关无锡综合保税区办事处	无锡机关无锡综合保税区办事处
320830	中华人民共和国无锡出入境检验检疫机关无锡机场办事处	无锡机关无锡机场办事处
320840	中华人民共和国无锡出入境检验检疫机关惠山办事处	无锡机关惠山办事处
320850	中华人民共和国无锡出入境检验检疫机关宜兴办事处	无锡机关宜兴办事处
320860	中华人民共和国无锡出入境检验检疫机关宜兴经济开发区办事处	无锡机关宜兴经济开发区办事处
320870	中华人民共和国无锡出入境检验检疫机关滨湖办事处	无锡机关滨湖办事处
320900	中华人民共和国江阴出入境检验检疫机关本部	江阴机关本部
320910	中华人民共和国江阴出入境检验检疫机关江阴港办事处	江阴机关江阴港办事处
321100	中华人民共和国南通出入境检验检疫机关本部	南通机关本部
321120	中华人民共和国南通出入境检验检疫机关南通港办事处	南通机关南通港办事处
321130	中华人民共和国南通出入境检验检疫机关南通经济技术开发区办事处	南通机关南通经济技术开发区办事处
321200	中华人民共和国连云港出入境检验检疫机关本部	连云港机关本部
321210	中华人民共和国连云港出入境检验检疫机关海港办事处	连云港机关海港办事处
321220	中华人民共和国连云港出入境检验检疫机关连云港经济技术开发区办事处	连云港机关连云港经济技术开发区办事处
321300	中华人民共和国镇江出入境检验检疫机关本部	镇江机关本部
321310	中华人民共和国镇江出入境检验检疫机关镇江港办事处	镇江机关镇江港办事处
321320	中华人民共和国镇江出入境检验检疫机关丹阳办事处	镇江机关丹阳办事处
321330	中华人民共和国镇江出入境检验检疫机关镇江新区办事处	镇江机关镇江新区办事处
321350	中华人民共和国镇江出入境检验检疫机关句容办事处	镇江机关句容办事处
321400	中华人民共和国徐州出入境检验检疫机关本部	徐州机关本部
321410	中华人民共和国徐州出入境检验检疫机关徐州经济技术开发区办事处	徐州机关徐州经济技术开发区办事处
321420	中华人民共和国徐州出入境检验检疫机关徐州观音机场办事处	徐州机关徐州观音机场办事处
321500	中华人民共和国淮安出入境检验检疫机关本部	淮安机关本部
321510	中华人民共和国淮安出入境检验检疫机关淮安出口加工区办事处	淮安机关淮安出口加工区办事处
321600	中华人民共和国常州出入境检验检疫机关本部	常州机关本部
321610	中华人民共和国常州出入境检验检疫机关常州港办事处	常州机关常州港办事处
321620	中华人民共和国常州出入境检验检疫机关溧阳办事处	常州机关溧阳办事处

代码	中文全称	中文简称
321630	中华人民共和国常州出入境检验检疫机关武进办事处	常州机关武进办事处
321640	中华人民共和国常州出入境检验检疫机关常州综合保税区办事处	常州机关常州综合保税区办事处
321700	中华人民共和国盐城出入境检验检疫机关本部	盐城机关本部
321710	中华人民共和国盐城出入境检验检疫机关大丰港办事处	盐城机关大丰港办事处
321720	中华人民共和国盐城出入境检验检疫机关盐城机场办事处	盐城机关盐城机场办事处
321800	中华人民共和国扬州出入境检验检疫机关本部	扬州机关本部
321810	中华人民共和国扬州出入境检验检疫机关扬州经济技术开发区办事处	扬州机关扬州经济技术开发区办事处
321900	中华人民共和国泰州出入境检验检疫机关本部	泰州机关本部
321910	中华人民共和国泰州出入境检验检疫机关泰兴办事处	泰州机关泰兴办事处
321930	中华人民共和国泰州出入境检验检疫机关泰州港办事处	泰州机关泰州港办事处
322000	中华人民共和国南京机场出入境检验检疫机关本部	南京机场机关本部
322100	中华人民共和国宿迁出入境检验检疫机关本部	宿迁机关本部
322200	中华人民共和国靖江出入境检验检疫机关本部	靖江机关本部
322300	中华人民共和国如皋出入境检验检疫机关本部	如皋机关本部
322400	中华人民共和国启东出入境检验检疫机关本部	启东机关本部
322500	中华人民共和国如东出入境检验检疫机关本部	如东机关本部
330000	中华人民共和国浙江出入境检验检疫机关本部	浙江机关本部
330009	中华人民共和国浙江出入境检验检疫机关金伯利办公室	浙江机关金伯利办公室
330010	中华人民共和国浙江出入境检验检疫机关杭州机场办事处	浙江机关杭州机场办事处
330030	中华人民共和国浙江出入境检验检疫机关杭州邮检办事处	浙江机关杭州邮检办事处
330100	中华人民共和国温州出入境检验检疫机关本部	温州机关本部
330110	中华人民共和国温州出入境检验检疫机关温州机场办事处	温州机关温州机场办事处
330120	中华人民共和国温州出入境检验检疫机关七里港办事处	温州机关七里港办事处
330130	中华人民共和国温州出入境检验检疫机关鳌江办事处	温州机关鳌江办事处
330150	中华人民共和国温州出入境检验检疫机关瑞安办事处	温州机关瑞安办事处
330200	中华人民共和国金华出入境检验检疫机关本部	金华机关本部
330201	中华人民共和国金华出入境检验检疫机关金东工作点	金华机关金东工作点
330202	中华人民共和国金华出入境检验检疫机关浦江工作点	金华机关浦江工作点
330203	中华人民共和国金华出入境检验检疫机关武义工作点	金华机关武义工作点
330210	中华人民共和国金华出入境检验检疫机关兰溪办事处	金华机关兰溪办事处
330220	中华人民共和国金华出入境检验检疫机关永康办事处	金华机关永康办事处
330230	中华人民共和国金华出入境检验检疫机关东阳办事处	金华机关东阳办事处
330300	中华人民共和国舟山出入境检验检疫机关本部	舟山机关本部
330301	中华人民共和国舟山出入境检验检疫机关岱山工作点	舟山机关岱山工作点
330310	中华人民共和国舟山出入境检验检疫机关六横办事处	舟山机关六横办事处
330320	中华人民共和国舟山出入境检验检疫机关金塘办事处	舟山机关金塘办事处
330400	中华人民共和国嵊泗出入境检验检疫机关本部	嵊泗机关本部
330500	中华人民共和国台州出入境检验检疫机关本部	台州机关本部
330510	中华人民共和国台州出入境检验检疫机关临海办事处	台州机关临海办事处
330520	中华人民共和国台州出入境检验检疫机关温岭办事处	台州机关温岭办事处
330530	中华人民共和国台州出入境检验检疫机关玉环办事处	台州机关玉环办事处
330540	中华人民共和国台州出入境检验检疫机关仙居办事处	台州机关仙居办事处

代码	中文全称	中文简称
330600	中华人民共和国绍兴出入境检验检疫机关本部	绍兴机关本部
330601	中华人民共和国绍兴出入境检验检疫机关轻纺城工作点	绍兴机关轻纺城工作点
330610	中华人民共和国绍兴出入境检验检疫机关上虞办事处	绍兴机关上虞办事处
330620	中华人民共和国绍兴出入境检验检疫机关诸暨办事处	绍兴机关诸暨办事处
330630	中华人民共和国绍兴出入境检验检疫机关嵊新办事处	绍兴机关嵊新办事处
330700	中华人民共和国嘉兴出入境检验检疫机关本部	嘉兴机关本部
330701	中华人民共和国嘉兴出入境检验检疫机关陆路口岸工作点	嘉兴机关陆路口岸工作点
330710	中华人民共和国嘉兴出入境检验检疫机关乍浦办事处	嘉兴机关乍浦办事处
330720	中华人民共和国嘉兴出入境检验检疫机关嘉善办事处	嘉兴机关嘉善办事处
330730	中华人民共和国嘉兴出入境检验检疫机关海宁办事处	嘉兴机关海宁办事处
330740	中华人民共和国嘉兴出入境检验检疫机关桐乡办事处	嘉兴机关桐乡办事处
330800	中华人民共和国湖州出入境检验检疫机关本部	湖州机关本部
330801	中华人民共和国湖州出入境检验检疫机关南浔工作点	湖州机关南浔工作点
330810	中华人民共和国湖州出入境检验检疫机关德清办事处	湖州机关德清办事处
330820	中华人民共和国湖州出入境检验检疫机关长兴办事处	湖州机关长兴办事处
330830	中华人民共和国湖州出入境检验检疫机关安吉办事处	湖州机关安吉办事处
330900	中华人民共和国衢州出入境检验检疫机关本部	衢州机关本部
330901	中华人民共和国衢州出入境检验检疫机关国际物流中心工作点	衢州机关国际物流中心工作点
330902	中华人民共和国衢州出入境检验检疫龙游工作点	衢州机关龙游工作点
330910	中华人民共和国衢州出入境检验检疫机关江山办事处	衢州机关江山办事处
331000	中华人民共和国丽水出入境检验检疫机关本部	丽水机关本部
331001	中华人民共和国丽水出入境检验检疫机关青田工作点	丽水机关青田工作点
331010	中华人民共和国丽水出入境检验检疫机关龙泉办事处	丽水机关龙泉办事处
331020	中华人民共和国丽水出入境检验检疫机关缙云办事处	丽水机关缙云办事处
331100	中华人民共和国萧山出入境检验检疫机关本部	萧山机关本部
331200	中华人民共和国义乌出入境检验检疫机关本部	义乌机关本部
333300	中华人民共和国杭州出入境检验检疫机关本部	杭州机关本部
333320	中华人民共和国杭州出入境检验检疫机关经济技术开发区办事处	杭州机关经济技术开发区办事处
333340	中华人民共和国杭州出入境检验检疫机关建德办事处	杭州机关建德办事处
340000	中华人民共和国安徽出入境检验检疫机关本部	安徽机关本部
340010	中华人民共和国安徽出入境检验检疫机关合肥机场办事处	安徽机关合肥机场办事处
340060	中华人民共和国安徽出入境检验检疫机关亳州办事处	安徽机关亳州办事处
340100	中华人民共和国芜湖出入境检验检疫机关本部	芜湖机关本部
340200	中华人民共和国安庆出入境检验检疫机关本部	安庆机关本部
340300	中华人民共和国铜陵出入境检验检疫机关本部	铜陵机关本部
340400	中华人民共和国马鞍山出入境检验检疫机关本部	马鞍山机关本部
340500	中华人民共和国蚌埠出入境检验检疫机关本部	蚌埠机关本部
340600	中华人民共和国阜阳出入境检验检疫机关本部	阜阳机关本部
340700	中华人民共和国黄山出入境检验检疫机关本部	黄山机关本部
340800	中华人民共和国池州出入境检验检疫机关本部	池州机关本部
340900	中华人民共和国滁州出入境检验检疫机关本部	滁州机关本部
341000	中华人民共和国宣城出入境检验检疫机关本部	宣城机关本部
341100	中华人民共和国合肥出入境检验检疫机关本部	合肥机关本部
341200	中华人民共和国淮北出入境检验检疫机关本部	淮北机关本部

代码	中文全称	中文简称
341300	中华人民共和国宿州出入境检验检疫机关本部	宿州机关本部
341400	中华人民共和国六安出入境检验检疫机关本部	六安机关本部
350000	中华人民共和国福建出入境检验检疫机关本部	福建机关本部
350030	中华人民共和国福建出入境检验检疫机关武夷山办事处	福建机关武夷山办事处
350031	中华人民共和国福建出入境检验检疫机关武夷山办事处武夷山陆地港工作点	福建机关武夷山办事处武夷山陆地港工作点
350050	中华人民共和国福建出入境检验检疫机关邮件办事处	福建机关邮件办事处
350070	中华人民共和国福建出入境检验检疫机关福州保税港区办事处	福建机关福州保税港区办事处
350100	中华人民共和国泉州出入境检验检疫机关本部	泉州机关本部
350102	中华人民共和国泉州出入境检验检疫机关后渚工作点	泉州机关后渚工作点
350103	中华人民共和国泉州出入境检验检疫机关石井工作点	泉州机关石井工作点
350105	中华人民共和国泉州出入境检验检疫机关晋江陆地港工作点	泉州机关晋江陆地港工作点
350110	中华人民共和国泉州出入境检验检疫机关肖厝港办事处	泉州机关肖厝港办事处
350120	中华人民共和国泉州出入境检验检疫机关德化办事处	泉州机关德化办事处
350130	中华人民共和国泉州出入境检验检疫机关永春办事处	泉州机关永春办事处
350140	中华人民共和国泉州出入境检验检疫机关安溪办事处	泉州机关安溪办事处
350150	中华人民共和国泉州出入境检验检疫机关泉州出口加工区办事处	泉州机关泉州出口加工区办事处
350160	中华人民共和国泉州出入境检验检疫机关晋江办事处	泉州机关晋江办事处
350170	中华人民共和国泉州出入境检验检疫机关石狮办事处	泉州机关石狮办事处
350180	中华人民共和国泉州出入境检验检疫机关泉州晋江机场办事处	泉州机关泉州晋江机场办事处
350200	中华人民共和国莆田出入境检验检疫机关本部	莆田机关本部
350210	中华人民共和国莆田出入境检验检疫机关莆田港办事处	莆田机关莆田港办事处
350220	中华人民共和国莆田出入境检验检疫机关仙游办事处	莆田机关仙游办事处
350300	中华人民共和国三明出入境检验检疫机关本部	三明机关本部
350301	中华人民共和国三明出入境检验检疫机关三明陆地港工作点	二明机关三明陆地港工作点
350400	中华人民共和国福州出入境检验检疫机关本部	福州机关本部
350402	中华人民共和国福州出入境检验检疫机关黄岐工作点	福州机关黄岐工作点
350403	中华人民共和国福州出入境检验检疫机关福州出口加工区工作点	福州机关福州出口加工区工作点
350410	中华人民共和国福州出入境检验检疫机关马尾办事处	福州机关马尾办事处
350411	中华人民共和国福州出入境检验检疫机关马尾办事处现场综合查验工作点	福州机关马尾办事处现场综合查验工作点
350420	中华人民共和国福州出入境检验检疫机关长乐办事处	福州机关长乐办事处
350430	中华人民共和国福州出入境检验检疫机关福州保税区办事处	福州机关福州保税区办事处
350500	中华人民共和国宁德出入境检验检疫机关本部	宁德机关本部
350520	中华人民共和国宁德出入境检验检疫机关福安办事处	宁德机关福安办事处
350600	中华人民共和国福清出入境检验检疫机关本部	福清机关本部
350700	中华人民共和国南平出入境检验检疫机关本部	南平机关本部
350701	中华人民共和国南平出入境检验检疫机关邵武国检工作点	南平机关邵武国检工作点
350900	中华人民共和国龙岩出入境检验检疫机关本部	龙岩机关本部
350901	中华人民共和国龙岩出入境检验检疫机关长汀工作点	龙岩机关长汀工作点

代码	中文全称	中文简称
350902	中华人民共和国龙岩出入境检验检疫机关龙岩陆地港工作点	龙岩机关龙岩陆地港工作点
351100	中华人民共和国东山出入境检验检疫机关本部	东山机关本部
351101	中华人民共和国东山出入境检验检疫机关诏安工作点	东山机关诏安工作点
351102	中华人民共和国东山出入境检验检疫机关云霄工作点	东山机关云霄工作点
351200	中华人民共和国福州机场出入境检验检疫机关本部	福州机场机关本部
351201	中华人民共和国福州机场出入境检验检疫机关现场综合查验工作点	福州机场机关现场综合查验工作点
351300	中华人民共和国平潭出入境检验检疫机关本部	平潭机关本部
360000	中华人民共和国江西出入境检验检疫机关本部	江西机关本部
360010	中华人民共和国江西出入境检验检疫机关南昌机场办事处	江西机关南昌机场办事处
360020	中华人民共和国江西出入境检验检疫机关新余办事处	江西机关新余办事处
360040	中华人民共和国江西出入境检验检疫机关南昌办事处	江西机关南昌办事处
360050	中华人民共和国江西出入境检验检疫机关萍乡办事处	江西机关萍乡办事处
360060	中华人民共和国江西出入境检验检疫机关抚州办事处	江西机关抚州办事处
360070	中华人民共和国江西出入境检验检疫机关鹰潭办事处	江西机关鹰潭办事处
360100	中华人民共和国九江出入境检验检疫机关本部	九江机关本部
360200	中华人民共和国景德镇出入境检验检疫机关本部	景德镇机关本部
360300	中华人民共和国赣州出入境检验检疫机关本部	赣州机关本部
360310	中华人民共和国赣州出入境检验检疫机关龙南办事处	赣州机关龙南办事处
360400	中华人民共和国上饶出入境检验检疫机关本部	上饶机关本部
360500	中华人民共和国宜春出入境检验检疫机关本部	宜春机关本部
360600	中华人民共和国吉安出入境检验检疫机关本部	吉安机关本部
370000	中华人民共和国山东出入境检验检疫机关本部	山东机关本部
370009	中华人民共和国山东出入境检验检疫机关金伯利办公室	山东机关金伯利办公室
370020	中华人民共和国山东出入境检验检疫机关岚山办事处	山东机关岚山办事处
370100	中华人民共和国青岛出入境检验检疫机关本部	青岛机关本部
370120	中华人民共和国青岛出入境检验检疫机关海港办事处	青岛机关海港办事处
370130	中华人民共和国青岛出入境检验检疫机关青岛出口加工区办事处	青岛机关出口加工区办事处
370140	中华人民共和国青岛出入境检验检疫机关即墨办事处	青岛机关即墨办事处
370150	中华人民共和国青岛出入境检验检疫机关胶州办事处	青岛机关胶州办事处
370160	中华人民共和国青岛出入境检验检疫机关邮检办事处	青岛机关邮检办事处
370200	中华人民共和国黄岛出入境检验检疫机关本部	黄岛机关本部
370210	中华人民共和国黄岛出入境检验检疫机关青岛保税区办事处	黄岛机关青岛保税区办事处
370300	中华人民共和国烟台出入境检验检疫机关本部	烟台机关本部
370310	中华人民共和国烟台出入境检验检疫机关烟台机场办事处	烟台机关烟台机场办事处
370320	中华人民共和国烟台出入境检验检疫机关开发区办事处	烟台机关开发区办事处
370330	中华人民共和国烟台出入境检验检疫机关招远办事处	烟台机关招远办事处
370360	中华人民共和国烟台出入境检验检疫机关保税港区办事处	烟台机关保税港区办事处
370370	中华人民共和国烟台出入境检验检疫机关出口加工区 B 区办事处	烟台机关出口加工区 B 区办事处
370380	中华人民共和国烟台出入境检验检疫机关莱阳办事处	烟台机关莱阳办事处
370390	中华人民共和国烟台出入境检验检疫机关邮检办事处	烟台机关邮检办事处

代码	中文全称	中文简称
370400	中华人民共和国荣成出入境检验检疫机关本部	荣成机关本部
370410	中华人民共和国荣成出入境检验检疫机关龙眼港办事处	荣成机关龙眼港办事处
370420	中华人民共和国荣成出入境检验检疫机关石岛港办事处	荣成机关石岛港办事处
370500	中华人民共和国龙口出入境检验检疫机关本部	龙口机关本部
370600	中华人民共和国莱州出入境检验检疫机关本部	莱州机关本部
370700	中华人民共和国济南出入境检验检疫机关本部	济南机关本部
370710	中华人民共和国济南出入境检验检疫机关济南机场办事处	济南机关济南机场办事处
370720	中华人民共和国济南出入境检验检疫机关邮检办事处	济南机关邮检办事处
370800	中华人民共和国济宁出入境检验检疫机关本部	济宁机关本部
370900	中华人民共和国潍坊出入境检验检疫机关本部	潍坊机关本部
370901	中华人民共和国潍坊出入境检验检疫机关潍坊港工作点	潍坊机关潍坊港工作点
370910	中华人民共和国潍坊出入境检验检疫机关青州办事处	潍坊机关青州办事处
370920	中华人民共和国潍坊出入境检验检疫机关寿光办事处	潍坊机关寿光办事处
371000	中华人民共和国日照出入境检验检疫机关本部	日照机关本部
371200	中华人民共和国威海出入境检验检疫机关本部	威海机关本部
371210	中华人民共和国威海出入境检验检疫机关文登办事处	威海机关文登办事处
371220	中华人民共和国威海出入境检验检疫机关威海机场办事处	威海机关威海机场办事处
371230	中华人民共和国威海出入境检验检疫机关出口加工区办事处	威海机关出口加工区办事处
371240	中华人民共和国威海出入境检验检疫机关邮检办事处	威海机关邮检办事处
371300	中华人民共和国淄博出入境检验检疫机关本部	淄博机关本部
371400	中华人民共和国菏泽出入境检验检疫机关本部	菏泽机关本部
371500	中华人民共和国聊城出入境检验检疫机关本部	聊城机关本部
371600	中华人民共和国滨州出入境检验检疫机关本部	滨州机关本部
371700	中华人民共和国枣庄出入境检验检疫机关本部	枣庄机关本部
371800	中华人民共和国临沂出入境检验检疫机关本部	临沂机关本部
371810	中华人民共和国临沂出入境检验检疫机关临沂商城办事处	临沂机关临沂商城办事处
371900	中华人民共和国东营出入境检验检疫机关本部	东营机关本部
372000	中华人民共和国泰安出入境检验检疫机关本部	泰安机关本部
372100	中华人民共和国莱芜出入境检验检疫机关本部	莱芜机关本部
372200	中华人民共和国德州出入境检验检疫机关本部	德州机关本部
372300	中华人民共和国青岛机场出入境检验检疫机关本部	青岛机场机关本部
372309	中华人民共和国青岛机场出入境检验检疫机关金伯利办公室	青岛机场机关金伯利办公室
372400	中华人民共和国蓬莱出入境检验检疫机关本部	蓬莱机关本部
372410	中华人民共和国蓬莱出入境检验检疫机关长岛办事处	蓬莱机关长岛办事处
372500	中华人民共和国海阳出入境检验检疫机关本部	海阳机关本部
372600	中华人民共和国董家口港出入境检验检疫机关本部	董家口港机关本部
380000	中华人民共和国宁波出入境检验检疫机关本部	宁波机关本部
380009	中华人民共和国宁波出入境检验检疫机关金伯利办公室	宁波机关金伯利办公室
380010	中华人民共和国宁波出入境检验检疫机关宁波机场办事处	宁波机关宁波机场办事处
380020	中华人民共和国宁波出入境检验检疫机关保税区办事处	宁波机关保税区办事处
380040	中华人民共和国宁波出入境检验检疫机关宁波出口加工区办事处	宁波机关宁波出口加工区办事处

代码	中文全称	中文简称
380050	中华人民共和国宁波出入境检验检疫机关国际航运服务中心办事处	宁波机关国际航运服务中心办事处
380060	中华人民共和国宁波出入境检验检疫机关甬城办事处	宁波机关甬城办事处
380070	中华人民共和国宁波出入境检验检疫机关临港办事处	宁波机关临港办事处
380080	中华人民共和国宁波出入境检验检疫机关邮检办事处	宁波机关邮检办事处
380090	中华人民共和国宁波出入境检验检疫机关海港办事处	宁波机关海港办事处
380100	中华人民共和国北仑出入境检验检疫机关本部	北仑机关本部
380110	中华人民共和国宁波出入境检验检疫机关海港口岸通关中心办事处	宁波机关海港口岸通关中心办事处
380120	中华人民共和国宁波出入境检验检疫机关穿山办事处	宁波机关穿山办事处
380200	中华人民共和国慈溪出入境检验检疫机关本部	慈溪机关本部
380210	中华人民共和国宁波出入境检验检疫机关杭州湾新区办事处	宁波机关杭州湾新区办事处
380300	中华人民共和国宁海出入境检验检疫机关本部	宁海机关本部
380400	中华人民共和国奉化出入境检验检疫机关本部	奉化机关本部
380500	中华人民共和国鄞州出入境检验检疫机关本部	鄞州机关本部
380600	中华人民共和国余姚出入境检验检疫机关本部	余姚机关本部
380700	中华人民共和国象山出入境检验检疫机关本部	象山机关本部
380800	中华人民共和国大榭出入境检验检疫机关本部	大榭机关本部
380900	中华人民共和国梅山出入境检验检疫机关本部	梅山机关本部
381000	中华人民共和国镇海出入境检验检疫机关本部	镇海机关本部
390000	中华人民共和国厦门出入境检验检疫机关本部	厦门机关本部
390009	中华人民共和国厦门出入境检验检疫机关金伯利办公室	厦门机关金伯利办公室
390020	中华人民共和国厦门出入境检验检疫机关象屿保税区办事处	厦门机关象屿保税区办事处
390030	中华人民共和国厦门出入境检验检疫机关和平码头办事处	厦门机关和平码头办事处
390040	中华人民共和国厦门出入境检验检疫机关翔安办事处	厦门机关翔安办事处
390070	中华人民共和国厦门出入境检验检疫机关厦门港湾办事处	厦门机关厦门港湾办事处
390080	中华人民共和国厦门出入境检验检疫机关邮件快件办事处	厦门机关邮件快件办事处
390090	中华人民共和国厦门出入境检验检疫机关古雷办事处	厦门机关古雷办事处
390100	中华人民共和国海沧出入境检验检疫机关本部	海沧机关本部
390200	中华人民共和国杏林出入境检验检疫机关本部	杏林机关本部
390300	中华人民共和国漳州出入境检验检疫机关本部	漳州机关本部
390310	中华人民共和国漳州出入境检验检疫机关漳州港办事处	漳州机关漳州港办事处
390320	中华人民共和国漳州出入境检验检疫机关漳州台商投资区办事处	漳州机关漳州台商投资区办事处
390330	中华人民共和国漳州出入境检验检疫机关漳浦办事处	漳州机关漳浦办事处
399100	中华人民共和国厦门机场出入境检验检疫机关本部	厦门机场机关本部
399110	中华人民共和国厦门机场出入境检验检疫机关五通办事处	厦门机场机关五通办事处
399500	中华人民共和国东渡出入境检验检疫机关本部	东渡机关本部
399600	中华人民共和国同安出入境检验检疫机关本部	同安机关本部
410000	中华人民共和国河南出入境检验检疫机关本部	河南机关本部
410009	中华人民共和国河南出入境检验检疫机关金伯利办公室	河南机关金伯利办公室

代码	中文全称	中文简称
410010	中华人民共和国河南出入境检验检疫机关郑州机场办事处	河南机关郑州机场办事处
410020	中华人民共和国河南出入境检验检疫机关郑州东站办事处	河南机关郑州东站办事处
410030	中华人民共和国河南出入境检验检疫机关郑州经济技术开发区办事处	河南机关郑州经济技术开发区办事处
410040	中华人民共和国河南出入境检验检疫机关河南公路港办事处	河南机关河南公路港办事处
410060	中华人民共和国河南出入境检验检疫机关邮检办事处	河南机关邮检办事处
410070	中华人民共和国河南出入境检验检疫机关济源办事处	河南机关济源办事处
410080	中华人民共和国河南出入境检验检疫机关濮阳办事处	河南机关濮阳办事处
410090	中华人民共和国河南出入境检验检疫机关平顶山办事处	河南机关平顶山办事处
410100	中华人民共和国洛阳出入境检验检疫机关本部	洛阳机关本部
410200	中华人民共和国焦作出入境检验检疫机关本部	焦作机关本部
410201	中华人民共和国焦作出入境检验检疫机关孟州工作点	焦作机关孟州工作点
410300	中华人民共和国安阳出入境检验检疫机关本部	安阳机关本部
410400	中华人民共和国商丘出入境检验检疫机关本部	商丘机关本部
410401	中华人民共和国商丘出入境检验检疫机关永城工作点	商丘机关永城工作点
410410	中华人民共和国商丘出入境检验检疫机关民权办事处	商丘机关民权办事处
410500	中华人民共和国漯河出入境检验检疫机关本部	漯河机关本部
410600	中华人民共和国南阳出入境检验检疫机关本部	南阳机关本部
410700	中华人民共和国信阳出入境检验检疫机关本部	信阳机关本部
410800	中华人民共和国三门峡出入境检验检疫机关本部	三门峡机关本部
410900	中华人民共和国郑州综合保税区出入境检验检疫机关本部	郑州综合保税区机关本部
411000	中华人民共和国许昌出入境检验检疫机关本部	许昌机关本部
411100	中华人民共和国新乡出入境检验检疫机关本部	新乡机关本部
411200	中华人民共和国鹤壁出入境检验检疫机关本部	鹤壁机关本部
420000	中华人民共和国湖北出入境检验检疫机关本部	湖北机关本部
420001	中华人民共和国湖北出入境检验检疫机关武钢工作点	湖北机关武钢工作点
420009	中华人民共和国湖北出入境检验检疫机关金伯利办公室	湖北机关金伯利办公室
420010	中华人民共和国湖北出入境检验检疫机关武汉机场办事处	湖北机关武汉机场办事处
420030	中华人民共和国湖北出入境检验检疫机关武汉港办事处	湖北机关武汉港办事处
420070	中华人民共和国湖北出入境检验检疫机关武汉经济技术开发区办事处	湖北机关武汉经济技术开发区办事处
420080	中华人民共和国湖北出入境检验检疫机关东西湖办事处	湖北机关东西湖办事处
420090	中华人民共和国湖北出入境检验检疫机关邮检办事处	湖北机关邮检办事处
420100	中华人民共和国荆州出入境检验检疫机关本部	荆州机关本部
420200	中华人民共和国襄阳出入境检验检疫机关本部	襄阳机关本部
420300	中华人民共和国宜昌出入境检验检疫机关本部	宜昌机关本部
420400	中华人民共和国黄石出入境检验检疫机关本部	黄石机关本部
420500	中华人民共和国鄂州出入境检验检疫机关本部	鄂州机关本部
420600	中华人民共和国仙桃出入境检验检疫机关本部	仙桃机关本部
420700	中华人民共和国十堰出入境检验检疫机关本部	十堰机关本部
420800	中华人民共和国恩施出入境检验检疫机关本部	恩施机关本部
420900	中华人民共和国武汉出入境检验检疫机关本部	武汉机关本部
421000	中华人民共和国随州出入境检验检疫机关本部	随州机关本部

代码	中文全称	中文简称
430000	中华人民共和国湖南出入境检验检疫机关本部	湖南机关本部
430010	中华人民共和国湖南出入境检验检疫机关张家界机场办事处	湖南机关张家界机场办事处
430020	中华人民共和国湖南出入境检验检疫机关浏阳办事处	湖南机关浏阳办事处
430030	中华人民共和国湖南出入境检验检疫机关长沙机场办事处	湖南机关长沙机场办事处
430040	中华人民共和国湖南出入境检验检疫机关长沙霞凝港办事处	湖南机关长沙霞凝港办事处
430050	中华人民共和国湖南出入境检验检疫机关醴陵办事处	湖南机关醴陵办事处
430070	中华人民共和国湖南出入境检验检疫机关永州办事处	湖南机关永州办事处
430080	中华人民共和国湖南出入境检验检疫机关益阳办事处	湖南机关益阳办事处
430090	中华人民共和国湖南出入境检验检疫机关邵阳办事处	湖南机关邵阳办事处
430100	中华人民共和国岳阳出入境检验检疫机关本部	岳阳机关本部
430200	中华人民共和国常德出入境检验检疫机关本部	常德机关本部
430300	中华人民共和国怀化出入境检验检疫机关本部	怀化机关本部
430400	中华人民共和国衡阳出入境检验检疫机关本部	衡阳机关本部
430500	中华人民共和国郴州出入境检验检疫机关本部	郴州机关本部
430600	中华人民共和国株洲出入境检验检疫机关本部	株洲机关本部
430700	中华人民共和国长沙出入境检验检疫机关本部	长沙机关本部
430710	中华人民共和国长沙出入境检验检疫机关邮检办事处	长沙机关邮检办事处
430800	中华人民共和国韶山出入境检验检疫机关本部	韶山机关本部
430900	中华人民共和国湘西出入境检验检疫机关本部	湘西机关本部
440000	中华人民共和国广东出入境检验检疫机关本部	广东机关本部
440009	中华人民共和国广东出入境检验检疫机关金伯利办公室	广东机关金伯利办公室
440010	中华人民共和国广东出入境检验检疫机关三水办事处	广东机关三水办事处
440020	中华人民共和国广东出入境检验检疫机关凤岗办事处	广东机关凤岗办事处
440030	中华人民共和国广东出入境检验检疫机关黄埔老港办事处	广东机关黄埔老港办事处
440040	中华人民共和国广东出入境检验检疫机关长安办事处	广东机关长安办事处
440050	中华人民共和国广东出入境检验检疫机关南沙通用码头办事处	广东机关南沙通用码头办事处
440060	中华人民共和国广东出入境检验检疫机关从化马场办事处	广东机关从化马场办事处
440070	中华人民共和国广东出入境检验检疫机关广州空港综合保税区办事处	广东机关广州空港综合保税区办事处
440100	中华人民共和国广州出入境检验检疫机关本部	广州机关本部
440109	中华人民共和国广州出入境检验检疫机关金伯利办公室	广州机关金伯利办公室
440110	中华人民共和国广州出入境检验检疫机关萝岗办事处	广州机关萝岗办事处
440120	中华人民共和国广州出入境检验检疫机关机场快件转运中心办事处	广州机关机场快件转运中心办事处
440130	中华人民共和国广州出入境检验检疫机关新风港办事处	广州机关新风港办事处
440140	中华人民共和国广州出入境检验检疫机关河南港办事处	广州机关河南港办事处
440150	中华人民共和国广州出入境检验检疫机关新沙办事处	广州机关新沙办事处
440160	中华人民共和国广州出入境检验检疫机关口岸鉴定业务办事处	广州机关口岸鉴定业务办事处
440170	中华人民共和国广州出入境检验检疫机关驻邮机关办事处	广州机关驻邮机关办事处
440200	中华人民共和国韶关出入境检验检疫机关本部	韶关机关本部

代码	中文全称	中文简称
440300	中华人民共和国南海出入境检验检疫机关本部	南海机关本部
440310	中华人民共和国南海出入境检验检疫机关南海港办事处	南海机关南海港办事处
440320	中华人民共和国南海出入境检验检疫机关平洲办事处	南海机关平洲办事处
440330	中华人民共和国南海出入境检验检疫机关九江办事处	南海机关九江办事处
440340	中华人民共和国南海出入境检验检疫机关北村办事处	南海机关北村办事处
440350	中华人民共和国南海出入境检验检疫机关官窑办事处	南海机关官窑办事处
440400	中华人民共和国顺德出入境检验检疫机关本部	顺德机关本部
440409	中华人民共和国顺德出入境检验检疫机关金伯利办公室	顺德机关金伯利办公室
440410	中华人民共和国顺德出入境检验检疫机关北滘办事处	顺德机关北滘办事处
440420	中华人民共和国顺德出入境检验检疫机关容奇办事处	顺德机关容奇办事处
440430	中华人民共和国顺德出入境检验检疫机关陈村办事处	顺德机关陈村办事处
440450	中华人民共和国顺德出入境检验检疫机关勒流办事处	顺德机关勒流办事处
440500	中华人民共和国汕头出入境检验检疫机关本部	汕头机关本部
440505	中华人民共和国汕头出入境检验检疫机关驻邮机关工作点	汕头机关驻邮机关工作点
440509	中华人民共和国汕头出入境检验检疫机关金伯利办公室	汕头机关金伯利办公室
440510	中华人民共和国汕头出入境检验检疫机关潮阳办事处	汕头机关潮阳办事处
440520	中华人民共和国汕头出入境检验检疫机关潮汕机场办事处	汕头机关潮汕机场办事处
440540	中华人民共和国汕头出入境检验检疫机关澄海办事处	汕头机关澄海办事处
440550	中华人民共和国汕头出入境检验检疫机关保税区办事处	汕头机关保税区办事处
440560	中华人民共和国汕头出入境检验检疫机关达濠办事处	汕头机关达濠办事处
440570	中华人民共和国汕头出入境检验检疫机关龙湖办事处	汕头机关龙湖办事处
440580	中华人民共和国汕头出入境检验检疫机关国际集装箱码头办事处	汕头机关国际集装箱码头办事处
440590	中华人民共和国汕头出入境检验检疫机关广澳办事处	汕头机关广澳办事处
440600	中华人民共和国佛山出入境检验检疫机关本部	佛山机关本部
440620	中华人民共和国佛山出入境检验检疫机关澜石办事处	佛山机关澜石办事处
440630	中华人民共和国佛山出入境检验检疫机关火车站办事处	佛山机关火车站办事处
440640	中华人民共和国佛山出入境检验检疫机关新港办事处	佛山机关新港办事处
440650	中华人民共和国佛山出入境检验检疫机关快件监管办事处	佛山机关快件监管办事处
440700	中华人民共和国江门出入境检验检疫机关本部	江门机关本部
440709	中华人民共和国江门出入境检验检疫机关金伯利办公室	江门机关金伯利办公室
440710	中华人民共和国江门出入境检验检疫机关台山办事处	江门机关台山办事处
440720	中华人民共和国江门出入境检验检疫机关鹤山办事处	江门机关鹤山办事处
440730	中华人民共和国江门出入境检验检疫机关恩平办事处	江门机关恩平办事处
440740	中华人民共和国江门出入境检验检疫机关高沙办事处	江门机关高沙办事处
440750	中华人民共和国江门出入境检验检疫机关外海办事处	江门机关外海办事处
440760	中华人民共和国江门出入境检验检疫机关高新区办事处	江门机关高新区办事处
440800	中华人民共和国湛江出入境检验检疫机关本部	湛江机关本部
440820	中华人民共和国湛江出入境检验检疫机关霞海办事处	湛江机关霞海办事处
440840	中华人民共和国湛江出入境检验检疫机关东海岛办事处	湛江机关东海岛办事处
440850	中华人民共和国湛江出入境检验检疫机关湛江机场办事处	湛江机关湛江机场办事处
440860	中华人民共和国湛江出入境检验检疫机关霞山办事处	湛江机关霞山办事处
440880	中华人民共和国湛江出入境检验检疫机关海东办事处	湛江机关海东办事处
440900	中华人民共和国茂名出入境检验检疫机关本部	茂名机关本部

代码	中文全称	中文简称
440910	中华人民共和国茂名出入境检验检疫机关水东港办事处	茂名机关水东港办事处
440920	中华人民共和国茂名出入境检验检疫机关信宜办事处	茂名机关信宜办事处
441000	中华人民共和国潮州出入境检验检疫机关本部	潮州机关本部
441010	中华人民共和国潮州出入境检验检疫机关潮安办事处	潮州机关潮安办事处
441020	中华人民共和国潮州出入境检验检疫机关车检场办事处	潮州机关车检场办事处
441100	中华人民共和国饶平出入境检验检疫机关本部	饶平机关本部
441101	中华人民共和国饶平出入境检验检疫机关三饶工作点	饶平机关三饶工作点
441200	中华人民共和国肇庆出入境检验检疫机关本部	肇庆机关本部
441204	中华人民共和国肇庆出入境检验检疫机关肇庆新港码头工作点	肇庆机关新港码头工作点
441205	中华人民共和国肇庆出入境检验检疫机关大旺进出境货运车辆检查场工作点	肇庆机关大旺进出境货物车辆检查场工作点
441206	中华人民共和国肇庆出入境检验检疫机关亚洲金属资源再生工业园工作点	肇庆机关亚洲金属资源再生工业园工作点
441210	中华人民共和国肇庆出入境检验检疫机关高要办事处	肇庆机关高要办事处
441220	中华人民共和国肇庆出入境检验检疫机关四会办事处	肇庆机关四会办事处
441230	中华人民共和国肇庆出入境检验检疫机关云浮办事处	肇庆机关云浮办事处
441270	中华人民共和国肇庆出入境检验检疫机关三榕办事处	肇庆机关三榕办事处
441280	中华人民共和国肇庆出入境检验检疫机关亚洲工业园办事处	肇庆机关亚洲工业园办事处
441300	中华人民共和国惠州出入境检验检疫机关本部	惠州机关本部
441306	中华人民共和国惠州出入境检验检疫机关惠东黄埠工作点	惠州机关惠东黄埠工作点
441310	中华人民共和国惠州出入境检验检疫机关惠东办事处	惠州机关惠东办事处
441320	中华人民共和国惠州出入境检验检疫机关惠阳办事处	惠州机关惠阳办事处
441330	中华人民共和国惠州出入境检验检疫机关博罗办事处	惠州机关博罗办事处
441340	中华人民共和国惠州出入境检验检疫机关惠东港口办事处	惠州机关惠东港口办事处
441350	中华人民共和国惠州出入境检验检疫机关车检场办事处	惠州机关车检场办事处
441360	中华人民共和国惠州出入境检验检疫机关新墟办事处	惠州机关新墟办事处
441370	中华人民共和国惠州出入境检验检疫机关园洲办事处	惠州机关园洲办事处
441380	中华人民共和国惠州出入境检验检疫机关碧甲办事处	惠州机关碧甲办事处
441400	中华人民共和国梅州出入境检验检疫机关本部	梅州机关本部
441420	中华人民共和国梅州出入境检验检疫机关大埔办事处	梅州机关大埔办事处
441500	中华人民共和国汕尾出入境检验检疫机关本部	汕尾机关本部
441510	中华人民共和国汕尾出入境检验检疫机关海城办事处	汕尾机关海城办事处
441520	中华人民共和国汕尾出入境检验检疫机关陆丰办事处	汕尾机关陆丰办事处
441600	中华人民共和国河源出入境检验检疫机关本部	河源机关本部
441610	中华人民共和国河源出入境检验检疫机关高新办事处	河源机关高新办事处
441700	中华人民共和国阳江出入境检验检疫机关本部	阳江机关本部
441710	中华人民共和国阳江出入境检验检疫机关阳江港办事处	阳江机关阳江港办事处
441800	中华人民共和国清远出入境检验检疫机关本部	清远机关本部
441820	中华人民共和国清远出入境检验检疫机关车检场办事处	清远机关车检场办事处
441900	中华人民共和国东莞出入境检验检疫机关本部	东莞机关本部
441910	中华人民共和国东莞出入境检验检疫机关太平办事处	东莞机关太平办事处
441930	中华人民共和国东莞出入境检验检疫机关常平办事处	东莞机关常平办事处
441950	中华人民共和国东莞出入境检验检疫机关沙田办事处	东莞机关沙田办事处
441960	中华人民共和国东莞出入境检验检疫机关寮步办事处	东莞机关寮步办事处

代码	中文全称	中文简称
441970	中华人民共和国东莞出入境检验检疫机关龙通码头办事处	东莞机关龙通码头办事处
442000	中华人民共和国中山出入境检验检疫机关本部	中山机关本部
442009	中华人民共和国中山出入境检验检疫机关金伯利办公室	中山机关金伯利办公室
442010	中华人民共和国中山出入境检验检疫机关中山港办事处	中山机关中山港办事处
442020	中华人民共和国中山出入境检验检疫机关小榄办事处	中山机关小榄办事处
442030	中华人民共和国中山出入境检验检疫机关坦洲办事处	中山机关坦洲办事处
442040	中华人民共和国中山出入境检验检疫机关石岐办事处	中山机关石岐办事处
442050	中华人民共和国中山出入境检验检疫机关神湾办事处	中山机关神湾办事处
442060	中华人民共和国中山出入境检验检疫机关古镇办事处	中山机关古镇办事处
442080	中华人民共和国中山出入境检验检疫机关三乡办事处	中山机关三乡办事处
442090	中华人民共和国中山出入境检验检疫机关黄圃港办事处	中山机关黄圃港办事处
442100	中华人民共和国黄埔出入境检验检疫机关本部	黄埔机关本部
442110	中华人民共和国黄埔出入境检验检疫机关黄埔新港办事处	黄埔机关黄埔新港办事处
442120	中华人民共和国黄埔出入境检验检疫机关开发区办事处	黄埔机关开发区办事处
442140	中华人民共和国黄埔出入境检验检疫机关穗港办事处	黄埔机关穗港办事处
442150	中华人民共和国黄埔出入境检验检疫机关庙头办事处	黄埔机关庙头办事处
442200	中华人民共和国天河出入境检验检疫机关本部	天河机关本部
442209	中华人民共和国天河出入境检验检疫机关金伯利办公室	天河机关金伯利办公室
442300	中华人民共和国广州机场出入境检验检疫机关本部	广州机场机关本部
442309	中华人民共和国广州机场出入境检验检疫机关金伯利办公室	广州机场机关金伯利办公室
442400	中华人民共和国番禺出入境检验检疫机关本部	番禺机关本部
442409	中华人民共和国番禺出入境检验检疫机关金伯利办公室	番禺机关金伯利办公室
442420	中华人民共和国番禺出入境检验检疫机关莲花山办事处	番禺机关莲花山办事处
442430	中华人民共和国番禺出入境检验检疫机关沙湾办事处	番禺机关沙湾办事处
442500	中华人民共和国花都出入境检验检疫机关本部	花都机关本部
442510	中华人民共和国花都出入境检验检疫机关花都港办事处	花都机关花都港办事处
442600	中华人民共和国增城出入境检验检疫机关本部	增城机关本部
442620	中华人民共和国增城出入境检验检疫机关江龙办事处	增城机关江龙办事处
442630	中华人民共和国增城出入境检验检疫机关东洲湾办事处	增城机关东洲湾办事处
442700	中华人民共和国从化出入境检验检疫机关本部	从化机关本部
442709	中华人民共和国从化出入境检验检疫机关金伯利办公室	从化机关金伯利办公室
442800	中华人民共和国新会出入境检验检疫机关本部	新会机关本部
442810	中华人民共和国新会出入境检验检疫机关新会港办事处	新会机关新会港办事处
442820	中华人民共和国新会出入境检验检疫机关今古洲办事处	新会机关今古洲办事处
442900	中华人民共和国开平出入境检验检疫机关本部	开平机关本部
442910	中华人民共和国开平出入境检验检疫机关三埠办事处	开平机关三埠办事处
443000	中华人民共和国高明出入境检验检疫机关本部	高明机关本部
443001	中华人民共和国高明出入境检验检疫机关食出码头检验检疫工作点	高明机关食出码头检验检疫工作点
443010	中华人民共和国高明出入境检验检疫机关码头办事处	高明机关码头办事处
443100	中华人民共和国大亚湾出入境检验检疫机关本部	大亚湾机关本部
443110	中华人民共和国大亚湾出入境检验检疫机关石化区办事处	大亚湾机关石化区办事处
443200	中华人民共和国揭阳出入境检验检疫机关本部	揭阳机关本部
443210	中华人民共和国揭阳出入境检验检疫机关普宁办事处	揭阳机关普宁办事处

代码	中文全称	中文简称
443220	中华人民共和国揭阳出入境检验检疫机关惠来办事处	揭阳机关惠来办事处
443300	中华人民共和国云浮出入境检验检疫机关本部	云浮机关本部
443301	中华人民共和国云浮出入境检验检疫机关新港码头工作点	云浮机关新港码头工作点
443302	中华人民共和国云浮出入境检验检疫机关车检场工作点	云浮机关车检场工作点
443400	中华人民共和国南沙出入境检验检疫机关本部	南沙机关本部
443410	中华人民共和国南沙出入境检验检疫机关金洲办事处	南沙机关金洲办事处
443420	中华人民共和国南沙出入境检验检疫机关龙穴岛办事处	南沙机关龙穴岛办事处
443430	中华人民共和国南沙出入境检验检疫机关小虎岛办事处	南沙机关小虎岛办事处
450000	中华人民共和国广西出入境检验检疫机关本部	广西机关本部
450010	中华人民共和国广西出入境检验检疫机关南宁机场办事处	广西机关南宁机场办事处
450020	中华人民共和国广西出入境检验检疫机关河池办事处	广西机关河池办事处
450040	中华人民共和国广西出入境检验检疫机关凭祥综合保税区办事处	广西机关凭祥综合保税区办事处
450050	中华人民共和国广西出入境检验检疫机关南宁保税物流中心办事处	广西机关南宁保税物流中心办事处
450100	中华人民共和国梧州出入境检验检疫机关本部	梧州机关本部
450109	中华人民共和国梧州出入境检验检疫机关金伯利办公室	梧州机关金伯利办公室
450120	中华人民共和国梧州出入境检验检疫机关进口再生资源加工园区办事处	梧州机关进口再生资源加工园区办事处
450200	中华人民共和国北海出入境检验检疫机关本部	北海机关本部
450210	中华人民共和国北海出入境检验检疫机关北海机场办事处	北海机关北海机场办事处
450220	中华人民共和国北海出入境检验检疫机关铁山港办事处	北海机关铁山港办事处
450230	中华人民共和国北海出入境检验检疫机关出口加工区办事处	北海机关出口加工区办事处
450300	中华人民共和国防城港出入境检验检疫机关本部	防城港机关本部
450310	中华人民共和国防城港出入境检验检疫机关企沙港办事处	防城港机关企沙港办事处
450400	中华人民共和国凭祥出入境检验检疫机关本部	凭祥机关本部
450410	中华人民共和国凭祥出入境检验检疫机关友谊关办事处	凭祥机关友谊关办事处
450420	中华人民共和国凭祥出入境检验检疫机关爱店办事处	凭祥机关爱店办事处
450430	中华人民共和国凭祥出入境检验检疫机关浦寨办事处	凭祥机关浦寨办事处
450500	中华人民共和国水口出入境检验检疫机关本部	水口机关本部
450600	中华人民共和国东兴出入境检验检疫机关本部	东兴机关本部
450620	中华人民共和国东兴出入境检验检疫机关江山港办事处	东兴机关江山港办事处
450630	中华人民共和国东兴出入境检验检疫机关峒中办事处	东兴机关峒中办事处
450640	中华人民共和国东兴出入境检验检疫机关里火办事处	东兴机关里火办事处
450700	中华人民共和国钦州出入境检验检疫机关本部	钦州机关本部
450710	中华人民共和国钦州出入境检验检疫机关果子山港办事处	钦州机关果子山港办事处
450800	中华人民共和国桂林出入境检验检疫机关本部	桂林机关本部
450810	中华人民共和国桂林出入境检验检疫机关桂林机场办事处	桂林机关桂林机场办事处
450900	中华人民共和国柳州出入境检验检疫机关本部	柳州机关本部
451000	中华人民共和国玉林出入境检验检疫机关本部	玉林机关本部
451100	中华人民共和国贵港出入境检验检疫机关本部	贵港机关本部

代码	中文全称	中文简称
451200	中华人民共和国龙邦出入境检验检疫机关本部	龙邦机关本部
451210	中华人民共和国龙邦出入境检验检疫机关平孟办事处	龙邦机关平孟办事处
451300	中华人民共和国钦州保税港区出入境检验检疫机关本部	钦州保税港区机关本部
451500	中华人民共和国南宁出入境检验检疫机关本部	南宁机关本部
451600	中华人民共和国贺州出入境检验检疫机关本部	贺州机关本部
451700	中华人民共和国爱店出入境检验检疫机关本部	爱店机关本部
451800	中华人民共和国硕龙出入境检验检疫机关本部	硕龙机关本部
460000	中华人民共和国海南出入境检验检疫机关本部	海南机关本部
460002	中华人民共和国海南出入境检验检疫机关博鳌机场工作点	海南机关博鳌机场工作点
460020	中华人民共和国海南出入境检验检疫机关海口港办事处	海南机关海口港办事处
460030	中华人民共和国海南出入境检验检疫机关海口综合保税区办事处	海南机关海口综合保税区办事处
460050	中华人民共和国海南出入境检验检疫机关洋浦保税港区办事处	海南机关洋浦保税港区办事处
460100	中华人民共和国三亚出入境检验检疫机关本部	三亚机关本部
460110	中华人民共和国三亚出入境检验检疫机关三亚机场办事处	三亚机关三亚机场办事处
460120	中华人民共和国三亚出入境检验检疫机关三亚凤凰岛游轮码头办事处	三亚机关三亚凤凰岛游轮码头办事处
460200	中华人民共和国八所出入境检验检疫机关本部	八所机关本部
460300	中华人民共和国洋浦出入境检验检疫机关本部	洋浦机关本部
460400	中华人民共和国海口机场出入境检验检疫机关清澜工作点	海口机场机关清澜工作点
460500	中华人民共和国海口机场出入境检验检疫机关本部	海口机场机关本部
460600	中华人民共和国海南出入境检验检疫机关三沙办事处	海南机关三沙办事处
470000	中华人民共和国深圳出入境检验检疫机关本部	深圳机关本部
470001	中华人民共和国深圳出入境检验检疫机关产地证市政大厅工作点	深圳机关产地证市政大厅工作点
470002	中华人民共和国深圳出入境检验检疫机关产地证彩虹工作点	深圳机关产地证彩虹工作点
470008	中华人民共和国深圳出入境检验检疫机关驻大运现场工作点	深圳机关驻大运现场工作点
470009	中华人民共和国深圳出入境检验检疫机关金伯利办公室	深圳机关金伯利办公室
470100	中华人民共和国蛇口出入境检验检疫机关本部	蛇口机关本部
470110	中华人民共和国蛇口出入境检验检疫机关妈湾办事处	蛇口机关妈湾办事处
470120	中华人民共和国蛇口出入境检验检疫机关五湾办事处	蛇口机关五湾办事处
470130	中华人民共和国蛇口出入境检验检疫机关赤湾办事处	蛇口机关赤湾办事处
470140	中华人民共和国蛇口出入境检验检疫机关太子湾邮轮母港办事处	蛇口机关太子湾邮轮母港办事处
470200	中华人民共和国皇岗出入境检验检疫机关本部	皇岗机关本部
470300	中华人民共和国罗湖出入境检验检疫机关本部	罗湖机关本部
470400	中华人民共和国文锦渡出入境检验检疫机关本部	文锦渡机关本部
470500	中华人民共和国沙头角出入境检验检疫机关本部	沙头角机关本部
470520	中华人民共和国沙头角出入境检验检疫机关中英街桥头办事处	沙头角机关中英街桥头办事处
470600	中华人民共和国盐田出入境检验检疫机关本部	盐田机关本部
470620	中华人民共和国盐田出入境检验检疫机关大鹏湾办事处	盐田机关大鹏湾办事处

代码	中文全称	中文简称
470700	中华人民共和国龙岗出入境检验检疫机关本部	龙岗机关本部
470701	中华人民共和国龙岗出入境检验检疫机关产地证工作点	龙岗机关产地证工作点
470800	中华人民共和国宝安出入境检验检疫机关本部	宝安机关本部
470801	中华人民共和国宝安出入境检验检疫机关产地证工作点	宝安机关产地证工作点
470900	中华人民共和国笋岗出入境检验检疫机关本部	笋岗机关本部
470910	中华人民共和国笋岗出入境检验检疫机关清水河办事处	笋岗机关清水河办事处
471000	中华人民共和国深圳机场出入境检验检疫机关本部	深圳机场机关本部
471010	中华人民共和国深圳机场出入境检验检疫机关福永办事处	深圳机场机关福永办事处
471020	中华人民共和国深圳机场出入境检验检疫机关机场快件转运中心办事处	深圳机场机关机场快件转运中心办事处
471100	中华人民共和国深圳出入境检验检疫机关福田保税区办事处	深圳机关福田保税区办事处
471200	中华人民共和国深圳出入境检验检疫机关驻邮机关办事处	深圳机关驻邮机关办事处
471300	中华人民共和国深圳出入境检验检疫机关坪山办事处	深圳机关坪山办事处
471400	中华人民共和国深圳湾出入境检验检疫机关本部	深圳湾机关本部
471500	中华人民共和国深圳出入境检验检疫机关龙华办事处	深圳机关龙华办事处
471600	中华人民共和国大铲湾出入境检验检疫机关本部	大铲湾机关本部
471700	中华人民共和国深圳出入境检验检疫机关光明新区办事处	深圳机关光明新区办事处
471800	中华人民共和国深圳出入境检验检疫机关前海湾保税港区办事处	深圳机关前海湾保税港区办事处
471900	中华人民共和国深圳出入境检验检疫机关盐田综合保税区办事处	深圳机关盐田综合保税区办事处
472000	中华人民共和国西九龙站出入境检验检疫机关本部	西九龙站机关本部
480000	中华人民共和国珠海出入境检验检疫机关本部	珠海机关本部
480009	中华人民共和国珠海出入境检验检疫机关金伯利办公室	珠海机关金伯利办公室
480010	中华人民共和国珠海出入境检验检疫机关拱北办事处	珠海机关拱北办事处
480020	中华人民共和国珠海出入境检验检疫机关九洲办事处	珠海机关九洲办事处
480021	中华人民共和国珠海出入境检验检疫机关九洲办事处白石工作点	珠海机关九洲办事处白石工作点
480030	中华人民共和国珠海出入境检验检疫机关湾仔办事处	珠海机关湾仔办事处
480040	中华人民共和国珠海出入境检验检疫机关珠澳跨境工业区办事处	珠海机关珠澳跨境工业区办事处
480041	中华人民共和国珠海出入境检验检疫机关珠澳跨境工业区办事处保税区工作点	珠海机关珠澳跨境工业区办事处保税区工作点
480050	中华人民共和国珠海出入境检验检疫机关邮件办事处	珠海机关邮件办事处
480060	中华人民共和国珠海出入境检验检疫机关香洲办事处	珠海机关香洲办事处
480100	中华人民共和国斗门出入境检验检疫机关本部	斗门机关本部
480200	中华人民共和国高栏出入境检验检疫机关本部	高栏机关本部
480300	中华人民共和国万山出入境检验检疫机关本部	万山机关本部
480400	中华人民共和国横琴出入境检验检疫机关本部	横琴机关本部
500000	中华人民共和国重庆出入境检验检疫机关本部	重庆机关本部
500010	中华人民共和国重庆出入境检验检疫机关国际邮机关办事处	重庆机关国际邮机关办事处
500020	中华人民共和国重庆出入境检验检疫机关铁路办事处	重庆机关铁路办事处
500040	中华人民共和国重庆出入境检验检疫机关永川办事处	重庆机关永川办事处

代码	中文全称	中文简称
500060	中华人民共和国重庆出入境检验检疫机关经济技术开发区办事处	重庆机关经济技术开发区办事处
500100	中华人民共和国万州出入境检验检疫机关本部	万州机关本部
500200	中华人民共和国重庆九龙坡港出入境检验检疫机关本部	重庆九龙坡港机关本部
500300	中华人民共和国涪陵出入境检验检疫机关本部	涪陵机关本部
500400	中华人民共和国重庆两路－寸滩保税港区出入境检验检疫机关本部	重庆两路－寸滩保税港区机关本部
500500	中华人民共和国西永出入境检验检疫机关本部	西永机关本部
500600	中华人民共和国重庆机场出入境检验检疫机关本部	重庆机场机关本部
500601	中华人民共和国重庆机场出入境检验检疫机关空港工作点	重庆机场机关空港工作点
500700	中华人民共和国黔江出入境检验检疫机关本部	黔江机关本部
510000	中华人民共和国四川出入境检验检疫机关本部	四川机关本部
510020	中华人民共和国四川出入境检验检疫机关宜宾办事处	四川机关宜宾办事处
510030	中华人民共和国四川出入境检验检疫机关成都陆运口岸办事处	四川机关成都陆运口岸办事处
510050	中华人民共和国四川出入境检验检疫机关遂宁办事处	四川机关遂宁办事处
510100	中华人民共和国攀枝花出入境检验检疫机关本部	攀枝花机关本部
510200	中华人民共和国南充出入境检验检疫机关本部	南充机关本部
510300	中华人民共和国内江出入境检验检疫机关本部	内江机关本部
510400	中华人民共和国乐山出入境检验检疫机关本部	乐山机关本部
510500	中华人民共和国达州出入境检验检疫机关本部	达州机关本部
510600	中华人民共和国绵阳出入境检验检疫机关本部	绵阳机关本部
510700	中华人民共和国泸州出入境检验检疫机关本部	泸州机关本部
510800	中华人民共和国广元出入境检验检疫机关本部	广元机关本部
510900	中华人民共和国成都出入境检验检疫机关本部	成都机关本部
511000	中华人民共和国成都综合保税区出入境检验检疫机关本部	成都综合保税区机关本部
511100	中华人民共和国德阳出入境检验检疫机关本部	德阳机关本部
511200	中华人民共和国成都机场出入境检验检疫机关本部	成都机场机关本部
520000	中华人民共和国贵州出入境检验检疫机关本部	贵州机关本部
520020	中华人民共和国贵州出入境检验检疫机关凯里办事处	贵州机关凯里办事处
520030	中华人民共和国贵州出入境检验检疫机关贵阳机场办事处	贵州机关贵阳机场办事处
520040	中华人民共和国贵州出入境检验检疫机关六盘水办事处	贵州机关六盘水办事处
520060	中华人民共和国贵州出入境检验检疫机关铜仁办事处	贵州机关铜仁办事处
520070	中华人民共和国贵州出入境检验检疫机关毕节办事处	贵州机关毕节办事处
520080	中华人民共和国贵州出入境检验检疫机关贵阳综合保税区办事处	贵州机关贵阳综合保税区办事处
520100	中华人民共和国遵义出入境检验检疫机关本部	遵义机关本部
520200	中华人民共和国兴义出入境检验检疫机关本部	兴义机关本部
530000	中华人民共和国云南出入境检验检疫机关本部	云南机关本部
530009	中华人民共和国云南出入境检验检疫机关金伯利办公室	云南机关金伯利办公室
530020	中华人民共和国云南出入境检验检疫机关昆明车站办事处	云南机关昆明车站办事处
530040	中华人民共和国云南出入境检验检疫机关香格里拉办事处	云南机关香格里拉办事处

代码	中文全称	中文简称
530060	中华人民共和国云南出入境检验检疫机关昆明出口加工区办事处	云南机关昆明出口加工区办事处
530070	中华人民共和国云南出入境检验检疫机关邮检办事处	云南机关邮检办事处
530100	中华人民共和国瑞丽出入境检验检疫机关本部	瑞丽机关本部
530110	中华人民共和国瑞丽出入境检验检疫机关畹町办事处	瑞丽机关畹町办事处
530120	中华人民共和国瑞丽出入境检验检疫机关弄岛办事处	瑞丽机关弄岛办事处
530130	中华人民共和国瑞丽出入境检验检疫机关姐告办事处	瑞丽机关姐告办事处
530200	中华人民共和国德宏出入境检验检疫机关本部	德宏机关本部
530210	中华人民共和国德宏出入境检验检疫机关盈江办事处	德宏机关盈江办事处
530220	中华人民共和国德宏出入境检验检疫机关章凤办事处	德宏机关章凤办事处
530300	中华人民共和国腾冲出入境检验检疫机关本部	腾冲机关本部
530310	中华人民共和国腾冲出入境检验检疫机关保山办事处	腾冲机关保山办事处
530320	中华人民共和国腾冲出入境检验检疫机关猴桥办事处	腾冲机关猴桥办事处
530400	中华人民共和国临沧出入境检验检疫机关本部	临沧机关本部
530410	中华人民共和国临沧出入境检验检疫机关耿马办事处	临沧机关耿马办事处
530420	中华人民共和国临沧出入境检验检疫机关南伞办事处	临沧机关南伞办事处
530430	中华人民共和国临沧出入境检验检疫机关清水河办事处	临沧机关清水河办事处
530450	中华人民共和国临沧出入境检验检疫机关沧源办事处	临沧机关沧源办事处
530460	中华人民共和国临沧出入境检验检疫机关临翔办事处	临沧机关临翔办事处
530500	中华人民共和国河口出入境检验检疫机关本部	河口机关本部
530510	中华人民共和国河口出入境检验检疫机关山腰办事处	河口机关山腰办事处
530520	中华人民共和国河口出入境检验检疫机关北山办事处	河口机关北山办事处
530600	中华人民共和国西双版纳出入境检验检疫机关本部	西双版纳机关本部
530610	中华人民共和国西双版纳出入境检验检疫机关景洪机场办事处	西双版纳机关景洪机场办事处
530630	中华人民共和国西双版纳出入境检验检疫机关打洛办事处	西双版纳机关打洛办事处
530640	中华人民共和国西双版纳出入境检验检疫机关大勐龙办事处	西双版纳机关大勐龙办事处
530700	中华人民共和国普洱出入境检验检疫机关本部	普洱机关本部
530710	中华人民共和国普洱出入境检验检疫机关孟连办事处	普洱机关孟连办事处
530800	中华人民共和国勐腊出入境检验检疫机关本部	勐腊机关本部
530810	中华人民共和国勐腊出入境检验检疫机关磨憨办事处	勐腊机关磨憨办事处
530820	中华人民共和国勐腊出入境检验检疫机关关累办事处	勐腊机关关累办事处
530830	中华人民共和国勐腊出入境检验检疫机关勐满办事处	勐腊机关勐满办事处
530900	中华人民共和国红河出入境检验检疫机关本部	红河机关本部
530910	中华人民共和国红河出入境检验检疫机关金平办事处	红河机关金平办事处
531000	中华人民共和国文山出入境检验检疫机关本部	文山机关本部
531010	中华人民共和国文山出入境检验检疫机关麻栗坡办事处	文山机关麻栗坡办事处
531100	中华人民共和国大理出入境检验检疫机关本部	大理机关本部
531200	中华人民共和国昆明机场出入境检验检疫机关本部	昆明机场机关本部
531300	中华人民共和国丽江出入境检验检疫机关本部	丽江机关本部
531400	中华人民共和国江城出入境检验检疫机关本部	江城机关本部
531500	中华人民共和国怒江出入境检验检疫机关本部	怒江机关本部
531501	中华人民共和国怒江出入境检验检疫机关片马工作点	怒江机关片马工作点
540000	中华人民共和国西藏出入境检验检疫机关本部	西藏机关本部
540010	中华人民共和国西藏出入境检验检疫机关贡嘎机场办事处	西藏机关贡嘎机场办事处
540020	中华人民共和国西藏出入境检验检疫机关亚东办事处	西藏机关亚东办事处

代码	中文全称	中文简称
540030	中华人民共和国西藏出入境检验检疫机关林芝办事处	西藏机关林芝办事处
540100	中华人民共和国樟木出入境检验检疫机关本部	樟木机关本部
540200	中华人民共和国普兰出入境检验检疫机关本部	普兰机关本部
540300	中华人民共和国吉隆出入境检验检疫机关本部	吉隆机关本部
610000	中华人民共和国陕西出入境检验检疫机关本部	陕西机关本部
610009	中华人民共和国陕西出入境检验检疫机关金伯利办公室	陕西机关金伯利办公室
610020	中华人民共和国陕西出入境检验检疫机关西安陆运口岸办事处	陕西机关西安陆运口岸办事处
610030	中华人民共和国陕西出入境检验检疫机关西安出口加工区办事处	陕西机关西安出口加工区办事处
610040	中华人民共和国陕西出入境检验检疫机关邮检办事处	陕西机关邮检办事处
610100	中华人民共和国榆林出入境检验检疫机关本部	榆林机关本部
610200	中华人民共和国宝鸡出入境检验检疫机关本部	宝鸡机关本部
610300	中华人民共和国汉中出入境检验检疫机关本部	汉中机关本部
610400	中华人民共和国西安咸阳机场出入境检验检疫机关本部	西安咸阳机场机关本部
610500	中华人民共和国延安出入境检验检疫机关本部	延安机关本部
610600	中华人民共和国渭南出入境检验检疫机关本部	渭南机关本部
620000	中华人民共和国甘肃出入境检验检疫机关本部	甘肃机关本部
620001	中华人民共和国甘肃出入境检验检疫机关兰州新区综保区工作点	甘肃机关兰州新区综保区工作点
620010	中华人民共和国甘肃出入境检验检疫机关兰州机场办事处	甘肃机关兰州机场办事处
620100	中华人民共和国酒泉出入境检验检疫机关本部	酒泉机关本部
620200	中华人民共和国天水出入境检验检疫机关本部	天水机关本部
620300	中华人民共和国平凉出入境检验检疫机关本部	平凉机关本部
620400	中华人民共和国金昌出入境检验检疫机关本部	金昌机关本部
620500	中华人民共和国敦煌机场出入境检验检疫机关本部	敦煌机场机关本部
630000	中华人民共和国青海出入境检验检疫机关本部	青海机关本部
630010	中华人民共和国青海出入境检验检疫机关西宁机场办事处	青海机关西宁机场办事处
630100	中华人民共和国格尔木出入境检验检疫机关本部	格尔木机关本部
640000	中华人民共和国宁夏出入境检验检疫机关本部	宁夏机关本部
640010	中华人民共和国宁夏出入境检验检疫机关惠农办事处	宁夏机关惠农办事处
640020	中华人民共和国宁夏出入境检验检疫机关中卫办事处	宁夏机关中卫办事处
640030	中华人民共和国宁夏出入境检验检疫机关银川综合保税区办事处	宁夏机关银川综合保税区办事处
640100	中华人民共和国银川机场出入境检验检疫机关本部	银川机场机关本部
650000	中华人民共和国新疆出入境检验检疫机关本部	新疆机关本部
650001	中华人民共和国新疆出入境检验检疫机关老爷庙工作点	新疆机关老爷庙工作点
650002	中华人民共和国新疆出入境检验检疫机关乌拉斯台工作点	新疆机关乌拉斯台工作点
650010	中华人民共和国新疆出入境检验检疫机关乌鲁木齐机场办事处	新疆机关乌鲁木齐机场办事处
650060	中华人民共和国新疆出入境检验检疫机关红其拉甫办事处	新疆机关红其拉甫办事处
650070	中华人民共和国新疆出入境检验检疫机关伊尔克什坦办事处	新疆机关伊尔克什坦办事处
650100	中华人民共和国阿勒泰出入境检验检疫机关本部	阿勒泰机关本部

代码	中文全称	中文简称
650101	中华人民共和国阿勒泰出入境检验检疫机关塔克什肯工作点	阿勒泰机关塔克什肯工作点
650102	中华人民共和国阿勒泰出入境检验检疫机关红山嘴工作点	阿勒泰机关红山嘴工作点
650200	中华人民共和国塔城出入境检验检疫机关本部	塔城机关本部
650300	中华人民共和国阿拉山口出入境检验检疫机关本部	阿拉山口机关本部
650400	中华人民共和国伊犁出入境检验检疫机关本部	伊犁机关本部
650410	中华人民共和国伊犁出入境检验检疫机关都拉塔办事处	伊犁机关都拉塔办事处
650500	中华人民共和国霍尔果斯出入境检验检疫机关本部	霍尔果斯机关本部
650600	中华人民共和国阿克苏出入境检验检疫机关本部	阿克苏机关本部
650700	中华人民共和国库尔勒出入境检验检疫机关本部	库尔勒机关本部
650800	中华人民共和国喀什出入境检验检疫机关本部	喀什机关本部
650900	中华人民共和国吐尔尕特出入境检验检疫机关本部	吐尔尕特机关本部
651000	中华人民共和国吉木乃出入境检验检疫机关本部	吉木乃机关本部
651100	中华人民共和国卡拉苏出入境检验检疫机关本部	卡拉苏机关本部
651200	中华人民共和国石河子出入境检验检疫机关本部	石河子机关本部
651300	中华人民共和国霍尔果斯国际边境合作中心出入境检验检疫机关本部	霍尔果斯国际边境合作中心机关本部
651400	中华人民共和国哈密出入境检验检疫机关本部	哈密机关本部
651500	中华人民共和国乌鲁木齐出入境检验检疫机关本部	乌鲁木齐机关本部
910000	中国检验认证集团本部	中国检验认证集团本部
910100	中国检验认证集团北美有限公司	中国检验认证集团北美有限公司
910200	中国检验认证集团马赛有限公司	中国检验认证集团马赛有限公司
910300	中国检验认证集团新西兰有限公司	中国检验认证集团新西兰有限公司
910400	中国检验认证集团新加坡有限公司	中国检验认证集团新加坡有限公司
910500	中国检验认证集团菲律宾有限公司	中国检验认证集团菲律宾有限公司
910600	中国检验认证集团南美有限公司	中国检验认证集团南美有限公司
910700	中国检验认证集团西班牙有限公司	中国检验认证集团西班牙有限公司
910800	中国检验认证集团伦敦有限公司	中国检验认证集团伦敦有限公司
910900	中国检验认证集团澳大利亚有限公司	中国检验认证集团澳大利亚有限公司
911000	中国检验认证集团俄罗斯代表处	中国检验认证集团俄罗斯代表处
911100	日中商品检查株式会社	日中商品检查株式会社
911200	五洲检验（泰国）有限公司	五洲检验（泰国）有限公司
911300	中国检验认证集团澳门有限公司	中国检验认证集团澳门有限公司
911400	中国检验认证集团欧洲有限公司	中国检验认证集团欧洲有限公司
911500	中国检验认证集团不莱梅有限公司	中国检验认证集团不莱梅有限公司
911600	中国检验认证集团阿拉木图有限公司	中国检验认证集团阿拉木图有限公司
911700	中国检验认证集团加拿大有限公司	中国检验认证集团加拿大有限公司
911800	中国检验认证集团迪拜有限公司	中国检验认证集团迪拜有限公司
911900	中国检验认证集团日本有限公司	中国检验认证集团日本有限公司
912000	中国检验认证集团马来西亚有限公司	中国检验认证集团马来西亚有限公司
920000	中国检验有限公司本部	中国检验有限公司本部

附表 21 企业资质类别代码表

代码	中文名称	强制级别	证书类别
100	通关司类		
101	检疫处理单位审批	D	98
102	实施绿色通道制度申请	D	99
103	直通放行申请		98,99
104	检疫处理人员审批		98,99
200	卫生司类		
203	出入境特殊物品卫生检疫审批	A	19,20
300	动植司类		
301	出境水果包装厂注册登记	B	21
302	出境水果果园注册登记	B	99
303	进境水果境外果园 / 包装厂注册登记	C	21
304	出境水生动物养殖场 / 包转场检验检疫注册登记	A	99
305	出口饲料和饲料添加剂生产、加工、存放企业注册登记	C	99
306	进口饲料和饲料添加剂生产企业注册登记	C	98
307	进境非食用动物产品生产、加工、存放企业注册登记	C	98
308	出境货物木质包装除害处理标识加施资格申请	B	99
309	出境种苗花卉生产经营企业注册登记	B	99
310	出境竹木草制品生产企业注册登记	C	99
311	出口植物产品生产、加工、存放企业注册登记	C	99
312	进境植物繁殖材料隔离检疫圃申请	C	98
315	供港澳陆生动物饲养场、中转场检验检疫注册	C	12
317	进出境动物指定隔离检疫场使用申请	C	98,99
318	出境动物及其非食用动物产品生产、加工、存放企业注册登记	C	99
319	进境栽培介质使用单位注册	C	98
320	进境动物遗传物质进口代理及使用单位备案	A	98
321	进境动物及动物产品国外生产单位注册	C	98
322	饲料进口企业备案	B	98
323	饲料出口企业备案	C	99
324	出境货物木质包装除害处理合格凭证	C	99
325	进境动植物检疫许可证	A	17
326	进境粮食加工储存单位注册	C	98
400	检验司类		
401	进出口商品免验	A	98,99
402	进口旧机电产品备案	C	39
404	出口产品型式试验	B	32
408	汽车预审备案	C	98
409	免于强制性认证特殊用途进口汽车检测处理程序车辆	C	98
410	免于办理强制性产品认证	C	40
411	强制性产品（CCC）认证	C	40
412	进口涂料备案	C	98

代码	中文名称	强制级别	证书类别
413	进口可用作原料的固体废物国内收货人注册登记	D	98
414	进口可用作原料的固体废物国外供货商注册登记	D	98
415	进出境集装箱场站登记	C	98,99
416	进口棉花境外供货商登记注册	B	98
417	出口玩具质量许可（注册登记）	A	11
418	对出口食品包装生产企业和进口食品包装的进口商实行备案	B	21
419	输美日用陶瓷生产厂认证	A	99
421	进出口商品检验鉴定机构许可	B	98,99
422	进口废物原料装运前检验证书	C	33
423	进口旧机电产品装运前检验证书	C	27
500	食品局类		
501	出口肉类产品养殖场备案	A	99
502	出口蛋禽养殖场备案	B	99
503	出口蜂产品养蜂基地备案	C	99
504	出口食品原料种植场备案	C	99
505	供港澳蔬菜生产加工企业备案	C	99
506	供港澳蔬菜种植基地备案	C	99
507	出口粮谷豆类生产加工企业注册登记	C	99
508	进口食品境外出口商代理商备案	C	98
509	进口食品进口商备案	C	98
510	进口肉类收货人备案	C	98
511	进口肉类存储冷库备案	C	98
512	出口加工用水产养殖场备案	A	99
513	进口水产品存储冷库备案	C	98
514	出口化妆品生产企业备案	C	99
515	进口化妆品收货人备案	C	98
516	进口化妆品产品备案	A	98
517	进口预包装食品标签备案	A	25
518	出口食品生产企业备案	A	15
519	进口食品境外生产企业注册	A	16
520	出口食品生产企业境外注册	A	14
522	水果冻肉预检验证书	C	98
523	进口化妆品产品套装备案	A	25
600	综合类		18
601	进口其他证书	D	98
602	出口其他证书	A	99
700	认监委类		
800	准入肉类名单		17
900	进口肉类名录		17

附表 22 关联理由代码表

代码	中文名称
1	通关单超过有效期
2	换证凭单 / 条超过有效期
3	进口复出口
4	出口复进口
5	出境预检
6	登检换证
7	与其它报检批拼箱
8	保税出库
9	进口车辆换证

附表 23 货物属性代码表

代码	中文名称
11	3C 目录内
12	3C 目录外
13	无需办理 3C 认证
14	预包装
15	非预包装
16	转基因产品
17	非转基因产品
18	首次进出口
19	正常
20	废品
21	旧品
22	成套设备
23	带皮木材 / 板材
24	不带皮木材 / 板材
25	A 级特殊物品
26	B 级特殊物品
27	C 级特殊物品
28	D 级特殊物品
29	V/W 非特殊物品
30	市场采购

附表 24 货物用途代码表

代码	中文名称
11	种用或繁殖
12	食用
13	奶用
14	观赏或演艺
15	伴侣
16	实验
17	药用
18	饲用
19	食品包装材料
20	食品加工设备
21	食品添加剂
22	介质土
23	食品容器
24	食品洗涤剂
25	食品消毒剂
26	仅工业用途
27	化妆品
28	化妆品原料
29	肥料
30	保健品
31	治疗、预防、诊断
32	科研
33	展览展示
99	其他

附表 25 危包规格代码表

代码	中文名称	中文简称
1A1	钢制不可拆装桶顶圆桶	闭口钢桶
1A2	钢制可拆装桶顶圆桶	开口钢桶
1B1	铝制不可拆装桶顶圆桶	闭口铝桶
1B2	铝制可拆装桶顶圆桶	开口铝桶
1D	胶合板圆桶	胶板圆桶
1G	纤维圆桶	纤维圆桶
1H1	塑料不可拆装桶顶圆桶	闭口塑料圆桶
1H2	塑料可拆装桶顶圆桶	开口塑料圆桶
2C1	塞式木琵琶桶	木琵琶桶
2C2	非水密型木琵琶桶	木琵琶桶
3A1	钢制不可拆装罐顶罐	闭口钢罐
3A2	钢制可拆装罐顶罐	开口钢罐
3B1	铝制不可拆装罐顶罐	闭口铝罐
3B2	铝制可拆装罐顶罐	开口铝罐
3H1	塑料制不可拆装罐顶罐	闭口塑料罐
3H2	塑料制可拆装罐顶罐	开口塑料罐
4A	钢箱	钢箱
4B	铝箱	铝箱
4C1	大木箱	大木箱
4C2	箱壁防撒漏木箱	防漏木箱
4D	胶合板箱	胶合板箱
4F	再生木木箱	再生木木箱
4G	纤维板箱	纤维板箱
4H1	膨胀的塑料箱	塑料箱
4H2	硬质的塑料箱	塑料箱
5H	塑料编织袋	塑料编织袋
5H1	塑料编织无内衬或涂层的袋	塑料编织袋
5H2	塑料编织防撒漏的袋	塑料编织袋
5H3	塑料编织防水的袋	塑料编织袋
5H4	塑料薄膜袋	塑料薄膜袋
5L1	无内衬或涂层的纺织品编织袋	纺织品编织袋
5L2	纺织品防撒漏的纺织品编织袋	纺织品编织袋
5L3	纺织品防水的纺织品编织袋	纺织品编织袋
5M1	多层的纸袋	纸袋
5M2	多层防水纸袋	纸袋
6HA1	塑料容器在钢桶内复合包装	钢桶塑料复包
6HA2	塑料容器在钢条或钢皮箱内复合包装	钢皮箱塑料复包
6HB	塑料容器在铝桶内复合包装	铝桶塑料复包
6HB2	塑料容器在铝条或铝皮箱内复合包装	铝皮箱塑料复包
6HC	塑料容器在木箱内复合包装	木箱塑料复包

代码	中文名称	中文简称
6HD1	塑料容器在胶合板桶内复合包装	胶板桶塑料复包
6HD2	塑料容器在胶合板箱内复合包装	胶板箱塑料复包
6HG1	塑料容器在纤维桶内复合包装	纤维桶塑料复包
6HG2	塑料容器在纤维板箱内复合包装	纤维板箱塑料复包
6HH1	塑料容器在塑料桶内复合包装	塑料桶塑料复包
6HH2	塑料容器在硬塑料箱内复合包装	硬塑料箱复包
6PA1	玻璃、陶瓷、粗陶器在钢桶内复合包装	玻璃钢桶复包
6PA2	玻璃、陶瓷、粗陶器在钢条或钢皮箱内复合包装	玻璃陶瓷钢皮箱复包
6PB1	玻璃、陶瓷、粗陶器在铝桶内复合包装	玻璃陶瓷铝桶复包
6PB2	玻璃、陶瓷、粗陶器在铝条或铝皮箱内复合包装	玻璃陶瓷铝皮箱复包
6PC	玻璃、陶瓷、粗陶器在木箱内复合包装	玻璃陶瓷木箱复包
6PD1	玻璃、陶瓷、粗陶器在胶合板内复合包装	玻璃陶瓷胶板复包
6PD2	玻璃、陶瓷、粗陶器在柳条筐内复合包装	玻璃陶瓷柳条筐复包
6PG1	玻璃、陶瓷、粗陶器在纤维桶内复合包装	玻璃陶瓷纤维桶复包
6PG2	玻璃、陶瓷、粗陶器在纤维板箱内复合包装	玻璃陶瓷纤维板复包
6PH1	玻璃、陶瓷、粗陶器在膨胀塑料包装内复合包	玻璃陶瓷膨塑复包
6PH2	玻璃、陶瓷、粗陶器在硬塑料包装内复合包装	玻璃陶瓷硬塑复包